新・注解
商標法【上巻】
序章・
第1条～第35条

小野昌延 編
三山峻司

青林書院

は　し　が　き

　「ブランド（brand）」は，元来「brander」という古代ノルド語から生まれた言葉で，「焼きごて」や「焼き印」の意味であったが，今日の「ブランディング」や「ブランド・イメージ」という言葉に表わされる「ブランド」は，まったく元来の言葉を超えた意味のものとして用いられている。

　「ブランド」が元来の意味を超え，変形し，発展して用いられているように，「商標法」も新しい観点から考える時期に発展してきている。それは，より広い「表示法」の一つとして，暖簾の保護の観点にとどまらず，消費者保護の観点を取入れるべきである。

　これは編者である私の考えなのか，解釈論か立法論かなどの議論はあろうが，そのまえに，早急に解決すべき実務問題が山積みしている。

　というのは，この10年の間に，毎年のように商標法の改正がなされた。また，審査基準も，次々と改定された。最高裁判所の判決によって，解決された問題もあった。

　そこで，注釈書としては最も詳細なものであった旧版は，その一部では，使用に堪えないものとなった。そこで，これらの問題の解説に，当代一流の多くの専門家の御協力を願った。その結果旧版上下巻にはない改訂と，旧版上下巻でほとんど改訂を要しないが，ここ10年間の補訂を行ったゆえに，増頁になったものの，旧版を引用するなどして，極力上・下2巻にとどめた。次はどうしても3巻になるかもしれない。

　そこで，注釈書としては最も詳細であった旧版の内容を引用することによって，これを補い，なおこの10年の間にお亡くなりになった方の代わりの方を選ぶなどの作業のために，このたび三山峻司氏に編者に加わっていただいた。その編集的努力と共に，注解書の参考文献や事項索引など全般に亘る調整にあたっていただいた。これだけでも，本書の価値は極めて大きくなった。これらは同氏の個人的な労力と高い能力の提供による。

　いち早く原稿を提出下さった執筆者には，校正中に数次の審査基準の改定にともなう訂正などの御迷惑をおかけし，かつ，当該分野では専門家中の専門家であるの

はしがき

　で，執筆過程で出てきた修正を加えたい要求にも，時間的な関係で，かつ，全体との調整のため必ずしも応えられなかったところがあった。残念ながら将来の問題とした。次回に，改訂の機会があれば，今回は御海容願い，次の改訂に是非とも御参加賜りたい。この場をお借りしてお詫び申し上げる。

　最後に，本書の作成に携わっていただいた青林書院編集関係者の方々に，厚く御礼申し上げる。

　　平成28年8月

　　　　　　　　　　　　　　　　　　　　　　　　　　　小　野　昌　延

編集者・執筆者一覧

編　集　者

小　野　昌　延　（弁護士・法学博士）

三　山　峻　司　（弁護士・弁理士・京都産業大学大学院法務研究科教授）

執筆者（上・下巻すべての執筆順）

小　野　昌　延　（上　掲）

福　井　陽　一　（弁理士）

茶　園　成　樹　（大阪大学大学院高等司法研究科教授）

宮　脇　正　晴　（立命館大学法学部教授）

末　吉　　　亙　（弁護士）

井　関　涼　子　（同志社大学法学部教授）

小　松　陽一郎　（弁護士・弁理士）

工　藤　莞　司　（弁理士・首都大学東京法科大学院講師）

樋　口　豊　治　（弁理士）

齋　藤　　　恵　（弁理士）

竹　内　耕　三　（大阪大学大学院高等司法研究科客員教授・弁理士）

編集者・執筆者一覧

後 藤 晴 男　（弁護士・弁理士）

平 山 啓 子　（弁理士）

松 尾 和 子　（弁護士・弁理士）

三 山 峻 司　（上　掲）

泉　　　克 幸　（京都女子大学法学部教授）

伊 原 友 己　（弁護士・弁理士）

藤 本　　昇　（弁理士）

山 田 威一郎　（弁護士・弁理士）

盛 岡 一 夫　（東洋大学名誉教授）

田 倉　　整　（弁護士）

髙 田 修 治　（弁理士）

藤 田 晶 子　（日本大学法学部大学院知的財産研究科准教授・弁護士）

押 本 泰 彦　（弁理士）

三 山 裕 三　（弁護士）

松 村 信 夫　（大阪市立大学大学院特任教授・弁護士・弁理士）

南 川 博 茂　（弁護士）

編集者・執筆者一覧

平 野 惠 稔（弁護士）

重 冨 貴 光（弁護士・弁理士）

溝 上 哲 也（弁護士・弁理士）

小 池 　 豊（弁護士）

町 田 健 一（弁護士）

鈴 木 將 文（名古屋大学大学院法学研究科教授）

齊 藤 　 整（弁理士）

大 西 育 子（弁理士・博士（経営法））

三 上 真 毅（弁護士）

村 林 隆 一（元弁護士）

井 上 裕 史（弁護士・弁理士）

古 関 　 宏（弁理士）

木 棚 照 一（名古屋学院大学法学部教授・早稲田大学名誉教授・弁護士）

並 川 鉄 也（大阪大学知的財産センター客員教授・弁理士）

松 井 宏 記（弁理士）

川 瀬 幹 夫（弁理士）

編集者・執筆者一覧

田 倉　　　保　（弁護士・弁理士）

塩 月　秀 平　（弁護士）

岩 坪　　　哲　（弁護士・弁理士）

小 泉　直 樹　（慶應義塾大学大学院法務研究科教授）

杉 本　ゆみ子　（弁理士）

高 橋　康 夫　（弁理士）

足 立　　　泉　（弁理士）

中 川　博 司　（弁理士）

竹 原　　　懋　（弁理士）

中 村　　　仁　（弁理士）

川 本　真由美　（弁理士）

下 坂　スミ子　（弁理士）

愛 知　靖 之　（京都大学大学院法学研究科教授）

小 橋　常 和　（東京高等検察庁検事）

山 名　論 平　（広島地方検察庁検事）

凡　例

I　法令条文
(1)　法令条文は，原則として原文どおりに引用したが，横組みとしたため数字は算用数字を用いた。また，条文番号の右隣に記載した標題のうち，（　）内のものは原文どおり，〔　〕内のものは，編集の便宜上，加筆又は変更したものである。
(2)　カッコ内における法令の表記については，概ね次の原則に従った。
　　①　主要な法令は後掲の「法令略語例」により，それ以外のものはフルネームで示した。
　　②　多数の法令条項を引用する場合，同一法令の条項は「・」で，異なる法令の条項は「,」で併記した。それぞれ条・項・号を付し，「第」の文字は省いた。

II　叙述方法，引用文献
(1)　叙述の段落記号は，原則として，I II III…, (1)(2)(3)…, (a)(b)(c)…, (イ)(ロ)(ハ)…, (i)(ii)(iii)…の順とした。
(2)　叙述にあたっては，常用漢字，現代仮名遣いによることを原則としたが，引用文は原文どおりとした。
(3)　本文中に引用した文献のうち，主要と思われるものについては後掲の「主要文献略語例」により，それ以外のものはフルネームで示すことを原則とした。

III　法令，判例集・雑誌，主要文献等の略語例
以下のとおりである。

■法令略語例

意	意匠法	行審	行政不服審査法
意施規	意匠法施行規則	行訴	行政事件訴訟法
意施令	意匠法施行令	供託	供託法
会計	会計法	行手	行政手続法
議院証言	議院における証人の宣誓及び証言等に関する法律	協力規制	特許協力条約に基づく規制
		協力条約	特許協力条約

凡　例

刑	刑法		道交	道路交通法
刑訴	刑事訴訟法		特	特許法
景表	不当景品類及び不当表示防止法		特施	特許法施行法
憲	日本国憲法		特施令	特許法施行令
公証	公証人法		特施規	特許法施行規則
公選	公職選挙法		特登	特許登録令
国公	国家公務員法		特登施規	特許登録令施行規則
国際出願	特許協力条約に基づく国際出願等に関する法律		独禁	私的独占の禁止及び公正取引の確保に関する法律（独占禁止法）
国際出願施規	特許協力条約に基づく国際出願等に関する法律施行規則		手続特例	工業所有権に関する手続等の特例に関する法律
国際出願施令	特許協力条約に基づく国際出願等に関する法律施行令		手続特例規則	工業所有権に関する手続等の特例に関する法律施行規則
裁	裁判所法		破	破産法
裁分限	裁判官分限法		非訟	非訟事件手続法
実	実用新案法		不競	不正競争防止法
実施規	実用新案法施行規則		不登	不動産登記法
実施令	実用新案法施行令		法税	法人税法
借地	借地法		民	民法
借家	借家法		民再	民事再生法
借地借家	借地借家法		民執	民事執行法
種苗	種苗法		民執規	民事執行規則
商	商法		民訴	民事訴訟法
証取	証券取引法		民訴規	民事訴訟規則
商標	商標法		民訴費	民事訴訟費用等に関する法律
商標施	商標法施行法		民保	民事保全法
商標施令	商標法施行令		民保規	民事保全規則
商標施規	商標法施行規則		有	有限会社法
商標登	商標登録令			
商標登施規	商標登録令施行規則		パリ条約	工業所有権保護に関するパリ条約
消	消費者保護基本法			
所税	所得税法		TRIPS	知的所有権の貿易関連の側面に関する協定
信託	信託法			
相税	相続税法		マドリッド協定	標章の国際登録に関するマドリッド協定
地方自治	地方自治法			
著	著作権法		マドリッド協定議定書	標章の国際登録に関するマドリッド協定の議定書
登録免許税	登録免許税法			

凡　例

■判例集・雑誌等略語例

略語	正式名称	略語	正式名称
民録	大審院民事判決録	金商	金融・商事判例
刑録	大審院刑事判決録	金法	金融法務事情
民集	最高裁判所（または大審院）民事判例集	工業研究	工業所有権法研究
		最判解説	最高裁判所判例解説
刑集	最高裁判所（または大審院）刑事判例集	重判解	重要判例解説
		主判解	主要民事判例解説
裁判集民事	最高裁判所裁判集民事	ジュリ	ジュリスト
裁判集刑事	最高裁判所裁判集刑事	商標懇	特許庁商標懇談会会報
高民集	高等裁判所民事判例集	商判研	商事判例研究
高刑集	高等裁判所刑事判例集	新聞	法律新聞
高裁刑速報	高等裁判所刑事裁判速報集	曹時	法曹時報
東高民時報	東京高等裁判所民事判決時報	知管	知財管理
東高刑時報	東京高等裁判所刑事判決時報	知財協判例集	日本知的財産協会判例集
下民集	下級裁判所民事裁判例集	知財研究	知的財産法研究
下刑集	下級裁判所刑事裁判例集	知財政策	知的財産法政策学研究
行録	行政裁判所判決録	特管	特許管理
行集	行政事件裁判例集	特企	特許と企業
行裁月報	行政裁判月報	特研	特許研究
刑裁月報	刑事裁判月報	特商	特許と商標
無体集	無体財産権関係民事・行政裁判例集	特技懇	特許庁技術懇話会会報
		ニュース	特許ニュース
知財集	知的財産権関係民事・行政裁判例集	パテ	パテント
		判決全集	大審院判決全集
審決集	公正取引委員会審決集	判時	判例時報
取消集	審決取消訴訟判決集	判タ	判例タイムズ
参考集	参考審判決集	判評	判例評論
裁時	裁判所時報	判民	判例民事法（東京大学）
速報	工業所有権関係判決速報・知的所有権判決速報・知的財産権判決速報	法教	法学教室
		法協	法学協会雑誌（東京大学）
		法時	法律時報
		法セ	法学セミナー
L&T	Law and Technology	民商	民商法雑誌
学会年報	日本工業所有権法学会年報	論叢	法学論叢（京都大学）
企研	企業法研究		

凡　　例

■主要文献略語例

　安達・商標
　　　　安達祥三・商標法（現代法学全集）（日本評論社，1931）
　網野・商標
　　　　網野誠・商標（有斐閣，1964／〔新版〕1977／〔新版増補〕1989／〔新版再増補〕1992／〔第3版〕1995／〔第4版〕1998／〔第5版〕1999／〔第6版〕2002）
　網野・諸問題
　　　　網野誠・商標法の諸問題（東京布井出版，1978）
　網野・続諸問題
　　　　網野誠・続商標法の諸問題（東京布井出版，1983）
　網野・あれこれ
　　　　網野誠・商標法あれこれ（東京布井出版，1989）
　飯塚・無体
　　　　飯塚半衛・無体財産法論（巌松堂，1940）
　飯村＝設樂編・LP知財
　　　　飯村敏明＝設樂隆一編著・知的財産関係訴訟（リーガル・プログレッシブ・シリーズ3）（青林書院，2008）
　飯村退官
　　　　飯村敏明先生退官記念論文集・現代知的財産法──実務と課題（発明推進協会，2015）
　井野・商標
　　　　井野春韶・商標の理論と実際（丸善，1928）
　内田古稀
　　　　内田修先生古稀記念論文集・判例特許訴訟法（発明協会，1986）
　馬瀬古稀
　　　　馬瀬文夫先生古稀記念論文集・判例特許侵害法（発明協会，1983）
　江口・解説
　　　　江口俊夫・商標法解説（蓼工業所有権研究所，1973／〔改訂〕1994）
　江口・新解説
　　　　江口俊夫・新商標法解説（蓼工業所有権研究所，1975／〔改訂〕1979）
　江口・入門
　　　　江口俊夫・商標実務入門──書類応答の具体例・審査実務の解説（発明協会，1980）
　応答集
　　　　知的財産法研究会編著・知的財産権法質疑応答集（工業所有権法研究会・工業所有権法質疑応答集の改題）（第一法規，1978〜）
　小野・概説
　　　　小野昌延・商標法概説（有斐閣，1989／〔第2版〕1999）
　小野＝三山・新概説

小野昌延=三山峻司・新・商標法概説（青林書院，2009／〔第2版〕2013）

小野編・注解商標
小野昌延編・注解商標法（青林書院，1994）

小野編・注解商標〔新版〕(上)(下)
小野昌延編・注解商標法〔新版〕(上巻)(下巻)（青林書院，2005）

小野=小松編・法律相談
小野昌延=小松陽一郎編・商標の法律相談（青林法律相談18）（青林書院，1997／〔改訂版〕2002）

小野=小松編・新法律相談
小野昌延=小松陽一郎編・商標の法律相談（新・青林法律相談23）（青林書院，2009）

小野・不正概説
小野昌延・不正競争防止法概説（有斐閣，1974）

小野=松村・新不正概説
小野昌延=松村信夫・新・不正競争防止法概説（青林書院，2011／〔第2版〕2015）

小野・註解
小野昌延・註解不正競争防止法（有信堂，1961）

小野編・注解不正
小野昌延編著・注解不正競争防止法（青林書院，1990）

小野編・新注解不正
小野昌延編著・新・注解不正競争防止法（青林書院，2000）

小野編・新注解不正〔新版〕(上)(下)
小野昌延編著・新・注解不正競争防止法〔新版〕（青林書院，2007）

小野編・新注解不正〔第3版〕(上)(下)
小野昌延編著・新・注解不正競争防止法〔第3版〕（青林書院，2012）

小野還暦
小野昌延先生還暦記念論文集・判例不正競業法（発明協会，1992）

小野古稀
小野昌延先生古稀記念論文集・知的財産法の系譜（青林書院，2002）

小野喜寿Ⅰ～Ⅲ
小野昌延先生喜寿記念・知的財産法最高裁判例評釈大系Ⅰ～Ⅲ（青林書院，2009）

金井ほか編・商標コメ
金井重彦=鈴木將文=松嶋隆弘編著・商標法コンメンタール（レクシスネクシス・ジャパン，2015）

兼子=染野・特許・商標
兼子一=染野義信・特許・商標（実務法律講座）（青林書院，1955／〔全訂版〕1958）

兼子=染野・特許・商標〔新装版〕
兼子一=染野義信・特許・商標〔新装版〕（青林書院，1966）

凡　例

兼子＝染野・工業
　　兼子一＝染野義信・工業所有権法（日本評論新社，1960／〔改訂版〕日本評論社，1969）

工藤・解説
　　工藤莞司・実例でみる（見る）商標審査基準の解説（発明協会，1991／〔第2版〕1996／〔第3版〕2001／〔第3版増補〕2002／〔第4版〕2004／〔第5版〕2006／〔第6版〕2009）
　　工藤莞司・実例で見る商標審査基準の解説（発明推進協会，〔第7版〕2012／〔第8版〕2015）

小島・工業
　　小島庸和・工業所有権と差止請求権（法学書院，1986）

後藤・講話
　　後藤晴男・パリ条約講話（発明協会，1981／〔第11版〕2000／〔第12版〕2002／〔第13版〕2007）

小林ほか・要点
　　小林盾夫ほか・特許・商標制度改正の要点（発明協会，1975）

斉藤＝牧野編・裁判実務大系⑵
　　斉藤博＝牧野利秋編・裁判実務大系⑵知的財産関係訴訟法（青林書院，1997）

実務法律大系⑩
　　中川善之助＝兼子一監修（田倉整編）・特許・商標・著作権（実務法律大系⑩）（青林書院，1972）

辞典
　　工業所有権用語辞典編集委員会編・工業所有権用語辞典（日本工業新聞社，1968／〔新版〕1975）

渋谷・講義Ⅰ～Ⅲ
　　渋谷達紀・知的財産法講義（有斐閣，Ⅰ＝2004／〔第2版〕2006，Ⅱ＝2004／〔第2版〕2007，Ⅲ＝2005／〔第2版〕2008）

渋谷・理論
　　渋谷達紀・商標法の理論（東京大学出版会，1973）

商標審査基準
　　特許庁商標課編・商標審査基準（発明協会，1971／〔改訂版〕1977／〔改訂3版〕1981／〔改訂4版〕1992／〔改訂5版〕1995／〔改訂6版〕1997／〔改訂7版〕2000／〔改訂8版〕2006／〔改訂第9版〕2007）
　　特許庁商標課編・商標審査基準（発明推進協会，〔改訂第10版〕2012）
　　特許庁編・商標審査基準（特許庁ホームページ（発明推進協会），〔改訂第11版〕2015／〔改訂第12版〕2016）

商標審査便覧
　　特許庁審査第一部商標課編・商標審査便覧（特許庁ホームページ（発明協会／発明推進協会），1999～）

商標判例百選

矢沢惇編・商標・商号・不正競争判例百選（別冊ジュリスト14号）（有斐閣，1967）

新商標判例百選
中山信弘＝大渕哲也＝茶園成樹＝田村善之編・商標・意匠・不正競争判例百選（別冊ジュリスト188号）（有斐閣，2007）

審判便覧
特許庁審判部編・審判便覧（特許庁ホームページ（発明推進協会），〔改訂第15版〕2015.3／〔改訂第16版〕2015.10）

末弘・工業
末弘厳太郎・工業所有権法（新法学全集29）（日本評論社，1942）

末吉・商標
末吉亙・商標法（中央経済社，2002／〔新版〕2008／〔新版第2版〕2009／〔新版第3版〕2012／〔新版第4版〕2014）

杉林古稀
杉林信義先生古稀記念論文集・知的所有権論攷（冨山房，1985）

染野古稀
染野義信博士古稀記念論文集・工業所有権——中心課題の解明（勁草書房，1989）

大辞典
商標研究会編・日本商標大事典（中央社，1959）

田倉＝元木編・不正競争
田倉整＝元木伸編・実務相談不正競争防止法（商事法務研究会，1989）

竹田・要論
竹田稔・知的財産権侵害要論（特許・意匠・商標編）（発明協会，1992／〔改訂版〕1997／〔第3版〕2000／〔第4版〕2003／〔第5版〕2007）
竹田稔・知的財産権侵害要論（特許・意匠・商標編）（発明推進協会，〔第6版〕2012）

竹田傘寿
竹田稔先生傘寿記念・知財立国の発展へ（発明推進協会，2013）

田中・要論
田中鐡二郎・商標法要論（巌松堂，1911）

田中清明・四法論
田中清明・特許実用新案意匠商標四法論（司法省調査課，1924）

田村・商標
田村善之・商標法概説（弘文堂，1998／〔第2版〕2000）

逐条解説
特許庁編・工業所有権法（産業財産権法）逐条解説（発明協会，〔改訂版〕1976／〔改訂増補版〕1979／〔改訂増補8版〕1986／〔改訂9版〕1989／〔第10版〕1991／〔第11版〕1992／〔第12版〕1995／〔第13版〕1996／〔第14版〕1998／〔第15版〕1999／〔第16版〕2001／〔第17版〕2008／〔第18版〕2010）

凡　　例

　　特許庁編・工業所有権法（産業財産権法）逐条解説（発明推進協会，〔第19版〕2012）
茶園編・商標
　　茶園成樹編・商標法（有斐閣，2014）
特許庁編・サービスマーク
　　特許庁総務部総務課工業所有権制度改正審議室編著・サービスマーク登録制度──逐条解説改正商標法（有斐閣，1992）
特許判例百選
　　特許判例百選（別冊ジュリスト8号）（有斐閣，1966）
　　鴻常夫＝紋谷暢男＝中山信弘編・特許判例百選〔第2版〕（別冊ジュリスト86号）（有斐閣，1985）
　　中山信弘＝相澤英孝＝大渕哲也編・特許判例百選〔第3版〕（別冊ジュリスト170号）（有斐閣，2004）
　　中山信弘＝大渕哲也＝小泉直樹＝田村善之編・特許判例百選〔第4版〕（別冊ジュリスト209号）（有斐閣，2012）
土肥・入門
　　土肥一史・知的財産法入門（中央経済社，1998／〔第13版〕2012／〔第14版〕2013／〔第15版〕2015）
豊崎・工業
　　豊崎光衞・工業所有権法（法律学全集）（有斐閣，1960／〔新版〕1975／〔新版増補〕1980）
豊崎ほか・不正競争
　　豊崎光衞＝松尾和子＝渋谷達紀・不正競争防止法（第一法規，1982）
豊崎追悼
　　豊崎光衞先生追悼論文集・無体財産法と商事法の諸問題（有斐閣，1981）
中川＝豊崎編・特許
　　中川善之助＝豊崎光衞編・特許（第一法規，1972）
中川＝播磨編
　　中川淳＝播磨良承編・判例研究工業所有権法（有信堂高文社，1977）
永田・工業
　　永田菊四郎・工業所有権論（冨山房，1950／〔改訂版〕1959）
中村・商標
　　中村英夫・商標の実務（工業所有権実務体系5）（発明協会，1982）
中山・工業
　　中山信弘・工業所有権法上（弘文堂，1993／〔第2版〕1998／〔第2版増補版〕2000）
中山・特許
　　中山信弘・特許法（弘文堂，2010／〔第2版〕2012／〔第3版〕2016）
中山・古稀
　　中山信弘先生古稀記念論文集・はばたき──21世紀の知的財産法（弘文堂，2015）

凡　例

中山編・基礎
　　　　中山信弘編著・工業所有権法の基礎（青林書院新社，1980）
中山編・研究Ⅰ～Ⅳ
　　　　中山信弘編著・知的財産権研究Ⅰ～Ⅳ（東京布井出版，Ⅰ＝1990／Ⅱ＝1991／Ⅲ＝1995／Ⅳ
　　　　＝1999）
中山編・注解特許法（上）（下）
　　　　中山信弘編著・注解特許法（上巻）（下巻）（青林書院，1983／〔第2版〕1989／〔第2版増補〕
　　　　1994／〔第3版〕2000）
中山＝小泉編・新注解特許法（上）（下）
　　　　中山信弘＝小泉直樹編・新・注解特許法（上巻）（下巻）（青林書院，2011）
兼・工業
　　　　兼優美・工業所有権法（解釈法令叢書第7）（日本評論社，1939）
兼・条解
　　　　兼優美・条解工業所有権法（博文社，1952／〔増補版〕1956／〔増訂版〕1957）
兼・新解説
　　　　兼優美・新工業所有権法解説（帝国地方行政学会，1960／〔改訂増補版〕1961／〔全訂版〕
　　　　1968）
兼・改正解説
　　　　兼優美・改正工業所有権法解説（帝国地方行政学会，1971）
兼・解説（四法編）
　　　　兼優美・工業所有権法解説（四法編）（ぎょうせい，1977／〔改訂版〕1982）
原退官（上）（下）
　　　　原増司判事退官記念・工業所有権法の基本的課題（上巻）（下巻）（有斐閣，上巻＝1971／下巻
　　　　＝1972）
播磨・理論
　　　　播磨良承・商標法──理論と実際（六法出版社，1983）
判例工業所有権法
　　　　兼子一＝染野義信編著・判例工業所有権法（第一法規，1954～1990）
判例工業所有権法〔第2期版〕
　　　　染野義信＝染野啓子編著・判例工業所有権法〔第2期版〕（第一法規，1991～）
判例不競法
　　　　不正競業法判例研究会編・判例不正競業法（新日本法規，1978～）
平尾・商標
　　　　平尾正樹・商標法（学陽書房，2002／〔第1次改訂版〕2006／〔第2次改訂版〕2015）
百年史（上）（下）（別）
　　　　特許庁編・工業所有権制度百年史（上巻）（下巻）（別巻）（発明協会，上巻＝1984／下巻＝1985
　　　　／別巻＝1985）

XV

凡　　例

不競集
　古関敏正編・不正競業法判例集（商事法務研究会，1967）

藤原・商標
　藤原龍治・商標と商標法（東洋経済新報社，1959）

平6改正解説
　特許庁総務部総務課工業所有権制度改正審議室編・平成6年改正工業所有権法の解説（発明協会，1995）

平8改正解説
　特許庁総務部総務課工業所有権制度改正審議室編・平成8年改正工業所有権法の解説（発明協会，1997）

平10改正解説
　特許庁総務部総務課工業所有権制度改正審議室編・平成10年改正工業所有権法の解説（発明協会，1998）

平11改正解説
　特許庁総務部総務課工業所有権制度改正審議室編・平成11年改正工業所有権法の解説（発明協会，1999）

平14改正解説
　特許庁総務部総務課制度改正審議室編・平成14年改正産業財産権法の解説（発明協会，2002）

平15改正解説
　特許庁総務部総務課制度改正審議室編・平成15年特許法等の一部改正・産業財産権法の解説（発明協会，2003）

平16改正解説
　特許庁総務部総務課制度改正審議室編・平成16年特許法等の一部改正・産業財産権法の解説（発明協会，2004）

平17改正解説
　特許庁総務部総務課制度改正審議室編・平成17年商標法の一部改正・産業財産権法の解説（発明協会，2005）

平18改正解説
　特許庁総務部総務課制度改正審議室編・平成18年意匠法等の一部改正・産業財産権法の解説（発明協会，2006）

平20改正解説
　特許庁総務部総務課制度改正審議室編・平成20年特許法等の一部改正・産業財産権法の解説（発明協会，2009）

平23改正解説
　特許庁工業所有権制度改正審議室編・平成23年特許法等の一部改正・産業財産権法の解説（発明協会，2011）

平26改正解説

特許庁総務部総務課制度審議室編・平成26年特許法等の一部改正・産業財産権法の解説（発明協会，2014）

平27改正解説
　　特許庁総務部総務課制度審議室編・平成27年特許法等の一部改正・産業財産権法の解説（発明協会，2016）

牧野退官
　　牧野利秋判事退官記念・知的財産法と現代社会（信山社出版，1999）

牧野編・裁判実務大系(9)
　　牧野利秋編・工業所有権訴訟法（裁判実務大系(9)）（青林書院，1985）

牧野傘寿
　　牧野利秋先生傘寿記念論文集・知的財産権——法理と提言（青林書院，2013）

牧野＝飯村編・新裁判実務大系(4)
　　牧野利秋＝飯村敏明編・知的財産関係訴訟法（新・裁判実務大系(4)）（青林書院，2001）

牧野ほか編・理論と実務(1)〜(4)
　　牧野利秋＝飯村敏明＝三村量一＝末吉亙＝大野聖二編・知的財産法の理論と実務第1巻〜第4巻（新日本法規出版，2007）

牧野ほか編・知財大系Ⅰ〜Ⅲ
　　牧野利秋＝飯村敏明＝髙部眞規子＝小松陽一郎＝伊原友己編・知的財産訴訟実務大系Ⅰ〜Ⅲ（青林書院，2014）

松尾＝紋谷・商標
　　松尾和子＝紋谷暢男・商標（石井照久＝有泉亨＝金沢良雄編・特許等管理（経営法学全集7）の商標編）（ダイヤモンド社，1966）

光石・詳説
　　光石士郎・商標法詳説（帝国地方行政学会，1970／〔新訂〕1971）

満田・研究
　　満田重昭・不正競業法の研究（発明協会，1985）

峯尾編・商標
　　峯尾正康編・商標文献集成（技報堂，1958）

三宅喜寿
　　三宅正雄先生喜寿記念・特許争訟の諸問題（発明協会，1986）

三宅・雑感
　　三宅正雄・商標法雑感——その究極にあるものを尋ねて（冨山房，1973）

三宅・商標
　　三宅正雄・商標——本質とその周辺（発明協会，1984）

三宅発・講話
　　三宅発士郎・商標法講話（早稲田大学出版部，1922）

三宅発・商標

凡　　例

　　　　　三宅発士郎・日本商標法（巌松堂書店, 1931）
村林還暦
　　　　　村林隆一先生還暦記念論文集・判例商標法（発明協会, 1991）
村林傘寿
　　　　　村林隆一先生傘寿記念・知的財産権侵害訴訟の今日的課題（青林書院, 2011）
村山・四法要義
　　　　　村山小次郎・特許新案意匠商標四法要義（巌松堂, 1922）
盛岡・概説
　　　　　盛岡一夫・工業所有権法概説（法学書院, 1985／〔新版〕1994／〔第2版〕1997／〔第3版〕1999／〔第4版〕2000）
盛岡・知的概説
　　　　　盛岡一夫・知的財産法概説（法学書院, 2004／〔第2版〕2005／〔第3版〕2006／〔第4版〕2007／〔第5版〕2009）
紋谷・概論
　　　　　紋谷暢男・無体財産権法概論（有斐閣, 1976／〔改訂版〕1982／〔第6版〕1996／〔第7版〕1997／〔第8版〕1999／〔第9版〕2000／〔第9版補訂版〕2001／〔第9版補訂第2版〕2003）
紋谷・知的概論
　　　　　紋谷暢男・知的財産権法概論（有斐閣, 2006／〔第2版〕2009／〔第3版〕2012）
紋谷編・50講
　　　　　紋谷暢男編・商標法50講（有斐閣, 1975／〔改訂版〕1979）
紋谷還暦
　　　　　紋谷暢男教授還暦記念・知的財産権法の現代的課題（発明協会, 1998）
紋谷古稀
　　　　　紋谷暢男教授古稀記念・知的財産権法と競争法の現代的展開（発明協会, 2006）
吉原・詳論
　　　　　吉原隆次・商標法詳論（有斐閣, 1927）
吉原・説義
　　　　　吉原隆次・商標法説義（帝国判例法規出版社, 1960）
吉原＝高橋・新訂説義
　　　　　吉原隆次＝高橋三雄・商標法説義〔新訂〕（帝国判例法規出版社, 1977）
吉藤＝紋谷編・相談
　　　　　吉藤幸朔＝紋谷暢男編・特許・意匠・商標の実務相談（有斐閣, 1972）
　　　　　吉藤幸朔＝紋谷暢男編・特許・意匠・商標の法律相談（有斐閣,〔新版〕1977／〔第3版〕1982／〔第4版〕1987）
湯浅＝原・保護
　　　　　湯浅＝原法律特許事務所編・知的所有権の保護――その実務傾向（発明協会, 1987）
類似商品・役務審査基準

凡　　例

特許庁商標課編・「商品及び役務区分」に基づく類似商品・役務審査基準（発明協会，〔改訂第 7 版〕1992／〔改訂第 8 版〕1996／〔改訂第 9 版〕2001／〔改訂第10版〕2007）／〔改訂第11版〕2012）

特許庁商標課編・「商品及び役務区分」に基づく類似商品・役務審査基準（発明推進協会，〔改訂第12版〕2013／〔改訂第13版〕2014／〔改訂第14版〕2015／〔改訂第15版〕2016）

特許庁商標課編・「商品及び役務区分」に基づく類似商品・役務審査基準（特許庁商標課，〔国際分類第10版〕2011／〔国際分類第10-2013版対応〕2012／〔国際分類第10-2014版対応〕2013／〔国際分類第10-2015版対応〕2014／〔国際分類第10-2016版対応〕2016）

目　　次【上巻】

はしがき
編集者・執筆者一覧
凡　　例

序　　章

はじめに……………………………………………〔小野　昌延〕……　*6*
Ⅰ～Ⅷ　………………………………………………〔小野　昌延〕……　*7*
Ⅸ　………………………………………〔小野　昌延＝福井　陽一〕……　*60*

第1章　総　　則

第1条（目　的）……………………………………〔小野　昌延〕……　*81*
第2条（定義等）
　■定義等　…………………………………………〔茶園　成樹〕……　*91*
　■並行輸入　………………………………………〔宮脇　正晴〕……　*125*

第2章　商標登録及び商標登録出願

第3条（商標登録の要件）…………………………〔末吉　　亙〕……　*141*
第4条（商標登録を受けることができない商標）
　■1項1号～6号　………………………〔小野　昌延＝井関　涼子〕……　*274*
　■1項7号～9号　………………………〔小野　昌延＝小松　陽一郎〕……　*285*
　■1項10号　………………………………〔工藤　莞司＝樋口　豊治〕……　*328*
　■1項11号　………………………………〔工藤　莞司＝樋口　豊治〕……　*347*
　■1項12号　………………………………〔工藤　莞司＝樋口　豊治〕……　*459*
　■1項13号　………………………………………〔工藤　莞司〕……　*463*
　■1項14号　………………………………〔工藤　莞司＝樋口　豊治〕……　*464*

目　次【上巻】

- ■1項15号……………………………〔工藤　莞司＝樋口　豊治〕…… *470*
- ■1項16号……………………………〔工藤　莞司＝樋口　豊治〕…… *515*
- ■1項17号……………………………………………〔齋藤　　恵〕…… *530*
- ■1項18号……………………………………………〔竹内　耕三〕…… *534*
- ■1項19号……………………………………………〔竹内　耕三〕…… *543*
- ■2項……………………………………〔工藤　莞司＝樋口　豊治〕…… *561*
- ■3項……………………………………〔工藤　莞司＝樋口　豊治〕…… *563*
- ■4項………………………………………………………〔工藤　莞司〕…… *568*
- 第5条（商標登録出願）……………〔後藤　晴男＝平山　啓子〕…… *569*
- 第5条の2（出願の日の認定等）………〔後藤　晴男＝平山　啓子〕…… *611*
- 第6条（一商標一出願）……………〔後藤　晴男＝平山　啓子〕…… *614*
- 第7条（団体商標）…………………〔後藤　晴男＝平山　啓子〕…… *633*
- 第7条の2（地域団体商標）…………………………〔竹内　耕三〕…… *644*
- 第8条（先　　願）……………………………………〔松尾　和子〕…… *656*
- 第9条（出願時の特例）……………〔後藤　晴男＝平山　啓子〕…… *668*
- 第9条の2（パリ条約の例による優先権主張）
　　　　　……………………………〔後藤　晴男＝平山　啓子〕…… *673*
- 第9条の3〔パリ条約の例による優先権主張〕
　　　　　……………………………………〔小野　昌延＝三山　峻司〕…… *675*
- 第9条の4（指定商品等又は商標登録を受けようとする商標の
　　　　　補正と要旨変更）………………〔小野　昌延＝三山　峻司〕…… *677*
- 第10条（商標登録出願の分割）……………………〔齋藤　　恵〕…… *681*
- 第11条（出願の変更）………………………………〔齋藤　　恵〕…… *687*
- 第12条〔同　　前〕…………………………………〔齋藤　　恵〕…… *693*
- 第12条の2（出願公開）………………………………〔泉　　克幸〕…… *696*
- 第13条（特許法の準用）……………………………〔竹内　耕三〕…… *707*
- 第13条の2（設定の登録前の金銭的請求権等）………〔伊原　友己〕…… *714*

第3章　審　　　　査

- 第14条（審査官による審査）………〔小野　昌延＝三山　峻司〕…… *731*
- 第15条（拒絶の査定）………………〔小野　昌延＝三山　峻司〕…… *741*

目　次【上巻】

第15条の2（拒絶理由の通知）…………〔小野　昌延＝三山　峻司〕…… *746*
第15条の3〔同　　前〕……………………〔小野　昌延＝三山　峻司〕…… *749*
第16条（商標登録の査定）………………〔小野　昌延＝三山　峻司〕…… *751*
第16条の2（補正の却下）…………………〔小野　昌延＝三山　峻司〕…… *755*
第17条（特許法の準用）…………………〔小野　昌延＝三山　峻司〕…… *766*
第17条の2（意匠法の準用）………………………………〔藤本　　昇〕…… *768*

第4章　商　標　権

第1節　商　標　権

第18条（商標権の設定の登録）……………………〔山田　威一郎〕…… *771*
第19条（存続期間）…………………………………………〔盛岡　一夫〕…… *779*
第20条（存続期間の更新登録の申請）……………………〔盛岡　一夫〕…… *784*
第21条（商標権の回復）……………………………………〔盛岡　一夫〕…… *790*
第22条（回復した商標権の効力の制限）…………………〔盛岡　一夫〕…… *795*
第23条（存続期間の更新の登録）…………………………〔盛岡　一夫〕…… *797*
第24条（商標権の分割）……………………………………〔盛岡　一夫〕…… *800*
第24条の2（商標権の移転）………………………………〔盛岡　一夫〕…… *802*
第24条の3（団体商標に係る商標権の移転
　　　　　　……………………………………〔後藤　晴男＝平山　啓子〕…… *808*
第24条の4（商標権の移転に係る混同防止表示請求）
　　　　　　……………………………………………………〔盛岡　一夫〕…… *810*
第25条（商標権の効力）……………〔田倉　　整＝髙田　修治〕…… *813*
第26条（商標権の効力が及ばない範囲）
　　　　　　……………………………………〔田倉　　整＝髙田　修治〕…… *848*
第27条（登録商標等の範囲）…………〔田倉　　整＝髙田　修治〕…… *870*
第28条〔判　　定〕…………………………………………〔藤田　晶子〕…… *874*
第28条の2〔同　　前〕……………………………………〔押本　泰彦〕…… *883*
第29条（他人の特許権等との関係）
　　■著作権ほかとの関係（除く意匠権）……………〔三山　裕三〕…… *901*
　　■意匠権との関係……………………………………〔藤本　　昇〕…… *922*

xxiii

目　　次【上巻】

第30条（専用使用権）……………………………………〔松村　信夫〕…… *935*
第31条（通常使用権）……………………………………〔南川　博茂〕…… *954*
第31条の2（団体構成員等の権利）……〔後藤　晴男＝平山　啓子〕…… *974*
第32条（先使用による商標の使用をする権利）
　　　　……………………………………〔平野　惠稔＝重冨　貴光〕…… *978*
第32条の2〔地域団体商標に対する先使用権〕………〔溝上　哲也〕…*1018*
第33条（無効審判の請求登録前の使用による商標の使用をする
　　　権利）……………………………………………〔松尾　和子〕…*1020*
第33条の2（特許権等の存続期間満了後の商標の使用をする
　　　権利）………………………〔小池　豊＝町田　健一〕…*1027*
第33条の3〔同　前〕………………〔小池　豊＝町田　健一〕…*1033*
第34条（質　権）…………………………………………〔小池　豊〕…*1036*
第35条（特許法の準用）……………〔小池　豊＝町田　健一〕…*1045*

新・注解　商　標　法

【上　巻】

序　章

細目次

はじめに(6)
I　標識と商標(7)
(1)　標　識(9)
(2)　商　標(9)
　(a)　商標の概念(9)
　　(イ)　標章の定義(10)
　　(ロ)　標章の構成(10)
　　(ハ)　標章・商標に関する用語の異同(11)
　　　(i)　商品名(11)
　　　(ii)　ブランド(11)
　　　(iii)　マーク(11)
　　　(iv)　意　匠(11)
　(b)　商標法における商標(12)
(3)　商標の種類(15)
　(a)　構成上の分類(15)
　　(イ)　文字商標(16)
　　(ロ)　図形商標(16)
　　(ハ)　記号商標(16)
　　(ニ)　結合商標(16)
　　(ホ)　色彩商標(16)
　(b)　機能上の分類(17)
　　(イ)　商品商標(17)
　　(ロ)　営業商標(17)
　　(ハ)　商品商標と役務商標（サービスマーク，service mark）及び二重商標(17)
　　(ニ)　団体標章・地域団体商標(18)
　　(ホ)　等級商標(18)
　(c)　使用主体による分類(18)
　　(イ)　製造標(18)
　　(ロ)　販売標(19)
　　(ハ)　役務標(19)

　　(ニ)　証明標(19)
　(d)　その他の用語(19)
　　(イ)　ファミリーマーク(19)
　　(ロ)　造語商標(19)
　　(ハ)　貯蔵商標（ストックマーク）(19)
　　(ニ)　広告商標(19)
　　(ホ)　プライベートブランド(20)
(4)　商標に隣接する標識(20)
　(a)　商標と意匠(20)
　(b)　商標と著作物(20)
　(c)　商標とスローガン(21)
　(d)　商標と表装(21)
　(e)　商標と氏名(21)
　(f)　商標と商号(22)
(5)　商標の機能(22)
　(a)　出所表示機能(22)
　(b)　品質保証機能(23)
　(c)　広告機能（並びにその他の機能）(24)
II　商標法の沿革(25)
(1)　前　史(25)
(2)　フランス(27)
(3)　イギリス(27)
(4)　ドイツ(28)
(5)　アメリカ(29)
III　わが国の商標法の沿革(30)
(1)　前　史(31)
(2)　明治17年商標条例の制定まで(32)
(3)　商標条例より大正10年商標法まで(32)
　(a)　明治17年商標条例(32)
　(b)　明治21年商標条例(32)
　(c)　明治32年法(33)

〔小野〕

序　章

　　(d)　明治42年法(33)
　(4)　大正10年商標法(33)
　(5)　現行法（昭和34年法）(33)
　(6)　商標法の部分改正（役務標導入まで）(34)
　　(a)　部分改正(34)
　　(b)　商標使用義務の強化(34)
　(7)　サービスマーク登録制度の導入(34)
　(8)　その後の改正(35)
　　(a)　平成6年改正（平成6年12月14日法律第116号）(35)
　　(b)　平成8年改正（平成8年6月12日法律第68号）(35)
　　(c)　平成10年改正（平成10年5月6日法律第51号，同11年1月10日施行）(38)
　　(d)　平成11年改正（平成11年5月7日法律第41号，同年5月14日公布，平成12年1月1日施行）(38)
　　(e)　平成14年改正（平成14年法律第24号，同年9月1日施行）(38)
　　(f)　平成17年改正（平成17年法律第56号，平成18年4月1日施行）(39)
　　(g)　平成18年改正（平成18年法律第55号，平成19年4月1日施行）(39)
　　(h)　平成20年改正（平成20年法律第16号）(39)
　　(i)　平成23年改正（平成23年法律第63号）(39)
　　(j)　平成26年改正（平成26年法律第36号，平成27年4月1日施行）(39)
Ⅳ　商標法の国際的動向(40)
　(1)　商標法の国際性(41)
　(2)　パリ条約(42)
　(3)　特別協定(42)
　(4)　多国間条約ほか(43)
　(5)　商標法と条約の関係(44)
　　(a)　関係規定とその趣旨(44)
　　(b)　内　容(44)
　　(c)　多国間条約について(45)
Ⅴ　商標法の体系的地位(46)
　(1)　商標法と他の無体財産権法(49)

　　(a)　創作法と標識法(49)
　　(b)　産業法と文化法(50)
　　(c)　独占法と利益保護法(50)
　　(d)　要　約(51)
　(2)　商標に隣接する標識の保護法(51)
　　(a)　容器包装などの商品標識の保護法(51)
　　(b)　商号・営業標の保護法(51)
　　(c)　氏名の保護法(51)
　　(d)　原産地表示又は出所地表示の保護法(51)
Ⅵ　商標法と不正競争防止法(52)
　(1)　両法の制度目的(52)
　(2)　商標法と不正競争防止法の関係(53)
Ⅶ　商標権の権利行使行為と不正競争防止法(54)
　(1)　不正競争防止法旧6条の削除(54)
　(2)　登録商標と未登録周知商標の優先関係(55)
　(3)　登録主義法制における未登録商標使用者の地位(55)
　(4)　商標権者に対する先使用者の地位(56)
Ⅷ　わが国商標法の基本原理(56)
　(1)　わが国商標法の基本原理としての登録主義(56)
　(2)　使用主義と登録主義(57)
　(3)　使用主義と登録主義の比較(59)

〔小野　昌延〕

Ⅸ　インターネットと商標(60)
　(1)　インターネットについて(60)
　(2)　ドメイン名について(61)
　(3)　ドメイン名と商標の違い(62)
　(4)　ドメイン名の紛争処理(63)
　(5)　ＪＰドメイン名の紛争処理(63)
　(6)　裁判所への出訴(64)
　　(a)　GOO.CO.JP事件(64)
　　　(イ)　日本知的財産仲裁センターでの裁定（事件番号 JP2000-0002）(65)
　　　(ロ)　東京地判平成14年4月26日（平13（ワ）第2887号）〔登録ドメイン名使用権確認請求事件〕(65)

序　章

　　(b)　SONYBANK.CO.JP 事件(65)
　　　(イ)　日本知的財産仲裁センターでの裁定（事件番号 JP2001-0002）(65)
　　　(ロ)　東京地判平成13年11月29日（平13（ワ）第5603号）〔ドメイン名所有権確認請求事件〕(65)
　　(c)　MP3.CO.JP 事件(65)
　　　(イ)　日本知的財産仲裁センターでの裁定（事件番号 JP2001-0005）(65)
　　　(ロ)　東京地判平成14年7月15日（平13（ワ）第12318号）〔不正競争行為差止請求権不存在確認等請求事件〕(66)
　　(d)　IYBANK.CO.JP 事件(66)
　　　(イ)　日本知的財産仲裁センターでの裁定（事件番号 JP2001-0010）(66)
　　　(ロ)　東京地判平成14年5月30日（平13（ワ）第25515号）〔ドメイン名登録確認等請求事件〕(67)
　　(e)　CITIBANK.JP 事件(67)
　　　(イ)　日本知的財産仲裁センターでの裁定（事件番号 JP2011-0011）(67)
　　　(ロ)　（原審）東京地判平成25年2月13日（平24（ワ）第2303号）〔ドメイン名使用差止請求権不存在確認請求事件〕(67)
　　　(ハ)　（控訴審）知財高判平成25年7月17日（平25（ネ）第10024号）〔ドメイン名使用差止請求権不存在確認請求控訴事件〕(67)
　(7)　ドメイン名に関する不正競争防止法に基づく裁判事例(68)
　　(a)　jaccs.co.jp 事件(68)
　　　(イ)　（原審）富山地判平成12年12月6日（平10（ワ）第323号）〔不正競争行為差止等請求事件〕(68)
　　　(ロ)　（控訴審）名古屋高判金沢支判平成13年9月10日（平12（ネ）第244号・平13（ネ）第130号）〔不正競争行為差止等請求控訴事件，同附帯控訴事件〕(68)
　　　(ハ)　日本知的財産仲裁センターでの裁定（事件番号 JP2002-0006）(69)

　　(b)　j-phone.co.jp 事件(69)
　　　(イ)　（原審）東京地判平成13年4月24日（平12（ワ）第3545号）〔不正競争行為差止等請求事件〕(69)
　　　(ロ)　（控訴審）東京高判平成13年10月25日（平13（ネ）第2931号）〔不正競争行為差止等請求控訴事件〕(70)
　　　(ハ)　日本知的財産仲裁センターでの裁定（事件番号 JP2002-0003）(70)
　　(c)　jiyuuken.co.jp 事件——大阪地判平成16年2月19日（平15（ワ）第7993号）〔不正競争行為差止等請求事件〕(70)
　　(d)　maxellgrp.com 事件——大阪地判平成16年7月15日（平15（ワ）第11512号）〔不正競争行為差止等請求事件〕(71)
　　(e)　dentsu 事件——東京地判平成19年3月13日（平19（ワ）第1300号）〔不正競争行為差止等請求事件〕(71)
　　(f)　e-zai.com 事件——東京地判平成19年9月26日（平19（ワ）第12863号）〔商号使用差止等請求事件〕(72)
　　(g)　ark-angels.jp 事件——大阪地判平成21年4月23日（平19（ワ）第8023号）〔不正競争行為差止等請求事件〕(72)
　　(h)　CENTURY21.CO.JP 事件(73)
　　　(イ)　東京地判平成25年7月10日（平24（ワ）第7616号）〔サービスフィー支払等請求事件〕(73)
　　　(ロ)　日本知的財産仲裁センターでの裁定（事件番号 JP2013-0002）(73)
　　(i)　東京地判平成26年5月23日（平24（ワ）第19272号）〔ドメイン名使用差止等請求事件〕(73)
　(8)　インターネット上の商標の使用に関する裁判例(74)
　　(a)　JAMJAM 事件（名古屋地判平成13年11月9日（平12（ワ）第366号）〔商標権侵害による損害賠償請求事件〕）(74)
　　(b)　バイアグラ錠商標権侵害差止等請求事件（東京地判平成14年3月26日（平12（ワ）

〔小野〕　5

序　章

第13904号等）〔商標権侵害差止等請求事件〕）(74)
　(c)　三菱ホーム事件（東京地判平成14年7月18日（平14(ワ)第8104号等）〔不正競争行為差止等請求事件〕）(74)
　(d)　CAREERJAPAN事件（大阪地判平成16年4月20日（平14(ワ)第13569号等〔商標権侵害差止等請求事件〕）(74)
　(e)　中古車の110番・119番事件（大阪地判平成17年12月8日（平16(ワ)第12032号）〔損害賠償請求事件〕）(75)
　(f)　プロジェクトヘイワ事件（東京地判平成18年6月30日（平17(ワ)第24370号）〔損害賠償等請求事件〕）(75)
　(g)　ELLEGARDEN事件（東京地判平成19年5月16日（平18(ワ)第4029号）〔商標権侵害差止等請求事件〕）(75)
　(h)　ラブコスメティック事件（大阪地判平成19年10月1日（平18(ワ)第4737号）〔商標権侵害差止等請求事件〕）(75)
　(i)　Agatha Naomi事件（知財高判平成21年10月13日（平21(ネ)第10031号）〔商標権侵害差止等請求控訴事件〕，原審＝東京地裁（平20(ワ)第21018号））(76)
　(j)　シブモガールズコレクション事件（東京地判平成24年4月25日（平23(ワ)第35691号）〔商標権侵害差止等請求事件〕）(76)
　(k)　ESSJapan事件（東京地判平成27年2月27日（平25(ワ)第28210号）〔商標権侵害差止請求事件〕）(76)
(9)　その他(76)
　(a)　メタタグ（Metatags）(76)
　　(イ)　前記中古車の110番・119番事件（大阪地判平成17年12月8日（平16(ワ)第12032号）〔損害賠償請求事件〕）(77)
　　(ロ)　SAMURAIJAPAN事件（大阪地判平成24年7月12日（平22(ワ)第13516号）〔商標権侵害差止等請求事件〕）(77)
　(b)　WIPOの「インターネット上の商標及びその他の標識に係る工業所有権の保護に関する共同勧告」(78)
　(c)　商標法の一部改正（平成14年4月17日法律第24号：平成14年9月1日施行）(78)
　(d)　不正競争防止法の一部改正（平成13年6月29日法律第81号：平成13年12月25日施行）(79)

〔小野　昌延＝福井　陽一〕

はじめに

　商標は今日われわれの社会に欠かすことのできない重要なものである。まず商品の買手であり，役務の提供を受ける消費者の立場からみて，その例を商品の商標に例をとって考えてみるに，以前に買った商品と同じものを，今日商品の中味をいちいち吟味せずに，安心して買えるものも商標があればこそである。クリーニングや飲食・宿泊・建築などのサービス業務において，サービス（役務）の提供を受ける場合も同様である。
　企業にとって信用は最も大切な財産であり，信用のシンボルである商標は当然重要な意義をもっている。流通経済が極度に発達した現代において，商標が経済の円滑化に果たしている役割は，はかりしれない。今日企業体の「信用の表徴」である商標がその機能を十分発揮できるのは商標法があればこそである。
　商標制度の存在のためには，登録制度がなくても存在し得る。しかし，近代商標法のほとんどは「登録」という法技術を利用して商標を保護しており，今日のわが国の商標

序　章　I

制度は，商標登録制度といってもよい。商標法による登録商標の保護は，不正競争防止法による商標を利用した不正競争に対する規制とあいまって，競争秩序の維持に尽くしている。

I　標識と商標

【参考文献】
(商標概念)　網野誠「商標法における『標識』の定義」特管15巻7号487頁（65），紋谷暢男「複数商標」商標判例百選15頁（67），網野誠「商標の概念」商標判例百選8頁（67），糟谷安「商標法上の商標の定義について」石黒淳平先生＝馬瀬文夫先生還暦記念・工業所有権法の諸問題233頁（72），江口俊夫「商標法第2条の定義規定に対する疑問－主観的要件の必要性」工学研究24号1頁（78），網野誠「商標法における『商標』等の基本概念について」特管29巻12号1337頁（79），播磨良承「商標の法的本質論序説」滝野博士喜寿記念論文集425頁（79），後藤晴男「判決における『登録商標』の解釈」（上・下）発明77巻4号30頁，5号76頁（80），田村善之「判例で考える商標法1～2商品概念の再検討1～2」発明91巻4号73頁，91巻5号81頁（94），網野誠「商標法の目的規定をめぐって」パテ37巻5号2頁（84），網野誠「商標法の基本概念についての異説をめぐって」パテ37巻7号34頁（84），商標委員会第2小委員会「付随的サービス・商品の概念及び商標法上の取り扱いについての一考察」知管46巻5号759頁（96），佐藤英二「商標相談－商標法における商品と役務の概念について」発明100巻1号93頁（03）。

(商標の機能)　沢浦雪男「商標による取引」特管4巻8号499頁（54），杉林信義「商標自体の特性について」パテ15巻10号4頁（62），佐藤房子「商標の創作性」工業研究1巻11号17頁（67），磯長昌利「商標の機能について」工業研究2巻12号18頁（67），磯長昌利「商標と心理学」パテ21巻2号18頁（68），佐藤房子「商標機能の新展開」工業研究17巻3号30頁（71），「消費者購売態度アンケート調査，ブランドの影響」ニュース3361号2頁（72），加藤恒久「商標の本質的機能」パテ29巻11号3頁（76），播磨良承「商標の機能に関する法律学的検討」民商78巻臨時増刊3号371頁（78），G．シュリッカー「不正競争と消費者保護」AIPPI 23巻4号2頁，5号2頁（78），ゴールドシュタイン〔土井輝生訳〕「プロダクト・ライアビリティと商標所有者－商標の保証機能」国際商事法務7巻7号309頁（79），浜上則雄＝加賀山茂「商品表示と消費者保護(上・下)」ジュリ685号17頁（79），舟本信光「意匠の識別機能について－美感を起こさせるもの」豊崎追悼437頁（81），渋谷達紀「登録商標の出所表示機能－並行輸入との関連において」学会年報11巻77頁（88），日比恆明「日本の商標の『安心機能』」発明88巻6号57頁（91），「色彩デザインは機能に役立っても保護可能（Fabrication Enterprises Inc. v. Hygenic Corp. CA2,8/22/95）」I.P.R 9－10号502頁（95），田村善之「機能的知的財産法の理論」知的財産研究叢書(1)（信山社，96），佐藤恒雄「商標の機能と商標権の侵害」パテ51巻10号39頁（98），青木博通「商標と意匠の関係－欧州共同体意匠規則による商標の保護－」パテ56巻7号3頁（03），事務局（仮訳）（AIPPI JAPAN）「議題173－商標とドメインネームの共存の問題：公的及び私的な国際登録制度」AIPPI 47巻11号12頁（02），松嶋伸之「議題148－立体商標：商標と工業意匠の境界線について」AIPPI 45巻6号24頁（00），鳥羽みさを「商標の機能とグローバリゼーション－『商標法』における『需要者の保護』が意味するもの－」パテ55巻7号34頁（02），「不可争商標／機能性に基づく商標取消（Eco Manu-facturing LLC v. Honeywell International Inc., 7th

序　章　I

Cir., 12/31/03)」I.P.R. 18巻2号94頁（04），「機能性の法理／特定の色の組み合わせに関する排他的権利の主張（Deere & Co. v. MTD Holdings Inc., S.D.N.Y., 2/18/04)」I.P.R. 18巻4号211頁（04），三山峻司「侵害訴訟の実務から見た商標の本質論・機能論の再考」知財研究45−1号1頁（04），堤信夫「商標機能の現代的考察−商標による情報伝達経路の構築−」知管54巻4号619頁（04），知財権研究委員会「21世紀の商標制度構築に向けた調査研究報告書」知的財産研究所・知財権研究報告書19頁（04），蘆立順美「商標権の保護範囲と商標の機能−欧州における並行輸入に関する議論を参考として＜研究報告＞」学会年報32号（『発明の本質的部分の保護の要否』）19〜43頁（08），勝久晴夫「商標の機能としての安全性保証機能(1)−知的財産法と消費者法の交錯の一場面」阪大法学59巻6号83〜103頁（10），勝久晴夫「商標の機能としての安全性保証機能(2完)−知的財産法と消費者法の交錯の一場面」阪大法学60巻1号105〜133頁（10），土肥一史「標章を商標たらしめるものはなにか（研究報告　商標の基本問題について−商標の識別性と商標の機能を中心として）」パテ64巻5号（別冊パテ5号）190〜197頁（11），金子敏哉「商標権の共有者による使用（研究報告　商標の基本問題について−商標の識別性と商標の機能を中心として）」パテ64巻5号（別冊パテ5号）171〜189頁（11），大西育子「商標の譲渡と使用許諾−商標の機能からの一考察（研究報告　商標の基本問題について−商標の識別性と商標の機能を中心として）」パテ64巻5号（別冊パテ5号）160〜170頁（11），古城春実「商標の識別力の利用と比較広告−2つの事例から（平成20.12.26東京地判）（研究報告　商標の基本問題について−商標の識別性と商標の機能を中心として）」パテ64巻5号（別冊パテ5号）145〜159頁（11），林いづみ「商標権の効力とその制限−商標法25条・26条再考（研究報告　商標の基本問題について−商標の識別性と商標の機能を中心として）」パテ64巻5号（別冊パテ5号）128〜144頁（11），名越秀夫「識別力の毀損−希釈化からの保護を中心に（研究報告　商標の基本問題について−商標の識別性と商標の機能を中心として）」パテ64巻5号（別冊パテ5号）119〜127頁（11），外川英明「商標の普通名称化・慣用商標化とその回復−識別力と独占適応性の観点から（研究報告　商標の基本問題について−商標の識別性と商標の機能を中心として）」パテ64巻5号（別冊パテ5号）102〜118頁（11），蘆立順美「地域団体商標制度と商標の機能（研究報告　商標の基本問題について−商標の識別性と商標の機能を中心として）」パテ64巻5号（別冊パテ5号）93〜101頁（11），小島立「立体商標について−ヨーロッパの動向を素材に（研究報告　商標の基本問題について−商標の識別性と商標の機能を中心として）」パテ64巻5号（別冊5）78〜92頁（11），川瀬幹夫「商品・包装の形状に係る立体商標（研究報告　商標の基本問題について−商標の識別性と商標の機能を中心として）」パテ64巻5号（別冊パテ5号）59〜77頁（11），峯唯夫「音の商標を商標法で保護する必要があるのか（研究報告　商標の基本問題について−商標の識別性と商標の機能を中心として）」パテ64巻5号（別冊パテ5号）48〜58頁（11），中村仁「新しいタイプの商標と識別性−見える商標での識別性（研究報告　商標の基本問題について−商標の識別性と商標の機能を中心として）」パテ64巻5号（別冊パテ5号）38〜47頁（11），大島厚「マグアンプ事件における機能論再論（平成6.2.24大阪地判）（研究報告　商標の基本問題について−商標の識別性と商標の機能を中心として）」パテ64巻5号（別冊パテ5号）24〜37頁（11），蘆立順美「フレッドペリー最高裁判決における商標機能論の検討（平成15.2.27最高一小判）（研究報告　商標の基本問題について−商標の識別性と商標の機能を中心として）」パテ64巻5号（別冊パテ5号）11〜23頁（11），峯唯夫「並行輸入と商標機能論−パーカー事件を切り口として（昭和45.2.27大阪地判）（研究報告　商標の基本問題について−商標の識別性と商標の機能を中心として）」パテ64巻5号（別冊パテ5号）1〜10頁（11），「商標の基本問題について−商標の識別性と商標の機能を中心とし

て＜研究報告＞」パテ64巻5号（別冊パテ5号）1～198頁（11），土肥一史「非伝統的商標の機能性と本質的価値＜講演＞（東京弁護士会知的財産権法部）」パテ65巻10号84～101頁（12），Basire YannHenri「商標はなぜ保護されるのか？ 欧州と日本における商標の機能の問題についての比較研究（要約）」知財研紀要22（電子資料）6頁（13），日本知的財産協会商標委員会第1小委員会「商標の機能（識別力）へ配慮した表示についての考察」知管64巻6号884～894頁（14）。

(1) 標　　識

商標は商品又は役務に関する標識である。

「標識」とは，目印である。目印は，あるもの・あることを認識しやすいように付ける印しであり，言い換えれば，ある対象を他の対象と区別して確定し認識しやすいようにした表象である。

標識の本質的特性は，他との区別機能（識別機能）である。その区別機能によって，あるもの・あることを確定認識させる。「酒」という「標章」は，それが付された瓶や罐の中身が商品・酒であることを認識させる。「標章」は，「しるしとする徴章または記号」であるとされる（日本国語大辞典9巻156頁，広辞苑1896頁）。標章も標識の1つである。

標章の基本的機能は「識別機能」である。仮に，その標章が氏（例えば「久保田」・「本田」・「鹿島」・「大林」）であっても，ある種の識別機能はもっている。しかし，ありふれた氏は，限定された場面において，ある者の所有標などとしての標識的機能は果たしても，市場においては，需要者は，ありふれた氏では，その商品・役務が何人かの業務に係る商品・役務であることを認識することができない。

しかし，その標章が農業用品・二輪車・建築・土木でしばしば用いられると，ある時点からクボタ（久保田鉄工）・ホンダ（本田技研）・鹿島（建設）・大林組というように特定の出所を示す機能をもつに至る（使用による識別力）。それは，消費者に特定の具体的企業名（例えば洋酒での，かつての株式会社壽屋）を認識せしめる必要はなく，サントリーが示す一定の出所（商標でわかる定まった一定のあるところ）を指示することで足りる。これによって営業者は自己の商品の販売先を確保でき，信用を蓄積し得る。そして，その標章が特定企業と結び付いて初めて，需要者も，その標章を付した商品・役務の品質・質に一定の期待をもつ，という「品質保証機能」，さらには「広告機能」が，その標章に生じてくる。このように標識ないし標章の機能については，識別機能が最も本源的なものである。

(2) 商　　標

(a) 商標の概念　　商標は自己の商品・役務と他の商品・役務とを識別する標識であり，商品や役務の出所を示す標章である。かつて「商品商標」は「商品の顔」であるといわれた。これは，人間の顔がその人を表しているのと同様に，商品の顔である商標も，その商品の信用・評判・名声などを表していることを示している。「役務商標」も同じこ

序　章　Ⅰ

とである。どの人間の顔もまったく同一でないところから、氏名を忘れてもその人の顔を見れば、他の人と区別できるのと同様に、キヤノン、パナソニック、ソニー、大関、アリナミンといった商品商標を見れば、直ちに他の出所より出た同種の商品と区別ができ、また、電通、大成、KDDI、ロイター、阪急といった役務商標を見れば、直ちに他の出所より出た同種の役務と区別ができる。

　このように、商標とは、自分の商品と他人の商品、自分の役務と他人の役務を区別するために、事業者が商品又は役務につける標章である。

　　㈱　標章の定義　　わが国の商標法では、「標章」を「人の知覚によって認識することができるもののうち、文字、図形、記号、立体的形状若しくは色彩又はこれらの結合、音その他政令で定めるもの（以下「標章」という。）」であると定義している（詳細は商標法2条1項の注解を参照のこと）。「標章」は、標識に属し「商標」を含む広い概念である。

　　㈹　標章の構成　　このように現行商標法上の商標は「標章」に限定されているから、標章は商品・役務について人間の知覚によってとらえられるものであることが必要である。知覚によってとらえられるもののうち、においや味などは、いくらそれが特異のもので特定のものを示す標識的作用を営んでも、現在のわが国の商標法では、それを商標として登録することはできない（ちなみに、かつては登録は平面的に表現されることを要するとされ立体的な標識（立体標章）は登録されていなかったが、フランスなどでは多くのワインの瓶などが登録されていたし、アメリカなどでは酒類のディンプルの瓶や食品のマクドナルドのアーチを立体商標として認めて登録していた。また、音声によって表現されたもの（音商標）も、平成26年改正前は商標の定義に含まれず登録されていなかったが、アメリカ商標法のサービス・マーク（役務商標）の概念のなかには入っていて、チャイムの音やライオンの唸り声などが登録されていた）。

　かつて標章ないしそれを商品に用いた商標が平面的であることを要するとされていたときも、商標の立体性について、例えば、石鹸そのものに商標を付するとき、石鹸の表面部分にどうしても凹凸マークができるような、社会通念上許容し得る範囲の立体性のものは、商標として取り扱うのが妥当とされると解釈されていた（紋谷編・50講16頁。登録要件としては平面的である必要があるが、商標の使用の態様としては立体的のものでよいとする者もあった。吉原・説義20頁、25頁。しかし、通説は、これは侵害の態様として認められる程度にとどめるべきとしていた）。しかし、平成8年改正によって、わが国でも立体商標登録制度が導入され立体商標が認められた（商標2条1項。この詳細は商標法2条の注解を参照のこと）。

　「文字等と結合していない色彩のみ」や「音」については、かつては「商標」の定義である「文字、図形、記号若しくは立体的形状若しくはこれらの結合又はこれらと色彩との結合」（商標旧2条1項）に該当せず、商標法の保護を受けることができなかった。また、動き、ホログラム、位置といった商標も、適切な出願方法等が整備されていなかったた

め商標登録を受けることが困難であった。しかし，平成26年改正によって，わが国でも色彩のみからなる商標，音商標等について登録をすることができるようになった（商標2条1項）。

　(ハ)　標章・商標に関する用語の異同　　商標に関する用語の詳細は，後の注解にゆずることにして，商標概念の検討に入るために，ここで，標章・商標に関する「商品名」・「営業名」・「ブランド」・「マーク」・「標章」・「商標」といった用語の異同について，簡単にふれておく。

　(i)　商品名　　通俗的に，商標（例えば「キヤノン」）のことを「商品名」という用例が新聞・雑誌などで広く用いられている。この用語は，その商品固有の名前というくらいの軽いつもりで固有名称に用いられている。しかし，その商品の普通名称（カメラ）もまた「商品名」といわれる。商標のことを商品名という用語法は，新聞・雑誌などで極めて広く用いられているが，紛らしいので注意を要する用法である。

　(ii)　ブランド　　次に，「ブランド」という語は，元来樽とか箱に，焼きごてでつけられた印しを意味する言葉であった。しかし，現在では，トレード・マーク（商標）と同じ意味にすら用いられている。イギリスの商標法で，「マークとは，模様・ブランド・ラベル・サイン・などをいう」というように，「ブランド」概念は「マーク」の概念より下位概念としてとらえられていた。また，航空会社や銀行の「サービスマーク」などは，通常サービスブランドとはいわない。ブランドの用語は，商品のマークを指す程度にとどめないと，用語「ブランド」の濫用ともいえる。そこではマークの用語のほうが，概念としてはずっと広い。しかし，わが国の広告実務界などでは，ブランド・イメージ，ブランド・ロイヤリティというように，トレードマークより，ブランドという語をより一般的に用いる傾向もある。

　(iii)　マーク　　「マーク」は標章と訳し得る。マークとは，一定のものを示すための形象である。商品・役務の標識として用いられた標章が，商標（trademark）である。商標には，特許庁に登録されたものと，されていないものがあり，前者が登録商標（registered trademark），後者が未登録商標である。マークは，広い概念であるから，役務標（service mark）はもちろん，証明のためのもの，団体のものなどすべてを含む。商標は商品・役務についての標章（マーク）である。「商標はブランド・マークである。この商標が登録されるとトレードマークになる」などというような誤った定義が記載されている辞典もあるが，これは通俗的用法の混乱を反映した誤った定義である。

　(iv)　意匠　　商品に付された一定の文字・図形が商標か否かは絶えず争われるに至った。しかし，商品の品質・数量記号などは，いくら商品について用いられていても商標であるとはされないとしても，この考え方が行きすぎて，商品に付された一定の文

序　章　I

字・図形などが意匠か否かを判断し，意匠である以上，識別力があっても商標と考えないというように，択一的・硬直的に事象をとらえる者がある。これは，商標法2条の定義規定を設けた法意をまったく失わせるものである。商標と意匠は相排斥しあうものではなく，両立し得るものである。商品の意匠が商標的機能をもっていれば商標であり，商標的機能がなければ単なる意匠にすぎない。

　(b)　商標法における商標　　商標は，事業者（業として商品を生産し，証明し，又は譲渡する者，及び，業として役務を提供し，又は証明する者）が，「商品又は役務について使用するもの」である（商標2条。この詳細は商標法2条3項の注解を参照のこと）。

　標章のうち，「商品又はサービス（役務）」について使用されるもののみが，商標である。国・地方公共団体・公益法人なども商標を所有し得るが，都道府県のマークや市章のようなものは勿論，会社の社章も商標ではない。商標法での定義では，商標は標章の1つであるが，商標法は，この法律で「商標」とは，「人の知覚によつて認識することができるもののうち，文字，図形，記号，立体的形状若しくは色彩又はこれらの結合，音その他政令で定めるもの（以下「標章」という）であって，1．業として商品を生産し，証明し，又は譲渡する者がその商品について使用をするもの」「2．業として役務を提供し，又は証明する者がその役務について使用をするもの」をいうと定義している（商標2条1項）。

　この定義からすると，商標には，後述の「商品の生産標」（製造標），「役務標」（サービスマーク），「商品の加工標」，「商品又は役務の証明標」，「商品の譲渡標」（販売標）のすべてが，現行法上の「商標」概念に含まれる。

　役務標導入前の商標法では，商標は「商品」について使用するものであったから，「サービス」について使用をする「サービスマーク」（役務商標）は含まれなかった。「商品」概念は伝統的に流通市場で交換するため生産された動産であるとされていた。すなわち動産には土地の定着物を含まないから，プレハブのような移動可能倉庫は商標の対象となっても，プレハブでも定着後の倉庫は商標の対象でなく，建築などの「役務」の対象とされていた（反対説は，網野・商標〔新版再増補〕32頁，同旨・大阪地判昭45・5・20ニュース2737号3頁，いわゆるダイダラザウルス事件。しかし，不動産については商品分類に指定区分はなく，実務も従来の定説に従っていた）。

　しかし，伝統的に転々流通しない不動産は商品概念から外されてきたが，平成4年の役務商標は，転々流通する動産でなくても出所混同からその標識を保護しなくてはならないという前提に立ち，さらにプログラムも商品とみなすようなドラスチックな法改正もなされた。

　ところで，最近この点が問題になった，いわゆるヴィラージュ事件の判決（東京地判平

11・10・21判タ1019号250頁・判時1701号152頁）は，分譲マンションの外壁や立看板に標章を付する行為について，分譲マンションは「建物の売買」の手段ではなくその目的であるから，マンションは役務供用物（商標2条3項4号）には該当せず，商品であると判示した。分譲マンションは「建物の売買」という役務の用に供するものではなくその目的物であるとしても，その外壁や立看板に標章を付する行為は「建物の売買」という役務についての広告的使用（商標2条3項8号）ととらえればよいのであるから，あえて不動産を商品としない伝統的理解を覆す必要はなかったともいえる。しかし，判決は，分譲マンションは「市場における販売に供されることを予定して生産され，市場において取引される有体物であるから」商品であるとした。そうであれば賃貸マンションも商品であるということにすらなる。しかし，賃貸マンションの名称は，そのマンションを「生産し，証明し，又は譲渡する」（商標2条1項1号）ということにはならない。どう考えても賃貸マンションの名称は，商品商標ではなく役務商標である（商標2条1項2号）。同じマンションにおいてこのような区別をし，また，登録しようとしても，不動産という商品区分の項目もないのに，分譲マンションを商品であるという必要はないという考え方も強く，この判決に対して控訴がなされた。控訴審では棄却はされたが，この点には触れず，間接的にこの判決は変更された（東京高判平12・9・28判タ1056号276頁〔ヴィラージュ控訴事件判決〕）。

すなわち，変更は正面からの直接的なものでなかった。そして，以下のように判断した。

「被告は，本件マンションを分譲販売したものであり，その名称として本件登録標章に類似する被告標章を使用したものであるが，一般に，マンションの住居の分譲販売に当たって，分譲販売業者は，売買という契約成立ないしその履行に至るまでの間に，販売の勧誘や売買交渉過程において，購入希望者等に対し，マンションの特徴，住居部分の間取り，内装設備，周辺地域の状況，販売価格の合理性，管理形態，さらには住宅ローンの内容など様々な説明を行い，モデルルームの展示をするほか，当然のことながら工事中のマンションあるいは完成後のマンションの内外部を案内するのが実態であり，また，購入予定者に対する住宅ローンの斡旋などを行うこともあり，行政規制としては，宅地建物取引業法35条の重要事項の説明が必要となっている……（中略）……

これらの分譲販売業者の行為は，マンションの分譲販売に際して行われるものとして，建物の売買という役務に属する行為であるというべきである。

この間に，マンションの建物の名称が使用される機会が多く，マンションの建物自体や，モデルルーム，定価表，取引書類その他の売買関係書類，あるいは，看板，のぼり，チラシ，パンフレット，新聞広告などの広告にも建物の名称も使用されるものであろう

序　章　I

ことは，おのずと推認されるところである。
　本件においても，被告が本件登録商標に類似する被告標章を本件マンションの名称として使用し，分譲販売した際に，本件マンションの階段入り口部分の表示板に被告標章を付けたり，被告標章を付した立て看板，垂れ幕などが掲示され，被告標章を付したチラシ，パンフレットの配付がされたことは，前記引用の原判決認定のとおりである。これら被告標章を付した行為は，マンションの分譲販売に際して行われる役務提供の際になされたものであり，被告標章は，建物の販売の役務の提供に当たり，販売の役務の提供を受ける者すなわちマンション購入希望者が購入予定物件の内容の案内を受けるなどの際に使用されたものであって，これが，本件登録商標の指定役務である『建物の売買』についての使用に該当することは明らかである。」として控訴を棄却した。
　すなわち不動産という商品分類の項目もないのに，分譲マンションを商品であるという大胆な判決を直接的には否定しなかったが，控訴審において補佐的に入った有力代理人たちが意識的に大きな論点とした点に触れずに控訴を棄却することによって，事実上間接的に否定したといえよう（東京高判平12・9・28判タ1056号276頁〔ヴィラージュ控訴事件判決〕）。
　標章は「人の知覚によつて認識することができるもののうち，文字，図形，記号，立体的形状若しくは色彩又はこれらの結合，音その他政令で定めるもの」であるから，におい，味は商標の構成要素ではない。すなわち，現行法では，におい商標などは不正競争防止法上の表示であっても，商標法上の標章としては認められていない（不正競争防止法においては，東京地判昭55・1・28無体集12巻1号1頁，東京高判昭56・2・25ニュース5662号1頁，香りのタイプに関する事件で理論として認められ，当該件の請求は認容されなかった。立体に関しては，立体商標制度導入前にも，東京地判昭48・3・9無体集5巻1号42頁のナイロール眼鏡枠事件以後，いくつかの事案で認容されている。立体商標が登録された場合には，商標法と不正競争防止法が競合的に適用される）。
　平成26年改正により商標の定義に「音」が含まれたが，文字商標について他人が音声として発する行為（いわゆる文字商標の音声的使用）が商標権侵害となり得るか否かについては問題が残る。
　商標法は，標章と標章使用者との間の関係に機能し，信用を保護する。趣味の頒布会（商品は陶器等）の広告用の無料配布のちらしは，交換価値がないから商品（問題登録商標の指定商品は印刷物）ではなく，商標権侵害は成立しないとした（東京地判昭36・3・2下民集12巻3号410頁）。この結論は正しいが，理由には疑問がある。それは，真の理由はちらしに印刷物としての交換価値がないからでなく，ちらしの標章は，印刷物という商品「について使用」されたものではないからである（広告用の頒布物でも交換価値もある印刷物や，

広告用の交換価値のあるコップなどの場合を考えよ）。

　標章は商品と関連して初めて意義がある。ぶどうの包装に巨峰の文字（標章）が物理的に付されていても，それは商品たる包装に付された標章でなく，商品たるぶどう「についての」標章であるとして，包装用容器を指定商品として登録商標をもっていた者の仮処分申請は認められなかった（福岡地飯塚支判昭46・9・17無体集3巻2号317頁）。2条の「について」という文言を重視し，商品「について」の標章使用の意義を，商品を識別するための標章使用であると解するならば，商品に付された特別顕著でない数量記号のようなものは，商品との関係（信用）を示す機能，すなわち識別力がなく，それは標章であっても商品「について」の標章ではない，商標でないと解し得る。このように解すると，「商標法上の商標」概念と「社会通念上の商標」概念の間の乖離がなくなり得る（反対，網野）。

　商標は商品又は役務を示すものである。「商標」を，抽象的な「人の知覚によって認識することができるもののうち，文字，図形，記号，立体的形状若しくは色彩又はこれらの結合，音その他政令で定めるもの」で，業として商品を生産などする者がその商品「に」使用をするものすべて，すなわち，商品に使用される会社名も，等級表示も，「取扱注意」の荷札も，価格もすべていったん商標となるとし，このような文字などは「商標法上の商標」であるが，「社会通念上の商標」ではないとする考え方がある（網野説）。

　これに対し，商標法1条の規定等との関連をも検討し，総合的立場から解釈して，商標法のいう商標は識別性のあるものを指すとするものがある（中村・商標29頁，後藤晴男「判決における『登録商標』の解釈」発明77巻4号及び5号登載）。

　「文字」等を商品「に」使用するという意味は，前説では，例えば，出版物では，文字を商品出版物に表面のみならず内部に使用することまで含むものであろうか。上記の定義は，そのようなものではなかろう。とすれば，前説でも，「その商品に」使用するものはなんでもよいと，広くすべてを含めるものでなく，「その商品について」外部から見えるものに限定解釈している。いかにも括弧書き内の「標章」の文字は略称で，その内容は定義されているとはいえ，「標章」（しるし）と称している。したがって，商標は標章を商品「について」使用するものであるから，「文字（標章）等商品をしめすもの（標）に使用するもの」が商標で，「価格」とか「しみ」などは，もちろん商標ではない。

(3) **商標の種類**

　商標は，その(a)構成，(b)機能，(c)使用方法，(d)その他などから，いろいろ分類することができる。次に，一般に用いられる用語を説明する。

　(a)　構成上の分類　　商標は標章の中の1つである。商標法は，「標章」とは「人の知覚によって認識することができるもののうち，文字，図形，記号，立体的形状若しくは

序章 I

色彩又はこれらの結合，音その他政令で定めるもの」をいうと定義している（商標2条1項）。

　標章は標識の1つであるが，「標識」は標章のように「視覚」や「聴覚」によってとらえられるものに限定されるわけでなく，臭覚・味覚・触覚でとらえられるものであっても，その機能を果たし得る。視覚でとらえ得る標章には，「平面的」な標章の概念のほかに，動くもの（動的商標）・立体のもの（立体商標）がある。聴覚によるものには音による標識（標音商標）等が存在する。現行法は，におい商標などの標識は，商標法上「商標」としてとらえていない。

　(イ) 文字商標　　文字商標とは，文字だけで構成されている商標である。文字はカタカナ・ひらがな・漢字・ローマ字・数字等その如何を問わない。しかし，わが国民が，文字として理解することのできない文字商標（アラビア文字・タイ文字等の商標）は，類似判断などの問題などでは，文字商標というよりむしろ図形商標として評価するほうが適切な場合もあり得よう。

　(ロ) 図形商標　　図形だけで構成されている商標である。図形商標は，写実的な図形・図案化された図形・幾何学的図形，図形と図形の結合のもの・文字を図案化して通常の文字とまったく異なる印象を与えるようなもの・これらの如何を問わない。図形商標は，商標として歴史的には最も基本のものである。文字商標の使用が盛んとなったのは，歴史的にはむしろ後のことに属する。

　(ハ) 記号商標　　記号商標は，記号から構成されている商標である。記号標章は標章の起源として最も古く，数千年の昔にさかのぼるといわれる。記号は，暖簾記号・紋章等のように歴史的な古いもの，あるいは，アルファベット・カナ文字を輪郭で囲んだもの，アルファベットをモノグラム化したような近代的記号等その如何を問わない。

　(ニ) 結合商標　　商標は基本的には構成上，文字商標・図形商標・記号商標等のみである。しかし，文字・図形・記号等の結合は，結合商標といわれる。「文字と図形」・「文字と記号」・「図形と記号」，さらには，「文字・図形・記号などの結合」等の商標が，いずれも結合商標である。

　文字と文字の結合といっても，例えば，"ミノルタ"の文字商標のように"(ミ)(ノ)(ル)(タ)"の字を配列したにすぎないものは，結合商標といわない。"ムーン"という単語と"スター"という単語を結合して，"ムーン・スター"という商標を構成するように，独立して商標を構成し得る文字・図形又は記号のうち，2個以上の標章の結合によって構成されている商標が，正確な意味の結合商標，ないし，狭義の結合商標である。

　(ホ) 色彩商標　　商標の構成要素としての色彩が文字や図形に施されることによって，丸と赤玉のように，商標が稀には非類似となることもある。商標法は色彩を商標の

構成要素としたが，商標登録出願は通常黒色で行われるが，いろいろな色彩で商標登録出願をしなくても，どのような色彩も登録商標と同一のものは含まれるものとした（商標70条1項）。色や形状で類似の範囲を脱しない商標が類似商標たることは，両要素が類似であっても当然のことである（商標70条3項は，色ちがいの類似は70条1項，25条で規定済みだし，色ちがいで不正使用の対象になるのはおかしいから適用除外しただけにとどまる。なお，商標法70条の注解を参照のこと）。ただし，平成26年改正により商標の定義に含まれた「色彩のみからなる商標」については，色彩の違いは商標の同一性に影響を与えるため，商標法70条1項ないし3項は適用しないこととした（商標70条4項）。

(b) 機能上の分類　　商標は商品の標識であるが，その標識が何を表すかという，その標識の機能によって，商標の分類をすることができる。

(イ) 商品商標　　商標は商品・役務の標識である。標識が商品に関して用いられる以上，すべて商品標（Merchandise mark）であり，標識が役務に関して用いられる以上，すべて役務標（サービスマーク，service mark）である。しかし商品・役務標の中でも，その商品標・役務標が次第に著名になって，単なる商品・役務を示す作用を営むのみならず，営業をも指示する作用をもつに至る。この場合には，商標は営業の標識である営業標（ビジネスマーク，business mark）と交錯する。

しかし，商標の原形は個々の商品・役務ごとに使用される標識であって，これを「個別商標」ともいう。すなわち，商品商標は，特定の商品・役務と他の商品・役務とを区別して個々の商品・役務ごとに使用される個別商標を指すことが多い。例えば，東芝株式会社はテレビについて「東芝」という全体商標（general mark, house mark, ハウスマーク）以外に，「REGZA（レグザ）」というような個別商標を用いている。これに対して，役務商標の場合には，個別商標よりも全体商標を指す場合のほうが多い。

(ロ) 営業商標　　社章（ハウスマーク，house mark）等も商品・役務に付された場合，商品・役務を識別する商標として働く。このような標章が，営業商標の典型である。すなわち，営業商標とは営業を示す営業標が商品・役務に使用され，商品・役務をも表示するものとして機能する標章である。しかしこの逆に，個別商標もその企業の多くの商品・役務の商標に用いられ，あるいは永年商品・役務に用いられていると，商品・役務の出所たる営業者をも表示するに至り，単なる個別商標から営業商標に発展する。

(ハ) 商品商標と役務商標（サービスマーク，service mark）及び二重商標　　サービスマークは，金融・運輸・放送・建設・ホテル等，役務を提供する企業が，自己の役務と他人の役務とを区別するために使用する標識であるが，平成3年の商標法の改正で，商標の概念に包摂されることになった。ところで，同一の商標が，商品（例えば，自動車）の商標として用いられ，同時に役務（例えば，自動車修理業務）の標識として用いられる場合

がある。このような場合，その商標を「二重商標」といっている。

　ここにいう役務には品揃え，商品展示，接客サービスといった顧客に対するサービス活動である小売や卸売の業務における顧客に対する便益の提供も含む（商標2条2項）。平成18年改正は，小売等役務商標制度を導入し，この点を明らかにした。

　㈡　団体標章・地域団体商標　　組合等の団体が，その団体構成員である個々の営業者に，その商品・役務にその団体が有する標章を用いさせることがある。団体そのものは，その標章を自己の商品・役務を示す商標として用いていないが，その構成員が，その標章をその商品・役務の商標として用いるのである。取引上では，団体商標（collective mark）は，主として品質保証的な機能を果たすために用いられる。

　平成17年改正により導入された地域団体商標は，地域の名称と商品（役務）の名称からなる商標について，一定の範囲で周知となった場合には，事業協同組合や農業協同組合等の団体が，地域団体商標として商標登録を受けることができるようにし，地域活動の活性化に役立つことを目的としている。

　㈤　等級商標　　自己の製造する商品・役務について，ただ1つの商標だけでなく，取り扱う商品・役務の規格数が増加するに伴ってその種類・質の相違を需要者が理解しやすいように，等級ごとに商標を作成してこれを付することがある。このような商標をわが国では「等級商標」と呼んでいる。特定の営業者が一定の標章を基本として，これに種々の装飾を与え，あるいは，変形し・付加語を加える等して等級商標として用いる場合，この面で，これらを互いに「ファミリーマーク」（family mark）と呼んでいることがある。また，構成からみて「派生商標」ということもある。この等級商標は商品商標で用いられることが多く，サントリー株式会社が，トリス，サントリーレッド，サントリーカスタム，サントリーオールド，サントリーリザーブ，サントリーロイヤル，インペリアル等と使用しているのはこの「等級商標」の例である（一部のインペリアル等を除けば，サントリーの派生商標でもある）。

　(c)　使用主体による分類　　商標は，その商標の主体によって，製造標・販売標・証明標等に分類することができる。商品商標の製造標・販売標にあたるものを強いていえば提供標ということになるが，かかる用語はまだ出てきていない。

　㈠　製造標　　「製造標」は，商品の製造者が，自己の製造する商品であることを示す商品商標である。製造標においては，製造者の製造技術による品質・特徴が，商品を通じて商品に化体される。その結果，販売標のみを付しただけで市場開拓をした場合よりも，製造者に有利な状態が生まれる。逆に，販売業者は，自己の商標を需要者に印象づけたい。そこで，商標採択における主導権争いが，製造業者と販売業者の間で往々行われる。

序　章　I

　(ロ)　販売標　　「販売標」は，販売業者が，自己の選択に基づき販売する商品であることを示す商標である。一定の選択によって仕入販売が販売業者によって行われていることを示し，製造者による品質保証機能とまた異なる意味での品質保証機能を，この販売標は果たす。

　製造者の取引力の弱いときには，販売標だけが使用されることもある。ときには製造標と販売標が併記して用いられる（このように，1つの商品に2つ以上の商標の付されることをダブル・チョップ（double chop）などと称する）。

　(ハ)　役務標　　「役務標」は，役務の提供者が，自己の提供する役務であることを示す商標である。役務標においては，提供者の役務の質・特徴が，役務を通じて役務標に化体されることは製造標の場合と変わりはない。また，一定の役務提供者がその者によって行われていることを示し，役務の質の保証機能を，この役務標（役務商標）は果たすものであることも，製造標・販売標の場合と異ならない。

　(ニ)　証明標　　「証明標」は，商品・役務の品質・質の検査を行う者が，その取り扱った商品・役務の品質を保証・証明する商標である。アメリカ法では，証明標（certification mark）は，通常の商標と別に規定され，その乱用・弊害をなくすための規制がなされている（アメリカ商標法4条・14条B）。

　(d)　その他の用語

　(イ)　ファミリーマーク　　一定の商標を基本とし，これに種々の文字を結合させて同一の企業の商品・役務に使用する商標を相互にファミリーマーク（family mark）といい，あるいは，標章作成上元のものからできた後のものを派生商標と呼んでいる（コダックにおけるコダカラー・コダクローム・コダラインがその例である）。

　(ロ)　造語商標　　商標使用者によって創造されたもので，特定の観念を本来的には有しない文字商標を，造語商標（coined mark）という。これは自他商品・役務の識別力が本来的に強いマーク（strong mark）である。英国法の防護標章は，造語商標にのみ許される。

　また，文字の任意選択で作る面からみて，アービトラリ・マーク（arbitraly mark）ということがある。

　(ハ)　貯蔵商標（ストックマーク）　　実際には直ちに使用せず，将来の使用のために企業内で貯蔵されている登録商標を，一般にストック商標又は貯蔵商標（stock mark；Vorratszeichen）と呼んでいる。

　(ニ)　広告商標　　その商標では，広告的機能がその機能のほとんどを占めている商標を，広告商標と呼んでいる。スローガン商標やキャッチフレーズ商標の多くは，広告商標であることが多い。

〔小野〕　19

序章 I

(ホ) プライベートブランド　卸売業者や大型小売業者のような販売業者が、製造業者の製造標を付さず、販売標だけを付してその商品を販売する場合、その商標をプライベートブランド (private brand) と俗にいっている。プライベートブランドは、多く販売標と一致する。

(4) 商標に隣接する標識

商標は、人の知覚によって認識し得る標識の1つであるが、それと類する意匠・商号・スローガン等としばしば混同される。以下、これらと商標との相違について説明する。

(a) 商標と意匠　商標は、自己の商品と他人の商品とを識別するために、商品に使用される標識である。これに対し、意匠は、物品の形状・模様・色彩・又はこれらの結合であって、視覚を通じて美感を起こさせるものである（意2条）。両者は、ともに需要者の購買力を吸引する形象である点に共通点を有するが、根本的に異なるところは、商標が自他商品の識別を目的とするのに対し、意匠にはこのような目的が直接的にはない点にある。また意匠は、趣味感・審美性をその本質とするのに対し、商標は（ファンシーマーク、fancy-mark のように審美性趣味感を、たまたまもつことがあるにしても）その本質は識別機能にある。審美作用とか趣味感によって需要者の購買動機を増大させようとする機能は、商標の本質に属さない。

ただ、同一形象が一方で商標出願の対象となり、他方で意匠出願の対象となることはある。また、ある形象が商品に使用された場合、それが意匠に属するか商標に属するか、あるいは、その両者の作用をもつか等について判断の困難なこともある。しかし、ある形象が商品に使用され意匠に属するから、商標に属しないとか、商標であるから意匠に属しないということはなく、その形象や出所指示力を有するか否かで判断する。

(b) 商標と著作物　著作物は、文芸・学術・美術等に属する思想・感情の外部的に表白されたものであるが（著2条1項1号）、これら著作物若しくは著作物の一部が商標出願の対象とされ、あるいは、商品・役務の標識となる場合がある。特に、漫画の主人公や登場人物などは、しばしば商標に用いられる。しかし、その著作物は、たまたまそれが標識的作用を営むため、商標として用いられているにすぎないのであって、著作物の対象自体は出所指示を目的とするものではない。したがって、その著作物の対象とするもの（思想・感情など）と、商標の対象とするもの（当該標識と商品・役務との関係）とは、厳密にいえば関係はない。

しかし、著作物は、本の題号（題号それ自体には通常著作権はない）であるとか、キャラクターの図形が商標として用いられ、あるいは、新しいスローガン商標をつくるため公衆より特にスローガンを懸賞募集するような場合、商標と著作物の交錯問題が生ずる（ポパイ表示第3事件は、「POPEYE」の文字には著作権はなく商標法29条を援用できないとし、ポパイ

の絵などの著作物は商標禁止権の行使を受けないと，商標権と著作権の関係について判断した。大阪高判昭60・9・26無体集17巻3号411頁，一部反対・菊池武・著作権判例百選（別冊ジュリ91号）24事件評釈）。

(c) 商標とスローガン　宣伝・広告に適するように，商品や役務の特徴などを簡単な文章や語句，すなわち，標語で表したものがスローガン（slogan）である。スローガンは商標に使用しても，本来的には自分の商品・役務と他人の商品・役務とを識別する作用はもたず，また，スローガンに独占を容易に認めることは適当ではないので，原則的には商標登録を受けることは困難である。しかし，例外的にスローガンにも自他商品・役務の識別に役立つに適した形態のものも存し，さらにそのスローガンが，著名になるに従って一定の商品を指し示す力をもつに至る場合がないとはいえない（例，かつての「良薬にして口に甘し」・浅田館のスローガン）。

(d) 商標と表装　ドイツ標章法（4条）は，商標のほかに表装（Ausstattung）の保護を含む。表装というのは，こなれない訳語であるが，この表装の概念に類似するイギリス法のゲットアップ（getup）の概念にも適当な訳語がない。表装というのは，物品の外形的な存在，例えば商品それ自体の包装，あるいは容器の形状，色彩，装飾等がこれに属する。しかし，商標に関する広告看板等の形状なども表装であるとされ，平面的なものであると立体的なものであると問わない。この表装が，一定の営業にかかる商品の標識として取引において通用する場合（Verkehrsgeltung）には，表装の冒用も商標の冒用と同様の弊害を与えるから，商標と同様の保護を与える価値もある。

表装の保護と登録商標の独法の保護関係は「優先の原則」（Grundsatzder Prioritat ; Prioritatsprinzip）によって決定される。すなわち，表装が取引通用するに至った日と登録商標出願日といずれが先であるかによって，商標識間の優劣が決せられる。

わが国においては「商品の容器，包装，その他商品たることを示す表示」が，不正競争防止法2条1項1号の「商品表示」として保護されるが，その多くはこの表示の概念に属するものである（小野昌延「商品形態の保護」杉林古稀191〜216頁）。また，改正不正競争防止法2条1項3号によって同種の商品が通常有する形態でない商品の形態が保護されるに至った。

(e) 商標と氏名　「氏名」は，人が社会において自己を示すために用いる名称である。通常は自然人の氏名をいう。しかし，表示法が問題とする氏名の場合には，それ以外の雅号，芸名，筆名等も含むことも多く，さらに本人の「氏」のみ，稀には「名」のみも含まれることもある。

これらは，人格権の対象を構成し，ドイツ民法12条はこれを保護する規定を設けているが，わが国の民法も，氏名権ないし名称権として，学説上あるいは判例上その保護を

〔小野〕

認めている。この氏名は，単に人格権的なものにとどまらず，商品の標識として使用せられることがあり，例外的に商標登録の対象となることもある。しかし本来氏又は名は人の名称であって，多くの人々の用いるべきものであるので，ありふれた氏名に対する商標的保護のためには，その氏又は名が永年使用した結果，特定の営業権を示すものとして認識されるような例外的状況に達していることが必要である。

　(f)　商標と商号　　商号（商法総則編参照）は商人の名称であって，個別の商品や役務の標識でない点において商標と異なる。しかし商号が，同時に商品や役務の標識として作用する場合が存在し，商標として登録されているものもある（商号商標）。商号は「株式会社」等の文字を含むその全体としてではなく，その要部に識別力があるものとし，株式会社の文字の入った商号は登録を拒絶される取扱いの時代と，商号も商品の標識として重なって作用するために，保護の完全を期すためには，商号を保護する必要があるとして商標登録を認める時代とがあった。現に多くのいわゆる商号商標が登録されている。

　商号には法務局に登記された登記商号と，登記されていないが現実に使用されている未登記商号があるが，商標との関係においては登記・未登記の両者間に何の差異もない。商号と商標は，前者が「商人の名称」であり，後者が「商品・役務の標識」である点において明らかに異なる。しかし，現実には商品の包装などにおいては，いずれが商号でありいずれが商標であるか，商号商標のときには特に紛らわしい。この点について，両者を峻別する必要はない。同一の文字が一方では商号として働き，同時に他方では商標として使用することが十分あり得る。

　(5)　**商標の機能**

　商標の機能として最も基本の機能は，識別機能であり，商標にとって識別力があるということは，その存在にとっても本質的なものである。この機能が商標の諸機能の根源的なものであって，以下に述べる商標の諸機能も標識の識別力より生ずる。

　ありふれた氏名・地名のようなものには識別力がない。しかし，ありふれた標章も永年使用により著名になると識別力ある商標になり，さらには強い商標にすらなる。造語は本来的に識別力が強く（強い商標, strong mark ; starke Zeichen），質・性能を暗示するような商標は識別力が弱い（弱い商標, weak mark ; schwache Zeichen）。しかし，弱い商標も永年使用により著名になると強い商標になる。

　商標の機能についても種々に説かれているが，一般には，出所表示機能・品質保証機能・広告機能に分けられる。

　(a)　出所表示機能　　商標は，標章をある者の商品に対し，あるいは，役務の提供にあたって用いることにより，その商品・役務の出所を表示する機能を有する。商標のこ

序章 I

の機能を「出所表示機能」(function of indicating or iginand ownership ; Herkunftsfunktion) という。これは，基本的には，商標の識別力に基づく。商標は出所表示機能を有する故にその商標が社会的認識を得るに従い，商標に信用（Goodwill，グッドウイル）の形成が行われる。商標がなければ，商品の購入者は，その商品の出所すなわち商品がいずれよりきたものか知ることができず，あるいは，役務の提供を受けた者は，その役務の出所，すなわち役務が何人により提供されたものか知ることができない。

　ここで，出所というのは，商品の製造者のみを意味するものではなく，販売者をも意味し，また，役務の提供者も意味する。のみならず，所持者，加工者，輸入者等でもよい。百貨店やスーパー等が自己の製造しない商品に，その企画した商品などに商標を付して販売することは周知のことである（いわゆるプライベート・ブランド）。そして，製造者が同一であっても，流通経済が変われば，その同一商品に異なった販売商標が付されることもある。また，製造標と販売標が同時に付されることもあり，稀には，役務商標と商品商標が同時に用いられることもある。

　営業者は商標によって，自己の商品又は役務（あるときはその優秀性，あるときはその特異性）を需要者に認識せしめ，その営業努力を商標を媒介として商品・役務に有効に化体させる。

　出所表示機能は，商標の識別力に由来するものであるが，この出所表示力によってさらに，次に述べる品質保証機能，あるいは，広告機能を招来する。

　なお，出所表示機能といっても，それはその商品の製造業者，あるいは，販売業者がいかなる商号の者であるか等その詳細を表示する機能を有するという意味ではない。したがって，消費者がその商標を見た時に，一定の出所認識をすること（「ああ，あの商品」とか，「前に買ったあの商品」，「前に行ったあのレストラン」というように出所認識をすること）によって充分であり，その商標は十分出所表示機能を有しているといい得るのである。

　(b)　品質保証機能　　商標が，本来出所を表示するために用いられたとしても，その使用が重ねられると，需要者の側からは，同一の商標の下では商品・役務が同一の質を有しているという認識が生じ，他方，営業者もその信用蓄積のために，同一商標の下においては同一の質の商品・役務であることを維持しようとする。需要者にとっては，商品の出所，すなわちどの製造者によって製造され，どの販売業者によって販売されているか，誰によって提供されているかということよりも，どの商品・役務が，いかなる品質・内容を有するかということに重要な関心があることが多い。

　需要者が，同一の商標の付された商品・役務には，同一の品質・質を期待しており，また商標がそのような期待に応えた作用をする。この機能を「品質保証機能」(guarantee function ; Garantiefunktion) という。

序　章　I

　この品質保証機能は，利用者が取引を敏速に行うために役立ち，出所表示機能が営業者の側から眺める商標の機能であるのに対し，品質保証機能は購買者の側から眺めた場合の商標の機能であるといえる。この商標の品質保証機能は，その商標が用いられた商品・役務が，個々の商品・役務としては個性の少ない大量生産品・大量提供の役務であればあるほど，言い換えれば商品の品質が均一化された商品，あるいは均一なサービス役務であればあるほど，この品質保証機能の果たす意味は大きい。

　他方，品質保証機能は，当該商品の品質・需要者の質が保証され，一定の品質でなければ商品の取替えや役務の再提供，損害賠償を保証しているという債務保証の意味ではなく（それがなされたとしても，商標の法的効果でなされたのではない），商標が，その商標を付した商品は同一品質・役務は同一の質のものであるという期待を，需要者にもたらしめるという意味である。それは，次に述べる商標の広告機能のもととなり，顧客の吸引力のもととなるものである。しかし，営業譲渡などとともに商標の譲渡が行われ，あるいは，商標使用許諾が行われ（営業者は当然質の向上，あるいは，質の同一性をはかるであろうが），万一，新使用者が商品・役務の品質保証・維持に努めなければ，一般消費者・公衆が商標の過去の信用によって欺もうされるという弊害も生ずる。

　商標を営業者の側から見れば，この品質保証機能は，これによって自己の商品・役務に対するグッドウイルを維持拡張し，商標を使用するものの業務上の信用の維持をはかるという商標法の目的（商標1条）に最も適合する機能である。しかし，商標法はこれを通して産業の発達に寄与し，併せて需要者の利益を保護するという社会的目的をあげている。このことからもわかるように，営業者は同一商標が需要者に品質を保証するものとしてとらえられるという機能を有することを考え，現実に商品の品質の維持改良をはかり品質保証をすることに努めなければならない。

　(c)　広告機能（並びにその他の機能）　　商標のシンボル性 (symbol) は，商品・役務を広告宣伝する作用をもつ。商標は，需要者に単にその出所を知らせることに役立つ，あるいは，同一商標に対して同一品質を期待せしむる作用をもつにとどまらず，さらに，次の作用を営む。

　すなわち，需要者は商標を記憶し，あるいは，商標自体に一定のイメージを思い浮べるに至り，さらに，その商標を付した商品・役務に対し愛着を覚えさせる傾向をもつに至る場合さえあり得る。このことは，統計的に実証せられており，商標は単なる品質保証を超え，商品・役務のいわゆる「声なき商人」(silent salesman，サイレントセールスマン，シェヒター (F.I. Schechter)・商標に関する法律の史的基礎64頁）として，大きな力を有する。商標のこのような作用を商標の「広告機能」(advertising function；Werbefunktion) という。

　場合によれば，商標所有者が，商品・役務自体の広告よりも，これに用いる商標自体

序章 Ⅱ

の広告に力を注ぐことすらある。このことは，広告がインフォーマティブ（informative,内容指示的）でなければならないという広告理念には直接的には合致したものではないが，商標が企業努力の集積物であるという意味で商標は価値ある競業的財産であり，企業はその競業的財産の価値を落とさないために需要者に報いる努力をする。

いずれにせよ，著名商標で商標広告に用いられる費用の大きいものは多く，その商標に化体された価値，その利用価値も極めて大きい。そこで，この商標の広告的機能にただ乗り（free-ride）をはかる者が生じ，その防止の問題が生ずる。また，後に説明する商標の広告価値の希薄化（ダイリューション，dilution；Verwasserung。ダイリューション理論は米法でより用いられてはいるが，もとは独法理論である。したがって，わが法でも取り入れ得るものである），あるいは，商標のモチーフ（motif）の侵害等の難しい法律問題も生じるのである。

商標の財産性のある大きな部分は，この商標の広告機能にある。商標の価格の評価やライセンスにおいて，これに着目せられて商標の価値がはかられ，あるいは，商標を軸として企業提携が行われることすらある。

Ⅱ　商標法の沿革

現行法の解釈のため，フランスを初め先進諸国の近代商標法の歩みを知ることは，必要なので，ここに商標法の沿革として，最低限の商標法の歴史を述べる。

(1)　前　　史

「商標」は，商品と役務の標識であるが，「商品の標識」であるから商品のないところに商標はない。また，役務が営業として行われず租税としての用役として課されているような時代には役務の商標はない。したがって，例えば，物々交換のみが行われていたような社会においては，商標の概念は存在しない。さらに，商標は商品・役務の標識であるというだけでなく，その標識は，営業競争において自己の商品と他人の商品・自己の役務と他人の役務を識別させるための標章である。したがって，物に，単なる記号が付されている，用役の提供に際して標識が用いられているというだけでは不充分である。品物の出現は古くても，役務商標の出現は，当然，さらにこれに遅れたものであり，役務商標の概念は最近のものであることが容易に想像される。

しかしながら，商標の前史は，物の流通とともに始まっているといってよいくらい早い。標識そのものの歴史に至っては，人類や宗教の歴史と同じくらい古く，古代エジプト時代の発掘品等にも宗教的な理由や迷信等の理由により，種々の標識が刻印されているという現象が見受けられる。製造業においては，陶器に関するもの（potters mark）がギリシャ時代とかローマ時代に現れている。マークの人文学的研究においては，この陶工標（potters mark）の研究が有名である。しかし，これらの標識は，現代の意味における

序　章　Ⅱ

商標であるとはいい難い。

　自己の所有物を尊重愛好することは，その所有物に名称・愛称を付することにつながる。また，これを他人の所有物と区別するために，その所有物に名称を付したり，印をつけたりする（所有標，proprietary mark）。さらに，自己の製作物についても，職人等は製作者氏名を印したり，図形を書いたり，記号を刻したりする（製造標役務，production mark）。これらは，すべてその商品を識別することには役立つが，必ずしも直ちに，それが近代的な意味における商品識別標識としての商標とはいい難い。商標は，商品流通社会の出現に対応するものであるから，商品流通経済のある程度発達した古代の地中海諸国や古代ローマにおいて，近代的な性格としての商標に近い商品標識が出現したと推定される。しかし，その当時においても，未だ決して商標を財産権の対象として制度化されていた商標が存在していたのではない。

　10世紀くらいになると，線状の図形等で構成された商人標（merchants mark）と呼ばれるものが見られたり，貿易商人等の間での標識が広く見られるが，これらは主として船の難破・海賊・その他の災難によって所有者不明となった商品に関する所有権を立証する機能をもっぱらもっていたものといわれ，所有標（proprietary mark）の１つに属する。今でも，世界の各所で，馬・羊等の背中や耳に所有者を表示するマークがつけられ，あるいはわが国においても，筏などに組んで河口に流す材木に標識の付されているのは，これと同じものである。

　中世のギルド（guild）においては，いろいろのマーク，すなわち，手工業者や商人のマークが存在したが，これらは品質粗悪な商品の出所を追及し，その製造者をギルドの規約違反として罰し，ギルドの対外的な独占を維持する目的のために付されていたものであって，生産標（production mark）ともいわれる。これらの生産標は，量要不足，原料の粗悪，技術の拙劣等に対する責任の所在を示す目的のものであり，自らの利益のためにするというよりも，強制され，義務として付するものであるから，警察標（Polizeizeichen）とか責任標（Prichitzeichen）ともいわれている。これは，自他商品の区別の作用に加えて，商品の品質を保証する働きをするものであるけれども，近代商標の役割が商品の品質，その長所を保証するのに対し，これは商品の欠点を見つけるためのものであり，財産というよりは，負担であり，いったん採用されると容易に変更するようなことはできなかった。また，結果論は別として，同一品質を保証する目的はなく，最低品質を保証する働きをするにすぎない。これらの標識もまた，生産者の利益のためでなく，ギルドの利益が前面にうち出されていたという点において，近代の商標とは性格を異にするものである。

　中世におけるこれらの標識は，さらに，産業革命による近代資本主義が成立するに伴

って，消極的な警察標・責任標から，徐々に，組合制度の崩壊と営業自由の確立につれてむしろ積極的な商品の出所表示としての近代的な商標に発展していくのであった。これに伴って，商標の保護も，当初の偽造罪・詐欺罪等の刑法的保護という不徹底な保護形式から，さらに特別刑法的な保護に，そしてさらに，民事的な保護が与えられ，徐々に今日の形のように制度的に形成されてくるのである。

(2) フランス

フランスでは，1803年4月20日の「工場，製造場及び作業場に関する法律」16条による商標の盗用をもって私文書偽造の罪とする制度が有名である。また1810年の刑法（142条），1824年の刑法（433条）でも，他人の氏名を冒用し，産地を僭称した者が処罰せられていた。しかし，これらは現在の商標法のように統一的な制度というべきほどのものではなく，統一的な商標制度で世界最初のものは，1857年6月23日にフランスで商標の寄託（depot）制度を定めた「使用主義及び無審査主義を内容とする製造標及び商品標に関する法律」であるとされる。この法律には，その後，1890年・1944年に部分的な改正があったが，1964年12月31日に同法は廃止され，サービスマークの保護をも含み，登録主義・審査主義・不使用による失権の規定を含む大改正のなされた1964年商標法（1965年施行）が制定公布された。その後，1978年に一部改正されたが，さらに1991年1月，EC指令に基づき，EC指令に沿った改正がなされた。すなわち，立体標章・音響商標を認めたこと，出願公告制度を採用し，相対的登録要件について異議申立てを認めたこと，著名商標に対して非類似商品にまで，他人の登録及び使用を排除する効力を認めたことなどの改正であるが，その他，商標権者はEC市場で転々流通する真正商品に対して，その使用を禁止する権利はなく，また後順位の者の侵害を5年以上黙認した場合には，相手方が悪意の場合を除き，権利行使ができない等を定める改正を行った。

(3) イギリス

イギリスでは，コモンロー（common law, 普通法）により詐欺に対する，あるいは，標章冒用に対する詐称通用訴訟（passing off action）として，また，エクイティ（equity, 衡平法）では，排他的権利として商標の保護が展開されていったが，商標保護のための統一的制度は，フランスより遅れること約50年の1905年のことであった。その前に，誤認表示に対する規制を中心とする商品標法（The Merchandise Marks Act）が1862年8月7日に制定され，1875年には商品登録法（The Trade Marks Registration Act）が成立している。しかし，1905年法は，1919年・1937年の改正を経て，1938年法に至っている。内容的には，基本的に使用意思で登録できる法制に転換し，審査主義，出願公告制度などをとり，当時のフランス商標法より数段と整備されたものであったので，その後のアメリカ商標法やわが国商標法にも大きな影響を与えている。

序　章　Ⅱ

　イギリス商標法は，連合商標・使用許諾制度・防護標章制度・権利不要求制度等を有していた。また性格的には，アメリカ商標法と異なり，現実に商標を使用していなくても，真誠な商標使用の意思があれば，その登録が認められている。この意味において，「使用の意思」のみによる登録を認めなかったアメリカ商標法の純粋な「使用主義」と異なっていた。また他方，商標登録によって「設権」をせず，登録は，登録された商標の所有についての推定的証拠となるにすぎないことにおいて，わが国やドイツの「登録主義」と異なっていた。また，1984年イギリスは改正法（1986年施行）でサービスマーク登録制度を導入した。その改正は，サービスマークについて，1938年法をサービスマークに適用するために必要な規定を設けるほか，主として同法の規定中の必要なものについて読替規定を設け，これをサービスマークに適用するという方法を採用した。これに伴い，それまで商標に適用されていた1938年法自体も一部改正された。この結果，いわゆる英・米・独・仏などの工業先進国でもサービスマーク登録制度を有しないのはわが国とスイスだけとなっていたが，まもなくわが国やスイスも商標法のサービスマーク登録制度導入の改正を行ったので，主要先進工業国はすべてサービスマーク登録制度を有することになった。またEC指令発効後，フランスに続きイギリスも，同指令に基づき登録対象商標の範囲の拡大，登録要件，存続期間の見直し，連合商標制度，防護標章制度の廃止等大幅な改正を行い，1994年10月末に，この改正商標法が施行された。

(4) ド イ ツ

　最初のドイツ商標法ともいうべき法律は，1874年11月30日に制定された商標保護法（Gesetzuber Markenschutz）である。この法律は，基本的な考え方として無審査主義を採用していたが，1894年5月12日になって審査主義を内容とする商標法（Gesetzzum Schutzder Warenbezeichnungen）が制定された。この法律は，1936年の改定で近代的な商標法（Warenzeichengesetz）としての形態を備えるようになったが，その後1957年に登録制度を採用した。ドイツの商標法の特徴は，登録主義・審査主義・出願公告制度であり，わが国の商標法に最も大きな影響を及ぼしたものは，イギリス商標法とこのドイツ商標法であるといわれている。その特徴の主要な点は既述のように登録主義，審査主義，出願公告制度を採用していることであるが，戦前にはドイツは出願公告制度を採用せず，抵触する商標については特許庁より先願者に通知し，異議のないときには後願商標をも登録するという制度を採用していた。のちに先願先登録権者に異議なき場合は重複登録も認められる制度の素地はあったのである。営業と分離しての商標権の移転を認めないこと，表装（Ausstattung）の保護に関する規定があること，あるいは表装権と商標権との優劣は，優先の原則（Grundsatzdes Priolitet）によって決定されること等がその特徴であった。さらに1967年には使用強制制度を盛り込んだ大改正が行われた。同法は5年以上使用さ

序　章　Ⅱ

れていない登録商標の取消し，不使用商標にかかる商標権に基づく異議申立て及び登録商標抹消の訴えの制限等，いわゆる使用強制（Benutzungszwang）の規定が設けられた。

　ドイツにおいてサービスマーク（Dienstleistungsmalke）の登録制度が採用されたのは1979年改正法による。同法はその1条2項に「商標および商品の表装に関する規定は，サービスマークおよびサービスについての表装に準用する。その場合において商品とサービスとの間には類似関係が存在し得るものとする」と規定し，サービスマークについては商標に関する規定をそのまま適用した。

　なお，1990年10月3日，東西ドイツ統一の結果，1992年5月1日に「工業所有権拡張法」が制定された。すなわち，登録又は出願中の商標に関する権利は，自動的に西ドイツのものは東ドイツに，東ドイツのものは西ドイツに拡張され，いずれも統一ドイツにおける権利とされた。類似の商標が相抵触する場合は，双方ともほかの権利者の同意なしには使用できないが，双方の合意が成立しない場合には特許庁の仲裁委員会又は民事裁判所により解決されることとされた。その後ドイツ商標法は，EC指令に基づき，登録対象マークの範囲の拡大，登録後の異議申立制度を含め，条文数164条に及ぶ大幅な改正がなされ，新しい標章法（M）が1995年1月1日に制定施行された。

(5) アメリカ

　アメリカ合衆国の商標法は，当初イギリス商標法の影響を非常に強く受けていた。1870年7月8日に初めて連邦法として，アメリカ合衆国連邦登録条令（Federal Trade Mark Act）が制定された。しかし，この法律は，約10年後の1879年の連邦最高裁の判決により，憲法の特許条項（Patentclause 1条8節8項は，特許・著作権のみ連邦権限とし，商標は記載していない）に基づいて連邦法を制定し得ないものとして，違憲であると判断されたため廃止された。この代わりに憲法の州際通商条項により州際通商に用いられる（use in commerce）商標を登録の対象とした商標法が1881年3月3日に新設された。ところがこのような商標法ではその後のアメリカ経済の発展に対応できないため，1905年に大幅な改正が行われ，その後もいくらかの部分的修正がなされて，現在の商標法ができ上がっている。

　アメリカ商標法が，イギリスやドイツの商標法と比肩できる法律となったのは，1946年7月5日に制定された新商標法からである。この法律は，その成立に尽力した議員の名をとってランナム法（Lanham Act 1946.7.5）と呼ばれている。ランナム法は，使用主義を基本的姿勢としている点で，イギリス商標法と似ている。しかし，イギリス商標法以上に使用主義に徹しており，単なる使用の意思では登録できず現実の使用を必要とすること，あるいは連邦商標法のほかに州商標法がある点で，イギリス商標法と異なっている。アメリカ商標法は，審査主義・出願公告主義を採用しているが，さらに，サービス

〔小野〕

序　章　Ⅲ

マークの登録を認めた最初の商標法でもある。

　アメリカはイギリス以上の強い使用主義の国で，現実の商標使用がなければ商標出願すら許さなかったが，改正で使用意思に基づく出願も認められることになった。すなわち，1988年使用主義の緩和を中心とする改正がなされ，1989年11月より施行された。その主な点は，出願前の使用に基づく出願のほかに使用の意思に基づく出願を認めたが，なお登録許可書の発行から6ヵ月以内に商標使用の宣誓供述書を提出しなければならないとされ，登録時には使用していなければならない。しかし，登録許可通知を受領してから最大限3年間の猶予期間内に使用の事実を示す供述書を提出して，使用している商品について登録を受けることができることとされた。アメリカ商標法では登録されると，その出願は出願日に遡って使用が開始されたものとみなされ（擬制使用，constructive use），現に使用していなくてもその出願日より後の使用者（先願又は外国出願により優先権がある者等を除く）に対し優先権が認められる。なお，虚偽の原産地表示のみを規制する43条の1の規定は，より広く不正競争を防止し得る規定とした。

Ⅲ　わが国の商標法の沿革

【参考文献】
（商標法の沿革）　原嘉道「商標『ヒーロー』事件の回顧」特商3巻11号1頁（34），記内角一「内外における不正競争取締の実情」法時6巻7号26頁（34），松原商二「商標条例の回顧」特商7号590頁（38），喜多了祐「不正競業禁圧の法史と法理」一橋論双30号3頁（53），阿部源一「英国の日本産業不正競争論の経済的背景－英下院の対日講和条約討議を中心として」一橋論双30号3頁（53），中間正己「所謂偽三菱白熱電球事件（1〜2）」特管8巻3号104頁，5号210頁（58），川上貞夫「本邦における『座』の制度について」特管13巻8号511頁（63），豊崎光衛「高橋是清と商標条例」学習院大学法学部研究年報8号187頁（73），特許庁商標問題研究会「商標の変遷（上・下）」発明71巻8号40頁，9号78頁（74），特許庁商標問題研究会「商標制度90年の歩み（1〜4）」発明71巻1号28頁，2号104頁，4号32頁（74），飯田幸郷「商標制度の夜明け前」発明77巻3号18頁（80），中村英夫「商標登録制度－その100年の歴史」発明81巻6号38頁（84），工藤莞司「商標アラカルト－清酒の商標にみる我が国の商標の歴史」発明81巻6号38頁（84），小倉宏之「フランス商標事件始末記」AIPPI 30巻6号33頁（85），磯長昌利「我が国における商標の起源とその変遷に関する一考察」特管36巻10号1283頁（86），舩坂俊昭「江戸商標事情（1，11）」商標懇17号〜27号（89，90，91），清瀬信次郎「営業的標章沿革史」小野古稀277頁（02），山上和則「『樋屋奇應丸事件』前史」小野古稀307頁（02）。
（商標法改正）　「商標法改正に関する与論並に実態調査報告書」特管2巻12号附録（52），染野義信「商標法理論の新しき展開に寄せて」パテ7巻10号1頁（54），荒玉義人「改正商標法答申案の立場」パテ7巻12号3頁（54），荒玉義人「工業所有権制度改正の動向とその要点－商標法を中心として」商事法務研究53（57），松田正躬「商標法案所見（1〜2）」パテ11巻10号12頁，11号2頁（58），井上尚一「工業所有権四法改正の主要点」法時31巻2号（59），仁木立也「新商標法の反動性と崩壊した商標（権）の実体（1〜17）」パテ13巻9号17頁，10号16頁，11号9頁，12号7頁，14巻1号32頁，

序　章　Ⅲ

2号4頁，3号3頁，4号4頁，5号5頁（60，61），平石尚「商標の自由化と官民協調体制」発明61巻12号18頁（64），江口俊夫「商標出願増加の原因」特管19巻12号1077頁（69），網野誠「商標法に対する注文あれこれ」工業研究15，2巻20号29頁（69），仁木立也「近代的意義における商標と取引の実情」特管19巻1号9頁（69），松田正躬「商標制度の改革に対する一考」パテ26巻10号23頁（73），藤原侶治「転換期を迎えた商標登録制度」特企54号2頁（73），網野誠「商標法における一部無審査制度採用などの検討について」特企51号4頁（73），中村英夫「『商標の季節』と実務体制(1)－第31回国会委員会会議録に拾う－，(2)『中間報告』から答申へ－」特企71巻6号16頁，74号2号5頁（74，75），工業所有権審議会制度改正部会「商標制度の改正に関する中間報告」ニュース4019号1頁（74），沢浦＝杉田＝戸口＝藤本＝松居＝湯浅「商標法改正をめぐって（上・中・下）－座談会－」薬事日報5125，5126，5127（74），松居祥二「滞貨に悩む商標制度と解決への模索」パテ27巻12号4頁（74），F.K. バイヤー〔桑田三郎訳〕「登録主義へあと戻りすべきか－商標法改正のための諸熟慮」AIPPI 19巻11号2頁（74），松原伸之「商標制度の改正に関する中間報告について」パテ27巻12号22頁（74），網野誠「商標公害排除論(1)－逆立ちしている中間報告－」特企71巻11号2頁（74），後藤晴男「商標法の一部改正について」企研245号2頁（75），江口俊夫「商標制度改正の問題点」企研245号17頁（75），工業所有権審議会「商標制度の改正に関する答申」ジュリ581号82頁（75），網野誠「最近における我が国商標法の問題点」続商標法の諸問題297頁（83），木村三朗「商標法の現状と将来の展望」発明81巻6号48頁（84），天井＝望月＝大村＝金子＝中山＝中村＝近藤「商標管理から見た現行商標制度の問題点」特管34巻11号1381頁（84），網野誠「わが国の工業所有権法における審判制度の沿革シンポジウム－審判制度の諸問題」学会年報5（工業所有権法における審判制度の諸問題119）（82），社団法人日本デザイン保護協会「当協会の沿革及び事業計画」DESIGN PROTECT 1 巻7頁（88），小野昌延「サービスマーク登録制度の導入に関する意見」パテ44巻1号13頁（90），中山信弘「不正競争防止法の改正に向けて」ジュリ1005号（特集不正競争防止法改正の視点）8頁（92），特許庁編「工業所有権法規沿革」工業所有権制度百十周年記念（95-01），水野勝文「商標法改正の動向について」パテ48巻2号36頁（95），久保次三「国際的調和と商標法改正の方向」知管45巻8号1265頁（95），井上由里子「商標法改正とその課題－商標法改正の動向」知財研フォーラム23号1995 Autumn 12頁（95），松田治躬「商標法改正とその課題　平成8年商標法大改正に思う」知財研フォーラム23号1995 Autumn 20頁（95），西光明「商標法改正の方向に対する一考察」知財研フォーラム23号1995 Autumn 25頁（95），網野誠「商標法改正に伴う『商標』の定義その他2・3の問題点について」パテ49巻4号11頁（96），松田雅章「商標法改正と著名商標の保護」CIPIC ジャーナル56号58頁（96），菊地栄「商標法改正と実務」CIPIC ジャーナル61号10頁（97），清水尚人「医薬品商標に関する不使用商標取消審判について及びそれに伴う商標法改正後の実務」知管47巻10号1425頁（97），特許庁「平成11年改正商標法に関する審査・事務処理上の運用指針」（00），知財権研究委員会「21世紀の商標制度構築に向けた調査研究報告書」知財権研究19頁（04）。

(1)　前　史

　商品流通社会に，商品の目印である商標が必須のものである以上，Ⅱ(1)「前史」において述べたような現象が，わが国でも前史的に存在していたことは容易に想像し得る。例えば，紀元701年の大宝律令には，標記法制が規定されている。しかしこれは，商品の粗製乱造を禁止するための統制のためのものであるから，現在の商標と性格的には程遠

序　章　Ⅲ

い性格のものであった。また，商標の盗用が古くより存在したことが伝えられており，室町幕府における商標盗用者に対する処罰とか座や株仲間における規約も伝えられている。しかし，いずれもこれらは，今日の商標法からみて原始的なものにすぎず，統一的な商標制度といい得るものが作られたのは明治に入ってからのことである。

(2) 明治17年商標条例の制定まで

明治政府は，徳川鎖国300年の遅れを取り戻してできるだけ早く欧米先進国に追いつこうとするために，殖産興業改革と富国強兵政策という二本の柱を立てた。この政策を遂行するため，特許法や商標法などの工業所有権制度を確立することが必要であった。そこで，後に初代の商標登録所，専売特許所長となった高橋是清が中心となって立案の準備にかかり，まず明治9年（1876年）と明治11年（1878年）の2回に，本文9条からなる簡単な商標条例案が作成された。

ところが，この条例案に対する賛否は相半ばしたため，立案作業も一時停止するのやむなきに至った。しかし，たまたま輸出蚕炭紙についての商標偽造事件（明治13年12月群馬県下で発見されたが監督官庁ではその防御方を聞き届けなかった）が契機となり，それまで時期尚早と反対意見（明治12年3月4日答申）を出していた東京商法会議所（東京商工会議所の前身）が一転して商標条例の早期制定を求める要望書を提出し（明治14年6月17日再上申，大阪商法会議所は既に明治13年原則的に賛成の答申をしていた），明治14年2月4日になって商標条例草案が大蔵卿から太政大臣宛に上申された。

これは，明治17年6月7日に商標条例として太政官布告第19号をもって公布され，同年10月1日から施行されたが，それは特許法の制定より約1年前のことであり，わが国最初の工業所有権法規であった。

(3) 商標条例より大正10年商標法まで

(a) 明治17年商標条例　　この太政官布告第19号による商標条例（明治17年6月7日制定，明治17年10月1日より施行，同6月7日商標登録手続（太政官布達第13号）が公布）が，わが国最初の商標法である。この商標条例は，本文24条と附則からなる極めて簡単な法律であったが，それでも現在の商標法の最も重要な基本である登録主義・先出願主義・先使用権・一商標一出願・公示主義・存続期間・更新登録・商品類別などすべてを備えている。願書等は地方庁を経由（明治17年6月太政官布達第13号）して農商務省に差し出されていたが，次の明治21年商標条例への改正とともに，直接農商務大臣宛に提出させることに改正された。

(b) 明治21年商標条例　　この条例は，当時の商標登録所長・高橋是清が海外に派遣され，外国の制度を調査した結果，明治21年12月18日に特許条例・意匠条例とともに公布されたものであって，明治22年2月1日より施行された。この条例は，全文28カ条か

序　章　Ⅲ

らなるが，この時審査・審判などに関する制度が，特許条例を類推して設けられ，特別著名（特別顕著）等の概念なども導入された。

(c) 明治32年法　　明治32年にわが国はパリ同盟条約に加入し，条約と調和するように工業所有権法も改正する必要が生じ，明治32年3月1日商標法が公布され，同年7月1日より施行された。そして，このとき在外者に対する特別代理人制度や優先権に関する規定が設けられ，審決に対する大審院への出訴の途が開かれた。

(d) 明治42年法　　その後，国内商工業の発展と工業所有権の国際的保護についての要請に対応するため，工業所有権法4法の同時改正が行われ，登録要件が整備され，権利者と第三者利益との調整や，周知商標の保護・連合商標制度・不使用による商標取消審判制度・抗告審判制度の導入等，次の大正10年法の下地になる重要な改正が行われた。

(4)　大正10年商標法

わが国産業の発展に伴い，商標出願件数も激増し，明治42年商標法の不備が目立ち始めたため，わが国商標法の沿革中，最も大規模な改正が行われた。この法律は，大正10年4月30日分布され，大正11年1月11日から施行された。この大正10年法についてはその後，昭和4年・昭和9年・昭和13年・昭和22年・昭和23年・昭和24年・昭和26年と小改正が行われたが，次の現行法に至るまで長らく施行された。そして，欧米諸国の商標法と比肩できる商標法制であった。同法は，商標登録前の出願公告・異議申立制度を採用し，拒絶理由の通知・再審査制度の廃止・抗告審判請求及び大審院出訴の制度・団体標章・権利不要求制度・商標登録取消審判を有する法律で，現在でも旧法として現行法と比較される周知の商標法である。

(5)　現行法（昭和34年法）

戦後の経済復興に対処し，工業所有権制度についても，政府は昭和25年11月より工業所有権制度改正審議会を設け，商標法の全面改正について審議を続けた結果，昭和31年12月24日答申が行われた。この答申の基本的な考え方に沿いつつ法案が作成され，昭和34年2月，第31通常国会に法案が提出され国会を通過し，昭和34年4月13日法律第127号として公布され，昭和35年4月1日より施行された。現行商標法の特徴については後に述べるが，主要な改正点は，「商標」・「登録商標」・「標章」・「使用」等の定義が規定されたこと，団体商標制度・着色限定制度・権利不要求制度が廃止されたこと，商標の識別力を登録要件に規定したこと，商標権の存続期間を20年から10年に短縮したこと，商標の自由譲渡・使用許諾制度を設けたこと，商標権の設定・商標権の移転等において登録を効力発生要件とする規定を設けたこと，防護標章制度を設けたこと，権利範囲確認審判制度を廃止し判定の制度を設けたこと，商品類別を34類とし国際分類に（数のみであるが）一部合致させたこと，これらである。このうちのある規定は法改正として適当であ

序　章　Ⅲ

ったといい得るが，そのなかのある改革は批判され，現在も毎年のように部分改正されている。

(6) 商標法の部分改正（役務標導入まで）

(a) 部分改正　　現行商標法（昭和34年法）は，昭和50年の商標法の大改正までにも数回部分改正された。すなわち，訴願法及び行政事件訴訟特例法が廃止され，行政不服審査法及び行政事件訴訟法が制定されたことに伴う改正（昭和37年５月16日法律第140号及び同年９月15日法律第161号による改正，同年10月１日施行）とか，登録関係業務に電気計算機が導入されたことに伴う改正（昭和37年４月４日法律第148号，昭和40年１月１日施行），リスボン条約加盟に伴い，同条約６条の７の規定（代理人等による商標登録出願等に関する規定）その他に基づく条文整理のための改正（昭和40年５月24日法律第81号，昭和40年８月１日施行），さらには，特許法における早期公開制度・審査請求制度の採用に伴い，特許法の準用条文の多い商標法において，法技術的な手続上の条文に関する改正（昭和45年５月22日法律第91号，昭和46年１月１日施行）等，数回の改正が行われた。しかし，最も大きな改正は，昭和50年に商標出願の滞貨解消を当面の目標として，「商標使用義務の強化」を中心として行われた改正と平成３年のサービスマーク登録制度導入にかかる改正である。

(b) 商標使用義務の強化　　昭和47年から，48年次において商標登録出願は20万件近くになり，滞貨も増大し，審査の遅延は登録主義の利点を減殺するに至った。また，将来加入も想定される商標登録条約（TRT）は出願後15ヵ月の国内審査終了を義務づけている。しかも商標の登録数は莫大な数となり，不使用の登録商標が半数を遥かに超える。しかし，企業は審査の遅延から不使用のストック商標出願を増やして新製品の開発に備え，その増大が審査事務の困難を招く，といった悪循環に陥りかけていた。そこで，昭和49年２月工業所有権審議会制度改正部会に商標小委員会が設けられ，その答申に基づいて，工業所有権審議会は通商産業大臣宛に，昭和49年12月18日，「商標制度の改正に関する答申」を行った。この答申と同趣旨の改正が，昭和50年６月25日法律第46号・昭和51年１月１日施行の改正法により行われた。

この内容の説明は，本文の該当項目で後述するが，それは商標出願の滞貨解消を緊急当面の目標として行われたもので，法の改正としては，①願書への出願人の業務の記載（商標施規１条），②不使用登録商標取消審判での挙証責任（商標50条２項），③更新登録出願時における商標使用状況の審査（商標19条２項２号・３項）という「商標使用義務の強化」を中心として行われた（①は施行規則の改正）。これとともに商標及び商品の類似範囲の拡大などの制度運用の改善も『商標審査基準』（昭和52年９月）の見直しを通してはかられた。

(7) サービスマーク登録制度の導入

サービスマーク登録制度の導入は，昭和31年12月の「工業所有権制度改正審議会答申」

にも将来の検討課題として取り上げられていた。その後数次の商標法改正の際においても，国会で付帯決議がなされていたが，平成3年2月5日の工業所有権審議会の答申を受けサービスマーク登録制度の導入のための商標法の一部を改正する法律（平成3年法律第65号）が公布され，平成4年4月1日に施行された。

そして，標章についての「使用」の定義の中に，商品に関する行為のほか，役務（サービス）の提供に関する行為を加え（商標2条3項3号〜7号），商品とサービスとの間に類似関係が存在することがある旨を明確にし（商標2条4項），具体的登録要件（登録阻却要件）の規定をサービスマークにも適用するために，「役務」の文字を加える等，その他所要の改正をした（商標4条・9条の2・26条1項2号・64条などその他多くの規定）。

サービスマーク登録制度を有する国は平成3年においては90ヵ国に達し，先達工業国ではこの制度を有しない国はスイスとわが国だけになっていた。GATT・ウルグアイ・ラウンドの知的所有権での国際ルールの検討においてもサービスマークを登録制度により保護することが入っていたり，WIPTでの標章保護のためのハーモナイゼーション条約案にも，サービスマーク登録制度の存在を前提として，商標とサービスマークの登録条件を同一にすべきことが規定されていたりすることから，サービスマーク登録制度の導入は当然なされるべくしてなされた改正といえる。

ただ，サービスマーク登録制度の導入を，商標法と別の特別法によってではなく，商標法の改正で行ったことは正当であるが，わが国商標法実務の悪しき慣行がサービスマーク登録制度に入り，商品商標と役務商標（サービスマーク）の違いによって，弊害が登録権の行使の際に出てくることも予想された。地域マークの導入が検討されているのもその1つである。

(8) その後の改正

(a) **平成6年改正**（平成6年12月14日法律第116号）　GATT・ウルグアイ・ラウンドのTRIPS（知的所有権の貿易関連の側面に関する協定）締結に伴い，国連専門機関の1つとして世界貿易機関を設立することが取り決められた。これらに基づき商標法についてもTRIPS協定に基づき，ワイン及びスピリッツの地理的表示の保護，TRIPS協定加盟国に係る標章，印章などの保護等TRIPS協定2条1項の趣旨に基づく改正，地理的表示に係る既登録商標の保護などについて所要の大改正がなされた。

(b) **平成8年改正**（平成8年6月12日法律第68号）　平成6年10月商標法条約が締結され，その議定書にわが国は署名した。また，国際的な登録出願制度について定めるマドリッド・プロトコールも，平成7年12月1日発効した。

このような国際環境の下において，商標法条約に加入するための所要の手続を簡素化するとともに，マドリッド・プロトコールにも支障なく加入することができるような体

序　章　Ⅲ

制を整備するため，現行法全体について，大幅な改正が行われた。

この商標法改正は大改正であって，その大きい改正点は，実体法としては，(i)立体商標制度の導入，(ii)連合商標制度の廃止，(iii)登録類似商標の分離譲渡の許容などであるが，手続法としても，(iv)一出願多区分制度の採用，(v)登録異議申立制度の変更，(vi)不使用取消審判の改正，などがあり，確認的なものにも，(vii)団体商標制度の導入，(viii)著名商標の保護の強化などがあり，細かいような改正でも，案件によっては実務的に無視できない(ix)指定商品書換制度の導入，(x)更新登録出願から更新登録申請への変更，(xi)多件一通主義の採用など多くの重要な改正を含んでいる。

その他，(xii)分割納付制度の採用，(xiii)出所混同の場合の商標登録取消審判の新設，(xiv)商標権侵害に係る法人重課などがあり，改正点の概要を細かく例示すれば，それは，以下のとおり極めて多くの改正項目を含むものであった。

① 立体商標制度の導入（商標2条1項など）。
② 出願人の業務記載の廃止（商標3条1項柱書）。
③ 紋章印章等の保護（商標4条1項2号など）。
④ 著名商標保護の強化（商標4条1項19号など）。
⑤ 代理人に関する申請書などの簡素化（商標5条1項など）。
⑥ 標準文字制度の採用（商標5条3項など）。
⑦ 連合商標制度の廃止（法改正前の商標5条2項などの削除など）。
⑧ 商標法条約5条に対応する出願手続の改正（商標5条の2）。
⑨ 多件一通主義を採用。
⑩ 一出願多区分制を導入（商標6条）。
⑪ 団体商標制度の規定の明確化（法改正前の商標7条などの削除など）。
⑫ 出願時の特例の規定を商標法条約締約国で開設の博覧会にも適用（商標9条）。
⑬ パリ条約4条の例による優先権を，商標法条約締約国の国民にも許容（商標9条の3）。
⑭ 出願の分割の時期を商標法条約の規定に合わせ一致させる（商標10条）。
⑮ 出願公告制度及び付与前異議申立制度の廃止，審査官による登録異議申立審査の規定の削除（商標14条など）。
⑯ 付与後異議申立制度の導入。
⑰ 拒絶理由における未登録先願商標の引用を明文化（商標15条の2など）。
⑱ 更新時の実体審査及び登録商標の使用チェックの廃止（商標19条など）。
⑲ 商標権存続期間満了後6ヵ月以内の割増料金納付による更新登録申請制度（商標20条3項など）。

序　章　Ⅲ

⑳　類似商標の分離移転並びに同一商標の分割移転及び移転を伴わない分割（法改正前の商標24条1項削除など）。
㉑　商標権移転の際の日刊新聞紙への公告の廃止（商標24条3項削除）。
㉒　相抵触する商標の分離移転の際の混同防止表示請求制度（商標24条の4）。
㉓　商標権の効力の及ばない範囲の明確化（商標26条1項柱書）。
㉔　登録料の納付制度，更新登録料の分納制度などの改正，導入（商標40条など）。
㉕　権利付与後の登録異議申立制度の導入（商標43条の2など）。
㉖　後発的な公益的不登録事由についての無効審判制度（商標46条1項6号など）。
㉗　不使用取消審判の請求適格の改革（商標50条1項など）。
㉘　不使用取消しの際の登録商標の使用と認められる範囲を拡大し，過剰な防護的出願の抑制（商標50条1項など）。
㉙　不使用取消審判請求の改革（商標50条3項）。
㉚　連合商標制度廃止に伴う誤認混同の防止措置（商標52条の2）。
㉛　外国商標権者の代理人等による無断登録排除の規定を，商標法条約締約国の代理人等についても適用（商標53条の2）。
㉜　不使用取消しについては，取消しの効果を審判請求登録日まで遡及させる（商標54条）。
㉝　防護標章制度は存続（商標65条の2など）。
㉞　商標管理人の選任等の規定を，商標法条約の規定に沿い改正，手続の簡素化（商標77条など）。
㉟　代理権の範囲についても，商標法条約の規定に沿い改正（商標77条2項で準用する特9条）。
㊱　「不受理処分」を「却下処分」として改正規定。
㊲　法人に対する両罰規定において，商標権侵害の場合に法人を重課（商標82条，附則20条）。
㊳　旧商品区分によって出願された登録商標の指定商品を，すべて現行の国際分類に基づく商品区分に書換（昭和34年商標法附則2条～30条）。
㊴　サービスマーク登録制度導入の際の重複登録商標が，更新時に混同を生ずるおそれがある場合においては，更新時の実体審査を認めない商標法条約の原則にかかわらず，同条約の特例規定に基づき，1回限り更新登録出願に基づき実体審査を行い得ることとした等々。

商標法条約加入等に備えての商標法大改正が行われた。
なお，同年には民事訴訟法の全面改正に伴い「民事訴訟法の施行に伴う関係法律の整

序　章　Ⅲ

備等に関する法律」により，特許法等を含め，手続的規定の改正もなされた（平成8年6月26日法律第110号）。

(c)　平成10年改正（平成10年5月6日法律第51号，同11年1月10日施行）　特許権等の損害賠償制度の見直しなどを行う「特許法等の一部を改正する法律」が公布され，商標法についても，以下のような改正がなされた。
① 　損害賠償額の算定方式の改正（商標38条1項）。
② 　商標権者，商標使用者の負担の軽減を図る登録料改正（商標40条4項・5項・65条の7第3項・41条の2第5項・76条4項・5項）。
③ 　公衆の縦覧に供する書類物件（商標18条4項）及び証明，書類の謄本等（商標72条1項・2項）についての縦覧交付制限。
④ 　商標登録証及び防護標章登録証の交付規定（商標71条の2）。
⑤ 　無効審判請求に限り要旨の変更となる補正を認めないこと（特131条2項，商標56条1項）。その他の手続法的改正など。

(d)　平成11年改正（平成11年5月7日法律第41号，同年5月14日公布，平成12年1月1日施行）　商標について，その国際的保護を図るため国際登録制度，マドリッド協定議定書（マドリッド・プロトコール）へ加入すること等に伴い，さらに以下のような改正がなされた。
① 　国際登録出願手続整備（商標68条の2～68条の8）。
② 　外国からの商標登録出願（国際商標登録出願）手続整備（商標68条の9～68条の31）。
③ 　議定書の保護が失われた後の商標登録出願手続を整備（商標68条の32～68条の39）。
④ 　国際登録出願の手数料（商標76条1項3号～6号）。
⑤ 　一定期間内に拒絶の理由を発見しないときは商標登録査定を行うこと（商標16条）。
⑥ 　国際登録出願について，出願日（国際登録日）から登録商標と同一の保護を与えること，国内の商標登録出願についても出願人が警告したときは出願された商標を使用した者に対し，使用により生じた業務上の損失に相当する額を損害賠償に準じ請求することができるものとした（商標13条の2）。
⑦ 　登録前にこれを商標公報に掲載して出願を公開することとした（商標12条の2）。
⑧ 　加工業者のマークがサービスマークとして保護されるものと解されるものとした。

(e)　平成14年改正（平成14年法律第24号，同年9月1日施行）　経済社会のIT化を背景に，商標の使用行為を明確化するため，「電気通信回線を通じて提供する」行為が2条3項2号に追加され，また，サービスマークの使用行為に「映像面を用いたサービス提供行為」（同7号）が，商標の広告的使用行為に「ネットワーク上での広告や契約画面に標章を表示する行為」（同8号）が追加された。その他，国際商標登録出願における個別手数

料の分割納付等について改正がなされた。

（f）平成17年改正（平成17年法律第56号，平成18年4月1日施行）　地域ブランドをより適切に保護することにより，信用力の維持による競争力の強化と地域経済の活性化を支援することを目的とし，地域団体商標制度が導入された。この改正により，地域の名称と商品（役務）の名称からなる商標について，地域団体商標の登録要件を満たす限り，3条1項各号にて拒絶されることなく，事業協同組合や農業協同組合等の団体が地域団体商標として商標登録を受けることができるようになった。

（g）平成18年改正（平成18年法律第55号，平成19年4月1日施行）　近年の流通産業の発展に伴い，多様な商品の品揃えとこれを販売するための独自の販売形態によって，付加価値の高いサービスを提供する小売業態が発展を遂げており，当該サービス活動により蓄積されるブランド価値の直接的な保護を図ることを目的とし，小売等役務商標制度が導入され，商標法上の役務に，「小売及び卸売の業務において行われる顧客に対する便益の提供」が含まれると規定された。その他，団体商標の主体の見直し（商標7条1項），商標の定義規定への「輸出」の追加（商標2条3項2号）等の改正がなされた。

（h）平成20年改正（平成20年法律第16号）　拒絶査定不服審判と補正却下決定不服審判の審判請求期間の拡大（商標44条・45条，30日以内を3ヵ月に），商標関係料金等の引下げ等について改正がなされた。

（i）平成23年改正（平成23年法律第63号）　①商標権消滅後1年間の他人の登録排除規定の廃止（商標4条1項13号の削除），②侵害訴訟等の判決確定後に無効審決等が確定した場合の再審の訴え等における主張の制限（商標38条の2の新設），③無効審判の確定審決の第三者効の廃止（商標56条による特167条の準用），④登録異議決定の確定範囲（商標43条の14新設）及び審決の確定範囲（商標55条の3新設）に係る規定の整備等について改正がなされた。

（j）平成26年改正（平成26年法律第36号，平成27年4月1日施行）　わが国における「新しい商標」の保護ニーズの顕在化等を受け，商標法の保護対象に，動き，ホログラム，色彩，位置，音からなる商標が追加されるとともに，これに伴い必要な登録要件や出願手続等の規定の整備が行われた。また，「商標的使用」でない商標の使用については商標権侵害を構成しないものとする裁判例の積み重ねが明文化され，いわゆる「商標的使用」がされていない商標に対しては商標権の効力が及ばないこととした（商標26条1項6号）。その他，地域団体商標の登録主体の拡充（商標7条の2第1項），救済措置の拡充等について改正がなされた。

　このように，近年は毎年のように大小の改正が，しばしば行われた。

序　章　Ⅳ

Ⅳ　商標法の国際的動向

【参考文献】

(国際関係動向)　志津田氏治「商標保護の法的考察－アジアにおける商標法」長崎大東南アジア研究所年報18号85頁 (76)，P. Mathely〔大場正成訳〕「EEC商標草案に対するAIPPIの提言」AIPPI 23巻8号11頁 (78)，飯田幸郷「商標制度の国際化」発明77巻6号30頁 (80)，木棚照一「無体財産権に関する国際私法上の諸問題－いわゆるウルマー草案を中心に－」立命館法学148号1頁 (80)，松原伸之・APAA日本部会TRT委員会「商標登録条約 (TRT) 解説 (1～13)」パテ33巻7号～35巻4号 (80・81・82)，松原伸之「商標登録条約 (TRT) の性格について」学会年報5号1頁 (82)，播磨良承「発展途上国における商標保護の基本的課題」比較法政18号79頁 (81)，中村英夫「商標保護制度と国際取引 (1～3)－実務上の留意点」JCAジャーナル30巻9号2頁, 10号2頁, 12号15頁 (83)，特許庁木曜会「『重大なる』混同のおそれ－商標法におけるヨーロッパの改正努力に対する一考察－」AIPPI 29巻11号2頁 (84)，大川晃「世界知識所有権機構 (WIPO) について」AIPPI 29巻3号14頁 (84)，中島敏「『日中経済法討論会』における特許法, 商標法, 技術移転法規－1985年7月22日～26日　於中華人民共和国青島市」AIPPI 30巻9号2～13頁 (85)，和田健夫「ヨーロッパにおける法の統一 (4)－商標法－」商学討究 (小樽商科大学) 36巻4号145頁 (86)，小川宗一＝土屋良弘「不正商品に対するわが国の法規制および国際的検討の動向」発明86巻7号63～69頁 (89)，村上勉「商標保護法の国際ルール作りについて」日本商標協会誌4号7頁 (90)，長谷川俊明「『ヒルトン』と『HILTON』から成る商標が国際的なホテルチェーンの『他人の名称の著名な略称を含む商標』(商標法4条1項8号) に該当するとされた事例 (平成元.11.9東京高判) ＜渉外判例教室＞」国際商事法務18巻5号468頁 (90)，村上勉「WIPO商標ハーモナイゼーション条約事務局草案について」日本商標協会誌2号20頁 (90)，村上勉「WIPO商標ハーモナイゼーション条約について」日本商標協会誌6号3頁 (90)，ボグシュ〔河井千明訳〕「商標国際登録に関するマドリッド協会の100年間」日本商標協会誌14号3頁 (92)，中村稔訳「標章についての行政手続の簡素化に関する条約案」日本商標協会誌14号6頁 (92)，小林盾夫「商標制度の国際的潮流を展望して」日本商標協会誌16号1頁 (92)，熊谷敏「特許法等改正法の概要－工業所有権制度の国際的調和」NBL 562号16～20頁 (95)，玉井克哉「ヨーロッパ商標法における並行輸入法理の転換 (下) 国際消尽原則を最終的に放棄した欧州裁判所判決をめぐって」NBL 652号40～50頁 (98)，高倉成男「商標の国際的保護の新たな枠組みと最近の展開」特研27号33～42頁 (99)，松原伸之「商標制度の国際的調和－来世紀への展望」AIPPI 45巻11号35頁 (00)，近藤隆彦「商標の国際的保護に向けた日本の取組み」AIPPI 45巻6号45頁 (00)，事務局 (仮訳)（AIPPI JAPAN)「議題173商標とドメインネームの共存の問題：公的及び私的な国際登録制度」AIPPI 47巻11号12頁 (02)，知財権研究委員会「21世紀の商標制度構築に向けた調査研究報告書」知財権研究19頁 (04)，青木博通「知的財産権としてのブランドとデザイン (21世紀COE知的財産研究叢書3)」 (07).

(パリ条約)　蓴優美・条解工業所有権保護同盟条約 (博文堂, 56), 吉原隆次＝高橋三雄・全訂工業所有権保護同盟条約説義 (帝国判例法規出版社, 57), 杉林信義・新工業所有権概論第1編同盟条約 (新生社, 60), 吉原隆次・改正工業所有権保護同盟条約説義 (帝国判例法規出版社, 63), 蓴優美・注解パリ条約 (蓴工業所有権研究所, 67), G.H.Cボーデンハウゼン・注解パリ条約 (AIPPI日本部会, 68), 光石士郎・工業所有権保護同盟条約詳説 (帝国地方行政学会, 68), 播磨良承「工業所有権法国際工業所有権の保護」(法学書院, 72), ラダス〔豊崎＝中山監修, 守谷＝樋口＝栗原＝大井

＝島田＝島田＝内田訳〕・国際工業所有権（AIPPI日本部会，77），光石士郎＝光石英俊・工業所有権の保護に関するパリ同盟条約解説（ぎょうせい，77），後藤・講話（81），ラダス〔豊崎＝中山監修，守谷＝桶口＝栗原＝大井＝島田＝島田＝内田訳〕・国際工業所有権（AIPPI日本部会，85），橋本良郎・特許関係条約（有斐閣，85），西中和典「WIPO商標ハーモ条約第5回専門家会議に出席して」特管43巻10号1319頁（93），水野勝文＝竹内耕三「商標法ハーモナイゼーション条約草案（商標法条約草案）について」パテ46巻11号60頁（93），特許庁国際課・商標課「知的財産条約集（第2巻）商標関係条約」（94），廣田米男「商標法条約草案」知財研フォーラム17号10頁（94）イアン・ジヤイ・カウフマン（L.J. Kaufman）〔鷹取政信訳〕「怒涛の如く迫り来る商標の国際的調和の波1～2」（国際知的所有権条約）」パテ47巻4号65頁～5号61頁（94），西光明「商標法条約（商標ハーモ条約）が成立」特管44巻12号1763頁（94），事務局（訳）（AIPPI JAPAN）「WIPO商標法条約」AIPPI 40巻5号13頁（95），押本泰彦「インターネットドメインネームと商標に関するWIPOの諮問会合」パテ50巻12号67頁（97），知的財産比較法研究所編・知的財産条約集（第2巻）（00），後藤・講話〔第13版〕（07），朝日奈宗太・外国特許制度概説（アメリカ篇／アメリカを除く諸外国篇）〔第12版〕（08），松井章浩「日本の裁判所におけるパリ条約の適用解釈」知的財産専門研究（大阪工業大学）4号145～161頁（08），青木博通「国旗と知的財産法－国旗の商標登録・使用はどこまで可能か？＜解説＞」CIPICジャーナル192号21～36頁（09），小國泰弘「実務家のための知的財産権判例70選2009年度版ケモカイン受容体事件〔大阪地裁平成20.10.6判決〕」発明107巻8号44～47頁（10），井関涼子「米国の一部継続出願を基礎とするパリ条約の優先権主張－光学的フィルム付着方法事件（平成18.12.26東京地判）」三山峻司先生＝松村信夫先生還暦記念・最新知的財産判例集－未評釈判例を中心として65～76頁（11），靏岡聡史「近代日本の産業財産権政策－パリ条約加盟をめぐる日英米の政治過程の分析（要約）」知財研紀要21（電子資料）5頁（12），特許庁平成25年度産業財産権制度各国比較調査研究等事業「各国・地域の意匠権の効力範囲及び侵害が及ぶ範囲に関する調査研究」ワーキンググループ・日本国際知的財産保護協会国際法制研究所「パリ条約による優先権主張の認否における『意匠の同一』に関する各国・地域知財庁の運用の違いについて」AIPPI 59巻6号2～17頁（14），柴田和雄「幻のパリ条約4条J－パリ同盟におけるグレースピリオド導入の試み＜考察＞」パテ68巻2号93～102頁（15）。

世界各国の商標法の動向は，当該国の諸事情により，現在極めて流動的である。それを格別に説明することは，世界各国のうち主要なグループについて述べることすら，この注解書の適当とするところではない。しかしながら，全体の動向について，序説に適当な程度述べる。

(1) 商標法の国際性

商品は国を超えて流動するから，商標法は，元来国際的性格を有するものであるといえる。明治17年（1884年）にわが国で最初の商標条例が制定されたのも，明治政府の富国強兵・殖産興業の二大政策を遂行するためのものだけではなく，わが国と通商条約を結んでいる諸外国の要請による国際的要因が強く影響していた。

しかしながら，商標法の国際化はわが国においては明治32年（1899年）に工業所有権保護同盟条約（いわゆるパリ同盟条約）に加入した時に始まるともいえる。パリ同盟条約は

序　章　Ⅳ

1883年に結実し，その後，1900年（ブラッセル），1911年（ワシントン），1925年（ヘーグ），1934年（ロンドン），1958年（リスボン），1967年（ストックホルム）と数回の改正が加えられ，今日に至っている。わが国は，1899年（明治32年）これに加盟し，リスボン条約には1965年，ストックホルム条約には1975年に加盟している。

(2) パリ条約

同盟条約についての説明は条約の解説書にゆずり，ここで紙幅を割くべきものではないが，その主要な内容は，①条約に加入している国は互いに商標権その他の工業所有権を保護しあうこと（パリ条約2条），②加盟国の国民は，自国民と同一の保護を受けることを原則とすること（同2条），③優先権主張を認めること（同4条）等であり，商標法に関係のあるものを挙げれば，登録商標の不使用の制裁等（同5条），商標権の独立（同6条，いわゆる商標権の属地性），周知商標の保護（同6条の2），同盟国の紋章等の保護（同6条の3），商標権の移転についての調整規定（同6条の4），外国登録商標に関する規定（同6条の5，いわゆるテルケル（telle quelle）商標制度），サービスマークの保護（同6条の6），代理人等による商標登録出願の規制（同6条の7），商品の性質による商標登録制限の排除（同7条），団体商標の保護（同7条の2），不正商標品輸入の取締り（同9条），原産地虚偽表示の取締り（同10条），不正競争行為の禁止（同10条の2），不正商品取締等防止のための法的措置（同10条の3），博覧会出品における商標の仮保護（同11条）等である（S.P. Ladas〔豊崎＝中山監修〕・国際工業所有権法）。

2015年現在の加盟国は，174ヵ国であり，世界のほとんどの主要国が加盟しているといえる。

(3) 特別協定

パリ同盟条約加盟国は，同条約の規定に反しない限り，工業所有権保護に関する特別の協定を締結することができる（パリ条約19条）。

商標の国際的保護強化のため結ばれた特別協定としては，「虚偽の又は誤認を生じさせる原産地表示の防止に関するマドリッド協定」（1891年，1958年リスボン改正）・「標章の国際登録に関するマドリッド協定（製造標章又は商標の国際登録に関するマドリッド協定）」（1891年，1967年ストックホルム改正）・「標章の登録のための商品及びサービスの国際分類に関するニース協定」（1957年ニース協定）・「原産地名称の保護及びその国際登録に関するリスボン協定」（1958年，1967年ストックホルム改正）・「商標登録条約」（Trademark Registration Treaty, いわゆる TRT）（1937年）・「商標法条約」（いわゆる商標法に関するハーモナイゼーション条約，1994年）等がその主要なものである。

「虚偽の又は誤認を生じさせる原産地表示の防止に関するマドリッド協定」については，わが国など世界の主要国（アメリカ，ソ連は未加入）が加盟し，その効果をあげている

序　章　Ⅳ

が，各国ごとの登録の費用と煩雑を省くための「標章の国際登録に関するマドリッド協定」については，主要加盟国がヨーロッパ大陸の諸国に限られ，アメリカ・イギリス・日本のような経済大国が加盟していないため，審査の重複を避けるなどの目的でこれに替わる国際登録のための条約として用意されたのが「商標登録条約（TRT）」であった。このTRTは，世界の多数国が国際事務局を通じ所定の手続をとることによって，現在各国ごとで商標権取得・商標権登録の手続をなしている欠点，また，その費用が大きい欠点を除き，他の加盟国における商標権の取得を容易・敏速にすることを目的としたものである。このTRTによる国際出願は，出願日において同時に各指定国の国内出願としての効力をもち，国際事務局は方式審査だけをしただけで国際登録をして公告し，各指定国に通告する。各指定国は，それから内容審査する。国際登録の効果は，国際公告の月より15ヵ月以内に，国内官庁より国際事務局に承認拒絶の通告がなされない限り，15ヵ月経過時に発生し，その効果は国際登録日にさかのぼる。国際登録の存続期間は10年であるが当然更新はでき，また，国際登録の更新により各国の国内登録の更新と同一の効果が与えられる。TRTには，その他国際登録簿と国内登録簿の関係，特に権利変動についての規定等がある。このTRTは，1973年6月にアメリカ，イギリス，イタリア，ソ連，西ドイツ等の8ヵ国が署名することにより発効した。しかし，その後，商標出願の大国であるアメリカが，TRTの発議国であるのに，国内の法曹事情で批准せず，同じく出願大国の日本も審査を短期に行わねばならないので加盟しにくかったことから，実効のある状態には至らないままに今日に至っている。

そこで，現在は，各国の手続上の簡略化・統一化を目指す商標法条約や，マドリッド条約に加入しやすいように特例を覚書によって定めるマドリッド条約プロトコールのほうが関心を集め，既述のように法改正が行われ，加入，批准するに至った。また，商標法条約の内容を基本とし，新しいタイプの商標（色彩や色等）に係る規定や電子出願に関する手続規定，手続期間経過に対する救済規定等を加えた「商標法に関するシンガポール条約」（2006年）へのわが国の加入が検討されており，そのための法改正も既述のように行われている。

(4)　**多国間条約ほか**

以上の国際条約のほか，2国間ないし多国間条約があり，例えば，1929年の汎アメリカ条約等がある。欧州経済共同体（EEC）（欧州連合（EU））では，多年，商標について統一商標法草案を検討していたが（F.K.バイヤー〔染野義信・啓子訳〕「ヨーロッパ共同体への道程において」工業所有権法理論の展開173頁），「欧州商標法」が，1994年3月15日に発効した。そして，スペインのアリカンテに欧州共同体商標意匠庁が開設された。

このように商標の国際的動向は進んでいるが，限られた範囲内におけるものとしては，

序　章　Ⅳ

1971年から施行された「ベネルックス統一商標法」(1962年署名, 1971年1月1日施行) や1996年4月1日から登録業務の開始された「欧州共同体商標法」(1993.12.20規則採択) が, 国家の領域を超える統一商標法として注目され, さらには, 将来のことであるとしても, 国際商業会議所で作成した「模範商標法條項」(Model Trademark Law, 1955年, Dr. S. ラダス弁護士起草) のような世界統一商標法の提案もなされている。商標法と条約の関係については, また次項で取り上げる。

(5)　商標法と条約の関係

(a)　関係規定とその趣旨　　商標法77条によって準用される特許法26条は, 商標に関し「条約に別段の定があるときは, その規定による」と規定し, 国内法たる商標法自体において, 条約の商標法に対する優先性を規定している。商標法に対して上位法であり, わが国の基本法たる日本国憲法は, 「条約及び確立された国際法規は, これを誠実に遵守することを必要とする」(憲98条2項) 等条約優先性を宣明している。この解釈いかんによっては, 商標法77条によって準用される特許法26条は, 当然のことを確認的に規定しているにすぎないことになろう。

しかし, 条約の国内的効力については, 直接効力があるとする説 (直接効力説) と国内法を通してのみ効力を及ぼそうとする説 (間接効力説) があり, また, 条約と国内法の関係についても条約優位説と国内法優位説とがある。しかし, 商標法については, 商標法77条 (特26条) によって, この点に議論は生じない。本条にはこのような意義がある (逐条解説〔第19版〕72頁)。このような規定を商標法 (ないし工業所有権法) が定めていることは, 商標法の国際性を如実に物語るものでもある。

(b)　内　　容　　さて, 詳細にこれをみるに, 条約には, 種々の条約がある。これをパリ条約を例として考察すると, まずある規定は内容的に, 同盟国に国内法制定の義務を課するのみで, 規定の内容の実現は国内法の制定を待たなければ実施し得ない条項がある。国内で直接適用されるためには, 規定が明白かつ完結的でなければならない。このように内容が国内法の制定を前提としている場合は, 国家が国際的な実施義務を負うのであって, 条約は商標法77条 (特26条) によっても, なお直接国民に権利を賦与し義務を課すものではない。例えば, パリ条約の周知商標・同盟国の記章等・サービスマーク・団体標章の保護 (パリ条約6条の2・6条の3・6条の6・7条の2など), 商標商号の不正付着の取締り (パリ条約9条6項), 国際博覧会出品の仮保護 (パリ条約11条) 等が, この例である。

ところが, 条約の規定の内容が直接国内法の内容となり得る規定がある。このような場合は, 国内法たる商標法の規定が条約の規定と矛盾したり, 内容が不十分であったりすると, 条約の規定が商標法の規定を変更し補足する。商標法77条 (特26条) は, この旨

を明らかにしているのである。実際には，このように条約と国内法が矛盾する場合には，商標法改正が行われるから，かかる適用の具体例は少ない。

　次に，条約国において行われる商標法規定について，他の加盟国が，国内法上特別の効果を認めようとする規定である。パリ条約の同盟国の一国での出願により，他国の出願に一定期間優先権を認める規定（パリ条約4条）や，商標権独立の原則（パリ条約6条），外国登録商標は他の同盟国においても，そのまま登録され保護されるべき旨の規定（パリ条約6条の5）等である。このような規定は，国内法として，適用し得る事項であるから，直接国内法として商標法に優先して適用される効果を有する。さらに，商標法の解釈は，パリ条約の多くの規定（例えば，内外人平等の原則（パリ条約2条），非同盟国民の権利能力（パリ条約3条），優先権（パリ条約4条），登録商標の変更使用の許容（パリ条約5条C），商標の登録条件など（パリ条約6条ないし6条の7），商標の使用される商品の性質の無制約に関する規定（パリ条約7条），商号の保護（パリ条約8条）等々）を前提として解釈し，これら条約の規定に抵触しないように解釈しなければならない。

　(c) 多国間条約について　以上，わが国商標法においては，条約と商標法の関係は工業所有権法以外の他の法律に比して密接である。しかし，各国に直接効力を及ぼす統一商標条約として各国の商標法と一体的となる世界的条約はない。したがって，わが国の商標に適用されるべき多国間統一商標条約はない。欧州商標法においては，これらの条約法により登録された商標法は，実体法上その地域内において各国の実体法を形成する。これらの法体系においては，条約と商標法の関係が最も密接である。もっとも，欧州商標法では，これによる商標権は，なお存続する従前の国内商標権と並存するから，ベネルックス統一商標法のほうがより完全な統一商標法といえる。

　他方，商標協力条約（TRT）における商標出願に至っては，その商標登録出願の法的本質は各国出願の束ともいうべきもので，同条約は，単に商標出願及び登録手続を簡易化すべく加盟国が協力する条約にすぎず，成立した商標権は各国独立である。既述のように，TRTは米国と日本の加盟・批准に問題があり，その活動は停滞した。現在，これに代わるものとしてマドリッド条約プロトコール（覚書）がWIPOによって推進され，わが国も加入，批准の上，これにあわせた法改正もなされた。

　これとは別に，WIPOにおいて各国の工業所有権法を調和すべく特許法調和条約（いわゆる特許ハーモニー条約）などと並行して商標法調和条約（いわゆる商標ハーモニー条約）が審議され，特許法については結論を見るに至らなかったものの，商標法の分野では，1994年10月に商標法条約として採択された。また，2006年3月には商標法条約の内容を取り込んだシンガポール条約が採択された。ここにおいては，一出願による多類への出願や業務記載の不要求など多くの手続問題が合意されており，これは手続法的に各国に

〔小野〕　45

序　章　V

直接効力を及ぼす統一商標条約である。わが国の商標法に影響を与え法改正もなされた。このように，実体法的には，各国に直接効力を及ぼす統一商標条約としての各国の商標法と一体的となる世界的条約も程遠いものの，少しずつ世界商標法の方向に歩んでいるということはできよう。そして，インターネットの影響によって世界特許法より世界商標法のほうが早く成立するのではなかろうか。

V　商標法の体系的地位

【参考文献】
（商標法の地位）　蕚優美「商標法の概念」特商3巻3号1頁（34），染野義信「商標法理論の新しき展開に寄せて」パテ7巻10号1頁（54），杉林信義「商標自体の特性について」パテ15巻10号4頁（62），W.J. デレンバーグ〔土井輝生訳〕「国際商標・不正競争の諸問題（日米合同セミナー）」海外商事法務50号2頁（66），磯長昌利「商標と心理学」パテ21巻2号18頁（68），渋谷達紀「商標保護法制における使用と登録（1～6）」法協88巻1号・3号・9＝10号，11＝12号，89巻6号・7号（71，72），江口俊夫「商標法の特色についての一考察」工業研究17巻1号28頁（71），小野昌延「不正競争防止法と商標法」原退官（下）953頁（72），満田重昭「商標法と不正競争防止法の関係」企研245号27頁（75），G. シュリッカー「不正競争と消費者保護」AIPPI 23巻4号2頁，5号2頁（78），ゴールドシュタイン〔土井輝生訳〕「プロダクト・ライアビリティと商標所有者－商標の保証機能」国際商標法務7巻7号309頁（79），紋谷暢男「商号の保護－商法と不正競争法との関係－」民事研修269巻9号9頁（79），網野誠「商標法の目的規定をめぐって」パテ37巻5号2頁（84），中山信弘「商号・商標の法的保護」企業法総論（現代企業法講座1）111頁（84），江口順一「現代の商標法と独占の限界」阪大法学145＝146号139頁（88），江口順一「不正競業法の比較研究－法システムの現代化（1～10完）」JCA ジャーナル38巻1号～38巻10号，松原伸之「商標制度の国際的調和－来世紀への展望」AIPPI 45巻11号35頁（00），近藤隆彦「商標の国際的保護に向けた日本の取組み」AIPPI 45巻6号45頁（00），知財権研究委員会「21世紀の商標制度構築に向けた調査研究報告書」知財権研究19巻（04）．

（商標法と著作権────題号，キャラクターほか）　飯塚半衛「題号の保護」特商4巻10号18頁（35），勝本正晃「商標権と著作権の関係－漱石商標問題を中心として」法時19巻11号23頁（47），末弘厳太郎「漱石商標問題（法律時評）」法時19巻11号2頁（47），杉林信義「著作の題号等の商標的保護に就いて」パテ2号1頁（49），岩瀬定「商標と著作物の題号」発明61巻4号22頁（64），山本桂一「図書類の題号」商標判例百選28頁（67），阿部浩二「タイトルとその法的保護」法学会雑誌32巻3＝4号355頁（83），勝本正晃「オリンピック標章の保護」法時36巻8号60頁（64），勝本正晃"オリンピック標章"の"法律的保護"について」パテ17巻8号4頁（64），田倉整「宣伝用キャラクターの保護」NGL 8頁（71），佐々木正峰「キャラクターの商品化権」発明70巻10号8頁（73），大家重夫「肖像権（上・下）」発明75巻2号90頁，3号82頁（78），山中伸一「商品化権と企業内の複製」発明75巻7号84頁（78），工藤莞司「キャラクターの商品化権と商標法について（上・下）」ニュース5070号1頁，5085号1頁（79），播磨良承「標章および著作物のキャラクターの商品化権（上・下）」発明76巻9号94頁，10号102頁（79），水田耕一「商品化事業の保護」発明77巻5号14頁（80），播磨良承「キャラクター及びマークの商品化権の法的保護（1～3・完）」JCA ジャーナル27巻3号，4号，6号

(80)，土井輝生「キャラクター・マーチャンダイジングの法的基礎－キャラクター・氏名肖像の保護」豊崎追悼515頁（81），小林俊夫「キャラクター商品の法的保護－（上・下）」NBL 329号 8 頁，333号36頁（85），渋谷達紀「キャラクター表示に商標権侵害を肯定，画との結合標章は著作物複製とした事例」判評331号54頁（判時1198号）（86），関智文「キャラクター保護の法的基礎(5)－キャラクターの商標法・意匠法による保護－」CIPIC ジャーナル39号 7 頁，小倉秀夫「判例評釈『キューピー』はオレのもの!?－他人が創作したキャラクターを商標にした大企業はそのキャラクターを独占できるのか－」CIPIC ジャーナル144号12頁（04），D・E・ウェスロー（David E. Weslow）＝S・S・コスタレス（Shruti S. Costales）「オンライン上の侵害行為はどこまで裁かれるべきか？－インターネット上の商標侵害と著作権侵害が係わる訴訟に対する管轄権の決定」ILS 13巻 3 号13頁（04），足立勝「商標法と著作権法の交錯－音の商標の導入を意識して（研究報告　複数の知的財産法による保護の交錯）」パテ67巻 4 号（別冊パテ11号）20～39頁（14）．

〔氏名・商号〕　竹田省「商号登記の効力」京都法学会雑誌 4 巻 4 頁（10），東季彦「商人登記の歴史」法協34巻 8 号（16），西原寛一「商号保護と登記との関係」民商 9 巻 4 号 7 頁（36），鈴木竹雄「商号の侵害」我妻榮先生還暦記念・損害賠償責任の研究（下）39頁（58），松岡誠之助「商号について」私法25号（63），豊崎光衞「会社商号の登記抹消について」企研93号 2 頁（63），清瀬信次郎「商号権論（上・下）」法学志林62巻 1 号，3＝4 号（64，65），松原伸之「商号における商標的機能の効果とその限界について」パテ17巻 2 号48頁（64），豊崎光衞「商号と商標の保護の交錯」私法27号（65），清瀬信次郎「氏名権論」亜細亜法学 1 号 1 頁（66），水田耕一「商標権と商号権との関係」商標判例百選126頁（67），古瀬村邦夫「商号」経営法学全集 7 巻（67），清瀬信次郎「商号権の性質」亜細亜法学 4 号 1 頁（69），高木繁忠「外国文字表示の商号の保護と規制の方法」ジュリ435号56頁（69），古瀬村邦夫「商号の使用を許された者のする異種営業と商法23条」民商61巻 2 号143頁（69），小坂志磨夫「商号の保護」AIPPI 15巻 6 号 8 頁（70），坂田暁彦「商号保護の課題」民事研修（法務総合研究所）181号23頁（72），稲田俊信「商号使用権の保護とその規定」法セ201号101頁（72），松尾和子「商号商標について」特管22巻 4 号335頁（72），山口幸五郎＝清水巌「商標権と商号権との関係」判例工業所有権法265頁（72），神崎満治郎「類似商号の判断方法について」登記研究294号 1 頁（72），豊崎光衞「商号の国際的保護」鈴木竹雄先生古稀記念・現代商法学の課題（中）601頁（75），中山信弘「商号使用差止事件」企研252号29頁（76），紋谷暢男「商号の保護」民事研修269号 9 頁（79），清瀬信次郎「商号権とその効力」滝野文三先生追悼論文集193頁（79），相沢英孝「商号保護法の一元化」学会年報 3 号26頁（80），磯長昌利「商号商標と通常の商標との類否」特管30巻 6 号615頁（80），満田重昭「『自己ノ氏名ヲ善意ニ使用スル行為』と家元制度」特管32巻11号1377頁（82），清水利亮「株式会社の商号と商標法 4 条 1 項 8 号－判例批評－」季刊実務民事法 3 号202頁（83），関根秀太「商標法 4 条 1 項 8 号と株式会社の商号－判例批評－」判評293号222頁（83），松尾和子「株式会社の商号と商標法 4 条 1 項 8 号－判例批評－」民商89巻 2 号95頁（83），小島庸和「株式会社の商号と商標法 4 条 1 項 8 号－判例研究－」金商673号55頁（83），小野昌延「家元制度と無体財産権法」工業研究29号 3 頁（83），渋谷達紀「いわゆる子会社でなくなった会社に対する商号使用差止請求が認められた事例」特管34巻 8 号1025頁（84），坂田暁彦「類似商号に関する判例の研究（上・下）」登記研究510～511頁（90），清瀬信次郎「判例評釈65　商号等使用禁止請求事件（アメ横事件）名古屋地裁・平成 2 年 3 月16日判決」発明87巻10号84頁（90），松尾和子「商号とサービスマーク」パテ44巻 2 号23頁（91），光石忠敬「商号の利欲的登記と商法，不正競争防止法（東京ガス事件）」小野還暦541頁（92），谷口由記「株式会社の商号と商標法四条一項八号（月の友の会事件）」村林還暦157頁

序　章　V

(91), 佐藤恵太「判例研究：No.149　商号商標の普通名称認定に際して『合資会社』の文字を省略した例－合資会社八丁味噌事件－東京高裁平成2年4月12日判決」特管41巻10号1315頁 (91), 満田重昭「大審院の不正競争防止法関係判決－不正競争防止法第1条第1項第1号の『商品』の意義－昭和17年8月27日大審院第1民事部判決 [昭和16年(オ)1180号商号並商標使用禁止等請求事件上告審] (パンヤ事件)」特研14号24頁 (92), 斉藤博「氏名・肖像の商業的利用に関する権利」特研15号18頁 (93), 松尾和子「商号とサービスマーク」パテ47巻8号37頁 (94), 田村善之「判例で考える商標法6　会社の商号と登録商標権」発明91巻9号106頁 (94), 田村善之「判例で考える商標法7　書籍の題号，著作者名の表示と登録商標権」発明91巻10号127頁 (94), 竹田稔「知的財産権実務講座15　商号の保護2」発明91巻2号91頁 (94), 竹田稔「知的財産権実務講座16　氏名・肖像の財産的価値」発明91巻3号97頁 (94), 田代貞之「肖像・氏名等に関する権利－パブリシティの権利とプライバシーの権利の現状－」知管46巻3号387頁 (96), 商標委員会第2小委員会「サービスマークと商号」知管46巻2号219頁 (96), 香山恭慶「同一商号の常識と非常識」NBL588号3頁 (96), 三浦正広「ドメインネームと氏名権」コピライト37号28頁 (97), 三浦正広「泉岳寺事件上告審判決－宗教法人の氏名権－」コピライト37号48頁 (97), 松嶋晃正「商号登記と商標登録の関係」パテ50巻7号51頁 (97), 布井要太郎「判例研究：No.218　商号標章・著名標章・登録商標の競合損害のない場合の使用料相当額による損害賠償請求　最高裁平成9年3月11日判決　平成6年(オ)第1102号商標権侵害禁止等請求事件」知管48巻3号363頁 (98), 久保次三＝青木篤＝上田育弘＝角田政芳＝内藤昭男＝松原伸之「議題143：インターネットドメインネーム，商標及び商号」AIPPI43巻4号53頁 (98), 青山紘一「商号登記の抹消に関する立法論」パテ51巻5号61頁 (98), 加藤幸江「チボリの名称を付した営業表示及び登録商標の周知性及び類似性について」知管48巻7号1067頁 (98), 田中通裕「氏名権の法理」民商120巻4＝5号702頁 (99), 高野輝久「他人の氏名・名称等を含む商標(1)－株式会社の商号「月の友事件」(昭和57.11.12最高二小判)」新商標判例百選20～21頁 (07).

(サービスマーク)　杉林信義「サービスマークの保護について」日本法学18巻3号 (52), 原増司「サービスマーク」特管5巻6号123頁 (55), 原増司「米国商標法におけるサービスマーク制度の運用(1～2)」特管11巻9号526頁・10号592頁 (61),「サービスマークに関するアンケートの結果について」AIPPI6巻7号25頁 (61), 杉林信義「サービスマークについて」法律のひろば18巻8号12頁 (65), 中村武「サービスマーク法制化の諸問題－西独法の現状をふまえて」東洋法学19巻1号1頁 (76), 大橋良三「サービスマークに関する調査について」とっきょ61号10頁 (77), 三瀬和徳「サービスマークの登録制度とその問題点」ニュース4890号14頁 (78), 大西喜一「サービスマーク国際分類」パテ32巻4号33頁 (79), H.ストレーベレ [照嶋美智子訳]「西ドイツにおけるサービスマークの保護」パテ34巻9号22頁 (81), 工藤莞司「標章登録のための商品及びサービスの国際分類に関するニース協定について」ニュース5633号1頁 (81), 太田進「英国におけるサービスマークと姓の登録」AIPPI29巻11号45頁 (84), 小島庸和「サービス標の保護」特管34巻11号1465頁 (84), 小野昌延「サービスマーク登録制度の導入」特研2号18頁 (86), P.Strobele [大橋良三訳]「西ドイツにおけるサービスマークの新たな保護に関する実務上の経験」AIPPI31巻4号2頁，5号19頁 (86), 工藤莞司「最近のサービスマーク事情－西ドイツ・英国を中心として－」AIPPI31巻6号15頁 (86), 下坂スミ子＝松原伸之「ニース協定および商品（サービス）の国際分類に関する調査報告」パテ41巻10号34頁 (88), 工藤莞司「サービスマークについて」発明85巻2号17頁 (88), 工藤莞司「わが国におけるサービスマーク登録制度のこれまでの検討状況」発明85巻9号94頁 (88), 江口俊夫「サービスマーク制度についての一考察」工業研究35巻1号38頁 (89), 岡田稔「サービスマーク登録制

度について」発明87巻7号3頁（90），松尾和子「商号とサービスマーク」発明88巻2号23頁（91），特許庁審査第一部商標課「サービスマーク登録制度の概要」発明88巻11号10頁（91），網野誠「サービスマークの登録制度と使用の事実の保護等」発明89巻4号6頁（92），工藤莞司「サービスマーク登録制度と出願上の留意点」知財研フォーラム12号21頁（93），特許庁商標課，小川有三＝林栄二＝小川宗一「こんなときどうする？　サービスマーク登録制度Q&A1～12」発明90巻1～12号（93），木村三朗＝松浦誠四郎＝菊地栄＝大楽光江「議題Q118：商標・サービスマークと地理的表示」AIPPI 38巻9号18頁（93），魏啓学「サービスマーク登録制度に関する中国の考え方について1～2」パテ46巻10号84頁，11号82頁（93），「同3～4」パテ47巻1号64頁，3号71頁（94），木村三朗＝大村昇・新・商標とサービスマークがわかる12章（ダイヤモンド社，97），浅野勝美「小売サービスマーク登録制度の導入に伴う経過措置について」パテ59巻11号63～72頁（06），青木博通「小売サービスに関する商標の保護－シャディ／ESPRIT判決から立法的解決まで」CIPICジャーナル176号1～27頁（07），松田治躬「サービスマーク制度の開始」松田治躬先生古稀記念論文集651～653頁（11），松田治躬「『マーク』の差から見た『サービス商標』と『商品商標』」松田治躬先生古稀記念論文集642～651頁（11），松田治躬「商標とサービスマークの混同」松田治躬先生古稀記念論文集630～639頁（11）。

（**地理的表示・原産地表示**）　木村健助「フランス法における統制原産地名称－特にChampagneとCognacについて－」関西大学法学論集12巻3＝4号65頁（63），木村健助「フランスぶどう酒1」関西大学法学論集17巻2号85頁（67），土井輝生「日仏"シャンペン"論争と原産地虚偽表示の防止に関するマドリッド協定」海外商事法務66号9頁（67），満田重昭「出所地表示及び品質標章と輸出中小企業製品統一商標（1～3）－中小企業集団の商標」金沢大学法文学部論集（法学編）19号，21号，22号（72，73，74），吉村孝訳「チェコスロバキアの原産地名称保護制度」AIPPI 21巻7号29頁（76），大橋良三「原産地名称と商標の抵触」パテ36巻3号57頁（83），安田英且「地理的表示（不正競争防止法の今日的課題7）」NBL 506号39頁（92），「関税法に基づく原産地表示要件とラナム法43条a項の適用」I.P.R.（発行：日本技術貿易株式会社）10巻11号584頁（96），松尾和子＝奥山尚一＝勝部哲雄＝杉村暁秀「議題に対する日本部会の意見2　議題62：原産地名称と，原産地表示，地理的表示」AIPPI 43巻5号50頁（98），奥山尚一「報告　議題62：原産地名称と，原産地表示，地理的表示」AIPPI 43巻7号46頁（98），Olszak Norbert「グローバル市場における知的財産権－ワインの地理的表示の保護のために〈翻訳〉」明治学院大学法学研究82号81～92頁（07），蛯原健介「理事会規則479/2008号におけるEU産ワインの表示に関する規制－原産地呼称・地理的表示の保護を中心として」明治学院大学法学研究86号27～55頁（09），木村純子「地理的表示保護産品の特徴と地理的原産地とのつながり：イタリアのGI産品を手がかりに〈研究ノート〉」経営志林（法政大学）50巻3号79～106頁（13），Boyer-Paillard Dorothedasshue「地理的表示と商標による原産地の保護について〈翻訳〉」明治学院大学法学研究96号143～155頁（14），二本松裕子＝及川富美子「日本における地理的表示保護制度の創設－特定農林水産物等の名称の保護に関する法律の施行に当たって（下）」国際商事法務43巻7号983～990頁（15），フィリップ・ドゥ・バール「EUとEUの締結する国際協定における地理的原産地表示の保護」国際商事法務43巻8号1133～1142頁（15）。

(1) 商標法と他の無体財産権法

(a) 創作法と標識法　　商標法は工業所有権法，広くは無体財産権法（ないし知的財産権法）に属する。無体財産権は，「人の精神的活動の所産である無体物を排他的に支配す

る権利（ないし利益）」である。

　無体財産は次の2つに大きく分けることができる。(イ)1つは，人の「創作的活動の所産」であり，(ロ)もう1つは，広い意味では人の精神的活動の所産には違いないけれども創作的活動によるものとしては少し異なる「産業活動上の識別標識」である。

　(イ)　人の「創作的活動の所産」には，①「発明」，②「考案」であるとか，③「意匠」，それから④「文学・学術・美術・音楽」などがある。これに対応する法律は，①「特許法」，②「実用新案法」，③「意匠法」並びに④「著作権法」が，各々これに対応する。これらは，創作時よりそれ自体に価値がある。

　(ロ)　次に，「産業活動上の識別標識」には①「商標」，②「サービスマーク」であるとか，③「商号」あるいは，④「原産地表示・原産地名称」などがある。この①ないし④に対応する法律は，①「商標法」，②「不正競争防止法」，並びに③「商法」であり，各々これに対応して保護をしている。これらは，標識が示す対象の信用形成（使用や宣伝，顧客の形成）とともに，その価値が増してくるものである。

　(b)　産業法と文化法　　次に，異なる面から無体財産権法を分類すると，(イ)「産業の発展に寄与する法」と，(ロ)「文化の発展に寄与する法」とに分類することができる。

　産業の発展に寄与するもの((イ))が「工業所有権法（広義）」であり，精神文化の発展に寄与するもの((ロ))が「著作権法」である。著作権法も，近時，商品の付加価値を高めるため，あるいは，コンピュータ・ソフトウェアの保護など産業に大きく関連してきているが，本来的には前者は産業発展目的をもち，後者は精神文化発展目的をもっている。そして，人格権法的色彩が後者より強い「商標法」は前者に属する。

　(c)　独占法と利益保護法　　それからもう1つの見方として，法益の保護形式からみて(イ)「独占権の設定をするもの」と，(ロ)「単なる排他権の寄与若しくは事実上の利益保護にすぎないもの」に分類できる。

　前者の独占権を設定する法規が「工業所有権法（狭義）」である「特許法・実用新案法・意匠法・商標法」であり，後者の単なる排他権の付与にすぎないものが「著作権法」であり，事実利益の保護法が「不正競争防止法」である。工業所有権である商標権では，独占的権利の設定された対象商標を知らずに同一又は類似の商標を用いても，商標専用権の排他的効力を受けて使用できない。これに反して著作権では，著作権者がある絵を描いていたとき，他所でまったく偶然に同じ絵を描いた人があっても，著作権者はこれを排除することはできない。どちらの著作権も偶然の一致の所産の独立の著作物として並立していく。

　不正競争防止法で保護される周知商標も，離れた商圏では，独立した周知商標として並立していく。権利者の発明や登録商標を知らない者の実施・使用に対しても専用権と

序　章　V

してこの他人の無断使用を差し止め中止させる効力を与えるのが，独占権の付与である（工業所有権）。他方，後者の保護は第三者に対する排他的権能を与えるだけであり，独占的排他権の付与ではない。商標法が登録商標に与える保護は，前者の保護形式である。

　(d)　要　　約　　以上要約すると，商標法は「無体財産権法」（あるいは知的財産権法）に属する。これは大きく分けると，「工業所有権法（広義）」と「著作権法」との２つに分けられる。広義の「工業所有権」という用法は貿易法規において用いられる。パリ条約では，「工業所有権の保護は，特許，実用新案，意匠，商標，サービスマーク，商号，原産地表示又は原産地名称及び不正競争の防止に関するもの」とし（パリ条約１条２項），「工業所有権の語は，最も広義に解釈するものとし，本来の工業及び商業のみならず，農業及び採取産業の分野並びに製造した又は天然のすべての産品……についても用いられる」（パリ条約１条３項）と規定される。関税定率法とか，輸出入取引法とか，貿易関係の法律，条約関係に出てくる場合の「工業所有権」なる用語は，一般に用いられる下記の「狭義の工業所有権」でなく広義のものである。商標法はこの広義の工業所有権に属する。しかし，一般に「工業所有権法」というときには，特許法，実用新案法，意匠法，商標法をいい，これらの権利を対象とする通称４法を「狭義の工業所有権法」という（以下，単に「工業所有権法」というときは狭義のものを指す）。

　商標法は，この狭義の「工業所有権法」に属する。それは，「産業法」であり，「標識法」であり，「専用権法」である。

(2) 商標に隣接する標識の保護法

　商標権は営業上の標識に関する権利であるが，商標以外の営業標識等を保護する法規には次のものがある。

　(a)　容器包装などの商品標識の保護法　　商品形態そのもの，あるいは，商品の容器・包装の形状・色彩は勿論，営業上の書面・広告・看板等の形状・色彩など，商品の出所を示す一切の標識は商品表示を構成し，それは不正競争防止法で保護されている。

　(b)　商号・営業標の保護法　　商号は，商人が営業について自己を表示する名称である。営業そのものを表す名称としては営業名がある。営業を示すものが名称でなく単なる記号・図形などである場合には，営業標といわれる。わが国では商号は主として商法（及び不正競争防止法）で保護され，営業名，営業標は不正競争防止法で保護される。

　(c)　氏名の保護法　　氏名は，営業を表す場合は，商号又は営業名として商法及び不正競争防止法で保護される（本来の氏名は，民法で氏名権として保護される）。

　(d)　原産地表示又は出所地表示の保護法　　原産地名称は，一定の土地の自然的条件による生産物の品質を保証するような産出地（ときには，商品の集散地・積出港）の名称である（例えば，シャンパン・コニャック・南京米）。これらのものは不正競争防止法で保護され

序　章　Ⅵ

る。

Ⅵ　商標法と不正競争防止法

【参考文献】
(商標法と不正競争防止法)　W.J.デレンバーグ〔土井輝生訳〕「国際商標・不正競争の諸問題」海外商事法務50号2頁（66），小野昌延「不正競争防止法と商標法」原退官（下）953頁（72），入山実「商標権と不正競争防止法上の権利との本質の差異について」特企67巻7号23頁（74），満田重昭「商標法と不正競争防止法の関係」企研245号27頁（75），満田重昭「不正競争としての商標登録－外国商標の登録をめぐって」学会年報4号101頁（81），満田重昭「工業所有権と不正競争防止法」特研1号8頁（86），日本弁護士連合会「不正競争防止法改正要綱」AIPPI 34巻8号9頁（89），田倉整＝元木伸編・実務相談不正競争防止法（商事法務研究会，89），小野昌延「不正競争防止の現状と問題点－一般条項の導入問題を中心として」特研7号28頁（89），小野編・注解不正（90），江口順一「不正競争防止法の比較研究－法システムの現代化（1～10）」JCAジャーナル38巻1号5頁～38巻10号20頁（91），日本工業所有権法学会「不正競争防止法の改正問題」学会年報14号（91），小野昌延「不正競争防止法」注解特別刑法(4)経済編〔第2版〕1頁（青林書院，92），「特集・不正競争防止法改正の視点」ジュリ1005号（92），鈴木次郎「最近の判例にみる商標法，意匠法，不正競争防止法の解釈適用に関する考察（その1）『商標の類否』と『不正競争防止法における広義の混同』（特に，表示の類似性）」パテ46巻7号55頁（93），川瀬幹夫「『小僧寿し』判決に想う－不正競争防止法的考え方と商標法－」知管48巻7号1137頁（98），田倉整「不正競争の成否－商標法との対比」発明96巻1号92頁（99），三澤達也「不正競争防止法の整備（ドメイン名と商標等との調整）に関する調査研究」知財研究10号78頁（01），盛岡一夫「商標法及び不正競争防止法にいう『需要者の間に広く認識されている』の意義」特研37号17頁（04）。

(1)　両法の制度目的

不正競争防止法と商標法は，あたかも車の両輪のごとく，ともに「競業法」の一環を形成している。

商標法は「登録」という手続的な手段を用い，登録商標権者にその商標に対する一定の「独占権」を与えて，商標権者の利益保護をはかっている。商標法は，いわゆる「工業所有権法」に属するものである。

これに対し，不正競争防止法は，不正競争行為を直接的に禁止するものである。そして，「著名表示を模倣する類型の不正競争行為」を禁止した結果，その周知・著名表示（表示は商標を含む）に，あたかも独占権を与えたような様相を呈する。しかし，決して「独占権」が与えられているのではない。この法的性格は，むしろ著作権に似ており，名称占有者が互いに無関係であれば，同時に数個の保護対象たる周知・著名表示が併存し得る。

商標「登録」は「手段」であって目的ではない。しかし，商標法は，商標権という私

権の保護を直接の目的としており，需要者保護という公益目的を間接的に達成しようとしている。このように商標法は，就業秩序において「登録」商標の機能保護をはかろうとするものであり，これを通して公正な就業秩序を形成・維持しようとするものである（商標1条）。

不正競争防止法の法的効果は少し異なる。不正競争防止法も商標法も，ともに不法行為法により発展してきている就業法である。だが，法律構造としては，商標法が登録によって「独占排他権としての商標権」を設権し，もって商標権侵害を排除するのに対し，不正競争防止法のほうは，流通市場において周知・著名となった商標・商号・氏名などの表示と混同を生じさせ，あるいは冒用する不正競争行為を「個別・具体的」に把握して禁圧し，もって公正な就業秩序を維持しようとする。その結果，周知・著名表示について独占類似現象が事実上招来される。しかし，それは，不正就業禁圧の反射的結果である。商標法においては，登録商標と「同一又は類似の商標」の「同一又は類似の商品」についての使用を侵害として規制するのであるが，不正競争防止法においては「混同の危険性」が問題なのであって「商品の類似性」は直接の問題ではない。

そして，商標権の効力範囲は地域として全国的であるのに対し，不正競争防止法における周知表示の効果は，それが市場利益を形成している範囲の地域に限定せられる（最判昭35・4・6刑集14巻5号525頁は仙台の菊屋対菊屋の事件であるが，仙台以外，大阪にも有名な菊屋がある）。不正競争防止法における著名表示の効果も，著名表示そのものが全国的に知られた表示であるから，それが市場利益を形成している地域的範囲である全国に及ぶにすぎない。

また，期間的差異としては，商標法が権利の効力として，権利の存続期間（10年であり（商標19条1項，商標施6条），更新手続（商標19条2項）によって初めて半永久的保護が与えられる）に限定され，逆に，期間内においては，将来の独占をも保証しているのに反し，不正競争防止法に基づく表示の保護では，当該状況が存続するかぎり期間限定ではなく性格上半永久的なものであり，逆に，それは現在の不正就業状態のみが問題であって，当該状況の存続を前提としてのみ事実上の独占状態が反射的に継続するものにすぎず，その前提がなくなれば，上記状態はなくなるものである。

(2) 商標法と不正競争防止法の関係

就業法において，不正競争防止法も商標法も，ともにその一環をなしている。不正競争防止法や商標法の性格を，自足完結法であると強調することは妥当でない。両者には重複適用が認められ，不正競争防止法は未登録商標の保護だけに適用されるとすることは妥当ではない（大阪高判昭38・8・27下民集14巻8号1610頁，東京高判昭45・4・28無体集2巻1号213頁ほか多数，これを間接的に支持する最高裁判所判決も多く，判例，通説といえる）。

〔小野〕

序章 Ⅶ

　実務的にも，ある商標が登録されているか，登録されていないか明瞭でないことが多い。例えば，商標は商品又は役務を指定して登録するが，どの商品又は役務が何類に属するか不明のことがしばしばある。特に，新製品の場合はそうである。登録商標の対象商品になったり，範囲外のものになったりする。また，商標とは何か，どの範囲までのものが商標かということも，限界線上のものは明瞭ではない。侵害者のパンフレットに表された文字でも，商品やサービスと関連あるものは商標であり，関連のないものは商標ではない。このような場合，不正競争防止法に基づく表示の保護の有無を考えるため，登録商標・未登録商標かを詮索することは不要である（請求権競合論）。

Ⅶ　商標権の権利行使行為と不正競争防止法

　商標権の権利行使行為について，旧不正競争防止法 6 条（以下「旧 6 条」という）は，商標法により権利の行使と認められる行為には同法は適用されず，したがって，旧不正競争防止法 1 条 1 項 1 号・ 2 号の混同行為（及び旧法 4 条 1 項ないし 3 項の行為）に該当する行為も不正競争行為とはならないとしていた（旧 6 条）。

　商標法は，旧 6 条の不正競争防止法の適用除外規定を通して，商標権の権利行使行為が「権利の行使と認められる」かどうかの問題の形で，不正競争防止法との関連が絶えず問題となっていた。

　不正競争防止法並びに商標法に基づく請求権は競合する（重複適用を認める立場が通説・判例であることは既に述べた）。そこで，不正競争防止法の平成 5 年の改正により旧 6 条が削除廃止されたので，両法の関係が一層重要となった。

(1)　不正競争防止法旧 6 条の削除

　削除された旧法 6 条の立法趣旨は，沿革的には，国家による設権行為（登録）により成立した権利の行使は保護されるべきであるからという，登録重視の理由に基づいていた。抽象的に説明すると，不正競争防止法が商標法に優位するようなことがないように規定されたものである。

　具体的にいえば，第 1 に商標権は，審査手続を経た権利であるから，尊重されねばならないということである。また，第 2 に国家が一応正当と認めて付与した権利であるから，無効又は取消しの手続を経ずに直ちに不正競争防止法によって規制を求めることは適当でないということにあった。

　したがって，逆に 6 条削除の改正によって，商標権の無効又は取消審判手続を経てからでなく，直ちに不正競争防止法によって登録商標権の行使に対しても，規制を求めることができることになったわけである（しかし，商標法までは改正されず，商標法 32 条の先使用権などは，受動的な抗弁権にとどまる）。

序　章　VII

　他方，商標権が独占権であるのに対し，不正競争防止法は事実状態利益を保護するにすぎないから常に商標権が優先するというような形式的な説はすでに過去のものとされ，「両法益間の調整は権利の濫用は許されないとの一般原則により行われることとなり，工業所有権の正当な行使となるケースについて従前と扱いが異なるような事態とはならない」（産業構造審議会知的財産政策部会平成4年12月14日報告書44頁）という立法者の認識のもとに改正された。

(2) 登録商標と未登録周知商標の優先関係

　旧法時において，登録商標と周知商標との優先関係を，前者の出願と後者の周知性取得の時期的先後で決定する豊崎教授の説に対し（豊崎・工業473頁，豊崎「商標と商号の保護の交錯」学習院大法学部研究年報(1)82頁，豊崎・工業所有権便覧419頁），渋谷教授は，豊崎教授の説は旧6条の存在により，立法論としてのみ可能な説であるとし，周知表示が(i)商標法4条1項10号の登録阻止事由にあたる周知性をそなえているとき，(ii)先使用権を基礎づける程度のとき，(iii)その程度にも達していないときの3段階に分け，商標登録が客観的・実質的瑕疵を伴う違法な登録に依拠してなされたかどうかを基準として登録商標と周知商標との優先関係を決定せんとされた（渋谷・理論296頁）。旧6条の削除廃止により，最低，旧6条存在時代の渋谷説の調整の線は実務的にも現実のものとなった。

　これからは，商標法と不正競争防止法は，いかなる条件のもとであるかは別として，混同が生ずる場合には，不正競争防止法に基づく周知表示を有する者が，登録商標の使用者に対し差止請求ができることになる。ここでは，先行優先使用問題と地域問題，混同防止付加請求権の問題が紛争解決のために重要問題となろう。

(3) 登録主義法制における未登録商標使用者の地位

　登録主義においては，商標権は登録によって成立する。そして先願商標権に抵触する商標の使用を排斥して登録商標権者（以下本項で「甲」という）にその商標（以下「A商標」という）を専用させる。

　しかし，登録商標権の効力を制限しないと，誠実な確立されたAの既使用商標権者（以下「乙」という）がある場合，商標Aに化体された乙の使用は毀損されて甲に奪取されるし，それは衡平ではない。その衡平をはかるために，いかなる条件の下に，先使用者乙に使用の継続権を与え（商標32条），いかなる条件の下に，後発使用者である登録商標権者に乙の混同招来行為に対して差止請求権を認めるか（不競3条1項）ということが，ここでの問題である。違う観点からみれば，甲乙の利益を衡量した場合，先願登録主義の例外として登録権者の地位の安定を覆滅することが，妥当と感ぜられるかということである。

　例えば，乙のA商標使用を認識して出願している悪意の出願者甲に対して商標登録後

序　章 Ⅷ

にも不正競争防止法により差止請求が認められるというようなことである。この場合，使用者乙の正当な保護利益の大きさに応じて保護を与えるのが衡平である。そして，保護に値する使用者乙の利益状況としては，甲乙の商標Ａの使用状況，乙のＡ使用の周知・未周知によって異なる。

(4) 商標権者に対する先使用者の地位

登録主義制度においては，商標Ａを登録出願に先立って単に使用していたにすぎない者は，たとえ先使用者であっても，そのような使用の事実に基づいてなんら救済は与えられない。登録商標権の安定のため譲歩を強いられているのである。

乙の使用の結果，当該商標Ａが周知性を獲得するに至った段階において，旧６条の廃止によって，抵触関係にある商標Ａを登録することは不正競争防止法に違反して原則として許されないことになったかどうかが第１の論点である。旧法においてすら，既に，未登録周知商標使用者の地位ないし権利が有力に主張されていた（前掲豊崎・渋谷論文参照）。したがって，少なくとも，乙が商標として既に使用していることを知悉しながら商標出願した商標権者甲は，従来は権利濫用的状況の場合のみその権利行使が許されなかったが，旧６条の削除によって権利濫用的状況でなくても，知悉しているだけで許されなくなったと解される。

わが国の判例は，登録主義思想に極めて忠実で，先願によって登録を得た者は，たとえ他人の商標使用行為につき悪意であっても，また，他人の獲得した得意先を奪取する目的をもって登録を取得した場合であっても，権利濫用でない限り使用者に優先するものと解されていた。しかし，この状態は変わった。周知商標の使用と登録商標とが並存・競合する事態が，商標法の保護対象に役務商標が加わったことによって，そして旧６条の削除によって，両者の関係を如何に調整すべきかという問題が今後の問題となるであろう。なお，「広く認識された」時期，内容は，商標法32条と不正競争防止法２条１項１号では，それぞれの法目的で異なるのであるから，それぞれ法適用をするほかないと思われる。

比較法的にみても，旧６条のような規定はむしろ国際的に例外的であった。そして，この旧６条のような規定がなくても，判例の集積により商標秩序は安定し得ると思われる。

Ⅷ　わが国商標法の基本原理

(1) わが国商標法の基本原理としての登録主義

「使用主義」あるいは「登録主義」という用語は，わが国において同じ意義で用いられているとはいい難い。しかし，「登録主義」というのは，商標制度において商標権の成立

序　章　Ⅷ

を登録の事実にかからしめている場合，すなわち，登録に商標権の「設権的効果」を与えている制度をいうとすべきである。これに対し「使用主義」というのは，商標権の成立を使用の事実に基づいて認める場合，すなわち，登録に権利設定の効果が与えられていない場合である（網野・商標〔第6版〕56頁，渋谷・理論1頁，豊崎・工業349頁）。

　これに対して，商標の登録にあたって，登録要件として使用の事実を要求する制度がある（例えば，かつてのアメリカ連邦商標法。現在も，出願時には要求しないが，登録までには使用の事実を要求する）。他方，商標登録にあたって現実の使用がなくても，登録を許す制度がある（例えばイギリス法・ドイツ法。わが国もこれに属する）。この前者を使用主義，後者を登録主義という用語で用いる例がある（逐条解説〔第19版〕1273頁，光石・詳説11頁，豊崎・工業〔初版〕68頁は〔新版〕349頁で修正）。

　登録には，設権的効果の与えられる場合（ドイツ法）と，登録に単に一定の事実推定的効果のみを与える場合（イギリス法・アメリカ法）がある。出願時に商標の現実の使用がなくても登録し，その登録に推定的な効力のみを認める場合には（イギリス法），当初記載の用語法においては使用主義ということになり，後の用語法では登録主義になる。しかし，使用主義・登録主義の用語は「手続」でなく商標権の「成立」についての用語と考えて用いる。後者については，商標登録出願にあたって商標の使用を要求する主義・要求しない主義ということにする。国際的には，商標登録に設権的効果を認めるか否かで区別する用い方が一般的である。わが国においては，しばしば登録主義・使用主義は商標登録にあたって商標の使用事実を要件とするか否かを示すものとして用いることが多いため，紛らわしい。この点について「かかる用法のもとでは商標権の成立を使用の事実にかからしめる法制，例えば米国合衆国の判例法，ドイツ商標法，1875年商標法下のフランス法制，商標登録法制定前におけるイギリス法の状態等を表現する言葉が欠けることなる」（渋谷・理論3頁）とされる。

(2) 使用主義と登録主義

　商標使用の保護は，商標登録制度が現われる前より存在していた。すなわち，これを使用主義というならば，使用主義が商標保護の元来の姿である。沿革的には，商標そのものを財産権として保護するより，不正競争者の商標の濫用に対する禁圧・混同行為規制から出発している。その後徐々に所有権類似の絶対権が観念され，ここに沿革的な使用主義法制が成立した。

　沿革的な使用主義法制は，商標の届出ないし寄託制度となり，さらに，これから発展して今日の登録制度となった。しかし，フランスの1857年商標法やイギリスの1875年商標登録法においては，登録は商標権の成立を推定せしめるにすぎなかった。言い換えれば，商標権者は訴訟上有利な地位（推定的効果）を獲得するだけであった。商標登録を有

することは商標権者である絶対的事実を示すものではなかった。

アメリカの1988年改正法前の連邦商標法は，普通法上の商標権の存在を前提とし，商標使用事実を商標登録の要件とすることを維持している点においてイギリス商標法よりも使用主義法制を厳格に維持しているものであった。しかしながら，アメリカ連邦商標法も「(主登録簿の) 登録」には，権利者 (先使用者) であることを通知した旨の擬制的効力が与えられる (constructive notice，米商標法22条)。また，登録後商標が引き続き5年間使用され，かつ使用されているとの宣誓供述書を提出したときには，不可争的効力が生ずる (incontestability，米商標法15条・8条)。以後，その商標登録は，商標を排他的に使用する決定的証拠とされる (同法33条B)。このようにアメリカ法でも，使用主義からくる欠陥を取り除こうとしており，まったく純粋の使用主義を貫いているわけでもない。さらに，アメリカ連邦商標法は，1988年法改正 (1989年11月16日施行) によって，各国の商標法とのハーモナイゼーションをはかった。すなわち，従来の使用を基礎とする出願と，使用の意思を基礎とする出願の2本立てとした。しかし，使用の意思には防衛的な意図や貯蔵目的のものは含まず，近い将来の誠実な使用意思が必要である。使用には6ヵ月の延長申請，正当理由による24ヵ月までの延長申請があるが，使用されていないと登録されない。

使用主義においては，権利関係が不安定であるため，使用主義をとる商標制度化においても，商標登録を設けてこれに何らかの権利を安定化する効果を与えようとするようになり，例えばイギリスの1905年商標法や，フランスの1964年商標法のように登録主義への歩み寄りをはかる動きが出現した。イギリスにおいてもフランスにおいても，既に商標登録に現実使用を要件として要求しないという意味では，使用主義から一歩登録主義的傾向の法制に移っていたから，フランス商標法の登録主義への移行などは今日急に行われたわけではない。

イギリスにおいては，登録は先使用を推定させる一応の証拠 (prima fasie evidence) にすぎないが，旧イギリス商標法も商標がA部登録を受けた後7年間を経過した場合には，登録に確定的効力を認めている (旧英商標法13条)。イギリス法は，使用主義の色彩を残しているが，ある意味においてほとんど登録主義法制と異ならない面もある。1994年法によって，ますます登録主義に近づいた。また，従来，使用主義・無審査主義を採用していたフランス商標法は，1964年法により登録主義・審査主義に移行した。また，ベルギー・オランダ・ルクセンブルグも，1971年のベネルックス統一商標法により，使用主義から登録主義に移行した。不正就業行為の禁止が一般的になされていた先進国においては，このような経過をたどっている。しかし，19世紀には後進国であったともいえるドイツであるとか，日本，あるいは英連邦諸国を除く，多くの発展途上国の商標法は登録

主義から出発した。勿論，これらの登録主義法制においても，同時に商品の出所混同行為を禁止する不正就業法が制定され，あるいは，不法行為法で未登録商標を保護している。

(3) 使用主義と登録主義の比較

　使用主義の立場からすれば，市場にほぼ同時に現われた同一標章の商標について，複数の商標の同時存在のまま保護を与えることになる。イギリス法の同時登録や併存登録制度は，このようなところに根拠を有する。しかし，商品の出所の混同に対しては，弊害を除去するため使用主義においても，一人（同一出所）に排他的使用をさせることが流通秩序からは望ましい。少なくとも最も先に商標を使用し始めた者に優先的な地位を認め，その者に排他権を与える立場をとらざるを得ない。

　そこで，通常，使用主義は最先使用者主義をとる形で現れる。登録制度（権利付与的効果を有しない登録制度）を採用する場合，この登録は通常，商標の最先使用者に与えられる。使用主義においては商標権は登録によって発生するものではなく，商標権の成立は使用の事実に基づいて認められるのであるから，そこにおける登録は先使用者であることを推定させる一応の証拠とされる（米商標法7条(b)）。あるいは，登録後一定の期間を経過した場合に，確定的効力を生ぜしめるような制度がとられるにすぎない（米商標法15条）。

　これに対し，登録主義は，商標を使用せんとするものに，出願時の商標使用事実の有無を問わず商標を登録し，登録によって独占排他権を設権する。勿論，同一商標を使用しようと望む者が複数存在することはあり得る。この場合，登録主義は，最先出願者に商標権を設定する最先出願主義と結合し，最先出願登録主義として現れる。

　しかし，登録制度は登録自体に価値があるのではなくて，登録は手段であり商標使用の法的安定のためのものである。また，商標法は「商標と商品の間に存する関係機能」を保護しようとするものであり，出願された形象自体を切り離して保護しようとするものではない。究極は，商標による不正競争を規制するのである。だから，登録でなく商標の「使用を保護する」という基本を忘れてはならない。

　この点について，使用主義法制においては，権利の帰属について先使用主義がとられる。最先の使用を保護するのがよいとしても，当該商標の使用を何人が最も早く始めたかという事実確定には問題が多い。そこで，何人が当該商標を最も先に使用し始めたのかという時間的前後の判断をすることは極めて困難である。この点が，使用主義の決定的な欠陥である。これらの難点を解消するには限界があり，そのため使用主義の法制においても，論理的には登録制度を採ることは必要でないはないが，登録によって権利自体は設定しなくても推理推定的効果をもたせるなど商標登録制度（ないし商標寄託制度）

序　章　IX

を利用することが必要になってくる。

　登録主義においては，商標の先使用というような捉えにくい基準でなく，出願という事実によって，誰が一番早く出願したかということ（先願）により優先効を与える先願主義を容易にとり得る。このため，権利の帰属は出願の前後に従って決定すればよい。このように権利の安定を容易にはかり得るという大きな長所がある。

　他方，先願登録主義においては，既に第三者が社会的・事実的に使用している商標，あるいは，著名で社会的価値をもつ名称を，不正競争者が無断で出願するような反道徳的な商標出願行為が行われることを避け難い。登録主義法制の下で，このような反道徳的な商標権取得を抑制しようとすれば，どうしても先願登録の効果を弱くすることになり，法的安定という先願登録主義の長所を一部犠牲にすることになる。しかし，登録商標の使用の強制（昭和50年の商標法改正，1967年のドイツ商標法改正）や未登録周知商標の保護は，次第に強化されている。このように，登録と使用の一方に徹底した制度は少ない。

　登録商標権が成立した以上，これと抵触する商標の選択をさせないためには，公示制度が必要である。登録制度においては公示制度がとられ（現行法は，登録異議制度をとって，出願公告を廃止したため，登録後の掲載公報が公示の役割を担うことになる。平成11年法改正によって出願公開制度もとられた），商標原簿が公開されている。したがって，一般的には，権利抵触の不安定は登録主義では使用主義より少ない。使用主義の欠点としては，商標権の地域的効力範囲が限定的になり，商標権の効力は実際に商標を使用している地域に限定される。営業は拡大されるのが通常であるから，商標権を採択した者にとって，その商標を安心して使用してはいけない。この不安定性のため，国際的には商標法は，登録主義の弊害を防止する工夫をしながら，先願登録主義をとる方向に動いている。

〔小野　昌延〕

IX　インターネットと商標
(1)　**インターネットについて**

　インターネットは，コンピュータの世界的規模のネットワークである。

　インターネットに接続されるコンピュータは，インターネット上特定できなければ通信することができない。インターネットに接続されている個々のコンピュータには，特定のために，IP（Internet Protocol）アドレスという固有の識別番号が割り当てられている。

　現在広く使われているIPアドレスは，IPv4という規格に基づく32ビットのデータからなり，例えば，［210. 130. 136. 18］のように，4組の8ビットの数字列からなる。このIPv4アドレスは，アジア太平洋地域において，2011年4月15日に在庫がなくなり（https://www.nic.ad.jp/ja/ip/ipv4pool/ より），次のバージョンである128ビットのアドレスを

持つIPv6が利用されはじめている。

ドメイン名（ドメインネーム）は，IPアドレスが数字の羅列で覚えにくいので，これをアルファベットなどを用いて人間にわかりやすい表現にしたものである。

ドメイン名を登録すると，ネームサーバーと呼ばれるコンピュータで，そのIPアドレスとドメイン名がDNS（Domain Name System）で対応づけられ管理される。あるホームページへのアクセスをするため，ドメイン名を入力すると，自動的にDNSでIPアドレスに変換され，コンピュータが接続されることになる。

(2) **ドメイン名について**

ドメイン名は，各コンピュータに割り当てられたインターネット上の住所で，不正競争防止法では，2条9項において，「この法律において『ドメイン名』とは，インターネットにおいて，個々の電子計算機を識別するために割り当てられる番号，記号又は文字の組合せに対応する文字，番号，記号その他の符号又はこれらの結合をいう。」と定義している。

ドメイン名は，ウェブアドレスや，電子メールアドレスとして使用されている。

ホームページのアドレスであるURL（Uniform Resource Locator）として，「http://www.ip-adr.gr.jp」を例にとると，「http」はHyper Text Transfer Protocolの略で，インターネットのアクセス方法を示し，「www」はWorld Wide Webの略で，ホスト名を示している。「www.ip-adr.gr.jp」の部分が広義のドメイン名で，狭義には，登録機関より割り当てられる「ip-adr.gr.jp」の部分をドメイン名という。

ドメイン名は，「．」（ドット）で区切られて階層化されており，最も右側から左に順に，トップレベルドメイン（TLD），第2レベルドメイン（SLD），第3レベルドメイン（3LD）という。

前記の例でいうと，「jp」の部分がTLDで，ISO 3166の国別コード2文字で示し，JAPANを表している。「gr」の部分は，SLDで，任意団体という登録者の属性を表している。「ip-adr」の部分は，3LDで，登録者が選択でき，最も狭い意味でのドメイン名といわれることもある。

TLDが「jp」のものを，JPドメイン名という。JPドメイン名には，一組織一ドメイン名の原則が適用される属性型（組織種別型）JPドメイン名・地域型JPドメイン名と，登録数に制限がない汎用JPドメイン名・都道府県型JPドメイン名がある。

属性型（組織種別型）JPドメイン名は，SLDが組織の種別を表しており，「ac」（高等教育機関），「co」（企業），「go」（政府機関），「or」（非営利組織），「ad」（JPNIC会員），「ne」（ネットワークサービス提供者），「gr」（任意団体），「ed」（初等中等教育機関），「lg」（地方公共団体）がある。地域型JPドメイン名は，2012年3月31日で新規登録受付が終了している。汎

序　章 IX

用 JP ドメイン名は，SLD を日本語でも登録できる。都道府県型 JP ドメイン名は，2012年11月19日から一般登録が開始されたものであり，SLD に都道府県名を含み，3LD が日本語でも登録できる。

　JP ドメイン名は，社団法人日本ネットワークインフォメーションセンター (JPNIC) が登録管理していたが，2002年4月から株式会社日本レジストリサービス (JPRS) へ登録管理業務を移管した。

　TLD が国別コードからなるものを，ccTLD (Country Code TLD) という。

　他方，TLD が「com」「org」「net」等からなるものを gTLD (Generic TLD) といい，ICANN (The Internet Corporation for Assigned Names and Numbers) から認定を受けたレジストラが登録を受け付け，ベリサイン (Verisign, Inc.) 等のレジストリが管理している。

　2015年9月現在，「.com」の登録数は122,892,307で (http://www.nic.ad.jp/ja/stat/dom/gtld.html より)，2016年1月1日現在，JP ドメイン名の累計登録数は1,410,247である (http://jprs.jp/about/stats/registered/ より)。

　　(注)　ドメイン名のしくみ，種類などについては，JPNIC のホームページ (https://www.nic.ad.jp/ja/dom/index.html) に詳しく掲載されている。

(3)　ドメイン名と商標の違い

　商標は，「人の知覚によって認識することができるもののうち，文字，図形，記号，立体的形状若しくは色彩又はこれらの結合，音その他政令で定めるもの」であり (商標2条1項)，商品又は役務を他の商品又は役務と区別し識別させ，出所表示機能，品質保証機能，広告機能などをもつものである。

　ドメイン名と商標は，文字である点では共通するが，ドメイン名がインターネット上の住所であるのに対して，商標は自他商品役務識別標識であり，根本的に違う。

　また，ドメイン名と商標には，次のような違いがある。

　①　ドメイン名は，世界的規模のネットを前提とする ID 番号であるので，同じドメイン名は世界に1つしか存在できない。これに対して，商標権は，原則として国ごとに成立し (属地主義)，同じ商標について，まったく無関係の者が，国ごとに商標権を有していることが考えられる。

　②　同一国内においても，商標権は，異なる商品・役務ごとに成立し，商品・役務が異なれば，混乱しないかぎり併存が可能である。

　③　現在，ドメイン名の登録機関 (レジストラ) と商標の登録機関 (特許庁) は，システム的に無関係である。

　ドメイン名は，先登録主義の下，同一文字列のドメイン名の存否だけが考慮されるシステムになっており，仮に特定の文字列が第三者の登録商標と同一であったり，普通名

称であっても取得することができる。これに対して，商標は，登録要件を具備したものに登録される。

(4) **ドメイン名の紛争処理**

ドメイン名は，他人の著名商標などについても取得することが可能である。そのため，他人の著名商標などをドメイン名取得し，高額な対価で買い取りを要求したり，ドメイン名としての使用を妨害したり，誤認させて顧客を誘導したりするなどのサイバースクワッティング（サイバー空間の不法占拠）が問題となっている。

そこで，この問題を解決するために，世界知的所有権機関(WIPO)の最終報告書「Report of the WIPO Internet Domain Name Process」を踏まえ，ICANNにおいて，統一ドメイン名紛争処理方針としてUDRP（Uniform Domain Name Dispute Resolution）が採択され，1999年12月1日から実施された。

ICANNの認定紛争処理機関で，現在受け付けているのは次の4機関・団体である。

① WIPO仲裁調停センター（World Intellectual Property Organization）
② 全米仲裁協会（NAF：The National Arbitration Forum）
③ CPR紛争解決機関（CPR：CPR Institute for Dispute Resolution）
④ ADNDRC（The Asian Domain Name Dispute Resolution Centre）

WIPOでは，1999年12月1日からgTLDに対するドメイン名の紛争処理が行われているが，2014年までの総事件数は30,332件となっており，2014年に限ると，事件数は2,634件で，うち申立人が日本人のものは23件となっている（http://www.wipo.int/pressroom/en/articles/2015/article_0004.htmlより）。

(5) **JPドメイン名の紛争処理**

UDRP及び同手続規則は，サイバースクワッティングに対する実質的な世界的標準となっており，JPNICは，このUDRP及び手続規則に基づき，わが国の社会的状況による必要な修正を加えて，JPドメイン名紛争処理方針（JPDRP）及び手続規則を作成し，JPドメイン名登録者と第三者間の紛争処理に関する規約を定めた。

> （注）　UDRPとJPDRPとの相違点（「trademark or service mark」と「商標その他表示」，「the registration and use of a domain name in bad faith」と「登録又は使用」等）については，松尾和子＝佐藤恵太編・ドメインネーム紛争（弘文堂，01）63頁・68頁などに経緯をからめて詳しく記載されている。

JPDRP 4条dの紛争処理機関として，日本知的財産仲裁センター（旧名称：工業所有権仲裁センター）が認定されており，2000年10月19日からJPドメイン名紛争処理の受付が開始されている。

日本知的財産仲裁センターは，申立人から，紛争の対象となっているJPドメイン名

〔小野＝福井〕

序　章 IX

について，当該申立人にその登録の移転又は取消しとの請求があった場合，中立公正なパネル（裁定人）にその裁定を委ねる。パネルは，指名を受けた日から14日（営業日）以内に裁定を下すので，紛争の解決が安価かつ短期間に図られる。

　JPRS（2002年3月31日以前はJPNIC）は，移転又は取消しの裁定が下った場合には，そのJPドメイン名登録者がこれを不服として裁定の通知後10日（営業日）以内に管轄裁判所に出訴した場合を除いて，その裁定結果に基づいて，申立人への登録の移転又は登録の取消しを行う。申立ての理由がないとの裁定が下った場合には，その登録が維持されることになる。

　JPDRP 2条（登録者による告知および告知義務違反）は，ドメイン名が
① 　登録申請書に記載した陳述内容が，完全かつ正確であること
② 　登録者が知る限りにおいて，当該ドメイン名の登録が，第三者の権利又は利益を侵害するものではないこと
③ 　不正の目的で，当該ドメイン名を登録又は使用していないこと
④ 　当該ドメイン名の使用が，関係法令・規則のいずれかに違反することを知りながら，それを使用するものではないこと

を条件に登録されたものであることを前提に，これに反して登録された場合，登録者は当該ドメイン名の移転又は取消しを受ける場合があることにしている。

　パネルは，JPDRP 4条a（適用対象となる紛争）に規定する，
（i） 　登録者のドメイン名が，申立人が権利又は正当な利益を有する商標その他表示と同一又は混同を引き起こすほど類似していること
（ii） 　登録者が，当該ドメイン名に関係する権利又は正当な利益を有していないこと
（iii） 　登録者の当該ドメイン名が，不正の目的で登録又は使用されていること

の3項目すべてを認定した場合，当該ドメイン名の移転又は取消しの裁定をする。

　2016年1月8日現在，日本知的財産仲裁センターへの全事件数は130件で，100件が移転裁定（1件は出訴され裁定結果否定），11件が取消裁定，10件が棄却裁定で，8件が取下げ，1件が和解となっている（http://www.ip-adr.gr.jp/business/domain/ より）。

　　（注）　JPDRP，手続，裁定など，JPドメイン名の紛争処理に関する資料ついては，日本知的財産仲裁センターのホームページ（http://www.ip-adr.gr.jp/）の「JPドメイン名紛争処理」に掲載されている。

(6)　裁判所への出訴

　JPドメイン名登録者が，日本知的財産仲裁センターでの裁定を不服として，管轄裁判所に出訴し，裁判所で争われた事件として，次のものがある。
(a) 　GOO.CO.JP事件

序　章　IX

　　(イ)　日本知的財産仲裁センターでの裁定（事件番号 JP 2000-0002）
　　(i)　申立人の商標「goo」及びサイト表示「goo.ne.jp」は遅くとも平成9年8月までにインターネット利用者間で著名であり，申立人商標「goo」及びサイト表示「goo.ne.jp」と登録ドメイン名「goo.co.jp」は類似している
　　(ii)　登録ドメイン名が申立人の事業開始より先行登録されていても，その後の不正な目的で使用するに至った場合は，登録者は正当な利益を有していない
　　(iii)　登録時に不正の目的がなくても，その後の不正な目的の使用も含まれる
と認定され，移転裁定がなされた。
　　(ロ)　東京地判平成14年4月26日（平13(ワ)2887号）〔登録ドメイン名使用権確認請求事件〕
　原告は，JPDRP 4条a(i)ないし(iii)をすべて充たしていると認定され，請求は棄却された。なお，控訴審である平成14年(ネ)第3024号において，控訴は棄却された。
　(b)　SONYBANK.CO.JP 事件
　　(イ)　日本知的財産仲裁センターでの裁定（事件番号 JP 2001-0002）
　　(i)　申立人は258にのぼる「SONY」の商標登録を有すると共に「SONYBANK」の商標も出願中であり，申立人商標「SONY」と本件ドメイン名「sonybank.co.jp」は混同を引き起こすほど類似している
　　(ii)　登録者は本件ドメイン名の登録についての権利又は正当な利益について立証していない
　　(iii)　登録者は本件ドメイン名を単に保持している
と認定され，移転裁定がなされた。
　　(ロ)　東京地判平成13年11月29日（平13(ワ)5603号）〔ドメイン名所有権確認請求事件〕
　本件において，JPDRP 4条a(i)～(iii)の項目に該当する事実が認められるから，原告は，本件裁定に従って，本件ドメイン名の登録を被告に移転する義務を負っていると認定され，訴えは却下された。
　(c)　MP3.CO.JP 事件
　　(イ)　日本知的財産仲裁センターでの裁定（事件番号 JP 2001-0005）
　　(i)　申立人のサービス等表示「mp3.com」はインターネット利用者間で著名であり，申立人表示「mp3.com」と登録者ドメイン名「mp3.co.jp」は混同を引き起こすほどに類似している
　　(ii)　登録者のサイト表示は「COMING SOON」にとどまり，有効利用していない
　　(iii)　登録者は申立人の顧客吸引力を利用し，何らかの利益を得るためにドメイン名を使用している
と認定され，移転裁定がなされた。

〔小野＝福井〕

序　章 IX

　　(ロ)　東京地判平成14年7月15日（平13(ワ)12318号）〔不正競争行為差止請求権不存在確認等請求事件〕　不正競争防止法2条1項12号（現13号）にいう「不正の利益を得る目的」又は「他人に損害を加える目的」の趣旨について，「不正の利益を得る目的で」とは「公序良俗に反する態様で，自己の利益を不当に図る目的がある場合」と解すべきであり，単に，ドメイン名の取得，使用等の過程で些細な違反があった場合等を含まないものというべきであり，また，「他人に損害を加える目的」とは「他人に対して財産上の損害，信用の失墜等の有形無形の損害を加える目的のある場合」と解すべきであると判断している。

　　そして，「不正の利益を得る目的」の有無について，原告が原告ドメイン名を使用する権利を取得する際や，原告ドメイン名を保有，使用するに当たり，原告が原告ドメイン名を被告に不当に高額な金額で買い取らせたり，被告表示の顧客吸引力を不正に利用して原告の事業を行うなどの不正の利益を得る目的を有していたということはできず，原告は，「不正の利益を得る目的」で原告ドメイン名を取得，保有，使用したということはできないと認定している。

　　また，「他人に損害を加える目的」の有無について，原告サイトの「ただいま mp3.com 者と係争中です。」等の記載から，原告に，原告サイトの閲覧者に，GNN と被告との間に紛争が生じていると誤解させることにより，被告の名誉を傷つけようとの目的があったということはできないと認定している。

　　原告ドメイン名につき，原告の「商品等表示」として使用したかについては，原告は，原告サイトにおいて，「ボイスメモ＆電話帳機能付の超小型携帯型 MP3 プレイヤー」に関する情報等を掲載したことがあるが，本件証拠上，その際に，原告ドメイン名を示す文字列を原告サイト上に掲載したと認めることはできず，その後は，原告サイトにおいて，商品の販売や役務の提供についての情報は一切掲載されておらず，原告ドメイン名が法2条1項1号，2号の「商品等表示」として使用されたということはできないと認定している。

　　以上により，原告が法2条1項1号，2号，12号（現13号）所定の各不正競争行為を行っていたと認めることはできず，また，その経緯に照らして各不正競争行為を行うおそれもないから，被告は，原告に対し，ドメイン名「MP3.CO.JP」について，不正競争防止法3条1項に基づく使用差止請求権を有しないことを確認するとの判決がなされた。

　　この判決は確定し，裁定結果が否定されることになったので，ドメイン名登録は維持されることになった。

　(d)　IYBANK.CO.JP 事件
　　(イ)　日本知的財産仲裁センターでの裁定（事件番号 JP 2001-0010）

〔小野＝福井〕

序　章　IX

　　　(i) 申立人は登録商標「IYBANK」を所有しており，申立人商標「IYBANK」と本件ドメイン名「iybank.co.jp」は混同を引き起こすほど類似している
　　　(ii) 登録者は本件ドメイン名の登録についての権利又は正当な利益について立証していない
　　　(iii) 申立人の銀行業参入報道後にドメイン名登録しており，1億円等の条件での譲渡申出があった
と認定され，移転裁定がなされた。
　　(ロ) 東京地判平成14年5月30日（平13(ワ)25515号）〔ドメイン名登録確認等請求事件〕
本件においては，JPDRP 4条a(i)〜(iii)に該当する事実がすべて認められるから，本件裁定の認定判断に誤りなく，原告は，同裁定に従って本件ドメイン名の登録を被告に移転する義務を負うものというべきであると認定され，原告の「原，被告間でドメイン名『WWW.IYBANK.CO.JP』は，原告の同意なしに，登録を移転することはできないことと原告が登録・保有し続けることができる権利を持つことの確認を求める。」との請求は棄却され，その余の請求はいずれも確認の利益を欠く不適法なものとして却下された。
　(e) CITIBANK.JP事件
　　(イ) 日本知的財産仲裁センターでの裁定（事件番号 JP 2011-0011）
　　　(i) 本件ドメイン名の要部は「CITIBANK」であり，シティグループの関連会社である申立人が権利又は正当な利益を有する商標「CITIBANK」又は「citibank」と対比すると，同一又は混同を引き起こすほど類似している
　　　(ii) 登録者は，「CITIBANK.JP」又は「CITIBANK」という名称で一般に知られていた事実はなく，また，ホームページも製作中である旨表示されるのみで稼働していない
　　　(iii) 申立人ないし米国シティバンクに対して，当該ドメイン名に直接かかった金額を超える対価を得るために，当該ドメイン名を販売することを主たる目的として，当該ドメイン名を登録者名義に登録した
と認定され，移転裁定がなされた。
　　(ロ) （原審）東京地判平成25年2月13日（平24(ワ)2303号）〔ドメイン名使用差止請求権不存在確認請求事件〕　原告と被告との間には，本件訴訟提起以前において，本件裁定に係る申立て以外に紛争はなかったのであるから，本件各商標の商標権に基づく本件ドメイン名の使用差止めという紛争は存在しなかったというほかはなく，本件は，判決をもって法律関係の存否を確定することにより，その法律関係に関する法律上の紛争を解決するものではないから，確認の利益がなく不適法であるとして却下された。
　　(ハ) （控訴審）知財高判平成25年7月17日（平25(ネ)10024号）〔ドメイン名使用差止請求権

〔小野＝福井〕　67

不存在確認請求控訴事件〕　本件裁定がされた後に，本件において「被告の原告に対する商標法上の使用差止請求権が存在しないことの確認を求める訴訟」の審理，判断をしたとしても，原告と被告との間の本件ドメイン名に関する紛争の解決に何ら役に立たないのみならず，紛争解決を遅延させる結果を招きかねない。また，本件裁定に係る被告の申立て及び本件裁定がそのような性質の請求権を根拠とするものではない以上，本件裁定の当否が確認されることにはならないとして，原告の訴えは確認の利益がなく，不適法であり，これを却下した原判決は相当であり，本件控訴は理由がないので，これを棄却すると判決した。

(7) ドメイン名に関する不正競争防止法に基づく裁判事例

(a) jaccs.co.jp 事件

（イ）（原審）富山地判平成12年12月6日（平10(ワ)323号）〔不正競争行為差止等請求事件〕

わが国において，JP ドメイン名紛争について最初になされた判決である。

本件は，インターネット上で「http://www.jaccs.co.jp」というドメイン名を使用し，かつ，開設するホームページにおいて「JACCS」の表示を用いて営業活動をする被告に対し，「JACCS」という営業表示を有する原告が，被告による右ドメイン名の使用及びホームページ上での「JACCS」の表示の使用は，不正競争行為（不競2条1項1号・2号）に当たるとして，右ドメイン名の使用の差止め及びホームページ上の営業活動における右表示の使用の差止めを求めた事案である。

裁判所は，ドメイン名の登録者がその開設するホームページにおいて商品の販売や役務の提供をするときには，ドメイン名が，当該ホームページにおいて表れる商品や役務の出所を識別する機能をも具備する場合があると解するのが相当であり，ドメイン名の使用が商品や役務の出所を識別する機能を有するか否か，すなわち不正競争防止法2条1項1号，2号所定の「商品等表示」の「使用」にあたるか否かは，当該ドメイン名の文字列が有する意味（一般のインターネット利用者が通常そこから読みとるであろう意味）と当該ドメイン名により到達するホームページの表示内容を総合して判断するのが相当であるとし，本件ドメイン名の使用は，ホームページ中の「JACCS」の表示とともに，ホームページ中に表示された商品の販売宣伝の出所を識別する機能を有しており，不正競争防止法2条1項2号の「商品等表示」の「使用」にあたるとして，原告の訴えを認めた。

（ロ）（控訴審）名古屋高金沢支判平成13年9月10日（平12(ネ)244号・平13(ネ)130号）〔不正競争行為差止等請求控訴事件，同附帯控訴事件〕　原審は，被控訴人の請求をすべて認容したため，これを不服とする控訴人（1審被告）が本件控訴に及んだ。これに対し，被控訴人は，上記ドメイン名をホームページのアドレスとしてのみならずメールアドレスとしても使用することの禁止を求めるために，控訴人による登録ドメイン名「jaccs.co.jp」

の使用の差止めを求める附帯控訴をした。

　なお，控訴人は当審において，原審が認容した，ホームページによる営業活動に「JACCS」の表示を使用することの差止めを求める請求について認諾したので，当審において審理の対象となるのは，控訴人が登録を受けたドメイン名「jaccs.co.jp」の使用の差止請求の当否だけである。

　裁判所は，今後控訴人が本件ドメイン名によるメールアドレスを用いて電子メール広告等を行い，被控訴人の営業上の利益を侵害することも十分に予想されるから，ホームページアドレスに限定しない本件ドメイン名の使用差止めの請求は，理由があると認め，原判決を本件附帯控訴に基づき変更し，本件控訴を棄却すると判決した。

　(ハ)　日本知的財産仲裁センターでの裁定（事件番号 JP 2002-0006）　不正競争防止法では使用差止めは認められるが，ドメイン名登録の移転は，日本知的財産仲裁センターでの移転裁定を得る必要がある。そこで，この申立てがあった。

(i) 本件ドメイン名「jaccs.co.jp」は，申立人が商標権を有する商標「JACCS」及びその商号の英文表記「JACCS.CO..LTD」と混同を引き起こすほど類似している

(ii) 認定事実によればこの点（JPDRP 4条a(ii)）は肯認することができ，登録者もこの点を争っていない

(iii) 登録者は，申立人に対し，本件ドメイン名について繰り返し，これを取得するに直接かかった金額を超える対価をもって販売等する旨の申入れを行っている

と認定され，移転裁定がなされた。

　(b)　j-phone.co.jp 事件

　(イ)　（原審）東京地判平成13年4月24日（平12(ワ)3545号）〔不正競争行為差止等請求事件〕

　本件は，「J-PHONE」等の表示を用いて営業活動を行っている原告が，被告のインターネット上で「j-phone.co.jp」のドメイン名を使用し，そのウェブサイトにおいて「J-PHONE」等の表示を用いて商品の宣伝等をする行為が不正競争防止法2条1項1号，2号所定の不正競争行為に該当するとして，上記ドメイン名及び「J-PHONE」，「ジェイフォン」，「J-フォン」の使用差止め，ウェブサイトからの本件表示の抹消並びに損害賠償を求めた事案である。

　裁判所は，本件ドメイン名の第3ドメインである「j-phone」は，「J-PHONE」のアルファベットが小文字になったにすぎないとし，本件ドメイン名「j-phone」は，「http://www.」の部分及び「co.jp」の部分と切り離して，それ自体で商品の出所表示となり得るとした。そして，被告が本件ウェブサイト上に表示した本件表示は，「J-PHONE」，「ジェイフォン」，「J-フォン」を横書きにしたものであって，本件ウェブサイト上の前記の「J-PHONE」と同一ないし類似するものであるから，被告がこれらの表示を使用する行為も，不正競

〔小野＝福井〕

序　章　IX

争防止法2条1項1号，2号にいう「商品等表示」の使用に該当するものと認めた。

　また，「J-PHONE」の使用を開始後の新聞広告，雑誌広告，テレビコマーシャルなどから，本件サービス名称は，原告及び原告関連会社の営業を示す表示として著名であり，不正競争防止法2条1項2号にいう「著名な商品等表示」に該当するものと認めた。

　そして，今後，被告が本件ドメイン名を使用し，本件ウェブサイト上に本件表示を掲げるおそれがあると認められるものであって，それにより本件ウェブサイトを開設しているのが原告であるとの誤解を受け，本件ウェブサイトの内容により一般需要者が本件サービス表示から受ける印象が損なわれることが十分考えられるとして，差止めを認めた。

　また，損害賠償請求も認めた。

　(ロ)　（控訴審）東京高判平成13年10月25日（平13(ネ)2931号）〔不正競争行為差止等請求控訴事件〕　　原審が使用中止及び抹消の各請求を認容し，損害賠償の請求を一部認容したため，控訴人がこれを不服として控訴を提起した。

　裁判所は，被控訴人の請求を一部認容した原判決は正当であるから，本件控訴を棄却すると判決した。

　(ハ)　日本知的財産仲裁センターでの裁定（事件番号 JP 2002-0003）　　「j-phone.co.jp」と「j-phone.jp」の登録移転を請求するため，この申立てがあった。

　　(i)　申立人のサービス名称「J-PHONE」は著名な商品等表示に該当し，本件ドメイン名「j-phone.co.jp」「j-phone.jp」は本件サービス名称「J-PHONE」と混同を引き起こすほどに類似している

　　(ii)　登録者は，水産物，海産物及び食品等の輸出入販売を主たる目的とする株式会社であって，移動体通信事業を主たる業務とする会社ではないので，本件ドメイン名を使用する必然性・正当性はなく，登録者もこの点を争っていない

　　(iii)　複数回にわたって申立人のドメイン名の使用を不可能にさせるための妨害行為や，有償取得の条件を示すよう要請しているなどの行為がある

と認定され，移転裁定がなされた。

　(c)　jiyuuken.co.jp 事件――大阪地判平成16年2月19日（平15(ワ)7993号）〔不正競争行為差止請求事件〕　　本件は，第1事件及び第2事件として，共に同一の商号で「自由軒」ないしこれを含む営業表示・商品表示を用いて洋食店を営む原告と被告の間における不正競争防止法に基づく差止請求事件での第2事件の事案である。

　第2事件において，原告（第2事件被告）がドメイン名「jiyuuken.co.jp」を使用する権利を取得し，これを利用してホームページを開設したりする行為は，「自由軒」という被告（第2事件原告）の商品等表示の周知性に乗じて利益を上げる目的があったものと推認す

ることができるから，不正競争防止法2条1項12号（現13号）にいう「不正の利益を得る目的」があるものというべきであるとして，ドメイン名「jiyuuken.co.jp」の使用を禁じた。

(d) maxellgrp.com 事件——大阪地判平成16年7月15日（平15(ワ)11512号）〔不正競争行為差止等請求事件〕　本件は，原告が，自己が使用する商品等表示が著名ないし周知であり，被告がこれと類似する商号，営業表示及びドメイン名を使用していたと主張し，被告のこれらの行為が不正競争防止法2条1項2号ないし1号及び12号（現13号）の不正競争行為に該当するとして，損害賠償を請求した事案である。

本件において，被告ドメイン名「maxellgrp.com」は，その要部「maxell」が原告商品等表示「maxell」と同一であるから原告商品等表示と類似し，被告ドメイン名を使用してウェブサイトを開設して，その経営する飲食店の宣伝を行う行為は，著名な原告商品等表示が獲得していた良いイメージを利用して利益を上げる目的があったものと推認することができるのであるから，不正競争防止法2条1項12号（現13号）にいう「不正の利益を得る目的」があったものというべきであると認定した。

そして，被告旧商号の使用，被告営業表示の使用，被告ドメイン名の使用に対して，損害額が認定された。

(e) dentsu 事件——東京地判平成19年3月13日（平19(ワ)1300号）〔不正競争行為差止等請求事件〕　本件は，「株式会社電通」の商号及び「DENTSU」等の登録商標を有する原告が，「dentsu」の文字部分を含むドメイン名を取得し保有している被告に対し，本件各ドメイン名を取得し保有する行為は不正競争防止法2条1項12号（現13号）の定める不正競争行為に該当し，原告は当該不正競争行為によって営業上の利益を侵害されるおそれがあるとして，その差止めと損害賠償等を求めた事案である。

本件各ドメイン名は，「dentsu」の文字部分に「.vc」，「.be」，「.sc」，「.biz」，「.org」，「.me.uk」，「.org.uk」又は「.bz」を組み合わせたものであり，要部は「dentsu」の文字部分であり，原告商標「DENTSU」に類似し，原告商号の要部「電通」，「DENTSU」に類似する。

被告は，不正の利益を得る目的で，原告商号及び原告の商標と類似する本件各ドメイン名を使用する権利を取得し，保有しているといえるから，被告の行為は不正競争防止法2条1項12号（現13号）の不正競争行為にあたり，また，被告のかかる不正競争行為によって原告は，営業上の利益を侵害されるおそれがあると認められる。

そこで，被告に対し，「dentsu」の文字を含むドメイン名又は本件各ドメイン名を取得，保有及び使用の差止め，本件各ドメイン名の登録抹消申請手続並びに損害賠償金50万円が認容された。

序　章　IX

（f）e-zai.com 事件——東京地判平成19年9月26日（平19（ワ）12863号）〔商号使用差止等請求事件〕　本件は，「エーザイ」及び「Eisai」の原告表示並びに「eisai.co.jp」の原告ドメイン名を使用して企業活動をしている原告が，「有限会社エーザイ」，「エーザイ」及び「E-ZAI」の被告表示を使用するとともに「e-zai.com」の被告ドメイン名を使用して営業活動をしている被告に対し，不正競争防止法3条，2条1項1号，同項2号，同項12号（現13号）に基づき，被告表示等の使用の差止め，及び被告商号の抹消登記手続等を求めた事案である。

被告は，既に解散し，現在は，法律上清算中の会社ではあるが，現在も，被告表示を付して被告の商品の在庫品を販売しており，また，被告サイトを開設していることから，今後も，上記の販売及び被告ドメイン名の使用を継続していくことは明らかであるので，原告の営業上の利益は侵害されているものと認められる。

そうすると，原告の請求のうち，被告表示及び被告ドメイン名の使用の差止め並びに被告商号の抹消登記手続の請求は理由があるが，被告ドメイン名の登録抹消申請手続の請求については，被告ドメイン名の登録名義人が被告でないので，被告に対して上記請求をすることはできないと認定された。

（g）ark-angels.jp 事件——大阪地判平成21年4月23日（平19（ワ）8023号）〔不正競争行為差止等請求事件〕　本件は，「ARK」及び「アーク」の原告各表示を使用している原告が，「ARK-ANGELS」等の被告各表示を使用するとともに「ark-angels.jp」のドメイン名を使用している被告に対し，不正競争防止法2条1項1号，同項2号，商法12条，民法709条に基づき，被告各表示及びドメイン名の使用差止め及び被告各表示を付した物品等の廃棄，被告ウェブサイトからの被告各表示の抹消を求めるとともに，損害賠償を求めた事案である。

被告各表示及び被告ドメイン名は，被告の営業表示としての機能を有しており，被告各表示及び被告ドメイン名の使用は，不正競争防止法2条1項1号の「商品等表示」の使用に該当すると認めることができる。

被告各表示の「ARK」は，動物愛護，動物福祉に関係する取引者又は需要者間においては，周知表示である原告各表示を観念することが推認され，「ANGELS」は識別力は弱いというべきであり，被告各表示はいずれも原告各表示と類似する。

原告と被告の活動目的が動物愛護と同じであり，原告各表示と被告各表示は混同の事例が生じており，また，原告各表示と類似する被告各表示の使用を原告が許諾していたと認めることもできない。

そこで，不正競争防止法2条1項1号，3条1項，3条2項に基づき，被告各表示及びドメイン名の使用差止め，被告各表示を付した商品等の廃棄及び被告ウェブサイトか

らの被告各表示の抹消等が認められた。
　(h)　CENTURY21.CO.JP 事件
　　(イ)　東京地判平成25年7月10日（平24(ワ)7616号）〔サービスフィー支払等請求事件〕
　本件は，「CENTURY21」の名称を用いてフランチャイズチェーンを営む原告が，ドメイン「CENTURY21.CO.JP」の登録名義を有する被告に対し，フランチャイズ契約又は不正競争防止法2条1項12号（現13号），3条，4条に基づき，本件ドメイン名の使用差止め，登録抹消及び損害賠償等を求めた事案である。
　被告の保有する本件ドメイン「CENTURY21.CO.JP」は，原告の特定商品等表示「CENTURY21」と類似する。
　被告は，少なくとも本件フランチャイズ契約が終了した日以降は，原告の特定商品等表示である「CENTURY21」の顧客吸引力にフリーライドして不当に自己の利益を図る目的で本件ドメインを保有しているものと認めるのが相当であり，被告には，「不正の利益を図る目的」が認められるとして，本件ドメイン名の使用差止め，登録抹消及び損害賠償等の請求が認められた。
　　(ロ)　日本知的財産仲裁センターでの裁定（事件番号 JP 2013-0002）「CENTURY21.CO.JP」の登録移転を請求するため，この申立てがあった。
　　　(i)　本件ドメイン名の要部「CENTURY21」と本件商標の要部（又はそのもの）である「Century21」，「CENTURY21」とは，称呼・外観・観念において同一又は混同を引き起こすほど類似している
　　　(ii)　登録者は答弁書を提出せずこれを立証しておらず，一件記録を検討しても，登録者にドメイン名に関係する権利又は利益があることを推認させる事情は見当たらない
　　　(iii)　実質的には，登録者は，本件商標が既に周知であった平成10年頃に，フランチャイズ契約で禁止されていた本件ドメイン名を取得し，本件フランチャイズ契約の終了直後から申立人と関連性があると誤認させる商号で不動産事業取引を行っていたのであって，需要者に対して申立人の事業と何らかの関連性があると誤認させて顧客を誘引していたことは明らかであり，本件ドメイン名は，不正の目的で登録され使用されていた
と認定され，移転裁定がなされた。
　　(i)　東京地判平成26年5月23日（平24(ワ)19272号）〔ドメイン名使用差止等請求事件〕
　本件は，住宅ローン契約の締結に際し中立公正な立場から提案等を行う原告認定の資格であると主張するモーゲージプランナーの養成，認証等を行うとする原告が，被告センターが社団法人日本ネットワークインフォメーションセンターから登録を受け，被告協

序　章 IX

会及び被告センターが使用するドメイン名「(略)」は，原告の特定商品等表示である「JMPA」ないし「JAMP」と同一若しくは類似であり，かつ，被告らはこれを不正の利益を得る目的で保有，使用し，これにより原告の営業上の利益が侵害されていると主張して，不正競争防止法2条1項12号（現13号），3条1項，2項に基づき，本件ドメイン名の使用差止め，抹消登録手続等を求めた事案である。

本件ドメイン名は，原告が設立される以前に被告センターにより登録され，その後はMP協会に貸与されて同協会において使用され，MP協会が解散した後には，原告に期間を定めて貸与されてきたものであって，その後，原告と被告センターにおいて紛争が生じ，被告センターにおいて原告に対して本件ドメイン名の貸与を止めるに至ったものであり，被告らにおける本件ドメイン名の保有ないし使用に不正な利益を得る目的があるとは認められないとして，原告の請求は棄却された。

(8) インターネット上の商標の使用に関する裁判例

(a) JAMJAM事件（名古屋地判平成13年11月9日（平12(ワ)366号）〔商標権侵害による損害賠償請求事件〕）　広告及び求人情報を掲載していた被告のホームページにおける標章の使用に対し，商標権侵害による損害賠償と予備的に不当利得返還を請求した事案である。裁判所は，商標権侵害を認めたが，商標法38条3項の損害不発生の抗弁を認め，請求を棄却した。

(b) バイアグラ錠商標権侵害差止等請求事件（東京地判平成14年3月26日（平12(ワ)13904号等）〔商標権侵害差止等請求事件〕）　商標権及び不正競争防止法3条に基づき，被告らのバイアグラ錠と称する錠剤について，ウェブページ，看板，チラシ類その他の広告及び申込書，しおりその他の取引書類に，被告標章を使用することの差止めを求めた事案で，裁判所は請求を認めた。

(c) 三菱ホーム事件（東京地判平成14年7月18日（平14(ワ)8104号等）〔不正競争行為差止等請求事件〕）　「三菱」の名称及び「スリーダイヤ」のマークの営業表示を使用する原告らが，被告による「株式会社三菱ホーム」の商号及びインターネット上のウェブサイト等における標章の使用は不正競争防止法2条1項2号所定の不正競争行為に該当するとして，同法3条に基づき上記の名称及び標章の使用の差止め並びに損害賠償を求めた事案で，裁判所は請求を認めた。

　　(注) 上記事例は，赤尾太郎ほか著・サイバー法判例解説（別冊NBL79号）（商事法務）に詳しく解説されている。

(d) CAREERJAPAN事件（大阪地判平成16年4月20日（平14(ワ)13569号等）〔商標権侵害差止等請求事件〕）　被告サイトにおいて求人情報の提供業務を行っている被告の標章の使用に対し，商標権を侵害するとして，商標法36条1項に基づき被告標章の使用の差止

めと損害賠償を請求した事案である。裁判所は，被告サイトで提供する業務において被告標章の使用を禁じた。

(e) 中古車の110番・119番事件（大阪地判平成17年12月8日（平16（ワ）12032号）〔損害賠償請求事件〕）　被告が開設したウェブサイト上の記載が原告商標権の侵害にあたるとして，損害賠償を請求した事案である。本件商標と本件標章は類似し，本件行為は本件標章をその役務について商標として使用したものと認めることができるとして，損害賠償請求を認めた。

(f) プロジェクトヘイワ事件（東京地判平成18年6月30日（平17（ワ）24370号）〔損害賠償等請求事件〕）　被告が開設したインターネット上のウェブページにおいて使用された表示により，原告の有する商標権が侵害され又は不正競争防止法2条1項1号・2号上の原告の営業上の利益が侵害されたとして，商標法36条1項又は不正競争防止法3条1項に基づき，その表示の使用差止めを求めるとともに，商標権侵害（不法行為）又は不正競争防止法4条に基づく損害賠償を請求した事案である。裁判所は，パチンコ・スロットの打ち子募集・攻略情報提供と称する役務の広告について，「プロジェクトヘイワ」「Project HEIWA」その他「ヘイワ」「HEIWA」の文字を含む表示の使用を禁じ，損害賠償請求も認めた。

(g) ELLEGARDEN事件（東京地判平成19年5月16日（平18（ワ）4029号）〔商標権侵害差止等請求事件〕）　本件は，「ELLE」等の商標につき商標権を有するとともに，「ELLE」等の商標を周知又は著名商標として使用する原告が，「ELLEGARDEN」との被告標章を付した被告商品を販売する被告に対し，①上記商標権，②不正競争防止法3条及び2条1項1号又は③同法3条及び2条1項2号に基づき（ただし，被告標章(10)については，不正競争防止法3条及び2条1項1号又は2号のみに基づく），①被告商品への被告標章の使用等の差止め，並びに②被告商品からの被告標章の抹消及び③被告ウェブサイトからの被告標章を付した被告商品の広告表示の削除を求めた事案である。裁判所は，商標として使用されているものに限定して，被告標章の使用を禁じ，被告商品からの被告標章の抹消や被告ウェブサイトからの被告標章を付した被告商品の広告表示の削除を認めた。

(h) ラブコスメティック事件（大阪地判平成19年10月1日（平18（ワ）4737号）〔商標権侵害差止等請求事件〕）　本件は，被告が化粧品について使用する9つの標章が，原告の4つの商標権をそれぞれ侵害するとして，原告が被告に対し，原告の上記各商標権に基づき，①被告の上記各標章を化粧品に付する行為の禁止，②被告の上記各標章が付された化粧品の譲渡等の差止め，③被告の上記各標章を付した広告及びインターネット上の情報提供の差止め，④被告の上記各標章を付した化粧品，その包装・容器，カタログ・パンフレット，情報の廃棄ないし削除，⑤平成17年8月1日から平成18年12月31日までの被告の

序　章　IX

上記各標章を付した商品の販売による被告の得た利益相当額ないし商標使用料相当額の損害賠償金（一部請求）及び遅延損害金の支払を求めた事案である。裁判所は，被告標章と原告商標は，要部において称呼「らぶ」，観念「ラブ」「愛」を共通にするから全体として類似すると認定し，一部を除き原告の請求を認容した。

　(i)　Agatha Naomi 事件（知財高判平成21年10月13日（平21(ネ)10031号）〔商標権侵害差止等請求控訴事件〕，原審＝東京地裁（平20(ワ)21018号））　　本件は，被控訴人がインターネット上の被控訴人ウェブサイトで被控訴人商品の広告及び価格表を内容とする情報に被控訴人各標章を付して提供する行為が，控訴人の商標権を侵害するとして，被控訴人に対し，商標法36条1項に基づく上記行為の差止め及び不法行為に基づく損害賠償を求めた事案である。原判決は，被控訴人各標章はいずれも本件商標に類似するものとは認められないとして控訴人の請求を棄却したが，控訴審において，被控訴人各標章中の「Agatha」は本件商標「AGATHA」と類似すると認定し，原判決を変更し，差止請求及び損害賠償請求を認容した。

　(j)　シブモガールズコレクション事件（東京地判平成24年4月25日（平23(ワ)35691号）〔商標権侵害差止等請求事件〕）　　本件は，本件商標「Shibuya Girls Collection」につき商標権を有する原告が，被告に対し，被告が本件Webページに被告各標章を掲載することは，原告の本件商標権を侵害するものとみなされるとともに，原告標章と類似する表示を使用し，原告の営業と混同を生じさせるものとして，不正競争防止法2条1項1号所定の不正競争行為に該当すると主張し，商標法36条又は不正競争防止法3条に基づき，被告各標章の使用の差止め及び本件Webページその他営業物件からの被告各標章の抹消等を求めた事案である。裁判所は，本件商標の称呼「シブヤガールズコレクション」と被告標章の称呼「シブモガールズコレクション」は類似し，女性向けファッションイベントとの観念を生ずる点でも類似すると認定し，原告の請求を認容した。

　(k)　ESSJapan 事件（東京地判平成27年2月27日（平25(ワ)28210号）〔商標権侵害差止請求事件〕）
　　本件は，本件各商標権を有する原告が，被告が被告各ウェブサイト及び被告会社説明書に本件各商標と類似する被告標章を使用していることが本件各商標権を侵害すると主張して，被告に対し，商標法36条1項，2項に基づき，使用の差止め及び侵害組成物の廃棄等を求めた事案である。裁判所は，本件商標1「ESS」及び本件商標2「ESSJapan」と被告標章「ESSJapan」は類似すると認定し，原告の請求を認容した。

(9)　そ の 他

　(a)　メタタグ（Metatags）　　メタタグとは，HTML (Hyper Text Markup Language) ファイルに使用される記号をいう。
　メタタグは，サイト上，ホームページの画面表示に現れないが，データをどのように

画面表示するかを指示するソース中に，ホームページの内容を示す部分を含んでいる。そこで，著名商標などの著名な文字列をメタタグに無断利用した場合，この著名な文字列を検索すると，著名な文字列をプログラムに無断で組み込んでいるため，メタタグの不正利用者のホームページが現れ，当該サイトに引っ張り込むというメタタグの不正利用の問題がある。

メタタグに関する裁判例としては，次のものがある。

（イ）前記中古車の110番・119番事件（大阪地判平成17年12月8日（平16（ワ）12032号）〔損害賠償請求事件〕） 本件において，被告サイトでのメタタグ記載に対して，次の認定がなされている。

インターネット上に開設するウェブサイトにおいてページを表示するためのhtmlファイルに，「<meta name ="description"content ="〜">」と記載するのは，インターネットの検索サイトにおいて，当該ページの説明として，上記「〜」の部分を表示させるようにするためであると認められる。

そして，一般に，事業者が，その役務に関してインターネット上にウェブサイトを開設した際のページの表示は，その役務に関する広告であるということができるから，インターネットの検索サイトにおいて表示される当該ページの説明についても，同様に，その役務に関する広告であるというべきであり，これが表示されるようにhtmlファイルにメタタグを記載することは，役務に関する広告を内容とする情報を電磁的方法により提供する行為にあたるというべきである。

本件においても，被告会社は，被告サイトを開設し，そのトップページを表示するためのhtmlファイルに，メタタグとして，「<meta name ="description"content ="クルマの110番。輸入，排ガス，登録，車検，部品・アクセサリー販売等，クルマに関する何でも弊社にご相談下さい。">」と記載し，その結果，インターネットの検索サイトの1つであるmsnサーチにおいて，被告サイトのトップページの説明として，「クルマの110番。輸入，排ガス，登録，車検，部品・アクセサリー販売等，クルマに関する何でも弊社にご相談下さい。」との表示がされたのであるから，被告会社は，その役務に関する広告を内容とする情報に，本件標章1を付して，電磁的方法により提供したものと認めることができるとした。

（ロ）SAMURAI JAPAN事件（大阪地判平成24年7月12日（平22（ワ）13516号）〔商標権侵害差止等請求事件〕） 本件は，メタタグに関しては，「SAMURAI」等の商標権を有する原告が被告に対し，インターネット上のウェブサイトのトップページを表示するためのhtmlファイルに，メタタグとして被告標章4の記載の禁止を求めたものであり，被告は既に被告各ウェブサイトのhtmlファイルのメタタグから被告標章4を削除し，

序　章　Ⅸ

「SAMURAI JAPAN」のメタタグを追加したことが認められ，今後，上記各ウェブサイトの html ファイルにメタタグとして被告標章4を記載する蓋然性があると認めるに足りる証拠は他にないとして，請求を棄却した。

なお，被告標章1及び2に関する使用差止め・商品廃棄，被告標章1のウェブサイトへの表示の禁止・削除，損害賠償については認容したので，被告は控訴したが（大阪高判平成25年8月27日（平24（ネ）2382号）〔商標権侵害差止等請求控訴事件〕），理由がないとして棄却された。

(b) WIPO の「インターネット上の商標及びその他の標識に係る工業所有権の保護に関する共同勧告」　2001年9月開催の工業所有権保護のためのパリ同盟総会及び WIPO 一般総会において，「インターネット上の商標及びその他の標識に係る工業所有権の保護に関する共同勧告」が採択された。

これは，商標法の属地性とインターネットの世界との関係から生じる各国における商標権の抵触問題等を解決するための国際的ガイドラインを策定することを目的として，WIPO の2001年3月の第6回商標・意匠・地理的表示の法律に関する常設委員会（SCT）で採択された全15条からなる共同勧告案を採択したものである。

その主な内容は，次のとおりである。

①　インターネット上の標識の使用を特定国における使用と認めるか否かについては，「商業的効果」の有無によって判断する。

②　インターネット上の標識の使用者に，事前に世界的なサーチ義務を負わせることは過度の負担を課すこととなり不適当であるとの前提のもと，「通知と抵触の回避」手続を規定する。

③　サイバースクワッティングのようなバッド・フェイスによる使用の場合を除き，国の領域を超える差止命令を禁止する。

　　（注）　この共同勧告は，特許庁のホームページ（http://www.jpo.go.jp/torikumi/kokusai/kokusai2/1401-037.htm）に掲載されている。

(c) 商標法の一部改正（平成14年4月17日法律第24号：平成14年9月1日施行）　経済社会の IT 化に伴う商品・サービス・広告の多様化により，商標の使用行為の明確化を図る必要があり，第3条（定義等）において，ネットワーク上の商品流通，サービス提供又は広告的行為をする際に商標を用いる行為が商標の使用にあたることと改正された。

インターネット上で，ドメイン名が商標的な機能を営む場合は，商標法による保護を受けることができる。ドメイン名の使用が商標の使用行為に該当するかどうかは，個別の具体的事案において，当該ドメイン名が使用されている状況やウェブサイトに表示されたページの内容等から，総合的に判断されることとなる。

(d) 不正競争防止法の一部改正（平成13年6月29日法律第81号：平成13年12月25日施行）
　サイバースクワッティング行為に対処するため，ドメイン名の不正取得等の行為を不正競争行為と位置づけ，差止請求及び損害賠償請求できるものとした。
　この改正法の理解に資するため，ドメイン名と商標等を巡るわが国及び米国裁判所における裁判例や裁判外紛争処理機関における裁判例を紹介した事例集が，経済産業省のホームページ（http://www.meti.go.jp/policy/economy/chizai/chiteki/pdf/01kaisei.pdf）で紹介されている。

〔小野　昌延＝福井　陽一〕

§1（目　的）

第1章　総　　　則

第1条（目　的）
　この法律は，商標を保護することにより，商標の使用をする者の業務上の信用の維持を図り，もつて産業の発達に寄与し，あわせて需要者の利益を保護することを目的とする。

【参考文献】
（商標の機能）　沢浦雪男「商標による取引」特管4巻8号499頁（54），杉林信義「商標自体の特性について」パテ15巻10号4頁（62），磯長昌利「商標の機能について」工業研究13，2巻12号18頁（67），磯長昌利「商標と心理学」パテ21巻2号18頁（68），佐藤房子「商標機能の新展開」工業研究17巻3号30頁（71），「消費者購買態度アンケート調査，ブランドの影響」ニュース3361号2頁（72），加藤恒久「商標の本質的機能」パテ29巻11号3頁（76），播磨良承「商標の機能に関する法律学的検討」民商78巻臨時増刊3号371頁（78），網野誠「商標法における『商標』等の基本概念について」特管29巻12号1337頁（79），播磨良承「商標の法的本質論序説」滝野文三博士喜寿記念論文集・国際工業所有権法研究425頁（79），G. シュリッカー「不正競争と消費者保護」AIPPI 23巻4号2頁（78），ゴールドシュタイン〔土井輝生訳〕「プロダクト・ライアビリティと商標所有者－商標の保証機能」国際商事法務7巻7号309頁（79），浜上則雄＝加賀山茂「商品表示と消費者保護（上・下）」ジュリ685号17頁（79），舟本信光「意匠の識別機能について－美感を起こさせるもの」豊崎追悼437頁（81），網野誠「商標法の目的規定をめぐって」パテ37巻5号2頁（84），網野誠「商標法の基本概念についての異説をめぐって」パテ37巻7号34頁（84），渋谷達紀「登録商標の出所表示機能－並行輸入との関連において」学会年報11巻77頁（88），日比恆明「日本の商標の『安心機能』」発明88巻6号57頁（91），「色彩デザインは機能に役立っても保護可能（Fabrication Enterprises Inc. v. Hygenic Corp. CA2,8/22/95）」I.P.R 9＝10号502頁（95），田村善之・機能的知的財産法の理論（知的財産研究叢書1）（信山社，96），佐藤恒雄「商標の機能と商標権の侵害」パテ51巻10号39頁（98），青木博通「商標と意匠の関係－欧州共同体意匠規則による商標の保護－」パテ56巻7号3頁（03），事務局（仮訳）（AIPPI JAPAN）「議題173　商標とドメインネームの共存の問題：公的及び私的な国際登録制度」AIPPI 47巻11号12頁（02），松原伸之「議題148　立体商標：商標と工業意匠の境界線について」AIPPI 45巻6号24頁（00），鳥羽みさを「商標の機能とグローバリゼーション－『商標法』における『需要者の保護』が意味するもの－」パテ55巻7号34頁（02），「不可争商標／機能性に基づく商標取消（Eco Manufacturing LLC v. Honeywell International Inc., 7th Cir., 12/31/03）」I.P.R. 18巻2号94頁（04），「機能性の法理／特定の色の組み合わせに関する排他的権利の主張（Deere & Co. v. MTD Holdings Inc., S.D.N.Y., 2/18/04）」I.P.R. 18巻4号211頁（04），三山峻司「侵害訴訟の実務から見た商

§1（目的）

標の本質論・機能論の再考」知財研究45巻1号1頁（04），堤信夫「商標機能の現代的考察－商標による情報伝達経路の構築－」知管54巻4号619頁（04），知財権研究委員会「21世紀の商標制度構築に向けた調査研究報告書」知的財産研究所・知財権研究報告書19頁（04）．

細　目　次

Ⅰ　標識の機能と保護(82)
Ⅱ　商標の機能とその保護(83)
　(1)　出所表示機能(84)
　(2)　品質保証機能(85)
　(3)　広告機能（並びにその他の機能）(86)
Ⅲ　商標保護の必要性と目的(87)

〔小野　昌延〕

Ⅰ　標識の機能と保護

　商標は商品又は役務に係る標識である．

　本条は商標を保護しようとする商標法の目的を規定し，同法解釈の基礎ともなる規定であるが，そこにいう商標とは何かを知る前提として，まず商標が属する標識について見てみよう．

　「標識」とは目印，すなわち，あるもの・あることを認識しやすいように付ける「印し」である．標識は，ある対象を他の対象と区別して推定し認識できるようにした表象である．

　この標識は人類の歴史とともにあるといってよい．考古学上も洞窟や石，下ってはレンガ・ガラス製品にも「印し」が見られる．

　これらは，あるいは宗教対象を示し，あるいは製作者を示すものであった．それは製品に付けられたものであっても，再度の取引を求めるためのものでも，営業競争のためのものでもなく，製作者の自尊心や製作物に対する愛顧を示すものであった．この点で現在の「製造標」・「役務標」と異なる．

　古代ギリシャ・ローマの陶工標あたりになると，それが物の所有権を示す「所有標」から，税や品質を示しあるいは組合などの組織員たることなどを示す「警察標」に，さらに，製作者・提供者・販売者・原産地を示すためのものかは別として，現在の商標の萌芽のような「取引標」が現れてくる．これらのすべてが，標識の範疇に入る．

　標識の対象は，商品・役務（サービス）を示す「商品標」・「役務標」（サービスマーク）に限定されないから，国などを示す「国旗」・「紋章」・「印章」など，人格を示す「氏名」・「名称」・「雅号」・「芸名」・「筆名」・「紋章」，商人を示す「商号」，営業を示す「営業標」などすべて標識である．

　また，製品・役務についての標識といっても，製品・役務の出所を示す標識のほか，製品・役務の普通名称も，産地・提供の場所を示す出所地表示，有名産地を示す原産地

§1（目　的）

表示のみならず，質・数量などを示す文字・図形の表示，証明・保証標，褒賞などすべて標識に入る。さらに，商品の容器・包装・外観，役務の提供の用に供する物なども目印としての役割（取引通用力）が果たせるようになると標識に属する。

標識の本質的特性は，他との区別機能（識別機能）である。その区別機能によって，あるもの・あることを確定認識させる。「酒」という文字は標識であり，それが付された瓶や罐の中身が一定の製品・酒であることを認識させる。また，その瓶に褒賞の付されているときには，その酒が褒賞を受賞したことを認識させる。

「標章」は，「しるしとする徽章または記号」であるとされる（日本国語大辞典9巻156頁，広辞苑1896頁）。標章も標識（しるし・日本国語大辞典9巻152頁，広辞苑1896頁）の1つであり，印しである以上，他と区別し，あるものを示すものでなければならないが，印しとしての図形・文字・記号の識別対象が，企業・商人であるときには，ある特定の企業・商人を認識させる。

標章の基本的機能は「識別機能」である。標章が一定の出所を指示することによって営業者は自己の商品の販売先を確保でき，信用を蓄積し得る。そして，その標章が特定企業と結び付いて初めて，需要者も，その標章を付した商品・役務の品質・質に一定の期待をもつ，という「品質保証機能」が，その標章に生じてくる。このように標識ないし標章の機能については，識別機能が最も本源的なものである。

「商標の保護」ということは，「商標」の出所の保護であり，信用の保護である。

II　商標の機能とその保護

商標は自己の商品・役務と他の商品・役務とを識別する標識であり，商品や役務の出所を示す標章である。かつて「商品商標」は「商品の顔」であるといわれた。これは，人間の顔がその人を表しているのと同様に，商品の顔である商標も，その商品の信用・評判・名声などを表していることを示している。「役務商標」とて同じことである。どの人間の顔もまったく同一でないところから，氏名を忘れてもその人の顔を見れば，他の人と区別できるのと同様に，キヤノン，パナソニック，ソニー，アリナミンといった商品商標を見れば，その商品を直ちに他の出所より出た同種の商品と区別ができ，また，電通，大成，KDDI，ロイター，阪急といった役務商標を見れば，その役務を直ちに他の出所より出た同種の役務と区別ができる。

このように，商標とは，自分の商品と他人の商品，自分の役務と他人の役務を区別するために，事業者が商品又は役務につける標章である。

商標の機能として最も基本の機能は，識別機能であり，商標にとって識別力があるということは，その存在にとっても本質的なものである。この機能が商標の諸機能の根源

§1（目　的） 第1章　総　則

的なものであって，以下に述べる商標の諸機能も標識の識別力より生ずる（このことを明示するのは，東京地判昭55・7・11無体集12巻2号304頁〔テレビまんが事件判決〕，識別機能のない標章も商標であるとすることの賛否については竹田・要論322頁，東京高判平3・2・28知財集23巻1号163頁〔ポーラ事件判決〕の識別機能についての判示部分に反対し，その標章は識別機能を果たしているとする竹田説に賛成）。

　ありふれた氏名・地名のようなものには識別力がない。しかし，ありふれた標章も永年使用により著名になると識別力ある商標になり，さらには強い商標にすらなる。造語は本来的に識別力が強く（強い商標，strong mark；starke Zeichen），質・性能を暗示するような商標は識別力が弱い（弱い商標，weak mark；schwache Zeichen）。しかし，弱い商標も永年使用により著名になると強い商標になる。

　商標の機能についても種々に説かれているが，一般には，出所表示機能・品質保証機能・広告機能に分けられる。

(1) 出所表示機能

　商標は，標章をある者の商品に付し，あるいは，役務の提供にあたって用いることにより，その商品・役務の出所を表示する機能を有する。商標のこの機能を「出所表示機能」(function of indicating origin and ownership；Herkunftsfunktion) という。これは，基本的には，商標の識別力に基づく。商標は出所表示機能を有する故に，その商標が社会的認識を得るに従い，商標に信用（goodwill, グッドウイル）の形成が行われる。商標がなければ，商品の購入者は，その商品の出所すなわち商品がいずれよりきたものか知ることができず，あるいは，役務の提供を受けた者は，その役務の出所すなわち役務が何人により提供されたものか知ることができない。

　ここで，出所というのは，商品の製造者のみを意味するものではなく，販売者をも意味し，また，役務の提供者も意味する。のみならず，所持者，加工者，輸入者等でもよい。百貨店やスーパー等が自己の製造しない商品に，その商標を付して販売することは周知のことである（いわゆるプライベート・ブランド）。そして，製造者が同一であっても，流通経路が変われば，その同一商品に異なった販売標が付されることもある。また，製造標と販売標が同時に付されることもあり，稀には，役務商標と商品商標が同時に用いられることもある。

　営業者は商標によって，自己の商品又は役務（あるときはその優秀性，あるときはその特異性）を需要者に認識させ，その営業的努力を商標を媒介として商品・役務に有効に化体させる。

　出所表示機能は，商標の識別力に由来するものであるが，この出所表示によって，さらに，次に述べる品質保証機能，あるいは，広告機能を招来する（「商標の本質は，商品の

出所の同一性を表彰することにもある」とするのは最判昭39・6・16民集18巻5号774頁,「にも」とあることを指摘するのは土肥一史「比較広告による他人の登録商標の使用」染野古稀256頁)。

なお,出所表示機能といっても,それはその商品の製造業者,あるいは,販売業者が,いかなる商号の者であるか等その詳細を表示する機能を有するという意味ではない。したがって,消費者がその商標を見た時に,一定の出所認識をすること(「ああ,あの商品」とか,「前に買ったあの商品」,「前に行ったあのレストラン」というように出所認識をすること)によって十分であり,その商標は十分出所表示機能を有しているといい得るのである。

(2) 品質保証機能

商標が,本来出所を表示するために用いられたとしても,その使用が重ねられると,需要者の側からは,同一の商標の下では商品・役務が同一の質を有しているという認識が生じ,他方,営業者もその使用蓄積のために,同一商標の下においては同一の質の商品・役務であることを維持しようとする。需要者にとっては,商品の出所,すなわち,どの製造者によって製造され,どの販売業者によって販売されているか,誰によって提供されているかということよりも,どの商品・役務が,いかなる品質・内容を有するかということに重要な関心があることが多い。

需要者が,同一の商標の付された商品・役務には,同一の品質・質を期待しており,また商標がそのような期待に応えた作用をする。この機能を「品質保証機能」(guarantee function ; Garantiefunktion) という。

この品質保証機能は,利用者が取引を敏速に行うために役立ち,出所表示機能が営業者の側から眺める商標の機能であるのに対し,品質保証機能は購買者の側から眺めた場合の商標の機能であるといえる。この商標の品質保証機能は,その商標が用いられた商品・役務が,個々の商品・役務としては個性の少ない大量生産品・大量提供の役務であればあるほど,言い換えれば商品の品質が均一化せられた商品あるいは均一なサービス(役務)であればあるほど,この品質保証機能の果たす意味は大きい。

他方,品質保証機能は,当該商品の品質・役務の質が保証され,一定の品質がなければ商品の取替えや役務の再提供,損害賠償を保証しているという債務保証の意味ではなく(それがなされたとしても,商標の法的効果でなされたのではない),商標が,その商標を付した商品は同一品質,役務は同一の質のものであるという期待を,需要者にもたらしめるという意味である。それは,次に述べる商標の広告機能のもととなり,顧客の吸引力のもととなるものである。しかし,営業譲渡などとともに商標の譲渡が行われ,あるいは,商標使用許諾が行われ(営業者は当然質の向上,あるいは,質の同一性をはかるであろうが),万一,新使用者が商品・役務の品質保証・維持に努めなければ,一般消費者,公衆が商標の過去の信用によって欺もうされるという弊害も生ずる。

§1（目　的）　　　　　　　　　　　　　　　　第1章　総　則

　商標を営業者の側から見れば，この品質保証機能は，これによって自己の商品・役務に対するグッドウイルを維持拡張し，商標を使用するものの業務上の信用の維持をはかるという商標法の目的（1条）に最も適合する機能である。しかし，商標法はこれを通して産業の発達に寄与し，併せて需要者の利益を保護するという社会的目的をあげている。このことからもわかるように，営業者は同一商標が需要者に品質を保証するものとしてとられるという機能を有することを考え，現実に商品の品質の維持改良をはかり品質保証をすることに努めなければならない。

(3)　広告機能（並びにその他の機能）

　商標のシンボル性（symbol）は，商品・役務を広告宣伝する作用をもつ。商標は，需要者に単にその出所を知らせることに役立つ，あるいは，同一商標に対して同一品質を期待せしむる作用をもつにとどまらず，さらに，次の作用を営む。

　すなわち，需要者は商標を記憶し，あるいは，商標自体に一定のイメージを思い浮べるに至り，さらに，その商標を付した商品・役務に対し愛着を覚えさせる傾向をもつに至る場合さえあり得る。

　このことは，統計的に実証されており，商標は単なる品質保証を超え，商品・役務のいわゆる「声なき商人」（silent salesman，サイレントセールスマン，シェヒター（F.I.Schechter）・商標に関する法律の史的基礎64頁）として，大きな力を有する。商標のこのような作用を商標の「広告機能」（advertising function；Werbefunktion）という。

　場合によれば，商標所有者が，商品・役務自体の広告よりも，これに用いる商標自体の広告に力を注ぐことすらある。このことは，広告がインフォーマティブ（informative, 内容指示的）でなければならないという広告理念には直接的には合致したものではないが，商標が企業努力の集積物であるという意味で商標は価値ある競業的財産であり，企業はその競業的財産の価値を落とさないために需要者に報いる努力をする。

　いずれにせよ，著名商標で商標広告に用いられる費用の大きいものは多く，その商標に化体された価値，その利用価値も極めて大きい。そこで，この商標の広告機能にただ乗り（free-ride）をはかる者が生じ，その防止の問題が生ずる。また，後に説明する商標の広告価値の希薄化（ダイリューション，dilution；Verwasserung。ダイリューション理論は米法でより用いられてはいるが，もとは独法理論である。したがって，わが法でも取り入れ得るものである），あるいは，商標のモチーフ（motif）の侵害等の難しい法律問題も生じるのである。

　商標の財産性のある大きな部分は，この商標の広告機能にある。商標の価格の評価やライセンスにおいて，これに着目されて商標の価値がはかられ，あるいは，商標を軸として企業提携が行われることすらある。

Ⅲ 商標保護の必要性と目的

　現代の社会生活において，商標はわれわれにとって，欠かすことのできない重要な役割を果たしている。まず商品の買手であり，あるいは，役務の提供を受ける消費者の立場から，その例を商品の商標に例をとって考えてみよう。例えば，以前に買った商品と同じものを，今日買いたいと思った場合，商品の中味をいちいち吟味せずに，安心して買えるのも商標があればこそである。「信用（good will）とは古い顧客が古い場所に赴こうとする可能性を意味するにほかならない」（網野・商標〔第6版〕83頁－イギリスの古い判例（1810年）の引用）ということは，ここに基礎がある。もし商品に，商品の識別標識である商標がない場合には，たとえ，昨日と同じ店で買う場合であっても，果たして同一品質の品物を買えるかどうか保証されない。商標さえ付いていれば，知人から勧められたり，あるいは，新聞・雑誌の広告やCMによって知っただけの商品でも，迷わずに買える（商標はサイレントセールスマンであるといわれる基礎）。クリーニングや飲食・宿泊・建築などのサービス業務において，役務（サービス）の提供を受ける場合における商標においても同様である。

　一般の消費者にとって，商標はこのように大切な役割を果たしているが，商品の売手ないし役務の提供者である企業にとっても，商標は重要な意義をもっている。流通経済が今日ほど発達していなかった昔でも，信用は商人にとって最も大切な財産とされていた。信用のシンボルである暖簾は商人の生命ともいわれていた。まして，流通経済が極度に発達した現代において，商標が経済の円滑化に果たしている役割は，はかり知れない。商標には，企業が品質を高め価格を安くしようとしている努力のすべてが化体され，蓄積されている。企業は，商品や役務の信用のシンボルとして，商標を繰り返し宣伝し，消費者もまた，商標を目当てにして初めて安心して商品を買い役務の提供を受けることができる。

　仮に商標がなかった場合を想定してみよう。消費者は，商品の購買・役務の取引において，商品・役務の選択・決定に迷うだけでなく，粗悪な商品を買い，役務を提供される場合もないとはいえない。一方，企業は，商品・役務を宣伝する目標もなく，誠実な努力によって得た信用と利益を，不信義な同業者に奪われるようなことにならないとも限らない。この結果，経済界が無秩序となり，混乱することは想像に難くない。

　このように，「商標」は，今日企業体の「信用の表徴」として，また消費者の購買の目当てとして，重要な役目を果たしているが，現在の複雑な経済機構の中にあって，商標がその機能を十分発揮できるのは，「商標法」をはじめとする商標保護のための法規がいくつか存在するからである。

　商標法は商標を規制する法規である。だから，商標法制度の存在のためには，商標登

§1（目　的）

録制度の有無とは関係なく，登録制度がなくても商標法制は存在し得るともいえる。しかし，近代商標法のほとんどは「登録」という法技術を利用して商標を保護している。商標法による商標の保護は，商標を利用した不正競争（詐欺）に対し，刑法上の詐欺で対処することでは不十分であり，商標の信用保護として不十分であることから始まった面をもつ。だが，商標登録制度は，商標の財産化を促した。そして，経済発展とともに，商標は信用を化体した無体財産ないし知的財産権としてその重要性を増してきている。この観点から，商標法制の改正がいくどもはかられ，商標権の譲渡や使用許諾制度で営業への随伴性をなくすなど，商標法の立法的，解釈学的展開がはかられてきた。

　しかし，商標法は，商標の使用をする営業者の業務上の信用の維持をはかることによって，産業の発達に寄与することを目的とするのみならず，あわせてとするが，需要者すなわち，取引者と消費者の利益を保護することも目的とする（商標権は基本的には私的財産権の性質を有するとしても，その保護範囲は必然的に社会的な制約を受けると判示するのは，いわゆるパーカー判決，大阪地判昭45・2・27無体集2巻1号71頁）。消費者保護は商標法の目的の主目的ではないが，流通経済において消費者にとって商標は重要な意義をもつものであり，表示法制の発展に伴い，この消費者保護の面から商標法制を立法的にも再検討し，また，商標法解釈学においても，この面を今後十分取り入れていかねばならない。

　商標法が登録という国家の行政処分を媒介として登録商標を保護するということは，登録商標に化体された営業者の業務上の信用の維持をはかるということであり，これが商標法の第一義的目的である。それは営業者間の取引秩序の維持であり，この商標法の第一次的目的を通じて産業の発達に寄与するものである。取引秩序が維持されているということは，そのことがすなわち発達した産業社会が維持されていることを意味するものであるともいえる。と同時に，この取引秩序は，一定の商標を使用した商品又はサービスは一定の出所から出ている，提供されているという秩序であるから，その保護は，ひいては消費者の利益を保護することになるわけであり，これが商標法の第二義的目的である。しかし第二義的であるといっても，決してこの観点をおろそかにしてよいというわけにはならない。商標法解釈学では，この第二義的目的をあわせて達成しようという観点をおろそかにしていたとすらいえ，今後この面をいかに取り入れていくかが商標法学の重要な課題であるといえよう。

〔小野　昌延〕

第2条（定義等）（見出し改正，平3法65）

この法律で「商標」とは，人の知覚によつて認識することができるもののうち，文字，図形，記号，立体的形状若しくは色彩又はこれらの結合，音その他政令で定めるもの（以下「標章」という。）であつて，次に掲げるものをいう。（改正，平8法68，平26法36）

一　業として商品を生産し，証明し，又は譲渡する者がその商品について使用をするもの

二　業として役務を提供し，又は証明する者がその役務について使用をするもの（前号に掲げるものを除く。）（本号追加，平3法65）

2　前項第2号の役務には，小売及び卸売の業務において行われる顧客に対する便益の提供が含まれるものとする。（改正，平18法55）

3　この法律で標章について「使用」とは，次に掲げる行為をいう。

一　商品又は商品の包装に標章を付する行為（改正，平3法65）

二　商品又は商品の包装に標章を付したものを譲渡し，引き渡し，譲渡若しくは引渡しのために展示し，輸出し，輸入し，又は電気通信回線を通じて提供する行為（改正，平3法65，平14法24，平18法55）

三　役務の提供に当たりその提供を受ける者の利用に供する物（譲渡し，又は貸し渡す物を含む。以下同じ。）に標章を付する行為（本号追加，平3法65）

四　役務の提供に当たりその提供を受ける者の利用に供する物に標章を付したものを用いて役務を提供する行為（本号追加，平3法65）

五　役務の提供の用に供する物（役務の提供に当たりその提供を受ける者の利用に供する物を含む。以下同じ。）に標章を付したものを役務の提供のために展示する行為（本号追加，平3法65）

六　役務の提供に当たりその提供を受ける者の当該役務の提供に係る物に標章を付する行為（本号追加，平3法65）

七　電磁的方法（電子的方法，磁気的方法その他の人の知覚によつて認識することができない方法をいう。次号において同じ。）により行う映像面を介した役務の提供に当たりその映像面に標章を表示して役務を提供する行為（本号追加，平14法24）

八　商品若しくは役務に関する広告，価格表若しくは取引書類に標章を付して展示し，若しくは頒布し，又はこれらを内容とする情報に標章を付して電磁的方法により提供する行為（改正，平3法65，平14法24）

九　音の標章にあつては，前各号に掲げるもののほか，商品の譲渡若しくは

§2（定義等）　　　　　　　　　　　　　　　　第1章　総　　則

　　　引渡し又は役務の提供のために音の標章を発する行為（本号追加，平26法36）
　十　前各号に掲げるもののほか，政令で定める行為（本号追加，平26法36）
4　前項において，商品その他の物に標章を付することには，次の各号に掲げる各標章については，それぞれ当該各号に掲げることが含まれるものとする。
（本項追加，平8法68，改正，平26法36）
　一　文字，図形，記号若しくは立体的形状若しくはこれらの結合又はこれらと色彩との結合の標章　商品若しくは商品の包装，役務の提供の用に供する物又は商品若しくは役務に関する広告を標章の形状とすること。（本号追加，平26法36）
　二　音の標章　商品，役務の提供の用に供する物又は商品若しくは役務に関する広告に記録媒体が取り付けられている場合（商品，役務の提供の用に供する物又は商品若しくは役務に関する広告自体が記録媒体である場合を含む。）において，当該記録媒体に標章を記録すること。（本号追加，平26法36）
5　この法律で「登録商標」とは，商標登録を受けている商標をいう。（本項追加，平18法55）
6　この法律において，商品に類似するものの範囲には役務が含まれることがあるものとし，役務に類似するものの範囲には商品が含まれることがあるものとする。（本項追加，平3法65，平18法55）

§2（定義等）——定義等

■定義等

【参考文献】

〔商標〕 青木博通・新しい商標と商標権侵害－色彩，音からキャッチフレーズまで（青林書院，15），林いづみ「2014年商標法改正の要点－新しいタイプの商標の導入と地域団体商標の登録主体の拡充等」自由と正義66巻4号50頁（15），青木博通「新しい商標と新商標法－動き商標，ホログラム商標，音商標を中心に」パテ68巻4号5頁（15），橋本千賀子「色彩のみからなる商標－出願における特定方法について」パテ68巻4号20頁（15），宮永栄「位置商標の保護」パテ68巻4号29頁（15），石山裕二＝杉村光嗣「商標法の保護対象の拡充について（平成26年特許法等改正法）」コピライト640号24頁（14），青木博通「新・商標法のポイントと解説－動き，ホログラム，色彩，位置，音の商標の導入」CIPICジャーナル220号26頁（14），青木博通「音の商標の権利形成と商標権侵害」CIPICジャーナル209号19頁（12），小野昌延＝竹内耕三編・商標制度の新しい潮流－小売等役務商標制度，地域団体商標制度，立体商標，非伝統的商標（青林書院，11），江幡奈歩「音の商標と商標の音声的使用」知財56巻4号561頁（06），網野誠「商標法改正に伴う『商標』の定義その他2・3の問題点について」パテ49巻4号11頁（96），松尾和子「商標法の改正と商標の定義について」パテ48巻9号2頁（95），網野誠＝吉原省三＝石川義雄編著・サービスマーク（有斐閣，92），サービスマーク登録制度研究会編・わかりやすいサービスマーク登録制度──その解説と一問一答（通商産業調査会，92）。

〔商品・役務〕 竹内耕三「無償の物品と商標法上の商品」松田治躬先生古稀記念論文集143頁（11），香原修也「小売役務の再考」松田治躬先生古稀記念論文集171頁（11），本宮照久「小売等役務商標制度の理解と実践」知管60巻6号909頁（10），鷹取政信「商標法上の商品概念の決定基準について」日本大学法学部知財ジャーナル3号43頁（10），峯唯夫「小売業における商標の使用」パテ62巻4号（別冊1号）1頁（09），名越秀夫「商標法上の商品・役務概念の検討」パテ62巻4号（別冊1号）58頁（09），小谷武「『原点に戻ろう』商品性の再検討『東京メトロ事件』より」パテ62巻2号44頁（09），宮脇正晴「商標法上の商品概念をめぐる考察－『商品』論から『指定商品』論へ」知財年報2008（別冊NBL123号）243頁（08），青木博通「小売等役務商標制度の守備範囲」NBL858号32頁（07），上田卓哉「商標法の『商品』の意義について」牧野ほか編・理論と実務(3)14頁（07），青木博通「小売サービスに関する商標の保護－シャディ／ESPRIT判決から立法的解決まで」CIPICジャーナル176号1頁（07），田村善之「知財立国下における商標法の改正とその理論的な含意－地域団体商標と小売商標の導入の理論的分析」ジュリ1326号94頁（07），神谷巌「商標法上の商品」知管48巻4号479頁（98），日本知的財産協会商標委員会第2小委員会「付随的サービス・商品の概念及び商標法上の取り扱いについての一考察」知管46巻5号759頁（96），田村善之「商品概念の再検討（1・2）」発明91巻4号73頁・5号81頁（94），工藤莞司「商標法上の商品とパンフレット」発明86巻7号72頁（89）。

〔使用〕 西村康夫「商標の使用(1)」牧野ほか編・知財大系Ⅱ276頁，古谷健二郎「商標の使用(2)」牧野ほか編・知財大系Ⅱ296頁，土肥一史「権利侵害と商標の使用－総論・使用主体論」学会年報37号55頁（14），大西育子「商標の使用と権利侵害－欧州商標法からみたわが国の商標的使用」学会年報37号73頁（14），金子敏哉「米国商標法における混同と商標的使用」学会年報37号95頁（14），外川英明「インターネット上における商標的使用－商標の使用と権利侵害」学会年報37号113頁（14），藤田晶子「インターネット上の商標の『使用』」東京弁護士会インターネット法律研究部編・Q&Aイ

〔茶園〕 91

§2 (定義等)——定義等

ンターネットの法的論点と実務対応〔第2版〕296頁（ぎょうせい, 14）, 赤松耕治「『商標的使用の法理』に関する一考察」関東学院法学23巻2号1頁（13）, 外川英明「検索連動型広告と商標権侵害」竹田傘寿363頁（13）, 外川英明「サイバー空間における商標の混同－イニシャル・インタレスト・コンフュージョンに焦点をあわせて」パテ65巻13号（別冊8号）166頁（12）, 工藤莞司「インターネット時代と商標の使用等－裁判例にみるインターネットと商標を巡る事件」特技懇267号26頁（12）, 飯村敏明「商標関係訴訟－商標的使用等の論点を中心にして」パテ65巻11号103頁（12）, 李基榮「商標法における『商標の使用』概念の意義に関する日韓比較」知財政策39号157頁（12）, 松井宏記ほか「不使用取消審判における『商標の使用』（前編・後編）」パテ65巻7号1頁・8号61頁（12）, 田村善之「インターネットと商標法」同・ライブ講義知的財産法179頁（弘文堂, 12）, 大西育子・商標権侵害と商標的使用（信山社, 11）, 日本知的財産協会商標委員会第1小委員会「最近の不使用取消審判における『商標の使用』について－企業実務者の視点から」知管61号6号893頁（11）, 西信子「『商標としての使用』をめぐる考察」村林傘寿369頁（11）, 末吉亙「ウェブサイト上での『商標の使用』について」松田治躬先生古稀記念論文集351頁（11）, 吉原省三＝桶川美和「不使用による商標登録の取消し」松田治躬先生古稀記念論文集451頁（11）, 青木博通「『商標として』の使用, 『自己の商品等表示として』の使用は必要か？－欧州からみた, 日本の商標権侵害要件及び不正競争防止法2条1項1号・同2号」CIPICジャーナル200号37頁（11）, 青江秀史＝茶園成樹「インターネットと知的財産法」高橋和之＝松井茂記＝鈴木秀美編・インターネットと法265頁（有斐閣, 10）, 李扬（洪振豪訳）「継続して3年間不使用による商標登録取消審判の研究」知財政策25号1頁（09）, 中村仁「商標法50条における商標の使用」パテ62巻4号（別冊1号）138頁（09）, 宮脇正晴「メタタグと『商標としての使用』」パテ62巻4号（別冊1号）179頁（09）, 外川英明「サイバー空間における商標の使用－検索連動型広告問題とディスクレーマに焦点をあわせて」パテ62巻4号（別冊1号）197頁（09）, 土肥一史「商標的使用と商標権の効力」パテ62巻4号（別冊1号）215頁（09）, 芹田幸子「商標の使用」牧野ほか編・理論と実務(3)3頁（07）, 酒井順子「メタタグの使用と商標権侵害」パテ60巻3号21頁（07）, 青木博通「商標権侵害の基準『商標的使用態様』」CIPICジャーナル155号14頁（04）, 板倉集一「商標の使用」学会年報26号63頁（03）, 土肥一史「ネットワーク社会と商標」ジュリ1227号26頁（02）, 榎戸道也「商標としての使用」牧野＝飯村編・新裁判実務大系(4)397頁（01）, 青木博通「『商標の使用』とネット上の商標権侵害」パテ54巻11号21頁（01）, 青木博通「インターネットと商標の現代的展開」知管51巻8号1195頁（01）, 田村善之「商標としての使用」発明92巻3号106頁（95）, 網野誠「不使用取消審判と『登録商標の使用』の範囲について」三宅喜寿433頁（86）, 宇井正一「商標としての使用」牧野編・裁判実務大系(9)429頁。

〔**商品と役務の類似**〕　中村仁「商品と役務との間の類似・混同」パテ65巻13号（別冊8号）109頁（12）。

細目次

Ⅰ　本条の意義(93)
Ⅱ　商標の定義（1項・2項）(93)
　(1)　概　説(93)
　(2)　1項の変遷(95)
　(3)　標　章(96)
　　(a)　概　説(96)
　　(b)　文字・図形・記号・色彩(96)
　　(c)　立体的形状(97)
　　(d)　音(97)
　　(e)　その他政令で定めるもの(97)
　(4)　商標の使用者(97)
　　(a)　「業として」(98)
　　(b)　商品の生産・証明・譲渡(98)
　　(c)　役務の提供・証明(99)

〔茶園〕

§2（定義等）──定義等

(5) 商　品(99)
　(a) 概　説(99)
　(b) 商取引の対象となり得る財(100)
　(c) 流通性(102)
　(d) 有償性の要否(104)
(6) 役　務(108)
　(a) 概　説(108)
　(b) 小売等役務(109)
　(c) 小売等役務商標と商品商標の関係(110)
(7) 商品・役務「について」使用(112)
Ⅲ　使用の定義（3項・4項）(113)
(1) 概　説(113)
(2) 3項各号に掲げる行為(113)

　(a) 3項1号(113)
　(b) 3項2号(115)
　(c) 3項3号(116)
　(d) 3項4号(117)
　(e) 3項5号(117)
　(f) 3項6号(118)
　(g) 3項7号(118)
　(h) 3項8号(118)
　(i) 3項9号(121)
　(j) 3項10号(121)
(3)「標章を付する」（4項）(121)
Ⅳ　登録商標（5項）(122)
Ⅴ　商品と役務の類似（6項）(122)

〔茶園　成樹〕

Ⅰ　本条の意義

　本条は，商標法における基礎的な概念である，「商標」，標章についての「使用」及び「登録商標」の定義規定とともに，商品に類似するものの範囲と役務に類似するものの範囲についての解釈規定を定めるものである。商標法において用いられる重要な概念としては，「商標」，「使用」，「登録商標」以外に，「商品」や「役務」，「類似」，「混同」もあるが，これらの意味については，定義規定は設けられておらず，解釈に委ねられている。

Ⅱ　商標の定義（1項・2項）
(1)　概　説

　本条1項は，「商標」の定義規定である。商標法は商標について商標権を発生させて保護するものであるから，同項は，商標法における保護対象を画定するものである。また，商標権の侵害は登録商標と同一・類似の商標が指定商品（役務）と同一・類似の商品（役務）について使用される場合に成立するものであることから（商標25条・37条1号），保護範囲を画定するものでもある（この点は，「使用」を定義する3項についても同様である）。

　1項によると，まず，(i)商標は「標章」，すなわち，「人の知覚によつて認識することができるもののうち，文字，図形，記号，立体的形状若しくは色彩又はこれらの結合，音その他政令で定めるもの」である。次に，(ii)商標は一定の者，すなわち①業として商品を生産・証明・譲渡する者，又は②業として役務を提供・証明する者が使用するものである。そして，(iii)商標は商品・役務について使用するものである。「使用」は，3項に定義されている。

§2（定義等）——定義等　　　　　　　　　　　　　第1章　総　　則

　商標は，商品について使用するもののみならず，役務について使用するものも含まれる。①業として商品を生産・証明・譲渡する者がその商品について使用するものは，商品商標と呼ばれ，②業として役務を提供・証明する者がその役務について使用するものは，役務商標（サービスマーク）と呼ばれている。また，商標には，立体的形状が標章の構成要素となっているので，平面的な標章だけでなく，立体的な標章から成るものも含まれる。さらに，音が標章の構成要素となっており，視覚によって認識されるものに限らず，視覚以外の知覚によって認識されるものもある。

　ところで，社会通念上一般に，商標は，事業者が自己の商品・役務と他の事業者の商品・役務を識別するために使用する標識として理解されている。また，最判昭39・6・16民集18巻5号774頁〔PEACOCK事件〕は，「商標の本質は，商品の出所の同一性を表彰することにもあるもの，と解するのが相当である」と述べている。これに対して，商標法における商標の定義には，自他商品・役務の識別目的や識別力は含まれておらず，識別力は登録要件（商標3条）とされている。したがって，商標該当性にとって，自他商品・役務の識別を目的として使用されるものかどうかや識別機能が発揮されるものかどうかは問題とならない（逐条解説〔第19版〕1268頁によると，現行法制定時に識別目的や識別力を商標の構成要件とする意見があったが，認められなかった）。この点について，大阪地判昭51・2・24無体集8巻1号102頁〔ポパイTシャツ事件〕は，「取引社会に現に使用されている社会的事実としての標章ないし商標，あるいは社会的通念としての標章ないし商標の概念」（本来の商標）が，自他商品を識別することを直接の目的として商品に附されるものであると述べ，商標法上の商標と区別し，商標法が本来の商標とは異なる定義を与えたのは専ら立法技術上の便宜に基づくと述べる（東京地判昭55・7・11無体集12巻2号304頁〔テレビまんが事件1審〕，東京高判昭56・3・25無体集13巻1号333頁〔同事件控訴審〕，網野・商標〔第6版〕130頁も参照。なお，逐条解説〔第19版〕1268頁は，「1条，2条1項，3条等の趣旨を総合すれば，現行法においても商標は自他商品識別をその本質的機能としていると考えられる」と述べる。同旨：小野＝三山・新概説〔第2版〕28頁）。

　諸外国の商標法と比較すると，上記のように商標法において定義される商標の概念が識別目的や識別力を含めていないことは，わが国法の特徴である。例えば，アメリカ連邦商標法（ラナム法）45条では，「商標」は，「語，名称，記号若しくは図形又はその結合であって，ある者の商品（特有の製品を含む。）を他人が製造し又は販売するものから特定し識別し，その商品の出所を（その出所が知られていない場合であっても）表示するために，(1)その者によって使用されるもの，又は(2)その者が取引において使用する誠実な意思を有し，この法律により設けられる主登録簿への登録を出願するもの」と定義されている（なお，アメリカ法は，「商標」と「サービスマーク」を区別している）。また，ドイツ商標法3条

§2（定義等）──定義等

　1項は，EU商標指令2条を受けて，「いかなる標識も，特に個人名を含む語，図案，文字，数字，音響標章，商品の形状又はその包装を含む立体的形状並びに色彩及び色彩の組合せを含むその他の表装であって，ある企業の商品又はサービスを他の企業のそれから識別することができるものは，商標として保護することができる。」と規定している。
　学説上，1項が定める商標の定義では権利としての保護の範囲が広くなり過ぎる等と批判する見解がある（三宅・雑感38～39頁。また，吉原＝高橋・新訂説義19～20頁，夢・解説（四法編）661頁，光石・詳説82頁，平尾・商標〔第2次改訂版〕14頁も批判的である）。しかしながら，商標権侵害に関しては，裁判例では，1条や3条を考慮して，被疑侵害者の商標の使用が商標的使用（商標としての使用），すなわち自他商品・役務識別機能ないし出所表示機能を発揮する態様での使用ではない場合には侵害は成立しないとする，いわゆる商標的使用論が採用されてきた（宇井正一「商標としての使用」牧野編・裁判実務大系(9)429頁，榎戸道也「商標としての使用」牧野＝飯村編・新裁判実務大系(4)397頁，西村康夫「商標の使用(1)」牧野ほか編・知財大系Ⅱ289～293頁参照）。そして，平成26年改正により，この考え方を（一部）明文化する26条1項6号が新設された。そのため，商標法において定義される商標の概念の下でも保護が過剰になるという問題は生じないことになろう。なお，商標登録の不使用取消しに関しても，取消しを免れる登録商標の使用が商標的使用でなければならないかどうかについて議論が行われている（必要説：東京高判平13・2・28判時1749号138頁〔DALE CARNEGIE事件〕，田村・商標28頁，渋谷・講義Ⅲ〔第2版〕523頁，竹田・要論750頁，小野編・注解商標〔新版〕（下）1134頁〔後藤晴男＝有阪正昭〕，辰巳直彦〔判批〕新商標百選85頁。不要説：知財高判平27・11・26（平26(行ケ)10234号）〔アイライト事件〕，東京高判平12・4・27（平11(行ケ)183号）〔ビッグサクセス事件〕，東京高判平3・2・28知財集23巻1号163頁〔POLA事件〕，髙部眞規子・実務詳説商標関係訴訟270頁，網野誠「不使用取消審判と『登録商標の使用』の範囲について」三宅喜寿451頁，中村仁「商標法50条における商標の使用」パテ64巻4号（別冊1号）144～145頁〕）。

(2)　1項の変遷
　現行法制定時（昭和34年）には，1項は，「この法律で『商標』とは，文字，図形若しくは記号若しくはこれらの結合又はこれらと色彩との結合（以下『標章』という。）であつて，業として商品を生産し加工し証明し又は譲渡する者がその商品について使用するものをいう。」と規定していた。つまり，商標（標章）の構成要素は，文字，図形，記号，色彩という視覚によって認識することができるものであり，かつ，平面的なものに限られていた。また，商標とは商品商標だけであり，そのため，役務商標は商標法において保護されていなかった。その後，以下のような改正があった。
　まず，平成3年のサービスマーク登録制度を導入する商標法改正により，1項2号が新設されて，商標の概念に役務商標が加えられた。なお，同改正により，3項に定義さ

〔茶園〕

§2（定義等）——定義等

れる「使用」の概念に役務についての使用が含められ，また，商品と役務が類似する場合があることを規定する6項（改正時は4項）が新設された。

　次に，平成8年の立体商標制度を導入する商標法改正により，標章の構成要素に「立体的形状」が追加された。なお，同改正により，3項各号の「商品その他の物に標章を付すること」には商品その他の物自体を標章の形状とすることが含まれる旨を規定する4項1号（改正時は4項）が新設された。

　そして，平成26年改正により，標章の構成要素に「音その他政令で定めるもの」が追加されること等が行われ，音の商標や色彩のみからなる商標等が新たに保護対象となった。なお，同改正により，3項に音の標章等の使用を定める9号・10号が追加されるとともに，音の標章について，3項各号の「商品その他の物に標章を付すること」には記録媒体に音を記録することが含まれる旨を規定する4項2号が新設された。

　(3)　標　　章
　(a)　概　　説　　1項は，「標章」を，「人の知覚によつて認識することができるもののうち……」と定めている。そして，標章の構成要素として，「文字」，「図形」，「記号」，「立体的形状」，「色彩」，「音」，「その他政令で定めるもの」を挙げている。

　商標法は，商標を保護することにより，商標に化体する営業上の信用を形成・発展させることを目的とするものであり（商標1条参照），商標に営業上の信用が化体するには，その使用が需要者によって認識されなければならない。そのため，商標が人の知覚によって認識可能なものでなければならないことは当然である。実際，「文字」，「図形」，「記号」，「立体的形状」，「色彩」は，視覚によって認識されるものであり，「音」は聴覚によって認識されるものである（ただし，可視光線の範囲を超える紫外線領域・赤外線領域の色や可聴域を超える周波数の音である超音波は除く）。標章の構成要素がこれらに限られるのであれば，知覚による認識可能性を明示する必要性は乏しい。しかしながら，政令によって標章の構成要素が追加される場合があり得ることから，知覚による認識可能性が規定されたものと思われる（金井ほか編・商標コメ9頁〔鈴木將文〕参照）。

　(b)　文字・図形・記号・色彩　　文字・図形・記号・色彩は，現行法制定時から標章の構成要素となっている。標章は，これらの構成要素のいずれかのみにより，あるいは複数の構成要素の結合により構成することができる。文字のみにより構成される商標は文字商標，図形のみにより構成される商標は図形商標，色彩のみにより構成される商標は色彩商標と呼ばれ，複数の構成要素の結合（例えば，文字と図形との結合や文字と図形と色彩との結合）により構成される商標は結合商標と呼ばれている。

　これらの構成要素のうち，色彩は，旧法においては商標の構成要素となるかどうかは明白ではなかったが，出願人が着色限定をすると構成要素となると解されていた。しか

しながら，出願人の意思により商標の構成要素となるかどうかが左右されるのは適切でないことから，現行法は，色彩を標章の構成要素と定め，着色限定制度を廃止した（逐条解説〔第19版〕1269頁）。もっとも，色彩は，これのみで標章を構成することはできず，文字，図形又は記号と結合してはじめて構成要素となることができるものとされた。これに対して，平成26年改正により，色彩のみからなる商標を保護対象とするために，色彩は独立して構成要素となることができるものに変更された。なお，70条1項～3項は，色彩のみを異にする商標を同一の商標とみなす旨を規定しているが，この色彩に関する特例は色彩のみからなる登録商標については適用されない（商標70条4項）。

(c) **立体的形状** 標章は，立体的形状又は立体的形状と文字・図形・記号・色彩との結合により構成することができ，これらを標章とする商標が立体商標である。

立体的形状は，平成8年改正により標章の構成要素に追加された。同改正前は，「文字，図形若しくは記号若しくはこれらの結合又はこれらと色彩との結合」を標章とする平面商標のみが保護されていたが，立体商標を保護するニーズがあり，また，立体商標を保護することが国際的な趨勢となってきたことが，その理由である（逐条解説〔第19版〕1261頁）。

(d) **音** 音とは，音楽，音声，自然音等である。音を標章とする商標が音の商標である。音は，音の商標を保護するために，平成26年改正により標章の構成要素に追加された。音と文字・図形・記号・立体的形状・色彩との結合により標章を構成することは（政令で定められない限り）できない。

(e) **その他政令で定めるもの** 平成26年改正は，将来の保護ニーズの高まりに迅速に対応して保護対象を拡充することができるように，標章の構成要素を政令により追加することができるようにした。保護するかどうかが議論されている商標として，嗅覚により認識される香りの商標や，触覚により認識される触覚の商標，味覚により認識される味の商標等がある（青木博通・新しい商標と商標権侵害441頁以下参照）。このような商標を保護対象とする場合には，その構成要素が政令で定められることとなる。

なお，平成26年改正では，動きの商標（図形等が時間によって変化して見える商標），ホログラムの商標（物体にレーザー光等を当て，そこから得られる光と，もとの光との干渉パターンを感光材料に記録し，これに別の光を当てて物体の像を再現する方法及びこれを利用した光学技術を利用して図形等が映し出される商標），位置商標（図形等の標章と，その付される位置によって構成される商標）も新たに保護対象とされたが，これらの商標については，従来の商標の定義の中に含まれるものと解することができるため，その構成要素の追加は行われなかった。

(4) 商標の使用者

商標は，①業として商品を生産・証明・譲渡する者，又は②業として役務を提供・証

§2（定義等）──定義等

明する者が使用するものである。標章がこれらの者以外の者によって使用されても，商標にはあたらない。

(a) 「業として」　「業として」とは，「反復継続して」の意味であり，営利を目的とすることを要しない（網野・商標〔第6版〕145頁，平尾・商標〔第2次改訂版〕13頁）。したがって，国や地方公共団体，公益に関する団体であって営利を目的としないものが使用する標章であっても，商標となり得る（4条2項参照）。他方，反復継続して標章を使用しない者が使用する標章は商標にあたらないことから，商標権侵害品の個人輸入は商標権侵害とならないと解されている（渋谷・講義Ⅲ〔第2版〕440頁，西村雅子・商標法講義378頁。東京地判平14・3・26判時1805号140頁〔バイアグラ事件〕は，個人輸入の代行であるとの被告の主張を認めなかった）。

(b) 商品の生産・証明・譲渡　商標のうち，業として商品（後述(5)参照）を生産・証明・譲渡する者がその商品について使用する標章（1項1号）は，商品商標と呼ばれる。

昭和34年の現行法制定時には，商品の生産・証明・譲渡のほか，商品の加工も規定されていたが，サービスマーク登録制度を導入した平成3年改正により削除された。ニース協定（「標章の登録のための商品及びサービスの国際分類に関するニース協定」）の国際分類の趣旨も考慮して，他者の依頼に基づいて商品の加工を行う者が使用する標章は，その商品が当該他者によって譲渡される場合を含め，加工という役務について使用する役務商標として取り扱うべきであり，他方，自ら市場に提供する目的で商品の加工を行う者が使用する標章は，商品商標として取り扱われるべきであるが，商品の譲渡を伴うことから，加工を削除しても不都合は生じないことが，その理由である（特許庁編・サービスマーク21頁）。

商品の生産には，農業や林業，水産業等における原始的生産のほか，工業における原料・材料から異なる物を作る製造も含まれる。

商品の証明とは，商品を検査してその品質等を保証や証明することである。商品の品質（又は役務の質）等を証明したものを，証明されていない他の商品（又は役務）と区別するために使用される標識は，証明商標（あるいは証明標章）と呼ばれるが，そのような証明商標は，証明の対象である商品（又は役務）について，通常，証明する者が自ら使用するものではなく，他人にその使用を許諾するものである。よって，わが国商標法は，「証明」という語を含んでいるが，証明商標を一般的に保護しておらず，証明する者が自ら使用する場合（特に，2条3項1号の「商品又は商品の包装に標章を付する行為」）に「商標」にあたるとして保護していることになる（ただし，2条3項1号について，知財高判平23・3・17判時2117号104頁〔JIL事件〕は，照明器具の製造販売を行う事業者等を構成員とする社団法人である商標権者Xの規格に適合している旨の評定を受けた照明器具にその登録商標を含む商標（本件使用商標）

が貼付されるという事案において，実際に本件使用商標を作成し，照明器具に同商標を貼付するのは各事業者であるが，これは，Xの了承の下，Xに使用料を支払った上で，Xの名称で行っていることから，Xが，各事業者を介して，照明器具にその登録商標を貼付して使用していると判断した)。

　商品の譲渡とは，有償・無償を問わず，商品の所有権を他人に移転することである。例えば売買である。譲渡には卸売・小売も含まれ，商品の卸売業者・小売業者のように，他人が製造した商品を譲渡する者がその商品について使用する標章も商標となると解されている（ただし，商品商標と小売等役務商標の関係について，後述(6)(c)参照)。他方，賃貸借は所有権を移転しないため，譲渡にはあたらない。ただし，商品の賃貸借業を営む者がその業務について使用する標章は，役務商標となり得る。また，ある企業が購入した商品に標章を付しても，その商品が当該企業内でのみ利用されるものである場合には，当該企業はその商品を譲渡（生産も証明も）しないことから，その標章は商標にあたらない（田村・商標145頁)。

　(c)　役務の提供・証明　　商標のうち，業として役務（後述(6)参照）を提供・証明する者がその役務について使用する標章（1項2号）は，役務商標（サービスマーク）と呼ばれる。

　役務の提供とは，役務をその顧客に対して行うことである。

　役務の証明とは，役務の質等を保証や証明することである。例えば，ある役務を提供する者を構成員とする団体がその構成員が提供する役務の質が一定の基準を満たすことを保証することである。宝石の鑑定士の団体による鑑定士の能力の証明や，宿泊施設の安全性の証明，飲食店が提供する料理の質の証明等がある。

　1項2号には，「前号に掲げるものを除く。」との括弧書が付けられている。これは，例えば，業として商品を証明する者がその商品について使用する標章は1号の商品商標として取り扱われるが，それが商品の品質を保証するという役務の提供ともいい得るものであり，商品商標と役務商標の重複を避けるために設けられたものと説明されている（特許庁編・サービスマーク26頁)。なお，これとは異なり，商品に関する業務と役務に関する業務を行う者が両方の業務について同一の標章を使用する場合，商品について使用されるものは商品商標となり，役務について使用されるものは役務商標となる。

　(5)　商　品
　(a)　概　　説　　「商品」は，商標法において定義されていない。学説・裁判例においては，「商取引の目的たり得るべき物，特に動産」（逐条解説〔第19版〕1266頁)，「客観的にみて，それ自体反復継続して取引の対象となりうる（量産可能性及び流通可能性のある）ものであって，運搬，提供可能なもの」（紋谷・知的概論〔第3版〕39～40頁)，「一般市場で金銭その他と交換されることを目的として生産される有体動産などの物品」（渋谷・講義Ⅲ

§2 （定義等）──定義等　　　　　　　　　　　　　　　　第1章　総　則

〔第2版〕445頁」，「流通性を有し，取引の対象となりうる有体物」（田村・商標251頁〔ただし，平成14年改正前の見解である〕），「商取引の目的物であって，その商取引における商品としての交換価値を有するもの」（東京地判昭36・3・2下民集12巻3号410頁〔趣味の会事件〕），「商取引の目的物として流通性のあるもの，すなわち，一般市場で流通に供されることを目的として生産され又は取引される有体物」（東京高判平元・11・7無体集21巻3号832頁〔タケダおりがみ事件〕，東京高判平3・3・28（平2（行ケ）272号）〔International Cosmetic Dermatological Research Association 事件〕。東京高判昭63・3・29無体集20巻1号98頁〔天一事件控訴審〕もほぼ同旨），「市場において独立して商取引の対象として流通に供される物」（東京高判平13・2・28判時1749号138頁〔DALE CARNEGIE 事件〕，東京高判平16・11・30（平16（行ケ）337号）〔がんばれ日本事件〕），「市場において流通に供されることを予定して生産され，又は市場において取引される有体物であり，これに標章が付されることによってその出所が表示されるという性質を有するもの」（東京地判平11・10・21判時1701号152頁〔ヴィラージュ事件1審〕），「商取引の対象であって，出所表示機能を保護する必要のあるもの」（知財高判平19・9・27（平19（行ケ）10008号）〔東京メトロ事件〕）などと説かれている。

　このように様々であるが，「商品」であるためには，商取引の対象となり得る財であることと，流通性を有することが必要であることはほぼ一致していると思われる（なお，名越秀夫「商標法上の商品・役務概念の検討」パテ62巻4号（別冊1号）66頁は，「ある程度量産可能な有体物及びダウンロード可能なプログラム及びデータ」という定義を主張している）。

　（b）　商取引の対象となり得る財

　　（イ）　「商品」は，2条3項を考慮すれば，譲渡等の対象となるものであり，これに付された標章が自他商品識別機能や出所表示機能を発揮するものであるから，商取引の対象となり得る財でなければならないのは，当然といえよう。なお，多くの裁判例において，商品であるためには（独立して）商取引の対象となるものであること（取引対象性あるいは独立性）が必要とされているが，この点は，主として問題となる物が無償で配布されている事案において，その物が実際に（独立して）商取引の対象となっているかどうかを問うものである（交換価値を有するとの点についても，同様である）。そのため，取引対象性あるいは独立性については，有償性の要否の箇所（後述(d)）で検討する。

　　（ロ）　かつては商品は有体物，さらには有体動産であると解するのが一般的であった。現在でも，電気や熱，光等は商品ではなく，これらの供給が役務であると解されている。また，有体物である液体・気体は商品であるが，容器に収容等するのではなく，これら自体を供給することは役務であるとされている。なお，商品券は債権を表章するものであるが，名古屋地判昭58・1・31無体集15巻1号15頁〔十五屋事件〕は，商品券は商品を購入し得る権利が化体されたものであるという意味において商品に包含される旨を述べ

ている。

　これに対して，経済社会のIT化に伴い，コンピュータ・プログラムや電子出版物等の電子情報財がネットワーク上で広く流通されるようになり，また，ニース協定で定める商品・サービスの国際分類の改訂（2000年10月採択，2001年1月発効）により，新たに「ダウンロード可能な電子出版物」，「ダウンロード可能なプログラム」が商品分類第9類（電子応用機械器具等）に含まれる商品の例示として追加されたこと等の変化を受けて，平成13年に，商標法施行規則別表に，商品分類第9類として「電子計算機用プログラム」及び「電子出版物」を追加する省令改正が行われた。これにより，無体物であっても商取引の対象となる場合は商品に含まれることが明確化された（逐条解説〔第19版〕1270頁）。

　以上のように商品が有体物に限定されないことになると，無形である役務との区別が問題となるが，この点は，商品は流通性を有しなければならないとする流通性要件（後述(c)参照）によって対応されることになる。電子情報財については，この要件により，ダウンロード可能であるかどうかで商品と役務が区別される。すなわち，電子情報財がダウンロードにより顧客に提供される場合は，電子情報財自体が流通することから，商品にあたるが，ダウンロードが可能ではなく，ASP（Application Service Provider）型で電子情報財の機能を提供する場合やストリーミングの場合には，電子情報財自体は流通しないのであるから，商品にあたらず，そのような形態で電子情報財を提供することが役務であると取り扱われる（逐条解説〔第19版〕1270〜1271頁）。

　(ハ)　不動産が商品にあたるかどうかについては，見解が分かれている。商品を有体動産とする伝統的な理解からは商品にはあたらないこととなり，現在も否定説が通説であり，建物はその売買や建築という役務の提供を受ける者に譲渡する物と理解すれば足りると論じられる（牧野利秋＝土肥一史「商品，役務」牧野利秋編・実務解説特許・意匠・商標533頁，小野＝三山・新概説〔第2版〕21頁，平尾・商標〔第2次改訂版〕21頁）。これに対して，肯定説は，建売住宅や造成された宅地のように流通の対象となり代替性が認められるものは商品として取り扱う実益があると主張する（網野・商標〔第6版〕65頁。小谷悦司「不動産」小野＝小松編・法律相談312頁も参照）。また，不動産を商品から除く趣旨は流通性要件に吸収することができるから，不動産をカテゴリカルに除外すべきではないとする見解もある（田村・商標251頁）。

　不動産に関する裁判例として，東京地判平11・10・21判時1701号152頁〔ヴィラージュ事件1審〕は，「分譲マンションや建売住宅は，地理的利便性，間取り等においてほぼ同等の条件を備えた，互いに競合するものが多数供給され得るものであ」り，「市場における販売に供されることを予定して生産され，市場において取引される有体物であると認めることができるものであって，これに付された標章によってその出所が表示されるとい

§2（定義等）——定義等

う性質を備えていると解することができる」ことから，商品に該当すると述べ，「建物の売買」を指定役務とするXの登録商標に類似する標章をYが分譲マンションの名称として使用する行為が商標権侵害を構成するとした。これに対して，東京高判平12・9・28判タ1056号275頁〔ヴィラージュ事件控訴審〕では，Yの行為について，それが建物の売買という役務についての使用であることを理由に商標権侵害の成立を認め，分譲マンションが商品にあたるかどうかには触れなかった（また，大阪地決昭45・5・20（昭45（ヨ）1219号）【山上和則「商標法上の『商品』概念と不動産」小野還暦101頁に全文が掲載】〔ダイダラザウルス事件〕は，不動産が商品にあたる場合があり得ることを示唆しつつも，大阪万国博覧会の会場に娯楽施設として設置された大規模なジェットコースター類似の走行機施設が商品ではないと判断した）。

確かに，ヴィラージュ事件1審判決が述べるように，分譲マンション等は市場において取引される有体物であるということができるが，一般的に個性が異なり，その取引においてはそれぞれの個性が強く影響するのであるから，不動産を商品と捉えて商品商標の対象とする必要性の有無についてはなお検討を要しよう（上田卓哉「商標法の『商品』の意義について」牧野ほか編・理論と実務(3)21～22頁参照）。

(c) 流通性

(イ) 商標は自他商品を識別する標識であり，商品の出所を表示するものであるから，「商品」は市場における流通性を有するものでなければならない。

(ロ) 流通性要件は，主として飲食店で提供される料理に関して問題とされてきた。まず，店舗内で飲食される料理については，裁判例の多くは「商品」にあたらないと解している。大阪地判昭61・12・25無体集18巻3号599頁〔中納言事件〕は，料理飲食業を営む者が「中納言」標章を看板・箸袋に使用し，「中納言」の名称を含んだ名称を料理の名称として使用し，この名称を定価表に使用する行為が，指定商品を「食肉，卵，食用水産物，野菜，果実，加工食料品」とする「中納言」商標の商標権を侵害するかどうかが争われた事案において，「店内で飲食に供され即時に消費される料理は，提供者自身の支配する場屋内で提供されるものであるため，出所との結びつきは直接且つ明白であつて，そこには他人のものとの識別を必要とする場は存在しないのであつて，流通性は全くないものというべきである」と述べて，商品には該当しないと判断し，商標権侵害を否定した（同旨：岡山地判昭56・6・11（昭48（ワ）24号）〔後楽事件1審〕，東京地判昭62・4・27無体集19巻1号116頁〔天一事件1審〕，東京高判昭63・3・29無体集20巻1号98頁〔同事件控訴審〕，東京地判平5・6・23（平3（ワ）6944号）〔パワーステーション事件1審〕，東京高判平6・10・26（平5（ネ）2633号）〔同事件控訴審〕）。

これに対して，広島高岡山支判昭61・6・18（昭56（ネ）102号）〔後楽事件控訴審〕は，店舗内で飲食される料理を「商品」であるとしたのではないが，そのような料理に関する標

章の使用が商標権侵害となると判断した。事案は，中華そばのチェーン店を経営するYが，指定商品を中華そばめん等とするXの登録商標に類似する標章を使用する行為が商標権侵害となるかどうかが争われたというもので，「店舗内で提供される複合体としての飲食物であつても，本件指定商品たる中華そばめんは中華そばの最も主要な材料であつて，右飲食物が独自の味覚を持つなどとして文字図形をもつて他に表示され，広く一般の顧客を招致するにおいては，右文字等が該飲食物の特色を表象するものとして他に意識されるとともに，その出所（材料）の特色をも示すものとして他に理解される機能を有するに至るものとみられるのであつて，本件㈠号ないし㈡号標章は，Yの店舗（直営店及びチェーン店）を他と識別する機能を有するものであるとともに，延いては同店舗で提供される飲食物たる中華そばをその主要材料である中華そばめんとともに，その特色を他に表示するものとみられ，右標章の前認定のごとき使用は，本件指定商品たる『中華そばめん』について使用するものと解することができる」と述べて，Yの商標権侵害を認めた（また，東京高判平元・8・16判時1333号151頁〔マイスター事件〕は，商標登録の不使用取消しに関するものであるが，ハンバーガー等を販売する店舗で販売されるパン・菓子が，店内で飲食される場合にも，持ち帰りの場合にも商品にあたるとした。ただし，パン・菓子は標章が付された紙袋に入れて販売され，店内飲食か持帰りかは顧客が選択するという事案であった。茶園成樹〔判批〕特管41巻7号872～873頁参照）。

次に，持帰り用の料理については，商品該当性が肯定されている（名古屋地判昭60・7・26無体集17巻2号333頁〔東天紅事件1審〕，名古屋高判昭61・5・14無体集18巻2号129頁〔同事件控訴審〕，大阪地判平元・10・9無体集21巻3号776頁〔元禄寿司事件〕，東京高判平2・3・28判時1358号132頁〔祇園平八事件〕）。ただし，顧客は主として店舗内で飲食し，持ち帰ることが例外的な場合には，持帰り用料理も商品ではないとされている（前掲東京地判昭62・4・27，前掲東京高判昭63・3・29，前掲東京地判平5・6・23，前掲東京高判平6・10・26）。

　㈩　店舗内で飲食される料理は流通性を有しないものであり，中納言事件判決が述べるように，出所との結びつきは直接・明白ということができるが，後楽事件の事案のように，料理の素材が料理の味に大きな影響を与えるような場合には，他人の商品商標に類似する標章を料理について使用すれば出所混同が生じることがあり得よう。後者の場合に商標権侵害を肯定するためには，後楽事件控訴審判決のような店舗内で飲食される料理に関する標章の使用が当該料理の原材料についての使用であるという不自然ともいえる理論構成（網野・あれこれ189～190頁，工藤莞司〔判批〕小野喜寿Ⅱ345～346頁参照）を採らないのであれば，流通性を商品該当性の要件とすることには不都合があるようにも見える。

　しかしながら，平成3年のサービスマーク登録制度を導入した商標法改正により，商

標権侵害に関する場面では，店舗内で飲食される料理が商品であるかどうかはあまり問題とはならなくなった。飲食物の提供を指定役務とする商標の登録が可能となるとともに，店舗内で飲食される料理が商品ではないとされても，商品である料理と役務である料理の提供が類似する場合には（商標２条６項参照），料理を指定商品とする商品商標の商標権は同一・類似の標章を料理の提供において使用する行為にも及ぶからである。

これに対して，商標登録の不使用取消し等に関する場面では，商品と役務を区別し，標章の使用が商品についてのものであるかあるいは役務についてのものであるかを判別する必要がある。そして，店舗内で飲食される料理は，流通性がなく，そのために需要者によって料理の提供サービス全体の中で評価されるのが一般的であることから，商品にはあたらないと解すべきと思われる。このように流通性要件は，商品と役務を区別する機能を果たすという意義を有するのであり，維持されるのが適切であろう（田村・商標248〜249頁参照）。

なお，裁判例には，問題となる物が実際に一般市場における流通に供されたかどうかを問うものがあるが（例えば，東京高判平元・11・7無体集21巻３号832頁〔タケダおりがみ事件〕），この点は，主として問題となる物が無償で配布される場合を対象としたものであり，後述する。

　(d)　有償性の要否

　　(イ)　「商品」は，前述したように，取引の対象となり得る財であるから，通常は有償であるが，有償性が商品該当性の要件となり，無償であれば「商品」にあたらないことになるかどうかについては議論がある。この点は，宣伝広告・販売促進のために無償で配布されるいわゆるノベルティや，宣伝等のために無償で配布されるパンフレット等に関して問題となった。

　　(ロ)　大阪地判昭62・８・26無体集19巻２号268頁〔BOSS事件〕は，製造販売する電子楽器に「BOSS」商標を使用している者が，当該電子楽器の宣伝広告，販売促進用の物品として，当該電子楽器の購入者に「BOSS」標章を付したＴシャツ等を無料配布した行為が，指定商品を被服等とする「BOSS」商標の商標権の侵害となるかどうかが争われた事案において，そのＴシャツ等は「それ自体が独立の商取引の目的物たる商品ではなく，商品たる電子楽器の単なる広告媒体にすぎない」として，商標権侵害を否定した。また，東京地判昭36・３・２下民集12巻３号410頁〔趣味の会事件〕は，原告が印刷物等を指定商品とする「趣味の会」商標の商標権を有するところ，「趣味の会」標章を使用して会員制で銘菓，名物，工芸品，民芸品の販売を行う被告が，会員に無料で配布するチラシやパンフレット等に原告の商標に類似する標章を使用する行為が商標権侵害となるかどうかが争われた事案において，パンフレット等は被告の商取引の目的とはいい難く，また刊

§2 （定義等）――定義等

行物としての交換価値は認め得ないから「商品」ではないとして，商標権侵害を否定した。

　商標登録の不使用取消しに関する東京高判昭52・8・24無体集9巻2号572頁〔日曜夕刊事件〕も，新聞を指定商品とする「日曜夕刊」商標の商標権者である新聞取次店が，一般日刊紙の夕刊がない日曜日に，顧客に対するサービスのために，「日曜夕刊」と題し，既刊の朝日新聞に掲載された記事の中から再度読者に知らせたい事実や近所の面白いニュースを取り上げて記事とし，わら半紙の片面に謄写版刷りにした印刷物を毎回500部ほど作成して，店頭の新聞販売用スタンドに入れて置き，不特定多数の希望者に自由に取らせて無料で配布したという事案において，当該印刷物の配布は新聞取次販売営業の顧客に対するサービスにすぎず，商取引としてなされたものではないことから，当該印刷物は「商品」ではないと判断した。また，東京高判平元・11・7無体集21巻3号832頁〔タケダおりがみ事件〕（廃止された更新登録の使用証明に関する事件）では，武田薬品が紙等を指定商品とする商標の商標権を有するところ，当該商標が付された「おりがみ」は，タケダ会の登録薬局に対して，宣伝用サービス品として薬品等の販売品とともに顧客に無償配布されるという特定の目的のもとに引き渡されるものであり，商取引の目的物として一般市場の流通に向けられたものではないとして，「商品」にあたらないとされた（東京高判平13・2・27判時1749号154頁〔HERTZ事件〕，東京高判平16・11・30（平16(行ケ)337号）〔がんばれ日本事件〕も参照）。東京高判平13・2・28判時1749号138頁〔DALE CARNEGIE事件〕は，印刷物等を指定商品とする「DALE CARNEGIE」商標の商標権の通常使用権者が行う教室教育事業の講座（本件講座）の受講生に配布される印刷物について，それは，専ら「本件講座の教材としてのみ用いられることを予定したものであり，本件講座を離れ独立して取引の対象とされているものではないというほかなく，したがって，これらを商標法上の商品ということはできない」と述べた（その他，東京高判平3・3・28（平2(行ケ)272号）〔International Cosmetic Dermatological Research Association事件〕も参照）。

　これに対して，東京高判平19・9・27（平19(行ケ)10008号）〔東京メトロ事件〕では，新聞等を指定商品とする「東京メトロ」商標の商標権者が発行し，無料で配布される「とうきょうメトロ」と題する新聞（本件新聞）が問題となった。本件新聞はその配布地域の話題等を紹介するもので，広告依頼主であるA社に9000部が納品され，その一部は同社社員によって営業活動時に配布されたほか，商標権者らも世田谷区内の住宅などに配布した。本判決は，「本件新聞のような無料紙は，配布先の読者からは対価を得ていないが，記事とともに掲載される広告については，広告主から広告料を得ており，これにより読者から購読料という対価を得なくても経費を賄い，利益が得られるようにしたビジネスモデルにおいて配布されるものである。……このような形態の取引を無料配布部分も含

〔茶園〕 105

§2（定義等）――定義等　　　　　　　　　　　　　　　第1章　総　　則

めて全体として観察するならば，商取引に供される商品に該当するということができる」，「無料紙の読者は，掲載された広告のみならず，記事にも注目している，あるいは，広告よりもむしろ記事に注目している場合があり，記事によって読者からの人気を得れば，広告が読者の目に止まる機会が増すことになり，広告主との関係でも広告媒体としての当該無料紙の価値が高まる関係にある。このような関係が成り立つときに，同一又は類似の商標を付した無料紙が現れれば，ある無料紙が築き上げた信用にフリーライドされたり，希釈化されたりする事態も起こり得る。したがって，無料紙においても，付された商標による出所表示機能を保護する必要性があり，『商品』が読者との間で対価と引換えに交換されないことのみをもって，出所表示機能の保護を否定することはできない」ことに基づいて，「本件新聞のような無料紙であっても，商取引の対象である商品であって，出所表示機能を保護する必要のあるものということができるから，商標法上の『商品』に該当する」と判断した。

　㈡　学説の多くは，特に商標権侵害に関する場面を念頭に置いて，配布された物が有償であるか無償であるかが問題となるのではなく，当該物に付された標章が当該物について商標的に使用されているかどうかを問題とすべきであると主張している（田村・商標240頁以下，平尾・商標〔第2次改訂版〕24～25頁，竹田・要論631頁，牧野利秋＝土肥一史「商品，役務」牧野利秋編・実務解説特許・意匠・商標534～535頁，井上由里子〔判批〕ジュリ979号105頁，井上由里子〔判批〕新商標判例百選5頁，山口栄一「いわゆるノベルティと商標権侵害」紋谷還暦362頁，西信子「『商標としての使用』をめぐる考察」村林傘寿381～382頁。なお，小谷武「『原点に戻ろう』商品性の再検討『東京メトロ事件』より」パテ62巻2号53頁）。すなわち，配布された物が他の商品・役務の宣伝広告品である等，他の商品・役務に随伴するものであり，当該物に付された標章が当該物の出所を表示するものではなく，他の商品・役務の出所を表示するものと認識される場合には，その標章の使用は当該物との関係で商標的使用ではないこととなる。

　配布される物が有償であっても商標的使用ではない場合が生じることがあるが，この考え方では，その場合にも同様に当該物を指定商品とする商標権の侵害は否定されることになる。実際，横浜地川崎支判昭63・4・28無体集20巻1号223頁〔木馬企画事件〕では，ぬいぐるみ人形劇の公演を行うＹが「木馬企画」標章・木馬を図案化した標章をポスター，パンフレット，劇場入場券等に使用する行為が，印刷物等を指定商標とする「木馬座」商標・木馬を図案化した商標の商標権を侵害するかどうかが争われた事案において，ポスターやパンフレットは「Ｙによるぬいぐるみ人形劇の宣伝，案内等の利用に供されているものであり，それ自体が独自に商取引の対象として流通性を有しているものと認めることはでき」ず，パンフレットは販売されていたが，「パンフレットが有償で

〔茶園〕

§2（定義等）——定義等

あったとしても、パンフレットそれ自体がぬいぐるみ人形劇の存在を離れて独自に商取引の対象として流通性ないしは交換価値を有していたとは認められない」、「劇場入場券については、……財産的価値を有し、かつ商取引の対象となる流通性を有する面の存在することは否定できないけれども、本件で問題とされる劇場入場券の経済的価値は印刷物としてのそれではなく、ぬいぐるみ人形劇というサービスの提供を受けるものとしてのものであるから、劇場入場券に使用される標章は観劇入場券それ自体の識別標識としてではなく、劇場入場券によって給付されるサービスについての識別標識として、そのサービスについての出所表示機能、質的保証機能、宣伝広告機能を果たしているものとみるのが相当であるから、Yが販売する観劇入場券それ自体は商標法上の商品とはいえない」と述べて、商標権侵害を否定した。他方、配布される物が無償であっても、商標的使用である場合がある。当該物に付された標章が当該物の出所を表示するものと認識されることにより、出所混同のおそれが生じるならば、商標権侵害が肯定されることとなる。

このように上記の考え方によれば、有償性は商品該当性の要件ではない。商標登録の不使用取消しに関しても、配布される物が有償であっても、標章の使用が商標的使用でなければ、50条所定の商標の「使用」ではないとされることになる（前掲東京高判平13・2・28参照）。他方、配布される物が無償であっても、東京メトロ事件判決が示唆するように、当該物に付される標章が当該物の出所表示として認識され、その使用が商標的使用である場合があり（東京高判平14・6・20（平14(行ケ)43号）〔TOTAL ENGLISH事件〕も参照）、その場合には、取消しを免れる商標の「使用」であるとされることになろう。

もっとも、50条所定の商標の「使用」が、商標権侵害となる商標の「使用」と同じであるか異なるかについては見解が分かれている。50条所定の「使用」が商標的使用であることを要しないと解する裁判例もあり（東京高判平3・2・28知財集23巻1号163頁〔POLA事件〕は、「商標がその指定商品について何らかの態様で使用されておれば十分であって、識別標識としての使用（すなわち、商品の彼比識別など商標の本質的機能を果たす態様の使用）に限定しなければならぬ理由は、全く考えられない」と述べる。同旨：知財高判平27・11・26（平26(行ケ)10234号）〔アイライト事件〕、東京高判平12・4・27（平11(行ケ)183号）〔ビッグサクセス事件〕。なお、商標的使用に関して、飯村敏明「商標関係訴訟－商標的使用等の論点を中心にして」パテ65巻11号111頁は、裁判例において「登録商標の不使用取消審判に係る『商標的使用』に係る判断基準は、侵害訴訟における『商標的使用』に係る判断基準より緩やかであると思われますが、制度趣旨に照らすならば、合理的であると解されます」と述べている）、この解釈の下では、妥当な結論を導くために、有償性（又は取引対象性あるいは独立性）が商品該当性の要件とならざるを得ないのかもしれない。他方において、学説には、無償で配布される物に付された標章の使用が商標的使

用であっても，商標権という排他権を認めるべき商標の「使用」が行われたか否かがなお問題となるとの見解がある（田村・商標244頁）。このように，有償性の要否を含む商品概念の問題は，50条所定の商標の「使用」の問題と関連性を有することとなる（なお，宮脇正晴「商標法上の商品概念をめぐる考察－『商品』論から『指定商品』論へ」知財年報2008（別冊NBL 123号）243頁は，「商品」概念の問題として議論されてきたものを「指定商品」に関する問題として捉えることを主張する）。

(6) 役　務

(a) 概　説　「役務」についても，商標法において定義されておらず，一般に，「他人のために行う労務又は便益であって，独立して商取引の目的たりうべきもの」（逐条解説〔第19版〕1266頁，小野＝三山・新概説〔第2版〕21頁，金井ほか編・商標コメ16頁〔鈴木將文〕）と説明されている。ただし，次に述べるように，独立した商取引の対象となり得ないとされていた小売等役務が，2条2項により「役務」に含まれるものとされている。

役務について使用する役務商標は，平成3年改正によって保護されるようになった。もっとも，同改正においては，商品の小売業・卸売業は役務ではないとされ，商品を譲渡する者がその商品について使用する標章は商品商標として取り扱うこととされた（特許庁編・サービスマーク22～23頁）。裁判例においても，「商品の譲渡に伴って付随的に行われるサービスは，それ自体に着目すれば他人のためにする労務又は便益に当たるとしても，市場において独立した取引の対象となり得るものでない限り，商標法にいう『役務』には該当しない」，小売はあくまでも商品の販売を目的とするものであって，これに伴って行われる付随サービス（店舗設計，商品展示，接客サービス等）は，「商品の販売を促進するための手段の一つにすぎないというべきであり，現に，商品の小売において，商品本体の価格とは別にサービスの対価が明示され，独立した取引としての対価の支払が行われているものではない」として，役務にあたらないと判断された（東京高判平13・1・31判時1744号120頁〔ESPRIT事件〕。同旨：東京高判平12・8・29判時1737号124頁〔シャディ事件〕）。

しかしながら，その後，小売業者等が使用する商標をその提供する役務の出所表示として保護する必要性が高まってきた。国際的にも，小売業者が使用する商標をサービスマークとして保護する国が増え，また，ニース協定が定める国際分類第9版の改訂（2007年1月発効）に伴い国際分類の類別表の第35類の注釈の規定の改正がされて，小売店等により提供されるサービスが第35類のサービスに含まれることが明記され，また，サービスに含まれないとされていた「主たる業務が商品の販売である企業，すなわち，いわゆる商業に従事する企業の活動」が削除された（平18改正解説76～79頁）。

こうした動きを受けて，平成18年改正により，2条2項に，「前項第2号の役務には，小売及び卸売の業務において行われる顧客に対する便益の提供が含まれるものとする。」

と規定され，小売業者等は，その使用する標章について，従来の商品商標としての保護に加え，役務商標としての保護も受けることができるようになった。

(b) 小売等役務　2条2項の「小売及び卸売の業務において行われる顧客に対する便益の提供」(小売等役務) について，立法担当者は，顧客が来店してから立ち去るまでの間に小売・卸売に伴って提供される総合的なサービス活動であり，最終的に商品の販売により収益をあげるものと説明している (平18改正解説80頁)。『商標審査基準』第5の2も，同旨を述べるとともに (商品の品揃え，陳列，接客サービスを例示する)，「小売等役務には，小売業の消費者に対する商品の販売行為，卸売業の小売商人に対する商品の販売行為は含まれないものとする」としている。もっとも，後述するように，商品の販売行為が小売等役務に含まれるかどうかについては議論がある。

小売等役務には，特定小売等役務と総合小売等役務がある。特定小売等役務とは，特定の取扱商品の小売等におけるものである。総合小売等役務とは，百貨店やスーパーマーケット等の多数の商品を扱う小売等におけるものであり，「衣料品，飲食料品及び生活用品に係る各種商品を一括して取り扱う小売又は卸売の業務において行われる顧客に対する便益の提供」である (商標審査基準第1の二の2(3)(ア)①)。

「顧客に対する便益の提供」は広い概念であり明確な限定がされていないため，小売等役務を指定役務とする小売等役務商標の独占権の範囲は際限なく拡大するおそれがある。この点に関し，知財高判平23・9・14判時2128号136頁〔Blue Note 事件〕は，商標権者が有する専有権の範囲は，(i)特定小売役務については，「小売等の業務において行われる全ての役務のうち，合理的な取引通念に照らし，特定された取扱商品に係る小売等の業務との間で，目的と手段等の関係にあることが認められる役務態様に限定される……(侵害行為については類似の役務態様を含む。)」，(ii)総合小売役務については，「小売等の業務において行われる全ての役務のうち，合理的な取引通念に照らし，『衣料品，飲食料品及び生活用品に係る各種商品』を『一括して取り扱う』小売等の業務との間で，目的と手段等の関係にあることが認められる役務態様に限定される……(侵害行為については類似の役務態様を含む。)」，そうだとすると，「①第三者が，『衣料品，飲食料品及び生活用品に係る』各種商品のうちの一部の商品しか，小売等の取扱いの対象にしていない場合 (総合小売等の業務態様でない場合)，あるいは，②第三者が，『衣料品，飲食料品及び生活用品に係る』各種商品に属する商品を取扱いの対象とする業態を行っている場合であったとして，それが，『衣料品，飲食料品及び生活用品に係る各種商品を一括して取り扱う』小売等の一部のみに向けた (例えば，一部の販売促進等に向けた) 役務についてであって，各種商品の全体に向けた役務ではない場合には」，「総合小売等役務に係る独占権の範囲に含まれず，商標権者は，独占権を行使することはできないものというべきである (なお，商標登録の

§2 （定義等）——定義等　　　　　　　　　　　　　　　　　　第1章　総　　則

取消しの審判における，商標権者等による総合小売等役務商標の『使用』の意義も同様に理解すべきである。）」と述べた。

　（c）**小売等役務商標と商品商標の関係**　　小売業者等が使用する商標のうち，店員の制服やショッピングカードに表示されたものは，小売等役務におけるサービス活動と密接に関係しており，小売等役務について使用する小売等役務商標であることに異論はなかろう。これに対して，小売業者等の店舗の看板やチラシ，包装用袋に表示される商標については，小売等役務商標であるか，あるいは小売業者等がその販売する商品について使用する商品商標であるかについては議論がある。これは，小売等役務が商品の「譲渡」を含むかどうかという問題と関係している。

　平成18年改正前は，専門店により看板やチラシ，包装用袋等に標章が使用される行為について，商品商標の使用であるとして，商標権侵害が肯定されてきた（大阪地判平17・5・26判時1918号89頁〔メガネの愛眼事件〕，東京高判平16・3・25（平15（行ケ）471号）〔キッス事件〕，千葉地判平8・4・17判時1598号142頁〔ウォークマン事件〕，東京高判平8・9・12（平7（ネ）4598号）〔azamino Elegance事件〕，浦和地判平3・1・28判時1394号144頁〔アイ事件〕，名古屋地判昭58・1・31無体集15巻1号15頁〔十五屋事件〕，大阪地判昭52・3・4無体集9巻1号195頁〔SAN-AI事件〕）。また，商標登録の不使用取消しに関する東京高判平4・6・30知財集24巻2号440頁〔tops事件〕では，スーパーマーケットがその販売するほとんどの商品の包装に貼付した値札に商標を表示した行為が商品商標の使用であるとされた（知財高判平21・6・25判時2051号128頁〔忠臣蔵事件〕も，小売業者がその販売する商品の包装に標章を表示したラベルを貼付した行為が商品商標の使用であるとしたが，小売等役務商標との関係には触れていない）。これらの裁判例は小売業者による商品の販売を2条1項1号の「業として商品を譲渡する」行為と捉えていることになる（前掲東京高判13・1・31は，「1号は商品の『譲渡』について何らの限定も加えておらず，そうすると，文理上，生産者から消費者への直接的な移転，又は，生産者から流通業者への移転，流通業者間の移転及び流通業者から最終消費者への移転のすべてが譲渡に包含されるものと解するのが自然」であると述べている。同旨：前掲東京高判平12・8・29）。

　平成18年改正後は，次の3つの見解が対立している。①第1説は，同改正によっても2条1項1号は変更されておらず，小売業者等がその販売する商品について使用する商標は商品商標であるとするものである（古関宏「小売サービスの登録制度の導入について」パテ59巻10号54頁に，特許庁の見解として紹介されている）。②第2説は，改正前は小売等役務商標を登録することができなかったためにやむなく商品商標として取り扱われてきたが，その登録が可能となった以上，小売業者等を示す商標は小売等役務商標と捉えるべきとするものである（田村善之「知財立国下における商標法の改正とその理論的な含意」ジュリ1326号102～103頁，古関・前掲論文58～59頁，古関宏・商標法概論57～58頁，峯唯夫「小売業における商標

の使用」パテ62巻4号（別冊1号）1頁）。この説によれば，小売等役務は商品の販売行為にも及ぶこととなり，小売業者等がその店舗の看板やチラシ，包装用袋に標章を使用する行為は小売等役務商標の使用となる（ただし，小売業者等のプライベート・ブランドの場合は，商品商標の使用となる）。そのような使用行為は商品商標の使用にはあたらないことになるため，小売業者等は，平成18年改正前に小売等役務について使用する目的で登録を受けていた商品商標が不使用取消しとなってしまうので，新たに小売等役務商標の登録を受けることが求められることとなる。③第3説は，商標を小売等役務について使用した場合に，商品についての使用とは一切みなされないとまではいうことができず，小売等役務商標の使用であると同時に，商品商標の使用でもあり得るとするものである（髙部眞規子・実務詳説商標関係訴訟285頁）。しかしながら，第3説については，2条1項2号括弧書が「前号に掲げるものを除く」と規定していることとの整合性が問題となろう。なお，同括弧書は商品商標と役務商標の重複を避けようとするものであるから，「商品について使用」とも「役務について使用」とも捉えることができる場合に商品商標であることを優先させることまでを求めるものと解する必要はない。よって，同括弧書があることから直ちに第2説が否定されることにはならない（古関宏・商標法概論13頁。なお，金井ほか編・商標コメ20頁〔鈴木將文〕）。

　裁判例では，知財高判平21・11・26判時2086号109頁〔elle et elles 事件〕は，小売業者Yが商標権を有する，指定商品を被服等とする登録商標（本件商標）の不使用取消しが問題となった事案において，商標権者が本件商標と社会通念上同一の表示の下にチラシ，パンフレット等で広告をした行為が本件商標の使用にあたると判断した。そして，「商標を小売等役務について使用した場合に，商品についての使用とは一切みなされないとまではいうことができない。すなわち，商品に係る商標が『業として商品を……譲渡する者』に与えられるとする規定（商標法2条1項1号）に改正はなく，『商品A』という指定商品に係る商標と『商品Aの小売』という指定役務に係る商標とは，当該商品と役務とが類似することがあり（商標法2条6項），商標登録を受けることができない事由としても商品商標と役務商標とについて互いに審査が予定されていると解されること（同法4条1項10号，11号，15号，19号等）からすると，その使用に当たる行為（同法2条3項）が重なることもあり得るからである」と述べ，さらに，第2説に理解を示しつつも，「本件商標は，小売等役務商標制度導入前の出願に係るものであるところ，……Yは，小売等役務商標制度が施行される前から本件商標を使用していたものである。このように，小売等役務商標制度の施行前に商標の『使用』に当たる行為があったにもかかわらず，その後小売等役務商標制度が創設されたことの一事をもって，これが本件商標の使用に当たらないと解すると，指定商品から小売等役務への書換登録制度が設けられなかった小売等役務

商標制度の下において，Yに対し，『被服』等を指定商品とする本件商標とは別に『被服の小売』等を指定役務とする小売等役務商標の取得を強いることになり，混乱を生ずるおそれがある」とした。知財高判平22・2・3判時2087号128頁〔Pink berry 事件〕，知財高判平21・12・17（平21(行ケ)10177号）〔ハローズ事件〕も同様に解している。

これらの裁判例は第3説を採るものと思われるが，使用が争われた登録商標はいずれも小売等役務商標制度が施行される前から使用されていたものであり，前掲知財高判平21・11・26及び前掲知財高判平22・2・3では，同制度が創設されたことの一事をもって生じる混乱という問題を考慮している。そのため，特に同制度施行後に出願され登録された商標の使用については別異に解される可能性があり，今後の裁判例の動向が注目される（古関宏〔判批〕AIPPI55巻8号548頁，土生真之〔判批〕知管60巻9号1540頁，泉克幸〔判批〕平成22年度重判解329頁）。

(7) 商品・役務「について」使用

商標は商品・役務について使用するものである。これは，標章が商品・役務と関連して使用されることを意味する。例えば，標章が，企業の従業員の名刺に，当該企業の商品・役務の宣伝文句等と一緒ではなく，単独に付されている場合には，その標章は，商品・役務と関連性を有するものではなく，商標にはあたらないであろう（大阪地判平18・4・18判時1959号121頁〔ヨーデル事件1審〕，大阪高判平18・10・18（平18(ネ)1569号・2054号〔同事件2審〕。また，最判昭43・2・9民集22巻2号159頁〔青星事件〕は，旧法下の判例であるが，「商標の使用があるとするためには，当該商標が，必ずしも指定商品そのものに付せられて使用されていることは必要でないが，その商品との具体的関係において使用されていることを必要とする」と判示し，取締役会招集の通知や臨時株主総会の通知の便箋に標章を使用しても商標の使用にあたらないとした）。

学説においては，「について」を，商品・役務を識別するために標章を使用することを意味すると解し，これによって商標法において定義されている商標と社会通念上一般に理解されている商標との間に乖離（前述(1)参照）がなくなり得るとする見解がある（小野＝三山・新概説〔第2版〕29頁）。しかしながら，このように解しなくても，商標権侵害に関しては，前述したように，被疑侵害者による標章の使用が商標的使用でなければ，26条1項6号によって侵害は否定されるのであり，その一方，このように解するならば，商標権者が被疑侵害者に識別目的があることを証明しなければならないこととなる。そのため，「について」にあまり積極的な意味をもたせるべきではないと思われる（小野編・注解商標〔新版〕(上)89頁〔網野誠〕，網野・あれこれ25頁参照）。ただし，小売業者等がその販売する商品について標章を使用する場合，「商品について使用」とも「役務について使用」とも把握できる場合，2条1項2号括弧書との関係で，どちらか一方に決定する必要があ

§2 (定義等)——定義等

る（前述(6)(c)参照）。

Ⅲ 使用の定義（3項・4項）
(1) 概　説
　本条3項は、標章についての「使用」を定義する規定である。商標ではなく、標章の「使用」の定義規定が設けられているのは、商標が標章であって、商品・役務について使用するものと定義されているため（商標2条1項）、商標の「使用」を定義すると、一方の定義を他方に使う結果となるためである。もっとも、商標は標章に含まれるものであるから、商標の「使用」は標章の「使用」と同じと考えることができる（逐条解説〔第19版〕1262頁）。

　3項は1号～10号に掲げる行為を「使用」と規定しており、そのうち、1号・2号は商品商標の使用を、3号～7号は役務商標の使用を、8号は商品商標と役務商標の両方の使用を定めるものである。3号～6号は平成3年改正により追加されたものであり、7号は平成14年改正により追加されたものである（また、平成14年改正により、2号に「電気通信回線を通じて提供」という行為が追加され、8号に広告等を「内容とする情報に標章を付して電磁的方法により提供」という行為が追加された）。9号は音の商標の使用を定めるものであり、10号とともに、平成26年改正により追加された。

　また、4項は、3項各号における、商品その他の物に標章を付することについての解釈規定である。1号は平成8年改正により、2号は平成26年改正により設けられたものである。

(2) 3項各号に掲げる行為
(a)　3項1号　　3項1号は、「商品又は商品の包装に標章を付する行為」と規定している。これは、標章が自他商品識別標識として機能し得るように、商品と標章を密接に結び付ける行為である。権利者に無断で登録商標と同一・類似の標章を商品・商品の包装に付する行為は、それ自体としては登録商標の自他商品識別機能を害するものではないが、その商品が取引に置かれることが通常であるので、商標権の十分な保護のために、1号により商標権侵害が成立することにしているのである（平尾・商標〔第2次改訂版〕49頁。商標登録の不使用取消しに関して、田村・商標145頁参照）。

　「商品に標章を付する行為」の典型例は、商品に標章を表示したラベルを貼付したり、商品自体に標章を刻印する行為である。商品に標章を表示した下げ札を吊るす行為も含まれ、商品の陳列棚に標章を表示する行為が含まれる場合もあろう（網野・商標〔第6版〕150頁、小野＝三山・新概説〔第2版〕13頁、平尾・商標〔第2次改訂版〕49頁、知財高判平22・2・3判時2087号128頁〔Pink berry事件〕（商品の下げ札）、大阪地判平6・2・24判時1522号139頁

〔茶園〕　113

§2（定義等）——定義等

〔MAGAMP事件〕（商品の陳列棚・レジスター台に標章を表示）。名古屋地判昭58・1・31無体集15巻1号15頁〔十五屋事件〕では，商品券は商品を購入し得る権利が化体されたものであるという意味で商品に包含され，商品券に標章を付することは1号に該当すると述べられた）。商品がプログラム等の無体物である場合，標章の電磁的な情報を，それが当該プログラム起動時や作業時のインターフェイスに表示されるように組み込む行為も「商品に標章を付する行為」に含まれると解されている（逐条解説〔第19版〕1267頁）。なお，輸出用商品に標章を付す行為について，これが「使用」にあたるかどうかは見解が分かれていたが（東京高判昭59・2・28無体集16巻1号132頁〔PRINZ事件〕は肯定。反対：知財高判平19・10・31判時2005号70頁〔COMPASS事件〕，田村・商標145頁），平成18年改正により，商品又は商品の包装に標章に付したものの「輸出」が「使用」に含まれたことにより，「使用」にあたることが明らかとなった（知財高判平21・10・22判時2067号129頁〔タフロタン事件〕参照）。

「包装」とは，実際に商品が収納・包装された容器や包装箱・包装紙を指す（東京高判昭63・9・29無体集20巻3号457頁〔オセロスポンジ事件〕では，登録商標を記載した商品説明書を，外部から認識できるように表面に向け，指定商品とともに透明のビニール袋に封入し，当該ビニール袋の内側に接着，固定して一体として指定商品を包装し，かつ，登録商標を外部から認識し得る状態に置く行為が「商品の包装に標章を付する行為」にあたるとされた）。商品を包装していない包装紙に標章を付する行為は1号に該当しない。どのような商品が包装され，いかなる商品についての使用となるかがわからないからである（もっとも，標章を付した包装紙で商品を包装すれば，その時点で商品の包装に標章を付する行為に該当すると解される。小野＝三山・新概説〔第2版〕14頁，小野編・注解商標〔新版〕（上）92頁〔網野誠〕）。よって，単なる包装紙に権利者以外の者が登録商標と同一・類似の標章を付する行為は直接侵害を構成しないが，37条の「登録商標又はこれに類似する商標を表示する物」に関する行為として，間接侵害となり得る（小野＝三山・新概説〔第2版〕14頁，小野編・注解商標〔新版〕（上）92頁〔網野誠〕，平尾・商標〔第2次改訂版〕56頁，田村・商標145〜146頁，牧野利秋＝土肥一史「標章の使用」牧野利秋編・実務解説特許・意匠・商標539〜540頁）。

1号に関する裁判例として，商標登録の不使用取消しに関するものであるが，知財高判平22・12・15判時2108号127頁〔エコルクス事件〕は，「1号所定の『商品の包装に標章を付する行為』とは，同号に並列して掲げられている『商品に標章を付する行為』と同視できる態様のもの，すなわち，指定商品を現実に包装したものに標章を付し又は標章を付した包装用紙等で指定商品を現実に包装するなどの行為をいい，指定商品を包装していない単なる包装紙等に標章を付する行為又は単に標章の電子データを作成若しくは保持する行為は，商標法2条3項1号所定の『商品の包装に標章を付する行為』に当たらない」と述べた。また，知財高判平18・5・30（平17（行ケ）10826号）〔CITIZEN事件〕では，

§2 (定義等)——定義等

ダンボール箱が被服商品の製造会社が発注者に注文品を納品するためだけに使用されており、そのダンボール箱には中身が何であるかを示す表示が存在せず、収納されている商品自体にはネームを付することが禁じられ、これを入れる蓋付小ケースも無地の箱であるという事情の下では、「本件ダンボール箱に『CITIZEN』の標章があっても、収納されている商品との結びつきが著しく希薄であり、収納されている商品について商標として付されたと解するのは困難である」から、商品が収納されている本件ダンボール箱に「CITIZEN」の標章を付しても1号にあたらないと判断された。

(b) 3項2号　2号は、「商品又は商品の包装に標章を付したものを譲渡し、引き渡し、譲渡若しくは引渡しのために展示し、輸出し、輸入し、又は電気通信回線を通じて提供する行為」と規定している。

「譲渡」とは、所有権を移転する行為であり、有償であるか無償であるかを問わない。「引渡し」とは、物に対する現実の支配を移転する行為である。「展示」とは、商品等を陳列して公開する行為を指し、例えば商品をショーウインドーに並べて人に見せる行為である。展示は、譲渡・引渡しを目的とする場合に「使用」にあたる。

「輸出」は、内国貨物を外国に向けて送り出す行為である（関税法2条1項2号参照）。輸出は、平成18年改正により追加された。登録商標と同一・類似の標章を商品・商品の包装に付したものを輸出する行為は、国内において登録商標の自他商品識別機能を害するものではないが、侵害品に対して輸出段階で差止め等の措置を講じることができるようにして、侵害品の拡散を防止することを目指したものである（平18改正解説108頁）。輸出が「使用」にあたることから、商標登録の不使用取消しに関しても、商標権者がその登録商標を商品に付したものを輸出することにより取消しを免れることとなる（知財高判平21・10・22判時2067号129頁〔タフロタン事件〕）。

「輸入」は、外国から本邦に到着した貨物又は輸出の許可を受けた貨物を本邦に引き取る行為である（関税法2条1項1号参照）。登録商標と同一・類似の標章を商品・商品の包装に付したものを輸入する行為は、国内において登録商標と同一・類似の標章を商品・商品の包装に付する行為と同等のものであり、商標権を十分に保護するために、輸入が「使用」に含められている（網野・商標〔第6版〕151頁、茶園編・商標30頁〔陳思勤〕）。

「電気通信回線を通じて提供」は、例えば、プログラム等をインターネットを介して需要者に送信してダウンロードさせる行為であり、平成14年改正により追加された。ネットワークを通じて電子情報財を流通させる行為は、元の電子情報財が提供元に残るという特徴を有することから「譲渡」や「引渡し」に含まれるとすることに疑義があったため、そのような行為が「使用」にあたることを明確にするためである（平14改正解説48頁）。「電気通信回線」は、有線であるか無線であるかを問わない。なお、電子情報財を実際に

送信するのではなく，電子情報財を提供元の手許に置いたままで，その機能を提供する行為は，そもそも「商品」とはいえないため（前述Ⅱ(5)(b)(ロ)参照），2号に該当しない（平14改正解説54頁）。その場合における標章の使用は，そのような形態での電子情報財の提供という役務についての使用となる。

(c) 3項3号　3号は，「役務の提供に当たりその提供を受ける者の利用に供する物（譲渡し，又は貸し渡す物を含む。以下同じ。）に標章を付する行為」と規定している。

3号〜7号は役務商標の使用を定める規定である。役務は無形であり，これに標章を付するということはできない。そのため，3号〜6号が掲げる役務商標の使用は，役務の提供に関係する有体物に標章を付する場合とこれに標章を付して用いる場合を対象としている。3号は商品商標に関する1号に相当するものである。

役務の「提供を受ける者の利用に供する物」には，タクシー，バス輸送サービスの車両，飲食サービスの食器類・箸類，医療サービスの薬袋，自動車教習サービスの車両・テキスト等がある（特許庁編・サービスマーク29頁）。そのような物は，譲渡・貸し渡す物も含まれる（3号括弧書）。

役務の「提供を受ける者の利用に供する物」に標章を付する行為が「使用」にあたることから，この物は需要者が利用する物を意味するであろう。そうでないと，付された標章が自他役務識別標識として機能することが期待できないからである。「役務の提供の用に供する物」に標章を付したものについて，役務の提供のために展示する場合にだけ「使用」にあたるとする5号との関係からも，上記のように考えられる。これに対して，知財高判平27・1・29（平25（行ケ）10294号）〔JAS事件〕は，貨物空輸用コンテナについて，「航空機による輸送」の役務の提供を受ける者である航空機の乗客や貨物代理店から預かった荷物を入れるために利用するものであるから，役務の「提供を受ける者の利用に供する物」に該当すると判断し，「3号及び4号が，役務の提供に当たり『その提供を受ける者の利用に供する物』と規定し，『その提供を受ける者が利用する物』とは規定していないことに照らせば，標章が付される対象物は，役務を提供する者が，その役務を提供するに当たり，その役務の提供を受ける者（需要者）の利用に供する物であればよく，需要者が直接に利用する物に限られないというべきである」と述べた。

立法担当者は，役務の「提供を受ける者の利用に供する物」には，いずれの役務の提供に関しても汎用される物，例えば灰皿，スリッパ，椅子等が含まれないと述べている（特許庁編・サービスマーク29頁）。これに対して，学説においては，汎用品であっても，特定のサービスマークが付され，そのマークが表象する特定のサービスに供されている限り，そのマークはそのサービスを表象するものであるから，サービスマークの使用であるとすべきとする反対説がある（網野・商標〔第6版〕152頁，牧野利秋＝土肥一史「標章の使用」

§2（定義等）——定義等

牧野利秋編・実務解説特許・意匠・商標541頁）。

　(d)　3項4号　　4号は，「役務の提供に当たりその提供を受ける者の利用に供する物に標章を付したものを用いて役務を提供する行為」と規定している。3号所定の物を用いて役務を提供する行為であり，商品商標に関する2号の「標章を付したものを譲渡し，引き渡し」に相当するものである。ただし，4号には，役務の「提供を受ける者の利用に供する物」を譲渡等する行為は含まれていない。そのような行為は商品商標の使用として把握するものと考えられたためであろう（商品商標と小売等役務商標の関係については，前述Ⅱ(6)(c)参照）。なお，役務の「提供を受ける者の利用に供する物」を役務提供のために輸入する行為や役務を提供させるために譲渡等する行為は，間接侵害（商標37条3号・4号）を構成する。

　4号に該当する行為として，例えば，標章を付したバスを用いてバス輸送サービスを提供する行為や，標章を付した食器類を用いて飲食サービスを提供する行為がある。

　東京地判平22・7・16判時2104号111頁〔シルバーヴィラ事件〕は，役務を提供する場である施設は「役務の提供に当たりその提供を受ける者の利用に供する物」ではないとして，登録商標と同一・類似の標章を付した施設の使用自体を差し止めることができないと述べた。ただし，当該標章を施設に付す行為が施設に係る役務に関する広告に当該標章を使用するものであるとして，その行為に対する差止めは求めることができるとした。

　(e)　3項5号　　5号は，「役務の提供の用に供する物（役務の提供に当たりその提供を受ける者の利用に供する物を含む。以下同じ。）に標章を付したものを役務の提供のために展示する行為」と規定している。商品商標に関する2号の「標章を付したものを……譲渡若しくは引渡しのために展示し」に相当するものである。5号の趣旨としては，役務提供に際しては，需要者に利用させる物ではなく，専ら提供者が用いる物に標章が付されて使用される場合があるが，需要者の目に触れないところでの使用の場合や目に触れても一時的のような場合までを「使用」と認めるのは広すぎると考えられることから，そのような物を展示する行為を「使用」としたと説明されている（特許庁編・サービスマーク31頁）。

　5号の例としては，喫茶サービスで標章を付したコーヒーサイフォンを店内に設置する行為，修理サービスに使用する機械に標章を付して店頭で客に応接しながら展示する行為，土木建設業者が土木建設機械に標章を付して現場で工事を進めながら展示する行為がある（網野・商標〔第6版〕154頁）。

　「役務の提供の用に供する物」は，3号・4号所定の「役務の提供に当たりその提供を受ける者の利用に供する物」を含む（5号括弧書）。後者に標章を付したものを用いて役務を提供する行為は4号に該当するが，そのようなものを役務提供のために展示すれば

〔茶園〕　117

§2（定義等）――定義等　　　　　　　　　　　　　　第1章　総　則

5号に該当する。

　知財高判平27・1・29（平25（行ケ）10294号）〔JAS事件〕は，標章が付された貨物空輸用コンテナを用いた役務提供に関する事案において，貨物空輸用コンテナが「航空機による輸送」の「役務の提供の用に供する物」であり，空港内において，車両に牽引されて移動し，若しくは機体に搬入又は機体から搬出される過程で，同役務の取引者・需要者である航空機の乗客や貨物代理店の従業員により，これに付された標章を含め視認することが可能な状態に置かれていたことから，貨物空輸用コンテナに標章を表示したものを「航空機による輸送」の「役務の提供のために展示」したとして，5号該当性を肯定した。同判決では，「役務の提供のために展示する行為」とは，役務の提供のために一般に示す行為を意味するものであり，「店頭又は店内等に並べていわゆる客待ちにある状態」のみに限られないと解された。

　(f)　3項6号　　6号は，「役務の提供に当たりその提供を受ける者の当該役務の提供に係る物に標章を付する行為」と規定している。3号～5号は役務の提供者側の物に標章を付す場合・標章を付して用いる場合であるのに対して，6号は役務の提供を受ける者側の物に標章を付す場合である。例えば，クリーニング業者がクリーニング後の被服類に標章を付す行為や，自動車修理業者が修理後の自動車に標章を付す行為である。

　裁判例として，東京地判平24・1・12（平22（ワ）10785号）〔ゆうメール事件〕は，荷物配達の役務の提供にあたり，利用者に対して，荷物の表面の見やすいところに標章（「ゆうメール」ないし「配達地域指定ゆうメール」）を明瞭に記載することを求めていることが，6号に該当すると述べた。

　(g)　3項7号　　7号は，「電磁的方法……により行う映像面を介した役務の提供に当たりその映像面に標章を表示して役務を提供する行為」と規定している。

　ネットワークを通じた役務提供の場合を対象とするものであり，モニター，ディスプレー等の「映像面」に標章を表示して役務を提供する行為が「使用」にあたる。「映像面」は，役務の提供を受ける者のものに限らず，役務を提供する者のものであってもよく，役務提供者のモニターを通じて役務が提供される場合も7号の対象となる。「その映像面」と規定されたのは，役務提供時の映像面と密接なつながりのある画面において標章が表示される必要があることを示すためであるとされる（平14改正解説55～56頁）。

　「電磁的方法」とは，「電子的方法，磁気的方法その他人の知覚によつて認識することができない方法」である（7号括弧書）。「電気通信回線を通じて」という用語では，一方向にしか情報を送信できない放送が基本的に除かれることになるため，放送を含み得る概念として「電磁的方法」という用語が用いられた（逐条解説〔第19版〕1267頁）。

　(h)　3項8号

§2（定義等）——定義等

　(イ)　8号は，「商品若しくは役務に関する広告，価格表若しくは取引書類に標章を付して展示し，若しくは頒布し，又はこれらを内容とする情報に標章を付して電磁的方法により提供する行為」と規定している。いわゆる商標の広告的使用であり，商標を広告において用いることは，商標に営業上の信用を化体させ，また他人によって用いられる場合に商標に化体した営業上の信用を害することがあるため，「使用」にあたるとされている。

　(ロ)　8号に該当する行為は，まず，商品・役務に関する広告・価格表・取引書類に標章を付して展示・頒布する行為である。

　「広告」には，新聞や雑誌，パンフレットのほか，看板，ネオン，広告塔，テレビ広告，カレンダー等も含まれる。広告に関する裁判例として，名古屋地判昭58・1・31無体集15巻1号15頁〔十五屋事件〕は，サービス券（商品を一定額以上購入した者に交付される抽選券）が商品購入者に対して再度の購入を動機づけさせる目的を有するもので，商品に対する広告的色彩を帯有していることは否定できないから，商品に関する広告にあたると解した。他方，大阪地判平2・10・9無体集22巻3号651頁〔ROBINSON事件〕では，ヘリコプターの登録原簿（謄本），航空機登録証明書，耐空証明書及び運用限界等指定書は商品に関する広告・定価表・取引書類に該当せず，標章が表示されたこれらの書類を備え付けたり，取引に際し展示・交付しても，ヘリコプターに関する「広告，定価表又は取引書類に標章を付して展示し頒布する行為」ではないと述べられた。

　なお，テレビ広告やラジオ広告等において文字商標を音声的に用いる行為が「使用」にあたるかどうかについては，一般に否定的に解されているが（網野・商標〔第6版〕155頁，逐条解説〔第19版〕1267頁），侵害に関する場面では商標の使用にあたると解すべきとする見解もある（田村・商標144頁。小野＝三山・新概説〔第2版〕19頁も参照）。そのような行為においては，文字商標自体が表現されるのではなく，その称呼のみが表現されるのであるから，「使用」に該当しないと解され，これは，平成26年改正により9号が追加された後でも変わらないと思われる。

　「価格表」は，かつては「定価表」という語が用いられていたが，平成14年改正により変更された（平14改正解説58頁）。

　「取引書類」とは，注文書，納品書，送り状，出荷案内書，物品領収書，カタログ等である（逐条解説〔第19版〕1267頁）。

　「頒布」とは，広告等が一般に閲覧可能な状態になっていることを意味する。知財高判平22・12・15判時2108号127頁〔エコルクス事件〕は，このように解し，広告が掲載された情報誌を小売店に発送しただけでは「頒布」にあたらないと述べた。また，知財高判平18・9・28（平18(行ケ)10104号）〔Fay EMA事件〕では，外国人である商標権者が，その完

〔茶園〕　119

§2 （定義等）——定義等

全子会社及び独占的輸入業者に対して，これらの者の使用のみに供するために作成されたカタログを配布することは「頒布」にあたらないと判断された。

　（ハ）　8号に該当する行為は，次に，これらを内容とする情報に標章を付して電磁的方法により提供する行為である。

　「これらを内容とする情報」とは，広告・価格表・取引書類を内容とする情報であり，例えば，ホームページ上のバナー広告，自己のホームページの出所を示す広告，オンライン取引や双方向デジタルテレビ放送における契約フォームである（平14改正解説57頁）。8号該当性を認めた裁判例として，大阪地判平24・7・12判時2181号136頁〔SAMURAI事件1審〕，大阪高判平25・8・27（平24（ネ）2382号）〔同事件控訴審〕，知財高判平21・10・13判時2062号139頁〔AGATHA事件〕，知財高判平22・4・14判時2093号131頁〔クラブハウス事件〕（メールマガジン・Web版に標章を表示），知財高判平19・10・30（平19（行ケ）10150号）〔オリックス事件〕（ウェブサイトのヘッダー部分に標章を表示）等がある。

　インターネット上のウェブサイトにおける使用については，それが商標的使用であるかどうかが問題となることが少なくない。ドメイン名（不競2条9項参照）としての使用の場合について，大阪地判平23・6・30判時2139号92頁〔モンシュシュ事件1審〕は，「社名を冠したドメイン名を使用して，ウェブサイト上で，商品の販売や役務の提供について，需要者たる閲覧者に対して広告等による情報を提供し，あるいは注文を受け付けている場合，当該ドメイン名は，当該ウェブサイトにおいて表示されている商品や役務の出所を識別する機能を有しており，商標として使用されているといえる」と述べた（同旨：大阪高判平25・3・7（平23（ネ）2238号・平24（ネ）293号）〔同事件控訴審〕）。これに対して，大阪地判平18・4・18判時1959号121頁〔ヨーデル事件〕は，ホームページのURLにおける標章の使用について，一般論として商標的使用に該当すると考える余地はあるとしつつ，当該事案においてはこれを否定した（同旨：大阪高判平18・10・18（平18（ネ）1569号・2054号）〔同事件控訴審〕）。また，ウェブサイトの内容を記述するHTMLコードであるメタタグとして他人の登録商標と同一・類似の標章を記述する場合について，大阪地判平17・12・8判時1934号109頁〔中古車の110番事件〕，東京地判平27・1・29判時2249号86頁〔IKEA事件〕は，8号該当性を認め，商標権侵害を肯定した。メタタグは通常の使用状態ではユーザの目に触れないものであるが，これらの事件で問題となったメタタグは，その記述が検索エンジンの検索結果において表示されるものであった。これとは異なり，検索結果においても表示されない場合に8号該当性が認められるかどうか，また商標的使用となるかどうかについては議論が行われている（宮脇正晴「メタタグと『商標としての使用』」パテ62巻4号（別冊1号）179頁，藤田晶子「インターネット上の商標の『使用』」東京弁護士会インターネット法律研究部編・Q＆Aインターネットの法的論点と実務対応〔第2版〕296頁，青江秀史＝茶園成

〔茶園〕

樹「インターネットと知的財産法」高橋和之＝松井茂記＝鈴木秀美編・インターネットと法〔第4版〕313～316頁参照。なお，検索連動型広告については，外川英明「検索連動型広告と商標権侵害」竹田傘寿363頁，田村善之「インターネットと商標法」同・ライブ講義知的財産法187～190頁参照）。

　(i)　3項9号　　9号は，「音の標章にあつては，前各号に掲げるもののほか，商品の譲渡若しくは引渡し又は役務の提供のために音の標章を発する行為」と規定している。

　平成26年改正前は，前述したように，商標を音声的に使用することの取扱いは明らかではなかった。音の商標を保護対象に加える同改正において，9号が追加されて，音の標章の「使用」に，1号～8号のほか，商品の譲渡・引渡し又は役務の提供のために音の標章を発する行為（例えば，機器を用いて再生する行為，楽器を用いて演奏する行為）もあたることにされた。その例として，商品である「映画を記録したDVD」の販売のために，店舗に設置したテレビで，再生時に鳴るサウンドロゴ（音の標章）を記録したDVDを再生する行為や，役務である「映画の上映」を提供するに際し，映画の上映に用いるマスターテープに映画の冒頭に流れるサウンドロゴ（音の標章）を記録した上で，映画の上映の際にこれを再生する行為がある（石山裕二＝杉村光嗣「商標法の保護対象の拡充について（平成26年特許法等改正法）」コピライト640号25頁）。

　(j)　3項10号　　10号は，「前各号に掲げるもののほか，政令で定める行為」と規定している。

　10号も平成26年改正により追加されたものであり，2条1項の「その他政令で定める」標章が追加された場合に，その標章にとって必要な「使用」についても併せて整備することができるように，「使用」の定義を政令委任するものである。

(3)　「標章を付する」（4項）

　商品その他の物に「標章を付する」ことには，以下のものが含まれる（商標2条4項）。

　まず，「文字，図形，記号若しくは立体的形状若しくはこれらの結合又はこれらと色彩との結合の標章」については，「商品若しくは商品の包装，役務の提供の用に供する物又は商品若しくは役務に関する広告を標章の形状とすること」である（同項1号）。これは，主として立体商標の「使用」を明確化するための規定であり，商品等それ自体を標章の形状として表すことが「使用」にあたることとなる。

　次に，「音の標章」については，「商品，役務の提供の用に供する物又は商品若しくは役務に関する広告に記録媒体が取り付けられている場合（商品，役務の提供の用に供する物又は商品若しくは役務に関する広告自体が記録媒体である場合を含む。）において，当該記録媒体に標章を記録すること」である（同項2号）。これは，音の商標の「使用」を明確化するための規定であり，商品等に取り付けられている記録媒体に標章を記録することが「使用」にあたることとなる。なお，2号には，1号とは異なり，「商品の包装」が規定されてい

〔茶園〕

§2（定義等）——定義等　　　　　　　　　　　　　　　　　　第1章　総　則

ない。これは，商品の包装に記録媒体が取り付けられる場合について商標法の保護を及ぼす必要性が，現状では想定し難いためであるとされる（平26改正解説164頁）。

IV　登録商標（5項）

　本条5項は，「登録商標」を「商標登録を受けている商標」と定義している。商標登録は，商標登録をすべき旨の査定・審決の謄本の送達があった日から30日以内に登録料が納付された場合に商標権の設定登録がされることにより，行われる（商標18条2項）。5項は，「特許発明」を「特許を受けている発明」と定義する特許法2条2項や，「登録意匠」を「意匠登録を受けている意匠」と定義する意匠法2条4項に対応するものである。

　登録商標は，商標のうち，商標登録出願がされ，審査において拒絶理由（商標15条）に該当しないと判断されることにより登録を受けたものであり，当該商標について商標権が発生している。ただし，その審査に過誤があり，実際には拒絶理由に該当するものであった場合には，取消決定や無効審決の確定により商標権は初めから存在しなかったものとみなされることがある（商標43条の3第3項・46条の2第1項）。

V　商品と役務の類似（6項）

　本条6項は，商品と役務が類似する場合があることを定めている（中村仁「商品と役務との間の類似・混同」パテ65巻13号（別冊8号）109頁参照）。サービスマーク登録制度を導入した平成3年改正により新設されたものである。もっとも，類似は，同一・類似の商標が使用される場合に出所混同が生じるおそれがあるかどうかによって判断されると解されており（最判昭36・6・27民集15巻6号1730頁〔橘正宗事件〕），ある商品を製造・販売する事業者が当該商品を利用した役務を提供することが一般的であれば，当該商品に係る商標と同一・類似の商標が当該役務について使用されれば出所混同が生じる場合があり，その場合には当該商品と当該役務は類似することになる。したがって，6項は確認的な規定である。

　商品と役務が類似する場合には，商品（役務）に係る商標の出願は先願の役務（商品）に係る登録商標と同一・類似であるならば拒絶されることとなり（商標4条1項11号），商品（役務）に係る登録商標の商標権は他人が無断で同一・類似の商標を役務（商品）について使用する場合には侵害されることになる（商標37条1号）。

　商品と役務との類似関係を認めた侵害事件の裁判例として，東京地判平11・4・28判時1691号136頁〔ウイルスバスター事件〕は，被告がその標章をウイルス対策用ディスクについて使用することが，指定役務を「電子計算機のプログラムの設計・作成又は保守」（本件指定役務）とする原告の商標権を侵害するかどうかが争われた事案において，「役務

§2（定義等）——定義等

に商品が類似するとは，当該役務と当該商品に同一又は類似の商標を使用した場合に，当該商品が当該役務を提供する事業者の製造又は販売に係る商品と誤認されるおそれがあることをいうものと解されるところ，ウイルス対策用ディスクと本件指定役務はその内容からともにコンピュータ利用者を需要者とするものであると認められるから，両者は需要者が同一である上，ウイルス対策用ディスクは，電子計算機のプログラムの保守に使用されるものであるから，ウイルス対策用ディスクの商品の内容と本件指定役務の内容は共通することを考慮すると，ウイルス対策用ディスクに本件商標に類似する被告標章……を使用すれば，本件指定役務を提供する事業者においてこれを製造又は販売しているものと需要者に誤認されるおそれがあるものと認められる。したがって，ウイルス対策用ディスクは本件指定役務に類似する商品に当たるというべきである」と述べた（ただし，原告の被告に対する本件商標権の行使は権利濫用にあたると判断された）。また，東京地判平11・10・21判時1701号152頁〔ヴィラージュ事件1審〕では，Yが，「建物の売買」を指定役務とするXの登録商標に類似する標章（Y標章）を建物（マンション）の名称として使用する行為がXの商標権の侵害となるかどうかが争われた事案において，「Yは，Y標章を建物という『商品』に使用した」としたうえで，「『建物の売買』という役務と『建物』という商品との間では，一般的に右役務提供の主体たる事業者は『建物』という商品の販売主体となるものであり，需要者も一致するから，役務と商品との間において出所の混同を招くおそれがあるものと認められる。したがって，『建物』という商品は，『建物の売買』という役務に類似するというべきである」と述べた（なお，控訴審である東京高判平12・9・28判タ1056号275頁〔同事件控訴審〕では，Yの行為が指定役務である「建物の売買」についての使用に該当すると判断された）。大阪地判平23・6・30判時2139号92頁〔モンシュシュ事件〕では，指定商品「菓子，パン」に含まれる「洋菓子」と「洋菓子の小売」が類似すると判断された（同旨：大阪高判平25・3・7（平23(ネ)2238号・平24(ネ)293号）〔同事件控訴審〕。その他，大阪地判平10・8・27（平7(ワ)11111号）〔ハーモニー事件〕は，指定商品「家具，畳類，建具」と分譲マンション販売の営業（役務）との類似性を認めた）。

　特許庁の『商標審査基準』第3の十の13は，商品と役務の類否判断について，次のように定めている。「商品と役務の類否を判断するに際しては，例えば，次の基準を総合的に考慮した上で，個別具体的に判断するものとする。ただし，類似商品・役務審査基準に掲載される商品と役務については，原則として，同基準によるものとする。(イ)商品の製造・販売と役務の提供が同一事業者によって行われているのが一般的であるかどうか，(ロ)商品と役務の用途が一致するかどうか，(ハ)商品の販売場所と役務の提供場所が一致するかどうか，(ニ)需要者の範囲が一致するかどうか」。

　4条1項11号の類似を肯定した裁判例として，知財高判平24・2・15（平23(行ケ)10287

§2（定義等）——定義等　　　　　　　　　　　　　　　　第1章　総　　則

号）〔Sportsman.jp 事件〕，否定した裁判例として，東京高判平12・10・10（平11（行ケ）392号）〔アイコム事件〕がある。

〔茶園　成樹〕

§2 (並行輸入)——並行輸入

■並行輸入

【参考文献】

桑田三郎「国際商標法の研究——並行輸入論」(中央大学出版部, 1972), 木棚照一・国際工業所有権法の研究 (日本評論社, 1989), 桑田三郎「国際商標法の諸問題」(中央大学出版部, 1992), 相澤英孝「並行輸入」学会年報19号1頁 (1995), 美勢克彦「商標権, 特許権, 著作権による輸入差止について」(小坂志磨夫=松本重敏古稀記念・知的財産権法・民商法論叢 (発明協会, 1996) 225頁, 小泉直樹「並行輸入の国際経済法的規制」日本国際経済法学会年報6号45頁 (1997), 桑田三郎・工業所有権法における国際的消耗論 (中央大学出版部, 1999), 石黒一憲「真正商品の並行輸入の適法性要件としての『内外権利者の一体性の要件』について」財団研究報告書「国際商取引に伴う法的諸問題(11)」(財団法人トラスト60, 2003) 1頁, 宮脇正晴「商標機能論の具体的内容に関する一考察」立命館法学290号877頁 (2003), 茶園成樹「商標法における並行輸入論と商標的機能論の関係」知財ぷりずむ2巻20号20頁 (2004), 立花市子「FRED PERRY 最高裁判決にみる商標機能論」知財政策9号71頁 (2005), 玉井克哉「商標権の品質保証機能と並行輸入」パテ58巻11号17頁 (2005), 田村善之「商標法の保護法益」第二東京弁護士会知的財産権法研究会・新商標法の論点 (商事法務, 2007) 53頁, 熊代雅音「真正商品の並行輸入」牧野ほか編・理論と実務(3)158〜173頁 (2007), 長谷川俊明「バーバリーバッグの並行輸入に対する商標権者の販売差止めなどの請求が認められた事例 (平成18.12.26東京地判)〈渉外判例教室〉」国際商事法務35巻8号1068頁 (2007), 宮脇正晴「並行輸入[フレッドペリー事件] (平成15.2.27最高一小判)」新商標判例百選72〜73頁 (2007), 髙部眞規子「【1】いわゆる並行輸入が商標権侵害としての違法性を欠く場合 【2】外国における商標権者から商標の使用許諾を受けた者により我が国における登録商標と同一の商標を付された商品を輸入することが商標権侵害としての違法性を欠く場合に当たらないとされた事例 (平成15.2.27最高一小判)」最高裁 時の判例 (平成15年〜平成17年) (5) (ジュリ増刊) 488〜493頁 (2007), 蘆立順美「商標権の保護範囲と商標の機能 − 欧州における並行輸入に関する議論を参考として〈研究報告〉」学会年報32号19〜43頁 (2009), 渋谷達紀「真正商品の並行輸入 − フレッドペリー事件 (平成15.2.27最高一小判)」小野喜寿Ⅱ472〜479頁 (2009), 泉克幸「真正商品の並行輸入と商標権侵害 − コンバース事件 (平成21.7.23東京地判)〈判例研究〉」L&T 47号47〜55頁 (2010), 泉克幸「商標権侵害と並行輸入の抗弁 − 『同一人性の要件』および『品質管理性の要件』」【1】【2】平成21.7.23東京地判) 速報判例解説(6) (法学セミナー増刊) 271〜274頁 (2010), 廣田美穂「並行輸入と商標権侵害 − 並行輸入の抗弁における『同一人性の要件』及び『品質管理性の要件』(平成21.7.23東京地判)」知管60巻6号949〜962頁 (2010), 田村善之「商標権の譲渡後の従前の真正商品の並行輸入の可否 − Converse 並行輸入事件 (平成22.4.27知財高判, 平成21.7.23東京地判)〈判例研究〉」知財政策 (北海道大学大学院) 30号279〜312頁 (2010), 峯唯夫「並行輸入と商標機能論 − パーカー事件を切り口として (昭和45.2.27大阪地判)〈研究報告 商標の基本問題について − 商標の識別性と商標の機能を中心として〉」パテ64巻5号 (別冊パテ5号) 1〜10頁 (2011), 蘆立順美「フレッドペリー最高裁判決における商標機能論の検討」パテ64巻5号 (別冊パテ5号) 11頁 (2011), 浅井敏雄「国際知的財産法研修基礎講座⑲ − 知的財産権と並行輸入 (上) (グローバルビジネスロー研修基礎セミナー)」国際商事法務39巻10号1519〜1523頁 (2011), 浅井敏雄「国際知的財産法研修基礎講座⑳ − 知的財産権と並行輸入 (下) (グローバルビジネスロー研修基礎セミナー)」国際商事法務39巻11号1680〜1683頁 (2011), 鈴木將文「並行輸入と特許権 − BBS 並行輸入事件 (平成9.7.1最高三小判)」

〔宮脇〕

§2 (並行輸入)——並行輸入

特許判例百選〔第4版〕204〜205頁(2012),大友信秀「並行輸入(平成15.2.27最高一小判)」国際私法判例百選〔第2版〕(別冊ジュリ210号)108〜109頁(2012),駒田泰土「属地主義(平成9.7.1最高三小判)」国際私法判例百選〔第2版〕(別冊ジュリ210号)102〜103頁(2012),茂木龍平「垂直的制限・並行輸入制限行為(EU競争法実務講座3)」公正取引742号62〜66頁(2012),川田篤「真正な商品の並行輸入への対応-コンバース事件を契機として(平成21.7.23東京地判,平成22.4.27知財高判)〈解説〉」CIPICジャーナル210号33〜49頁(2012),渡辺昭弘「国内商標権譲渡後の外国商標権者製商品の輸入の差止-コンバース事件を題材として(平成22.4.27知財高判)」国士舘法学45号240〜189頁(2012),今野裕之「並行輸入商品の再包装と商標(EC企業法判例研究175)」国際商事法務41巻10号1566〜1569頁(2013),関智文「権利者のための税関輸入差止手続入門(5最終回)〈解説〉」CIPICジャーナル222号1〜13頁(2014)。なお,消尽論判決は,ドイツ法に詳細であり,アングロ・コモンウエルス法には,Revelon事件判決,Colgate事件判決…,アメリカ法にはBourjoir v katze事件判決,Guerlain事件判決,K Mart事件判決などの重要事件判決がある。

細 目 次

I 並行輸入と商標権(126)
 (1) 総 説(126)
 (2) パーカー事件判決と商標機能論(127)
II フレッドペリー事件最高裁判決(128)
 (1) フレッドペリー事件最高裁判決の紹介(128)
  (a) 事案の概要(128)
  (b) 判 旨(128)
 (2) 本判決の特徴(129)
III フレッドペリー事件最高裁判決の検討(130)
 (1) 基本構造(130)
 (2) 適法性要件(130)
  (a) 「真正商品」であること(130)
  (b) ライセンス契約違反の扱い(131)
 (3) 同一人性(132)
  (a) 背 景(132)
  (b) 内外権利者が無関係な場合——無効の抗弁,権利濫用論による解決(133)
  (c) 同一人性と「独自のグッドウィル」論(134)
 (4) 品質の実質的同一性(135)
  (a) 前提としての出所表示機能の維持(135)
  (b) 現実の品質差(136)
IV フレッドペリー事件最高裁判決後の状況(136)
 (1) 適法性要件(136)
  (a) 真正商品性(136)
  (b) ライセンス契約違反(137)
 (2) 同一人性(138)
  (a) わが国商標権者が外国商標権者とは独立に商品の製造販売をしていたケース(138)
  (b) 権利濫用が認められた例(139)
 (3) 品質の実質的同一性(139)

〔宮脇 正晴〕

I 並行輸入と商標権

(1) 総 説

いわゆる「並行輸入」とは,典型的には,外国で製造された商品が,わが国の総代理店等を通して輸入,販売されているという実態がある場合に,そのような総代理店等以外の者が,外国の市場で権利者により適法に流通に置かれた商品を現地で購入し,その

§2（並行輸入）——並行輸入

ような総代理店等を経ることなくわが国に輸入する行為をいうものである。そのような「並行輸入」ルートでわが国に輸入された商品に付されている商標が、わが国商標法の下で登録されている登録商標と同一又は類似のものであって、当該商品が当該登録商標の指定商品と同一又は類似である場合には、当該商品を輸入する行為や販売する行為は、形式的には登録商標ないし類似商標の「使用」に該当し（商標2条3項2号）、商標権侵害を構成する（商標・商品ともに同一の場合、商標25条。それ以外の場合、商標37条1号）。

このようなケースにおいて、外国の権利者とわが国の権利者とが同一人であったとしても、外国商標権とわが国商標権は互いに独立であり、その効力は各国の領域内にとどまることから、いまだわが国商標権の行使がされていない当該商品の（並行）輸入については、権利者はこれをわが国商標権に基づき差し止めることができるとの考えもあり得るところである。しかしながら、後述のパーカー事件判決以降、わが国の裁判例・学説は、一定の場合に並行輸入を許容してきている。同判決は、パリ条約上の独立の原則や、属地主義の原則を意識しつつも、結論としては商標権侵害を否定している。並行輸入を許容するかどうかはわが国の商標権の効力の問題であるので、上記の原則から当然に侵害となるような問題ではない。このような理解は、その後の特許製品の並行輸入に関するBBS事件最高裁判決（最判平9・7・1民集51巻6号2299頁）においても示されており、今日において通説的な見解となっている。

(2) **パーカー事件判決と商標機能論**

パーカー事件においては、わが国の商標権者自身が米国で製造した万年筆を、業者が香港の代理店及び商社を経由して輸入する行為が商標権侵害となるかが問題となった。判決（大阪地判昭45・2・27無体集2巻1号71頁）は、「商標法は、商標の出所識別及び品質保証の各機能を保護することを通じて、当該商標の使用により築き上げられた商標権者のグッドウイルを保護すると共に、流通秩序を維持し、需要者をして商品の出所の同一性を識別し、購買にあたつて選択を誤ることなく、自己の欲する一定の品質の商品の入手を可能ならしめ、需要者の利益を保護しようとするものである」とした上で、本件において業者が輸入販売しようとする商品と商標権者の販売する商品とは同一であり、「その間に品質上些かの差異もない以上、……需要者に商品の出所品質について誤認混同を生ぜしめる危険は全く生じないのであつて、……商標の果す機能は少しも害されることがないというべきである」と述べて、商標権侵害を否定した。

パーカー事件判決は、形式的に商標権侵害に該当する行為であっても、それが商標の出所表示機能（「出所の同一性を識別する作用」）及び品質保証機能（「同一商標の附された商品の品位及び性質の同等性を保証する作用」）のいずれも害しないものである場合には、実質的違法性を欠くものとして許される旨判示したものであり、同判決の示したこのような法理

§2 (並行輸入)——並行輸入

を商標機能論という。商標機能論は，その後の裁判例や税関実務に採用され，学説上も支持されて（ただし，後述のとおり具体的内容については争いがある），定着するに至った。

このパーカー事件判決以降，多数の裁判例の蓄積を経て，後述のフレッドペリー事件最高裁判決が下されるに至った。その後から今日に至るまでは，同最高裁判決の射程が実務上の主な関心となっている。そこで以下では，フレッドペリー事件最高裁判決を紹介して，その内容につき従来の裁判例も踏まえて検討した後，同判決後の状況について紹介することとしたい。

II　フレッドペリー事件最高裁判決
(1)　フレッドペリー事件最高裁判決の紹介

(a)　事案の概要　Xは，世界的著名ブランド「フレッドペリー」の商標につき，わが国において商標権（以下「本件商標権」といい，本件商標権の対象である登録商標については，「本件商標」という）を有している。一連の「フレッドペリー」商標については，もともと英国法人Aがわが国を含む110ヵ国において商標権を有していたが，XはAから本件商標権の譲渡を受けて商標権者となったものである。また，Aの有していた本件商標権以外の商標権については，Xの100％子会社である英国法人Bがこれらをすべて承継している。

Yは，本件商標と同一の標章が付されたポロシャツ（以下「本件商品」という）を輸入販売した。本件商品は，Aと本件商標の使用許諾契約（以下「本件契約」という）を結んでいたシンガポール法人Cが，中国にある工場に下請け製造させたものである（なお本件契約上の許諾者の地位は，商標権の承継に伴いBに移転している）。本件契約には，製造地域をシンガポール，マレーシア，ブルネイ及びインドネシアに限定する旨定めた条項（製造地制限条項），及び許諾者の事前の同意なく契約品の製造等の下請けにつき取り決めをなすことを禁ずる旨定めた条項（製造者制限条項）があった。よって，中国の工場に本件商品を製造させたCの行為はこれら条項に違反するものであった。

Xは，Yの行為が商標権侵害に該当するとして差止め等の請求を行った（YによるXに対する請求については省略する）。一審判決（大阪地判平12・12・21判タ1063号248頁），二審判決（大阪高判平14・3・29民集57巻2号185頁）ともに，Yの行為が本件商標権の侵害にあたるとして，Xの請求を一部認容した。Yは上告した。

(b)　判　旨　最高裁判決（最判平15・2・27民集57巻2号125頁）は，並行輸入が許容される要件として，「(1)当該商標が外国における商標権者又は当該商標権者から使用許諾を受けた者により適法に付されたものであり，(2)当該外国における商標権者と我が国の商標権者とが同一人であるか又は法律的若しくは経済的に同一人と同視し得るような

関係があることにより，当該商標が我が国の登録商標と同一の出所を表示するものであって，(3)我が国の商標権者が直接的に又は間接的に当該商品の品質管理を行い得る立場にあることから，当該商品と我が国の商標権者が登録商標を付した商品とが当該登録商標の保証する品質において実質的に差異がないと評価される場合」を挙げた。

そして，本件においては，「本件商品は，シンガポール共和国外3ヵ国において本件登録商標と同一の商標の使用許諾を受けたオシア社が，商標権者の同意なく，契約地域外である中華人民共和国にある工場に下請製造させたものであり，本件契約の本件許諾条項に定められた許諾の範囲を逸脱して製造され本件標章が付されたものであって，商標の出所表示機能を害するものである」とし，さらに「本件許諾条項中の製造国の制限及び下請の制限は，商標権者が商品に対する品質を管理して品質保証機能を十全ならしめる上で極めて重要である。これらの制限に違反して製造され本件標章が付された本件商品は，商標権者による品質管理が及ばず，本件商品と被上告人ヒットユニオンが本件登録商標を付して流通に置いた商品とが，本件登録商標が保証する品質において実質的に差異を生ずる可能性があり，商標の品質保証機能が害されるおそれがある」として，商標権侵害を肯定した。

(2) 本判決の特徴

本件は，典型的な並行輸入の事案ではなく，外国のライセンシーのライセンス契約違反により製造された商品の輸入・販売が商標の機能を害さないものといえるか否かという，従来の裁判例や学説においてほとんど検討されていなかった論点が問題となったものであった。本件の一審判決，二審判決ともに商標の機能を害するとして侵害を肯定しているが，本件と主要な事実関係がほぼ共通する事案において，製造地制限条項違反を契約当事者間の内部関係の問題にすぎないとして出所表示機能が害されていることを否定し，商標権侵害を否定した一連の判決（東京地判平11・1・28判時1670号75頁〔東京I事件〕，東京高判平12・4・19（平11(ネ)1464号）〔同二審〕，東京地判平13・10・25判時1786号142頁〔東京II事件〕。なお，これらの事件においては製造者制限条項違反については主張されていない）があったことから，最高裁の判断が注目されていた。

最高裁は，商標機能論を前提としつつ，それを並行輸入に関して具体化した3要件を提示した。これらは，パーカー判決以降の下級審裁判例や税関実務において要件とされていたものを整理したものとして位置づけられている（髙部眞規子「最判解」曹時57巻3号1612～1614頁参照）。以下では，上記3要件につき，従来の裁判例との関係についても交えて検討したい。

§2 (並行輸入)——並行輸入

Ⅲ フレッドペリー事件最高裁判決の検討

(1) 基本構造

上記のとおり、フレッドペリー事件最高裁判決の示す3要件は、商標機能論を具体化したものである。すなわち、同判決は出所表示機能及び品質保証機能のいずれも害されていない場合には商標権侵害の実質的違法性を欠くとの認識の下で、出所表示機能が害されていない状態については、「(1)当該商標が外国における商標権者又は当該商標権者から使用許諾を受けた者により適法に付されたものであり」、かつ「(2)当該外国における商標権者と我が国の商標権者とが同一人であるか又は法律的若しくは経済的に同一人と同視し得るような関係があること」によって、「当該商標が我が国の登録商標と同一の出所を表示するものであ」ることであるとし、品質保証機能が害されていない状態については、「(3)我が国の商標権者が直接的に又は間接的に当該商品の品質管理を行い得る立場にあることから、当該商品と我が国の商標権者が登録商標を付した商品とが当該登録商標の保証する品質において実質的に差異がないと評価される」ことであるとしている。

以下、上記(1)ないし(3)の各要件を、それぞれ「適法性要件」、「同一人性要件」及び「品質の実質的同一性要件」ということとし、これら各要件について検討していくこととする。

(2) 適法性要件

(a) 「真正商品」であること　並行輸入を許容する要件として、外国商標権者等によって商標が適法に付されたことを挙げる裁判例は、従来から存在した（東京高判昭56・12・22無体集13巻2号969頁〔テクノス事件〕、大阪地判平5・7・20知財集25巻2号261頁・判時1481号154頁・判タ834号204頁〔モエ エ シャンドン事件〕、大阪高判平8・5・8判例工業所有権法〔第2期版〕8151の132頁〔リーバイス事件〕、京都地判平13・5・24（平11(ワ)2574号）〔西川事件〕、東京地判平14・1・30（平13(ワ)4981号）〔しまむら事件〕、東京地判平14・2・25（平12(ワ)21175号）〔オーシャンパシフィック事件〕）。この適法性要件は、いわゆる「真正商品」の意義について規定するものとされている（高部・前掲1624頁）。すなわち、同要件は、従来多義的に用いられていた「真正商品」という語を、「外国権利者によって適法に商標が付された商品」という意味に理解するものといえる（蘆立順美「フレッドペリー最高裁判決における商標機能論の検討」パテ64巻別冊5号14頁（2011）参照）。

この「真正商品」性の認定のためには、通常は、権利者の商品と輸入品との物理的な特徴が一致していること（東京地判平13・9・28（平11(ワ)8085号）〔迷奇事件〕及び東京高判平15・3・19（平13(ネ)5605号等）〔同控訴審〕）や、外国商標権者ないしそのライセンシーが製造した商品であることを示す書類が要求されている。例えば、BBS商標事件判決（名古

§2（並行輸入）——並行輸入

屋地判昭63・3・25判時1277号146頁）においては，被告の商品に原告（商標権者）が西独内で販売している商品と同様に「西独連邦自動車登録庁の発行する汎用製造認可書や西独特許庁の発行する商標登録簿抄本が添付され」ていることをもって被告の商品が真正商品であることが認定されている。

　このように，従来，適法性ないし真正商品性の要件は，問題の輸入品が商標権者又はそのライセンシーの製造にかかるものであることが証明できない場合にその充足が否定され，侵害が肯定されるというかたちで用いられてきており（前掲テクノス事件，前掲モエ エ シャンドン事件，前掲迷奇事件地裁判決，東京地判平14・1・30（平13（ワ）4981号）〔エレッセ事件〕，前掲オーシャンパシフィック事件など），フレッドペリー最高裁判決の適法性要件も，著名ブランドの模倣品の輸入行為に対して容易に侵害の結論を導くことを念頭に設けられたもののようである（髙部・前掲1624頁）。

　(b)　ライセンス契約違反の扱い　　フレッドペリー事件において問題となったのは，少なくとも形式上は外国のライセンサーの供給する商品（本件商品）の輸入販売行為であり，ライセンス契約に違反して製造された本件商品が真正商品であるかについては大いに議論の余地があるところであった。

　この問題につき，東京Ⅰ事件の一，二審判決と，東京Ⅱ事件の一審判決は，本件契約の製造地制限条項違反は出所表示機能を害さない，と結論している（ただし東京Ⅱ事件の一審については傍論）。これらの判決によると，製造地制限条項違反のような問題は商標権者とライセンシーの内部関係にすぎず，契約自体が有効である以上，商標権侵害の実質的違法性の判断に影響しない，ということである（なお，製造者制限条項違反については争われていない）。このような解釈を採ったとしても，商標権者が契約違反を問えることに変わりはないので別段不利益を与えることはないし，逆に侵害を認めるほうが「商品の流通の自由を害し，取引者，需要者の利益を著しく害することになり」，かえって商標法の目的に反するという趣旨の判断がⅠ事件の一審判決では示されている。

　これに対し，本件の一審（大阪地判平12・12・21民集57巻2号144頁），二審判決（大阪高判平14・3・29民集57巻2号185頁）はともに，本件条項違反の位置付けについて比較的詳細な検討を加えた上で，「適法性」を否定する結論を引き出している。本件一審判決は，ライセンサーは「商品製造技術，品質管理の水準及び商品の原材料の調達の難易その他諸般の事情を勘案して，どのような条件で製造された商品であれば，第三者が製造した商品であっても，自己の出所を示す商標を付して流通に置いてもよいかを検討，決定の上」，第三者に対して製造地や製造者に関する条項をその内容に含む許諾をしているという見解を示した上で，当該条項に違反して製造された商品が流通する場合に「その商標が表示する出所が出所表示主体にあることを容認しなければならないということはできない」

〔宮脇〕

としている。

　また，二審判決によると，要するにライセンシーの製造にかかる商品が商標権侵害とならないのは，ライセンス契約を通じて商標権者の「品質管理権能」が及んでいるという前提となっているところ，本件条項はそのような権能を及ぼすために重要な条項であり，この違反によって品質管理権能が実質的に排除されて製造された本件商品の輸入は侵害となる，としている。

　最高裁判決には，一，二審判決のように「出所」の意義について判断する部分は見られず，単に「商標権者の許諾の範囲を逸脱して商標が付された」ことをもって適法性を否定しているようにみえる。しかしながら，このことは，いかなる契約違反についても一律に扱うということを意味しない。契約違反が介在する場合には，当該違反がなされた条項の性質について，商標機能論の観点から個別に検討がなされるべきと理解されている（髙部・前掲1627〜1628頁，蘆立・前掲15頁ほか）。結局のところ，二審判決と同様に，問題の条項が品質管理に関わるものといえるか否かを基準に判断すべきこととなるように思われる（宮脇正晴「商標機能論の具体的内容に関する一考察」立命館法学290号889〜890頁）。従来の裁判例の中にも，販売地制限条項に違反してわが国に商品を輸入販売する行為について商標権侵害を否定したもの（後掲ラコステ事件）があるが，販売地制限自体は商品の品質管理に直接関係しないため，最高裁判決を上記のように理解する限り，当該制限のみに反しても適法性は否定されないこととなろう。

(3)　同一人性

　(a)　背　　景　　同一人性要件は，外国商標権者とわが国登録商標権者が同一人といえる関係であることを要求するものである。パーカー事件判決においてはこのような要件は特に挙げられていないが，同事件後に出された大蔵省関税局通達（昭和47年8月25日蔵関1443号）では採用されている（なお，現行の関税法基本通達においては本判決の3要件がそのまま採用されている）。裁判例においても，マーキュリー事件判決（東京地判昭48・8・31無体集5巻2号261頁）以降，採用されてきている（前掲テクノス事件，前掲BBS商標事件，大阪地決平2・1・22取消集（25）604頁〔ダンサー事件〕，大阪地判平2・10・9無体集22巻3号651頁〔ロビンソン事件〕，後掲クロコダイル事件，東京地判平11・1・18判時1687号136頁〔エレッセ事件〕，東京地判平13・10・31判時1776号101頁〔メープルシロップⅠ事件一審〕，東京高判平14・9・26（平13（ネ）6316号）〔同二審〕，前掲しまむら事件，前掲オーシャンパシフィック事件）。

　これに対し，本件の下級審判決はいずれも，この要件は採用せず，代わりに，「［輸入品］に付された商標が表示する出所と，商標権者の使用する商標が表示する出所が実質的に同一」であることという要件を設けている（そして，両判決とも，本件商品に付された商標と，Xの使用する商標の表示する出所は，いずれもFPH社らを中心とするフレッドペリーグルー

§2 (並行輸入)——並行輸

プであると認定して、この要件を充足すると判断している)。

　最高裁は、一、二審のこのようなアプローチを採用せず、従来の裁判例どおり「同一人性」を要求するものとなっている。判決は、この要件についての具体的判断は示していないが、判断されていたとすると、本件の事実関係の下においては同一人性は肯定されていたものと思われる。よって、原審の採用する「商標の表示する出所の実質的同一性」要件であろうが、「同一人性」要件であろうと、本件の結論には影響を及ぼさないが、最高裁があえて「同一人性」要件を採用したのは、従来の裁判例や税関実務への配慮があったものと考えられる。

　(b) **内外権利者が無関係な場合——無効の抗弁、権利濫用論による解決**　上記のとおり、従来から多くの裁判例で採用されていた同一人性要件であるが、この要件については、出所表示機能が害されていることの必要条件でない旨の批判が、学説においてなされている（木棚照一・国際工業所有権法の研究302頁、川島富士雄〔BBS商標事件判批〕ジュリ992号134頁など）。例えば外国の商標権者の商標が世界的に著名で、わが国の商標権者のほうは、その外国権利者の商標の付された商品を輸入販売する限りにおいて登録商標を使用しているにすぎない場合を考えた場合、両者が無関係であれば「同一人性」が充足されないこととなるが、このような場合に出所表示機能の侵害（ひいては商標権侵害）が肯定されるのは不当であろう（中山信弘〔BBS商標事件判批〕村林還暦770頁、田村・商標474頁など）。

　もっとも、このような例は、パーカー事件のような、並行輸入が許容される典型例とされるものとは異なり、そもそもわが国における輸入販売業者に商標権を認めること自体が疑問視されるような例である。このような例でまず想起されるのが、わが国の商標権者が、外国で周知な商標がわが国で登録されていないことを奇貨として当該商標を登録したものである場合であるが、そのような場合、商標法4条1項7号又は同19号に該当するのでそもそも登録が許されないはずである（詳細については、本書のこれら各条文の解説部分に譲る）。また、仮に誤って登録されたとしても、無効審判が提起されることとなろう。

　侵害訴訟においては、上記のような無効理由のある商標権の行使は、商標法39条の準用する特許法104条の3の抗弁（無効の抗弁）によって制限されることとなろう。特許法104条の3は、平成16年の裁判所法等の一部改正により新設されたものであるが、この改正前においても無効理由が明らかである特許権の行使を権利濫用とする判例（最判平12・4・11民集54巻4号1368頁）があるため、この判例法理により権利濫用とされることも考えられる。したがって、このようなケースでは同一人性が否定され、商標機能論による違法性阻却が認められないとしても、無効の抗弁ないし権利濫用の抗弁により侵害が否定されることとなろう。

〔宮脇〕

§2 (並行輸入)——並行輸入

　また，無効理由の有無にかかわらず，権利濫用の抗弁が認められるケースもある。例えば，大阪地判平5・2・25知財集25巻1号56頁〔ジミーズ事件〕は，衣類にかかる登録商標「ジミーズ」の商標権者が，米国商標"JIMMY'Z"を付され，米国内で拡布されわが国に輸入された衣類を販売する被告に対して差止め等を求めた事例であるが，判決は，原告が使用料を得て"JIMMY'Z"商品の輸入販売を他の業者に許諾し，自らも実質的経営の店舗で米国商標商品を販売したことにより，米国商標が，商標権者以外の者を信用の主体とする標識として取引者や需要者に認識されていることをもって，原告のこのような行為を「本件商標の出所表示機能等の諸機能を自ら毀損し，商標を商品選択の指標とする需要者の利益をも害する行為であって，商標法一条所定の目的や，同法が登録商標の保護を確実にするために類似範囲に対する禁止権を定めた趣旨に明らかに反するものである」などとして，原告の請求を権利濫用として退けている。

　(c) 同一人性と「独自のグッドウイル」論　「同一人性」要件を批判するもう1つの有力な根拠として，同一人性が認められる場合であっても，わが国商標権者が独自のグッドウイルを築いている場合にも侵害が認められないこととなってしまう，とするものがある（中山・前掲770頁，田村・商標474～475頁）。

　これまでに，わが国商標権者の「独自のグッドウイル」を根拠の1つとして侵害を肯定したものとして，クロコダイル事件（大阪地判平8・5・30判時1591号99頁）がある。この事件は，わが国登録商標権者（原告）のCrocodile商標と実質的に同一といえるほど類似している商標の付されたシャツ（被告商品）を，この商標のマレーシアにおける権利者より輸入して，日本国内で販売する行為が商標権侵害となるかが争われた事件である。なお，原告はシンガポールの会社よりCrocodile商標にかかる商標権を譲り受けたものである。この判決は，マレーシアの商標権者と原告との同一人性を否定し，加えて，被告会社が被告商品の輸入を開始した当時には既に，原告は上記シンガポール会社等の外国企業に依存することなく，Crocodile商標について「独自のグッドウイルを形成していたものであり，被告商品は原告が本件登録商標を付して販売している商品と品質，形態等において差異があるから」，被告の行為は出所表示機能，品質保証機能を害するものであるとして侵害が肯定されている。

　商標法が保護するのはわが国登録商標権者の信用（グッドウイル）であるので，商標権者がわが国で独自の信用を築いている場合に外国商標権者の商品の輸入を認めると，その信用が脅かされることとなりかねないため，その場合に侵害を肯定すべきとする判断は正当である。フレッドペリー事件最高裁判決の同一人性要件についても，独自のグッドウイルが認められる場合には同一人性を否定すべきとの学説がある（蘆立・前掲18頁）。

　もっとも，後述の品質の実質的同一性要件の解釈において，国内で商標権者が流通さ

せている商品の品質と問題の輸入品との品質が実際に異なっている場合にこの要件の充足を否定するという立場を採用するのであれば、「独自のグッドウイル」問題は、品質保証機能の問題として解決されることとなろう。すなわち、独自のグッドウイルの構築があれば、内外商品に品質差が生ずるはずであるため（現にクロコダイル事件においても品質差が認定されている）、そのような場合には品質の実質的同一性要件が満たされない（品質保証機能が害されている）ことから、侵害が肯定されることになろう（宮脇・前掲894頁）。

(4) 品質の実質的同一性

(a) 前提としての出所表示機能の維持　品質の実質的同一性要件は、品質保証機能が害されているか否かにつき判断するための要件である。品質保証機能の一般的な理解に基づくと、同機能が「害されている」状態とは、並行輸入の文脈においては、問題の輸入品と、国内で既に流通している商標権者の商品との品質が異なっている状態をいうこととなる。例えばパーカー事件においては、国内の代理店の商品と並行輸入品との間に品質の差がないことが認定されており、これにより品質保証機能を害しないとの結論に至ったものと考えられる。

これに対し、フレッドペリー事件最高裁判決にいう品質の実質的同一性要件は、単なる品質差を問題とする要件とはなっていない。すなわち、同要件は、「我が国の商標権者が直接的に又は間接的に当該商品の品質管理を行い得る立場にあること」を、品質の実質的同一性の前提としている。この前提部分は、輸入品と国内流通品の品質管理の主体が同一であることを要求するものであり（品質管理主体がわが国の商標権者であることまでも要求すべきでないことにつき、宮脇・前掲904～905頁参照）、前述のように出所表示機能が害されているかどうかを権利者（ないしそれと同視される者）の品質管理の排除の有無を基準に判断するのであれば、結局のところ、この部分は出所表示機能を害していないことを要求しているものといえる（茶園成樹「商標法における並行輸入論と商標的機能論の関係」知財ぷりずむ2巻20号25頁（2004））。確かに、品質管理主体が異なるのであれば、内外商品の品質の実質的同一性が保たれないおそれが常に存在することとなるのであるから、このような前提を設けることは品質保証機能の保護にとっても意義があるものと思われる。

本判決は、本件契約の製造地制限条項及び製造者制限条項の各違反により本件商品には本来あるべき品質管理が及んでいないことから、品質保証機能を害するおそれがあるとしている。このような「おそれ」は、出所表示機能が保たれないこと（品質管理主体が異なること）に起因するものであり、このような「おそれ」があれば、実際上の品質差の有無にかかわりなく（上記前提部分が充足されないことにより）品質の実質的同一性要件の充足が否定されることを本判決は示している（東京高判平14・12・24（平13（ネ）5931号）〔東京Ⅱ事件二審判決〕も、基本的に同旨であると思われる）。

(b) **現実の品質差** 輸入品と国内で流通している商標権者の商品との間に品質の相違があったにもかかわらず，商標機能論の下で侵害が否定された例として，ラコステ事件（東京地判昭59・12・7無体集16巻3号760頁）がある。この事件においては，LACOSTE商標の米国における商標権者であり原告ラコステの子会社にあたるラコステ・アリゲーター社のライセンシーであるアイゾッド社の製造する商品（被告商品）の輸入，販売が商標権侵害にあたるかが争われた。被告商品は国内で製造，販売されている原告商品とは品質において若干異なるものであった。判決は，原告商品，被告商品とも，原告ラコステの直接又は間接的な厳格な品質管理の下で製造されたものであると認定した上，「原告商品と被告商品との間に……品質，形態の差異があるとしても」，「原告ラコステが，日本におけるライセンシーである原告三共生興と，原告ラコステと資本的なつながりを通じて支配を及ぼすことのできるラコステ・アリゲーター社の米国におけるライセンシーであるアイゾッド社に，ラコステ標章として同一視できる商標の下で，品質，形態等の異なる商品を製造することを許容しているのであるから，右商品の品質，形態の差異は，世界的に著名な原告ラコステを出所源として表示する商品として，その許容された範囲内での差異というべきものであり，このことによって商標の品質保証機能が損なわれることはないというべきである」として侵害を否定している。

品質差が現実に存在する場合の扱いについてフレッドペリー最高裁判決がどのように考えていたのかについては，上記のとおり，同判決は実質的には出所表示機能の侵害のみを理由として侵害を肯定したものであるといえるので，明らかではない。この点につき学説は，品質管理主体の同一性さえ認められれば，現実の品質差の有無にかかわりなく品質の実質的同一性要件は充足されるとする説（立花市子「FRED PERRY 最高裁判決にみる商標機能論」知財政策9号89頁（2005），茶園・前掲22～23頁，田村善之「商標法の保護法益」第二東京弁護士会知的財産権法研究会・新商標法の論点（商事法務，2007）61頁）と，現実の品質差がある場合には同要件は充足されないとする説（宮脇・前掲901～904頁，玉井克哉「商標権の品質保証機能と並行輸入」パテ58巻11号37頁（2005））とに分かれている。

Ⅳ フレッドペリー事件最高裁判決後の状況

(1) 適法性要件

(a) **真正商品性** フレッドペリー最高裁判決後に，真正商品性が問題となった判決として，バーバリー事件（東京地判平18・12・26判時1963号143頁）がある。この事案においては，被告である販売業者はその販売にかかる商品が真正商品であることを主張したものの，当該商品がどこの国で商標を付されたものであるかについては明らかにしなかった。また被告は，当該商品を輸入した訴外Bから当該商品の輸入許可通知書及びインボイス

の提示を受け，バーバリーの表示があるタグにおいて，納入された当該商品の管理番号を確認し，その番号がインボイスの管理番号と同一であることを確認した旨主張したが，判決は，当該商品の「輸入許可があったことによって，これに付された被告各標章が……適法に付されたものということにはならない」として，当該商品を真正商品とは認めなかった。

同判決については，フレッドペリー最高裁判決の3要件につき，「これらの要件は，商標権侵害に対するいわば違法性阻却事由として，被告において主張立証すべき責任があり，いずれの国で当該商標が付されたかは，その前提として被告が主張立証すべきものである」と述べている点も注目される。基本的にはこれら3要件の主張立証責任は被疑侵害者側で負うと解すべきであろうが，フレッドペリー事件のようにライセンシーの契約違反が介在するような事案において，問題の輸入品がライセンス契約の品質管理に関わる条項に違反して製造されたものでないことの主張立証責任まで被疑侵害者に負わせるのは酷であると思われる（宮脇正晴〔バーバリー事件判批〕三山峻司先生＝松村信夫先生還暦記念・最新知的財産判例集−未評釈判例を中心として−（青林書院，2011）306〜307頁）。

このほか，真正商品性を否定した判決として，カルティエ事件（東京地判平22・8・31（平21（ワ）123号））がある。同判決は，被告の輸入にかかる商品を，権利者の商品の偽造品又は二級品（権利者である原告が製造した商品のうち，原告の品質管理基準を満たさないために，当初から流通に置くことなく廃棄されることが予定されている商品）と認定して，被告の並行輸入の抗弁を排斥している。

(b) ライセンス契約違反　ボディグローブ事件（東京地判平15・6・30判時1831号150頁）においては，問題の輸入品が販売地制限条項に違反して販売されたものである旨の主張が商標権者側からなされた。判決は，そのような事実は認められないとしつつ，仮にそのような事実があるとしても「ライセンス契約における販売地域の制限に係る取決めは，通常，商標権者の販売政策上の理由でされたにすぎず，商品に対する品質を管理して品質を保持する目的と何らかの関係があるとは解されない」と述べて，被告の輸入行為を非侵害とした。

なお，同判決においては，フレッドペリー最高裁判決の要件論がそのままの形で採用されておらず，「……登録商標と同一又は類似の商標を付した商品を輸入する行為は，当該商標が外国における商標権者又は当該商標権者から使用許諾を受けた者によって付されたものであり，当該外国における商標権者と我が国の商標権者とが同一視できるような関係があれば，原則として，商標権侵害としての実質的な違法性を欠くといえるが，上記のような場合であったとしても，我が国の商標権者が，自己の出所に係る商品の品質ないし信用の維持を図ってきたという実績があり，外国における商標権者の出所に係

る商品が輸入されることによって、そのような品質ないし信用の維持を害する結果が現に生じたといえる特段の事情があるときは、商標権侵害を構成するというべきである。」との要件論の下で、被告の行為が真正商品の並行輸入として実質的な違法性を欠くと結論している。

(2) 同一人性

(a) わが国商標権者が外国商標権者とは独立に商品の製造販売をしていたケース

ダンロップ事件（大阪地判平16・11・30判時1902号140頁）においては、被告が「ダンロップ」ブランドの各種ゴルフ用品を輸入する行為が、原告の「DUNLOP」等商標にかかる商標権の侵害となるか否かが問題となった。被告の輸入する商品は、外国権利者により商標を付されたものであったが、当該外国権利者と原告との間には「テニス用品やスカッシュ用品の一部について製造依頼する関係にあるのみで、人的資本的関係を構築していることをうかがわせる証拠はない」とされ、同一人性が否定されている。

この事案において、原告の商標権はもともと英国ダンロップ社から譲り受けたものであり、その時点で既にダンロップの商標はわが国でもダンロップグループを示すものとして著名であったことなどから、被告は同一人性の主張にあたり、原告登録商標の出所は原告ではなく海外のダンロップ社であると需要者から受け取られているなどと主張したが、判決はこのような主張を退けている。この事案は、わが国商標権者が、外国ブランドとして著名であった商標の譲渡を受けた後に独自の発展をしたケースであり、「独自のグッドウイル」を構築していたと評価しうる事案であった（山田威一郎〔ダンロップ事件判批〕知管55巻10号1453頁（2005））。なお、本判決は被告の権利濫用の主張も退けている。

コンバース事件（知財高判平22・4・27（平21（ネ）10058号））も、わが国における商標権がもともとは外国会社から譲渡されたものである事案であった。当該外国会社（外国権利者）によって製造された商品を輸入する被告は、同一人性についての主張にあたり、①わが国商標権者と外国権利者との間に共同マーケティング契約が存在したこと、②わが国商標権の商品の中には外国権利者の商品と同一の工場で製造されているものもあること、③わが国商標権者が外国権利者から当該外国権利者製シューズの独占的販売権が与えられており、現にわが国商標権者の使用権者が外国権利者製シューズを輸入販売していたこと、等を主張したが、判決は①共同マーケティング契約の内容はシューズの品質管理についての法的義務を発生させるものではないこと、②わが国権利者が（同一工場で製造されている）外国権利者の商品の品質管理をすることができるとはいえないこと、③わが国権利者が輸入販売していた外国権利者の商品の量は少量であり、それらの商品の最終的な品質管理はわが国商標権者側のライセンシーにより行われていたこと、等を指摘して、同一人性を否定した。

§2（並行輸入）——並行輸入

被告はさらに，わが国商標権者が独自のグッドウイルを構築しているとはいえない旨も主張したが，判決は「グッドウイルとはどのような事実又は概念を指すかは，必ずしも明確でない。また，前記のとおり，本件においては，原告商標について商標法によって保護されるべき出所は，新米国コンバース社から原告商標権の譲渡を受けた，我が国の登録商標権者である……というべきである」と述べて，この主張も退けた。

(b) 権利濫用が認められた例　アダムス事件二審（東京高判平15・7・16（平14(ネ)1555号））においては，「本件登録商標の出願当時，被控訴人アダムスゴルフの名称あるいは同社が使用するADAMSの標章は，我が国［に］おいてはいまだ周知著名であるとはいえなかったものの……控訴人Aないしコトブキゴルフは，同標章が米国では注目されるようになっていたことを知った上で，近い将来，我が国においても同商標が注目されるようになる可能性が高いとの判断の下に，我が国で登録されていないことを幸い，被控訴人アダムスゴルフの名声に便乗して不正な利益を得るために使用する目的をもって，同被控訴人の許諾を得ることなく，本件登録商標の商標登録出願をしたものである」との事実認定の下，本件商標権の行使は商標法4条1項7号に該当する無効理由が存在することが明らかな商標権に基づくものであり，権利の濫用にあたるとされている。

また，ケレメ事件（東京地判平15・6・30（平14(ワ)6884号））は，スポーツ衣類にかかる商標としてスペインの周知商標"KELME"の正規販売代理店である被告に対して，日本の登録商標権者から輸入販売の差止め等が求められた事件であるが，判決は，原告が自らもスペインの周知商標"KELME"の付された商品を輸入販売したことがあり，また，同商品の「わが国への輸入を阻止し，KELME商標に類似した商標を付した商品を独占的に販売するという不当な目的のため」に，既に第三者により設定登録されていた本件商標権を譲り受けたこと等の事実認定の下，本件商標権の行使が公正な競業秩序を乱すものとして，権利の濫用にあたるとしている。

(3) 品質の実質的同一性

前掲ダンロップ事件においては，「……並行輸入の違法性が阻却されるための品質に関する要件……とは，客観的にいかなる品質であるかという問題ではなく，我が国の商標権者が直接的に又は間接的に当該商品の品質管理を行うことによって，当該商標の保証する品質に差異がないことをいうのであるから，原告が直接的にも間接的にも品質管理を行うことのできない被告製品については，上記要件を充足する余地はない」として，わが国商標権者が品質管理主体でないことを理由に，品質の実質的同一性要件の充足を否定している。

既に述べたとおり，この事件は同一人性が認められなかった事案であるので，上記引用部分は，結局のところ輸入品の品質管理主体（出所）と国内流通品の品質管理主体が異

なるものであることを指摘するものである。したがって，同判決の上記引用部分が，品質管理主体の同一性が認められる場合において，輸入品と国内流通品との間に現に品質差が存在しないこと（換言すれば，品質管理主体のみならず品質管理の具体的な内容まで一致していること）までも要求する趣旨なのか否かは不明である。

〔宮脇　正晴〕

第2章　商標登録及び商標登録出願

第3条（商標登録の要件）
　自己の業務に係る商品又は役務について使用をする商標については，次に掲げる商標を除き，商標登録を受けることができる。(改正，平3法65)
一　その商品又は役務の普通名称を普通に用いられる方法で表示する標章のみからなる商標(改正，平3法65)
二　その商品又は役務について慣用されている商標(改正，平3法65)
三　その商品の産地，販売地，品質，原材料，効能，用途，形状（包装の形状を含む。第26条第1項第2号及び第3号において同じ。），生産若しくは使用の方法若しくは時期その他の特徴，数量若しくは価格又はその役務の提供の場所，質，提供の用に供する物，効能，用途，態様，提供の方法若しくは時期その他の特徴，数量若しくは価格を普通に用いられる方法で表示する標章のみからなる商標(改正，平3法65，平8法68，平26法36)
四　ありふれた氏又は名称を普通に用いられる方法で表示する標章のみからなる商標
五　極めて簡単で，かつ，ありふれた標章のみからなる商標(改正，平3法65)
六　前各号に掲げるもののほか，需要者が何人かの業務に係る商品又は役務であることを認識することができない商標(改正，平3法65)
2　前項第3号から第5号までに該当する商標であつても，使用をされた結果需要者が何人かの業務に係る商品又は役務であることを認識することができるものについては，同項の規定にかかわらず，商標登録を受けることができる。(改正，平3法65)

【参考文献】
〔最近の主要論文〕　沖中康人「商標の登録要件」牧野ほか編・理論と実務(3)，遠藤光貴「商品等の立体的形状にかかる商標の登録要件について」パテ685号81頁（2007年8月），北岡弘章「商品等の立体的形状に関する商標法3条2項の適用とその要件」小松陽一郎先生還暦記念論文集・最新判例知財法（青林書院，2008年4月），福田あやこ「立体商標と商標法3条1項3号，同条2項該当性」同前所収，井上周一「産地表示の商標法3条2項該当性」同前所収，中塚智子「商品等の形状からな

〔末吉〕

§3（商標登録の要件）　　　　　　　　　　　　第2章　商標登録及び商標登録出願

る立体商標に係る登録要件の判断基準について」知財研フォーラム74号30頁（2008年9月），小川宗一「商品の形状からなる立体商標の識別性－商標法3条1項3号」日本大学法学部創設120周年記念論文集(1)－法律学編（日本大学法学部，2009年10月），青木博通「立体商標制度の基本構造とその解釈」知財政策26号1頁（2010年1月），堀江亜以子「立体商標の登録要件」学会年報33号1頁（2010年5月），青木博通「立体商標－商標法3条1項3号，3条2項の判断基準」第二東京弁護士会知的財産権法研究会編・「ブランド」と「法」（商事法務，2010年5月），西平幹夫「商標法3条の『独占適応性』について」松田治躬先生古稀記念論文集（東洋法規出版，2011年3月），押本泰彦「著作物の題号及び芸名・グループ名と商標法」同前所収，中村仁「キャッチフレーズ及びスローガンの商標的保護」同前所収，平成22年度商標委員会第3小委員会「商標法3条2項に基づく商標権の権利範囲」パテ739号10頁（2011年8月），土肥一史「立体商標の登録要件」L&T 54号54頁（2012年1月），田村善之「普通名称と記述的表示」知財政策37号151頁（2012年3月），宮脇正晴「商標法3条1項各号の趣旨」高林龍ほか編集代表・知的財産法の理論的探究（現代知的財産法講座Ⅰ）（日本評論社，2012年5月），安原正義「商標法3条2項により登録を受けた商標権に関する一考察」知管63巻5号675頁（2013年5月），宮脇正晴「商標法3条2項により登録が認められる商品の範囲」L&T 62号40頁（2014年1月），金子敏哉「商標法とデザイン保護－商標法3条1項3号の解釈を中心に」NBL 1020号23頁（2014年3月），青木博通「審査基準からみた新商標の登録要件と出願方法」Business Law Journal 8巻4号45頁（2015年4月），小泉直樹「歌手名・音楽グループ名と商標法3条1項3号」中山古稀．

〔主要判例解説〕
■商標法3条1項柱書
・知財高判平成24年5月31日（平24(行ケ)10019号）判時2170号107頁〔アールシータバーン〕青木大地・判評657号23頁，竹山尚治・ニュース13507号1頁
・東京地判平成23年10月28日（平22(ワ)1232号）〔ひかり〕蘆立順美・知管62巻12号1725頁，小松陽一郎・知財ぷりずむ112号49頁
■商標法3条1項1号
・東京高判昭和30年9月27日（昭29(行ナ)35号）行集6巻9号2182頁〔わらびだんご〕原増司・商標判例百選20頁
・東京高判昭和46年9月3日（昭35(行ナ)32号）無体集3巻2号293頁〔セイロガン・正露丸〕林泉「無体財産権－判例と実務」65頁（「特管」判例と実務シリーズ百号記念）
・東京高判平成3年6月20日（平2(行ケ)150号）知財集23巻2号461頁〔FLOORTOM・フロアタム〕小島庸和・判評399号35頁
・大阪高判平成11年10月14日（平11(ネ)473号）〔タヒボ〕岩坪哲・知管50巻6号813頁
・東京高判平成13年10月31日（平13(行ケ)258号）〔カンショウ乳酸〕髙橋隆三・新商標判例百選8頁
■商標法3条1項2号
・東京高判昭和31年7月14日（昭30(行ナ)48号）行集7巻7号1833頁〔羽二重〕杉林信義・商標判例百選24頁，柴田大助・特許判例百選（ジュリ別冊8号）80頁
・大阪高判昭和46年12月21日（昭42(ネ)1593号）判時664号83頁「走井餅」，「走り餅」松尾和子・ジュリ583号150頁
■商標法3条1項3号

142　〔末吉〕

§3（商標登録の要件）

- 最判昭和54年4月10日（昭53（行ツ）129号）判時927号233頁〔ワイキキ〕山田真紀・新商標判例百選10頁, 吉井参也・特管31巻1号71頁
- 最判昭和61年1月23日（昭60（行ツ）68号）判時1186号131頁〔GEORGIA〕耳野皓三・昭和61年度重判解（ジュリ臨増887号）246頁, 満田重昭・判評344号62頁, 山田真紀・新商標判例百選10頁, 染野啓子・民商95巻3号106頁, 網野誠・特管37巻8号1001頁, 森井暲・法セ376号20頁, 渋谷達紀・法教71号116頁
- 東京高判平成3年1月29日（平2（行ケ）103号）判時1379号130頁〔ダイジェスティブ〕吉田和彦・新商標判例百選16頁
- 東京高判平成5年1月26日（平4（行ケ）106号）知財集25巻1号224頁〔瓦そば〕石川明＝君嶋祐子・判評426号57頁, 盛岡一夫・知管45巻2号225頁
- 東京高判平成6年11月17日（平6（行ケ）85号）〔たらの子こうじ漬〕下坂スミ子・知管45巻9号1517頁
- 東京高判平成11年11月29日（平10（行ケ）18号）判時1710号141頁〔ほろはた／母衣旗〕小島庸和・判評507号31頁
- 東京高判平成13年2月28日（平12（行ケ）101号）判時1752号29頁〔ブロックおもちゃの図形商標（レゴ）〕畑岸義夫・JCAジャーナル48巻5号40頁
- 東京高判平成13年7月18日（平12（行ケ）427号）判時1766号70頁〔HELVETICA〕牛木理一・知管52巻7号1023頁, 畑岸義夫・JCAジャーナル48巻12号45頁
- 最判平成14年2月28日（平13（行ヒ）12号）判時1779号81頁〔水沢うどん〕金久美子・法学新報（中央大学）110巻5・6号329頁, 田倉整・発明99巻8号118頁／田倉整・発明99巻6号94頁
- 東京高判平成14年8月9日（平13（行ケ）372号）〔D-Fraction〕工藤莞司＝金久美子・ニュース12224号1頁, 工藤莞司＝金久美子・ニュース12214号1頁
- 知財高判平成17年6月9日（平17（行ケ）10342号）〔FLAVAN／フラバン〕光石俊郎・新商標判例百選12頁
- 知財高判平成18年6月12日（平18（行ケ）10054号）判時1941号127頁〔三浦葉山牛〕南かおり・Lexis判例速報12号102頁, 江幡奈歩・特研42号44頁
- 知財高判平成18年9月27日（平18（行ケ）10229号）〔紅隼人〕荒垣恒輝・ニュース12002号1頁
- 知財高判平成19年3月28日（平18（行ケ）10374号）判時1981号79頁〔本生〕田中孝一・平成19年度主判解（判タ別冊22号）254頁, 牛木理一・ニュース12005号1頁
- 知財高判平成19年7月12日（平19（行ケ）10013号）〔海底遺跡〕牛木理一・ニュース12151号1頁
- 知財高判平成21年7月21日（平21（行ケ）10023号）〔こくうま〕宮田金雄・ニュース12985号1頁
- 知財高判平成22年3月29日（平21（行ケ）10226号）判時2080号80頁〔SIDAMO〕鷹取政信・判評625号26頁, 泉克幸・法セ増刊（速報判例解説）8号313頁, 加藤暁子・知管62巻6号821頁, 津久井見樹・CIPICジャーナル206号13頁
- 知財高判平成23年3月24日（平22（行ケ）10356号）判時2121号127頁〔黒糖ドーナツ棒〕生駒正文＝久々湊伸一・ニュース13301号14頁
- 知財高判平成23年3月28日（平22（行ケ）10304号）〔MBA ENGLISH〕工藤莞司・ニュース13224号1頁
- 知財高判平成23年12月15日（平23（行ケ）10207号）判時2140号66頁〔MULTI-TOUCH〕渡邉聡・ニュース13187号1頁

〔末吉〕

§3 (商標登録の要件)

- 知財高判平成24年2月9日（平23(行ケ)10223号）〔戸建マンション〕宮川久成・ニュース13272号1頁
- 知財高判平成24年2月15日（平23(行ケ)10355号）〔超ミネラル〕西野吉徳・ニュース13297号1頁
- 知財高判平成24年9月13日（平24(行ケ)10002号）判時2166号131頁〔Kawasaki〕牛木理一・ニュース13343号1頁，川瀬幹夫・知管63巻5号733頁
- 知財高判平成25年1月24日（平24(行ケ)10285号）判時2177号114頁〔あずきバー〕外川英明・判評658号16頁，堀江亜以子・知管64巻5号715頁，小川宗一・日本大学法学部知財ジャーナル7号75頁，青島恵美・ニュース13489号1頁
- 知財高判平成25年8月28日（平24(行ケ)10352号）〔ほっとレモン〕大友信秀・WLJ判例コラム14号，生田哲郎＝中所昌司・発明110巻11号37頁
- 大阪地判平成25年10月17日（平25(ワ)127号）〔RAGGAZZA〕中野亮介・ニュース13672号1頁
- 知財高判平成25年12月17日（平25(行ケ)10158号）〔LADY GAGA〕竹山尚治・ニュース13713号1頁，茶園成樹・L&T 66号42頁，宮脇正晴・法セ増刊（新判例解説 Watch）16号265頁
- 知財高判平成26年10月29日（平26(行ケ)10093号）〔江戸辛味大根〕竹山尚治・ニュース13963号1頁
- 知財高判平成27年2月25日（平26(行ケ)10089号）〔IGZO〕大友信秀・WLJ判例コラム46号／神田雄・ニュース13983号1頁，川瀬幹夫・知管65巻8号1094頁

■商標法3条1項3号——立体商標

- 東京高判平成12年12月21日（平11(行ケ)406号）判時1746号129号〔ゴルフスコアカード筆記具〕三山峻司・判評514号34頁，青木博通・Designprotect80号12頁
- 東京高判平成13年7月17日（平12(行ケ)474号）判時1769号98頁〔ヤクルト容器〕青江秀史・新商標判例百選14頁，三山峻司・知管52巻9号1365頁
- 知財高判平成19年6月27日（平18(行ケ)10555号）判時1984号3頁〔マグライト〕美勢克彦・平成19年度主判解（判タ別冊22号）252頁，上野達弘・平成19年度重判解（ジュリ臨増1354号）297頁，生駒正文・判評592号25頁，宮川久成・ニュース12464号1頁，青木博通・Designprotect80号12頁，小島立・知管58巻4号529頁，長谷川俊明・国際商事法務36巻1号22頁，青木博通・CIPICジャーナル180号10頁，牛木理一・ニュース12067号1頁，光野文子・知管58巻2号191頁，佐藤百合子・AIPPI 53巻2号2頁，泉克幸・法セ増刊（速報判例解説）2号271頁，宮川久成・ニュース12454号1頁，青木博通・ビジネス法務7巻11号113頁
- 知財高判平成20年5月29日（平19(行ケ)10215号）判時2006号36頁〔コカ・コーラ〕宮川美津子・平成20年度主判解（判タ別冊25号）232頁，盛岡一夫・発明106巻4号66頁，足立勝・L&T 42号59頁，川瀬幹夫・知管58巻12号1593頁，青木博通・CIPICジャーナル184号20頁，長谷川俊明・国際商事法務36巻9号1176頁，田村善之＝劉曉倩・知管58巻10号1267頁(1)，田村善之＝劉曉倩・知管58巻11号1393頁(2)，生駒正文＝久々湊伸一・ニュース12519号1頁，青木博通・ビジネス法務8巻9号101頁，知財研究49巻2号16頁
- 知財高判平成20年6月30日（平19(行ケ)10293号）判時2056号133号〔GuyLiANチョコレート（シーシェルバー）〕土肥一史・判評620号14頁，堀江亜以子・知管60巻9号1561頁，今村哲也・法セ増刊（速報判例解説）6号275頁，工藤莞司・ニュース12643号2頁，青木博通・Design-protect 81号2頁，本宮照久・日本大学法学部知財ジャーナル2号79頁

〔末吉〕

§3（商標登録の要件）

- 知財高判平成22年11月16日（平22(行ケ)10169号）判時2113号135頁〔ヤクルト容器〕渡邉聡・ニュース12966号1頁，青木博通・ビジネス法務11巻3号54頁，牛木理一・ニュース12889号1頁，山田威一郎・知管61巻6号837頁／生駒正文・久々湊伸一・ニュース13098号7頁，堀江亜以子・特研53号39頁，眞島宏明・吉備国際大学研究紀要・国際環境経営学部21号25頁，渡辺光・民事判例2号178頁
- 知財高判平成23年4月21日（平22(行ケ)10366号）判時2114号9頁〔JEAN PAUL GAULTIER "CLASSIQUE"〕青木大也・ジュリ1457号118頁，中川淨宗・発明109巻4号40頁，光野文子・ニュース13029号1頁，青木博通・Designprotect 90号9頁，牛木理一・ニュース12992号1頁，安田和史・日本大学法学部知財ジャーナル5号55頁
- 知財高判平成23年4月21日（平22(行ケ)10386号）判時2114号9頁〔L' EAU D' ISSEY〕青木大也・AIPPI 58巻5号22頁
- 知財高判平成23年6月29日（平22(行ケ)10253号ほか）判時2122号33頁〔Yチェア〕小泉直樹・ジュリ1436号6頁，堀江亜以子・知管62巻1号99頁，青木博通・Designprotect 91号2頁，西野吉徳・ニュース13106号1頁，水谷直樹・発明108巻9号33頁，生駒正文・久々湊伸一・ニュース13196号1頁，井関涼子・L&T 56号35頁

■商標法3条1項3号－題号

- 東京地判昭和63年9月16日（昭62(ワ)9572号）無体集20巻3号444頁〔POS〕満田重昭・判評366号55頁，後藤憲秋・パテ42巻1号30頁，石井誠・特管39号9号1081頁

■商標法3条1項4号

- 知財高判平成24年9月13日（平24(行ケ)10002号）判時2166号131頁〔Kawasaki〕前掲3条1項3号

■商標法3条1項5号

- 知財高判平成20年3月27日（平19(行ケ)10243号）〔AJ〕渡邉常雄・ニュース13125号1頁，小野寺隆・知管58巻12号1581頁，牛木理一・ニュース12249号1頁

■商標法3条1項6号

- 東京高判平成2年4月12日（平1(行ケ)112号）無体集22巻1号284頁〔合資会社八丁味噌〕佐藤恵太・特管41巻10号1315頁
- 東京地判平成17年6月21日（平17(ワ)768号）判時1913号146頁〔IP FIRM〕水谷直樹・発明102巻9号，長谷川俊明・国際商事法務34巻4号459頁
- 大阪地判平成17年12月8日（平16(ワ)12032号）判時1934号109頁〔中古車の110番〕板倉集一・判評577号35頁，佐藤恵太・中央ロー・ジャーナル4巻1号112頁／上沼紫野・Lexis判例速報10号122頁，宮脇正晴・パテ62巻4号179頁
- 知財高判平成18年3月9日（平17(行ケ)10651号）〔UVmini〕工藤莞司・ニュース12732号1頁
- 知財高判平成21年3月24日（平20(行ケ)10371号）〔アイビーファーム〕宮田金雄・ニュース12699号1頁
- 知財高判平成21年9月8日（平21(行ケ)10034号）判時2076号89頁〔ID〕宮田金雄・ニュース12808号1頁
- 知財高判平成22年1月27日（平21(行ケ)10270号）判時2083号142頁〔BOUTIQUE 9〕渡邉常雄・ニュース12754号1頁
- 知財高判平成22年8月4日（平22(行ケ)10114号）〔讃岐庵〕宮田金雄・ニュース13147号1頁

〔末吉〕

§3（商標登録の要件）　　　　　　　　　　第2章　商標登録及び商標登録出願

■商標法3条2項（適用肯定例）
- 東京高判昭和59年10月31日（昭57(行ケ)213号）判時1152号159頁〔ジューシー〕満田重昭・判評331号50頁
- 東京高判平成12年8月10日（平11(行ケ)80号）判時1730号128頁〔「エピ・ライン」の模様（横縞の型押し模様）〕松尾和子・判評509号62頁
- 東京高判平成13年2月28日（平12(行ケ)101号）判時1752号29頁〔ブロックおもちゃの図形商標（レゴ）〕前掲3条1項3号
- 知財高判平成19年6月27日（平18(行ケ)10555号）判時1984号3頁〔マグライト〕前掲3条1項3号－立体商標
- 知財高判平成20年5月29日（平19(行ケ)10215号）判時2006号36頁〔コカ・コーラ〕前掲3条1項3号－立体商標
- 知財高判平成22年11月16日（平22(行ケ)10169号）判時2113号135頁〔ヤクルト容器〕前掲3条1項3号－立体商標
- 知財高判平成23年3月24日（平22(行ケ)10356号）判時2121号127頁〔黒糖ドーナツ棒〕前掲3条1項3号
- 知財高判平成23年4月21日（平22(行ケ)10366号）判時2114号9頁〔JEAN PAUL GAULTIER "CLASSIQUE"〕前掲3条1項3号－立体商標
- 知財高判平成23年6月29日（平22(行ケ)10253号）判時2122号33頁〔Yチェア〕前掲3条1項3号－立体商標
- 知財高判平成24年9月13日（平24(行ケ)10002号）判時2166号131頁〔Kawasaki〕前掲3条1項3号
- 知財高判平成25年1月24日（平24(行ケ)10285号）判時2177号114頁〔あずきバー〕前掲3条1項3号

■商標法3条2項（適用否定例）
- 東京高判平成4年12月24日（平4(行ケ)61号）判時1471号143頁〔純〕渋谷達紀・判評423号42頁
- 東京高判平成5年1月26日（平4(行ケ)106号）知財集25巻1号224頁〔瓦そば〕前掲3条1項3号
- 知財高判平成18年6月12日（平18(行ケ)10054号）判時1941号127頁〔三浦葉山牛〕前掲3条1項3号
- 知財高判平成18年11月29日（平17(行ケ)10673号）判時1950号3頁〔ひよこ立体商標〕大野聖二・平成19年度主判解（判タ別冊22号）256頁，西田昌吾・金商1292号8頁，劉曉倩・知財政策（北海道大学）16号311頁，堀江亜以子・知管57巻11号1807頁，山本智子＝八尋光良・L&T35号30頁，市川穣・Lexis判例速報15号117頁，牛木理一・知財ぷりずむ52号57頁，荒垣恒輝・ニュース11934号1頁，高部育子・CIPICジャーナル176号38頁，青木博通・ビジネス法務7巻5号116頁
- 知財高判平成19年3月28日（平18(行ケ)10374号）判時1981号79頁〔本生〕前掲3条1項3号
- 知財高判平成25年8月28日（平24(行ケ)10352号）〔ほっとレモン〕前掲3条1項3号

§3（商標登録の要件）

細　目　次

I　商標法3条の概要(148)
II　商標法3条1項全体について(150)
　(1)　商標法3条1項全体の概要(150)
　(2)　商標法3条1項全体の商標審査基準(150)
　(3)　本項の解釈(152)
　　(a)　本項の趣旨(152)
　　(b)　判断基準時は審査時・審決時（商標審査基準第1の一の1）(154)
III　商標法3条1項柱書について(154)
　(1)　商標法3条1項柱書の概要(154)
　(2)　商標法3条1項柱書の商標審査基準(155)
　(3)　商標の使用又は使用意思に関する具体的判断（判決例・審決例）(174)
IV　商標法3条1項1号（商品又は役務の普通名称）(177)
　(1)　本号の概要(177)
　(2)　本号の商標審査基準(178)
　(3)　本号に関する具体的判断（判決例）(179)
　(4)　本号に関する判決例・審決例(181)
　　(a)　適用肯定例たる判決例(181)
　　(b)　適用肯定例たる審決例(182)
V　商標法3条1項2号（慣用商標）(183)
　(1)　本号の概要(183)
　(2)　本号の商標審査基準(183)
　(3)　本号に関する具体的判断（判決例）(184)
　(4)　本号に関する判決例・審決例(185)
　　(a)　適用肯定例たる判決例(185)
　　(b)　適用肯定例たる審決例(185)
　　(c)　適用否定例たる判決例(185)
VI　商標法3条1項3号（商品の産地，販売地，品質その他の特徴等又は役務の提供の場所，質その他の特徴等の表示）(185)
　(1)　本号の概要(185)
　(2)　本号の商標審査基準(188)
　(3)　本号の解釈(192)
　　(a)　本号の趣旨(192)
　　(b)　「商品の原材料を普通に用いられる方法で表示する商標」の意義(192)
　　(c)　「販売地」に準ずるもの(193)
　(4)　本号に関する判決例・審決例(193)
　　(a)　適用肯定例たる判決例(193)
　　(b)　適用肯定例たる審決例(200)
　　(c)　適用否定例たる判決例(209)
　　(d)　適用否定例たる審決例(211)
　(5)　立体商標における判決例・審決例(213)
　　(a)　立体商標における適用肯定例たる判決例・審決例(213)
　　(b)　立体商標における適用否定例たる審決例(217)
　(6)　題号における判決例・審決例(218)
VII　商標法3条1項4号（ありふれた氏又は名称）(218)
　(1)　本号の概要(218)
　(2)　本号の商標審査基準(219)
　(3)　本号に関する具体的判断（判決例）(220)
　(4)　本号に関する判決例・審決例(221)
　　(a)　適用肯定例たる審決例(221)
　　(b)　適用否定例たる判決例・審決例(222)
VIII　商標法3条1項5号（極めて簡単で，かつ，ありふれた標章）(223)
　(1)　本号の概要(223)
　(2)　本号の商標審査基準(224)
　(3)　本号の解釈(226)
　　(a)　本号の趣旨(226)
　　(b)　本号該当性の判断にあたっては一般的な判断で足りる(226)
　(4)　本号に関する具体的判断(227)
　(5)　本号に関する判決例・審決例(227)
　　(a)　適用肯定例たる判決例・審決例(227)
　　(b)　適用否定例たる審決例(229)
IX　商標法3条1項6号（前号までのほか，識別力のないもの）(230)
　(1)　本号の概要(230)
　(2)　本号の商標審査基準(231)
　(3)　本号の解釈(234)
　　(a)　本号の趣旨(234)

〔末吉〕

§3（商標登録の要件）　　　　　　　　　　　第2章　商標登録及び商標登録出願

　　　(b)　本号に該当する商標の類型(235)
　(4)　本号に関する具体的判断（判決例）(236)
　(5)　キャッチフレーズに係る具体的判断（判決例・審決例）(237)
　　　(a)　適用肯定例(237)
　　　(b)　適用否定例(238)
　(6)　本号に関する判決例・審決例(239)
　　　(a)　適用肯定例たる判決例・審決例(239)
　　　(b)　適用否定例たる判決例・審決例(242)
　(7)　キャッチフレーズに関する登録・拒絶の類型化(244)
　　　(a)　商標の構成のみに基づき登録した事例(244)
　　　(b)　商標の構成のみに基づき拒絶した事例(244)
　　　(c)　指定商品・役務についての第三者の使用事実に基づき登録した事例(244)
　　　(d)　指定商品・役務についての第三者の使用事実に基づき拒絶した事例(244)
　　　(e)　本人の使用による商標としての認知度に基づき登録した事例(245)
　　　(f)　業界動向・社会動向等に基づき拒絶した事例(245)
　　　(g)　キャッチフレーズ等の識別力以外の観点に基づき登録した事例(245)
Ⅹ　商標法3条2項（使用による識別性）(245)
　(1)　本項の概要(245)
　(2)　本項の商標審査基準(247)
　(3)　本項の解釈(252)
　　　(a)　本項の趣旨(252)
　　　(b)　「需要者が何人かの業務に係る商品又は役務であることを認識することができるもの」の解釈(252)
　　　(c)　特別顕著性があるものが指定商品・役務である場合に限られる(252)
　　　(d)　出願商標及び指定商品・役務と，使用商標及び商品・役務との同一性(253)
　　　(e)　出願商標及び指定商品・役務と，使用商標及び商品・役務との同一性の緩和(254)
　　　(イ)　出願商標の外観に顕著な特徴がない場合（標準文字を含む）に，外観，称呼及び観念を総合的に観察し，同一性を認めている裁判例(254)
　　　(ロ)　使用においてハウスマーク等の他の商標と組み合わせて出願商標を使用している場合に，出願商標と使用商標の同一性を，形式的に商標同士を比較して判断するのではなく，出願商標部分のみで独立した識別力が認められるかという実質的な観点から判断をする裁判例(255)
　　　(ハ)　出願商標の指定商品・役務と使用商標の商品・役務との同一性につき，商品・役務の密接関連性等から，実際に使用していない商品・役務についても3条2項による登録が認められている裁判例(255)
　　　(ニ)　商標の著名性を考慮して，実際に著名性を獲得した商品・役務とは非類似とされる商品・役務についても3条2項による登録が認められている裁判例(257)
　　　(f)　本項該当性の判断方法(257)
　(4)　本項に関する判決例・審決例(258)
　　　(a)　適用肯定例たる判決例・審決例(258)
　　　(b)　適用否定例たる判決例・審決例(261)
　(5)　本項に関する立体商標の判決例(266)
　　　(a)　否定例(266)
　　　(b)　肯定例(268)

〔末吉　互〕

Ⅰ　商標法3条の概要

　商標は，自己と他人の商品又は役務とを区別するために用いられるものであるため，1号ないし6号に該当する商標は登録を受けることができない（商標3条1項柱書）。商

§3（商標登録の要件）

標は，自己と他人の商品又は役務とを区別するために用いられるものであるためである。
　ここで，1号ないし6号に該当する商標とは次のとおりである。
・商品又は役務の普通名称のみを表示する商標（商標3条1項1号）
・商品・役務について慣用されている商標（商標3条1項2号）
・単に商品の産地，販売地，品質その他の特徴等又は役務の提供の場所，質その他の特徴等のみを表示する商標（商標3条1項3号）
・ありふれた氏又は名称のみを表示する商標（商標3条1項4号）
・極めて簡単で，かつ，ありふれた標章のみからなる商標（商標3条1項5号）
・その他何人かの業務に係る商品又は役務であるかを認識することができない商標（商標法3条1項6号）

　ただし，上記3号から5号までに該当する商標であっても，使用をされた結果，需要者が何人かの業務に係る商品又は役務であることを認識することができるものについては，登録を受けることができる（商標3条2項）。
　本条は，商標登録の要件を規定する。ここでは，自他商品・役務の識別力，出所表示機能等の商標の本質的機能の有無（一般的・普遍的適格性）を問題にしている。ここでは，「自己の業務に係る商品又は役務について使用をする」商標であること，及び，「何人かの業務に係る商品又は役務であるかを認識することができること」（特別顕著性があること），の2つの要件が必要である（積極的要件）。
　他方，商標法4条は，主として公益的見地や私益保護の観点から，政策的に商標登録の具体的適格性を要件として規定している。これは，消極的要件である。
　わが国商標法は，使用主義ではなく登録主義を採用しており，現実に商標を使用しているために現存している信用のみならず，その商標の使用をする予定があるために可能性として存在する信用についても保護の対象としている。ただし，不使用取消制度の強化等によって，使用主義的な制度修正がなされている。
　商標法3条違反は無効審判の事由であるが（商標46条1項1号），これを理由とした無効審判は，商標権の設定の登録の日から5年の除斥期間にかかり，これ以降は無効にすることができなくなる（商標47条）。
　また，以下で紹介する『商標審査基準』は，〔改訂第12版〕（平成28年4月1日以降の審査に適用される）である。この改訂のうち商標法3条関係では，①商標の使用について，法令に定める国家資格等が必要な場合において，当該資格を有しないことが明らかなときは商標法3条1項柱書に該当することを明記（1項柱書），②書籍等の題号について，その商標が商品の内容等を認識させる場合について，具体的事情を明記（3号），③商標がその商品若しくは役務の宣伝広告又は企業理念・経営方針等を普通に用いられる方法で

〔末吉〕

表示したものとしてのみ認識させる場合等の具体的事情を明記（6号），④使用による識別力に関し，近時の裁判例等を踏まえ商標や商品又は役務の同一性等について明記（2項），⑤近時の裁判例等を踏まえて，商標法3条1項各号に該当する例示を変更，⑥用語の統一化などがなされた。

II　商標法3条1項全体について
(1)　商標法3条1項全体の概要
　本項に該当するか否かの判断時期は，査定時である（商標審査基準第1の一の1）。ただし，拒絶査定不服審判においては審決時である（同）。

　立体的形状に，識別力を有する文字，図形等の標章を結合し，かつ，当該文字，図形等の標章が商品又は役務の出所を表示する識別標識としての使用態様で用いられていると認識できる場合は，商標全体としても本項各号に該当しないと判断する（同2(1)）。

　本項各号に該当する文字に単に厚みをもたせたにすぎない立体的形状のみからなる場合は，本項各号に該当すると判断する（同2(2)）。

　さらに，『商標審査基準』は，動き商標（同3），ホログラム商標（同4），色彩のみからなる商標（同5），音商標（同6）及び位置商標（同7）の各本項の商標登録要件の考え方についても，それぞれ規定する。これらにより，動き商標，ホログラム商標，色彩のみからなる商標，音商標及び位置商標について，それぞれ商標としての捉え方を示している。

(2)　商標法3条1項全体の商標審査基準
　商標法3条1項全体に関する『商標審査基準』（第1の一）は次のとおりである。
■商標審査基準第1の一

> 1．判断時期について
> 　　本項に該当するか否かの判断時期は，査定時とする。
> 　　なお，拒絶査定不服審判請求がなされた場合の判断時期は，審決時である。
> 2．立体商標について
> 　(1)　立体的形状に，識別力を有する文字，図形等の標章を結合し，かつ，当該文字，図形等の標章が商品又は役務の出所を表示する識別標識としての使用態様で用いられていると認識できる場合は，商標全体としても本項各号に該当しないと判断する。
> 　(2)　本項各号に該当する文字に単に厚みをもたせたにすぎない立体的形状のみからなる場合は，本項各号に該当すると判断する。
> 3．動き商標について

(1)　動き商標を構成する文字や図形等の標章と，その標章が時間の経過に伴って変化する状態とを総合して商標全体として考察し，本項各号に該当するか否かを判断する。
　(2)　動き商標を構成する文字や図形等の標章が，本項各号に該当しない場合には，商標全体としても本項各号に該当しないと判断する。
　(3)　動き商標を構成する文字や図形等の標章が，本項各号に該当するもののみからなる場合には，原則として，商標全体としても本項各号に該当すると判断する。
　(4)　標章が時間の経過に伴って変化する状態が軌跡として線等で表され文字や図形等の標章を描き，その標章が，本項各号に該当する場合には，商標全体としても本項各号に該当すると判断する。
4．ホログラム商標について
　(1)　ホログラム商標を構成する文字や図形等の標章と，その標章が立体的に描写される効果，光の反射により輝いて見える効果，見る角度により別の表示面が見える効果等のホログラフィーその他の方法による視覚効果により変化する状態とを総合して商標全体として考察し，本項各号に該当するか否かを判断する。
　(2)　ホログラフィーその他の方法による視覚効果のうち，立体的に描写される効果，光の反射により輝いて見える効果等の文字や図形等の標章を装飾する効果については，表示面に表された文字や図形等の標章が，本項各号に該当するか否かを判断する。
　　　　ホログラム商標を構成する文字や図形等の標章が本項各号に該当しない場合には，商標全体としても本項各号に該当しないと判断する。
　(3)　(1)の視覚効果のうち，見る角度により別の表示面が見える効果が施されている場合には，それぞれの表示面に表された文字や図形等の標章が，本項各号に該当するか否かを判断するとともに，その表示面の商標全体に占める割合，表示される文脈，他の表示面の標章の関連性等を総合して，商標全体として考察し，本項各号に該当するか否かを判断する。
　(4)　ホログラム商標を構成する文字や図形等の標章が，本項各号に該当するもののみからなる場合には，原則として，商標全体としても本項各号に該当すると判断する。
5．色彩のみからなる商標について
　(1)　2以上の色彩を組み合わせてなる場合は，商標全体として考察し，本項各号に該当するか否かを判断する。色彩を付する位置を特定したものについても，同様とする。
　(2)　色彩を付する位置を特定したものについては，色彩のみからなる商標を構成する標章は色彩のみであることから，その位置は考慮せず，色彩が本項各号に該当するか否かを判断する。
6．音商標について

§3（商標登録の要件） 第2章　商標登録及び商標登録出願

　(1)　音商標を構成する音の要素（音楽的要素及び自然音等）及び言語的要素（歌詞等）を総合して商標全体として考察し，本項各号に該当するか否かを判断する。
　(2)　言語的要素が本項各号に該当しない場合には，商標全体としても本項各号に該当しないと判断する。
　(3)　音の要素が本項各号に該当しない場合には，商標全体としても本項各号に該当しないと判断する。
　(4)　本項各号に該当する標章を単に読み上げたにすぎないと認識させる音商標は，商標全体としても本項各号に該当すると判断する。
7．位置商標について
　(1)　位置商標を構成する文字や図形等の標章とその標章が付される位置とを総合して，商標全体として考察し，本項各号に該当するか否かを判断する。
　(2)　位置商標を構成する文字や図形等の標章が，本項各号に該当しない場合には，標章を付する位置にかかわらず，原則として，商標全体としても本項各号に該当しないと判断する。
　(3)　位置商標を構成する文字や図形等の標章が，本項各号に該当するもののみからなる場合には，原則として，商標全体としても本項各号に該当すると判断する。

(3)　本項の解釈

　(a)　本項の趣旨　　商標法3条1項は，自他商品識別力のない商標の登録を禁止する規定であり，また，自他商品識別力の有無は，当該商標をその指定商品につき現実に使用する場合のことを考えて判定すべきである。すなわち，同条1項6号が自他商品識別力のない商標について定めた総括規定であり，同条1号ないし5号が例示規定である。1号ないし5号に掲げる商標はそもそも自他商品識別力がなく，ただ，3号ないし5号に掲げる商標のみが使用の結果，自他商品識別力を有するに至ることがあるのみである（多数説）。

　この多数説では，3号の産地，販売地を表示する商標も自他商品識別力のない商標であるということになる。

　しかし，このような産地，販売地を表示する商標は，現に何人も使用していない限り，登録されて商標権者により使用されるときには自他商品識別力をもたないということはできないとも考えられる。そこで，自他商品識別力の意義をもっと広義に解し，登録査定時において自他商品識別力のない商標のほか，商標査定時には自他商品識別力があっても，何人においても自由に使用し得る商標と同一又は類似であるため他人において自由に使用することができ（商標26条），これにより将来識別力が失われるような商標も（広

§3（商標登録の要件）

義の）自他商品識別力のない商標であるとする考え方もある。

　しかし，多数説によれば，商品の産地，販売地を普通に用いられる方法で表示する標章のみからなる商標が登録要件を欠くとされるのは，このような商標は，万人の使用に委ねられ特定の者による独占を許さないとするのが相当であるとの公益上の見地からか，又はこのような公益上の見地から何人の使用も許される結果，多くの場合，自他商品識別力を欠くとみられるためである。このように，多数説では，商標法3条1項各号の趣旨を，①取引に際し必要適切な表示として何人もその使用を欲するものであるから，特定人によるその独占使用を認めるのを公益上適当としないものであるとともに，②一般的に使用される標章であって，多くの場合自他商品識別力を欠き，商標としての機能を果たし得ない，というものである。多数説は，上記の（広義の）自他商品識別力の考え方を用いることなく，「その独占使用を認めるのを公益上適当としないもの」との概念によって，説明するものである。

　なお，商品の産地，販売地を普通に用いられる方法で表示する標章のみからなる商標を使用すると，商品の産地，販売地につき誤認が生ずるおそれのあることが少なくないとしても，このことは商標法3条1項3号とは直接関係のあることではない（最判昭和54年4月10日〔昭53(行ツ)129号〕判時927号233頁〔ワイキキ〕）。誤認混同の防止は，同号の趣旨ではない。

　以上のことは，役務に関しても同様に考えられる。

　最近の裁判例も，上記の多数説に従っている。例えば，知財高判平成18年3月9日（平17(行ケ)10651号）〔UVmini〕は，「商標法3条の規定の仕方及び内容にかんがみると，同条1項は，登録出願された商標が，『需要者が何人かの業務に係る商品であることを認識することができない商標』，すなわち，自他商品識別力を有していない商標である場合には，商標登録を受けることができないものとしているのであり，同項1号から5号までの規定は，当該商標の構成自体から『需要者が何人かの業務に係る商品又は役務であることを認識することができない』と認められる典型的な商標を例示的に列挙するとともに，同項6号において，同項1号から5号まで例示的に列挙された商標以外の『需要者が何人かの業務に係る商品又は役務であることを認識することができない商標』，すなわち，自他商品識別力を有していない商標を総括的，概括的に規定し，なお，取引の実情により自他商品識別力を取得していることが証明されれば，同項に当たらないとして登録を受けることができ，また，同項3号から5号までに該当する商標について，使用により識別力を取得した場合には，同条2項により，登録を受けることができることにしているものと解するのが相当である。」とする。また，裁判例では，これを前提に，商標法3条1項各号の趣旨についても，上記多数説と同様に解されている。

〔末吉〕

(b) 判断基準時は審査時・審決時（商標審査基準第1の一の1）　商標法3条1項3号は出願商標の登録に関する積極的要件ないし一般的登録要件に関する規定であって，その要件がないものについては商標登録を拒絶すべき旨を定めたものであるから，その要件の存否の判断は行政処分一般の本来的性格に鑑み，特別の規定のない限り行政処分時（審査時），それが拒絶査定に付する不服の審判においては審決時を基準としてなされるべきである（東京高判平成12年8月29日（平12(行ケ)24号）〔昆布しょうゆ〕，この他，東京高判平成6年10月20日（平6(行ケ)35号）〔UROBAG〕，東京高判平成13年7月18日（平12(行ケ)427号）判時1766号70頁〔HELVETICA〕など）。

III　商標法3条1項柱書について
(1) 商標法3条1項柱書の概要

「自己の業務」には，出願人本人の業務に加え，出願人の支配下にあると実質的に認められる者の業務を含む（商標審査基準第1の二の1）。

「使用をする」とは，指定商品又は指定役務について，出願人又は出願人の支配下にあると実質的に認められる者（「出願人等」）が，出願商標を現に使用している場合のみならず，将来において出願商標を使用する意思（「使用の意思」）を有している場合を含む（商標審査基準第1の二の2(1)）。

指定役務が，商標を使用できない蓋然性が高い場合，本項柱書により登録を受けることができる商標に該当しないと判断する旨の拒絶理由の通知を行い，出願人が指定役務を行いうるか確認する（商標審査基準第1の二の2(2)）。

(i)一定の場合に該当する小売等役務の場合と，(ii)1区分内での商品又は役務の指定が広範な範囲に及んでいる場合とは，指定商品又は指定役務について商標の使用又は使用の意思があることに疑義があるものとして，商標法3条1項柱書により登録を受けることができる商標に該当しないと判断する旨の拒絶理由の通知を行い，出願人等における商標の使用又は使用の意思を確認する（商標審査基準第1の二の2(3)，その確認の方法は同3）。

さらに，『商標審査基準』では，国際商標登録出願の場合（同4），及び，団体商標の場合（同5）の考え方について規定している。

また，立体商標については，「願書に記載した商標」が，立体商標を構成するものと認められない場合には，本項柱書により商標登録を受けることができる商標に該当しないと判断する（同6）。

加えて，動き商標，ホログラム商標，色彩のみからなる商標，音商標及び位置商標については，願書に記載した商標及び商標の詳細な説明から（ただし，音商標については，さらに経済産業省令で定める物件を含めて認定する），願書に記載した商標がそれぞれの商標を

§3 (商標登録の要件)

構成するものと認められない場合には，本項柱書により商標登録を受けることができる商標に該当しないと判断する（同7ないし11）。

(2) 商標法3条1項柱書の商標審査基準

商標法3条1項柱書の『商標審査基準』（第1の二）は次のとおりである。

■商標審査基準第1の二

1．「自己の業務」について

「自己の業務」には，出願人本人の業務に加え，出願人の支配下にあると実質的に認められる者の業務を含む。

（例）

① 出願人がその総株主の議決権の過半数を有する株式会社の業務

② ①の要件を満たさないが資本提携の関係があり，かつ，その会社の事業活動が事実上出願人の支配下にある場合の当該会社の業務

③ 出願人がフランチャイズ契約におけるフランチャイザーである場合の加盟店（フランチャイジー）の業務

2．「使用をする商標」について

(1) 「使用をする」とは，指定商品又は指定役務について，出願人又は出願人の支配下にあると実質的に認められる者（以下「出願人等」という。）が，出願商標を現に使用している場合のみならず，将来において出願商標を使用する意思（以下「使用の意思」という。）を有している場合を含む。

(2) 指定役務が，例えば，次のような場合には，商標を使用できない蓋然性が高いものとして，本項柱書により登録を受けることができる商標に該当しないと判断する旨の拒絶理由の通知を行い，出願人が指定役務を行い得るか確認する。

（例）

指定役務に係る業務を行うために法令に定める国家資格等を有することが義務づけられている場合であって，願書に記載された出願人の名称等から，出願人が，指定役務に係る業務を行い得る法人であること，又は，個人として当該国家資格等を有していることのいずれの確認もできない場合。

(3) 指定商品又は指定役務について，(ア)又は(イ)に該当するときは，商標の使用及び使用の意思があるかについて合理的な疑義があるものとして，本項柱書により登録を受けることができる商標に該当しないと判断する旨の拒絶理由の通知を行い，下記3．に従い商標の使用又は使用の意思を確認する。

ただし，出願当初から，出願人等における商標の使用又は使用の意思があること

〔末吉〕

§3 (商標登録の要件)

が確認できる場合を除く。
    (ア) 第2条第2項に規定する役務（以下「小売等役務」という。）について
        ① 「衣料品，飲食料品及び生活用品に係る各種商品を一括して取り扱う小売又は卸売の業務において行われる顧客に対する便益の提供」（以下，「総合小売等役務」という。）に該当する役務を個人（自然人をいう。）が指定してきた場合。
        ② 総合小売等役務に該当する役務を法人が指定してきた場合であって，「自己の業務に係る商品又は役務について使用」をするものであるか否かについて調査を行っても，出願人等が総合小売等役務を行っているとは認められない場合。
        ③ 類似の関係にない複数の小売等役務を指定してきた場合。
    (イ) を除く商品・役務の全般について
        1区分内での商品又は役務の指定が広い範囲に及んでいる場合。
3．「使用をする商標」であることの確認について
 (1) 「使用をする商標」であることは，指定商品又は指定役務の各区分において類似群（類似商品・役務審査基準における類似群をいい，類似関係にあると推定する商品又は役務をグルーピングしたものを指す。）ごとに明らかにする必要がある。
 (2) 出願人等における商標の使用又は使用の意思については，商標の使用の前提となる指定商品又は指定役務に係る業務を行っているか否か又は行う予定があるか否かを通じて確認する。
 (3) 業務を行っていることの確認について
    (ア) 総合小売等役務に該当する役務を行っているか否かは，次の事実を考慮して総合的に判断する。
        ① 小売業又は卸売業を行っていること。
        ② その小売等役務の取扱商品の品目が，衣料品，飲食料品及び生活用品の各範疇にわたる商品を一括して1事業所で扱っていること。
        ③ 衣料品，飲食料品及び生活用品の各範疇のいずれもが総売上高の10％〜70％程度の範囲内であること。
    (イ) 指定商品又は指定役務に係る業務を出願人等が行っていることは，例えば，次の方法により確認する。
        ① 出願人等の取扱商品が記載されたカタログ，ちらし等の印刷物
        ② 出願人等が運営する店舗及び取扱商品が分かる店内の写真
        ③ 出願人等の取扱商品が分かる取引書類（注文伝票，納品書，請求書，領収書等）
        ④ 出願人等の業務内容，取扱商品が紹介されている新聞，雑誌，インターネット等の記事

⑤　（総合小売等役務の場合）小売等役務に係る商品の売上高が判る資料
(4) 業務を行う予定があることの確認について
　(ア)　出願人等が出願後3～4年以内（登録後3年に相当する時期まで）に商標の使用を開始する意思がある場合に，指定商品又は指定役務に係る業務を出願人等が行う予定があると判断する。
　(イ)　指定商品又は指定役務に係る業務を出願人等が行う予定があることの確認のためには，商標の使用の意思を明記した文書及び予定している業務の準備状況を示す書類の提出を求める。
　　　なお，商標の使用意思が明確でない場合や当該予定している業務の準備状況に疑義がある場合には，必要に応じその事業の実施や計画を裏付ける書類の提出を求める。
4．国際商標登録出願について
(1) 国際商標登録出願について，国際登録に係る商標が第2条第1項に規定する商標に該当しないことが明らかなときは，本項柱書により登録を受けることができる商標に該当しないと判断する。
(2) 国際商標登録出願において，団体商標に相当する商標である旨の記載がされている場合，第7条第3項に規定する証明書（第7条第1項の法人であることを証する書面）の提出がされない場合は，本項柱書により商標登録を受けることができる商標に該当しないと判断する。
　　なお，団体商標の商標登録出願（国内出願）については，補正指令（方式）の対象とする。
5．団体商標について
　　団体商標の商標登録出願については，当該団体及びその構成員の双方が使用をしないものばかりでなく，当該団体が指定商品又は指定役務について使用するのみで，その構成員が使用をするものでないときも，本項柱書（第7条第2項の規定により読み替えて適用）により登録を受けることができる商標に該当しないと判断する。
6．立体商標について
　　立体商標である旨の記載があっても，願書中の商標登録を受けようとする商標を記載する欄へ記載した商標（以下「願書に記載した商標」という。）が立体商標を構成するものと認められない場合には，本項柱書により商標登録を受けることができる商標に該当しないと判断する。
(1) 立体商標と認められない例
　(ア)　願書に記載した商標が，立体的形状を表したものと認められない場合

§3（商標登録の要件）　　　　　　　第2章　商標登録及び商標登録出願

　（解説）立体的形状としての厚み等の三次元の物の外観としての形状が表示されておらず，文字，図形，記号と認識される。

(イ)　願書に記載した商標が，立体的形状と文字，図形，記号が分離して記載されたものと認められる場合

　（解説）文字，図形，記号が立体的形状に係る物の表面に貼り付けられたような構成及び態様でなく，分離した構成及び態様であるため，全体としては，三次元の物の外観としての形状が表示されているとはいえず，立体商標として認識することができない。

(ウ)　願書に記載した商標に複数の図が記載されているが，各図の示す標章が合致しない場合

　（解説）複数の図によって記載されているが，各図が表す立体的形状，色彩が合致しておら

158　〔末吉〕

ず，一つの立体的形状として特定されていない。

(エ) 商標が，指定商品中の一部の商品等の形状からなるが，その他の指定商品等においては商品等の形状として想定し得ず，かつ，商品等の広告としての使用も当然に想定し得ない場合

【商標登録を受けようとする商標】

【立体商標】
【指定商品又は指定役務並びに商品及び役務の区分】
【第5類】
【指定商品（指定役務）】薬剤，衛生マスク

（解説）この場合，衛生マスク以外の指定商品が当該立体的形状を採ることは想定し得ず，かつ，広告として使用されることも当然に想定し得ないから，本項柱書の要件を満たさないと判断する旨の拒絶理由を通知する。これに対し，指定商品を「衛生マスク」のみに補正する必要がある。

(2) 立体商標と認められる例

願書に記載した商標が，立体的形状又は立体的形状と文字，図形，記号，色彩が結合しているものと認識できる場合。

§3（商標登録の要件）　　　　　　　第2章　商標登録及び商標登録出願

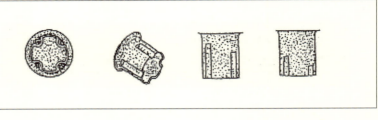

7．動き商標について
　　動き商標である旨の記載があっても，願書に記載した商標及び商標の詳細な説明から，願書に記載した商標が動き商標を構成するものと認められない場合には，本項柱書により商標登録を受けることができる商標に該当しないと判断する。
(1) 動き商標を構成すると認められない例
　　願書に記載した商標から，時間の経過に伴う標章の変化の状態が確認できない場合。

　　（解説）一枚の図によって記載されており，指示線もないため時間の経過に伴う標章の変化の状態が確認できない。
(2) 動き商標と認められる例
　　願書に記載した商標から，時間の経過に伴う標章の変化の状態が確認でき，商標の詳細な説明にも，その旨を認識し得る記載がなされている場合。

§3（商標登録の要件）

（例1）　一枚の図によって記載されている例（標章が変化せず移動する例）

【商標登録を受けようとする商標】

【動き商標】
【商標の詳細な説明】
　商標登録を受けようとする商標（以下「商標」という。）は，動き商標である。
　鳥が，左下から破線の軌跡に従って，徐々に右上に移動する様子を表している。この動き商標は，全体として3秒間である。
　なお，図中の破線矢印は，鳥が移動する軌跡を表すための便宜的なものであり，商標を構成する要素ではない。

（例2）　異なる複数の図によって記載されている例

【商標登録を受けようとする商標】

【動き商標】
【商標の詳細な説明】
　商標登録を受けようとする商標（以下「商標」という。）は，動き商標である。
　鳥が，図1から図5にかけて翼を羽ばたかせながら，徐々に右上に移動する様子を表している。この動き商標は，全体として3秒間である。
　なお，各図の右下隅に表示されている番号は，図の順番を表したものであり，商標を構成する要素ではない。

8．ホログラム商標について
　ホログラム商標である旨の記載があっても，願書に記載した商標及び商標の詳細な

§3（商標登録の要件）

説明から，願書に記載した商標がホログラム商標を構成するものと認められない場合には，本項柱書により商標登録を受けることができる商標に該当しないと判断する。

(1) ホログラム商標と認められない例

　　願書に記載した商標から，ホログラフィーその他の方法による視覚効果（立体的に描写される効果，光の反射により輝いて見える効果，見る角度により別の表示面が見える効果等）による標章の変化の状態が確認できない場合。

　　（解説）複数の表示面を一枚の図により表しているために，見る角度の違いから別の表示面が見える効果により変化する標章の変化の前後の状態が確認できない。

(2) ホログラム商標と認められる例

　　願書に記載した商標から，ホログラフィーその他の方法による視覚効果により変化する標章の変化の状態が確認でき，商標の詳細な説明にも，その旨を認識し得る記載がなされている場合。

　　（例） 複数の表示面が表示されるホログラム商標

【商標登録を受けようとする商標】

【ホログラム商標】

【商標の詳細な説明】

　　商標登録を受けようとする商標（以下「商標」という。）は，見る角度により別の表示面が見えるホログラム商標である。

　　左側から見た場合には，図1に示すとおり，正面から見た場合には，図2に示すとおり，右側から見た場合には，図3に示すとおりである。

§3（商標登録の要件）

　なお，商標の右下隅に表示されている番号は，図の順番を表したものであり，商標を構成する要素ではない。

9．色彩のみからなる商標について
　　色彩のみからなる商標である旨の記載があっても，願書に記載した商標及び商標の詳細な説明から，願書に記載した商標が色彩のみからなる商標を構成するものと認められない場合には，本項柱書により商標登録を受けることができる商標に該当しないと判断する。
(1) 色彩のみからなる商標と認められない例
　(ｱ)　願書に記載した商標から，文字や図形等を認識させることが明らかである場合

　(ｲ)　願書に記載した商標から，色彩を付する商品等における位置が特定されていると認められない場合

【商標登録を受けようとする商標】

【色彩のみからなる商標】
【商標の詳細な説明】
　商標登録を受けようとする商標（以下「商標」という。）は，色彩のみからなる商標であり，商品の包装容器の前面中央部を赤色（RGBの組合せ：R 255，G 0，B 0）とする構成からなる。なお，破線は，商品の形状の一例を示したものであり，商標を構成する要素ではない。
【指定商品又は指定役務並びに商品及び役務の区分】

〔末吉〕

§3（商標登録の要件）　　　　　　　　第2章　商標登録及び商標登録出願

【第5類】
【指定商品（指定役務）】薬剤

　　（解説）この場合，標章を付する対象たる包装容器を表す破線が，全体像を表していないため，標章を付する位置が定まらず，商品における位置を特定することができない。
　　　　　なお，商標登録を受けようとする商標を変更する補正は，要旨変更にあたる。
　（ウ）　商標の詳細な説明に，標章が色彩と図形等と結合したものであると特定させる記載がされている場合

【商標登録を受けようとする商標】

【色彩のみからなる商標】
【商標の詳細な説明】
　商標登録を受けようとする商標（以下「商標」という。）は，色彩のみからなる商標であり，赤色（RGBの組合せ：R255，G0，B0）の包丁の柄の部分の波形の形状からなる。なお，破線は，商品の形状の一例を示したものであり，商標を構成する要素ではない。
【指定商品又は指定役務並びに商品及び役務の区分】
【第8類】
【指定商品（指定役務）】包丁

　　（解説）この場合，商標の詳細な説明に基づいて，標章は色彩と立体的形状との結合として認定される。そのため，本項柱書及び第5条第5項の要件を満たさないと判断する旨の拒絶理由を同時に通知する。これに対し，商標の詳細な説明において，標章が色彩のみからなるものであることが明確になるように，例えば，「包丁の柄の部分を赤色（RGBの組合せ：R255，G0，B0）とする構成からなる」等に補正する必要がある。
　（エ）　色彩を付する位置を特定するために記載された商品等の形状が，指定商品等の形状として想定し得ない場合

〔末吉〕

§3（商標登録の要件）

【商標登録を受けようとする商標】

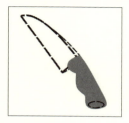

【色彩のみからなる商標】
【商標の詳細な説明】
　商標登録を受けようとする商標（以下「商標」という。）は，色彩のみからなる商標であり，包丁の柄の部分を赤色(RGBの組合せ：R 255, G 0, B 0)とする構成からなる。
【指定商品又は指定役務並びに商品及び役務の区分】
【指定商品（指定役務）】包丁，手動バリカン

　　（解説）この場合，商品「手動バリカン」には包丁の柄の部分を想定し得ないから，本項柱書の要件を満たさないと判断する旨の拒絶理由を通知する。これに対し，指定商品を，「包丁」のみに補正をする必要がある。
(2)　色彩のみからなる商標と認められる例
　(ｱ)　願書に記載した商標から，標章が色彩のみであることが確認でき，商標の詳細な説明にも，その旨を認識し得る記載がなされている場合。
(例1)　単色

【商標登録を受けようとする商標】

【色彩のみからなる商標】
【商標の詳細な説明】
　商標登録を受けようとする商標は，色彩のみからなる商標であり，赤色（RGBの組合せ：RR 255, G 0, B 0) のみからなるものである。

〔末吉〕

§3（商標登録の要件）　　　　　　　　第2章　商標登録及び商標登録出願

（例2）　色彩の組合せ

【商標登録を受けようとする商標】

【色彩のみからなる商標】
【商標の詳細な説明】
　商標登録を受けようとする商標（以下「商標」という。）は，色彩の組合せからなる色彩のみからなる商標である。色彩の組合せとしては，赤色（RGBの組合せ：R 255, G 0, B 0），青色（RGBの組合せ：R 0, G 0, B 255），黄色（RGBの組合せ：R 255, G 255, B 0），緑色（RGBの組合せ：R 255, G 128, B 0）であり，配色は，上から順に，赤色が商標の50パーセント，同じく青色25パーセント，黄色15パーセント，緑色10パーセントとなっている。

　(ｲ)　商品等における位置を特定した色彩のみからなる商標について，願書に記載した商標が，商標登録を受けようとする色彩を当該色彩のみで描き，その他の部分を破線で描く等により当該色彩及びそれを付する商品等における位置が特定できるように表示してあり，商標の詳細な説明にも，その旨を認識し得る記載がなされている場合。

（例1）　商品等における位置を特定する場合

【商標登録を受けようとする商標】

【色彩のみからなる商標】

【商標の詳細な説明】
　商標登録を受けようとする商標（以下「商標」という。）は，色彩のみからなる商標であり，包丁の柄の部分を赤色（RGBの組合せ：RR 255，G 0，B 0）とする構成からなる。
　なお，破線は，商品の形状の一例を示したものであり，商標を構成する要素ではない。
【指定商品又は指定役務並びに商品及び役務の区分】
【第8類】
【指定商品（指定役務）】包丁

（例2）　商品等における位置（複数）を特定する場合

【商標登録を受けようとする商標】

【色彩のみからなる商標】
【商標の詳細な説明】
　商標登録を受けようとする商標（以下「商標」という。）は，色彩のみからなる商標であり，ゴルフクラブ用バッグのベルトの部分を赤色（RGBの組合せ：R 255，G 0，B 0），ポケットの正面部分を青色（RGBの組合せ：R 36，G 26，B 240）とする構成からなる。なお，破線は，商品の形状の一例を示したものであり，商標を構成する要素ではない。
【指定商品又は指定役務並びに商品及び役務の区分】
【第28類】
【指定商品（指定役務）】ゴルフクラブ用バッグ

10．音商標について
　音商標である旨の記載があっても，願書に記載した商標，経済産業省令で定める物件（以下，「物件」という。）及び商標の詳細な説明から，願書に記載した商標が音商標を構成するものと認められない場合には，本項柱書により商標登録を受けることができ

§3（商標登録の要件）　　　　　　　　　第2章　商標登録及び商標登録出願

る商標に該当しないと判断する。
(1) 音商標と認められない例
　(ｱ) 願書に記載した商標に，楽曲のタイトルや作曲者名等の，音を特定するために必要な記載以外の記載がなされている場合
　(ｲ) 願書に記載した商標が，商標法施行規則第4条の5に定める方法以外の方法で記載されている場合。
　　（例1）　サウンドスペクトログラム（ソノグラム）により記載されている場合

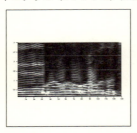

　　（注）　サウンドスペクトログラム（ソノグラム）とは，音を，音響分析装置によって周波数・振幅分布・時間の三次元で表示した記録図のこと。
　　（例2）　タブラチュア譜（タブ譜，奏法譜）や文字譜により記載されている場合

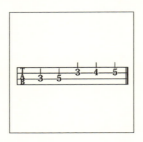

　　（注）　タブラチュア譜とは，楽器固有の奏法を文字や数字で表示した楽譜のことで，現在では，ギターの楽譜として多く用いられている。
(2) 音商標と認められる例
　　願書に記載した商標が，商標法施行規則第4条の5に規定された方法により記載され，音を特定するための次に掲げる事項の記載がなされている場合。
　(ｱ) 五線譜により記載されている場合
　　① 音符
　　② 音部記号（ト音記号等）

§3（商標登録の要件）

③　テンポ（メトロノーム記号や速度標語）
④　拍子記号（4分の4拍子等）
⑤　言語的要素（歌詞等が含まれるとき）

（例1）

（例2）

（注）　必要がある場合には，五線譜に加えて一線譜を用いて記載することができる。

（例3）

【商標登録を受けようとする商標】

【音商標】
【商標の詳細な説明】
　商標登録を受けようとする商標（以下「商標」という。）は音商標であり，音高のない打楽器であるタンバリンを使用して演奏している。
　商標は，五線譜中の第三間を一線譜として使用して記載しているものである。

〔末吉〕

§3（商標登録の要件） 第2章　商標登録及び商標登録出願

　　　（注）　演奏楽器として音高のない打楽器のみを使用している場合にかぎり，五線譜中の
　　　　　一線を用いて一線譜として記載ができる。
　（イ）文字により記載されている場合
　　①　音の種類
　　　　擬音語又は擬態語と組み合わせる等の方法により特定して記載する（例えば，
　　「ニャー」という猫の鳴き声，「パンパン」と手をたたく音，「ピューピュー」と風の吹
　　く音，「ゴーゴー」と風の吹く音，「カチャカチャ」と機械が動く音，「ウィンウィン」
　　と機械が動く音。）。
　　②　その他音を特定するために必要な要素
　　　　音の長さ（時間），音の回数，音の順番，音の変化等を記載する。
　　　　なお，音の変化とは，音量の変化，音声の強弱，音のテンポの変化等のこと
　　をいう。
　　（例）

```
本商標は、「パンパン」と2
回手をたたく音が聞こえた
後に、「ニャオ」という猫の
鳴き声が聞こえる構成とな
っており、全体で3秒間の長
さである。
```

11．位置商標について
　　位置商標である旨の記載があっても，願書に記載した商標及び商標の詳細な説明か
　ら願書に記載した商標が位置商標を構成するものと認められない場合には，本項柱書
　により商標登録を受けることができる商標に該当しないと判断する。
　(1) 位置商標と認められない例
　　（ア）願書に記載した商標から，標章を付する位置が特定されない場合。

〔末吉〕

§3（商標登録の要件）

（解説）複数示された各図において，標章（図形）の位置が異なるため，標章を付する商品中の位置を特定することができない。

(イ) 願書に記載した商標及び商標の詳細な説明に，標章が色彩のみからなると認識し得る記載がなされている場合。

【商標登録を受けようとする商標】

【位置商標】
【商標の詳細な説明】
　商標登録を受けようとする商標（以下「商標」という。）は，包丁の柄の部分を<u>赤色</u>とする構成からなる。
　なお，破線は，商品の形状の一例を示したものであり，商標を構成する要素ではない。
【指定商品又は指定役務並びに商品及び役務の区分】
【第8類】
【指定商品（指定役務）】包丁

（解説）位置商標は，商標法施行規則第4条の6により，標章の要件として，「文字，図形，記号若しくは立体的形状若しくはこれらの結合又はこれらと色彩との結合に限る。」とされており，「色彩のみ」を標章とすることは認められていないため，色彩と結合する標章がいかなるものであるかを，商標の詳細な説明において明確にする必要があ

〔末吉〕　171

§3 (商標登録の要件)　　　　　　　　　　第2章　商標登録及び商標登録出願

る。この事例においては,「包丁の柄の部分を赤色とする」との記載が,「包丁の柄の部分」に「赤色」という色彩の標章を付するものとも解釈し得るため,標章が色彩のみからなるものと認識され得る。そのため,第3条第1項柱書及び第5条第5項の要件を満たさないと判断する旨の拒絶理由を同時に通知する。この場合,商標の詳細な説明において,標章が立体的形状と色彩の組み合わせからなるものであることが明確になるように,例えば,「包丁の柄の部分を赤色とした立体的形状からなる」等に補正をする必要がある。

　(ウ)　位置を特定するために記載された商品等の形状が,指定商品等の形状として想定し得ない場合

【商標登録を受けようとする商標】

【位置商標】
【商標の詳細な説明】
　商標登録を受けようとする商標(以下「商標」という。)は,標章を付する位置が特定された位置商標であり,包丁の柄の側面中央部分に付された星形の図形からなる。なお,破線は,商品の形状の一例を示したものであり,商標を構成する要素ではない。
【指定商品又は指定役務並びに商品及び役務の区分】
【第8類】
【指定商品(指定役務)】はさみ類,包丁類,刀剣,すみつぼ類

　　(解説) この場合,商品「はさみ類,すみつぼ類」には包丁の柄に相当する位置を特定することができないから,第3条第1項柱書の要件を満たさない旨の拒絶理由を通知する。これに対し,指定商品を「包丁類,刀剣」のみに補正する必要がある。

　(2)　位置商標と認められる例
　　願書に記載した商標が,標章を実線で描き,その他の部分を破線で描くことにより標章及びそれを付する商品中の位置が特定できるように表示したと認めることができ,商標の詳細な説明にも,その旨を認識し得る記載がなされている場合。

§3（商標登録の要件）

（例1）

【商標登録を受けようとする商標】

【位置商標】
【商標の詳細な説明】
　商標登録を受けようとする商標（以下「商標」という。）は，標章を付する位置が特定された位置商標であり，包丁の柄の側面中央部分に付された星型の図形からなる。
　なお，破線は，商品の形状の一例を示したものであり，商標を構成する要素ではない。
【指定商品又は指定役務並びに商品及び役務の区分】
【指定商品（指定役務）】包丁

（例2）

【商標登録を受けようとする商標】

【位置商標】
【商標の詳細な説明】
　商標登録を受けようとする商標（以下「商標」という。）は，標章を付する位置が特定された位置商標であり，ゴルフクラブ用バッグの側面下部に付された図形からなる。
　なお，破線は，商品の形状の一例を示したものであり，商標を構成する要素では

ない。
【指定商品又は指定役務並びに商品及び役務の区分】
【第28類】
【指定商品（指定役務）】ゴルフクラブ用バッグ

(3) 商標の使用又は使用意思に関する具体的判断（判決例・審決例）

「自己の業務に係る商品又は役務について使用」をしないことが明らかであるときは，原則として，商標法3条1項柱書により登録を受けることができる商標に該当しないものとされている。すなわち，現に自己の業務にかかる商品・役務に使用している商標か，将来自己の業務に係る商品・役務に使用する意思のある商標でなければ，商標登録を受けることはできない。以下，商標の使用又は使用意思に関する具体的判断につき，判決例・審決例を検討する。

まず，審決例であるが，平成元年12月1日審判昭57-25974は，上記商標（第26類「旅客用小切手，その他旅客用小切手に関する印刷物」）につき，「銀行業は，大蔵大臣の免許を受けた者でなければ営むことができず，また，当該免許を受けて銀行業を営む者は，同法2条に掲げる業務を本業とし，……の業務のほか，他の業務を営むことができないので，出願人が商標法にいう商品についての業務を営むことができないことは明らかであり，かつ，商標法の商品についての業務を営むことについて大蔵大臣の免許を受けていることを認めるに足る証拠もない。したがって，出願人は，本願商標を商標法3条柱書にいう『自己の業務に係る商品について使用』をするものとは認められない。」とする。これは，許認可が必要な業務についての判断事例（使用意思否定）である。

次に，審決取消訴訟の判決例として，東京高判平成4年1月20日（平3（行ケ）26号）判時1424号116頁〔SUN／サン〕では，本願商標の願書には，原告（出願人）の業務が「プラスチック容器製造業兼紙製容器製造業」と記載されているが，本願商標の指定商品は商品区分第9類に属する「産卵台紙その他本類に属する商品」であり，「プラスチック容器及び紙製容器」は，いずれも商品区分第18類に属するもので第9類に属する商品ではな

いから、原告が第9類に属する「産卵台紙その他本類に属する商品」に係る業務を行っているものとは認められないとして、本願商標は商標法3条1項柱書の要件を具備しないとされた。また、同判決では、商標法施行規則1条に基づく様式第一で商標登録出願の願書に業務の記載を要求していることは、この自己使用の意思の要件を掲げている趣旨に沿うものであるとされている。出願人の業務と、指定商品とが大きく乖離している判断事例（使用意思否定）である。

　また、侵害訴訟であるが、東京地判平成24年2月28日（平22（ワ）11604号）〔グレイブガーデンみどりの森〕は、本件商標の商標権者である原告が、被告らが「グレイブガーデンみどりの森」、「グレイブガーデンあさか野」等の名称の霊園における墓地の永代使用権を販売するにあたり、その広告に被告標章を付して頒布するなどした行為が、本件商標に類似する標章を本件商標の指定役務と同一の役務に関する広告に使用する行為（商標37条1号・2条3項8号）であって、本件商標権の侵害にあたる旨主張して、被告らに対し、共同不法行為に基づく損害賠償を求めた事案であるが、本件商標は、その商標登録当時、出願人たる原告において、自己の業務に現に使用していたとは認められず、かつ、自己の業務に使用する意思があったとも認められないものであって、その商標登録に商標法3条1項柱書に違反する無効理由があることは明らかであるとされた（加えて、本件商標の商標登録後においても、原告が、本件商標を「墓地又は納骨堂の提供」の役務に係る業務において現に使用した事実は認められず、また、将来において本件商標を使用する具体的な計画があることも認められないものであるから、本件商標には、原告の信用が化体されているとはいえず、これらの事情に鑑みれば、原告の本件商標権に基づく損害賠償請求権の行使を容認することは、商標法の趣旨・目的、とりわけ、いわゆる登録主義の法制下においての濫用的な商標登録を排除し、登録商標制度の健全な運営を確保するという同法3条1項柱書の規定趣旨に反する結果をもたらすものといえるから、原告の被告らに対する本件商標権に基づく損害賠償請求権の行使は、権利の濫用にあたるものとして許されないというべきであるとして、請求を棄却した）。侵害訴訟の局面であるが、商標法3条1項柱書に違反する無効理由の判断事例（使用意思否定）として参考になる。

　また、知財高判平成24年5月31日（平24（行ケ）10019号）判時2170号107頁〔アールシータバーン〕では、被告（商標権者）は、他者の使用する商標ないし商号について、多岐にわたる指定役務について商標登録出願をし、登録された商標を収集しているにすぎないというべきであって、本件商標は、登録査定時において、被告が現に自己の業務に係る商品又は役務に使用をしている商標にあたらない上、被告に将来自己の業務に係る商品又は役務に使用する意思があったとも認め難いとされた（無効不成立審決取消し）。出願行動からみて使用意思が認められないとされた事例である。

§3（商標登録の要件）　　　　　　　　　　　　第2章　商標登録及び商標登録出願

　さらに，審決例である平成27年3月24日無効2014-890066は，上記商標（第33類「日本酒，洋酒，果実酒，酎ハイ，中国酒，薬味酒」）につき，(i)酒税法所定の免許取得のためには，会社の目的欄に「酒類の販売業」等の適正な記載がなされていなければならないが，商標権者の会社の目的欄や自社のウェブサイトにこのような記載がないこと，(ii)商標権者は，本件商標を含む歌川広重，葛飾北斎の版画及び写楽の浮世絵からなる商標17件を登録出願し，その登録を受け，「商標登録ご使用につきまして管理，維持運営費用と致しましてご使用料のご協力金をお願いしたいと思います。」などとして金銭を求める文言を掲載して，自社ウェブサイトにおいて宣伝，広告していること，加えて，(iii)本件商標の設定登録後1年も経たない頃，葉書をもって請求人へ本件商標を含む登録商標の使用に関する案内を送付していることなどを認定し，商標権者が，本件商標を自己の業務に係る商品について使用するために商標権を取得したというよりは，むしろ，その指定商品について，本件商標を他人に使用させるために登録出願したとみるのが相当であって，商標権者は本件商標をその指定商品に使用する意思が登録出願当初からなかったといわざるを得ず，したがって，本件商標は，その登録査定時において，その指定商品について，商標権者が現に使用している商標に該当しないばかりか，将来使用する意思を有する商標にも該当するとはいえないから，本件商標の登録は，「自己の業務に係る商品について使用をする商標」についてされたものと認めることはできない，とした。詳細な事実認定にもとづき，使用意思が認められないとされた事例である。

　なお，自己の業務性の要件につき，侵害訴訟であるが，東京地判平成23年10月28日（平22（ワ）1232号）〔ひかり〕は，「現行の商標法は，商標の使用を通じてそれに化体された業務上の信用が保護対象であることを前提とした上で，出願人が現に商標を使用していることを登録要件としない法制（いわゆる登録主義）を採用したものであり，商標法3条1項柱書が，出願人において『自己の業務に係る商品又は役務について使用をする商標』であることを商標の登録要件とした趣旨は，このような法制の下において，他者からの許諾料や譲渡対価の取得のみを目的として行われる，いわゆる商標ブローカーなどによる濫用的な商標登録を排除し，登録商標制度の健全な運営を確保するという点にあるもの

と解される。」としたうえ,「このような法の趣旨に鑑みれば,商標法3条1項柱書の『自己の業務に係る商品又は役務について使用をする商標』とは,出願人において自己の業務に現在使用しているもの又は近い将来において自己の業務に使用する意思があるものであることを要するが,この『自己の業務』に該当するかどうかについては,形式的に判断することは必ずしも相当ではないというべきであり,専ら他者に使用させることを目的とする商標の登録出願であっても,出願人と当該商標を使用する他者の業務との間に密接な関係があって,出願人に当該商標の商標登録を認めることに社会的,経済的にみて合理的な必要性が認められる事情があり,濫用的な商標登録を排除するという法の趣旨にも反せず,かつ,当該商標を使用する役務に係る業務を行うことができる者が他の法令上制限されているときはその制限の趣旨にも反しないと認められる場合には,当該他者の業務を当該出願人の『自己の業務』と同視し,当該出願人において当該商標が『自己の業務に係る商品又は役務について使用をする商標』に当たると評価することができるものと解するのが相当である。」とする。本件は,自己の業務性の合理的な判断枠組みを提供している事例である。とくに,専ら他者に使用させることを目的とする商標の登録出願であっても,(i)出願人と当該商標を使用する他者の業務との間に密接な関係があって,出願人に当該商標の商標登録を認めることに社会的,経済的にみて合理的な必要性が認められる事情があり,(ii)濫用的な商標登録を排除するという法の趣旨にも反せず,かつ,(iii)当該商標を使用する役務に係る業務を行うことができる者が他の法令上制限されているときはその制限の趣旨にも反しないと認められる場合には,当該他者の業務を当該出願人の「自己の業務」と同視している点が参考になる。

IV 商標法3条1項1号(商品又は役務の普通名称)

(1) 本号の概要

本号は,商品又は役務の「普通名称」を普通に用いられる方法で表示する標章のみからなる商標につき規定する。

取引者において,その商品又は役務の一般的な名称(略称及び俗称等を含む)であると認識されるに至っている場合には,「商品又は役務の普通名称」に該当すると判断する(商標審査基準第1の三の1)。

また,商品又は役務の取引の実情を考慮し,その標章の表示の書体や全体の構成等が,取引者において一般的に使用する範囲にとどまらない特殊なものである場合には,「普通に用いられる方法で表示する」には該当しないと判断する(同2(1))。

さらに,商品・役務の普通名称をローマ字又は仮名文字で表示するものは,「普通に用いられる方法で表示する」ものに該当すると判断し(同2(2)(ア)),取引者において一般的

§3（商標登録の要件）　　　　　　　　　　　第2章　商標登録及び商標登録出願

に使用されていない漢字（当て字）で表示するものは「普通に用いられる方法で表示する」に該当しないと判断する（同2(2)(イ)）。

(2)　本号の商標審査基準

本号に関する『商標審査基準』（第1の三）は次のとおりである。

■商標審査基準第1の三

> 1．「商品又は役務の普通名称」について
>   取引者において，その商品又は役務の一般的な名称（略称及び俗称等を含む。）であると認識されるに至っている場合には，「商品又は役務の普通名称」に該当すると判断する。
>   （例1）　一般的な名称
>   商品「サニーレタス」について，商標「サニーレタス」
>   商品「さんぴん茶」について，商標「さんぴん茶」
>   商品「電子計算機」について，商標「コンピュータ」
>   役務「美容」について，商標「美容」
>   （例2）　略称
>   商品「スマートフォンについて」，商標「スマホ」
>   商品「アルミニウム」について，商標「アルミ」
>   商品「パーソナルコンピュータ」について，商標「パソコン」
>   役務「損害保険の引受け」について，商標「損保」
>   役務「航空機による輸送」について，商標「空輸」
>   （例3）　俗称
>   商品「塩」について，商標「波の花」
> 2．「普通に用いられる方法で表示する」について
> (1)　商品又は役務の取引の実情を考慮し，その標章の表示の書体や全体の構成等が，取引者において一般的に使用する範囲にとどまらない特殊なものである場合には，「普通に用いられる方法で表示する」には該当しないと判断する。
>   （例1）　「普通に用いられる方法で表示する」に該当する場合
>   取引者において一般的に使用されている書体及び構成で表示するもの
>   （例2）　「普通に用いられる方法で表示する」に該当しない場合
>   取引者において一般的に使用する範囲にとどまらない特殊なレタリングを施して表示するもの又は特殊な構成で表示するもの
> (2)　文字の表示方法について

(ア)　商品又は役務の普通名称をローマ字又は仮名文字で表示するものは、「普通に用いられる方法で表示する」ものに該当すると判断する。
　(イ)　取引者において一般的に使用されていない漢字（当て字）で表示するものは「普通に用いられる方法で表示する」に該当しないと判断する。

(3) 本号に関する具体的判断（判決例）

　本号に関する具体的な判断について、以下の判決例で検討する（①ないし④は適用肯定例、⑤は適用否定例）。
　①　東京高判昭和45年7月22日（昭41(行ケ)25号）判タ253号187頁〔かみなり〕は、「本件商標を構成する『かみなり』の文字は『雷』と同義語を示すものであることはいうまでもなく、これを本件商標の指定商品『おこし』に使用した場合、その商品は取引上容易に『かみなりじるしおこし』または『かみなりおこし』と呼ばれ、『かみなりおこし』または『雷おこし』として認識されることは疑いがないといえよう。そして、『雷おこし』の語がおこしの一種である商品の普通名称として広く認識されていること前記のとおりであってみれば、本件商標は、その指定商品『おこし』との関係においては、指定商品中の雷おこしの普通名称を表示するにすぎない商標であるから、結局、『おこし』について商標としての商品の出所表示の機能を欠くものとするのが相当である。」とする。ここでは、本件商標を「おこし」に使用した場合の称呼・観念が「雷おこし」であるとし、「雷おこし」が普通名称として広く認識されていることを認定している。
　②　東京高判昭和45年7月22日（昭41(行ケ)24号）無体集2巻2号379頁〔雷おこし〕は、「『雷おこし』の文字およびこの文字に添えて描かれる雷神等の図形が、商品の普通名称を表示する文字またはその商品を印象づける慣用的な図形にすぎないとの世人一般の認識は、それが長い歴史的経過に由来し、広く日本全国の民衆の心に深く根ざすにいたつたものであるだけに、戦時中の営業の一時的中断や、前記昭和29年以後においての被告の本件商標にもとづくとする若干の管理措置あるいはそれに添うかにみえる特許庁の若干の処分があつたことにより、さほど害されることなく、本件審決の当時においても──たとえ被告をはじめとする一部の業者について僅少の例外があつたとしても──そのような一般的認識がなお存在したというべきである。……したがつて、本件商標は、その構成中の『雷おこし』『元祖』『浅草雷門角』の文字と、雷神、連鼓、雷光、雲、寺院の堂塔等の図形は、それら個々のものとしてはなんら商品の出所を表示するに足る特別顕著性がないものである。」とする。本件も、「雷おこし」が普通名称であることを前提としている。
　③　東京高判平成13年10月31日（平13(行ケ)258号）〔カンショウ乳酸〕は、「食品業界にお

いては，遅くとも平成9年2月の時点において，既に，『緩衝乳酸』について，『リンゴ酸』，『フマル酸』，『クエン酸』，『酢酸』などと並んで食品に添加するpH調整剤の一種であり，乳酸に乳酸ナトリウムを配合し緩衝性を持たせたpH調整剤として，一般に認識されていたものと認められる。そして，『リンゴ酸』，『フマル酸』，『クエン酸』，『酢酸』，『乳酸カルシウム』，『乳酸ナトリウム』，『乳酸鉄』，『ステアロイル乳酸カルシウム』，『粉末乳酸』，『粉末乳酸ナトリウム』など上記の用語は，いずれも有機酸類の種類を示す普通名称であるから，これらと並列的に記載された『緩衝乳酸』及び『カンショウ乳酸』の語も，有機酸類の一種である本件pH調整剤を示す普通名称となっていたものと認めるのが相当である。……そうすると，本件商標が登録査定された平成9年7月3日当時，『カンショウ乳酸』の語は，既に本件pH調整剤の普通名称となっており，また，本件商標は，『カンショウ乳酸』を通常の書体で横書きしてなるものであるから，商品の普通名称を普通に用いられる方法で表示する標章のみからなる商標として商標法3条1項1号に該当する。」とする。本件では，「カンショウ乳酸」が本件pH調整剤を示す普通名称であると認定されている。

④　東京高判平成14年12月26日（平14(行ケ)434号）〔SAC〕は，「本件商標は，『SAC』の欧文字から成り，そのローマ字表記は単純なものである上，上記のとおり，『サック』と発音される英語の『sack』がフランス語の『sac』と類似の意味を有することもあり，わが国においても『サック』と発音されるのが通常と認められる。これに……の事実を併せ考えると，『サック』は，指定商品中『かばん類，袋物』の属する業界の取引者・需要者がこれに接した場合，『袋』，『バッグ』，『かばん』等の総称を意味する外来語であると理解すると認められ，また，本件商標である『sac』は，上記取引者・需要者がこれに接した場合，『sac』のフランス語自体の意味により，又はその発音を片仮名表記した外来語の『サック』を想起することにより，『袋』，『バッグ』，『かばん』等の総称であると理解するものと認めるのが相当である。……以上によれば，本件商標を構成する『SAC』の語は，その登録を認めた審決時（平成6年7月22日……）において，バッグを取り扱う業界においては，『袋類の総称』を意味する用語として広く認識され，使用されていたものと認められる。そうだとすれば，登録審決時において，本件商標を本件指定商品（『かばん類，袋物』）に使用しても，これに接する取引者・需要者は，商品の普通名称として理解し，自他商品の識別標識としての機能を有するものとは認識しない状態にあった，ということができる。」とする。本件では，「SAC」の語は，登録審決時において，バッグを取り扱う業界においては，「袋類の総称」を意味する用語として広く認識され，使用されていたものであり，本件商標を本件指定商品（かばん類，袋物）に使用しても，これに接する取引者・需要者は，商品の普通名称として理解すると認定されている。時点と観点を

§3（商標登録の要件）

正確に判断している。

⑤　東京高判昭和42年12月21日（昭39（行ケ）27号）〔セロテープ〕は，「本件商標『セロテープ』は，すくなくともその登録時においては，その指定商品であるセロファン製テープを暗示するものではあつても，単にその品質・形状を表わすに過ぎないものではなく，また，その取引者・需要者において一般的に普通名称として使用されないしは認識されていたものではなく原告の商品であるセロファン製粘着テープの商標として自他商品識別機能を失わない程度に広く認識されていたものであつて，……いわゆる特別顕著性を有していた」とする。取引者・需要者からみて，特別顕著性を失っていないと判断された（本号適用否定）。

(4)　本号に関する判決例・審決例

本号に関する判決例・審決例につき，「適用肯定例たる判決例」，「適用肯定例たる審決例」の順で以下検討する。

なお，本号における典型的な判断枠組みは次のとおりである。すなわち，「『Ａ』の語は，『Ｂ』を表す語として普通に使用されていることを認めることができる。そうすると，本件商標は，これをその指定商品中の前記『Ｂ』について使用をするときは，単にその商品についての普通名称を表示するにすぎないものであり，また，上記商品以外のものについて使用をするときは，その商品の品質について誤認を生じさせるおそれがあるものである。したがって，本件商標は，商標法第3条1項1号及び同法4条1項16号に違反して登録されたものである。」となる。

(a)　適用肯定例たる判決例

「わらびだんご」	東京高判昭和30年9月27日（昭29（行ナ）35号）行集6巻9号2182頁（図案化された文字が特異な字体とは認められない）
「雷おこし」	東京高判昭和45年7月22日（昭41（行ケ）24号）無体集2巻2号379頁（いわゆる「雷おこし」に関する商標中の「雷おこし」の文字およびこの文字に添えて描かれる雷神等の図形は，商品の普通名称を表示する文字またはその商品を印象づける慣用的な図形にすぎないとの世人一般の認識が存在し，したがって，右「雷おこし」の文字，雷神等の図形は，なんら商品の出所を表示するに足る特別顕著性がないというべきである）
「かみなり」	東京高判昭和45年7月22日（昭41（行ケ）25号）判タ253号187頁（「雷おこし」が商品の普通名称として広く認識されている以上，指定商品おこしについて「かみなり」という登録商標は商品の出所表示の機能を欠くものとして，その登録は無効にされるべきである）
「セイロガン・正露丸」	東京高判昭和46年9月3日（昭35（行ナ）32号）無体集3巻2号293頁（クレオソートを主剤とする丸薬の普通名称）
「ドロコン」	名古屋地判平成2年11月30日（昭61（ワ）1394号）判タ765号232頁（壁土等の普通名称）

〔末吉〕

§3（商標登録の要件）　　　　　　　　　　　　第2章　商標登録及び商標登録出願

「FLOORTOM・フロアタム」	東京高判平成3年6月20日（平2(行ケ)150号）知財集23巻2号461頁（楽器・ドラムの一種類の普通名称）（ジャズ演奏あるいはこれに使用される楽器の製造は米国が世界の中心地であることは当裁判所に顕著な事実であり，わが国の楽器メーカーその他の楽器取扱業者がこれらの楽器の米国における名称に関心を抱き取引上これと同様の名称を用いて取引することは十分に予測できることであるなどとして，わが国における普通名称化を認定）
「トンボ」	東京高判平成11年4月20日（平10(行ケ)209号）（カツオ・マグロ釣り用等の釣り針の普通名称）
「タヒボ」	大阪高判平成11年10月14日（平11(ネ)473号）（樹木茶の一種である健康食品タヒボ茶）（一部の地域あるいは一時期において俗称・通称として用いられていたにすぎないものでも，その後特定の商品等を示す一般名称として広く通用するに至ったものは普通名称というに十分であるとされた）
「カンショウ乳酸」	第1類乳酸／東京高判平成13年10月31日（平13(行ケ)258号）（食品添加物用の有機酸類又は乳酸塩類の一種類名を表す普通名称として定着していた）
「カンショウ乳酸」	東京高判平成13年10月31日（平13(ネ)1221号）
「SAC」	東京高判平成14年1月30日（平13(行ケ)249号）判時1798号137頁（袋，バッグ，かばん等の総称）―ただし，①審決において，商標法3条1項3号に掲げる品質表示に該当するとのみ判断し，同項1号について判断していない場合には，当該審決の取消訴訟の審理範囲は，同項3号該当性の有無に限られ，同項1号に関する事項は取消訴訟の審理の対象とならない，②指定商品を「かばん類及び袋物」等とし，「SAC」の欧文字を書してなる商標は，「SAC」及び「サック」の語が袋類を意味する普通名称として広く認識され，使用されているから，普通名称として商標法3条1項1号には該当するが，本件商標が指定商品の性状を記述する用語として認識され，使用されているとはいえないとして，同項3号に該当することを理由としてされた無効審決が取り消された。同取消しの後，第2次審決を経て，東京高判平成14年12月26日（平14(行ケ)434号）により，同項1号により無効とされた（無効審決維持）。
「チェンジリテーナ」	東京地判平成15年1月30日（平13(ワ)14488号）（複数の業者が製造しているある特定の用途・形態のプレス用パンチのリテーナー装置を表す普通名称ないし慣用表示として用いられていたもの）
「PEEK」	第1類のうち原料プラスチック／知財高判平成17年7月6日（平17(行ケ)10252号）（当該業界では，樹脂の一つであるポリエーテルエーテルケトンの略称を表すものとして取引者・需要者の間に広く認識されて，使用されていた）

(b)　適用肯定例たる審決例

「ナイトライト」	昭和40年4月28日審判昭37-308（保安等の目的で自動的に，また手動により宵に点燈され，終夜継続的に点燈された状態にある照明器具の普通名称）
「almond」	昭和45年6月9日審判昭43-4256（アーモンド）
「チクラン・CYCLAN」	昭和45年8月1日審判昭42-4000（CYCLOPARAFFIN（シクロパラフィン）と同義語）
「HYDROVANE」	昭和50年2月28日審判昭39-1760（飛行艇，潜水艇の水中舵の普通名称）
「DOOREDGE」	昭和51年8月16日審判昭49-6431（プラスチックス又はステンレスで造られた自動車のドア縁の破損防止と装飾性を兼ねた自動車のボデー用品の普通名称）
「ヨークレシチン」	昭和52年4月8日審判昭41-2830（卵黄レシチンないし卵黄から抽出したレシチンの普通名称）

「KLAXON」	昭和52年6月30日審判昭50-4924（自動車電気警笛の普通名称）
「KIWI」	昭和54年5月8日審判昭53-12275（果実の普通名称）
「LIGHTWATER」	昭和54年12月4日審判昭49-467（軽水の普通名称）
「ボアスコープ」	昭和56年4月21日審判昭48-7955（鏡やプリズムを使った直管状の望遠鏡の普通名称）
「サニーレタス」	昭和60年8月6日審判昭57-2936
「ポケットベル」	平成6年11月17日審判昭62-15567
「ポケベル」	平成6年11月17日審判昭62-15568
「さんぴん茶」	平成12年3月13日異議平11-91037（沖縄地方においては，主としてジャスミンの葉又は花と緑茶をブレンドした茶の普通名称）

V 商標法3条1項2号（慣用商標）

(1) 本号の概要

本号は，商品・役務について慣用されている商標（慣用商標）を規定する。これについても，自他商品・役務の識別力がないと解される。

「商品又は役務について慣用されている商標」とは，同業者間において一般的に使用されるに至った結果，自己の商品又は役務と他人の商品又は役務とを識別することができなくなった商標をいう（商標審査基準第1の四の1）。

(2) 本号の商標審査基準

本号に関する『商標審査基準』（第1の四）は次のとおりである。

■商標審査基準第1の四

> 1．「商品又は役務について慣用されている商標」について
> 　「商品又は役務について慣用されている商標」とは，同業者間において一般的に使用されるに至った結果，自己の商品又は役務と他人の商品又は役務とを識別することができなくなった商標をいう。
> 　　（例1）　文字や図形等からなる商標
> 　　　　商品「自動車の部品，付属品」について，商標「純正」,「純正部品」
> 　　　　商品「清酒」について，商標「正宗」
> 　　　　商品「カステラ」について，商標「オランダ船の図形」
> 　　　　商品「あられ」について，商標「かきやま」
> 　　　　役務「宿泊施設の提供」について，商標「観光ホテル」
> 　　（例2）　色彩のみからなる商標
> 　　　　役務「婚礼の執行」について，商標「赤色及び白色の組合せの色彩」

〔末吉〕

§3（商標登録の要件）　　　　　　　　　　　　　第2章　商標登録及び商標登録出願

　　　　　　役務「葬儀の執行」について，商標「黒色及び白色の組合せの色彩」
　　（例3）　音商標
　　　　　　商品「焼き芋」について，商標「石焼き芋の売り声」
　　　　　　役務「屋台における中華そばの提供」について，商標「夜鳴きそばのチャル
　　　　　　メラの音」

(3)　本号に関する具体的判断（判決例）
　本号に関する具体的な判断について，以下の判決例で検討する（①は適用肯定例，②は適用否定例）。
　①　東京高判昭和31年7月14日（昭30(行ナ)48号）行集7巻7号1833頁〔羽二重〕は，「本件商標登録出願前から商品餅の一種に『羽二重餅』という名称を附することが福井市を中心とする菓子製造販売業者間に普通に行われていることが認められ，右認定を動かすに足る資料は存しない。然らば『羽二重』の文字は右商品に慣用する標章であると解すべく」とする。「羽二重」が菓子製造販売業者間の慣用商標とされている。
　②　東京高判平成11年6月24日（平10(行ケ)386号）判時1698号120頁〔茶福豆〕は，「『茶福豆』が大黒花芸豆を原料とする煮豆製品を表すものとして慣用されていたか否かについて判断すると，茶福水産が平成7年12月と平成8年7月に『茶福豆』等の名称を使用している業者に警告する以前の段階においては，『茶福豆』が大黒花芸豆を原料とする煮豆を意味する一般名称として，大黒花芸豆及び煮豆関係の業者及び一般消費者によって相当程度使用され，認識されつつあったことが認められる。……しかしながら，平成7年当時においても，『茶福豆』を使用する30業者，『お茶福豆』を使用する2業者のほかに，『高原豆』，『花豆』等他の名称を使用する者が8業者あったこと，『茶福豆』が中国産の大黒花芸豆を原料とする煮豆を意味する言葉として使用され始めたのは昭和50年であるが，それが全国的に知られるようになったのは，平成2年以降，原告とフジッコがテレビコマーシャル，雑誌広告等を通じて宣伝広告活動を展開したことによるものであり（それに呼応して，『茶福豆』の煮豆市場におけるシェアも，平成2年の1.7％から平成7年の12.7％に急増した。），平成2年から上記茶福水産が『茶福豆』等を使用する業者に警告をした平成7年までは，5年程度の期間にすぎないこと，食品関係の業界新聞以外では，『茶福豆』が大黒花芸豆を原料とする煮豆の一般名称として使用されている例はさほどみられず，一般向けの新聞・雑誌，辞典，料理本等には，『茶福豆』の語が掲載されていないこと，大黒花芸豆の輸入業者，卸売業者等の認識も，慣用化されたとするものと，そうでないとするものに分かれていること等に照らすと，茶福水産の前記平成7年12月と平成8年7月の警告にかかわらず，『茶福豆』が大黒花芸豆を原料とする煮豆を意味する語と

§3（商標登録の要件）

して慣用的に使用される標章となったとまで認めることはできない。」とする。ここでは，商標使用期間が短いこと，一般向けの新聞・雑誌，辞典，料理本等に「茶福豆」の語が掲載されていないこと，慣用商標かどうかについての大黒花芸豆の輸入業者・卸売業者等の認識が割れていることなどから，「茶福豆」が大黒花芸豆を原料とする煮豆を意味する語として慣用的に使用される標章となったとまで認めることはできないとして，慣用商標性を否定している。同業者間の認識が定まっていない点が決め手になっている。

(4) 本号に関する判決例・審決例

本号に関する判決例・審決例につき，「適用肯定例たる判決例」，「適用肯定例たる審決例」，「適用否定例たる判決例」の順で以下検討する。

(a) 適用肯定例たる判決例

「羽二重」	餅菓子／東京高判昭和31年7月14日（昭30（行ナ）48号）行集7巻7号1833頁（前掲Ⅴ(3)①）
「純正／JUNSEI」	自動車の部品，付属品／東京地判昭和51年7月19日（昭48（ワ）7693号）無体集8巻2号262頁（慣用商標の被告主張だったが，裁判所は，慣用商標を認定しつつ，商標法26条1項3号を適用した）

(b) 適用肯定例たる審決例

「神橋／しんきょう」	菓子／昭和36年6月5日抗告審判昭32-1975
「柿山／かきやま」	あられ／昭和37年4月5日審判昭35-548
「ちんすこう」	砂糖，ラード，小麦粉をこね合わせて木型で抜きとり，焼き上げた菓子／平成元年9月21日審判昭52-11462

(c) 適用否定例たる判決例

「走井餅」・「走り餅」	餅／大阪高判昭和46年12月21日（昭42（ネ）1593号）判時664号83頁（昭和45年10月20日審決（無効不成立）を根拠とする）
「茶福豆」	大黒花芸豆を原料とする煮豆／東京高判平成11年6月24日（平10（行ケ）386号）判時1698号120頁（「茶福豆」をその構成の一部に含む本願商標につき，「茶福豆」は慣用商標又は普通名称とは認められないため「茶福」との称呼も生じ，引用商標「茶福」と類似し，商標法4条1項11号に該当するとの審決の判断が維持された）（前掲Ⅴ(3)②）

Ⅵ 商標法3条1項3号（商品の産地，販売地，品質その他の特徴等又は役務の提供の場所，質その他の特徴等の表示）

(1) 本号の概要

本号は，その商品の産地，販売地，品質，原材料，効能，用途，形状（包装の形状を含む），生産若しくは使用の方法若しくは時期その他の特徴，数量若しくは価格又はその役務の提供の場所，質，提供の用に供する物，効能，用途，態様，提供の方法若しくは時期そ

〔末吉〕 185

§3（商標登録の要件）　　　　　　　　　　　第2章　商標登録及び商標登録出願

の他の特徴，数量若しくは価格を普通に用いられる方法で表示する標章のみからなる商標について規定する。

　特定人による独占使用を認めるのは公益上適当でないうえ，一般的に使用される標章であって，多くの場合自他商品識別力を欠き，商標としての機能を果たし得ないからである。

　商標が，「コクナール」，「スグレータ」，「とーくべつ」，「うまーい」，「早ーい」等のように長音符号を用いて表示されている場合で，長音符号を除いて考察して，商品又は役務の特徴等を表示するものと認められるときは，原則として，商品又は役務の特徴等を表示するものと判断する（商標審査基準第1の五の1(1)）。

　商標が，商品又は役務の特徴等を間接的に表示する場合は，商品又は役務の特徴等を表示するものではないと判断する（同1(2)）。

　商標が，図形又は立体的形状をもって商品又は役務の特徴等を表示する場合は，商品又は役務の特徴等を表示するものと判断する（同1(3)）。

　商標が，国内外の地理的名称等からなる場合，取引者又は需要者が，その地理的名称の表示する土地において，指定商品が生産され若しくは販売され又は指定役務が提供されているであろうと一般に認識するときは，商品の「産地」若しくは「販売地」又は役務の「提供の場所」に該当すると判断する（同2(1)）。

　商標が，国家名その他著名な国内外の地理的名称からなる場合は，商品の「産地」若しくは「販売地」又は役務の「提供の場所」に該当すると判断する（同2(2)）。

　「書籍」，「電子出版物」，映像が記録された「フィルム」，「録音済みの磁気テープ」，「録音済みのコンパクトディスク」，「レコード」等の商品について，商標が，著作物の分類・種別等の一定の内容を明らかに認識させるものと認められる場合には，商品の「品質」を表示するものと判断する（同3(1)(ｱ)）。

　「放送番組の制作」，「放送番組の配給」の役務について，商標が，提供する役務たる放送番組の分類・種別等の一定の内容を明らかに認識させるものと認められる場合には，役務の「質」を表示するものと判断する（同3(1)(ｲ)）。

　「映写フィルムの貸与」，「録画済み磁気テープの貸与」，「録音済み磁気テープの貸与」，「録音済みコンパクトディスクの貸与」，「レコードの貸与」等の役務について，商標が，その役務の提供を受ける者の利用に供する物（映写フィルム，録画済みの磁気テープ，録音済みの磁気テープ，録音済みのコンパクトディスク，レコード等）の分類・種別等の一定の内容を明らかに認識させるものと認められる場合は，役務の「質」を表示するものと判断する（同3(1)(ｳ)）。

　「書籍」，「放送番組の制作」等の商品又は役務について，商標が，需要者に題号又は放

送番組名(以下,「題号等」という。)として認識され,かつ,当該題号等が特定の内容を認識させるものと認められる場合には,商品等の内容を認識させるものとして,商品の「品質」又は役務の「質」を表示するものと判断する(同3(1)(エ))。題号等として認識されるかは,需要者に題号等として広く認識されているかにより判断し,題号等が特定の内容を認識させるかは,取引の実情を考慮して判断する(同3(1)(エ))。

新聞,雑誌等の「定期刊行物」の商品については,商標が,需要者に題号として広く認識されていても,当該題号は特定の内容を認識させないため,本号には該当しないと判断する(同3(1)(オ))。

商品「録音済みの磁気テープ」,「録音済みのコンパクトディスク」,「レコード」について,商標が,需要者に歌手名又は音楽グループ名として広く認識されている場合には,その商品の「品質」を表示するものと判断する(同3(2)(ア))。

「飲食物の提供」に係る役務との関係において,商標が,国家名,その他の地理的名称であり,特定の料理(フランス料理,イタリア料理,北京料理等)を表示するものと認められるときは,その役務の「質」を表示するものと判断する(同3(3))。

商標が,指定商品の形状(指定商品の包装の形状を含む)又は指定役務の提供の用に供する物の形状そのものの範囲を出ないと認識されるにすぎない場合は,その商品の「形状」又はその役務の「提供の用に供する物」を表示するものと判断する(同4(1))。また,商標が指定商品(指定商品の包装の形状を含む)又は指定役務の提供の用に供する物そのものの形状の一部と認識される場合についても同様に取り扱う(同4(1))。

建築,不動産業等の建築物を取り扱う役務を指定役務とする場合に,商標が立体商標であり,その形状が建築物の形状そのものの範囲を出ないと認識されるにすぎないときは,その役務の「提供の用に供する物」を表示するものと判断する(同4(2))。

小売等役務に該当する役務において,商標がその取扱商品を表示する標章と認められるときは,その役務の「提供の用に供する物」を表示するものと判断する(同4(3))。

商品又は役務の取引の実情を考慮し,その標章の表示の書体や全体の構成等が,取引者において一般的にに使用する範囲にとどまらない特殊なものである場合には,「普通に用いられる方法で表示する」には該当しないと判断する(同5)。

商品又は役務の特徴等を表示する二以上の標章からなる商標については,原則として,本号に該当すると判断する(同6)。

商品等が通常有する色彩のみからなる商標については,原則として,本号に該当すると判断する(同7)。

商品が通常発する音又は役務の提供にあたり通常発する音を普通に用いられる方法で表示する標章のみからなる商標については,原則として,本号に該当すると判断する(同

8）。

(2) 本号の商標審査基準

本号の『商標審査基準』（第1の五）は次のとおりである。
■商標審査基準第1の五

1．「商品の産地，販売地，品質，原材料，効能，用途，形状（包装の形状を含む。），生産若しくは使用の方法若しくは時期その他の特徴，数量若しくは価格又は役務の提供の場所，質，提供の用に供する物，効能，用途，態様，提供の方法若しくは時期その他の特徴，数量若しくは価格」（以下「商品又は役務の特徴等」という。）について
　(1)　商標が，「コクナール」，「スグレータ」，「とーくべつ」，「うまーい」，「早ーい」等のように長音符号を用いて表示されている場合で，長音符号を除いて考察して，商品又は役務の特徴等を表示するものと認められるときは，原則として，商品又は役務の特徴等を表示するものと判断する。
　(2)　商標が，商品又は役務の特徴等を間接的に表示する場合は，商品又は役務の特徴等を表示するものではないと判断する。
　(3)　商標が，図形又は立体的形状をもって商品又は役務の特徴等を表示する場合は，商品又は役務の特徴等を表示するものと判断する。
2．商品の「産地」，「販売地」，役務の「提供の場所」について
　(1)　商標が，国内外の地理的名称（国家，旧国家，首都，地方，行政区画（都道府県，市町村，特別区等），州，州都，郡，省，省都，旧国，旧地域，繁華街，観光地（その所在地又は周辺地域を含む。），湖沼，山岳，河川公園等を表す名称又はそれらを表す地図）からなる場合，取引者又は需要者が，その地理的名称の表示する土地において，指定商品が生産され若しくは販売され又は指定役務が提供されているであろうと一般に認識するときは，商品の「産地」若しくは「販売地」又は役務の「提供の場所」に該当すると判断する。
　(2)　商標が，国家名（国家名の略称，現存する国の旧国家名を含む。），その他著名な国内外の地理的名称からなる場合は，商品の「産地」若しくは「販売地」又は役務の「提供の場所」に該当すると判断する。
3．商品の「品質」，役務の「質」について
　(1)　商品等又は役務の提供の用に供する物の内容について
　　　商品等の内容を認識させる商標が商品の「品質」，役務の「質」の表示と判断される場合
　　　商標が，指定商品又は指定役務の提供の用に供する物の内容を表示するものか否

§3（商標登録の要件）

かについては，次のとおり判断する。
(ｱ) 「書籍」，「電子出版物」，映像が記録された「フィルム」，「録音済みの磁気テープ」，「録音済みのコンパクトディスク」，「レコード」等の商品について，商標が，著作物の分類・種別等の一定の内容を明らかに認識させるものと認められる場合には，商品の「品質」を表示するものと判断する。

　　（例）　商品「書籍」について，商標「商標法」，「小説集」
　　　　　商品「録音済みのコンパクトディスク」について，商標「クラシック音楽」
(ｲ) 「放送番組の制作」，「放送番組の配給」の役務について，商標が，提供する役務たる放送番組の分類・種別等の一定の内容を明らかに認識させるものと認められる場合には，役務の「質」を表示するものと判断する。

　　（例）　役務「放送番組の制作」について，商標「ニュース」，「音楽番組」，「バラエティ」
(ｳ) 「映写フィルムの貸与」，「録画済み磁気テープの貸与」，「録音済み磁気テープの貸与」，「録音済みコンパクトディスクの貸与」，「レコードの貸与」等の役務について，商標が，その役務の提供を受ける者の利用に供する物（映写フィルム，録画済みの磁気テープ，録音済みの磁気テープ，録音済みのコンパクトディスク，レコード等）の分類・種別等の一定の内容を明らかに認識させるものと認められる場合は，役務の「質」を表示するものと判断する。

　　（例）　役務「録音済みコンパクトディスクの貸与」について，商標「日本民謡集」
　　　　　役務「映写フィルムの貸与」について，商標「サスペンス」
(ｴ) 「書籍」，「放送番組の制作」等の商品又は役務について，商標が，需要者に題号又は放送番組名（以下，「題号等」という。）として認識され，かつ，当該題号等が特定の内容を認識させるものと認められる場合には，商品等の内容を認識させるものとして，商品の「品質」又は役務の「質」を表示するものと判断する。題号等として認識されるかは，需要者に題号等として広く認識されているかにより判断し，題号等が特定の内容を認識させるかは，取引の実情を考慮して判断する。

　　例えば，次の①②の事情は，商品の「品質」又は役務の「質」を表示するものではないと判断する要素とする。
　① 　定期間にわたり定期的に異なる内容の作品が制作されていること
　② 　当該題号等に用いられる標章が，出所識別標識としても使用されていること
(ｵ) 新聞，雑誌等の「定期刊行物」の商品については，商標が，需要者に題号として広く認識されていても，当該題号は特定の内容を認識させないため，本号には該当しないと判断する。

(2) 人名等の場合

　　　商標が、人名等を表示する場合については、例えば次のとおりとする。

　　(ア) 商品「録音済みの磁気テープ」、「録音済みのコンパクトディスク」、「レコード」について、商標が、需要者に歌手名又は音楽グループ名として広く認識されている場合には、その商品の「品質」を表示するものと判断する。

　(3) 「飲食物の提供」に係る役務との関係において、商標が、国家名、その他の地理的名称であり、特定の料理（フランス料理、イタリア料理、北京料理等）を表示するものと認められるときは、その役務の「質」を表示するものと判断する。

4．商品の「形状」、役務の「提供の用に供する物」について

　(1) 商標が、指定商品の形状（指定商品の包装の形状を含む。）又は指定役務の提供の用に供する物の形状そのものの範囲を出ないと認識されるにすぎない場合は、その商品の「形状」又はその役務の「提供の用に供する物」を表示するものと判断する。

　　　また、商標が指定商品（指定商品の包装を含む。）又は指定役務の提供の用に供する物そのものの形状の一部と認識される場合についても同様に取り扱う。

　(2) 建築、不動産業等の建築物を取り扱う役務を指定役務とする場合に、商標が立体商標であり、その形状が建築物の形状そのものの範囲を出ないと認識されるにすぎないときは、その役務の「提供の用に供する物」を表示するものと判断する。

　　(注) 「使用」の定義の解釈規定である第2条第4項においては、その形状を標章の形状とし得る物を規定しているが、立体商標に関しては、本号及び第3条第1項第6号の商標審査基準に加え、商標法においては商品には建築物等の不動産が含まれないことを勘案するならば、結果として、建築物の形状について商標登録を受けることができる場合は、その指定商品又は指定役務に関する広告として機能する場合に実質上限られることとなる。

　(3) 小売等役務に該当する役務において、商標がその取扱商品を表示する標章と認められるときは、その役務の「提供の用に供する物」を表示するものと判断する。

5．「普通に用いられる方法で表示する」について

　　　商品又は役務の取引の実情を考慮し、その標章の表示の書体や全体の構成等が、取引者において一般的に使用する範囲にとどまらない特殊なものである場合には、「普通に用いられる方法で表示する」には該当しないと判断する。

　　(例1) 「普通に用いられる方法で表示する」に該当する場合

　　　　　　取引者において一般的に使用されている書体及び構成で表示するもの

　　(例2) 「普通に用いられる方法で表示する」に該当しない場合

　　　　　　取引者において一般的に使用する範囲にとどまらない特殊なレタリングを施

§3（商標登録の要件）

　　　して表示するもの又は特殊な構成で表示するもの
6．「のみからなる」について
　　商品又は役務の特徴等を表示する2以上の標章からなる商標については，原則として，本号に該当すると判断する。
7．商品又は役務の特徴に該当する色彩のみからなる商標について
　　商品等が通常有する色彩のみからなる商標については，原則として，本号に該当すると判断する。
　(1)　商品が通常有する色彩
　　(ｱ)　商品の性質上，自然発生的な色彩
　　　（例）　商品「木炭」について，「黒色」
　　(ｲ)　商品の機能を確保するために通常使用される又は不可欠な色彩
　　　（例）　商品「自動車用タイヤ」について，「黒色」
　　(ｳ)　その市場において商品の魅力の向上に通常使用される色彩
　　　（例）　商品「携帯電話機」について，「シルバー」
　　(ｴ)　その市場において商品に通常使用されてはいないが，使用され得る色彩
　　　（例）　商品「冷蔵庫」について，「黄色」
　　(ｵ)　色模様や背景色として使用され得る色彩
　　　（例）　商品「コップ」について，「縦のストライプからなる黄色，緑色，赤色」
8．商品又は役務の特徴に該当する音商標について
　　商品が通常発する音又は役務の提供にあたり通常発する音を普通に用いられる方法で表示する標章のみからなる商標については，原則として，本号に該当すると判断する。
　(1)　商品が通常発する音
　　(ｱ)　商品から自然発生する音
　　　（例）　商品「炭酸飲料」について，「『シュワシュワ』という泡のはじける音」
　　(ｲ)　商品の機能を確保するために通常使用される又は不可欠な音
　　　（例）　商品「目覚まし時計」について，「『ピピピ』というアラーム音」
　　　　なお，商品「目覚まし時計」について，目を覚ますという機能を確保するために電子的に付加されたアラーム音で，「ピピピ」という極めてありふれたものや，メロディーが流れるようなものであっても，アラーム音として通常使用されるものである限り，これに該当すると判断する。
　(2)　役務の提供にあたり通常発する音
　　(ｱ)　役務の性質上，自然発生する音

〔末吉〕　191

（例）　役務「焼き肉の提供」について，「『ジュー』という肉が焼ける音」
　　(イ)　役務の提供にあたり通常使用される又は不可欠な音
　　　（例）　役務「ボクシングの興行の開催」について，「『カーン』というゴングを鳴らす音」

(3)　本号の解釈

(a)　本号の趣旨　　商標法3条1項3号に掲げる商標が商標登録の要件を欠くとされているのは，このような商標は，①商品の産地，販売地その他の特性を表示記述する標章であって，取引に際し必要適切な表示として何人もその使用を欲するものであるから，特定人によるその独占使用を認めるのを公益上適当としないものであるとともに，②一般的に使用される標章であって，多くの場合自他商品識別力を欠き，商標としての機能を果たし得ないものであるからである（最判昭和54年4月10日（昭53（行ツ）129号）判時927号233頁〔ワイキキ〕，最近でも，知財高判平成27年7月16日（平27（行ケ）10003号）〔インプラント立体商標〕等）。他の号と同趣旨である。

(b)　「商品の原材料を普通に用いられる方法で表示する商標」の意義　　ここでは，必ずしも当該指定商品が当該商標の表示する材料を現実に原材料としていることを要せず，需要者又は取引者によって，当該指定商品が当該商標の表示する材料を原材料としているであろうと一般に認識され得ることをもって足りる，と解されている。ここでは，前記の本号の趣旨に即して解釈されなければならない。

　すなわち，「上記の本号の趣旨からすれば，商標登録出願に係る商標が本号にいう『商品の原材料を普通に用いられる方法で表示する商標』に該当するというためには，必ずしも当該指定商品が当該商標の表示する材料を現実に原材料としていることを要せず，需要者又は取引者によって，当該指定商品が当該商標の表示する材料を原材料としているであろうと一般に認識され得ることをもって足りるというべきである」とされている（最判昭和61年1月23日（昭60（行ツ）68号）判時1186号131頁〔GEORGIA〕）。

　また，同様に，商品の品質・用途を表すものとして現実に使用されていることは必ずしも必要でなく（東京高判平成13年12月26日（平13（行ケ）207号）〔フラワーセラピー〕），将来を含め，取引者・需要者に指定商品の産地又は販売地を表すものと認識される可能性があり，これを特定人に独占使用させることが公益上適当でないと判断されるときには，その商標は商標法3条1項3号に該当する，とされている（知財高判平成24年10月3日（平24（行ケ）10197号）判時2175号92頁〔HOKOTA BAUM〕）。

　さらに，これを商品に使用した場合その産地，販売地につき誤認を生じさせるおそれのある商標に限ると限定してはならない。すなわち，「その商品の産地，販売地として広

く知られたものを普通に用いられる方法で表示する標章のみからなるものであって、これを商品に使用した場合その産地、販売地につき誤認を生じさせるおそれのある商標に限るもの」と限定して解しなければならない理由はない（最判昭和54年4月10日（昭53（行ツ）129号）判時927号233頁〔ワイキキ〕）。

(c) 「販売地」に準ずるもの　ここで「販売地」は、厳密に地域、土地の表示に限定されるものではなく、例えば、著名な公共建造物等の名称などもこれに含まれると解されるとともに、当該指定商品が販売されているであろうと一般に認識されているような場所、店舗等を普通に用いられる方法で表示する標章のみからなる商標も、自他商品の識別標識としての機能を果たし得ず、特定人による独占的使用を認めるのを公益上適当としないものであるから、「販売地」に準じて商標登録が許されない（東京高判平成17年1月26日（平16(行ケ)369号）〔インテリアショップ〕）。

(4) 本号に関する判決例・審決例

本号に関する判決例・審決例につき、「適用肯定例たる判決例」、「適用肯定例たる審決例」、「適用否定例たる判決例」、「適用否定例たる審決例」の順で以下検討する。

(a) 適用肯定例たる判決例

「平和台饅頭」	東京高判昭和41年8月25日（昭35(行ナ)146号）①プロ野球の球場として周知の平和台ないしはこれが存在する福岡市において生産され、販売される商品を表示するものであるから、特別顕著性を欠く、②生産地、販売地を示すものとして普通に使用される可能性のあるものは、他人によって使用された事実がなくても、自他商品の識別力を欠くと認めるべき）
「有明漬」	第32類粕漬け肉等／東京高判昭和47年4月18日（昭45(行ケ)122号）判タ279号351頁（九州西部で長崎、佐賀、福岡、熊本の四県に囲まれている有明海の沿岸地方が本願の指定商品に含まれることの明らかな貝柱、海茸等の粕漬を産出することで一般に著名であることもあつて、「有明」と「漬」とを結合した「有明漬」なる文字は、取引者および需要者をして有明海沿岸地方で生産される叙上のごとき漬物を直感させる）
「ワイキキ」	第4類せっけん類（薬類に属するものを除く）、歯みがき、化粧品（薬類に属するものを除く）、香料類／最判昭和54年4月10日（昭53(行ツ)129号）判時927号233頁（産地・地名等は取引に際し必要な表示であるから特定人による独占使用は公益上適当でなく、一般的に使用されるものであるから自他商品識別力を欠く）
「ジャンボ」	第32類肉、肉製品、加工水産物／東京高判昭和57年4月27日（昭56(行ケ)216号）無体集14巻1号320頁
「甲州黒」	第16類黒染織物等／東京高判昭和57年6月29日（昭54(行ケ)16号）判時1055号119頁（「甲州」と「黒」とを結合した「甲州黒」の文字よりなる本願商標は、これをその指定商品である「黒染織物」に使用するときは、一般需要者に甲州（山梨県）で生産された黒染の織物を意味するものとして理解させ、認識させるに十分）－産地、品質表示等2以上の標章よりなるものが該当するとされた事例

§3（商標登録の要件）　　　　　　　　　　　　　　第2章　商標登録及び商標登録出願

「スベラーヌ」	指定商品「滑り止め付き建築又は構築専用材料」／東京高判昭和59年1月30日（昭56(行ケ)138号）（これに接する取引者，需要者は，一般に「滑らぬ」の観念を想起させられると同時に，右商品が「滑らない」品質，効能を有することを連想させられるものと認めるのが相当）
「スピルリナ」	スピルリナを含有する商品／東京高判昭和60年12月17日（昭59(行ケ)48号）判タ588号100頁（スピルリナの分類学上の位置については諸説があるが，藻類のなかの藍藻類に属し，スピルリナ科あるいはスピルリナ属と命名されて分類されている）
「GEORGIA」	第29類紅茶，コーヒー，ココア，コーヒー飲料，ココア飲料／最判昭和61年1月23日（昭60(行ツ)68号）判時1186号131頁（必ずしも当該指定商品が当該商標の表示する材料を現実に原材料としていることを要せず，需要者又は取引者によって，当該指定商品が当該商標の表示する材料を原材料としているであろうと一般に認識され得ることをもって足りる）
「POWERGUN」	ピストル型の動力付き機械器具／東京高判昭和63年6月15日（昭63(行ケ)3号）
「スピルリナゲイトラー」	加工藻類等／東京高判平成元年4月20日（昭63(行ケ)113号）判時1328号106頁（「ゲイトラー」のもつ具体的な意義が一般に理解されていないとしても，一般需要者が，「スピルリナゲイトラー」なる商標を付した加工食料品に接するときには，これが「スピルリナ」の種類に属する原材料を加工ないし含有した品質を有する商品であると容易に認識し得る）
「EXPERT」	スキー用具／東京高判平成2年9月6日（平元(行ケ)227号）
「ダイジェスティブ」	菓子，パン／東京高判平成3年1月29日（平2(行ケ)103号）判時1379号130頁（本願商標をその指定商品に用いるときは，これに接した需要者の多くが，ごく自然に，その「菓子，パン」をもって，消化のよい又は消化されやすい品質を有するものと直感するものと認めるのが相当）
「HOKENSHOKU」	菓子，パン／東京高判平成4年6月30日（平3(行ケ)271号）
「瓦そば」	第32類そばめん，中華そばめん／東京高判平成5年1月26日（平4(行ケ)106号）知財集25巻1号224頁（もともとは，商標登録出願者が考案したそば料理の名称であったが，前記商標の登録査定時には，既に山口県所在の川棚温泉の名物料理を表示する名称として一般の需要者に広く知られていただけでなく，商品そばめんの品質，用途を表示するものとして普通に用いられるに至っていたというべきであり，自他商品を識別する標識としての機能を果たし得なくなっていた）
「UROBAG／ウロバッグ」	採尿バッグ，蓄尿バッグ，バッグ付き尿量計等／東京高判平成6年10月20日（平6(行ケ)35号）
「たらの子こうじ漬」	東京高判平成6年11月17日（平6(行ケ)85号）（指定商品中の「たらこと麹を主原料とする漬物」に使用した場合は当該商品の原材料及び加工方法を表示した標章にあたる）
「COPIER」	電子応用の複写機／東京高判平成8年6月18日（平6(行ケ)196号）（品質）
やんばる 山原	第28類酒類／東京高判平成9年11月11日（平9(行ケ)71号）判時1640号155頁（「やんばる」が名護市を含む沖縄本島北部の通称として広く使用されており，かつ，この地域において焼酎を含む酒類の製造・販売が広く行われている（産地・販売地））
「べにこうじ」	菓子，パン／東京高判平成10年9月8日（平10(行ケ)94号）

§3（商標登録の要件）

「EQUIPMENT FOR PROFESSIONAL」	時計，眼鏡，これらの部品および附属品／東京高判平成10年10月29日（平10(行ケ)59号）	
「ペイパービュー」	テレビジョン放送，有線テレビジョン放送／東京高判平成10年12月15日（平10(行ケ)118号）	
「PPV」	テレビジョン放送，有線テレビジョン放送／東京高判平成10年12月15日（平10(行ケ)119号）	
「ヘアエステ」	頭髪用化粧品／東京高判平成11年4月13日（平10(行ケ)259号）	
「トンボ」	釣り具／東京高判平成11年4月20日（平10(行ケ)209号）	
「ORGANIC」	酒類（薬用酒を除く）／東京高判平成11年9月30日（平11(行ケ)82号）判時1699号140頁（これに接した取引者・需要者は，これをオーガニック（有機）農産物を原料に使用したものと理解し，商品の識別標識とは認識しないものと判断するものと認めるのが相当）	
「WORKSTATION／ワークステーション」	第24類楽器その他本類に属する商品／東京高判平成11年11月25日（平11(行ケ)117号）（シンセサイザーにシーケンサーとエフェクトが内蔵され，1台で音楽造りが行える環境を整えた機器（楽器）をいう）	
「ヨーグルトきのこ」	発酵乳・乳酸菌飲料・乳酸飲料・粉乳／東京高判平成11年12月14日（平11(行ケ)274号）	
「いかしゅうまい」	いか入りしゅうまい／東京高判平成12年4月13日（平11(行ケ)101号）	
「TOURMALINE SOAP・トルマリンソープ」	商品「トルマリンを配合してなるせっけん」／東京高判平成12年6月13日（平11(行ケ)410号）	
（「エピ・ライン」の横縞の型押し模様）	第25類被服，ベルト，ポーチ付きベルト／東京高判平成12年8月10日（平11(行ケ)79号）－3条2項適用否定（その指定商品の中に商標法3条2項の要件に該当しないために登録を受けることができない商品「被服」があることが明らか）〔ルイ・ヴィトン社による「エピ・ライン」の模様（横縞の型押し模様）からなる図形標章〕	
（「エピ・ライン」の横縞の型押し模様）	第18類かばん類，袋物，携帯用化粧道具入れ／東京高判平成12年8月10日（平11(行ケ)80号）判時1730号128頁－3条2項適用〔ルイ・ヴィトン社による「エピ・ライン」の模様（横縞の型押し模様）からなる図形標章－ルイ・ヴィトンのエピ・マーク事件〕	
「昆布しょうゆ」	昆布のだし成分を含有するしょうゆ／東京高判平成12年8月29日（平12(行ケ)24号・平11(行ケ)442号）	
「負圧燃焼焼却炉」	第11類焼却炉／東京高判平成12年9月4日（平12(行ケ)76号）	
「蜂蜜入りかりんとう」	第30類蜂蜜入りかりんとう／東京高判平成12年10月5日（平12(行ケ)133号）（3条2項適用が唯一の争点とされ否定された）	
（レゴブロックの図）	第24類おもちゃ，ゲームその他の娯楽用具等／東京高判平成13年2月28日（平12(行ケ)101号）判時1752号29頁－3条2項適用〔レゴ〕	
「絵手紙」	絵手紙を作成する用具に使用する第16類紙類，紙製包装用容器等／東京高判平成13年3月22日（平12(行ケ)353号）	

〔末吉〕 195

§3（商標登録の要件）　　　　　　　　　　　　第2章　商標登録及び商標登録出願

「SMALL BUSINESS BANKING」	第36類資金の貸付け／東京高判平成13年5月23日（平12(行ケ)400号）（取引者・需要者は，「中小企業向け金融業務」を行っていることを表すものと理解するにとどまる）
「HELVETICA」	ヘルベチカ書体の活字及び写真植字機の文字盤／東京高判平成13年7月18日（平12(行ケ)427号）判時1766号70頁
「車文化の創造」	第41類自動車運転・道路交通法の教授／東京高判平成13年10月25日（平13(行ケ)223号）
「BOTTLE FLOWER／ボトルフラワー」	第31類ドライフラワー／東京高判平成13年11月8日（平13(行ケ)217号）
「Image Communication」	第38類移動体電話による通信等／東京高判平成13年11月13日（平13(行ケ)72号）（画像通信という役務の質）
「フラワーセラピー」	第31類フラワーセラピーに供する花／東京高判平成13年12月26日（平13(行ケ)207号）（①商品の品質，用途を表示するにすぎない，②当該表示態様が，商品の品質，用途を表すものとして現実に使用されていることは必ずしも必要でない）
「フラワーセラピー」	第3類せっけん類，香料等／東京高判平成13年12月26日（平13(行ケ)208号）
「角瓶」	第33類ウイスキー／東京高判平成14年1月30日（平13(行ケ)265号）判時1782号109頁（本号該当につき争いなし）－3条2項適用（本願商標と同一と認められる商標が，原告により，遅くとも昭和28年ころから審決時に至るまで，新聞，雑誌の広告及びテレビコマーシャル等において，相当量が販売されている本件製品につきわが国のほぼ全域にわたって多数回使用されており，その使用の結果，需要者において，上記商標が使用された本件製品が原告の業務に係る商品であることを認識することができるに至っている）
「ちりめん洋服」	第25類縮緬生地を用いた洋服／東京高判平成14年1月31日（平13(行ケ)181号）
「水沢うどん」	うどんめん，即席うどんめん／最判平成14年2月28日（平13(行ヒ)12号）判時1779号81頁（商標権について商標登録の無効審決がされた場合，これに対する取消訴訟の提起は，商標権の消滅を防ぐ保存行為にあたるから，商標権の共有者は各自単独でもすることができる）
「D-Fraction」	第5類中枢神経系用薬剤，アレルギー用薬剤等・東京高判平成14年8月9日（平13(行ケ)372号）（需要者をして「マイタケ」より抽出された物質を表したものと理解，認識させる）
「サラシア」	サラシアを原料とする茶／東京高判平成14年10月31日（平13(行ケ)574号）（単にその商品の品質，原材料（植物）を表示する）
「サラシア」	粉末状又は顆粒状の乾燥サラシアレティキュラータ等／東京高判平成14年11月14日（平14(行ケ)30号）
「ゆず七味」	第31類ゆず入りの七味唐辛子／東京高判平成14年12月26日（平14(行ケ)279号）
「木の猫砂」	第21類愛玩動物用糞尿処理材／東京高判平成15年3月20日（平14(行ケ)440号）
「TAHITIAN NONI」	タヒチ産の果物を原料として含む食餌療法用飲料，タヒチ産の果物を原料として含む食餌療法用食品／東京高判平成15年4月21日（平14(行ケ)222号）
「TAHITIAN NONI」	タヒチ産の果実を原料として含む果実飲料／東京高判平成15年4月21日（平14(行ケ)223号）
「プロ仕様」	第29類食肉，食用魚介類（生きているものを除く）等／東京高判平成15年4月22日（平14(行ケ)335号）

§3（商標登録の要件）

「プロ仕様」	第32類ビール，清涼飲料，果実飲料等／東京高判平成15年4月22日（平14(行ケ)336号）	
「プロ仕様」	第31類あわ，きび，ごま，麦芽等／東京高判平成15年4月22日（平14(行ケ)337号）	
「プロ仕様」	第30類コーヒー及びココア，コーヒー豆，茶，調味料等／東京高判平成15年4月22日（平14(行ケ)338号）	
「NONI」	第5類食餌療法用飲料，食餌療法用食品／東京高判平成15年9月30日（平14(行ケ)501号）	
「NONI」	NONI（ノニ）を原材料とした清涼飲料，果実飲料，飲料用野菜ジュース，乳清飲料／東京高判平成15年9月30日（平14(行ケ)502号）	
「あぶらフキフキティッシュ」	ティッシュペーパー，ウェットティッシュ等／東京高判平成15年10月15日（平15(行ケ)64号）	
「COSMEKIT」	化粧品数品を一つのポーチ等に詰め合わせた商品／東京高判平成15年12月24日（平15(行ケ)270号）	
(靴底図形)	運動靴，スニーカー／東京高判平成16年11月29日（平16(行ケ)216号）（用途，機能から予測し難いような特異な形態や特別な印象を与える装飾的形態を備えているものとは到底認められず）	
「うめ／梅」	梅の実の加工品を加味した食品／東京高判平成17年1月20日（平16(行ケ)189号）	
「インテリアショップ」	液晶画面付き電子ゲームおもちゃ等／東京高判平成17年1月26日（平16(行ケ)369号）（「販売地」に準じて商標登録が許されない）（Ⅵ(3)(c)）	
「FLAVAN／フラバン」	ポリフェノールを含有する植物エキスを主原料とする粉末状・顆粒状・カプセル状・液状の加工食品，ポリフェノールを含有する植物エキスを主原料とする清涼飲料／知財高判平成17年6月9日（平17(行ケ)10342号）（原材料又は品質を表示する）	
「再開発コーディネーター」	知識の教授，セミナーの企画・運営又は開催／知財高判平成17年7月12日（平17(行ケ)10350号）（単に役務の質（内容）を表示するもの）	
「新美脚」	第25類ジーンズ製のズボン／知財高判平成18年1月30日（平17(行ケ)10484号）（ただし本号は争点となっておらず，3条2項適用否定）	
「ささっと」	茶，コーヒー及びココア／知財高判平成18年4月26日（平17(行ケ)10851号）	
「三浦葉山牛」	第29類牛肉／知財高判平成18年6月12日（平18(行ケ)10054号）判時1941号127頁	
ペットコレクション pet collection	カレンダー等／知財高判平成18年7月31日（平18(行ケ)10100号）	
「紅隼人」	ベニハヤトを使用したアイスクリーム／知財高判平成18年9月27日（平18(行ケ)10229号）	
「介護タクシー」	第39類介護タクシーによる輸送，車椅子の貸与／知財高判平成19年2月1日（平18(行ケ)10411号）	

〔末吉〕

§3（商標登録の要件）　　　　　　　　　　　　　第2章　商標登録及び商標登録出願

「本生」	ビール風味の麦芽発泡酒／知財高判平成19年3月28日（平18(行ケ)10374号）判時1981号79頁（「本生」の文字は，食品分野において，広く用いられているものであって，ビールや日本酒の酒類等の分野においては，「加熱殺菌していない本格的なもの」というほどの意味合いで認識され使用される語である）
「お医者さんのひざベルト」	第25類保温用サポーター／知財高判平成19年3月29日（平18(行ケ)10441号）
「SpeedCooking スピードクッキング」	第43類電子計算機端末又はインターネットを利用した，短時間で簡単にできる料理のメニュー・レシピ又は食材に関する情報の提供／知財高判平成19年4月10日（平18(行ケ)10450号）
「アンデス」	メロン／知財高判平成18年6月20日（平17(行ケ)10821号）
「アンデス」	メロンの種子，メロンの苗／知財高判平成20年6月30日（平20(行ケ)10027号）
Elemis	エッセンシャルオイル，香料類，香水類等，エステテック美容，アロマテラピー／知財高判平成20年7月3日（平20(行ケ)10023号）（本願商標からエレミ油又はその原材料を認識）
「東京牛乳」	第29類牛乳／知財高判平成21年9月30日（平20(行ケ)10474号）
「太極柔力球」	太極柔力球の興行の企画・運営又は開催・太極柔力球のための運動施設の提供・太極柔力球のための娯楽施設の提供・太極柔力球のための運動用具の貸与／知財高判平成21年11月26日（平21(行ケ)10075号）
「声優検定」	第41類声優の適性能力の検定，声優の適性能力の検定試験の企画・運営・実施／知財高判平成22年5月19日（平21(行ケ)10351号）
生のり	第29類のりの佃煮／知財高判平成22年6月29日（平21(行ケ)10388号）
「紅いもタルト」	第30類紅芋を用いたタルト／知財高判平成22年6月30日（平21(行ケ)10369号）判タ1338号244頁（取引者・需要者は，「原材料として紅いもを使用したタルト」と理解し，商品の原材料又は品質を表示したものと認識する）
「黒糖ドーナツ棒」	第30類黒糖を使用した棒状形のドーナツ菓子／知財高判平成23年3月24日（平22(行ケ)10356号）判時2121号127頁（本件商標は，その指定商品に用いられた場合，まさに「黒糖を使用した棒状形のドーナツ菓子」の品質，原材料及び形状を普通に用いられる方法で表示する標章であるといえる）－3条2項適用
「MBA ENGLISH」	第41類語学の教授，派遣による語学の教授，語学試験の実施等の語学に関連した役務等／知財高判平成23年3月28日（平22(行ケ)10304号）
「MULTI-TOUCH」	第9類携帯電話等／知財高判平成23年12月15日（平23(行ケ)10207号）判時2140号66頁（取引者・需要者は，特定の入力方式を意味するものとして理解する）
「戸建マンション」	第36類建物の管理等，第37類建設工事等，第42類建築物の設計建物に関連する役務等のうち建物に関連する役務／知財高判平成24年2月9日（平23(行ケ)10223号）
「超ミネラル」	第5類滋養強壮変質剤，第32類清涼飲料，第44類医薬等／知財高判平成24年2月15日（平23(行ケ)10355号）
HOKOTA BAUM	第30類鉾田市産のバウムクーヘン／知財高判平成24年10月3日（平24(行ケ)10197号）判時2175号92頁（将来を含め，取引者，需要者に指定商品の産地又は販売地を表すものと認識される可能性があり，これを特定人に独占使用させることが公益上適当でないと判断されるときには，その商標は本号に該当する）

§3（商標登録の要件）

生クッキー（レア）	第30類生タイプのクッキー／知財高判平成24年11月14日（平24（行ケ）10242号）
「壷プリン」	壷を容器とするプリン／知財高判平成24年11月29日（平24（行ケ）10156号）
「セルフリペア」	第9類電気通信機械器具の，自己修復機能を有する部品及附属品（自分自身で修繕・修理するための商品を除く）／知財高判平成24年12月5日（平24（行ケ）10281号）
「あずきバー」	第30類あずきを加味してなる菓子／本願商標は「あずきバー」という標準文字からなるものであるにすぎないから，指定商品の品質，原材料又は形状を普通に用いられる方法で表示したもの／知財高判平成25年1月24日（平24（行ケ）10285号）判時2177号114頁－3条2項適用
「マッサージクッション」	クッション形状の家庭用電気マッサージ器／知財高判平成25年5月29日（平24（行ケ）10359号）－本号の点は当事者間に争いがない
ほっとレモン	第32類レモンを加味した清涼飲料等／知財高判平成25年8月28日（平24（行ケ）10352号）
「RAGGAZZA」	第25類被服，履物／大阪地判平成25年10月17日（平25（ワ）127号）（取引者・需要者は，「女性用の商品」程度の意味合いを容易に認識・理解するにとどまるから，単に商品の品質を表示するにすぎない）
「美ら島」	沖縄県産又は沖縄県産の原材料を用いた第29類乳製品等，第30類茶等，第32類清涼飲料等／知財高判平成25年11月27日（平25（行ケ）10188号）
「LADY GAGA」	レコード，インターネットを利用して受信し，及び保存することができる音楽ファイル，録画済みビデオディスク及びビデオテープ／知財高判平成25年12月17日（平25（行ケ）10158号）
「オタク婚活」	第45類結婚又は交際を希望する者への異性の紹介等／知財高判平成26年5月14日（平25（行ケ）10341号）
宝焼酎 粋	第33類焼酎／知財高判平成26年6月18日（平26（行ケ）10029号）
「浅間山」	第32類ビール等／知財高判平成26年6月30日（平25（行ケ）10332号）
ネットワークおまかせサポート	第37類事務用機械器具の修理又は保守等／知財高判平成26年8月6日（平26（行ケ）10056号）
「新型ビタミンＣ」	第5類サプリメント／知財高判平成26年10月22日（平26（行ケ）10134号）（拒絶査定では6号を適用し，審決では3号を適用しているが，実質的に新たな拒絶理由を示したものでない）
「江戸辛味大根」	辛味大根，辛味大根の種，辛味大根の苗／知財高判平成26年10月29日（平26（行ケ）10093号）

〔末吉〕 199

§3（商標登録の要件）　　　　　　　　　　　第2章　商標登録及び商標登録出願

「湘南二宮オリーブ」	第29類湘南地方二宮町産のオリーブを原材料とするオリーブオイル／知財高判平成27年1月28日（平26（行ケ）10152号）
「全国共通お食事券」	第16類印刷物，第36類全国共通の取り扱い店で利用できる食事券の発行／知財高判平成27年1月29日（平26（行ケ）10193号）
「IGZO」	液晶テレビジョン受信機，ノートブック型コンピュータ，ノートブック型コンピュータ，タブレット型携帯情報端末を除くコンピュータ，タブレット型携帯情報端末，スマートフォン，携帯電話機等／知財高判平成27年2月25日（平26（行ケ）10089号）（新規な半導体材料である「インジウム・ガリウム・亜鉛酸化物」を意味する語として，広く認識されていた）

(b)　適用肯定例たる審決例

「ケルン」	第10類理化学機械器具等／昭和39年5月12日審判昭37-2074
「KERUN」	第10類理化学機械器具等／昭和39年5月12日審判昭37-2077
「ケンタッキー」	第30類菓子等／昭和39年7月9日審判昭37-1636
「伊豆」	第30類菓子等／昭和39年9月29日審判昭38-2519
「ハリウッド」	第16類織物等／昭和40年4月12日審判昭38-5176
「波佐見」	第19類台所用品等／昭和40年8月11日審判昭38-1530
「ダイセン／大山」	第30類菓子等／昭和42年1月11日審判昭41-1552
「ホノルル」	第17類被服等／昭和42年10月26日審判昭39-2477
「本場奄美大島」	第17類被服等／昭和43年6月8日審判昭41-6576
「ボルドー」	第17類被服等／昭和44年10月7日審判昭42-8275
「スコッチ／SCOTCH」	第1類化学品等／昭和44年12月1日審判昭42-5047
「さいたま納豆」	第32類納豆／昭和45年2月20日審判昭43-2517
「シンエツ」	第6類金属等／昭和45年3月31日審判昭41-5503
「ミネソタ／MINNESOTA」	第7類建築材料等／昭和45年5月8日審判昭42-4565
「シャンジェリーゼ」	第17類被服等／昭和45年10月30日審判昭43-9256
「MEXICO」	第30類菓子等／昭和46年6月24日審判昭43-2525
「ショウナン」	第50類ちり紙等／昭和47年12月1日抗告審判昭44-13
「岐阜牛乳／GIFUMILK」	第31類乳製品等／昭和47年12月26日審判昭45-10758
「ルアン」	第17類被服等／昭和48年5月10日審判昭45-9024
「げい洲」	第32類食用水産物等／昭和49年8月15日審判昭45-5385
「KOBE」	第11類蓄電池等／昭和49年9月10日審判昭47-4883
「犬山焼」	第30類菓子等／昭和49年11月26日審判昭46-2418
（図形商標）	第10類血圧計／昭和53年3月27日審判昭48-6426（商品血圧計の使用方法を図形をもって表示したにすぎない商標）
「芦屋」	第32類食肉等／昭和54年1月26日審判昭49-3375
「VENETO／ベネト」	第17類被服等／昭和60年9月10日審判昭55-6251

§3（商標登録の要件）

「ミシガン」	第22類はき物等／昭和62年12月3日審判昭56-9390
「ミシガンシュー」	第22類はき物等／昭和62年12月3日審判昭56-9391
「PICCADILLY」	第17類被服等／昭和63年1月14日審判昭60-2287
「備讃瀬戸大橋」	第30類菓子／平成2年11月29日審判昭58-12969
「備前」	第28類ぶどう酒／平成3年3月14日審判昭62-5584
「信濃の国」	第32類そばめん等／平成3年5月30日審判昭58-16466
Bostonian（図形）	第17類被服等／平成4年3月19日審判昭59-8837
「ヴェルサイユ」	第19類台所用品等／平成4年3月27日審判昭58-16457
「BALI」	第28類日本酒／平成4年4月30日審判昭60-21328
「妻籠／妻籠宿」	第30類菓子等／平成4年7月9日審判昭60-20967
「オラン／ORAN」	第29類茶等／平成4年8月5日審判平2-13699
「JAVA」	第27類紙巻たばこ等／平成4年8月27日審判昭63-5857
「バグダッド」	第19類台所用品等／平成4年8月27日審判昭63-10653
「EUROPE」	第12類自動車用タイヤ等／平成5年9月30日審判昭60-21648
カリフォルニア州地図（図形）	第17類被服等／平成5年10月14日審判昭58-18261（商品の産地カリフォルニアを図形地図で表示したにすぎない）
「EVIAN」	第29類清涼飲料等／平成6年5月12日審判昭59-21870
SOFIA（図形）	第14類原料繊維／平成6年6月10日審判平2-5175
「飴屋横丁」	第30類菓子等／平成6年7月27日審判平3-23465
「マキトール」	第20類家具等（ロールブラインド，ロールスクリーン等の巻き取る機構（構造）を有する商品）／平成9年9月18日審判平1-2238
「PASADENA」	第12類自動車の部品及附属品／平成13年2月20日不服2000-10983
「フェイスマスク」	第5類肌あれ，あれ性，にきび，油性肌，日やけによるしみを防ぐ効果を有するパック状の薬剤／平成13年3月21日異議平11-90923
「グリップ／GRIP」	第16類文房具類（昆虫採集用具を除く）／平成13年8月29日異議2000-91179
「フィレンツェ」	第21類植木鉢等／平成13年10月12日審判平11-16588
「ヘアカラーグロス」	第3類染毛剤／平成15年7月3日異議2001-90992
「きれいな空気」	第1類化学品の指定商品空気／平成15年7月3日異議2002-90245
「アジアン／ASIAN」	アジア産ないしはアジア地域発祥の商品又はアジア産の果実等を原材料とする商品／平成16年1月6日無効2003-35191
「フィギュアケース／FIGURE・CASE」	第20類商品陳列ケース等／平成16年3月15日異議2003-90297

〔末吉〕

§3（商標登録の要件） 第2章　商標登録及び商標登録出願

「男爵」	男爵いもを原材料とする肉製品，男爵いもを原材料とする加工野菜及び冷凍じゃがいも／平成16年4月20日無効2003-35367
「BBQ」	菓子及びパン，調味料，香辛料等／平成16年5月25日異議2003-90402
「JUNIOR KIT」	第15類楽器（弦楽器を除く）等／平成16年5月31日不服2001-17249
（図）	パンティストッキング／平成16年7月16日異議2003-90724ほか
「光点式」	電光表示装置等／平成16年7月27日不服2002-8126
「のりものシリーズ クラッカー」	乗り物をかたどったクラッカー／平成16年9月13日不服2002-15849
「マリンフィッシュ　コラーゲン」	第30類コラーゲンを主原料とした錠剤状の加工食品／平成16年9月17日不服2002-9954
「シリコン・グラス」	TFT液晶ディスプレイ／平成16年10月13日不服2000-17211
「CAST」	鋳造用金型，鋳造用の機械器具／平成16年10月19日不服2000-16182（「鋳造するための機械」等の意味合いを認識させ，商品の品質，機能を認識させる）
「ポータブル・チェッカー／PORTABLE CHECKER」	測定機械器具，電気磁気測定器等／平成16年10月19日不服2000-17222
「専用タイヤ」	第12類自動車用タイヤ／平成16年11月29日不服2000-17316
「南アルプス」	第32類清涼飲料（ミネラルウォーターを除く）等／平成16年12月13日不服2002-12170（なお，本願商標を構成する「南アルプス」の文字は，……4町2村が合併して，平成15年4月1日に市となった「南アルプス市」の略称をも認識させるものであって，該市は，全国で唯一のカタカナによる市名として知られているものであり，本願の拒絶の理由として言及されてはいないものの，この点からも本願商標は，商品の産地・販売地を表示するものであり，自他商品の識別機能を有しない）
「アンチラジカル／ANTI RADICAL」	第3類化粧品及びせっけん類／平成17年2月2日異議2004-90047
「うめしょうゆ」	第30類しょうゆ／平成17年2月15日不服2002-25276
「還元鋳造」	還元反応を利用した鋳造方法により製造された鉄及び鋼，還元反応を利用した鋳造方法により製造された非鉄金属及びその合金等／平成17年4月5日不服2002-10990
「iDC」	第36類インターネットサーバーの設置場所の提供等，第37類電気通信機械器具（電話機・ラジオ受信機及びテレビジョン受信機を除く）の修理又は保守等，第38類電話による通信等，第42類電子計算機などの性能・操作方法等に関する紹介及び説明等／平成17年4月26日無効2003-35455（インターネットを利用する企業はもとより，インターネット利用者が急激に増えた昨今の高度情報通信ネットワーク社会において，……これに接する需要者・取引者をして，「インターネットデータセンター」の意味を把握，理解する）
「もぎたてライム」	第5類ライムの香りを有する乳糖，ライムの香りを有する乳児用粉乳／平成17年5月26日異議2004-90395

§3（商標登録の要件）

商標	指定商品・役務／審決日・審決番号
「CONDITIONING／コンディショニング」	第25類運動用特殊衣服／平成17年5月26日異議2004-90302
「ペットロボ」	ペット動物型のロボット式のおもちゃ／平成17年6月21日不服2001-17292
「こぶとりだし」	第30類昆布を原材料としてなるだしの素／平成17年7月11日異議2004-90241
「ゴールド カートリッジ」	保護容器に収納された取り外し可能な高品質（ゴールドクラス）のディスク及びテープ／平成17年11月14日不服2001-20299
「弱酸水」	弱酸性の化粧水／平成18年4月4日不服2004-23907
「もぎたてグレープフルーツ」	第5類グレープフルーツの香りを有する乳糖等／平成18年4月25日異議2005-90609
「Canadian Ice Wine Chocolates」	カナダ産アイスワインを使用したチョコレート及び同チョコレートを使用した菓子／平成18年5月24日異議2005-90033
「抗酸化エッセンスイオン」	「抗酸化作用を有するイオン導入用の美容液」又は「イオンを配合した抗酸化作用を有する美容液」／平成18年5月30日異議2004-13488
「フレッシュブルー」	入浴剤等／平成18年6月26日不服2004-24205
「嬉野温泉ふぐ／嬉野温泉河豚」	第31類ふぐ（生きているものに限る）／平成18年7月25日不服2005-4836
「大井川」	第32類清涼飲料，果実飲料／平成18年8月10日不服2005-9657
「MONTMARTRE」	第12類「Motor vehicles and parts thereof (included in this class).」，第28類「Model vehicles.」／平成18年9月25日不服2004-65062（モンマルトル）
天然にがり大豆だけで作りました。	豆腐，油揚げ，凍り豆腐／平成18年10月24日不服2005-18534
「MISAWA CITY」	第36類建物の売買，第37類建築一式工事／平成18年11月14日不服2003-791
「ミサワシティ」	第36類建物の売買，第37類建築一式工事／平成18年11月14日不服2003-221
「自立支援治療器」	障害者などが自立生活を営むことを支援するための治療器／平成18年11月30日不服2005-2556
「レールコンテナ」	鉄道用のコンテナ，鉄道コンテナ用の鉄道車両／平成18年12月15日不服2005-25365
「ストロング」	成分，効き目の強い消臭剤，芳香消臭剤，脱臭剤，防臭剤等／平成19年1月9日不服2004-17424
「開田高原バター」	第29類バター／平成19年2月6日不服2004-25414
「開田高原ヨーグルト」	第29類ヨーグルト／平成19年2月6日不服2004-25412
「開田高原チーズ」	第29類チーズ／平成19年2月6日不服2004-25413
「開田高原アイスクリーム」	第30類アイスクリーム／平成19年2月6日不服2004-26433
「プチノエル」	クリスマス用の菓子，クリスマス用のパン／平成19年2月27日不服2005-15672
「Power Stretch」	第24類織物，第25類被服／平成19年3月9日異議2006-90225
「ふんわりせっけん」	せっけん類／平成19年4月2日不服2006-6270
「ハイブリッド フロメータ」	第9類複数の機能・機構を併せ持った流量計／平成19年5月16日不服2003-21377

〔末吉〕

§3（商標登録の要件）　　　　　　　　　　　　　　第2章　商標登録及び商標登録出願

「死海の塩エステ」	死海の塩を使用したエステ用の化粧品及びせっけん類，死海の塩を用いたエステ等／平成19年5月25日不服2006-16390
「ファイバーサプリ」	食物繊維を主たる成分とする顆粒状・タブレット状・粒状等の加工食品／平成19年6月12日不服2004-22077
「HI-MAIZE」	とうもろこし製の澱粉，とうもろこしの粉類，とうもろこしを原材料とする各種の食品等／平成19年6月26日不服2005-3720
「じんわり」	クリーム等の化粧品／平成19年7月4日不服2006-14269
「しみこむしみこむ」	塗布した成分が浸透して効果を発揮する美容液等／平成19年7月4日不服2006-14268
「じんわり」	パップ剤等／平成19年7月4日不服2006-14267
「しみこむしみこむ」	軟膏等の化粧品等／平成19年7月4日不服2006-14266
「発毛日本一コンテスト」	発毛に関するコンテストの企画・運営又は開催等／平成19年7月31日不服2006-10506
「発毛コンテスト」	発毛に関するコンテストの企画・運営又は開催等／平成19年7月31日不服2006-10507
「持続力強化型」	商品の有する効果を持続させる力を強くしたタイプであることをセールスポイントとする薬剤等／平成19年8月6日不服2006-8717
「アウトプレースメント＆アウトソーシング」	第35類広告等／平成19年9月11日不服2005-11194
「AHMEDABAD」	第18類ハンドバッグ等，第25類スカーフ等／平成19年10月30日不服2004-12185
「信州アルプス牛」	第29類牛肉，牛肉を使用した肉製品／平成19年12月26日不服2007-4844
「お守りランドセル」	第21類ランドセルの形をしたお守り／平成19年12月27日不服2005-23352
「白金」	第3類白金（又は，白金ナノコロイド）を配合若しくは原材料とするせっけん類，化粧品／平成20年1月16日無効2007-890129
「やわらかフローラルの香り」	第3類家庭用帯電防止剤等，第5類しみ取り用薬剤等のうち香りを有する商品／平成20年1月22日不服2006-26227
「ホットクレンジング」	せっけん類，化粧品／平成20年1月22日不服2006-26227
「カシミヤタッチ」	第16類紙製乳幼児用使い捨ておむつ（パンツ式のものを含む）等／平成20年2月27日不服2005-24949
「さらっとすっきり」	第29類オリーブオイル等／平成20年3月24日不服2006-28835
「シイタケパワー／しいたけパワー」	第29類しいたけを主原料とするカプセル状等の加工食品等／平成20年3月31日不服2007-22038
「マルチインバーターチラー」	第11類冷凍機械器具，暖冷房装置／平成20年5月1日不服2006-27957
「おやすみ前にも一滴」	目薬等／平成20年5月26日不服2007-29960
「REDMANGO／レッドマンゴー」	第29類ヨーグルト等，第30類フローズンヨーグルトアイスクリーム等，第32類ヨーグルト風味の清涼飲料等のうちマンゴーを使用した商品／平成20年5月27日不服2006-2263
「巌窟王」	第9類録音済みの磁気カード等，第41類電子出版物の提供等／平成20年6月4日不服2005-15992
「e-帳票FAXサービス」	第38類電気通信（放送を除く）／平成20年7月22日不服2006-22726

§3（商標登録の要件）

「ラーメン缶」	第30類調理済みの即席ラーメン／平成20年8月19日不服2007-26779	
「大泊ビーチ」	宿泊施設の提供，飲食物の提供等／平成20年9月2日無効2007-890163	
「ベジィアイス／Veggie ice」	第30類野菜を使用したアイス／平成20年9月2日不服2005-14210	
「うるおいケア」	第5類うるおいをケアする目薬等／平成20年9月22日不服2007-26807	
「空気触媒」	第1類抗菌消臭剤（工業用）／平成20年9月24日不服2005-10662	
「KISU SPECIAL」	第28類キス用の釣竿／平成20年10月6日異議2006-90560	
「パワーファン」	ファンを組み込んでなる家庭用電気式または電池式芳香器等／平成20年10月7日不服2006-7865	
「吸水下着」	失禁用吸収性下着等／平成20年11月7日不服2007-26691	
(レモンの画像)	第30類レモンを加味した食品香料（精油のものを除く）等／平成20年12月9日不服2007-34818	
(レモンの画像)	第30類レモンを加味した食品香料（精油のものを除く）等／平成20年12月9日不服2007-34817	
「パーフェクト サンバーン ブロック」	日焼け止め用の化粧品／平成21年2月3日不服2008-7764	
「朝食ドーナツ」	第30類ドーナツ／平成21年2月10日不服2007-29157	
「朝食ソフトケーキ」	ケーキ／平成21年2月10日不服2007-29160	
「野菜なパスタ」	第30類調理済み冷凍パスタ等／平成21年2月16日不服2008-21495	
「AFRIKA」	第9類電池等／平成21年2月20日不服2007-28236	
「炒飯醬」	第30類調味料等／平成21年3月9日不服2008-4873	
「炊飯水」	第32類ミネラルウォーター／平成21年3月17日不服2008-15661	
「ピュアローズ」	第3類家庭用帯電防止剤，洗濯用柔軟剤，せっけん類，歯磨き，化粧品，香料類／平成21年4月28日異議2008-900238	
「音声図鑑」	音声データ付きの図鑑データを収録した電子辞書／平成21年6月15日不服2008-11726	
「GEORGIA GRANDE／ジョージア グランデ」	第30類茶，コーヒー及びココア／平成21年6月26日不服2007-10103	
「ハイブリッドルーフ／Hybrid Roof」	屋根材／平成21年7月23日不服2008-22574	
「魚屋さんの」	第29類食用魚介類（生きているものを除く），加工水産物／平成21年7月29日異議2005-90405	
「200年住宅」	住宅に関連する商品・役務／平成21年8月4日不服2008-26277	
「子育て学検定」	第41類子育てに関する検定に関連する役務等／平成21年8月28日不服2008-29226	

〔末吉〕

§3（商標登録の要件）　　　　　　　　　　第2章　商標登録及び商標登録出願

「子育て学」	第41類育児に関する知識の教授等／平成21年8月28日不服2008-29222
「瞬間リフレッシュ」	清涼感や爽快感を与える口中清涼剤等／平成21年9月3日不服2009-524
「耐震システムバス」	浴室ユニット／平成21年9月7日不服2008-28593
「ひんやりジェルマット」	第24類布団用・ベッド用又はマットレス用敷きパッド等／平成21年10月26日不服2008-25436
「生のり」	第29類生のりを原材料とするのりの佃煮／平成21年10月28日不服2008-32352
「窒素水」	第30類窒素ガスを含有させた調味用の塩水，第32類窒素ガスを含有させた加工した飲料水，窒素ガスを含有させたミネラルウォーター／平成21年11月4日不服2008-19118
「ANTIOXIDANT SUPERPOWER」	強力な力（効能）を有する酸化防止剤，強力な力（効能）を有する抗酸化物質／平成21年11月17日不服2008-2594
「カリカリクッキー」	カリカリとした食感のクッキー状の加工商品／平成21年11月26日不服2009-1281
「ひんやりジェルマット」	第20類保冷効果を有するジェル状の化学物質を充填した愛玩動物休息用マット等／平成21年12月9日不服2009-5460
「中津川モンブラン」	第30類岐阜県産の栗あんを使用したモンブランケーキ，岐阜県産の栗あんを使用したモンブランケーキ風洋菓子／平成21年12月25日不服2009-4173
「ワンタッチオープン」	一つの操作で開く機能を有する携帯電話機，同機能を有する携帯情報端末／平成22年1月18日不服2009-6821
「大絶賛納豆」	第29類納豆／平成22年1月25日不服2009-8965
「北海道品質」	第29類北海道産の乳製品等／平成22年1月25日不服2009-9215
「スリムスティック クッキー」	第30類クッキー／平成22年2月24日不服2008-3949
「琴弾山の自然薯」	第31類琴弾山又はその山麓・周辺で産出された自然薯／平成22年3月1日不服2009-7707
「エコ網戸」	網戸を省エネ効果や環境に配慮して製造・販売／平成22年3月2日不服2009-931
「新小石丸結城」	織物，被服等／平成22年3月23日不服2008-22602
「釣り検定」	釣りに関する検定試験の企画・運営又は実施，釣りに関する検定試験受験者へのセミナーの開催等／平成22年6月9日不服2009-9248
「DFS」	免税店における商品の小売又は卸売の業務において行われる顧客に対する便益の提供／平成22年12月20日不服2008-32801
「エコ紙ボトル」	環境に配慮したボトル状の紙製包装用容器／平成23年2月8日不服2010-9866
「シンプルフレーム」	電気こたつ，こたつ／平成23年2月28日不服2009-18658
「適温おまかせ調理」	第11類家庭用電磁誘導加熱式調理器，家庭用電気式揚物器，家庭用電気食品蒸し器／平成23年3月9日不服2009-25942
（スニーカー図形）	第25類履物，運動用特殊靴／平成23年3月25日不服2010-15907

〔末吉〕

§3（商標登録の要件）

	(シューズ図)	第25類履物，運動用特殊靴／平成23年3月25日不服2010-15907／平成23年3月25日不服2010-15909
	(シューズ図)	第25類履物，運動用特殊靴／平成23年3月25日不服2010-15907／平成23年3月25日不服2010-15908
「メンタルケア・スペシャリスト養成講座」		第41類孤独感・疎外感等に対する対話を通しての精神的な援助に関する知識の教授／平成23年4月5日不服2009-19500
「饂麺」		調理済みのうどん，うどんのめん，うどん用つゆ／平成23年6月3日異議2009-900303
「ミルクケーキ」		ミルクを使用したケーキ／平成23年6月28日不服2010-18107
「多回路エネルギーモニタ」		1台で多くの回路の電力等の計測ができる電気磁気測定器／平成23年9月2日不服2010-20830
「PINK TARTAN」		女性用のシャツ・ズボン・セーター・ジャケット・コート・ティーシャツ・スカート・ドレス及び下着，スカーフ／平成23年10月26日不服2009-17861
「エンディングムービー」		結婚披露宴の最後のしめくくりにあたって上映される結婚披露宴用ビデオの制作，結婚披露宴の最後のしめくくりにあたってビデオが上映される結婚披露宴の企画／平成23年12月19日不服2010-29603
「オープニングムービー」		結婚披露宴の開始にあたって上映される結婚披露宴用ビデオの制作，結婚披露宴の開始にあたってビデオが上映される結婚披露宴の企画／平成23年12月19日不服2010-29602
「カーボンオフセット銀行」		第36類中排出権関連役務／平成24年3月14日不服2010-20045
「阿蘇小国ジャージー」		第29類熊本県阿蘇郡小国町及び南小国町で飼育したジャージー種の牛から採取した牛乳を使用した乳製品，第30類熊本県阿蘇郡小国町及び南小国町で飼育したジャージー種の牛から採取した牛乳を使用した菓子及びパン／平成24年7月31日不服2011-19960
「エゴマ醤油」		第30類エゴマを主原料としたしょうゆ風味の発酵調味料，エゴマを主原料としたしょうゆ風味の発酵調味料を加味した調味料／平成24年7月31日不服2011-17876
「GX形管用栓」		金属製栓／平成24年9月18日不服2011-18923（取引者・需要者は，「GX形管（GX形ダクタイル鋳鉄管）に用いられる金属製栓」「GX形管（GX形ダクタイル鋳鉄管）専用の金属製栓」であるという意味合いを理解，把握するにすぎない）
「広告マスターコース」		知識の教授，セミナーの企画・運営又は開催，電子出版物の提供／平成24年9月27日不服2011-24750
「丹波黒どり」		第29類鶏肉，卵，鶏肉製品，とり肉を主材とする惣菜，加工卵／平成24年10月18日不服2011-18983
「天然水素水」		第32類水素を含有するミネラルウォーター／平成25年1月7日不服2012-871

〔末吉〕

§3（商標登録の要件）　　　　　　　　　　　　　第2章　商標登録及び商標登録出願

「リーガル・カウンセラー」	リーガル・カウンセラーの資格認定試験の実施及び資格の認定・資格の付与／平成25年1月17日不服2012-9896
「蔵王」	第29類食肉，卵，冷凍野菜，冷凍果実等／平成25年1月28日不服2012-9838
「蔵王チーズ」	第29類チーズ／平成25年6月21日不服2012-19955－3条2項適用
メイドサービス	第45類家事の代行／平成25年8月28日不服2012-23640
「EXTRA COLD」	第35類ビールの小売又は卸売の業務において行われる顧客に対する便益の提供，第43類ビールの提供／平成25年9月5日無効2012-890104
「オタク婚活」	第45類結婚又は交際を希望する者への異性の紹介等／平成25年11月22日異議2013-900069
「螺鈿ガラス／RADENGLASS」	第21類ガラス製食器類，ガラス製包装用容器，ガラス製花瓶／平成25年12月18日不服2013-14955
「アイスシャンプー」	第3類シャンプー／平成26年2月18日不服2013-7635
「セイフティサイン」	道路標識／平成26年2月21日不服2013-12525
「延命補修材」	第17類水道管等の配管保護用巻きつけバンド，水道管等の配管保護用粘着テープ等／平成26年3月5日不服2013-11516
「延命補修テープ」	第17類水道管等の配管保護用巻きつけバンド，水道管等の配管保護用粘着テープ等／平成26年3月5日不服2013-11517
「ヨゴレトレール」	油汚れ落とし用洗浄剤（製造工程用及び医療用のものを除く），その他の洗浄剤（製造工程用及び医療用のものを除く）／平成26年3月24日不服2013-17721
島根のおいしい天然水	第32類島根県産のミネラルウォーター／平成26年3月31日不服2013-15639
「初午いなり」	第30類いなりずしを含む弁当，いなりずし／平成26年5月2日不服2013-16120
「米沢熟成和牛」	第29類山形県米沢地方で生産された和牛の牛肉等／平成26年5月8日不服2013-16014
「山形熟成和牛」	第29類山形県で生産された和牛の牛肉等／平成26年5月8日不服2013-16013
「ナノカルシウム」	第5類カルシウムを成分とするサプリメント／平成26年6月3日不服2013-17070
「スティック　カフェ」	第30類コーヒー／平成26年7月30日不服2014-1284
「pearl placenta／パールプラセンタ」	第1類プラセンタ成分入りの化学品，第3類プラセンタ成分入りの化粧品等／平成26年9月5日不服2014-1568
「抗ロコモ」	第5類各種ビタミンを主原料としてなる粉末状・顆粒状・錠剤状・カプセル状・液状の加工食品，各種ミネラルを主原料としてなる粉末状・顆粒状・錠剤状・カプセル状・液状の加工食品等／平成26年9月19日不服2014-7698
「抗ロコモサプリ」	第5類各種ビタミンを主原料としてなる粉末状・顆粒状・錠剤状・カプセル状・液状の加工食品，各種ミネラルを主原料としてなる粉末状・顆粒状・錠剤状・カプセル状・液状の加工食品等／平成26年9月19日不服2014-7699

§3（商標登録の要件）

「ゲンコツメンチ」	第29類げんこつ状のメンチカツ／平成26年10月15日不服2014-3215
（素のつゆ ロゴ）	第30類だしつゆ／平成26年10月15日不服2013-23737
「リスク均等」	有価証券の売買等／平成27年1月7日不服2014-10717
「パイプガード」	第17類プラスチック基礎製品／平成27年2月16日不服2014-6836
「グリーンネット」	荷役用網（金属製のものを除く）／平成27年5月7日不服2013-5161
「手作り犬ごはん」	第31類手作りの犬の飼料／平成27年5月11日不服2014-22861
「エコサントイレ」	第11類使用時に周囲を囲む簡易テント・汚物凝固処理剤・汚物処理袋及び便器よりなる簡易設置型トイレ等／平成27年5月12日不服2014-11850
「巴馬火麻／パーマヒマ」	第29類食用油脂（食用油を含む）／平成27年5月27日不服2013-18702（中華人民共和国の巴馬産の麻の実を理解させる）

(c) 適用否定例たる判決例

「サークライン」	環状蛍光燈／東京高判昭和42年7月6日（昭38(行ナ)55号）行集18巻7号845頁（形状を暗示しているとはいえても，形状を表示しているとは認められない）
「セロテープ」	セロファン製テープ／東京高判昭和42年12月21日（昭39年(行ケ)27号）行集18巻12号1761頁（暗示しているとはいえ，単にその品質・形状を表すにすぎないものではない）
「ハイチーム」	酵素又は酵素製剤／東京高判昭和46年12月24日（昭45(行ケ)61号）無体集3巻2号445頁（性能をある程度暗示する要素を含むものといえないではないが，常に商品の出所表示力を欠くものとはいえない）
「RESCUE」	被服（運動用特殊被服を除く），布製見回品（他の類に属するものを除く），寝具類（寝台を除く）／東京高判平成8年2月20日（平7(行ケ)196号）（一般的に「救助用」ということを意味するものと認識されていない）
「スーパーDC／デオドラントクリーン」	ペット用便器の砂／東京高判平成10年11月26日（平9(行ケ)276号）
「ケミカルアンカー」	ゴム製建築専用材料等／東京高判平成11年1月27日（平10(行ケ)109号）（極めて漠然とした広範な意味を生ずるものと認められ，品質表示には該当しない）
「ほろはた／母衣旗」	第32類食肉，卵，食用水産物等／東京高判平成11年11月29日（平10(行ケ)18号）判時1710号141頁（「母衣旗まつり」自体が知られていたからといって，これを知る者が，一般に「母畑」の地名の由来に係る伝承により「母衣旗」を旧地名として認識しているとも認められない）（ただし，4条1項7号違反）
「太肉麺」	第42類中華そばの提供／東京高判平成12年9月28日（平11(行ケ)381号）（「主に豚肉の厚切り肉を盛りつけたラーメン」であることを示すものとして一般に使用されていると認定したことは，誤り）
「ターローメン」	第42類中華そばの提供／東京高判平成12年9月28日（平11(行ケ)382号）（「主に豚肉の厚切り肉を盛りつけたラーメン」であることを示すものとして一般に使用されていると認定したことは，誤り）

〔末吉〕

§3（商標登録の要件）

「紅豆杉」	第30類茶等／東京高判平成12年12月5日（平12(行ケ)210号）（「紅豆杉」が中国の薬用植物の名称であって茶等の原材料となることはわが国の取引者・需要者においてほとんど知られていない）
「カラィーカ」	食肉，卵，食用水産物等／東京高判平成12年12月5日（平12(行ケ)210号）（特定の意味を持たない一体不可分の造語であるので）
「スーパーベース」	第7類住宅等の基礎又は基礎用の材料等／東京高判平成13年10月31日（平12(行ケ)212号）（後掲Ⅸ(6)(b)）
「SAC」	第21類かばん類，袋物／東京高判平成14年1月30日（平13(行ケ)249号）判時1798号137頁（商標法3条1項1号に規定する「普通名称」は，商品についていえば，指定商品の属する特定の業界において当該商品の一般的名称であると認識されるに至っているもの，すなわち，指定商品を表す普通名詞を意味するのに対し，同項3号に規定するいわゆる記述的商標は，指定商品の産地，販売地，品質等を普通に用いられる方法で表示する標章のみからなる商標であり，指定商品の性状等を「記述」する標章であって，指定商品そのものの総称である普通名称とは異なる）－本件商標が指定商品の性状を記述する用語として認識され，使用されているとはいえないとして，同項3号に該当することを理由としてされた無効審決が取り消されている（この際，1号該当性は審決取消訴訟の審理範囲に入らない）。後日，第2次審決を経て，東京高判平成14年12月26日（平14(行ケ)434号）で，同項1号により無効とされた（無効審決維持）
「アエロバティックス／日本グランプリ」	第41類アクロバット飛行の興行／知財高判平成17年9月15日（平17(行ケ)10428号）
（海底遺跡図）	海底遺跡を見学するための海底散策・海上散策の案内等／知財高判平成19年7月12日（平19(行ケ)10013号）（本件商標が，全体として，与那国島海底遺跡を文字と図形とをもって表したと容易に認識，理解されると判断し，それに基づき本号該当性を論じた特許庁の判断部分は誤り）
「マイクロクロス」	マイクロファイバー製のクロス／大阪地判平成19年12月13日（平18(ワ)8621号）
「こくうま」	キムチ／知財高判平成21年7月21日（平21(行ケ)10023号）
「SIDAMO」	エチオピア国シダモ（SIDAMO）地方で生産されたコーヒー豆，エチオピア国シダモ地方で生産されたコーヒー豆を原材料としたコーヒー／知財高判平成22年3月29日（平21(行ケ)10226号）判時2080号80頁（自他識別力を有するうえ，商標権者が原告である限り，その独占使用を認めるのを公益上適当としないということもできない）
「シダモ」	エチオピア国シダモ（SIDAMO）地方で生産されたコーヒー豆，エチオピア国シダモ地方で生産されたコーヒー豆を原材料としたコーヒー／知財高判平成22年3月29日（平21(行ケ)10227号）（自他識別力を有するうえ，商標権者が原告である限り，その独占使用を認めるのを公益上適当としないということもできない）
「YIGACHEFFE」	エチオピア国イルガッチェフェ（YIGACHEFFE）地域で生産されたコーヒー豆，エチオピア国イルガッチェフェ地域で生産されたコーヒー豆を原材料としたコーヒー／知財高判平成22年3月29日（平21(行ケ)10228号）（自他識別力を有するうえ，商標権者が原告である限り，その独占使用を認めるのを公益上適当としないということもできない）

§ 3（商標登録の要件）

「イルガッチェフェ」	エチオピア国イルガッチェフェ（YIGACHEFFE）地域で生産されたコーヒー豆，エチオピア国イルガッチェフェ地域で生産されたコーヒー豆を原材料としたコーヒー／知財高判平成22年3月29日（平21(行ケ)10229号）（自他識別力を有するうえ，商標権者が原告である限り，その独占使用を認めるのを公益上適当としないということもできない）
「Kawasaki」	第25類被服等／知財高判平成24年9月13日（平24(行ケ)10002号）判時2166号131頁（本願商標が指定商品に使用されたとしても，需要者又は取引者において一般的に地名である神奈川県川崎市を想起するとはいえず，当該指定商品が同市において生産され又は販売されているであろうと一般に認識することもない）-仮に該当しても，として3条2項適用を指摘
「LOOPWHEEL」	第25類被服等／知財高判平成25年12月26日（平25(行ケ)10161号）
「LOOPWHEEL」	第24類織物等／知財高判平成25年12月26日（平25(行ケ)10162号）

(d) 適用否定例たる審決例

「THERMAL CERAMICS」	セラミックスを用いてなる商品／平成15年8月5日不服2000-14188
「DynamicDataReplication」	電子計算機，電子計算機の性能・操作方法等に関する紹介及び説明等／平成15年8月22日不服2000-15201
「アンカーサポート」	アンカーボルト位置決め金物／平成15年8月22日不服2000-15133
「タフブロック」	強いブロック／平成15年9月18日不服2000-13238
「ゲルマ」	ゲルマニウムを含む商品／平成15年10月24日無効2002-35434
「パワーリブ」	建築用又は構築用の金属製専用材料，金属製建造物組立てセット／平成15年11月14日審判平11-14440
「OndemandPublisher」	第9類電子応用機械器具及びその部品，電気通信機械器具，コンピュータソフトウエア／平成15年12月8日異議2003-90383
「献上」	第30類菓子及びパン／平成16年1月16日異議2001-90863
「DYNAMIC APPLIANCE」	平成16年5月27日不服2001-16350（原審説示の意味合いを直ちに認識させるとはいい難く，また，上記の意味合いで一般に知られるに至っているものといえないだけでなく，当審において職権をもって調査するも，本願商標を構成する語が，その多区分にわたる指定役務について役務の質を表示するものとして，取引上使用されている事実も見出せなかった）
「MDDR」	第9類写真機械器具等／平成16年6月14日異議2003-90567
「HitNews」	第38類移動体電話による通信等／平成16年6月14日不服2001-15632
「黒さや」	第29類豆／平成16年7月30日異議2002-90805
石澤研究所の尿素とヒアルロン酸の化粧水	第3類尿素とヒアルロン酸を配合してなる化粧水／平成16年9月27日無効2004-35073
「デュアルスピンレーズ」	第10類歯科用研磨機／平成16年9月30日不服2000-16880
「電石フィルター」	第11類冷房装置用エアフィルター等／平成16年9月30日不服2000-17248
「Kirei」	第11類家庭用電気式暖冷房装置／平成16年12月9日不服2003-111

〔末吉〕

§3（商標登録の要件）　　　　　　　　　　　　　第2章　商標登録及び商標登録出願

「アエロバティックス／日本グランプリ」	アクロバット飛行の興行の企画・運営又は開催／平成17年3月29日無効2002-35431
「ION WIND」	イオンを放出して送風する機能をもつ暖冷房装置／平成17年3月31日不服2003-2619
「FINE」	第10類人工関節／平成17年3月31日不服2003-3300
「THE WALL STREET SYSTEM」	第9類金融取引・金融に関する分析・金融に関する危機管理のためのコンピュータプログラムを記憶させた電子回路・磁気ディスク・磁気テープ・その他の記録媒体等／平成17年3月31日不服2003-3869（コンピュータシステムないしプログラムが，特定の地域で使用されるための専用仕様となっていることは通常想定できず）
「ラップローブ／WRAPROBE」	第25類部屋着用ラップローブ／平成17年4月5日不服2002-22883
「トイレの香水」	トイレ用の芳香剤／平成17年4月5日不服2002-23532
「Kinaesthetics／キネステティクス」	第41類高齢者・障害者等の養護及び介護方法に関する知識の教授等，第43類宿泊施設の提供等，第44類入浴施設の提供等／平成24年4月10日無効2011-890025
「イルガッチェフェ」	エチオピア国イルガッチェフェ（YIRGACHEFFE）地域で生産されたコーヒー豆，エチオピア国イルガッチェフェ地域で生産されたコーヒー豆を原材料としたコーヒー／平成24年8月30日無効2007-890026
「SIDAMO」	エチオピア国SIDAMO（シダモ）地方で生産されたコーヒー豆，エチオピア国SIDAMO地方で生産されたコーヒー豆を原材料としたコーヒー／平成24年8月30日無効2007-890007
「イルガッチェフェ」	エチオピア国イルガッチェフェ（YIRGACHEFFE）地域で生産されたコーヒー豆，エチオピア国イルガッチェフェ地域で生産されたコーヒー豆を原材料としたコーヒー／平成24年8月30日無効2007-890025
「SIDAMO」	エチオピア国SIDAMO（シダモ）地方で生産されたコーヒー豆，エチオピア国SIDAMO地方で生産されたコーヒー豆を原材料としたコーヒー／平成24年8月30日無効2007-890008
「ハイパーナノウォーター／HYPER NANOWATER」	第3類せっけん類，第5類薬剤，第24類織物，メリヤス生地，フェルト及び不織布，第25類被服，運動用特殊衣服／平成25年10月18日不服2013-5588
「ロハスダイエット」	第5類サプリメント等，第29類乳製品等，第30類茶等，第32類清涼飲料等／平成25年10月18日不服2013-2872
「むくむく」	第3類せっけん類，化粧品等／平成25年10月30日不服2013-7624
「Hot Moist／ホットモイスト」	第23類糸／平成25年11月5日不服2013-4723
「Hot Moist／ホットモイスト」	第24類織物，メリヤス生地，フェルト及び不織布等／平成25年11月5日不服2013-4724
「Hot Moist／ホットモイスト」	第25類被服，ベルト，履物等／平成25年11月5日不服2013-4725
「サトウキビ棒」	第29類肉製品等，第30類パン等，第31類砂糖きび，第33類洋酒等／平成25年12月12日不服2013-14741
「やわはだキープ」	第5類紙製幼児用おしめ，使い捨て（紙製）乳幼児用おしめ（パンツ式のものを含む）／平成25年12月20日不服2013-15454
「3Dフィット」	第5類紙製幼児用おしめ，使い捨て（紙製）乳幼児用おしめ（パンツ式のものを含む）／平成25年12月20日不服2013-15455

§3（商標登録の要件）

「SERVICE CLOUD」	クラウドコンピューティングに関するサービス，同サービスに使用する商品／平成26年5月8日不服2013-650082
「SAFI」	第3類皮膚用化粧品，顔用化粧品／平成26年5月19日不服2013-16735（モロッコ国サフィー州の州都又は港湾都市といった地理的名称を表示するものということはできない）
「那古やブレンド」	第30類焙煎・ブレンドした茶，焙煎・ブレンドしたコーヒー／平成26年5月19日不服2013-22124（「那古や」の文字部分が直ちに「名古屋」を理解させるものとはいい難い）
「SPINBRUSH」	第21類 Battery powered toothbrushes.／平成26年5月20日不服2013-650099
「LANCASTER」	第30類イギリスのランカシャー州ランカスターで生産されたキャンデー，チョコレート等／平成26年6月17日不服2013-19740（地理的名称を表示するものとして理解されるとしても，イギリスのイングランド北部ランカシャー州北西部の都市又はその他の都市において，本願商標の指定商品が生産され又は販売されているであろうと一般に認識されているというに足る事実は発見できない）
「STRESS CONTROL」	第3類身体用防臭剤，制汗用化粧品／平成26年7月16日不服2014-2248
「SPIDERSILK」	スパイダーシルクを使用するベッドカバー，テーブルカバー，被服，ベルト等／平成26年9月4日不服2014-1936
「髪肌美人」	第3類せっけん類，化粧品等，第5類育毛剤／平成26年9月5日不服2014-5136
「ZAO」	第6類 Metal alloys 等，第7類 Getter pumps incorporating metal alloys powders for sorbing gasses 等，第9類 Apparatus and instruments for laboratory use incorporating metal alloys powders for sorbing gasses 等／平成26年9月8日不服2014-650047
「DIJONNAISE」	第30類マヨネーズをブレンドしてなるマスタード／平成26年9月30日不服2013-17545
ODM	製造を受託した企業が発注企業のブランド名で製品の生産だけでなく設計から手がける方法（ODM）によって生産・製造された商品及びそれらに関する役務／平成26年11月18日不服2014-9210

(5) 立体商標における判決例・審決例

本号に関する立体商標関連の判決例・審決例について，「立体商標における適用肯定例たる判決例・審決例」，「立体商標における適用否定例たる判決例」の順で以下検討する。

(a) 立体商標における適用肯定例たる判決例・審決例

	平成11年9月30日審判平10-12971（指定商品「綿棒」の形状を表示するにすぎない）
	平成11年12月10日審判平10-16582（指定商品「印刷インキ等」の収納容器」の形状を表示するにすぎない）

〔末吉〕

§3（商標登録の要件）　　　　　　　　　　　　　　第２章　商標登録及び商標登録出願

	東京高判平成12年12月21日（平11(行ケ)406号）判時1746号129頁（指定商品「筆記用具」の形状そのものを認識するにとどまる）〔ゴルフスコアカード用筆記具〕
	東京高判平成13年７月17日（平12(行ケ)474号）判時1769号98頁（指定商品「乳酸菌飲料」の収納容器の形状を表したものと認識させるにとどまる）〔ヤクルト容器〕
	第20類合成樹脂製止め具／東京高判平成13年11月27日（平13(行ケ)４号）
	東京高判平成13年12月28日（平13(行ケ)48号ほか）（指定商品「投釣り用天秤」の形状を表したものと認識させるにとどまる）
	第28類釣竿用導糸環／東京高判平成13年12月28日（平13(行ケ)49号）判時1808号96頁（ありふれたもの）
	チョコレート／東京高判平成14年７月18日（平13(行ケ)418号）〔「金塊（インゴット）を模した細長六面体」立体商標事件〕
（Ω（オメガ）文字を模した板体）	東京高判平成14年７月18日（平13(行ケ)446号）（貴金属製のかばん金具，同靴飾りとして用いられた場合，単に商品の形状の一形態を表示したものと認識するにすぎない―本願商標（「Ω（オメガ）文字を模した板体」）は，金具又は飾りの形状の一形態を表示したものと認識されるにすぎず，自他商品の識別力を有するとはいえないとした審決が維持された）〔フェラガモ〕
	東京高判平成14年７月18日（平13(行ケ)447号）（靴等の飾り金具として使用されるときは，指定商品が通常取り得る形状の範囲を超えていない）〔フェラガモ〕

〔末吉〕

§3（商標登録の要件）

	ウイスキー／東京高判平成15年8月29日（平14(行ケ)581号）（取引者・需要者は，ウイスキー瓶の形状そのものと認識するにとどまる）〔サントリー角瓶〕
（両面テープの包装）	粘着テープ／東京高判平成15年10月15日（平15(行ケ)102号）〔粘着テープ立体商標事件〕
	知財高判平成19年6月27日（平18(行ケ)10555号）判時1984号3頁-3条2項適用〔マグライト〕
	平成20年3月24日不服2006-24998（しずくの形状で厚みを有する「オートバイ用エアクリーナー」の立体的形状であるが，これを構成する部品（ボックス，フィルター）の立体的形状がいずれも，機能上最適な形状又はこれと類似する形状であって，これらの部品を組み合わせた全体的な形状もありふれたものであるから，従来の円筒状のものに比べて特徴的形状であるとはいえないばかりでなく，「オートバイ用エアクリーナー」の形状として通常予想される形状の選択範囲の域を出ていない）
	第32類コーラ飲料／知財高判平成20年5月29日（平19(行ケ)10215号）判時2006号36頁-3条2項適用〔コカ・コーラ〕
	弦楽器（部品及び附属品を除く）／知財高判平成20年6月24日（平19(行ケ)10405号）

〔末吉〕

§3（商標登録の要件）　　　　　　　　　　　　　第2章　商標登録及び商標登録出願

	第30類 Cocoa, chocolate, chocolate products.／平成21年3月30日不服2007-650066（これに接する取引者，需要者は，単にチョコレート又はチョコレート製品の形状を普通に用いられる方法で表示したにすぎないものとして理解する）
	乳酸菌飲料の包装用容器／知財高判平成22年11月16日（平22（行ケ）10169号）判時2113号135頁－3条2項適用〔ヤクルト容器〕
	美容製品，せっけん，香水類等／知財高判平成23年4月21日（平22（行ケ）10366号）判時2114号9頁－3条2項適用〔JEAN PAUL GAULTIER"CLASSIQUE"立体商標事件〕
	洗濯用漂白剤，香水類等／知財高判平成23年4月21日（平22（行ケ）10386号）判時2114号9頁〔"L'EAU D'ISSEY"立体商標事件〕
	洗濯用漂白剤，香水類等／知財高判平成23年4月21日（平22（行ケ）10406号）判時2114号26頁〔JEAN PAULGAULTIER "Le Mâle"立体商標事件〕
	第18類ハンドバッグ／平成23年5月31日不服2010-19401－3条2項適用〔エルメス／ケリーバッグ〕

216　〔末吉〕

§3（商標登録の要件）

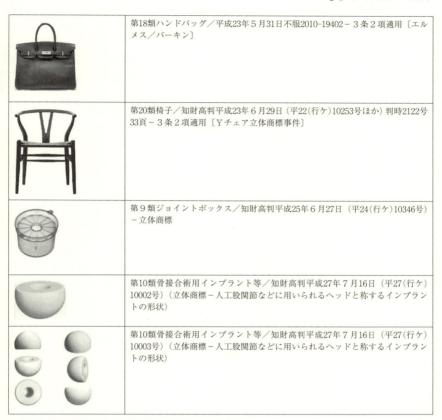

	第18類ハンドバッグ／平成23年5月31日不服2010-19402－3条2項適用〔エルメス／バーキン〕
	第20類椅子／知財高判平成23年6月29日（平22(行ケ)10253号ほか）判時2122号33頁－3条2項適用〔Yチェア立体商標事件〕
	第9類ジョイントボックス／知財高判平成25年6月27日（平24(行ケ)10346号）－立体商標
	第10類骨接合術用インプラント等／知財高判平成27年7月16日（平27(行ケ)10002号）（立体商標－人工股関節などに用いられるヘッドと称するインプラントの形状）
	第10類骨接合術用インプラント等／知財高判平成27年7月16日（平27(行ケ)10003号）（立体商標－人工股関節などに用いられるヘッドと称するインプラントの形状）

(b) 立体商標における適用否定例たる判決例

	チョコレート等／知財高判平成20年6月30日（平19(行ケ)10293号）判時2056号133号（特定人による独占使用を認めるのを公益上適当としない商標には当たらず、また、自他商品識別力を欠き商標としての機能を果たし得ないものともいえず）（登録認容）〔GuyLiAN チョコレート立体商標（シーシェルバー）事件〕

　なお，上記知財高判平成20年6月30日（平19(行ケ)10293号）判時2056号では，チョコレート菓子の立体的形状から成り，チョコレート類を指定商品とする立体商標が，商標法3条1項3号にいう商品の形状を普通に用いられる方法で表示する標章のみから成る商標に該当しないとされた（拒絶査定不服不成立審決取消し）。同判決では，最高裁昭和54年

〔末吉〕　217

§3（商標登録の要件） 第2章 商標登録及び商標登録出願

4月10日第三小法廷判決（判時927号233頁）〔ワイキキ〕に依拠しつつ，商標法3条1項3号の適用範囲を限定していることが注目される。すなわち，①本願商標がチョコレート菓子の取引において，「必要適切な表示としてなんぴともその使用を欲する」ものであり，それ故に「特定人によるその独占使用を認めるのを公益上適当としないもの」に該当するものと認めることはできず，②本願商標に係る標章が「一般的に使用される標章」であると認めるに足りる証拠はないし，本願商標が「商標としての機能を果たし得ないもの」であると認めるに足りる証拠もない，とした。ただし，同判決は，他の立体商標に関する裁判例とは異なる見解を展開しているものである。

(6) 題号における判決例・審決例

題号における判決例・審決例は，次のとおりである。

「The American／Automobile」	大判昭和7年6月16日（昭6（オ）2796号）民集11巻1136頁（内容を認識させる商標であっても定期刊行物において特別顕著の要件を具備する）
「夏目漱石小説集」等	昭和24年10月25日抗告審判昭23-181〜209（指定商品「書籍」等について使用するものは，刊行物の内容を表示するものであって，旧商標法1条2項の特別顕著性を有しない）
「美術年鑑」	東京高判昭和53年4月12日（昭51（行ケ）84号）無体集10巻1号144頁（指定商品「年鑑」に使用したときは，自他商品識別の機能を果たさない）−3条2項適用
「似たもの一家」	昭和63年2月25日審判昭56-23411（不使用取消審判において，書籍の題号は，自他商品の識別標識として機能を果たしているとは認め難いとして，書籍の題号をもって登録商標の使用とは認められないとされた）
「POS」	東京地判昭和63年9月16日（昭62（ワ）9572号）無体集20巻3号444頁（書籍の題号は出所表示機能を有しない態様で表示されているから，題号と同一の文字からなる登録商標の商標権を侵害するものではない）

Ⅶ 商標法3条1項4号（ありふれた氏又は名称）

(1) 本号の概要

本号で規定するのは，ありふれた氏又は名称のみを表示する商標であり，具体的には，「ありふれた氏又は名称」を普通に用いられる方法で表示する標章のみからなる商標につき規定する。

「ありふれた氏又は名称」とは，原則として，同種の氏又は名称が多数存在するものをいう（商標審査基準第1の六の1(1)）。現在では，調査の基盤は，かつての電話帳からインターネット等に移っている。

著名な地理的名称，ありふれた氏，業種名等やこれらを結合したものに，商号や屋号に慣用的に付される文字や会社等の種類名を表す文字等を結合したものは，原則として，「ありふれた名称」に該当すると判断する（同1(2)）。

ただし，国家名又は行政区画名に業種名が結合したものに，更に会社の種類名を表す

§3（商標登録の要件）

文字を結合してなるものについては，他に同一のものが現存しないと認められるときは，この限りでない（同1(2)）。

商品又は役務の取引の実情を考慮し，その標章の表示の書体や全体の構成等が，取引者において一般的に使用する範囲にとどまらない特殊なものである場合には，「普通に用いられる方法で表示する」には該当しないと判断する（同2(1)）。

「ありふれた氏又は名称をローマ字又は仮名文字で表示するものは，「普通に用いられる方法で表示する」ものに該当すると判断する（同2(2)(ア)）。

取引者において一般的に使用されていない漢字（当て字）で表示するものは「普通に用いられる方法で表示する」に該当しないと判断する（同2(2)(イ)）。

(2) 本号の商標審査基準

本号に関する『商標審査基準』（第1の六）は次のとおりである。

■商標審査基準第1の六

1．「ありふれた氏又は名称」について
 (1) 「ありふれた氏又は名称」とは，原則として，同種の氏又は名称が多数存在するものをいう。
 (2) 著名な地理的名称，ありふれた氏，業種名等やこれらを結合したものに，商号や屋号に慣用的に付される文字や会社等の種類名を表す文字等を結合したものは，原則として，「ありふれた名称」に該当すると判断する。

 　ただし，国家名又は行政区画名に業種名が結合したものに，更に会社の種類名を表す文字を結合してなるものについては，他に同一のものが現存しないと認められるときは，この限りでない。

 (ア) 著名な地理的名称について
 　例えば，次のようなものが著名な地理的名称に該当する。
 　（例）「日本」，「東京」，「薩摩」，「フランス」等
 (イ) 業種名について
 　例えば，次のようなものが業種名に該当する。
 　（例）「工業」，「製薬」，「製菓」，「放送」，「運輸」，「生命保険」等
 (ウ) 商号や屋号に慣用的に付される文字や会社等の種類名について
 　例えば，下記①及び②が商号や屋号に慣用的に付される文字や会社等の種類名に該当する。
 　① 商号や屋号に慣用的に付される文字
 　　「商店」，「商会」，「屋」，「家」，「社」，「堂」，「舎」，「洋行」

〔末吉〕

§3 （商標登録の要件）　　　　　　　　　　第2章　商標登録及び商標登録出願

　　　　　　「協会」，「研究所」，「製作所」，「会」，「研究会」等
　　　②　会社等の種類名を表す文字
　　　　　　「株式会社」，「有限会社」，「相互会社」，「一般社団法人」，「K.K.」
　　　　　　「Co.」，「Co., Ltd.」，「Ltd.」等
2．「普通に用いられる方法で表示する」について
　(1)　商品又は役務の取引の実情を考慮し，その標章の表示の書体や全体の構成等が，取引者において一般的に使用する範囲にとどまらない特殊なものである場合には，「普通に用いられる方法で表示する」には該当しないと判断する。
　　（例1）「普通に用いられる方法で表示する」に該当する場合
　　　　　取引者において一般的に使用されている書体及び構成で表示するもの
　　（例2）「普通に用いられる方法で表示する」に該当しない場合
　　　　　取引者において一般的に使用する範囲にとどまらない特殊なレタリングを施して表示するもの又は特殊な構成で表示するもの
　(2)　文字の表示方法について
　　㋐　ありふれた氏又は名称をローマ字又は仮名文字で表示するものは，「普通に用いられる方法で表示する」ものに該当すると判断する。
　　㋑　取引者において一般的に使用されていない漢字（当て字）で表示するものは「普通に用いられる方法で表示する」に該当しないと判断する。

(3)　本号に関する具体的判断（判決例）

　本号に関する具体的な判断について，以下の判決例で検討する（いずれも，適用否定例）。
　①　標章の表示の態様（ロゴ・レタリング等）が，当該商品又は当該役務に係る業界で普通に行われている表示態様を脱した特殊な表示態様である場合は，本号に該当しないと解すべきである，とされている（知財高判平成24年9月13日（平24(行ケ)10002号）判時2166号131頁〔Kawasaki〕（拒絶査定不服不成立審決取消し））。すなわち，「『川崎』がありふれた氏に該当すること，欧文字『Kawasaki』がその英文表記に該当することは，原告もこれを争っていない。しかし，本願商標は，……欧文字『Kawasaki』がエーリアルブラックに似た極太のゴシック書体で強調して書かれており，字間が狭く，全体的に極めてまとまりが良いことから，単なるゴシック体の表記とはいえず，見る者に，力強さ，重厚さ，堅実さなどの印象を与える特徴的な外観を有するものである。このような外観からすると，本願商標は，単なる欧文字の『Kawasaki』の表記とは趣きを異にするから，一般人に，一義的に姓氏を連想させる表記ということはできない。また，審決は，『川崎』の氏を『KAWASAKI』，『Kawasaki』，『kawasaki』の欧文字で表記した例……を引用するが，

§3（商標登録の要件）

これらの中に，本願商標と同一又は類似の表示態様のものは認められない。さらに，……調査結果によれば，本願商標のみを呈示した場合，半数以上がバイク関係を想起したとするのに対し，本願商標から『個人名』を想起したとの明確な回答はなく，本願商標を『個人事業・商店のロゴ』と思った旨の回答は全体の1.5％にすぎなかった。また，……調査結果によれば，本願商標をアパレル関係の商品に付して呈示した場合，本願商標から『個人名』を想起したものは全体の約1％であり，本願商標を『個人事業・商店のロゴ』と思った旨の回答は全体の2.2％にすぎなかった。すなわち，本願商標から，氏である『川崎』を想起した者は殆どいないということができ，このような調査結果からも，本願商標は，ありふれた氏を『普通に用いられる方法で表示する』ものではないと解すべきである。したがって，本願商標が商標法3条1項4号に該当するとの被告の主張は採用することができない。」とされた。当該商品の取引の実情を十分に考慮して判断している（商標審査基準第1の六の2(1)）。

② 「ありふれている」かどうかの点であるが，「長浜家」との名称が使用されている例が，インターネットの検索サービスで発見された2件のラーメン店にすぎないような場合には，本号に該当しない，とされた（知財高判平成24年12月25日（平24(行ケ)10142号）〔元祖ラーメン／長浜家〕）（商標審査基準第1の六の1(1)）。

(4) 本号に関する判決例・審決例

本号に関する判決例・審決例につき，「適用肯定例たる審決例」，「適用否定例たる判決例・審決例」の順で以下検討する。

(a) 適用肯定例たる審決例

「ARIGAGOLF／アリガゴルフ／有賀ゴルフ」	第24類ゴルフクラブ等／昭和40年3月3日審判昭38-2146
「品川 L.P. ガス」	第5類プロパンガス／昭和42年7月31日審判昭41-5240
「明石屋」	第26類印刷物等／昭和43年4月12日審判昭41-6352
「カガコーギョー」	第10類理化学機械器具／昭和43年12月23日審判昭42-8269
「エトーネジ」	第13類ねじ／昭和47年1月28日審判昭44-6453
「株式会社ミワ」	第27類喫煙用具／昭和48年1月8日審判昭44-6802
「シマヤ」	第31類みそ／昭和48年3月22日審判昭46-166
「株式会社倉田」	第25類印刷用紙等／昭和48年8月17日審判昭43-3878
「井田黒板」	第25類黒板／昭和50年2月17日審判昭47-2462
「ひ波屋」	第22類はき物／昭和50年8月25日審判昭47-9419（阿波屋）

〔末吉〕

§3（商標登録の要件）　　　　　　　　　　　　第2章　商標登録及び商標登録出願

「Amano Corporation」	第9類タイムレコーダー等／昭和51年8月6日審判43-9504
「福島製作所／FUKUSHIMA／LTD.」	第12類輸送機械器具等／昭和52年10月19日審判昭50-7860
「鈴屋」	第24類娯楽用具等／昭和54年7月5日審判昭52-17342
「西沢スキー」	第24類スキー用具／昭和54年9月20日審判昭48-5447
「株式会社サトー」	第25類紙類等／昭和54年9月25日審判昭53-13300
「松むら饅頭」	第30類菓子・パン／昭和55年4月3日審判昭53-17014
「朝くら」	第32類食肉等／昭和58年12月16日審判昭55-6278
「IWATA」	第21類ガラス基礎製品（建築用のものを除く）等／平成17年8月23日不服2003-13420
「玉家」	第43類沖縄そば又はうどん・そばの提供／平成21年8月20日不服2008-10287
「YAMAZAKI」	第33類ウイスキー／平成22年1月25日不服2009-11931
「OGINO」	第35類衣料品等／平成22年6月30日不服2009-14586
「UMEMOTO」	第9類雲台／平成22年9月16日不服2009-8017
「OKUMURA」	第28類ぱちんこ器具／平成22年10月26日不服2009-20836
「SHIGETA」	第3類せっけん類等，第41類技芸・スポーツ又は知識の教授等／平成23年2月28日不服2010-9095
「TASAKI」	第14類身飾品等，第35類身飾品の小売等／平成23年5月31日不服2010-19739
「KUBOTA」	第33類清酒／平成26年10月15日不服2014-13469

(b)　適用否定例たる判決例・審決例

「森田ゴルフ株式会社」	第24類ゴルフクラブ等／東京高判平成7年6月13日（平6（行ケ）180号）（「森田」はありふれた氏で，「ゴルフ」は普通名詞であるが，このことから当然に本件商標が商標法3条1項4号に該当するものとするのは相当でなく，これらを結合した「森田ゴルフ」の表示を基準として識別性を判断すべきであり，本件商標の登録日当時において社名あるいは屋号に「森田ゴルフ」の名称を含んだものが複数存在したものと推認されるが，ゴルフ用品業者のカタログ等を総合すると，「森田ゴルフ」の表示が，自他商品の識別力を有せしめないほどありふれたものとは認め難い）
「藤野屋画廊」	第36類美術品の販売等／平成11年6月30日審判平10-11283（名称全体から判断すべきであり，世間一般にありふれて採択，使用されているものでない）
「石澤研究所の尿素とヒアルロン酸の化粧水」	第3類尿素とヒアルロン酸を配合してなる化粧水／平成16年9月27日無効2004-35073（本件商標は，その構成中の「石澤研究所」の表示をもって自他商品を識別することができるといえるから，本件商標をその指定商品に使用しても，自他商品識別標識としての機能を果たし得ないとすることができない）
「山下工業研究所」	第7類及び第8類に属する願書記載の商品／平成17年2月2日不服2003-4345（本願商標構成中前半の「山下」の文字については，ありふれた氏ということができるものであるが，本願商標は，これと「工業研究所」とを結合してなるものであり，職権をもって調査するも，「山下工業研究所」との名称の法人等の組織が，世間一般に，ありふれて存在しているとの事実は発見できなかった）

§3（商標登録の要件）

「Kawasaki」	第25類被服等／知財高判平成24年9月13日（平24(行ケ)10002号）判時2166号131頁（前掲Ⅶ(3)①）
「元祖ラーメン／長浜家」	ラーメンを主とする飲食物の提供／知財高判平成24年12月25日（平24(行ケ)10142号）（前掲Ⅶ(3)②）

Ⅷ　商標法3条1項5号（極めて簡単で，かつ，ありふれた標章）

(1)　本号の概要

本号は，極めて簡単で，かつ，ありふれた標章のみからなる商標を規定する。

「極めて簡単」な標章とは，その構成が極めて簡単なものをいう（商標審査基準第1の七の1）。

「ありふれた」標章とは，当該標章が一般的に使用されているものをいう。一般的に使用されていると認められるためには，必ずしも特定の商品又は役務を取り扱う分野において使用されていることを要しない（同2）。

ありふれた標章に該当する例としては，商品の品番，型番，種別，型式，規格等又は役務の種別，等級等を表した記号又は符号として，一般的に使用されるもの（同2①），輪郭として，一般的に使用されるもの（同2②），がある。

「極めて簡単で，かつ，ありふれた標章」に該当する例としては，

・数字（原則として）
・ローマ字の1字又は2字からなるもの
・ローマ字の2字を「-」で連結したもの
・ローマ字の1字又は2字に「Co.」，「Ltd.」又は「K.K.」を付したもの（ただし，「Co.」，「Ltd.」又は「K.K.」が，それぞれ「Company」，「Limited」又は「株式会社」を意味するものと認められる場合に限る）
・仮名文字（変体仮名を含む）1字
・仮名文字のうち，ローマ字の1字の音を表示したものと認識されるもの
・仮名文字のうち，ローマ字の2字の音を表示したものと認識されるもののうち，そのローマ字が商品又は役務の記号又は符号として一般的に使用されるもの
・仮名文字のうち，1桁又は2桁の数字から生ずる音を表示したものと認識されるもの
・仮名文字のうち，3桁の数字から通常生ずる音を表示したものと認識されるもの
・ローマ字の1字に，その音を仮名文字で併記したもの
・1桁又は2桁の数字に，それから生ずる音を併記したもの
・ローマ字の1字又は2字の次に数字を組み合わせたもの

〔末吉〕

- 数字の次にローマ字の1字又は2字を組み合わせたもの
- 1本の直線，波線，輪郭として一般的に用いられる△，□，○，◇，✼，♡，盾等の図形
- 球，立方体，直方体，円柱，三角柱等の立体的形状

などがある（同3(1)）。

「極めて簡単で，かつ，ありふれた標章」に該当しないものの例としては，
- ローマ字の2字を「&」で連結したもの
- ローマ字の2字を，例えば，🅢のように，モノグラムで表示したもの
- 仮名文字のうち，ローマ字の2字の音を表示したものと認識されるもの（原則として）
- 「ファイブテン」のように，仮名文字のうち，3桁の数字から生ずる音を表示したものと認識されるが，通常生ずる音とは認められないもの
- 特殊な態様で表されたもの

などがある（同3(2)）。

単音やこれに準ずる極めて短い音については，原則として，本号に該当すると判断する（同4）。

(2) 本号の商標審査基準

本号に関する『商標審査基準』（第1の七）は次のとおりである。

■商標審査基準第1の七

1．「極めて簡単」について

　「極めて簡単」な標章とは，その構成が極めて簡単なものをいう。

2．「ありふれた」について

　「ありふれた」標章とは，当該標章が一般的に使用されているものをいう。一般的に使用されていると認められるためには，必ずしも特定の商品又は役務を取り扱う分野において使用されていることを要しない。

　（「ありふれた」に該当する例）

　　① 商品の品番，型番，種別，型式，規格等又は役務の種別，等級等を表した記号又は符号（以下「商品又は役務の記号又は符号」という。）として，一般的に使用されるもの

　　② 輪郭として，一般的に使用されるもの

3．「極めて簡単で，かつ，ありふれた標章」について

　(1) 「極めて簡単で，かつ，ありふれた標章」に該当するものとは，例えば，次のものをいう。

§3（商標登録の要件）

(ア) 数字について
　　数字は，原則として，「極めて簡単で，かつ，ありふれた標章」に該当する。
(イ) ローマ字について
　① ローマ字の1字又は2字からなるもの
　② ローマ字の2字を「-」で連結したもの
　③ ローマ字の1字又は2字に「Co.」，「Ltd.」又は「K.K.」を付したもの。
　　ただし，「Co.」，「Ltd.」又は「K.K.」が，それぞれ「Company」，「Limited」又は「株式会社」を意味するものと認められる場合に限る。
(ウ) 仮名文字について
　① 仮名文字（変体仮名を含む。）1字
　② 仮名文字のうち，ローマ字の1字の音を表示したものと認識されるもの
　③ 仮名文字のうち，ローマ字の2字の音を表示したものと認識されるもののうち，そのローマ字が商品又は役務の記号又は符号として一般的に使用されるもの
　④ 仮名文字のうち，1桁又は2桁の数字から生ずる音を表示したものと認識されるもの
　　（例）「トウエルブ」，「じゅうに」
　⑤ 仮名文字のうち，3桁の数字から通常生ずる音を表示したものと認識されるもの
　　（例）　ファイブハンドレッドアンドテン
(エ) ローマ字又は数字から生ずる音を併記したものについて
　① ローマ字の1字に，その音を仮名文字で併記したもの
　② 1桁又は2桁の数字に，それから生ずる音を併記したもの
(オ) ローマ字と数字を組み合わせたものについて
　① ローマ字の1字又は2字の次に数字を組み合わせたもの
　　（例）　A2，AB2
　② 数字の次にローマ字の1字又は2字を組み合わせたもの
　　（例）　2A
　③ ①の次に更にローマ字を組み合わせたもの及び②の次に更に数字を組み合わせたものであり，かつ，ローマ字が2字以下により構成されるもの。
　　（例）　A2B，2A5
　　　ただし，③については，その組み合わせ方が，指定商品又は指定役務を取扱う業界において商品又は役務の記号又は符号として一般的に使用されるも

〔末吉〕

§3（商標登録の要件）　　　　　　　　　第2章　商標登録及び商標登録出願

　　　　　のに限る。
　　(カ)　図形について
　　　　　1本の直線，波線，輪郭として一般的に用いられる△，□，○，◇，✕，♡，盾等の図形
　　(キ)　立体的形状について
　　　　　球，立方体，直方体，円柱，三角柱等の立体的形状
　　(ク)　簡単な輪郭内に記したものについて
　　　　　簡単な輪郭内に，(ア)から(オ)までに該当するものを記したものは，原則として，「極めて簡単で，かつ，ありふれた標章」に該当すると判断する。
(2)　「極めて簡単で，かつ，ありふれた標章」に該当しないものとは，例えば，次のようなものをいう。
　　(ア)　ローマ字の2字を「＆」で連結したもの
　　(イ)　ローマ字の2字を，例えば，❺のように，モノグラムで表示したもの
　　(ウ)　仮名文字のうち，ローマ字の2字の音を表示したものと認識されるものは，原則として，「極めて簡単で，かつ，ありふれた標章」に該当しないと判断する。
　　(エ)　仮名文字のうち，3桁の数字から生ずる音を表示したものと認識されるが，通常生ずる音とは認められないもの
　　　　（例）　ファイブテン
　　(オ)　特殊な態様で表されたもの
4．音商標について
　　単音やこれに準ずる極めて短い音については，原則として，本号に該当すると判断する。

(3)　本号の解釈

(a)　本号の趣旨　　「極めて簡単で，かつ，ありふれた標章のみからなる商標」は，①一般的に使用されるものであり，多くの場合自他商品識別力を欠き，商標としての機能を果たし得ないものである上，②通常，特定人による独占的使用を認めるのに適しないことから，本号は，このような商標につき商標登録を受けることができない旨規定している（知財高判平成24年10月25日（平23（行ケ）10359号）〔AO〕）。他の号と同趣旨である。

(b)　本号該当性の判断にあたっては一般的な判断で足りる　　本号該当性の判断にあたっては一般的な判断で足りる。
　したがって，例えば，本号該当性につき，「原告は，本願商標は，医療分野に係る商品及び役務を，指定商品及び指定役務とするものであり，商品・役務の管理のために普通

§3 (商標登録の要件)

に用いられるものではなく, その権利範囲は, 限定されており, その商標登録を認めても弊害が生じることはない旨主張する。しかし, 同号該当性の判断にあたっては一般的な判断で足りるのであって, 個別の権利範囲をうんぬんする原告の主張は採用の限りでない。」〔知財高判平成24年10月25日(平23(行ケ)10359号)〔AO〕), とされている。

(4) **本号に関する具体的判断**

本号に関する具体的な判断について, 以下の判決例で検討する (いずれも, 適用肯定例)。

① 知財高判平成19年10月31日 (平19(行ケ)10050号)〔DB 9〕は,「本願商標は, 『DB』の欧文字と『9』の数字を, 一般に用いられる書体により, 『DB 9』と横書きしてなるものである。……一般に, 欧文字や数字は, 製品や役務の管理のための符号として用いられることがあること, 欧文字と数字の組合せも上記の符号として用いられることがあることは, 公知の事実である。本件指定商品のような機械器具等や自動車に関わる商品分野においても, 管理の便宜のため, 型式, 規格等を表すものとして, 欧文字と数字の結合が用いられているといえるし……, また, 本件指定役務のような機械器具等に対する作業についても, 複数の種類の作業の管理のために, 欧文字や数字の結合が用いられることがあるといえる。……本願商標は, 欧文字2文字と数字1文字を, 一般に用いられる書体で横書きしてなるものであり, 用いられる文字の形や組合せ方法に特徴があるわけではなく, また, 文字数も3文字と少ない。このような構成に照らせば, 本件指定商品や本件指定役務の分野において, 本願商標は, その構成において, 管理のための符号として普通に用いられるものと比べて, 特段の差異があるとは認められない。……したがって, 本願商標は, 極めて簡単で, かつ, ありふれた標章のみからなるものと認められる。」とする。一般的な「管理符号」に関する認識を前提として, 構成を中心に認定し, ありふれた標章と判断している。

② 知財高判平成24年10月25日 (平23(行ケ)10359号)〔AO〕は,「本願商標『AO』は, アルファベットの標準文字2文字からなる商標であるところ, 極めて簡単で, かつ, ありふれた標章のみからなる上, かかる商標は, 本願商標に係る指定商品及び指定役務との関係でみても, 格別自他商品識別力を有するとはいえず, 特定人による独占的使用を認めるのに適しているともいえない。」とする。これも, 構成を中心に認定しつつ, 指定商品・役務との関連での識別性も認められないため, ありふれた標章と判断している。

(5) **本号に関する判決例・審決例**

本号に関する判決例・審決例につき,「適用肯定例たる判決例・審決例」,「適用否定例たる審決例」の順で以下検討する。

(a) 適用肯定例たる判決例・審決例

§3（商標登録の要件）　　　　　　　　　　　　第2章　商標登録及び商標登録出願

[GC図形]	第26類教材用逐次刊行物／昭和39年3月16日審判昭37-2232
[I図形]	第13類管及びホースの曲げ用工具等／昭和40年1月29日審判昭38-4455
「200」	第31類調味料等／昭和41年5月2日審判昭39-4120
「バター200」	第31類バター／昭和41年5月2日審判昭39-4121
「NS式スリッター」	第9類スリッター／昭和41年10月7日審判昭40-1382
[ED図形]	第7類建築または構築専用材料等／昭和42年8月4日審判昭41-2202
「オーオー」	第12類輸送機械器具等／昭和42年9月27日審判昭40-4211
「SR・エスアール」	第1類化学品等／昭和43年7月6日審判昭39-4830
「エフゴ・F5」	第1類化学品等／昭和43年8月21日審判昭41-9190
[up図形]	第32類野菜等／昭和44年8月29日審判昭42-7055
「WA-7」	第16類ポリエステル繊維よりなる織物等／東京高判昭和45年2月26日（昭41（行ケ）112号）無体集2巻1号49頁
[U.K図形]	第24類体操用具等／昭和45年4月21日審判昭43-5054
「AA」	第1類化学品／昭和45年5月23日審判昭42-729
[M図形]	第25類紙類／昭和46年1月26日審判昭44-2383
「エイティーン」	第20類家具等／昭和47年1月18日審判昭45-2381
「45」	第31類粉末あめ／昭和48年1月12日審判昭45-10760
「シックスティーン」	第20類家具等／昭和48年6月15日審判昭45-2380
「VO5／ブイオーフワイブ」	第1類化学品等／東京高判昭和49年6月26日（昭48（行ケ）132号）無体集6巻1号178頁
[楕円図形]	昭和49年6月29日審判昭47-4042
[KO図形]	第24類玩具等／東京高判昭和50年9月16日（昭50（行ケ）33号）
「NP／エヌピー」	第10類理化学機械器具等／昭和53年8月17日審判昭51-456
「ピーシー」	第10類写真材料等／昭和54年2月8日審判昭51-575
「T4／ティーフォ」	第9類産業機械器具等／昭和54年6月25日審判昭53-100
「エーケー」	第17類寝具類／昭和57年2月3日審判昭55-10173

228　〔末吉〕

§3（商標登録の要件）

「ビーピー」	第1類化学品等／昭和57年6月9日審判54-11169
「エスデーファイブ」	第9類圧縮機／昭和57年7月1日審判昭55-10440
「エッチピー19／H.P.19」	第9類圧縮機／昭和57年7月1日審判昭55-10440
「TK35／ティーケースリーファイブ」	第1類化学品等／昭和58年7月8日審判昭55-21797
「アイエム」	第7類換気匣等／昭和58年7月22日審判昭55-1380
「555」	第9類産業機械器具等／平成4年9月10日審判昭63-4967
「卍」	平成12年5月16日審判平11-15145
「L-IP」	第6類車体部品に用いられる高張力鋼板・その他の鋼板，その他の鉄及び鋼／知財高判平成18年1月30日（平17(行ケ)10631号）（取引者・需要者は商品の規格・品番等を表すための記号・符号の一類型と理解する）
「DB 9」	第12類 Automobiles, bicycles 等／知財高判平成19年10月31日（平19(行ケ)10050号）（前掲Ⅷ(4)①）－3条2項適用
「AJ」	第25類被服等／平成19年2月20日不服2006-65020号）（ただし，知財高判平成20年3月27日（平19(行ケ)10243号）にて，本件における主要な争点は商標法3条2項該当性の有無であり，これについての実質的な理由が付されていない審決には理由不備（商標法56条，特許法157条2項）の違法があるとして，同審決は取り消された）
「Y-3」	第18類旅行カバン等，第25類ジャケット等／平成21年8月21日不服2004-65026
「𝒟」	第35類化粧品等／平成22年2月9日不服2008-32900
「RS」	第12類自動車／平成22年7月21日不服2009-5195
「1969」	第25類，第35類／平成24年1月6日不服2011-9525
「AO」	第10類外科用・内科用・歯科用及び獣医科用インプラント等，第16類医療教育用の人工骨等，第41類科学ジャーナルの出版等，第42類医療の分野における調査・研究等／知財高判平成24年10月25日（平23(行ケ)10359号）（前掲Ⅷ(4)②）
「IB 600」	第5類薬剤（農薬に当たるものを除く）等／平成26年7月30日不服2014-1283

(b) 適用否定例たる審決例

「ワイエスワン／YS-1」	第5類薬剤／平成25年3月6日不服2012-23682（当審において調査するも，本願商標の指定商品を取り扱う業界において，本願商標のように構成される標章が，商品の規格，品番等を表す記号，符号として普通に使用されているというに足る事実は発見できない。その他，本願商標が，極めて簡単で，かつ，ありふれた標章のみからなるものであるというに足る事実は発見できない）
「CR-1」	第31類おとり作物としての大根の種子／平成25年6月27日不服2012-23162（当審において調査するも，本願商標の指定商品を取り扱う業界において，本願商標のように構成される標章が，商品の規格，品番等を表す記号，符号として理解されるというに足る事実は発見できない。その他，本願商標が，極めて簡単で，かつ，ありふれた標章のみからなるものとすべき事実は発見できない）

〔末吉〕

§3（商標登録の要件）

IX　商標法3条1項6号（前号までのほか，識別力のないもの）

(1)　本号の概要

本号は，その他何人かの業務に係る商品又は役務であるかを認識することができない商標であり，前号までのほか，識別力のないものについて規定する。

本項第1号から第5号までに該当しないものであっても，一般に使用され得る標章であって，識別力がない場合には，本号に該当すると判断する（商標審査基準第1の八の1）。

出願商標が，その商品若しくは役務の宣伝広告又は企業理念・経営方針等を普通に用いられる方法で表示したものとしてのみ認識させる場合には，本号に該当すると判断する。出願商標が，その商品若しくは役務の宣伝広告又は企業理念・経営方針等としてのみならず，造語等としても認識できる場合には，本号に該当しないと判断する（同2(1)）。

出願商標が，その商品又は役務の宣伝広告としてのみ認識されるか否かは，全体から生じる観念と指定商品又は指定役務との関連性，指定商品又は指定役務の取引の実情，商標の構成及び態様等を総合的に勘案して判断する（同2(2)）。

出願商標が，企業理念・経営方針等としてのみ認識されるか否かは，全体から生ずる観念，取引の実情，全体の構成及び態様等を総合的に勘案して判断する（同2(3)）。

商標が，指定商品又は指定役務との関係から，商慣習上数量を表示する場合に一般的に用いられる表記（「メートル」，「グラム」，「Net」，「Gross」等）として認識される場合は，本号に該当すると判断する（同3）。

商標が，現元号として認識される場合（「平成」，「HEISEI」等）は，本号に該当すると判断する（同4）。

商標が，事業者の設立地・事業所の所在地，指定商品の仕向け地・一時保管地若しくは指定役務の提供に際する立ち寄り地（港・空港等）等を表す国内外の地理的名称として認識される場合は，本号に該当すると判断する（同5）。

小売等役務に該当する役務において，商標が，その取扱商品の産地，品質，原材料，効能，用途，形状（包装の形状を含む），生産若しくは使用の方法若しくは時期その他の特徴，数量若しくは価格を表示するものと認識される場合は，本号に該当すると判断する（同6）。

商標が，模様的に連続反復する図形等により構成されているため，単なる地模様として認識される場合には，本号に該当すると判断する。ただし，地模様と認識される場合であっても，その構成において特徴的な形態が見いだされる等の事情があれば，本号の判断において考慮する（同7）。

立体商標について，商標が，指定商品又は指定役務を取り扱う店舗又は事業所の形状にすぎないと認識される場合は，本号に該当すると判断する（同8）。

§3（商標登録の要件）

商標が，指定役務において店名として多数使用されていることが明らかな場合（「スナック」，「喫茶」等の業種を表す文字を付加結合したもの又は当該店名から業種をあらわす文字を除いたものを含む）は，本号に該当すると判断する（同9）。

さらに，『商標審査基準』では，色彩のみからなる商標の場合（同10），及び，音商標の場合（同11）の考え方について，それぞれ規定する。

以上に該当する商標であっても，使用をされた結果需要者が何人かの業務に係る商品又は役務であることを認識することができるに至っているものについては，本号に該当しないと判断する（同12）。

(2) 本号の商標審査基準

本号に関する『商標審査基準』（第1の八）は次のとおりである。

■**商標審査基準第1の八**

1. 本項第1号から第5号までに該当しないものであっても，一般に使用され得る標章であって，識別力がない場合には，本号に該当すると判断する。例えば，以下の2.から11.までに挙げるものについて，本号に該当すると判断する。
2. 指定商品若しくは指定役務の宣伝広告，又は指定商品若しくは指定役務との直接的な関連性は弱いものの企業理念・経営方針等を表示する標章のみからなる商標について
   (1) 出願商標が，その商品若しくは役務の宣伝広告又は企業理念・経営方針等を普通に用いられる方法で表示したものとしてのみ認識させる場合には，本号に該当すると判断する。
   　　出願商標が，その商品若しくは役務の宣伝広告又は企業理念・経営方針等としてのみならず，造語等としても認識できる場合には，本号に該当しないと判断する。
   (2) 出願商標が，その商品又は役務の宣伝広告としてのみ認識されるか否かは，全体から生じる観念と指定商品又は指定役務との関連性，指定商品又は指定役務の取引の実情，商標の構成及び態様等を総合的に勘案して判断する。
   　(ア) 商品又は役務の宣伝広告を表示したものとしてのみ認識させる事情
   　　（例）
   　　　① 指定商品又は指定役務の説明を表すこと
   　　　② 指定商品又は指定役務の特性や優位性を表すこと
   　　　③ 指定商品又は指定役務の品質，特徴を簡潔に表すこと
   　　　④ 商品又は役務の宣伝広告に一般的に使用される語句からなること（ただし，指定商品又は指定役務の宣伝広告に実際に使用されている例があることは要しない）

〔末吉〕

§3（商標登録の要件）　　　　　　　　　　　　第2章　商標登録及び商標登録出願

　　　(イ)　商品又は役務の宣伝広告以外を認識させる事情
　　　　（例）
　　　　①　指定商品又は指定役務との関係で直接的，具体的な意味合いが認められない
　　　　　こと
　　　　②　出願人が出願商標を一定期間自他商品・役務識別標識として使用しているの
　　　　　に対し，第三者が出願商標と同一又は類似の語句を宣伝広告として使用してい
　　　　　ないこと
　(3)　出願商標が，企業理念・経営方針等としてのみ認識されるか否かは，全体から生
　　ずる観念，取引の実情，全体の構成及び態様等を総合的に勘案して判断する。
　　　(ア)　企業理念・経営方針等としてのみ認識させる事情
　　　　（例）
　　　　①　企業の特性や優位性を記述すること
　　　　②　企業理念・経営方針等を表す際に一般的に使用される語句で記述しているこ
　　　　　と
　　　(イ)　企業理念・経営方針等以外を認識させる事情
　　　　（例）
　　　　①　出願人が出願商標を一定期間自他商品・役務識別標識として使用しているの
　　　　　に対し，第三者が出願商標と同一又は類似の語句を企業理念・経営方針等を表
　　　　　すものとして使用していないこと
3．単位等を表示する商標について
　　商標が，指定商品又は指定役務との関係から，商慣習上数量を表示する場合に一般
　的に用いられる表記（「メートル」，「グラム」，「Net」，「Gross」等）として認識される場合
　は，本号に該当すると判断する。
4．現元号を表示する商標について
　　商標が，現元号として認識される場合（「平成」，「HEISEI」等）は，本号に該当すると
　判断する。
5．国内外の地理的名称を表示する商標について
　　商標が，事業者の設立地・事業所の所在地，指定商品の仕向け地・一時保管地若し
　くは指定役務の提供に際する立ち寄り地（港・空港等）等を表す国内外の地理的名称と
　して認識される場合は，本号に該当すると判断する。
6．取扱商品の産地等を表示する商標について
　　小売等役務に該当する役務において，商標が，その取扱商品の産地，品質，原材料，
　効能，用途，形状（包装の形状を含む。），生産若しくは使用の方法若しくは時期その他

の特徴，数量若しくは価格を表示するものと認識される場合は，本号に該当すると判断する。
7. 地模様からなる商標について
　商標が，模様的に連続反復する図形等により構成されているため，単なる地模様として認識される場合には，本号に該当すると判断する。
　ただし，地模様と認識される場合であっても，その構成において特徴的な形態が見いだされる等の事情があれば，本号の判断において考慮する。
8. 店舗又は事務所の形状からなる商標について
　立体商標について，商標が，指定商品又は指定役務を取り扱う店舗又は事業所の形状にすぎないと認識される場合は，本号に該当すると判断する。
9. 店名として多数使用されている商標について
　商標が，指定役務において店名として多数使用されていることが明らかな場合（「スナック」，「喫茶」等の業種を表す文字を付加結合したもの又は当該店名から業種をあらわす文字を除いたものを含む）は，本号に該当すると判断する。
　（例）
　　① 指定役務「アルコール飲料を主とする飲食物の提供」について，商標「さくら」「愛」，「純」，「ゆき」，「ひまわり」，「蘭」
　　② 指定役務「茶又はコーヒーを主とする飲食物の提供」について，商標「オリーブ」，「フレンド」，「ひまわり」，「たんぽぽ」
10. 色彩のみからなる商標について
　色彩のみからなる商標は，第3条第1項第2号及び第3号に該当するもの以外は，原則として，本号に該当すると判断する。
　（該当する例）
　　役務の提供の用に供する物が通常有する色彩
11. 音商標について
(1) 音商標を構成する音の要素（音楽的要素及び自然音等）及び言語的要素（歌詞等）を総合して，商標全体として考察し，判断する。
(2) 言語的要素が本号に該当しない場合には，商標全体としても本号に該当しないと判断する。
(3) 音の要素が本号に該当しない場合には，商標全体としても本号に該当しないものと判断する。
　例えば，次のような音の要素のみからなる音商標については，需要者に自他商品・役務の識別標識として認識されないため，原則として，本号に該当すると判断する。

(ア)　自然音を認識させる音
　　　　自然音には，風の吹く音や雷の鳴る音のような自然界に存在する音のみならず，それに似せた音，人工的であっても自然界に存在するように似せた音も含まれる。
　(イ)　需要者にクラシック音楽，歌謡曲，オリジナル曲等の楽曲としてのみ認識される音
　　　（例）　CM等の広告において，BGMとして流されるような楽曲
　(ウ)　商品の機能を確保するために又は役務の提供にあたり，通常使用されずまた不可欠でもないが，商品又は役務の魅力を向上させるにすぎない音
　　　（例）　商品「子供靴」について，「歩くたびに鳴る『ピヨピヨ』という音」
　(エ)　広告等において，需要者の注意を喚起したり，印象付けたり，効果音として使用される音
　　　（例）商品「焼肉のたれ」の広告における「ビールを注ぐ『コポコポ』という効果音」
　　　（例）　テレビCMの最後に流れる「『ポーン』という需要者の注意を喚起する音」
　(オ)　役務の提供の用に供する物が発する音
　　　（例）　役務「車両による輸送」について，「車両の発するエンジン音」
　　　（例）　役務「コーヒーの提供」について，「コーヒー豆をひく音」
12．上記1．から11．までに掲げる商標においても，使用をされた結果需要者が何人かの業務に係る商品又は役務であることを認識することができるに至っているものについては，本号に該当しないと判断する。

(3)　本号の解釈

(a)　**本号の趣旨**　　本号が商標登録の要件を欠くと規定する趣旨は，①商標法3条1項1号ないし5号に例示されるような，識別力のない商標は，特定人によるその独占使用を認めるのを公益上適当としないものであるとともに，②一般的に使用される標章であって，自他商品の識別力を欠くために，商標としての機能を果たし得ないものであることによる，とされている。

　例えば，「商標法は，『商標を保護することにより，商標の使用をする者の業務上の信用の維持を図り，もつて産業の発達に寄与し，あわせて需要者の利益を保護することを目的とする』ものであるところ（同法1条），商標の本質は，自己の業務に係る商品又は役務と識別するための標識として機能することにあり，この自他商品の識別標識としての機能から，出所表示機能，品質保証機能及び広告宣伝機能等が生じるものである。同法3条1項6号が，『需要者が何人かの業務に係る商品又は役務であることを認識するこ

§3 (商標登録の要件)

とができない商標』を商標登録の要件を欠くと規定するのは，同項1号ないし5号に例示されるような，識別力のない商標は，特定人によるその独占使用を認めるのを公益上適当としないものであるとともに，一般的に使用される標章であって，自他商品の識別力を欠くために，商標としての機能を果たし得ないものであることによるものと解すべきである。」(知財高判平成22年1月27日（平21（行ケ）10270号）判時2083号142頁〔BOUTIQUE 9〕)とされている。

本号の趣旨は，他の号のそれと同様である。

(b) 本号に該当する商標の類型　本号に該当する商標の類型に関してであるが，「商標法3条の規定の仕方及び内容にかんがみると，同条1項は，登録出願された商標が，『需要者が何人かの業務に係る商品であることを認識することができない商標』，すなわち，自他商品識別力を有していない商標である場合には，商標登録を受けることができないものとしているのであり，同項1号から5号までの規定は，当該商標の構成自体から『需要者が何人かの業務に係る商品又は役務であることを認識することができない』と認められる典型的な商標を例示的に列挙するとともに，同項6号において，同項1号から5号まで例示的に列挙された商標以外の『需要者が何人かの業務に係る商品又は役務であることを認識することができない商標』，すなわち，自他商品識別力を有していない商標を総括的，概括的に規定し，なお，取引の実情により自他商品識別力を取得していることが証明されれば，同項に当たらないとして登録を受けることができ，また，同項3号から5号までに該当する商標について，使用により識別力を取得した場合には，同条2項により，登録を受けることができることにしているものと解するのが相当である。……したがって，同項6号にいう『需要者が何人かの業務に係る商品又は役務であることを認識することができない商標』としては，①構成自体が商標としての体をなしていないなど，そもそも自他商品識別力を持ち得ないもののほか，②同項1号から5号までには該当しないが，一応，その構成自体から自他商品識別力を欠き，商標としての機能を果たし得ないと推定されるもの，及び，③その構成自体から自他商品識別力を欠き，商標としての機能を果たし得ないものと推定はされないが，取引の実情を考慮すると，自他商品識別力を欠き，商標としての機能を果たし得ないものがあるということができる」(知財高判平成18年3月9日（平17（行ケ）10651号）〔UVmini〕)，とされている。

これによれば，①構成自体が商標としての体をなしていないなど，そもそも自他商品識別力をもち得ないもの，②商標法3条1項1号から5号までには該当しないが，一応，その構成自体から自他商品識別力を欠き，商標としての機能を果たし得ないと推定されるもの，及び，③その構成自体から自他商品識別力を欠き，商標としての機能を果たし得ないものと推定はされないが，取引の実情を考慮すると，自他商品識別力を欠き，商

標としての機能を果たし得ないもの，の3種類のものが本号に規定されている。ここで，上記②の推定に対する反証を挙げることができるものについて，『商標審査基準』第1の八の12が規定していると解される。

(4) 本号に関する具体的判断（判決例）

ここでは，知財高判平成22年1月27日（平21（行ケ）10270号）判時2083号142頁〔BOUTIQUE 9〕を例にとり，具体的な判断を検討する。

まず，本判決は，本願商標の構成等について分析する。

「本願商標は，標準文字により，欧文字『BOUTIQUE』及び数字『9』を1文字分のスペースを介して横書きしてなるものである。このように，本願商標の，『BOUTIQUE』と『9』との間には，1文字分のスペースがあり，欧文字と数字という異なる種類の文字であるから，商標の各構成部分がそれを分離して観察することが取引上不自然であると思われるほど不可分的に結合しているものということはできない。……本願商標のうち，『BOUTIQUE』(boutique）は，『店，小売店』等を意味するフランス語であり，わが国でも，『ブティック』が『（高級ブランドの）既製服の店』を意味する普通名詞として，辞書等に記載されている……。そして，『BOUTIQUE』，『ブティック』は，高級ブランドの既製服や小物等を販売する専門店の表示の一部として，日本全国で多数使用され，『BOUTIQUE（ブティック）』においては，既製服のみならず，香水，スカーフ，アクセサリー，バッグ，シューズ，靴下，ベルト，帽子，時計等の商品が販売されている……。また，本願商標のうち，『9』は，数字であり，わずか1文字からなる。……このように，本願商標は，高級ブランドの既製服の店を表す普通名詞として認識される『BOUTIQUE』の欧文字にありふれた数字『9』を併せて，その間に1文字分のスペースを空けて，標準文字で表記したものである。」

次に，本判決は，本願商標をその指定商品に使用した場合の自他商品の識別力について検討する。

「……本願商標の指定商品は，……であり，その多くが『BOUTIQUE（ブティック）』において販売されている商品であるから，『BOUTIQUE』をその指定商品に使用したとしても，この部分から自他商品の識別標識としての称呼，観念が生じるとは認め難い。……他方，1文字の数字の『9』は，それのみでは，『極めて簡単で，かつ，ありふれた標章』（商標法3条1項5号参照）といわざるを得ないものである。……そうすると，本願商標を『BOUTIQUE』，『ブティック』において販売されている商品に使用する場合に，自他商品の識別標識としての機能を有するものとはいえない。」

これらをもとに，本判決は，本願商標が本号に該当するものとする。

「……以上のとおり，本願商標『BOUTIQUE 9』をその指定商品に使用する場合には，

§3 (商標登録の要件)

自他商品の識別力を欠くために，商標としての機能を果たし得ないものであるから，『需要者が何人かの業務に係る商品又は役務であることを認識することができない商標』として，商標法3条1項6号に該当する。」

以上のとおり，当該商標の構成等を分析したうえ，その指定商品・役務に使用した場合の自他商品・役務識別力を検討し，本号の該当性を判断している。

(5) **キャッチフレーズに係る具体的判断**（判決例・審決例）

標語，キャッチフレーズの構成からなる商標が本号に該当するとされる理由は，出願商標について，需要者が出所識別標識と認識せず，むしろ商品又は役務の宣伝文句や出願人の企業理念等として認識することから識別力がないとされるためである。

他方，形式的には商品又は役務の宣伝文句，出願人の企業理念等として需要者に認識されたとしても，商号等が含まれていることにより，標語，キャッチフレーズにとどまらず，出所識別機能も併せ持つ商標も想定できるため，その場合には本号に該当しない。

さらに，出願人の使用状況及び出願商標と同一又は類似の標章の第三者の使用の有無など現実の使用状況を踏まえると，商標として識別力を有するに至っていると判断できる場合もある。

『商標審査基準』は裁判例を整理して次のとおりとした（商標審査基準の第1の八）。

出願商標が，その商品若しくは役務の宣伝広告又は企業理念・経営方針等を普通に用いられる方法で表示したものとしてのみ認識させる場合には，本号に該当すると判断する。出願商標が，その商品若しくは役務の宣伝広告又は企業理念・経営方針等としてのみならず，造語等としても認識できる場合には，本号に該当しないと判断する（同2(1)）。

出願商標が，その商品又は役務の宣伝広告としてのみ認識されるか否かは，全体から生じる観念と指定商品又は指定役務との関連性，指定商品又は指定役務の取引の実情，商標の構成及び態様等を総合的に勘案して判断する（同2(2)）。

出願商標が，企業理念・経営方針等としてのみ認識されるか否かは，全体から生ずる観念，取引の実情，全体の構成及び態様等を総合的に勘案して判断する（同2(3)）。

ここでは，本号関係のうち，キャッチフレーズに関する具体的な本号該当性判断事例（判決例・審決例）につき，「適用肯定例」，「適用否定例」の順で以下に示す。

(a) 適用肯定例

① 昭和44年1月13日審判昭40-7720〔BECAUSE YOU LOVE NICE THINGS〕は，「衣服等の素材として用いられる織物・編物等の商品は用途に従い自ら原材料・編織方法・仕上加工・染色・色彩・意匠等を異にするものであって，用途に応じて多種多様の種類の商品が作られるものであり，それらの商品が何かの特徴を有するものであること，用途に応ずる品質が充分満たされていることを表現して顧客誘引のための訴求力を強めるた

〔末吉〕

めに，この種業界においては主張・意見等を簡潔にまとめて記述した宣伝文を日本文のみならず英文にても商標を付して使用する下げ札等に記して使用されていることは顕著な事実である。」とする。業界における取引状況を中心に，原則的なキャッチフレーズとしての本号該当性を認定している。

② 昭和55年1月9日審判昭42-7394〔明石・鳴門のかけ橋にあすの日本の夢がある〕は，「本願商標は，前記のとおり『明石・鳴門のかけ橋にあすの日本の夢がある』の文字を七・五調に分けて縦書きしてなるものであるが，これは明らかに一種の標語よりなるものと認められる。」とする。商標の構成から，原則的なキャッチフレーズとしての本号該当性を認定している。

③ 平成12年1月6日審判平11-13577〔パールブリッジを渡ってきました〕は，「本願商標中の『パールブリッジ』は，明石海峡大橋の愛称であり（『現代用語の基礎知識』），明石海峡大橋及びその周辺は観光地として脚光を浴びており（朝日現代用語『知恵蔵』），多数の土産物店が存在するものと推認される。そして，近時，○○（観光地）に行って来ました等文字が各観光地の土産物について表示されている事実がある。加えて，本願指定商品中の『菓子』は，土産物の典型例である。」とする。取引状況と商標の構成から，原則的なキャッチフレーズとしての本号該当性を認定している。

④ 東京高判平成13年6月28日（平13（行ケ）45号〕〔習う楽しさ教える喜び〕は，「取引者・需要者は，それを妨げる何か特別な事情がない限り，この語句の有する上記の意味を想起したうえで，ごく自然に，『習う側が楽しく習うことができ，教える側が喜びをもって教えることができる。』という，教育に関して提供される役務の理想，方針等を表示する宣伝文句ないしキャッチフレーズとして認識，理解することになる。」とする。取引者・需要者の受け取り方から，原則的なキャッチフレーズとしての本号該当性を認定している。

⑤ 知財高判平成19年11月22日（平19（行ケ）10127号〕〔新しいタイプの居酒屋〕は，「役務の特徴を表した宣伝文句と理解され，本願商標はいわばキャッチフレーズとしてのみ機能するといわざるを得ないのであるから，それ自体に独立して自他識別力があるということはできない。」とする。商標の構成から，原則的なキャッチフレーズとしての本号該当性を認定している。

(b) 適用否定例

○ 昭和50年6月17日審判昭48-3169〔マックスはあなたの手！〕は，「本願商標中『マックス』の文字は格別の語義を有するものとは理解されない造語であって，指定商品の品質・用途などを表すものと容易に認識されないものであるばかりでなく，『マックスはあなたの手！』のように組み合わされたために単なる商品の品質・用途などを誇示するだ

§3 (商標登録の要件)

けのキャッチフレーズとは認められない。」とする。商標の構成から，キャッチフレーズではないとして，本号適用を否定している。

(6) 本号に関する判決例・審決例

本号に関する判決例・審決例につき，「適用肯定例たる判決例・審決例」，「適用否定例たる判決例・審決例」の順に以下検討する。

(a) 適用肯定例たる判決例・審決例

	第25類紙類，文房具類／昭和39年5月22日審判昭37-3298
	第1類化学品（他の類に属するものを除く），薬剤，医療補助品／昭和43年9月26日審判昭41-8441
「BECAUSE YOU LOVE NICE THINGS」	第16類織物等／昭和44年1月13日審判昭40-7720（前掲IX(5)(a)①）
「たっぷりカリフォルニア太陽の味」	第32類食肉等／昭和50年10月27日審判47-381
	第13類剃刀刃／昭和54年12月24日審判昭41-7051
「明石・鳴門のかけ橋にあすの日本の夢がある」	第17類被服等／昭和55年1月9日審判42-7394（前掲IX(5)(a)②）
「緑をおくる山口のお茶」	第29類緑茶／昭和55年1月31日審判昭53-1272
	第22類はき物等／東京高判昭和55年9月18日（昭53(行ケ)112号）無体集12巻2号506頁
「合資会社八丁味噌」	第31類調味料香辛料，食用油脂，乳製品／東京高判平成2年4月12日（平元(行ケ)112号）無体集22巻1号284頁（法人組織を表す「合資会社」の部分を省略し，単に「八丁味噌」として認識されることが少なくないから，「八丁味噌」と表された部分について自他商品の識別機能の有無を判断すべきであるとしたうえで，当該部分は味噌の一種の普通名称であって取引上識別機能があると認めることはできない）
「BEAUTY IS IN THE CUTTING」	第21類ダイヤモンド等／平成4年11月26日審判昭55-10170
「ヘイセイ／へいせい／平成／HEISEI」	第17類被服その他本類に属する商品／平成6年11月29日審判平2-17637
「環境衛生をシステムで考える」	第40類布地又は被服の加工処理／平成9年3月24日審判平6-9669

〔末吉〕 239

§3（商標登録の要件）　　　　　　　　　　　　　　第2章　商標登録及び商標登録出願

「さわやかさをお届けします」	第40類布地又は被服の加工処理／平成9年3月24日審判平6-9670
（や鴨ロゴ）	第42類そば及び丼物を主とする飲食物の提供／東京高判平成10年11月26日（平10（行ケ）74号）
（上記の縦書きのもの）	第42類そば及び丼物を主とする飲食物の提供／東京高判平成10年11月26日（平10（行ケ）75号）
「パールブリッジを渡ってきました」	第30類菓子等／平成12年1月6日審判平11-13577（前掲Ⅸ(5)(a)③）
（縞模様図形）	第24類おもちゃ等／東京高判平成12年1月18日（平11（行ケ）156号）
「T-System」	第9類理化学機械器具等／東京高判平成12年6月29日（平12（行ケ）11号）（形態上，符号としてローマ字や数字と，「システム」又は「System」との文字を組み合わせる一類型といえる本願商標に接する一般の取引者・需要者は，特段の事情がない限り，本願商標につき，性能や構成する機器の異なる他のシステムないし商品と区別するために用いられている標識であると認識するにすぎない）
「2020グリップ」	第16類グリップ部に軟質ゴムの部材を装着したシャープペンシル／平成12年10月16日審判平11-35054
（易断図形）	第42類占い，易／東京高判平成13年2月1日（平12（行ケ）350号）（本件商標は，見る者に，易占家の間で，易及び易占という営業の象徴（シンボル）として看板などに広く使用されてきた地天泰の他の多くの標章と同じ意味を有するものと認識されるというべきであるから，これを指定役務「占い，易」に使用しても，その役務が何人の業務に係る役務であるかを需要者が認識することはできない）
「SMALL　BUSINESS」	第36類資金の貸付け／東京高判平成13年5月23日（平12（行ケ）399号）（小企業，個人企業，ベンチャー企業などを幅広く包括した「中小企業」の意味を有する）
「習う楽しさ教える喜び」	第41類技芸，スポーツ又は知識の教授／東京高判平成13年6月28日(平13（行ケ）45号）（①本件において問題となるのは，この語句に接した取引者・需要者が，これを自他役務の識別標識として認識するのか，それとも，これをキャッチフレーズとして理解するのかということであり，このことは，この語句がキャッチフレーズとして現に一般に使用されているか否かのみによって決せられるものではない，②本件では，ごく自然に，「習う側が楽しく習うことができ，教える側が喜びをもって教えることができる。」という，教育に関して提供される役務の理想，方針等を表示する宣伝文句ないしキャッチフレーズとして認識，理解する）（前掲Ⅸ(5)(a)④）
「T-Mobile」	モバイル機器／東京高判平成13年9月18日（平13（行ケ）68号）
「住宅公園」	第35類商品の販売に関する情報の提供／東京高判平成13年10月11日（平12（行ケ）349号）判時1769号103頁（役務提供場所）
「きれいな空気」	指定商品第11類あんどん，ちょうちん，ガスランプ，石油ランプ，ほや，工業用炉，原子炉，火鉢類，ボイラー等／平成15年7月3日異議2002-90245
「MATERIAL」	第25類洋服等／平成16年2月5日異議2002-90204

§3（商標登録の要件）

「情報マネジメント」	第36類預金の受入れ等／東京高判平成16年7月22日（平16(行ケ)177号）	
「情報マネジメント」	第35類広告等／東京高判平成16年7月22日（平16(行ケ)178号）	
うまいもんはうまい	第42類焼肉料理の提供等／平成16年11月24日不服2000-19661	
「NPO」	第16類雑誌，新聞／平成17年5月10日異議2003-90457	
「ボランティア」	雑誌，新聞／平成17年5月11日異議2003-90429	
「IP FIRM」	第42類工業所有権に関する手続の代理又は鑑定その他の事務，訴訟事件その他に関する法律事務，著作権の利用に関する契約の代理又は媒介／東京地判平成17年6月21日（平17(ワ)768号）判時1913号146頁	
「ファスティング」	第32類ビール等，第42類飲食物の提供等／知財高判平成17年7月20日（平17(行ケ)10233号）（「断食療法，絶食療法」として知られているものであり，需要者が何人かの業務に係る商品であることを認識することができない）	
「＠Digital」	デジタル型（方式）の商品／知財高判平成17年10月27日（平17(行ケ)10123号）	
「BEAR」	第25類被服，履物／知財高判平成17年12月15日（平17(行ケ)10402号）（「bear/BEAR/Bear（熊）」に関連づけられる観念及び称呼を生じさせる多数の商標が実際に使用されていた）	
「クエン酸サイクル」	第29類食肉等／知財高判平成18年4月27日（平17(行ケ)10714号）（「クエン酸サイクル」の語が，関連同義語とともに，本件代謝経路すなわち「生物の細胞内物質代謝において最も普遍的な経路」「食に関する基礎的な用語の一つを表したもの」などを表す語として本件商標の指定商品の取引者，需要者の間で周知となっていたのであれば「クエン酸サイクル」という語自体において，既に自他商品識別力を欠く）	
「金運の矢」	第21類破魔矢，その他のお守り用矢／平成18年5月9日不服2004-10186	
「金運の絵馬」	第20類絵馬／平成18年5月23日不服2004-10187	
「TOKYO IP FIRM」	第42類工業所有権に関する手続の代理又は鑑定その他の事務，訴訟事件その他に関する法律事務，登記又は供託に関する手続の代理／知財高判平成18年9月28日（平18(行ケ)10192号）	
「案内情報」	第35類職業のあっせん等，第38類移動体電話による通信等／知財高判平成18年12月26日（平18(行ケ)10343号）（これに接する取引者，需要者は「問題となっている事柄についての情報（知らせ）」との意味を容易に認識，理解するものであり，インターネット情報や新聞記事情報において，「案件情報」との語が，問題となっている事柄についての情報という意味において使用されていることが明らか）	
「MetaMedia」	第9類耳栓等，第35類広告等，第42類気象情報の提供等／知財高判平成19年10月30日（平19(行ケ)10187号）	
「新しいタイプの居酒屋」	第43類飲食物の提供／知財高判平成19年11月22日（平19(行ケ)10127号）（前掲IX(5)(a)⑤）（なお，後掲X(3)(b)）	
「アイピーファーム」	第42類工業所有権に関する手続の代理又は鑑定その他の事務等／知財高判平成21年3月24日（平20(行ケ)10371号）	

〔末吉〕

§3（商標登録の要件）　　　　　　　　　　　　第2章　商標登録及び商標登録出願

「ID」	第9類システム・情報等のセキュリティに関する商品を含む電子応用機械器具及びその部品並びに電気通信機械器具（テレビジョン受信機・ラジオ受信機・音声周波機械器具・映像周波機械器具」を除く）／知財高判平成21年9月8日（平21(行ケ)10034号）判時2076号89頁（ネットワークユーザーが需要者に含まれることを認定し、ユーザーレベルにおける用語の認知度等について検討して、個人を識別するための識別子と認定した）
「BOUTIQUE 9」	第14類宝飾品、身飾品、第18類ハンドバッグ、第25類帽子、その他の被服、履物等／知財高判平成22年1月27日（平21(行ケ)10270号）判時2083号142頁（前掲Ⅸ(4)）
「村沢牛」	第29類牛肉／平成22年3月2日不服2009-7862
「讃岐庵」	第30類穀物の加工品等／知財高判平成22年8月4日（平22(行ケ)10114号）
「家づくり工務店」	第37類建設工事等／平成22年12月21日不服2010-5019
（図）	第5類薬剤等／平成25年1月10日（平24(行ケ)10323号）判時2189号256頁（特定人によるその独占使用を認めるのを公益上適当としないものであるとともに、自他商品の識別力を欠き、商標としての機能を果たし得ない）
「MOKUME GANE KOUBOU」	第14類キーホルダー等、第40類金属の加工等／知財高判平成25年4月24日（平24(行ケ)10317号）（「木目金・杢目金（色の異なる金属を幾重にも重ね合わせたものを彫って鍛えた金属工芸品）の仕事場」ほどの意味を想起すると解するのが自然であり、指定商品及び指定役務の内容を説明する語によって構成された商標であると解される）
「ECOLIFE」	第36類エネルギー消費量から炭酸ガス排出量を自動計算して表示することが可能な建物の管理等／知財高判平成25年11月14日（平25(行ケ)10142号）
「お客様第一主義の」	第45類金庫の貸与等／知財高判平成25年11月27日（平25(行ケ)10254号）（①本願商標は、商標法3条1項3号に該当すると解する余地もなくはないが、本願商標には「の」の文字部分が含まれ、同文字部分は、普通に用いられる方法で表示する標章とは必ずしもいえないことに照らすと、本願商標は、同項同号所定の、普通に用いられる方法で表示する標章「のみ」から構成される商標とまではいえない、②本願商標は、指定役務に使用する場合、これに接する需要者は、顧客を大切にするとの基本理念や姿勢等を表した語であり、場合によっては、宣伝・広告的な意図をも含んだ語であると認識するものと認められ、これを超えて、何人かの業務に係る役務表示であると認識することはないと認められ、自他役務識別力を有しない商標と解するのが相当であり、商標法3条1項6号に該当する）

(b)　適用否定例たる判決例・審決例

「マックスはあなたの手！」	第13類手動工具／昭和50年6月17日審判昭48-3169（前掲Ⅸ(5)(b)）
「スーパーベース」	第7類建築基礎用組立鉄筋等／東京高判平成13年10月31日（平12(行ケ)212号）（各新聞の紹介記事及び各新聞、雑誌等への広告の掲載により、昭和60年ころまでには、「スーパーベース」の語は、上記住宅用基礎鉄筋ユニットの商品名として、すなわち、林精工又は被告若しくは原告4名等日本スーパーベース協会加盟各社の業務に係る商品を表示するものとして、需要者に広く認識されるに至った）

§3（商標登録の要件）

「帝国興信所」	第42類施設の警備等／東京高判平成15年12月26日（平15(行ケ)174号）（上記役務においてごく普通に用いられているものとはいえない……本件商標が，その登録査定時において，被告以外の者によって，指定役務について多数（多量）使用された結果，何人かの業務に係る役務であることを認識できない商標であったとは認めるに足りず）
「中古車の110番」	第37類自転車の修理等／大阪地判平成17年12月8日（平16(ワ)12032号）判時1934号109頁（本件各商標は，「中古車に関連した電話相談窓口」という意味合いを認識させることがあるとしても，直ちに役務の質を直接的かつ具体的に表示するものとまでは認められないから，「中古車に関連した電話相談窓口」という意味合いのみを認識させるものではなく，構成文字全体をもって一種の造語として認識される……本件各商標ないしこれらの文字列が，業界において取引上普通に用いられるに至っていると認めるに足りる証拠はない）
「UVmini」	第9類理化学機械器具等／知財高判平成18年3月9日（平17(行ケ)10651号）（外観，称呼において一体的に把握することが可能で，一体として，紫外線に関連する小型の商品であるという観念が生じ得るものであり，構成自体から自他商品識別力を欠き，商標としての機能を果たし得ないものとの推定が働くものではなく，また，取引の実情の下でも，Xの業務に係る商品を示すものとして，取引者，需要者の間に広く知られていた）
「WebRings／ウェブリングス」	第42類電子計算機の性能・操作方法等に関する紹介及び説明等／知財高判平成18年10月17日（平18(行ケ)10231号）判時1982号140頁（その構成自体から自他役務識別力を欠くものとも商標としての機能を果たし得ないものともいえない）
「ひかり」	第42類工業所有権に関する手続の代理又は鑑定その他の事務等／東京地判平成23年10月28日（平22(ワ)1232号）（本件商標の指定役務とは異なる商品や役務との関係で，「ひかり」の文言が長年にわたり商品や役務を指し示す標章として使用されてきたことを指摘するものしないとしても，仮にそのような事実があるとしても，そのことが直ちに，本件商標の具体的な指定役務との関係で，本件商標に自他役務の識別力がないとの結論に結びつくものではない）
「元祖ラーメン／長浜家」	第43類ラーメンを主とする飲食物の提供／知財高判平成24年12月25日(平24(行ケ)10142号)（原告が本件訴訟において，同主張を裏付けるために提出した証拠は，極めて僅かであって，福岡空港，福岡県下のコンビニエンスストア及びデパートにおいて，「『長浜』ラーメン」等と表記されて販売されている商品を撮影した数枚の写真，屋台の写真，インターネット上の電話帳での検索結果，福岡市のタウンページの写し等にとどまる。また，その販売状況，販売開始時期等の詳細を説明する証拠は，一切提出されていない）
「RAGAZZA」	第25類被服，履物／知財高判平成25年9月30日（平25(行ケ)10060号）①本件商標は，特定の意味を有しない語であるから，需要者が何人かの業務に係る商品であることを認識することができない商標に該当することはない。②本件商標は，イタリア語「RAGAZZA」に近似した文字から構成されることから，本件商標から，「RAGAZZA」の文字を想起させることがあり得たとしても，本件証拠によれば，そもそも「RAGAZZA」の意味を認識，理解できる需要者は，多いとは認められない。③仮に，本件商標から，イタリア語「RAGAZZA」の意味である「少女，（未婚の）若ви女性，娘，女の子，恋人，彼女，子供」を想起する需要者がいたとしても，それらの意味と本件商標の指定商品との関係を考慮すると，需要者が何人かの業務に係る商品であることを認識することができない商標であると判断することもできない。）

〔末吉〕 243

§3（商標登録の要件）

(7) キャッチフレーズに関する登録・拒絶の類型化

「キャッチフレーズ等の識別力に関する調査研究報告書」（平成27年2月）によれば，キャッチフレーズに関する登録・拒絶を類型化している（http://www.jpo.go.jp/shiryou/toushin/chousa/pdf/zaisanken/2014_10.pdf）。

このような類型化は，参考になるので，これを次に掲げる（これらは，『商標審査基準』の改訂でも考慮された）。

(a) 商標の構成のみに基づき登録した事例

「されど鰹節　この道一筋」	第29類かつお節／平成17年12月19日不服2004-012866

(b) 商標の構成のみに基づき拒絶した事例

「ペーパークラフトはじめましょう」	第16類紙類，文房具類，印刷物／平成22年11月2日不服2009-012096
「PLAY BETTER, PLAY FASTER, AND HAVE MORE FUN」	第9類ゴルフコースでの距離を測り関連する適切なデータ・統計にアクセスするために使用されるコンピュータハードウェア及びコンピュータソフトウェアから構成される電子衛星追跡情報装置，ゴルフコース用のナビゲーション装置，電気通信機械器具，電子応用機械器具及びその部品／平成22年6月10日不服2009-004625
「おいしく食べて，お元気に。」	第29類食肉，食用魚介類（生きているものを除く），肉製品，加工水産物，豆，加工野菜及び加工果実……／平成12年7月12日不服平09-003292

(c) 指定商品・役務についての第三者の使用事実に基づき登録した事例

「この窓　このスタイル　この生地」	第35類カーテンの小売又は卸売の業務において行われる顧客に対する便益の提供及び第40類カーテンの仕立て，カーテンの縫製，裁縫，ししゅう，布地・被服又は毛皮の加工処理（乾燥処理を含む）／平成21年10月29日不服2009-012386
「生き生きとした人生を」	第16類ポスター・パンフレット・出版物，その他の印刷物（書籍を除く），紙製又は厚紙製の看板，文房具用テンプレート，文房具類／平成18年11月29日不服2006-007840
「美味日本」	第29類かつお節，寒天，削り節，食用魚粉，とろろ昆布……，第30類茶，菓子及びパン，調味料，コーヒー及びココア，穀物の加工品……，第31類野菜（「茶の葉」を除く），茶の葉，果実，糖料作物，あわ……及び第32類清涼飲料，果実飲料，飲料用野菜ジュース，乳清飲料／平成23年12月26日不服2011-006326

(d) 指定商品・役務についての第三者の使用事実に基づき拒絶した事例

「お金の健康」	第36類生命保険の引受け，生命保険契約の締結の媒介又は代理，生命保険に関する情報の提供，個人年金保険の引受け，個人年金保険の締結の媒介又は代理……及び第41類技芸・スポーツ又は知識の教授，セミナーの企画・運営又は開催，興行の企画・運営又は開催（映画・演芸・演劇・音楽の興行及びスポーツ・競馬・競輪・競艇・小型自動車競争の興行に関するものを除く）……／平成23年11月10日不服2010-023750
「強く，優しく。」	第41類技芸・スポーツ又は知識の教授，セミナーの企画・運営又は開催電子出版物の提供……／平成21年1月8日不服2008-011860

§3（商標登録の要件）

	第7類化学機械器具，業務用電気洗濯機，廃棄物圧縮装置，交流電動機及び直流電動機（陸上の乗用車用の交流電動機及び直流電動機（その部品を除く）を除く）……及び第37類ボイラーの修理又は保守，民生用電気機械器具の修理又は保守，配電用又は制御用の機械器具の修理又は保守……／平成22年9月29日不服2009-013274

(e) 本人の使用による商標としての認知度に基づき登録した事例

「Innovation for Tomorrow」	第12類自動車並びにその部品及び附属品，二輪自動車・自転車並びにそれらの部品及び附属品，乳母車，車いす，牽引車……／平成21年3月30日不服2008-022107

(f) 業界動向・社会動向等に基づき拒絶した事例

	第1類吸着剤，油・その他液体の吸収に使用する吸収剤，廃液処理剤，その他の化学品，植物成長調整剤類……／平成13年8月23日不服2000-018828
「うるおいあげましょ」	第5類薬剤，医療用油紙，衛生マスク，オブラート，ガーゼ，カプセル，眼帯……／平成18年12月21日不服2005-019075

(g) キャッチフレーズ等の識別力以外の観点に基づき登録した事例

	第9類「電子応用機械器具，その部品，電気通信機械器具」／平成14年1月30日不服2000-012179

X　商標法3条2項（使用による識別性）

(1) 本項の概要

　本項は，ただし，上記3号から5号までに該当する商標（「商品の産地，販売地，品質その他の特徴等の表示又は役務の提供の場所，質その他の特徴等の表示」，「ありふれた氏又は名称」，及び，「極めて簡単で，かつ，ありふれた標章」）であっても，使用をされた結果，需要者が何人かの業務に係る商品又は役務であることを認識することができるものについては，登録を受けることができる，と規定する（使用による識別性）。

　出願商標と使用商標とが外観において異なる場合は，出願商標を使用しているとは認めない。ただし，出願商標と使用商標とが外観上厳密には一致しない場合であっても，

外観上の差異の程度や指定商品又は指定役務における取引の実情を考慮して，商標としての同一性を損なわないものと認められるときは出願商標を使用しているものと認める（商標審査基準第2の1(1)）。

　出願商標の指定商品又は指定役務と使用商標の使用する商品又は役務とが異なる場合には，指定商品又は指定役務について出願商標を使用しているとは認めない。ただし，指定商品又は指定役務と使用する商品又は役務とが厳密には一致しない場合であっても，取引の実情を考慮して，指定商品又は指定役務と使用する商品又は役務の同一性が損なわれないと認められるときは，指定商品又は指定役務について出願商標を使用しているものと認める（同1(2)）。

　「需要者が何人かの業務に係る商品又は役務であることを認識することができるもの」とは，何人かの出所表示として，その商品又は役務の需要者の間で全国的に認識されているものをいう（同2(1)）。

　本項に該当するか否かは，例えば，①出願商標の構成及び態様，②商標の使用態様，使用数量（生産数，販売数等），使用期間及び使用地域，③広告宣伝の方法，期間，地域及び規模，④出願人以外（団体商標の商標登録出願の場合は「出願人又はその構成員以外」）の者による出願商標と同一又は類似する標章の使用の有無及び使用状況，⑤商品又は役務の性質その他の取引の実情，⑥需要者の商標の認識度を調査したアンケートの結果，のような事実を総合勘案して判断する。なお，商標の使用状況に関する事実については，その性質等を実質的に把握し，それによってその商標の需要者の認識の程度を推定する（同2(2)）。

　本項に該当するか否かの事実は，例えば，①商標の実際の使用状況を写した写真又は動画等，②取引書類（注文伝票（発注書），出荷伝票，納入伝票（納品書及び受領書），請求書，領収書又は商業帳簿等），③出願人による広告物（新聞，雑誌，カタログ，ちらし，テレビCM等）及びその実績がわかる証拠物，④出願商標に関する出願人以外の者による紹介記事（一般紙，業界紙，雑誌又はインターネットの記事等），⑤需要者を対象とした出願商標の認識度調査（アンケート）の結果報告書（ただし，実施者，実施方法，対象者等作成における公平性及び中立性について十分に考慮する），のような証拠により立証する（同2(3)）。

　出願商標を他の商標と組み合わせて使用している場合は，出願商標部分のみで独立して識別力を有するに至っているかを判断する（同2(4)）。

　団体商標については，特に，その構成員の使用に関して総合勘案すべき事実（同2(2)）を勘案する。なお，構成員の使用事実に関する立証については，その者が構成員であることを立証されているか否かを含めて判断する（同2(5)）。

　小売等役務の商標については，商標が商品や商品の包装，商品の価格表，取引書類，

§3（商標登録の要件）

広告自体に表示されている場合には、その表示態様に応じて、商標が個別具体的な商品の出所を表示しているのか、又は、取扱商品に係る小売等役務の出所を表示しているのかを考察し、小売等役務についての使用であるか否かを判断する（同2(6)）。

さらに、『商標審査基準』は、動き商標の場合（同3）、ホログラム商標の場合（同4）、色彩のみからなる商標の場合（同5）、音商標の場合（同6）、及び、位置商標の場合（同7）について、それぞれ規定している。

なお、本項に基づいて登録された商標については、「使用」と認められる範囲を通常より狭く解す合理的根拠はなく、通常の登録商標と同一であるとされている（知財高判平成22年4月28日（平21(行ケ)10407号）判時2079号104頁〔つゞみ〕）。

(2) 本項の商標審査基準

本項に関する『商標審査基準』（第2）は次のとおりである。

■商標審査基準第2

1．商標の「使用」について
 (1) 商標について
   出願商標と使用商標とが外観において異なる場合は、出願商標を使用しているとは認めない。
   ただし、出願商標と使用商標とが外観上厳密には一致しない場合であっても、外観上の差異の程度や指定商品又は指定役務における取引の実情を考慮して、商標としての同一性を損なわないものと認められるときは出願商標を使用しているものと認める。
  （例1） 同一性が認められる場合
   ① 出願商標と使用商標が文字の表記方法として縦書きと横書きの違いがあるに過ぎない場合
   ② 出願商標と使用商標が共に一般的に用いられる字体であり、取引者又は需要者の注意をひく特徴を有せず、両者の字体が近似している場合
   ③ 出願商標と使用商標の立体的形状の特徴的部分が同一であり、その他の部分にわずかな違いが見られるに過ぎない場合
  （例2） 同一性が認められない場合
   ① 出願商標が草書体の漢字であるのに対し、使用商標が楷書体又は行書体の漢字である場合
   ② 出願商標が平仮名であるのに対し、使用商標が片仮名、漢字又はローマ字である場合

〔末吉〕

③ 出願商標がアラビア数字であるのに対し，使用商標が漢数字である場合
④ 出願商標が ⓟ のような態様であるのに対し，使用商標が P, A, Ⓓ である場合
⑤ 出願商標が立体商標であるのに対し使用商標が平面商標である場合，又は出願商標が平面商標であるのに対し使用商標が立体商標である場合
(2) 商品又は役務について
　出願商標の指定商品又は指定役務と使用商標の使用する商品又は役務とが異なる場合には，指定商品又は指定役務について出願商標を使用しているとは認めない。
　ただし，指定商品又は指定役務と使用する商品又は役務とが厳密には一致しない場合であっても，取引の実情を考慮して，指定商品又は指定役務と使用する商品又は役務の同一性が損なわれないと認められるときは，指定商品又は指定役務について出願商標を使用しているものと認める。
2．「需要者が何人かの業務に係る商品又は役務であることを認識することができるもの」について
(1) 需要者の認識について
　「需要者が何人かの業務に係る商品又は役務であることを認識することができるもの」とは，何人かの出所表示として，その商品又は役務の需要者の間で全国的に認識されているものをいう。
(2) 考慮事由について
　本項に該当するか否かは，例えば，次のような事実を総合勘案して判断する。
　なお，商標の使用状況に関する事実については，その性質等を実質的に把握し，それによってその商標の需要者の認識の程度を推定する。
　① 出願商標の構成及び態様
　② 商標の使用態様，使用数量（生産数，販売数等），使用期間及び使用地域
　③ 広告宣伝の方法，期間，地域及び規模
　④ 出願人以外（団体商標の商標登録出願の場合は「出願人又はその構成員以外」とする。）の者による出願商標と同一又は類似する標章の使用の有無及び使用状況
　⑤ 商品又は役務の性質その他の取引の実情
　⑥ 需要者の商標の認識度を調査したアンケートの結果
(3) 証拠方法について
　本項に該当するか否かの事実は，例えば，次のような証拠により立証する。
　① 商標の実際の使用状況を写した写真又は動画等
　② 取引書類（注文伝票（発注書），出荷伝票，納入伝票（納品書及び受領書），請求書，

§3 (商標登録の要件)

　　　領収書又は商業帳簿等)
　　③　出願人による広告物 (新聞, 雑誌, カタログ, ちらし, テレビCM等) 及びその実績が分かる証拠物
　　④　出願商標に関する出願人以外の者による紹介記事 (一般紙, 業界紙, 雑誌又はインターネットの記事等)
　　⑤　需要者を対象とした出願商標の認識度調査 (アンケート) の結果報告書 (ただし, 実施者, 実施方法, 対象者等作成における公平性及び中立性について十分に考慮する。)
(4) 商標を他の商標と組み合わせている場合について
　　出願商標を他の商標と組み合わせて使用している場合は, 出願商標部分のみで独立して識別力を有するに至っているかを判断する。
(5) 団体商標について
　　団体商標については, 特に, その構成員の使用に関する2.(2)の事実を勘案する。なお, 構成員の使用事実に関する立証については, その者が構成員であることを立証されているか否かを含めて判断する。
(6) 小売等役務の商標について
　　小売等役務の商標については, 商標が商品や商品の包装, 商品の価格表, 取引書類, 広告自体に表示されている場合には, その表示態様に応じて, 商標が個別具体的な商品の出所を表示しているのか, 又は, 取扱商品に係る小売等役務の出所を表示しているのかを考察し, 小売等役務についての使用であるか否かを判断する。
3. 動き商標について
(1) 本項の適用が認められる例
　　使用商標中に, 出願商標の構成要素以外の要素が含まれているが, 出願商標部分のみが独立して自他商品・役務の識別標識として認識されると認められる場合。
　　(例)　使用商標として動き商標がテレビCM全体の一部についてのみに使用されている動画が提出されたが, 出願商標と同一の部分が需要者に強い印象を与え, 独立して自他商品・役務の識別標識として認識される場合。
(2) 本項の適用が認められない例
　　①　使用商標が, 出願商標と相違する場合 (標章の相違, 時間の経過に伴う標章の変化の状態の相違等)。
　　②　使用商標中に, 出願商標の構成要素以外の要素が含まれている場合であって, 出願商標部分のみが, 自他商品・役務の識別標識として認識されることはないと認められる場合。

〔末吉〕

§3（商標登録の要件）　　　　　　　　　　　　　第2章　商標登録及商標登録出願

　　（例）
　　・出願商標

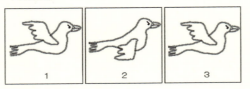

　　・使用商標

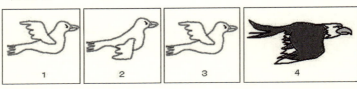

4．ホログラム商標について
 (1) 本項の適用が認められる例
　　　使用商標中に，出願商標以外の標章が含まれているが，出願商標部分のみが独立して自他商品・役務の識別標識として認識されると認められる場合。
　　（例）　使用商標としてホログラム商標が一部に付されたクレジットカードが提出されたが，出願商標と同一の部分が需要者に強い印象を与え，独立して自他商品・役務の識別標識として認識される場合。
 (2) 本項の適用が認められない例
　　　使用商標が，出願商標と相違する場合（標章の相違，ホログラフィーその他の方法による標章の変化の状態（視覚効果）の相違等）。
5．色彩のみからなる商標について
 (1) 本項の適用が認められる例
　　　使用商標中に，出願商標以外の標章が含まれているが，出願商標部分のみが独立して自他商品・役務の識別標識として認識されると認められる場合。
　　（例）　使用商標として筆箱の全面が青色であり，その蓋に一つの小さな丸の図形が記載された証拠資料が提出されたが，出願商標と同一の色彩である青色が需要者に強い印象を与え，独立して自他商品の識別標識として認識される場合。
 (2) 本項の適用が認められない例
　　① 使用商標と出願商標の色相（色合い），彩度（色の鮮やかさ）や明度（色の明るさ）が全部又は一部異なる場合。

§3（商標登録の要件）

　　② 色彩を組み合わせてなる出願商標と使用商標の配色の割合が異なる場合。
　　③ 出願商標と使用商標の商品における色彩の位置が異なる場合。
6．音商標について
(1) 同一の音商標であると需要者が認識する場合
　出願商標が音商標であって，出願商標と使用商標が厳密には同一ではない場合であっても，同一の音商標であると需要者が認識し得るときには，出願商標と使用商標は同一のものと判断する。
　同一の音商標であると需要者が認識し得るか否かの判断にあたっては，以下について考慮する。
　① 音商標を構成する音の要素が同一か否か。音の要素とは，音楽的要素（メロディー，ハーモニー，リズム又はテンポ，音色等）及び自然音等をいう。
　　音楽的要素からなる音商標について同一のものであると需要者が認識し得ると判断するためには，少なくともメロディーが同一であることを要する。なお，メロディーが同一であっても，リズム，テンポ又はハーモニーが異なる場合には，需要者の受ける印象が異なる場合が多いため，十分に考慮する。
　　また，音色が違う場合，例えば，演奏楽器が違う場合であっても，音色が近似するときには，同一の音商標であると需要者が認識することが多いと考えられるため，十分に考慮する。
　（例） 出願商標がバイオリンで演奏されたものであり，使用商標がビオラで演奏されたものである場合は，双方の楽器の音色は近似すると考えられることから，同一の音商標であると需要者が認識し得ると判断する。
　② 音商標を構成する言語的要素（歌詞等）が同一か否か。
(2) 本項の適用が認められる例
　出願商標が使用商標の一部に含まれている場合（使用商標中に，出願商標以外の標章が含まれている場合）であって，出願商標が独立して自他商品・役務の識別標識として認識するものと認められるとき。
　（例） 出願商標が数秒のサウンドロゴであり，使用商標としてCM全体を収録した動画が提出されたが，当該サウンドロゴがCMの最後に流れることにより，需要者に強い印象を与え，独立して自他商品・役務の識別標識として認識される場合。
(3) 本項の適用が認められない例

〔末吉〕

§3 （商標登録の要件）

(3) 本項の解釈

(a) 本項の趣旨　　本項の趣旨は，①例外的に自他商品識別力を獲得しており，登録商標として保護を与えない実質的な理由に乏しいこと，及び，②独占使用が事実上容認されている以上，他の事業者等に，当該商標を使用する余地を残しておく公益的な要請は喪失したとして差し支えないこと，とされている（知財高判平成19年3月29日（平18（行ケ）10441号）〔お医者さんのひざベルト〕，知財高判平成19年10月31日（平19（行ケ）10050号）〔DB9〕，知財高判平成20年3月27日（平19（行ケ）10243号）〔AJ〕など）。これは，商標法3条1項全体の趣旨を前提として，その例外の趣旨として整合している。

(b) 「需要者が何人かの業務に係る商品又は役務であることを認識することができるもの」の解釈　　「需要者が何人かの業務に係る商品又は役務であることを認識することができるもの」とは，商標法3条1項3号ないし5号に該当する出所表示機能を欠く商標であっても，使用されることにより，特定の者の出所表示としてその商品又は役務の需要者の間で全国的に認識されるに至っている（特別顕著性がある）ものをいう。

この点，例えば，「法3条は，商標登録の要件を定めたものであって，同条1項は，『自己の業務に係る商品又は役務について使用をする商標については，次に掲げる商標を除き，商標登録を受けることができる。』とした上で，同項1号から5号まで自己の業務に係る商品又は役務についての識別力あるいは出所表示機能を欠く商標を列挙し，同項6号では，「前各号に掲げるもののほか，需要者が何人かの業務に係る商品又は役務であることを認識することができない商標」と総括的な規定を置いている。そして同条2項では，『前項第3号から第5号までに該当する商標であっても，使用をされた結果需要者が何人かの業務に係る商品又は役務であることを認識することができるものについては，同項の規定にかかわらず，商標登録を受けることができる。』として，同条1項3号から5号までに該当する商標についても，使用により識別力を取得したものにつき登録を受けることができるとされている。……上記の規定振りからすると，法3条2項にいう『需要者が何人かの業務に係る商品又は役務であることを認識することができるもの』とは，法3条1項3号ないし5号に該当する出所表示機能を欠く商標であっても，永年使用されることにより，特定の者の出所表示としてその商品又は役務の需要者の間で全国的に認識されるに至っている（特別顕著性がある）ものをいうと解される。」（知財高判平成19年11月22日（平19（行ケ）10127号）〔新しいタイプの居酒屋〕（ただし，本件は6号の事例））とされている。

(c) 特別顕著性があるものが指定商品・役務である場合に限られる　　商標法3条2項により商標登録を受けることができるのは，商標が特定の商品につき同項所定の要件を充足するに至った場合，その特定の商品を指定商品とするときに限る，とされている

§3（商標登録の要件）

（東京高判昭和59年9月26日（昭58（行ケ）156号）無体集16巻3号660頁〔ジョージア〕）。実際，指定商品中に使用に係る商品以外のものが含まれていたため，商標法3条2項の適用が認められなかった事例もある（東京高判平成3年1月29日（平2（行ケ）103号）判時1379号130頁〔ダイジエステイプ〕など）。

ただし，知財高判平成25年1月24日（平24（行ケ）10285号）判時2177号114頁〔あずきバー〕は，出所識別力の取得の理由となった具体的な商品aに指定商品を限定する必要はなく，出願人が商品aを包含する商品Aを指定商品としたからといって，商標法3条2項の適用にあたって直ちに特定が不十分であるとはしない立場に立つものと解される。もっとも，同判決は，商品Aをどの程度まで抽象化又は上位概念化できるかについては，特に説示をしておらず，商品の特定にあたっての抽象化又は上位概念化の限界については，今後の課題である。

実際に使用していない商品・役務についても本項による登録を認めた事例については，後掲 **X**(3)(e)(ハ)参照。

また，『商標審査基準』では，指定商品又は指定役務と使用する商品又は役務とが厳密には一致しない場合であっても，取引の実情を考慮して，指定商品又は指定役務と使用する商品又は役務の同一性が損なわれないと認められるときは，指定商品又は指定役務について出願商標を使用しているものと認める，とする（商標審査基準第2の1(1)）。

(d) 出願商標及び指定商品・役務と，使用商標及び商品・役務との同一性　　出願商標及び指定商品・役務と，使用商標及び商品・役務とは，原則として同一でなければならない。

この原則に対する例外としては，例えば，「立体的形状からなる商標が使用により自他商品識別力を獲得したかどうかは，①当該商標の形状及び当該形状に類似した他の商品等の存否，②当該商標が使用された期間，商品の販売数量，広告宣伝がされた期間及び規模等の使用の事情を総合考慮して判断すべきである。……なお，使用に係る商標ないし商品等の形状は，原則として，出願に係る商標と実質的に同一であり，指定商品に属する商品であることを要するが，機能を維持するため又は新商品の販売のため，商品等の形状を変更することもあり得ることに照らすと，使用に係る商品等の立体的形状が，出願に係る商標の形状と僅かな相違が存在しても，なお，立体的形状が需要者の目につきやすく，強い印象を与えるものであったか等を総合勘案した上で，立体的形状が独立して自他商品識別力を獲得するに至っているか否かを判断すべきである。」（知財高判平成23年4月21日（平22（行ケ）10366号）判時2114号9頁〔JEAN PAUL GAULTIER "CLASSIQUE" 立体商標〕）とされている。ここでは，「僅かな相違」の場合の例外の問題を取り上げるにとどまっている。

〔末吉〕

§3（商標登録の要件）　　　　　　　　　　　　第2章　商標登録及び商標登録出願

　（e）　出願商標及び指定商品・役務と，使用商標及び商品・役務との同一性の緩和
　しかし，判決例では，上記「僅かな相違」の場合の例外の問題にとどまらず，出願商標及び指定商品・役務と，使用商標及び商品・役務との同一性の緩和が認められる。この点について，以下，4類型に分けて概観する。なお，『商標審査基準』では，これらを踏まえて規定されている（商標審査基準第2の1）。
　　（イ）　出願商標の外観に顕著な特徴がない場合（標準文字を含む）に，外観，称呼及び観念を総合的に観察し，同一性を認めている裁判例　　例えば，東京高判平成14年1月30日（平13(行ケ)265号）判時1782号109頁〔角瓶〕は，「出願に係る商標が，指定商品の品質，形状を表示するものとして商標法3条1項3号に該当する場合に，それが同条2項に該当し，登録が認められるかどうかは，使用に係る商標及び商品，使用開始時期及び使用期間，使用地域，当該商品の販売数量等並びに広告宣伝の方法及び回数等を総合考慮して，出願商標が使用をされた結果，需要者がなんぴとかの業務に係る商品であることを認識することができるものと認められるかどうかによって決すべきものであり，その場合に，使用に係る商標及び商品は，原則として出願に係る商標及び指定商品と同一であることを要するものというべきである。そして，同条1項3号により，指定商品の品質，形状を普通に用いられる方法で表示する標章のみからなる商標が，本来は商標登録を受けることができないとされている趣旨は，そのような商標が，商品の特性を表示記述する標章であって，取引に際し必要適切な表示としてなんぴともその使用を欲するものであるから，特定人によるその独占的使用を認めるのを公益上適当としないものであるとともに，一般的に使用される標章であって，多くの場合自他商品識別力を欠き，商標としての機能を果たし得ないものであることによることにかんがみれば，上記の場合に，使用商標が出願商標と同一であるかどうかの判断は，両商標の外観，称呼及び観念を総合的に比較検討し，全体的な考察の下に，商標としての同一性を損なわず，競業者や取引者，需要者等の第三者に不測の不利益を及ぼすおそれがないものと社会通念上認められるかどうかを考慮して行うべきものと解するのが相当である。……外観，称呼及び観念を総合的に比較検討し，全体的に考察した場合には，上記のとおり本願商標と厳密には書体が同一ではない文字，縦書きで書された文字及び『角』と『瓶』の字間が本願商標よりも広い文字による表示に係る商標も，本願商標と商標としての同一性を損なうものではなく，競業者や取引者，需要者等の第三者に不測の不利益を及ぼすおそれがないものと社会通念上認められるから，使用商標が出願商標と同一である場合に当たるものというべきである。」とする。ここでは，使用商標と出願商標との同一性の認定について，形式的ではなく，両商標の外観，称呼及び観念を総合的に比較検討し，全体的な考察の下に，商標としての同一性を損なわず，競業者や取引者，需要者等の第三者に不測の不

§3 (商標登録の要件)

利益を及ぼすおそれがないものと社会通念上認められるかどうかを実質的に総合評価する立場を表明している。

(ロ) 使用においてハウスマーク等の他の商標と組み合わせて出願商標を使用している場合に、出願商標と使用商標の同一性を、形式的に商標同士を比較して判断するのではなく、出願商標部分のみで独立した識別力が認められるかという実質的な観点から判断をする裁判例　　例えば、東京高判平成14年1月30日（平13(行ケ)265号）判時1782号109頁〔角瓶〕は、「一般に、それ自体で出所表示機能を有する商標であっても、具体的な使用の態様においては、他の文字と連続して表示されることがないとはいえず、当該他の文字が当該商標に係る商品又は役務の出所を示す著名なハウスマークである場合でも、そのようなことがしばしばある……このような場合に、常に、ハウスマークと結合して一体化した商標が使用されているのであって、当該商標自体の使用には当たらないと見るのは不合理であることが明らかであり、結局、そのような態様における使用が、ハウスマークと結合して一体化した商標の使用に当たるか、当該商標自体の使用に当たるかは、当該商標がハウスマークと連続又は近接しないで表示されることも相当程度あるかどうか、あるいは……むしろ、ハウスマークと結合して一体化したものを一個の商標として扱うような積極的な行為に及んでいるかどうか等の事実に基づく、その点についての使用者及び取引者、需要者の認識いかんに従って、これを決するのが相当である。」……（①「角瓶」の文字が、特段、「サントリー」等の文字と連続又は近接することなく表されている使用態様も少なくないこと、②「角瓶」の文字部分と「サントリー」又は「サントリーウヰスキー」の文字部分とを区分し、一体化することを妨げるような表示態様もあること、③「サントリー角瓶」との表記と単なる「角瓶」との表記を併用するものも存在すること、④原告自身が、そのようなハウスマークと結合して一体化したものを一個の商標として扱うような積極的な行為に及んでいることを認めるに足りる証拠はないこと）……「の各事実を総合して考慮すれば、原告自身においてはもとより、ウイスキーについての取引者、需要者においても、本願商標はそれ自体が単独で使用されるものと理解し、たとえハウスマークである『サントリー』等の文字と『角瓶』の文字とが連続して表示されている態様であっても、ハウスマークと結合して一体化した『サントリー角瓶』等の構成よりなる商標が使用されているのではなく、『角瓶』の文字からなる本願商標自体が使用されていると認識するものと認めるのが相当である。」とする。ここでは、使用者、取引者・需要者の認識を間接事実から推認し、本願商標それ自体がハウスマークから独立し、単独で使用されるものと理解されている点について、実質的かつ総合的に評価する立場が表明されている。

(ハ) 出願商標の指定商品・役務と使用商標の商品・役務との同一性につき、商品・役務の密接関連性等から、実際に使用していない商品・役務についても3条2項による

〔末吉〕

§3 (商標登録の要件)

登録が認められている裁判例 例えば、知財高判平成23年4月21日（平22(行ケ)10366号）判時2114号9頁〔JEAN PAUL GAULTIER "CLASSIQUE" 立体商標〕は、「本願商標の容器部分が女性の身体の形状をモチーフにしており、女性の胸部に該当する部分に2つの突起を有し、そこから腹部に該当する部分にかけてくびれを有し、そこから下部にかけて、なだらかに膨らみを有した形状の容器は、他に見当たらない特異性を有することからすると、本願商標の立体的形状は、需要者の目につきやすく、強い印象を与えるものであって、平成6年以降15年以上にわたって販売され、香水専門誌やファッション雑誌等に掲載されて使用をされてきたことに照らすと、本願商標の立体的形状が独立して自他商品識別力を獲得するに至っており、香水等の取引者・需要者がこれをみれば、原告の販売に係る香水等であることを識別することができるといって差し支えない。……本願商標が香水について自他商品識別力を有するに至った結果、これと極めて密接な関係にある化粧品等の本願の前記限定された指定商品（美容製品、せっけん、香料類及び香水類、化粧品）に、本願商標が使用された場合にも、香水に係る取引者・需要者と重なる上記指定商品の取引者・需要者において、上記商品が香水に係る『ジャンポール・ゴルチエ』ブランドを販売する原告の販売に係る商品であることを認識することができるというべきである。」とする。これは、取引者・需要者の立場から本項を検討し、実際に使用していない商品・役務（ただし、仕様商品と極めて密接な関係にあるもの）についても、自他商品識別機能が獲得された場合には、本項による登録が認められて然るべきであることを表明した判決である。

また、知財高判平成19年10月31日（平19(行ケ)10050号）〔DB 9〕は、「本願商標は、審決時（平成18年9月25日）には、『atutomobiles』の分野の取引者、需要者に、本願商標から原告との関連を認識することができる程度に広く知られていた……『automobiles』以外の本件指定商品についてみると、『bicycles, motorcycles』は、『automobiles』と同じく移動用車両であり、自動車メーカーがそれらの商品を製造することがあること……からもうかがえるように、取引者、需要者が類型的に重なる部分があり、このことからすると、……同分野の取引者、需要者にも、本願商標は、本願商標から原告との関連を認識することができる程度に広く知られていたと認められるし、『parts and fittings therefor』も、その取引者、需要者が、上記指定商品と重なるといえることからすれば、同様である。本件指定役務である『Repair, restoration, maintenance, reconditioning, diagnostic tuning, cleaning, painting and polishing services of land vehicles and parts and fittings therefor』についてみても、これらの役務の取引者、需要者は、本件指定商品の取引者、需要者と重なるといえるし、製品の製造とその修理等は密接に関連するので、本件指定役務に本願商標が付されていれば、取引者、需要者は、それが原告の業務に係る役務を示すもの

であると理解することがあると認められる」とするが，これも同趣旨である。

　(ニ)　商標の著名性を考慮して，実際に著名性を獲得した商品・役務とは非類似とされる商品・役務についても3条2項による登録が認められている裁判例　　例えば，知財高判平成24年9月13日（平24（行ケ）10002号）判時2166号131頁〔Kawasaki〕は，「商標法3条2項は，『使用をされた結果需要者が何人かの業務に係る商品又は役務であることを認識することができるものについては，……商標登録を受けることができる。』と規定し，指定商品又は指定役務に使用された結果，自他商品識別力が獲得された商標であるべきことを定めていない。また，同項の趣旨は，同条1項3号から5号までの商標は，特定の者が長年その業務に係る商品又は役務について使用した結果，その商標がその商品又は役務と密接に結びついて出所表示機能をもつに至ることが経験的に認められるので，このような場合には特別顕著性が発生したと考えて商標登録をし得ることとしたものであるから，登録出願に係る商標が，特定の者の業務に係る商品又は役務について長年使用された結果，当該商標が，その者の業務に係る商品又は役務に関連して出所表示機能をもつに至った場合には，同条2項に該当すると解される。そして，上記の趣旨からすると，当該商標が長年使用された商品又は役務と当該商標の指定商品又は指定役務が異なる場合に，当該商標が指定商品又は指定役務について使用されてもなお出所表示機能を有すると認められるときは，同項該当性は否定されないと解すべきである。……原告が，本願商標を長年にわたってバイク関係やその他の多様な事業活動で使用した結果，審決時までに，本願商標は著名性を得て，バイク関係はもとより，それ以外の幅広い分野で使用された場合にも自他商品識別力を有するようになったといえる。そして，原告の子会社を通じて，本願商標を使用したアパレル関係の商品が長年販売されていることから，本願商標をアパレル関係の商品で使用された場合にも自他商品識別力を有すると認めるのが相当である。……すなわち，審決時において，原告が本願商標を指定商品に使用した場合にも，取引者・需要者において何人の業務に係る商品であるかを認識することができ，本願商標は出所表示機能を有すると認められる。」とする。これは，取引者・需要者の立場から本項を検討し，商標の著名性を考慮すれば，実際に著名性を獲得した商品・役務とは非類似とされる商品・役務についても，自他商品識別力があるものである限り，本項による登録が認められて然るべきであることを表明した判決である。

　(f)　本項該当性の判断方法　　裁判例では，総合考慮説が展開されている。例えば，「出願に係る商標が，指定商品の品質，形状を表示するものとして商標法3条1項3号に該当する場合に，それが同条2項に該当し，登録が認められるかどうかは，使用に係る商標及び商品，使用開始時期及び使用期間，使用地域，当該商品の販売数量等並びに広告宣伝の方法及び回数等を総合考慮して，出願商標が使用をされた結果，需要者がなん

§3（商標登録の要件）　　　　　　　　　　　　第2章　商標登録及び商標登録出願

ぴとかの業務に係る商品であることを認識することができるものと認められるかどうかによって決すべき」（東京高判平成14年1月30日（平13(行ケ)265号）判時1782号109頁〔角瓶〕）（その他，知財高判平成19年10月31日（平19(行ケ)10050号）〔DB9〕，知財高判平成20年3月27日（平19(行ケ)10243号）〔AJ〕など同旨）とされている。

　また，本項の判断方法として，「当該商標及び商品，役務の性質・態様，取引の実情等を総合考慮」する（上記知財高判平成19年10月31日〔DB9〕），あるいは，「使用に係る商標及び商品の性質・態様，本願商標との類否，使用した期間・地域，当該商品の販売数量・程度，宣伝広告の程度・方法などの諸事情を総合考慮」する（上記知財高判平成20年3月27日〔AJ〕）などとされている。

　なお，その商品又は役務の需要者の間で全国的に認識されている（商標審査基準第2の1）との地域的な範囲の点であるが，「商標法3条2項に該当する商標と認められるためには，当該商標から，商品等の出所と特定の事業者との関連を認識することができる程度に広く知られるに至ったといえる必要があり，取引者，需要者に，偶然，広告を見たとか，個人的な関係があるとか，一般的とはいえない特別な関心を持っていたため，知られていたと評価されるような場合に当該商標の保護を認めることは相当でないし，また，商標権が全国的に及ぶことからも，地域的に限られた範囲においてのみ，知られているといえるような場合においても，その商標が広く知られているとして保護するのは相当ではない。」とされている（上記知財高判平成19年10月31日〔DB9〕）。また，知財高判平成18年11月29日（平17(行ケ)10673号）判時1950号3頁〔ひよこ立体商標〕も全国的な周知性が必要であると説示している。しかし，この点については，必ずしも明確な説示をしていない裁判例が多数見られることに留意すべきである。今後の課題であろう。

(4) 本項に関する判決例・審決例

　本項に関する判決例・審決例につき，「適用肯定例たる判決例・審決例」「適用否定例たる判決例・審決例」の順で以下検討する。

(a) 適用肯定例たる判決例・審決例

TOKYOROPE 東京ロープ	第35類ロープ等／東京高判昭和42年10月31日（昭37(行ナ)4号）行集18巻10号1398頁（一般取引界において，それが原告会社の営業にかかる商品であることを判別させるに足る表彰力を有していた）
ミルクドーナツ	第30類ドーナツ／東京高判昭和49年9月17日（昭47(行ケ)68号）無体集6巻2号257頁（当時市場には他に本願商標と同じ標章を使用した商品は存在しなかった事情もあって，……原告会社の製造するドーナツの業界における好評判と原告会社の多種多様な手段を用いた宣伝広告の結果，おそくとも本件審決がなされた昭和47年3月頃までには，本願商標は特定の業者が製造するドーナツを示すものとして，東京都を中心に全国にわたって取引者および一般需要者間に広く認識されるに至った）

§3（商標登録の要件）

美術年鑑	第26類年鑑／東京高判昭和53年4月12日（昭51（行ケ）84号）無体集10巻1号144頁（昭和4年ころ以降長年月にわたつて、山田正道の発行する年刊刊行物についてその題名として使用されて来たことによつて、おそくとも昭和15年ころには、需要者たる美術家、業者その他の美術関係者間において、呼称自体から刊行物の出所を識別させるに足りる、いわゆる特別顕著性を取得した）
アマンド	第30類洋菓子／東京高判昭和59年2月28日（昭57（行ケ）147号）判時1121号111頁（本願商標は、おそくとも本件判決がなされた昭和57年4月頃までには原告の販売する洋菓子を示すものとして東京都を中心に全国にわたって取引者及び一般需要者の間に広く認識されるに至った）
ジューシー	第29類果実飲料／東京高判昭和59年10月31日（昭57（行ケ）213号）判時1152号159頁（本願商標は、おそくとも審決がされた昭和57年8月ころまでには、特定の業者が製造販売する商品果実飲料を示す商標として、熊本県を中心に全国にわたって取引業者及び一般需要者に広く認識されるに至っていた）
（「エピ・ライン」の模様（横縞の型押し模様））	東京高判平成12年8月10日（平11（行ケ）80号）判時1730号128頁（創作の経緯や、宣伝・広告の実情、アンケート結果等を総合すれば、ルイ・ヴィトン社の商品であることが需要者に広く認識されている）〔エピ・ライン〕
	東京高判平成13年2月28日（平12（行ケ）101号）判時1752号29頁（製品の販売・宣伝の実績に照らせば、本願商標は出願人の商品であることの自他識別力を獲得している）〔レゴ〕
角瓶	本願商標と使用商標とが同一と認定されて、使用による識別力の取得が認められた事例／東京高判平成14年1月30日（平13（行ケ）265号）判時1782号109頁（商標「角瓶」の使用か、商標「角瓶」とハウスマーク（本件ではサントリー）との結合としての使用かについて、ハウスマークと連続表示または近接しないで表示されることも相当程度あるかどうか等の事実に基づき、その点についての使用者および取引者・需要者の認識により決するものとし、本件では、商標「角瓶」の使用を肯定）（前掲 **X**(3)(**e**)(イ)、**X**(3)(**e**)(ロ)）
	知財高判平成19年6月27日（平18（行ケ）10555号）判時1984号3頁（懐中電灯の立体形状からなる商標が使用により自他商品識別機能を備えるに至っている）－立体商標〔マグライト〕（後掲 **X**(5)(**b**)①）
「DB 9」	第12類「Automobiles, bicycles, motorcycles and parts and fittings therefor.」及び第37類「Repair, restoration, maintenance, reconditioning, diagnostic tuning, cleaning, painting and polishing services of land vehicles and parts and fittings therefor.」／知財高判平成19年10月31日（平19（行ケ）10050号）（本願商標は、審決時（平成18年9月25日）には、「atutomobiles」の分野の取引者、需要者に、本願商標から原告との関連を認識することができる程度に広く知られていた）（前掲 **X**(3)(**e**)(ハ)）

〔末吉〕

§3（商標登録の要件）　　　　　　　　　　　第2章　商標登録及び商標登録出願

	知財高判平成20年5月29日（平19(行ケ)10215号）判時2006号36頁（リターナブル瓶入りの原告商品の立体的形状は，需要者において，他社商品と区別する指標として認識されるに至った）－立体商標〔コカ・コーラ〕（後掲**X**(5)(b)②）
	乳酸菌飲料の容器の立体的形状に係る立体商標／知財高判平成22年11月16日（平22(行ケ)10169号）判時2113号135頁（本件容器の立体的形状は，本件容器に付された平面商標や図柄と同等あるいはそれ以上に需要者の目に付きやすく，需要者に強い印象を与えるものと認められるから，本件容器の立体的形状はそれ自体独立して自他商品識別力を獲得していると認めるのが相当）－立体商標〔ヤクルト容器〕（後掲**X**(5)(b)③）
	第30類黒糖を使用した棒状形のドーナツ菓子／知財高判平成23年3月24日（平22(行ケ)10356号）判時2121号127頁（本件商標と外観において同一と見られる標章を付した包装が指定商品とされる商品に使用されており，その使用開始時期，使用期間，使用態様，当該商品の数量または売上高等および当該商品またはこれに類似した商品に関する本件商標に類似した他の標章の存否などの事情を総合考慮して，使用された結果，登録審査時点において，需要者が商標権者の業務に係る商品であることを認識することができるものになっているとされた）
	知財高判平成23年4月21日（平22(行ケ)10366号）判時2114号9頁（本願商標が香水について自他商品識別力を有するに至った結果，これと極めて密接な関係にある化粧品等の本願の前記限定された指定商品に，本願商標が使用されていた場合にも，香水に係る取引者・需要者と重なる上記指定商品の取引者・需要者において，上記商品が香水に係る「ジャンポール・ゴルチエ」ブランドを販売する原告の販売に係る商品であることを認識することができるというべき）－立体商標〔JEAN PAUL GAULTIER "CLASSIQUE"〕（前掲**X**(3)(d)，**X**(3)(e)(ハ)）
	第18類ハンドバッグ／平成23年5月31日不服2010-19401（本願商標に係るハンドバッグは，請求人の代表的なハンドバッグのブランドとして，わが国において，1983年から現在に至るまで28年以上にわたって販売され，ファッション雑誌や新聞等に多数掲載されてきたことに照らすと，本願商標の立体的形状は，独立して自他商品識別力を獲得するに至っており，ハンドバッグの取引者，需要者がこれをみれば，請求人の販売に係るハンドバッグであることを識別することができる）－立体商標〔エルメス／ケリーバッグ〕
	肘掛椅子／知財高判平成23年6月29日（平22(行ケ)10253号ほか）判時2122号33頁（本願商標の形状を備えた製品が，販売開始以来同一形状を維持し，長期にわたって雑誌等で紹介され，広告宣伝等が行われ，需要者において本願商標，製品の形状の特徴ゆえに，何人の業務に係る商品であるかを認識できる状態となったと認められる）－立体商標〔Yチェア〕（後掲**X**(5)(b)④）

〔末吉〕

§3（商標登録の要件）

「Kawasaki」	3条1項3号に該当しないとしつつ，仮に該当しても，として3条2項適用を指摘／知財高判平成24年9月13日（平24(行ケ)10002号）判時2166号131頁（本願商標を長年にわたってバイク関係やその他の多様な事業活動で使用した結果，審決時までに，本願商標は著名性を得て，バイク関係はもとより，それ以外の幅広い分野で使用された場合にも自他商品識別力を有するようになったといえる。そして，原告の子会社を通じて，本願商標を使用したアパレル関係の商品が長年販売されていることから，本願商標をアパレル関係の商品で使用された場合にも自他商品識別力を有すると認めるのが相当である）（前掲X(3)(e)(二)）
「あずきバー」	あずきを加味してなる菓子／知財高判平成25年1月24日（平24(行ケ)10285号）判時2177号114頁（本件商品は，「あずきを加味してなる菓子」に包含される商品であるところ，遅くとも本件審決の時点において，わが国の菓子の取引者，需要者の間で原告の製造・販売に係る商品として高い知名度を獲得しているものと認められ，これに伴い，本件商品の商品名を標準文字で表す「あずきバー」との商標（本願商標）は，「あずきを加味してなる菓子」（指定商品）に使用された結果，需要者が何人かの業務に係る商品であることを認識することができるに至った）（前掲X(3)(e)）
「蔵王チーズ」	チーズ／平成25年6月21日不服2012-19955（請求人は，商品チーズについて，本商標と同一視し得る商標（蔵王チーズ）を，1981年から20年以上の長きにわたり使用しており，「蔵王チーズ」（クリームチーズ）の生産量は190 t で，国内のクリームチーズ生産量の約13％のシェアを占めるに至っている。……本願商標が使用されたチーズは，雑誌，パンフレット，新聞記事において継続的に紹介されているほか，テレビ番組においても紹介されており，宮城県，仙台商工会議所といった公的機関の支援も受け，ホームページ等で紹介されているところである。……本願商標は，商品「チーズ」に使用をされた結果，需要者が請求人の業務に係る商品であることを認識することができるに至った）

(b) 適用否定例たる判決例・審決例

「平和台饅頭」	東京高判昭和41年8月25日（昭35(行ナ)146号）（新聞広告，電柱広告，電車内広告，ラジオ，テレビ等によって宣伝した事実があっても，それが1年半余にすぎない場合には，使用による特別顕著性が確立されたものとはいえない）
鹿茸精 （ろくじょうせい）	薬剤等／東京高判昭和50年11月18日（昭49(行ケ)32号）判タ335号266頁（使用期間が短い）
「吉向焼」	焼き物／東京高判昭和60年4月25日（昭59(行ケ)97号）判タ566号265頁（出願された商標と使用に係る商標とが相違する）
「柿茶」	昭和62年11月24日審判昭56-7686（出願された商標と使用に係る商標の一部が相違する上に，指定商品は使用に係る商品以外の商品も含む）
「三井ハンガーボード」	昭和63年10月27日審判昭56-8843（使用事実が客観的に把握できない証明書によっては，使用による識別力を有するに至ったとは認められない）
「純」	東京高判平成4年12月24日（平4(行ケ)61号）判時1471号143頁（「宝焼酎」の文字等と結合して一体として使用されてきたものというべきであり出願商標の文字のみで独立して使用されてきたということはできない）

§3 （商標登録の要件）　　　　　　　　　　　　　第2章　商標登録及び商標登録出願

商標	判決
「瓦そば」	東京高判平成5年1月26日（平4（行ケ）106号）知財集25巻1号224頁（登録査定時には，既に山口県所在の川棚温泉の名物料理を表示する名称として一般の需要者に広く知られていただけでなく，商品そばめんの品質，用途を表示するものとして普通に用いられるに至っていたというべきであり，自他商品を識別する標識としての機能を果たし得なくなっていた）
や城	東京高判平成10年11月26日（平10（行ケ）74号）（出願商標につき，一部地域で原告商標として知られているとしても，他の地域で原告以外が多数使用）
「ヘアエステ」	東京高判平成11年4月13日（平10（行ケ）259号）（証明書のとおりの広告がされたとしても，その事実から，本願商標が使用をされた結果需要者が何人かの業務に係る商品であることを認識することができるものとなったものと認めるには足りず）
あさみまき	東京高判平成12年4月13日（平11（行ケ）101号）（出願商標は，原告以外にも多数使用）
TOURMALINE SOAP トルマリンソープ	東京高判平成12年6月13日（平11（行ケ）410号）（広告等の表現が品質等を表示したものと認識される）
（「エピ・ライン」の模様）	東京高判平成12年8月10日（平11（行ケ）79号）（指定商品被服との関連での立証がない）
「昆布しょうゆ」	東京高判平成12年8月29日（平11（行ケ）442号・平12（行ケ）24号）（需要者が，原告の業務に係る商品であることを認識できない）
「蜂蜜かりんとう」	東京高判平成12年10月5日（平12（行ケ）133号）（「蜂蜜かりんとう」という言葉の有する性質，使用期間，市場占有率を始めとする諸事実を前提にした場合，本件全証拠によっても，需要者が，本願商標により原告の業務に係る商品であることを認識することができたという事実を認めることはできない）
（ゴルフスコアカード用筆記具の立体図）	東京高判平成12年12月21日（平11（行ケ）406号）判時1746号129頁（立体的形状のみが独立して自他商品の識別力を有しているものということはできない）－立体商標〔ゴルフスコアカード用筆記具〕（後掲X(5)(a)①）
（ヤクルト容器の立体図）	東京高判平成13年7月17日（平12（行ケ）474号）判時1769号98頁（立体的形状のみが独立して自他商品の識別力を有しているものということはできない）－立体商標〔ヤクルト容器〕（後掲X(5)(a)②）
（合成樹脂製止め具の立体図）	第20類合成樹脂製止め具／東京高判平成13年11月27日（平13（行ケ）4号）（特許権による独占が認められていた商品の形状について適用否定）－立体商標

§3（商標登録の要件）

	東京高判平成13年12月28日（平13(行ケ)48号ほか）（指定商品「投釣り用天秤」の形状を表したものと認識させるにとどまる）－立体商標
	第28類釣竿用導糸環／東京高判平成13年12月28日（平13(行ケ)49号）判時1808号96頁（ありふれたもの）－立体商標〔釣竿用導糸環〕（後掲X(5)(a)③）
「ちりめん洋服」	東京高判平成14年1月31日（平13(行ケ)181号）（審決時において原告以外の者が「ちりめん洋服」の語を全く使用しなくなっていたという事実は，認めることはできない）
	東京高判平成14年7月18日（平13(行ケ)447号）（靴等の飾り金具として使用されるときは，指定商品が通常取り得る形状の範囲を超えていない）－立体商標〔フェラガモ・ガンチーニ〕（後掲X(5)(a)④）
	チョコレート／東京高判平成14年7月18日（平13(行ケ)418号）（原告の使用に係る形状，色彩の包装が，遠目からも注意を引くということもあることは認められるが，これは，商品（の包装）自体が注意を引くことを意味するにとどまり，同包装の意匠としての価値（これが顧客吸引力の一要素であることはいうまでもないところである）を根拠づけることにはなり得ても，直ちに，それが自他商品の識別標識としての機能（出所表示機能）を有することに結び付くものではない）－立体商標〔チョコレート・金塊（インゴット）を模した細長六面体〕
	東京高判平成14年12月26日（平14(行ケ)279号）（日本全国において出願人以外の使用例が認められる）
「TAHITIAN NONI」	東京高判平成15年4月21日（平14(行ケ)223号・222号）（本願商標と同一と認め得る範囲の商標が使用されていると認められる……原告商品は，いずれも果実飲料である「TAHITIAN NONI Juice」であるから，本願商標の指定商品である「タヒチ産の果実を原料として含む果実飲料」中に使用に係る商品以外のものが含まれている）
「プロ仕様」	東京高判平成15年4月22日（平14(行ケ)335号～338号）（使用による識別性を獲得していない）
	東京高判平成15年8月29日（平14(行ケ)581号）（使用に係る本件ウイスキー瓶は，平面標章部分の自他商品識別力が著しく強かったことから，本願立体商標とは同一性を有しない）－立体商標〔角瓶〕（後掲X(5)(a)⑤）

〔末吉〕 263

§3（商標登録の要件） 第2章 商標登録及び商標登録出願

（両面テープの立体商標）	粘着テープ／東京高判平成15年10月15日（平15(行ケ)102号）（本願商標を構成する両面粘着テープの包装の形状が、一定程度の自他識別機能を有していたとしても、本願商標の指定商品である「粘着テープ」全体においては、原告の商品であることが周知とはいえず、自他識別機能を有するものでない）－立体商標
（靴底の図）	東京高判平成16年11月29日（平16(行ケ)216号）（使用商標との同一性がない）
「新美脚」	知財高判平成18年1月30日（平17(行ケ)10484号）（何人かの業務に係る商品であることを認識することができるに至ったものと認めることはできない）
「三浦葉山牛」	知財高判平成18年6月12日（平18(行ケ)10054号）判時1941号127頁（一定程度の著名性を有するブランドであるとしても、本願商標が、出願人やその構成人の業務に係る商品であることを一般消費者及び取引者において認識できたとは認められず、また、本願商標と同一の態様の表示の記載のない証拠によって、本願商標が自他商品識別力を有するものとすることはできない）
（ひよ子の立体商標）	知財高判平成18年11月29日（平17(行ケ)10673号）判時1950号3頁（未だ全国的な周知性を獲得するに至っていない）－立体商標〔ひよ子〕（後掲**X**(5)(a)⑥）
「介護タクシー」	知財高判平成19年2月1日（平18(行ケ)10411号）（原告が本願商標を自己の提供する役務に使用した結果、需要者が本願商標を原告の業務に係る役務であると認識するに至ったと認めるに足る的確な証拠はない）
「本生」	知財高判平成19年3月28日（平18(行ケ)10374号）判時1981号79頁（「本生」の文字が相当程度使用されてきたものであって、新聞等の記事において、原告商品を単に「本生」とのみ称呼している例が存在することを勘案したとしても、「本生」の文字は、審決の時点までに、「本生」の文字のみで需要者が原告の業務に係る商品であることを認識できるほどに広く知られるに至っていたとは認められない）
「お医者さんのひざベルト」	知財高判平成19年3月29日（平18(行ケ)10441号）（本願商標について、「例外的に自他商品識別力を獲得しており、他の事業者に対してその使用の機会を開放しておかなければならない公益上の要請が乏しい」とまで認めることはできない）
「SpeedCooking スピードクッキング」	知財高判平成19年4月10日（平18(行ケ)10450号）（原告によって使用されてきた商品が、本願商標とその構成態様を異にする）
（弦楽器用駒の立体商標）	弦楽器用駒（ブリッジ）の立体商標／知財高判平成20年6月24日（平19(行ケ)10405号）（自他商品識別力を獲得していない）－立体商標
「東京牛乳」	知財高判平成21年9月30日（平20(行ケ)10474号）（取引者・需要者の間で、本願商標が、原告らの業務に係る商品であると、広く知られていたということはできない）

§3（商標登録の要件）

「生のり」	知財高判平成22年6月29日（平21(行ケ)10388号）（リーフレット，新聞，テレビのコマーシャル等により広告宣伝や販売促進等を行っている事実があったとしても，……原告の商標の使用態様及び商品の形態，使用開始時期及び使用期間，使用地域，当該商品の販売数量並びに広告宣伝の方法及び回数等を総合考慮すると，審決時において，「生のり」という表示によって，需要者が原告の業務に係る商品であることを認識できるものとはいえない）
「紅いもタルト」	知財高判平成22年6月30日（平21(行ケ)10369号）判タ1338号244頁（当該商品に原告自身の商号，略称又は直営店舗の名称等が付されていたこと，原告以外の複数の菓子製造販売業者により当該商標が標章として使用されていたこと等から，全国的にみて専ら原告の業務に係る商品であることを表示したとまで認めることはできず，商品の原材料又は品質を表示したものとして認識されるだけである）
（立体商標の香水瓶）	知財高判平成23年4月21日（平22(行ケ)10386号）判時2114号9頁（自他商品識別力を獲得していない）－立体商標〔ISSEY MIYAKEブランドのL'EAU D'ISSEYの香水瓶〕
「AO」	知財高判平成24年10月25日（平23(行ケ)10359号）（その指定商品ないし指定役務について商標として使用していると認めるに足りる的確な証拠がない）
「壺プリン」	知財高判平成24年11月29日（平24(行ケ)10156号）（「壺プリン」のみにより，その出所が原告であることを認識できる状況に至ったと解することはできない）
「マッサージクッション」	知財高判平成25年5月29日（平24(行ケ)10359号）（「マッサージクッション」のみによって，出所が原告であると認識することはないと解するのが合理的）
第9類ジョイントボックス（屋内配線の接続部用ボックス）	知財高判平成25年6月27日（平24(行ケ)10346号）（一定の周知性は認められると評価できこそすれ，特別に顕著であるということはできない）－立体商標
「ほっとレモン」	知財高判平成25年8月28日（平24(行ケ)10352号）（本件商標が使用されたことにより，需要者において，何人かの業務に係る商品であるかを認識することができたと判断することはできない）
「オタク婚活」	知財高判平成26年5月14日（平25(行ケ)10341号）（原告の事業が全国的に知られていたものということはできず，原告が本件商標を使用していても，それは，原告がオタクと称される人たち向けの婚姻パーティーを開催していると認識されていたにすぎず，需要者が本件商標を原告の業務に係る役務を表示するものとして認識するに至っていたものと認めることはできない）

〔末吉〕

§3（商標登録の要件）　　　　　　　　　　　　　第2章　商標登録及び商標登録出願

「全国共通お食事券」	知財高判平成27年1月29日（平26(行ケ)10193号）（「全国共通お食事券」の表示は，原告食事券を示すものとして単独で使用されたことはなく，常に「ジェフグルメカード」の表示と併用されているところ，これらに接した取引者，需要者においては，「全国共通お食事券」の表示をもって，原告食事券という特定の商品を指すものとして理解し，同表示のみによって原告食事券の出所が原告である旨を認識することはなく，併用されている「ジェフグルメカード」に着目して，原告食事券の出所が原告である旨を認識するものというべき）
	第10類骨接合術用インプラント等／知財高判平成27年7月16日（平27(行ケ)10003号）（本願商標が，その使用の結果，指定商品の需要者の間で，原告の業務に係る商品の出所を表示するものとしてわが国において全国的に認識されるに至っていたものと認めることはできない）–立体商標
	第10類骨接合術用インプラント等／知財高判平成27年7月16日（平27(行ケ)10002号）（本願商標が，その使用の結果，指定商品の需要者の間で，原告の業務に係る商品の出所を表示するものとしてわが国において全国的に認識されるに至っていたものと認めることはできない）–立体商標

(5) 本項に関する立体商標の判決例

　まず，立体商標の分類としては，(i)立体的形状と文字・図形等の他の平面的商標が結合した商標，(ii)立体的形状のみからなり，かつ，案内標識として使用されることが明らかな商標，(iii)立体的形状のみからなり，かつ，指定商品自体の形状，商品の包装の形状等に係る商標がある。立体商標の登録要件が問題となるのは，通常，上記(iii)の場合である。

　そこで，上記(iii)の場合について，立体商標と商標法3条の関係を以下検討する。この場合，まず，商標法3条1項の識別性については，厳格に判断され，識別性はないものとされている（なお，この点についての反対説（識別性ありとするもの）として，知財高判平成20年6月30日（平19(行ケ)10293号）判時2056号133号〔前掲Ⅵ(5)(b)〕）。そこで，次に，商標法3条2項（使用による識別性の取得）についてであるが，「商品等の立体形状よりなる商標が使用により自他商品識別力を獲得したかどうかは，当該商標ないし商品の形状，使用開始時期及び使用期間，使用地域，商品の販売数量，広告宣伝のされた期間・地域及び規模，当該形状に類似した他の商品の存否などの事情を総合考慮して判断するのが相当」とされている（知財高判平成19年6月27日（平18(行ケ)10555号）判時1984号3頁〔マグライト〕）。

　さらに，立体商標に関する商標法3条2項の判断についての判決例を，「否定例」「肯定例」の順で，以下検討してみよう。

　(a)　否定例

　①　東京高判平成12年12月21日（平11(行ケ)406号）判時1746号129頁〔ゴルフスコアカード

§3（商標登録の要件）

記入用筆記具〕では，「指定商品である筆記用具としての物の形状の範囲を出ないものであることを前提にしてみると，本願商標に係る形状の鉛筆やボールペンでこれらの文字標章が付されないものが，原告の製造販売に係るものであると広く認識されていたものとはにわかに認め難く……したがって，……本願商標の立体的形状のみが独立して自他商品の識別力を有しているものということはできない……」とされた。

② 東京高判平成13年7月17日（平12(行ケ)474号）判時1769号98頁〔ヤクルト容器〕では，「出願当時，……『くびれ』のある収納容器が……原告以外……多数使用されていたこと……，他方，原告の商品である乳酸菌飲料『ヤクルト』について，その収納容器に『ヤクルト』の文字商標が付されないで使用されてきたことを認めるに足りる証拠はない点などをも併せ考えると，……本願商標と同様の飲料製品が販売されたのは原告製品よりも後のことであることを斟酌してみても，原告の商品『ヤクルト』の容器が，その形状だけで識別力を獲得していたと認めるのは困難である」とされた。

③ 東京高判平成13年12月28日（平13(行ケ)49号）判時1808号96頁〔釣竿用導糸環〕では，「構成する各部材の形状が，いずれも，機能上最も適した形状，これと類似した形状及び釣り竿用ガイドにおいてありふれた形状」「これらの各部材を組み合わせた全体的形状もありふれたもの」「従来の釣り竿用ガイドと比べて特徴的形状ではなく，釣り竿用ガイドの形状として通常予想される形状選択の範囲を全く出ていない……」「……取引者，需要者は，本件ガイドにつき使用された『Fuji』等の文字商標に注目して自他商品の識別を行い，本件ガイドの形状については，商品の形状そのものと理解してきた……」とされた。

④ 東京高判平成14年7月18日（平13(行ケ)447号）〔フェラガモ・ガンチーニ〕では，「原告の販売した商品中には，本願商標のうち……の文字が刻印されているものがあり，また，靴等では，商品自体に『FERRAGAMO』等の文字が表示されているものもある……雑誌の記事等でも，原告の商品は，……『フェラガモ』等の名称が付されて紹介されている……」「本願商標が比較的簡単なものであることを併せ考慮すると……本願商標と同一ないしこれと類似した金具・飾り等のみに着目して，原告製品を識別すると認め（られ）ない」「原告製品は，そのデザイン，素材の良さ，造りの丁寧さ等から，高級ブランドとして高い人気を誇っており，需要者はその細部にまで注意を払って製品を選択する……上記刻印された文字も，隠されて表示されているものではないから，それが多少小さいからといって注意を引かないとは認められない」とされた。

⑤ 東京高判平成15年8月29日（平14(行ケ)581号）〔角瓶〕では，「本願商標と使用に係る本件ウイスキー瓶とは，その立体的形状は同一と認められる範囲内のものであると認められるものの，両者は，立体的形状よりも看者の注意をひく程度が著しく強く商品の自

〔末吉〕

他商品識別力が強い平面標章部分の有無において異なっているから，全体的な構成を比較対照すると，同一性を有しない……」とされた。

⑥　知財高判平成18年11月29日（平17(行ケ)10673号）判時1950号3頁〔ひよ子〕では，「被告の直営店舗の多くは九州北部，関東地方等に所在し，必ずしも日本全国にあまねく店舗が存在するものではなく，……菓子『ひよ子』の販売形態や広告宣伝状況は，需要者が文字商標『ひよ子』に注目するような形態で行われている……本件立体商標に係る鳥の形状と極めて類似した菓子が日本全国に多数存在し，その形状は和菓子としてありふれたものとの評価を免れないから，上記『ひよ子』の売上高の大きさ，広告宣伝等の頻繁さをもってしても，文字商標『ひよ子』についてはともかく，本件立体商標自体については，いまだ全国的な周知性を獲得するに至っていない」とされた。

(b) 肯定例

①　知財高判平成19年6月27日（平18(行ケ)10555号）判時1984号3頁〔マグライト〕では，(i)一貫して同一の形状であること，(ii)売上高・販売本数・店舗数，多額の広告費用，(iii)デザイン性が高く評価されていること，(iv)広告宣伝においてデザイン性を強調していること，(v)わが国の内外において本件商品に類似した形状の他社の懐中電灯に対して販売の差止めを求める法的措置をとっていること，その結果，(vi)本件商品と類似する形状の商品は市場において販売されていないこと，などを認定し，「本件商品には，……登録商標記号（○にR記号）が極めて小さく右肩部分に添えられた右側頭部様図形，同様に登録商標記号が極めて小さく右肩部分に添えられた『MINI MAGLITE』の英文字及びそれよりも小さな『MAG INSTRUMENT』（原告の名称）の英文字が記載されているが，これらの記載がされている部分は，本件商品全体から見ると小さな部分であり，また，文字自体も細線により刻まれているものであって，目立つものではない」「『MAG INSTRUMENT』……当該名称自体に独立した周知著名性は認められない」とされた。

②　知財高判平成20年5月29日（平19(行ケ)10215号）判時2006号36頁〔コカ・コーラ・ボトル〕では，コーラ飲料の包装容器（瓶）の立体的形状のみからなる商標につき，「……(i)リターナブル瓶とほぼ同じ形状の瓶を使用した原告商品は，既に，1916年（大正5年）に，アメリカで販売が開始され，開始当時から，その瓶の形状がユニークかつ特徴的であるとして評判になったこと，そして，わが国では，リターナブル瓶入りの原告商品は，昭和32年に販売が開始されて以来，その形状は変更されず，一貫して同一の形状を備えてきたこと，(ii)リターナブル瓶入りの原告商品の販売数量は，販売開始以来，驚異的な実績を上げ，特に，昭和46年には，23億8000万本もの売上げを記録したが，その後，缶入り商品やペットボトル入り商品の販売比率が高まるにつれて，売上げは減少しているものの，なお，年間9600万本が販売されてきたこと，(iii)リターナブル瓶入りの原告商品

を含めた宣伝広告は、いわゆる媒体費用だけでも、平成9年以降年間平均30億円もの金額が投じられ、リターナブル瓶入りの原告商品の形状が需要者に印象づけられるような態様で、広告が実施されてきたこと、(iv)特に、缶入り商品やペットボトル入り商品の販売が開始され、その販売比率が高まってから後は、リターナブル瓶入りの原告商品の形状を原告の販売に係るコーラ飲料の出所識別表示として機能させるよう、その形状を意識的に広告媒体に放映、掲載等させていること、(v)本願商標と同一の立体的形状の無色容器を示された調査結果において、6割から8割の回答者が、その商品名を『コカ・コーラ』と回答していること、(vi)リターナブル瓶の形状については、相当数の専門家が自他商品識別力を有する典型例として指摘していること、また、リターナブル瓶入りの原告商品の形状に関連する歴史、エピソード、形状の特異性等を解説した書籍が、数多く出版されてきたこと、(vii)本願商標の立体的形状の本願商標の特徴点aないしfを兼ね備えた清涼飲料水の容器を用いた商品で、市場に流通するものは存在しないこと、また、(viii)原告は、第三者が、リターナブル瓶と類似する形状の容器を使用したり、リターナブル瓶の特徴を備えた容器を描いた図柄を使用する事実を発見した際は、直ちに厳格な姿勢で臨み、その使用を中止させてきたこと、(ix)リターナブル瓶入りの原告商品の形状は、それ自体が『ブランド・シンボル』として認識されるようになっていること、によれば、リターナブル瓶入りの原告商品は、昭和32年に、わが国での販売が開始されて以来、驚異的な販売実績を残しその形状を変更することなく、長期間にわたり販売が続けられ、その形状の特徴を印象付ける広告宣伝が積み重ねられたため、遅くとも審決時（平成19年2月6日）までには、リターナブル瓶入りの原告商品の立体的形状は、需要者において、他社商品とを区別する指標として認識されるに至った」とされた。同判決に至る歴史に鑑みると、立体的商標における画期的判決である。

③　知財高判平成22年11月16日（平22(行ケ)10169号）判時2113号135頁〔ヤクルト容器〕では、「本件容器を使用した原告商品は、本願商標と同一の乳酸菌飲料であり、また同商品は、昭和43年に販売が開始されて以来、驚異的な販売実績と市場占有率とを有し、毎年巨額の宣伝広告費が費やされ、特に、本件容器の立体的形状を需要者に強く印象付ける広告方法が採られ、発売開始以来40年以上も容器の形状を変更することなく販売が継続され、その間、本件容器と類似の形状を有する数多くの乳酸菌飲料が市場に出回っているにもかかわらず、最近のアンケート調査においても、98％以上の需要者が本件容器を見て『ヤクルト』を想起すると回答している点等を総合勘案すれば、平成20年9月3日に出願された本願商標については、審決がなされた平成22年4月12日の時点では、本件容器の立体的形状は、需要者によって原告商品を他社商品との間で識別する指標として認識されていたというべきである。……そして、原告商品に使用されている本件容器に

は，前記のとおり，赤色若しくは青色の図柄や原告の著名な商標である『ヤクルト』の文字商標が大きく記載されているが，上記のとおり，平成20年及び同21年の各アンケート調査によれば，本件容器の立体的形状のみを提示された回答者のほとんどが原告商品『ヤクルト』を想起すると回答していること，容器に記載された商品名が明らかに異なるにもかかわらず，本件容器の立体的形状と酷似する商品を『ヤクルトのそっくりさん』と認識している需要者が存在していること等からすれば，本件容器の立体的形状は，本件容器に付された平面商標や図柄と同等あるいはそれ以上に需要者の目に付きやすく，需要者に強い印象を与えるものと認められるから，本件容器の立体的形状はそれ自体独立して自他商品識別力を獲得していると認めるのが相当である。」とされた。

④　知財高判平成23年6月29日（平22(行ケ)10253号ほか）判時2122号33頁〔Yチェア〕では，「肘掛椅子」を指定商品とする立体商標の出願につき，(i)原告製品は，背もたれ上部の笠木と肘掛け部が一体となった，ほぼ半円形に形成された一本の曲げ木が用いられていること，座面が細い紐類で編み込まれていること，上記笠木兼肘掛け部を，後部で支える「背板」（背もたれ部）は，「Y」字様又は「V」字様の形状からなること，後脚は，座部より更に上方に延伸して，「S」字を長く伸ばしたような形状からなること等，特徴的な形状を有していること，(ii)1950年（日本国内では昭和37年）に販売が開始されて以来，ほぼ同一の形状を維持しており，長期間にわたって，雑誌等の記事で紹介され，広告宣伝等が行われ，多数の商品が販売されたこと，(iii)その結果，需要者において，本願商標ないし原告製品の形状の特徴の故に，何人の業務に係る商品であるかを，認識，理解することができる状態となったものと認めるのが相当であるので，商標法3条2項に該当するとして，商標登録出願を認めなかった特許庁の審決が取り消された。

〔末吉　亙〕

§4（商標登録を受けることができない商標）

第4条（商標登録を受けることができない商標）
　次に掲げる商標については，前条の規定にかかわらず，商標登録を受けることができない。
　一　国旗，菊花紋章，勲章，褒章又は外国の国旗と同一又は類似の商標（改正，平3法65）
　二　パリ条約（1900年12月14日にブラッセルで，1911年6月2日にワシントンで，1925年11月6日にヘーグで，1934年6月2日にロンドンで，1958年10月31日にリスボンで及び1967年7月14日にストックホルムで改正された工業所有権の保護に関する1883年3月20日のパリ条約をいう。以下同じ。）の同盟国，世界貿易機関の加盟国又は商標法条約の締約国の国の紋章その他の記章（パリ条約の同盟国，世界貿易機関の加盟国又は商標法条約の締約国の国旗を除く。）であつて，経済産業大臣が指定するものと同一又は類似の商標（改正，昭40法81，昭50法46，平6法116，平8法68，平11法160）
　三　国際連合その他の国際機関（ロにおいて「国際機関」という。）を表示する標章であつて経済産業大臣が指定するものと同一又は類似の商標（次に掲げるものを除く。）
　　イ　自己の業務に係る商品若しくは役務を表示するものとして需要者の間に広く認識されている商標又はこれに類似するものであつて，その商品若しくは役務又はこれらに類似する商品若しくは役務について使用をするもの
　　ロ　国際機関の略称を表示する標章と同一又は類似の標章からなる商標であつて，その国際機関と関係があるとの誤認を生ずるおそれがない商品又は役務について使用をするもの
　　（改正，平11法160，平26法36）
　四　赤十字の標章及び名称等の使用の制限に関する法律（昭和22年法律第159号）第1条の標章若しくは名称又は武力攻撃事態等における国民の保護のための措置に関する法律（平成16年法律第112号）第158条第1項の特殊標章と同一又は類似の商標（改正，平16法112）
　五　日本国又はパリ条約の同盟国，世界貿易機関の加盟国若しくは商標法条約の締約国の政府又は地方公共団体の監督用又は証明用の印章又は記号のうち経済産業大臣が指定するものと同一又は類似の標章を有する商標であつて，その印章又は記号が用いられている商品又は役務と同一又は類似の商品又は役務について使用をするもの（改正，平3法65，平6法116，平8法68，

§4（商標登録を受けることができない商標）　　　第2章　商標登録及び商標登録出願

平11法160）
六　国若しくは地方公共団体若しくはこれらの機関，公益に関する団体であつて営利を目的としないもの又は公益に関する事業であつて営利を目的としないものを表示する標章であつて著名なものと同一又は類似の商標

七　公の秩序又は善良の風俗を害するおそれがある商標

八　他人の肖像又は他人の氏名若しくは名称若しくは著名な雅号，芸名若しくは筆名若しくはこれらの著名な略称を含む商標（その他人の承諾を得ているものを除く。）

九　政府若しくは地方公共団体（以下「政府等」という。）が開設する博覧会若しくは政府等以外の者が開設する博覧会であつて特許庁長官の定める基準に適合するもの又は外国でその政府等若しくはその許可を受けた者が開設する国際的な博覧会の賞と同一又は類似の標章を有する商標（その賞を受けた者が商標の一部としてその標章の使用をするものを除く。）（改正，昭40法81，平23法63）

十　他人の業務に係る商品若しくは役務を表示するものとして需要者の間に広く認識されている商標又はこれに類似する商標であつて，その商品若しくは役務又はこれらに類似する商品若しくは役務について使用をするもの（改正，平3法65）

十一　当該商標登録出願の日前の商標登録出願に係る他人の登録商標又はこれに類似する商標であつて，その商標登録に係る指定商品若しくは指定役務（第6条第1項（第68条第1項において準用する場合を含む。）の規定により指定した商品又は役務をいう。以下同じ。）又はこれらに類似する商品若しくは役務について使用をするもの（改正，平3法65）

十二　他人の登録防護標章（防護標章登録を受けている標章をいう。以下同じ。）と同一の商標であつて，その防護標章登録に係る指定商品又は指定役務について使用をするもの（改正，平3法65）

十三　削除（改正，平3法65，平8法68，削除，平23法63）

十四　種苗法（平成10年法律第83号）第18条第1項の規定による品種登録を受けた品種の名称と同一又は類似の商標であつて，その品種の種苗又はこれに類似する商品若しくは役務について使用をするもの（改正，平3法65，平10法83）

十五　他人の業務に係る商品又は役務と混同を生ずるおそれがある商標（第10号から前号までに掲げるものを除く。）（改正，平3法65）

§4（商標登録を受けることができない商標）

十六　商品の品質又は役務の質の誤認を生ずるおそれがある商標（改正，平3法65）

十七　日本国のぶどう酒若しくは蒸留酒の産地のうち特許庁長官が指定するものを表示する標章又は世界貿易機関の加盟国のぶどう酒若しくは蒸留酒の産地を表示する標章のうち当該加盟国において当該産地以外の地域を産地とするぶどう酒若しくは蒸留酒について使用をすることが禁止されているものを有する商標であつて，当該産地以外の地域を産地とするぶどう酒又は蒸留酒について使用をするもの（本号追加，平6法116）

十八　商品等（商品若しくは商品の包装又は役務をいう。第26条第1項第5号において同じ。）が当然に備える特徴のうち政令で定めるもののみからなる商標（本号追加，平8法68，改正，平26法36）

十九　他人の業務に係る商品又は役務を表示するものとして日本国内又は外国における需要者の間に広く認識されている商標と同一又は類似の商標であつて，不正の目的（不正の利益を得る目的，他人に損害を加える目的その他の不正の目的をいう。以下同じ。）をもつて使用をするもの（前各号に掲げるものを除く。）（本号追加，平8法68）

2　国若しくは地方公共団体若しくはこれらの機関，公益に関する団体であつて営利を目的としないもの又は公益に関する事業であつて営利を目的としないものを行つている者が前項第6号の商標について商標登録出願をするときは，同号の規定は，適用しない。

3　第1項第8号，第10号，第15号，第17号又は第19号に該当する商標であつても，商標登録出願の時に当該各号に該当しないものについては，これらの規定は，適用しない。（改正，平6法116，平8法68）

4　削除（本号追加，昭40法81，削除，平23法63）

§4-Ⅰ①〜⑥

■4条1項1号〜6号

【参考文献】
　勝本正晃「"オリンピック標章"の"法律的保護"について」パテ17巻8号4頁（1964），松原伸之「私益的不登録事由と公益的不登録事由」商標判例百選（別冊ジュリ14号）54頁（1967），青山待子「菊花紋章に関する一考察」パテ31巻7号4頁（1978），AIPPI日本部会事務局（吉村孝）訳「オリンピック・シンボルの保護に関するナイロビ条約」AIPPI27巻2号39頁（1982），加藤建二「パリ条約改正案第6条の3及び第10条の4」パテ36巻3号43頁（1983），大橋良三「パリ条約の改正に関する国名の保護の問題について」パテ36巻3号54頁（1983），大橋良三「オリンピックシンボルの保護に関するナイロビ条約について」パテ36巻3号66頁（1983）．

細　目　次

Ⅰ　本条の趣旨(274)
Ⅱ　不登録事由の分類(274)
　(1)　公益保護要請が最も強い事由（1〜3号・5号・7号・16号）(275)
　(2)　公益的要素を有する事由（4号・6号・9号・18号）(275)
　(3)　公益的要素と私益的要素を有する事由（19号）(275)
　(4)　私益保護等による事由（11号〜14号）(275)
　(5)　私益保護事由（8号・10号・15号・17号）(276)
Ⅲ　各号の解説(276)
　(1)　国旗等（1号）(276)
　(2)　同盟国紋章等（2号）(277)
　(3)　国際機関等を表示する標章（3号）(278)
　(4)　赤十字標章等（4号）(280)
　(5)　政府等の監督証明用印章（5号）(281)
　(6)　国・地方公共団体等を表示する標章（6号）(282)

〔小野　昌延＝井関　涼子〕

Ⅰ　本条の趣旨

　本条は，3条で定める商標として機能するために必要な条件である一般的登録要件（積極的要件）を満たした商標のうち，公益的理由や私益との調整の見地から，独占権を認めるべきではないものについて不登録事由として定めるもので，具体的登録要件（消極的要件）の規定である．3条が，商標の機能的要件であるのに対し，4条は社会的要件であるといえる．4条1項各号に該当する出願は，拒絶査定を受け（商標15条1号），誤って登録された場合は，登録異議申立ての理由（商標43条の2第1号），無効理由（商標46条1項1号）となる．これらは，重畳的に適用でき，複数の不登録事由により拒絶することができる．

Ⅱ　不登録事由の分類

　商標法4条1項に規定する不登録事由には，公益的事由（絶対的不登録事由）と私益的事由（相対的不登録事由）がある．そのメルクマールは，①公益的事由は，後発的無効理由

とされること（商標46条1項6号），②私益的事由は，無効審判請求に除斥期間が設けられていること（商標47条1項），③私益的事由は，判断時期として，査定審決時と出願時の双方において該当することを要すること（商標4条3項），であるが，以下に見るように，これらの規定の各号への適用は一様ではない。すなわち，公益的事由と私益的事由は截然と分けられるものではなく，公益保護と私益保護のいずれの要素が強いかという相対的な問題である（同旨・小野編・注解商標〔新版〕196頁〔小野昌延＝樋口豊治〕）。

(1) 公益保護要請が最も強い事由（1～3号・5号・7号・16号）

　これらの事由（国旗，同盟国の紋章，国際機関を表示する標章，政府等の監督証明用印章，公序良俗違反，品質誤認，等）は，後発的無効理由（商標46条1項6号）であり，無効審判請求に除斥期間は設けられておらず（商標47条1項参照），判断時期については，出願時に該当していなくとも査定審決時に該当していれば適用される（商標4条3項参照）ことから，公益保護の要請が最も強いと考えられる。

(2) 公益的要素を有する事由（4号・6号・9号・18号）

　これらの事由（赤十字標章，国・地方公共団体等を表示する標章，博覧会の賞，商品等が当然備える特徴，等）は，後発的無効理由ではないが（商標46条1項6号参照），無効審判請求に除斥期間は設けられておらず（商標47条1項参照），判断時期については，出願時に該当していなくとも査定審決時に該当していれば適用される（商標4条3項参照）ことから，公益的要素が強いと考えられる。後発的無効理由ではない理由は，6号（国・地方公共団体等を表示する標章），9号（博覧会の賞）については，登録後に出現したものにまで，法的安定性を犠牲にして保護しなければならないほど強い公益ではないと考えられたからであり，18号（商品等が当然備える特徴）は，商標権の効力が制限されること（商標26条1項5号）で足りるからである。4号（赤十字標章）については，事後的に赤十字標章等と抵触する場合を想定しにくいことが理由と考えられる。

(3) 公益的要素と私益的要素を有する事由（19号）

　19号は，内外の周知商標を不正の目的で使用するものについて不登録とするものであり，後発的無効理由ではなく（商標46条1項6号参照），出願時に該当しなければ，査定審決時に該当していても適用されないが（商標4条3項），無効審判請求に除斥期間は設けられていない（商標47条1項参照）。周知商標の稀釈化からの保護という点では私益的要素を有するが，信義則に反する不正の目的による出願を排除する点では公益的要素を有するものである。

(4) 私益保護等による事由（11号～14号）

　これらの事由（先願，防護標章，種苗法登録名称）は，後発的無効理由ではなく（商標46条1項6号参照），無効審判請求に除斥期間が設けられているが（商標47条1項），判断時期に

ついては，出願時に該当していなくとも査定審決時に該当していれば適用される（商標4条3項参照）。先願者等の保護という私益的規定であるが，出願時の該当を要件としていない理由は，12号（防護標章）においては，防護標章登録は全国的に周知である商標について認められるものであるから，出願後に防護標章が登録された場合であっても，もはやこの先願を保護する必要はないと考えられるからであるとされ（田村・商標〔第2版〕70頁），14号（種苗法登録名称）においては，種苗法上，登録品種の種苗を販売する者は，当該登録品種の名称を使用する義務があり（種苗22条1項），当該品種の普通名称として用いられることが予定されていることに求められる。ただし，11号（先願）においては，その性質上，出願後に該当することがあり得ないからであり，先願者の利益を特に強く保護する趣旨ではない。

(5) 私益保護事由（8号・10号・15号・17号）

これらの事由（氏名等，周知商標，出所混同，ぶどう酒等産地）は，後発的無効理由ではなく（商標46条1項6号参照），無効審判請求に除斥期間が設けられ（商標47条1項），出願時に該当しなければ，査定審決時に該当していても適用されない（商標4条3項）。出願により生じた期待権を，このような私益により排除するのは，登録主義，先願主義を採用する日本商標法の下においては行きすぎと考えられるからである（網野・商標〔第6版〕314頁）。

III 各号の解説

(1) 国旗等（1号）

「国旗，菊花紋章，勲章，褒章又は外国の国旗と同一又は類似の商標」は，登録を受けることができない。これらを私人が独占的に使用することは，国家の尊厳を傷つけ，国際信義にも反し，また，商品等の取引上も不当であるからである。パリ条約6条の3(1)(a)上の要請でもある（同条(3)(a)により同盟国の旗章に関しては，国際事務局を通じた通知を要せず，同盟国は登録を拒絶し又は無効とする）。『商標審査基準』〔改訂第12版〕第3の二の1～3では，「勲章，褒章又は外国の国旗」は現に存在するものに限ること，外国にはわが国が承認していない国も含むこと，商標の一部に国旗，外国国旗の図形を顕著に有するときは，類似するものとすることを説明している。また，菊花の紋章でその花弁の数が12以上24以下のもの，及商標の一部にこのような菊花の紋章を顕著に有するものは，原則として菊花紋章に類似し，ただし，①花心の直径が花弁の長さより大きいもの，②菊花の3分の1以上が他のものに蔽われ，又は切断されているもの，③花心が花の中心からその半径の4分の1以上片寄ったもの，④菊花の形状が確然と紋章を形成せず，かつ，生花を模倣したと認められるもの，は類似しないとされている。『商標審査便覧』42.101.01に

は，英国国旗を想起させる図形を顕著に有するため英国国旗に類似するものとして，次の例が挙げられている。

裁判例としては，花弁の数が16の菊花の紋章で中央に「博士」の文字を表した商標は，全体的にみて菊花紋章に類似するとして本号を適用したものがある（東京高判昭56・8・31判例工業所有権法2755の101頁）。

国旗等との類似の判断基準は，国旗等の権威を損じ，国家等の尊厳性を害する程度のものか否かであって，商品等の識別標識として出所混同のおそれがあるかという観点からの判断ではない。したがって，専ら外観のみから判断すれば足りるといわれており（網野・商標〔第6版〕317頁），パリ条約6条の3(1)(a)が「紋章学上それらの模倣と認められるもの」と規定していることも，外観類似のみを意味すると解されている（小野編・注解商標〔新版〕201頁〔小野＝樋口〕）。

本号に該当する商標は，たとえ所轄官庁の許可を受けたとしても登録できず，また，同趣旨の規定である2号，3号，5号と異なり，経済産業大臣の指定をまつまでもなく登録が排除される。なお，外国の国旗を許可なく商標として使用することは，不正競争防止法16条1項により禁止されている。

(2) 同盟国紋章等（2号）

「パリ条約の同盟国，世界貿易機関の加盟国又は商標法条約の締約国の国の紋章その他の記章（国旗を除く。）であつて，経済産業大臣が指定するものと同一又は類似の商標」は，登録を受けることができない。これらの国の尊厳を相互に尊重し合うためであり，これらを私人が独占的に使用することは，商品等の取引上も不当であるからである。パリ条約6条の3(1)(a)，TRIPS協定2条1項（パリ条約の遵守義務），商標法条約15条（同）の各規定に対応しており，世界貿易機関の加盟国，商標法条約の締約国のものについては，これらの条約の日本での発効に伴い平成8年商標法改正（平成8年法律第68号）により追加された。

本号の「同盟国」には，日本は含まれない。菊花紋章は1号で，その他の日本の記章は6号で規定され，日本を含む場合は5号が「日本国又はパリ条約の同盟国」と規定していることからこのように解される。

〔小野＝井関〕

§4-Ⅰ①〜⑥

「国の紋章その他の記章」には，王室の紋章，官庁の記章，連邦を構成する各邦の記章等，王室や国家の尊厳，威信を表象するすべての記章が含まれる。

パリ条約6条の3(3)(a)は，国の旗章を除く記章等について保護を受けるためには，同盟国は国際事務局を通じて他の同盟国に通知しなければならないと規定しており，この通知を受けて経済産業大臣が指定したもののみが本号の適用を受ける。指定されたものは，官報に掲載して公示される。指定例として，下記はアメリカ合衆国の記章（昭和51年8月6日通商産業省告示第356号）である。

本号での類似も1号と同様の理由から外観のみにより判断される。本号に該当する商標は，所轄官庁の許可を受けたとしても登録できない。本号に該当する商標を許可なく商標として使用することは，不正競争防止法16条1項・2項により禁止されている。

(3) 国際機関等を表示する標章（3号）

「国際連合その他の国際機関を表示する標章であつて経済産業大臣が指定するものと同一又は類似の商標」は，原則として登録を受けることができない。ただし，平成26年商標法改正（平成26年法律第36号）により，後述する例外が設けられた。

本号の趣旨は，国際活動の重要性が増し，国際機関が国家と同様の地位を占めるようになったため，その公共性と権威を守る必要から，このような標章を私人に独占させることは妥当ではないというところにある。パリ条約6条の3(1)(b)を受けた規定であり，同条(3)(b)は，政府間国際機関が国際事務局を通じて同盟国に通知したもののみが保護されると規定し，この通知を受けて経済産業大臣が指定したものが本号の適用を受ける。指定されたものは，官報に掲載して公示される。本号が適用される例としては，国際連合の旗の図形（平成6年通産省告示第253号）や旗（昭和35年通産省告示第154号）がある。

§4−Ⅰ①〜⑥

　パリ条約6条の3(1)(c)は，国際事務局から通知されてきた国際機関の紋章等について，当該国際機関との関係を公衆に暗示又は誤信させないものについては拒絶・無効とする義務を課していないが，上記平成26年商標法改正前の商標法は，国際機関との関係を暗示又は誤信させるか否かについて規定せず，その紋章等と同一・類似の商標について登録を拒絶・無効とする旨を規定していた。しかし，近年，これらについて国際事務局からの通知件数が増加しており，その中には，例えば，欧文字3・4字程度からなる国際機関の略称のように，商号の略称や商品名等として使われる場合が多いものも含まれていることから，事業者の商標選択の幅を過度に狭めないために，国際機関との関係を誤認させるおそれがない商標については登録を認めるべきという要請があった（産業構造審議会・知的財産分科会報告書「新しいタイプの商標の保護等のための商標制度の在り方について」（平成25年9月））。そこで，上記平成26年商標法改正により，次に掲げるものを除くとする例外規定が設けられ，これらに該当する商標は登録を受けられるようになった。

「イ　自己の業務に係る商品若しくは役務を表示するものとして需要者の間に広く認識されている商標又はこれに類似するものであつて，その商品若しくは役務又はこれらに類似する商品若しくは役務について使用をするもの

　ロ　国際機関の略称を表示する標章と同一又は類似の標章からなる商標であつて，その国際機関と関係があるとの誤認を生ずるおそれがない商品又は役務について使用をするもの」。

　『商標審査基準』〔改訂第12版〕第3の三の3・4(1)では，イでいう「需要者の間に広く認識されている商標」には，最終需要者まで広く認識されている商標のみならず，取引者の間に広く認識されている商標を含み，例えば次の事実を総合勘案して判断するとされている。

「①　実際に使用している商標並びに商品又は役務
　②　使用開始時期，使用期間，使用地域
　③　生産，証明若しくは譲渡の数量又は営業の規模（店舗数，営業地域，売上高等）
　④　広告宣伝の方法，回数及び内容
　⑤　一般紙，業界紙，雑誌又はインターネット等における記事掲載の回数及び内容
　⑥　需要者の商標の認識度を調査したアンケートの結果」

　また，例えば次のような証拠方法により，これらの事実を判断するとしている（商標審査基準〔改訂第12版〕第3の三の4(2)）。

「①　広告物（新聞，雑誌，カタログ，ちらし，テレビCM等）
　②　仕切伝票，納入伝票，注文伝票，請求書，領収書又は商業帳簿
　③　商標が使用されていることを明示する写真又は動画

〔小野＝井関〕

④ 広告業者，放送業者，出版業者又は印刷業者の証明書
⑤ 同業者，取引先，需要者等の証明書
⑥ 公的機関等（国，地方公共団体，在日外国大使館，商工会議所等）の証明書
⑦ 一般紙，業界紙，雑誌又はインターネット等の記事
⑧ 需要者を対象とした商標の認識度調査（アンケート）の結果報告書」。

本号イに該当する例として，特許庁発行の「平成26年特許法等改正説明会テキスト」では，「国際交通フォーラム」の標章と本田技研工業株式会社の周知商標が挙げられている。

（本田技研工業株式会社の登録商標）　　（国際交通フォーラムの標章）

本号ロについては，国際機関が行う役務と出願に係る指定商品（役務）との関連性を勘案して判断するとされ，例えば，食品関係を扱う国際機関の標章と自動車を指定商品とする出願商標が想定されている（商標審査基準〔改訂第12版〕第3の三の5）。

本号に該当する商標も，たとえ当該国際機関の許諾を受けたとしても登録できず，許可なく使用することは，不正競争防止法17条により禁止されている。

(4) 赤十字標章等（4号）

「赤十字の標章及び名称等の使用の制限に関する法律（昭和22年法律第159号）第1条の標章若しくは名称又は武力攻撃事態等における国民の保護のための措置に関する法律（平成16年法律第112号）第158条第1項の特殊標章と同一又は類似の商標」は，登録を受けることができない。赤十字は局外中立の国際的機関であり，その権威を保つため，特定人に独占させないこととしている。武力攻撃事態等において国民の保護のための措置のために一定の者が行う職務，業務，協力のために使用される場所等を識別させるための特殊標章についても同じである。「戦地にある軍隊の傷者及び病者の状態の改善に関するジュネーヴ条約」等の「ジュネーヴ諸条約」（1949年）及び同追加議定書（1977年）において加盟国に求められている標章の使用規制措置を担保するための規定である。『商標審査基準』〔改訂第12版〕第3の四に，当該標章が次のとおり掲載されている。

赤十字

赤新月

§4−Ⅰ①〜⑥

赤のライオン及び太陽

オレンジ色地に青色の正三角形
（武力攻撃事態等における措置の特殊標章のひな形）

　同『審査基準』には，これらの名称は，「赤十字」「ジュネーブ十字」「赤新月」「赤のライオン及び太陽」であり，これらの標章又は名称を商標の一部に顕著に有する場合は，本号の規定に該当するものと記載されている。

　ただし，赤十字を含んでも，その部分が顕著ではない場合は，十文字の図形が要部をなすものでも登録されている例が相当ある。また，色彩が異なることにより，例えば緑十字が災害防止を意味するように，赤十字とは別の観念を表す場合もあるため，赤十字の色彩の類似範囲は広くないと考えられている〔網野・商標〔第6版〕323頁〕。

登録4692750（ピンク）

登録5436426（赤字に白）

登録4957676（青）　　登録5694041（赤）

　本号該当の商標との類否判断も，1号，2号と同じく，出所標識としての類否を判断すべきではなく，称呼や観念の類似についても，赤十字等と関係のある商品であると世人が認識し，赤十字等の権威を傷つける結果となる場合に，出所混同とは別の見地から登録を拒否すべきとされている〔網野・商標〔第6版〕323〜324頁〕。

(5)　**政府等の監督証明用印章（5号）**

「日本国又はパリ条約の同盟国，世界貿易機関の加盟国若しくは商標法条約の締約国の政府又は地方公共団体の監督用又は証明用の印章又は記号のうち経済産業大臣が指定するものと同一又は類似の標章を有する商標であつて，その印章又は記号が用いられて

〔小野＝井関〕

いる商品又は役務と同一又は類似の商品又は役務について使用をするもの」は，登録を受けることができない。これらの商標について私人に登録を認めれば，政府・地方公共団体の監督，証明の権威を損なうからである。本号も，パリ条約6条の3(1)(a),(2)に基づくものであり，2号・3号と同じく，適用範囲を明確にするため，経済産業大臣が指定するものに限られている。また，TRIPS協定2条1項（パリ条約の遵守義務），商標法条約15条（同）に従い，これらの条約の加盟国，締約国のものにも適用される。これらの同盟国，加盟国，締約国以外の外国のものには適用されない。本号は，指定を受けた印章・記号と同一又は類似の商標のみならず，これらを一部に含む商標にも適用される。これらの印章や記号は，品質保証としての機能が強いので，品質誤認を避けるために特に厳格に規定されているのである。なお，印章・記号が関係する商品・役務と類似しない商品・役務について使用される場合は適用されない。

　「監督用……の印章又は記号」とは，政府等が産業上，貿易上，財政上，警察取締等の見地から，その監督の必要に基づいて特定の物品に付する特定の印章・記号であり，「証明用の印章又は記号」とは，政府等が特定の物品の品質，用途等を証明するためにこれに付する特定の印章・記号である（網野・商標〔第6版〕324〜325頁）。日本の「地方公共団体」とは，地方自治法1条の3にいう都道府県，市町村，特別区，地方公共団体の組合，財産区，及び地方開発事業団（地方自治法上は廃止）である。公社，公団等，政府機関に準ずるものであっても，政府・地方公共団体ではないものについては本号に含まれず，6号に規定する公益団体を表示する著名商標としての要件を満たすものについて保護される（逐条解説〔第19版〕1286頁）。

　本号に該当する商標も，当該政府等の許可を受けたとしても登録されず，許可なく使用することは，不正競争防止法16条3項により禁止されている。

(6) 国・地方公共団体等を表示する標章（6号）

　「国若しくは地方公共団体若しくはこれらの機関，公益に関する団体であつて営利を目的としないもの又は公益に関する事業であつて営利を目的としないものを表示する標章であつて著名なものと同一又は類似の商標」は，登録を受けることができない。これらの団体等の公共性に鑑み，その信用を尊重するとともに，出所の混同を防いで取引者，需要者の利益を保護しようとの趣旨に出たものと解されている（知財高判平24・10・30判時2184号131頁〔日南市章〕）（網野・商標〔第6版〕326頁は，このことを「二重の目的を有する」と述べる）。

　本号について『商標審査基準』〔改訂第12版〕では，従来の審査基準には法文上の要件の判断基準とそれぞれの具体例についての適切な記載がなかったところ，全面改訂された。同『審査基準』第3の五の1〜4は，以下のように述べる。本号の「国」とは日本国を

いい,「地方公共団体」とは,地方自治法1条の3にいう都道府県,市町村,特別区,地方公共団体の組合及び財産区をいう。「公益に関する団体であって営利を目的としないもの」であるか否かについては,当該団体の設立目的,組織及び公益的な事業の実施状況等を勘案して判断し,海外の団体や法人格を有しない団体も含まれるとし,例として「日本オリンピック委員会」,政党等を挙げる。また,「公益に関する事業であって営利を目的としないもの」であるか否かについては,当該事業の目的及びその内容並びに事業主体となっている団体の設立目的及び組織等を勘案して判断し,海外における事業も含むとし,例として水道事業,オリンピック等を挙げる。「表示する標章」には,略称,俗称,シンボルマークその他需要者に国等を想起させる表示を含むとし,国等が実施する事業(施策)の略称が例示されている。『逐条解説』〔第19版〕1286頁ではこの他,YMCA,NHK,結核予防会のダブルクロスを例示している。

　本号の適用を受ける標章は,「著名なもの」に限られる。本号に該当する標章は非常に多いので,著名なものに限定して保護することとされたのである。『商標審査基準』〔改訂第12版〕第3の五の5では,「著名」の程度については,国等の権威,信用の尊重や国等との出所の混同を防いで需要者の利益を保護するという公益保護の趣旨に鑑み,必ずしも全国的な需要者の間に認識されていることを要しないとされ,著名性は,使用に関する事実,例えば,①実際に使用されている標章,②標章の使用開始時期,使用期間,使用地域,③標章の広告又は告知の方法,回数及び内容,④一般紙,業界紙,雑誌又は他者のウェブサイト等における紹介記事の掲載回数及び内容といった事実を総合勘案して判断すると述べる。標章によっては,短期間で著名となる蓋然性が高いと認められる場合があることに留意すると記載しており,例えばオリンピックのシンボルマークなどは,未だ実際には使用されていなくても,公表された直後から,性質上明らかに著名になり得るものとして適用できることを想定している(産業構造審議会知的財産政策部会商標制度小委員会第11回商標審査基準WG議事録)。

　著名性に関し,上記知財高判平24・10・30判時2184号131頁〔日南市章〕では,「『著名』とは,指定商品・役務に係る一商圏以上の範囲の取引者,需要者に広く認識されていることを要する」と判示した。そして,審決が,日南市章の実際の著名性について認定することなく,告示されたことのみを理由として「著名なもの」とした判断手法は是認できないとし,日南市章が,同市の公共施設,ホームページ,広報用パネル,イベントの際の市旗,イベントを報じる新聞記事やテレビ放送での背景等における写り込み,観光や物産を紹介する書籍・ホームページ,当該出願の指定商品に含まれるマンホールの蓋などに使用されているという事実から,日南市章が指定商品に係る一商圏以上の範囲の取引者,需要者に広く認識されていたとは認められないとした。

〔小野＝井関〕

本号における類否は、国等の権威、信用の尊重や国等との出所の混同を防いで需要者の利益を保護するという公益保護の観点から、これら国等を表示する標章と紛らわしいか否かにより判断するとされている（商標審査基準〔改訂第12版〕第3の五の6）。

本号に該当することを認め、拒絶審決取消請求を棄却した判決として、知財高判平21・5・28判時2081号106頁〔ISO〕がある。本件では、「ISO－マウントエクステンダー」等の構成を含む出願商標が、国際標準化機構の著名な略称である「ISO」と類似して本号に該当するかが問題となったところ、原告は、欧米において「ISO」の構成を有する商標について国際標準化機構以外の者を権利者とする多くの商標登録がされているから、本願商標につき登録しても国際信義に反することはないと主張した。しかし判決は、本号の趣旨は、本号に掲げる団体の公共性に鑑み、その権威を尊重するとともに、出所の混同を防いで需要者の利益を保護するところにあり、これらの団体を表示する著名な標章と同一又は類似の商標については、これらの団体の権威を損ない、出所の混同を生じるものとみなして、無関係の私人による商標登録を排斥するものであるとして、仮に欧米で上記のような商標登録が多くなされているとしても、拒絶審決を維持できるとした。

本号に規定されている団体等が、自ら登録を望んで出願した場合は、他の登録要件が満たされれば商標登録を受けることができる（商標4条2項）。これらの団体等が自らの商品・役務に商標を使用することもあり、その権威を保持し、出所混同を防止して需要者等を保護するためには、他人がこれを商標として使用することを排除する必要があるからである。したがって、これらの団体等の承諾を得た場合でも、他人が商標登録を受けることはできない。

〔小野　昌延＝井関　涼子〕

§4−Ⅰ⑦〜⑨

■4条1項7号〜9号

【参考文献】

　桜庭香「商標における公序良俗論」特商5巻4号13頁（36）、野呂英一「商標『皇帝』は秩序を紊し、又は登録商標『ミカド』に類似するか」パテ2巻2号（49）、蕚優美「商標のただのりの問題」企研昭和38年2月号（63）、石川二郎「オリンピックの表章などの使用規制についての問題点」時の法令484号25頁（64）、勝本正晃「オリンピック標章の法律的保護について」パテ17巻8号3頁（64）、国内判例研究会「商標登録が公序良俗を害するものではないとされた事例」工業研究12巻3号31頁（66）、蕚優美「公序良俗を害するおそれがある商標」商標判例百選34頁（67）、和久井宗次「他人の氏名使用と承諾」商標判例百選36頁（67）、中川淳「公序良俗を害するおそれのある商標」判例工業所有権法251頁（72）、渋谷達紀「登録手続と先使用者の地位」同・商標法の理論266頁（73）、幸田全弘「サムライ称号への公序良俗規定の適用について」パテ26巻7号26頁（73）、大村昇「会社名商標と公序良俗」特管29巻5号487頁（79）、松原伸之「AIPPI第34回アムステルダム総会Q.92C商標の絶対的不登録事由」AIPPI 36巻9号14頁（89）、小川宗「判例にみる商標法−（12）公の秩序または善良の風俗を害するおそれがある商標」発明87巻1号68頁（90）、日比恆明「『平成』の商標」発明88巻2号94頁（91）、後藤浩司「工業所有権関係法と行政書士業務」特管42巻1号61頁（92）、田村善之「会社の商号と登録商標権」発明91巻9号（94）、久々湊伸一「ドイツ商標法の特質(9)──『悪意の出願』」AIPPI 42巻6号2頁（97）、渋谷達紀「悪意の出願」日本商標協会39号1頁（00）、木棚照一「外国における他人の商標の存在を知りながら、無断で出願し登録を受けた商標を商標法4条1項7号の公序良俗に反し、無効とした審決が維持された事例（平成11.12.22東京高判）」発明98巻3号93頁（01）、畑岸義夫「商標を巡る判決、審決(3)『平成11.12.22東京高判』」JCAジャーナル48巻3号34頁（01）、竹内耕三「内外商標法における商標登録要件の解釈及び運用に関する調査研究報告書」16頁（01）、中川寛子「商標登録出願等による新規参入妨害と私的独占」平成12年度重判解244頁（01）、山田威一郎「商標法における公序良俗概念の拡大」知財51巻12号1863頁（01）、吉原省三「商標の不登録事由と公序良俗違反」秋吉稔弘先生喜寿記念論文集・知的財産権：その形成と保護534頁（新日本法規出版、02）、長沢幸男「(1)その使用が他人の著作権と抵触する商標の商標法4条1項7号該当性、(2)その使用が不正競争防止法1条1項2号に規定する不正競争に当たる商標の商標法4条1項7号該当性、等」平成14年度主判解154頁（03）、小島庸和「商標と公序良俗」紋谷古稀557頁（06）、沖中康人「商標の登録要件」牧野ほか編・理論と実務(3)24頁（07）、小泉直樹「いわゆる『悪意の出願』について」学会年報31号153頁（07）、久世勝之「商標法4条1項8号の『他人の名称の著名な略称を含む商標』の意義と判断基準」小松陽一郎先生還暦記念論文集・最新判例知財法414頁（青林書院、08）、平澤卓人・知財政策25号235頁（09）、島田邦雄＝石川智史＝木村和也＝栗原さやか＝福谷賢典・商事法務1882号46頁（09）、岡本岳・平成21年度主判解260頁（10）、宮脇正晴・速報判例解説6号（法セ増刊）259頁（10）、工藤莞司・判時2057号185頁（判評611号／最新判例批評3）（10）、泉克幸・速報判例解説9号（法セ増刊）277頁（11）、宮脇正晴「商標法3条1項各号の趣旨」高林龍＝三村量一＝竹中俊子編集代表・現代知的財産法講座Ⅰ353頁（日本評論社、12）、生田哲郎＝中所昌司・発明109巻11号41頁（12）、小泉直樹・ジュリ1458号6頁（13）、佐藤薫・判時2178号150頁（判評651号／最新判例批評31）（13）、長谷川俊明・国際商事法務41巻7号1040頁（13）、岡邦俊・JCAジャーナル60巻6号90頁（13）、同・JCAジャーナル60巻8号74頁（13）、山田威一郎・知管63巻9号1471頁（13）、西村雅子・AIPPI 58巻2号2頁（13）、井関涼子・同志社法学

§4−I ⑦〜⑨ 第2章 商標登録及び商標登録出願

65巻1号163頁（13），堀江亜以子・福岡大学法学論叢58巻2号395頁（13），同・平成25年度重判解282頁（14），池下朗「登録要件・公序良俗」知財大系Ⅱ206頁（14），中村合同特許法律事務所編・知的財産訴訟の現在77頁（有斐閣，14），桐山大・パテ67巻5号4頁（14），平澤卓人・知管64巻10号1600頁（14），平澤卓人・知財政策44号283頁（14），諏訪野大・法学研究87巻3号49頁（14），高尾豊＝井関涼子・同志社法学66巻1号163頁（14），泉克幸・京女法学6号117頁（14），井関涼子「公序良俗違反に基づく商標の不登録事由－米国『REDSKINS』商標登録取消審決を題材に」中山古稀812頁（15），髙部眞規子「商標登録と公序良俗」飯村退官951頁（15），武宮英子「商標と公序良俗違反」飯村退官965頁（15），生田哲郎＝森本晋・発明112巻10号41頁（15），その他は7号から9号の本文中の引用文献参照。

細　目　次

Ⅰ　公序良俗違反商標(287)
(1)　公序良俗(287)
(2)　商標審査基準・商標審査便覧(287)
(3)　差別的若しくは他人に不快な印象を与えるような文字，図形等からなる商標(288)
　(a)　商標審査便覧(288)
　(b)　きょう激，卑わい，差別的・不快な印象(289)
　(c)　社会公共の利益(290)
(4)　国家資格等を表す又は国家資格等と誤認を生ずるおそれのある商標(291)
(5)　暴力団に係る標章（代紋等）(293)
　(a)　商標審査便覧(293)
　(b)　拒絶要件(294)
(6)　歴史上の人物名（周知・著名な故人の人物名）(294)
　(a)　歴史上の人物名を巡る現状(294)
　(b)　出願の取扱い(295)
　(c)　運用方針と審査方法(296)
　(d)　審決例等(297)
　(e)　判決例(298)
(7)　外国の地名等に関する商標(299)
(8)　外国標章等の保護(300)
(9)　他の法律により使用禁止される商標(300)
(10)　特定の国若しくはその国民を侮辱する商標(304)
(11)　国際信義に反する商標(305)
(12)　公正な競争秩序を害する商標(307)
(13)　剽窃的な出願(307)
(14)　基準時(312)
(15)　無効の抗弁(312)
Ⅱ　肖像・氏名等(312)
(1)　他人の肖像・氏名・名称・著名略称(312)
(2)　審査基準(313)
(3)　他　人(313)
　(a)　現存する自然人(313)
　(b)　法人格なき社団(314)
(4)　略称の意義(315)
(5)　略称の著名性(317)
(6)　他人の承諾(318)
(7)　過誤登録(319)
(8)　15号・16号等との関係(319)
(9)　本号に関する判例等(320)
　(a)　商標と名称等の同一性(320)
　(b)　法人名(322)
　(c)　外国人の氏名(323)
　(d)　誤認混同のおそれ，事業の競合(323)
　(e)　請求人適格(324)
　(f)　その他(324)
Ⅲ　博覧会の賞(325)
(1)　博覧会の賞(325)
(2)　賞の意義(327)
(3)　その賞を受けた者(327)
(4)　基準時(327)

〔小野　昌延＝小松　陽一郎〕

I 公序良俗違反商標

公序良俗を害するおそれがある商標（7号）。

(1) 公序良俗

「公の秩序又は善良の風俗を害するおそれがある商標」は，登録されない。旧法2条1項4号は「秩序又ハ風俗ヲ紊ルノ虞アルモノ」と規定していたが，実質的に同じ内容である。「公の秩序」と「善良の風俗」とは文理上は一応区別されるが，両者は結局のところは国家社会の一般的利益や道徳観念の維持を指称しており，社会的妥当性を示すものといえる。つまり社会の秩序・道徳的秩序を考慮して，絶対的不登録事由としたものである。

その商標が，公の秩序又は善良の風俗を害するおそれがあるかどうかは，社会通念によって決定される。すなわち，公序良俗を害するか否かは，時代によりあるいは社会状態によって異なる。例えば，戦前は「アカハタ」なる表示が本号に該当するものであるか否か問題とされたことがあるが，今日では問題とならない（蕁「公序良俗を害するおそれがある商標」商標判例百選34頁）。ただし，本号の解釈にあたっては，むやみに解釈を広げるべきではなく，1号から6号までを考慮して行うべきであろう（逐条解説〔第19版〕1286頁）。

(2) 商標審査基準・商標審査便覧

本号に関しては，小野・注解商標（平成17年12月初版）以降，公序良俗の範疇として，新たに，歴史上の人物名の取扱い，及び平成26年改正による「音の商標」が加わっている。そこで，まず，本号に関する『商標審査基準』〔改訂第12版〕（第3の六．平成28年4月1日適用）を確認すると，

「1．『公の秩序又は善良の風俗を害するおそれがある商標』には，その構成自体がきょう激，卑わい，差別的若しくは他人に不快な印象を与えるような文字，図形，記号，立体的形状若しくは色彩又はこれらの結合，音である場合並びに商標の構成自体がそうでなくとも，指定商品又は指定役務について使用することが社会公共の利益に反し，又は社会の一般的道徳観念に反するような場合も含まれるものとする。

　なお，『差別的若しくは他人に不快な印象を与えるような文字，図形，記号，立体的形状若しくは色彩又はこれらの結合，音』に該当するか否かは，特にその文字，図形，記号，立体的形状若しくは色彩又はこれらの結合，音に係る歴史的背景，社会的影響等，多面的な視野から判断するものとする。

　（例）音商標が国歌（外国のものを含む）を想起させる場合。

　（例）音商標が，我が国でよく知られている救急車のサイレン音を認識させる場合。

2．他の法律によって，その使用等が禁止されている商標，特定の国若しくはその国民を侮辱する商標又は一般に国際信義に反する商標は，本号の規定に該当するもの

§4-Ⅰ⑦〜⑨　　　　　　　　　　　　第2章　商標登録及び商標登録出願

　次に，この審査基準を受けた『商標審査便覧』(特許庁ホームページ)では，「42.107　第4条第1項第7号」として，
- ①　差別的若しくは他人に不快な印象を与えるような文字，図形等からなる商標の取扱い（42.107.01），
- ②　国家資格等を表す又は国家資格等と誤認を生ずるおそれのある商標（××士」「××博士」等）の取扱いについて（42.107.02），
- ③　暴力団に係る標章（代紋等）の取扱い（42.107.03），
- ④　歴史上の人物名(周知・著名な故人の人物名)からなる商標登録出願の取扱い（42.107.04），
- ⑤　外国の地名等に関する商標について（41.103.01），
- ⑥　外国標章等の保護に関する取扱い（42.119.02），

と6項目をあげ，より詳細な運用基準等を示している。

(3)　差別的若しくは他人に不快な印象を与えるような文字，図形等からなる商標

(a)　商標審査便覧　　審査便覧では，以下のとおり総論的な説明をしている。

　「商標法第4条第1項第7号は，『公の秩序又は善良の風俗を害するおそれがある商標』は商標登録を受けることができない旨を規定しており，そのような商標登録出願については拒絶し，また商標登録については無効とされる（商標15条・46条）。

　そして，『公の秩序又は善良の風俗を害するおそれがある商標』の具体的内容については，審査の適正と迅速を図るため作成し公表している『商標審査基準』〔第5版〕においては，

1. 出願商標の構成自体がきょう激，卑わいな文字，図形である場合及び商標の構成自体がそうでなくとも，指定商品（指定役務）について使用することが社会公共の利益に反し，又は社会一般の道徳観念に反するような場合も含まれ，また，
2. 他の法律によって，その使用等が禁止されている商標，特定の国若しくはその国民を侮辱する商標又は一般に国際信義に反する商標は，本号に該当する。

旨，明らかにしてきた。

　また，この点に関し，出願商標の構成自体が，人種，性別，職業，境遇，信条等から，差別的若しくは不快な印象を与えるような言葉や表現に通じる文字又は図形と認識される場合，同基準には，これらが本号に該当するとの具体的な記載はなかったが，そのような出願商標は社会一般の道徳観念に違反するものであるとの理由により拒絶することとした。

　そこで，今後，出願商標の構成自体が『差別的若しくは他人に不快な印象を与えるよ

うな文字又は図形』からなるものと認識される場合には、第4条第1項第7号に該当するものとして、その商標登録出願を拒絶することとし、その旨審査基準を改めた(商標審査基準〔第6版〕第3 五、第4条第1項第7号参照)ところである。

ただし、『差別的若しくは他人に不快な印象を与えるような文字、図形等』の対象になると思われるものには、明らかに差別語等として認識し得るものばかりか、日頃、無意識に使用されてきた言葉や表現の中にも、被差別者に対する隠された差別意識や社会的弱者に対する蔑視的意味合い等を含み使用されてきたもの、社会情勢の変化とともに差別語として変質したもの等があり、その内容を定義化することは非常に困難である。

したがって、『差別的若しくは他人に不快な印象を与えるような文字、図形等』の対象となるものを具体的かつ明確に示すことは難しいとしても、例えば、関係団体等からの情報提供や申し入れがあった場合には、その内容を詳細に検討し、更に必要があるときは資料等を求めることにより慎重に判断することとする」。

なお、差別的な商標かが問題となるものとして、「カルピス黒人イラスト事件」がある(平13・6・5審決:平成10年審判18237号。井関涼子「公序良俗違反に基づく商標の不登録事由」中山・古稀832頁)。

(b) きょう激、卑わい、差別的・不快な印象 　商標の構成自体がなみはずれて過激(矯激)なスローガンからなる文字であったり、文字自体や図形の見方によって需要者に卑猥な印象を与えるものが本号適用の典型例であるが、その構成自体には特に問題がなくても、指定商品や指定役務について使用することによって社会公共の利益や社会一般の道徳観念に反するような場合も含まれる。また、出願商標の構成自体が「差別的若しくは他人に不快な印象を与えるような文字又は図形」に該当する場合も、上記のように「社会公共の利益や社会一般の道徳観念に反する場合」として取り扱われる。差別的用語としては、被差別部落問題に関するもの、身体的差異に関するもの、外国人・職業等に関するものがある。

例えば、使用する商品との関係で社会の一般的道徳観念に反するような場合としては、聖母マリアの図形を汚物容器に使用するなどが考えられる。

この関係で、本号の適用を(旧規定も含めて)最初に認めたとして、「神武天皇東征の図」と「神武足袋」の文字を書したものを商品「足袋」に使用することは、「足袋」の商標として神武天皇の御名を用いることは恐れ多いことであって公序良俗に反するものと認められるとした例が紹介されている(中村・商標78頁)。聖母マリア像を食品について商標として使用する場合に関して、敬虔なキリスト教信者の一部にはこれを食品の商標として使用することに対し不快感を抱く者があることは認められるとしても、キリスト教はわが国における宗教の一部であって決してその信仰ないし教義が一般国民の道徳観を構成

§4−Ⅰ⑦〜⑨

しているものとは認め難いので，聖母像を食品の類に使用するにしても国民一般の道徳観ないしは社会的良心を害するおそれがあるとは認められないし，わが国はキリスト教を国教とするものではないから公の秩序に反することとなるおそれも認められないとした例がある（抗告審判昭34・2・6審決公報191号101頁）。ただし，「差別的若しくは他人に不快な印象を与えるような文字又は図形」を「社会一般の道徳観念に反する場合」に含める最近の考え方からすれば今日では異なる結論となるであろうか。なお，審決例として，「セキュリティポリス」はその職務に携わる者の信条を害し，尊厳を損なうとされたもの（平10・7・14審決：審決公報4807号95頁），判決として「御用邸の月」を菓子に使用することについて本号の適用を否定したもの（知財高判平25・5・30判時2195号125頁）などがある。

なお，『商標審査基準』〔改訂第12版〕第3の六で（例）としてあげられた「音商標が国歌（外国のものを含む）を想起させる場合」は，商標として使用される音商標の構成そのものが社会の一般的道徳観念に反する，また「音商標が，我が国でよく知られている救急車のサイレン音を認識させる場合」も，音商標の構成そのものが不快な印象を与える，と考えることができよう。

公序良俗に反する部分が商標の要部でなく付記的な表示であっても，全体としてみれば公序良俗違反となり得る場合は本号に該当するといえよう（網野・商標〔第6版〕327頁）。

（c）社会公共の利益　　上記のとおり，商標の構成自体がきょう激，卑わいな文字，図形でなくても指定商品（指定役務）について使用することが社会公共の利益に反するような場合も含まれる。民法90条の公序良俗に関する問題は，一般的に，権利・自由の保護に関するもの，暴利行為に関するもの，等があげられているが，さらに秩序の維持に関するものも問題とされてきた。また，秩序の維持は，家族秩序，国家・社会秩序，経済秩序などに分けられている（山本敬三「民法90条（公序良俗違反の法律行為）」広中俊雄＝星野英一編・民法典の百年Ⅱ132頁）。公序良俗という言葉からは直接には導き出しがたいが，時代の流れの中で経済秩序・社会秩序の一翼をなす知的財産法秩序のありかたも変遷するのであって，「社会公共の利益」等の一般条項の適用の仕方によって本号の該当範囲にも変化があり得るであろう。

どの類型に分類すべきか必ずしも明確ではないが（本書での項目立ては，『商標審査便覧』の順を先にし，その後，旧版をベースにしているため，複数項に共通するものもある），例えば，「Old Smuggler」の欧文字からなる商標は，その欧文字中「Old」は殊に洋酒類について当該商品の年数ものの表示として取引上普通に慣用されている用例にすぎないものであり，「Smuggler」は密輸者，酒類密造者を意味するものであり，しかも「Smuggler」に相当する者は，わが国においては法の定めるところによりこれを犯罪者として取り扱わなければならないことは明らかであって，このような用語を商品に使用することは公の秩序

を紊すおそれのあるいかがわしい世人欺瞞の標識であると判断せざるを得ないから，自他商品識別の標識としては穏当であり拒絶すべきものであるとしたものがある（抗告審判昭32・4・10審決公報144号83頁）。ただし，「STOWAWAY」（密航者の英訳）を旧々45類の食料品等に使用する場合には，わが国における社会一般の英語知識の水準からみて密航者の意味を理解しがたいばかりでなく，指定商品との具体的関係において直接反社会的結果を招来するにいたるものとは認められないとしている（昭32・12・25審決：審決公報162号37頁）。また，ボーイスカウトの服装をした少年が直立する図形とその下に横書きした英文のBOYSCOUTの文字を要部とした商標を旧3類香料及び他類に属しない化粧品に使用することは，商標自体がきょう激，卑わいな文字，図形である等秩序又は風俗をみだすおそれがあるようなものではないのはもちろん，その指定商品に使用することが秩序又は風俗をみだすものとはいえないとし，また国際的連繋を保持しつつ公共福祉事業を目的として純真な青少年層による組織された「日本ボーイスカウト連盟」の団体名を表した図形と文字を要部とする商標を，営利を目的とする事業の商品に使用することは，公共福祉事業を目的とする団体憲章の精神に反し，公共福祉の精神に燃える純真な青少年の良心と信用を害するもので，結局社会公共の利益に反するおそれがあるとの主張についても，その使用が特定の指定商品との関連において商品の誤認又は混同を生ぜしめるおそれがあるような場合は格別として，一般的に営利を目的とする事業の商品に使用すること自体が社会公共の利益に反するとは考えられないとした判決がある（東京高判昭27・10・10行集3巻10号2023頁。本件の評釈は蔓・商標判例百選34頁）。なお，前記商標審査基準第3の六はこの判例の一般論の判示部分とほぼ同じである。

　他に，「ノービゲン」の商標は一体不可分の造語よりなるもので，引用商標「ビゲン」との関連は想起させず，本件商標から「ＮＯビゲン」＝「ビゲン禁止」，「ビゲンは危険」の観念が想起されるとの主張は主観にすぎ，本号に該当するとはいえないとしたものもある（東京高判平7・11・22判例工業所有権法〔第2期版〕7351頁）。

(4) 国家資格等を表す又は国家資格等と誤認を生ずるおそれのある商標

　他の法律によってその使用等が禁止されている商標に関連するものとして，『商標審査便覧』(42.107.02)は，「国家資格等を表す又は国家資格等と誤認を生ずるおそれのある商標（「××士」「××博士」等）の取扱いについて」，

　「『××士』『××博士』等からなる商標が，

　　a．国家，地方公共団体若しくはこれらの機関又は公益に関する団体が認定する資格（以下「国家資格等」という。）を表す場合，又は

　　b．一般世人において，国家資格等と一見紛らわしく誤認を生ずるおそれのある場合には，原則として，商標法第4条第1項第7号に該当するものとして拒絶すること

とする。

　ただし，一般世人において，国家資格等とは無関係のものであると理解される商標である場合，又は，当該出願が国家資格等の認定機関（関係法令等に規定されている機関，監督官庁が認める実質的な認定機関等をいう。）が出願人であった場合には，上記法条に該当しないものとする」
としている。そして，その［説明］として，「『××士』『××博士』等からなる商標については，その構成文字によって，一般的に，国家資格等を表すもの又は国家資格等と一見紛らわしく誤認を生ずるおそれのあるものがあるが，そのような商標を登録し商品又は役務について使用することは，国家資格等の制度に対する社会的信頼を失わせ，ひいては公の秩序又は善良な風俗を害するおそれのある商標として商標法第4条第1項第7号に該当するものとして拒絶することとするものである。上記趣旨からして，一般世人において，当該商標が現存する国家資格等と誤認を生ずるおそれのない場合，又は，現存する国家資格等を表す商標であっても当該国家資格等の認定機関等（関係法令等に規定されている機関その他監督官庁が認める実質的な機関等）の出願である場合には，商標法第4条第1項第7号に該当しないものである。」と説明している（なお，例として，お風呂の美容士，義士，梅博士，おむつ博士，手打うどん博士などは，上記に該当しないものとされている）。

　判例としては多数ある。「特許理工学博士」，「特許建築学博士」，「特許医学博士」，「特許理学博士」，「特許経営学博士」，「特許理容学博士」，「特許工機学博士」，「特許医術学博士」，「特許栄養学博士」，「特許証券学博士」，「特許経済学博士」，「特許法学博士」，「特許教育学博士」，「特許管理学博士」，「防衛学博士」，「警察学博士」，「特許文理学博士」，「特許農学博士」，「特許文学博士」，「特許体育学博士」の各商標を，旧26類印刷物等に使用することは，「野球博士」や「相撲博士」，「料理博士」などの語が日常しばしば用いられているがこれは学位令や学位規則所定の博士の名称と範疇を同じくする用例ではなく単に物知りである人を指称するものであって，それらとは異なり上記の各商標は学校教育法68条の2（現104条か？：筆者注）の規定に基礎を置く学位制度について誤った認識をもたせることになり，学位に対する社会的信頼も失われることになるので，公序良俗を害するおそれがあるとした（東京高判昭56・8・25無体集13巻2号608頁，判例工業所有権法2757の9頁・2757の17頁。「特許理工学博士」については，最判昭57・4・13判例工業所有権法2757の28頁。その他に「特許管理士」（平10・7・24審決：審決公報1018714号，東京高判平11・11・30判時1713号108頁），「特許管理士会」（平10・7・24審決：審決公報1010990号），「動物看護士」（平11・7・9審決：審決公報1002823号），「特許修士」（東京高判昭56・8・25判例工業所有権法2757の13頁）も拒絶されている。また，「管理食養士」も拒絶され（東京高判平15・10・29裁判所ホームページ），「食養士」も拒絶された（東京高判平15・10・29）。判例評釈として，神谷巖「第26類『印刷物，書画，彫刻，写

真，これらの附属品』を指定商品とする商標『特許建築学博士』等と商標法第4条1項7号」村林還暦143頁）。同旨のものとして，「PATENT UNIVERSITY」を旧26類の新聞雑誌等に使用することは，学校教育法1条及び83条の2（現135条か？：筆者注）等の「学校の名称の専用」の趣旨に反し（東京高判昭56・8・25判例工業所有権法2757の13頁。なお，将来学校設立の認可を受け得るとの被告側の主張に対しては，出願人自らが（学校を設立して）使用する意思があるとの特段の事情は認められないとして排斥した），「特許大学院」も同じく公の秩序を害するおそれがあるとする（東京高判昭56・8・31判例工業所有権法2757の25頁）。「人財大学」も登録を認めなかった（平22・2・1審決：不服2009-3220）。

　これに対し，「秘書士」は「秘書技能検定」と非類似で国家資格，公的資格があるかのごとく誤信せしめるものではないとして拒絶審決を取り消したもの（東京高判平16・9・30（平16（行ケ）206号）裁判所ホームページ），「日本夢大学」は直ちに学校教育法により認可を受けているとは認識しがたいとして拒絶査定を取り消したもの（平23・12・22審決：不服2011-12338）がある。

　なお，資格とは関係しないが，「企業市民白書」は政府刊行物であるかのごとく誤認するおそれがあり商取引の秩序を乱し得るおそれがあるとしたもの（平11・10・4審決：審決公報1015310号，同種のものとして「フィランソロピー白書」に関するもの（平10・12・15審決：審決公報4865号83頁））などがある。

(5) 暴力団に係る標章（代紋等）

(a)　商標審査便覧　暴力団に係る標章（代紋等）の取扱いについて，『商標審査便覧』は，「指定暴力団が自己を示すために用いている標章（代紋等）と同一又は類似の商標からなる商標登録出願については，以下のとおり取り扱うものとする。指定暴力団が自己を示すために用いている標章（代紋等）と同一又は類似の商標に係る商標登録出願については，商標法第4条第1項第7号の規定を適用するものとする。」としている。

　このような取扱いをすることとなった背景として，審査便覧は，その〔説明〕の項において，「1. 理由　平成4年3月1日から施行された『暴力団員による不当な行為の防止等に関する法律（平成3年法律第77号）』（以下『暴対法』という。）の趣旨は，暴力団を反社会的集団として法的に位置付けたことにあり，その上で，特にある特定の暴力団について，暴力団員が集団的に又は常習的に暴力的不法行為等を行うことを助長するおそれが大きいことを理由として指定することにより，暴力的不法行為等の禁止のための強力な法の網をかぶせることを目的としている。そして，暴対法第3条に基づく指定を受けた暴力団（本取扱いにおいて『指定暴力団』という。）（平成28年4月現在，都道府県公安委員会から22団体が指定されている：筆者注）については，極めて悪質な反社会的集団であることが法律上認められたもので，そのため指定暴力団が自己を示すために用いる代紋等（本取扱いに

おいて『標章（代紋等）』という。）の指定暴力団員による使用が制限されることとなる。これは，当該団体が自己を示すために用いる標章（代紋等）自体に反社会性，一般市民に与える威嚇効果等が付加されていることによるものと解される。したがって，指定暴力団が自己を示すために用いている標章（代紋等）と同一又は類似の商標について商標登録出願があった場合には，当該商標に付加された反社会性，一般市民に与える威嚇効果等の性質をもって，公の秩序又は善良の風俗を害するおそれがある商標（商標法第4条第1項第7号）に該当するものとし，すべて拒絶するものとする。」と説明しており，「標章（代紋等）」の構成自体が一般市民への威嚇効果等を有する点に着目して公序良俗に反するおそれありとしている。

　(b)　拒絶要件　　上記のとおり，指定暴力団が自己を示すために用いている標章（代紋等）と同一又は類似の商標に係る商標登録出願について，本号により拒絶することとされているが，暴対法7条に基づく「指定暴力団」の官報による公示事項には，標章（代紋等）自体は含まれていないので，特許庁は，当該代紋の特定等に関し，必要に応じて警察庁からの正式な通知を求めることとし，当該通知に記載された標章（代紋等）をもって特定するものとされている。また，代紋等には指定暴力団の名称も対象として含まれること，暴力団と無関係な第三者からの出願も対象とすること，指定商品（指定役務）のすべてを対象とすること，周知性の有無は審査対象としないこと，等と拒絶要件を整理している。なお出願自体の防止を図るため日本弁理士会宛てにも情報提供を行うとされている。

　刊行物等からは，類似性等が争われた事例に接していない。

(6)　歴史上の人物名（周知・著名な故人の人物名）

　この出願の取扱いについては，平成21年10月に『商標審査便覧』に追加規定されたものである。

　(a)　歴史上の人物名を巡る現状　　『商標審査便覧』（42.107.04）では，「歴史上の人物名を巡る現状」とて次のように説明している。

　「(a)　歴史上の人物名を巡る諸事情　　周知・著名な歴史上の人物名は，その人物の名声により強い顧客吸引力を有する。その人物の郷土やゆかりの地においては，住民に郷土の偉人として敬愛の情をもって親しまれ，例えば，地方公共団体や商工会議所等の公益的な機関が，その業績を称え記念館を運営していたり，地元のシンボルとして地域興しや観光振興のために人物名を商標として使用したりするような実情が多くみられるところであり，当該人物が商品又は役務と密接な関係にある場合はもちろん，商品又は役務との関係が希薄な場合であっても，当該地域においては強い顧客吸引力を発揮すると考えられる。このため，周知・著名な歴史上の人物名を商標として使用したいとする者

も，少なくないものと考えられる。一方，敬愛の情をもって親しまれているからこそ，その商標登録に対しては，国民又は地域住民全体の反発も否定できない。このような諸事情の下，周知・著名な歴史上の人物名についての商標登録に対しては，公正な取引秩序を乱し，公序良俗を害するおそれがあるとの懸念が指摘されている。」

　そして，現行の商標法をみると，歴史上の人物名に係る商標については，例えば，①人名等を扱う登録要件としての4条1項8号は現存する者を保護する規定であり，歴史上の人物は保護対象とならないこと，②他人の周知・著名な商標の保護については，同10号や19号があるが，これらは他人の商品等の出所表示機能を有する商標を保護するものであり，商標として周知・著名でない歴史上の人物名からなる商標としての保護は困難であること，③同15号も，歴史上の人物名と商品等との関係等を考慮すると，出所混同を生ずる場合が多いとは考え難いこと，④慣用商標（商標3条1項2号）についても，多くの事業者が慣用している事実が認められるのはむしろ稀なケースといえること，等から他の規定ではその保護が十分に図れないこと，そして，⑤近時の判決等の動向としても，商標自体が公序良俗に反するものでなくても，公共的な観点を踏まえ，公益的な施策に便乗して，その遂行を阻害し，公共的利益を損なう結果に至ることを知りながら，利益の独占を図る意図をもってしたものとして，公正な競業秩序を害し公序良俗に反するとした事案もあること（後掲東京高判平11・11・29〔母衣旗事件〕），等から，この基準が設けられたものである。

　(b)　出願の取扱い　　『商標審査便覧』（42.107.04）では，歴史上の人物名からなる商標登録出願について，以下の判断基準を規定している。

「1．歴史上の人物名からなる商標登録出願の審査においては，商標の構成自体がそうでなくとも，商標の使用や登録が社会公共の利益に反し，又は社会の一般的道徳観念に反するような場合も商標法第4条第1項第7号に該当し得ることに特に留意するものとし，次に係る事情を総合的に勘案して同号に該当するか否かを判断することとする。

①　当該歴史上の人物の周知・著名性
②　当該歴史上の人物名に対する国民又は地域住民の認識
③　当該歴史上の人物名の利用状況
④　当該歴史上の人物名の利用状況と指定商品・役務との関係
⑤　出願の経緯・目的・理由
⑥　当該歴史上の人物と出願人との関係

2．上記1．に係る審査において，特に『歴史上の人物の名称を使用した公益的な施策等に便乗し，その遂行を阻害し，公共的利益を損なう結果に至ることを知りながら，

利益の独占を図る意図をもってした商標登録出願』と認められるものについては，公正な競業秩序を害するものであって，社会公共の利益に反するものであるとして，商標法第4条第1項第7号に該当するものとする。』

(c) 運用方針と審査方法　『商標審査便覧』は，取扱対象を，「現存する者は含まれず，周知・著名な実在した故人をいい，外国人も含まれる。また，『人物名』には，フルネーム（正式な氏名）も，また，略称・異名・芸名等も含まれ得るが，いずれも特定の人物を表すものとして広く認識されているものでなければならない。」とし，審査の方法として，上記①〜⑥の事情を総合的に勘案し，本号の適用の可否を判断することとしている。

①に関しては，周知・著名な歴史上の人物名を対象とするものであり，その歴史上の人物名の名声，評価，顧客吸引力の高さに関する貴重な情報であるのはもちろん，さらには，出願人の認識（歴史上の人物名の名声等を承知していたか否か，便乗を目的としていたかなど）を判断するための情報の1つにもなり得るものと考えられる，としている。

②に関しては，特定の一私人の認識というよりも，広く国民や地域住民が全体的にいかに当該歴史上の人物を捉えているかという観点での事情をいう，とし，例えば，広く国民の敬愛を集めている，あるいは，当該歴史上の人物が当該人物の出身地，ゆかりの地等において親しまれている等の事情によって，国民や地域住民全体にあたかも「共有財産」のごとく認識されているような場合には，商標登録に対し国民や地域住民全体の不快感や反発を招くことも考え得る。このため，国民又は地域住民が歴史上の人物名をいかに認識しているかは，社会公共の利益や社会の一般的道徳観念に反しないか否かの重要な情報となり得るものといえる。これらは，次に挙げる③の利用状況を通じて明らかになることも考えられる，としている。

③に関しては，例えば，当該人物の出身地，ゆかりの地等における利用状況は，商標法4条1項7号を適用すべきか否かの判断において極めて重要と考えられる。特に，地方公共団体や商工会議所等の公益的な機関が当該人物に関連する祭り・イベントの開催，博物館・展示館の運営，当該人物をシンボルとした観光案内等を行っているなどの事情，さらには，それら機関の振興策の下で当該人物名を使用する事業者が多数存在するなどの事情等は，本取扱いの2．における公益的施策や公益性に関する判断をするための貴重な情報の1つになり得ると考えられる，とする。

④に関しては，当該歴史上の人物名の利用状況との関係において，その使用に関係する商品又は役務と指定商品又は指定役務との関係も重要な情報となり得る。例えば，それら商品又は役務が指定商品又は指定役務と同一又は類似の関係にある場合は，上記③に述べた使用に商標権の効力が及ぶ可能性があり，出身地，ゆかりの地における利用へ

の影響が懸念される。また，土産物や当該地域の特産品など観光客を対象としたものといえる商品又は役務等との関係では，特に上記③の利用状況への便乗も懸念されるところである。さらに，指定商品又は指定役務の具体的内容によって，国民や地域住民の不快感や反発も異なってくるものと思われる。このため，これらの事情は，公共的利益を損なうか否か，利益の独占を図ろうとするものであるか否か，さらに，公正な競業秩序を害し，社会公共の利益に反するおそれがあるか否かを判断するための貴重な情報の1つになり得ると考えられる，とする。

⑤に関しては，出願人が出願に係る商標を採択した理由，出願人による出願に係る商標の使用状況，その商標としての周知・著名性は，出願の経緯や目的，さらには，その出願又は登録が公正な競業秩序を害するものであるか否かを判断するための背景として貴重な情報の1つと考えられる，とする。

⑥に関しては，当該歴史上の人物や上記③に挙げた使用に係る者と出願人との関係は，出願の目的，経緯のほか，社会公共の利益に反するか否か等を検討する上で，貴重な情報の1つと考えられる。なお，その場合には，当該人物が亡くなってどの程度の期間を経過しているのかも総合的に勘案して検討することが必要と考えられる，としている。

(d) 審決例等　外国人の歴史上の人物に関しては，後出の(11)「国際信義に反する商標」の項を中心に審決例等を紹介しているが，商標審査便覧でこの類型が規定された平成22年前後の審決や登録意議決定を概観すると，公序良俗概念を狭く捉えるなどして商標登録を認めた例として，「北条時宗」（平13・1・16異議決定：異議2000-90879，登録維持），「高杉晋作」（平19・9・4審決：不服2006-12833。ただし，その後の別件異議2008-900062では登録を取り消した），「吉田松陰」（平19・9・4審決：不服2006-12832。ただし，その後の別件異議2008-900061では登録を取り消した），「柳生十兵衛」（平19・9・6審決：不服2005-12955）などがある。なお，他の要件を検討するなどして登録を認めたものとして，「伊勢千子村正」（平22・1・16審決：不服2008-9915，周知・著名性はさほど高くない等とした），「竹田庄九郎」（平22・11・19審決：無効2010-890019，不正目的等を否定），「政宗逸品」（平26・3・10審決：不服2013-15754），「信玄どり」（平23・6・7審決：不服2010-24045），「信玄桃」（平26・12・5審決：不服2014-14528），「龍馬よさこい」（平27・2・3審決：不服2013-18073，請求人の主催するイベントの名称として2008年より使用されている事実等を指摘）等がある。

一方，公正な競業秩序を害するとか社会公共の利益に反するとかの点を重視して登録を否定したものとして，「坂本龍馬（の文字と坂本龍馬と認められる図を含む）」（平18・2・1審決：不服2003-18931），「野口英世」（平18・5・30審決：不服2003-18577），「LAFCADIO HEARN（肖像等を含む商標）」（平21・8・17審決：無効2008-890096），「桂小五郎」（平22・1・13異議決定：異議2008-900060），「篤姫」（平22・1・25審決：不服2007-29500），「ガウディ」（平

22・4・22：不服2009-7146)，「直江兼続（兜の図を含む）」（平22・6・1審決：不服2009-16679)，「松尾芭蕉」（平22・6・29審決：不服2007-29217)，「宮沢賢治」（平22・7・5審決：不服2008-2136)，「小林一茶」（平22・7・5審決：不服2008-12903)，「二宮尊徳（図）」（平22・9・10審決：不服2007-26636)，「Monet」（平23・2・8審決：不服2010-4720)，「勇将信玄」（平23・2・14審決：不服2010-8186)，「坂本龍馬（その人物をキャラクター化した図形を含む）」（平24・1・5審決：不服2011-928)，「北斎」（平24・3・7審決：不服2010-9360）。ただし，後出の知財高判平24・11・7で取消し)，「葛飾北斎」（平24・5・9審決：不服2010-7916)，「DARWIN」（平24・7・19審決：不服2011-18943)，「平清盛」（平25・1・8審決：不服2011-21848)，「菅原道真」（平26・4・30審決：不服2013-9260）などがあり，『商標審査便覧』の運用基準が定着している傾向が読み取れる（なお，以上の審決等の対象商標には，標準文字以外の文字や図形との結合商標も含まれる)。

　(e) 判決例　東京高判平14・7・30判時1802号139頁〔ダリ事件〕は，「本件商標は，その構成に照らし，指定商品の取引者，需要者に故サルバドール・ダリを想起させるものと認められるところ，同人は，生前，スペイン生れの超現実派（シュールレアリスム）の第一人者の画家として世界的に著名な存在であり，その死後，本件商標の登録査定時である平成10年7月23日当時においても，『ダリ』はその著名な略称であったのであるから，遺族等の承諾を得ることなく本件商標を指定商品について登録することは，世界的に著名な死者の著名な略称の名声に便乗し，指定商品についての使用の独占をもたらすことになり，故人の名声，名誉を傷つけるおそれがあるばかりでなく，公正な取引秩序を乱し，ひいては国際信義に反するものとして，公の秩序又は善良の風俗を害するものといわざるを得ない。そうすると，本件商標が，公の秩序又は善良の風俗を害するおそれがある商標ということはできず，その商標登録は商標法4条1項7号に違反してされたものとはいえないとした審決の認定判断は，誤りというべきである。」との判決が『商標審査便覧』（42.107.04）と同旨のものとして紹介されている（工藤・解説〔第8版〕218頁)。

　知財高判平24・11・7判時2176号96頁〔北斎事件〕は，「本願商標は『北斎』の漢字を特定の書体で縦書きし，その左側部に朱印の印が押された構成よりなる結合商標……本願商標の商標登録によって公益的事業の遂行に生じ得る影響は限定的であり，また，本願商標の出願について，原告に不正の目的があるとはいえず，その他，出願経緯等に社会通念に照らして著しく社会的相当性を欠くものがあるとも認められない本件においては，原告が葛飾北斎と何ら関係を有しない者であったとしても，原告が本件指定商品について本願商標を使用することが，社会公共の利益に反し，又は社会の一般的道徳観念に反するものとまでいうことはできない」として，商標登録拒絶査定を取り消した（岡邦俊「歴史上の人物名を用いた商標登録の可否」JCAジャーナル60巻6号90頁，山田威一郎「歴史上の人物名からなる商標の公序良俗違反該当」知管63巻9号1471頁，堀江亜以子「『北斎』との筆書きの漢

字と北斎が用いた落款の図形からなる商標が，商標法4条1項7号に該当するとした審決が取り消された事例」福岡大学法学論叢58巻2号395頁）。

知財高判平26・3・26判時2239号104頁〔遠山の金さん事件〕は，「江戸時代後期に実在した遠山景元は，江戸町奉行等を歴任し，名奉行として賛辞されていたことまでは認められるものの，その具体的な呼称や仕事ぶりは不明な点が多く，……『遠山の金さん』は，あくまでも『遠山景元』をモデルとした人物を主人公としたテレビ番組のタイトル名や主人公名と認められ，モデルが存在する点において必ずしも架空の人物ということはできないとしても，歴史上実在した人物そのものではなく，その限度で審決の認定判断に誤りはない。」などとして無効審判不成立審決を肯定している（この判例時報のコメント欄は，本号を制限的に適用すべきかについて，また後発的無効理由と登録後の権利行使の影響等についても，大局的に整理されている。なお，東京地判平26・4・30裁判所ホームページは，「遠山の金さん」の語は，「歴史上の人物である遠山金四郎」及び時代劇等で演じられる「名奉行として知られている遠山金四郎」を表すものとして著名であるとしつつ，公益的事業の遂行を阻害する目的など，何らかの不正の目的があるものと認めるに足りる証拠はない等として，本号該当性を否定し，商標権侵害等を認めた）。

(7) 外国の地名等に関する商標

『商標審査便覧』（41.103.01の10）は，外国の地名等に関する商標に関して，例えば，王家の有名な紋章，各国のシンボルマークは，国際信義に反するものとして，商標法4条1項7号により拒絶する，としている。

この点については，後述の(10)「国際信義に反する商標」の類型の1つと捉えることができよう。

この分類に関連して，「GALAPAGOS」はユネスコやエクアドル共和国の権威・尊厳を害する等として本号を適用した審決（平26・9・5審決：不服2013-24489），「PINK CHAMPAGNE」に本号を適用した審決（平26・6・23審決：無効22013-890084）などがあり，また，知財高判平24・12・19判時2182号123頁〔シャンパンタワー事件〕は，「本件商標の文字の構成，指定役務の内容並びに本件商標のうちの『シャンパン』の表示がフランスにおいて有する意義や重要性及び我が国における周知著名性等を総合考慮すると，本件商標を飲食物の提供等，発泡性ぶどう酒という飲食物に関連する本件指定役務に使用することは，フランスのシャンパーニュ地方における酒類製造業者の利益を代表する被告のみならず，法律により『CHAMPAGNE』の名声，信用，評判を保護してきたフランス国民の国民感情を害し，我が国とフランスの友好関係にも影響を及ぼしかねないものであり，国際信義に反するものといわざるを得ない」として，本号を適用した審決を支持した（長谷川俊明「『シャンパンタワー』の商標を指定役務『飲食物の提供』等に使うことが国際信義に

反するとした事例」国際商事法務41巻7号1040頁，諏訪野大「『シャンパンタワー』なる商標を指定役務『飲食物の提供』等に使用することは，国際信義に反するものとして，同商標が商標法4条1項7号に該当するとされた事例」慶應義塾大学法学研究87巻3号49頁）。

一方，「Habsburg（欧紋章様の図形を含む）」について，オーストリアの王家としてのハプスブルク家がなくなってから95年経過しているなどとしてオーストリア国民の感情を害するとまでは認められないとした審決（平25・8・9審決：不服2013-761）がある。

(8) **外国標章等の保護**

『商標審査便覧』（42.119.02の1）は，外国標章等の保護に関する取扱いとして，「著名な死者の肖像若しくは氏名若しくは著名な死者の著名な雅号，芸名若しくは筆名若しくはこれらの著名な略称（以下「死者の氏名等」という。）死者の氏名等は，死亡時の配偶者が生存中であって，その配偶者の承認を得ていない場合等は，商標法第4条第1項第7号に該当するものとして拒絶する。」としている。

次の8号とこの運用基準とは近似しているが，そこでの「他人」は現存する者を対象としているので，死者の場合は本号に関係することとなり，上記「歴史上の人物等」に外国人も含まれるので，配偶者が生存中の場合は，要件を加重することになろうかと思われる。これも，後述の(11)「国際信義に反する商標」の類型の1つと捉えることができよう。

「サガン」について，遺族等の承諾を得ることなく登録することは世界的に著名な死者の著名な略称の名声に便乗することになるなどとしたもの（平23・2・15審決：不服2009-11621）がある。

(9) **他の法律により使用禁止される商標**

(a) 他の法律によってその使用が禁止される商標の例としては，銀行法6条2項は，「銀行でない者は，その名称又は商号中に銀行であることを示す文字を使用してはならない。」と規定している（同種のものとして弁護士法74条，弁理士法76条など）。また，法人格を有する会社が出願人であるのに自己と異なる商号を表した文字を商標出願した場合もあげられる。これは，会社でない者が株式会社等の表示をすることを禁じている会社法7条や，法文上の根拠はないが判例・学説で認められている商号単一の原則に反するからである。もっとも，法人格を有する商号であって出願人（法人又は個人）と異なる商号を表した商標の取扱いについて，商標の使用許諾や営業と切り離しての譲渡も自由であるから，具体的事情の如何によっては，登録を認めないことは問題があるとの見解がある（網野・商標〔第6版〕329頁。なお夢・前掲）。また，第三者からその商号を使用して営業することの許諾を得ている場合や親会社が子会社のために商標出願をしているが商標権取得後には子会社のために専用使用権を設定することを内容とする契約が存在すれば登録を

認めてよいとの見解がある（大村昇「会社商号と公序良俗」特管29巻5号491頁）。現実に，一個人たる出願人が，「共同の目的のために同一の行動をとることを誓ってできた団体」である「連盟」や「協会」の文字をその構成中に有する商標を使用する場合には，「需要者に該名称の者の取扱いに係るものであるかの如く認識され，商取引における秩序を乱すおそれがある」が，その出願について「正当な地位にあることを明らかにした場合」（例えば，その商標の管理について委任を受けていたり使用許諾の事実を証明した場合）に登録を認めた例がある。

例えば，出願人「昭和産業株式会社」に対し商標「昭産株式会社」は公序良俗をみだすおそれがあるとされており（昭45・11・20審決：審決公報855号47頁），東伸製鋼株式会社の東芝製鋼株式会社の文字の入った商標出願を拒絶したもの（昭58・1・27審決：審決公報1573号），大北農業協同組合が「アルプス農業協同組合」の登録をすることは許されないとしたもの（平9・5・9審決：審決公報4638号113頁），他人の「中峰ゴルフ倶楽部」と同一名称のものを採択使用することは許されないとしたもの（平11・5・17審決：審決公報4933号49頁），株式会社八光電機製作所が「八光商事株式会社」の登録をすることは許されないとしたもの（平12・5・25審決：審決公報4638号113頁）などがある。公益法人においても同じであり，財団法人ベターリビングが財団法人・住宅部品開発センターとの文字の入った商標の出願は穏当でないとして拒絶したもの（平元・5・22審決：審決公報3304号）がある。ただし，具体的事情によっては例外が認められよう。出願人「株式会社むさし小金井自動車練習所」に対する商標「小金井自動車練習所」では，この程度の略称は公序良俗違反にならないとしている（昭36・12・8審決：審決公報302号59頁）。

なお，出願人の名称「ホワイト，コンソリデーテッド，インダストリーズ，コーポレーション」と商標「Domestic Sewing Machine Co., Inc.」について，関連会社の関係にあり，商標登録について承諾を得ていることから，社会一般的道徳観念に反しないし，社会公共の利益にも反するおそれはないとした例がある（昭43・3・21審決：審決公報652号）。

判決例としては，商号商標に関するものとして，三段からなる商標のうち「KOSUME MATSUKATA (INDUSTRIES) LTD.」の文字を含む商標は，出願人の松方興産株式会社名の英訳といえないわけではないこと，三段目の部分には出願人の会社名がそのまま表示されていること，世上会社名の英訳として使用されているものが必ずしも正確な翻訳ではなくてその英文名を和訳すれば本来の会社名とは異なった日本名となる類のものが散見されること，一般に法人名や商号を商標とする場合には，1つの法人名ないし商号が表示されるのが通常であり2つ以上の異なった法人名ないし商号が一緒に表示されるようなことは考えられないこと等から，実質的には出願人会社の英訳と考え認識されるであろうから異なる法人名を表示したものと見ることはできないとしたもの（東京高判昭

§4—I ⑦〜⑨　　　　　　　　　　　　　　　第2章　商標登録及商標登録出願

52・12・15無体集9巻2号751頁）がある。

　禁止規範たる法律には種々のものがあり，明らかに倫理的道徳的観点から禁止するものもあれば，単なる行政手続上の観点から禁止するものもある。行政法規違反がただちに民法上の公序良俗違反となることはないが，商標法上は「公の秩序」に該当することもあり得よう（なお，網野・商標〔第6版〕327頁）。

　(b)　他人の著作物である「ミッキー・マウス」を権限なしに商標として登録を得た場合について，たとえ登録商標の使用が請求人の有する著作権に抵触するものであるとしても，その使用が制限を受けることがあるかもしれないがそれだけでは登録商標の使用がその登録を無効とする程度にまで公序良俗をみだすおそれがあるものとは認められないとしたものがある（昭35・4・25審決：審決公報226号23頁。なお，東京高判平13・5・30判時1797号150頁〔キューピー事件〕は，不正競争防止法2条1項2号の不正競争にあたる商標は商標法4条1項19号等で規律されることはあり得るが反社会性があるとまではいえないとして7号該当性を否定した。長沢幸男・平成14年度主判解154頁）。

　「ポパイ」の図形の上段に「POPEYE」の欧文字を，下段に「ポパイ」の片カナ文字を書してなる登録商標に対する無効審判請求事件（昭58年審判第19123号，平7・1・24審決：審決公報4276号31頁）の審決は，次の理由によりこの登録商標を無効とした。後記⑾の国際信義違反，⒀の剽窃的な出願にも関連するが，少し詳しく紹介する。

　「『ポパイ』は，エリジー・シー・シーガーが1919年からニューヨーク・ジャーナル紙上に漫画『シンプル・シアター』を連載し始め，1929年1月17日から該漫画に登場して連載されたことに始まるものである」

　「該漫画は，その後『ポパイ』を主人公としてタイトルも『ポパイのシンプル・シアター』と変更し1932年に映画化されたものであり，常にマドロスパイプをくわえ，ほうれん草を食べると超人的な腕力を発揮して相手を打ち倒す片目の水夫『ポパイ』が，一個性を持った人物像として，我が国内を含む世界中の人々に親しまれていった」

　「少なくとも，本件商標の登録出願当時既に，連載漫画の主人公『ポパイ』は，一貫した性格を持つ架空の人物像として，広く大衆の人気を得て世界に知られており，『ポパイ』の人物像は，日本国内を含む全世界に定着していたものということができる。〔なお，昭和60年（オ）第1576号・最高裁判決（平2・7・20：筆者注）においても，同様の判示がなされているものである。〕そして，漫画の主人公『ポパイ』が想像上の人物であつて，『POPEYE』乃至『ポパイ』なる語は，該主人公以外の何物をも意味しない点を併せ考えると，『POPEYE』『ポパイ』の名称及びキャラクターは，漫画に描かれた主人公として想像される人物像と不可分一体のものとして世人に親しまれてきたものというべきである。」

　「商標法は，不正競争防止法と並ぶ競業法であつて，登録商標に化体された営業者の信

用の維持を図ると共に，商標の使用を通じて商品又はサービスに関する取引秩序を維持することが目的とされている。そして，商標法第4条第1項第7号は，前記目的を具現する条項の1つとして『公の秩序または善良の風俗を害するおそれがある商標は，商標登録を受けることができない』旨を規定しており，その趣旨は，過去の審判決例によれば，その商標の構成自体が矯激，卑猥な文字，図形である場合及び商標の構成自体がそうでなくとも，その時代に応じた社会通念に従つて検討した場合に，当該商標を採択し使用することが社会公共の利益に反し，または社会の一般的道徳観念に反するような場合，あるいは他の法律によつてその使用が禁止されている商標，若しくは国際信義に反するような商標である場合も含まれるものとみるのが相当と解されている。しかして，前記商標法の目的との関係に則して，同号中に規定されている『公の秩序』の意義について検討するに，『公の秩序』中には，商品又はサービスに関する取引上の秩序が包含されているものと解すべきである。」

「本件商標は，前記の漫画『ポパイ』に依拠し，これを模倣又は剽窃して，その登録出願をしたものであると推認し得るものであるといわざるを得ない。そうとすれば，かかる経緯によつて登録を得た本件商標の登録を有効として維持することは，前記『ポパイ漫画』の信用力，顧客吸引力を無償で利用する結果を招来し，客観的に，公正な商品又はサービスに関する取引秩序を維持するという前記法目的に合致しないものといわなければならない。」

「さらに，近時，諸外国との貿易摩擦が激しさを増すなかで，政府は，『市場アクセス改善のためのアクション・プログラムの骨格』を昭和60年7月に決定し，その一環として，外国周知標章の我が国における冒認出願登録等の未然防止が検討課題として取り上げられた結果，特許庁としても，これを重視し積極的に対応することとした『外国標章等の保護に関する処理方針』が設けられた。即ち，その標章(外国標章)が出願商標より先に使用されているものであつて，その国(外国)において著名となつているものであり，出願商標がその標章と構成において同一又は類似のものである場合には，当該出願を他人の著名な標章の盗用と推認し，このような国際信義を損なうような出願商標は，商標法第4条第1項第7号に該当するものとして拒絶する運用を開始したものである(その後の平成8年商標法改正により4条1項19号が創設された：筆者注)。」

「加えて，本件商標は，請求人が著作権を有するポパイの図形と，これと不可分一体のものとして世人に親しまれてきた『POPEYE』及び『ポパイ』の文字を結合してなるものであるから，これを著作権者等に無断で使用することは，商標法第29条による規制の対象となるものであり，かつ，著作権法第21条の複製権・同法第112条の差止請求権・同法113条の侵害とみなす行為等によつても規制されているので，前記商標法第4条第

1項第7号の運用指針の1つである『他の法律によつて、その使用等が禁止されている商標』に該当するものであると解される。」
　この審決はそのまま確定している（なお、著作権侵害訴訟については最判平9・7・17民集51巻6号2714頁参照）。有名キャラクターに関する同種の事案として「ムーミン」について（平9・12・12審決：審決公報4722号139頁）、「となりのトトロ」について（平13・10・5審決：審決公報1050370号）などもある。なお、「オグリキャップ」は競走馬の馬名であるが、それを使用しても社会公共の利益に反しないとするものがある（平9・7・7審決：審決公報4681号31頁。なお、最判平16・2・13民集58巻2号311頁は、「物のパブリシティの保護」を否定している）。
　架空の人物像に関して、知財高判平24・6・27判時2159号109頁〔ターザン事件〕は、「日本では広く知られていないものの、独特の造語になる『ターザン』は、具体的な人物像を持つ架空の人物の名称として、小説ないし映画、ドラマで米国を中心に世界的に一貫して描写されていて、『ターザン』の語からは、日本語においても他の言語においても他の観念を想起するものとは認められないことからすると、我が国で『ターザン』の語のみから成る本件商標登録を維持することは、たとえその指定商品の関係で『ターザン』の語に顧客吸引力がないとしても、国際信義に反するものというべきである」等として、本号該当性を否定した審決を取り消している（井関涼子「著作物のキャラクターからなる商標と商標法上の公序良俗概念」同志社法学65巻1号163頁、西村雅子「商標登録が国際信義に反する場合とは：ターザン事件」AIPPI 58巻2号2頁、佐藤薫「小説の登場人物である『ターザン（Tarzan）』の標章を原作者と関わりのない第三者が商標登録することは公序良俗に反するとした事例：ターザン商標登録事件」判時2178号150頁）。
　なお、「CABINET」の商標は、それと類似する「KABINETT」の語がドイツワイン法においてドイツワインの品質格づけの表示語として用いられているとか「高級ドイツワイン」と品質誤認のおそれがある等の事由をもって公序良俗を害するおそれがあるとはいえないとした東京高判昭55・1・30判例工業所有権法2757の9頁がある。
　ちなみに、登録商標を認めて商標権の行使を許容することが、独禁法に違反するような場合にも本号の適用を示唆する考えがある（田村・商標〔第2版〕106頁）。

⑽　**特定の国若しくはその国民を侮辱する商標**
　『商標審査便覧』では、上記⑶〜⑻までを類型化しているが、それ以外の類型も設定することができよう（ただし、これらの類型が競合することもある）。
　例えば、外国の国旗を燃やしているような図形や「ジャップ」などのように、特定の国若しくはその国民を侮辱する商標も本号に該当する。国際信義に反するものと位置づけられよう。
　著名な事件として、「征露丸」事件がある（大判大15・6・28審決公報大審院判決集号外3号

187頁)。征露丸という名称は露国(ロシア)を征伐する意義を有し,日露戦争後20余年を経過していてもこれを商標として商品に使用することは国際信義に反し公序に違反するものであるとした。ただし,「セイロ丸」は漢字の「征露」とはその表現自体に大きな相違があり,「ロシヤ征伐」の趣旨の「征露」を直感させるものとはいえないから国際信義に反しないとしたものがある(東京高判昭41・4・7判例工業所有権法2757頁)。また,クレオソート製品剤について「正露丸」という名称は,「征露丸」の語から転化したもので,商品の出所表示力の乏しい語として誕生し,その後不特定多数の業者により全国的にクレオソート丸の名称として使用された結果,一般的な普通名称となったので登録を無効にすべきとされた(東京高判昭46・9・3速報97号2466)。「プリンス エドワード」が本人の名誉を毀損し英国民の一般感情を毀損することに繋がるとするものとした例(平9・4・25審決:審決公報4638号107頁),同様の例として「李氏朝鮮」についてのもの(平13・8・29審決:審決公報1048824号)がある。

(11) 国際信義に反する商標

　商標の構成自体が公序良俗に反する場合だけでなく,また上記各類型以外にも,一般に国際信義に反する場合が含まれるとされている。国際信義に反するとする場合の外延は必ずしも明確ではないが,例えば,著名商標のフリーライドの場合に,商品の出所の混同があれば本項15号で拒絶されるが,商品の出所の混同を生じない場合であっても著名商標を希釈化(ダイリューション)することによって商品の流通秩序を侵害するものとして本号により処理すべきであるとの見解がある(夢・前掲34頁)。なお,不正競争防止法2条1項2号は,かかる場合を禁止する。また,「一般に国際信義に反する商標」の例として外国においてのみ周知・著名な外国商標が考えられ,かつては本号違反とされてきたが,4条1項19号で処理されるであろう。そして,内国への進出の蓋然性のある外国の著名商標の冒認出願についても国際的信義に反するもの,ないし,国際的商業道徳に悖り,公序良俗に反するとして本号の適用がなされている(木村三朗「商標登録における悪意の先願者」パテ34巻1号12頁,池永光称・AIPPI国際工業所有権の諸問題402頁,なお,満田重昭「外国商標の冒認登録と権利濫用」学会年報2号209頁。また,江口俊夫「新審判決紹介62〈ルパン三世事件〉(昭和58年登録無効審判第20693号)」企業と発明・発明協会大阪支部345号1頁,小泉直樹「いわゆる『悪意の出願』について——商標法4条1項7号論の再構成」学会年報31号(2007)153頁,松尾和子「赤毛のアン商標無効事件」知管57巻7号1161頁,松田さとみ「国際信義違反認定にあたっての考慮要素の検討」知財ぷりずむ13巻156号11頁等参照)。

　国外に関連する審決例としては,FBIの登録を拒絶したもの(平成元・8・17審決:審決公報3357号35頁),ホワイトハウスについてのもの(平成3・6・13審決:審決公報3699号),ロンドンで有名なLillywhitesの登録をすることは公正な競争秩序を乱し,ひいては国際

§4−Ⅰ ⑦〜⑨

信義に反するとするとしたもの（平4・4・9審決：審決公報10号39頁），画家シャガールについてのもの（平成4・5・14審決：審決公報3823号），Milwaukee presidentail についてのもの（平7・3・15審決：審決公報4292号63頁），エムモンローについてのもの（平9・3・24審決：審決公報4671号7頁），スミソニアンについてのもの（平9・4・22審決：審決公報4637号111頁），有名な一流ホテルであることを示す「H」を図案化したものと同様のマークを採択使用することは商取引における公正な競争秩序を乱すとしたもの（平9・11・13審決：審決公報4711号13頁，同じく平10・10・1審決：審決公報4806号85頁）などがある。また，次の「剽窃的な出願」に関連するが，「CULPEPPER」が内外国である程度の周知性を得ていながら未出願であることを奇貨としてした点を指摘して拒絶したもの（平10・2・4審決：審決公報4740号57頁），イタリアで有名な coin に対し Lacoin についてのもの（平13・9・7審決：審決公報1048901号），有名な「CHANEL」から「C」を抜いたマーク「HANEL」について，名声と信用，顧客吸引力等を毀損しわが国の国際的な信頼も損なうとしたものとしたもの（平14・2・25審決：審決公報1057278号）などがある。一方，ソルボンヌはパリ4大学の俗称ないし通称でありフランスコックの権威，尊厳等を傷つけないとするもの（平7・3・14審決：審決公報433号5頁），「ピカソ」についてのもの（平19・8・28審決：不服2006-12859），「TL-LINCOLN」は直ちにリンカーン大統領を想起するともいい難いとして拒絶査定を取り消したもの（平23・9・21審決：不服2011-2084）などがある。

判決例としては，「カーネギー　スペシャル」についてカーネギーが著名であることを充分に承知しながら利用する意図をもって登録を受けたことを指摘するもの（東京高判平14・8・29裁判所ホームページ）がある。さらに，人気のダイバーズウオッチであるローレックスの「COMEX」が出願されていないことを奇貨として先取り的に出願した行為は商標法1条及び公序に違反するとしたもの（東京高判平17・1・31裁判所ホームページ）もある。

外国人名との関係では，7号該当性を認めた審決例として，「MARC CHAGALL」の名声の冒認を指摘するもの（平4・5・14審決：昭和62年審判第15651号），「ジョン・レノン」についてのもの（平7・3・28審決：審決公報4292号29頁，同平9・3・10審決：審決公報4626号23頁），「JOAN MIRO」についてのもの（平7・11・29審決：審決公報4416号97頁），「JEAN COCTEAU」についてのもの（平8・11・12審決：審決公報4573号19頁），「ジャン　ギャバン」についてのもの（平10・1・9審決：審決公報4721号93頁），「グレタ　ガルポ」についてのもの（平11・2・9審決：審決公報4888号109頁），「ヒッチコック」についてのもの（平11・11・8審決：審決公報1007807号），「ピカソのアルファ」についてのもの（平12・1・4審決：審決公報1015231号），日本人名との関係であるが，「伊東深水」についてのもの（平8・3・28審決：審決公報4481号147頁），「石原　裕次郎」についてのもの（平9・4・9審決：審決公報4638号77

頁）などがある。ただし，「ジェファーソン」については，単に外国人の一般的な氏姓を想起させ大統領の略称を想起する場合があっても約200年もの前の大統領である等から社会公共の利益に反しないとするものとした（平7・1・25審決：審決公報4276号43頁）。判決例としては，「ダリ」に関するもの（東京高判平14・7・31判時1802号139頁。評釈として工業研究126号13頁）などがある。

(12) 公正な競争秩序を害する商標

上記のとおり「社会公共の利益」に反する場合も「公序良俗違反」といい得るが，この関係で，本号の公序良俗を公正な競争秩序の観点から捉える判例もある。歴史上の人物名も同様である。公序良俗概念の拡大現象と捉えることができようか。

判例として有名なのは，石川県の町の経済振興を図るという地方公共団体の公益的な施策としての「母衣旗（ほろはた）まつり」と同じ「母衣旗」の名称による利益の独占を図る意図での出願は，公正な競争秩序を害し公序良俗違反になるとしたものがある（東京高判平11・11・29判時1710号141頁）。なお，参考となる審決例としては，「西の正倉院」に関するもの（平11・12・17審決：審決公報1010932号），「卍」についてのもの（平12・6・20審決：審決公報1021378号），「親鸞聖人の花押」について一私人の独占権を認めることは社会公共の一般的利益等に反するもの（平7・3・31審決：審決公報4292号25頁），「吉田の火祭り」は地域の重要な観光資源であること等から社会公共の利益に反するとしたもの（平23・2・2審決：不服2010-3810），「富士山世界文化センター」は公益的な施策の遂行を阻害することがあるとしたもの（平24・2・17審決：不服2011-8833），逆に，「もったいない」について，出願人が関係しているとして登録を認めたもの（平19・5・10審決：不服2006-21393），「待日本」は社会公共の利益に反し又は社会の一般的道徳観念に反するものとはいい難いとしたもの（平22・11・29審決：不服2009-22986）などがある。

(13) 剽窃的な出願

(a) さらに，前記の公正な競争秩序にも関連するが，剽窃的な出願の場合に本号によって登録が拒絶されることがある。「悪意の出願」自体は，商標法が明文で禁止していないが，その行為態様によっては，信義則・ひいては社会公共の利益・社会一般の道義観念に反することもあり，健全な商標制度の維持のためにも拒絶されるべきであろう。これは，先願主義や信義則と公序良俗概念との調和の問題であろうが，本号の適用場面の拡大傾向が明確に読み取れる。

関連する審決例としては，大仏如来座像の「昭和大仏」が建立されたのを知っていながら，いち早く家具について出願したことが本号違反になるとしたもの（平4・3・5審決：昭60審判18883号），外国の登録商標を盗用したことを指摘するもの（平9・12・25審決：審決公報4722号55頁，同じく平10・6・26審決：審決公報4846号7頁），「カラー キー プログラ

ム」の指導を受けていた者がその許諾を得ることなく日本において出願することは許されないとしたもの（平10・7・31審決：審決公報4806号1頁），同種のものとして「ゴルファーナ」に関するもの（平11・2・8審決：審決公報4880号11頁），相手方と名刺交換をしておきながら国内未登録商標 kroy を登録したものとして本号に該当するとしたもの（平12・10・17審決：審決公報1018714号），代理店交渉の際に知り得た情報をもとに登録を受けたことが公序を害するとしたもの（平13・11・27審決：審決公報1053591号），同様のもの（平11・3・10審決〔北海道新聞社事件〕〈小泉直樹「公序良俗を害する商標」学会年報25号1頁，鈴木恭威「知的財産権の『権利行使』の範囲と独占禁止法の適用について」特研34号46頁），平14・1・11審決：審決公報1055378号），「赤毛のアン」に関する知財高判平18・9・20裁判所ホームページ（松原洋平「著作物の題号と同一の構成の商標が公序良俗に反し無効とされた事例」知財政策15号371頁）などがある。なお，他人の商標のデッドコピーの場合には，取引の競争秩序を乱すおそれがあり，ひいては社会の一般的道徳観念に反するおそれがあるとして拒絶したもの（平11・5・17審決：審決公報4933号49頁），同様に，商標登録されていないことを奇貨として実質的に同一といい得るほど酷似している商標を出願し登録を得たものであり，著しく社会的妥当性を欠き公正な競業秩序を害するものとして本号の適用を認めたもの（平24・12・20決定：異議2012-900364, その決定取消請求訴訟である知財高判平27・1・29裁判所ホームページ〔キムラ事件〕は，4条1項10号の適用のみ判断した）がある。

　この点については，昭和58年審判19123号（平7・1・24審決〔ポパイ事件〕）審決において，特許庁が，昭和61年に，外国において著名となっている商標と構成において同一又は類似の商標の出願を，他人の著名な商標の盗用と推認し，それは国際信義に悖るとして本号に該当するとの運用を始めたことによるものと指摘されている（岡本岳「コンマー／CONMER 商標事件　剽窃的出願による商標の商標法4条1項7号『公の秩序又は善良の風俗を害するおそれのある商標』該当性」（平成21年度主判解（別冊判タ29号）261頁））。

　判決例としては，相手方と取引の交渉をしておきながら無断で商標登録「DUCERAM」を得たことは国際商道徳・国際信義に反するとするもの（東京高判平11・12・22ニュース10331号1頁・判時1710号147頁。同旨を判示するものとして東京高判平14・2・14（平13(行ケ)260号）裁判所ホームページ，小泉直樹「公序良俗を害するおそれがある商標」新商標判例百選18頁），他人が創案した「KJ法」をそれと知りながら剽窃的に出願することは信義則に反し本号に該当するとしたもの（東京高判平14・7・16裁判所ホームページ），「Kranzle」というハウスマークを販売代理店が無断で不正目的をもって出願したことが国際信義に反するなどとしたもの（知財高判平18・1・26裁判所ホームページ）などがある。また，「引用商標（「PUMA」ブランド）の著名であることを知り，意図的に引用商標と略同様の態様による4個の欧文字を用い，引用商標のピューマの図形を熊の図形に置き換え，全体として引用商標に酷

似した構成態様に仕上げることにより，本件商標に接する取引者，需要者に引用商標を連想，想起させ，引用商標に化体した信用，名声及び顧客吸引力にただ乗り（フリーライド）する不正な目的で採択・出願し登録を受け，原告は上記の事情を知りながら本件商標の登録を譲り受けたものと認めることができる。そして，本件商標をその指定商品に使用する場合には，引用商標の出所表示機能が希釈化（ダイリューション）され，引用商標に化体した信用，名声及び顧客吸引力，ひいては被告の業務上の信用を毀損させるおそれがあるということができる。そうすると，本件商標は，引用商標に化体した信用，名声及び顧客吸引力に便乗して不当な利益を得る等の目的をもって引用商標の特徴を模倣して出願し登録を受けたもので，商標を保護することにより，商標を使用する者の業務上の信用の維持を図り，需要者の利益を保護するという商標法の目的（商標法1条）に反するものであり，公正な取引秩序を乱し，商道徳に反するものというべきである」として本号を適用した判決がある（知財高判平25・6・27裁判所ホームページ〔KUMA/PUMA事件〕（小泉直樹「KUMA商標事件〈知財判例速報〉」ジュリ1458号6頁，堀江亜以子「商標パロディと商標法4条1項7号・15号」平成25年度重判解（ジュリ1466号）282頁，平澤卓人「商標パロディと商標法4条1項7号及び15号」知財政策44号283頁，泉克幸「パロディ商標の登録可能性」京女法学6号117頁，平澤卓人「商標のパロディと混同・希釈化の有無」知管64巻10号1600頁））。もっとも，「その登録出願の経緯に著しく社会的妥当性を欠くものがあり，登録を認めることが商標法の予定する秩序に反するものとして到底容認し得ないような場合に限られる」とする判決もある（東京高判平15・5・8（平14(行ケ)616号）裁判所ホームページ。共同事業者の一人が単独で出願した場合について本号の適用を否定したものとして東京高判平10・11・26裁判所ホームページ。なお，大西浩「国際信義」小野＝小松編・法律相談〔改訂版〕156頁）。この「著しく社会的妥当性を欠く」との表現で本号の適用を認めた他の裁判例として，東京地判平27・4・27裁判所ホームページ〔ピタバ事件〕は，「原告による本件商標に係る商標登録出願は，本件特許権の存続期間満了後，原告のライセンシー以外の者による後発医薬品の市場参入を妨げるという不当な目的でされたものであることが推認されるばかりか，本件商標を指定商品『ピタバスタチンカルシウムを含有する薬剤』に使用することを原告に独占させることは，薬剤の取違え（引いては，誤投与・誤服用による事故）を回避する手段が不当に制約されるおそれを生じさせるものであって，公共の利益に反し，著しく社会的妥当性を欠くと認めるのが相当である」とするもの，「フラワーセラピー研究会」の理事に名を連ねたことがあったとしても，その後に「フラワーセラピー」の商標登録出願をすることは，本来普通名称であってそれ自体出所表示性はないので，公序良俗違反とはいえないとするもの（東京高判平12・9・19判時1752号133頁），地域住民等のために活動する特定非営利活動法人が国の経費支出を受け，伝統ある町全体の地域活性化のために行う事業の一環と

して町特産の馬肉を使用したカレーを開発し，その名称「激馬かなぎカレー」を考案したにもかかわらず，町で飲食店を営む原告が商標登録出願されていないのに乗じて出願に及んだとして公序良俗違反を認めた知財高判平24・8・27判タ1406号261頁〔激馬かなぎカレー事件〕(生田哲郎＝中所昌司「剽窃的な出願に係る商標が，公序良俗違反（商標法4条1項7号）に該当するとされたもの」発明109巻11号41頁。なお，知財高判平27・7・9裁判所ホームページは，「激馬かなぎ」も剽窃的出願とした），商標権者等の業務上の信用の維持や需要者の利益保護という商標法の目的に反して自らの保身を図るため商標を利用しているにすぎないこと等から社会通念に照らして著しく妥当性を欠き社会公共の利益を害するというべきであるとして後発的に公序良俗違反に該当するとしたもの（知財高判平24・11・15裁判所ホームページ〔漢検事件〕(岡邦俊「事後的に生じた『公序良俗を害するおそれ』により商標登録を無効とする審決の可否」JCA 674号74頁)），出願に不正，不当な意図がないことが推認されるなどとして本号の適用を否定した事例（知財高判平25・2・6判時2189号121頁〔数検事件〕(工藤莞司「商標法46条1項5号に規定する後発的不登録理由の同法4条1項7号該当性が争われた事例：数検事件」知管63巻12号1977頁)），逆に，商標の存続期間が満了するタイミングに合わせて商標出願をした事実等を指摘して著しく社会的妥当性を欠くとして知財高判平27・8・3裁判所ホームページ〔のらや事件〕などもある。

なお，指定商品を時計とする「国鉄」について，民営化されてから既に25年を経過しており商取引の秩序を害し社会的妥当性を欠くということはできない等として本号に該当しないとした審決（平24・11・9審決：不服2012-8110）がある。

(b) この剽窃的出願に対して本号を適用する傾向に対し，公序良俗という一般条項の補充性の立場からであろうか，本号の適用を制限すべきとする流れが出てきている。

知財高判平20・6・26判時2038号97頁〔CONMAR事件〕が嚆矢であるが，本号に該当するとした無効審決を取り消すに際し，(本号は)「本来，商標を構成する『文字……との結合』（標章，現在では音も加わって定義が異なっている：筆者注）それ自体が公の秩序又は善良な風俗に反するような場合に，そのような商標について，登録商標による権利を付与しないことを目的として設けられた規定である（商標の構成に着目した公序良俗違反）。

ところで，法4条1項7号は，上記のような場合ばかりではなく，商標登録を受けるべきでない者からされた登録出願についても，商標保護を目的とする商標法の精神にもとり，商品流通社会の秩序を害し，公の秩序又は善良な風俗に反することになるから，そのような者から出願された商標について，登録による権利を付与しないことを目的として適用される例がなくはない（主体に着目した公序良俗違反）。

確かに，例えば，外国等で周知著名となった商標等について，その商標の付された商品の主体とはおよそ関係のない第三者が，日本において，無断で商標登録をしたような

場合，又は，誰でも自由に使用できる公有ともいうべき状態になっており，特定の者に独占させることが好ましくない商標等について，特定の者が商標登録したような場合に，その出願経緯等の事情いかんによっては，社会通念に照らして著しく妥当性を欠き，国家・社会の利益，すなわち公益を害すると評価し得る場合が全く存在しないとはいえない。

　しかし，商標法は，出願人からされた商標登録出願について，当該商標について特定の権利利益を有する者との関係ごとに，類型を分けて，商標登録を受けることができない要件を，法4条各号で個別的具体的に定めているから，このことに照らすならば，当該出願が商標登録を受けるべきでない者からされたか否かについては，特段の事情がない限り，当該各号の該当性の有無によって判断されるべきであるといえる。すなわち，商標法は，商標登録を受けることができない商標について，同項8号で……と規定し，同項10号で……と規定し，同項15号で……と規定し，同項19号で…と規定している。商標法のこのような構造を前提とするならば，少なくとも，これらの条項（上記の法4条1項8号，10号，15号，19号）の該当性の有無と密接不可分とされる事情については，専ら，当該条項の該当性の有無によって判断すべきであるといえる。

　また，当該出願人が本来商標登録を受けるべき者であるか否かを判断するに際して，先願主義を採用している日本の商標法の制度趣旨や，国際調和や不正目的に基づく商標出願を排除する目的で設けられた法4条1項19号の趣旨に照らすならば，それらの趣旨から離れて，法4条1項7号の『公の秩序又は善良の風俗を害するおそれ』を私的領域にまで拡大解釈することによって商標登録出願を排除することは，商標登録の適格性に関する予測可能性及び法的安定性を著しく損なうことになるので，特段の事情のある例外的な場合を除くほか，許されないというべきである。

　そして，特段の事情があるか否かの判断に当たっても，出願人と，本来商標登録を受けるべきと主張する者（例えば，出願された商標と同一の商標を既に外国で使用している外国法人など）との関係を検討して，例えば，本来商標登録を受けるべきであると主張する者が，自らすみやかに出願することが可能であったにもかかわらず，出願を怠っていたような場合や，契約等によって他者からの登録出願について適切な措置を採ることができたにもかかわらず，適切な措置を怠っていたような場合（例えば，外国法人が，あらかじめ日本のライセンシーとの契約において，ライセンシーが自ら商標登録出願をしないことや，ライセンシーが商標登録出願して登録を得た場合にその登録された商標の商標権の譲渡を受けることを約するなどの措置を採ることができたにもかかわらず，そのような措置を怠っていたような場合）は，出願人と本来商標登録を受けるべきと主張する者との間の商標権の帰属等をめぐる問題は，あくまでも，当事者同士の私的な問題として解決すべきであるから，そのような場合にま

で，『公の秩序や善良な風俗を害する』特段の事情がある例外的な場合と解するのは妥当でない。」として，無効2006-89181号事件について本号に該当するとした無効審決を取り消した（ただし，19号には該当すると指摘した）ものである（岡本岳・前掲平成21年度主判解260頁。池下朗「登録要件・公序良俗」牧野ほか編・知財大系Ⅱ224頁は，「公益的な一般条項適用の補充性を示したものといえる」，と指摘している）。

⒁ **基 準 時**

本号が適用されるのは登録査定時であるから，出願時に本号に該当していなくても登録査定時までに該当すれば拒絶される。査定も行政処分であるが，その行政処分一般の違法判断の基準時について，処分時説を認めるものとして最判昭34・7・15民集13巻7号1062頁がある。後発的公序良俗違反と判断された例として，前出の知財高判平24・11・15裁判所ホームページ〔漢検事件〕がある。登録時にはスポーツ愛好家の間で有名になっていたが出願時にはそのような事実が認められない場合には，その周知・著名商標と類似する商標は登録可能とされる（東京高判平11・3・24判時1683号138頁〔ユベントス事件〕）。

⒂ **無効の抗弁**

本号に該当すると，拒絶理由通知（商標15条の2），拒絶査定（同15条）の対象となり，無効理由（同46条1項1号）となる。また，商標権侵害訴訟では無効の抗弁（権利行使制限の抗弁）を主張し得る（同39条が準用する特許法104条の3）が，3条，4条1項8号，11～15号等と異なり無効審判請求についての除斥期間はないので（商標47条1項），商標設定登録後5年以上経過していても無効の抗弁を主張し得る。

無効の抗弁を認めた例として，前述の，東京地判平26・4・30裁判所ホームページ〔遠山の金さん事件〕や東京地判平27・4・27裁判所ホームページ〔ピタバ事件〕などがある。

Ⅱ　肖像・氏名等

8号から19号（ただし，9号と16号は除く）は相対的不登録事由である。

他人の肖像・氏名・名称など若しくはこれらの著名な略称を含む商標（8号）。

⑴ **他人の肖像・氏名・名称・著名略称**

他人の肖像又は他人の氏名・他人の名称，若しくは著名な雅号・芸名・筆名，若しくはこれらの著名な略称を含む商標（その他人の承諾を得ているものを除く）は，他人の人格権を保護するために，不登録事由に挙げられている。

本号の保護法益についてかつては人格権説，混同防止説，折衷説等が存在したが，今日では，他人の承諾が登録の条件となっていること，混同防止については4条1項15号が別個に規定されていること，登録無効審判請求の除斥期間に私益的不登録事由として本号が規定されていること（商標47条），等から人格権説が判例・通説といえる（小野＝三

山・概説147頁，網野・商標〔第6版〕336頁，兼子＝染野・新特許・商標338頁，豊崎・工業〔新版増補〕364頁，田村・商標〔第2版〕217頁，小島庸和「商標法第4条1項8号の『他人の名称』に該当しないとされた事例」特管34巻2号1984頁，和久井宗次「他人の氏名使用と承諾」商標判例百選34頁，紋谷暢男「商標法4条1項8号の趣旨，『他人の名称』の範囲及びその著名性具備の要否」特管29巻5号569頁，松尾和子「株式会社の商号と商標法4条1項8号」民商89巻2号95頁，谷口由記「株式会社の商号と商標4条1項8号」村林還暦157頁，逐条解説〔第19版〕1287頁，等。判例については後記(9)(d)の混同に関する紹介部分をも参照)。なお，最判平16・6・8判時1867号108頁〔レナード・カムホート事件〕は，「（8号の趣旨は）肖像，氏名等に関する他人の人格的利益を保護することにあると解される」とした。また，最判平17・7・22裁判所ホームページ〔国際自由学園事件〕は，「人（法人等の団体を含む）の人格的利益を保護する」ものとした。

　著名な雅号・芸名・筆名，若しくはこれらの著名な略称は氏名と同じく特定人の同一性を認識させる機能があることから，34年法によって付け加えられたものである。

(2) **商標審査基準**

『商標審査基準』〔改訂第12版〕（第3の七）は，次のように説明している。
「1．本号でいう『他人』とは，現存する者とし，また，外国人を含むものとする。
　2．自己の氏名等と他人の氏名等が一致するときは，その他人の承諾を要するものとする。
　3．本号でいう『著名』の程度の判断については，商品又は役務との関係を考慮するものとする。」

(3) **他　人**

(a) 現存する自然人　「他人」とは，自己以外のもので，現に日本国に生存する自然人（相続人は含まない），又は現存する法人である（他人の肖像，氏名，名称又は商号を濫用して商品の出所に関し世人に誤解を生ぜしめ不測の損害を被らせることを予防すると同時に正当権利者の信用を傷つけることのないようにしたものが本号の趣旨であるから，他人とは生存者に限る，としたものに大判昭3・3・29評論18巻諸法238頁）。「他人」には外国人を含むが（前記『商標審査基準』），外国在住の外国人については議論が分かれている（網野・商標〔第6版〕338頁）。なお，『商標審査便覧』（41.103.01の5「外国の地名等に関する商標について」）では，「外国の個人，法人等もすべて対象とすることはいうまでもないが，外国の場合は不明な場合が多いから，審査にあたってはできるだけ資料を整備すること及び業界とのコンタクト等により情報を収集するように努め，また，情報提供があれば，それも審査資料として判断する。」としている。

　「肖像」については，本人の肖像が，商標の要部でなくても，本人を認識することができる程度に商標中に含まれていれば，その者の承諾を必要とする（「氏名」・「名称」・「略称」

〔小野＝小松〕

が一部に含まれている場合でも同じである)。また扮装した肖像であっても,本人と認識することができる場合も同様である。これは,人格的利益保護の見地よりそのように解される。

「氏名」とは,自然人の氏姓及び名前,すなわちフルネームである。氏のみあるいは名のみは,氏名ではないから本号は適用されない。「名称」は,法人の名をいう(株式会社の部分を省略した場合に,「名称」か「略称」かの問題については,後記(9)(b)の法人名を参照)。本人の氏名・名称と他人の氏名・名称とが同じ場合は,他人の承諾が必要であると考えられる(審決昭27・10・31昭和26年審判229号,兼子=染野・新特許・商標337頁。なお,商標と名称等の同一性に関する判例等については,後記(9)参照)。

なお,商標法26条1項1号の「名称」に法人でない企業グループ名「小僧寿し」が認められている(最判平9・3・11民集51巻3号1055頁)。

「他人性」に関し,人格的利益の帰属主体である自然人が出願時に死亡していた場合との関係について,知財高判平21・10・30裁判所ホームページ〔空手道極真館事件〕は,「法4条1項8号が一定の人格的利益を保護するものであることからすると,ある商標登録が8号に該当すると判断されるためには,当該商標に係る人格的利益の帰属主体(自然人又は団体)が特定されることが必要であり,この特定は,当該商標が当該主体の肖像・氏名・名称を含むか否か,著名な雅号,芸名又は筆名を含むか否か,これらの著名な略称を含むか否かといった各要件該当性判断の論理的前提となるものである。しかも,法4条1項8号該当性の基準時は同号に違反したとされる商標登録の出願時及び登録査定時と解されるから,上記人格的利益の帰属主体ひいては上記著名性等はこれら基準時において現に存在することを要するし,人格的利益は一身専属的な権利であり相続の対象にはならないことからすれば,自然人の場合はその死亡により8号により保護すべき人格的利益が消滅し,8号該当性も消滅する」とした。同様に,知財高判平17・6・30裁判所ホームページは,本号が「その他人の承諾を得ているものを除く」と定めていることが,「他人」は生存ないし現存している者に限られると説示する。

(b) **法人格なき社団** ここでいう「他人」に,「フリーフレーム協会」という法人格のない社団が含まれるか否かについて,審決が法人格を有しない団体は本号にいう「他人」にはあたらないとした(平9・4・15審決:審決公報4616号97頁も「アイビー・リーグ」を「他人」にあたらないとした)のに対し,東京高裁は,「法人格のない社団は,法人格を有しない故に一定の範囲で権利主体となることに制限があるとはいえ,個々の構成員とは別個に独立して存在し,社会において一定の地位を占めるものであるから,その実質的な社会的地位に伴う名誉,信用等の人格権的利益を享有しうるものであることは,社団法人の場合と変わりがなく,そのような利益のうちには,自己の名称等が他人によってみだり

に使用されない利益をも含むものというべきである。そして，商標法4条1項8号（以下『本号』という。）が『他人の氏名若しくは名称若しくは著名な雅号，芸名若しくは筆名若しくはこれらの著名な略称を含む商標』について商標登録を受けることができないとした趣旨は，当該『他人』の『氏名若しくは名称……若しくはこれらの著名な略称』に対する人格権的利益を保護することを主たる目的とするものであることは，本号かっこ書に「（その他人の承諾を得ているものを除く。）」と規定されていることから明らかである。そうすると，法人格のない社団が一定の範囲で商標法上の権利の主体となりえないものとされているとしても，同法が，一般私法上の人格権的利益の保護を主たる目的とする本号から，法人格のない社団を除外している，すなわち，本号にいう『他人』に法人格のない社団は含まれない，と解する理由はなく，その名称又はその著名な略称を含む商標は，本号によって商標登録を受けることができないものと解すべきである。このように法人格のない社団が本号の『他人』に含まれると解しても，社団性の乏しい団体は，ここでいう『法人格のない社団』に該当しないわけであるから，被告主張のように浮動的に生成，消滅する無数の任意団体の存在によって正当な商標登録出願が妨げられるおそれがあるということはできない。したがって，審決が，原告が法人格のない社団であることから直ちに，原告の名称の略称が本号にいう『他人』の略称に当たらないとしたことは誤りであるといわなければならない。」と判示し（東京高判平10・1・14知財集30巻1号212頁），「フリーフレーム協会」から団体の性質を表す「協会」の部分を省いた「フリーフレーム」が「他人の名称の略称」にあたり，商標登録出願時に他人の略称として著名となっていたとして，無効審判請求不成立とした審決を取り消している。東京高判平14・10・24判時1111号179頁も「日本美容医学研究会」は著名な名称ではないとして同旨の判決をしている。

(4) 略称の意義

「雅号，芸名若しくは筆名若しくはこれらの略称」は，「著名な」ものに限定されている。これらは戸籍簿や登記簿等への届出の方法もなく，各人が自由に名づけ得るものであって，これを認識することは困難であり，また，そのすべてを保護するのは保護が過重にすぎるからである。「これらの略称」の法文の文言中の「略称」の文言は，「氏名・名称・雅号・芸名・筆名」の全部にかかっており，「著名」の文言は，「雅号・芸名・筆名」にかかっている。勿論，「他人」の文言は「肖像」より「これらの著名な略称」までの全体にかかっている。

　雅号，芸名，筆名は，著名であることを要するが，氏名・名称は著名でなくてもよい（東京高判昭44・5・22無体集1巻132頁）。本号の立法趣旨は混同防止でなく，人格的利益保護より定められた規定であるからというにある。しかし，社会通念上特定人を指すもの

として認識される程度にありふれたものでないことを要する。ある程度の著名性，稀少性を必要とすると解すべきであるとの説もあるが（網野・商標〔第6版〕334頁，山本桂一・判民昭和17年35事件等），稀少性までも要しないであろう（小野＝三山・概説148頁）。これに対し，事実の存在だけで足りるとする説もある（兼子＝染野・新特許・商標336頁，前掲東京高判昭44・5・22無体集1巻132頁）。また，第三者による氏名や名称の無断使用がこれら氏名等の所有者に対し精神的苦痛，不快感を与えることが客観的に肯定される場合に限定する説もある（松尾・前掲民商89巻2号95頁）。

　審決例としては，「雅叙園」について著名な略称と認め（平6・8・30審決：審決公報4199号21頁），同様に，「日本閣」を日本閣観光株式会社の著名な略称として（平6・11・29審決：審決公報4291号63頁），「ランヴァン」を「ランヴァン　パルファン」「ジャンヌ・ランバン」社の著名な略称として（平8・3・12審決：審決公報4481号23頁），「塩瀬」を「合資会社塩瀬総本家」の著名な略称として（平8・3・14審決：審決公報4480号17頁），「ジャックダニエル」を著名な略称として（平8・7・29審決：審決公報4508号5頁），「トキコ」を全国の野球ファンに著名な略称として（平9・2・21審決：審決公報4616号81頁），「ビブラム」について（平9・3・7審決：審決公報4637号39頁），「同志社」について（平9・5・14審決：審決公報4656号31頁），「TIFFANY」を「Tiffany & Co」の著名な略称として（平9・7・14審決：審決公報4682号123頁），「エルメス」を「エルメス社」の著名な略称として（平9・10・28審決：審決公報4705号91頁），「スリーエム」について（平10・6・12審決：審決公報4834号13頁），「フェンディ」について（平9・11・26審決：審決公報4713号135頁），「NIKKEI」を「株式会社日本経済新聞社」の著名な略称として（平10・6・30審決：審決公報4794号77頁），「フランソワナール」をスーパーモデル等のメークアップアーチストとしての氏名として（平10・10・2審決：審決公報4849号9頁），「芳村伊四郎」を芸名として邦楽界及び邦楽に関心を有する者の間に著名なものとして（平10・10・2審決：審決公報4849号21頁），「JFL」について（平10・12・11審決：審決公報4865号117頁），「セント・アンドルーズ」について（平11・3・24審決：審決公報1004410号），「アメックス」について（平11・4・2審決：審決公報4904号45頁），「メディアファクトリー」について（平11・5・6審決：審決公報4936号93頁），などはそれぞれ著名な略称と認め，また，「Intel」を著名な略称と認めて「Intelbee」について本号の該当性を認めたもの（平13・10・31審決：審決公報1053580号）もある。その他，「CBS」（平13・9・26審決：平成10年審判第7628号），「ローム」（平14・6・10：無効2001-35335），「VALENTINO（ヴァレンティノ）」（平14・12・10審決：無効2002-35124），「CITI（Citi）」（平15・2・14審決：無効2002-35067），「フリーフレーム」（平15・9・30審決：不服2000-15711），「CROME HEARTS」（平16・7・12審決：無効2003-35396），「CECIL McBEE」（平16・10・20審決：不服2000-11424），「CART」（平17・2・8審決：平成11年審判第11012号），「筑紫樓」（平17・5・13審決：無効

2004-89024)、「大丸」（平17・6・29審決：不服2003-17879）、「カインズ」（平18・7・21審決：無効2005-89158）、「楽天」（平18・8・29審決：不服2005-15119）、「SCHUMACHER」（平20・2・21審決：不服2005-65083）、「世界陸上」（平20・7・10審決：不服2007-396）、「大神神社」（平21・1・27審決：無効2008-890021）、「鶴太郎」（平21・9・8審決：不服2007-27026）、「金比羅」（平22・4・13審決：不服2009-5250）、「ビヨンセ」（平23・10・24：不服2011-650122）、「シャーリー・テンプル」（平23・11・25審決：不服2011-4951）、「ISO」（平24・7・24審決：不服2011-5595、なお「ISORATE」は「ISO」を連想、想起しないので、「著名な略称」を含むとはいえないとした）、「Vivienne Westwood」（平25・11・20審決：不服2013-10756）、等が著名な略称として認められている。

　なお、商標を構成する「エリザベス」、「ELIZABETH」の語は、わが国においてもさまざまで特殊な語ではないことは顕著な事実であり、もとより、この語が特定の会社の商号の略称として固定していたと認めるべき証拠はないので、他人の商号又はその略称にはあたらないとしたものがある（東京高判昭45・6・16判タ256号271頁）。

(5) 略称の著名性

　「略称」の著名性は、一地方のものでは足らず全国的なものでなければならない、という（東京高判昭56・11・5無体集13巻2号793頁〔月の友の会事件〕。その上告審である最判昭57・11・12民集36巻11号2233頁は、「原審の判断を正当として是認することができる」としており、明示的ではないが全国的な著名性を要求していると評価するものに、小島・前掲192頁。ただし、全国的著名の要求については疑問を呈している。なお、松尾和子・前掲民商89巻2号95頁は、例えば特定の造語から構成された商号であって会社の種類を示す文字のみを欠く略称の場合は、最も低度の「著名性」をもって十分であるとし、原審がすべての場合に全国的な著名性を求めているとするなら誤りであるという。関根秀太「商標法4条1項8号と株式会社の商号」判評293号60頁は、地理的範囲も全国的なものである必要はなく、特定の取引分野で限定的に知られているにすぎないものでも保護に値するから、原審の判断は過度な要件を課しているという。清永利亮「商標法4条1項8号と株式会社の商号」法曹37巻11号295頁も、一般的に一律に、略称の著名性は一地方のものでは足らず全国的であるとしたといい切れるかどうか、について疑問を呈している。同旨、田村・商標20頁。上記最高裁判決の評釈として、他に清永利亮「商標法4条1項8号と株式会社の商号」ジュリ785号70頁、同「株式会社の商号と商標法4条1項8号」季刊実務民事法3号202頁、小島庸和「株式会社の商号と商標法4条1項8号」金商673号55頁ほか）。

　東京高判平14・6・26速報327号10847〔力王事件〕は、人格権が侵害されたというには、「特定の商品の取引者、需要者に広く知られているかどうかではなく、その略称が特定人を表示するものとして世間一般に知られているかどうかを問題とすべき」として、いわゆる「世間一般基準」をとっている（同旨の判決として東京高判平16・8・9判時1875号130頁

§4-Ⅰ⑦〜⑨　　　　　　　　　　　　　第2章　商標登録及び商標登録出願

〔CECIL McBEE事件〕がある。なお，最判平17・7・22判時1908号164頁〔国際自由学園事件〕は，商標の指定商品又は指定役務の需要者（教育関係者をはじめとする知識人の間では広く知られているとした）のみを基準とすることは相当でなく（原審は，需要者である学生等の間では広く認識されていないなどとして8号に該当しないとした），「一般に受け入れられるか否かを基準として判断されるべき」として知財高裁に差し戻した。その後，知財高判平17・12・27は著名な略称を認めて有効審決を取り消した。この最高裁判決を引用するものとして知財高判平27・6・18裁判所ホームページ〔こんぴら製麺事件〕がある）。商標審査便覧41.103.01「外国の地名等に関する商標について」は，「『一般財団法人』『株式会社』『CO.』『CO., LTD』等を除いた部分が一見して特定人の名称として理解されるものは，第4条第1項第8号に該当するものとして拒絶する。」としている。東京高判平12・1・27（平11(行ケ)184号）裁判所ホームページ〔ダイレクトライン事件〕は，指定役務に関する業務を行っている保険業界では著名となっていたとして本号の適用を認めた。なお，商工会議所の確認書等について著名性の証明力を問題にするものとして前掲東京高判平14・10・28速報331号11093〔日本美容医学研究会事件〕がある。

(6)　他人の承諾

他人の承諾は登録の要件であり（8号括弧書），出願人より承諾書を差し出すことを要する。これのないときには，審査官は，補正命令を発することなく商標出願の拒絶理由の通知をすることになる。いったん承諾書が提出されても登録査定時に撤回されると承諾がなかったものとなるとされる。査定時に承諾がなかったが出願時にはあった場合に8号本文だけが3項に適用されるのかが問題となる。この点について，前掲最判平16・6・8判時1867号108頁〔レナード・カムホート事件〕は，「8号……の趣旨は，肖像，氏名等に関する他人の人格的利益を保護することにあると解される。したがって，8号本文に該当する商標につき商標登録を受けようとする者は，他人の人格的利益を害することがないよう，自らの責任において当該他人の承諾を確保しておくべきものである。また，3項は，………，商標法4条1項各号所定の商標登録を受けることができない商標に当たるかどうかを判断する基準時が，原則として商標登録査定又は拒絶査定の時（拒絶査定に対する審判が請求された場合には，これに対する審決の時。以下『査定時』と総称する。）であることを前提として，出願時には，他人の肖像又は他人の氏名，名称，その著名な略称等を含む商標に当たらず，8号本文に該当しなかった商標につき，その後，査定時までの間に，出願された商標と同一名称の他人が現れたり，他人の氏名の略称が著名となったりするなどの出願人の関与し得ない客観的事情の変化が生じたため，その商標が8号本文に該当することとなった場合に，当該出願人が商標登録を受けられないとするのは相当ではないことから，このような場合には商標登録を認めるものとする趣旨の規定であると解される。8号及び3項の上記趣旨にかんがみると，3項にいう出願時に8号に該

当しない商標とは，出願時に8号本文に該当しない商標をいうと解すべきものであって，出願時において8号本文に該当するが8号括弧書の承諾があることにより8号に該当しないとされる商標については，3項の規定の適用はないというべきである。したがって，出願時に8号本文に該当する商標について商標登録を受けるためには，査定時において8号括弧書の承諾があることを要するのであり，出願時に上記承諾があったとしても，査定時にこれを欠くときは，商標登録を受けることができないと解するのが相当である。」としている。「他人の承諾」の有無（事実認定）が問題となった事例として，知財高判平19・3・28裁判所ホームページ〔Men-Tsee-Khang事件〕がある。

なお，実務上は，自己の氏名と一致するすべての他人の承諾を必要とするのではなく承諾を要する「他人」にはある程度の著名性が考慮され，また登録異議申立てなどにより積極的に人格権の保護を主張した場合に承諾が必要となる，とされている（工藤・解説203頁。なお，網野・商標〔第6版〕338頁）。また，本号は「……を含む商標」と規定されており，商標の一部に他人の氏名・肖像等が含まれている場合も承諾が必要である。

譲渡人の商号と同一の商号商標の登録出願により生じた権利が譲渡された場合には，名義変更の根拠である譲渡の性質上その商号をも使用することの承諾をしたことになるから，その譲渡人の承諾は不要である（昭27・11・12審決，判例工業所有権法780頁）。

(7) 過誤登録

過誤により，他人の承諾なしに商標登録がなされた場合にも，その者（他人）は登録商標権による制限を受けず，普通に用いられる方法で，氏名を使用することができる（商標26条）。他人の承諾なく登録された場合には，その他人が，その氏名・名称などの権利行使をなし得る。具体例として，明治製菓株式会社は，明治と図形の結合よりなる商標の商標権が存在していても，その名称を普通に用いられる方法で使用しうるとするもの（大判昭9・5・17民集13巻742頁）などその例は多い。しかし，他人の承諾を得た場合においても，その商標が他人の業務にかかる商品と混同を生ずるおそれがある場合には，登録出願は拒絶を受ける（15号参照）。なお，過誤登録と類似する商標について連合商標の登録出願をするにあたり，他人の承諾が不要となることはないとされていた（東京高判昭36・3・30行集12巻3号540頁。ただし，現在は連合商標制度は廃止された）。

(8) 15号・16号等との関係

本号には該当しなくても，15号や16号などに該当すれば登録されないことは当然である（大判昭7・3・29民集11巻524頁）。また，登録出願の時に本号に該当していなければ，登録時に該当するようになっても本号は適用されない（商標4条3項）。逆に，出願当時他人が存在していても登録時に存在しなくなれば登録される。保護すべき人格権が消滅するからである。そして，前掲最判平16・6・8は，出願時に他人が承諾していても査定

〔小野＝小松〕

時にその承諾を撤回していた場合には，他人の人格的利益を害さないようにする制度であるから登録は受けられないとした（平尾正樹「商標法4条1項8号の『他人の承諾』が出願審査中に撤回されたケースにおける同条3項の適用」判評554号27頁，長谷川浩二「他人の肖像，氏名等を含む商標について商標登録を受けるために必要な承諾の有無を判断する基準」L&T 26号73頁，吉田和彦「他人の氏名等を含む商標の登録に必要な承諾の存在時期」法律のひろば58巻6号67頁，横山久芳「他人の氏名の商標登録と承諾」平成16年度重判解（ジュリ臨増1291号）270頁，髙部眞規子「人の肖像，氏名等を含む商標について商標登録を受けるために必要な当該他人の承諾の有無を判断する基準時」平成16年度主判解（判タ臨増1184号）172頁，等。なお，島並良「他人の氏名・名称等を含む商標(3)：他人の承諾の有無の判断基準時〔LEONARD KAMHOUT 事件〕」新商標判例百選24頁は，出願人において，出願時から査定時までの間，出願人自らの責任で承諾を確保しておくべきとの説示部分に疑問を呈する）。

(9) 本号に関する判例等

(a) 商標と名称等の同一性　　出願商標と名称等の同一性の判断に関するものとして，商標「東京ドラッグ」と名称「合名会社東京ドラッグ商会」について，商標の記載と商号の記載との外形上の同一又は類似のいかんにかかわらず一般取引市場において世人が商標の記載と商号との間に同一性があることを認めることができればよく，何人も「東京ドラッグ」というときは「合名会社東京ドラッグ商会」を意味するものと解するとした（大10・12・16審決，新聞1989号8頁。ただし，後記(b)の最判昭57・11・12参照）。商標「嘉納鶴」を清酒に使用する場合と酒造業者の商号「嘉納」との関係について，必ずしも商標そのものと名称等を対照するのではなく，当事者の営業並びにその製造販売する商品等をも考慮すべきであって，商標の一部に商号を主要部分として含むことにより取引の実際上特定の商人を指摘するに十分な場合は，誤認混同を生じるおそれがあるから登録は許されないとしている（大判大13・12・19民集3巻531頁）。他人の名称たる商号が登記されている以上はその流布されている地域の広狭は問わない（大判昭16・7・18判例工業所有権法779頁）。「京人形商工業協同組合」と「京人形協同組合」とはその同一性を有しないことは名称の構成自体から明らかであるとしたものがある（東京高判昭49・2・27判例工業所有権法2759の20頁）。

　他人の著名な略称との同一性に関しては，商標「SONYAN」は6文字のうち語頭から4文字は著名な略称である「SONY」と一致しているのに対し，これに付随する語尾の2文字「AN」は，英語においては，「……の」「……の性質の」「……人」の意の語を形成する場合にしばしば用いられる形容詞及び名詞の接尾語であって，わが国における英語の知識の普及度に徴すると「AN」について右の語意を直感するにとどまる者の多いことも明らかであるから，一般世人がこれに接した場合，「SONYAN」の構成から著名

な略称である「SONY」を容易に想起看取し，その主要部を「SONY」として理解する蓋然性が極めて大きく，この商標は他人の著名な略称を含む商標であるとした（東京高判昭53・4・26判タ364号274頁）。商標「HECON」に対し，商号「HECON CORPORATION」の略称は「HECON」であるが，商標出願の時までに日本国内で販売を始めてから3年しか経過しておらず，その販売製品はキーカウンターなどの特殊な分野に属するものであり，その販売数量については日本国内でのシェアが不明である場合には，その略称について著名性を認めることはできないとした（東京高判昭55・10・29判例工業所有権法2759の30頁）。商標「ヘンク」について，他人の電磁カウンタの商品名「ヘンクカウンタ」の名称が徹底し，これにともない取引上「ヘンク」がその他人自身の略称であることが当業界において著名となっていたことを理由として本号の適用が認められた（東京高判昭56・11・26判例工業所有権法2759の38頁）。商標「ヒルトン HILTON」に対し，ヒルトン・インターナショナル・カンパニーの略称である「ヒルトン」ないしは「HILTON」は著名であるとして，本号違反を理由とする登録無効を認めた（東京高判平元・11・9判時1338号144頁。なお，この判決では，「ヒルトン・インターナショナル・カンパニー」と「ヒルトン・ホテルズ・コーポレーション」という「他人の名称の著名な略称」における「他人」が複数存在していてもかまわないとしている）。また「ジャックダニエル」の名称は，著名な略称であるとして，登録無効理由を認められている（東京高判平7・12・20判例工業所有権法〔第2期版〕7365の3頁，ただし，被告不出頭で擬制自白）。

　なお，「他人の著名な略称を含む」との要件との関係で，知財高判平21・10・30裁判所ホームページ〔空手道極真館事件〕は，「（本号）の趣旨は，人の肖像，氏名，名称等に対する人格的利益を保護するものであり，同号の文言が『著名な略称を含む』とするのみで使用態様に何ら留保を設けていないことからすると，8号の『著名な略称を含む』に該当するといえるためには，著名な略称が商標の構成中に他に紛れなく識別し得るものとして含まれていれば足りる」とし，「本件商標は，『空手道極真館』を標準文字で書して成るもので，『空手道』『館』は一般名詞に近い存在であり，その構成において『極真』の語を紛れなく識別可能であるから，原則として著名な略称を含むものということができ」るので，審決が，「極真館」の文字全体をもって一体不可分の語と認識されるから「著名な略称を含む」ということはできないとした判断を否定した。

　また，知財高判平24・1・30裁判所ホームページ〔メルク事件〕は，本号の該当性を判断する前提として，出願商標に他人の氏名や略称等が物理的に含まれていても法的に「含む」ことになるかどうかについて，「問題となる商標に他人の略称等が存在すると客観的に把握できず，当該他人を想起，連想できないのであれば，他人の人格的利益が毀損されるおそれはない。そうすると，他人の氏名や略称等を『含む』商標に該当するかどう

〔小野＝小松〕

かを判断するに当たっては，単に物理的に『含む』状態をもって足りるとするのではなく，その部分が他人の略称等として客観的に把握され，当該他人を想起・連想させるものであることを要する。かかる見地から見るに，本件商標の片仮名文字部分『メルクス』は需要者に一体として看取されると見るのが相当であり，『メルク』を独立して看取することはできないことは前記のとおりである。そうすると，『メルク』，『MERCK』，『Merck』が原告の名称の略称として，医薬品や化学製品の需要者のみならず，一般消費者の間において周知・著名であるとしても」8号に該当しないとした。

　(b) 法人名　法人の名称から株式会社や有限会社等の部分を除いても「名称」であるのか著名性を要求される「略称」になるのかについては，判例等が分かれていた。かつての判例として，他人の名称である「財団法人日本美容医学研究会」の「財団法人」の部分は，「有限会社」「株式会社」などと同様に，一般取引者保護のために法人の種類を示すよう法律上要求されているにすぎず，その団体若しくは社会的存在としての特定に必要不可欠な要部は，その部分を除いた「日本美容医学研究会」であること，したがって日常生活において他の団体若しくは社会的存在から区別するために，特定の必要上称呼する場合には，「財団法人」という法人の種類を示す部分を省いて「日本美容医学研究会」と呼ぶ場合が多いこと，また「日本美容医学研究会」は少なくとも美容医学の研究団体としてその他人を指すものと一般に理解されていると推認されるから，商標「日本美容医学研究会」は他人の名称を含む商標であるとした（東京高判昭52・12・22判タ364号277頁）。

　これに対し，法人の名称は登記簿上の記載の全体を指すから「The Seven Up Company」のうち「Seven Up」のみでは本号の名称にあたらないとするものもあった（東京高判昭52・6・1無体集9巻1号504頁）。

　「月の友の会事件」では，高裁段階で，商標「月の友の会」に対し，商号「株式会社月の友の会」の著名性を要求されていない「他人の名称」は自然人の「氏名」同様「株式会社月の友の会」であって「月の友の会」ではなく，「略称」の著名性とは，一地方のものでは足らず全国的なものでなければならないと解されるところ，「月の友の会」が全国的に著名であったことを認めるに足りる証拠はないとして本号の適用を否定した（東京高判昭56・11・5無体集13巻2号793頁）。そして前掲最判昭57・11・12民集36巻11号2233頁は，「株式会社の商号は商標法4条1項8号にいう『他人の名称』に該当し，株式会社の商号から株式会社なる文字を除いた部分は同号にいう『他人の名称の略称』に該当するものと解すべきであつて，登録を受けようとする商標が他人たる株式会社の商号から株式会社なる文字を除いた略称を含むものである場合には，その商標は，右略称が他人たる株式会社を表示するものとして『著名』であるときに限り登録を受けることができな

§4-Ⅰ⑦〜⑨

いものと解するのが相当である」と説示して原審の判断を肯定した（平尾・商標150頁は「名称」と考えるべきではないかとする）。

したがって，法人名は，株式会社等を含めて「他人の名称」となり，その部分を省略した場合は，著名性が要求される「略称」と解されることとなる。

その後，「森田ゴルフ株式会社」の商標について，「他人の名称」は「株式会社」の文字を含めた商号全体を指す（前掲最判昭57・11・12を引用），他人で同一の名称の者が存在したとは認められず，「株式会社」を除いた「他人の名称の略称」である「森田ゴルフ」が他人の略称として著名であるとは認められない，との理由で無効とはいえないとした事例がある（東京高判平7・6・13判例工業所有権法〔第2期版〕7365の2頁）。また，商標法26条1項1号にいう「略称」に関して，「株式会社古潭」から「株式会社」を省いたサービスマーク「古潭」を「略称」と認めた大阪地判平9・12・9判タ967号237頁がある。

もっとも，「Carrefour」「カルフール」はフランス法に基づいて設立された会社であり，フランス法ではわが国での株式会社等の表示が付いていなくても正式名称とされていることから，例外的にそのままで名称として認められている（東京高判平13・7・18判時1761号114頁。なお，篠田四郎「外国の会社と商標法4条1項8号所定の『他人の名称』」判評520号41頁参照）。

(c) 外国人の氏名　外国人の氏名に関するものとして，古いが「クインエリザベス」の商標は英国女王エリザベス二世の承諾がない限り登録できないとした（昭30・8・9審決，判例工業所有権法781頁）。また，著名な他人の氏名の一部である「モロゾフ」の文字を有する商標は，他人の承諾を得なければ登録されないとした（東京高判昭39・8・15行集15巻8号1536頁）。また，外国人の氏名にはファーストネーム，ミドルネーム，ラストネームのすべてを含むとされている（東京高判平14・12・26判時1875号130頁）。

(d) 誤認混同のおそれ，事業の競合　誤認混同のおそれがない場合については，商標を専用しても他人になんら損害を生じさせないから他人の承諾は必要としないとするものと（大判昭3・3・29新聞2857号9頁），商号は商人が営業上自己の人格を表示する名称として選定するものであり商号に対する商号権者個人の法益を保護しようとするのが本号の趣旨であるから，商品と誤認混同のおそれがなくても他人の承諾が必要であるとするもの（大判昭17・6・19民集21巻699頁）とがある。著名な他人の氏名の一部である「モロゾフ」の文字を有する商標を，洋菓子ではなくウォッカ等に使用する場合について，他人の個人的権益を保護することを主眼として本号が設けられているから，商品につき誤認混同のおそれがない場合であっても他人の承諾を得なければ登録されないとする（前掲東京高判昭39・8・15行集15巻8号1536頁）。本号の立法趣旨は，他人の承諾がある場合を商標登録の禁止から除いていること，他に15号の規定があること等から，他人の商品と

〔小野＝小松〕　323

の誤認混同を招くことによる不正競争の防止にあるのではなく，他人の氏名，名称に対する人格権を保護するにあると解されるべきであり（前掲最判昭57・11・12，最判平16・6・8でも人格権説をとっている），また会社の商号権は，財産権的性質を帯びるとはいえ，なお人格権的性質を有することは否定できないので，名称の使用時期が出願人より後であったとしても人格権の保護はその使用時期いかんによって区別されるものではないとするものもある（東京高判昭44・5・22判タ237号309頁）。商標「ヒルトンHILTON」に対し，ヒルトン・インターナショナル・カンパニーの系列企業である日本ヒルトン株式会社からの本号を理由とする無効審判請求事件の審決取消訴訟において，東京高裁は「本号の規定の趣旨は人格権及びこれから派生する法律上の利益を保護することを趣旨とするものであって，出所混同を防止することを趣旨とするのではない」と判示して無効審決を維持した（前掲東京高判平元・11・9判時1338号144頁）。その他にも，知財高判平21・5・26判タ1306号305頁（宮脇正晴・速報判例解説6号259頁）は，「出願人と他人との間で事業内容が競合するとか，いずれが著名あるいは周知であるといったことは考慮する必要がない」としており，同旨の判決として，知財高判平21・2・26裁判所ホームページがある。

審査基準では，前記のとおり「3．本号でいう『著名』の程度の判断については，商品又は役務との関係を考慮するものとする」としており，「例えば，ニューミュージック歌手である松任谷由実の著名な略称『ユーミン』の出願商標は，第9類『LPレコード，録音済み磁気テープ』などを指定商品とするものについては，同人の承諾を得ない場合には」本号に該当するとされるが，一方，人格権保護の立場からは，著名な略称は，出所の混同のおそれとは関係しないので適用範囲が狭くなるおそれがあるとの指摘もある（工藤・解説204頁，石川義雄「商標法第4条1項8号と株式会社の商号」内田古稀660頁）。

このように，本号の立法趣旨を人格権と見るか誤認混同と見るかによって，結論が異なってくる可能性があり，過去の判例でも，統一がとれていなかったといえよう。

(e) 請求人適格　本号違反は無効審判請求事由ともなっているが（商標46条1項1号），「他人」が著名な名称の略称を有することを理由として無効審判の請求をする法律上正当な利益を有する場合には，その「他人」の系列企業も，その「他人」の人格権に基づく法律上の利益を享受できる地位にある以上，商標登録出願後に設立されていたとしても無効審判を請求し得る（前掲「ヒルトン」事件，東京高判平元・11・9判時1338号144頁）。

(f) その他　本号の該当性が問題となった審決・判例等を紹介するものとして，工藤・解説〔第8版〕228頁以下，網野・商標〔第6版〕339頁以下等参照（「池田物産株式会社」東京高判昭44・5・22取消集591頁，その他，「アンディ・ウィリアムズ」「カルダン」「ROLLS-ROYCE」「ロールスロイス」「シャネル・SHANEL」「青木功」「Soldano」「平野屋」「サンローラン」「AVONHOUSE」「ジャイアンツの江川」「ジャイアンツの原」「永平寺禅」「多摩モノレール」「INTELLASSET・GROUP」

§4-Ⅰ ⑦〜⑨

など)。

Ⅲ　博覧会の賞
博覧会の賞と同一又は類似の標章を有する商標 (9号)。
(1) 博覧会の賞
　政府若しくは地方公共団体 (以下「政府等」という) が開設する博覧会, 若しくは政府等以外の者が開設する博覧会であって特許庁長官の定める基準に適合するもの, 又は外国でその政府等若しくはその許可を受けた者が開設する国際的な博覧会の賞と同一又は類似の標章を有する商標 (その賞を受けた者が商標の一部としてその標章の使用をするものを除く) は, 登録されない。
　これは, 博覧会の賞の権威の意義を守り, また商品の品質又は役務の質の誤認防止を目的とする。リスボン条約加盟に伴い9条とともに昭和40年改正により, 政府等以外の者が開設する博覧会であって特許庁長官が指定するものの賞についても本号でも保護されることとなっていたものである。
　しかし, 平成23年改正 (法律第63号) により, 政府, 地方公共団体以外の者が開設する博覧会について,「特許庁長官が指定する」という制度を廃止し,「特許庁長官の定める基準に適合する」ものにした。これは, 上記のとおり, 昭和40年改正により特許庁長官の指定する博覧会も本号の対象とすることとしたが, その後, 特許庁長官の指定の実績がなく, 結果として, 政府等以外の者の開設する博覧会の賞を保護するという目的を十分に達成できないおそれがあったため, 個別の特許庁長官による指定の制度を廃止し (商標法22条2項も廃止), 特許庁長官の定める基準に適合する博覧会の賞であれば, その賞と同一又は類似の商標登録を認めないこととしたものである。
　「特許庁長官の定める基準」については,『商標審査基準』〔改訂第12版〕(第3の八) において,「本号でいう『政府等以外の者が開設する博覧会であつて特許庁長官の定める基準に適合するもの』かどうかは, 以下の『特許庁長官の定める基準』(平成24年特許庁告示第6号) に適合するかどうかにより判断するものとする。(1)　産業の発展に寄与することを目的とし,『博覧会』『見本市』等の名称の如何にかかわらず, 産業に関する物品等の公開及び展示を行うものであること。(2)　開設地, 開設期間, 出品者及び入場者の資格, 出品者数並びに出品物の種類及び数量等が, 本号の趣旨に照らして適当であると判断されるものであること。(3)　政府等が協賛し, 又は後援する博覧会その他これに準ずるものであること。」としており, その詳細については, 商標審査便覧16.04「特許庁長官の定める博覧会の基準についての説明」において, 例えば,「『博覧会』とは,『種々の産物を収集展示して公衆の観覧及び購買に供し, 産業・文化の振興を期するために開催する

〔小野＝小松〕

会。』(「株式会社岩波書店　広辞苑第六版」)であって，本基準に規定する「産業の発展に寄与すること」を目的とするものである。『博覧会』の名称は，『博覧会』『見本市』の名称を冠するものでなくとも，例えば『○○展』『コレクション』『産業見本市』『トレードショー』『フェア』『メッセ』等の他の名称を冠したものも含まれる。」，「開設地及び開設期間が適当であるか否かは，公衆の観覧及び購買に供されるという一般的な博覧会の目的に照らして判断する」，「『出品者及び入場者の資格』には，原則として，制限を設けてはならない」，「出品者数，出品物の種類及び数量については，例えば，博覧会の出品者数が極めて少ない場合又は限定されている場合のように，一般公衆の観覧及び購買に供されることを目的とするものとは到底いえない場合は適当であるものとはいえない」，「博覧会が営利を目的とするもの又は特定の企業等の一部の者の利益のみを目的とするものは，本規定でいう博覧会には該当しない」，「『その他これに準ずる博覧会』には，独立行政法人，公益社団法人又は公益財団法人(一般社団法人及び一般財団法人に関する法律及び公益社団法人及び公益財団法人の認定等に関する法律の施行に伴う関係法律の整備等に関する法律(平成18年法律第50号)第42条第1項に規定する特例社団法人又は特例財団法人を含む。)その他公益に関する団体であって営利を目的としない者が開設する博覧会が含まれる。独立行政法人等が開催する博覧会は，それらの法人の性格上，営利を目的として又は特定の企業等の一部の者の利益のみを目的として博覧会を開催することはないことを考慮して，政府等が協賛し又は後援する博覧会に準ずるものとして取り扱う」等と詳細に説明している。

　なお，特許庁長官の指定制度がなくなった関係で，出願審査の際に審査官が事前チェックすることは困難を伴う。そこで，『商標審査便覧』(89.03)では，本号に関する審査を迅速かつ的確に行うために，本号について，情報提供制度の利用(商標施規19条)を広く受け付けることとしている。公衆としては出願公開情報(出願から2ヵ月以内に公開されているようである)をチェックして情報提供することが可能である。

　特定の博覧会の賞については，これを受けない他人は勿論のこと，賞を受けた者でも，賞と同一又は類似の標章を有する商標を登録することはできない。「博覧会の賞」は，多数の者に与えられるものであり，これを1人に登録を許せば，他人が使用することができなくなるからである。「博覧会の賞と同一又は類似の商標」でなく，「同一又は類似の標章(を有する商標)」を不登録とし，標章(賞)を商標の一部とするのも不登録事由にしたのは，これらは特に品質保証機能が強いので一部でも虚偽に用いると消費者の商品の品質や役務の質誤認に関係するから，一部でも，賞を受けない者に登録を許さない趣旨である。

　しかしながら，賞を受けた者が商標の一部としてその標章を使用することは，慣行的に存在したし，商品の品質の誤認を生ずるおそれがないから，このような標章も商標登

録を受けることができるものとされた。

(2) **賞の意義**

ここでいう「賞」とは，旧法の「賞牌，賞状又ハ褒状」と同じであり賞品として授与された物品を意味するものではなく，褒賞である。本号の適用を受ける「博覧会」の意義そのものは，上記商標審査基準等のように，展覧会・共進会・品評会などその他名称のいかんを問わず，実体で判断すべきである。政府等が他の団体と共催する博覧会は含まれる。単に政府等が後援するものや政府等が出資しているにすぎないもの，定期的に開催されないものは含まれないとする考えもあろうが，上記商標審査便覧も踏まえ，より広く博覧会の賞を保護する趣旨から肯定的に考える（旧版からの一部改説）。

(3) **その賞を受けた者**

『商標審査基準』〔改訂第12版〕（第3の八）は「3．本号でいう『その賞を受けたもの』には，その者の営業の承継人を含むものとする」とする。

営業の承継人には直接営業に使用する財産だけでなく，先使用権などの営業に関連する権利・利益も承継することがあるので，適用対象を広げたのであろうといわれている（工藤・解説200頁）。

(4) **基 準 時**

出願商標が1項各号に該当するか否かの判断時点は査定時である。商標法4条3項において，8号等は出願時に該当しない場合には登録査定時に該当するに至っても保護する規定であると例外を定めていることからも明らかである。最判平16・6・8判時1867号108頁も商標法4条1項各号についての判断基準時を査定時と説示している。

〔小野　昌延＝小松　陽一郎〕

§4-Ⅰ ⑩　　　　　　　　　　　　　　　　　第2章　商標登録及び商標登録出願

■4条1項10号

【参考文献】

〔書　籍〕　清瀬一郎・工業所有権法（巌松堂，11），田中・要論，三宅発・講話，村山・四法要義，田中清明・四法論，吉原・詳論，井野・商標，安達・商標，三宅発・商標，夢優美・特許実用新案意匠商標学説判決総攬（文精社，32），夢優美・特許実用新案意匠商標学説判決総攬・続編（文精社，33），夢・工業，飯塚・無体，末弘・工業，永田・工業，夢・条解，夢優美編著・学説判決工業所有権法総覧（帝国地方行政学会，56），兼子＝染野・特許・商標〔全訂版〕，峯尾編・商標，藤原・商標，大事典，兼子＝染野・工業，小野・註解，兼子＝染野・特許・商標〔新装版〕，井上一平・商標詳論（同文館出版，64），工業所有権便覧編集委員会編・工業所有権便覧（日刊工業新聞社，65），松尾＝紋谷・商標，吉原・説義，光石・詳説〔新訂〕，中川＝豊崎編・特許，中川善之助＝兼子一監修・特許・商標・著作権（青林書院新社，72），播磨良承・工業所有権法（法学書院，72），渋谷・理論，三宅・雑感，紋谷・概論，小野・不正概説，江口・新解説，紋谷編・50講，辞典〔新版〕，瀧野文三・学説判例総覧工業所有権法〔新版〕(下)（中央大学出版部，76），夢・解説（四法編），網野・諸問題，応答集，豊崎・工業〔新版増補〕，中山編・基礎，江口・入門，豊崎ほか・不正競争，中村・商標，網野・続諸問題，三宅・商標，小野昌延・無体財産法入門（有斐閣，85），百年史(上)・(下)，満田・研究，吉藤＝紋谷編・相談〔第4版〕，網野・あれこれ，田倉＝元木編・不正競争，小野編・注解不正，類似商品・役務審査基準〔改訂第14版〕，後藤・講話（発明協会，92），竹田・要論，特許庁編・サービスマーク，小野・概説〔第2版〕，田村・商標〔第2版〕，商標審査基準〔改訂第12版〕，網野・商標〔第6版〕，工藤・解説〔第8版〕，逐条解説〔第19版〕，小野＝小松編・法律相談，小野＝三山・新概説，渋谷・講義Ⅲ〔第2版〕．

〔論文等〕　平野義太郎「商標－旧商標法2条5号の『他人の標章』の意義（大判大13・2・9判例評釈）」判民大正13年度5頁，江川英文「慣用標章－他人の周知標章の悪意の使用と旧商標法に所謂慣用標章（大判昭2・3・11判例評釈）」判民昭和2年度81頁，鈴木竹雄「周知標章なりや否やを決定すべき標準時期（大判昭6・11・13判例評釈）」判民昭和6年度433頁，染野義信「判例研究『広ク認識セラルル』ことの意義（最判昭34・5・20判例評釈）」特管11巻1号7頁，加藤勝郎「周知商標不登録の趣旨，周知性の意義（大判大3・5・12判例評釈）」商標判例百選40頁，土井輝生「商標登録拒絶と外国著名商標の保護（東京高判昭42・1・26判例評釈）」商標判例百選48頁，渋谷達紀「商標法4条1項10号にいう『需要者の間に広く認識されている商標』の意義（東京高判昭58・6・16判例評釈）」ジュリ878号110頁，播磨良承「商標権侵害における先使用権の抗弁（周知性）と権利濫用法理による侵害の不成立（広島地福山支部判昭57・9・30判例評釈）」特管34巻10号1333頁，中田和博「米国における外国周知商標の無断登録」パテ1991年44巻6号70頁，森ива稔「商標の先使用権について」杉林古稀721頁，佐藤治隆「周知性」牧野・裁判実務大系(9)469頁，峯唯夫「先使用商標と商標登録出願の関係（4条1項10号）」発明86巻4号57頁，板井一瓏「商標法第4条第1項第10号に規定する『他人の業務に係る商品を表示するものとして需要者の間に広く認識されている商標』の意義（地域的範囲）（最判昭58・6・16判例評釈）」村林還暦191頁，滝井朋子「商標の先使用権と周知性，商標権行使の権利濫用（広島地福山支部判昭57・9・30判例評釈）」村林還暦715頁，松尾和子「先使用権の要件である『広く認識せられたる』（旧商標法9条1項，現行32条1項）の意義（静岡地判昭46・3・25判例評釈）」村林還暦849頁，渋谷達紀「周知性の地域的範囲（最判昭34・5・20判例評釈）」小野還暦3頁，渋谷達紀「商標法4条1項10号所定の周知商標には，主として外

§4-I ⑩

国で商標として使用され，それがわが国において報道，引用された結果，わが国において周知となった商標を含む（東京高判平4・2・26判例評釈）」判評410号38頁・判時1445号216頁，富澤孝「先使用権の成立要件としての周知性（東京地判平3・12・20判例評釈）」特管43巻4号485頁，今井弘晃「周知性の認定・判断について」牧野ほか編・理論と実務(3)254頁，井﨑康孝「商標法4条1項10号の周知性及び結合商標の類似判断」小松陽一郎先生還暦記念論文集・最新判例知財法425頁（青林書院，08）．

細目次

- I 本号の趣旨(329)
  - (1) 趣　旨(329)
  - (2) 沿　革(329)
  - (3) 本号を設けた理由(331)
    - (a) 登録主義と現実の使用との調整(331)
    - (b) 立法趣旨を巡る各説(331)
- II 「他人の業務に係る商品若しくは役務を表示する商標」の意義(333)
- III 「需要者の間に広く認識されている商標（周知商標）」の意義(333)
  - (1) 周知商標(334)
    - (a) 地域的範囲(334)
    - (b) 周知の程度(335)
    - (c) 商品・役務の性質との関係(335)
    - (d) 周知の認定に関する資料(336)
    - (e) 先使用権における周知等との関係(337)
    - (f) 商標の特定(338)
  - (2) 善意の要否(338)
  - (3) 外国周知商標(339)
- IV 本号の内容（商標の同一・類似，商品又は役務の同一・類似，商品と役務の類似）(340)
- V 判断時期等(340)
  - (1) 判断時期(340)
  - (2) 本号違反の登録の無効審判(340)
  - (3) 平成3年の一部改正に係る特例(341)
- VI 特許庁の実務(341)
- VII 本号に関する従前の異議決定例・審決例・審決取消判決例(341)

〔工藤　莞司＝樋口　豊治〕

I 本号の趣旨

(1) 趣　旨

本号は，商標登録出願に係る商標の不登録事由の1つとして，需要者の間に広く認識されている他人の商標，いわゆる未登録周知商標と抵触する商標は登録できない旨を定めたものである．大正10年商標法2条1項8号に相当し，それと内容は変わらない（逐条解説〔第19版〕1288頁）．

本号は，商標登録出願の拒絶理由及び登録異議申立て理由並びに登録の無効理由であって（商標15条1号・43条の2・46条1項1号），私益保護規定と位置づけられている（商標47条）．また，本号は，パリ条約6条の2に規定する周知商標の保護をわが国で履行する規定でもある．

(2) 沿　革

(a) 本号と同趣旨の規定が不登録事由として最初に設けられたのは「世人ノ周知スル他人ノ標章ト同一又ハ類似ニシテ同一商品ニ使用スルモノ」と定めた明治42年商標法2条5号である．

〔工藤＝樋口〕

§4-I ⑩ 第2章 商標登録及び商標登録出願

　明治42年商標法以前の商標法・商標条例も，先願登録主義を原則としながら他人の先使用商標との間に一定の調整規定を設けていた。すなわち，明治17年商標条例では，新たに使用する商標が，同条例頒布以前より使用されてきた他人の商標と抵触するときは登録不可とされ（同条例5条4号），また，その附則2項によって，同条例頒布後6月の間は，その頒布以前から使用している複数者の出願が競合するときに，使用が「最モ久シキト認定スルモノ」（最先の使用者の商標）のみが登録された。

　明治21年商標条例では，「出願以前」より使用されている他人の商標と抵触する商標は，不登録事由とされた（同条例2条3号）。明治32年商標法では，「同法施行前」より使用されている他人の商標と抵触する商標は不登録事由とされた。ただし，いずれの規定においても周知性は要件とされていなかった。

　明治42年商標法は，前掲2条5号の規定のほかに，使用商標について考慮を払い，明治32年7月1日（明治32年法施行日）前より善意で使用されてきた商標については，他人の周知商標又は先願登録商標と抵触するときでも，重複して登録を認めた（同法3条2項）。

　(b)　前述のような経緯を経て，大正10年商標法では，登録商標の出願前から当該登録商標に抵触する標章を善意で使用してきた者には，周知等を要件として先使用権を認める（同法9条）とともに，本号と同趣旨の前掲2条1項8号の規定が設けられた。これは，明治42年商標法2条5号の「世人ノ周知スル」の意義に疑義が生じたのでその解釈を明らかにするためであり，大正10年商標法2条1項8号では「取引者又ハ需要者間ニ広ク認識セラルル他人ノ標章ト同一又ハ類似ニシテ同一又ハ類似ノ商品ニ使用スルモノ」とし（百年史(上)439頁），また「類似ノ商品」の語が加えられた。なお，大正10年商標法下では，未登録や公益的なものについては，商標ではなく「標章」の用語が使用されていた。

　パリ条約6条の2が1925年のヘーグ改正条約で導入され，悪意で登録を受けた商標については，除斥期間を設けることを要しないとされた。これを受けて，昭和9年の一部改正（昭和9年法律第15号）で，悪意をもって登録した商標登録については，大正10年商標法2条1項8号違反を理由とする無効審判についての除斥期間（5年）を廃止した（同法23条但書）。

　(c)　本号の規定は，大正10年商標法2条1項8号の規定を踏襲したものであるが，規定ぶりが若干異なる。本号では，「取引者又ハ需要者」が単に「需要者」とされ（「需要者」には取引者も含まれるので），また，「標章ト同一又ハ類似」であったのが「商標又これに類似する商標」とされたが，趣旨・内容には変更がない。

　平成3年の一部改正（平成3年法律第65号）で，本号を役務に係る出願商標についても適用するためと，商品と役務の間にも類似する場合がある（商標2条6項）ことに対処する

ため,「役務」及び「これらに類似する……役務」の語が加えられた。すなわち,「他人の周知商標に係る役務と同一・類似の役務について使用される出願商標」及び「他人の周知商標に係る商品と類似する役務について使用される出願商標」についても適用されるように改められた。

(3) 本号を設けた理由

(a) **登録主義と現実の使用との調整**　わが国商標制度は,明治17年商標条例以来,基本的には先願登録主義を採用してきた。現行法も,使用意思で登録を認め(商標3条1項柱書),先願主義を採用し(商標8条1項),登録により商標権が発生する(商標18条)ことから明らかなように,登録主義を採用している。しかしながら,登録主義を徹底するときは,例えば,先願に係る者と現実の使用者との間に出所の混同のおそれがあるにもかかわらず先願に係る商標が登録され,信用を獲得した現実の使用者が先願に基づき登録した者の権利行使により使用の廃止を余儀なくされるなどの事態が生ずる。これらは,商標の保護を通して商標使用者の信用の保護あるいは需要者の保護を図るという法の目的に反する。そこで,登録主義を原則としながらも,その弊害を除くために,一定の先使用に考慮を払う必要があり,そのために,例外的に本号や先使用権を認めた32条が設けられている(同趣旨,村山・四法要義369頁)。

そして,登録主義の原則との関係から,本号により他人の登録を排除することができる先使用商標は,単なる先使用では足りず,周知性を獲得したものでなければならないとしている。これは,商標法上,「需要者の間に広く認識された商標」,すなわち,いわゆる周知商標を保護する必要は,登録商標のそれに匹敵するものとして位置づけられているものと考えられる(商標4条1項10号・32条・33条・60条)。

(b) **立法趣旨を巡る各説**

(イ) 明治42年商標法2条5号及び大正10年商標法2条1項8号については,それらの趣旨を,学説・判例とも,出所の混同を防止するものとする説(以下,「出所混同防止説」＝田中・要論43頁,安達・商標374頁,末弘・工業21頁,井野・商標268頁),使用事実を保護するものとする説(以下,「使用事実保護説」＝三宅発・商標143頁,兼子＝染野・全訂特許・商標440頁),及び,それらの「折衷説」とに分かれていた(三宅発・商標142頁)。

大審院判決例中,「出所混同防止説」を採るものとしては,大判大3・5・12民録20輯386頁,大判大15・6・2審決公報大審院判決商標1巻(1)117頁,大判昭16・10・21審決公報号外22号商標5巻237頁があり,「使用事実保護説」を採るものとしては,大判昭3・10・30商標公報昭和67号1頁,同18・7・23審決公報号外22号商標5巻564頁があるが,昭和34年商標法(昭和34年法律第127号)施行後において,大正10年商標法下の事例に関し,「使用事実保護説」を否定した判決がある(東京高裁昭39(行ケ)1号「アルマン」事件→本稿Ⅶ

〔工藤＝樋口〕

表参照)。

（ロ）本号については、明治42年商標法・大正10年商標法と同様の「使用事実保護説」（兼子＝染野・新特許・商標338頁，加藤勝郎・商標判例百選41頁，渋谷・理論269頁，豊崎・工業365頁，網野・商標〔第6版〕348頁，紋谷・概論73頁）と「折衷説」（吉原・説義53頁，三宅・雑感109頁，光石・詳説〔新訂〕144頁，蕚・解説（四法編）746頁，小野・概説〔第2版〕131頁，逐条解説〔第19版〕1288頁）があるが，最近の判決例は少なくとも「使用事実保護説」は採っていない（東京高裁平3（行ケ）29号「コンピューターワールド」事件→本稿Ⅶ表参照）。

本号は，出所混同の防止規定の一態様として位置づけられ（商標4条1項15号括弧書，大正10年商標法2条1項8号等と同11号の関係についても同趣旨と解した判決例として大判昭16・10・21審決公報号外22号商標5巻237頁がある），周知商標と同一のもののみならずその類似の商標及び使用商品又は使用役務と類似の商品又は役務まで排除することができるものである。その結果，周知商標の使用の事実は保護されるが，本号は，かかる使用の事実を直接的に保護するものではなく（前掲「アルマン」事件），また，周知商標使用者に出願ないしは登録の優先的地位を保証した規定ともみられない。

（ハ）本号の趣旨について前述のいずれの説を採るかの実益は，必ずしも明らかでない。周知商標使用者が複数存在する場合に，「出所混同防止説」の下ではいずれも登録できないことになるが，「使用事実保護説」の下では，最先周知使用者の商標のみを登録すべしとする見解（渋谷・理論271頁）と，いずれも登録すべきでないとする見解（豊崎・工業101頁）を生むことになった。この点について現行法では，出願時を基準としていずれも登録されず，このことは平成3年の一部改正で確認された（平成3年法律第65号附則5条2項）。

また，「使用事実保護説」に拠るときは，外国周知商標はわが国で当該商品又は役務に関して実際に使用されて周知となったものに限られ，わが国で宣伝・広告がなされているのみのものは本号に該当しないこととなろうが，「出所混同防止説」に拠るときは，本号に該当する場合もあると考えられ，判決例もこの立場に立っているものがある（前掲「コンピューターワールド」事件）。

なお，混同防止は公益保護に関するものであり，「出所混同防止説」に立てば，本号（大正10年法2条1項8号）は公益保護規定とされるべきところ，私益保護規定と位置づけられて無効審判の請求について除斥期間が設けられているのであるから，「出所混同防止説」は妥当しないとする見解もある（三宅発・商標141頁，渋谷・理論269頁）。しかしながら，出所混同の防止に関する総括規定である4条1項15号が私益保護規定であり，また同11号も類似商標の併存による相対的識別性の減殺からの商標権者の保護（私益）とも捉えられ，現行法はこの立場であり（商標47条），本号の趣旨を出所混同の防止とみることと，

§4−Ⅰ ⑩

本号が私益保護規定であることとは，必ずしも矛盾しないと考えられる。

Ⅱ 「他人の業務に係る商品若しくは役務を表示する商標」の意義

「他人」とは，当該商標登録出願の出願人以外の者であって，当該出願商標と同一又は類似の周知商標の支配者であり，内外人を問わない。本号の「他人」とされる要件としては，周知商標の使用者が何某であることまで判明しなくとも，周知商標を使用して製造・販売する商品又は提供する役務の出所が特定の者であることがわかれば足りる（大判大15・6・2審決公報大審院判決商標1巻(1)117頁）。

「他人」は，一般的には自然人及び法人であるが，法人でない社団等を含み（商標77条2項，特6条），使用者が単一の個ではなく個体の集合体たる社会的実体を表示する標章としての使用に周知性を認めた判決例もある（東京高裁昭38(行ナ)53号「なだ万事件」→本稿Ⅶ表）。ある商標を統一的に使用して商品を製造・販売又は役務を提供する企業のグループやフランチャイズチェーンも含めても差し支えないであろうが，この点に関しては，不正競争防止法の判決例が参考となろう。同法では，系列会社が共通して使用するサービスマークは周知団体商標であるとしてその標章を，またフランチャイズシステムにおいてその団体ないし結合があたかも原告の傘下で1つの営業主体の如く機能しているとしてフランチャイズに係る標章をそれぞれ「他人ノ営業タルコトヲ表示」に該当するとしたものがある（大阪高判昭41・4・5不競集870頁，金沢地小松支判昭48・10・30無体集5巻2号416頁ほか）。

商標の周知性は，継続的使用により獲得できるものであるが，その間の使用者は必ずしも同一人に限られず，当該商品又は役務に係る業務の承継があった場合には承継した者が本号の他人に該当する。すなわち，当該業務の承継者も周知商標主になれる（前掲「なだ万」事件）。

その後，「他人」とは，当該適用対象に係る出願人以外の者を指すが，当該周知商標の創作者は「他人」には含まれない（東京高判平19・9・13判時1994号85頁）。また，商標を付した商品について，製造した者と販売した者はいずれも周知商標の使用者と解した判決例がある（東京高判平14・12・25速報333号11235）。

Ⅲ 「需要者の間に広く認識されている商標（周知商標）」の意義

「需要者の間に広く認識されている商標」とは，大正10年商標法2条5号の「世人ノ周知スル他人ノ標章」に由来する。商標の周知とは，特定の誰かの商標であることが，取引者，需要者間に相当広く知られて，業務の信用の基礎となっている客観的な状態をいう（豊崎・工業365頁）。

〔工藤＝樋口〕

§4−I ⑩

　需要者は，わが国の需要者を指し，それには取引者も含まれ，当該商品又は役務に係る需要者，取引者であって，必ずしも一般的な消費者までの周知を必要としない。

　特許庁では，取引形態が特殊な商品又は役務（例えば，医療用医薬品のように特定の市場で流通する商品，又は，医薬品の試験・検査若しくは研究のように限定された市場においてのみ提供される役務）に係る商標についての立証方法及びそれに基づく周知性の認定については，特に商品又は役務の取引の実情を充分考慮するものとしている（商標審査基準〔改訂第12版〕第3の九の5）。また，「需要者の間に広く認識されている商標」の認定にあたっては，「防護標章登録を受けている商標」又は「審決若しくは判決で需要者の間に広く認識された商標と認定された商標」については，その登録又は認定に従い需要者の間に広く認識された商標と推認して取り扱うものとされる（同〔改訂第12版〕第3の九の7）。なお，特許庁がインターネットで提供している「特許情報プラットフォーム」（http://www.inpit.go.jp/j-platpat_info/index.html）中の「日本国周知・著名商標検索」でこれらの商標を検索できる。

(1) 周知商標

　(a) 地域的範囲　　全国的に認識されている場合はもとより，一地方における周知でも足りるとされる。これについては異論はなく，特許庁審査基準も同様に定められている（商標審査基準〔改訂第12版〕第3の九の1）。明治42年商標法2条5号においても「世人周知トハ　一般ノ不特定ノ当業者及需要者ノ多数ニ認識セラレタルヲ以テ足リ　帝国内全般ニ知レ亘ルコトヲ要セサルヲ以テ　広島県下ニ於ケル当業者及需要者ニ広ク認識セラルルニ於テハ　世人ニ周知セラレタルモノトス解スベキモノ」とされていた（特許局審決大12・5・12商標公報638号2頁）。全国的に周知ないわゆる著名商標を含むと解されている。

　周知はわが国のものでなければならない（大判大3・5・12民録20輯382頁）が，主として外国で商標として使用され，それがわが国において価値のある商品等を表示する商標として報道・引用されたことによりわが国で周知となったものをも含むとされる（前掲「コンピューターワールド」事件）。

　一地方での周知で足りるとされるが，どの範囲の地域での周知を必要とするかについては，(α)「本号が先願主義の例外規定であること」，(β)「特許庁の審査能力を考慮する必要があること」，及び，(γ)「登録を懈怠した結果であること」を理由として，相当に広い地域的範囲が要求され，狭く限定されるべきでないとの見解がある（渋谷・理論273頁）。具体的に，北海道一円，九州一円等とするものがある（網野・商標〔第6版〕351頁）が，最近の判決例では，「全国的に流通する日常使用の一般的商品について，商標法第4条第1項第10号が規定する『需要者の間に広く認識されている商標』といえるためには，それが未登録の商標でありながら，その使用事実に鑑み，後に出願された商標を排除し，また，需要者における誤認混同のおそれがないものとして保護を受けるものであること

及び今日における商品流通の実態及び広告, 宣伝媒体の現況などを考慮するとき, 本件では, 商標登録出願の時において全国にわたる主要商圏の同種商品取扱業者の間に相当程度認識されているか, あるいは, 狭くとも1県の単位にとどまらず, その隣接数県の相当範囲の地域にわたって, 少なくとも同種商品取扱業者の半ばに達する程度の層に認識されていることを要するものと解すべきである」と判示したものがある（東京高裁昭57（行ケ）110号「DCC」事件→本稿Ⅶ表参照）。

(b) **周知の程度** 需要者又は取引者における認識, すなわち商標の浸透度がどの程度であれば周知といえるかについては, すべての需要者又は取引者の間に周知であることは要しないが, 前項(α)(β)(γ)に述べた理由から, 取引者・需要者の圧倒的部分が知っていることを要するとする見解があるが（渋谷・理論277頁）, 前掲判決例は, 取引者・需要者の半ば程度で可としている（前掲「DCC」事件, 渋谷教授はこの判決例の基準は甘すぎると指摘されている＝渋谷・ジュリ878号113頁）。

特許庁の実務は, 最終消費者にまで広く認識されていることまでは求めず, 取引者間周知で足りるとしている（商標審査基準〔改訂第12版〕第3の九の1）。

(c) **商品・役務の性質との関係** 商標の周知は, 取引の実態に基づいて認定される事実の問題である（大判昭3・3・10判例工業所有権法789の3頁）。「周知の地域的範囲」と「その対象となる需要者・取引者」は, 当該商標を使用する商品又は役務の取引実態に応じて認定され, 商品又は役務の種類・性質により異なり, 一律に認定されるものではない。例えば,「高価な機械」と「雑貨, 菓子」, また「全国的に流通する商品」と「地方の特産品」では, それぞれの取引実態が異なり, 取引者・需要者をはじめとして, 流通経路・範囲, 宣伝広告方法等も同じではない。

また, 周知商標は, 未登録商標といえども自他商品・役務の識別標識として当該取引のために取引者又は需要者の間で機能している。したがって, 商標の周知が需要者又は取引者の認識の程度にかかわっているのであるから, それぞれの商品又は役務の取引実態に応じて認定されるべきである（三宅発・商標145頁, 網野・商標〔第6版〕351頁, 反対：板井一瓏・村林還暦198頁, 滝井朋子・村林還暦722頁）。

前掲判決例も同様の立場に立って, 全国に流通する商品について周知の基準を示したものといえる。特許庁の実務も同様の立場に立っているものと思われる（商標審査基準〔改訂第12版〕第3の九の1）。最近の判決例でも, 商品の性質上需要者が一定分野の関係者に限定されている場合にはその需要者の間で周知であれば足りるとしている（前掲「コンピューターワールド」事件）。

役務については, 全国ネット等による広域的な提供, メディアの発達, 需要者の移動等により商品と同等の範囲で提供されるものも多いが, 役務自体が非流通性という性格

を有することと，役務の種類によっては小規模事業者が主流である実態もあり，このような役務については，商品とは別に，その取引実態に応じ，例えば，運輸サービスと飲食サービスとではそれぞれの事業者が提供するそれらの範囲は異なるのが一般であり，したがって，それぞれの実情に応じた地域的範囲での周知で足りると考えられる（富澤孝・特管43巻4号494頁）。

(d) 周知の認定に関する資料　ある商標が一定の商品又は役務に使用されて周知に至っているか否かは，需要者の認識に係るものであるから，周知を直接的に，客観的に証明することはできないが，認識の度合，すなわち需要者への浸透度を，「商標の使用期間」，「商品の製造・販売数量又は役務の提供による売上高」等で推し量ることは可能である。一般的には，使用期間は長期間で，販売等の数量は多く，売上高が高ければ，それだけ，当該商標は需要者の間に知られるに至ったと推定されよう。

また，他の競合する商品又は役務との比較でもあるから，全体の供給量との関係も重要であり（当該業界におけるシェアも認定資料の1つとなる＝東京高裁昭54（行ケ）155号「電磁カウンタ」（図形商標）事件→本稿VII表参照），さらには，商標が品質表示機能を有することから他の競合商品等との品質の差も周知度の獲得に影響を与える。

具体的には，ある一定の商品又は役務について使用した商標に関して，「使用期間」，「使用地域」，「商品の製造・販売の数量（売上高）, 役務を提供した数量（売上高）」，「宣伝広告の方法・回数・費消した金額」等を総合して認定される。そして，これらについては，商品又は役務に使用する商標をパンフレット，看板の写真等で特定した上で，当該商品等に関する，①取引書類（仕切伝票，納入伝票，注文伝票，商業帳簿等），②宣伝広告に係る印刷物（カタログ，パンフレット，ちらし，広告掲載媒体物又はその写真）で証明する。①の資料で，使用期間，使用地域，販売等の数量，取引の対象（需要者の範囲）を証明し，②の資料で使用期間，使用地域を証明する。それには，例えば，印刷業者の印刷証明，新聞業者の配布証明，放送業者の放映証明（放送頻度・時間帯・地域・対象等）の証明などが必要となろう。各資料は，使用開始後経時的に相手方の商標の出願時までの販売等の数量，宣伝広告の回数等の事実を示したものとなろう（出願前に生じたことが言及されておれば，後日に発行された書籍等でも周知性を認定するための資料となり得る＝東京高裁昭37（行ナ）46号「TOBASCO」事件→本稿VII表参照）。

『商標審査基準』では，さらに，同業組合又は同業者の証明書，商品又は役務の取引先又は代理店の証明書，公的機関等の証明書（商工会議所等）も挙げられている（同〔改訂第12版〕第3の九の3。一般紙，業界紙，雑誌又はインターネット等における記事掲載等，需要者の商標の認識度（アンケート）調査結果も例示されている）が，単なる「周知となっていることを証明する」のような証明書のみでは足りない（東京高裁昭41（行ケ）47号「ELIZABETH」事件→

本稿Ⅶ表参照)。証明の根拠事実としての使用期間,使用地域及び販売の数量等に関する事実関係の明示が必要である。

　また,当該商標の使用者が直接使用せずとも,雑誌・放送等による報道による需要者への浸透も考慮され,例えば,外国商標が当該商品とともにわが国で紹介(報道・引用)された事実に基づいて周知と認定した判決例がある(前掲「コンピューターワールド」事件)。

　需要者への浸透度は,商品又は役務の品質にもかかわることから,当該商品が品評会等での受賞が周知認定のための1つの事実として考慮されたものもある(東京高裁昭35(行ナ)131号「カネヒサ盛光」事件→本稿Ⅶ表参照)。

　商標を実際に商品又は役務に使用しないで,もっぱら宣伝広告のみにより周知となったものについても,本号の適用を肯定するものがある(蕚・解説(四法編)747頁,豊崎・工業366頁,網野・商標〔第6版〕353頁)。本号の趣旨を使用事実の保護のように解するときは疑問なしとしないが,混同防止とするときは説明が容易と考えられ,最近の判決例も,同様の立場を採り,外国商標がわが国ではわずかな当該商品の販売であるにもかかわらず,もっぱらメディアの紹介で周知となった事例について,本号の周知商標と認定したものがある(前掲「コンピューターワールド」事件)。

　なお,『商標審査基準』は,「外国の商標の我が国内における周知性の認定にあたっては,当該商標について外国で周知なこと,数カ国に商品が輸出されていること又は数カ国で役務の提供が行われていることを証する資料の提出があったときは,当該資料を充分勘案するものとする。」としている(同〔改訂第12版〕第3の九の6)。

　(e) 先使用権における周知等との関係　現行法では,「需要者の間に広く認識されている商標」の表現振りは,本号のほかに32条1項,33条1項,60条,64条にも用いられている。防護標章の登録要件を定めた64条は,非類似の商品・役務に係る出所の混同のおそれを問題としていることから,それは著名商標を指すと解されている。先使用権を定めた32条(大正10年法9条)については,本号の周知と同一であるとする説(三宅発・商標251頁,蕚・解説(四法編)659頁,逐条解説〔第19版〕1392頁)がある。これに対し,「本号の周知商標を引用して拒絶される出願人の不利益」と「第三者に先使用権を許容することにより蒙る商標権者の不利益」を比較すると後者が小さいので,先使用権発生の要件としての周知性,とりわけ,その地域的範囲要件としての周知性は,本号より緩く解すべきであり,判決例もそのような傾向にあるとの見解が出され(渋谷・理論283頁),他にもこれに賛意を示しているもの(豊崎・工業419頁,網野・商標〔第6版〕778頁)がある。一方,本号と同等に解すべきであるとの立場から反対する見解があり(松尾和子・村林還暦859頁),最近の判決例でこれを肯定したものがある(東京高裁平3(ネ)4601号「ゼルダ」事件=先使用権肯認,平5・7・22速報219号-6243)。

〔工藤＝樋口〕

§4−I ⑩　　　　　　　　　　　　　　　　第2章　商標登録及び商標登録出願

　　また，旧不正競争防止法1条1項1号及び同2号に規定する「本法施行ノ地域内ニ於テ広ク認識セラルル商標等」も，全国的な周知ではなくて一地方での周知で足りるとされ（最判昭34・5・20刑集13巻5号755頁），そして本号の周知と同様に解するのが通説・判例であるとされていた（豊崎・工業464頁）が，本号より緩く32条より厳しく解すべきとの見解が出され（渋谷・理論299頁），支持されている（小野編・注解不正100頁〔芹田〕）が，佐世保市内，横浜市を中心とした近傍地域での周知で，それぞれ同2号の周知と認めた判決例がある（長崎地佐世保支判昭41・2・21不競集843頁，東京地判昭51・3・31判タ344号291頁）。なお，不正競争防止法上の周知は，不正競争行為者の使用地域で周知でなければならない（大阪地判昭58・2・25判タ499号184頁）点が本号と異なる。

　　(f)　商標の特定　　周知の認定にあたって，使用商標が特定されなければならない。原則として，各使用において，当該商標の有する外観・称呼及び観念が同一でなければならない。しかしこれを徹底するときは，時代の変遷又は使用場所によって，商標の要部の同一性は確保しながらも，他の部分や書体を違えて使用することはあり得ることであるから，取引の実態に合わないこととなろう。称呼及び観念が同一であれば，外観が固定されなくとも周知を認めるべきであるとの見解がある（網野・商標〔第6版〕353頁）。判決例でも，外観については厳格に解していないものがある（東京高裁昭36(行ナ)35号「NEW YORKER」事件→本稿Ⅶ表参照，及び前掲「なだ万」事件）。

　　(g)　未登録商標　　本号に該当する商標は，「未登録周知商標」といわれるように，未登録商標である。登録商標で周知となったものが含まれるとの見解もある（網野・商標〔第6版〕347頁）が，「含まれる」と解することは困難であろう（商標2条2項，逐条解説〔第19版〕1288頁）。本号の母胎である大正10年商標法2条1項8号の適用にあたって，「登録商標は含まない」とした審決がある（審判昭30-1663商標「KAORI（カオーリ）」→本稿Ⅶ表参照）。

　(2)　**善意の要否**

　　周知商標の使用者には，その開始において善意であることを要し，悪意ないし不正競争の目的があるときは本号の周知商標に該当せず他人の商標登録出願を排斥し得ないとするのが，通説・判例である（網野・商標〔第6版〕354頁）。ちなみに，周知商標の使用者が，その開始において悪意である場合は，かかる者の商標登録は，現行法で新設された19号（後述）により拒絶されるほか，登録異議の申立てによる取消理由及び無効審判請求における除斥期間のない無効事由となる（商標43条の2・46条・47条）。

　　判決例としては，大判昭2・9・28審決公報大審院判決商標1巻(2)107頁がある。すなわち，悪意ないし不正競争の目的を有しながら周知となっても，そのような周知商標で他人の商標登録出願を排除するのは許されないとするもののようである。本号の趣旨に関する1つの説である前掲「使用事実保護説」と結びついた見解（三宅発・商標148頁，尊・

解説（四法編）749頁，渋谷・理論269頁）とみられるが，善意，悪意を問題としない見解もある（吉原・詳論58頁，兼子＝染野・特許・商標〔新装版〕339頁，三宅・雑感109頁）。ちなみに兼子＝染野博士は「使用事実保護説」を採っておられる（兼子＝染野・特許・商標〔新装版〕338頁）。本号に善意等の明文がなくとも，このようにいくつかの解釈が生ずるのは，商標法自体が公正な取引秩序の維持とその助長を目的とするものであることに加えて，先使用権を定めた大正10年商標法9条，さらには一定の先使用者に付き重複登録を定めた明治42年法3条2項が善意使用を要件としていたことも影響しているが，ここにいう「善意」は「他の使用商標等の存在を知らないで」の意とするほか，「現行32条の不正競争の目的がない場合」と同義に解し得る（田中・要論69頁，三宅発・商標253頁，田中清明・四法論337頁）からであるとされていた。後者の見解を引き継いで，現行32条は，不正競争の目的の不存在を先使用権発生の要件としている（大正10年法の「善意・悪意」の用語から「不正競争の目的」の用語を使用したことについては，昭和31年12月24日付工業所有権制度改正審議会答申第11参照・特許庁編著「工業所有権制度改正審議会商標部会答申案説明書」中村・商標335頁所収）。したがって，本号の周知商標使用の開始に善意を要するとしても，これを，単に「他人の使用商標又は登録商標（使用開始後で周知獲得前に消滅した場合等）を知らないで」と解することは妥当でないであろう。

(3) **外国周知商標**

　周知商標が本号に該当するにはわが国で周知でなければならない。外国でのみ周知の商標の無断登録は，4条1項19号（後述）の問題である。また，パリ条約6条の2は周知商標を国際的に保護する規定ではあるが，保護が求められている同盟国で周知であることを要する（米国の事件で，わが国で周知性を獲得しても，米国で周知であるとの証明がないとして，パリ条約6条の2の適用を否定した判決例が紹介されている。中田和博・パテ44巻6号80頁）。

　ちなみに，現行法に19号が新設（平成8年法律第68号）される以前から，無断出願から外国周知商標を保護するため，わが国で商品又は役務に実際に使用されていないが，宣伝広告あるいはメディアによる紹介により周知となったものは本号の周知商標に該当するとの見解があり（吉原・説義54頁，夢・解説（四法編）747頁，網野・商標〔第6版〕353頁），判決例もこれを肯定したものがある（前掲「コンピューターワールド」事件）。特許庁の実務では，前述したように，わが国で使用されていなくとも，外国で周知商標であり，それを使用した商品を当該国以外の数ヵ国に輸出していることが証明されたときは，その商標の周知の認定にあたってはそのような事情も考慮することとしている（商標審査基準〔改訂第12版〕第3の九の6）。

　なお，32条の先使用権についての判例であるが，外国企業（輸出元）の商標が「わが国代理店の販売による使用」で周知となったとして，当該外国企業に先使用権を認めた事

〔工藤＝樋口〕

§4−I ⑩   第2章 商標登録及び商標登録出願

例があり（東京地裁平3（ワ）4610号／平3・12・16⇒控訴審東京高裁平3（ネ）4645号／平5・3・31「BATTUE」事件＝判時1476号145頁・知財集25巻1号156頁，審判平8-9553「X-Yachts」→本稿Ⅶ表参照），本号の解釈にも参考となろう。

Ⅳ 本号の内容（商標の同一・類似，商品又は役務の同一・類似，商品と役務の類似）

　本号は，周知商標と出願商標とにおいて，「商標の同一・類似」及び「商品の同一・類似」「役務の同一・類似」又は「商品と役務の類似」を要件としている。商標には役務に係る商標，すなわちサービスマークを含み（商標2条1項2号），役務の同一又は類似及び商品と役務の類似については，平成3年の一部改正で加えられたもので，商品と役務の間にも類似する場合があることが認められた（商標2条6項）。したがって，本号は，「商品に係る周知商標」と「役務に係る商標登録出願」，「役務に係る周知商標」と「商品に係る商標登録出願」の間でも適用される場合がある。商標の同一又は類似，商品又は役務の同一又は類似，商品と役務の類似については本号も4条1項11号と異ならないので（東京高裁昭63（行ケ）220号「MASTIMYCIN」事件→本稿Ⅶ表参照），次の11号の注解を参照されたい。

Ⅴ 判断時期等

（1）判断時期

　本号を適用するための判断時期は，拒絶に係る出願の出願時又は無効に係る登録の出願時である（商標4条3項）。出願（登録）商標が本号に該当するためには，拒絶又は登録異議の申立てによる登録取消し若しくは登録無効の理由として引用する商標が，出願時において本号の周知性要件を満たす必要がある。大正10年商標法には不登録事由を定めた2条の判断時期について明文の規定がなく，各号で異なるとされ，その2条1項8号については登録時とする説もあった（三宅発・商標152頁）が，主に私益保護規定であることを理由として出願時と解されていた（大判昭16・11・13民集20巻1032頁，大判昭16・10・21審決公報号外22号商標5巻236頁）。昭和34年商標法（昭和34年法律第127号）は，そのことを4条3項で明定し，この規定はそのまま現行法に受け継がれている。したがって，出願時には周知であったが査定又は審決の時には周知でなくなったときは本号の適用はない（網野・商標〔第6版〕314頁）。

（2）本号違反の登録の無効審判

　本号に違反した登録は無効理由を有する（商標46条1項1号）。本号違反を理由とする無効審判は商標登録の日から5年を経過した後は請求できないが，例外的に，不正競争の目的で登録を受けたときは，除斥期間はない（商標47条，パリ条約6条の2(3)，審判昭

54-16352「ゲーネ」→本稿Ⅶ表参照)。

(3) 平成3年の一部改正に係る特例

平成3年の一部改正で，役務に係る商標登録出願が可能となったが，その際の経過措置の1つとして，「使用に基づく特例の適用の主張」を伴う商標登録出願については，自らの商標が周知のものであるときは，他人の周知商標との関係では本号の適用をなくして，重複登録を許容することとするため，本号の特例が定められた（平成3年法律第65号附則3条2項，特許庁編・サービスマーク113頁）。

なお，本号の適用は免れても，他人の著名商標との関係で出所の混同のおそれがあるときは，4条1項15号が適用される（特許庁編・サービスマーク114頁）。

Ⅵ 特許庁の実務

本号は，周知商標の性格及び審査能力との関係上，多くの場合，登録異議事件又は無効審判事件において適用されてきた。そこでは，申立人・請求人側で前掲資料（Ⅲ(1)(d)参照）を提出し，拒絶又は登録異議の申立てにおける取消し若しくは登録無効の理由として引用する未登録商標の周知性を証明することとなる。なお，特許庁では，「需要者の間に広く認識された」他人の未登録周知商標と他の文字又は図形等とを結合した商標は，その外観構成がまとまりよく一体に表わされているもの又は観念上の繋がりがあるものを含め，原則として，その未登録周知商標と類似するものとして取り扱っている（商標審査基準〔改訂第12版〕第3の九の4）。

Ⅶ 本号に関する従前の異議決定例・審決例・審決取消判決例

本号に関する従前の異議決定例・審決例・審決取消判決例には下記のものがある。

〔工藤　莞司＝樋口　豊治〕

§4-I ⑩　　　　　　　　　　　　　　　　　　　　第2章　商標登録及び商標登録出願

別	本件商標	・	引用商標	事件の概要・説示
査定不服	KAORI 大5類「歯磨,他」	×	KAO 大4類「石鹸」	審判昭30-1663／昭33.02.19　（審決公報164号105頁）☆（不服審判←拒絶査定←異議成立）引用商標は登録商標であるから、商標法2条1項8号（大正10年法、他人の未登録周知商標と同一・類似の商標）の規定は適用されない。
無効審取	特製盛光 大8類「利器及び尖刃器」	=	盛光 「金切ばさみ」	東京高裁昭35（行ナ）131／昭38.04.30　取消集昭38〜39年186頁（審判昭32-183・184, 34-440／昭35.10.21）☆①本件商標からは『カネヒサモリミツ』の他『カネヒサ』・『モリミツ』の称呼も生じる。②周知引用商標の使用者が、他人による類似商標の登録を知って一時自己の商標の使用を中断したとしても、その商標が需要者間に広く認識されるに至っていたという事実は影響を受けない。
査定審取	TOBASCO 大41類「醤油,ソース及び酢の類」	=	TABASCO 「ペッパーソース」	東京高裁昭37（行ナ）46／昭38.05.30　取消集昭38〜39年256頁（審判昭36-1282／昭37.02.23）★①引用商標は、補助参加人マツキルヘニー社が米国その他多数の外国で古くから商標登録を得,商標「ペッパーソース」に使用し、本願の出願前からわが国の取引者・需要者間に広く認識されていたと認められる。②引用商標の著名性認定の証拠となる辞典類が本願の出願後の発行に係るものでも、出願前における著名性の認定に用いて差し支えない。
無効審取	DONVALE 大17類「高速度鋼完成バイト」	×	DONVALE 「バイト」	東京高裁昭37（行ナ）136／昭38.08.22　取消集昭38〜39年357頁（審判昭35-582／昭37.07.14）★被告が本件商標を出願した昭和31年4月当時においては、原告がバイトの製造販売を開始して未だ期間も短く、かつ、その販売数量は月間10万円位（単価60万円位）にすぎず、当時のわが国全体のバイト生産量が15トン強であったことを考慮すれば、引用商標が原告製造のバイトを表示するものとして取引者・需要者間に広く認識されていたとは認められない。
無効審取	アルマン 大3類「香料及び他類に属せざる化粧品」	=	アルマン／Alman 「香水、オーデコロン、アストリンゼン、他」	東京高裁昭39（行ケ）1／昭40.08.31　判タ185号208頁（審決:昭38.11.26）☆①引用商標は、原商標権者「株式会社香芸社」が倒産の危機に瀕した際に、各地の代理店・原料納入業者・債権者・元社員の有志が資金を出し合って設立された原告「株式会社八千代商会」に事業と共に承継されたものである。②周知商標を使用していた会社の倒産に際し、その工場等を引き継いで設立された会社が右商標を使用し、それが広く認識されている場合、それと類似する商標の登録は商標法4条1項10号に違背するというべきである。
査定審取	NEW YORKER 大20類「自動車,他」	=	New Yorker 「自動車」	東京高裁昭36（行ナ）35／昭42.01.26　取消集42年460頁（審判昭31-474／昭36.02.24←拒絶査定←異議成立）★昭和26年に外国製自動車の輸入が解禁され、クライスラー社の「New Yorker」は昭和29年迄に約500台輸入された。②昭和27〜29年にかけて1954年型「New Yorker」のカタログ約500部が大阪・名古屋等の販売店を通じてわが国で配布された。③「New Yorker」はその優秀性、高価の故に、本願商標の出願時にはわが国の取引者・需要者間に広く知られていた。
無効審取	なだ万 大45類「他類に属しない食料品及び加味品」	=	灘 萬（なだ万） 「蒲鉾、他」	東京高裁昭38（行ナ）53／昭43.10.04　判タ227号227頁（審判昭35-25／昭38.04.05）☆①引用商標は①戦時に営業が中絶し、戦後の営業も変則的でその規模は大きくはなかったが、本件商標の出願当時になお相当多数の同業者・需要者に知られており、②「灘萬蒲鉾店」「合資会社灘萬」「合資会社今橘灘萬」「株式会社灘萬」と法人格上の変遷はあったが、終始楠本一族の経営する企業体であったし、③戦後「灘萬」を「なだ万」と表記変更したことも同業者・需要者に認知されており、本件商標の登録は無効とされるべきである。

342　〔工藤＝樋口〕

§4-Ⅰ ⑩

無効審取	理研 RIKEN 昭11類「電気機械器具」	=	理研 「電気抵抗器」	東京高裁昭40（行ケ）52／昭43.10.18　判例タ228号217頁　★①周知商標を使用する企業（理研電具株式会社）が倒産しても、引き続き第二会社（理研電具工業株式会社）、第三会社（被告）がその営業を承継して同一の商標を使用していたときは、その周知性はなお維持される。②本件商標の登録を無効とした審決は是認されるべきもので、これを取消す理由はない。
無効審取	ELIZABETH エリザベス 大36類「婦人用靴下、ガーター、他」	×	ELIZABETH 「口紅，香水」	東京高裁昭41（行ケ）47／昭45.06.16　判例タ252号184頁（審判昭38-3484／昭41.01.25）　★商標の周知著名及び商品の混同を立証するために提出された日本業会会長名による証書書中に、「周知著名となった」「出所に混同を生ずるおそれがある」等の記述があるが、いかなる調査資料に基づく証明なのか、はたして証明者がその事実を確認したのか、疑問であって、信を置くに値しない場合は、引用商標の周知著名性を認め難い。
無効審取	ミネルバ 昭26類「印刷物」	=	ミネルヴァ書房 「書籍」	東京高裁昭53（行ケ）22／昭55.05.28　取消集昭55年709頁（審判48-4091／昭52.11.21）　☆①ミネルヴァ書房は、昭和24年以降昭和43年5月16日〔本件商標の出願日〕までの間に約1600点、約400万部の書籍を刊行し、引用商標は需要者間に広く認識されていたと認められる。②右刊行書籍は、殆どが学術書・教養書であり、長く保存され、古本市場にも現れるものであり、費消され廃棄される週刊誌や娯楽雑誌とはその類を異にする。
無効審取	HECON 昭10類「測定機械器具」	×	HECON 「キーカウンター，コピーコーダー」	東京高裁昭55（行ケ）8／昭55.10.29　取消集昭55年701頁（審判50-8960／昭54.10.24）　★原告Hecon Corporationは、昭和40年頃から「HECON」の商標を付した「キーカウンター、コピーコーダー」販売しており、昭和41年～43年の3年間に「ちらし」1万枚以上を①見本市の来訪者に手渡ししたり、②営業担当者が販売の時に持参したり、③ダイレクトメールに使用したりして配布されたことが認められるが、これをもって、引用商標が本件商標の出願日以前においてわが国の取引者や需要者に広く認識されていたとするには不充分である。
無効審取	昭11類「電気機械器具，電子応用機械器具」	=	「電磁カウンタ」	東京高裁昭54（行ケ）155／昭56.11.26　取消集昭56年965頁（審判51-1062／昭54.05.31）　☆①原告J. Hengstler社は、昭和36年～41年は訴外Aを総代理店とし昭和41年2月～昭和48年は被告を総代理店として、わが国への輸出を拡大し、遅くとも昭和44年8月19日〔本件商標の出願日〕には引用商標はわが国で周知化した。②被告は、引用商標を周知としたのは被告の宣伝等によると主張するが、たとえそうであっても、引用商標が周知となったことに変りは無く、本件商標の登録は　商標法4条1項10号に違背する。
無効審取	DCC 昭29類「茶，コーヒー，他」	×	D.C.C. 「コーヒー」	東京高裁昭57（行ケ）110／昭58.06.16　無体集15巻2号501頁（審判昭51-1441／昭57.03.21）　★①全国的に流通する日常使用の一般的商品について「需要者の間に広く認識されている商標」と言えるには、本件商標の出願当時において、①全国にわたる主要商圏の同種商品取扱業者間に相当程度認識されているか、②狭くとも1県の単位にとどまらず、その隣接数県の相当範囲の地域にわたって、少なくとも同種商品取扱業者の半ばに達する程度の層に認識されていることを要する。②広島県下の喫茶店等に対する取引占有率が30%であったとしても、その程度では足りない。
無効	ゲーネ 昭21類「かばん類，他」	=	P.J. GUENE 「ハンドバッグ」	審判昭54-16352／平01.06.22　☆①被請求人は引用商標の財産的価値に着目し、初めから他人に譲渡して利益を得る目的で、即ち、不正競争の目的（他人の信用を利用して不当な利益を得る目的）で本件商標を登録したものと認められるから、商標法47条（除斥期間）は適用されない。②高級品の需要者は限られているが、各種統計的数値により結論が左右されるべきではなく必ずしも販売高・販売数量の開示が不可欠であるとはいえない。
無効審取	MASTIMYCIN 昭1類「抗生物質及び抗生物質製剤」	×	マスチゲン 「造血栄養剤」	東京高裁昭63（行ケ）220／平01.06.29　取消集平2(9)379頁（審判55-20457／昭63.08.18）　★4条1項10号違反の主張に関し、本件商標と引用周知著名商標との称呼の類似性を検討した結果、これを否定して本件登録無効の主張を斥けた判断は妥当である。

〔工藤＝樋口〕

§4-Ⅰ ⑩

区分	本件商標		引用商標	審決・判決等
査定不服	あらたま 昭28類「清酒」	＝	あら玉 「清酒」	審判平1-20339／平01.08.24　★申立人生産の清酒は、①大量生産ではないが、全国新酒鑑評会で金賞を連続受賞などし山形県を代表する地酒として各種書籍に紹介されており、②「清酒」は多分に嗜好品的性格が強いことを考慮すると、引用商標は本願商標の出願時には需要者間で広く認識されていたものといえる。
無効審取	コンピューターワールド 昭26類「新聞、雑誌」	＝	COMPUTERWORLD 「週刊新聞」	東京高裁平3（行ケ）29／平04.02.26　判時1430号116頁（審判昭59-8957／平02.08.23）☆引用商標は主として外国で使用されており、それが我が国で報道、引用された結果我が国において「他人の業務に係る商品を表示するものとして需要者の間に広く認識される」に至ったもので、4条1項10号所定の周知商標はかかる商標を含む。
無効	プリマーク 昭17類「ずぼん，その他本類に属する商品」	＝	PRIMAL 昭17類「被服，布製身回品，寝具類」	審判平03-22642／平09.03.14　☆①請求人の引用商標は、本件商標の出願前よりアイルランド国及び英国で「被服，布製身回品」に永年使用され周知著名であると認められる。②被請求人は、請求人との本件商標の譲渡交渉中に請求人の承諾による本件商標及び「PRIMARK」（登録2288554）について登録出願し、国際信義に悖る行為をした。③請求人は、本件商標の出願前に日本の商社「丸紅」との間に「被服，その他の繊維製品」について商取引があった。④本件商標は4条1項10号に違反して登録されたものである。
無効	越乃立山 昭28類「酒類」	＝	立山 「日本酒，薬味酒」	審判平7-26539／平09.12.12　☆本件商標の「越乃」の文字は「立山（連峰）」が位置する地名を表すに止まるから、需要者等は「立山」の文字に印象づけられ、本件商標が「日本酒，薬味酒」に使用されると引用商標と相紛れるおそれがある。
無効	WRAPPERS 昭12類「自動車用車体カバー」	＝	WRAPPERS 同左	審判平8-8910／平09.12.12　☆引用商標が付された「自動車用ボディカバー」の宣伝広告が掲載された自動車雑誌は全国で定期的に販売されており、これらの雑誌の購読者の多くは自動車に関心を抱く者であるから、広告宣伝の期間が短いとしても、請求人の使用に係る商標は、本件商標の出願時にはこの種の商品の商標として需要者間で広く認識されていたといえる。
無効	紅鮭自慢 昭32類「紅鮭、他」	＝	鮭自慢 「鮭の瓶詰」	審判平7-7233／平09.12.15　☆①請求人は、本件商標の出願前より商標「鮭自慢」を付した「鮭の瓶詰等」を関東・東北・関西で販売しており、約4年半にわたりテレビCMが月間13回以上放映されたことで、本件商標の出願時には引用商標は需要者間で広く認識されるに至っていたといえる。②「鮭」の語はサケ科の魚の総称であるから、両商標は観念的に紛らわしい。
無効	X-Yachts 昭12類「ヨット」	＝	X-Yachts 「ヨット」	審判平8-9553／平10.02.16　☆①エックス・ヨッツ社は「ヨット」をスイス等のわが国にも輸出しており、本件商標は、その出願時にはエックス・ヨッツ社が「ヨット」に使用する商標として外国はもとよりわが国においても，需要者等の間で広く知られていた。②被請求人はエックス・ヨッツ社の輸入業者であったとしても「他人」に該当しないとはいえない。
無効	PLASTON プラストン 昭20類「建具，他」	＝	プラスト PLAST 「建具」	審判平8-3323／平10.04.24　☆①両商標の称呼の差異は語尾音『ン』の有無にすぎないが、『ン』の音は極めて弱い鼻音であり、しかも語尾にあるため明確に聴取し難い。②引用商標は、本件商標の出願前から請求人の「プラスチック製サッシ」を表示するものとして需要者の間で広く認識されていたといえる。
査定不服	武州時の鐘 昭30類「菓子，パン」	×	時の鐘 「最中」	審判平4-11143／平10.07.31　☆「最中」の流通の実態・広告宣伝の現況を考慮すれば、「最中」に使用されている引用商標が周知というには、本願商標の出願時において1県の単位にとどまらず、その隣接数県相当地域で少なくともその同種商品の取扱業者の半ばに達する程度の認識されていることを要する。
無効	BATH ACE 昭19類「浴そう類」	×	バスエース 「ユニットバス」	審判平8-19007／平10.10.06　★「ユニットバス」と「洗い場付浴槽」は類似の商品であるが、引用商標が北海道内で周知であったとしても日本国内の相当広い範囲で周知であったとはいえない。
異議	富士コンタクト 平9類「コンタクトレンズ」	＝	富士コンタクト 同左	異議平10-90613／平10.10.30　☆本件商標の出願日前に引用商標は首都圏を中心に20店舗以上で使用され、平成2〜6年の広告費は約5億円で、1995年の売上高は全国14位の約15億円であることから、需要者等間で広く知られていたと認められる。

〔工藤＝樋口〕

§4-I ⑩

無効審取	ハッピータッグ 昭18類「紙製又はプラスチック包装用容器」	＝	ハッピータック 「ショッピングバッグ用さげ紐」	東京高裁平9(行ケ)318／平10.12.24　知財集30巻4号1076頁(審判昭51-1441／昭57.03.21)　☆①原告(被請求人)の商品は「紙製及びプラスチック製手さげ袋のさげ手」で、その販売数量は平成元年度1億2,440万本、同2年度1億3,904万本、同3年度8,720万本と認定され、②被告商品の平成3年度の市場占有率は関東・東北・北海道で65%、近畿・中部地方で20%、中国・四国・九州で15%で、両者とも周知性がある。③4条1項10号の立法趣旨には出所混同の防止が含まれ、本号が適用される。
無効審取	串の坊(図) 平42類「日本料理を主とする飲食物の提供」	＝	串の坊 「串カツ料理の提供」	東京高裁平10(行ケ)96／平11.02.09　判例時報1679号140頁(審判平8-15224／平12.1.4)　☆①原告は本件商標の出願時まで43年間串カツ料理店を営み、店頭看板・のれん等に引用商標を使用してきた。②関東・中京・関西地区に29店舗を有し、年間総売上は約29億円に上る。③昭和50年以降には、大衆雑誌(週間朝日、週間現代)・企業家向け専門誌(飲食店経営、週間ホテルレストラン)・クレジット会社の会報誌などに紹介された。④以上に照らし、引用商標は、取引者・需要者間に広く認識されていたものと認められ、本件商標の登録は、商標法4条1項10号に違背する。
異議	(ゴルフボール型容器図) 平33類「ウィスキー」	≠	(容器図) 「ウィスキー」	審判平10-92195／平11.05.28　★本件商標の「ゴルフボール型容器」部分は、該容器の形状を表わすに止まり自他商品識別力を発揮せず、一方、紋章風図形と「Suntory Open」の文字が識別力を有するから、本件商標は『サントリーオープン』の称呼・観念を生じ、『オールドセントアンドリュース』の称呼・観念を生ずる引用商標とは外観、称呼、観念上混同を生じない。
査定不服	七福神めぐり 平33類「日本酒」	≠	七福神 「清酒」	審判平10-14352／平11.07.12　★本願商標は「七福神を奉る社寺を巡拝して福徳を祈ること」を意味する語として知られている「七福神めぐり」なる文字を同書同大の文字で纏まりよく書してなり『シチフクジンメグリ』なる一連の称呼・観念が生じ、単に『シチフクジン』の称呼・観念を生ずる引用商標と紛れるおそれはない。
無効審取	(山形に合図) 昭1類「薬剤、他」	×	(山形に合図) 「もぐさ」	東京高裁平9(行ケ)213／平12.03.16　判時1726号152頁(審判平5-12282／平09.06.13)　★①本件標章は、木曽地域で製造される木曽御嶽神社にゆかりのある「生薬」自体を示すにすぎず、特定人の業務を表示するものとは認め難い。②本件標章は古く江戸時代から木曽地域の複数の者によって使用されてきた歴史があり(筆者注：慣用商標的)、その後も、被告Yと原告Xの2者によって使用が継続されてきたのであるから、被告Yのみの業務を表示するものとはいえない。③本件商標は商標法4条1項10号違反を理由にその登録を無効とすることはできない。
無効	幸鶴(こうつる) 平33類「日本酒」	＝	國府鶴(図) 「清酒」	審判平10-35413／平12.09.19　☆①引用商標は『コウヅル』の称呼をもって明治10年代から現在に至るまで使用され、本件商標の出願時には請求人の「清酒」に使用する商標として需要者間で広く認識されるに至っていた。②本件商標の『コウツル』なる称呼と引用商標の『コウヅル』なる称呼は調音・語感が近似し、互いに聞き誤るおそれがある。
無効審取	Alcom / AI & communication 平42類「電子計算機による情報処理」	≠	AICOM 「電子応用機械器具、他」	東京高裁平11(行ケ)393／平12.10.10　判時1737号118頁(審判平10-35202／平11.09.17)　★引用商標が「通信機器」について周知であると認められるとしても、**本件指定役務「電子計算機による情報処理」と商品「通信機器」とは非類似のものであるから**、本件商標は商標法4条1項10号に違反して登録されたものとは言えない。
無効	MARCHE マルシェ 平28類「酒類」	×	SAKE市場MARCHE 「酒類」	審判平08-21847／平12.12.20　★請求人提出の証拠は一般世人に馴染みの薄い業界紙がほとんどであり、引用商標の使用を示す記事はそれぞれ1回きりであるから、本件商標の出願時に引用商標が「酒類」について周知であったとは言えない。

〔工藤＝樋口〕　345

§4-I ⑩

無効	CELIO 平25類「被服」	＝	CELIO 「紳士服」	審判平11-35366／平13.05.15　☆1997年のソフレス（仏の代表的調査会社）の市場調査によれば，引用商標は「リーバイス」「シェビニオン」に次ぐ第3位の著名度を有している。②引用商標は，仏のみならず，ベルギー，スペイン等の多くの雑誌，新聞等に広告されてきた。③わが国の需要者の外国ブランドに対する関心の深さはきわめて高く，これに伴うライセンスによる販売も盛んで問う業者の関心は需要者以上に高い。④海外ブランドの輸入品を扱う当業者・取引者間における取引の実情及び情報化社会である現況から，引用商標は，当業者・取引者間で本件商標の出願前からわが国で周知が認識されていたと認められる。
査定不服	写楽 平33類「日本酒」	＝	寫樂（図） 「清酒」	審判平10-10904／平13.06.26　★①異議申立て時に提出された「会津若松酒造組合」「会津若松商工会議所」「福島県酒造組合連合会」「東京小売り酒販組合」「東京都卸売り酒販組合」の各証明によれば，引用商標が「清酒」について永年使用されてきたと認められる。②㈱主婦と生活社編「日本酒全蔵元全銘柄」等によると，請求人の製造販売に係る「清酒」は昭和51年度は3,600㎘(2000本)であったが，平成5年度には36,000㎘(2万本)と10倍となっていたことが分かる。

〔工藤＝樋口〕

§4−Ⅰ⑪

■4条1項11号

【参考文献】
〔書　籍〕　兼子＝染野・特許・商標〔新装版〕，吉原・説義，光石・詳説〔新訂〕，渋谷・理論，三宅・雑感，夢・解説（四法編），豊崎・工業〔新版増補〕，小野・概説〔第2版〕，田村・商標〔第2版〕，商標審査基準〔改訂第12版〕，網野・商標〔第6版〕，工藤・解説〔第8版〕，逐条解説〔第19版〕，小野昌延＝小松陽一郎編・商標の法律相談（青林書院，09），小野＝三山・新概説，渋谷・講義Ⅲ〔第2版〕，その他については，4条1項10号の注解に掲載した「参考文献」を参照。

〔論文等〕　平野義太郎「商標の類似たるや否やを判断する標準（大判大11・10・18判例評釈）」判民大正11年度381頁，江川英文「商標の類否判別の標準（大判昭2・6・7判例評釈）」判民昭和2年度253頁，豊崎光衞「小麦粉と麩とは類似商品なり（大判昭12・4・8判例評釈）」判民昭和12年度110頁，平田慶吉「商標指定商品としてのメリケン粉とライ麦粉の類否（大判昭12・6・23判例評釈）」民商7巻1号127頁，平田慶吉「商標，類似商標および類似商品」民商8巻1号1頁・2号192頁・3号382頁，豊崎光衞「商標登録の拒否－『ジラフ』印と麒麟印の商標の類否－『ライ麦粉』と『メリケン粉』とは類似商品なり（大判昭12・6・23判例評釈）」法協56巻1号171頁，平田慶吉「他人の登録商標に類似する商標の登録と連合商標（大判昭13・7・6判例評釈）」民商9巻1号144頁，竹田省「類似商標に於ける称呼の類否判別の標準（大判昭15・11・6判例評釈）」民商13巻5号50頁，末弘厳太郎「商標の類似性（大判昭15・11・6判例評釈）」判民昭和15年度442頁，平田慶吉「商標の類否判定と連合の商標（大判昭16・1・29判例評釈）」民商13巻6号144頁，染野義信「商標が類似する理由の説明につき裁判所は当事者の主張にとらわれるか（最判昭35・9・13判例評釈）」民商44巻4号657頁，豊崎光衞「商標法（旧）第2条第1項第9号と第11号との関係（最判昭35・12・20判例評釈）」ほか，民商45巻1号88頁，竹内昭夫「商標審決に対する訴訟では，審決後の事実を判断の資料とすること，また審判で主張されなかった事実を主張することができるか－商標法（旧）2条1項9号の解釈（最判昭35・12・20判例評釈）」法協79巻5号673頁，田中真次「一つの商標から二つの称呼が生ずると認定することの可否（最判昭36・6・23判例評釈）」最判解説民事篇昭和36年度252頁，豊崎光衞「一つの商標から二つの称呼が生ずると認定することの可否（最判昭36・6・23判例評釈）」民商46巻1号156頁，染野義信「商標の類似判断をすべき基準（最判昭36・6・27判例評釈）」経済法62巻5号47頁，谷口知平「旧商標法（大正10法律第99号）第2条第1項第9号にいわゆる指定商品の類似性の判定（最判昭36・6・27判例評釈）」民商46巻1号164頁，渡部吉隆「旧商標法（大正10法律99号）第2条第1項第9号にいわゆる指定商品の類似性の判定（最判昭36・6・27判例評釈）」ほか，最判解説民事篇昭和36年度253頁，豊崎光衞「旧商標法2条1項9号にいう類似商標と類似商品の判定基準（最判昭36・6・27判例評釈）」法協80巻2号280頁，渡部吉隆「一個の商標から二つ以上の称呼，観念が生ずる場合における商標の類否判定の方法（最判昭38・1・25判例評釈）」最判解説民事篇昭和38年度383頁，染野義信「類似商標の使用について商品が類似するかどうかの判断の基準（最判昭38・10・4判例評釈）」法協83巻2号340頁，染野義信「類似商標の使用について商品が類似するかどうかの判断の基準（最判昭38・10・4判例評釈）」民商50巻5号790頁，内田修「一個の商標から二つ以上の称呼，観念が生ずる場合における商標の類否判定の方法（最判昭38・12・5判例評釈）」民商51巻3号396頁，染野義信「旧商標法（大正10法律第99号）第2条第1項第9号にいう指定商品の類似の判定（最判昭39・6・16判例評釈）」民商52巻2号192頁，矢野邦雄「称呼において比較的近似するが類似でないと認められた商標の事例（最判昭43・2・27

〔工藤＝樋口〕　347

§4-I ⑪　　　　　　　　　　　　　　　　　　第2章　商標登録及び商標登録出願

判例評釈)」最判解説民事篇昭和43年度(上)56頁、網野誠「称呼において比較的近似するが類似でないと認められた商標の事例（最判昭43・2・27判例評釈）」民商59巻3号471頁、紋谷暢男「商標の類似性判断における取引の実情−商標の称呼が近似するも、他の点で著しく相異する商標相互の類似性判断（最判昭43・2・27判例評釈）」法協86巻6号684頁、可部恒雄「旧商標法第2条第1項第10号にいう『類似ノ商品』の判定（最判昭43・11・15判例評釈）」最判解説民事篇昭和43年度(下)1451頁、木村三朗「先願者の承諾（大判昭6・3・10判例評釈）」商標判例百選42頁、佐藤房子「商標の不使用と商品の混同（大判昭15・6・27判例評釈）」商標判例百選50頁、松原伸之「私益的不登録事由と公益的不登録事由（最判昭39・6・16判例評釈）」商標判例百選54頁、荒木秀一「商品の同一又は類似（最判昭36・6・27判例評釈）」商標判例百選56頁、吉井参也「商標の同一又は類似（最判昭38・12・5判例評釈）」商標判例百選58頁、志村治美「商標の同一又は類似」内田修編・判例工業所有権法（有信堂、72）243頁、吉野日出夫「商標の類似に関する若干の考察−称呼類似を中心に−上・下」発明74巻4号84頁、74巻5号62頁、江口俊夫「類似商品についての一考察」原退官(下)917頁、木村三朗「商標の管理−登録手続における引用商標権者の同意−」原退官(下)933頁、江口順一「類似商品の判定（最判昭43・11・15判例評釈）」中川＝播磨編307頁、生駒正文「商品類否の判定基準（最判昭39・6・16判例評釈）」中川＝播磨編346頁、延時英至「称呼の近似と類似商標の判断（最判昭43・2・27判例評釈）」中川＝播磨編358頁、渋谷達紀「登録商標権の保護範囲−豊崎説を中心として−」豊崎追悼373頁、松居祥二「医薬品の取引実態と商標保護制度」豊崎追悼399頁、元木伸「商標、商品の類否」牧野編・裁判実務大系(9)415頁、本渡諒一「商標類否理由と主要事実（最判昭35・9・13判例評釈）」内田古稀675頁、江口俊夫「商標を付した商品が特定の取引者によって取引される場合における商標の類否判断（最判昭43・2・27判例評釈）」内田古稀689頁、藤本勉「称呼の類否と商標の著名性との関係（最判昭35・10・4判例評釈）」内田古稀697頁、中川淳「一つの商標から二つの称呼が生ずると認定することの可否（最判昭36・6・23判例評釈）」内田古稀707頁、富岡健一「結合商標の類否判断（最判昭38・12・5判例評釈）」内田古稀717頁、大西浩「商標類否判断基準及び連合商標の登録要件（最判昭36・6・27判例評釈）」内田古稀731頁、光石忠敬「旧商標法第2条第1項第10号にいう『類似ノ商品』の判定（最判昭43・11・15判例評釈）」内田古稀741頁、小野昌延「商品類否判断の基準（最判昭43・11・15判例評釈）」村林還暦39頁、小谷悦司「一つの商標から二つの称呼、観念が生ずることの是非、及び商標の類似判断と具体的取引の実情（最判昭36・6・23判例評釈）」村林還暦125頁、松居祥二「商品の類似（最判昭39・6・16判例評釈）」村林還暦201頁、播磨良承「商標法4条1項11号（旧法2条1項10号）の『商品』類否判断基準（最判昭43・11・15判例評釈）」村林還暦217頁、竹田稔「営業表示の類否の判断基準と広義の混同」小野還暦429頁、渋谷達紀「登録商標の類似範囲」特研13号4頁、田倉整「知的所有権案内13『訴訟事例を通じて道しるべを探る』商標・意匠における類否−誰の立場で判断するか」発明90巻4号96頁、光石俊郎「商標の類似及び商品・役務の類似の判例理論から特許庁の商標審査基準」牧野退官17頁、樋口豊治「商標法上の商品・役務とその類否」パテ54巻6〜8号、廣田美穂・知管58巻5号625頁、牧野利秋「商標の類否判断の要件事実」パテ62巻13号、板倉集一・判時2039号182頁、本田順一・知管59巻7号857頁、鈴木將文・平成20年度重判解307頁、吉田和彦・法律のひろば62巻11号43頁、蘆立順美・速報判例解説5号（法セ増刊）271頁、小谷悦司「一つの商標から二つの称呼、観念が生ずると認定することの是非、及び商標の類似判断と具体的取引の実情」小野喜寿Ⅱ143頁、芹田幸子「商標の類似」小野喜寿Ⅱ155頁、畑郁夫＝岡田さなゑ「結合商標の類似判断基準−分離観察」小野喜寿Ⅱ166頁、谷口由記「商品の類似（新4条1項11号）」小野喜寿Ⅱ175頁、網野誠＝網野友康「商

§4−Ⅰ⑪

標の類似（取引実績の参酌）」小野喜寿Ⅱ198頁、中平健・平成21年度主判解258頁、石田正己・知管60巻1号83頁、飯村敏明「商標の類否に関する判例の拘束力」L&T 52号51頁、許清・知財政策34号407頁、渋谷達紀・判時2127号171頁、勝見元博・知管61巻8号1237頁、小西敏雄「商標法（類似判断）」村林傘寿385頁、藤川義人「結合商標の類似判断における分離観察」三山峻司先生・松村信夫先生還暦記念・最新知的財産権判例集336頁（青林書院、11）、飯村敏明「判例の読み方と先例拘束力について－商標の類否を中心として」松田治躬先生古稀記念論文集17頁（東洋法規出版、11）、本宮照久「商標法第4条第1項第11号の審査とコンセント制度」松田治躬先生古稀記念論文集297頁（東洋法規出版、11）、愛知靖之・商事法務1963号53頁、宮脇正晴・新・判例解説Watch 10号（法セ増刊）243頁、中所昌司・パテ65巻1号69頁、廣田美穂・知管62巻3号335頁、水谷直樹・発明109巻1号41頁、土肥一史「結合商標の類否判断」高林龍＝三村量一＝竹中俊子編集代表・現代知的財産法講座Ⅲ231頁（日本評論社、12）、長谷川俊明・国際商事法務41巻4号498頁、同・国際商事法務41巻12号1768頁、土肥一史「位置商標の識別性と類似性」竹田傘寿349頁、小田真治「商標の類似」牧野ほか編・知財大系Ⅱ242頁、同「商品・役務の類似」牧野ほか編・知財大系Ⅱ260頁、生田哲郎＝中所昌司・発明112巻11号51頁、三山峻司「結合商標の類否判断－結合商標の類否判断に関する最高裁判所判決の射程－」飯村退官977頁。

細目次

Ⅰ　本号の趣旨(350)
(1)　趣　旨(350)
(2)　沿　革(350)
(3)　本号を設けた理由(351)
　(a)　明治42年商標法以前の規定の趣旨(351)
　(b)　大正10年商標法2条1項9号の趣旨(352)
　(c)　本号の趣旨(352)
　(d)　本号の性格(353)
Ⅱ　本号における「先願に係る他人の登録商標」(354)
(1)　当該商標登録出願の日前の商標登録出願に係る他人の登録商標(354)
(2)　指定商品又は指定役務の定義(355)
Ⅲ　本号における「登録商標と同一又は類似の商標」(355)
(1)　商標の類似(356)
　(a)　学　説(356)
　(b)　判決例(357)
　(c)　特許庁の実務(359)
(2)　商標の類否判断の要素(360)
　(a)　外観類似(361)
　(b)　称呼類似(361)
　(c)　観念類似(362)
(3)　商標の類否判断の観察方法(363)

(4)　取引の実情の考慮と最高判決例「氷山印事件」(364)
　(a)　知財高裁の判断傾向(364)
　(b)　特許庁の実務(365)
(5)　需要者の一般的な注意力(366)
(6)　結合商標の類否（称呼・観念の特定、要部抽出、一体不可分性等）(366)
　(a)　結合商標とその観察方法(366)
　(b)　結合商標の類似判断に係る判例(367)
　(c)　特許庁の実務(369)
(7)　新しいタイプの商標の類否の審査(370)
(8)　37条等における商標の類似との関係(371)
　(a)　他の規定における商標の類似(371)
　(b)　不正競争防止法上の類似(372)
Ⅳ　商品・役務の類否(373)
(1)　商品の同一・役務の同一(373)
(2)　商品の類似(373)
　(a)　明治42年商標法の同一商品(373)
　(b)　大正10年商標法の商品の類似(374)
　(c)　本号の商品の類似（沿革）(375)
　(d)　商品・役務の類否に関する特許庁の実務(375)
　(e)　判決例(377)
　(f)　その他(377)
(3)　役務の類似(377)

〔工藤＝樋口〕

§4−I ⑪

(4) 「商品」と「役務」間の類否(378)
Ⅴ 先願・既登録商標との関係の実務処理(380)
　(1) 事前調査(380)
　(2) 拒絶理由通知に対する対応(380)
Ⅵ 判断時期等(381)
　(1) 判断時期(381)
　(2) 本号違反の登録の無効審判(381)
　(3) 平成3年の一部改正に係る特例(382)

〔工藤 莞司＝樋口 豊治〕

Ⅰ 本号の趣旨

(1) 趣　　　旨

　本号は，商標の不登録事由の1つとして，先願に係る他人の登録商標と抵触する出願商標は登録しない旨を定めたものである。大正10年商標法2条1項9号と同趣旨の規定であるが，内容は一部変更されている（後述）。

　本号は，商標登録出願の拒絶理由及び登録異議申立理由並びに登録無効理由であり（商標15条1項1号・43条の2・46条1項1号），私益保護規定と位置づけられている（商標47条）。

　ちなみに，わが国がサービスマーク（役務商標）の登録制度を導入したのは，平成3年改正商標法（平成4年4月1日施行）においてである。したがって，以下の記述において，サービスマークの登録制度の導入以前の部分については，商品商標に関することになる。

(2) 沿　　　革

　(a) 本号と同趣旨の規定が最初に設けられたのは，明治17年商標条例5条1号において「左ノ商標ハ登録ヲ願ヒ出ツルコトヲ得ス　1. 已ニ登録セル商標ト同一又ハ相紛ラハシキ商標ニシテ同一種類ノ商品ニ用フルモノ」としてである。

　次いで，明治21年商標条例2条3号においては，不登録事由として「他人ノ登録商標又ハ登録出願以前ヨリ他人ノ使用スル商標ト同一若クハ類似ニシテ同一商品ニ使用セントスルモノ」と規定された。明治21年商標条例では，登録商標のみならず，先使用商標と抵触する出願商標も登録されないとされたため，「先使用主義を併用」したといえる。そして，同条例施行細則15条に，「同一商品ニ使用セントスル二箇以上ノ商標ニシテ左ニ記載スル場合ノ一ニ該当スルトキハ互ニ類似シタルモノトス　1. 離隔上ノ観察ニ於テ差異ナキトキ　2. 商標上ヨリ生スヘキ自然ノ称呼同一又ハ相紛ハシキトキ」との「商標の類似に関する解釈規定」が設けられた。

　次いで，明治32年商標法2条4号において，「他人ノ登録商標又ハ其ノ登録失効後一年ヲ経過セサルモノト同一若ハ類似ニシテ同商品ニ使用セントスルモノ」と規定された。

　続く明治42年商標法3条1項においては，「同一商品ニ使用スヘキ同一又ハ類似ノ商標ニ付別ニ登録ヲ受クルノ権利ヲ有スル者二人以上アルトキハ　最先ニ出願ヲ為シタルモノニ限リ登録ス（以下略）」と規定された。この規定は「先願主義」を定めたものであって，他人の登録後に出願された抵触商標が登録を受けられないのは当然であると解す

§4-Ⅰ ⑪

べきところ（田中・要論62頁），その点の解釈に疑義が生じた（三宅発・商標110頁）。

(b) そこで，大正10年商標法2条1項9号は，「他人ノ登録商標ト同一又ハ類似ニシテ同一又ハ類似ノ商品ニ使用スルモノ」と規定して，既登録商標と抵触する商標は不登録事由であることを明らかにするとともに，同法が先願主義を採用したことはその4条1項に別途規定した。また，登録商標と抵触するため登録を排除される出願商標の指定商品の範囲を登録商標の指定商品の「類似ノ商品」にまでに拡大した。

(c) 現行の本号は，大正10年商標法2条1項9号を引き継いだものである。規定上，「登録商標ト同一又ハ類似」が「登録商標又はこれに類似する商標」となったが，内容に変更はない。また，本号においては，大正10年商標法にいう「他人ノ登録商標」を「当該商標登録出願の日前の商標登録出願に係る他人の登録商標」とし，「他人ノ登録商標」を先願に係るものに限定した。このため，仮に後願に係る商標が先に登録された場合には，先願に係る商標は，大正10年商標法2条1項9号には該当したが（同法4条1項の先願の規定に違反する登録は無効理由となった。同法16条1項1号），現行法においては，本号には該当しないこととなった。先願主義を徹底し，後願に係る登録商標で先願に係る商標の登録が拒否されるのは不当であると考えたためである（逐条解説〔第19版〕1288頁）。出所の混同防止の観点からは不当ではないとの見解がある（三宅・雑感115頁）が，当該後願に係る商標登録は，先願主義を定めた8条1項に違反して無効理由となる（商標46条1項1号）のは，大正10年商標法時と同様である。

平成3年の一部改正（平成3年法律第65号）で，本号を役務商標についても適用するためと，商品と役務の間にも類似する場合があるとされたことから，「指定役務」及び「これらに類似する……役務」の語が加えられた。

(3) 本号を設けた理由

(a) 明治42年商標法以前の規定の趣旨　明治17年商標條例5条1号については「（登録商標と紛らわしきものを同じ商品に使用することは）……たとひ偶然に出たりと雖も　之がために損害を受けし者蓋し少なからざるべし……，固より他人の業を妨ぐるの意なしとも　万一其類似の為に人の損害を醸すことありては該條例の免さぬのみならず　徳義上の罪人たるを免れざるべし……，前に鶴を以て登録商標となす者あらば　同業中に於いてはすべて鶴を用いざる様心懸くべきなり……」と解説したものがあり（高橋是清検閲・小野次郎・商標條例解説10頁），同号の趣旨が私益保護であるか，公益保護であるか，又はその折衷であるのか明らかでないが，前述のように同号は，不登録事由ではなくて出願不可の商標を定めた規定であった。

明治32年商標法2条4号については，「他人ノ登録アルトキ之ヲ許スニ於テハ　先キニ他人ガ得タル商標ノ専用権ヲ侵犯スルニ至リ　其商標ノ専用権保護ノ目的ヲ達スル能

§4－Ⅰ⑪　　　　　　　　　　　　　　　　　第2章　商標登録及び商標登録出願

ハザルヲ以テ之ヲ許サゞル所以(ゆえん)ナリトス」と解説したものがある（高木照雄・商標法要義11頁）。

　明治42年商標法3条1項については、「先願商標ニ抵触スル商標ノ登録ヲ拒絶スルハ先願商標ノ使用者ヲ保護スルコトヲ以テ直接ノ目的トスルモノナリト雖モ　間接ニハ社会公衆ヲ保護スルコトヲ以テ目的トス　何トナレバ　商標ノ混同誤認ハ商品ノ混同誤認ヲ生シ商品ノ混同誤認ハ商品需要者ヲシテ意外ノ損失ヲ被ラシムルルコトアルヲ以テナリ」と解説したものがある（田中・要論70頁）。これらの商標法（條例）時代は、登録商標と抵触する商標の登録を拒否する趣旨については、その専用権の保護（私益の保護）であるとの見解と、商標権者の保護（私益の保護）であると同時に出所の混同から需要者を保護する（公益の保護）ものであるとする折衷した見解があったようである。

　(b)　大正10年商標法2条1項9号の趣旨　　大正10年商標法2条1項9号については、(イ)先願主義を応用したもので既登録の商標権を尊重したものとする見解（三宅・商標110頁）、(ロ)商標権の独占排他的性質（専用権の保護）によるとする見解（村山・四法要義371頁、吉原・詳論59頁、夢・条解457頁）、(ハ)先願主義を採った当然の規定とする見解（兼子＝染野・全訂特許・商標444頁）、(ニ)これらの趣旨とともに商品の誤認混同から購買者を保護する見地からの規定とする折衷した見解（井野・商標272頁、山本桂一・判民昭和17年度23頁、商品の誤認混同の防止とするものとして江川英文・判民昭和2年度256頁）がある。また、(ホ)特殊識別性（他人の商標登録の相対的識別性の意と考えられる）がないので登録されないとする見解（末弘・工業19頁）や、(ヘ)国家が商標の統制をして類似の商標を単一の営業に集中するためとする見解もある（安達祥三・特許法358頁）。

　このように、大多数は、大正10年商標法2条1項9号の趣旨は商標権の性質から導かれるその「専用権の保護」であるとしていた。これは、当時はもっぱら出所の混同の防止による需要者の保護は公益保護であると解されており（三宅発・商標156頁）、同号が商標権者の私益保護規定と解されていた（大正10年法22条2項但書、同23条但書等）ことによるものと考えられる。

　これに対して、大審院判決例は、登録商標と抵触する商標の登録を許さないのは「商標権侵害となるから」としたもの（大判昭4・7・19判例工業所有権法977頁）のほか、「同一又ハ類似ノ商標ノ使用ニ依ル商品ノ混同ヲ来シ　不正ノ競争ヲ惹起スルコトヲ防止セムカ為」としたもの（大判昭9・10・27判例工業所有権法806頁）、「（大正10年法2条1項9号の）規定ハ一面ニ於テ商標権者ヲ保護スルト共ニ　他面　一般取引者ヲシテ商品ニ関シ誤認ナカラシメンコトヲ期シタル法意ニ他ナラサルモノ」（大判昭17・2・3民集21巻2号83頁）としたものがあった。

　(c)　本号の趣旨　　本号は、先願登録主義を採用した商標登録制度の基本規定として、

〔工藤＝樋口〕

§4−I ⑪

　先願に係る他人の登録商標と抵触する商標は登録しない旨を定めたものである。出所の混同を防止するべく，取引の経験則から具体的に出所の混同のおそれのある一態様を規定したものであり（商標4条1項15号括弧書），私益保護規定である（商標47条）。商標権者の同意があっても（大判昭17・2・3民集21巻2号83頁），また，実際の出所の混同の有無にかかわらず，本号の要件を満たすときは適用されるものである。

　学説としては，大正10年商標法と同様に，(イ)商標権の独占排他的性質（専用権の保護＝私益の保護）によるものとする見解（蕚・解説（四法編）750頁，豊﨑・工業367頁）と，(ロ)出所の混同の防止（公益の保護）にあるとする見解（三宅・雑感115頁）がある。さらに，これらを折衷した(ハ)「出所の混同を防止し，併せて先行商標権と抵触する後願の商標の登録を許さない」とする見解（逐条解説〔第19版〕1288頁，同趣旨，兼子＝染野・特許・商標〔新装版〕340頁）もある。見解の相違の1つは，「私益の保護規定」か「公益の保護規定」か，である。私益保護規定と解すると，「商標権者の同意」があれば登録が許されることになろうが，これを肯定する見解は見当たらない。なお，「出所混同のおそれがないことを示す証左」の1つとして「商標権者の同意」を挙げる考えがある（木村三朗・商標判例百選43頁）。

　もっとも，現行法は，昭和34年商標法24条2項に存在した「連合商標の分離転移禁止規定」を廃止した結果，類似関係にある複数の商標権が異なる者に属するのを許すこととなった。そのため，本号による登録拒絶を免れるべく当該商標登録出願より生じた権利をいったん抵触する先願登録商標の商標権者に形式的に譲渡し（移転方向が逆の場合もある），登録後に再譲渡してもらうこと（いわゆるassign-back）が可能である。かかる観点からみると，本号は，たとえ24条の4に［商標権の移転に係る混同防止表示請求］による手当てが新設されたとはいえ，本質的には私益保護規定であるといえよう。

　ちなみに，直接的に本号の趣旨について判示した判決例は見当たらない。ただし，本号の商標の類似についての解釈ないし判断の中で，「出所の混同のおそれがあるか否かによって決すべきであり，形式的には類似するといえるとしても，混同のおそれのない場合は類似する商標とはいえない」として，本号には該当しないとするものがあり（東京高裁昭58（行ケ）215号「宝福一」事件→本稿［表D］），特に最近はこの傾向にある（東京高裁平3（行ケ）77号「ランバン」事件→本稿［表B］）。したがって，本号の趣旨については，これらの判決例では，出所の混同の防止にあるとの立場に立っているものと考えられる。

　(d)　本号の性格　　本号は，結論的にいえば，不登録事由の形式による出所の混同防止の規定であり，二重登録を排除すべく出所の混同のおそれのある商標を具体的に規定したものである。そのために，出所の混同防止の総括規定である4条1項15号と重複して適用されることのないように手当てされている（商標4条1項15号括弧書）。そして，本号は，「商標の同一又は類似」及び「商品・役務の同一又は類似」の概念を用いて，定型

〔工藤＝樋口〕　353

的・技術的な適用を可能とするとともに，本号の要件を明定して，商標登録出願の審査の安定性を確保したものである。

II 本号における「先願に係る他人の登録商標」
(1) 当該商標登録出願の日前の商標登録出願に係る他人の登録商標

　本号が適用されるのは，出願商標と抵触する他人の先願に係る登録商標が存在する場合である。本号は，「商標登録が先願主義に基づいてなされる」ことを，後願を不登録事由とする形で規定したものである。「互いに抵触する商標登録出願が二以上競合したときは先願主義による」ことを直接的に定めた8条1項は，異議申立てによる登録取消理由及び無効審判における無効理由ではあるが，拒絶理由ではない（商標15条・15条の3・43条の2・46条1項1号）。本号は，後願の出願時に先願に係る商標の登録が既に存在する場合のみならず，後願の査定又は審決の時までに先願に係る商標の登録がなされたときにも，当該後願に係る商標について適用されることとなる（商標4条3項）。なお，現行法で43条の3が新設されたことにより，審査官は，出願人に対し，抵触する未登録の先願の存在を拒絶理由通知書中に示して意見書提出の機会を与えるかたわら，当該未登録の先願商標が登録されるのを待ち，これが登録された後に再度の拒絶理由通知書を発することなく，当該後願について拒絶査定することができることとなった（商標審査基準〔改訂第12版〕第3の十一の2）。

　仮に，後願の商標が先に登録された場合には，その先願にあたる商標は本号に該当しないが，後願にあたる商標登録は8条1項に違反し，登録異議の申立てによる登録取消理由及び登録の無効理由となる。なお，同日出願に係るものは8条2項，3項，4項又は5項で処理される。

　抵触する登録商標に係る商標権者と後願の出願人が他人かどうかは，商標登録原簿に基づいて形式的に認定される。実質的な出所を問題として，ある他人と組織的又は経済的な関係にある者等については互いにその他人に含まれるとみる4条1項15号等とは異なる。住所・氏名・名称の表示上の違いでも本号に該当するが，査定又は審決の時にまで符合するに至ったときは該当しないこととなる。当該商標権者と出願人が同一人となったときも同様である。共有者の一部が相違するときも，他人の登録商標として本号に該当する。

　4条1項11号に関して，出願人に対して，引用商標権者がその登録に同意したときは，同号の適用を免れるとするコンセント制度の問題がある。現在においては，これは否定される（東京高判平8・8・9特企332号62頁〔河内駿河屋事件〕）。しかし，外国では，これを認める国が多くあり，それには次の2態様があるとされる。

① 完全型コンセント制度「先の商標権者が同意した旨の証明があれば，当該商標の存在を理由とする登録拒絶理由の審査は行政庁側では一切行わないとする制度」
② 留保型コンセント制度「商標権者の同意がある場合であっても，審査官が審査を全く行わないのではなく，同意があることを参酌しつつ『類似』や『混同を生ずるおそれ』の存在の有無について審査を行うこととする制度」（(財)知的財産研究所「小売業商標のサービスマークとしての登録及びコンセント制度導入に対応する審査の在り方に関する調査研究報告書」4頁）。

前者は法制が必要でイギリスなどが採用している。後者は運用で，アメリカなどが採用しているとされる。

現在では，ユーザー側の要望を受けて，審査基準において前掲留保型コンセント制度と同趣旨のものが採用されている（商標審査基準〔改訂第12版〕第3の十の3）。

拒絶理由に引用する登録商標に係る商標権は，査定又は審決の時に有効に存続するものでなければならない。これらの時に消滅しているときは，本号に該当しない。引用商標権の存否は，商標登録原簿に基づき，当該登録の抹消の有無にかかわりなく実質的に認定される。本号を適用するにあたり，商標権者である会社の清算結了（株主総会決議による解散に基づく）の登記により当該会社が消滅したとして，商標権（登録第519854／大30類「絹織物」）も消滅したと認定した審決がある（審判昭46-4447／昭48・12・18審決公報1134号63頁）。

なお，審決後に，その取消しの訴えが東京高裁又は最高裁に係属中に，拒絶の理由に引用された登録商標が出願人に帰属し，あるいは当該商標権が消滅しても，審決時を基準としてその当否を争う前記裁判においては審決が取り消されることはない（東京高裁昭59(行ケ)208号「ユベキノン／UBEQUINON」事件→本稿〔表B〕参照）。

(2) 指定商品又は指定役務の定義

本号は，指定商品及び指定役務に言及し，その括弧書の中で，商標法上「指定商品・役務」とは，「6条1項の規定により指定した商品・役務」をいうとしている。これは，「指定商品」及び「指定役務」の語が，商標法上最初に出てきたため本号で定義しているものである。なお，「第68条第1項において準用する場合を含む。」なる二重括弧書は，6条1項が防護標章登録出願に関して準用されていることを示している（商標68条1項）。

ちなみに，商標法上，「商品」自体及び「役務」自体の定義はなく，学説・判例に委ねられている（後述）。

Ⅲ 本号における「登録商標と同一又は類似の商標」

本号が適用されるのは，出願商標が，先願に係る他人の登録商標と抵触する場合，す

§4−Ⅰ ⑪

なわち，他人の先願登録商標と同一又は類似の商標であって，その指定商品・役務又はこれらに類似する商品・役務について使用をするものであるときである。

登録商標と同一の商標とは物理的に同一及び相似形のものをいうと考えられるが，本号は，同一のほかに類似の商標についても規定しているため，50条のように登録商標の同一や同一性は問題とする必要がない。なお，「同一性がある場合」と「同一性が認められない場合」とでは，類否判断の資料を異にするとした侵害系の判決例がある（名古屋地判昭55・4・25判時992号97頁，名古屋高判昭56・7・17判時1022号69頁）。

(1) 商標の類似

商標の類似は，商標法における基本的な概念であり，実務上も頻繁に問題となるものである。このため，大正10年商標法以前から，商標の類否に関する審判決例が多数あり，商標法に関する学者・実務家の研究も最も多いところである。

(a) 学 説　本号（大正10年商標法2条1項9号を含む）の商標の類似に関する学説は，次の3つに大別される（吉野日出夫・発明74巻4号87頁）。

第1の説は，「商標自体が彼此混同されるか否か」について，取引の経験則に照らして，商標の有する外観，称呼又は観念により判断し，肯定されるときは両者は類似の商標であるとする見解である。この説を採るものとして，豊崎・工業367頁，夢・解説〔四法編〕705頁，三宅・商標44頁がある。

第2の説は，「取引の経験則に照らして商品の出所が混同される程度に両商標が相紛らわしいか否か」について商標の有する外観，称呼又は観念により判断し，肯定されるときは両者は類似の商標であるとする見解である。この説を採るものとして，吉原・説義27頁，光石・詳説〔新訂〕116頁がある。この場合において，さらに例外的に商標の著名性等の取引の実情をも考慮して判断するとするものがある（網野・続諸問題66頁，網野・商標〔第6版〕363頁）。

第3の説は，「商品の出所の混同につき誤認混同を生ずるおそれがあるか否か」について判断して，肯定されるときは両者は類似の商標とする見解である。この説を採るものとして，渋谷・理論335頁がある。

大正10年商標法以前の商標の類似に関する学説についてみると，明治42年商標法3条1項の商標の類似については，「同一ナラサル商標カ相紛ラハシク彼此混同誤認セラルル虞アルトキハ之ヲ相類似スル商標ト謂フ」（田中・要論48頁）として，商標自体が相紛らわしいことをもって商標の類似と解されており，大正10年商標法2条1項9号の商標の類似についても，同様であった（村山・四法要義380頁，三宅発・商標169頁，末弘・工業20頁，井野・商標290頁，永田・工業267頁）。

これら学説を巡る論争については，前述の第1説と第3説に関しては渋谷達紀「登録

商標権の保護範囲」（豊崎追悼384頁）を，第２説と第３説に関しては網野誠「商標の類似と商品の混同について」（網野・あれこれ56頁）を参照されたい。

 (b) 判決例　　商標の類似に関して，大審院は，当初は「商標法ノ類似商標ニ関スル規定ハ　畢竟商標ノ誤認混同ヲ防カンコトヲ目的トスルモノニ他ナラサレハ　商標ニシテ他ノ商標ト混同誤認セラルルノ虞アルモノハ　類似ノ商標ニ該当スルモノト解スルヲ相当トス」（大判大8・3・4民録25輯390頁），「商標ガ相類似セルヤ否ヤ判断スルニハ　其ノ混同誤認セラルル点アルヤニ着眼スルコトヲ得ベキモノ」（大判昭11・10・18民集3巻11号597頁）として，もっぱら商標が相紛らわしいことにより商標自体が誤認混同する場合にそれらを類似の商標と解釈した。

　「商標ノ類似トハ　其ノ外観又ハ称呼ノ類似若クハ其ノ観念ノ同一ナルコトヲ意味スルモノ」（大判昭2・6・7民集6巻8号337頁），「商標ノ類似アリトスルニハ　其ノ外観又ハ称呼ノ類似若クハ其ノ観念ノ同一ナルコトヲ要スルハ勿論ナルモ　果シテ其ノ外観又ハ称呼カ類似スルヤ否　其ノ観念同一ナリヤ否ヲ決スルニハ　取引ノ実際ニ於ケル経験則ニ照シ　混同誤認ノ虞レアリヤ否ヲ以テ甄別ノ基準トセサルヘカラス」（大判昭4・12・17新聞3090号9頁），「商標ノ類否ハ　其ノ外観称呼及観念ノ上ヨリ取引上彼此相紛ルル虞アルモノナリヤ否ヲ標準トシテ之ヲ判定スヘキモノ」（大判昭9・3・23民集13巻6号483頁）として，商標の類似とは外観又は称呼の類似，観念の同一を意味し，その類否は，商標の有する外観，称呼又は観念により商標自体の混同誤認のおそれの有無で判断すべきであるとし，そこでは「取引上の経験則に照らして」としている。

　その後，「商品ノ出所ノ混同誤認ヲ惹起スル虞ナキ特別事情ノ存在ヲ明ニスルコトナク両者類似セスト判示シタルハ　理由不備若ハ審理不尽ノ不法アルモノトス」（大判昭7・7・1判例工業所有権法737の8頁），「指定商品カ同一又ハ類似ニシテ　其ノ商標ノ称呼並ニ観念カ同一ハ類似ノモノナルニ於テハ　縦令其ノ隔離的並ニ全体的外観ヲ異ニスルモ　取引上特別ノ事情ナキ限リ商品ノ混同誤認ヲ生シ又ハ生スルノ虞レアルモノナルヲ以テ類似商標トシテ　後願商標ハ之カ登録ヲ許容スヘキニアラス」（大判昭15・8・28判例工業所有権法709の2頁）として，商品の誤認混同と結びつけて商標の類似を解釈した判決例が出された。

　最高裁は，大正10年商標法2条1項9号の商標の類似について，「商標が類似のものであるかどうかは，その商標を或る商品につき使用した場合に，商品の出所について誤認混同を生ずる虞れがあると認められるものであるかどうかということにより判定すべきものと解するのが相当である」（最高裁昭33(オ)1104号「橘正宗」事件／昭36・6・27→本稿［表E］）として，出所の混同のおそれを基準として商標の類否を判断すべきであるとした。

　さらに，最高裁は，大正10年商標法2条1項9号の商標の類似について，「商標の類否

§4-Ⅰ ⑪

は，対比される両商標が同一または類似の商品に使用された場合に，商品の出所につき誤認混同を生ずるおそれがあるか否かによって決すべきであるが，それには，そのような商品に使用された商標がその外観，観念，称呼等によって取引者に与える印象・記憶・連想等を総合して全体的に考察すべく，しかもその商品の取引の実情を明らかにしうる限り，その具体的な取引状況に基づいて判断するのを相当とする。……商標の外観，観念または称呼の類似は，その商標を使用した商品につき出所の混同のおそれを推測させる一応の基準にすぎず，従って，右三点のうちその一において類似するものでも，他の二点において著しく相違することその他取引の実情等によって，なんら商品の出所に誤認混同をきたすおそれの認めがたいものについては，これを類似商標と解すべきでない」（最判昭39（行ツ）110号「氷山印」事件／昭43・2・27→本稿〔表B〕）として，商標の類似は商品の出所の混同のおそれにより判断すべきとする前掲「橘正宗」事件の最高裁判決例を踏襲するとともに，(i)商品の取引の実情をできるだけ明らかにすること，(ii)外観，称呼又は観念上の類似は出所の混同のおそれを推測させる一応の基準にすぎないこと，及び，(iii)外観等の一点で類似しても他の2点で著しく相違して出所の混同を来すおそれのないときは，類似の商標と解すべきでないこと，を説示した。

　この判決の説示によれば，商標法が登録主義を採用し，登録商標にも出願商標にも未使用のものがある以上，両商標による商品間の出所の混同のおそれの有無は，取引における経験則に基づいて概括的に仮定的・抽象的に判断せざるを得ないとの前提に立って，登録商標と出願商標とが同一又は類似の商品に使用された場合における出所混同のおそれの存否で決せられることにならざるを得ないが，商標が指定商品について使用された実績をもつ場合等には，出所の混同のおそれの存否の事実状態は，判明する限り判断資料とされてよく，そのような具体的事実に基づく判断は，一般取引における経験則による判断に優先するであろうとされる（矢野邦雄・最判解説民事篇昭和43年度(上)60頁）。

　本号の商標の類似について，判例は，「商標の類否の判断に当たっては，取引の事情を離れてはこれを考察すべきではなく，即ち，その商品の取引の実情において，取引者又は需要者の間に商品の出所につき混同をひきおこすおそれがあるかどうかで決すべきものと解するを相当」とし（前掲「宝福一」事件），また，「本来，商標の称呼，外観又は観念の類似は，その商標を使用した商品について出所の混同のおそれを推測させる一応の基準にすぎないのであるから，これら三点のうちいずれかにおいて類似する場合においても，取引の実情等により商品の出所の混同を来すおそれを認め難い特段の事情があるときは右具体的事情が優先し，類似の商標と認め得ないものと解するを相当」（東京高裁昭60（行ケ）180号「オルターゼ／OLTASE」事件→本稿〔表B〕）として，前掲昭和43年の「氷山印事件」最高裁判決例を踏襲している。

§4—Ⅰ⑪

　商標の類似に関する学説・判例の変遷については，次のように分析されている。すなわち，登録主義の下では使用が登録の前提ではないから，元来その使用とは無関係に商標自体から客観的に判断されるべきであるとされ，前述のように，旧法時代はそのように解釈されていた（三宅発・商標173頁ほか）。しかし，使用の実情を考慮することによって，使用主義的色彩が加わり，その第一段階として，使用を予測して取引界における経験則を判定基準とした（大判昭4・12・17新聞3090号9頁）。第二段階として，商品の出所の混同を生ずるか否かを基準とし（大判昭15・8・28判例工業所有権法709の2頁），さらに第三段階として，商標が実際に使用されている場合には，混同防止の趣旨を徹底して取引界の実情をも考慮して判断する方向が現れてきた（東京高裁昭28(行ナ)2号「東薫」事件→本稿［表B］）とされる（豊崎・法協80巻286頁）。
　その後，出所の混同の有無を基準として商標の類否を判断すべきとする見解が出され（渋谷・理論335頁），また，判決例の傾向は，前掲昭和43年の「氷山印」事件最高裁判例を踏襲して，出所の混同のおそれがある場合に両商標は類似とされ，その判断にあたっては，当該商標の使用に関する実情ができる限り考慮されるに至っていることは前述のとおりである。なお，商標の類否に関する判例の分析等に関しては，網野誠「最近の判例における『商標類似』の概念をめぐって」（網野・あれこれ68頁）が詳しい。
　(c)　特許庁の実務　　特許庁において，商標の類否は，商標の有する外観，称呼及び観念のそれぞれの判断要素を総合的に考察して行われ，商標が使用される商品又は役務の主たる需要者層その他商品・役務の取引の実情を考慮し，需要者の通常有する注意力を基準として判断される（商標審査基準〔改訂第12版〕第3の十の1・2）。そして，比較する商標が外観，称呼又は観念のいずれかの一以上において相紛らわしい場合は，原則として両商標は類似すると判断される（東京高裁昭43(行ケ)92号「宏正」事件／昭44・9・2→本稿［表B］参照）。すなわち，前述の「第一の説」に基づいて実務が行われている。この際に考慮される「取引の実情」とは，取引の経験則となっているものないし一般的・恒常的なものである。
　特許庁の実務において，このような判断基準が採用されているのは，次のような理由に拠ると考えられる。
　①　商標の類否を，外観，称呼又は観念により定型的，技術的に判断することは，類否判断の安定性の確保に適して，本号の趣旨に沿い，また登録商標が後願を排除する範囲が安定すること。
　②　本号は，商標の同一又は類似のほかに，商品・役務の同一又は類似を要件としており，商標の類似の外に，商品・役務の同一又は類似について別途判断を要すること。

〔工藤＝樋口〕

§4−Ⅰ ⑪

③　仮に，商標の使用等の実情を考慮するときは，意見書等で主張・立証の機会が確実にある出願商標については可能であるが，異議申立てを除いてはその機会がない登録商標については可能でなく（事実上審査官又は審判官の職権による調査は不可能である），出願人にのみ有利となるきらいがあること。

④　使用する商品・役務のみならずできるだけ広範囲の商品・役務を指定する例においては，使用商品・使用役務に係る取引の実情が全部の指定商品・指定役務に妥当するとはいえないこと。

⑤　拒絶理由に引用する商標の使用に基づく著名性等の個別具体的な事情については，4条1項15号の適用の判断において考慮できること。

以上のような理由に基づく本号に関する特許庁の実務は，類否判断の安定性に努め，予測可能性に資するもので，その結果，登録商標に基づく商標権の範囲を公示する登録制度の趣旨にも符合し，肯定されるものといえよう。

(2)　商標の類否判断の要素

商標の類否は，商標の有する外観，称呼又は観念により判断し，それらの一以上で相紛らわしいときは両商標は類似すると判断するのが原則である（大判昭8・4・11新聞3551号12頁，同17・8・20判例工業所有権法743頁）。

商標は，自他商品又は役務の識別標識として，出所を表示して出所の混同を防止するものであるから，取引上において機能するものであり，それは人の知覚的作用，すなわち，視覚を通じた記憶・聴覚を通じた記憶又は頭脳を通じた記憶に基づいて取引の局面において識別されるものである。

具体的には，商標の外観，称呼，観念により特定されてそれぞれ記憶され，これらを手掛かりとして先の取引において記憶した商標との異同が判断されるものと考えられ，前述のように，戦前の大審院の判決例以来，外観等により商標の類否を判断することは一般的には肯定されている（大判昭2・6・7民集6巻337頁，大判昭4・12・17新聞3090号9頁）。

特許庁の実務も，この原則により，外観等のいずれにおいて類似するのかを明示する実務が定着している。

前掲昭和43年の「氷山印事件」最高裁判例は，外観等の類似は出所の混同のおそれを推測させる一応の基準としているが，最近の判決例においても，出所の混同を生じさせるおそれがあるとは認め難い客観的な事情がない限り，外観等の一以上において類似するときは，類似の商標と判断するのが相当としている（東京高裁昭43（行ケ）37号「UNICHROME」事件→4条1項16号の注解Ⅴの表参照）。

例外的に，例えば，称呼上は比較的紛らわしいが両商標の「観念が著しく相違」し，そのために観念の違いが称呼に影響を及ぼすときなど，全体として，識別が可能な場合

があり、このような場合には、称呼の面だけからみて類似の商標と決するのではなく、外観及び観念をも含めて「総合的に考察」して、商標の類否が判断される（商標審査基準〔改訂第12版〕第3の十の1）。例えば、前掲「氷山印」対「しょうざん」、「ロマン」対「ロマンス」（東京高裁昭33(行ナ)74号→本稿〔表B〕)、「MICROLON」対「MAKROLON」（東京高裁平2(行ケ)154号→本稿〔表B〕）、「ガス燈」対「ガスト／GAST」（東京高裁平3(行ケ)24号→本稿〔表B〕）、「SPA」対「SPAR」（東京高裁平7(行ケ)52号→本稿〔表D〕）、「痛快！」対「TsuKai」（東京高裁平13(行ケ)144号→本稿〔表B〕）などについて、区別できるとした判決例がある。同様に、異議審決例においても、「花心」対「花神」（異議平10-92040→本稿〔表B〕）、「花」対「華」（不服2000-19561→本稿〔表C〕）などについて非類似とした例がある。

(a) 外観類似　外観類似とは、商標の構成上有する外観的形象において相紛らわしいことをいう。視覚を通じた記憶に着目したもので、過去の記憶にある商標と目前にある商標とを対比する取引の局面における問題である。

外観上の類否は、商標の構成全体の有する外観的形象において判断されるが、商標の要部が有する外観的形象を抽出して、要部観察により外観類似が判断されるときもある（東京高裁昭28(行ナ)13号「AJAX」事件→本稿〔表A〕、東京高裁昭56(行ケ)201号「Z字図形」事件→本稿〔表A〕）。また、外観上の類否は、多くは図形商標が判断の対象とされるが、文字商標について外観上類似とされる場合もある（前掲「AJAX」事件、東京高裁昭44(行ケ)30号「Single」事件→本稿〔表A〕、東京高裁昭57(行ケ)99号「TENESCO」事件→本稿〔表A〕、審判平9-17392「Submarine」→本稿〔表A〕)。外観類似に関するその他の審決例・異議決定例・審決取消訴訟判決例については、本稿末尾の〔表A〕を参照されたい。

(b) 称呼類似　称呼類似とは、商標を構成する文字・図形・記号又は色彩から生ずる称呼（呼び名・造語については発音）において相紛らわしいことをいう。聴覚を通じた記憶に着目したもので、主として口頭取引、電話取引等の局面における問題である。

称呼上の類否は、商標の構成全体から生ずる称呼によって判断されるが、商標の要部より生ずる称呼により判断される場合もある。多くは文字商標において称呼上類似とされるが、図形商標において「図形から生ずる称呼」により称呼上類似とされる場合もある。この場合でも、需要者は図形商標をできるだけ簡易明快に称呼・観念しようとすると同時に、できる限り特定の意味内容に相応して適切正確に称呼、観念しようとするから、例えば、「のらくろの図形を描いた商標」であれば「イヌ」（犬）のような称呼、観念は生じない（東京高裁昭52(行ケ)157号「サトちゃん象図形」事件→本稿〔表A〕）。欧文字のモノグラムより称呼を生ずるとした判決例もある（東京高裁平3(行ケ)91号「ℓ・℠」事件→本稿〔表B〕）。

商標より自然に生ずる称呼による（東京高裁昭29(行ナ)21号「ユタカ」事件→本稿〔表B〕）。

〔工藤＝樋口〕

§4−I ⑪　　　　　　　　　　　　　　　第2章　商標登録及び商標登録出願

　欧文字と仮名文字の二段に表示された造語商標にあっては，欧文字に一般的な読み方が二以上あっても，その一を表した仮名文字が欧文字の称呼を特定したものとして，そのとおりの称呼を生ずるとする特許庁の実務例が多いが，これと同趣旨の判決例がある（東京高裁平元(行ケ)55号「Vaxon／バクソン」事件→本稿［表B］）。欧文字は，わが国で最も普及している「英語風」に称呼されるのが一般であるが，必ずしも文法上の正しい発音どおりの称呼を生ずるとはされず，取引者・需要者が一般にどのように発音するかによる（東京高裁平3(行ケ)270号「OGIS」事件→本稿［表B］，審判平6-13158「REUSE」事件→本稿［表B］）。
　最近の傾向として，文字商標について称呼上の類否が問題とされる例が多い。このため，特許庁の実務として，従来の審・判決例を基にして，音声学的な観点から整理した称呼上の類似に関する原則的な基準が詳細に定められている（商標審査基準〔改訂第12版〕第3の十の8）。この基準は，昭和49年12月16日付工業所有権審議会の「商標制度の改正に関する答申」の中で「商標の類似・非類似に関する判断基準を取引社会の実態に即したものとするように見直して審査，審判において適用すべし」との答申がなされ，これを受けて設置された商標審査基準協議会が昭和51年3月26日付で特許庁長官宛にした報告「称呼類似基準に関する意見」を基本として，作成されたものである。
　称呼上の類否は，相違する音のみを音声学上から対比するのではなく，称呼全体の語調・語感等から判断される（東京高裁昭48(行ケ)18号「BIO」事件→本稿［表B］，前掲「オルターゼ／OLTASE」事件）。このような基準に対し，「取引の実情を踏まえた上で，音声学的観点からみた類否判断のもつ社会的意義を再吟味して類否判断すべし」とした最近の判例がある（前掲「ランバン」事件）。
　また，一の商標より二以上の称呼又は観念を生ずる場合もある（最高裁昭34(オ)856号「三桝紋図形」事件→本稿［表B］）。また，大正10年商標法2条2項による「権利不要求」の部分がある登録商標であっても，全体として観察され，「権利不要求の部分を含めた全体」からの称呼をも生ずるとした判例がある（東京高裁昭41(行ケ)101号「たばこや」事件→本稿［表D］）。観念類似に関する審決例・異議決定例・審決取消訴訟判決例については，本稿末尾の［表B］を参照されたい。
　(c) 観念類似　　観念類似とは，商標を構成する文字，図形又は記号から生ずる意味内容において相紛らわしいことをいう。頭脳による記憶に着目したものである。
　そして，原則として意味内容が「同一」の場合に観念上類似とされる。観念が同一の場合に類似とされるのは，取引者・需要者が商標を見又は称呼することにより念頭に浮かぶその商標のもつ意味が，他の商標のもつ意味と同一であることによって，ある商標から同じ意味をもつ他の商標を思い浮かべ，そのために両商標の指定商品の出所を誤認混同するからである（東京高裁昭48(行ケ)61号「Laurel」事件→本稿［表C］）。造語商標からは

観念は生じないとの認定が一般的であるが、造語商標であってもその特徴的な部分から特定の観念を生ずるとした判決例がある（最高裁昭41(行ツ)36号「リューマゾロン」事件→本稿[表C]、東京高裁昭50(行ケ)74号「アリナミン」事件→本稿[表C]）。また、造語であっても、例外的に、例えば「SONY」は「ソニー㈱の社標」のような観念を生ずるとされる。

観念上の類否は、商標の構成全体から生ずる観念により判断されるが、商標の要部より生ずる観念により判断される場合もある（東京高裁昭26(行ナ)14号「清正」事件→本稿[表D]）。多くは文字商標において観念上類似とされるが、図形商標においても、図形から生ずる観念により観念上類似とされる場合がある（→本稿[表C]審判平3-19316「ペンギンの図形」、審判平9-3688「見返り美人の図」、審判平10-4458「鳩の図」など）。

外国語とその日本語表示との観念上の類似について、「外国語の語句又はその発音を日本語で表示してなる商標」と「その外国語の語句の意味を日本語又は図形で表した商標」とを観念上類似とするには、当該商標が使用されるべき商品・役務の取引者のみならず、その最終需要者にまで、その外国語の語句の表示又は称呼によって、その意味するところが直ちに理解できる程度にその外国語の語句がわが国において普及していることを要するとした判決例がある（東京高裁昭61(行ケ)254号「LADYBIRD」事件、東京高裁平8(行ケ)50号「HOLE IN THE WALL」事件→いずれも本稿[表C]）。

なお、観念上の類似については、商標の有する意味内容が「同一である場合」に限られ、「類似する場合」については観念上類似とされない。意味内容の関連性（類似範囲）を考慮に入れると、観念類似の範囲が広がり、不当であるとする判決例がある（東京高裁昭36(行ナ)162号「Cherry Gold」事件→本稿[表C]）。経験則上も、単なる意味内容の関連性では、そのような商標が互いに相紛らわしいものであるとはいえないとみるべきであろう。その他の観念類似に関する審決例・異議決定例・審決取消訴訟判決例については、本稿末尾の[表C]を参照されたい。

(3) 商標の類否判断の観察方法

商標の類否判断における商標の観察方法は、比較する商標を時と所を違えて観察する「離隔的観察」が原則である。

需要者が商品を購入し又は役務の提供を受ける際、眼前の商標と「先に購入したことのある商品に付されていた商標」又は「先に利用したことのあるサービスについて使用されていた商標」とを綿密に見比べて、商品・役務を選択するわけではなく、先に購入・利用等をした際の記憶に基づいて取捨選択するのが一般である。外観上の類否のみならず、称呼又は観念上の類否判断においても、離隔的観察が原則である（東京高裁昭54(行ケ)138号「デリア」事件→本稿[表B]）。

また、商標の構成全体として有する外観・称呼又は観念により判断する全体観察によ

〔工藤＝樋口〕

§4-I ⑪

って，商標の類否判断がなされる。商標は，自他商品又は役務の識別標識として，その構成全体をもって需要者に印象づけ，記憶されるのが一般であるからである。

しかしながら，全体観察の例外として，商標の構成中に特に需要者の注意を引く部分とそうでない部分がある場合には，特に需要者の注意を引く部分，すなわち，独立して自他商品又は役務の識別機能を果たす部分の有する外観・称呼又は観念による判断，いわゆる要部観察をして類否判断がなされるときもある。

また，一の商標であっても，二以上の要部を有する結合商標等である場合には，要部がそれぞれ独立して自他商品又は役務の識別機能を果たすときがあり，このときは，要部を分離して，それぞれの有する外観等により類否判断がなされることも許される（前掲「三枡」事件→本稿［表B］，最高裁昭37(オ)953号「リラ宝塚」事件→本稿［表D］）。

(4) 取引の実情の考慮と最高裁判決例「氷山印事件」

(a) 知財高裁の判断傾向 ここ数年来の東京高裁（知財高裁）の判決例の多くは，商標の類否判断においては，「氷山印事件」判例（最判昭43・2・27民集22巻2号399頁）を引用して，積極的に取引の実情を考慮に入れている。「氷山印事件」判例は，「商標の類否は出所の混同の虞があるか否かを基準」とし，「指定商品の具体的な取引の実情に基づく」，そして，「外観，称呼又は観念上類似は出所の混同の虞を推測させる一応の基準」とする。これらの中で，「指定商品の具体的な取引の実情に基づく」としているにもかかわらず，具体的な取引実情については，東京高裁（知財高裁）では，当該商標に係る個別具体的（周知・著名性を含む）なものと解して取り込む判決例と，当該指定商品・役務に係る一般的な恒常的なものと解する判決例に分かれている。

次の知財高裁各判決例は前者の立場から引用し，当該商標の個別具体的な取引の実情，すなわち当該商標の使用状況までを認定して，商標の類否を判断している。「Gold Loan事件」（知財高判平23・4・27速報433号17084），「けんしんスマートカードローン事件」（知財高判平23・11・30速報440号17407），「みらべる事件」（知財高判平23・12・26速報441号17458）等判決例では，いずれも商標類似と判断した審決を取り消している。

このような裁判，特に無効審判やその取消訴訟において，過去の使用事実の立証が必要となって，民事的紛争や先使用主義下の争いと似たものになりかねない（ある判決例（知財高判平19・9・26速報390号14618）では，取り消した無効不成立審決の再審理においては商標の類否判断のため，当事者は立証を尽くすべきと付記したものがある）。

またこの中で，結合商標については，「セイコーアイ事件」（最判平5・9・10民集47巻7号5009頁）及び「つつみのおひなっこや事件」（最判平20・9・8裁判集民事228号561頁）を引用して，知財高裁判決例は，当該商標の使用状況を含めた個別具体的な取引の実情を当事者に立証させ，審決時点での混同のおそれの有無からの商標の類否判断をして，混同

のおそれなし非類似の結論を導いたものが多くある。しかし，一時的な事情の考慮にすぎず，また他人に係る登録商標の想定される類似範囲への侵入を許すものであって，妥当性があるのか疑問である。また，このような理由等での審決取消しは法的安定性や予測可能性を害することになる。

　他方，「氷山印事件」判例のいう取引の実情とは，指定商品の一般的，恒常的なものと解した直後の最高裁判決（「保土ヶ谷化学社標事件」最判昭49・4・25取消集昭和49年443頁）を引用して，引用商標等の個別具体的な実情は含まないとするものがあり，最近の判決例としては，「CIS事件」（知財高判平20・12・25速報405号15517）がある。至近の知財高裁の判決例でも，類否判断で考慮される指定商品・役務の取引の実情も，前掲「保土ヶ谷化学社標事件」判決に従い「一般的，恒常的なもの」と判示している（「マキシマム事件」（知財高判平26・5・21速報470号19074），「B:MING LIFESTORE事件」（知財高判平26・6・11速報471号19107））。

　(b)　特許庁の実務　　商標の類否判断にあたっては，当該指定商品・指定役務の取引の実情を考慮し，「需要者の通常有する注意力」を基準とされる（商標審査基準〔改訂第12版〕第3の十の2）。需要者には，一般消費者及び取引業者の双方が含まれる。

　具体的には，(イ)取引者・需要者が専門家かそれとも一般消費者か（指定商品が商品の原材料等のときは専門家で，生活関連の最終製品のときは一般消費者等），(ロ)指定商品の流通経路（製造者から直接消費者へ販売されるものとそうでないもの，専門業者により販売されるものと一般小売業者により販売されるもの），(ハ)商標の採択の傾向（例えば，「薬剤」についてはドイツ語，「被服」についてはフランス語等），(ニ)取引が主として，商標より生ずる称呼によるのか構成全体の外観によるのか，などのように商品・役務により，需要者の範囲，流通経路，商標の採択の傾向，商標の使用状態等の取引の実情がそれぞれ異なる。

　そして，子供を主な需要者とする駄菓子，女性を主な需要者とする化粧品，もっぱら専門家の間で取り引きされる原材料・産業用機器，大衆消費財であっても極めて高額な商品（乗用車，ピアノなど）とでは商標に払われる注意力がそれぞれ異なる。

　また，「薬剤の商標」の欧文字はドイツ語風に称呼され，「被服の商標」の欧文字はフランス語風に称呼され，「清酒」「刃物」では漢字は訓読みされる傾向にある（「清酒」については，東京高裁昭28(行ナ)2号「東薫」事件→本稿［表B］）。新聞・雑誌はもっぱら題号たる商標によって取り引きされ，金属工作機械器具は主として品質等によって取り引きされる。

　このように，商品又は役務の取引の実情の違いにより，取引者又は需要者による商標の観察方法ないしは商標に払われる注意力等が商品又は役務ごとに異なるから，これらをも考慮して商標の類否が判断される。したがって，商標が類似であると主張する場合はともかく，指定商品・役務の取引の実情を考慮して商標が非類似であると主張すると

〔工藤＝樋口〕

§4-Ⅰ ⑪ 第2章 商標登録及び商標登録出願

きは，その事実が該当する指定商品・役務に的を絞らなければその主張は意味をなさない（例えば，指定商品が「薬剤」であるとき，「抗生物質製剤」に係る取引の実情は「それ以外の薬剤」には妥当しない（東京高裁昭44(行ケ)142号「BRITEX」事件→本稿〔表B〕))。

なお，これらの取引の実情は経験則的ないしは一般的なものであり，個別具体的な実情については『商標審査基準』では触れられていない。

(5) 需要者の一般的な注意力

商標の類否は，「需要者の通常有する注意力」を基準として判断される。すなわち，前項で述べたように，商品又は役務について取引をする際に商標に払われる注意力は，商品・役務によって異なり（東京高裁平4(行ケ)93号「WRANGLER」事件→本稿〔表B〕)，また，需要者によっても異なる。子供は，欧文字や漢字の違いはわかりにくいであろうが，図形やキャラクターの違いはすぐ見分けるであろうし，安価な使い捨て商品と高価な耐久商品とでは注意力が異なる。一般消費者が払う注意力と専門家が払う注意力とは異なる。なお，注意力の散漫な者や慎重な者については基準とされない。

(6) 結合商標の類否 （称呼・観念の特定，要部抽出，一体不可分性等）

(a) 結合商標とその観察方法　結合商標とは，二以上の文字・図形又は記号の組み合わせからなる商標（この場合の文字とは既製語・造語をいう）をいう場合と二以上の語を組み合わせてなる文字商標をいう場合がある。前者については，全体観察のほかに，各構成部分を分離して観察することが取引上不自然と思われるほど不可分的に結合していない商標については，分離観察をしてその部分が有する外観・称呼又は観念により類否判断することが認められる（前掲「リラタカラヅカ」事件)。

後者についても，全体観察により商標を構成する全体の文字が有する外観・称呼又は観念により類否判断をするのが原則であるが，識別力を有する文字と，識別力を有しない文字との結合商標では要部観察が認められている。

また，二以上の語のいずれもが識別力を有する場合でも，結合の状態，すなわち，(イ)構成上一体的であるか，(ロ)全体の構成から一定の外観・称呼又は観念が生ずるか，(ハ)識別力が強い部分と弱い部分がないか，(ニ)一部のみが特に需要者に印象づける部分がないか，又は，(ホ)称呼した場合淀みなく一連に称呼し得るか，などにより，これらが否定されるときは，構成の一部（いわゆる要部）を分離ないしは抽出して，その部分が有する外観，称呼又は観念により商標の類否判断が行われる。

結合商標であっても，構成する全体の文字等に一体性があり，全体から一定の外観，称呼又は観念が生ずるときは，その称呼等をもって取引に供されるのが一般であって，2以上の語等から構成されているからといってその一部を分離ないしは抽出することが不自然である場合には，分離観察は許されない。

§4-Ⅰ⑪

(b) 結合商標の類似判断に係る判例　結合商標の類似判断について，商標の構成の一部より生ずる称呼，観念が他人の商標より生ずる称呼，観念と類似するときは，両商標は類似するものと解するのが相当である旨判示した前掲「リラ宝塚事件」判例がある。
　その後，「セイコーアイ事件」判例（最判平5・9・10民集47巻7号5009頁）は，指定商品「眼鏡」に係る商標「SEIKO EYE」については，支配的な印象を与える「SEIKO」と一般的，普遍的な印象を与える「EYE」とに分離して，後者よりは称呼，観念は生じないとした。支配的な印象とは出所表示機能が強い，一般的，普遍的な印象とは出所表示機能が弱いことを意味していると理解される。「審決引用商標は，眼鏡をもその指定商品としているから，右商標が眼鏡について使用された場合には，審決引用商標の構成中の『EYE』の部分は，眼鏡の品質，用途等を直接表示するものではないとしても，眼鏡と密接に関連する『目』を意味する一般的，普遍的な文字であって，取引者，需要者に特定的，限定的な印象を与える力を有するものではないというべきである。一方，審決引用商標の構成中の『SEIKO』の部分は，わが国における著名な時計等の製造販売業者である株式会社服部セイコーの取扱商品ないし商号の略称を表示するものであることは原審の適法に確定するところである。
　そうすると，『SEIKO』の文字と『EYE』の文字の結合から成る審決引用商標が指定商品である眼鏡に使用された場合には，『SEIKO』の部分が取引者，需要者に対して商品の出所の識別標識として強く支配的な印象を与えるから，それとの対比において，眼鏡と密接に関連しかつ一般的，普遍的な文字である『EYE』の部分のみからは，具体的取引の実情においてこれが出所の識別標識として使用されている等の特段の事情が認められない限り，出所の識別標識としての称呼，観念は生じず，『SEIKO EYE』全体として若しくは『SEIKO』の部分としてのみ称呼，観念が生じるというべきである。
　……これを要するに，前記認定の事情に照らせば，審決引用商標の『EYE』の文字部分のみからは，称呼，観念は生じないというべきである……。」
　前掲2つの判例に，「つつみのおひなっこや事件」最高裁判決（最判平20・9・8裁判集民事228号561頁）を加えて，審決が要部と認定した部分が支配的部分ではないとして，要部ないしは分離観察を否定して，審決を取り消した判決例として，「潤煌事件」（知財高判平23・6・6速報435号17145），「アイテック阪急阪神事件」（知財高判平23・6・28速報435号17158），「ユニヴァーサル法律事務所事件」（知財高判平23・10・24速報439号17365）等がある。
　しかし，「つつみのおひなっこや事件」最高裁判決は，前掲「セイコーアイ事件」判例基準に基づいて，指定商品「土人形」に係る登録商標「つつみのおひなっこや」について，前掲「氷山印事件」，同「リラ宝塚事件」及び同「セイコーアイ事件」各判例を引用して，後者の判例基準に従い，指定商品「土人形」に係る商標「つつみのおひなっこや」

〔工藤＝樋口〕　367

§4-I ⑪

の分離観察を否定して，これを肯定した原審を覆したもので，目新しい判示は見当たらないものである。

　商標の類否判断においては，当該指定商品・役務の識別標識としての使用を前提とした認定，判断であるから，特に結合に係る各語の識別力の強弱や有無は，指定商品等の関係において，認定，判断されるべきものである。前掲「セイコーアイ事件」のいう，「支配的部分」か「一般的普遍的部分」も同じで，同判例においても指定商品「眼鏡」との関係で「EYE」の部分が一般的普遍的部分と認定判断とされたものである。そして，結合商標に係る各語が「支配的部分」か「一般的普遍的部分」であるかは，当該各語の識別力の有無や強弱の比較において，相対的に認定，判断される。

　この点，至近の知財高裁は，指定商品「コーヒー飲料等」に係る本願商標「PEACE ICED COFFEE」（下の図参照）と引用商標「PEACECOFFEE」とは，類似の商標と判断し，審決を支持した（知財高判平26・10・29速報475号19323）。「セイコーアイ事件」判例に従ったもので，結合商標である本願商標について，分離観察をした審決と同様に，これより「ピースコーヒー」，「ピース」の称呼，「平和のコーヒー」，「平和」の観念を生ずると認定した。すなわち，本願商標中，「ICED」は指定商品の品質表示と理解とされ，「PEACE」から生ずる意味合いはありふれたものではあるが，当該指定商品との関係において一定の出所識別力を有するものと認められるとして，要部と認定している。「VIA事件」（知財高判平26・10・27速報475号19318）判決例も，同旨のものである。

　同様に，結合商標の類否に係る「マキシマム事件」（知財高判平26・5・21速報470号19074），「B:MING LIFE STORE 事件」（知財高判平26・6・11速報471号19107）では，いずれも，分離観察をして類似と判断した審決を支持している。この中では，前掲「つつみのおひなこや事件」判決をも踏まえた判断であり，また，類否判断で考慮される指定商品・役務の取引の実情も，前掲「保土ヶ谷化学社標事件」判決による「一般的，恒常的なもの」と判示していることは前掲した。

　少し前にも，従来からの類否判断と同じ結論の判決，例えば，「Baby Monchouchou」

＝「MONCHOUCHOU」（30類：知財高判平25・3・5速報456号18283），「Raffine/Style」＝「RAFFINE」（1，3類：知財高判平25・12・18速報465号18763），「けやき」＝「中央式典／町田駅前会堂／けやき」（45類：知財高判平26・3・5速報468号18946）等も出されていた。

　(c)　特許庁の実務　　特許庁の『商標審査基準』では，結合商標の類否判断について，次のように定められている（同〔改訂第12版〕第3の十の6）。

　(イ)形容詞的文字（商品の品質，原料，材料等又は役務の提供の場所，役務の質等を表示する文字）を有する結合商標，(ロ)大小のある文字からなる商標，(ハ)著しく離れた文字の部分からなる商標，(ニ)長い称呼を有するため又は結合商標の一部が特に顕著であるため，その一部分に簡略化の可能性がある商標，(ホ)指定商品又は役務について慣用される文字と他の文字とを結合した商標，(ヘ)指定商品又は役務について著名な商標と他の文字とを結合した商標，(ト)「株式会社」「商会」「CO.」「K.K.」「Ltd.」等の文字を含む商号商標（商号の略称からなる商標を含む）については，原則として，それぞれ要部観察ないしは分離観察をして類否判断される。結合商標の類否に関する審決例・異議決定例・審決取消訴訟判決例については，本稿末尾の〔表D〕を参照されたい。

　なお，平成8年改正商標法において，いわゆる立体商標（3D trademark）の登録制度が導入されたことにより，「平面商標と立体商標間の類否」及び「立体商標相互間の類否」を判断する必要が生じた。これについて，『商標審査基準』は，以下のように定めている。

「(1)　立体商標の類否は，観る方向によって視覚に映る姿が異なるという立体商標の特殊性を考慮し，次のように判断するものとする。ただし，特定の方向から観た場合に視覚に映る姿が立体商標の特徴を表しているとは認められないときはこの限りでない。

　　(イ)　立体商標は，原則として，それを特定の方向から観た場合に視覚に映る姿を表示する平面商標（近似する場合を含む。）と外観において類似する。

　　(ロ)　特定の方向から観た場合に視覚に映る姿を共通にする立体商標（近似する場合を含む。）は，原則として，外観において類似する。

　　(ハ)　立体商標は，その全体ばかりでなく，原則として，特定の方向から観た場合に視覚に映る姿に相応した称呼又は観念も生じ得る。

　(2)　立体商標が立体的形状と文字の結合からなる場合には，原則として，当該文字部分のみに相応した称呼又は観念も生じ得るものとする。」

（商標審査基準〔改訂第12版〕第3の十の9）

　ちなみに，立体商標と平面商標との類否判断例として，東京高裁平12(行ケ)234号「鉢巻たこ」事件及び審判平10-17500「兎のキャラクター」がある（→いずれも本稿〔表A〕）。

§4-Ⅰ ⑪

(7) **新しいタイプの商標の類否の審査**

　新しいタイプの商標の類否の審査については，審査基準によれば，以下のように取り扱われる（商標審査基準〔改訂第12版〕第3の十の14）。未だ実務例はない。

　「動き商標」に係る4条1項11号における類否の審査においては，「動き商標」同士では，動く変化の軌跡が，特定の文字や図形を描くもので，それが外観，称呼又は観念上類似するときは，それら「動き商標」は互いに類似のものとされよう。

　また，「動き商標」と文字や図形等の商標の間ではクロスサーチが予定され，「動き商標」の動く変化の軌跡が，特定の文字や図形を描くもので，それと文字や図形の商標において外観，称呼又は観念上類似するときは，「動き商標」と文字や図形の商標は互いに類似のものとされよう。

　他方，「動き商標」同士で，動く軌跡が同じでも，動く文字や図形自体が同一又は類似のものでないときは，看者に与える印象は相違して混同のおそれはなく非類似の商標とされよう。

　「ホログラム商標」に係る4条1項11号における類否の審査においては，「ホログラム商標」と文字や図形等の商標の間ではクロスサーチが予定され，「ホログラム商標」が表示する文字や図形と，文字や図形の商標において外観，称呼又は観念上類似するときは，「ホログラム商標」と文字や図形の商標は互いに類似のものとされよう。

　他方，「ホログラム商標」が複数の表示面に分割して表されている場合でも，観念等の繋がりがあるときは，全体観察が優先し分離観察はされないが，それぞれの面に表された文字や図形が独立して要部となり得るものであれば，要部ないしは分離観察されよう。

　「色彩のみからなる商標」に係る4条1項11号における類否の審査においては，「色彩のみからなる商標」で複数の色彩を組み合わせたものと，同じ構成の色彩からなる図形商標とが外観上類似するときは，互いに類似のものとされよう。

　赤色単色の「色彩のみからなる商標」と文字商標「赤」は類似とは扱われない。

　なお，「色彩のみからなる商標」が登録されても，色彩登録商標に係る特則の適用はない（商標70条4項）。

　「音商標」に係る4条1項11号における類否の審査においては，その類否判断は，音商標を構成する音の要素（音楽的要素（メロディー，ハーモニー，リズム又はテンポ，音色等））及び言語的要素（歌詞等）を総合して，商標全体として考察される。

　音楽的要素のみからなる「音商標」間の類否については，(ｲ)識別機能を有しない部分については，単独では，「音商標」の類否を判断する際比較対象とはされない。(ﾛ)識別機能を有する部分を要部として抽出し，「音商標」の類否を判断するにあたっては，少なくともメロディーが同一又は類似であることを必要とする。

識別機能が弱い音楽的要素が同一又は類似のものでも，言語的要素が非類似であるものは，全体としては非類似のものとされる。また，音楽的要素の識別機能が弱い場合で，言語的要素からなる音商標と同一又は類似の文字商標とは類似のものとされる。

「位置商標」に係る4条1項11号における類否の審査においては，付する対象が指定商品等で，付する位置が共通する場合，例えば，指定商品ぬいぐるみに係るウサギの耳，同ねずみの耳，同象の耳で，付される標章が同一又は類似の図形等であるときは，互いに外観上類似のものとされよう。

同様に，付する対象が同一の指定商品等で，付する位置が違う場合であっても，付される標章が同一又は類似の図形等であるときも，互いに外観上類似のものとされよう。

また，この場合は，付される標章と同一又は類似の図形商標とは，互いに外観上類似のものとされよう。

(8) 37条等における商標の類似との関係

(a) 他の規定における商標の類似　　商標法は，本号の商標の類似のほかに，不登録事由においては，4条1項1号をはじめとして，7号，8号，12号，15号ないし18号を除いてすべてのものに，また，先後願に関して，8条，15条の3等に，商標権の行使に関して，32条，33条，33条の2，33条の3，37条，60条等に，及び，登録取消審判に関して，51条，52条の2，53条，53条の2等においても「商標の類似」の語を使用している。

本来的には，同一法律内の同一用語は同じ概念のものとして解釈されるのは当然であろうが，法の目的の範囲内で，各規定が具体的に実現しようとする趣旨に沿って合理的に解釈した場合に，他の規定と異なるときがあってもそれは許されよう。

商標法上の商標の類似についても，例えば，4条1項1号は国家等の尊厳の維持のための規定である観点から，商標の類似を解釈して，本号と異なり，それは「外観上の類似」を意味するものと解釈されている（本書4条1項1号の注解参照）。

4条1項10号・8条（及び15条の3）における「商標の類似」は，それらの規定の趣旨が出所の混同の防止ないし先願主義の実現で本号の趣旨と同じであるから，本号における商標の類似と同様に解される（前掲「MASTIMYCIN」事件→4条1項10号の注解Ⅶの表）。

また，37条1項1号等の商標権侵害に関する規定における商標の類似は，権利行使の局面で，また少なくとも一方が必ず使用されている商標に係る類否判断であるから，本号の商標の類似と同じと解さないでも許されよう。

判決例も，「特許庁が商標出願について，既登録の他人の商標と対比し，登録を認めるべきかどうかの判断をなすにあたり，右引用登録商標に対してなす解釈は，商標出願に対する商標行政の見地からなされるのであり，登録商標の保護範囲についてなす裁判所

§4−Ⅰ ⑪

における解釈とは視座が異なる」としたものがあり（大阪地判昭48・12・21無体集5巻2号525頁），これと同趣旨の見解がある（牧野編・裁判実務大系(9)417頁〔元木〕，中村・JCAジャーナル1984年9号5頁）が，具体的適用にあたり，制度的意義を考慮した解釈運用がなされるべきことは当然としても，基本的概念・判断手法は共通と理解すべきであるとされる（竹田・要論344頁）。

なお，後願登録商標「美鶴松浦漬」が先願登録商標「松浦漬」を引用して大正10年商標法2条1項11号違反として登録無効とされたが（東京高裁昭39(行ケ)21号・同22号「松浦漬」事件→15号の注解Ⅴの表），これとほぼ同一の事例で両商標が類似するとして37条1項1号により商標権侵害にあたるとされたものがある（福岡地判昭42・3・31判タ209号225頁）。

これに対して，商標権侵害事件の商標の類否判断において，前掲昭和43年の「氷山印事件」最高裁判例を引用して類否判断をした判決例が散見され（大阪地判昭54・9・14取消集昭和54年(地)591頁等），最近は，最高裁もこのような解釈をしている（最高裁平3(オ)1805号〔森林＝木林森事件〕／平4・9・22＝判時1437号139頁・判タ800号169頁）。

(b) **不正競争防止法上の類似**　現行不正競争防止法2条1項1号においては，他人の商品等表示，すなわち，人の業務に係る氏名，商号，商標，標章，商品の容器若しくは包装（立体商標の場合がある）等として需要者の間に広く認識されているものと同一若しくは類似のものを使用等して混同を生じさせる行為（周知表示混同惹起行為）を，同2号においては，他人の著名な商品等表示と同一若しくは類似のものを使用等する行為（著名表示冒用行為）を，それぞれ不正競争行為の類型とするにあたり，「商標・標章の類似」なる概念を使用している。そして，ここにいう商標等の類似の概念は，旧不正競争防止法1条1項1号・2号にいう「商品タルコトヲ示ス表示ト同一若ハ類似」，「営業タルコトヲ示ス表示ト同一若ハ類似」のそれと変わりはないものと考えられる。

ところで，不正競争防止法上の類似については，ⓐ商標法の類似と異なり，より弾力的なものである（小野・不正概説67頁），ⓑ商品の出所の混同を生ずるか否かにより判断する（豊崎ほか・不正競争135頁・195頁〔松尾〕），ⓒ動的で混同のおそれの範囲に応じて類似範囲も広くなったり狭くなったりする（田倉＝元木編・不正競争116頁〔吉澤〕），ⓓ不正競争の目的達成の手段となるかどうかにより決定される（小野編・注解不正126頁〔芹田〕），との見解がある。

判決例は，特段の事情がなければ商標法における商標の類似と同意義と解しても差し支えないとしたもの（東京地判昭41・10・27不競集945頁）に対して，不正競争防止法上の商標の類似は，登録商標の権利範囲に属する商標より広いとしたもの（大阪地判昭32・8・31不競集187頁），商標法の類似のように静的かつ形式的に判断するのでなくて各商品主体の競争関係の有無等を考慮して商品主体の混同のおそれがあるか否かによって決すべきと

したもの（東京地判昭56・8・3判時1042号155頁），問題となっている商標に関連する商標が登録される過程で先願商標との類否につきいかなる見解がとられたかは考慮されるべきでないとしたもの（東京高判昭58・11・07判時1115号136頁），商標の登録例は不正競争防止法の類似判断について拘束力を有しないのみならず，商標法の類似判断とは一致しなければならないものではないとしたもの（大阪地判昭59・6・28判タ536号266頁）がある。

IV 商品・役務の類否

本号が適用されるのは，出願商標が，他人の先願登録商標と同一又は類似であって，かつ，その指定商品・指定役務が，他人の先願登録商標と同一又は類似である場合である。すなわち，商標の同一又は類似のほかに，商品・役務の同一又は類似（商品と役務間の類似をも含む）をも本号は要件としている。

(1) 商品の同一・役務の同一

「商品の同一」とは，「商品の種類が同じであること」をいい，商標法施行規則別表に例示されているようないわゆる「単品（同別表中に『最小概念』で表示された商品）」に含まれるものは，形状・品質等が同じでなくとも，同一商品である。例えば，「風邪薬」であれば，それが錠剤であれ，水剤であれ，塗布剤であれ，また，医家向けであれ，売薬であれ，同一商品として取り扱われる。

本号での同一商品か否かは，願書に記載された指定商品の表示で認定・判断される（商標27条2項）。本号の適用においては，商品の同一のほかに類似の商品をも範囲としているので，商品が同一か否かを問題とする必要がないのは，商標の場合と同じである。また，「役務の同一」についても，前述した「商品の同一」と同様である。

(2) 商品の類似

(a) 明治42年商標法の同一商品　　商標法上，「商品の類似」なる概念が用いられたのは大正10年商標法においてであり，その2条1項9号では，「他人ノ登録商標……ニシテ同一又ハ類似ノ商品ニ使用スルモノ」と規定された。明治42年商標法以前は，登録商標がその後願に係る商標の登録を阻止できる商品の範囲は，その登録商標の指定商品と「同一商品」としていた。

しかしながら，明治42年商標法の同一商品とは，本来の意義と異なり特別の意義を有するとして，「商品ノ品質，用途，取引ノ状態，其他百般ノ事情ヲ総合シテ考究シ　其商品カ類似ノ商標ノ使用ニ依リ混同誤認セラルルノ虞アル場合ニ於テハ　其商品ハ商標法上ノ同一商品ナリト判定スベキモノトス」とし（田中・要論85頁），また大審院も「商標法上ニ於ケル同一商品ハ必ズシモ総テノ点ニ於テ同一商品ナルヲ要セス　同一商品ナルヤ否ヤハ商品ノ品質形状用途取引ノ状態等ヨリ観察シテ取引上ノ通念ニ従ヒ判定スヘキナ

〔工藤＝樋口〕

§4−Ⅰ ⑪　　　　　　　　　　　　　　　　　　　第2章　商標登録及び商標登録出願

リ」として「インク」と「墨汁」を同一商品と判断した（大判大5・11・17民録22輯30号2100頁）。このように，本来的に同一の程度に至らない商品も同一商品と解されたが，この解釈に疑義があったため，大正10年商標法では「同一又ハ類似ノ商品」と改正されたものである（三宅発・講話97頁）。

　その趣旨については，「商標ノ権利ノ保護ノ範囲ヲ一面ニ於テハ拡張シタ」ものであると同時に「他ノ一面ニ於テハ其商標ノ権利ヲ益々安固ニシタ」ものと説明され（第44回帝国議会衆議院，特許法改正法律案外4件委員会議録・第1回　大正10年2月24日3頁），類似の商品は，1984年ドイツ商標法の同種（Gleichartige）の商品と同一趣旨と説明されている（村山・四法要義384頁，百年史(上)439頁）。

　(b)　大正10年商標法の商品の類似　　大正10年商標法時の商品の類似については，(イ)商品の性質及び目的，営業所，効果並びに外観等の諸種の事情を総合して判断すべき（村山・四法要義385頁，井野・商標281頁，吉原・詳論8頁，田中清明・四法論380頁）として商標を介在させないで判断する見解と，(ロ)その判断は取引の通念により，同一商標を甲商品と乙商品とに使用した場合に，実際の取引上商品の出所に混同のおそれがあるときは両商品は類似商品というべきとする見解（三宅発・商標187頁）と，この場合で，(ハ)同一営業部門から出たものと直ちに認識される範囲の商品をいう（蕁・条解461頁）との見解があった。

　商品の類似に関する実際の判断基準としては，取引範囲の一致，営業の一致，商品用途の一致，品質の一致，外観（形状）の一致，完成品とその構成部分との関係等を総合して判断するとされていた（三宅発・講話98頁）。

　判決例では，「麩」と「小麦粉」とは，外観，形状，品質，用途，需要先が異なるが，同一製造業者より販売されるのが常であり，類似の商標を使用して販売されるときは取引上同一人の製造に係るものと誤認されるから類似の商品と認めるべきとして，商標を介在して出所の混同のおそれを基準とした（大判昭12・4・8民集16巻8号455頁）。

　さらに，最高裁は，「指定商品が類似のものであるかどうかは，商品自体が取引上誤認混同のおそれがあるかどうかにより判定すべきものではなく，それらの商品が通常同一営業主により製造又は販売されている等の事情により，それらの商品に同一又は類似の商標を使用するときは同一営業主の製造又は販売にかかる商品と誤認される虞れがあると認められる関係にある場合には，たとえ，商品自体が互いに誤認混同を生ずるおそれがないものであってもそれらの商品は商標法2条9号（注：大正10年法）にいう類似の商品にあたると解するのが相当」として，前掲大審院判決例を肯定するとともに，判定の基準として介在する商標は当該商標とした（最高裁昭33(オ)1104号「橘正宗」事件／昭36・6・27→本稿［表E］）。以後，この昭和36年の最高裁判決例が踏襲されている（例えば，最高裁昭39(行ツ)54号「餅・パン」事件／昭43・11・15→本稿［表E］）。

374　〔工藤＝樋口〕

(c) 本号の商品の類似（沿革）　本号の商品の類似も，大正10年商標法2条1項9号の「類似ノ商品」と内容，判断基準等は同じである。すなわち，類似の商品とは，同一又は類似の商標を使用した場合に，出所の混同のおそれがある商品（同一商品を除く）を類似の商品というと解される。

　本号の商品の類似の判断基準に係る学説は，2つの考え方に大別される。その一は，商標を介して商品の類否を判定し，出所の混同のおそれをもってその基準とする「相対説」（小野昌延「関係機能説」）と，商品の出所の混同のおそれを基準とせず，商品自体の何らかの属性を手懸かりとして商品の類否を判断する「絶対説」（小野昌延「商品属性説」）とがあり（渋谷・理論323頁，中村・商標227頁），「相対説」の代表として「商品の類否判定は，対比される商品に商標を使用した状態を想定して，商品の出所の混同のおそれがあるか否かを基準に行う」とするものがあり（渋谷・理論328頁），この範疇に属するものとして萼・解説〔四法編〕712頁，光石・詳説〔新訂〕127頁，網野・商標〔第6版〕601頁，小野・概説〔第2版〕173頁，江口・原退官（下）923頁がある。

　そして，「相対説」は，「介在する商標」を(i)未流通の通常の識別力を有する商標とするもの（網野・商標〔第6版〕603頁）と，(ii)当該商標とするもの（竹田・要論357頁），等に分かれる。

　「相対説」に対して，「商品の類似は，商品相互の関係に基づいて生じ，商品と商標との相対関係において生ずるものではない」とする前記「絶対説」があり（荒木秀一・商標判例百選57頁），また，商標の類似について出所の混同のおそれを基準とする見解との関係ではトートロジー（tautology）となるので，それを避けるため，抽象的かつ観念的な同一商標を想定し，先に商品の類似を確定するとしている（渋谷達紀・特研13号10頁）が，相対説自体がトートロジーであるとの批判がある（光石忠敬・内田古稀746頁）。

　「絶対説」については，「商標との関連を離れて商品自体について，抽象的，観念的な同一の営業から出たものと思われるような範囲のもの」とする見解（豊崎・工業370頁，同・法協80巻2号289頁）と，「同じ基本的材料を用い，同じ工程で加工して2種以上の製品が生産され，それらの相互間に主・副の区別をつけ難く，それぞれ対等の関係にあるもの」とする見解（兼子＝染野・特許・商標〔新装版〕383頁，同趣旨，吉原・説義13頁）がある。両見解の詳細については中村・商標228頁，それらの論争については，渋谷達紀「登録商標権の保護範囲」豊崎追悼375頁を参照されたい。

　なお，平成3年の一部改正において，前掲最高裁昭33（オ）1104号「橘正宗」事件の説示に沿って（すなわち「相対説」を採用して），商品と役務の間にも類似する場合もあるとして（商標2条6項），本号等を改正した（特許庁編・サービスマーク39頁。後述V(4)参照）。

(d) 商品・役務の類否に関する特許庁の実務　特許庁の実務は，比較する商品につ

〔工藤＝樋口〕

§4-I ⑪

いて，それらの取引の実情，すなわち，生産部門の一致，販売部門の一致，原材料及び品質の一致，用途の一致又は需要者の範囲の一致の有無，完成品と部品との関係の有無等に関して「総合的に考慮」した上で，「個別具体的に判断」される（商標審査基準〔改訂第12版〕第3の十の13）。相対説においても，これらを資料として判断することが肯定される（江口俊夫・原退官〔下〕925頁，渋谷・理論333頁，網野・商標〔第6版〕605頁）。そして，分類（商品・役務の区分）は商品又は役務の類似範囲を定めるものではない（商標6条3項）が，特許庁の実務の実際においては，特許庁商標課編・類似商品・役務審査基準〔改訂第14版〕による。

『類似商品・役務審査基準』〔改訂第14版〕は，ニース協定の国際分類〔第8版〕に沿って平成13年に作成され，平成14年1月1日に施行されたものである。同基準は，審査における商品又は役務の類否判断の不統一を防ぐために，商品又は役務の類否判断に関する審査官の思想の統一を目的として作成されたもので，前掲判断基準たる生産部門の一致・販売部門の一致等を基準として，主として商標法施行規則別表に例示された商品又は役務等について一応の類否判断をして，類似商品又は役務ごとにグループ化（短冊化）するとともに，いわゆる「類似群コード」を付したものである。同じ「類似群コード」で特定される商品・役務同士は類似のものと「推定」される。「推定」であるから，前掲判断基準に沿って反証を挙げれば覆ることもある（例えば，本稿〔表E〕中の審判平3-5380「滋養強壮変質剤≠土壌改良剤」，審判平10-8990「キーホルダー≠釘・鋲」，審判平7-5094「義足用膝継手≠医療用腕輪」，審判平9-17812「編物針≠編み棒」，審判平10-8924「靴下≠紙製幼児用おしめ」）。

「短冊・類似群コード主義」というのは，「商品・役務の類否判断」と「商標の外観・称呼・観念に関する類否判断」とをパラレルに行うことを意味する。欧米における「商品又は役務の近接度に応じて商標の類似範囲を拡縮させる」リンク型審査実務とは異なる。一種の「割り切り」審査であるが，大量の審査を迅速に，かつ，公平の原則を担保して画一的に行うのに適しており，韓国特許庁も1998年3月25日から採用している。

なお，わが国は，平成4年（1992年）4月1日付けで「サービスマークの登録制度」を導入するとともに，商品・役務について，国際分類を施行したが，その際，「昭和分類下における商品の類否判断基準」，すなわち，「〔用途主義＋販売店主義〕に基づく短冊主義」をそのまま踏襲したため，「類似関係にある商品」が複数の区分に散在することになった（いわゆる「他類間類似」の発生）。

また，わが国がマドリッド協定議定書に加入したことに伴い，特許庁は，「国際分類（ニース分類）」〔第7版〕の「アルファベティカルリスト」に掲載されている商品・役務の各々にも「類似群コード」を付し，平成14年1月1日施行の〔第8版〕でもそれを踏襲している。

上述の審査基準による特許庁の実務は，学者にも支持されている（豊崎・371頁，渋谷・理論333頁）が，経済の発展，取引の実情の推移に伴い，これらの基準の内容に変更があり得るから，基準自体も適宜改定されるべき性質のものである（吉原・説義13頁）。

（e）　判決例　　本号の「商品・役務の類否」に関する判決例は多くはない。前掲『類似商品・役務審査基準』により安定的に判断されているからと考えられる（中村・商標224頁）が，前掲昭和36年の「橘正宗」事件最高裁判例を踏襲して，出所の混同のおそれを基準として，かつ，当該出願商標と引用商標を介して，用途及び販売場所の一致により（東京高裁昭53(行ケ)179号「かっぱ寿司」事件（握りずし＝べんとう）→本稿［表E］，判例工業所有権法2755の39頁），また，販売店及び需要者層の共通，同一製造業者による製造により（東京高裁昭60(行ケ)50号「ナイト」事件（生理用ナプキン・タンポン＝指サック・乳首）→本稿［表E］），それぞれ類似の商品と判断されている。

（f）　その他　　「商品・役務の類似」は，その判断基準からも明らかなように，経済の発展，取引実情の推移に伴い変動するものであり，過去において非類似であったものが類似の商品・役務となり，またその逆もあり得る。そして，「類否の判断時期」は，査定又は審決の時である（商標4条3項）。もっとも，昭和28年の類似商品例集の改正において，改正後の基準が，昭和28年4月1日以後の出願のものに適用された例がある（特許庁商標課編・商品類別集（発明協会，92）134頁）。

　このように，過去において商品が非類似であったため併存した登録商標も，その後に類似商品となって，過去と同一の事例でも，本号に該当して登録を受けられない場合がある（最高裁昭38(オ)469号・同470号「玉光」「玉乃光」事件（清酒＝焼酎）→本稿［表E］）。この場合は，当該登録商標は，このような意味では後願を排除する範囲が拡大したこととなる。

　なお，「商品・役務の類似」の語は，本号のほかに，4条1項5号・10号，8条，15条の3，24条の4，32条，33条，33条の2，33条の3，37条，51条，52条の2，53条，53条の2，60条等においても使用されているが，本号の「商品・役務の類似」と特に異なるとする見解は見当たらない。

(3)　**役務の類似**

　平成3年の一部改正（平成3年法律第65号）において，役務に係る商標登録出願商標についても，本号を適用するため，「類似する役務」の語が加えられて「役務の類似」の概念が採用された。基本的な意義等は商品の類似と同様と考えられる。すなわち，「類似の役務」とは，同一又は類似の商標を使用した場合に，出所の混同のおそれがある役務（同一役務を除く）を類似の役務というと解され，その判断基準は，商品の類似に準ずることとなる。

　『商標審査基準』では，比較する役務について，それらの取引の実情，すなわち，(イ)提

§4−Ⅰ ⑪

供の手段，目的又は場所の一致，(ロ)提供に関連する物品の一致の有無，(ハ)需要者の範囲の一致の有無，(ニ)業種が同じか否か，(ホ)当該役務に関する業務や事業者を規制する法律が同じか否か，(ヘ)同一の事業者が提供するものか否か，などを総合的に考慮した上で個別具体的に判断され（同〔改訂第12版〕第3の十の12），これと，同趣旨の見解がある（竹田・要論362頁）。実務は，前掲『類似商品・役務審査基準』〔改訂第14版〕による。その性格，内容等については，前述(2)(d)を参照されたい。

(4) 「商品」と「役務」間の類否

平成3年の一部改正（平成3年法律第65号）において，「商品に係る商標」と「役務に係る商標」の調整のために，商品と役務の間においても類似する場合があるとされた（商標2条6項）。すなわち，商品商標と役務商標との関係でも，出所の混同のおそれのある他人の商標の登録又は使用を排除して，本号の趣旨を徹底するとともに登録商標の保護を十全のものとしたものである。商品と役務の間の類似も，ある商品（役務）について同一又は類似の商標を使用したときに出所の混同のおそれのある役務（商品）を類似のものというのは，前述した商品又は役務の類似と同じである。

商品商標も役務商標も，ともに自他の識別標識であり，取引の場で使用されて，同様に機能するものであるから，経済的機能は同じで，識別の対象が商品と役務に違いがあるだけである。このため，既に，不正競争防止法では，他人の商標と同一又は類似のサービスマークの使用による商品と役務との間の出所の混同のおそれの存在を認め（東京地八王子支判昭59・1・13判タ515号212頁，東京地判昭61・11・14特企217号88頁，神戸地判昭62・3・25無体集19巻1号72頁），また，平成3年の一部改正前の4条1項15号でもサービスマークの使用による役務と商品の間においても出所の混同のおそれがあるとした商標審査基準を定め（商標審査基準1986年43頁），これを認めた審決がある（審判昭50-6097「常磐ハワイアンセンター」（書画等＝娯楽センター）→15号の注解Ⅴの表，審判平11-310「サラダ館」（建築一式工事等＝カタログ販売商品）→15号の注解Ⅴの表）。これらは，周知・著名商標に係るものであるが，そのような事情がなくとも，一定の関係にある商品と役務，例えば同一の店舗等で取り扱われるのが通例の商品と役務，又は同一の事業者に取り扱われるのが通例の商品と役務等（商品と役務の用途の一致を挙げるものとして，竹田・要論314頁）については，それらに同一又は類似の商標を使用したときは，商標の機能により，互いに出所の混同のおそれはあり得ると考えられる。

このような出所の混同のおそれを防止するために，前掲昭和36年の最高裁判例に沿って，商品と役務の間にも類似する場合があるとして，商品に係る商標と役務に係る商標とを調整したもので，本号も，商品と役務とが類似する場合は，他人の商品に係る登録商標との関係で役務に係る商標登録出願商標に，反対に役務に係る登録商標との関係で

§4-I ⑪

商品に係る商標登録出願商標に適用されることとなった。商標権侵害に関する東京地裁平9（ワ）16468号「ウィルスバスター」事件（権利濫用で結審・確定／判タ1006号252頁・判時1691号136頁，著作権法・商標法判例解説集3巻2290の8頁）において，第42類「電子計算機プログラムの設計・作成又は保守」なる役務と第9類「電子計算機用プログラムを記憶させた記録媒体」なる商品が類似すると説示した例が見られるのみである（審判平10-35332の審決は「類似しない」とした。他に参考審決として，無効2000-35227がある→いずれも本稿〔表E〕参照）。

商品と役務の類似に関しては，出願商標の先後願に係る審査においては，商品と役務に係る登録と登録出願の間では，積極的なクロスサーチは行われていない。この点に関して，登録の可否と侵害の成否とは別次元として，特許庁の審査を肯定している東京高裁判決例がある（東京高判平12・10・10判時1737号118頁〔アイコム事件〕）。

ちなみに，国際分類（ニース分類）を〔第8版〕（平成14年1月1日施行）に改定するための第18会期専門家委員会（2000年10月）において，「配信され，ダウンロード可能なコンピュータプログラム（computer programs [software] provided from a computer network [downloadable]）」や「電子出版物（electronic publications [downloadable]）」等の一定のデジタルコンテンツを商品視することが決定された（商品の有体性概念の崩壊）。ここに「ダウンロード可能」とは「受信側で保存可能なこと」をいい，「受信側で保存できないもの」は従前どおり「配信サービス」として取り扱われる。その理由は，インターネット社会に突入した現代において，同じプログラムが，(a)予め CD-ROM 等の記録媒体に格納されたものは「商品」とされ，(b)配信されるものは，たとえそれが受信側の記録装置にダウンロードして格納可能なものであっても「役務」とされるならば，商標登録取得の経費が高くつき，かつ，無用の紛争を生じさせる原因ともなりかねない，というものである。

これを受けて，わが国特許庁は，『類似商品・役務審査基準』を〔第9版〕に改訂し（平成14年1月1日施行），以下の「備考類似」を設けた。

(a) 第9類「電子計算機用プログラム」（商品）は，第42類「電子計算機用プログラムの提供」（役務）に類似する。

(b) 第9類「電子出版物」（商品）は，第41類「電子出版物の提供」（役務）に類似する。

ここにおいて，「商品と役務間」に類似関係が成立する具体例が示されたのであるが，これはあくまでも「ニース協定」に従うためにすぎない。したがって，商品と役務の類否の判断基準については，なお，今後の審判決例の出現・蓄積が待たれる。特許庁の現行審査基準では，商品及び役務に係る取引の事情を踏まえて，(イ)商品の製造・販売と役務の提供が同一事業者によって行われているのが一般的かどうか，(ロ)商品と役務の用途が一致するかどうか，(ハ)商品の販売場所と役務の提供場所が一致するかどうか，(ニ)需要

§4-Ⅰ ⑪

者の範囲が一致するかどうか，によって個別具体的に判断される（商標審査基準〔改訂第12版〕第3の十の13）。

なお，わが国特許庁の現行実務は，「商品」と「役務」間の類似関係を広く認めることに消極的である。これは，「商品相互間の出所の混同による商標権者が蒙る不利益と，商品と役務の出所の混同による商標権者が蒙る不利益とは，前者には顧客の奪取による直接的侵害と信用毀損による間接的侵害があるが，後者では間接的侵害に限られる」との分析（渋谷達紀・特研13号11頁）が考慮されたのではないかと思われる。

これに対して，特許庁の基準は狭いとの立場から，前掲基準に加えて，物品の使用や交付等を本質的に伴うサービス業の場合，そこで提供される役務と当該物品（商品）は，原則として類似とするとすべしとの声が聞かれる。事実，これに近い実務が，欧米，南ア，台湾，韓国等に見られる。

平成18年の改正で，小売等役務に係る商標の保護に伴い，小売等役務とその販売に係る商品とは類似するものとして扱うこととされた。例えば，第35類役務「織物及び寝具類の小売又は卸売の業務において行われる顧客に対する便益の提供」は，商品「織物（「畳べり地」を除く。）」及び商品「クッション，座布団，まくら，マットレス，衣服綿，ハンモック，布団袋，布団綿，かや，敷布，布団，布団カバー，布団側，まくらカバー，毛布」とも類似するものとして取り扱われる。

Ⅴ 先願・既登録商標との関係の実務処理

(1) 事前調査

商標登録出願に発せられる拒絶理由の中で，本号を理由とするものが一番多い。特許庁の公表データによると，2013年末現存権利件数1,718,860件（日本を指定国に含む国際登録件数を含む）であり，これらが本号の先願に係る他人の登録商標となり得るので，商標登録を受けるには，これらに対する商標登録出願前の調査が必要である。官民のデータ検索により可能である。

(2) 拒絶理由通知に対する対応

本号に該当する旨の拒絶理由を受けたときは，引用商標の態様・指定商品又は指定役務・現状等を官民のオンラインデータや商標原簿などにより確認する。そして，意見書の中で商標の類似判断の当否を争うほか，次のような方法により本号の適用を免れることができる。

(a) 出願商標に係る指定商品・役務と拒絶理由として引用された登録商標に係る指定商品・役務との抵触を回避する。両者が一部において類似するときは，指定商品・役務の減縮補正（抵触する商品・役務の削除）をして，本号の適用を免れることができる。

§4−Ⅰ⑪

実務的には，指定商品の一部放棄という方法もあるが，補正ができる時期以外にした指定商品の一部放棄は補正と同様の効果を生じないとした最高裁の判決例がある（最高裁昭56(行ツ)99号／昭59・10・23＝民集38巻10号1145頁・判時1134号139頁・判タ541号143頁）。

(b) 出願の分割をして（商標10条），一方の出願は引用商標に係る指定商品・役務と非類似のものを指定商品・役務とする出願として本号の適用を免れ，他方の出願はそれ以外の指定商品・役務として，そこでは商標の類似判断の当否等を争う方法もある。

(c) 引用商標に係る商標権を譲り受けて，本号の適用を免れることができる。また，指定商品・役務の一部においてのみ抵触するときは，引用商標の当該指定商品に係る商標権を分割して譲り受けて（商標24条1項），本号の適用を免れることもできる。さらに，現行法で連合商標制度が廃止され，類似商標についての商標権の分離移転につき制限がなくなったので，Ⅰ(3)(c)で述べた，いわゆる「assign-back」（再譲渡契約付譲渡契約）という手法も可能である。

(d) また，引用商標が不使用のものであるときは，不使用による商標登録取消審判の請求をして（商標50条），取消しの審決を得て，本号の適用を免れることができる。ちなみに，現行法下，不使用による取消審判の請求をすることについて，利害関係の存在は不要となった。

(e) 商標が非類似である旨の意見書を提出する。なお，その際，過去の登録例を挙げて出願商標と引用商標とは非類似であると主張する例が多く見受けられるが，本号の適用の有無，すなわち商標の類否等は査定又は審決の時点で判断するものであり（商標4条3項），過去の登録例は，前記判断時点では必ずしもすべて妥当するものとはいえず，あくまでも参考例にすぎないものと認識すべきである（東京高裁昭60(行ケ)182号「エリナ」事件→本稿［表B］，三宅・雑感145頁）。

Ⅵ 判断時期等

(1) 判断時期

本号を適用するための判断時期は査定又は審決の時である（商標4条3項）。大正10年商標法2条1項9号については，「出願時」とするものと「査定（登録）又は審決の時」とするものに分かれていた（商標4条3項の注解参照）が，現行法においては，特別な事由を除いて，一般的にはすべて査定又は審決の時としたため，本号の判断時期もそのようにされた。したがって，出願時に互いに抵触する他人の登録商標又は先願に係る商標が存在しても，査定時等に存在しないときは，本号は適用されない。

(2) 本号違反の登録の無効審判

本号に違反した登録は，登録の無効理由を有する（商標46条1項1号）が，本号違反を理

§4-I ⑪

由とする無効審判は，登録の日から5年を経過した後は請求することができない（商標47条）。

(3) 平成3年の一部改正に係る特例

　平成3年の一部改正で，役務に係る商標登録出願が可能となったが，その際の経過措置の1つとして，施行の日から6月の間はいわゆる「特例期間」として，その間になされた役務に係る商標登録出願については，改正後の本号及び8条1項・2項は，「商品に係る商標登録出願」と「役務に係る商標登録出願」との間の先後願の関係を断つために，適用されないこととされた（平成3年法律第65号附則4条1項・2項）。

　同様に，前記特例期間になされた「商品に係る商標登録出願」についても，同期間になされた「役務に係る商標登録出願」との間では，先後願に基づいた抵触の有無の審査は行われないこととなっている。商品・役務に関する審決例・異議決定例・審決取消訴訟判決例については，本稿末尾の［表E］を参照されたい。

〔工藤　莞司＝樋口　豊治〕

§4-I ⑪

[表A]：外観類似に関する審決例・異議決定例・審決取消訴訟判決例（決定日順）

別	本件商標	・	引用商標	事件の概要・説示
査定審取	AJAX 昭4類「石鹸」	＝	ATAX 同左	東京高裁昭28（行ナ）13／昭29.04.12　行集5巻4号861頁，取消集昭33年371頁（審判昭27-191／昭27.12.15）★本願商標「AJAX」と引用商標「ATAX」は，外観上はなはだしく類似していること明白である。
査定審取	大53類「固形燃料類」	≠	（内部は赤色） 大53類「練炭,他」	東京高裁昭35（行ナ）51／昭38.07.30　取消集V昭23～41年1131頁（審判昭28-591／昭30.01.27）☆①本願商標から「分銅」の称呼・観念を生ずるとしても，引用商標からも同じ称呼・観念が生じるとは認め難い。②2つの図形商標が，互いに同一の形象（分銅の図形）を含むものであっても，その個数，結合・配置の態様等を異にすれば外観・観念に著しい差異を生ずることもある。③2つの図形商標が同じ形象を構成部分とするというだけで直ちに両者が類似するとは言えず，図形全般の効果を考えて判断すべきである。
無効審取	Single 昭9類「ミシン」	＝	SINGER 大17類「縫機,その部品」	東京高裁昭39（行ケ）66／昭41.03.29　行集17巻3号316頁，取消集昭41年109頁　☆①本願商標の図形部分は，装飾的・付随的であって，「Single」の文字部分が看者の目を引くものと解される。②「Single」と「SINGER」は，6文字中始めの4文字と末尾の2文字のうち「E」を共通する。すなわち，6文字中5文字を共通しているため，外観上互いに相紛らわしい。
査定審取	昭1類「化学品」	＝	同「化学品,薬剤,他」	東京高裁昭43（行ケ）68／昭44.09.04　判タ241号253頁（審判昭41-2082／昭43.03.16）★①両商標は，中央部分に「白抜き」「黒塗り」の差異があるが，全体としてみれば共に菱形模様の図形の商標として相近似した外観を呈する。②引用商標が周知であるとしても，そのことは両商標の類否判断を左右するに足らない。
無効審取	Single 昭9類「ミシン」	＝	SINGER 大17類「縫機,その部品」	東京高裁昭44（行ケ）30／昭45.02.17　判タ247号212頁（審判昭41-4615／昭43.10.29）☆両商標はアルファベット6文字からなり，前半の4文字「SING」を共通し，語尾の2文字のうち「E」を共通にするので，その差異はあまり明瞭に意識されず，両者は外観上類似する。
無効審取	STORK 昭12類「自転車,他」	＝	THE RALEIGH NOTTINGHAM ENGLAND 同左	東京高裁昭42（行ケ）103／昭45.11.27　取消集昭45年619頁（審判昭39-3891／昭42.03.22）☆両商標は共に首の長い鳥の上部とその下部にリボンを思わせる図形を共通にするから，離隔観察によれば類似する。
無効審取	キミス 大2類「化粧用染料・顔料」	＝	キスミー Kiss Me 大2類「口紅,頬紅」	東京高裁昭40（行ケ）115／昭46.03.30　無体集3巻1号156頁（審判昭37-3309／昭40.09.06）☆①両商標は，これを構成する片仮名文字を共通にするもので，同一視することができ，外観上類似する。②指定商品中「口紅，頬紅」について無効とする。
査定上告	昭3類「染料,顔料,塗料」	＝	同左	最高裁昭47（行ツ）33／昭49.04.25　取消集同49年443頁（東京高裁昭47（行ケ）101／昭47.01.25←審判昭43-6302／昭45.08.05）★両商標は，「やや縦長の2つの六角形を左右に鎖状に組み合わせた図形」としての印象を与え，この点が強く記憶にとどまる点で共通するので，外観上類似する。
無効審取	タイヨー 昭25類「封筒,他」	＝	コクヨ 昭25類「紙類,文房具類」	東京高裁昭51（行ケ）139／昭53.03.29　取消集昭53年991頁　☆両商標共，図案化した太陽の図形内に巻紙状図形を白抜きにしてその内部に片仮名文字を書き入れて成るもので，この共通点は看者に強く印象づけられ，時と所を異にして離隔的に観察するとき，また，商取引に際し一見して識別を要するときなどにおいて外観上紛れ易い。
査定審取	K 昭1類「化学品」	＝	D 同左	東京高裁昭53（行ケ）14／昭53.05.31　判タ372号151頁　★両商標における円輪郭内の文字「K」「D」の相違も，矢じり部分の向きの差も，両商標を離隔的に観察するとき，取引者・需要者をしていずれがどちらの出所に係るものであるかを常に混乱なく想起し識別せしめるには足りず，両商標は外観上類似する。

〔工藤＝樋口〕

§4-Ⅰ⑪　　　　　　　　　　　　　　　　　第2章　商標登録及び商標登録出願

査定審取	昭21類「ビーチバッグ,他」	≠	昭21類「かばん類,他」	東京高裁昭52(行ケ)197／昭55.01.30　無体集12巻1号10頁(審判昭50-7418／昭52.06.24)　☆①両商標共,「人の足跡ないし足形を描いた図形」のみからなるが,引用商標が「人の右足の足跡ないし足形1個」のみから成るのに対し,本願商標は「人の左右の足跡ないし足形を特定の配置態様に対応させて1対1に構成したもの」であり,このような構成態様に徴すると,両商標には,その外観上顕著な差異が存する。②本願商標は,取引及び宣伝に際し,『ハンテンマーク』と称呼され,『アシアト』とは称呼されていないことが認められる。
無効審取	昭4類「石鹸,他」	≠	同左	東京高裁昭52(行ケ)157／昭55.03.31　無体集12巻1号116頁(審判昭49-7510／昭52.07.04,一部無効とされたことに対する不服)　★①商標の称呼・観念は,自他商品の識別を目的として生ずるものであるから,取引者・需要者は,一面では商標を簡易明快に称呼・観念せんとし,他面で,その商標の示す特定の意味内容に対応して適切に称呼・観念せんとする。②本願商標の擬人化の程度は極めて著しく,甚だ個性化された図形であることに加え,原告の本願商標の宣伝広告活動の結果,本願商標の図形は,昭和34年10月頃にはもっぱら『サトちゃん』の称呼・観念を以て取引に供せられ,単に『ゾウ』と称呼・観念されていないことが認められる。③例えば,「のらくろ」を描いた図形からは『イヌ(犬)』の称呼・観念は生じない。
査定審取	昭4類「石鹸,他」	=	同左	東京高裁昭56(行ケ)201／昭57.05.27　無体集14巻2号378頁(審判昭52-7850／昭56.06.09　連合商標登録の拒絶)　★両商標は,文字部分を除いたZ字状図形部分がほとんど同一であると認められ,本願商標の輪郭内下方左のZ字状図形部分が小さいといえども,両商標は,離隔観察するとき外観上紛らわしい。
無効審取	昭1類「化学品,他」	=	同左	東京高裁昭57(行ケ)99／昭57.12.16　取消集昭57年2660頁(審判昭52-15026／昭56.12.03)　☆①本件商標の欧文字部分は,片仮名文字部分と独立して外観上の要部をなす。②センチュリーオールドスタイル風の字体で「TENESCO」と配列された7文字からなる本件商標と,ゴシック風の字体で「TENNECO」と配列された7文字からなる引用商標は,外観上類似する。
無効審取	昭12類「輸送機械器具」	≠	同左	東京高裁昭63(行ケ)128／平01.03.28　取消集平2(8)388頁(審判昭61-15532／昭63.02.04)　★両商標は,共に「上下2層に配された矢尻状図形」であるとはいえ,「白抜き」と「黒塗り」である点や,大きさ・形状・位置関係において顕著に異なっていることは明らかであり,両商標は非類似である。
無効審取	昭17類「被服,他」	≠	同左	東京高裁平1(行ケ)127／平02.02.22　取消集平3(15)322頁(審判昭59-19338／平01.01.18)　★両商標は,外観・称呼において類似しているとはいえ,観念においても共通するところがあるとは認められないから,互いに類似する商標であるとはいえない。
査定審取	昭17類「被服,他」	≠	同左	東京高裁平3(行ケ)139／平04.11.25　速報211号6041,兼子・染野判例7205の2頁(審判昭59-9621／平02.12.13)　☆①「ダイナースクラブ」の名は,原告使用徽章と共に原告の事業を示す名称として世間一般に広く知られていたと認められるから,本願商標を見た者は,その図形部分を「文字と図形」を一体のものとして看取するというべきである。②本願商標の図形部分のみを切り離して要部と認定することはできないから,この部分のみを取り出して引用商標との類否判断を行った審決は,違法として取消を免れない。
無効	昭22類「鞄類,他」	≠	同左	審判昭60-24923／平05.08.23　★本件商標は「猫科の動物の図形部分」と「Panther」の文字部分が有する観念が結合感をもたらし,図形と文字が渾然一体化して極めて強い一体感を与え,図形部分のみが独立して認識されることはないので,引用商標とは区別できる。

384　〔工藤＝樋口〕

§4−I ⑪   第2章　商標登録及び商標登録出願

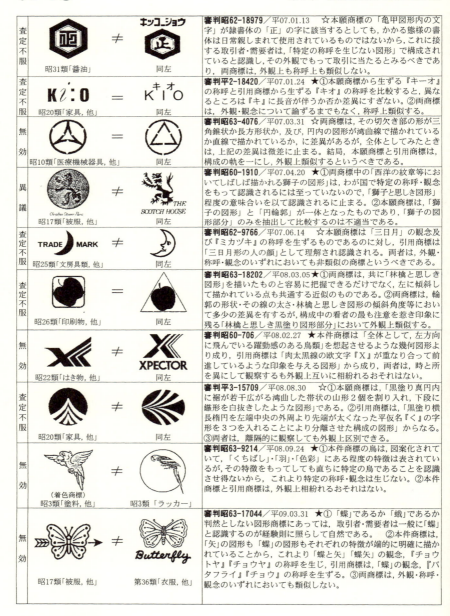

§4-I ⑪

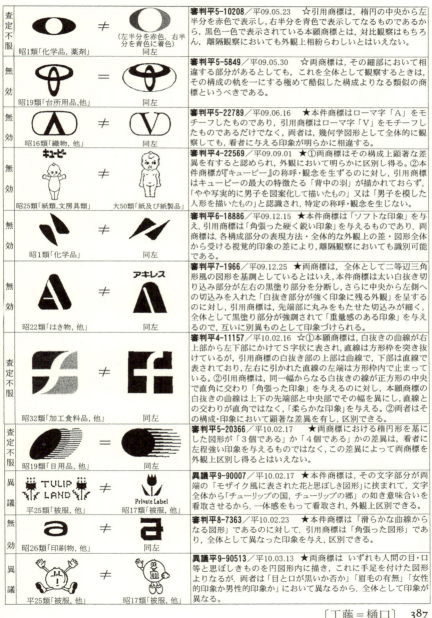

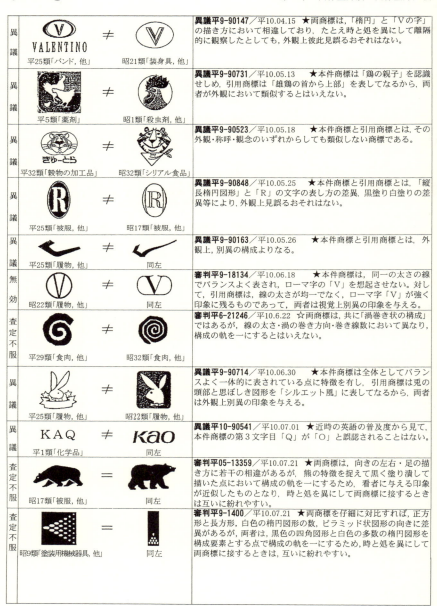

§4-I ⑪

異議	平10類「医療用機械器具」	≠	同左	異議平9-90820／平10.08.26　★①本件商標は、欧文字「Z」を表したものとして普通に使用されているとは認められないから、これより『マルゼット』の称呼は生じない。②引用商標が「医療用機械器具」について取引者・需要者間に広く知られているとしても、両商標には類似するところがない。
異議	昭24類「楽器、おもちゃ」	≠	昭24類「楽器, 他」	異議平10-90562／平10.09.01　★①両商標共、その図形部分は直ちに特定の樹木を描いたものと認識できないから、いずれも特定の称呼・観念を生じない。②本件商標は、その構成文字に相応して『エスランド』又は『スランド』の称呼を生ずるものとみるのが相当である。他方、引用商標はその「ISLAND」の文字部分に相応して『アイランド』「島」の称呼・観念を生ずる。
無効	昭11類「電気冷蔵庫」	≠	昭11類「電気冷凍冷蔵庫」	審判平7-15024／平10.09.28　★本件商標の図形は、スケート靴を履き蝶ネクタイをした「2羽の擬人化したペンギン」と「氷山を形取った図形」であり、引用商標のそれは、「1羽のペンギン」と「氷山を形取った図形」であるから、彼此区別できる。
異議	昭22類「鞄類, 他」	≠	同左	審判平2-22005／平10.10.05　★本願商標における「猫科の動物と思しき図形」部分は「E」の文字の上辺に装飾的に付加されており、この図形部分のみをもって取引に資されるものではない。
無効	昭17類「被服, 他」	≠	同左	審判平8-18481／平10.10.30　★本件商標は、「BIGI」なる欧文字を同書・同大・等間隔で表したものであり、特定の語義を有しない造語商標と認められる。一方、引用商標は、「大きい」の語義を有する英語「BIG」と細線で縁取りした数字「1」を一連に表してなり、両者は外観上区別できる。
異議	*図形内に「LuceRTOLa」の文字あり。昭25類「被服, 他」	＝	昭17類「スポーツシャツ」	審判平5-4247／平10.11.18　☆①両商標を子細に観察すれば相違が認識され得るが、日常の経験則からすれば、需要者等は必ずしも商標の構成の細部までを正確に記憶するとはいえず、商標全体の主たる印象によって記憶される場合も少なくない。②両商標は、構成の軌を一にし構成全体の印象が近似する。
異議	平25類「被服, 他」	≠	昭17類「被服, 他」	異議平10-91330／平10.12.01　★①本件商標は、特定の称呼・観念を生ずるものとして知られ親しまれているものとは認められない構成よりなるものであり、引用商標とはその外観・称呼・観念のいずれからしても類似しない。②引用商標が、本件商標の登録出願時に、「婦人服」について取引者・需要者間に広く認識されていたとしても、両商標は類似するものではない。
異議	昭25類「被服, 履物, 他」	≠	同左	異議平10-91340／平10.12.01　★①両商標は、称呼・観念上相紛れるおそれがないばかりか、外観上も見誤るおそれはない。②引用商標が、本件商標の商標登録出願前に異議申立人の業務に係る「スポーツウエア」「スポーツシューズ」等の商標として取引者・需要者の間に広く認識されていたものとは認め難い。
異議	平23類「糸」	≠	昭16類「糸, 他」	異議平10-90785／平11.02.04　★本件商標は「白抜き円」と「中央の黒塗り円」が明確な印象を与えるのに対し、引用商標においては、四角形円内部の「2つの円が左右両部で切り欠かれている」ため、中央の円が明確に認識され得ない。そのため、両商標から受ける印象が異なるから、外観上彼此識別できる。
異議	平25類「被服, 他」	≠	昭17類「被服, 他」	異議平10-91259／平11.03.11　★本件商標は「三日月様図形」と「2個の黒玉様図形」とが緊密に組合されているから、全体として固有の図形を表わしたものと認識され、引用商標とは外観上判然と区別できる。
異議	平14類「時計, 他」	≠	昭23類「腕時計, 他」	異議平10-91963／平11.03.25　★両商標は共に「J」と「L」の文字を組合せてなるものであるとしても、その構成・印象を全く異にするものであるから、外観上互いに類似しない。

〔工藤＝樋口〕

§4-I ⑪

〔工藤＝樋口〕

§4-I ⑪

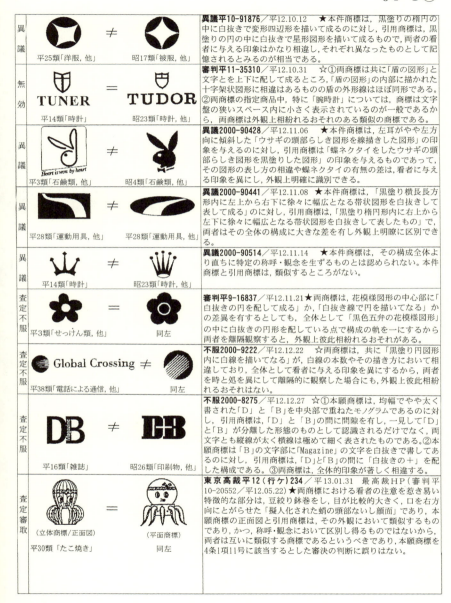

§4-I⑪　　　　　　　　　　　　　　　　　　　　　第2章　商標登録及び商標登録出願

〔作表：樋口　豊治＝大西　育子＝西津　千晶〕

§4-I ⑪

[表B]：称呼類似に関する審決例・異議決定例・審決取消訴訟判決例（決定日順）

別	本件商標	引用商標	事件の概要・説示
査定審取	東薫 ≠ 大38類「日本酒」	東勲 大38類「清酒」	東京高裁昭28（行ナ）2／昭28.10.20　行集4巻10号2436頁（審判昭27-1206／昭27.12.29）【称呼の特定】☆「日本酒」の商標については「東」の字を『トウ』と音読みしないのが通例と認められ、本願商標は『アズマカオリ』、引用商標は『アズマイサオ』の称呼のみを生ずると認定して差し支えない。
査定審取	ユタカ ≠ 大45類「味噌」	豊 大45類「味噌,他」	東京高裁昭29（行ナ）21／昭31.09.22　行集7巻9号2251頁（審判昭28-117／昭29.03.01）【称呼の特定】☆①商標の類否判断においては、商標の構成上観念的に考えられる一切の称呼・観念によるべきではなく、商取引において自然に発生する称呼・観念によって決すべきである。②極めて稀に生ずる称呼は、商標の機能を著しく損なうものではないので度外視できる。③「味噌」が比較的その生産される地方と関連して取引されることを考慮すると、引用商標主の拠点たる半田市の周辺には武豊町・豊橋市・豊川市等があるので、引用商標の自然的称呼は『マルトヨ』である。
査定上告	SINKA ＝ 大17類「ミシン,他」	シンガー 大17類「裁縫機械」	最高裁昭33（オ）766／昭35.10.04　民集14巻12号2415頁、行集9巻6号1207頁（←東京高裁昭33（行ナ）3／昭33.06.24←審判昭31-823／昭32.12.09←拒絶査定←異議申立←出願公告）【カーガー】★引用商標が『シンガーミシン』の称呼で世界的に著名な裁縫機械として取引されているという具体的取引実情を離れて抽象的に比較考察すれば、両商標は必ずしも類似するとはいえないかもしれないが、上記具体的取引実情を背景として考えれば、『シンガー』と『シンカ』は紛らわしい。
査定上告	＝ 大43類「菓子・麺麹」	同左	最高裁昭34（オ）856／昭36.06.23　民集15巻6号1689頁（東京高裁昭32（行ナ）35／昭34.06.23、審判昭30-1280／昭32.07.09）【称呼の特定】★①商標の一部が圧倒的に重要で他の部分が付加されているにすぎない場合を除き、一つの商標から2以上の称呼・観念が生ずると認定しても差し支えない。②原判決が、本願商標について「亀甲型元祖」『キッコウガタガンソ』の観念・称呼を認めると共に「三桝」『ミマス』の観念・称呼を認めたからといって所論に矛盾はない。※大きさの異なる3個の正方形を入れ子に描いた紋章を「三桝の紋」という。江戸歌舞伎市川宗家の紋所が有名。
査定審取	ロマン ≠ 大36類「被服,他」	ロマンス 同左	東京高裁昭33（行ナ）74／昭39.07.02　判タ164号154頁,行集15巻7号1378頁（審判昭31-985／昭33.10.31）【取引実情】☆わが国では、「ロマン」は「何か非現実的なもの、幻想的に美しいもの」といった漠然とした観念を抱かせるのに対し、「ロマンス」は「恋愛事件・恋物語」の意で通用している。②後者の末尾の「ス」ははっきりと発音され、両商標は、観念の相違を考慮すると区別できる。
査定上告	≠ 大26類「硝子繊維糸」	しょうざん 大26類「糸等」	最高裁昭39年（行ツ）110／昭43.02.27　判タ219号91頁,判時516号36頁（東京高裁昭37（行ナ）201／昭39.09.29）【取引実情】☆①出願商標は「氷山の図形」と「氷山印」「日東紡績」等の文字を含むのに対し、引用商標は「しょうざん」の文字のみから成るから、両商標は観念上のみならず外観上も明らかに相違する。②「硝子繊維糸業界」の特殊な取引実情に鑑みれば、両商標は、称呼上近似するとしても、外観・観念において著しく相違するから、何ら商品の出所について誤認混同が生ずるとは認め難い。
査定審取	FAMILIAR ＝ 昭4類「石鹸類,他」	ファミリー 同左	東京高裁昭41（行ケ）74／昭43.03.14　判タ221号206頁（審判昭39-1559／昭41.04.02）【リア（リヤー）＝リー】★①本願商標が商号から採択された事情があり、その商号が著名でその由来を取引者・需要者に直感させ、語尾における引用商標との僅かな称呼上の相違にも一般需要者が注意を払い、引用商標との混同を避け得るといった特別な事情があればともかく、そのような特別事情が存在しない場合には、商号に由来するという事実が商標の類否判断に影響を及ぼすことはない。②「FAMILIAR」と「ファミリー」は称呼において類似する。

〔工藤＝樋口〕　395

§4-I ⑪　　　　　　　　　　　　　　　　第2章　商標登録及び商標登録出願

審級	商標A	記号	商標B	判例・内容
査定審取	宏正 昭26「定期刊行物」	＝	佼成 昭26「印刷物,他」	東京高裁昭43（行ケ）92／昭44.09.02　判夕241号252頁,無体集1巻280頁（審判昭40-7209／昭43.04.27）〔称呼同一〕★①指定商品たる「定期刊行物」が,一般店頭では販売されず,特定の会員にのみ配布されるものであっても,それは取引の実情によるというよりも当事者の主観的意図に基づく浮動的取引状況にすぎないとみるべきであるから,これによって商品の出所の誤認・混同をきたさないとはいえない。②両商標が,外観・称呼・観念の1点において類似する場合は,客観的な特段の事情のある場合を除き,両者は類似するものとみるのを相当とする。
査定審取	BRITEX 昭1類「薬剤」	＝	BLISTEX 同左	東京高裁昭44（行ケ）142／昭45.09.30　取消集昭45年684頁,判夕259号297頁（審判昭42-4712／昭44.11.10）〔スの有無〕★①「TEX」の部分が,織物類の商標として広く使用され,「抗生物質」の接尾語として慣用されているとしても,「薬剤」の分野では「要部」となり得る。『ブリテックス』と『ブリステックス』では,第三音『ス』の有無に拘わらず全体的語調が近似し,両者は称呼上類似する。
査定審取	BIO 昭1類「化学品,薬剤」	＝	ピオ 同左	東京高裁昭48（行ケ）18／昭50.03.25　兼子判例2711の10頁【濁音＝半濁音】★①「BIO」が「生命の」の意の接頭語であり『バイオ』と読むべきであることは,わが国では未だ一般に親しまれていないので,本願商標からは『ビオ』の称呼も生じ得る。②『ビ』『ピ』は共に両唇破裂音で,極めて紛らわしい近似音である。
無効上告	ニコシン 昭1類「化学品,薬剤」	≠	NICHOLIN ニコリン 同左	最高裁昭54（行ツ）81／昭55.08.26　判夕424号59頁　（東京高裁昭51（行ケ）142／昭54.02.27　兼子・染野判例2695の34頁）【シ≠リ】★①医師の処方箋への記載は商標の使用ではない。調剤誤認のような事象は商標法の制度外の問題であるため,商標の類否に当たって考慮されるべき事項ではない。②『シ』と『リ』は,その音質を明らかに異にし,類似音とすることはできない。
査定審取	デリア 昭30類「菓子,パン」	＝	Terrior 昭30類「バターボール」	東京高裁昭54（行ケ）138／昭56.02.24　兼子判例2657の4頁,特企148号47頁【濁音＝清音】★①商標の類否判断は,直接両商標を対照比較してなすべきではなく,いわゆる離隔的観察,即ち,時と所を異にした場合に,商標に接する者が商標を間違えるか否かという前提に立って観察すべきである。②『デリア』と『テリア』は,離隔的観察によれば,互いに聞き誤るおそれがある。
査定審取	ユベキノン YUBEQUINON 昭1類「化学品,薬剤」	＝	ユビキナン 昭1類「薬剤」	東京高裁昭59（行ケ）208／昭59.12.24　取消集昭59年1318頁（審昭55-7080／昭59.07.02）〔2音相違〕★①相違音『ベ』『ビ』は共に両唇破裂音で近似し,『ノ』『ナ』も近似音であるため,両商標は,称呼全体の語調語感が相似したものとなり,聴別困難である。②審決の適否の判断は審決時を基準とする。後日,審決取消訴訟の段階で引用商標を譲り受けたからといって,その拒絶理由が消滅するものではなく,審決が違法となるものではない。
査定審取	エリナ えりな 昭17類「被服,他」	＝	Elena 同左	東京高裁昭60（行ケ）182／昭61.01.29　判夕625号222頁（審昭58-10861／昭60.08.06←拒絶査定←異議申立）〔リ＝レ〕★①両商標における第2音『リ』『レ』は,いずれも有声子音のラ行に属するから,各前後を『エ』『ナ』に挟まれてそれらと一連に称呼されると,類似の語調をもって聴感される。②原告が証拠として援用する過去の審決例・登録例は,本願商標と引用商標の類似性に関する判断を左右するものではない。
査定審取	OLTASE オルターゼ 昭1類「化学品,薬剤」	＝	ULTASE 同左	東京高裁昭60（行ケ）180／昭61.03.06　判夕625号218頁（審昭57-23318／昭60.08.06）〔オ＝ウ〕★①商標の称呼・外観・観念の類似は,その商標を使用した商品についての出所混同のおそれを推認させる一応の基準にすぎないから,これら3点のうちいずれかにおいて類似する場合でも,取引の実情等により商品の出所混同をきたさないと認め難い特段の事情があるときは,その具体的事情が優先する。②本件においては,かかる特段の事情を認めるに足る証拠はない。③『オ』『ウ』の相違が称呼全体の語調・語感に及ぼす影響は大きくなく,両商標は聴別困難である。

396　〔工藤＝樋口〕

§4-I ⑪

区分	本願商標		引用商標	裁判例・要旨
査定審取	ハーダース 昭31類「調味料, 他」	≠	HANDER'S ハンダース 同左	東京高裁昭61（行ケ）186／昭62.04.23（審昭57-15886／昭61.06.12）【長音≠撥音】☆①本件商標から生じる『ハーダース』の称呼は、平面的で1音節風の語調であるのに対し、引用商標の『ハンダース』は語調に変化があり、2音節風の区切りある語調となり、両者における長音「ー」と撥音「ン」との差異は全体の称呼に大きく影響し、語感語調を異ならしめるので聴別できる。
査定審取	COKE 昭31類「調味料, 他」	＝	QUARK 同左	東京高裁昭63（行ケ）125／平01.01.24（審昭59-10623／昭63.04.21）【コー＝クウォー】★本願商標から生じる『コーク』の称呼と引用商標から生じる『クウォーク』の称呼は、それぞれ一連に称呼するとき語調・語感が極めて近似し、彼此聴別困難。
無効審取	MASTIMYCIN 昭1類「抗生物質及び抗生物質製剤」	≠	マスチゲン 昭1類「薬剤, 他」	東京高裁昭63（行ケ）220／平01.06.29 取消集平2(9)379頁（審判昭55-20457／昭63.08.18）【称呼の特定】★①本件商標から生ずる自然的称呼は『マスチマイシン』であり、引用商標のそれは『マスチゲン』であり、両者が称呼上非類似であることは明白である。②医療機関による診療報酬請求手続きにおいて引用商標が「マスチB12」と略称されることがあるとしても、かかる行為が経済行為でないことは明らかである。③誤用を最もおそれ、可能な限り正確な称呼が必要な医薬品について、その売買取引の際に引用商標が『マスチ』と略称されているとは考えにくい。
無効審取	ロンサン LONGCHAMP RONSAN 昭17類「被服, 寝具類」	≠	ロンシャン LONSAN 同左	東京高裁平1（行ケ）64／平01.07.27 特企250号39頁【サ≠シャ】★第三音『サ』『シャ』は、本件審決が指摘するように、音質が異なり、音構成上も比較的明確に発音されうるので、『サ』と『シャ』の相違がそれぞれ称呼全体に及ぼす影響が少なくないとみるのが相当であり、両商標は異なる音感をもって聴取される。
無効審取	ウエルイン WELLIN 昭4類「化粧品」	≠	Wellamin 同左	東京高裁平1（行ケ）53／平01.09.21 特企251号76頁【2音相違】★両商標から生ずる『ウエルイン』『ウエラミン』なる称呼は、共に5音で構成されているにすぎず、中間の差異音『ルイ』と『ラミ』が互いに発音構造を異にするので、音自体の聴き分けはさして困難ではなく、両商標を一連に称呼するも、全体の語調・語感からみて相紛れるものとは認められない。
査定審取	LUXO 昭9類「産業機械器具」	＝	Luxor 同左	東京高裁平1（行ケ）91／平01.10.04 特企260号58頁【1音多】★①本件商標からは『ルクソ』の称呼が生じ、引用商標からは『ルクソル』又は『ルクソール』の称呼が生じるものと認められ、両称呼は類似する。②本件商標が『ラクソー』とのみ称呼されるとの原告の主張を認めるに足る格別の証拠は見いだせない。
査定審取	ハニーベル 昭17類「被服, 他」	≠	ファニーベル 同左	東京高裁平1（行ケ）245／平02.04.18 無体集22巻1号299頁（審判昭60-15244／平01.09.14）【ハ≠ファ】☆①「ハニー」は「honey」に通じ、「ファニー」は「funny」に通じる。②『ハ』は極めて開放的な音感を有するのに対し、『ファ』は無声両唇摩擦音であって、こもった音感を有し、彼此聴別できる。
査定審取	ETASOL エタゾール 昭1類「化学品, 他」	＝	RETASOL レタゾール 同左	東京高裁平1（行ケ）261／平02.06.21 特企263号42頁【エ＝レ】★語頭の差異音『エ』『レ』は母音[e]を共通にし、かつ、子音[r]が比較的滑らかで弱いので、両者は近似した音である。②共通音『タ』『ゾー』は、語頭の差異音『エ』『レ』よりも強く感じられ、一連に称呼するときは語調・語感が極めて近似する。
査定審取	KODAK 昭1類「化学品, 薬剤, 医療補助品」	≠	コザック 同左	東京高裁平2（行ケ）72／平02.09.10 無体集22巻3号551頁, 取消集平3年(19)437頁, 判時1382号116頁（審判昭57-19692／平01.09.21）【アクセント】☆①本願商標は著名な商標「KODAK」そのものであり、その取引上の現実の使用態様において第1音『コ』にアクセントが置かれていることは顕著な事実である。一方、引用商標「コザック」は、ロシア・コーカサス地方の騎兵隊の名称としてつとに知られており、第2音にアクセントを置いて称呼するのが自然である。②『ダ』は歯茎破裂音で音感が重く淀みがあるのに対し、『ザ』は歯茎摩擦音で音感が明るく軽快で、彼此聴別できる。

〔工藤＝樋口〕

§4-I ⑪　　　　　　　　　　　　　　　　　第2章　商標登録及び商標登録出願

査定審取	*Fogal*　　　昭17類「被服, 他」	＝	FOCAL　フォーカル　　同左	東京高裁平2(行ケ)86／平02.09.18特企263号42頁【濁音＝清音】★両商標の『フォーガル』『フォーカル』なる称呼は, 第2音『ガ』『カ』が異なるのみであり, 該差異音『ガ』『カ』は, 母音[a]を共通にし, 調音方法が極めて近似することに加えて, 前音『フォー』が強く発音されるので相対的に弱く発音され, 聴別困難。
査定審取	レジエール　　昭30類「菓子, パン」	＝	リジェール　　同左	東京高裁平2(行ケ)116／平02.09.18　特企263号43頁【レ＝リ】★①本件商標が『レジ』と『エール』に分離して発音されるものとは認め難い。②簡易迅速を旨とする取引の場においては, 『ジ』の母音[i]と『エ』の母音[e]が2重母音となって『ジェ』に転化する。③『レジエール』と『リジェール』は酷似する。
無効審取	VAXON　バクソン　　昭1類「製鉄用合金添加剤」	≠	バキソ　BAXO　　大1類「化学品」	東京高裁平1(行ケ)55／平02.12.11　無体集22巻3号829頁【審判昭57-21631／昭63.11.24)【2音相違】★①本件商標よりは『バクソン』のみの, 引用商標よりは『バキソ』のみの称呼が生じる。②無効審判事件における4条1項11号の適用に当たっては, 登録商標自体の対比によってなされるのが原則であり, 2段構成の商標を上下に分離して, その個々を対比するべきものではない。③11号の無効事由の存否の判断時点は「登録査定時」である。
査定審取	MICROLON　　昭1類「減摩剤, 他」	≠	MAKROLON　　大1類「化学剤, 他」	東京高裁平2(行ケ)154／平03.01.24　知財集23巻1号25頁(審判昭56-26202／平02.04.05)【観念隔絶】☆①両商標から生じ得る『マイクロロン』と『マクロロン』を対比するに, 『マイクロ』と『マクロ』は正反対に(微小)「極大」の意味を有するものとして広くわが国で理解されている。②称呼の一部又は全部が明らかに特定の観念を生じさせるものであるときは, 取引者・需要者はその称呼を明確に聴別できるので, 両商標は類似しない。
査定審取	*Summy*　　　昭24類「パチンコ機」	＝	SUNNY　サニー　　大65類「玩具, 他」	東京高裁平2(行ケ)288／平03.07.23　特企273号44頁【ミ＝ニ】★①両商標の称呼『サミー』『サニー』における差異音『ミ』『ニ』は, 共に通鼻音であり, かつ, 母音[i]を共通する音声学上の近似音である。②両商標が一連に称呼された場合は, 子音[m][n]の音は薄れてしまうので, 彼此聴き誤るおそれがある。
査定審取	ランバン　　昭17類「被服, 他」	≠	ラーバン　RURBAN　　同左	東京高裁平3(行ケ)77／平03.10.15　判時1415号124頁〔撥音≠長音〕☆①本願商標の『ランバン』の称呼が, わが国で著名な「Lanvin」(フランスのデザイナーJeanne Lanvinの起こしたオートクチュール)の商品を想起させるので, 該『ランバン』の称呼と引用商標から称呼する『ラーバン』の称呼の間に音声学的類似性があるとしても, 彼此聴別できる。②称呼類似のみで両商標を類似とした原審決の判断は, 誤りである。
査定審取	ガス燈　　昭28類「酒類」	≠	ガスト　GAST　　同左	東京高裁平3(行ケ)24／平03.10.31取消集平4(26)494頁(審判昭63-17195／平02.11.15)【アクセント】☆①音声学的に両商標の称呼類似性は一応高いが, 引用商標は造語であるため, 冒頭音『ガ』にアクセントが置かれ尻下りに称呼される。②本件商標は「ガス燈」の観念を有することから, 『ガス』は平坦に, 続く『トウ』は一段高く発音され, 語感・語調が相当異なり聴別できる。
無効審取	DL　　昭21類「装身具, かばん類, 袋物, 他」	＝	LV　　同左	東京高裁平3(行ケ)91／平04.01.29　判時1426号121頁(審判昭60-7318／平02.12.20)【ディー＝ヴィー】☆①モノグラムは文字の組み合わせであり, 文字に称呼がある以上, 複数のローマ字をモノグラム化したことが明らかな場合にまで一切称呼が生じないと解するのは相当でない。②両商標から生ずる『ディーエル』『ヴィーエル』の称呼は, 互いに紛らわしい。
査定審取	Dodgers　　昭30類「菓子, パン」	≠	ロヂャース　　同左	東京高裁平3(行ケ)198／平04.03.10　判時1413号111頁, 知財集24巻1号1頁(審判昭58-844／平03.04.11)【ド≠ロ】☆①特定観念を想起させる外観を備えた商標が, その観念に忠実に即して称呼されることは日常経験されるところである。②外観から生ずる観念が著名であれば, 聴者はその称呼を誤りなく聴取する。③本件商標に接する者は, 直ちに米国のプロ野球チーム「ドジャース」を想起し, 引用商標と称呼上近似性があっても聴別できる。

〔工藤＝樋口〕

§4−Ⅰ⑪

査定審取	OGIS ＝ ORDIS 昭11類「電気機械器具, 他」　　同左		東京高裁平3(行ケ)270／平04.05.26　取消集平5年(30)249頁(審判昭61-1103／平03.09.19)【ジ＝ディ】★①わが国では，外来語は原語の発音に最も近い音となるように表記されてきた。②「diesel」は『ディーゼル』とも『ジーゼル』とも表記・発音され，「dilemma」は『ディレンマ』とも『ジレンマ』とも表記・発音される。③造語には，正しいアクセントのかかり方はない。
査定審取	ツインベア ＝ ツインペア 昭30類「菓子, パン」　　　　同左		東京高裁平4(行ケ)6／平04.06.30　取消集平5年(30)270頁(審判昭61-1126／平03.11.07)【濁音＝半濁音】★①両商標における差異音『ベ』『ペ』は，称呼識別上印象の弱い中間部に位置し，母音[e]を共通する濁音・半濁音であって近似する音である。②本願商標は『双子の熊』なる観念を生じ，引用商標は『双子の夫婦』『対の洋梨』などの観念を生じるとしても，両商標は，全体が平板に発音されるので，聴別が困難である。
査定審取	WRANGLER ≠ LANGLEY 昭12類「航空機用・自動車用タイヤ, 他」　昭12類「輸送用機械器具, 他」		東京高裁平4(行ケ)93／平05.02.17　判夕829号215頁(審判61-7978／平03.11.08)【ラー≠レー】☆①「航空機用タイヤ，自動車用タイヤ，輸送用機械器具」等は相当に「商品選択性」の高い商品であり，需要者は商品の出所の異同に関心が高く，商標に相当の注意を払うものと認められる。『ラングラー』『ラングレー』のように外国語を思わせる称呼の場合，その差異を聞き分けようと努める傾向がみられる。②語頭音・語尾音が共に『ラ』である本願商標の称呼と，『ラ』で始まり『レー』で終わる引用商標の称呼とは，別異の印象を与える。③称呼の類似性にのみ基づき，他の要素との関連性を検討せず両者を類似するとした審決の判断は誤りである。
査定審取	LIZZA リッツァ ＝ リッツ 昭30類「菓子, パン」　　　　同左		東京高裁平4(行ケ)82／平05.03.03　速報215号6133(審判昭61-9280／平04.02.10)【ツ＝ツァ】★①語頭音『リ』が促音『ッ』(日本語音声学上，促音も1音節)を伴う場合，語頭音にアクセントが置かれ語尾部が比較的弱く称呼されるので，両商標を一連に称呼するときは，語尾の『ツァ』と『ツ』は識別が必ずしも容易でない。②「考慮すべき取引の実情」に「引用商標の著名性」が含まれることに疑義はない。
無効審取	マスチマイシン ≠ マスチゲン 昭1類「抗生物質製剤」　　昭1類「薬剤, 他」		東京高裁平2(行ケ)213／平05.03.30　知財集25巻1号125頁(審判昭55-20456／平02.06.21)【称呼の特定】★①本件商標からは『マスチ』の称呼も生じ得るが，引用商標からは『マスチ』の称呼は生じ得ない。②薬事法49条に定める「要指示医薬品（医師等の処方箋の交付・指示がないと販売できない医薬品）」にあっては，最終需要者は，医師から指示を受けた場合にのみ購し，自ら選択する余地がないのであるから，その選択・決定権を有する医師等を「混同のおそれ」の判定の主体的基準とすべきである。
査定審取	LANCEL ≠ ラッセル RUSSELL 昭25類「文房具類, 他」　大51類「文房具類」		東京高裁平4(行ケ)147／平05.06.29　兼子染野判例二・27巻7301の153頁(審判昭60-10255／平04.03.23)【撥音≠促音】☆①音声学上，促音も独立した音節として扱われるという定義によれば，『ランセル』と『ラッセル』は共に4音節から成ることになり，英語の音節の定義に従えば，両者は，『ラン』『セル』，『ラッ』+『セル』の2音節に当たる。これから分かるように，音節は単に音のまとまりの単位となり得ても，類否判定の基準とすることはできない。②撥音『ン』が独立した1音であるのに対し，促音『ッ』はそれ自体独立して明白に聴取されるものではないから，両者はその称呼において混同を生じるおそれはないというべきである。③本願商標は「世界的に著名なバッグの商標」を観念せしめるのに対し，引用商標は「ラッセル車」を観念させる。④審決の判断は，「両商標の類否判定に際し，称呼の類否判断をもって足りるとし，観念の称呼に及ぼす影響を無視している」点で誤っている。
査定不服	IZUMI ≠ 泉 昭11類「電気かみそり, 電気バリカン, 他」　昭11類「電気機械器具」		審判平2-14036／平06.09.07【称呼の特定】☆①本願商標は，その構成に徴し，特定の称呼・観念を生じないと判断するのが相当である。②引用商標は，「黒塗りの井桁図形」内に白抜きで「泉」の漢字を大きく書して成り，図形と文字が一体性を持つといえるものであり，『イゲタイズミ』の称呼と「井桁泉」の観念を生ずる。

〔工藤＝樋口〕　399

§4−I ⑪   第2章 商標登録及び商標登録出願

	商標1		商標2	審判・判決内容
無効審取	(M ロゴ) 昭11類「電気通信機械器具, 他」	=	(モトローラ ロゴ) 昭11類「無線電話機, 他」	東京高裁平6(行ケ)109／平07.04.20　取消集平8(49)183頁〔審判平3-757／平06.01.13〕【称呼の特定】☆①商標が円輪郭とその中に配した欧文字・漢字・仮名文字の1字又はこの文字を図案化したもののみから構成されている場合、取引者・需要者はその円輪郭と文字との組合わせに着目し、『マル』の次にその文字を付して称呼することが多いことは、当裁判所に顕著な事実である。②本件商標も引用商標も共に『マルエム』の称呼を生ずる。
査定不服	(イ 図形) 昭32類「加工食料品, 他」	≠	(井 図形) 同左	審判昭63-1188／平07.05.17　【称呼の特定】☆本願商標は、上部に比べ下部が極端に肉太に描かれた円形図形内に片仮名文字の「イ」をモチーフとしたと思しき図形を大きく配して成るもので、この点に特徴を有する「特異な構図より成る一つの図形」を構成しているものであるから、これより特定の称呼は生じないものと判断するのが相当である。してみれば、『マルイ』の称呼を生ずる引用商標と本願商標は、称呼上類似しない。
無効	メニコン 昭10類「医療機械器具」	≠	ENIKON 同左	審判平5-4792／平09.05.22　【メ≠エ】★①『メ』は両唇を密閉し有声の気息を鼻腔に通じて発する通鼻音で、『エ』は舌面位置を中心として発する有声の開放音であり、両者は音質を異にする。②語頭における該差異が、比較的短い音構成全体に及ぼす影響は大きく、両商標は、一連に称呼するとき語調・語感が異なる。
査定不服	GREENFIELDS 昭32類「食肉, 他」	=	GREEN FIELD 同左	審判平4-12502／平09.06.05　【複数形のズ】★両商標より生ずる『グリーンフィールズ』『グリーンフィールド』なる称呼は、それぞれ一連に称呼するとき、その語調・語感が近似するので、両商標は、称呼上彼此相紛れるおそれがある。
無効	(馬車 図形) CELINE PARIS 昭23類「時計, 眼鏡」	≠	Cellini 昭23類「時計」	審判平6-18881／平09.08.05　【2音相違】★両商標より生ずる『セリーヌ』『セリニ』の称呼について検討しても、両者は、共に3音という短い音構成において、「長音の有無」と「語尾における『ヌ』と『ニ』の差異」により、称呼上相紛れることなく明確に聴別できる。
査定不服	FLO-GARD フロガード 昭7類「建築または構築専用材料, 他」	=	フルガード 同左	審判平4-15062／平09.08.11　〔ロ＝ル〕★差異音『ロ』『ル』は、共に舌面を硬口蓋に近づけ舌先で上歯茎を弾くようにして発する有声音で、ラ行に属する音質の近似した音である上に中間に位置するので、該差異音が称呼全体に与える影響は小さく、両商標を一連に称呼するとき音調・音感が近似し、聴別が困難。
査定不服	プラックス PLAX 昭34類「プラスチックス, 他」	=	Flux 同左	審判平5-7254／平09.08.15　【半濁音＝清音】★差異音『プ』『フ』は、たとえ語頭に位置するとしても、共に母音[u]を共通にし、調音点を同じくする両唇音で半濁音と清音の微差にすぎず、後続音『ラッ』が強音として聴取されることを合わせ考えると、『プ』『フ』の差異が称呼全体に及ぼす影響は極めて小さく、聴別困難。
査定不服	AQUASY 昭19類「家庭用浄水器」	=	AQLUATHIN 同左	審判平7-18908／平09.10.27　【長音＝撥音】★本願商標から生じる『アクアシー』の称呼の末尾の長音は、前音『シ(si)』の母音[i]に吸収され、一方、引用商標から生じる『アクアシン』の称呼の末尾の撥音『ン』は、それ自体聴取しにくい音であるから、両者を一気に称呼するときは語調・語感が近似し、聴別困難。
無効	セロック SELOCK 昭1類「薬剤, 他」	=	センロック 昭1類「薬剤」	審判平7-8139／平09.11.05　【撥音の有無】☆①本件商標における『セ』『ロッ』は強音であるから、これらの間に挟まれて位置する『ン』は相対的に印象が弱くなり聴取し難く、両商標は全体の語感・語調が近似する。②引用商標は「胃薬」について著名であり、本願商標は4条1項15号にも該当する。
査定不服	SILX 昭17類「被服, 他」	=	シルック 同左	審判平5-18030／平09.11.07　【末尾のス】★本願商標の末尾音『ス』は摩擦弱音で、明瞭に聴き取り難い語尾に位置し、しかも、前音『ク』は強音の破裂音であるため、後続音『ス』は相対的に弱く発音・聴取されるので、両商標は称呼上紛れやすい。
査定不服	ホスマー 昭1類「化学品, 他」	=	ホスナー 昭1類「化学品」	審判平4-907／平09.11.11　〔マー＝ナー〕★両商標の差異音『マー』『ナー』は称呼上印象の薄らぐ語尾に位置し、かつ、両商標が共に造語であって特定の観念を生じないことを考慮すると、『ホスマー』『ホスナー』の称呼は、聴き誤るおそれがある。

§4-I ⑪

	商標1		商標2	審判/異議番号・判決日・争点・理由
査定不服	*Elm Alley* 昭17類「被服」他	＝	ELMARRY 同左	審判平5-11736／平09.11.21　【リエゾン】★本願商標は、その『Elm』の「m」と「Alley」の「A」が結合し(連音＝liaisonとなり)、全体として『エルマリー』の称呼をも生ずるから、同じく『エルマリー』の称呼を生ずる引用商標と類似する。
無効	GEMMY 昭4類「化粧品」他	≠	ジェニー JENNY 同左	審判平5-22357／平10.01.16　【ミ≠ニ】★『ミー』は両唇を閉じ有声の気息を鼻腔に通じて発する鼻子音[m]と母音[i]の結合した音で、『ニー』は舌尖を前硬口蓋に触れて発する鼻音[n]と母音[i]の結合した音であるから、両者は調音位置を異にし、この差が僅か2音の称呼全体に及ぼす影響は大きく、聴別できる。
無効	リパール 昭1類「薬剤」他	＝	ルパール 同左	審判平6-16820／平10.02.10　【リ＝ル】☆両商標における差異音『リ』『ル』は子音[r]を共通にし、調音位置・調音方法が近似するうえに、第2音『パ』が強音で長音を伴って強く響く『パー』の音となることから、差異音『リ』『ル』が語頭にあるとしても称呼全体に与える影響は小さく、両商標は聴別困難である。
異議	アスメトロン 平5類「薬剤」他	≠	ASMETON アスメトン 昭1類「薬剤」他	異議平-90152／平10.02.12　【1音多】★本願商標は6音構成であるのに対して、引用商標は5音構成であり、かかる6音・5音という簡潔な称呼における『ロ』の音の有無によって、両称呼はその語調が明かに異なって聴取される。
異議	デモール DEMOL 平5類「薬剤」他	≠	ゼモール ZEMOLE 昭1類「薬剤」他	異議平9-90037／平10.02.17　【デ≠ゼ】★『デ』の音が有声の破裂音であるのに対して、『ゼ』の音は有声の摩擦音であるから、両者は調音方法・調音位置において相違するうえに、該差異音は語頭にあるから、両商標が称呼上相紛れるおそれはない。
異議	ラティ RATTI 平30類「コーヒー」他	≠	ラテ 昭30類「コーヒー」他	異議平9-90072／平10.02.17　【ティ≠テ】★両商標から生ずる『ラティ』『ラテ』の称呼は僅か2音から成り、『ティ』は『チ』に近似した破擦音であるのに対し、『テ』は破裂音であって、両者は調音方法・調音位置において相違するから、聴別できる。
異議	エバショット 平5類「薬剤」他	≠	エアショット 同左	異議平9-90097／平10.02.17　【バ≠ア】★『バ』は両唇を合わせて破裂させる有声子音[b]と母音[a]からなる濁音であるのに対して、『ア』は口を広く開き舌を低く下げ、その先端を振動させて発する清音であるから、両者は調音方法・調音位置において相違するうえ、比較的短い音構成にあっては一連に称呼するも、両称呼は語調・語感が異なり聴別できる。
異議	グリホス 平5類「薬剤」他	≠	ウリホス 同左	異議平9-90121／平10.02.17　【グ≠ウ】★『グ』は有声子音[g]と母音[u]からなる後舌軟口蓋音で力強い音であるのに対し、『ウ』は前歯茎音で柔らかい音であり、両者は調音方法を異にするうえ、比較的短い音構成であるから、一連に称呼するも語調・語感が異なり、聴別できる。
異議	CERNES セルネ 平3類「化粧品」他	≠	セレネ 昭4類「化粧品」他	異議平9-90175／平10.02.17　【ル≠レ】★差異音『ル』と『レ』は、いずれも舌の先で上歯茎を弾くようにして発する音であるから強く発音され、明確に聴取されるので、僅か3音よりなる両称呼全体に及ぼす影響は大きく、彼此聴別できる。
異議	NAVY 昭4類「石けん」他	≠	NABI 同左	異議平3-22614／平10.03.10　【称呼の特定】★「NAVY」の文字は、わが国における高等学校基本単語であって「海軍」を意味する英語として親しまれているから、本件商標からは『ネイビー』の称呼のみが生じる。対して、引用商標は『ナビ』の称呼を生ずるものであるから、両商標は、称呼上相紛れるおそれはない。
査定不服	BYORA 昭13類「金具」他	≠	TRADE MARK VIOLA BRAND (バイオリンの図) 平8類「釘・鋲類」他	審判平06-15539／平10.03.12　【ヨ≠オ】☆両商標から生ずる『ビヨラ』『ビオラ』の称呼は、称呼の識別上最も重要な語頭において『ビヨ』『ビオ』の差異を有するのみでなく、後者は『ビ』『オ』『ラ』の如く一音一音区切って称呼されるので、両商標は互いに聴別できる。
無効	CEREDASE 平5類「薬剤」他	≠	SERENACE 昭1類「薬剤」他	審判平8-19010／平10.03.25　【デ≠ネ】①両商標の称呼における『デ』は舌尖を上前歯の元に密着し破裂させる有声子音[d]と母音[e]からなる濁音であるのに対し、『ネ』は舌尖を前硬口蓋に触れて発する鼻音[n]と母音[e]からなる通鼻音で柔らかい響きを持つ音であるから、両者は聴感を異にする。②それぞれ長音を伴うためアクセントが置かれ強く発音されるので彼此聴別できる。

〔工藤＝樋口〕

§4-Ⅰ⑪

	商標1	関係	商標2	審判・異議情報
異議	MiFLEX 平7類「化学機械器具」	≠	マイフレックス MAIFLEX 昭9類「産業機械器具」	異議平9-90439／平10.03.26　【称呼の特定】　★①本件商標は『ミフレックス』なる称呼を生ずるとするのが相当である。②両称呼は、聴覚上重要な語頭音に『ミ』『マ』なる明らかな差異があることに加えて、第2音において『イ』の有無に差異があるから、全体として語調・語感を異にし、彼此聴別できる。
査定不服	REUSE P.P. 平16類「紙類, 他」	＝	REWZ リューズ 昭25類「紙類, 他」	審判平6-13158／平10.04.17　【リユ＝リュ】★本願商標における「REUSE」の語は「再利用する」の語義を有し、『リューズ』と発音される英語であるが、わが国においては、英語が必ずしも辞書通りに発音されない場合もあるから、「REUSE」の文字は『リューズ』とも発音され得る。即ち、両商標は、『リューズ』の称呼を共通にする場合があり得るから、称呼上類似する商標である。
査定不服	ミアータ 昭12類「自転車, 他」	≠	miyata 同左	審判平6-17349／平10.04.21　【ア≠ヤ】　☆両商標から生ずる『ミアータ』と『ミヤタ』の称呼は、いずれも3音から成るのであって、「第2音における『ア』『ヤ』の差異」と「後続する長音の有無」より、両称呼は語調・語感が異なり、聴別できる。
異議	ディック 平11類「照明器具, 他」	≠	DEC 同左	審判平2-31080／平10.05.27　【ディ≠デ】　★両商標の称呼における『ディ』と『デ』は音質において区別でき、促音を含めて3音という短い音構成におけるこの差異が称呼全体に与える影響は大きく、両称呼は全体として聴別できる。
査定不服	SCRABBLE スクラブル 昭24類「運動具, 他」	＝	SCRAMBLE 同左	審判平5-2501／平10.06.19　【ンの有無】　★両称呼は『ス』『ク』『ラ』『ブ』『ル』の5音を共通にし、第2音において『ン』はあるかないかにおいて異なるから、両称呼は全体として語感・語調が近似し、聴別困難。なお、『ン』は弱い鼻音であって比較的聴取し難い中間に位置するから、両称呼は全体として語感・語調が近似し、聴別困難。
無効	エコフロック 平1類「化学剤」	＝	アコフロック 昭1類「化学品, 他」	審判平6-9982／平10.06.26　【エ＝ア】　☆両称呼は、語頭音『エ』『ア』を除く4音を等しくし、差異音『エ』『ア』は共に下7行に属する短母音であり、『エ』は舌面位置を中位とする「半開き母音」であり、『ア』は舌面位置の低い「大開き母音」であるが、両者は母音の中でも音質的に近似し、聴別で困難。
異議	SILHOUETTY シルエッティ 平3類「化粧品, 他」	≠	SILHOUETTE シルエット 昭4類「化粧品, 他」	異議平10-90113／平10.07.01　【ティ≠ト】　差異音『ティ』『ト』は共に語尾に位置するものの、促音を伴う前音『エッ』が比較的強く発音されるため、それに引きずられて差異音『ティ』『ト』も明瞭に聴取され、両商標全体の語感・語感を異なったものとするので、両商標は称呼上区別できる。
査定不服	SAPOMEX サポメックス 昭1類「薬剤, 他」	＝	サトメックス SATOMEX 同左	審判平06-3396／平10.07.17　【ポ＝ト】　★①両商標の指定商品「薬剤」は、特に誤認・混同の回避を要請される商品であることを類否判断の際に考慮すべきである。②『サポメックス』『サトメックス』の両称呼は、聴覚上印象の薄い第2音に『ポ』『ト』の差異があるが、該差異音は共に無声子音で母音[o]を共通にし、明瞭に発音されて聴き難いので聴別困難。
査定不服	アニマート ANIMATO 昭1類「化学品, 他」	＝	ANIMAT アニマット 同左	審判平5-16991／平10.08.07　【長音＝促音】　★両称呼は、前半『アニ』と末尾の『ト』を共通にし、聴覚上印象の薄い中間音に『マー』『マッ』の差異があるのみであり、本願商標における『マー』の長音は母音[a]が余韻として感じられる程度の音であり、引用商標における『マッ』の促音は『マ』の付随音で比較的聴取し難い。
異議	Xero キセロ 平9類「電池, 他」	＝	XERO 昭11類「電池, 他」	異議平10-90111／平10.09.09　【称呼同一】　☆本件商標上段の「Xero」の文字部分と引用商標の「Xero」の文字からは、共に『ゼロ』の称呼が生ずる。
査定不服	FRONTEC 平9類「電子応用機械器具」	＝	flowtec 昭11類「電子応用機械器具, 他」	審判平8-16467／平10.09.10　【撥音＝長音】★①両称呼の差異は、第2音『ロ』に続く音が『ン』であるか、長音であるかに過ぎない。②『ン』は鼻音で、前音『ロ』に吸収されてしまい、明確には聴取され難い。③『ロ』に付随する長音『ー』も前音『ロ』に吸収されて明確に聴取されない場合が少なくない。④結局、両商標は、互いに聴き誤るおそれがある。
査定不服	LINUS ライナス 平9類「電子応用機械器具」	＝	DYNAS 昭11類「電子応用機械器具, 他」	審判平7-8994／平10.09.18　【ラ＝ダ】　★両商標から生ずる『ライナス』『ダイナス』の称呼は、4音中3音を共通にし、語頭において『ラ』『ダ』の差異があるのみであり、これらの差異音は母音[a]を共通にし、調音位置も近似する音であって、明瞭に発音・聴取し難いから、両者は称呼上紛れ易い。

§4-I ⑪

	商標1		商標2	審判・判決内容
査定不服	リオナ LIONA 平24類「布製身回品」	＝	リオラ 昭17類「布製身回品」	審判平9-17801／平10.09.21　【ナ＝ラ】★両商標から生ずる『リオナ』『リオラ』の称呼は3音中2音を共通にし、印象の薄い語尾の『ナ』『ラ』の差異はあるものの、これらの差異音は母音[a]を共通する近似音であり、両商標を一連に称呼するときは全体の音感・音調が近似し、互いに相紛れるおそれがある。
査定不服	PLEXTOR プレクスター 平7「印刷・製本用機械器具」	≠	PRECOSTAR 昭9類「印刷機械」	審判平7-28084／平10.09.21　【ク≠コ】☆両商標から生ずる『プレクスター』『プレコスター』の称呼は、第3音に『ク』『コ』の差異を有し、これらの差異音が比較的短い音構成全体に及ぼす影響は大きく、それぞれ一連に称呼するも互いに相紛れるおそれがない。
査定不服	MRB-2N 昭11類「電気機械器具,他」	＝	MRP 同左	審判平6-6470／平10.10.02　【B＝P】★①本願商標の「2N」の文字部分は「商品の品番等の記号」と理解され、自他商品識別力が無いか弱いというべきである。②『エムアールビー』と『エムアールピー』の両称呼は、末尾音に『ビー』『ピー』の差異があるが、これらの差異音は、共に破裂子音で長母音[i:]を共通する近似音であるため、両称呼は語調・語感が相似る。
査定不服	DEBORAH ディーボーラ 昭4類「化粧品,他」	≠	DYFORLA ディフォーラ 同左	審判平3-21097／平10.10.06　【2音相違】☆両商標から生ずる『ディーボーラ』『ディフォーラ』の称呼は、語頭音『ディ』において長音の有無に差があることに加えて、第2音においても『ボ』『フォ』の差異を有し、これらの差異が、僅か3音よりなる短い音構成に大きく影響し、その語調・語感が明らかに異なる。
査定不服	VOLADOR 平25類「洋服,他」	＝	BOISDOR ボアドール 昭17類「被服」	審判平8-4488／平10.10.19　【ラ＝ア】★両商標から生じる『ボラドール』『ボアドール』の称呼は、第2音において『ラ』『ア』の差異を有するが、本願商標の第1音『ボ』は強い響き、引用商標の第3音『ド』も長音を伴って力が入る音であるため、前記差異音『ラ』『ア』は共に相対的に弱勢化するから、両商標をそれぞれ一連に称呼すると語呂・語調が近似し、彼此相紛れ易い。
査定不服	CUBIC 平9類「電気通信機器等,他」	＝	Q-PIC 昭11類「電気通信機器器具,他」	審判平7-5077／平10.10.21　【濁音＝半濁音】☆両商標から生ずる『キュービック』『キュービック』の称呼は、構成音数が同じで、相違する中間音『ビッ』『ピッ』の子音[b][p]は共に両唇破裂音で母音[i]を伴うことから、該差異音の音感は近似し、両者をそれぞれ一連に称呼するとき、全体の語感・語調が近似する。
査定不服	サンファニー SUNFUNNY 平14類「貴金属,他」	＝	サンファーニ SUNFARNI 昭19類「流し台,他」	審判平6-9636／平10.10.22　【音順相違】★両商標より生ずる『サンファニー』『サンファーニ』の称呼は、「長音の位置」が相違するが、これらの長音は、それぞれ、前音『ニ』の母音[i]の余韻として残るか、あるいは『ファ』の母音[a]の余韻として残る程度の弱い音であって、明瞭に聴取され難い。
査定不服	バイネル 昭34類「合成樹脂」	＝	バイエル 昭34類「プラスチックス,他」	審判平3-11821／平10.10.23　【ネ＝エ】★両商標より生ずる『バイネル』『バイエル』の称呼における差異音『ネ』『エ』を比較すると、該差異音『ネ』『エ』は、母音[e]を同じくする音感の似た音であり、しかも、比較的聴取し難い中間に位置するため、両者を一連に称呼すると語調・語感が近似し、両者は称呼上類似する。
査定不服	TAPPI 平16類「印刷物」	＝	Tappy 平16類「印刷物」	審判平10-15788／平11.10.27　【末尾の長音】★両商標より生ずる『タッピ』『タッピー』の称呼は、『タッピ』の音を共通にし、両者の差異は「語尾の長音の有無」のみであり、長音は、前音の母音を一拍分伸ばすにすぎず、しかも、引用商標においては、弱く発音される語尾に位置するから、両商標を一連に称呼するときは語調・語感が近似し、彼此聴き誤るおそれがある。
査定不服	FECT フェクト 平15類「楽器,他」	＝	HECTO 昭24類「楽器,他」	審判平9-16867／平10.10.29　【フェ＝ヘ】★両商標より生ずる『フェクト』『ヘクト』の称呼における差異音『フェ』『ヘ』は、母音[e]を共通にするのみならず、『フェ』の子音[f]と『ヘ』の子音[h]が共に無声子音で明瞭に発音・聴取され難いため、両商標は全体として称呼した場合、語感・語調が近似する。
査定不服	CYTELIA 平3類「化粧品,他」	＝	サイセリア 昭4類「化粧品,他」	審判平6-18833／平10.11.05　【テ＝セ】★①造語商標は英語風に称呼される場合が多く、本商標からは『サイテリア』なる称呼が生じる。②両称呼は共に5音構成であり、差異音『テ』『セ』は母音[e]を共通し、その前後に強音『イ』『リ』を有することから、差異音『テ』『セ』は共に相対的に弱勢化して聴取され難く、両称呼は互いに紛れるおそれがある。

〔工藤＝樋口〕

§4-I ⑪　　　　　　　　　　　　　　　　　　　　　　　　　第2章　商標登録及び商標登録出願

	商標1		商標2	審決・内容
査定不服	SlapShot スラップショット 昭17類「被服」	＝	スナップショット 同左	審判平8-2997／平10.11.09　〔ラ＝ナ〕★両商標から生ずる『スラップショット』『スナップショット』の称呼の差異音『ラッ』『ナッ』は、促音を伴うため母音[a]が強く響き、続く『ショット』も強く発音されるため、その間に挟まれる差異音の子音[r][n]は相対的に弱勢化し、それが称呼全体に与える影響は極めて小さく、両商標は称呼上類似する。
異議	PROX プロックス 昭8類「手動工具, 他」	≠	PROXXON 同左	異議平10-91219／平10.11.11　〔2音相違〕★両商標から生ずる『プロックス』『プロクソン』の称呼は、後半部分において「促音の有無」及び『ス』と『ソン』の音に顕著な差異を有するから、互いに聴別し得る。
査定不服	エクセラ 昭10類「歯科用機械器具」	＝	エフセラ EFUCERA 同左	審判平9-13162／平10.11.12　〔ク＝フ〕★両商標から生ずる『エクセラ』『エフセラ』の称呼は4音中3音を共通にし、第2音『ク』『フ』に差異があるものの、『ク』の子音[k]と『フ』の子音[f]は調音方法が近似する無声子音であるうえに母音[u]を同じくし、しかも、この差異音『ク』『フ』は中間に位置して比較的弱く聴取されるので、この差異音が称呼全体に及ぼす影響は小さく、聴別困難。
査定不服	ARKIN アーキー 昭1類「薬剤」	＝	ALKY アルキー 同左	審判平9-1405／平10.11.16　〔撥音＝長音〕★両商標から生ずる『アルキン』『アーキン』の称呼は、後半部に『キン』『キー』の差異を有するが、『ン』は弱い鼻音であり、『キ』の長音も前半[i]の余韻として残る程度の弱い音であるため、両称呼を一連に称呼するとき彼此聴き誤るおそれがある。
査定不服	Healthy 平25類「洋服, 他」	＝	ヘルスイ 昭17類「被服」	審判平8-16774／平10.11.17　〔シー＝スイ〕★両商標から生ずる『ヘルシー』『ヘルスイ』の称呼は、後半部に『シー』と『スイ』の差を有するが、前者『シー』は、長音として発音されるのでその母音[i]が強く響き『イ』の如く聞こえ、後者『スイ』は、『ス』と『シ』の連音[sui]であって、中間の母音[u]が弱く末尾の[i]が強く響くので、両者は聴別し難く、両商標は称呼上類似する。
査定不服	NAiS 昭16類「織物, 他」	＝	KNIZE 同左	審判平7-22713／平10.11.20　〔清音＝濁音〕★両商標から生ずる『ナイス』『ナイズ』の称呼における差異音『ス』『ズ』は、清音と濁音の差にすぎず、かつ、比較的弱く発音されがちな末尾に位置するため、両商標を一連に称呼すると全体の語調・語感が近似したものとなり、彼此聴き誤るおそれが少なくない。
無効	GHEN ゲン 平32類「食肉, 他」	≠	源 昭32類「すし, 他」	審判平10-35220／平10.11.25　〔称呼の特定〕★①本件商標からは、『ゲン』の文字部分に相応して『ゲン』の称呼を生ずる。②漢字には同音異義語が多数存在することから、その区別を図る必要上、漢字1文字記憶するには「訓読み」するのが一般であり、引用商標は、通常、『ミナモト』と称呼されるので、本願商標とは称呼上類似しない。
無効	粋屋 昭25類「文房具, 他」	≠	IKEA 同左	審判平7-26880／平10.11.27　〔2音相違〕★両商標から生ずる『イキヤ』『イケア』の称呼は、共に3音という短い音構成において語頭音『イ』を除く2音『キヤ』『ケア』が相違しており、両称呼をそれぞれ一連に称呼するときは語調・語感が相違し、彼此聞き誤るおそれはないから、両商標は称呼上類似しない。
異議	MINIVAN 平3類「化粧品, 他」	≠	MINIMAN 大3類「化粧品, 他」	異議平10-91293／平10.11.30　〔バ≠マ〕★両商標から生ずる『ミニバン』『ミニマン』の称呼は、第3音において音質を異にする『バ』『マ』の差異を有するばかりでなく、前者の『バ』の音は通常強く発音されるのに対し、後者は通常平坦に発音されるから、両者は音調・音感が異なり聴別できる。
査定不服	TAIGA 平18「皮革, 他」	≠	タイガー 大52「皮革, 他」	審判平8-6576／平10.12.01　〔観念隔絶〕☆本願商標は「シベリアの針葉樹の大森林」なる意味を有し、『タイガ』の称呼を生ずるのに対し、引用商標は「虎」を意味する極めて平易な英語「tiger」の表音語であり、これが長音を省いて『タイガ』と発音される例はほとんどなく、『タイガー』と明瞭に称呼されるから、両商標は外観上だけでなく、観念・称呼上も相紛れるおそれはない。

〔工藤＝樋口〕

§4-I ⑪

	商標1		商標2	判決・理由
査定不服	SUNJIN サンジン 先進 昭1類「化学品」	＝	センシン CENCIN 同左	審判平4-20887／平10.12.14〔称呼の特定〕★本願商標の「先進」の文字は『センシン』と称呼される成語であり、本願商標中段の「サンジン」の仮名文字が「先進」の読みを表したものとのみ認識されるとはいえないから、本願商標は、『サンジン』の称呼のほかに『センシン』の称呼をも生じ、引用商標と称呼上類似する。
査定不服	Or Glory 平25類「洋服、他」	＝	フォアグローリー 昭17類「被服、他」	審判平8-8329／平10.12.25〔オ＝フォ〕★両商標から生ずる『オアグローリー』『フォアグローリー』の称呼は、共に7音よりなり、2音目以降の6音を共通にし、語頭の差異音「オ」と「フォ」は母音 [o] を共通しているにすぎず、両者を全体として称呼するとき語調・語感が極めて近似する。
異議	IMMIX 昭9類「写真機械器具、他」	≠	IMAX 昭10類「カメラ、他」	異議平10-90382／平11.01.20〔ミ≠マ〕★両商標から生ずる『イミックス』『イマックス』の称呼を対比するに、差異音『ミッ』『マッ』は共に促音を伴ってそれぞれ強調されて発音されるため、これらが中間音であると雖も、全5音という比較的少ない音構成においては、称呼全体の語感・語調が異ならしめるので、両商標が称呼上相紛れるおそれはない。
査定不服	CLUB FIELD 平28類「運動用具」	＝	フィールドクラブ 昭24類「運動用具」	審判平9-3625／平11.01.25〔語順逆〕★両商標から生ずる『クラブフィールド』『フィールドクラブ』の称呼を対比するに、『クラブ』と『フィールド』が前後入れ替わっているにすぎず、共に「フィールド」なる名のクラブを観念させるものであるから、両商標は、称呼・観念において相紛らわしい類似の商標である。
異議	百美奏 平5類「薬剤」	≠	VAN SILK 白美爽 同左	異議平10-91800／平11.01.27〔ヒャ≠ハ〕★本件商標と引用商標とは、外観・観念上のみならず、称呼においても類似しない。
無効	ゼローン ZEROONE 昭11類「電気機械器具」	＝	0／1 ゼロワン 同左	審判平10-35121／平11.02.03〔称呼の特定〕☆①本件商標は、その「ゼローン」の文字部分が「ZEROONE」なる欧文字部分の自然的称呼を表したものとは認め難く、該欧文字部分に相応して『ゼロワン』の称呼も生じる。②引用商標も『ゼロワン』の称呼が生じるので、両商標を同じくする類似の商標である。
査定不服	寿里庵 平29類「穀物の加工品」	＝	ジュリアン JULIEN 昭32類「加工食料品」	審判平8-4044／平11.02.05〔称呼同一〕★本願商標の「寿里庵」の文字は『ジュリアン』の称呼を生じるから、両商標は『ジュリアン』の称呼を共通にし、両者の外観及び観念上の差異を考慮しても、両商標は類似するものと言わざるをえない。
無効	DYLARK 昭34類「プラスチックス、他」	≠	大 樂 大1類「プラスチックス」	審判平9-18136／平11.02.12〔外観・観念隔絶〕★両商標から生ずる『ダイラーク』『ダイラク』の称呼は、「長音の有無の差異」を有するのみで比較的近似するといえなくはないが、本件商標は6文字からなる造語であるのに対して、引用商標は漢字2文字からなる成語であり、外観・観念上全く異なることを勘案すると、両商標は区別できる。
無効	ap大河 平9類「電子応用機械器具」	≠	タイガー 昭11類「電子通信機械器具、他」	審判平9-4523／平11.02.22〔観念隔絶〕①本件商標の「ap」と「大河」の文字は外観・観念上一体感が無く、「大河」の漢字部分から『タイガ』の称呼と「大きな河」の観念が生ずる。②引用商標からは『タイガー』の称呼と「虎」の観念が生ずる。③両商標は音声上近似するが、共に比較的短い音構成であって明らかに異なる観念を有するので、称呼上彼此相紛れることなく聴別できる。
異議	フォトクリップ PHOTOCLIP 平9類「電子応用機械器具」	＝	フォトクリック 同左	異議平10-90404／平11.02.24〔プ＝ク〕☆両商標から生ずる『フォトクリップ』『フォトクリック』の称呼は、5音中4音を同じくし、比較的聴取し難い末尾の差異音『プ』『ク』は、母音 [u] を共通する近似音であるため、両称呼をそれぞれ一連に称呼するときは全体の語感・語調が近似し、彼此聞き誤るおそれがある。
査定不服	エム・テック M-TEC 平7類「金属製雨どい、他」	＝	MPEC エムペック 昭7類「建築又は構築専用材料」	審判平8-4749／平11.03.10〔テ＝ペ〕★両商標から生ずる『エムテック』『エムペック』の称呼における差異音『テ』『ペ』は、共に無声破裂子音と母音 [e] からなり、促音を伴うため母音が強められた相対的に子音が弱勢化し、差異音『テ』『ペ』が聴覚を異なる結果、両称呼をそれぞれ一連に称呼するときは全体の語感・語調が近似し、彼此聴き誤るおそれがある。

〔工藤＝樋口〕

§4-I ⑪

区分	商標1		商標2	審決・判決
異議	エスマイル 平25類「被服, 他」	≠	エスマイン 昭7類「被服, 他」	異議平10-92154／平11.03.11 【ル≠ン】★両商標から生ずる『エスマイル』『エスマイン』の称呼は、末尾に『ル』『ン』の差異を有し、該差異音は、それぞれ調音位置・調音方法・音質を異にするから、両商標が称呼上相紛れるおそれはない。
異議	ワイルドステージ WILD STAGE 平28類「ゴルフ用具」	≠	WORLD STAGE 平28類「運動用具」	異議平10-92176／平11.03.11 【ワイ≠ワー】★両商標の構成中、相違する「WILD」「WORLD」の英語は、共にわが国の取引者・需要者によく知られ、その差異が容易に認識されるものと認められるので、両商標は、外観上識別でき、称呼上も音調・音感を異にし、観念も異なるから、両商標が彼此相紛れるおそれはない。
査定不服	らべしす 平9類「電子応用機械器具」	＝	LaBSYS 同左	審判平9-3265／平11.03.15 【ベ＝ブ】★両商標から生ずる『ラベシス』『ラブシス』の称呼は、共に4音構成であり、第2音の差異音『ベ』『ブ』は、子音[b]を共通にし、かつ、中間に位置することから、一連に称呼されるときは、全体の語感・語調が近似し、彼此聞き誤るおそれがある。
異議	サンク 平3類「化粧品, 他」	≠	CINQ 昭4類「香水類, 他」	異議平10-91735／平11.03.15 【称呼の特定】★①本件商標は、その構成文字に相応して『サンク』の称呼が生じる。②わが国におけるフランス語の普及程度よりするに、引用商標「CINQ」は、その指定商品との関係を考慮しても、『サンク』と称呼されるとは認め難い。③両商標は、外観・観念上のみならず、称呼上も相紛れるおそれはない。
異議	KEIHIN Corporation 平36類「建物の管理, 他」	≠	ケイピン 同左	異議平10-92110／平11.03.18 【清音≠半濁音】★両商標から生ずる『ケイヒン』『ケイピン』の称呼は、共に4音という短い音構成からなり、第3音において『ヒ』と『ピ』の差異を有し、いずれの構成音も明確に聴取し得るから、両商標が、称呼上相紛れるおそれはない。
査定不服	ELVIS 平26類「印刷物, 他」	＝	エルビス ELLE-BIS 同左	審判平6-3399／平11.03.23 【称呼同一】★本願商標は引用商標と同じ『エルビス』の称呼を生じるから、両商標は、称呼を共通にする類似の商標である。
査定不服	ᴇss 平25類「和服, 他」	＝	ESSE 昭17類「被服, 他」	審判平9-6301／平11.03.26 【称呼同一】★本願商標は、モノグラム（「2個以上の文字を1字状に図案化したもの」）とはいえ、特殊な書体で書かれているとはいえ、引用商標と同じ『エッセ』の称呼を生じるから、両商標は、その外観上の差異を考慮しても、称呼を共通にする類似の商標というべきである。
査定不服	OCS 平37類「建物内外の清掃」	＝	OGS 平37類「ビルの清掃」	審判平9-18062／平11.03.29 【C＝G】★両商標から生ずる『オーシーエス』『オージーエス』の称呼は、4音構成中3音を同じくし、『シ』『ジ』の差異があるにすぎず、かつ、該差異音『シ』『ジ』は、共に母音[i]を共通する近似音であり、しかも、聴取し難い中間に位置することから、両称呼をそれぞれ一連に称呼するとき、全体の語感・語調が近似し、彼此聞き誤るおそれがある。
査定不服	DPSS 平9類「電気通信機械器具」	＝	DBSS 昭11類「電気通信機械器具, 他」	審判平9-17784／平11.04.02 【P＝B】★両商標から生ずる『ディーピーエスエス』『ディービーエスエス』の称呼は、共に8音構成でいささか冗長であり、差異音『ピ』『ビ』は互いに近似する半濁音と濁音であり、比較的印象の弱い中間に位置することから、両称呼をそれぞれ一連に称呼するときは全体の語感・語調が近似し、彼此聞き誤るおそれがある。
異議	ViVidy ビビディ 平9類「電気通信機械器具, 他」	≠	VIVID 同左	異議平9-90135／平11.04.02 【ディ≠ド】★両商標から生ずる『ビビディ』『ビビッド』の称呼を同じくするが、語尾音『ディ』『ッド』の明確な差異が、僅か3音という短い称呼に及ぼす影響は決して小さいといえず、両商標は、それぞれ一連に称呼するとき語調・語感が相違し、称呼上彼此相紛れるおそれはない。
異議	花心 平3類「化粧品, 他」	≠	花神 大3類「香料, 他」	異議平10-92040／平11.04.08 【観念隔絶】★両商標が『カシン』の称呼を同じくするとしても、指定商品の取引分野における需要者の一般的な注意力、外観・観念上の顕著な相違、その他の取引実情を総合勘案すると、両商標は、商品の出所の混同が生じるほどに相紛らわしいとはいえない。

§4-I ⑪

	商標1		商標2	事件番号等
異議	BBCC 平41類「放送番組の制作, 他」	≠	BBC 同左	異議平10-91871／平11.05.07【1音多】★①本件商標は「BBCC」の文字を一体的に表してなるものであり、その末尾の「C」を除く「BBC」の3文字が独立して認識されるとする事情は見出せないから、本件商標からは『ビイビイシイシイ』の称呼のみが生ずる。②本件商標の『ビイビイシイシイ』の称呼と引用商標の『ビイビイシイ』の称呼は、構成音数・音調・音感が異なり聴別できる。
異議	AXIA アクシア 平36類「建物の管理, 他」	≠	AXA アクサ 同左	異議平10-92147／平11.05.07【1音多】★両商標から生ずる『アクシア』『アクサ』の称呼は、構成音数の差異、第3音『シ』『サ』の差異、及び、末尾の『ア』の有無の差を有し、『シ』と『サ』は母音・調音位置・調音方法を異にすることによって、これらの音の差が称呼全体に及ぼす影響は大きく、両称呼が彼此相紛れるおそれはない。
査定不服	YOGOOD 平30類「調味料, 他」	=	YOGUT ヨグット 昭31類「調味料, 他」	審判平8-18969／平11.05.10【濁音=清音】★両商標から生ずる『ヨーグッド』『ヨグット』の称呼は、『ヨ』の長音の有無と、語尾音『ド』『ト』に差異を有するが、長音は独立した一音とは聴取されず、『ド』と『ト』の差異は濁音と清音の微差にすぎないから、両商標をそれぞれ一連に称呼するときは称呼上相紛れるおそれがある。
異議	INTAGE 平9類「電子応用機械器具」	≠	INSTAGE 同左	異議平10-92241／平11.05.12【1音多】★本件商標の『インテージ』なる称呼は『イン・テージ』と称呼されるのに対し、引用商標の『インステージ』なる称呼は『イン・ステージ』と称呼され、中間部『ス』の有無の差異によって語調・語感が異なったものとなるため、両商標が、称呼上彼此相紛れるおそれはない。
異議	ラドウース Ladouce 平3類「石けん, 他」	≠	Douxce ドウース 昭4類「石けん, 他」	異議平10-92287／平11.05.12【1音多】★①本件商標は、同書・同間隔に一連に書され、その構成文字全体が一体不可分のものと認識されて『ラドウース』の称呼を生じる。②本件商標の『ラドウース』なる称呼と引用商標の『ドウース』なる称呼は、称呼を識別する上で重要な語頭において『ラ』の有無の差異を有するから、両商標は、称呼上彼此相紛れるおそれはない。
査定不服	ディスイズ Disis 平5類「薬剤, 他」	≠	ジスイズ 昭1類「薬剤, 他」	審判平9-7473／平11.05.28【ディ≠ジ】☆両商標から生ずる『ディスイズ』『ジスイズ』の称呼は、共に4音という短い音構成であり、称呼の識別上重要な位置を占める破裂音『ディ』と摩擦音『ジ』の差異を有し、この差異音『ディ』『ジ』はいずれも強く発音されるから、両者をそれぞれ一連に称呼しても相紛れるおそれはなく、彼此聴別できる。
異議	DOMRA 平24類「織物, 他」	≠	DORMA 同左	異議平10-92053／平11.06.01【2音相違】★両商標から生ずる『ドムラ』『ドーマ』の称呼は、明らかに語調・語調を異にし、両商標は、称呼上のみならず外観・観念においても互いに紛れるおそれのない非類似の商標である。
異議	サンアップ 平17類「プラスチック基礎製品, 他」	=	サンマップ 同左	異議平10-92093／平11.06.08【ア=マ】☆両商標から生ずる『サンアップ』『サンマップ』の称呼は、共に4音構成であって、聴取し難い中間の差異音『ア』『マ』は母音[a]を共通し、共に促音を伴い、これに破裂音『プ』が続くことから、両称呼をそれぞれ一連に称呼するとき全体の語感・語調が近似し、彼此聞き誤るおそれはない。
無効	MILTRAY 平30類「菓子・パン」	=	Milk Tray 昭30類「チョコレート」	審判平9-16925／平11.07.02【1音多】☆両商標から生ずる『ミルトレイ』『ミルクトレイ』の称呼は、第3音『ク』の有無において異なるが、本件商標において、この差異音『ク』は印象が薄らぐ中間に位置し、前音『ル』に吸収されて明瞭に聴取され難いから、両商標をそれぞれ一連に称呼するとき称呼上相紛れ易い。
異議	るるるる lelelele 平3類「化粧品, 他」	≠	LULU 同左	異議平10-90493／平11.07.06【反復音】★本件商標の各構成文字は同書・同大・同間隔で書されてなり、かかる構成中から『るる』『lele』の文字部分が独立して認識されるべき事情は見出せないから、本件商標からは『ルルルル』の称呼のみが生じ、引用商標から生ずる『ルル』の称呼とは構成音数が異なり、聴別できる。

〔工藤＝樋口〕

§4-Ⅰ⑪

	商標1		商標2	審決・判決
異議	ラブラス LOVELASS 平3類「化粧品, 他」	≠	リブラス 昭4類「化粧品, 他」	異議平11-90366／平11.07.08 【ラ≠リ】★両商標から生ずる『ラブラス』『リブラス』の称呼は, 共に4音という比較的短い音構成よりなり, 称呼の識別上重要な語頭において明確に聴別される『ラ』と『リ』の差異を有するから, 両商標は称呼上彼此相紛れるおそれはない。
査定不服	アプロトン APROTON 平5類「薬剤, 他」	＝	アクロトン 昭1類「薬剤, 他」	審判平9-6316／平11.07.28 【プ≒ク】★両商標から生ずる『アプロトン』『アクロトン』の称呼は, 第2音において『プ』『ク』の差異を有するが, 該差異音は破裂無声子音と母音[u]からなる互いに近似する音であるから, 両商標をそれぞれ一連に称呼するとき聞き誤るおそれがある。
査定不服	OKS 平9類「磁気コンパス」	＝	オーケース 昭10類「測定機械器具」	審判平10-11383／平11.07.28 【1音多】★両商標から生ずる『オーケーエス』『オーケース』の称呼は, 称呼の識別上重要な語頭を含む『オーケー』の音と語尾の『ス』を同じくし, 『エ』の音の有無において異なるが, それが称呼全体に及ぼす影響は小さく, 両商標は, 称呼上相紛れるおそれがある。
査定不服	POLARITE 昭1類「珪酸塩, 他」	＝	POLYLITE ポリライト 昭1類「合成樹脂, 他」	審判平6-18412／平11.08.19 【ラ=リ】★両商標から生ずる『ポラライト』『ポリライト』の称呼は, 第2音を除いて4音を共通にし, 第2音に『ラ』『リ』の差異を有するが, 該差異音は有声子音[r]を共通とする近似した音質の音として発音・聴取されるから, 両商標を一連に称呼するときは語調・語感が近似したものとして彼此聴き誤るおそれがある。
無効	NOMO 平16類「文房具類」	≠	MONO 昭25類「文房具類」	審判平10-35368／平11.09.10 【音順逆】★①両商標から生ずる『ノモ』『モノ』の称呼は, 語調・語感が異なり, 両商標をそれぞれ一連に称呼しても彼此聞き誤るおそれはない。②ローマ字読みが普及しているわが国で, 両商標がそれぞれ『エヌオーエムオー』『エムオーエヌオー』と称呼されるとはいえない。
査定不服	kai kai 平21類「食器類, 他」	≠	kai 昭19類「はんごう, 他」	審判平10-14053／平11.09.21 【反復音】☆本願商標は, 外観上軽重の差なく纏まりよく一体に表されており, その全体を称呼しても冗長ではないから, 『カイカイ』の称呼のみが生じ, 『カイ』の称呼を生ずる引用商標とは音構成が明らかに異なり, 称呼上相紛れるおそれはない。
無効	CORINTH コリント 平8類「パレットナイフ」	≠	Clint 昭25類「文房具類」	審判平10-35512／平11.10.01 【コ≠ク】★両商標から生ずる『コリント』『クリント』の称呼は, 称呼の識別上重要な語頭において『コ』『ク』の差異を有し, 両者の母音[o][u]の違いが比較的明瞭である上に両称呼が比較的短いから, 両商標を一連に称呼しても彼此聞き誤るおそれはない。
査定不服	CLIFFORD 平28類「運動用具」	＝	クロフォード 昭24類「ゴルフ用具」	審判平10-15333／平11.10.13 【リ=ロ】★両商標から生ずる『クリフォード』『クロフォード』の称呼は, 第2音を除く4音を同じくし, 第2音における差異音『リ』『ロ』は共にラ行の近似音であり, 続く『フォ』が長音を伴い強く発音されるため, これらの差異音は, 相対的に弱勢化して必ずしも明еш聴取されず, 両商標をそれぞれ一連に称呼するときは聴き誤るおそれがある。
査定審取	COGNEX 昭11類「電子応用工程管理装置, 他」	＝	Comnex 昭11類「電子応用機械器具, 他」	東京高裁平11(行ケ)171／平11.10.28 最高裁ＨＰ（審判平6-13134／平11.01.20）【グ=ム】★両商標から生ずる『コグネックス』『コムネックス』の称呼は, 共に6音構成であり, 第2音を除いて音配列を共通にし, 第2音に『グ』『ム』の差異を有するが, 該差異音は, 共に母音[u]を同じくする鼻音で, しかも, 中間に位置するので明確に聴取し難く, 両商標それぞれ一連に称呼すると彼此聞き誤るおそれがある。
査定不服	CORELE 平25類「婦人用下着, 他」	＝	コーレル KORELL 昭17類「被服, 他」	審判平8-4030／平11.11.10 【称呼同一】★本願商標の「CORELE」の文字は, 特定の語義を生じない造語であり, わが国で最も普及している英語の発音に倣って『コーレル』なる自然的称呼を生じ, 引用商標からも同じく『コーレル』の称呼が生じるから, 両商標は, 称呼を同一にする類似の商標である。

〔工藤=樋口〕

§4−I ⑪

	商標1		商標2	判決・内容
査定不服	ラキサール 平5類「薬剤」他	＝	ナキサール NAXAL 昭1類「薬剤」他	審判平11-5384／平11.11.11 【ラ＝ナ】★両商標から生ずる『ラキサール』『ナキサール』の称呼は、5音の構成音中、『キサール』の4音を同じくし、語頭音『ラ』『ナ』の差異を有するが、これらは、共に「舌を調音点とする歯茎音」で、帯同母音[a]を共通にするから、音感・音質が互いに近似し、両商標は、それぞれ一連に称呼するときは、聴き誤るおそれがある。
査定不服	カルゲン 平1類「土壌改良剤」	≠	コルゲン 昭1類「薬剤」他	審判平9-2402／平11.11.30 【カ≠コ】☆両商標から生ずる『カルゲン』『コルゲン』の称呼における差異音『カ』『コ』は、子音[k]を共通にするとしても、その母音[a][o]は近似音ではなく、かつ、この差異音『カ』『コ』にアクセントが置かれて明瞭に発音されるうえに、聴別しやすい語頭に位置し、両者が4音という比較的短い音構成であることも相俟って、両商標をそれぞれ一連に称呼するとき、語調・語感が相違し、彼此聴別できる。
無効	NORVIR ノービア 平5類「薬剤」	≠	Nopiea ノピア 昭1類「薬剤」	審判平11-35082／平11.12.09 【2音相違】★本件商標の『ノービア』の称呼は『ノー・ビア』の如く2音節に称呼されるのに対し、引用商標の『ノピア』の称呼は一気に称呼されるから、両者は語調・語感が相違し、互いに相紛れるおそれはない。
査定不服	Meriton 平16類「製図用具」他	＝	メルトン 昭9類「事務用機械器具」他	審判平8-9963／平11.12.13 【リ＝ル】★両商標から生ずる『メリトン』『メルトン』の称呼は、共に4音構成で、第2音を除く3音を同じくし、第2音に『リ』『ル』の差異を有するが、語頭音『メ』にアクセントが置かれるため、該差異音『リ』『ル』は相対的に弱勢化して必ずしも明瞭に聴取されないから、両商標は、それぞれ一連に称呼されるとき、彼此聴き誤るおそれがある。
査定不服	トープラン 平3類「石けん類」他	＝	トップラン 昭4類「石けん類」他	審判平9-18114／平12.01.18 【長音＝促音】★両商標から生ずる『トープラン』『トップラン』の称呼は、『ト』『プ』『ラ』『ン』の音とその配列を共通にし、語頭音が「長音を伴う」か「促音を伴うか」の差異を有するにすぎず、両商標は、それぞれ一連に称呼されるとき語調・語感が近似し、彼此聴き誤るおそれがある。
査定審取	STERIS 昭10類「消毒・殺菌・微生物汚染除去装置」他	≠	STEALTH 昭10類「カテーテル」他	東京高裁平11(行ケ)126／平12.02.29　最高裁HP　(審判平7-17982／平10.11.26)【総合判断】☆両商標から生ずる『ステリス』『ステルス』の称呼は、類似するといえなくはない。①両商標は外観が明らかに異なること、②引用商標を正確に『ステルス』と発音できる者の中には、英語の知識が比較的高い者が相当の割合で存在し、そのような者は「RI」と「L」の相違、「S」と「TH」の相違が発音上明確に区別されることを知っていること、③また、そのような者は、引用商標が「忍び」等の観念を有することを知っており、特定の観念を生じない本願商標と区別できること、を総合的に勘案すれば、両商標は非類似というべきである。
査定不服	CLERC 平14類「身飾品」他	＝	くれえる 昭21類「装身具」他	審判平11-13061／平12.07.04 【レー＝レエ】★①ファッション関連商品の取扱業界ではフランス語が使用されており、フランス語であると認識される商標はフランス語の読み方によって称呼され得る。②本願商標『CLERC』は、「聖職者」を意味するフランス語であるから、本願商標は『クレール』なる称呼を生じ、『クレエル』なる称呼を生じる引用商標と称呼上類似する。
無効	REALS 昭11類「電気機械器具」他	≠	REALOS 同左	審判平11-35090／平12.08.23 【ル≠ロ】★両商標から生ずる『リアルス』『リアロス』の称呼における差異音『ル』『ロ』は、共にラ行に属する近似音であるが、全4音構成という簡潔な称呼においては、該差異音『ル』『ロ』は聴別できる。
査定不服	ルミナイト 平19類「ゴム製建築用専用材料」他	＝	ルミライト 昭7類「建築用専用材料」他	審判平11-18045／平12.09.11 【ナ＝ラ】★両商標から生ずる『ルミナイト』『ルミライト』の称呼を比較すると、両者の差異音『ナ』『ラ』は、母音[a]を同じで、共に歯茎音で調音方法が同じである子音[r]を共通にするだけでなく、しかも、該差異音『ナ』『ラ』が中間に位置することと相俟って、両商標は、称呼上聴き誤るおそれのある類似の商標である。
査定不服	FBP 平29類「乳製品、食用油脂」	≠	FVP 昭31類「調味料」他	審判平10-4132／平12.11.06 【B≠V】☆両商標から生ずる『エフビーピイ』『エフブイピイ』の称呼は、第3音と第4音において音質の異なる『ビー』『ブイ』の差異を有し、両商標は共にアルファベット3文字を羅列したもので、1文字1文字を区切って明瞭に発音されるのが常であるから、両者は聴別できる。

〔工藤＝樋口〕　409

§4-I ⑪

査定不服／無効	商標1		商標2	審判・判決内容
査定不服	ブロウラッシュ Brow Lash 平3類「化粧品」	≠	グロウラッシュ GLOW LASH 同左	審判平11-11488／平12.09.21 【ブ≠グ】☆両商標から生ずる『ブロウラッシュ』『グロウラッシュ』の称呼は、称呼の識別上重要な語頭に『ブ』と『グ』の差異を有することに加えて、『ブ』は破裂両唇音であるのに対し、『グ』は破裂軟口蓋音で、両者は、調音位置と音質を異にするので、彼此聴別できる。
査定不服	ARGO エーアールジーオー 平29類「加工野菜, 他」	＝	ARCO 平29類「ビタミン等を主成分とする粉状の加工食品, 他」	審判平11-17713／平12.10.03 【濁音＝清音】★両商標から生ずる『エーアールジーオー』『エーアールシーオー』の称呼は、聴別上比較的印象の弱い中間音に『ジー』『シー』の差異を有するが、かかる差異は濁音と清音の微差に過ぎず、称呼全体に与える影響は少ないから、両商標が一連に称呼されるときは、語調・語感が相似たものとなり、称呼上彼此相紛れるおそれがある。
査定不服	アルゼ 平37類「船舶の建造, 他」	≠	ALZA 同左	審判平11-11482／平12.10.04 【ゼ≠ザ】☆両商標から生ずる『アルゼ』『アルザ』の称呼は、共に3音の短い音構成であり、そのうち1音のみが相違しており、両者はそれぞれ1音1音明瞭に発音されるから、称呼上彼此相紛れるおそれはない。
査定不服	Waterfresh 平3類「石けん類, 他」	＝	WATERREFRESH ウォーターリフレッシュ 昭4類「石けん類, 他」	審判平11-1951／平12.10.19 【1音多】★両商標から生ずる『ウォーターフレッシュ』『ウォーターリフレッシュ』の称呼は、共に比較的長い音構成よりなり、同四音目の中間音『リ』の前後が『水』を意味する『ウォーター』と『新しい』を意味する『フレッシュ』であるため、両商標をそれぞれ一連に称呼するとき全体の語調・語感が相似たものとなり、聴別困難。
無効	PANOX 平11類「廃水用水質改善機械器具」	≠	PANACS パナックス 昭9類「産業機械器具」	審判平11-35639／平12.10.19 【ノ≠ナ】☆両商標から生ずる『パノックス』『パナックス』の称呼を対比するに、両者共、促音によって『パノ・クス』『パナッ・クス』の如く息の段落を生じ、両者の差異音『ノ』と『ナ』の母音[o]と[a]の差は明瞭に聴取されるので、両商標をそれぞれ一連に称呼したとしても全体の語感が異なり、彼此聞き誤るおそれはない。
査定不服	MEGADENT 平5類「歯科用材料」	≠	METADENT 昭1類「歯科用セメント」	不服2000-220／平12.10.26 【ガ≠タ】☆両商標から生ずる『メガデント』『メタデント』の称呼における差異音『ガ』と『タ』は、互いに調音点を異にし、他の音に比して強く響く音であるため、比較的短い各称呼に及ぼす影響は小さくなく、両者をそれぞれ一連に称呼するときは語調・語感が相違し、聴別できる。
査定不服	EKITAN 平9類「電極, 他」	≠	エキダン 昭11類「電気材料, 他」	不服2000-5900／平12.11.09 【清音≠濁音】☆両商標から生ずる『エキタン』『エキダン』の称呼は、『タ』『ダ』の差異を有し、次に続く音が共に弱音『ン』であるため、該差異音は強く発音され、『タ』は清音で澄んでいるのに対し、『ダ』は濁音で重々しい強い響きをもつから、該差異音が称呼全体に与える影響は大きく、両者をそれぞれ一連に称呼しても相紛れるおそれはない。
査定不服	RHODOTEC 平1類「化学品」	≠	ロゴテック LOGOTECK 昭1類「化学品」	不服2000-7293／平12.11.14 【2音相違】☆本願商標からは英語風読みにより『ロードテック』の称呼が生じ、引用商標からは『ロゴテック』の称呼が生じるが、両称呼は、『ド』と『ゴ』の差異を有し、かつ、語頭音に続く長音の有無においても相違するので、それぞれ一連に称呼しても語調・語感が相違し、聴別できる。
査定不服	あさか舞 平30類「米, 他」	≠	明日香舞 同左	不服2000-7148／平12.11.17 【サ≠ス】☆両商標から生ずる『アサカマイ』『アスカマイ』の称呼における差異音『サ』『ス』は、子音[s]を共通にするのに対し、『サ』は開放母音[a]を帯有するのに対し、『ス』は狭母音[u]を帯有し、該差異音は、調音位置・調音方法・音質を異にするから、明瞭に聴別され、両商標の称呼全体に与える影響は大きく、十分に聴別可能である。
無効	HAPPIET 平9類「コンピュータプログラムを記憶させたCD-ROM」	＝	HAPPINET 昭11類「電子応用機械器具」	審判平10-35318／平12.11.20 【エ＝ネ】☆両商標から生ずる『ハピエット』『ハピネット』の称呼は、第3音において『エ』『ネ』の差異を有するが、その他の音は全て共通しており、この差異音も母音[e]を共通にし、かつ、アクセントを有するから、両者は全体として語調・語感が近似し、彼此相紛れるおそれがある。

§4−I ⑪

	商標1		商標2	審判・判決内容
査定不服	WiNT 平9類「電子応用機械器具」	≠	WIND 同左	審判平11-17291／平12.11.28【清音≠濁音】☆両商標より生ずる『ウイント』『ウインド』の称呼における差異音『ト』『ド』は、前音『ン』が弱音であるため、末尾音であっても清・濁の違いは比較的明瞭で聴別可能であり、両者を外観・称呼・観念の各点を総合して考察すれば、互いに相紛れるおそれはない。
査定不服	SSP CO., LTD. 平32類「飲料用野菜ジュース」	≠	SSB 昭32類「加工食品、他」	審判平11-17937／平12.12.06【P≠B】☆「CO., LTD.」は株式会社であることを示すに止まり、本願商標の「SSP」「SSB」の各文字は、共にアルファベット3文字を羅列したにすぎず、常に1文字1文字を区切って明瞭に発音されるから、両商標より生ずる『エスエスピー』『エスエスビー』の称呼は、十分に聴別できる。
査定不服	ADPARK 平38類「電話による通信、他」	＝	アドパック 同左	審判平11-1902／平12.12.20【長音＝促音】★両商標より生ずる『アドパーク』『アドパック』の称呼を対比するに、両者は、共に特定の観念を有しない造語であり、一連に称呼するとき、音調・音感が近似して聴覚されるので、称呼上類似の商標といえる。
無効	キンコング 平1類「化学品、他」	≠	キンコン 同左	審判平10-35193／平12.12.20【1音多】★両商標より生ずる『キンコング』『キンコン』なる称呼は、末尾音『グ』の有無で相違し、この音『グ』は破裂強音であり、本願商標においては、弱音『ン』に後続するため比較的明瞭に発音・聴取されるから、『グ』の有無が称呼全体に与える影響は大きく、両商標は互いに聴別できる。
査定不服	雪国小町 平30類「穀物の加工品、他」	＝	雪国こもち 平30類「もち」	審判平10-4101／平13.01.09【マ＝モ】★両商標より生ずる『ユキグニコマチ』『ユキグニコモチ』の称呼は、第6音『マ』『モ』以外の音の配列・構成を同じくするものであり、差異音『マ』『モ』は共に鼻音であるように明瞭に聴取し難く中間に位置するから、両者は外観・観念上異なるとしても、称呼上類似する。
査定不服	NEXNET 平38類「電話による通信、他」	≠	ExNet エクスネット 同左	不服2000-8238／平13.01.09【ネ≠エ】☆両商標より生ずる『ネクスネット』『エクスネット』の称呼は、語頭において『ネ』『エ』の差異を有し、前者が響き的な鈍い音であるのに対し、後者は明確な開放音でさらりとした音感を有する音であり、該差異音が称呼の識別上重要な要素となる語頭に位置することから、両称呼を全体として称呼するも語調・語感を異にし、彼此聴別できる。
査定不服	PALLIPS 平30類「菓子・パン」	≠	ポリップス POLIPPS 昭30類「菓子・パン」	不服2000-9075／平13.01.11【パ≠ポ】☆両商標より生ずる『パリップス』『ポリップス』の称呼は、聴者の耳に最も強く印象に残る語頭に『パ』『ポ』の差異を有し、共に4音という比較的短い音構成において該差異音が称呼全体に与える影響は決して小さくなく、両商標が、称呼上相紛れるおそれは大きい。
査定不服	BEA 平9類「家庭用テレビゲームおもちゃ、他」	≠	BEE 昭24類「おもちゃ、他」	審判平11-1542／平13.01.16【称呼の特定】☆本願商標は、アルファベット3文字を羅列したものとして認識され、特定の観念を有さず、『ビーイーエー』なる称呼を生ずるのに対し、『蜂』を意味する馴染みのある英語からなり、『ビー』なる称呼を生じるから、両商標は、観念上のみならず称呼上も類似しない。
査定不服	METRON TECHNOLOGY 平7類「半導体製造装置」	≠	ネトロン NETLON 昭9類「産業機械器具」	審判平10-16114／平13.01.16【メ≠ネ】☆『メトロン』『ネトロン』の称呼は、語頭に『メ』『ネ』の差異を有し、この差異音『メ』は両唇音であるのに対し、『ネ』は歯茎音であるから、両称呼は全体として語感が異なり、彼此聴別できる。
査定不服	Canvas ヘーベル カンヴァス 平19類「木材、他」	≠	Campus 同左	審判平11-17648／平13.01.30【2音相違】☆両商標より生ずる『カンバス』『キャンパス』の称呼の語尾の差異音『カ』『キャ』と第3音における差異音『バ』『パ』は、いずれも近似音ではあるが、「Canvas」と「Campus」の語はそれぞれ「麻等の厚地の粗布」「大学等の構内」なる観念を有する馴染みのある成語からなり、外観・観念・称呼を総合してみれば、両商標者は区別できる。
査定不服	Alohaloha 平25類「洋服、他」	≠	alfalpha 昭17類「被服、他」	審判平11-15671／平13.02.06【2音相違】☆両商標における差異音『ロ』『ル』及び『ハ』『ファ』は、共に近似音であるとしても、それぞれ一連に称呼して互いに聴別し得るものと判断するのが相当であり、本願商標と引用商標は、称呼上類似しない。

〔工藤＝樋口〕

§4-Ⅰ⑪   第2章 商標登録及び商標登録出願

査定不服	BIDAN びだん 美男 平3類「香料類、他」	≠	ビーナン 同左	不服2000-13211／平13.02.14 【2音相違】☆両商標より生ずる『ビナン』『ビーナン』の称呼は、長音の有無に差異を有するにすぎないが、共に3音という短い音構成において、本願商標が『美男』なる明確な特定観念を有することと相俟って、当該長音の有無が称呼全体に及ぼす影響は大きく、彼此聴別できる。
査定不服	ノンノ non-no 平16類「文房具類」	≠	Non－Non ノンノン 昭24類「布製ラベル、他」	不服2000-9915／平13.03.06【末尾のン】☆両商標より生ずる『ノンノ』『ノンノン』の称呼は、末尾音の『ン』の有無のみであるが、両者は3音と4音という短い音構成であり、しかも前者は『ノンノ』と一気に称呼されるのに対し、後者は『ノン・ノン』と発音されるから、両者は語調・語感を異にし聴別できる。
査定不服	SERENITY セレニティ 平15類「楽器、他」	＝	CELERITY 同左	審判平11-4890／平13.03.07【ニ≒リ】★①本願商標は「静寂、平静」を意味する英語で、『セレニティ』の称呼を生ずる。引用商標は「敏速」を意味する英語で、『セレリティ』の称呼を生ずる。②両商標は、その外観・観念を異にするが、差異音『ニ』『リ』が中間に位置するため、一連に称呼した場合語調・語感が近似するので、本願商標と引用商標は、称呼上類似する。
査定不服	NICCO 平7類「金属加工機械器具」	≠	NICO 昭9類「産業機械器具」	審判平11-10650／平13.03.12 【2音相違】☆①本願商標からは『ニッコー』の称呼が生じ、引用商標からは『ニコ』の称呼が生ずると認められる。②本願商標から『ニコ』の称呼が生じると認定し、それを前提とした原審の判断は妥当でない。③本願商標と引用商標は、これを類似とする理由を見出し得ない。
無効	美ばらん水 平3類「化粧品」	≠	ビバランス BEBALANCE 同左	審判平11-35735／平13.04.10【1音多】★①両商標より生ずる『ビバランスイ』『ビバランス』の称呼は、末尾音『イ』の有無が相違するのであるが、本件商標の両側に配された「美」「水」の漢字は「化粧品」にしばしば使用される馴染みのある語であるため、「水」の漢字から生ずる『スイ』の音は「化粧品」に使用される場合、「水」の観念と相俟って明瞭に発音され聴取される。②両商標は、その外観・称呼・観念等が取引者・需要者に与える印象・記憶・連想等を総合して全体的に考察すると互いに区別できる。
査定不服	LAURICARE 平5類「薬剤」	≠	RHODICARE 昭1類「薬剤、他」	審判平9-1107／平13.04.11【リ≠ディ】☆『リ』は、舌面を硬口蓋に近づけ舌の先で上歯茎を弾いて発する有声子音[r]と母音[i]の結合した音節であり、『ディ』は、舌先を上前歯の元に密着させて破裂させる有声子音[d]と母音[i]の結合した音節であるから、両者は調音位置と音質を異にし、互いに聴別できる。
査定不服	エバーウォール 平6類「建築用・構築用の金属製専用材料、他」	≠	エンバーウォール 平6類「金属製壁板」	不服2000-15120／平13.04.18【撥音の有無】☆本願商標が『エバーウォール』と一気一連に称呼され、重く発音されるのに対し、引用商標は、『エンバー』と『ウォール』の2音節風に区切って称呼され、軽く発音されるので、差異音が『ン』のみであるとしても、両称呼の語調・語感が著しく異なり、十分聴別できる。
査定不服	RAXAN 平5類「薬剤」	≠	ラクサー RACSSER 平5類「薬剤、他」	不服2000-18975／平13.04.24【長音≠撥音】☆両商標より生ずる『ラクサン』『ラクサー』の称呼は、語尾において『ン』と『サー』の明らかな差異を有し、この差異が短い称呼全体に及ぼす影響は大きく、語調・語感を異ならしめるので、両商標は、称呼上区別できるといわざるを得ない。
査定不服	HexaM 平7類「金属加工機械器具」	≠	ヘキサ 昭9類「産業機械器具」	不服2000-236／平13.05.17【ムの有無】☆本願商標から生ずる『ヘキサム』の称呼は、淀みなく一連に称呼し得るものであり、引用商標より生ずる『ヘキサ』の称呼と区別できる。
無効	アイシー 平5類「薬剤、他」	＝	ハイシー 昭1類「薬剤、他」	無効2000-35425／平13.05.21【ア＝ハ】☆①『ハ』の子音[h]は無声摩擦音で比較的弱く発音され、これに伴同する母音[a]が強く響く音であるため、子音[h]は母音[a]に吸収されて『ア』に近似した音となるため、両商標は語調・語感が極めて近似し互いに聴き誤るおそれがある。②引用商標は「整腸剤、ビタミンC剤」について著名であると認められ、本願商標は4条1項15号にも該当する。
査定不服	CELLO 平9類「配電用又は制御用の機械器具、他」	≠	セロ CERRO 昭11類「電気機械器具、他」	審判平11-20989／平13.05.22【称呼の特定】☆本願商標は弦楽器の「チェロ」を意味する英語であるから、『チェロ』の称呼を生じ、引用商標は造語であり、その表音と認められる「セロ」の文字部分から『セロ』の称呼を生じ、両称呼は、聴き誤るおそれはない。

〔工藤＝樋口〕

	商標1		商標2	判決・審決
査定不服	SURFIT 平5類「薬剤, 他」	≠	サンフィット 平5類「薬剤」	審判平10-2522／平13.05.23〔**長音≠撥音**〕☆両商標より生ずる『サーフィット』『サンフィット』の称呼を対比するに,『サー』は軽い母音[a]の発音を継続するだけでよく,続く『フィット』の『フィ』の音にアクセントが置かれるのに対し,『サン』は,これを発音するために語頭の『サ』にアクセントが置かれ,その母音[a]が大開母音であることから『サン』と発音するには比較的大きく口を開いて『サ』と発音した後,『ン』の発音をするため口を大きく開いた状態から軽く閉じる状態にしなければならず,続いて『フィット』の発音に入るには再び口を開くことになり,『サン』と『フィット』との間で語調の変化があり,2音節風の区切りをもって称呼され,かかる差異が両商標の全体の称呼に及ぼす影響は極めて大きく,語調・語感を異ならしめ,彼此聴別できる.
査定不服	パソコンコレクション ピーシーコレクション PCコレクション 平9類「電子応用機械器具, 他」	≠	PC CONNECTION 昭11類「電子計算機用プログラムを記憶させた磁気ディスク」	審判平10-5798／平13.05.25〔**レ≠ネ**〕☆両商標における差異音『レ』『ネ』が,わが国で親しまれた全く別個の「コレクション」「コネクション」という語の読みに応じて生じた差異であることを勘案すると,該差異音が全体の称呼に与える影響は大きく,しかも,『レ』が弾音であるのに対し,『ネ』は通鼻音で,両音は音質も異なり,両商標を一連に称呼したとき十分識別できる.
査定不服	MIX 平35類「広告情報の提供, 他」	≠	[UNICKS図形] 平35類「広告, 他」	不服2000-21114／平13.06.05〔**ミ≠ニ**〕☆称呼の識別上重要な要素を占める冒頭に『ミ』『ニ』の差異を有し,かつ,促音を含む4音という短い称呼においては,差異音が称呼全体に及ぼす影響は小さくなく,一連に称呼しても聴き誤るおそれはない.
査定不服	シルレイン CILRAIN 平3類「化粧品」	=	シルテイン SILTEIN 昭4類「化粧品, 他」	不服2000-5471／平13.06.11〔**レ=テ**〕★称呼の識別上重要な要素を占める冒頭の2音『シル』を含めた4音を共通し,中間に位置する『レ』『テ』は調音方法が同じ近似音であり,一連に称呼するとき聴き誤るおそれがある.
無効	dtk 昭11類「電子応用機械器具」	=	TDK 同左	審判平11-35798／平13.06.14〔**音順逆・2音相違**〕☆両商標の称呼『ディーティーケー』『ティーディーケー』は,第1音と第2音を入れ替えたにすぎず,一連に称呼するとき聴き誤るおそれがある.
査定不服	TWISTER 平16類「文房具類, 他」	≠	TWINSTAR 平16類「パレットナイフ, 他」	不服2000-21132／平13.06.26〔**撥音の有無**〕☆両商標より生ずる『ツイスター』『ツインスター』の称呼を比較すると,両者は4音と5音という短い音構成であり,中間に『ン』の有無の差異を有し,本願商標は『ツイスター』と一気に称呼されるが,引用商標は『ツイン』と『スター』の間に一息おくように『ツイン・スター』と発音されるので,それぞれ語調・語感が相違し,彼此聴別できる.
無効	C. E. O. 平25類「被服」	=	CEO セオ 昭17類「被服」	審判平10-35641／平13.06.27〔**称呼認定**〕☆引用商標の「セオ」の文字は極めて小さく判然としないので,「CEO」の文字部分から本願商標と同様『シーイーオー』の称呼を生ずる.
査定不服	クロスター CROSTER 平25類「ガーター, 他」	=	クラスター 昭17類「被服, 他」	不服2001-852／平13.07.04〔**ロ=ラ**〕★両商標の差異音『ロ』『ラ』は,聴取され難い中間に位置するばかりでなく,ラ行の同行音であって子音[r]を共通にする近似音であるため,音調音感が似通ったものとなり,彼此聴き誤るおそれがある.
査定不服	CAB Computer Aided Binding System 平7類「印刷又は製本機械器具」	≠	C. A. P. 昭9類「産業機械器具」	不服2000-18733／平13.07.17〔**B≠P**〕☆両商標から生ずる『シイエイビイ』『シイエイピイ』の称呼を比較すると,第5音に『ビ』(有声両唇破裂音)と『ピ』(無声両唇破裂音)の差異を有するだけでなく,両商標は,共にローマ字3文字を羅列してなるものであり,発音に際して1文字1文字を区切って明確に発音するのが常であるため,両者は称呼上十分区別できる.
無効	アイボン 平5類「薬剤, 他」	≠	ハイボン 昭1類「薬剤, 他」	審判平10-35636／平13.07.17〔**ア≠ハ**〕★両商標は,称呼の識別上最も重要な要素となる語頭音『ア』『ハ』が相違するだけでなく,該差異音『ア』『ハ』は明確に聴取される音であり,かかる差異が,僅か4音という短い音構成よりなる両称呼全体に及ぼす影響は大きく,両称呼は互いに聞き誤るおそれはない.

〔工藤＝樋口〕

§4-Ⅰ⑪ 第2章　商標登録及び商標登録出願

	商標1		商標2	審決内容
査定不服	HannStar 平9類「電子応用機械器具、他」	≠	はむすたー 同左	不服2000-19314／平13.07.23【ム≠ン】☆両商標の『ハンスター』『ハムスター』の称呼を比較すると、前者の『ン』は弱い音で、「HannStar」が造語であることから該『ン』は殆ど聴取し難いのに対し、後者の『ム』は両唇音であり、「はむすたー」は愛玩動物の一種「ハムスター」を意味するものとして一般に親しまれた観念を有することから、該『ム』の音は明瞭に発音・聴取されるので、両者は、語調・語感が相違し聞き誤るおそれがある。
査定不服	ＩＸＹ 平9類「電気通信機械器具、他」	≠	ＥＸＣＹ 昭11類「電気通信機械器具、他」	審判平11-16952／平13.07.24【イ≠エ】☆両商標の『イクシー』『エクシー』の称呼を比較すると、共に4音構成で、語頭音『イ』『エ』に差異を有し、『イ』は唇を平たく開き舌の先を下方に向け、前舌面を高めて硬口蓋に接近させて声帯を振動させて発する短母音で澄んだ音として明瞭に発音されるのに対し、『エ』は有声の開放音で、舌面位置を中心とする半開き母音であるという差異がある上、両者は聴取され易い語頭にあり明確に聴別できる。
査定不服	ＤＥ･ＶＩ 平11類「照明用器具、他」	≠	Ｄａｖｙ 昭11類「照明用器具」	審判平9-20329／平13.08.02【2音相違】☆両商標より生ずる『デビ』『デイビー』の称呼を比較すると、『デ』に続く『イ』の音の有無と、『ビ』に続く長音の有無に差異があり、前者が2音、後者が4音という短い音構成においては、この差異が称呼全体に及ぼす影響は大きく、彼此聴別できる。
査定不服	ＣＰＮ 平7類「風水力機械器具」	＝	ＣＰＭ 昭9類「風水力機械器具、他」	不服2000-1332／平13.08.10【N＝M】★両商標より生ずる『シーピーエヌ』『シーピーエム』の称呼を比較すると、語尾音『ヌ』『ム』の差異のみであり、『ヌ』は有声歯茎通鼻音[n]と母音[u]の結合した音節で、『ム』は有声両唇通鼻音[m]と母音[u]の結合した音節で、両者の子音[n][m]は、調音方法が同じで比較的弱く発音され、而有する母音[u]も同じであるから、聴き誤りやすい。
査定不服	セレモア CELEMORE 平3類「化粧品」	＝	セレノア SELENOA 平3類「化粧品、他」	審判平11-17316／平13.08.17【モ＝ノ】★両商標より生ずる『セレモア』『セレノア』の称呼を比較すると、差異音『モ』『ノ』は共に鼻子音で母音[o]を共通にする近似音であるが、それらがいずれも強音『レ』と『ア』に挟まれてやや弱く発音されるため、両称呼をそれぞれ一連に称呼した場合、明確に聴別し難い。
査定不服	香楽 平42類「飲食物の提供」	≠	ごうく 同左	審判平11-10251／平13.08.20【称呼の特定】☆引用商標は、その構成から『コウラク』とは読み難く、直ちに特定の称呼・観念をもって取引に資されるというよりは、その外観の印象をもって取引に資されるものとみるのが相当である。
査定不服	De'los 平30類「菓子及びパン」	≠	デリス 昭30類「菓子、他」	審判平10-18550／平13.08.21【ロ≠リ】☆『デロス』『デリス』の称呼において、帯有する母音[o]と[i]は音質が異なり、その音質の差が3音構成の称呼全体に及ぼす影響は大きく、それぞれ一連に称呼するとき、両商標が称呼上相紛れるおそれはない。
査定不服	のってー 平12類「自動車、他」	≠	NAUGHTY 同左	不服2000-17997／平13.08.23【2音相違】☆『ノッテー』『ノーティ』の称呼を比較すると、両者は、『ノ』の後続音が『促音か長音か』、及び、『テ』の後続音が『長音か イ か』の2点で相違し、『ノッテー』は『テー』にアクセントが置かれるのに対し、『ノーティ』は『ノー』にアクセントが置かれ、かつ、『ティ』の『イ』は母音[i]が前音[t]に吸収されて短くやや弱く発音され、両者は聴別できる。
査定不服	プラモック 平17類「プラスチック基礎製品、ゴム」	≠	プラマック PLAMAC 同左	不服2000-2230／平13.08.30【モ≠マ】☆両商標における差異音『モ』『マ』は共に促音を伴っており、この差異音『モ』『マ』は、中間にあって明瞭に発音される音であって、それぞれ一連に称呼するとき、両商標が称呼において相紛れるおそれはない。
査定不服	トースト倶楽部 平30類「調味料」	≠	TOASTY CLUB 昭31類「調味料、他」	審判平11-5937／平13.09.04【ト≠ティ】☆差異音『ト』『ティ』における『ト』は、舌先を上前歯の元に密着して破裂させる無声子音[t]と母音[o]よりなる音節であるのに対し、『ティ』は、『テ』と『イ』を一体に発する特殊な発音で、連続する『イ』の音の影響で『チ』の音に近く聴取されることが多い音であり、両称呼は、全体の語調・語感に著しい差異を有し、相紛れるおそれはない。

〔工藤＝樋口〕

§4-Ⅰ ⑪

無効	ShuKen 秀建 平37類「建築一式工事, 他」	≠	① JUKEN ② ジューケン 同左	無効2000-35538／平13.09.06【清音≠濁音】★『シューケン』『ジューケン』の各称呼は、共に4音の冗長とはいえない称呼であって、聴取した場合に印象の強い語頭音において清濁の差があり、しかも、共にこの語頭音にアクセントを置いて発音されるのが通常と認められるから、彼此聴別できる。
査定不服	saNNIT サニット 平25類「洋服, 他」	≠	サネット SUNNET 昭17類「被服, 他」	審判平11-4502／平13.09.10【ニ≠ネ】☆両商標から生じる『サニット』『サネット』の称呼は、3音という簡潔な音構成で、第2音に『ニ』と『ネ』の差異を有し、該差異音が促音を伴う強音として聴取されることから、それが称呼全体に及ぼす影響は大きく、両者が一連に称呼されるとき十分に聴別できる。
査定不服	Quatt 平25類「洋服, 他」	≠	クアト CURTO 昭17類「被服, 他」	審判平11-12249／平13.09.11【2音相違】☆①両商標から生じる『クワット』『クアト』の称呼を比較すると、両者が僅か3音・4音という短い音構成であることから、差異音である『ワ』『ア』が称呼全体に及ぼす影響は大きく、両者を一連に称呼するとき、語調・語感が相違し、互いに相紛れるおそれはない。
無効	UNROSINE アンロジン 平3「化粧品, 他」	=	アロジン 昭4類「化粧品, 他」	無効2000-35509／平13.09.12【撥音の有無】☆本願商標の『ン』の音は鼻音であり、明瞭に発音・聴取される『ア』と『ロ』の間に挟まれている関係上、微弱な音となり、称呼全体に及ぼす影響は小さく、両商標は、語調・語感の相似た称呼上類似の商標である。
査定不服	ALSPA 平9類「電気通信機械器具, 他」	≠	ALSPO 昭11類「電気通信機械器具, 他」	不服2000-1467／平13.09.13【パ≠ポ】☆両商標は共に『アルスパ』『アルスポ』の4音構成よりなるところ、両者は語尾音に『パ』『ポ』に差異を有し、該差異音の前音『ス』は、音声学上響きの弱い無声摩擦音で、これに続く『パ』『ポ』の音は共に破裂音であるため明瞭に強く発音されることに加えて、両者が比較的短い称呼であることも相俟って、その差異が称呼全体に及ぼす影響は大きく、両者を一連に称呼するとき、語調・語感が相違し、両者は称呼上彼此相紛れるおそれはない。
無効審取	リスコート RISCOAT 平5類「薬剤」	=	VISCOAT 昭1類「薬剤」	東京高裁平13(行ケ)47／平13.09.13　最高裁HP（審判平10-35618／平12.09.25)【リ≠ビ】☆両商標の称呼『リスコート』『ビスコート』は共に5拍から成り、差異音『リ』『ビ』は母音[i]を共通し、語頭にあるとはいえ共に弱い破裂音であるため称呼は共に『コー』が強勢され、全体の語調・語感が極めて近似する。
査定審取	VENT VERT ヴァン ヴェール 平25類「被服, 他」	=	VINTVERT バンベール 昭17類「被服, 他」	東京高裁平13(行ケ)35／平13.09.13　判決速報No. 318 (10343)（審判平10-20458／平12.10. 11)【ヴァ、ヴェ=バ、ベ】☆本願商標が「緑の風」の意の仏語で引用商標と観念上相違するが、『ヴァ』『ヴェ』は日本語にない音で正確に発音され難く、古来馴染まれた『バ』『ベ』に置換えて発音される場合が多く、彼此紛れ易い。
査定不服	ピーパリ 平30類「菓子及びパン」	≠	ピーポリ 昭30類「菓子及びパン」	審判平11-6858／平13.09.17【パ≠ポ】☆両商標は共に等しく4音構成よりなるも、差異者『パ』『ポ』は、音自体が明確に発音される強音であり、かつ、共に長音の後に位置するので、前音に吸収されることなく明瞭に聴取され、十分聴別できる。
査定不服	Culuppi 平30類「菓子及びパン」	≠	CLIPPY 昭30類「菓子、パン」	審判平11-20982／平13.09.26【2音相違】☆第2音に『ルッ』『リッ』の差異、語尾に長音の有無の差異があり、これらの差異が、僅か4音という短い音構成よりなる称呼全体に及ぼす影響は大きく、彼此聴き誤るおそれはない。
査定不服	クローラ CROLLA 平25類「被服, 他」	≠	クローナー CROHNER 昭17類「被服, 他」	審判平11-12250／平13.09.13【2音相違】☆『ラ』は語尾にあっても明瞭に響く音であり、『ナー』は長音を伴って音韻が語尾に強く残るから、『ラ』『ナー』はそれ自体明確に聴取される音である。両称呼は構成音数が4音・5音と本なることと相俟って、この差異が全体の語感に及ぼす影響は大きく、彼此聴別できる。
査定不服	みるぞう君 平37類「電気通信機械器具の設置又は修理, 他」	≠	びるぞう君 平37類「機械器具の設置工事, 他」	不服2000-6439／平13.10.11【ミ≠ビ】☆両商標の称呼『ミルゾークン』『ビルゾークン』を比較するに、共に6音の比較的短い称呼からなり、聴別上重要な要素である語頭音において清音『ミ』と濁音『ビ』の差異を有し、一連に称呼した場合充分区別できる。
査定不服	NIXES 平37類「水質汚濁防止装置の修理・点検, 他」	≠	NEXIS ネクシス 平37類「機械器具設置工事, 他」	不服2000-17984／平13.10.12【2音相違】☆両者は、称呼の識別上重要な要素を占める語頭音において『ニ』『ネ』の差異を有するのみならず、第3音において『セ』『シ』の差異も有するので、それぞれを一連に称呼するも十分区別できる。

〔工藤＝樋口〕

§4-Ⅰ⑪

	商標1		商標2	事件・判断
査定不服	局房 平33類「日本酒, 他」	＝	旭鳳 大38類「日本酒, 他」	不服2001-2157／平13.10.19【濁音＝清音】★両商標の称呼『キョクボウ』『キョクホウ』を比較すると、第3音に濁音・清音の差異があるものの、他の構成音が全て同じであるため、全体の語調・語感が近似し、彼此聞き誤るおそれがある。
査定不服	SSZ 平1類「ソルダーレジスト」	≠	SSG 昭1類「化学品, 他」	不服2001-8166／平13.10.23【称呼の特定】☆ローマ字「Z」が『ゼット』の他に『ズィー』と発音される場合があるとしても、ローマ字3文字から成る本願商標の構成態様においては『エスエスゼット』の称呼をもって取引に資されるとみるのが相当である。本願商標より『エスエスズィー』の称呼も生ずるとした原査定は誤りである。
査定不服	SIERRA 平33類「テキーラ」	≠	シエナ SIENA 昭28類「洋酒, 他」	審判平11-1527／平13.10.24【ラ≠ナ】☆両商標の称呼『シエラ』『シエナ』を比較するに、両者は共に3音構成中『ラ』と『ナ』の差異を有し、『ラ』は響きの強い音であるのに対し、『ナ』は柔らかい通鼻音であるから、両者は音質を異にし十分聴別できる。
査定不服	MHS 平12類「車椅子, 他」	＝	NHS 昭10類「医療機械器具, 他」	不服2001-1030／平13.10.29【M＝N】★両商標の称呼『エムエイチエス』『エヌエイチエス』を比較すると、第2音に『ム』『ヌ』の差異があるものの、これらは共に比較的弱く発せられる通鼻音であり、かつ、母音[u]を共通するので聴き誤るおそれはない。
査定不服	ENTERVIEW 平16類「印刷物, 他」	≠	INTERVIEW 昭26類「新聞, 雑誌」	審判平11-16148／平13.11.08【エ≠イ】☆両商標は、称呼の識別上重要な要素を占める語頭において『エ』『イ』の差異を有し、かつ『エンタービュー』は長音を含めて6音であるのに対し、『インタビュー』は5音という音数上の差異があり、それぞれ一連に称呼するも聞き誤るおそれはない。
査定不服	LIM 平1類「シリコーンエラストマー, 他」	≠	RHEEM 昭34類「プラスチック, ゴム, 他」	不服2000-3606／平13.11.20【長音の有無】☆本願商標は、『エルアイエム』のほか簡潔な『リム』の称呼を生じ、引用商標は、やや間延びした調子の『リーム』なる称呼を生ずる。前者は2音、後者は3音と極めて短いことから、長音の有無の称呼全体に及ぼす影響は生じないし、語調・語感の差異により聴別できる。
査定不服	KASTO 平7類「機械部品等の保管装置、手動式格納装置」	≠	CAST キャスト 平20類「家具」	不服2000-321／平13.12.07【清音≠拗音】★両商標の『カスト』『キャスト』の称呼は、称呼の識別上重要な語頭に清音『カ』と拗音『キャ』の差異を有し、共に3音の短い称呼においてこの差異が称呼全体に及ぼす影響は大きく、加えて、引用商標は『配役』の意を有し、観念的連想作用の違いからも彼此十分聴別できる。
査定審取	痛快！ 平16類「書籍」	≠	下克上 平16類「印刷物, 他」	東京高裁平13(行ケ)144／平13.12.12　最高裁HP（不服2000-6370／平13.03.01）【観念・外観隔絶】☆称呼が称呼は類似するとしても、本願商標は『痛快』『とても気持ちのよいこと』『大変愉快なこと』等の明快な観念が生ずるのに対し、引用商標からは特定の観念が生じないなど、両商標が称呼を異にする外観・観念に基づく印象・記憶・連想等を総合判断すれば、彼此区別できる。
査定不服	ココポ 平30類「菓子及びパン」	≠	ココポン 同左	不服2000-2120／平13.12.26【撥音の有無】★本願両商標は『ココポ』と一気一連に称呼されるのに対し、引用商標は『ココ』『ポン』と2音節風に発音され、この差異が称呼全体に及ぼす影響は大きく、一連に称呼するとき語調・語感が相違し、聴別できる。
無効審取	キシリデンタル 平3類「歯磨も, 他」	＝	XYLIDENT キシリデント 同左	東京高裁平13(行ケ)277／平14.01.30　最高裁HP（審判平11-35787／平13.05.09）【取引実情】☆①『タ』『ト』は比較的類似する音で、末尾の『ル』は弱く発音され、聴き誤るおそれがある。②4条1項11号の商標の類否判断に際し、指定商品の取引実情を参酌すべきことは当然であって、引用商標の周知性もこのような『取引の一事情』に当たるから、これを参酌すべきものである。

〔作表：樋口　豊治＝大西　育子＝西津　千晶〕

[表C]：観念類似に関する審決例・異議決定例・審決取消訴訟判決例（決定日順）

別	本件商標	・	引用商標	事件の概要・説示
査定審取	Cherry Gold 大16類「護謨, エボナイト, ガタペルチャ他」	≠	SAKURA 同左	東京高裁昭36(行ナ)162／昭37.08.28　取消集V昭23年～41年1175頁（審判昭35-3204／昭36.10.02）　☆本願商標の「Cherry Gold」の文字の「Cherry」なる英語は, 桜の種類のうち「果実を実らせる品種」を意味し, 日本固有の名花である「さくら」と観念上類似するとはいい難く, これに「Gold」を付加して「チェリーゴールド」とした場合は, 「SAKURA」を要部とする引用商標と誤認混同されるおそれはない。
査定審取	Madam マダム 大37類「寝具類, 他」	＝	奥様 同左	東京高裁昭37(行ナ)91／昭37.12.25　取消集V昭29年～41年1211頁（審判昭35-2096／昭37.05.28）　★①「madam, マダム」なる英語は「夫人, 奥様, 主婦」と邦訳されることを常とし, 請求人のいう「酒場・小料理屋等を経営或いはそこに責任を与えられて働く婦人又はいわゆるくだけた職業に携わる婦人」が普通の語義であるとは解し得ない。②商標の類否判断に際し, 「観念の類似」を「外観・称呼の類似」に比し第二義的なものとは解し難い。
無効審取	王冠ワニ 大36類「被服, 他」	≠	ALLIGATOR 同左	東京高裁昭36(行ナ)105／昭39.08.15　取消集V昭36年～37年43頁（審判昭35-156／昭36.03.23）　★①本件商標は, 「王冠図形部分」と「わに図形部分」及び「王冠」の文字と「ワニ」の文字がそれぞれ緊密に結合した態様であり, 看者が単に「わに印」として記憶するものとみるのは不自然である。②本件商標からは, 「王冠わに」の観念のみが生ずる。
無効審取	★ （赤色着色商標） 大65類「運動具, 他」	＝	レッドスター 同左	東京高裁昭37(行ナ)215／昭42.01.31　取消集昭42年475頁（審判35-65／昭37.10.30）　☆①「赤い星」といっても星のある状態を印象的に表現したものに他ならず, 観念上は「星」の概念に包含される。②需要者は, 商標の外観・称呼ばかりでなく, 観念を記憶し, これのみによって商品を選択する場合も少なくない。
査定審取	Winner 大65類「運動具, 他」	＝	Pennant Winner ペナント・ウインナー 同左	東京高裁昭38(行ナ)40／昭43.05.11　判タ224号264頁　☆「優勝旗獲得者」は取りもなおさず「優勝者」「勝利者」を意味し, 本件商標も引用商標も共に「優勝者」の観念を生ずるものであるから, 両商標は観念上類似する。
査定上告	リューマゾロン 昭1類「薬剤」	＝	RHEUMASON ロイマゾン 同左	最高裁昭41(行ツ)36／昭43.12.13　審決公報782号113頁　★①商標がいかなる観念を生ずるかは, その採択者の意図に関係なく, 客観的にその指定商品とその取引者・需要者層との関係において判断するのが相当である。②本願商標と引用商標の「リューマ」「ロイマ」の文字部分は, 「リューマチス」「ロイマチス」の疾患又はその治療薬を連想させる故, 両商標は観念上類似するとした原判決の判断は是認できる。
査定審取	Kenko HAM 昭32類「ハム」	＝	ヘルス 大45類「肉製品, 他」	東京高裁昭43(行ケ)141／昭44.12.16　取消集昭44年633頁（審判昭42-6937／昭43.09.09）　★①引用商標の「ヘルス」の文字は, 英語「health」を想起させ, わが国の英語の普及程度からみて英語「health」の意味は「健康」であると解されている。②本件商標と引用商標は, 観念を同じくする類似の商標である。
無効審取	チキンラーメン 大47類「麺類, 他」	≠	（とり図形） 大45類「即席ラーメン」	東京高裁昭42(行ケ)55／昭45.05.12　判タ249号168頁（審判昭36-706／昭45.05.13）　★①引用商標は「生きたにわとり」を直感させるものであり, 「にわとり」の観念を生じさせる。②本件商標は「鶏肉を調味材料として用いたラーメン」なる観念を生じさせる。③両商標は, その指定商品の異同を論ずるまでもなく, 互いに非類似である。
査定審取	ARROW 昭11類「電気機械器具」	＝	（矢図形） 大69類「電気機械」	東京高裁昭48(行ケ)88／昭49.03.05　取消集昭和49年493頁（審判44-5013／昭48.04.05）　★①本件商標の「Arrow」の文字部分から『アロー』の称呼と「矢」の観念を生じ, 引用商標の図形からは, 「矢印」「矢型印」の観念のほか, 「矢」の観念も生ずる。③両商標は, 同一の観念を生ずる類似の商標である。

〔工藤＝樋口〕　417

§4-I ⑪　　　　　　　　　　　　　　　　　　　　第2章　商標登録及び商標登録出願

審級	本願商標		引用商標	判決等
無効審取	（月桂冠図形） 大36類「被服、手巾、釦鈕、装身用ピン」	≠	Laurel 昭17類「被服、布製身回品、寝具類」	東京高裁昭48（行ケ）61／昭49.11.14　判タ319号171頁、無体集6巻2号321頁（審判44-3850／昭47.12.20）★①商標の類否を定める基準としての商標の観念とは、商標自体が客観的に有する意味をいうのではなく、商標を見又は称呼することによりその商標を付した商品の取引者・需要者が思い浮かべるその商標の意味をいう。②「Laurel」からには「月桂冠」の観念は生じない。
査定審取	サン海苔 昭32類「海苔」	＝	太陽 RISING SUN 大45類「他類に属せざる食料品、他」	東京高裁昭49（行ケ）125／昭51.01.28　無体集8巻1号31頁（審判昭44-5391／昭49.06.17）★①本件商標の「サン」の文字は、英単語「son（息子）」又は日本語の「三」「賛」「讃」などの仮名書きとみる余地もあるが、「太陽」を除外する理由はない。本願商標も引用商標も「太陽」又は「朝日」の称呼・観念を生ずる。
無効審取	アリナポン ALINAPON 大1類「化学品、薬剤、他」	＝	ALINAMIN アリナミン 昭1類「化学品、薬剤、他」	東京高裁昭50（行ケ）74／昭51.07.13　無体集8巻2号249頁（審判昭42-3106／昭50.04.24）☆①両商標は、共に造語であるので、観念上直ちに紛らわしいとすることはできないが、末尾の「ポン(PON)」「ミン(MIN)」が本件指定商品とりわけ「薬剤」の商標の接尾語としてわが国で比較的好まれてありふれて使用されていることを考慮すると、語頭部の「アリナ(ALINA)」が商標の基幹部と認識され、引用商標を想起させる。②引用商標が「ビタミン剤」について周知著名となっているという取引の実情に照らし、本願商標は、引用商標と観念上類似するといわねばならない。
査定審取	アトム 昭21類「かばん類、他」	＝	鉄腕アトム 同左	東京高裁昭54（行ケ）221／昭55.03.31　取消集昭和55年847頁★①本件商標「アトム」が「原子」を想起・観念させることがあるとしても、その指定商品が化学や物理とは関係のない一般的な消費財であることを考えると、人気漫画の主人公の「鉄腕アトム」の観念を生ずるというべきであり、両商標は観念上類似する。
無効審取	どんがめ（図形） 昭30類「菓子、パン」	＝	（図形） 大43類「菓子・麺麹の類」	東京高裁昭53（行ケ）105／昭55.05.28　無体集12巻1号229頁（審判昭42-7101／昭53.04.14）☆①両商標の図形が「カブトガニの背面を図案化したもの」であることは、後体部の尾鰭等の特徴から明らかである。②「どんがめ」は、岡山県笠岡地方の方言で「かぶとがに」を意味し、両商標は、観念上類似する。
無効審取	印相学の総本家 昭26類「印刷物」	＝	印相学宗家 大66類「印刷物」	東京高裁昭53（行ケ）209／昭56.07.14　無体集13巻2号519頁（判昭52-7208／昭53.11.14）☆①「印相学の総本家」は「印相学の本家（家元）」なる観念を生じ、「印相学宗家」は「印相学の家元(本家)」なる観念を生ずる。②両者の観念上の相違は、「おおもと」を意味する「総」の文字の有無にすぎない。③「総」の文字の意味が特に強く看者に印象付けられるとは認め難い。
無効審取	コザック 昭22類「はき物、他」	＝	コザッキー 同左	東京高裁昭59（行ケ）57／昭59.11.28　判タ543号312頁（審判昭51-10504／昭58.12.09）☆①「コザッキー」は日本語でも外来語でもなく、造語にすぎないが、「スピーディー」「ミルキー」「クリーミー」「スナッキー」等の用例に影響されて「コザック民族の」なる観念を湧出させるので、両商標は観念上類似する。
査定審取	LADYBIRD 昭1類「化学品、他」	≠	（てんとう虫図形） 同左	東京高裁昭61（行ケ）254／平62.04.20　特企222号65頁（審判昭56-25084／昭61.08.14）☆①本件商標は、引用商標との観念類似による連合関係を否定され、独立の商標とされたことを不服とした事案。②観念類似といえるには、外国語商標の表示・称呼によって取引者のみならず最終需要者もその観念が直ちに理解できる程度に当該外国語がわが国で普及していなければならない。
無効審取	夢二 昭30類「菓子、パン」	＝	竹下夢二 同左	東京高裁平2（行ケ）130／平03.01.22　判タ764号249頁（審判昭62-8267／平02.03.08）☆①「夢二」は画家として熟知されている「竹下夢二」の著名な雅号であり、単に「夢二」といった場合にも、世人は「竹下夢二」を直感するから、両商標は観念上類似する。
査定不服	（ペンギン図形） 昭13類「針類、ブラシ類、他」	＝	ペンギン 昭13類「針類、船舶ブラシ、桶用ブラシ、他」	審判平3-19316／平06.10.28　★本願商標も引用商標も、共に『ペンギン』の称呼・観念をもって取引に資されるから、両商標は称呼・観念において類似する。

418　〔工藤＝樋口〕

§4-I ⑪

	商標1		商標2	判決・審決
無効	ゴルファー 昭29類「茶、清涼飲料、果実飲料、他」	≠	ゴルフ GOLF 昭29類「清涼飲料、果実飲料、氷」	審判平1-13203／平06.11.29　★①本願商標からは「ゴルフをする人」の観念が生じ、引用商標からは「ゴルフ」の観念が生じる。両者は共に「ゴルフ」に関する語であるが、いずれも日常語として極めて親しまれ、明確に区別して使用されている。②両者は末尾において『ファー』と『フ』の差異を有し、4音と3音の差異もあって明確に聴別できる。③両者は称呼上も観念上も類似しない。
無効 審取	HOLE IN THE WALL 昭31類「調味料、他」	≠	壁の穴 同左	東京高裁平8(行ケ)50／平08.07.31　知財集28巻3号667頁、判時1592号124頁（審判平2-17659／平08.02.01）★本件商標の指定商品は一般の食料品店やスーパーマーケットなどで販売されているから、主たる需要者は一般消費者全体とみられ、これらの消費者の英語に対する理解・認識され、これより「羽衣」の意味が直ちに「壁の穴」であると理解する程度に至っているとは認められず、両商標が観念上類似するとはいえない。
無効	（羽衣図形） 昭32類「加工食品、食用水産物、他」	≠	はごろも（図形） 大45類「水煮の缶詰、魚介類、他」	審判昭63-5876／平09.01.24　★本件商標の天女は、「笙の笛」を吹いているところから「羽衣伝説の天女」とは認識されず、「笙の笛を吹く天女（天人）」の観念を生ずる。対して、引用商標は、羽衣伝説の天女が三保の松原の上空で舞っているところを表したものと容易に理解・認識され、これより「羽衣」の観念を生ずる。両商標は、外観・称呼・観念のいずれにおいても類似しない。
無効	FROM A TO Z フロムエーツーゼット 昭26類「双書、他」	=	A to Z 昭26類「印刷物」	審判平3-6682／平09.02.14　☆両商標は、共に「AからZまで」の意を理解させ、観念において類似する。
査定不服	ペンギン 昭28類「酒類」	≠	（ペンギン図形） 同左	審判平5-12858／平09.10.02　☆引用商標は、ペンギンを擬人化した「他に類例のない特徴をもった図形」との印象を与えるもので、「マンシングウエアのペンギンマーク」として広く認識されていることから、取引者・需要者はこれを単に「ペンギン」と称呼・観念することはなく、原査定は取り消しを免れない。
異議	かまぼこ名人 平29類「蒲鉾」	≠	名人 昭32類加工食料品	異議平9-90008／平10.02.12　★本件商標は、全体として「蒲鉾作りの名の通った人」ほどの意味合いを把握せしめるものであり、引用商標は、単に「名の通った人」等の意味を生ずるにすぎないので、両者は観念上相紛れるおそれはない。
無効	（雪だるま図形）雪だるま印 昭32類「加工食料品」	=	Snow-man 同左	審判平8-2022／平10.03.02　☆①「印」の文字は「目印、商標」等の意味を有するから、「雪だるま印」なる文字部分中、「雪だるま」の文字が自他商品識別機能を果たし、「Snow-man」なる英語は「雪だるま」を意味するものとして知られているから、両商標は同一の観念を有する類似商標である。
査定不服	BYORA 昭13類「金具、他」	≠	TRADE MARK VIOLA BRAND（ビオラ図形） 平8類「釘及び鋲類、他」	審判平6-15539／平10.03.12　★本願商標から生ずる『ビヨラ』なる称呼と引用商標から生ずる『ビオラ』なる称呼は、称呼の識別上最も重要な語頭において『ビヨ』『ビオ』の差異を有するだけでなく、後者は『ビ』『オ』『ラ』の如く一音一音区切って称呼されるので、彼此聴別できる。
査定不服	KANGAROO 昭10類「医療機器具」	=	（カンガルー図形） 同左	審判平2-5488／平10.03.17　★引用商標の「カンガルー図形」は、やや擬人化されているが、構成全体からみれば未だ通常のカンガルーの観念から脱した特別な観念を生ずるとは言いえないから、両商標は「カンガルー」の観念を同じくする類似商標である。
無効	信濃小町 平30類「穀物加工品」	=	信州小町 昭32類「うどん麺、他」	審判平8-8342／平10.03.23　☆「信州」は「信濃」の別称であって、両語は共に長野県を表す語として親しまれているから、両商標はいずれも「長野県の美人」のごとき観念を生ずる。
無効	（見返り美人図形） 平33類「日本酒、他」	=	見返り美人 みかえりびじん 同左	審判平9-3688／平10.04.10　☆本件商標の図形は、菱川師宣の代表作である浮世絵「見返り美人」と酷似しているから、本件商標からは「見返り美人」なる観念が生ずるとするのが相当である。

〔工藤＝樋口〕　419

§4−Ⅰ⑪ 第2章 商標登録及び商標登録出願

	商標1		商標2	審判・異議情報
無効	水先案内人 昭26類「印刷物、他」	≠	PILOT 同左	審判平9-3330／平10.05.18 ★引用商標の「PILOT」なる語は、今では「水先案内人」を意味するというよりは、むしろ「飛行機の操縦士」を意味する英語として一般に親しまれているから、本願商標「水先案内人」は、引用商標と観念上類似しない。
異議	今宵一献 平33類「洋酒」	≠	宵一献 同左	異議平10-90105／平10.05.22 ★本件商標と引用商標は、外観・称呼はもとより、観念においても類似しない。
異議	SWISS NAVY 平14類「時計」	≠	SWISS ARMY 昭23類「時計、他」	異議平10-90340／平10.05.22 ★本件商標が「スイス海軍」の観念を生じるのに対し、引用商標は「スイス陸軍」の観念を生じるから、両者は観念上区別し得る。
無効	(ワニ図形) 昭21類「かばん類」他	≠	(Lacoste図形) 同左	審判平9-5912／平10.08.07 ★①需要者等は称呼可能な商標については簡易明快に称呼すると共に想起できる特定の観念をもって記憶する。②本件商標からは『ウシロアシデタッテイルワニ』の称呼・観念が生じ、引用商標からは『ラコステノワニ』の称呼・観念が生じるから、両商標は称呼・観念上相紛れるおそれがない。
査定不服	It's MORE 昭4類「石鹸類、他」	≠	モア MORE 同左	審判平2-13682／平10.09.21 ★①本願商標は「これが『More』だ」の如き意味合いを看取させるので、観念上「MORE」が強調されて印象に残る。②異議申立人は「モア」を「台所用洗剤」に使用するものであり、需要者は「MORE」の部分に着目して取引に当たる場合も少なくないから、両商標は観念上相紛れるおそれがある。
査定不服	VOGHELLE 昭30類「菓子、パン」	=	クラウン 王冠 大43類「西洋菓子等」	審判平5-13395／平10.09.25 ★①本願商標は図形と文字の組み合せよりなるが、両者を常に一体不可分に把握せねばならない事由は独立して識別機能を果たすデザインである。②本願商標の図形部分は、「王冠を描いたもの」と容易に看取され、『クラウン』又は『オーカン』の称呼・観念を生ずる。
異議	TENTOU MUSHI 平25類「被服、他」	≠	Ladybird 昭17類「被服、他」	異議平10-90881／平10.10.16 ★引用商標の「Ladybird」なる英語は、直ちに「てんとう虫」を想起させる程には一般に浸透されているとは言い難いから、両商標が観念上類似するとまではいえない。
査定不服	(MARCHE DE PARIS図形) 昭28類「酒類」	=	Restaurant Marché de PARIS パリの朝市 同左	審判平9-4435／平10.11.05 ★本件商標の「MARCHE DE PARIS」なる文字は『マルシェドパリ』の称呼及び「パリの市場」の観念を生じ、一方、引用商標は『パリノアサイチ』の称呼・観念のほか、指定役務の提供の場所を表す「Restaurant」を除く欧文字「MARCHE DE PARIS」から本願商標と同じ『マルシェドパリ』の称呼と「パリの市場」なる観念を生じる。即ち、両商標は、称呼・観念を共通にする類似の商標である。
査定不服	勝海舟 昭28類「酒類」	=	海舟 同左	審判平5-23041／平10.11.06 ★「勝海舟」が江戸末期の幕臣・政治家であることは一般に広く知られており、国語辞典にも採録されていることに加えて、「勝海舟」を題材とした多数の書籍が出版されている。よって、本願商標「勝海舟」と引用商標「海舟」は、共に江戸末期の政治家を認識させるものと認められる。
異議	雪の肌 平3類「化粧品、他」	≠	雪肌精 昭4類「化粧品、他」	異議平10-91371／平10.11.05 ★本件商標からは『ユキノハダ』の称呼と「雪のように白くて美しい婦人の肌」の観念を生ずるのに対し、引用商標は、「雪肌精」の文字を一体不可分に表してなるものであるから、「雪肌」の文字部分が独立して認識されるとする特段の事由はなく、『セッキセイ』の称呼のみが生じ、特定の観念を生じない。即ち、両商標は、観念上も称呼上も類似しない。
査定不服	印章相学 昭25類「文房具」	=	印相学 同左	審判平4-23891／平10.11.06 ★「印」「印章」は共に「はんこ」の意を有する同義語であり、「相学」は「人相等物に現れた吉凶を観る学」を意味するから、両商標は共に「はんこに現れた吉凶を観る学」の観念を有する類似の商標である。
異議	(ペンギン図形) kingpenguin 平25類「被服、他」	≠	penguin	異議平10-91261／平10.11.09 ★本件商標の文字部分は同書・同大・同間隔に一連に表されてなり、『王様ペンギン』を意味する語であるから『キングペンギン』の称呼を生じ、引用商標から生ずる単なる『ペンギン』なる称呼・観念とは十分に聴別し得る。

§4-I ⑪

	本件商標		引用商標	審判・異議番号／判定日	判旨
無効	尾張の寒梅 昭28類「酒類」	＝	寒梅 同左	審判平8-7364／平10.11.19	☆本件商標中「尾張の」の文字部分は、単に指定商品の産地・販売地を表示するにすぎず、自他商品識別機能を発揮しないため、本件商標からは『カンバイ』の称呼、「寒梅」の観念も生じ、両商標は称呼・観念において類似しない。
異議	五稜の星 平32類「ビール」	≠	★ 大39類「麦酒」	異議平10-91728／平10.11.20	★①本件商標からは『ゴリョウノホシ』の称呼が生じるのに対し、引用商標からは『ホシ』『スター』の称呼が生ずるから、両商標が称呼上紛れるおそれはない。
異議	MARK PHILLIPS 昭21類「装身具、他」	≠	PHILLIPS 同左	審判平5-3944／平10.12.14	★本件商標は、過去に英国王室に属した者のフルネームを表したものであり、常に「マーク・フィリップス」の観念をもって取引に資されるものである。
異議	開運厄除 平33類「日本酒」	≠	開運 昭28類「日本酒」	異議平10-91071／平11.02.05	★本件商標は「災厄を払いよけ、幸運に向かうこと」の如き意味合いをもって一般に知られている四字熟語と看取されるから、単に「幸運に向かうこと」なる意味合いをもつ引用商標とは観念において類似しない。
査定不服	真珠 昭20類「家具、他」	＝	パール 大7類「他類に属しない金属製品」	審判平8-16747／平11.02.15	★「パール（pearl）」の語は、「真珠」を意味する英語として親しまれているから、本願商標と引用商標は共に「真珠」の観念を有する類似の商標である。
異議	ANNATRICOT 平25類「被服」		ANNA アンナ 大36類「被服、他」	異議平10-91519／平11.02.17	☆本件商標は、自他商品識別標識として着目される「ANNA」の文字部分より「アンナ」なる外国人名を観念させ、これと同一の観念を生じる引用商標と観念において紛らわしい。
異議	春の彩 平30類「べんとう、他」	＝	春彩 昭32類「べんとう、他」	異議平10-91272／平11.04.07	☆漢字で表された商標は、取引に訓読みにして称呼される場合も決して少なくないから、引用商標からは本件商標と同じ「春のいろどり」なる観念が生じ得る。したがって両商標は、観念上類似する。
異議	◇◇◇(図形) 平9類「電気通信機械器具、他」	≠	みつびし 昭11類「電気通信機械器具、他」	異議平10-92213／平11.04.08	★本件商標は「三菱」の観念を生じない「一種の幾何学図形」とみるのが相当であるから、両商標は称呼・外観上だけでなく、観念上も類似しない。
異議	(キューピッド図) 平32類「清涼飲料」	＝	(Cupid図) 昭29類「清涼飲料」	異議平10-91018／平11.04.28	☆本件商標と引用商標は、『キューピッド』の称呼において互いに類似するばかりでなく、「キューピッド（Cupid）」の観念においても類似する。
異議	(キューピッド図) 平14類「時計、他」	≠	(Cupid図) 昭23類「時計、他」	異議平10-92291／平11.05.12	★本件商標と引用商標は、外観上類似しないうえに、本件商標からは直ちに「キューピッド」の観念・称呼も生じない。即ち、両商標は、観念上も称呼上も類似しない。
査定不服	KELME(+肉球図) 昭24類「運動具、他」	≠	(肉球図) 同左	審判平6-7662／平11.07.09	☆本願商標の図形部分は、「KELME」なる語の末尾に1文字分の大きさで一連に付されているにすぎないため、顕著に表された「KELME」の文字部分が出所標識として機能し、かかる付随的で比較的ありふれた小さな図形部分が独立して自他商品識別力を有するとはいえない。よって、本願商標は、「動物の足跡」なる観念を生ずる引用商標とは非類似である。
査定不服	(天狗図) 昭29類「食肉、他」	＝	(天狗の鼻図) 大45類「鶏肉、獣肉、他」	審判平8-17246／平11.07.12（←異議成立）	☆①「天狗」は想像上の怪物である。（筆者注：従って、写実的に描くことできない。）②一般人が天狗を描く場合、天狗の端的な特徴である「高い鼻」を先ず描き、それが「天狗」であることを表すことが多い。③両商標共「天狗」を描いたものと理解されるので観念上類似する。
査定不服	アミノプラス 昭1類「化学品、他」	＝	プラスアミノ 同左	審判平8-20021／平11.08.02	★本願商標の「アミノプラス」の文字は、「アミノ酸をプラスする」の如き意味合いを看取させ、引用商標の「プラスアミノ」の文字からも同じ意味合いが看取されるから、両商標は観念において紛れるおそれがある。

〔工藤＝樋口〕 421

§4-Ⅰ⑪ 第2章 商標登録及び商標登録出願

区分	本願商標		引用商標	審決・判決等／判決日　説明
無効	天恵 平33類「日本酒」	＝	天の恵み 昭28類「酒類」	審判平9-18140／平11.08.04　☆「天恵」の語は「天が人間に与える恵み」を意味し、引用商標からもこれと同じ観念が生ずるから、両商標は観念において相紛れるおそれがある。
査定不服	月光 平32類「ビール、他」	＝	moonlight 昭28類「酒類」	審判平10-13735／平11.08.30　★本願商標からは「月の光」の観念が生じ、引用商標「moonlight」も、今日の英語の普及度よりすれば、「月光」「月の光」を意味する英語と容易に理解されるから、両商標は観念を同一にする類似の商標である。
異議	FISH EAGLE 平28類「釣り具」	≠	THE EAGLE FISH BRAND 昭24類「つり具」	異議平11-90594／平11.09.20　★本件商標は『フィッシュイーグル』の称呼を生じ「魚と鷲」の意味合いを看取させるのに対し、引用商標は『ザイーグルフィッシュブランド』又は『ザイーグルフィッシュ』の称呼を生じ「魚取りをする鷲」を表したものと看取されるから、両者は、外観・称呼・観念のいずれにおいても類似しない。
査定不服	流氷の天使クリオネ 平30類「菓子、他」	＝	流氷の妖精クリオネ 同左	審判平10-18564／平11.09.24　★「流氷の天使」「流氷の妖精」は、それぞれ「クリオネ」を形容する語句であり、両商標からは「クリオネ」の観念が生じるから、本願商標は引用商標と観念を同一にする類似の商標である。
査定不服	TEAMWORKER 平9類「電子応用機械器具、他」	＝	TEAMWORK 同左	審判平9-11400／平11.10.26　★両商標から生ずる『チームワーカー』『チームワーク』なる称呼は、『チームワー』までの5音を共通にし、語尾において『カー』と『ク』の差異を有するとしても、該差異音は同行に属し音を同じくするから、両商標をそれぞれ一連に称呼するとき聞き誤るおそれがある。
異議	ViVidy ビビディ 平9類「電気通信機械器具、他」	≠	VIVID 同左	異議平9-90135／平11.04.02　★両商標から生ずる『ビビディ』『ビビッド』なる称呼は、『ビビ』なる前半2音を共通にするが、語尾において『ディ』と『ッド』なる明確な差異を有し、かかる差異が、僅か3音という短い称呼全体に及ぼす影響は決して小さいといえず、両商標をそれぞれ一連に称呼するときは語調・語感が相違し、彼此聴別できる。
査定不服	八雲 平30類「菓子、他」	＝	出雲銘菓 八雲小倉 昭43類「小倉羹」	審判平10-8879／平12.01.07　★①引用商標の構成中「出雲名菓」の文字は品質乃至生産地表示であり、「小倉」の文字は「小倉羹」を指称するに止まるから、引用商標中「八雲」の文字が自他商品識別機能を発揮する。②両商標は共に『ヤクモ』なる称呼と「幾重にも重なっている雲」なる観念が生じる類似の商標である。
無効	青竹 平30類「食用粉類、他」	≠	竹 TAKE たけ 昭33類「粉類、他」	審判平10-35671／平12.01.18　★本件商標は、「幹の青い生竹」を意味する馴染み深い「青竹」の語からなるため、『アオタケ』の称呼・観念を生じるものであるのに対し、引用商標は単に『タケ』の称呼・観念を生じるにすぎないから、両商標は称呼・観念上相紛れるおそれがない。
無効 無効審取	ぴよちゃん PIYOCHAN 昭30類「菓子、パン」	＝	ヒヨコ図 同左	東京高判平11(行ケ)269／平12.02.29　☆本件商標の「ぴよ」「PIYO」の文字部分は、「ひよこの鳴き声」を意味すると理解され、ひいては「ひよこ」の観念が生じる。一方、引用商標からも「ひよこ」の観念が生じるから、両商標は観念を同一にするものであって、称呼において明らかに区別し得るとするに足る事情がないから、両商標は類似する。
査定不服	ISIS アイシス 昭11類「電気機械器具」	＝	ISIS 航海の神・イシス 同左	審判平08-13362／平12.03.27　★本願商標からは『アイシス』なる称呼が生じ、一方、引用商標中段の「ISIS」なる文字は、下段の「航海の神・イシス」の文字から独立して看取されるため、引用商標も、該「ISIS」の文字から『アイシス』なる称呼をも生じるので、両商標は称呼を同一にする類似の商標である。
異議	りょうまのふるさと 竜馬の故郷 平33類「日本酒」	＝	竜馬の里 平33類「日本酒 他」	異議平11-91100／平12.04.11　☆「日本国語大辞典」「大辞林」「大辞泉」には、「里」が「故郷、ふるさと」等を意味する旨記載されている。そうとすれば、両商標は共に「竜馬のふるさと」の観念を生ずるものといわざるを得ない。

〔工藤＝樋口〕

§4-Ⅰ ⑪

	本願商標		引用商標	判決等/判決日/理由
異議	マジカルファスナー 平26類「ファスナー」他	≠	マジックファスナー MAGIC FASTENER 同左	異議2000-90152／平12.07.11　★英和辞典によれば、「magic」も「magical」も共に「魔法のような」の語義を有するが、わが国では、「magic」の語は専ら「魔術、奇術、手品」の意味に理解・認識され使用されており、「魔法のような、不思議な」等の意味合いの「magical」の語を直ちに想起・連想させるとはいえず、両商標は観念上別異のものと認識されているとみるのが相当である。
査定不服	（鳩の図） 平3類「研磨用砂」他	＝	（鳥の図）鳩印 大12類「石材」他	審判平10-4458／平12.08.07　★本願商標は、その図形全体の特徴から、「鳩」を表したものと認められ、引用商標も「ハト」の称呼・観念を生ずるから、両者は、称呼・観念を共通にする類似の商標である。
査定不服	PHOENIX 平12類「自転車」	＝	鳳凰 ホウオウ HOOH 同左	審判平11-15126／平12.08.08　★本願商標の「PHOENIX」なる文字より「不死鳥」「鳳凰」の観念が生じ、引用商標からも「鳳凰」の観念が生じるから、両商標は観念を共通にする類似の商標である。
無効	（図形） 平29類「牛肉」他	＝	光 昭32類「食肉」他	審判平11-35725／平12.10.12　☆①本件商標の構成文字中、「産地直送」「下総」「牛」、いずれも自他商品識別標識として機能しない。②本件商標も引用商標も、共に「光」の観念、及び、「ヒカリ」の称呼を生ずることは明らかである。
査定不服	食 アーティスト 平29類「乳製品」他	＝	FOOD ARTIST フード アーティスト 平32類「乳清飲料」他	審判平9-10082／平12.11.29　★本願商標の「食」なる語は「食物、食糧」の略語として使用され、「FOOD」なる英語と「食物」なる日本語は、わが国で同意義語として互換的に使用されているから、両商標は、共に「食と芸術家」の観念を生じる類似の商標である。
無効	アクアサイエンス Aqua Science 平3類「化粧品」他	≠	サイエンス Science 昭4類「化粧品」他	審判平10-35337／平12.12.15　★「アクア」「Aqua」は、水に関係するものを表す接頭辞として馴染み深い語であるが、本件指定商品の具体的な品質を表示する語ではないから、本件商標からは全体として「水の科学」なる意味合いが生じ、単なる「科学」の観念は生じないから、両商標は観念上類似するものではない。
査定不服	酔楊貴妃 平33類「日本酒」他	≠	すいきひ 酔貴妃 同左	不服2000-5437／平13.01.04　☆本願商標からは、『スイヨウキヒ』なる称呼及び「酔った楊貴妃」なる観念が生じるのに対して、引用商標からは、『スイキヒ』なる称呼及び「酔った女官である貴妃」なる観念が生ずるから、両商標は、外観・称呼上は勿論、観念上も彼此相紛れるおそれがない。
査定不服	（花の図） 平18類「携帯用化粧道具入れ」他	≠	華 昭21類「石鹸入れ、その他の化粧用具」	不服2000-19561／平13.06.26　☆①本願商標は、「花の漢字」と「花の図形」を隅丸四角形内にまとまりよく一体的に配して図案化したものである。②「花」は「草木の花」の意であり、「華」は「盛美で華やか」の意で、一般的に区別されて使用されていると認められる。③両商標は「ハナ」の称呼を共通にするも、観念・外観の明らかな相違によって区別できる互いに非類似の商標である。
査定不服	ハーベスト HARVEST 平32類「清涼飲料」他	≠	HARVESTER ハーベスター 昭29類「清涼飲料」他	不服2000-20803／平13.06.29　☆①本願商標が「収穫、収穫物」等を意味する英語として広く一般に知られているものであるのに対して、引用商標は「収穫者」を意味する語であるから、両者は観念上区別し得る。②両者は、語尾音において『ト』と長音を伴う『ター』の差異を有し、明確に聴別できる。
査定不服	風車 平29類「加工水産物」	≠	（風車の建物図） 昭32類「加工食料品」他	不服2000-13939／平13.08.01　☆「風を羽根車で受けて動力を得る装置」の観念を生ずる本願商標と、「風を羽根車で受けて動力を得る装置を備えた建物」の観念を生ずる引用商標とでは、観念上、明確に区別できる。
無効	ハチハチ． 平5類「薬剤」他	≠	88 平5類「薬剤」	審判平11-35658／平13.09.26　★本願商標はその文字どおり『ハチハチ』の称呼を生ずるが、引用商標は、特定の称呼・観念を生ずることのない図形を表してなるものと判断するのが相当である。
査定不服	お抹茶しましょ 平30類「抹茶」	≠	お茶しましょ 昭29類「緑茶」	不服2000-18759／平13.11.13　☆本願商標から生ずる「抹茶を飲みましょう」なる観念と引用商標から生ずる「お茶を飲みましょう」なる観念は、区別できる。

〔作表：樋口　豊治＝大西　育子＝西津　千晶〕

〔工藤＝樋口〕

§4−Ⅰ⑪　　　　　　　　　　　　　　　　　　　　　　　第2章　商標登録及び商標登録出願

[表D]：結合商標に関する審決例・異議決定例・審決取消訴訟判決例（決定日順）

別	本件商標	・	引用商標	事件の概要・説示
査定審取	有功清酒 清正（＋幔幕と幟の図） 大38類「清酒」	＝	清正 同左	東京高裁昭26（行ナ）14／昭27.07.18　行集3巻6号1249頁（審判昭25−633／昭26.04.27）【取引実情】★①本願商標が古来「本陣清正」と称して使用されてきたとしても引用商標との類似は免れない。②永年使用してきた事実により商標法9条(旧)の保護（先使用権）はあるかも知れないが、その事実は登録の要件とはなり得ない。
査定上告	橘正宗 大38類「清酒」	＝	橘焼酎 大38類「焼酎」	最高裁昭33（オ）1104「橘正宗」事件／昭36.06.27　民集15巻6号1730頁（←東京高裁昭32（行ナ）63／昭33.10.07←査定不服抗告審判昭30−2569／昭32.10.10）【要部抽出】★①「正宗」は「清酒を表す慣用商標」で「焼酎」は普通名称であるから、両商標は「橘」の要部を共通するのみならず、酒造業者には清酒と焼酎の双方について製造免許を受けている者が多いという実情下、本願商標がその指定商品「清酒」に使用されるとき、一般世人をして出所に誤認を生じさせる虞があることは明らかである。②「橘焼酎」なる商標が著名のものであるか否かは右の判断に影響を及ぼさない。
査定上告	リラタカラヅカ 寳塚 LYRATAKARAZUKA 大4類「石鹸」	＝	宝塚 同左	最高裁昭37（オ）953／昭38.12.05　判時366号26頁、民集17巻12号1621頁【要部抽出】★①1個の商標から2以上の称呼・観念が生ずる場合、一の称呼、観念が他人の商標の称呼、観念と同一又は類似であるとしても、他の称呼、観念が類似するときは、両商標はなお類似するとするのが相当である。②本願商標は「リラ宝塚印」のほかに「宝塚印」の称呼・観念も生ずる。
無効審取	President Abraham Lincoln（図） 大65類「碁, 将棋, 人形, 押絵, 骨牌, 他」	＝	大統領 大65類「骨牌一切, 押絵玩具」	東京高裁昭31（行ナ）31／昭33.04.17　民集14巻14号3117頁, 行集9巻4号650頁（審判昭29−1010／昭31.06.05）【要部抽出】★☆本件商標は、中央にアブラハム・リンカーン大統領の半身像を描き、その上部に筆記体で「President Abraham Lincoln」及び「アブラハムリンカーン大統領」の文字を書して成るところ、簡易迅速を尊び、長い名称の商標についてはその一部を抽出した略称をもって商取引がなされている実情を念頭において考察すると、本件商標は「大統領印」として記憶され、「大統領」の観念をもって呼ばれることが決して少なくないと理解できる。よって、本件商標は引用商標と称呼・観念上類似するというべきである。
無効審取	王冠ワニ（図） 大36類「被服, 他」	≠	ALLIGATOR 同左	東京高裁昭36（行ナ）105／昭39.08.15　取消集昭36年〜37年43頁（審判昭35−156／昭36.03.23）【融合図形】★①本件商標は、王冠図形部分とわに図形部分及び「王冠」の文字部分と「ワニ」の文字部分がそれぞれ緊密に結合した関係にあり、看者が単に「わに印」として記憶するものとみるのは極めて不自然である。②本件商標からは「王冠わに」の観念のみが生ずる。
無効審取	たばこや 昭4類「せっけん類」	＝	タバコヤシガレット（「タバコヤ」の文字については, 権利不要求） 同左	東京高裁昭41（行ケ）101／昭43.03.28　判タ221号149頁【要部抽出】☆「石鹸」を指定商品とする引用商標「タバコヤシガレット」に「タバコヤ」なる権利不要求部分が含まれていている場合であっても、同じ指定商品に使用する本願商標の登録の可否を決するにあたっては、この権利不要求部分を除外することなく、商標全体として既登録商標との類否を判断すべきである。
無効審取	チキンラーメン 大47類「麺類, 他」	≠	とりメン（図） 大45類「即席ラーメン」	東京高裁昭42（行ナ）55／昭45.05.12　判タ249号168頁（審判昭36−706／昭45.05.13）【観念結合】★①引用商標は「生きたにわとり」を直感させ、「にわとり」の観念を生じさせる。②本件商標は「鶏肉を調味材料として用いたラーメン」の観念を生じさせる。③指定商品の異同を論ずるまでもなく、両商標は非類似である。
査定審取	ECONO-CHROME 昭1類「金属メッキ工業用化学品, 他」	≠	ECONO エコナ 昭1類「化学品, 他」	東京高裁昭47（行ケ）39／昭48.11.02　無体集5巻2号434頁（審判昭41−4532／昭46.10.15）【称呼結合】☆①本願商標は「クロムメッキ用製品その他の化学品」について、わが国及び外国で永年使用され、常に一連に称呼されている事実があるため、『エコノクロム』の称呼のみを生ずると認めるべきである。②本願商標から『エコノ』の称呼をも生ずるとした原審の判断は誤りである。

424　〔工藤＝樋口〕

§4-I ⑪

区分	本願商標		引用商標	判決・審決
無効審取	パールクイーン 昭4類「化粧品,香料」	＝	パール 大3類「香料,化粧品」	東京高裁昭50（行ケ）46／昭52.02.16　判夕361号323頁（審判昭46-829／昭53.03.07）【要部抽出】☆①原告（審判請求人）は，その商品全てに「パール」の文字を「統一商標」として使用し，例えば「パールジャルダン（化粧水）」「パールミンク（皮膚栄養剤）」「パールローケ（ヘヤークリーム）」「パールクローネ（ヘヤートニック）」「インペリアルパール（高級化粧品）」のように使い分けて商品の種別を表示している。②かかる「統一商標」の使用は，化粧品業界では一般化しており，需要者もそれを目安にして商品を選択している。③審決の判断はこのような実情を看過したものである。
査定審取	サンパック SUNPACK 昭29類「サイダー,ラムネ,コーラ飲料,他」	≠	Sunrise Sun 日ノ出 日　光 Sunlight 大40類「ジンジャエール，シャンペンサイダー,他」	東京高裁昭55（行ケ）9／昭56.02.24　無体集13巻1号123頁（審判昭53-112539／昭54.11.16）【軽重なし】☆①本願商標は「サンパック／SUNPACK」と同書・同大・同間隔で軽重の差なく一連不可分に書かれ，特定の意味や観念がなく一種の「造語」である。②本願商標を「サン／SUN」と「パック／PACK」に分離し，後者を「パック商品」を意味すると判断しなければならない理由は見当たらない。③本願商標も引用商標も充分簡潔であるから，取引の際にこれ以上短く省略する必要性がない。④本件審決は取消すべきである。
査定審取	日清フーズ NISSHIN FOODS 昭31類「調味料,香辛料,食用油脂,他」	≠	ニッシン 日　清 NISSHIN 昭31類「食用油脂」	東京高裁昭54（行ケ）61／昭55.01.30　無体集12巻1号25頁（審判昭52-11418／昭54.03.02）【特段の事情】☆わが国において，「日清」だけでは相互の区別ができない状況にあることを考慮すると，本願商標からは『ニッシンフーズ』の称呼のみを生じ，単に『ニッシン』の称呼は生じないから，両商標は称呼上類似しない。
査定審取	（図形） 昭32類「野菜,果実,加工穀物,他」	≠	（図形）宝 昭32類「野菜,果実,加工穀物,他」	東京高裁昭58（行ケ）215／昭60.10.15　判夕615号117頁，無体集17巻3号444頁，判時1178号138頁（審判昭54-14634／昭58.08.16）【取引実情】☆①商標の類似とは，商標として使用された場合に紛らわしく，商品の出所に混同を生ずる程度に類似していることを言うのであるから，二つの商標が単に共通点があるというだけでは足りず，取引の実際において出所の混同を生ずる程度まで類似していること（混同的類似）を要する。②本願商標は『タカラ』『宝』の称呼・観念をもって著名であり，引用商標は『タカラフクイチ』と称呼されて取引に使用されており，両商標は非類似である。
査定審取	函館こがね 昭32類「味付さきいか」	≠	小　金（コガネ） 大45類「他類に属しない食料品,他」	東京高裁昭63（行ケ）281／平01.07.27　兼子＝染野判例7251の18頁（審判昭56-11481／昭63.10.20）【称呼結合】☆「こがね」の文字部分の識別力は弱く，これに「函館」の地名を結合した簡潔な7音構成からなる本願商標は『ハコダテコガネ』なる一連不可分の称呼しか生じる余地がなく，単なる『コガネ』の称呼を生ずる引用商標とは類似しない。
査定審取	フリーアンドフリー FREE&FREE 昭1類「医療補助品,他」	≠	フリー（図形） 大1類「月経帯,他」	東京高裁平1（行ケ）146／平01.12.19　兼子＝染野判例7301の2頁（審判昭57-16493／平01.05.25）【観念結合】☆「自由」が人類の等しく望む最大の欲求の一つであることに基づいてみるとき，本願商標の観念からは引用商標の観念に比しより自由を強調し，これを強く求める願望を汲み取ることができ，両者は「自由」の観念において紛らわしい類似のものとした審決の判断は誤り。
査定審取	FUJI ELECTRIC 昭10類「理化学機械器具，光学機械器具,他」	≠	FUJI 大18類「理化学，医術，測定，写真，教育法の機械器具,他」	東京高裁平1（行ケ）60／平01.12.21　兼子＝染野判例7251の28頁（審判昭56-10216／昭63.12.27）【外観結合】☆本願商標の上段文字と下段文字のデザイン化した態様が共通しているから，二つの構成部分は結合して一体感あるものとして視覚に訴えうるものであり，外観上不可分一体として把握されるのが通常で，審決のいうように『フジ』のみをも生ずるとは認められない。
査定審取	HANSHIN（図形） 昭13類「糸」	＝	Clover（図形） 同左	東京高裁平1（行ケ）118／平02.02.28　取消集平3（14）354頁（審判昭57-3920／昭63.02.04）【要部抽出】★「HANSHIN」と「クロバーの葉の図」を結合した商標は，「クロバー・Clover」と「クロバーの葉の図」を結合した商標とは，『クロバー』の称呼，「シロツメクサ」の観念において類似するとした審決に誤りはない。

〔工藤＝樋口〕

§4-Ⅰ⑪　　　　　　　　　　　　　　　　　　第2章　商標登録及び商標登録出願

	本願商標		引用商標		判決等
査定審取	KITCHEN HOUSE 昭19類「台所用品、日用品」	≠	HOUSE ハウス 大7類「他類に属せざる金属製品」		東京高裁平1(行ケ)163／平02.06.11　取消集平3年(17)521頁(審判昭57-2407／平01.05.25)【称呼結合】☆①「KITCHEN HOUSE」の語は、全体として特定観念のない造語(和製英語)であり、称呼も7音で自然に『キッチンハウス』と自然に読め、一連の語の全体で自他商品識別機能を果たすものと認められる。②「KITCHEN」を「用途表示」とし、要部を「HOUSE」とした審決は誤りである。
査定審取	GREEN JOYS グリーンジョイス 昭22類「はき物、他」	＝	WM.JOYCE 同左		東京高裁平2(行ケ)17／平02.07.23　取消集平3年(18)316頁(審判昭57-19411／平01.08.17)【要部抽出】★①本願商標の「GREEN JOYS／グリーンジョイス」は、指定商品中「靴類等」の色彩・品質表示にすぎず、「JOYCE」を要部とする引用商標「WM. JOYCE」と類似する。
無効審取	UC (UNION CREDIT) 昭20類「電飾看板、立て看板」	≠	Live Better with SEKISUI 昭20類「立て看板、他」		東京高裁平2(行ケ)59／平02.07.26　取消集平3年(18)338頁(審判昭58-23058／平04.09.17)【単なる装飾】★①子持円輪郭内に「UC」の文字を大きく、「UNION CREDIT」の文字を小さく表し、「UC」の「C」の始筆部に小さく「てんとう虫の図」を付加した本願商標は、「テントウムシ(てんとう虫)」の称呼・観念を生じない。②本願商標の「てんとう虫の図形」は、「UC」の欧文字にデザイン的に付加されて該欧文字と一体のものとして看取され、これのみを抽出して「テントウムシ」の称呼・観念が生ずるとはいえない。
査定審取	SOFT-JOYS 昭22類「はき物、他」	＝	Joice 大61類「スリッパ、サンダル、他」		東京高裁平2(行ケ)16／平02.09.06　取消集平3年(19)437頁(審判昭56-19653／平01.08.17)【要部抽出】★①本願商標「SOFT-JOYS」の「SOFT」の文字は、「柔らかい、柔軟の、手触りの滑らかな」の語意を有する英語として一般に親しまれており、指定商品中「各種の靴」等について、その素材若しくは履き心地などの特徴を記述したものにすぎない。②本願商標からは『ジョイス』の称呼も生ずるので引用商標と称呼上類似する。
無効審取	MICROTEC 昭10類「医療機械器具、他」	＝	.TEC. 大18類「医術用機械器具、他」		東京高裁平2(行ケ)99／平02.11.20　取消集平3年(20)340(審判昭60-6663／平02.02.08)【要部抽出】☆①商標は、自他商品の識別機能を果たすものとして商品に使用されるものであるから、商標中にその指定商品の品質・形状等を表示する部分が含まれているときは、その部分は通常、取引者・需要者に当該事項を告知するにすぎないものと理解され、出所表示として機能しない。②本願商標の「MICRO」の文字部分が「極小、微小」の語意を有することはよく知られており、本願指定商品は「極めて小型のもの」であることを表示したものと看取される。③本願商標からは、単に『テック』の称呼も生ずるので引用商標と称呼上類似する。
査定審取	THE BOYS 昭17類「被服、他」	≠	VOX (フクロウ図) 昭17類「被服、他」		東京高裁平2(行ケ)168／平03.03.14　判時1420号120頁(審判昭60-2049／平02.04.19)【図字融合】☆①図形と文字という異なる構成要素をもつ商標においては、特段の事情がないかぎり、これを一体のものとして把握すべきであり、みだりにその一部を捨象し一部分を抽出し、抽出された部分だけを他の商標と比較して類否判断をすることは許されない。②引用商標の「VOX」の文字部分は図形部分に比し注目される度合いが低いとみるべきであり、引用商標からは『フクロウヴォックス』又は『フクロウ』の称呼を生じ、『ボックス』の称呼は生じない。
査定審取	ダンシール 昭7類「しっくいパテ、他」	＝	Dan 昭7類「リノリューム製建築専用材料、他」		東京高裁平2(行ケ)221／平03.04.15　取消集平3年(23)433頁(拒絶査定→不服審判55-2594容認→出願公告→異議成立→拒絶審決平02.07.09→審決取消訴訟)【要部抽出】★本願商標は「ダンシール」と同書・同大で一体に書されているが、「シール」の語は建築・土木業界では「防水の目的で構造物の継目・目地・空隙等に目張りや充填をすること」を意味し、その材料を「シール材」「シーリング(sealing)材」と称しており、自他商品識別標識として機能する部分は「ダン」であり、本願商標は引用商標と称呼上類似する。

426　〔工藤＝樋口〕

§4-I ⑪

	本願商標		引用商標	判決・審決要旨
査定審取	ファミリ7セブン 昭31類「乳製品、他」	≠	ファミリー 大46類「獣乳、その製品、他」	東京高裁平2(行ケ)139／平03.03.19　判時1420号116頁〔審判昭57-2512／平02.03.15〕【軽重なし】☆①本願商標の構成において、「ファミリ」の部分と「セブン」の部分の間に主従・軽重の関係がなく、数字「7」も商品の規格を示す品番・記号・符号であるとみることもできない。②本願商標を『ファミリーセブン』と称呼しても格別「簡易迅速性」を損なわず、かつ、これと共に求められる「正確性の要請」にも合致する。③本願商標からは、単なる『ファミリー』の称呼・『家族』の観念は生じない。
査定審取	BOYA 昭17類「被服、他」	=	タオル坊や 昭17類「タオル製の被服、他」	東京高裁平3(行ケ)99／平03.12.18　取消集平4年(26)498頁〔審判昭58-24151／平03.03.14〕【要部抽出】★①本願商標は『BOYA』の文字にレタリングを施して成るが、近時、文字のレタリングが多様化している状況を鑑みれば、これに接する取引者・需要者は本願商標を容易に『BOYA』の文字より成ると看取される。②引用商標の「タオル」の文字部分は、指定商品の品質・原材料表示と理解され、その自他商品識別標識として機能する部分は「坊や」の文字であるから、本願商標は引用商標と称呼上類似する。
査定審取	CLASSIC BLACK 昭25類「シャープペンシル、万年筆、他」	=	CLASSIC 昭25類「文房具類、他」	東京高裁平3(行ケ)92／平03.12.19　取消集平5年(29)583頁〔審判昭58-19851／平02.11.01〕【要部抽出】★①本願商標の「CLASSIC」の文字は「古典的な、伝統的な」の意の英語として親しまれ指定商品の特定の品質表示として普通に用いられている資料は見出せない。②本願商標の「BLACK」の文字部分は「黒色の」を意味し、商品の色彩表示として普通に使用されており、本願商標の自他商品識別標識として機能する部分は「CLASSIC」の文字部分であり、本願商標は引用商標と称呼・観念上類似する。
無効上告	Columbia Pictures Industries, Inc. 昭26類「印刷物、他」	≠	Columbia（図） 同左	最高裁平4(行ツ)71／平04.07.17（東京高裁平3(行ケ)19／平03.10.24、審判昭59-9921／平02.10.25）判時1428号131頁、知財集23巻3号743頁【取引実情】★①引用商標は『コロンビア』と称呼されることで極めて著名である。②被告は「Columbia Pictures」として世界的に著名な会社であり、本件商標の「Columbia Pictures Industries, Inc.」なる構成より『コロンビアピクチャーズ』の称呼が生じるとするのが自然であり、『コロンビア』のみの称呼は生じないと認められる。よって、両商標は類似しない。
査定審取	別冊フレンド 昭26類「雑誌」	≠	フレンド英和辞典 大66類「辞典」	東京高裁平3(行ケ)192／平04.07.28　判タ798号247頁〔審判昭60-20555／平03.05.23〕【取引実情】★①本願商標は、審決当時において取引者・需要者間において原告の発行する雑誌の題号として周知となっており、取引の具体的状況を考慮すると『別冊フレンド』全体を一体不可分のものとして称呼され、単に『フレンド』と称呼されることはないと認められる。②本願商標も引用商標も共に『フレンド』の称呼を生じるとした審決の判断は誤りである。
無効上告	白山雲竜 昭30類「菓子、パン」	=	雲竜 同左	最高裁平4(行ツ)35／平04.12.15　判時1410号107頁（東京高裁平3(行ケ)104／平03.11.18、審判昭53-11492／平03.03.14）【要部抽出】☆本件商標「白山雲竜」に熟語的な意味合いはなく「白山」の文字を「産地・販売地の表示」として使用した商品は他にも販売されていることから、本件商標の「雲竜」の文字部分が自他商品識別力の強い部分として独立して認識され、本件商標と称呼・観念において類似するとした原審の判断は是認できる。
査定不服	EXASSPORTS 昭17類「被服、他」	=	エグザス 同左	審判平3-20260／平07.01.13【非要部捨象】★①本願商標の「SPORTS」の文字は、被服等の業界においては「スポーティなもの（商品）」の意、即ち、商品の品質を表示する語として普通に用いられているので、自他商品識別標識としての機能を果たさない。②両商標は『エグザス』の称呼を共通にする類似の商標である。
査定不服	ZELDAJAPON ゼルダジャポン 昭17類「被服、他」	=	ゼルダ（図） 同左	審判平3-23084／平07.01.18【要部抽出】★本願商標の「JAPON」「ジャポン」の文字は、商品の産地・販売地を表したものと認識され、本願商標の自他商品識別標識としての機能を果たす主要部は「ZELDA」「ゼルダ」の文字部分にあり、これより『ゼルダ』の称呼をも生じ、引用商標も『ゼルダ』と称呼される。

〔工藤＝樋口〕　427

§4-I ⑪　　　　　　　　　　　　　　　　　　　第2章　商標登録及商標登録出願

区分	本願商標		引用商標	審判・判決／判断内容
査定不服	まんがイソップ物語 昭30類「菓子、パン」	＝	イソップ物語 同左	審判昭61-4218／平07.01.24　【要部抽出】★童話・物語等について、文章で表したものの外に、これを漫画化して表した書籍・雑誌等が一般に見受けられる。文章により表現するか漫画化するかは、手段の違いにとどまるものである。両商標は、共に『イソップモノガタリ』「イソップ物語」の称呼・観念を生ずる。
査定不服	ウルトラB 昭31類「調味料、他」	＝	ウルトラ'E' 昭31類「調味料」	審判昭62-17477／平07.01.31　【要部抽出】★両商標における「B」「E」は商品の品番等を表示したと認識し把握されるとみるのが相当である。両商標は『ウルトラ』の称呼を共通にする類似の商標である。
査定不服	GOLF5 ゴルフ ファイブ 昭1類「化学品、他」	＝	GOLF ゴルフ 同左	審判平2-9296／平07.02.08　【要部抽出】★本願指定商品を取扱う業界において、1桁の数字を商品の数量・規格・品番等を表示する記号・符号として普通に使用している事実があるから、本願商標において自他商品の識別標識としての機能を表す部分は「GOLF」「ゴルフ」の文字部分に外あって、簡易迅速を尊ぶ取引にあっては単に『ゴルフ』の称呼をもって取引に当たる場合も少なくない。
査定不服	Gibelty ギベルティー 昭17類「被服、他」	≠	GIBALTI ギバルティ 同左	東京高裁平6（行ケ）150／平07.03.29　取消集平7年(48)212頁　（審判昭63-14493／平06.04.28）【図字結合】☆①本願商標は、その特徴のある「黒猫の図形」と共に想起されるというべきであり、「黒猫のギベルティー」の観念が生ずるものと認めて差し支えない。②本願商標の図形部分と文字部分を切り離し、文字部分の称呼が引用商標の称呼と類似するとした原審の判断は誤り。
査定不服	α－LUX アルファールックス 昭29類「時計、眼鏡」	≠	ALPHA アルファー 同左	審判平3-7956／平07.05.15　【称呼結合】☆本願商標はその構成各文字が外観上まとまりよく一体的に表されていて、全体をもって称呼してみても格別冗長というべきでなく、淀みなく一連に称呼し得るものであり、構成中の「α」「アルファー」の文字部分のみが独立して認識されるとみるべき特段の事情は見出せない。
査定不服	ナチュラルハウス Natural House 昭31類「調味料、他」	≠	ハウス 大45類「他類に属せざる食料品及び加味品」	審判平2-19202／平07.05.23　【観念結合】☆本願商標は、「自然の家」の如き一連の意味合いに理解され、一体不可分のものとして認識し把握されるとみるのが自然である。そうとすれば、本願商標は『ナチュラルハウス』の称呼のみが生ずる。一方、引用商標は『ハウス』の称呼、簡易、「家」の観念を生ずるものである。
査定不服	M.M.C.YOKOHAMA COFFEE STORY 横濱珈琲物語 昭29類「コーヒー」	≠	珈琲物語 同左	審判平2-17954／平07.06.12　【称呼結合】★本願商標中の「横濱」の部分が本願指定商品の産地・販売地を表示したものとして取引者・需要者に認識されることはないものと判断するのが相当である。『横濱珈琲物語』の漢字部分より生ずる『ヨコハマコーヒーモノガタリ』の称呼は冗長というほどではなく一連に称呼し得るものであって、一部を省略して称呼すべき格別の理由はない。
無効審取	関ノ孫六 昭30類「菓子、パン」	＝	孫六 大43類「煎餅、他」	東京高裁平6（行ケ）77／平07.09.27　（→最高裁平8(ツ)3／平08.03.05）　知財集27巻3号637頁（審判昭57-13104／平06.02.16）【要部抽出】☆両商標共、室町後期の美濃国の著名な刀鍛冶「孫六兼元」又は「同人作の刀剣」を想起させ、両商標の要部は共に「孫六」の部分にあり、観念上のみならず外観・称呼上も類似する。
査定不服	applejoy 昭29類「清涼飲料、他」	＝	JOY ジョーイ 大40類「清涼飲料、他」	審判昭60-8243／平07.12.12【要部抽出】★本願商標の「applejoy」なる語は「リンゴの喜び」なる意味を有する語として親しまれておらず、指定商品中には「アップルジュース」も含まれるから、指定商品との関係において本願商標の要部は「JOY」にある。
無効審取	ICOM SYSTEM IND. アイコムシステム工業 昭11類「電気通信機械器具、他」	＝	ICOM 同左	東京高裁平7（行ケ）144／平08.04.09　取消集平9年(57)186頁（審判平3-25283／平07.04.14）【要部抽出】☆取引者・需要者が通常払うべき注意力を基準に本件商標をみた場合、簡易迅速を尊ぶ取引の実際において、本来自他商品の識別機能を有しない文字部分を省略し、本件商標の「ICOM」「アイコム」の部分に注目して『アイコム』の称呼も生じ、両商標は称呼において類似する。

§4-Ⅰ ⑪

	商標1		商標2	審決・判決内容
査定審取	SPA（図形） 昭29類「鉱泉水, 他」	≠	SPAR スパー 昭29類「清涼飲料, 他」	東京高裁平7（行ケ）52／平08.04.17 取消集平9(57)171頁（審判平1-7265／平06.09.26）【取引実情】☆①両商標は称呼においては類似するものの、外観・観念においては明らかに相違する。②商標の外観・観念・称呼の類否は、出所混同のおそれを推測させる一応の基準にすぎず、右三点の一において類似するものでも、他の二点において著しく相違すること及び取引の実情によって出所混同のおそれも認め難いものについては、これを類似商標と解すべきでないとの最高裁判例（最高裁昭39（行ツ）110「氷山印」事件）がある。③本願商標の現実の使用状況（「SPA」は「鉱泉」「温泉」を意味する語であり、ベルギー国アルデンヌ地方の地名であり、自他商品識別標識としての機能を図形部分に託している等）からすると、出所に誤認混同を生ずるおそれはほとんどない。④審決が本願商標の図形部分と文字部分を分離し、両者が称呼上類似することのみを理由に両商標の類否を判断したことは誤りである。
査定不服	扇桃太郎印（図形） 昭33類「粉類, 飼料」	≠	桃太郎 同左	審判平3-12515／平08.09.20【融合図形】☆本願商標を構成する図形態様と扇の上縁に沿って書された「扇桃太郎印」の文字部分より、『扇桃太郎』の観念及び『オウギモモタロウ』の称呼を生ずるものと判断するのが相当であり、単に「桃太郎」の観念と『モモタロウ』の称呼を生ずる引用商標とは区別できる。
査定不服	O/T/E/C 昭9類「産業機械器具, 他」	≠	TEC 同左	審判昭63-18238／平08.10.28（←拒絶査定←異議←出願公告平5-98091／平05.11.05）【一体不可分】★本願商標は「O」「T」「E」「C」の欧文字が外観まとまりよく一体に表されており、たとえ「O」の文字部分が青地に白抜きで表されているとしても、「O」の文字部分と「T」「E」「C」の文字部分が分離してみられるものとはいい難く、一体不可分のものとして『オーティーシーイー』又は『オーテック』以外の称呼は生じない。
無効	COLORADO（図形付） 昭29類「コーヒー」	≠	DOUTOR COLORADO 同左	審判昭63-6359／平08.12.17【要部抽出】★①両商標の構成中、「COLORADO」の文字は商品の産地等表示であって自他商品識別機能を有しない。②本件商標の自他商品識別力を有する図形部分から特定の称呼が生じないから両商標は本件商標どおり類似する。
無効	花よつば 昭30類「菓子, パン」	≠	四つ葉 同左	審判平5-22788／平09.05.29【一連一体】★本願商標の「花よつば」の文字は、同じ書体・同じ大きさ・同じ間隔で外観上まとまり一体的に表示されており、これより生ずる『ハナヨツバ』の称呼も淀みなく一気に称呼し得るものである。
査定不服	In-Up インナップ 昭4類「石けん類, 他」	≠	IN&UP インアンドアップ 同左	審判平6-19077／平09.10.06【&結合】☆本願商標は『インナップ』なる5音の称呼を生じ、引用商標は『インアンドアップ』なる8音の称呼を生じ、それぞれ明瞭に聴別できる。
査定不服	元気がゆ 平30類「かゆ」	＝	元気寿司 昭32類「すし」	審判平6-13169／平09.10.28【要部抽出】★両商標の指定商品との関係において、本商標の「かゆ」及び引用商標の「すし」は商品の名称であり、両商標の要部はそれぞれ「元気」の文字部分にあり、共に『ゲンキ』の称呼を生ずる。
査定不服	CIVITAL ORLANE 昭4類「石けん類, 他」	＝	SIVICAL 同左	審判平4-9673／平09.11.05【要部抽出】★①本願商標は全体として特定観念を有する熟語でなく、他にこれを一体不可分に把握せねばならない特段の事情もないから、「CIVITAL」より『シビタル』の称呼が生ずる。②差異音『タ』『カ』は母音を共通にするうえに、前音『ビ』が強く発音されるため、両称呼を一気に発音すると音感・音調が近似する。
無効	農美園（図形） 昭32類「食肉, 他」	≠	農ランド（図形） 同左	審判平6-4519／平09.12.24【混然融合】★本件商標は全体が不可一体にバランスよく配されているから、「NOWLAND YAKIYAMA／ノーランドヤキヤマ」中の「NOWLAND／ノーランド」の文字部分のみを抽出して称呼されることはない。一方、引用商標は『ノーランド』の称呼を生ずるとしても特徴的な鶏の図形と共に想起される。

〔工藤＝樋口〕

§4-I ⑪

	本件商標		引用商標	審決等
無効	らくらくパック（図形） 昭1類「化学品, 他」	≠	らくらく 昭1類「のり・接着剤」	審判平8-17665／平10.01.20　【称呼結合】★「パック」の文字が「包装, 容器」を意味するとしても, 本件商標の構成においては「のり及び接着剤」の品質表示とはいえず, 本件商標はその一体不可分の構成に照らし『ラクラクパック』の称呼のみを生ずる。
無効	ビタシーパワー 昭29類「清涼飲料, 他」	＝	VITAC ビタシー 同左	審判平5-18772／平10.02.12　【要部抽出】☆「体力（パワー）の増強効果」をうたった「清涼飲料」が広く販売されている実情よりすれば,「清涼飲料」に本件商標を使用した場合,「パワー」の文字は品質を表示するにすぎず自他商品識別機能を有さないか, 極めて弱いものと認められ, 本件商標から『ビタシー』の称呼も生じ得る。
異議	FLEX 昭9類「産業機械器具」	≠	SUPERFLEX スーパーフレックス 昭11類「民生用電気機械器具」	異議平9-90198／平10.02.12　【称呼結合】★「SUPER／スーパー」の文字が品質・効能を誇示する意味で頻繁に使用される語であるとしても, 引用商標の構成においては「FLEX／フレックス」の文字部分のみが独立した標識部分として認識されることはない。
異議	PGTex 平9「電気掃除機, 他」	≠	テックス 同左	異議平9-90052／平10.02.13　【称呼結合】★本件商標は, 外観上まとまりよく一体的に表されていて,『ピージーテックス』なる称呼も冗長とはいえないから, 澱みなく一連に称呼され得る。
異議	ベストマックス 平7類「金属加工機械器具」	≠	マックス 昭9類「産業機械器具」	異議平9-90063／平10.02.13　【称呼結合】★本件商標は, 同書・同大・同間隔に一連に書され, これより生ずる『ベストマックス』の称呼も格別冗長ということもなく, 澱みなく一連に称呼され得る。
異議	PASTEL DE CABOTINE パステル ドゥ カボチーヌ 平3類「化粧品, 他」	≠	PASTEL パステル 大3類「香料類, 他」	異議平9-90003／平10.02.17　【軽重なし】★本件商標の欧文字部分は各文字が軽重の差なくまとまりよく表されており, いずれか一方の文字部分をもって取引に資すべき格別の理由は見出し得ないから, 全体として一体不可分の構成よりなるとするのが相当である。
無効	デコラメント 昭7類「建築又は構築専用材料」	＝	デコラ DECOLA 同左	審判平7-9055／平10.02.18　【要部抽出】☆①引用商標は, 請求人が「メラミン樹脂を用いてなる化粧板」に長年にわたって使用した結果, 本件商標の出願時には周知著名であったと認められる。②本件商標を指定商品に使用した場合, 前記事情から前半部の「デコラ」なる文字に強く惹かれると言えるから, 本件商標からは『デコラ』の称呼も生ずる。
異議	ストマブロック STOMA BLOCK 昭1類「薬剤, 他」	≠	ブロック 同左	審判平4-16139／平10.03.12　【一体の造語】★「ストマ／STOMA」の文字が,「口, 気門」等を意味する英語であることに加えて,「胃」を意味する英語「STOMACH」を連想させ得るとしても, 該文字が商品の具体的な品質を表示するものとはいえず, 本願商標においては構成全体をもって一体不可分の造語と認識される。
異議	With-Elegance 昭17類「被服, 他」	≠	エレガンス ELEGANCE 同左	審判昭62-979／平10.03.24　【一体の造語】★本願商標は, 一連一体の造語としてのみ把握・認識され, 区別できる。
無効	SUNTORY 南アルプス天然水 昭29類「ミネラルウォーター」	≠	南アルプス 昭29類「清涼飲料, 他」	審判平9-5913／平10.03.31　【要部抽出】★①本件商標を「ミネラルウォーター」に使用するときは「南アルプス天然水」の文字は商品の品質・産地を表したにすぎないものと理解されるに止まり, 自他商品識別標識として機能しない。②本件商標からは『サントリー』の称呼のみが生ずる。
査定不服	The in place ザ イン プレース 平24類「布製身回品」	≠	インプレス IMPRESS 昭17類「被服, 他」	審判平6-20904／平10.06.29　【観念結合】☆本願商標は全体として外観上纏まりよく一体に構成されており,「in place」に「The」を冠することで「まさに適切な」の如き意味合いを認識させ, 全体で不可分一体であるから澱みなく一連に称呼し得る。
査定不服	ウィークエンドエステラピー WEEKENDESTHERAPY 昭4類「石けん, 他」	≠	ウィークエンド WEEK-END 同左	審判平4-22710／平10.07.14　【称呼結合】★本願商標は片仮名「ウィークエンドエステラピー」及び欧文字「WEEKENDESTHERAPY」をそれぞれ同書・同大で一連に書してなり, また, 本願商標より生ずる『ウィークエンドエステラピー』なる称呼は発音するのが困難なほど冗長な称呼とも言えない。

§4-I ⑪

異議	Three Cupids スリーキューピー 平25類「洋服」他」	≠	(図形) 昭17類「被服、他」	異議平10-90775／平10.08.25【観念結合】★本件商標の構成からは『スリーキューピー』の一連不可分の称呼及び『3つのキューピー』の観念を生じ、引用商標とは、外観・称呼・観念のいずれにおいても類似しない。
異議	THE ELEMENTS CLUB 昭17類「被服、他」	≠	ELEMENT 同左	審判平4-12136／平10.09.04【観念結合】★「CLUB」の文字は「社交・娯楽等の共通の目的によって集まる人の団体」を意味する語であって「○○CLUB」の如く団体名の末尾にしばしば採用され、全体で一つの団体を示すものと理解され、本願商標も全体で『ジエレメンツクラブ』の称呼のみが生じる。
査定不服	CRUISE BY MAX MARA 平25類「履物、他」	=	CREW'S 平25類「履物、他」	審判平7-14956／平10.09.24【要部抽出】★「BY」の文字は商品の製造者を表示する文字に冠して「…によって製造されたもの」等の意味で取引上普通に使用されているから、本願商標は「BY」によって「CRUISE」の部分と「MAX MARA」の部分に視覚上・観念上分離し得るものであり、「CRUISE」の文字部分から『クルーズ』なる称呼が生ずる。
査定不服	VOGHELLE 昭30類「菓子、パン」	=	クラウン 王冠 大43類「西洋菓子」	審判平5-13395／平10.09.25【図字分離】★①本願商標は図形と文字の組合せよりなるが、両者を常に一体不可分に把握しなければならない事由はなく、図形と文字は独立して識別機能を果たすとするのが相当である。②本願商標の図形部分は王冠を描いたものと容易に看取され、『クラウン』又は『オーカン』の称呼・観念を生ずる。
査定不服	MRB-2N 昭11類「電気機械器具、他」	=	MRP 同左	審判平6-6470／平10.10.02【要部抽出】★①本願商標の「2N」の部分は商品の品番等の記号と理解され、自他商品識別力がないか弱いというべきである。②両称呼は、末尾音に『ピー』と『ピー』があるが、これは共に破裂子音であって長母音(i:)を共通にする近似音であり、両称呼は語調・語感が相似する。
査定不服	WAKO CO.LTD GINZA TOKYO 平16類「文房具」	=	和光 大51類「墨、他」	審判平9-3648／平10.10.26【要部抽出】★本願商標の文字部分から生ずる『ワコーシーオーエルティーディーギンザトウキョウ』なる称呼は冗長であるから、簡易迅速を尊ぶ取引においては、最上段の「WAKO」の文字に相応して『ワコー』なる称呼をも生じ得る。
無効	TINTIN 平25類「洋服、他」	=	TINTIN & SNOWY 昭17類「被服、他」	審判平9-15958／平10.11.05【特段の事情】☆「TINTIN」の文字は本件商標の出願時にベルギー作家原作のニッカボッカーを履いた漫画の主人公を指称するものとしてわが国及び世界に知られていたことを考慮すれば、両商標から『タンタン』の称呼・観念が生じる。
異議	CHAMPION HOUSE 平25類「被服、他」	≠	Champion 昭17類「被服、他」	異議平10-91237／平10.11.05【一体不可分】★本件商標はその構成全体をもって一体不可分の商標と判断するのが相当であり、外観・観念のみならず称呼においても引用商標とは類似しない。
無効	尾張の寒梅 昭28類「酒類」	=	寒梅 同左	審判平8-7364／平10.11.19【要部抽出】☆本件商標中「尾張の」の部分は単に指定商品の産地・販売地を表示するにすぎず、自他商品識別機能を発揮しないため、本件商標からは『カンバイ』の称呼、『寒梅』の観念も生じ、両商標は称呼・観念において類似する。
査定不服	PRESTIGE CHOLOLA プレスティージュ ショコラ 平30類「菓子、他」	=	SWISS PRESTIGE 昭30類「スイス産のチョコレート、他」	審判平7-999／平10.11.27【要部抽出】★本願商標中「チョコレート等」に使用されたときは「CHOCOLAT」「ショコラ」の部分は商品の普通名称等を表示するに止まり、「PRESTIGE」「プレスティージュ」が自他商品識別機能を果たす。よって、「PRESTIGE」の文字を要部とする引用商標と類似する。
異議	ファミリープラザ 平9類「事故防護用手袋」	≠	ファミリー 昭17類「被服、他」	異議平10-91678／平10.11.30【一体不可分】★本件商標と引用商標とは外観・観念のみならず称呼においても相紛れるおそれはなく、互いに非類似の商標である。

〔工藤＝樋口〕

§4−I ⑪

	本願商標		引用商標	判決・審決等
異議	ドルチェ マルガリータ Dolce Margalita 平25類「被服, 他」	≠	ドルチェ DOLCE 昭17類「被服, 他」	異議平10-91370／平10.11.30【一体不可分】★本件商標の片仮名部分及び欧文字部分はそれぞれ視覚上一体の看取し得るのみでなく、商標全体から生ずる『ドルチェ・マルガリータ』なる称呼も格別冗長ということもなく澱みなく一連に称呼され得る。
異議	DESERT BREEZE デザート ブリーズ 平3類「せっけん類」	≠	BREEZE 同左	異議平10-91678／平10.11.30【軽重なし】★本件商標において「DESERT／デザート」と「BREEZE／ブリーズ」の文字の間に軽重の差が見出せず、一体不可分のものと判断するのが相当であり、引用商標とは外観・観念のみならず称呼においても類似しない。
異議	ジュエリーハンズ GOSHO 平7類「金属加工機械器具」	＝	株式会社ゴーショー 昭9類「産業機械器具」	審判平7-16819／平10.12.25【要部抽出】★①本願商標は片仮名と欧文字からなるが、両者間に観念的関連性はなく常に一体に把握すべき事情も見出せないから、各々単独に出所識別機能を果たし得る。②『株式会社』は法人格を表しそれ自体は識別機能を果たさない。『ゴーショー』の部分から『ゴーショー』の称呼が生ずる。
査定不服	LEEJEANS 平25類「洋服, 他」	＝	LEE 昭17類「被服」	審判平8-3289／平10.12.01【要部抽出】★本願商標中の「JEANS」の文字は「細織綿布、これで作った服」を指称し、「被服」等の品質表示であるから、本願商標の要部は「LEE」の部分にあり、『リー』の称呼が生じ得るので、両商標は称呼上類似する。
査定不服	MILANOGIOCO 平25類「運動用特殊服」	＝	GIOCO ジオーコ 昭24類「運動具」	審判平7-14580／平10.12.01【要部抽出】★①「MILANO」は著名な地名であって商品の産地等表示として普通に使用されているから、本願商標を構成する「MILANO」と「GIOCO」なる文字は軽重の差を有し、本願商標からは『ジョコ』なる称呼が生じ得る。②引用商標の欧文字部分からは『ジョコ』なる称呼が生じる。③両商標は称呼を共通する類似の商標である。
査定不服	Tea Time COLLECTION ティータイムコレクション 平30類「菓子・パン」	≠	（図形） 昭30類「菓子, 他」	審判平9-4453／平10.12.08【不可分一体】☆本願商標は、同書・同大で外観上まとまりよく一体に表されているものであるから、「Tea」「Time」「Collection」の各語が、商品の品質・用途等を具体的に表示するものと理解され得るものとは言い難く、構成全体をもって一体不可分のものとして認識されるとみるのが自然である。
無効	（紋章図形） Comtesse Esther de Pommery 昭17類「被服, 他」	≠	COMTESSE 同左	審判平4-19810／平10.12.14（←異議決定←異議申立←出願公告平8-36012←公告決定←審判請求←拒絶査定）【観念結合】☆①本願商標は欧紋章の一類型とみられる図形の下に「Comtesse」、さらにその下に「Esther de Pommery」の各欧文字を各スクリプト体で表示して成るもので、紋章図形と欧文字の両構成部分は上下にバランスよく配置されていて視覚上一体的に看取し得る。一般に、この種の紋章に関し思考される由緒・来歴に係る連想作用よりして、両構成部分は、意味上において相互に密接に関係を有する。②本願商標は、上記の一体性に鑑み、『コンテスエステドポメリ』の称呼と「エステドポメリ伯爵婦人」なる観念を生じるものの、単に『コンテス』なる称呼は生じない。
無効	雪リンゴ 平30類「りんごを使用した菓子及びパン」	≠	雪 平30類「菓子, 他」	異議平10-35230／平11.01.06【称呼結合】★本件商標は「雪りんご」の文字を同書・同大・同間隔で外観上まとまりよく一体的に書してなり、『ユキリンゴ』なる称呼も澱みなく一連に称呼され得るから、『りんご』の文字が原材料表示である場合があるとしても、全体で一体不可分と把握され、『ユキリンゴ』の称呼のみを生じ、引用商標の『ユキ』なる称呼と聴別できる。
査定不服	MASPROの カーナビゲーター 平9類「自動車用ナビゲーション装置」	≠	ナビゲーター NAVIGATOR 昭11類「電気通信機械器具等」	審判平10-4091／平11.01.19【要部抽出】★「カーナビゲーター」の語は、本願指定商品を指称するものとして使用されているから、自他商品識別機能を有さない。
査定不服	サントウール SENTEUR 平3類「石けん類」	≠	Senteur piece サントウール ピエス 昭4類「石けん類, 他」	審判平9-10968／平11.01.21【称呼結合】☆①引用商標は同書・同大に一体に構成され、軽重の差を見出せないし、一連に『サントウールピエス』と称呼され得るもので、他に「Senteur」「サントウール」の文字が独立して認識されるべき事情はないから、引用商標は『サントウールピエス』の称呼のみが生じ、②本件商標の『サントウール』の称呼とは聴別し得る。

〔工藤＝樋口〕

§4−Ⅰ⑪

	商標1		商標2	審判・異議情報／判断
査定不服	KIDS Flyer 平28類「おもちゃ,他」	≠	FLYER TM 昭24類「おもちゃ,他」	審判平7-23939／平11.01.28【一体不可分】☆①本件商標は構成全体で一体のものと認識され、澱みなく一連に『キッズフライヤー』と称呼され、観念上も「子供たちの飛行機」なる意味合いを生ずるから、本件商標からは『キッズフライヤー』なる称呼のみが生ずる。②本件商標の『キッズフライヤー』なる称呼と引用商標の『フライヤー』なる称呼とは聴別し得る。
異議	気分爽快 平33類「日本酒」	≠	爽快 昭28類「酒類」	異議平10-92112／平11.03.01【観念結合】★本件商標と引用商標は、外観、観念上はいうまでもなく、称呼上も互いに類似しない。
異議	BURTON CLUB 平25類「洋服,他」	≠	BURTON 昭17類「被服,他」	異議平10-90014／平11.03.11【観念結合】★①本件商標は「BURTON CLUB」の文字を纏まりよく一体に書してなり、全体として一種のクラブ名を看取させるもので、これより生ずる『バートンクラブ』なる称呼も無理なく一連に称呼し得るから、本件商標からは『バートンクラブ』なる称呼のみが生じ、引用商標の『バートン』なる称呼と相紛れるおそれはない。
異議	Burton House 平25類「洋服,他」	≠	BURTON 昭17類「被服,他」	異議平10-90017／平11.03.11【観念結合】★本件商標の文字部分は纏まりよく一体に書されてなり、全体として「バートンの家」なる固有の意味合いを感得させるもので『バートンハウス』なる称呼も無理なく一連に称呼し得るから、本件商標からは『バートンハウス』なる称呼のみが生じ、②引用商標の『バートン』なる称呼と相紛れるおそれはない。
無効	ワールドサッカーマガジン WORLD SOCCER MAGAZINE 平16類「雑誌」	≠	ワールドサッカー 同左	審判平11-35600／平11.03.12【取引実情】★①雑誌名に関しては、その内容が需要者に分かり易いよう、雑誌の内容を示す文字を含む名称を選択する必然性があるものの、特段の事情がない限り、需要者は雑誌名の僅かな違いで雑誌を識別するとみられる。②本願商標は『ワールドサッカーマガジン』の称呼のみを生じ、『ワールドサッカー』なる称呼を生ずる引用商標の称呼と相紛れるおそれはない。
異議	WORLD BOY 平25類「洋服,他」	≠	WORLD 昭17類「被服,他」	異議平10-92132／平11.03.16【一体不可分】★①本件商標は「WORLD BOY」の文字を纏まりよく一体に書してなり、「WORLD」の文字を独立して認識すべき特段の事情は見出せず、『ワールドボーイ』なる称呼・観念をもって取引に当たるとみるのが相当である。②本件商標の『ワールドボーイ』なる称呼・観念と引用商標の『ワールド』なる称呼・観念は相紛れるおそれがない。
異議	マルチシナジー MULTI-SYNERGY 平3類「石けん類,他」	≠	SYNERGIE 同左	異議平10-91652／平11.03.16【一体不可分】★①本件商標の構成文字はそれぞれ同書・同大で一連に書され、片仮名部分は欧文字部分の読みを特定したものと無理なく認識され、『マルチシナジー』と一気に称呼し得るから本件商標は『マルチシナジー』なる称呼のみを生ずる。②本件商標の『マルチシナジー』なる称呼と引用商標の『シナージー』なる称呼は相紛れるおそれがない。
異議	シネ・アミューズ CINE AMUSE EAST&WEST 平41類「映画の上映等」	≠	East West イーストウエスト 昭24類「レコード等」	異議平10-91656／平11.03.16【要部抽出】★①本件商標はその構成文字に相応して『シネアミューズ』及び『イーストアンドウエスト』の称呼を生ずるのに対して、引用商標は『イーストウエスト』の称呼を生ずる。②両商標の外観上の相違と上記称呼上の相違を併せて考えると両商標が相紛れるおそれはない。
異議	デリカグルメ 平30類「菓子及びパン」	≠	デリカ 同左	異議平10-92117／平11.03.17【一体の造語】★①本件商標はその一体不可分の構成から、『デリカ』の文字が独立して認識されるべき理由はなく、特定観念を有しない一種の造語というべきであって、『デリカグルメ』なる称呼は一気に称呼できるから本件商標からは『デリカグルメ』なる称呼のみが生じ、②引用商標の『デリカ』なる称呼と相紛れるおそれはない。
異議	KEIHIN CORPORATION 平7類「動力機械器具」	≠	ケイピン 昭9類「動力機械器具」	異議平10-92110／平11.03.18【要部抽出】★本件商標の『ケイヒン』なる称呼と引用商標の『ケイピン』なる称呼は共に4音という短い音構成よりなり第3音に『ヒ』と『ピ』の差異を有し、いずれの構成音も明確に聴取でき、称呼上彼此相紛れるおそれはない。
異議	にんにくや いち花 平42類「大蒜を加味した料理を主とする飲食物の提供」	≠	にんにくや NINNIKUYA GARLIC RESTAURANT 同左	異議平10-92067／平11.03.19【要部抽出】★両商標の『にんにくや』の文字と引用商標の『NINNIKU・YA』の文字は、指定役務との関係において単に役務の内容・質を表示するに止まるから自他役務識別機能を発揮せず、当該文字から生ずる称呼をもって引用商標に称呼上類似するとはいえない。

〔工藤＝樋口〕 433

§4−Ⅰ ⑪ 第2章 商標登録及び商標登録出願

区分	本願商標		引用商標	審決要旨
査定不服	CD-ROM² COMIC シーディーロムロム コミック 平9類「電気通信機械器具」	＝	SUPER CD・ROM² 昭11類「電気通信機械の商標」	審判平8-14403／平11.03.29【要部抽出】★①「COMIC」の文字は「漫画」等を意味し、本願指定商品中「録画済ビデオテープ」については識別力が弱く、一方、引用商標の「SUPER」なる語は品質を表示するものであって識別力を発揮しないから、両商標からは共に『シーディーロムロム』なる称呼が生じ得る。②両商標は称呼を共通にする類似の商標である。
異議	COMFORT FREEDOM ORION 平25類「被服,他」	≠	①FREEDOM ②COMFORT ①②共昭17類「被服,他」	異議平10-91853／平11.04.08【&結合】★本件商標は、丸みを付けたベージュ色の三角形内に赤色で各文字を配してなるところ、その上部に右上がりに書された「COMFORT」と「FREEDOM」の各文字は「&」の文字を介してまとまりよく一体に表されているものであるから、殊更、構成中の「COMFORT」又は「FREEDOM」の文字部分のみを抽出して称呼・観念しなければならない格別の事情は見出せない。
異議	ベリー＆ベリー berry＆berry 平3類「化粧品,他」	≠	ベリーベリー VERYVERY 同左	異議平10-92136／平11.04.08【&結合】★両商標からはそれぞれ『ベリーアンドベリー』『ベリーベリー』の称呼を生じるとみるのが自然であり、これらの称呼は相紛れるおそれがない。
異議	NEW WAVE 平28類「運動用具」	≠	WAVE 昭24類「運動具」	異議平10-92230／平11.04.12【外観結合】★本件商標と引用商標は、外観、観念上はいうまでもなく、称呼上も互いに類似しない。
異議	Technical Solution Partner 平9類「電気通信機械器具,他」	≠	SOLUTION PARTNER 同左	異議平10-90589／平11.04.28【一体不可分】★①本件商標は、その「Solution Partner」の文字をバランスよく一体に書してなる構成において「Technical」の文字が独立して認識されるとはいえず、『テクニカルソリューションパートナー』なる称呼のみを生ずる。②したがって、引用商標の『ソリューションパートナー』なる称呼は相紛れるおそれがない。
査定不服	スーパー ジャフィット 平7類「化学機械器具」	≠	ジャスフィット 昭9類「産業機械器具」	審判平8-20062／平11.05.10【称呼非類似】☆①「スーパー」の語は誇称表示で識別力を発揮しないから、本願商標は『ジャフィット』の称呼を生じ、称呼は一気に澱みなく発音される。②引用商標の『ジャスフィット』なる称呼は、『ジャス』と『フィット』との間に称呼上の段落が生じるように発音される。③両称呼をそれぞれ一連に称呼するとき語調・語感が相違し相紛れるおそれがない。
異議	C+D 平7類「石けん類,他」	≠	(図形) 同左	異議平10-91760／平11.05.11【一体不可分】★本件商標はその構成全体をもって一体不可分の一連の商標とみるべきであり『シープラスディー』の称呼を生ずるから、引用商標から『シーディー』の称呼が生ずるとしても、両称呼は音構成の差より十分区別し得るから相紛れるおそれはない。
異議	相州名物 相模の大凧 平30類「和菓子」	≠	大凧 平30類「菓子・パン」	異議平10-92281／平11.05.12【観念結合】★本件商標の「相模の大凧」の文字部分からは『サガミノオオダコ』なる一連の称呼・観念が生じ、引用商標の『オオダコ』なる称呼・観念と彼此相紛れるおそれはない。
異議	ラドウース Ladouce 平3「石けん,他」	≠	Douxce ドウース 昭4類「石けん,他」	異議平10-92287／平11.05.12【一体不可分】★①本件商標は同書、同間隔に一連に書してなるから、その構成文字全体をもって一体不可分のものと認識され『ラドウース』なる称呼を生じる。②本件商標の上記称呼と引用商標の『ドウース』なる称呼は、称呼を識別する上で重要な語頭において『ラ』の有無の差異を有するから彼此相紛れるおそれはない。
査定不服	マリーンミラクル 平1類「化学品,他」	≠	ミラクル 昭1類「化学品,他」	審判平9-2401／平11.05.28【観念結合】☆①本願商標は「マリーン」と「ミラクル」の語を一体的に書してなり、全体として「海の奇跡」なる観念を有し、『マリーンミラクル』の称呼も格別冗長ではないから本願商標は『マリーンミラクル』のみを生ずる。②引用商標は、「海の」なる観念及び『マリーン』なる称呼を生ずる本願商標と相紛れるおそれはない。
査定不服	RE-NUTRIV REPLENISHING CREAM 昭4類「栄養クリーム」	≠	Replenising Gel 昭4類「ジェル状化粧品」	審判平8-1359／平11.05.31【要部抽出】☆本願商標の「REPLENISHING CREAM」の文字は「水分等を補給するクリーム」を直ちに看取させるに止まり、自他商品識別機能を果たし得ないから、この文字部分より生ずる称呼をもって取引にあたることはないので、本願商標は引用商標とは称呼上類似しない。

〔工藤＝樋口〕

§4-I ⑪

	商標1		商標2	審決・判決
査定不服	気になるポテト 平30類「ポテトを使用してなる菓子」	＝	気になるリンゴ 昭30類「アイスクリーム,他」	審判平9-18068／平11.06.14【要部抽出】★本願商標中の「ポテト」及び引用商標中の「リンゴ」なる文字はそれぞれ商品の原材料表示と理解されるに止まるから、両商標の自他商品識別機能を果たす部分はそれぞれ「気になる」の部分にあり、両商標は『キニナル』なる称呼を同じくする類似の商標である。
異議	◎ニッスイ スクールかき揚げ 【子ひじき入り（白魚・ひじき入り）】 平29類「白魚・ひじきを混ぜ込んだかき揚」	≠	スクール 昭32類「食用水産物,他」	異議平11-90402／平11.07.15【要部抽出】★本件商標の「スクールかき揚げ」の部分は商品の用途・品質を表示するものと理解されるのに対して、「ニッスイ」の文字は強い出所表示力をもつから、本件商標は『ニッスイ』の称呼のみを生じ、『スクール』なる称呼を生ずる引用商標と彼此相紛れるおそれはない。
査定不服	kai kai 平21類「食器類,他」	≠	kai 昭19類「飯盒,他」	審判平10-14053／平11.09.21【称呼結合】☆本願商標は外観上軽重の差なくまとまりよく一体に表されており、本願商標全体を称呼しても冗長ではなく、本願商標からは『カイカイ』の称呼のみが生じ、『カイ』なる称呼を生ずる引用商標とは音構成が明らかに異なり、称呼上相紛れるおそれはない。
査定不服	ミサワスマイルデー 平36類「建物の貸与,他」	＝	SMILE 同左	審判平10-4425／平11.10.08【要部抽出】★本願商標は全体として特定の観念を生じず、その構成より「スマイル」の文字に比して強く看者に印象付けられ、本願商標からは引用商標と同じ『スマイル』の称呼、「微笑む」の観念が生じる。
査定不服	東京ゲット 平9類「電子応用機械器具,他」	＝	GED 昭11類「電子応用機械器具」	審判平10-10535／平11.10.13【要部抽出】★①「東京」の語は、商品と生産地等表示より、識別機能を発揮しない。②本願商標の『ゲット』なる称呼と引用商標の『ゲッド』なる称呼は、語尾音において『ト』と『ド』の差異を有するが、該差異音は、促音を伴って発音される『ゲ』に続くため、明瞭には判別し難く、両商標をそれぞれ一連に称呼するときは聞き誤るおそれがある。
無効	SUPERGRIP 平25類「被服,他」	≠	GRIP グリップ 昭17類「手袋,他」	審判平10-35396／平11.10.15【称呼結合】★「SUPER」の語が品質表示として用いられるとしても、本願商標は同書・同大・等間隔でまとまりよく一体的に表されており、これより生ずる『スーパーグリップ』の称呼も淀みなく一連に称呼し得るから、本願商標は『スーパーグリップ』の称呼のみを生じ、『グリップ』なる称呼を生ずる引用商標と称呼上相紛れるおそれはない。
査定不服	TAPPI 平16類「印刷物」	＝	Tappy 同左	審判平10-15788／平11.10.27【文字抽出】★本願商標の『タッピ』なる称呼と引用商標の『タッピー』なる称呼は共に『タッピ』の音を有し、両者の差異は語尾の長音の有無のみであり、長音は、前音の母音を一拍分続けるにすぎず、しかも、引用商標において、弱く発音される語尾に位置するから、両商標をそれぞれ一連に称呼するときは語調・語感が近似し聴き誤るおそれがある。
査定不服	FLEUR DE FRANCE フルール ド フランス 平33類「日本酒,他」	≠	フルール 昭28類「日本酒,他」	審判平9-2438／平11.11.30【観念結合】☆本願商標は外観上軽重の差なく纏まりよく一体に表されており、観念上も「フランスの花」の如き意味合いを有し、本願商標全体の称呼も冗長ではないから、本願商標からは『フルールドフランス』なる称呼のみが生じ、『フルール』なる称呼を生ずる引用商標とは音構成が明らかに異なり、称呼上相紛れるおそれはない。
査定不服	Run New York 平18類「米国製鞄」	≠	RUN ラン 昭21類「かばん」	審判平9-17795／平11.12.06【図字観念結合】☆本願商標の文字部分は外観上纏まりよく一体不可分に構成され、観念上も図形部分と相俟って「ニューヨークを走る」の如き一つの意味合いを有し、一連に『ランニューヨーク』と称呼でき、本願商標の「RUN」の文字部分のみが独立して認識されることはなく、『ラン』の称呼を生ずる引用商標とは相紛れるおそれはない。
無効	Car−Lion 平9類「電気通信機械器具,他」	≠	ライオン LION 昭11類「電気通信機械器具,他」	審判平10-35454／平11.12.22【不可分一体】★①本件商標は、視覚上一体的に看取し得、かつ、『カーライオン』なる称呼も格別冗長ではないため、『カーライオン』と一体不可分に称呼される。②本件商標の前記称呼は、引用商標の『ライオン』なる称呼と相紛れるおそれはない。

〔工藤＝樋口〕

§4-I ⑪   第2章 商標登録及び商標登録出願

				東京高裁平11(行ケ)74／平12.01.31（審判平9-10139／平11.01.22）【図字融合】★①文字と図形で構成されている商標については、文字・図形の各構成要素が一体不可分に結合していると認められる特段の事情がない限り、把握の容易な「文字部分」を抽出し、この部分によって類否判断を行う手法が特許庁及び裁判所で確立している。②本件商標は「陰陽曲玉巴」という独特の図形部分が文字部分と一体不可分に結合した商標と認められ、「文字部分」の一部の称呼のみによって類否判断を行うべきでない。
無効審取		≠	タウンアンドカントリー Town & Country	
	昭17類「被服」他		昭17類「被服」	
査定不服		≠	QICsoft	審判平8-19702／平12.03.08【要部抽出】☆本願商標において、文字部分を図形部分と一体に把握すべき事情はなく、文字部分は独立して識別機能を果たし、「QIC」と「WIDE」とがハイフンで結合されているため、『クイックワイド』なる一連一体の称呼を生ずる。対して、引用商標は（ソフトウエアについて）『クイック』なる称呼を生ずるから、両商標は音構成が明らかに異なり称呼上相紛れるおそれはない。
	平9類「電子応用機械器具」		昭11類「電子計算機用プログラムを記憶させた電子回路」	
査定不服	GUESS CLUB	≠		審判平11-1890／平12.03.14【不可分一体】☆本願商標「GUESS CLUB」は同書体で軽重の差なくまとまりよく一体的に表されており、これより生ずる『ゲスクラブ』の称呼も淀みなく一連に称呼し得るから、本願商標からは『ゲスクラブ』の称呼のみを生じ、『ゲス』なる称呼及び「推測する」の観念を生ずる引用商標と称呼・観念上相紛れるおそれはない。
	平18類「鞄類」他		昭21類「かばん類」他	
査定不服	MINESOL	≠	MINE マイン	審判平11-7453／平12.03.15【一連の造語】☆「SOL」の文字は品質等を具体的に表示するものではなく、本願商標「MINESOL」は同書・同大・等間隔で纏まりよく一体的に表されており、これより生ずる『マインゾール』の称呼も淀みなく一連に称呼し得るから、本願商標からは『マインゾール』の称呼のみを生じ、『マイン』なる称呼を生ずる引用商標と称呼上相紛れるおそれはない。
	平5類「薬剤」		昭1類「薬剤」	
査定不服	MEGA GREEN	≠	MEGA	審判平11-16934／平12.03.24【称呼結合】☆本願商標は、同一ロゴで表した「MEGA」と「GREEN」の文字の間に「メガグリーン」と記載されており、この構成全体をもって認識されて『メガグリーン』の称呼のみを生じ、引用商標と称呼上相紛れるおそれはない。
	平1類「化学品」他		昭1類「化学品」他	
査定不服	ISIS アイシス	＝	ISIS 航海の神・イシス	審判平8-13362／平12.03.27【要部抽出】★本願商標からは『アイシス』なる称呼が生じ、一方、引用商標の上段の「ISIS」なる文字は下段の「航海の神・イシス」の文字から独立して看取されるため、引用商標からは上段の文字のみに対応する『アイシス』なる称呼を生じるから、両商標は称呼を同一にする類似の商標である。
	昭11類「電気機械器具」		同左	
査定不服		≠	STING	審判平11-5933／平12.04.06【図字融合】☆本願商標は、片手にボールを掴んだ擬人的蜂の図柄と「CHARLOTTE」「STING」の文字を視覚上一体的に表した構成であり、不可分一体のものと認識されて『シャーロットスティング』の称呼のみを生じるのに対して、引用商標は『スティング』の称呼を生じるから、両者は、音数・構成音において相違し、称呼上相紛れるおそれはない。
	平9類「電気通信機械器具」他		昭11類「電気通信機械器具」他	
査定不服	C-TAB シータブ	≠	TAB タブ	審判平11-8805／平12.04.06【一体不可分】☆①本願商標の「C」と「TAB」の文字は、同じ筆致の肉太文字で表され、極小黒三角図形で一体化して結合されており、「シータブ」の片仮名は本願商標の称呼表記と認識されるから、本願商標からは『シータブ』の称呼のみを生じる。②『シータブ』の称呼と引用商標の『タブ』の称呼とは、音数・構成音において相違し両者は聴別可能である。
	平30類「菓子」他		同左	
異議	king STREET sounds	＝	KING キング	異議平11-90617／平12.06.21【要部抽出】☆本件商標はその構成中に「bpm」「king」「STREET」「sound」の各欧文字を有するところ、これらを常に一連に称呼・観念すべき特段の事情は見当たらない。両商標は共に『王様』『キング』の称呼・観念を生ずる。
	平30類「レコード」他		同左	

§4-I ⑪

	本願商標/本件商標		引用商標	判決等
異議	IFXS 平9類「電気通信機械器具, 他」	≠	XS paco rabanne 同左	異議2000-90232／平12.08.15【一体不可分】★本件商標は、「IF」「XS」の各文字のデザインの程度や大きさがやや異なるものの、全体の構成文字数が4文字と短く、かつ、外観上まとまりよく一体的に表されており、これより生ずる『アイエフエックスエス』又は『イフエックスエス』の称呼も淀みなく一連に称呼し得るものであるから、本件商標は、「IFXS」の構成文字全体をもって一体的なものとして認識し把握されているとみるのが相当である。
異議	MEGA ⓦEB 平25類「被服, 他」	≠	メガ MEGA 昭17類「被服, 他」	異議2000-90333／平12.08.23【一体不可分】★本件商標の構成中、「MEGA」の文字は「巨大」を意味する語で、比較的識別力の薄い語であるから、本件商標は、後半部の「ⓦEB」と一体の商標とみるのが相当であり、これより『メガウエブ』又は『巨大なウエブ』の観念を生ずる。よって、引用商標とは、外観・称呼・観念のいずれにおいても十分に区別し得る。
査定不服	かくれ餅 平30類「餅菓子」	≠	かくれ梅 平30類「梅を使用した菓子」	不服2000-699／平12.09.06 ☆両商標は外観上纏まりよく一体的に表されていて、それぞれの称呼は格別冗長ではなく『カクレモチ』『カクレウメ』と淀みなく一連に称呼されるから、両商標が『カクレ』と略称されることはありえず称呼上相紛れるおそれはない。
査定不服	TEAM PARADISE 平25類「ティーシャツ, 他」	≠	PARADISE パラダイス 昭17類「被服」	不服2000-1840／平12.09.07【観念結合】☆両商標は、外観上纏まりよく一体的に表されていて、「天国チーム」の如き意味合いが生じ、これより生ずる『チームパラダイス』の称呼も格別冗長ではなく、淀みなく一連に称呼されるから、『パラダイス』の称呼を生ずる引用商標とは、称呼上区別できる。
査定不服	GOLDENVALUE ゴールデンバリュー 平20類「マットレス」	≠	VALUE バリュー 昭17類「寝具, 他」	不服2000-5733／平12.09.08【称呼結合】☆両商標は外観上纏まりよく一体的に表現されていて全体を淀みなく一連に称呼し得る上に、本願商標の構成においては「GOLDEN」「ゴールデン」の語は商品の品質等を具体的に表示したものと直ちに理解しがたいから、本願商標からは『ゴールデンバリュー』の称呼のみが生じ、『バリュー』の称呼を生ずる引用商標とは聴別可能である。
査定不服	Apple Bouquet アップルブーケ 平30類「アップルティー, 他」	≠	ブーケ 昭29類「茶, 他」	不服2000-585／平12.09.11【一体不可分】☆本願商標は外観上纏まりよく一体的に表され、これより生ずる『アップルブーケ』の称呼も格別冗長でなく淀みなく一連に称呼され、また、他に「Bouquet」「ブーケ」の文字のみが独立して認識されるべき事情はないから、本願商標からは『アップルブーケ』なる称呼のみを生じ、『ブーケ』の称呼を生ずる引用商標とは称呼上識別可能である。
異議	COMME ÇACOMME ÇA 平25類「洋服, 他」	＝	COMME CI COMME ÇA 昭17類「被服, 他」	異議2000-90071／平12.09.12【全体類似】☆本件商標も引用商標も、共に14文字で構成されており、その1文字において相違するにすぎないので、視覚上見誤るおそれがある。また、『コムサコムサ』と『コムシコムサ』の称呼においても相紛れやすい。
査定不服	Spra 平25類「洋服, 他」	＝	（星形図形） 昭17類「被服, 他」	審判平9-17330／平12.10.12【要部抽出】☆本願商標は、毛書体風の書体を用いて冒頭の「S」字形を大きくシンボリックにかつ全体を右上がりに表現する点に特徴を有するとしても、これより何らの事物・事柄等を想起させない幾何学的図形とのみ把握しなければならないとする特段の事情はない。両商標は『スプラ』の称呼を共通する。
査定不服	CR 平9類「レコード, 他」	≠	CDR 昭24類「レコード, 他」	審判平11-15674／平12.10.17【判読不能】☆本願商標は欧文字をモチーフにしているとしても一見して直ちにその構成文字を判読しない程度に図案化されており、特定の称呼を生じないから、本願商標と引用商標とは称呼上彼此相紛れるおそれはない。
査定不服	GW SPORT 平25類「洋服, 他」	≠	SPORT スポート 大36類「被服, 他」	審判平9-14341／平12.10.27【要部認定】☆本願商標の構成中「SPORT」の文字は運動に適した商品であることを表示するに止まり、識別機能を有しないか又はその機能が極めて弱いから、本願商標より『スポート』の称呼が生ずるとはいえ、『スポート』の称呼を生ずる引用商標と称呼上彼此相紛れるおそれはない。

〔工藤＝樋口〕

§4-Ⅰ⑪ 第2章 商標登録及び商標登録出願

	本願商標		引用商標	審決等
査定不服	楽&優ライフケア事業部 平42類「老人の養護, 他」	≠	ライフケア 同左	審判平11-8002／平12.10.31【不可分一体】☆本願商標の「楽&優」は特定観念を有しない造語であり「ライフケア事業部」の文字は組織の一部署の業務内容を表示するに止まり、本願商標が取引の場で単に『ライフケア』と称呼されることはなく、『ライフケア』なる称呼を生ずる引用商標と称呼上紛れるおそれはない。
異議	（図形） 平30類「調味料, 他」	≠	（図形） 昭31類「調味料, 他」	異議2000-90648／平12.11.07【観念相違】★①本件商標は、「水兵と思しき若い男性とその左足下に犬を描いて成る」のに対し、引用商標は、「極端に幅の広い袖口の上着と裾の広いズボンを身に着けた頭の大きな男の子のコックさんの如き帽子を被った図形」より成るもので、両者はその描出方法を全く異にするため、外観上紛れるおそれはない。②引用商標からは「水兵さん」の観念・称呼が生ずるとは認められない。
査定不服	アットマークぴあ 平42類「飲食物の提供, 他」	≠	① ピア24 ② PIA 平42類「茶・コーヒーその他の飲食物の提供」	審判平11-18744／平12.11.16【一体不可分】☆本願商標は、「アットマークぴあ」の文字を同じ大きさ・同じ間隔で一連に書してなるところ、前半の「アットマーク」の文字と後半の「ぴあ」の文字とは外観上纏まりよく一体的に構成されており、これより生ずる『アットマークピア』の称呼も格別冗長でなく淀みなく一連に称呼され、『ピア』の称呼を生ずる引用商標と区別できる。
査定不服	Oku・P-Cut オク・ピーカット 平3類「化粧品, 他」	≠	ピカット 同左	不服2000-7148／平12.11.17【一体不可分】☆本願商標の欧文字, 片仮名はそれぞれ格別冗長ではなく、纏まりよく一体的に表されてなり、『オクピーカット』と無理なく一連に称呼されるから、本願商標は『ピカット』なる称呼を生ずる引用商標と、外観・観念上だけでなく、称呼上も彼此相紛れるおそれはない。
査定不服	GRAN CENTENARIO（図形） 平33類「テキーラ」	≠	CENTENARIO TERRY（図形） 昭28類「ブランデー」	不服2000-9786／平12.12.11【要部抽出】☆本願商標の構成文字は一体的に表されており、「CENTENARIO」の文字が独立して認識される事情はないから、本願商標は構成全体に相応して『グランセンテナリオ』なる称呼のみを生じ、『センテナリオ』なる称呼を生じる引用商標と称呼上紛れるおそれはない。
査定不服	味 姫 平29類「食肉」	≠	HIME 昭32類「食肉, 他」	不服2000-10872／平12.12.21【称呼結合】☆本願商標は全体として纏まりよく一体的に表示されて『アジヒメ』と淀みなく一連に称呼されるから、たとえ「味」の語が商品の品質等を表示する場合があるとしても、本願商標においては商品の具体的な品質を表示するものとは言えず、本願商標は『アジヒメ』の称呼のみを生じ、『ヒメ』の称呼を生じる引用商標と称呼上紛れるおそれはない。
査定不服	永平寺吉祥 平29類「豆腐, 他」	≠	吉 祥 昭32類「豆腐, 他」	審判平11-9301／平12.12.28【一体不可分】☆本願商標の構成文字は外観上纏まりよく一体的に表されており、全体をもって称呼しても淀みなく一連に称呼され、かつ、「永平寺」の文字が商品の産地等を具体的に表すものとはいえないから、本願商標は『エイヘイジキッショウ』なる称呼のみを生じ、『キッショウ』なる称呼を生じる引用商標と称呼上紛れるおそれはない。
査定不服	八百旬 やおしゅん 平31類「野菜, 他」	≠	八百秀 昭32類「野菜, 他」	審判平10-2957／平13.01.04【称呼結合】☆本願商標の『ヤオシュン』なる称呼と引用商標の『ヤオシュウ』なる称呼とは末尾において「ン」と「ウ」の差異を有するが、前者は前舌面を軟口蓋前部に押当てて発する有声鼻音であるのに対し、後者は前舌面を後退させて後舌面を高めて唇を尖らせて発する音であるから、該差異音が称呼全体に及ぼす影響は大きく、両者は聴別できる。
査定不服	海 うみ 平33類「日本酒」	≠	うみのさけ 海の酒 同左	審判平10-15341／平13.01.04【称呼結合】☆①引用商標の構成文字は外観上纏まりよく一体的に表されており、これより生ずる称呼は格別冗長でなく、淀みなく一連に称呼され得るから、引用商標からは『ウミノサケ』なる称呼のみが生ずる。②本願商標の『ウミ』なる称呼と引用商標の上記称呼を比較すると、両者は明らかに聴別可能である。
査定不服	P'sANIMO 平16類「印刷物」	≠	ANIMO 昭26類「印刷物, 他」	不服2000-12308／平13.01.09【一体不可分】☆本願商標は一体的に表されてなり、「ANIMO」の文字が独立して把握される事情はないく、本願商標は『ピーズアニモ』の称呼のみが生じ、『アニモ』の称呼を生ずる引用商標と称呼上彼此相紛れるおそれはない。

§4-I ⑪

査定	本願商標		引用商標	審決・判決
査定不服	InterNet Boomerang 平9類「コンピュータプログラムを記憶させた電子回路」	≠	BOOMERANG 平9類「電気応用機械器具, 他」	不服2000-12174／平13.01.12【外観結合】☆本願商標の各構成文字は傾斜をつけて籠文字風に一体的に表され、「BOOMERANG」の文字が独立して認識されるべき事情はないから、本願商標は『インターネットブーメラン』なる称呼のみを生じ、『ブーメラン』なる称呼を生ずる引用商標と称呼上彼此相紛れるおそれはない。
査定不服	i・O・X アイ・オー・エックス 平9類「電気アイロン, 他」	≠	IOX-AROSA 昭11類「電気機械器具, 他」	審判平11-1106／平13.01.15【一体不可分】☆本願商標は『アイオーエックス』の称呼を生じ、引用商標は外観上纏まりよく一体的に表されており、これを「IOX」と「AROSA」に分断して「IOX」から生ずる称呼をもって取引に資される事情はなく、両商標は外観・観念上のみならず称呼上も彼此相紛れるおそれがない。
査定不服	METRON TECHNOLOGY 平7類「半導体製造装置」	≠	ネトロン NETLON 昭9類「産業機械器具」	審判平10-16114／平13.01.16【要部抽出】☆本願商標の『メトロン』なる称呼と引用商標の『ネトロン』なる称呼は語頭において『メ』と『ネ』の差異を有するが『メ』は両唇音であるのに対し『ネ』は歯茎音であるから、両商標は全体として語感が異なり聡別できる。
査定不服	NPコン 平9類「電気通信機械器具, 他」	≠	OSコン 同左	不服2000-13167／平13.02.06【称呼結合】☆両商標はそれぞれ纏まりよく一体的に表示され、『エヌピーコン』と『オーエスコン』の称呼も淀みなく一連に称呼されるから両商標はそれぞれ『エヌピーコン』と『オーエスコン』の称呼のみを生じ、両商標は『エヌピー』と『オーエス』の3音を異にするから彼此紛れるおそれはない。
査定不服	CGC CHOICE 平31類「やしの葉, 他」	≠	CHOICE 平20類「つる, 他」	不服2000-13582／平13.02.06【一体不可分】☆本願商標は同書・同大に軽重の差なく一体的に表されてなり、他に「CHOICE」の文字部分のみをもって取引にあたるとする事情はなく、『シージーシーチョイス』なる称呼も格別冗長ではないから、本願商標は『シージーシーチョイス』の称呼のみを生じ、引用商標から生ずる『チョイス』なる称呼と相紛れるおそれはない。
査定不服	GREEN 平12類「自動車, 他」	≠	GREEN 同左	審判平11-17703／平13.02.06【要部認定】☆①「GREEN」の文字は、「緑」「緑色」の意味を有する英語として一般に親しまれているばかりでなく、両者の指定商品における例えば「自動車」の車体の色彩を表示するものとして普通に使用されていることは、この種商品の取引の実際に照らして明白である。②引用商標は、「GREEN」の文字と他の構成要素とが結合して全体として識別力を有するとして商標登録されたものである。
査定不服	American Harmony 平30類「菓子, 他」	≠	ハーモニー Harmony 昭30類「菓子, 他」	不服2000-12936／平13.02.14【観念結合】☆①本願商標は外観上纏まりよく一体的に表され、アメリカの旋律』なる観念を生じ、これより生ずる『アメリカンハーモニー』の称呼も格別冗長でなく淀みなく一連に称呼され得るから、本願商標からは『アメリカンハーモニー』の称呼のみが生ずる。②本願商標の前記称呼と引用商標の『ハーモニー』の称呼を比較すると、両者は聡別できる。
査定不服	グランビア 平32類「ビール, 他」	≠	HOTEL GRANVIA 平32類「ビール, 他」	不服2000-13454／平13.02.16【観念結合】☆①引用商標は全体としてホテル名を表しており、「HOTEL」の語が商品の販売場所を示すにすぎず「GRANVIA」の語が独立した文字として識別機能を有するとみるべき事情はないから、引用商標からは『ホテルグランビア』の称呼のみが生ずる。②本願商標の『グランビア』なる称呼と引用商標の上記称呼を比較すると両者は聡別できる。
査定不服	JAZZ 平41類「知識の教授, 他」	≠	KUMON JAZZ FESTIVAL 同左	審判平11-327／平13.02.21【チームマーク】☆①本願商標は一体のものとして把握し得る構成であり、『ユタジャズ』の称呼も比較的短く、NBA所属チームのマークとしてわが国の需要者の間で一定程度知られているから、本願商標は全体としてNBA所属チーム「ユタジャズ」を想起させ、常に『ユタジャズ』と称呼される。②本願商標は『ジャズ』なる称呼を生ずる引用商標と相紛れるおそれはない。
査定不服	らくらくネットソリューション 平9類「電子応用機械器具, 他」	≠	らくらく 昭11類「電子応用機械器具, 他」	審判平11-1938／平13.02.21【一体不可分】☆①「ネットソリューション」なる語は直ちに本願指定商品の品質を表示するものとはいえず、本願商標は「楽にネットワーク上の問題点を解決する」ほどの抽象的意味合いを有し、常に一連一体に看取されるものであり、これより『ラクラク』なる称呼が生じると認定することはできない。②両商標は称呼上彼此相紛れるおそれはない。

〔工藤＝樋口〕

§4-I ⑪ 第2章 商標登録及び商標登録出願

査定不服	万有ゆめシリーズ = 万有 平16類「印刷物,他」／昭26類「印刷物,他」	不服2000-1018／平13.02.27【要部抽出】★本願商標は,構成全体をもって親しまれた観念を生じてるから,その『バンユウユメシリーズ』なる称呼はやや冗長であるから,語頭部分の「万有」なる文字に着目して取引に資する場合も少なくない。よって,本願商標と引用商標は称呼上類似する。
査定不服	Mr. 無ッ臭 ≠ MUSHU 平24類「織物」／昭24類「織物,他」	不服2000-14606／平13.03.02【擬人化】☆①人名以外の語に「Mr.」等の敬称を付してなる商標は擬人化された人物を表すものと観念され,常に一体に認識され,一連一体の称呼をもって取引に資される。②本願商標は「無ッ臭」を擬人化した人物を想起させ,『ミスタームッシュウ』の称呼のみを生ずるから,『ムッシュウ』の称呼を生ずる引用商標と称呼上彼此区別できる。
査定不服	セルフケアハウス SELFCAREHOUSE ≠ セルフケア 平6類「建造物組立てセット」／昭20類「家具,他」	不服2000-9576／平13.03.07【観念結合】☆本願商標は片仮名・欧文字が各々同書・同大・等間隔に纏まりよく一体に表され,「自分の健康を自分で管理できる建物」の観念を生じるから,『セルフケアハウス』なる称呼のみが生じ,引用商標と区別できる。
査定不服	BUCKS (図) ≠ ①CHUKO BACKS (図) ②BAX ③VAX 平9類「電子応用機械器具,他」／同左	審判H10-4125／平13.03.14【チームマーク】☆本願商標は「BUCKS」の文字が比較的大きく書かれているとはいえ,「Milwaukee」と上部の牡鹿と思しき動物の図形を含めて全体的に纏まりよく配置され,これを一体のものとして把握でき,構成文字に相応して生ずる『ミルウォーキーバックス』の称呼も淀みなく称呼でき,本願商標に接する取引者・需要者は全米プロバスケットボール協会(NBA)のチームの一つ『ミルウォーキー・バックス』を想起する。
査定不服	鳳翔號 ≠ 鳳彰 平29類「加工野菜及び加工果実,他」／昭29類「加工食品,他」	不服2000-13695／平13.03.21【一体不可分】☆本願商標より「鳳翔」の文字のみを抽出して称呼・観念すべき理由はないから,本願商標は『ホウショウゴウ』の称呼のみを生じ,『ホウショウ』なる称呼を生ずる商標といわざるを得ない。
無効	ASKA エーエスケイエー = ASUKA アスカ 平3類「石鹸類,化粧品」／昭4類「せっけん類,他」	無効2000-35156／平13.03.26【称呼認定】☆①本件商標からは『アスカ』の称呼を生ずるおそれがあるので,引用商標と称呼上類似する商標といわざるを得ない。
無効	elite MODELS fashion ≠ ①□lite ②エリート 平18類「かばん類,他」／昭21類「かばん類,他」	審判H11-35801／平13.03.29【観念結合】★本件商標は,『エリートモデルズファッション』の称呼を生ずるほか,構成中の「elite」「MODELS」の文字部分に相応して『エリートモデルズ』の称呼を生じ,これらをもって取引に資されるとみるのが相当である。即ち,本件商標より『エリート』のみの称呼は生じない。
査定不服	ブラックジンガー ≠ ZINGER 平30類「穀物を主原料とする加工食品」／昭32類「加工食品,他」	審判H11-18762／平13.04.13【称呼結合】☆本願商標の「ブラック」の文字と「ジンガー」の文字とは外観上纏まりよく一体に構成され,これより生じる『ブラックジンガー』の称呼も格別冗長でなく,淀みなく一連に称呼し得る。本願商標は『ブラックジンガー』の称呼のみを生じる。
査定不服	Canon IF ≠ IF イフ 平9類「電子応用機械器具,他」／昭11類「電子応用機械器具,他」	不服2000-3499／平13.04.16【非要部捨象】☆本願商標の「Canon」の文字部分は請求人キヤノン(株)の代表的出所標識であり,後半の「IF」の文字部分は,キヤノンの規格・品番等を表すための記号・符号として用いられる英文字2字の一類型として認識されるものとみるのが相当である。即ち,本願商標中の「IF」の文字部分は自他商品識別標識として機能するとはいえないから,単に『イフ』の称呼をもって取引に資されるのは困難であり,自他商品識別標識として機能するとみる合理的必然性を見出せない。
査定不服	TAMTAM ≠ Princesse TAM・TAM 平25類「履物,他」／同左	不服2000-19991／平13.04.27【観念結合】☆①引用商標の上下段の文字の字体が異なるとしても,「Princesse」の語は「王妃」を意味する知られた仏語であり,後続の語と一体となって理解されるから,引用商標からは『タムタム王妃』の観念,『プリンセスタムタム』なる称呼が生ずる。②『タムタム』なる称呼を生じる本願商標と引用商標は称呼上相紛れるおそれはない。
査定不服	(図)INTERNATIONAL ≠ ENRICH エンリッチ (図) 平3類「せっけん類,化粧品,他」／昭4類「せっけん類,化粧品,他」	不服2000-6835／平13.04.26【非要部捨象】☆両商標における『ENRICH』及び「エンリッチ」の文字部分は,「豊かにする,濃厚にする」等の語義を有するところから,自他商品識別標識としての機能が弱いものとして把握・認識され,両商標とも『エンリッチ』の称呼をもって取引に資されるとみることはできない。

〔工藤＝樋口〕

§4-I ⑪

査定不服	Cheater Five（図形） 平25類「運動用特殊衣服・同靴,他」	≠	CHEETAH チーター 同左	不服2000-13631／平13.05.08　【称呼結合】　☆本願商標は、その構成中の文字部分が同書体で書かれており、外観上もまとまりよく一体に表されており、これより生ずる『チーターファイブ』の称呼も格別冗長でなく、淀みなく一連に称呼できるものであり、その文字中の「Cheater」の部分のみが独立して認識され得ないというべきである。
査定不服	BIGBOY（少年図形） 平25類「洋服,他」	＝	BIGBOY 昭17類「被服,他」	審判平11-11814／平13.05.09　【胸の文字抽出】　★本願商標の「少年の胸部」には、「BIG」と「BOY」の文字が上下2段に表示されているが、これらの文字は、図形全体からみればその占める割合は小さいものの、中央部に明瞭かつ容易に判読可能な態様で表されており、その表示箇所・表示内容からみて当該少年の名を記したかの如く把握認識されるものであり、当該漫画のキャラクターとして理解され印象付けられる。本願商標は引用商標と称呼上類似する。
査定不服	CTIコア 平9類「電子応用機械器具,他」	≠	CX-CTI 同左	審判平11-13562／平13.05.17　【一体不可分】　☆①引用商標は、「CX」と「CTI」とをハイフンで連結し、外観上纏まりよく一連に表されてなり、視覚上一体的に看取されるから、構成全体の文字に相応し『シーエックスシーティーアイ』の称呼のみを生ずる。②『シーティーアイ混』『シーティーアイ』又は『コア』の称呼を生ずる本願商標と引用商標の称呼上彼此相紛れるおそれはない。
査定不服	enterprise Technology Solutions（図形） 平9類「電子応用機械器具,他」	≠	ETS 昭11類「電子応用機械器具,他」	審判平11-13276／平13.05.18　【混然融合】　☆出願人の意図として、各欧文字の頭文字部分を強調すべきところがあるとしても、かかる構成において中央部に位置する各英文字の頭文字「E」「T」「S」を比較的馴染のある英語と認められる「Enterprise」「Technology」「Solution」の各語の観念から離し、その頭文字部分のみをもって自他商品識別標識として機能するとみるのは困難である。
査定不服	Qutto キュット 平25類「被服,他」	≠	キュッピアップ&スリム パンツ 同左	不服2000-16240／平13.05.24　【混然融合】　☆引用商標の構成から「キュッと」の文字部分のみを抽出してこれより『キュット』の称呼が生ずるとする必然性は認められない。
査定不服	MICRO TEK SK 平3類「歯磨き,他」	≠	TEK 昭4類「歯磨き,他」	審判平11-11000／平13.05.29　【一連一体】　☆本願商標は、左側の黒地長方形内に「MICRO」の文字を白抜きで書き、右側の白地長方形内に「TEK」の文字を黒抜きで書してなるもので、これらの文字は色彩の違いはあるが、同じ書体・同じ大きさでまとまりよく一体に表示され、『マイクロテック』のみの称呼を生ずる。
査定不服	S-CAI 平16類「文房具類,他」	≠	CAI 昭25類「文房具類」	審判平11-15645／平13.05.31　【一体不可分】　☆本願商標は、「S」と「CAI」の文字が三角形の図形を介して結合され、下部の帯状図形と共に密接に組み合わされた構成をなすもので、全体として纏まりをもった商標として捉えられるものであり、『エスカイ』若しくは『エスシーエーアイ』の称呼を生ずるものである。
査定不服	HARMONIC 平10類「医療用機械器具」	≠	ハーモニックエコー HARMONIC ECHO 同左	不服2000-17306／平13.06.04　【一体不可分】　☆本願商標は外観上纏まりよく一体的に表されてなり、これより生ずる『ハーモニックエコー』の称呼も格別冗長でなく、淀みなく一連に称呼され得るから、その構成文字全体をもって一体不可分のものと認識される。
査定不服	ゆず（童子図形） 平16類「写真,写真立て,他」	≠	ゆず 昭25類「録画済みビデオディスク,他」	不服2000-8330／平13.06.20　【胸の文字抽出】　☆①本願商標は、特徴ある一人の童子を表したもので、これを構成する「ゆず」の文字部分と図形が視覚上一体のものとして看取される。即ち、看者は、「ゆずという名の少年」を表したものと認識し、構成全体を一体不可分のものとして強く印象付けられる。②本願商標も引用商標も『ユズ』の称呼を生ずるとしても、両者は外観を著しく異にし、誤認混同を生ずるおそれはないというべきである。
査定不服	キープ エイブル KEEP ABLE 平16類「書画,写真,他」	≠	Able 昭26類「書画,写真,他」	不服2000-12308／平13.06.21　【軽重なし】　☆①本願商標は前半部と後半部に軽重の差を見出すことができず、全体より生ずる「キープエイブル」の称呼も格別冗長でなく、よどみなく一連に称呼できる。②他に、本願商標中の「ABLE」「エイブル」のみが分離独立して認識されるとみるべき特段の事情もない。

〔工藤＝樋口〕　441

§4-Ⅰ⑪　　　　　　　　　　　　　　　　　　　　　第2章　商標登録及び商標登録出願

査定不服	大地のミネラル　≠　大 地 平32類「清涼飲料,他」　　昭29類「清涼飲料,他」	審判平11-8488／平13.06.27【観念結合】☆本願商標は、同一文字を同書・同大・等間隔に表示されていて、外観上一体に表現されていて、「大地の栄養素として生理作用に必要な無機物」の意味合いを連想させる。かかる構成においては、「ミネラル」が特定の商品又は商品の品質を具体的に表示するものとして直ちに理解し得ると言い難いから、『ダイチノミネラル』の称呼のみを生ずる。	
査定不服	POCKET・E Cam　≠　POCKETCAM 平9類「携帯情報端末」　　昭11類「通信機械器具」	不服2000-17231／平13.07.19【称呼認定】☆本願商標構成中の「ECam」の「E」の文字は「electronic」の略語として「E-commerce」「E-mail」のように、後の語と一体となって独自の意味を形成するものとして近年頻繁に使用されていることからすれば、本願商標の「ECam」はこれを一体のものとして認識し把握されると見るのが自然であり、本願商標から「E」を度外視して引用商標と同様『ポケットカム』の称呼が生じるというのは相当でない。	
査定不服	JJTORON　≠　JTRON 平9類「電子計算機用プログラムを記録させた電子回路,他」　同左	不服2000-19242／平13.07.23【称呼結合】☆①本願商標の構成は、同書・同大・等間隔をもって外観上まとまりよく一体に表されてなるから、構成全体をもって不可分に認識される。②『ジェイジェイトロン』の称呼は、よどみなく一連に称呼し得るから、本願商標は『ジェイジェイトロン』の称呼のみ生じる。	
査定不服	RIMMEL EXTRA SUPERLASH　≠　N07 SUPERLASH 平3類「せっけん類,他」　　同左	不服2001-7862／平13.07.26【一連一体】☆①本願商標は、その構成文字全体に相応して『リンメルエキストラスーパーラッシュ』の称呼が生ずるほかに、『リンメル』の称呼をも生ずる。②引用商標は、「N07 SUPERLASH」の文字に相応して『ナンバーセブンスーパーラッシュ』の称呼を生ずる。	
査定不服	WAN DOC web　≠　DOC 平9類「家庭用テレビゲームおもちゃ,他」　昭24類「おもちゃ,他」	不服2000-3552／平13.07.31【混然融合】☆①本願商標における「D」「O」「C」と思しき文字と卵形の図形を重ね組み合わせて成る図案化した部分がバランスよくまとまり、これより殊更『ドック』の称呼を生ずるとみるのは不自然である。「O」と思しき文字部分も直ちに判読し難く、これよりは何らの称呼も生じないというべきである。②本願商標より『ドック』の称呼が生ずるとして引用商標と称呼上類似するとした原査定は取消を免れない。	
無効	Dick CEPEK　≠　ディック 平12類「自動車,他」　　昭12類「輸送機器,他」	審判平11-35570／平13.07.31【一体不可分】★本願商標は、「Dick」の文字を「CEPEK」の文字の左肩部に乗せた構成より成るところ、文字部分はその書体を異にしているものの、全体としてまとまりよく表現されているとみうる範疇のものであり、『ディックシーペック』の称呼のみを生ずるものと判断するを相当とする。	
査定不服	のりのりピーパック　≠　のりのり 平30類「菓子,パン」　　昭30類「菓子,パン」	不服2000-4192／平13.08.01【軽重なし】☆①本願商標の前半部「のりのり」が平仮名で、後半部「ピーパック」が片仮名であるとしても、平仮名と片仮名が1つの文で用いられるのは普通である。②平仮名の文字と片仮名の文字は、双方とも特定の意味合いを看取させない造語であるから、平仮名部分と片仮名部分に観念の軽重の差を見出すこともできない。	
査定不服	Julia Make-up　＝　JULIAN ジュリアメイクアップ　　ジュリアン 平3類「せっけん類,他」　　同左	審判平11-16096／平13.08.03【要部抽出】★①「Make-up」「メイクアップ」は「化粧すること」「顔の化粧品」等の意味の知られた英語であり、化粧に関係する商品について品質を表すものと認められる。②本願商標は、「Make-up」「メイクアップ」の文字を省略して「Julia」「ジュリア」の文字部分より生ずる称呼をもって取引に当たる場合も少なくない。③両商標の称呼の差異は、語尾における『ン』の音の有無であり、両者を一連に称呼した場合には、全体の語調・語感が近似し、互いに聞き誤るおそれが少なくない。	
査定不服	雪中梅　≠　雪中梅甘露 せっちゅううめかんろ 平30類「菓子,パン」　　昭30類「梅甘露菓子」	不服2000-14171／平13.08.13【観念相違】☆①本願商標は、「雪中梅(政治小説名)」又は「雪の中に咲く梅」の如き観念を生じる。②引用商標の後半部「梅甘露」「うめかんろ」は、「梅を使用した甘露(菓子)」の意味合いを看取させるから、需要者は識別機能を果たす部分が前半部「雪中」にあると理解し、『セッチュウ』の称呼と「雪中」の観念をもって取引に当たる場合も少なくない。	

§4-I ⑪

査定不服	ベルエコパック BELL ECOPAC 平20類「木・竹又はプラスチック製の包装用容器」	≠	ベル 大59類「他類に属しない硬質樹脂製品、他」	審判平11-5363／平13.08.17【一体不可分】☆本願商標の構成各文字は同書・同大にて一連に表され、視覚上一体的に看取し得るものであり、『ベルエコパック』の称呼も格別冗長というべきものでないから、一体不可分の造語とみるのが相当であり、『ベルエコパック』の称呼のみを生ずる。
査定不服	ＴＮＥＸＴ 平9類「電気通信機械器具、他」	≠	ネクスト ＮＥＸＴ 昭11「電気通信機械器具、他」	不服2000-13540／平13.08.17【称呼結合】☆本願商標を構成する各文字は、同書・同大に全体としてまとりよく一体的に看取し得るばかりでなく、これを殊更「T」と「NEXT」に分離して考察しなければならない特段の事情は見い出し難い。本願商標からは『ティーネクスト』なる一連の称呼のみが生じる。
査定不服	laCera ラセラROシステム 平11類「家庭用浄水器、他」	≠	LA SILLA 平14類「貴金属製にしょう入れ、他」	不服2000-1448／平13.08.23【要部抽出】☆①本願商標は、その「lacera」文字部分から『ラセラ』の称呼を生じ、引用商標は、その「LA SILLA」の文字部分から『ラシラ』の称呼を生じ、両者は第2音に『セ』『シ』の差異を有する。②両者は共に3音という短い称呼であって、各音は1音ごとに明瞭に発音され、聴取されるので、その帯有する母音[e][i]の相違は十分に聴別できる。
査定不服	LION ソフト＆ドライ S&D 昭4類「石鹸、他」	＝	SOFT & DRI 昭4類「シャンプー、他」	審判平11-1526／平13.08.28【要部抽出】★①本願商標の「LION」「ソフト＆ドライ」「S&D」の各文字部分はそれぞれ独立して自他商品識別標識としての機能を果たし得る。請求人は、引用商標からは『ソフトアンドドリー』の称呼のみを生ずるというが、『ソフトアンドライ』の称呼も生じ、両商標は称呼上類似する。
査定不服	ベアトリス BEATRICE 平25類「被服、他」	≠	ベアトリス・ド・ブルボン BEATRICE de BOURBON SICILES 同左	審判平10-16551／平13.08.29【一連一体】☆本願商標の『ベアトリス』と引用商標の『ベアトリスドブルボンシシル』の称呼は、構成音数等において顕著に相違し、称呼上彼此相紛れるおそれはない。
査定審取	STORMYBLUE 平25類「被服、他」	≠	ストーミー STORMY 平25類「洋服、他」	最高裁13(行ケ)77／平13.08.29 最高裁HP（審判平11-13086／平13.01.11）【一連一体】☆①審決は、「形容詞的文字を有する結合商標は、原則としてそれが付加されていない商標と類似する」との枠組みに準拠したものと思われる。②「BLUE」の語自体の識別機能が微弱であることは首肯できるが、だからといって、本願商標が『ストーミー』の称呼をも生ずるとしたことも困難である。③本願商標は『ストーミーブルー』の称呼を生ずるにすぎない。
査定不服	Scotia Capital 平36類「預金の受け入れ、他」	≠	（図形） 同左	不服2001-10631／平13.09.11【図形分離】☆本願商標の図形部分も引用商標のそれも経線・緯線を有する地球儀状の円形図形を構成中に有する点で共通するが、前者の図形がＳ字状に描いたものであるのに対し、後者は、内部の円形図形を包み込むように上下1対の鈎状図形を配して成り、全体から受ける印象が異なる。
査定不服	★ クリスマス 平32類「ビール、他」	≠	CHRISTMAS 昭28類「酒類」	審判平11-19488／平13.09.12【非要部捨象】☆飲料・菓子等の業界においては、「クリスマス用限定商品」が製造・販売されており、本願商標の「クリスマス」の文字部分と引用商標の「CHRISTMAS」の文字部分は、それぞれ「クリスマス用」の意で、商品の用途・使用時期を表したものと理解されるとみるのが相当である。
無効	（図形）Kewpieworld 平25類「履物、他」	＝	QP 昭22類「くつひも、他」	無効2000-35626／平13.09.12【称呼認定】☆本件商標は、その図形下部に表された「Kewpieworld」の前半部「Kewpie」の文字と相まって容易に「キューピー人形」を表したものと看取され、また、取引者・需要者は、顕著に表されたキューピー人形の図形部分を捉え、これより生ずる『キューピー』の称呼・観念をもって取引に当たる場合も少なくないものとみられる。即ち、本件商標は、引用商標と『キューピー』「キューピー人形」の称呼・観念を共通する。

〔工藤＝樋口〕

§4-Ⅰ⑪　　　　　　　　　　　　　　　　　　　　第2章　商標登録及び商標登録出願

区分	本願商標		引用商標	審判番号等／判断内容
査定不服	キメCHAO 平25類「洋服」他」	≠	CIAO 昭17類「被服」他」	不服2001-2411／平13.09.12　【かけ詞】　☆本願商標は外観上まりよく一体に構成され、全体より生ずる『キメチャオ』の称呼も淀みなく一連に称呼でき、『キメチャオ』の称呼が生ずるものであり、引用商標の『チャオ』の称呼とは類似しない。
査定不服	nordicwalker 平28類「ノルディックウォーキング用ストック」	≠	WALKER 平28類「運動用特殊衣服」他」	不服2000-20025／平13.09.12　【観念結合】　☆『nordic』の語がスキー競技種目を表すとしても、商品の品質等を直接具体的に表すとはいい難く、構成文字全体から『ノルディックウォークする人』ほどの意味合いを看取させ、『ノルディックウォーカー』の称呼も淀みなく一連に称呼でき、本願商標は『ノルディックウォーカー』の一連の称呼のみを生ずる。
査定不服	NORI 平29類「焼きのり、他」	≠	味蕾 同左	不服2001-874／平13.09.17　【混然融合】☆本願商標は、「N」と「RI」の間に丸い図形を配し、その中に「味来」の文字を図案化して書き、円周の上部に沿って『mirai-seaweed』と記して成るもので、全体として「NORI」の文字をまとまりよく一体的に図案化したものと認められ、引用商標とは明らかに異なる印象を与える。
査定不服	ネオフィックス 平1類「のり及び接着剤、他」	＝	Hi-fix ハイフィックス 同左	審判平10-2513／平13.09.18　【要部抽出】　★本願商標は、その「ネオ」の文字から『neo』の表音と『new』の観念を生じ、指定商品の品質を表示するにとどまるので、要部を抽出して『フィックス』の称呼が生じ得る。一方、引用商標の『Hi』の部分は、英語『high』の略語であり、引用商標からも同じく『フィックス』の称呼が生ずる。
査定不服	いきめん 平30類「うどんの麺、即席中華そばのめん、他」	≠	粋（いき） 昭32類「加工食料品」	審判平11-1908／平13.09.18　【称呼結合】☆本願商標はまとまりよく一体的に表されてなり、「めん」の部分が『うどんの麺』を意味する場合があるとしても、かかる構成においては、全体として一連の造語を表してなるものとみるのが相当であり、『イキ』の称呼を生ずる印象は構成音数が多いため希薄である。
無効審取	Golden Retriever 平25類「洋服、コート、セーター類、他」	≠	Labrador Retriever 昭17類「被服」他」	東京高裁平13(行ケ)114／平13.09.20　　判決速報No.318(10329)無効2000-35315／平13.02.22）【観念混同】　☆①本件商標からは『ゴールデンリトリーバー犬』の観念が生じ、引用商標からは『ラブラドールリトリーバー犬』の観念が生じるとしても、両称呼は冗長である。②両商標の指定商品『被服等』の取引者・需要者が特に犬種に精通しているとはいえない。③犬に詳しくない者でも、「リトリーバー」が『犬の種類の名称』である程度の認識はあり得るから、「リトリーバー犬」という共通の観念を生ずるといえる。④本件商標からは『ゴールデンリトリーバー』の称呼・観念のみが生じ、引用商標からは『ラブラドールリトリーバー』の称呼・観念しか生じないとした審決の判断は誤りである。
査定不服	ZOOMF300 平28類「運動用具」	≠	ZOOM 昭24類「運動用具」	不服2001-5381／平13.09.26　【要部認定】☆本願商標は外観上まとまりよく一体的に表わされてなり、そこから生じる『ズームエフ』なる称呼も生じなく一連に称呼し得る。本願商標からは、単に『ズーム』の称呼は生じず、引用商標と称呼上類似するとした原査定は妥当でない。
査定不服	T‥Mobile‥ 平16類「文房具類」	≠	Mobil 昭25類「文房具類」	審判平11-9751／平13.09.26　【一体不可分】☆①本願商標は、外観上まとまりよく一体に構成されており、これより生ずると認められる『ティーモバイル』『ティーモビル』の称呼も格別冗長でなく一連に称呼でき、その全体構成をもって一体不可分の造語を表したものと認識・把握されるとみるのが相当である。②本願の指定商品を扱う文房具業界では、『Mobile』の文字部分は『モビール』よりもむしろ『モバイル』と称呼されている。
査定不服	silver hex. 平16類「文房具類」	≠	ヘックス HEX 昭25類「文房具類」	不服2000-6147／平13.09.26　【称呼結合】☆本願商標は、その「silver」の文字部分が『銀色の』の意味を有するとしても、『silver hex.』と同じ書体・同じ大きさの文字で外観上まとまりよく一体に表現された構成においては、その構成全体を一体不可分のものとして認識し把握されるものとみるのが相当であり、本願商標からは『シルバーヘックス』の称呼のみが生じ、引用商標より生ずる『ヘックス』の称呼とは区別できる。
査定不服	WMF PERFECT ベーエムエフ パーフェクト 平21類「なべ類、他」	≠	パーフェクト 昭19類「台所用品、他」	不服2000-15112／平13.09.27　【軽重なし】☆本願商標は外観上まとまりよく一体に看取でき、『ベーエムエフパーフェクト』と一連に称呼されるから、かかる称呼のみを生じる。よって、引用商標と称呼上類似するとした原査定は妥当でない。

§4−I ⑪

査定不服	TJPLAZA 平42類「電子計算機の貸与、他」	≠	PLAZA 平42類「記録媒体に収納した画像情報をテレビ画面に表示する装置の貸与」	不服2001-4262／平13.10.04【称呼結合】	☆本願商標は「TJPLAZA」の文字を同手法のレタリングにより一体的に表してなり、これより生ずる『ティジェイプラザ』の称呼も格別冗長ではなく、淀みなく一連に称呼し得るものであるから、本願商標は『ティジェイプラザ』の称呼のみを生ずる。
無効	高志忠平（図形）平31類「うなぎ（生きているものに限る）」	≠	ばんどう太郎 昭32類「食用水産物、他」	無効2000-35010／平13.10.10【要部抽出】	★本件商標の構成要素中、「坂東太郎」は利根川の異称で天然うなぎの産地として知られている。本件商標は、「忠平」の文字こそがその要部であり、『チュウベイ』の称呼のみを生ずるものである。
査定不服	タムソフト 平9類「電子応用機械器具、他」	≠	TAM 昭11類「電子応用機械器具、他」	審判平11-10658／平13.10.10【称呼結合】	☆本願商標は、その構成に相応して『タムソフト』の称呼をも生ずる。対して、引用商標は『ティエイエム』の称呼を生じ、何らの意味合いも看取させない造語と認識し把握されるものとみるのが相当である。
査定不服	おや子豆 平29類「煮豆、豆」	≠	親子梅 平29類「梅干し」	審判平11-16549／平13.10.11【称呼結合】	☆本願商標は、同じ書体・同じ大きさ・同じ間隔で一連に表されており、『オヤコマメ』の称呼のみを生ずるものである。
査定不服	ジー・エス・ピー GSP 平16類「文房具、他」	≠	日本CSP 昭25類「文房具、他」	不服2000-18373／平13.10.11【称呼結合】	☆引用商標「日本CSP」より『シーエスピー』の称呼をも生じ、これを本願商標より生ずる『ジーエスピー』なる称呼と比較するに、称呼識別上重要な要素を占める語頭部分において長音を伴い、かつ、他の音に影響されず明瞭に聴取される清音『シー』と濁音『ジー』の差異を有し、アルファベット3文字は1文字づつ注意して正確に発音される場合が多いといえるから、両商標は称呼上相紛れるおそれはない。
査定不服	Qualité Prix カテプリ 平3類「化粧品、他」	＝	カリテプリ 平3類「化粧品、せっけん類」	審判平10-4485／平13.10.12【称呼認定】	★①本願商標は、その下段の片仮名文字から『カテプリ』の称呼を生じるほか、上段の欧文字部分に照応して『カリテプリ』の称呼をも生ずる。②両商標は、『カリテプリ』の称呼を共通にする類似の商標である。
無効	PERFECT BALANCE パーフェクト バランス 平3類「化粧品、他」	≠	バランス BALANCE 昭4類「化粧品、他」	無効2000-35700／平13.10.16【観念結合】	★本願商標は外観上纏まりよく一体的に表されており、『パーフェクトバランス』なく称呼でき、「完全な釣合い」の如き意味合いを看取させるため、全体として一体不可分のものと認識し得る。『バランス』の称呼及び「釣合い」の観念を生ずる引用商標とは区別できる。
査定不服	空気感メイクシャワー 平3類「せっけん類、他」	＝	空気感 同左	審判平11-13070／平13.10.22【要部抽出】	★①本願商標は、これを常に一体不可分のものとして把握しなければならない特段の事由が存在するものとは認められず、本願商標に接する需要者は、これを「空気感」と「メイクシャワー」の文字よりなるものと視覚的に分離して看取するものである。②本願商標と引用商標も共に『クウキカン』の称呼を生ずる類似の商標である。
査定不服	UPM Max 平16類「文房具、他」	≠	マックス 昭25類「文房具、他」	不服2000-8846／平13.10.25【軽重】	☆本願商標は、外観上纏まりよく一体的に表されてなり、「UPM」と「Max」の文字の間に観念上軽重の差もなく、これより生ずる『ユーピーエムマックス』なる称呼は格別冗長でなく、淀みなく一連に称呼され、他に「Max」の文字のみが独立して認識されるべき事情は見出せない。
査定不服	HOT Chef（図形付）平30類「穀物の加工品、他」	≠	CHEF 昭32類「加工食品、他」	不服2000-2494／平13.10.30【一体不可分】	☆本願商標の「H」と「T」の間の「熱いものを入れて湯気が立っているお椀とみられる図形」は前後の「H」と「T」の欧文字との関係から「O」を図案化したものと認められ、全体として「HOT」の文字として看取される。そして、「T」の下の「Chef」の文字は、構成は異なるものの「HOT」と対をなす。よって、本願商標は全体として『ホットシェフ』の一連の称呼のみを生じる商標である。
査定不服	COLORSTREAM カラーストリーム 平2類「塗料、他」	≠	ストリーム 昭3類「塗料、他」	不服2000-19706／平13.11.06【観念結合】	☆本願商標は、「色の流れ」のごとき意味合いを想起させるものであるから、その構成全体をもって不可分一体の固有の商標とみるのが相当である。

〔工藤＝樋口〕

§4－Ⅰ⑪

区分	本願商標		引用商標	審決・審判情報
査定不服	ゆめ 平29類「加工水産物, 他」	≠	YUME COLLECTION 夢コレクション 昭32類「食用水産物, 他」	審判平11-18005／平13.11.07　【観念結合】　☆引用商標は、「夢をあつめたもの」の意味合いを把握することができ、『ユメコレクション』なる一連の称呼のみを生ずるものである。対して、本願商標は、単に「夢」の観念、『ユメ』の称呼を生ずるにすぎない。
無効	CHAREL COMFORT 平25類「靴類, 他」	＝	CHANEL 昭22類「はき物, 他」	無効2001-35086／平13.11.06【要部抽出】　☆①本願商標中の「COMFORT」の文字は、「コンフォートシューズ（見た目はハイヒールであるが、中は柔らかく足にフィットする履きやすい婦人靴）」を意味するものとして普通に使用されている事実がある。②本願商標から生ずる『シャレル』の称呼と引用商標から生ずる『シャネル』の称呼を比較するに、差異音『レ』『ネ』は母音を同じくする上に印象の薄らぐ中間に位置するので、全体の語調・語感が近似し、彼此聞き誤るおそれがあると判断するを相当とする。
査定不服	Minipla 平25類「手袋, 他」	≠	PULA プラ 平21類「家事用手袋, 作業用手袋, 他」	不服2001-5392／平13.11.08【称呼結合】　☆本願商標は同書体で外観上纏まりよく一体的に表されてなり、そこから生ずる『ミニプラ』なる称呼も淀みなく一連に称呼でき、全体として一体不可分の造語からなる。
査定不服	NATURAL BRAND 平29類「鮫軟骨のカルシウムと燐を含有した錠剤状の加工食品」	≠	菜ちゅらる NATURAL 昭32類「加工食料品, 他」	審判平11-15662／平13.11.08　【外観結合】　☆本願商標中、「NATURAL」と「BRAND」の文字は、外観上纏まりよく一体的に構成されており、観念上も軽重の差を見出し得ない。『ナチュラルブランド』の称呼も淀みなく一連に称呼され、「NATURAL」のみが独立して認識され、称呼されるとみるべき特段の事情は見出せない。
査定不服	HOLLYWOOD 平42類「飲食物の提供」	≠	ハリウッド 同左	審判平10-2518／平13.11.09【非要部捨象】☆①「HOLLYWOOD」「ハリウッド」は、米国ロスアンゼルスに存在する映画都市として著名な地理的名称であり、「飲食物の提供」に関する業界において、地理的名称を店名の一部として、例えば「ハリウッド○○」「○○ハリウッド」の如く採択使用されているのが実情である。②本願商標は「Fosters HOLLYWOOD」の文字部分に相応して『フォスターズハリウッド』『フォスターズ』の称呼をも生ずるとしても、『ハリウッド』の称呼のみをもって商取引に資するものとはいい難い。
査定不服	RED JIB レッドジブ 平18類「かばん類, 他」	≠	JIB 昭21類「かばん類, 他」	審判平10-9726／平13.11.09【観念結合】　☆本願商標はその文字より「赤い三角帆」という特定の観念を生ずるものである。その「RED」「レッド」の文字に「赤, 赤色」を意味するとしても、全体として特定の観念を生ずる商標にあっては、取引者・需要者は、「RED」「レッド」の文字部分を商品の色彩表示とは認識しないといえる。
査定不服	fPコンセプト 平7類「金属加工機械器具」	≠	① CONSEPT ONE ② CONSEPT TWO 昭9類「産業機械器具」	審判平10-3768／平13.11.09【一連一体】　☆①引用商標「CONCEPT ONE」「CONCEPT TWO」は、共に一連一体にまとまりよく表示されているものであるから、それぞれ『コンセプトワン』『コンセプトツー』なる称呼のみを生ずるものである。②「ONE」「TWO」の文字部分が直ちに商品の品質・型式を表示するための記号・符号として使用されている数字と認識・理解されるとはいい難い。
査定不服	G-VIEWS 平16類「印刷物, 他」	≠	VIEWS 昭26類「印刷物, 他」	審判平11-6819／平13.11.13【称呼結合】☆本願商標より生ずる『ジービューズ』の称呼は3音の簡潔な音構成にして淀みなく一連に称呼でき、一体不可分のものとして商取引に当たると見るのが自然である。本願商標は、『ジービューズ』の称呼のみを生じ、引用商標と称呼上類似するとした原査定は妥当でない。
査定不服	華（はな） 平30類「和菓子」	≠	花せんべい 昭30類「せんべい」	不服2000-8440／平13.11.13【取引実情】☆①両商標は共に『ハナ』の称呼を生ずるが、外観上はその構成態様を異にし、観念上は「華やか」と「植物の花」の意味合いにおいて印象を異にする。②本願商標は、昭和32年以来現在に至るまで「欧風和菓子」について全国41の百貨店等で販売され、取引者・需要者の間で広く認識されている事実がある。③両商標は区別できる。

〔工藤＝樋口〕

§4-I ⑪

	本願商標		引用商標	判決・審決等
無効	H-PROシリーズ 平7類「風水力機械器具」	＝	プロ 昭9類「風水力機械器具」	審判平11-35803／平13.11.13【要部抽出】☆機械器具を取り扱う業界においては、規格・品番等表示するための記号・符号としてローマ字の1字が類型的に採択・使用されており、「シリーズ」の文字はいわゆる「シリーズ商品」を表示する語として取引上一般に使用されているから、本件商標は、自他商品の識別標識としての機能を果たす文字部分「PRO」より生ずる称呼をもって取引に資することも決して少なくない。
査定不服	JOHNSON CONTROLS 平9類「配電用又は制御用の機械器具」	≠	Johnson 昭11類「電気機械器具、他」	不服2001-8419／平13.11.15【外観結合】☆本願商標は、その上段「JOHNSON」の左から2番目の「O」と下段「CONTROLS」の左から6番目の「O」とを重ねるが如く表し、さらにこれら重複部を一部図案化してなるもので、かかる特異な結合状態よりすれば、本願商標の上下段の各文字は全体として一体のものとして看取されるというのが相当である。
査定不服	らくらくウォーカー 平10類「家庭用歩行補助器」	≠	らくらく RAKURAKU 昭10類「指圧器、他」	審判平11-13085／平13.11.16【称呼結合】☆本願商標は、書体の違いはあるが、視覚印象上ひと纏まりのものと看取でき、全体として淀みなく一連に称呼し得る。よって、構成全体をもって不可分一体のものと認識され、本願商標からは『ラクラクウォーカー』の称呼のみが生じ、『ラクラク』の称呼が生じる引用商標とは区別される。
査定不服	プロテクトシャワー 平3類「せっけん類、他」	≠	プロテクト 同左	不服2001-6906／平13.11.16【一連一体】☆本願商標中の「シャワー」の文字部分が「灌水浴装置又はその水・湯」等の意味を有するとしても、かかる構成が指定商品の品質・用途等を具体的に表示するものとして直ちに理解し得るとはいい難く、むしろ構成全体をもって不可分一体の一種の造語とみるのが自然である。本願商標よりは『プロテクトシャワー』の称呼のみが生ずると判断するのが相当である。
査定不服	日本オステオパシー学会 JAPANOSTEOPATHYACADEMY 平16類「印刷物、他」	≠	日本オステオパシー協会 昭26類「印刷物」	不服2001-2375／平13.11.26【団体名称】☆「〇〇学会」「〇〇協会」「〇〇連合会」等のように前半部分が同一で後半の文字が異なる名称は、各々別個の団体として認識されている実情があることより、本願指定商品の取引においては、本願商標は一体のものとして捉えるのが相当である。本願商標からは、『ニホンオステオパシーガッカイ』の称呼のみが生じ、引用商標とは区別できる。
査定不服	ハイパーブリッジ HYPERBRIDGE 平9類「電子応用機械器具、他」	≠	BREIDGE 同左	不服2000-2977／平13.11.29【一連一体】☆本願商標は、外観上まとまりよく一体に構成されているものであって、これを殊更、分離観察しなければならない特段の理由は見出せない。
無効審取	エアコンキャッチャー 平11類「ルームエアコンディショナー室外機用金属製据付仮台」	≠	クーラーキャッチャー 昭7類「金属製たな板、建造物組立てセット、その他本類に属する商品」	東京高裁平12(行ケ)433／平13.11.29　最高裁HP（審判11-35166／平12.09.12）【一連一体】★①本件商標と引用商標は明らかに区別することのできる差異を有する非類似の商標である。②両商標が非類似である以上、本件商標の指定商品と引用商標の指定商品との類似性を検討するまでもなく、本件商標は商標法4条1項11号に該当しない。
査定不服	SR Technics 平39類「航空機による輸送、他」	≠	Technics 同左	不服2000-20042／平13.12.10【観念結合】☆「航空機による輸送」に関する分野において、欧文字2文字は航空会社を表す略記号として使用されている実情があることから、本願商標は全体として「Swiss-air(スイス航空)」に係る工業的技能・技術」の意味合いを想起させ、殊更これを「SR」と「Technics」に分離しなければならない特段の事情も見出せない。
査定不服	雪（図形） 平7類「製図用又は図案用の機械器具、他」	≠	雪 SNOW 平16類「製図用具、他」	不服2001-8207／平13.12.10【図字融合】☆本願商標は、「雪」の文字と「雪の結晶の一部と思しき図形」を隅丸四角形の図形内に纏りよく一体的に表したもので、「雪」の文字と「雪の結晶図形」のいずれか一方のみが独立して認識されるというよりは、それらをモチーフとした全体をもって一体不可分に構成された商標として把握・認識されるとみるべきである。即ち、本願商標は特定の称呼・観念を生ずるものではなく、引用商標とは類似しない。

〔工藤＝樋口〕

§4-Ⅰ⑪

	商標1		商標2	判決・審決
査定不服	NEG MICON 平9類「電子計算機, 他」	≠	N E G 昭11類「電子応用機械器具, 他」	不服2000-19526／平13.12.11【軽重なし】☆①本願商標は外観上纏まりよく一体に構成され, 観念上も特に軽重の差を見出せない。②本願商標より生ずる『エヌイージーミーコン』『エヌイージーマイコン』の称呼も格別冗長でなく, 他に「NEG」の文字部分のみが独立して認識されるとみるべき特段の事情は見出せない。
査定不服	WHITE CAMELLIA 平3類「化粧品, 他」	≠	CAMELLIA カメリア 昭4類「化粧品, 他」	審判平10-14908／平13.12.18【観念結合】☆①本願商標は,「白いカメリア(の花)」「白い花の咲くカメリア」との意味合いが自然に看取されるものと認められ, これより生ずる『ホワイトカメリア』の称呼も淀みなく一連に称呼できる。②本願商標は, その構成文字全体をもって一体不可分のものとして取引者・需要者に把握・認識され,『ホワイトカメリア』の称呼のみを生ずる。
無効審取	東 リ ウォール TŌLI WALL 昭25類「壁紙」	≠	TRI-WALL PAK 昭25類「紙類, 文房具類」	東京高裁平13(行ケ)398／平13.12.20　最高裁HP（審判平9-19476／平13.07.30）【一連一体】★本件商標より生ずる『トーリウォール』と引用商標より生ずる『トライウォールパック』の称呼は, 音構成・構成音数において顕著な差異を有するので称呼上相紛れるおそれはなく, また, 両者は特定の観念を有するものとは認められず, さらに, 外観においても明らかに区別できるとした審決の判断に誤りはない。
査定不服	J-フレンド 平36類「預金の受入れ, 他」	≠	FRIEND フレンド 同左	不服2001-10486／平13.12.21【称呼結合】☆本願商標は, 前後の文字をつなぐ符号, ハイフンで連結され, 外観上まとまりよく一体に表現され,『ジェーフレンド』の称呼も淀みなく一連に称呼できる。よって, 構成全体を一体不可分と認識するのが自然であり,『ジェーフレンド』の称呼のみ生じる。
査定不服	LANROVER/ ACCESS SWITCH 平9類「電子応用機械器具, 他」	≠	LAND ROVER 同左	不服2000-5069／平13.12.26【称呼非類似】☆両商標より生ずる『ランローバー』『ランドローバー』の称呼を比較すると, 両者はその中間に『ド』の音の有無に差異を有し, 該『ド』の音は有声の破裂音で響きの強い音であるから, 一連に称呼しても彼此聞き誤るおそれはない。
査定不服	SANNOVA サンノーバ 平5類「薬剤」	≠	SUNOVA 平5類「殺菌剤, 他」	不服2000-3063／平13.12.27【称呼認定】☆①本願商標は, その構成に相応して『サンノーバ』の称呼を生じ, 引用商標は, これを英語風に称呼した場合は『サノバ』の, ローマ字風に称呼した場合は『スノバ』の称呼を生ずるものと判断される。②『サノバ』と『スノバ』も語頭音の相違により聴別できる。

〔作表：樋口　豊治＝大西　育子＝西津　千晶〕

§4-Ⅰ⑪

[表E]：商品・役務に関する異議決定例・審決例・審決取消訴訟判決例（決定日順）

最高裁昭33(オ)1104「橘正宗」事件／昭36.06.27 民集15巻6号1730頁 （←東京高裁昭32(行ナ)63／昭33.10.07←審判昭30-2569／昭32.10.10「橘正宗（商品：清酒）」＝「橘焼酎（商品：焼酎）」
※「商品が類似のものであるか否か」は「商品自体」が取引上誤認混同されるおそれがあるか否かにより判定すべきではなく、それらの商品が通常同一営業主により製造又は販売されている等の事情により、それらの商品に同一又は類似の商標を使用するときは「同一営業主の製造又は販売に係る商品と誤認されるおそれがあると認められる関係にあるか否か」により決定されるべきである。

東京高裁昭35(行ナ)112／昭38.03.05（←審判昭34-464／昭35.09.16）　※①「セメント混和材防水材たる珪藻土」は旧第13類(注：大正分類)に属し、旧第70類には属さない。②同一商品が旧第13類と旧第70類の両類に亙って存するということはありえない。
※大正第13類「珪藻土」＝昭和第6類「非金属鉱物」⇒平成第6類「非金属鉱物（06B01）」、大正第70類「セメント急結剤・セメント防水剤・セメント混合剤」⇒昭和第1類「化学剤」⇒平成第1類「化学剤（01A01）」。

審判昭37-2186／昭38.04.04　※「金属製寝台」と「回転金属製事務用椅子」は、製造業者・販売業者及び素材を共通する類似の商品である。※共に、現行第20類「家具（20A01）」に属する。

最高裁昭37(オ)955「諸星墨汁」事件／昭39.06.16（←東京高裁昭36(行ナ)75／昭35.12.20←審判昭35-212／昭36.05.27）　※商標法上における指定商品の類否の判定に当たっては、商品の品質・形状・用途が同一であるか否かを基準とするだけでなく、更にその用途において密接な関連を有するかどうかとか、同一の店舗で販売されるのが通常であるかどうかというような取引の実情をも考慮しなければならない。「万年筆・鉛筆・クレオン・鉛筆削り・ペン軸・シャープペンシル・チョーク....」と「墨汁」とは、用途において相互にかつこれに密接に結合された用途に供せられ、かつ、同一の店舗で販売される状態をもつ商品であるから類似商品であるとの原審の判断に遺漏はない。

審判昭39-1557／昭40.08.17　※「脱脂屑糸」は、紡績屑糸・綿屑糸等を材料とするもので、これらの繊維を裁断し、繊維内の酸分を除去したものであって、既に糸の状態を喪失したものである。而して、脱脂屑糸の取扱業者は再生製物業者と異なり、リンターとしてセルロイド生地の原料となり、硝火綿用として火薬用、ダイナマイト用、カッター用の原料として用いられている。従って、「脱脂屑糸」と「糸」とは、その品質・製法・用途並びに取引系統を全く異にする非類似の商品である。※現行第23類「脱脂屑糸＝15A03」、「糸＝15A01」。

東京高裁昭39(行ケ)142／昭41.01.29　※第30類「菓子及びパン」の類に属する商品はすべて相互に類似する。
※現行分類でも、「菓子及びパン（30A01）」は第30類。

最高裁昭38(オ)469・同470「玉乃光」事件／昭42.05.02 民集21巻4号834頁、判時489号36頁、民商法雑誌57巻6号43頁、法曹時報19巻8号167頁（←東京高裁昭37(行ナ)52・同53／昭38.01.29←審判昭36-632／昭37.03.14）
※①昭和7年から昭和28年4月1日改訂までの凡そ20年間、商品の審査・審判の基準とされた「類似商品例集」において、「清酒」と「焼酎」は別異の商品として取り扱われていた。そのため、「清酒」を指定商品とする登録商標「玉の光」と「焼酎」を指定商品とする登録商標は併存したが、昭和28年4月1日以降においては「清酒」と「焼酎」が類似商品とされた（改訂類似商品例集）。しかるところ、「清酒」について登録商標「玉の光」を有する原告が、これとの連合商標として「玉乃光」を商標登録出願したところ、「焼酎」を指定商品とする登録商標「玉乃光」と類似するとして拒絶査定を受けた原告はこれを不服とし、「類似商品例集」に基づく審査実務は慣習法の実体にまで高められており、原告はその「清酒」の登録商標「玉の光」の連合商標として「玉乃光」を商標登録すべき既得権があると主張した。②最高裁の判断は、1．「類似商品例集」として設けられた基準は、商品類否の判定を統一し、出願人の便宜を図るためのものであるが、商品の類否はこの基準のいかんにかかわらず取引事情の推移に伴って変遷するものである。2．連合商標として登録出願されたものであっても、他人の商標登録と類似し指定商品においても類似している場合には、登録を受けることはできない。3．商標権者につき、原告と登録商標の獅子に類似する商品について連合商標の登録を受ける既得権を認めることはできない。

審判昭42-3998／昭43.09.27　※旧第58類(大正分類)の「他類に属せざる木・竹・藤・木皮・竹皮類の製品、其の漆金品及び蒔絵品の類」なる商品の表示は、材料主義による各種の具体的商品を包含してなるところの、いわゆる大概念による商品の表示であって「木・竹製の郵便受け」を包含する。
※現行分類では、「郵便受け」は、「金属製のもの」は第6類［19B35］、「石製のもの」は第19類［19B35］、「非金属製・非石製のもの」は第20類［19B35］に分かれる（材料主義）。

最高裁昭39(行ツ)54／昭43.11.15（←東京高裁昭37(行ナ)222／昭39.03.19＝民集22巻12号2559頁、判時541号27頁、判タ229号166頁）　※①「菓子・パン」に対する「餅」は、その品質・形状・用途を異にする商品を含むとしても、必ずしも常にその製造・発売元を異にするとはいえないから、両者は「類似する商品」に該当する。②商品自体が取引上互いに誤認混同を生ずるおそれがないものであっても、それらの商品に同一・類似の商標が使用されると、同一営業主の製造又は販売に係る商品と誤認混同される場合には、それらの商品は「類似商品」である。

審判昭42-305／昭43.11.21　※「完成品たる時計」と「時計用発条（スプリング）」は、完成品と部品の関係にあり、取引者・需要者をして同一出所の生産・販売に係る商品ではないかと思わしめるので、商標法上の類似商品であると認められる。
※共に、現行第14類「時計（23A01）」に属する。

〔工藤＝樋口〕　449

審判昭41-8717／昭44.02.05　※「農業用温風機」は, 昭和第9類「蒸気暖房装置, 温水暖房装置, 温気暖房装置, 放熱器, 温気炉, 窓掛け式空気調和装置, 中小式空気調和装置, 単位誘引式空気調和装置」の範疇に属する。
※現行第11類「暖冷房装置(09E11)」に属する。

審判昭42-4247／昭42.12.01　※「電気蚊取器」と「電気ふとん」「電気こんろ」等とは, 共に電気機械器具製造業者によっても製造されており, かつ, 電気機械器具関係の販売系統を通じても需要者に供給されるものであるから両者はその生産部門及び販売部門を同一にする類似の商品である。
※共に, 現行第11類「家庭用電熱用品類(11A06)」。

審判昭42-8606／昭45.05.01　※「燐酸系防錆剤」と「織物仕上げ剤」は, 製造業者・原材料・用途の如何に拘わらず, 化成品問屋と称される商社を通じて相交錯して取引される実情に徴すれば, これらの商品はいずれも販売場所(取引系統)を同じくする類似の商品と認められる。　※共に, 第1類「化学品(01A01)」。

東京高裁昭43(行ケ)180／昭46.11.25　※特許庁における「類似商品審査基準」は, 商標登録出願審査の便宜と統一のために定められた内規にすぎず, 法規としての効力を有するものではない。

審判昭45-4728／昭48.07.10　※昭和第1類『ジイソプロピルベンジルチオホスフェートを含有するいもち病防除薬剤』(現行第5類[01B01]) と大正第1類「青葉」(現行第5類[01B01])は, 需要者層・取引系統・使用目的を異にする互いに非類似の商品である。
※短冊が同じで非類似。

東京高裁昭53(行ケ)179／昭54.04.18　兼子・染野判例2755の39頁　※「握りずし」と「べんとう」は, 同一の用途に供され, 販売場所もお互いに交錯するということができ, 互いに類似する商品である。
※共に現行第30類[32F06]。

東京高裁昭56(行ケ)146／昭56.10.29　(→最高裁昭57(行ツ)14／昭57.05.27)　兼子・染野判例2755の41頁
※①特許庁商標課編集「類似商品審査基準」は, 行政庁としての特許庁における事務取扱い上商品の類否を推定する基準であるから, 理由なく恣意的にその内容を変更することは許されないが, 実質的理由のある場合は, この基準により類似と推定された商品を, その類推と異なる取扱をすることを排除するものではない。②「ほうき, はたき, ちり取り等」の「清掃用具(日用品)」と「まないた, すりばち, すりこぎ, 大根おろし等の「調理用具(台所用品)」は, 経験則に照らし, その製造業者を異にし, その用途も自ずから異なるもので, 社会通念上も別種の商品といい得る。　※共に現行第21類[19A05]。

審判昭37-5595／昭53.06.12　※引用商標の指定商品たる大正第1類「薬剤」には, 「ミネラル・ビタミン等の飼料添加剤」が含まれる。本件商標の指定商品たる大正第70類「他類に属せざる家畜及び家禽の合成飼料」に「ミネラル・ビタミン等の飼料添加剤」を添加することは, 家畜家禽の飼育上不可欠であり, 両者は極めて密接な関係を有し, 販売場所を同じくする場合も少なくない。よって, 両商品は類似の商品というべきであり, 本件商標の登録は無効とすべきものである。
⇒東京高裁昭53(行ケ)128／昭57.02.16　※「飼料(現行第31類[33B01])」と「飼料添加物(現行第1類[01A01])」は, 補完的関係にある商品で, 販売場所・需要者を共通し, 互いに類似する商品である。⇒最高裁昭57(行ツ)80／昭57.09.10／原判決維持。
⇒最高裁昭57(行ツ)80／昭57.09.10／原判決維持。

東京高裁昭60(行ケ)50／昭60.10.31(審判昭56-22689／昭60.02.01)　※「生理用ナプキン, 生理用タンポン」と「指サック, 乳首」は, 販売店舗及び需要者層を同一にすることが少なくないから, 互いに類似する商品である。
※前者は現行第5類[01C01], 後者は現行第10類[01C01]。

審判昭55-11499／昭61.09.25　※「デスクマット」は「文房具(現行第16類)」である。

審判昭59-1432／昭62.10.23　※「血中潜血検査用試験紙」は, 「試験紙(現行第1類[25A01])」ではなく, 「診断用薬剤(現行第5類[01B01])」に属する。

審判昭63-19238／平01.02.12　※小型鋏・糸・針・糸抜き等の衣服の補修に必要な最低限度の裁縫用品を小型の携帯用袋に入れた商品(携帯用メンディングセット)と認められ, これに収納されている商品のいずれが主でいずれが従と定め難い場合においては, その商標は, 当該セット商品についての使用であると同時に, 収納されている個々の商品についての使用でもあると解して差し支えないというのが相当である。

審判昭55-9627／平01.05.15　※「建築用又は構築用の専用材料」中の「扉, 戸, ドア」は, それらを建築物に使用した後は, 当該建築物と一体となり通常の状態では取り外しができないものをいう。対して, 「建具」としての「網戸, 障子, ふすま」等は, 規格品であり, 取り外しの容易なものをいう。
※「建築用又は構築用の金属製専用材料」⇒現行第6類[07A01]。「金属製建具」⇒現行第6類[20A01]。
「プラスチック製・合成樹脂製建築・構築専用材料」⇒現行第19類[07A03]。「木製建築・構築用材料」⇒現行第19類[07C01]。「ガラス建築・構築用材料」⇒現行第19類[07E01]。

審判昭56-25383／平01.11.30　※「家庭電気用サウナバス」は, 「浴槽(現行第11類[19B04])」ではなく, 「家電製品(現行第11類[11A06])」である。

§4-Ⅰ⑪

審判昭53-15878／平01.12.14	※「**機械器具の部品**」と「**機械要素**」とは、その商品の製造場所・販売方法・使用形態において明確に非類似の商品としてその差異を画することが困難な場合がしばしば存する。特許庁で分類されている商品区分は、出願人の便宜及び審査の便宜を図る見地から設けられているものであり、いずれの分類に属するかについて判断が極めて困難な商品も存するのが実情であって、これが明確に非類似の商品と確認し得ない「**二面性を有する商品**」であれば、そのいずれかに属する商品について使用されているものと判断するのは止むを得ないところである。
審判昭57-18098／平01.12.21	※「**コンタクト用洗浄液**」は、「石けん類」に属する。※昨今、登録4182095号など多数の登録があり「コンタクトレンズ用清浄剤・コンタクトレンズ用洗浄液・コンタクトレンズ用殺菌液・コンタクトレンズ用保存液」は、現行第5類「薬剤（01B01）」の範疇に属するとされていることに要注意。
審判昭55-22819／平02.01.11	※「**視軸矯正用眼帯**」は、「医療補助品（現行第5類【01C01】）」である。
審判昭61-16552／平02.06.07	※「田中千代・服飾事典（1981）」「増補改訂現代繊維辞典（1978）」によると、「**スポーツウエア**」は、スポーツのための衣服だけでなく、装飾性・趣味性を多くとりいれたポロシャツその他のシャツ類をも含むと理解されている。「トレーニング・スーツ」は、通常「上下一揃い」で取引されるので、第25類「洋服、コート」（17A01）の範疇に属し、「セーター類、ワイシャツ類」（17A02）の範疇には属さない。
審判昭56-3604／平02.06.21	※「**自動車用ショックアブソーバ**」は、第12類「自動車の部品（12A05）」に属さず、「陸上の乗物用の機械要素（現行第12類【09F01】）」の範疇に属する。
審判昭58-18318／平02.08.09	※「**印刷物**（26A01）」は、「文房具類に属するものを除く商品（25B01）」である。「日々の出来事や行事予定事項をごく簡単に書きとめておく程度の日記欄つき手帳」は、「文房具類」中の「紙製文房具」に例挙されている「**手帳**」の概念に属し、「印刷物」中の「日記帳」には当たらない。
審判昭60-17122／平02.08.30	※「**手回し式ミシン、足踏み式ミシン**（大正17類）」と「**電動ミシン**（大正69類）」はその使用目的・生産販売系統・需要者を共通するものであって、たとえ過去において非類似商品として取り扱われていたとしても、現在においては類似の商品とみるのが相当である。※いずれも、現行第7類「ミシン（09A13）」の範疇に属する。
審判昭58-10578／平03.01.31	※商店向けPOSシステム（販売時点情報管理システム）に使用する「**電子式金銭登録機**」は、「電子応用機械器具（現行第9類【11C01】）」の範疇に属する。
審判昭62-12022／平03.06.13	※「**トレーニングパンツ**」は、「運動用特殊衣服（24A01）」ではなく「衣服（17A01）」の範疇に属する。
審判昭63-20803／平03.09.12	※「**インスタントスープ**（現行第29類【32F10】）」と「**ピザ**（現行第30類【32F06】）」は、その製造部門及び販売部門を異にするのが通常であり、また、「ピザ」は通常主食として食されるのに対し、「インスタントスープ」は副食として食されるものであるなど、その品質・製造方法・保存方法・用途等を異にすることから、両者は非類似の商品とみるのが相当である。
審判昭63-9227／平04.05.27	※「**歯科診断写真撮影装置用閃光器**」と称して販売していても、それが「一般の写真撮影にも使用される閃光器」であるかぎり「写真機械器具」（現行第9類【10B01】）の範疇に属する。
審判昭60-13506／平04.06.04	※「**自動車用センサー**」は、第12類「自動車の部品」に属さず、「測定機械器具（現行第9類【10C01】）」に属する。
審判昭58-23153／平04.06.11	※「**家庭用低周波治療器**」は、薬事法の政令で定める「簡易医療機器」の範疇に属し、「民生用電気機械器具」の範疇には属さない。※「家庭用低周波治療器」は「医療用機械器具」として現行第10類【10D01】）」に属し、「家庭用電気マッサージ器」は「民生用電気機械器具」として現行第10類【11A06】）」に属する。
審判昭61-10834／平04.11.20	※昭和第24類「**柔道衣・剣道衣**」（現行第25類【24C01】）は、吸水性・耐久性の良い綿や合繊等の生地で作られ、主にスポーツ用品店で販売されるのに対し、昭和第24類「**ぶらんこ、すべり台**」（現行第28類【24C01】）は、幼児の運動神経などを養成するための遊戯用具で、金属・合成樹脂・木材等で作られ、主に玩具店で販売されるものであるから、両者はその商品の用途・品質・販売経路等を異にし、かつ、一般に生産者も異にするとみるのが相当であり、共に審査基準上の「運動具」に属するとしても、両者は非類似の商品といわねばならない。※短冊が同じで非類似。
審判昭63-50008／平04.11.30	※「**器物脱臭用スプレー**」は、「化学剤」中の「脱臭剤（現行第1類）」に属する。※「身体用脱臭スプレー」は現行第3類。
審判昭58-5109／平05.03.17	※「**エビ入りのり天、おしゃぶり昆布、結び昆布、味付わかめ、まいか**」は、「かつお節、削り節、とろろ昆布、干しのり、焼きのり、干しひじき、寒天（現行29類【32F02】）を生産する生産物加工業者とは別異の水産物加工業者に係る商品であり、「水産物のかんづめ、びんづめ、かまぼこ、はんぺん」等の「**加工水産物**」（現行29類【32F01】）の範疇に属する。

〔工藤＝樋口〕

§4-I ⑪

審判平4-9696／平07.01.09　※非常用又は緊急用の飲料水貯蔵容器として使用される「飲料水用気密フレキシブル容器」は、工業用のものは「液体貯蔵槽、工業用水槽（石製又は金属製のものを除く。）」（現行20類［09G59］）の範疇に属し、家庭用のものは「家庭用水槽（石製又は金属製のものを除く。）」（現行20類［19B49］）の範疇に属する。「包装用容器」は、専ら商品の取引の際にその商品を入れる（包装する）ための商品である。

審判昭63-808／平07.01.27　※「田植機」（現行7類［09A41］）は「稲作農家」によって使用される農業用機械であり、「養鶏用集卵ベルト」（現行7類［09A45］）は「畜産用機械器具」であり、両者は需要者を異にするばかりでなく、用途においても明らかに相違するものであるから、両者は非類似の商品とみるのが相当である。

審判平3-5380／平07.04.19　※昭和第1類「ビタミン剤・アミノ酸剤・薬用ドリンク剤その他の滋養強壮変質剤」（現行第5類［01B01］）は、くる病の予防及び治療、乳幼児の発育促進、妊・産・授乳婦の健康維持、学童の栄養摂取に内服して用いられ、主に薬局・薬店で販売されるのに対して、昭和第11類「土壌改良剤」（現行第1類［01B01］）は、土壌の化学的・物理的性質の改良のため土壌に混和又はすき込んで用いられ、主に園芸店・肥料店で販売されるものであるから、両者はその商品の用途・使用方法・販売場所等を異にし、また、一般に生産者も異にするとみるのが相当である。そうすれば共に「薬剤」の概念に属するものであるとしても互いに非類似の商品といわなければならない。※類似群コードが同じで非類似。

審判平1-13210／平07.07.17　※「かつらを収納するための専用バッグ」は、「かつら」の属する「頭飾品（現行第26類［21A03］）」の範疇に属する。

審判平4-20464／平07.09.18　※「医薬部外品」として製造承認された「薬用歯磨き」は、たとえそれが歯槽膿漏や歯肉炎を予防する旨の表示があるものであっても、「薬剤（現行第5類［01B01］）」ではなく、「歯磨き類（現行第3類［04B01］）」である。

審判平5-7931／平07.10.04　※「自動車のフロントガラス等の曇り止め剤を詰め替えて使用する噴霧容器」は、「ガラスの曇り止め用化学剤を塗布する器具」と認識される商品であって、「化学剤とその容器と認識される商品（現行第1類［01A01］）」でも、「自動車用附属品（現行第12類［12A05］）」でもなく、「日用品（現行第21類［19A05］）」に属する商品である。

東京高裁平7（行ケ）161／平08.03.21　※「土壌改良剤（現行第1類［01B01］）」と「薬剤（現行第5類［01B01］）」は、類似商品である。
※他周問類似。

審判平4-23827／平10.02.17　※大正第1類「化学品」の総括名称中に掲げられている「樹脂類」なる概念には、「松脂・マスチック等の天然樹脂（現行第2類［01A01］）」のみならず「合成樹脂（現行第1類［34A01］）」も含まれる（例えば、登録第562917号、同第580624号、同第541969号など）。これにいう「合成樹脂」と昭和第34類「板状等の発泡ポリウレタン樹脂の基礎製品（現行第17類［34A01］）」とは、加工品と原材料の関係にあり、両者は製造部門・販売部門を共通にする場合が多く、互いに類似する商品である。

審判平7-10195／平10.02.25　※「樹脂・硬化促進剤及び骨材等を管状レジンカプセルに充填してなる建築用構築用専用接着剤」は、接着剤をその構成要素にもつものではあるが、化学品たる「接着剤」そのものではなく、その用途等に照らせば全体としては「建築用又は構築用材料」というものである。

審判平8-15675／平10.05.12　※大正69類は電気に関係がある機械をまとめた類であり、「電気機械器具」の範疇には「出火報知機（電気に依るもの）」が含まれる。「保安機械器具」≒大69類「電気機械器具」

異議平10-90078／平10.06.26　※「電子計算機」は、「金属機械器具」とは商品の機能及び用途・生産者を異にし、類似しない商品である。

審判平6-7653／平10.07.28　※「法産業用内視鏡」は、機器の欠陥部分を拡大・解像し、観察するために解像度、レンズ倍率等を調節できる光学的性能を備えた機器であって、機器の検査に用いられるものであるから、精密機械器具の一種である「光学機械器具（現行第9類［10B01］）」の範疇に属する。金属疲労等の欠陥を予めチェックして、事故を未然に防止するためにも使用されるからといって「保安用機械器具」に属するとすることはできない。

審判平10-10990／平10.08.03　※「家具、ついたて、屏風、ベンチ」は、「宅配自動管理ロッカー」と類似する。※「宅配ボックス」は現行第20類「家具（20A01）」の範疇。「ついたて、屏風」は［20C04］、「ベンチ」は［20D02］。

審判平9-3332／平10.09.02　※「写真材料」と「写真機械器具」とはその用途・販売店等を同じくする類似商品である。

審判平7-12099／平10.11.24　※「原料プラスチックに添加する抗菌剤」は「工業用の抗菌剤」であって「化学品（現行第1類［01A01］）」の範疇に属する。

審判平8-21852／平10.12.31　※「無機抗菌剤」は、無機微粒子に抗菌性作用を発現する金属を担持させたもので、広範囲な細菌やカビに作用し、樹脂・繊維・紙・各種粉体・塗料・インク・接着剤・コーキング剤などに少量添加することにより、優れた抗菌性を示すものであると認められる。かかる「無機抗菌剤」は、例えば、植物・土壌用の抗菌・殺菌・防カビ、動物の飼料に添加する等に用いる農業用又は公衆衛生用薬剤等「薬剤」に属するものとは異なるものであって、工業的抗菌目的に用いる「無機工業薬品（現行第1類［01A01］）」と認められる。

〔工藤＝樋口〕

§4-Ⅰ⑪

審判平4-22575／平11.03.10　※①昭和第9類での「**専用の部品及び附属品**」はそれが用いられる完成品の属する大概念に含まれるとされるが、「**汎用の部品**」は、完成品の属する大概念には含まれない。②「**直線運動軸受**」は、「機械要素」の「軸受」に属し、「**精密位置決めテーブル**」は各種機械に使用される汎用性のあるものであるから「コンベア」の専用部品又は附属品とはいえない。

審判平9-21158／平11.04.01　※商標法上「**うなぎの蒲焼き**(現行第29類 [32F01])」と称される商品は、折り詰めされたり、土産物として人々が随時購入できる状態になっているものをいい、店舗内で食されるものは、商標法上の商品ではない。

異議平10-92035／平11.04.26　※現行第37類「**建築一式工事** [37A01]」と昭和第7類「**建築又は構築専用材料** [07A01～A08、07E01、07B01、07C01]」とは類似しない。建築工事等の施工業者が引用商標の指定商品を使用して工事を行うという事実があるとしても、これらの工事の施工業者と引用商標の指定商品の製造業者が同一であるという事実はなく、申立人もそのような事実を証明していない。

審判平7-16111／平11.05.17　※「**学校に関する情報の提供**」には「学校教育の内容に関する情報の提供」も含まれるから、当該役務は、本願指定役務とは密接な関係を有するから、両役務は類似するとするのが相当である。

異議平10-92271／平11.07.09　※本件指定役務第42類「**電子計算機の部品及び装置の設計、電子計算機のプログラムの設計・作成・保守、集積回路の設計**」と引用商標の指定商品第9類「**電子応用機械器具及びその部品**」は互いに類似しないものと判断するのが相当である。

異議平11-90407／平11.07.14　※現行第41類「**プラネタリウム上映施設の提供**、映画の上映・制作又は配給、映写機及びその附属品の貸与、映写フィルムの貸与 [41E02、41K02、41M01]」と昭和第11類「**大型映像表示装置** [11C01]」は互いに類似しないものと判断するのが相当である。

異議平11-91834／平11.07.19　※「**健康食品**」「**栄養補助食品**」と称されている商品は、店舗販売の外、通信販売・無店舗販売(訪問販売)等により、一般需要者との取引が行われるのが通例であり、その製造者・取扱者は、普通一般の加工食品の製造・販売業者とは異なり、また、特殊な加工食品として取り扱われ、販売されているのが実情である。第30類「健康食品・栄養補助食品」に属する「**はちみつ・プロポリスを原材料とする液状加工食品**(現行第30類 [32F02・32F03・32F04])」と「**調味料**」の一種である「はちみつ(現行第30類 [31A03])」とは、その取引系統・販売場所を著しく異にするのみならず、用途・使用方法等においても異なる互いに非類似の商品である。

異議平11-90204／平11.07.29　※現行第37類「**建築一式工事、土木一式工事、舗装工事、石工事、大工工事、建具工事、**等 [37A01]」と現行第19類「**建築又は構築用の非金属鉱物、陶磁製建築専用材料、合成建築専用材料、**等 [06B01、07A02～A04、07B01、07C01、20A01]」が、常に同一事業者によって行われているのが一般であるとはいえないから、両者は類似するものとは認め難い。

東京高裁平8(行ケ)185／平11.09.28　※「**光電スイッチ**」は、対象物の遮光や反射等によって生じる受光量の変化を受光素子で受けて増幅し出力信号として検出する機器であるから、現行第9類「**電子応用機械器具** [11C01]」の範疇に属する。
※「光電スイッチ」は、第9類「**配電用又は制御用の機械器具** [11A01]」に属する「断路器(スイッチ)」とは異なる。

審判平10-30557／平11.10.01　※「**Tシャツ**」は、「ワイシャツ類」中の「スポーツシャツ(現行第25類 [17A02])」の範疇に属する。

審判平10-30592／平11.10.01　※「**一輪車**」は「自転車」の範疇に含まれる。「**自転車用の空気ポンプ(エアーポンプ)**」は「自転車の部品及び附属品(現行第12類 [12A06])」の範疇に属する。

審判平10-31171／平11.10.01　※「**診断用試薬と比色用具等を組み合わせて成る検査キット**」と呼ばれる商品は「医療用機械器具」の範疇ではなく、「薬剤」の範疇に属する商品である。

審判平11-30294／平11.10.18　※「**医療機械器具**」と「**医療機械器具及びその部品および附属品**」は、実質的に同一の商品である。審査基準上「医療機械器具」については、「その部品および附属品」だけをまとめた概念は設けられていないので、「医療機械器具の部品および附属品」は、全てそれが用いられる完成品の属する概念に含まれる。
※いずれも第10類 [10D01]。

審判平10-15753／平11.11.08　※大正第16類「**ゴム、エボナイト、ガタペルチャ、ラバーサブスチチュート、及び他類に属しないその軟質製品**」には「軟質プラスチック製の哺乳器、乳首」が含まれ、これらの商品は第10類「綿棒」と類似する商品である。両者は、いずれも同一の店舗(薬局・薬店)で販売される商品であり、しかも、「綿棒」は、一般家庭でも使われる衛生製品であって、特に乳幼児の体の衛生や調子を保つためにもよく使われるものであるから、前記「哺乳器・乳首」とは需要者層も同一といえるものである。
※いずれも類似群コード [01C01]。

審判平10-11304／平11.11.22　※第10類「**医療用消毒水・殺菌水製造機械器具**」は、医療用消毒水・殺菌水を製造する装置であるのに対して、第12類「**車いす**」は、健康な活動機能に障害が生じた場合にそれを補うための生活補助具等の一種であり、両者の生産者・用途・需要者等を異にする非類似商品と認められる。

〔工藤＝樋口〕　453

§4−Ⅰ⑪

審判平10-30409／平11.12.01　※「**化学調味料**（現行第30類〔31A05〕）」とは、こんぶ・かつお節・干し椎茸等の旨味成分を、糖みつ・デンプン等を主原料として発酵法により工業的に製造したもので、グルタミン酸ナトリウムや核酸系調味料であるイノシン酸ナトリウム・ウリジル酸ナトリウム・グアニル酸ナトリウム・各種アミノ酸をいい、こんぶ・かつお節・干し椎茸等の天然資源を原材料にして製造される「**風味調味料**（こんぶエキス・かつおエキス・しいたけエキス等）」とは、製造方法・流通経路等全く異にするものである。「風味調味料」は、「しょうゆ等の調味料（現行第30類〔31A02〕）」に類似する商品である。

審判平10-30949／平12.01.05　※「薬剤」に属すべき商品は、「薬事法にいう医薬品」と「全ての農薬」とされている（現行第5類〔01B01〕）。「**農薬**」とは、農薬取締法の定義によれば「農作物（樹木及び農林産物を含む）を害する菌・線虫・だに・昆虫・ねずみその他の動物又はウイルス（以下、『病害虫』という。）の防除に用いられる殺菌剤・殺虫剤その他の薬剤（その薬剤を原料又は材料として使用した資材で当該防除に用いられるもののうち政令で定めるものを含む）及び農作物等の生理機能の増進又は抑制に用いられる成長促進剤・発芽抑制剤その他の薬剤」をいう。「**芝用着色剤**」は、たとえそれが緑化関連の資材であるとしても農薬取締法にいう「農薬」の範疇に属するとはいえない。
※米国では第2類「塗料」の範疇に属する。

審判平10-31326／平12.01.13　※「**アセトアミノフェン**」は、日本薬局方に薬剤として収載されている以上第5類「薬剤」の範疇に属し、第1類「医薬品の原材料たる化学品」には属さない。

審判平7-5094／平12.02.01　※第10類「**義足用膝継手**〔10D01〕」と昭和第1類「**医療用腕輪**（現行第5類〔10D01〕」とは、商品の販売場所・用法・用途を著しく異にするものであるから、取引上の誤認・混同を生じさせるおそれのない非類似の商品である。　　※**類似群コードが同じで非類似。**

審判平10-29／平12.02.28　※薬剤の製造・販売には厚生省あるいは都道府県の許可が必要とされるところ、被請求人はこれに関する証拠を何ら提出していない。被請求人の商品は、主にカビ・藻等に汚染された住居・工場・ホール・病院等の建物を殺菌するために使用されるもので、品質・用途的には第1類「化学品〔01A01〕」の概念に属する「**殺菌剤**」及び「**漂白殺菌剤**」であって、第5類「薬剤〔01B01〕」ではないと判断するのが相当である。

審判平9-17812／平12.02.29　※第26類「**編物針**〔13A02〕」には、第8類「**編み棒**〔19B03〕」が含まれるといわざるを得ない。②「類似商品・役務審査基準」は、全審査官の統一的基準ではあるが、具体的、個別的に商品の類否を審査する際において、あるいは商取引、経済界等の実状の推移から、本基準で「類似」と推定したものであっても「非類似」と認められる場合、又はその逆の場合が存在することを認めざるを得ない。
※**類似群コードが異なるも商品類似。**

審判平10-16449／平12.03.03　※第42類の「**マッサージ**（42V01）」なる概念には、風営法2条4項5号にいうセックス産業としての「個室マッサージ」や「ファッションマッサージ」も含まれる。

審判平11-7480／平12.03.13　※第7類「**業務用電気洗米機**」と第7類「**精米機、その他の穀物処理機械器具**」は互いに非類似の商品であると認められる。前者は、主にレストラン・飲食店又は社内食堂等の飲食事業者が専ら業務用に用いる大容量仕様の洗米用機械器具であり、概念上「**商業・サービス業用機械器具ないし業務用の厨房機械器具**（現行第11類〔09E28〕）」の範疇に属する商品とみられる。対して、後者は、穀物原料の加工処理を目的として主として食品生産又は食品加工に携わる事業者が専ら当該食品加工用に用いる機械器具であって、概念上「押し麦機・製菓機・製パン機・製粉機・精米機・製めん機・ひき割り麦機」等と同様「**穀物処理機械器具**（現行第7類〔09A08〕」の範疇に属する商品であると認められる。しかして、両者は、その構造・機能又は用途において相違するばかりでなく、その主たる需要者又は取扱い事業所を異にし、生産・流通の事情も自ずから異なるから、互いに非類似の商品であると判断するのが相当である。

審判平10-356244／平12.04..11　※「**電磁流量計**」は、流路内を流れる液体の流量をファラデーの電磁誘導の法則を応用して測定するものであるから、第9類「測定機械器具〔10C01〕」に属する。

審判平9-17387／平12.04.13　※「**ココナッツミルク**」には、①「そのまま飲用する果実飲料の範疇に属するもの（現行第32類〔29C01〕」と②「料理の食材又は調味料として使用されるもの（現行第30類〔31A02、32F04〕」がある。

審判平9-4450／平12.05.30　※第30類「**蜂の子を乾燥させ粉末状に砕いてカプセルに入れた健康食品**」と第29類「**蜂産品（プロポリス、ローヤルゼリー、蜂蜜等）の加工食品**」は、共に美容を目的とする健康食品若しくはダイエット用品であって、原材料・用途・販売場所を共通する類似の商品である。
※共に**一括類似群コード**「32F01・32F02・32F03・32F04」。

審判平11-30008／平12.05.31　※「**マリンプロッター・魚群探知機**」は、第9類「電子応用機械器具（水中聴音機械器具）〔11C01〕」の範疇に属する。

審判平11-30471／平12.06.08　※「**デンタルノギス**」は入れ歯や人工骨の厚みの測定に使用されるもので、「測定機械器具（現行第9類〔10C01〕）」ではなく「医療機械器具（現行第10類〔10D01〕）」に属する。

審判平10-728／平12.06.19　第9類「**消防車、自動車用シガーライター**〔12A05〕」と第12類「**自動車及びその部品及附属品**〔12A05〕」は、製造業者・取引業者等を共通する類似商品である。

454　〔工藤＝樋口〕

§4-I ⑪

審判平10-30739／平11.09.07　※① 昭和第19類「台所用品，日用品」に属する「**脱臭器**」は，(a) 所謂「ベンチレーター」たる「便所の臭気抜きの換気筒」をいう他，(b)「脱臭剤等を入れて脱臭するための器具であって，それ自体に脱臭剤を含まないもの」をいうと認められる。プラスチック製容器に入れられる脱臭剤そのものであって「脱臭器」ではない。② 「脱臭剤」は第1類「化学品」に属し，「脱臭器」とは類似しない商品である。

東京高裁平10(行ケ)47／平12.06.29　「**カーキムコ商標事件**」（審決取消）　※①審決にいう「**脱臭器**」とは，プラスチック製容器内に脱臭材料を充填して成り，自動車内を脱臭する機能を果たすものであり，この形態で流通に置かれるものであると認められる。かかる「脱臭器」は，たとえその主体となるものが「脱臭剤」であるとしても，昭和第19類「日用品」中の「脱臭器」に属すると解することに格別不都合があるとは考えられない。仮に，何らかの理由により，「脱臭器」に属すると解することに不都合があるとしても，本件商品は昭和第19類「日用品」に属すると解するのが相当である。② 「脱臭器」という以上，それ自体が脱臭作用を行い得るものであると考えるのが自然であり，脱臭剤による脱臭を目的とする商品が日常的に用いられる「脱臭器」として流通に置かれる限り，脱臭剤の入った容器の形態をとるのが通常であり，脱臭剤の入っていない容器のみが脱臭器として流通に置かれることは極めて例外的なものというべきである。③特許庁自身も，本件商標登録の昭和62年の更新の際には，本件商品と同種の商品を脱臭器とする使用証明に基づき，指定商品についての使用の事実を認定して登録更新を認めた事実がある。
※昭和第19類「日用品」中の「脱臭器」は，昭和分類上の問題商品の一つである。特許庁の解釈では，「汲み取り式便所の臭気抜き換気筒」を指すとのことであったが，これに限られないことになった。特許庁商標課編「書換ガイドライン」中で「脱臭器」は掲載を省略されている。昭和第19類に存在した「日用品」「台所用品」「調理用具」「裁縫用具」「食料または飲料貯蔵器具」なる概念は，現行分類では使用されない。

審判平7-5606／平12.07.25　※「**御祓**」は，利用者との間に金銭の授受の行為（その行為が寄付であったとしても）が存在することよりすれば，経済活動上の取引の対象となり得る商標法上，「第42類に属する役務」というのが相当である。
※「榊料」「お布施」等の名目で謝礼の支払われる神事・仏事は商標法上の「役務」に当たらないとするのが原則である。本件「御祓」はその例外に当たるものと思われる。

審判平11-30083／平12.08.05　※「**半導体製造用の化学蒸着法による薄膜形成装置**」は，半導体の製造工程における絶縁膜・電極配線膜・半導体膜等の形成を化学蒸着法（Chemical Vapor Deposition）によって行うための装置であり，専ら半導体を製造するための装置の一つといえるから，「半導体製造装置（現行第7類［09A68］）」に属する商品である。

審判平11-30115／平12.08.16　※タンクに植生用の栄養成分からなる基盤材・種子・水を入れて撹拌混合した後，大径長尺ホースによって所定の場所に吹きつけて植生を図り，「法面（のりめん）緑化工事」に用いる「**植生機械**」は第7類「土木機械器具（09A03）」の範疇に属する商品であって，第7類「農業用機械器具（09A41・09A43・09A45・09A47）」の範疇に属するものではない。

審判平11-13295／平12.08.28　※「**クリーンルーム用防塵手袋**」は，専ら半導体製造工場で使用されるもので，一般の防寒用又は装飾用品としての手袋及びこれと同じ類似群（17A04）のエプロン・ショール・ネクタイ等とは，その用途・機能又は利用目的を異にし，かつ，その需給関係又は需要者の範囲も異なる異種・別個の商品と判断するのが取引の実情に照らして相当である。
※第9類「事故防護用手袋（17A04）」，第10類「医療用手袋（17A04）」，第17類「絶縁用手袋（17A04）」及び第21類「家事用手袋（17A04）」についても同じことがいえるのではないか。

審判平11-30852／平12.09.25　「**靴用防臭剤**」は「薬剤（01B01）」の範疇に属する。

審判平8-18130／平12.09.28　※「**洗い張り，シミ抜き**」を第40類に属する役務（40A01）であると認定した原査定は誤りである。「**洗い張り**」とは，文化出版局発行「服飾辞典」によれば，「和服洗濯の一種で，丸洗いでなく解いて洗う方法。和服は直線裁ちであるため，解いて裁ち目を縫うと元の1反になる。これを板の上でブラシ洗いするが，職業的には，ささら（竹の用具）で叩き洗いを行う。」とあり，平凡社発行「世界大百科事典」にも「古くからの和服専門の洗濯方法。」と記述されている。「**シミ抜き**」とは，前出「服飾辞典」によれば，「しみを丸洗いせずに部分的に除去すること。」とされ，同じく前出「世界大百科事典」には，「衣服などの繊維製品，住宅の壁・天井・畳・床材などに生じた汚点や付着した異物を除去する家政学上の技術をいう。」とある。以上を総合すると，「洗濯」とは「衣類などの汚れを洗ってきれいにすること。洗いすすぎ。」を意味するところ，「洗い張り」とは，「わが国古来の和服の汚れを洗ってきれいにすること」であり，「シミ抜き」とは「部分洗い」というべきものであるから，共に第37類「洗濯（37F02）」の概念に属するのである。
※「洗い張り」については，従前から［40A01・37F02］とした登録例がある（登録40146482他）。

審判平10-35422／平12.10.03　※「**スケートボード用靴**」は「**運動用特殊靴**」の範疇に属し，「**運動用特殊衣服**」とは，その販売部門・用途・需要者の範囲を共通する極めて関連の深い商品である。
※共に現行第25類［24C01］。

〔工藤＝樋口〕

§4-I ⑪

東京高裁平11(行ケ)393／平12.10.10（審判平10－35202／平11.09.17）　※①現行第42類「**電子計算機のプログラムの設計・作成又は保守**，電子計算機による計算処理その他の情報の処理，電子計算機のプログラムの設計・作成又は保守のコンサルティング，電子計算機用プログラムを記憶させた電子回路・磁気ディスク・磁気テープの貸与［42P02，42X11］」なる役務と昭和第11類「**電子計算機用プログラムを記憶させた電子回路・磁気ディスク・磁気テープ**その他の周辺機器電気機械器具［11C01］」なる商品は，類似するとはいえない。②「電子計算機のプログラム」はそれ自体で取引される性質を有し，近時はインターネットを介してプログラムが提供される場合も多い。プログラムと機械器具との取引上の独立性は高く，別個に消費者に提供される可能性が高い。③本件役務と商品とは，取引の対象・形態・流通経路を共通する場合があるものの，多くの場合について共通するものではないというべきで，一部共通する場合のあり得ることを以て両者が直ちに類似するとはいえない。④「電子計算機用プログラムを記憶させた電子回路・磁気ディスク・磁気テープの貸与」については，「プログラムを記憶させた磁気ディスク等」が流通することを予定した商品であって「貸与」とは共通しない取引態様が多く存在し得るものであるから，両者に共通する態様のある点をもってしても，両者を類似するものと認めることはできない。⑤今日，マイコンチップに埋め込まれたプログラムは多くの電化製品に組み込まれるに至っているところ，「電子計算機のプログラムの設計・作成又は保守」などを初めとする本件役務が広く昭和第11類の電気機械器具等の商品と類似するものとすると，電子計算機のプログラムを組み込んだ電気冷蔵庫・電子レンジ・電気洗濯機・電気がま・テレビ・ビデオデッキなど多くの対象を家庭用電化製品の商品までもが，本件商標の指定役務と類似するとするおそれが生じる。

審判平10－35678／平12.12.15　※「**薬剤**」と「**農薬用薬剤**」との類否関係をみるに，東洋経済新報社発行「1995年会社四季報」によれば，例えば，武田薬品工業株式会社を初めとする多数の薬品製造会社において，「湿布剤，プラスター」を含む薬剤と「土壌改良剤，植物成長調整剤類」を含む農薬用薬剤の両分野の薬剤を製造，販売している事実が認められる。してみれば，薬剤である「湿布剤，プラスター」と農薬用薬剤である「土壌改良剤，植物成長調整剤類」の両商品は，その生産部門を同一にする類似の商品とみるのが相当である。

審判平11－35037／平13.01.16　※昭和第17類「**寝具類**」（現行第24類「かや，敷布，布団，布団カバー，布団側，枕カバー，毛布［17C01］」と「**寝台**」（現行第20類「家具［20A01］」の範疇）とは，類似の商品であると認めるを相当とする。　※両者は「備考類似」の関係にある。

審判平11－35505／平13.01.16　※現行第9類「**電気通信機械器具**［11B01］」中に含まれる「テレビジョン受像機，ラジオ受信機，音声周波機械器具，映像周波機械器具」と現行第11類「**家庭用電熱用品類**［11A06］」とは，互いに類似する商品と判断するを相当とする。　※両者は「備考類似」の関係にある。

審判平11－30800／平13.01.18　※①「**電子応用機械器具**（現行第9類［11C01］）」なる概念は，「電子の作用を応用したものであって，その機械器具の機能の本質的な要素となっているのみを指し，「及びその部品［11C01］」なる表記部分についての独立した概念はない。②「**エンジン制御用の電子回路基板**」は，「動力機械器具［09B01］」の範疇に属する「内燃期間としての各種エンジンの部品」である。　※現行審査基準では，内燃機関は，「陸上の乗用のもの」は第12類に属し，「それ以外のもの」は第7類に属し，「内燃機関の部品」は，「陸上の乗物用のもの」は第7類に属する。

審判平10－21338／平13.01.29　※昭和第10類「**理化学機械器具**（現行第9類［10A01］）」には，自然科学の研究用又は実験に使用する器具が含まれ，「接種定量用ループ」が血液検査等の病理検査に使用することができるからといって「理化学機械器具」に属さないとはいえない。

審判平10－15754／平13.01.30　※①**大正分類**は，原材料主義・生産者主義を原則としていたものと解される。そして**大正第16類**は，「護謨，エボナイト，ガタペルチヤ，ラバーサブスチチユート，及び，他類に属せざる其の製品」と定められているように，この類には「ゴム，ゴム製品，軟質合成樹脂（プラスチック）製品，他類に属しない軟質製品」が包含され，**その中には「軟質プラスチック製のほ乳器・乳首」が含まれる。**②「軟質プラスチック製のほ乳器・乳首（01C01）／現行第10類」も「**綿棒**（01C01）／現行第10類」も，共に薬店・薬局で販売される商品であり，一般家庭で使用される衛生用品であり，また，「綿棒」は乳幼児の体の衛生や調子を保つためにもよく使われるものであるから，両商品は需要者を共通する類似の商品である。

審判平11－30367／平13.02.21　※「**脱毛器，脱毛用針**」は，ヨーロッパ共同体が定めた医療用機械器具の適合要件を充たすものであっても，それをもって直ちにわが国の類似商品・役務審査基準上の「医療用機械器具［10D01］」の範疇に属するとは認められない。

審判平11－31588／平13.03.14　※「0-157（ベロ毒素遺伝子）検出用試験紙」は，第1類「試験紙（25A01）」の範疇に属する。

§4-I ⑪

無効2000-35227／平13.03.14 ※①第35類「**コンピュータデータベースの情報構築**」は、施行令別表第35類「広告、事業の管理・運営・事務処理」中の「事務処理」に該当し、事務処理の能率を図るためにコンピュータデータベースの構築提供する役務であり、昭和第11類「**電子応用機械器具**」の製造・販売業者とは異なる事業者によって提供され、その用途・取引対象も異なり、需要者の範囲も必ずしも一致せず、互いに共通するところはなく、類似するとはいえない。②「**移動体電話による通信**」等の通信に関する役務は、電気通信設備を介して他人の通信を媒介し、その他電気通信設備を他人の用に供するべく、電気通信事業法により所定の認可を受けた電気通信事業者によって提供されるのが一般である。「**電子計算機端末による通信ネットワークの接続の提供**」なる役務は、いわゆるインターネットの接続を行う役務であって、アクセスプロバイダーと呼ばれる通信回線の接続業者によって提供されるものである。「**テレビジョン放送**」などの放送に関する役務は、公衆によって直接受信されることを目的とする電気通信の送信を行う役務であり、電波法又は放送法により事業承認を受けた放送事業者によって提供される。従って、これらの役務は、「**放送用機械器具**」「**電話機**」「**電子計算機**」等の製造・販売業者が上記の事業を行っていることが一般的であるとはいい難く、これらの商品の販売場所と上記役務の提供場所が同じものとは認められないので、これらの商品と役務は類似しない。③「**電話機・ファクシミリの貸与**」なる役務と「**電話機、ファクシミリ**」なる商品は、その利用関係において共通する場合があるとしても、「貸与」と「商品の販売」とは、流通形態を異にし、商品の貸与を業とする者は、リース業者又はレンタル業者であって、製造・販売を業とする者とは一致しない。よって「**貸与**」と「**商品の販売**」は類似しない。

補正2000-50117／平13.03.21 ※「**エンジニアリング**(42N03)」は「人材・材料・設備機械などの統合されたシステムを対象にしてその設計・要素調達・工事・運用を行う場合に、目的に最適の機能を実現するように行う一連の活動のこと。物を作るハード技術に対し、物と物との組み合わせによって生まれる機能を追及するソフト技術であり、各種プラント類の建設や社会開発・産業開発といった分野では、設計からアフターサービスまで引き受けるエンジニアリング企業が不可欠となっており、一つの産業に育っている（1999自由国民社「現代用語の基礎知識」）。

審判平10-17435／平13.05.09 ※「自動車の塗装表面保護用のコーティング剤、金属・ガラスの表面保護用又はクローム・エナメル処理された冷蔵庫等の表面保護用のコーティング剤」は、第1類「化学品(01A01)」に属するものであって、第3類「自動車用つや出し剤等(03F01)」の範疇には属さない。

審判平10-35332／平13.05.10 ※現行第9類「**プログラムを記憶させた磁気ディスク**[11C01]」と同第42類「**電子計算機のプログラムの設計・作成又は保守**[42P02]」とは、前者が流通することを予定している商品であるのに対し、後者は「設計・作成又は保守」というサービスであり、両者が同一の業者によって提供される場合があるとしても、共通しない他の取引形態も多く存在することも事実であって、両者を類似するものとすることはできない。
※東京地裁平9（ワ）6468／平11.04.28「ウィルスバスター商標」事件でも、上記商品と役務を類似とした。

審判平11-31474／平13.06.05 ※「**接続器（分岐コンセント）**」には「**電源用**」と「**情報通信用**」の2種類が存し、前者は「配電用又は制御用の機械器具(11A01)」に属し、後者は、電話を含む通信系等に専ら使用されるものであり、電気通信機械器具の専用部品・付属品として使用される特殊な配線用器具であり、「電気通信機械器具(11B01)」に属する商品である。

審判平10-9025／平13.06.11 ※①大正第17類に含まれる「**セルロイド製造処理機械**」は、現行第7類の「プラスチック加工機械器具[09A67]」と類似する商品であると認められる。②「**半導体素子製造機械器具**[09A68]」は、「半導体」が昭和25年10月当時、既に存在していた（1996.4.15東洋経済新報社発行「商品大辞典」366頁）ことから、これを製造する機械装置も当然たり得たものと推認できる。

不服2000-3778／平13.06.27 ※「**陸上の乗物用の交流電動機**」（現行第12類[11A01]）と「**配電用又は制御用の機械器具、回転変流機、調相機**」（現行第9類[11A01]）は、その生産者・需要者を共通にする類似の商品である。

不服2000-16122／平13.06.28 ※①「**自動車の検査・点検及び整備**」を行う者が「自動車の清掃」も行う場合があるとしても、それは「自動車の検査・点検・整備」という役務に付随するもので、独立の役務とは考え難い。②「自動車の検査・点検・整備」と「**鉄道車両及びバス・トラックその他の自動車及び船舶の清掃**」は、類似の役務とすることはできない。

審判平10-12088／平13.07.04 ※①現行第12類「**自動車並びにその部品及附属品**[12A05]」なる概念には「**消防車**（現行第9類[12A05]）、散水車（現行第12類[12A05]）、図書館車（現行第12類[12A05]）等の特殊車両」及び「**自動車用シガーライター**（現行第9類[12A05]）等の部品・附属品」が含まれる。②「消防車」が、他の自動車と共に同一の自動車販売業者によって販売されている事実、「消防車」を含む自動車一般の主要部品である「シャシー」が同一の自動車製造業者によって製造されている事実、地方自治体等が消防車・救急車・乗用車を購入することからこれらの車両の需要者が同じである場合がある事実等からして、「消防車」と「他の自動車」は、互いに類似する商品であるといえる。

東京高裁平12（行ケ）447／平13.07.12 ※①「**脱脂綿**」（現行第5類[01C01]）は、日本薬局方解説書によれば、綿の種子の毛を脱脂・漂白したもので、薬理学的作用を及ぼすことが全く予定されていないものをいう。脱脂綿による止血は出血部の圧迫という物理的作用により行われるものであって、脱脂綿自体が積極的に止血作用を行うものではない。②「コラーゲンを綿状」に形成しその薬理作用によって止血に使用するものは「薬剤[01B01]」の範疇に属する。

〔工藤＝樋口〕

§4-Ⅰ⑪

取消2000-30254／平13.07.16	※「**選択的血漿成分吸着器**」は、第10類「医療機械器具」に含まれる。
東京高裁平13(行ケ)206／平13.07.26(取消2000-30724／平12.12.14)	※**大正第1類の「薬剤」なる概念には**「膏薬、軟膏、硬薬、擦剤、**絆創膏**」が含まれる。※「絆創膏」は、昭和第1類及び現行第5類の「薬剤」[01B01]の範疇には含まれない。それは、現行第5類では、昭和分類下「医療補助品」といわれた商品の範疇[01C01]に属する。
審判平10-11726／平13.08.29	※現行第41類「インターネット又はコンピュータネットを通じた対戦ゲームの提供、インターネットを通じてのゲームプログラムの提供、インターネット又はコンピュータネットを通じた対戦ゲームの提供、家庭用及び業務用テレビゲームおもちゃ並びにパーソナルコンピュータによる通信を用いて行うゲームの提供、インターネット上で遊戯する電子ゲームの提供、コンピュータネットワーク又はインターネットを通じてのゲーム用プログラムの提供」と現行第41類の「**ぱちんこホールの提供**[41K01]」とは、その需要者層・取引系統等からみて、類似する役務であるとはいえない。
審判平10-8990／平13.08.30	※現行第14類「**キーホルダー**[13C01]」と大正第8類の「利器及び尖刃器」に含まれる「**釘及び鋲類**(現行第6類「金属製金具[13C01]の範疇)」とは、**類似群コードが同じであっても、互いに類似する商品であるとはいえない**。「キーホルダー」は、その材料に関係なく、一般に、アクセサリー店や土産物を取り扱う販売所で扱われるのに対し、「釘・鋲」は、金属製のものであり、金具類を取り扱う販売所で扱われる商品であって、両者は、その生産部門・販売部門・用途・需要者の範囲が明らかに異なる。
審判平10-8924／平13.09.26	※現行第25類「**靴下**[17A04]」と現行第16類「**紙製幼児用おしめ**[17A04]」とは、**類似群コードが同じでも、互いに非類似の商品である**。「靴下」は、靴を履くのに欠かせない繊維製品であって、脚部の保温・整容・皮膚の保護などに用いられるのである。対して、「紙製幼児用おしめ」は、幼児の下腹部を被って排泄物を受けるもので、不織布・粉砕パルプ等で作った使い捨ての商品であって、主に紙おむつ売場や薬局で販売されるものである。してみれば、両者は、その用途・品質・販売系統等を異にする商品といわねばならない。
取消2000-31244／平13.10.23	※昭和第20類中の「**葬祭用具**(現行第20類[20F01])」には、葬式と祭祀に係る商品が属すると解され、「**線香立て**」及び神仏への祈願・報謝のために奉納する「**絵馬**」がこれに含まれる。
取消2001-30692／2002.06.18	「磁気カードリーダー」は、「医療用機械器具」の情報入力用のために使用されることがあるとしても、必ずしも「医療用機械器具」のみに使用されるものではない。「医療用機械器具」の専用部品ではなく、汎用性を有する商品であるから、医療用機械器具の範疇に属する部品、付属品とはいえない。
東京高裁平14(行ケ)555／2003.05.22	現行第32類「加工食料品」に含まれる健康食品や栄養補助食品(サプリメント)と、昭和第1類「薬剤」中のビタミン剤や滋養強壮変質剤とは、その商品の内容、用途、及び、販売店舗、販売方法が共通しており、商品として類似している。
東京高裁平14(行ケ)649／2003.09.18	現行第7類の「生砂鋳型造型機[09A01]」＝現行第9類の「アーク溶接機、金属溶断機、電気溶接機[09A01]」。多類間類似。
東京高裁平15(行ケ)456／2004.07.26	「半導体ウエハ」と集積回路等の「電子応用機械器具」とは同一営業主の製造又は販売に係る商品であると誤認混同されるおそれはない。

〔作表：樋口　豊治〕

■ 4条1項12号

【参考文献】
〔書　籍〕兼子＝染野・特許・商標〔新装版〕，吉原・説義，光石・詳説〔新訂〕，渋谷・理論，三宅・雑感，夢・解説（四法編），豊崎・工業〔新版増補〕，小野・概説〔第2版〕，田村・商標〔第2版〕，商標審査基準〔改訂第12版〕，網野・商標〔第6版〕，工藤・解説〔第8版〕，逐条解説〔第19版〕，その他については，4条1項10号の注解に掲載した「参考文献」を参照。

細　目　次

Ⅰ　本号の趣旨(459)
(1)　趣　　旨(459)
(2)　沿　　革(459)
(3)　本号を設けた理由(459)
Ⅱ　本号の内容(460)
(1)　商標の同一及び指定商品・指定役務の同一(460)
(2)　先願に係る商標登録出願との関係(461)
Ⅲ　判断時期等(461)
(1)　判断時期(461)
(2)　本号違反の登録の無効審判(461)
(3)　その他(462)

〔工藤　莞司＝樋口　豊治〕

Ⅰ　本号の趣旨

(1)　趣　　旨

　本号は，商標の不登録事由の1つとして，登録防護標章と同一の商標であって，その登録防護標章の指定商品又は指定役務と同一のものを指定商品又は指定役務とする商標は登録できない旨を定めたものである。

　本号は，商標登録出願の拒絶理由及び登録異議の申立理由並びに登録の無効理由であって（商標15条1号・43条の2・46条1項1号），私益保護規定と位置づけられている（商標47条）。

(2)　沿　　革

　本号は，昭和34年商標法で防護標章登録制度が設けられたことに伴い新設されたものである。平成3年の一部改正（平成3年法律第65号）で，本号を役務に係る商標登録出願商標にも適用するため，「指定役務」の語が追加された。

(3)　本号を設けた理由

(a)　防護標章登録制度が設けられて，登録防護標章と同一の商標をその登録防護標章の指定商品又は指定役務について使用することは，防護標章登録を受けることによって禁止権拡大の利益を得る基本の商標権（いわゆる「原商標権」）の侵害とみなされることとなったため（商標67条1号），その範囲では他人には登録を許すべきでないとして，本号が設けられたとされる（逐条解説〔第19版〕1289頁）。

〔工藤＝樋口〕

§4−Ⅰ ⑫

(b) ただし，この説明は，防護標章登録の効果の観点からのものであり，本号の本来的な趣旨は，出所の混同防止にあるといえよう。すなわち，防護標章登録は，その原標権に係る登録商標が著名であるためその指標力が当該原商標権の指定商品又は指定役務と非類似の商品又は役務にまで及び，出所の混同のおそれがある場合に認められるものであるから（商標64条），防護標章登録に基づく権利と抵触し，原商標権の侵害となる範囲の使用は，原商標権に係る指定商品等と出所の混同のおそれがある範囲の使用といえる。このような範囲の使用は，経験則上，常に出所の混同のおそれのがあることに鑑み，「出所の混同のおそれがあるとみなして」本号を設けたといえる。したがって，本号は混同防止のための規定と位置づけられるものであり，そのために出所の混同防止規定の総括規定である4条1項15号の一態様として本号が設けられたものと考えられる。

(c) 4条1項15号は，包括的・抽象的な規定であるため，個別具体的に各出願商標ごとに拒絶理由で引用する商標の著名性等を認定・判断した上で適用せざるを得ない。対して，本号の不登録事由の要件は明確で，その適用にあたって定型的，技術的な認定で足りる。すなわち，本号はその適用の容易さに意義があろう。

Ⅱ 本号の内容
(1) 商標の同一及び指定商品・指定役務の同一

本号は，登録防護標章と同一の商標であって，その登録防護標章の指定商品又は指定役務と同一のものを指定商品又は指定役務とする商標にのみ適用される。なお，「登録防護標章と同一」の範囲には，「相似形のもの」（商標審査基準〔改訂第12版〕第3の十一の1），及び，「登録防護標章と色彩を同一にすれば同一と認められるもの」が含まれる（商標70条2項）。

また，本号は「登録防護標章と同一であって指定商品等を一部に含む商標」にも適用される。商標が登録防護標章と類似であるにすぎない場合や指定商品・役務が登録防護標章のそれと類似であるにすぎない場合には適用されない。これは，防護標章登録に基づく権利の侵害とする範囲と同じくしたためである。商標が同一であれば，指定商品・役務については，混同のおそれのあるすべての範囲については防護標章登録が受けられるので，その類似商品・役務を考慮する必要は，「登録後の事情の変化」以外はないであろう。出願商標が防護標章登録と類似する場合又は出願商標の指定商品・役務が登録防護標章の指定商品・役務と類似する場合であって，出所の混同のおそれがあるときは，4条1項15号が適用される（夢・解説（四法編）751頁，商標審査基準〔改訂第12版〕第3の十一の1）。

4条1項15号の適用の当否は，出願商標の出願時において判断されるため（商標4条3

項),その時において著名性を失い出所の混同のおそれがないときは適用されないが,本号は実際の出所の混同のおそれの有無にかかわらず,出願商標の査定又は審決の時に登録防護標章が存在する限り適用される。なお,本号は,防護標章登録を受けた者の出願商標には適用されない。

(2) 先願に係る商標登録出願との関係

本号には,他人の防護標章登録と商標登録出願との間の先後については定めていないため,後願に係る防護標章登録をもって先願の出願商標,すなわち,その査定又は審決の時に防護標章登録が存在するときは,先願に係る出願が拒絶され又はその登録が無効とされる(兼子＝染野・工業738頁,松尾＝紋谷・商標241頁)。

これに対して,出願商標について本号が適用されるには本号の防護標章登録はその先願に係るものに限定されるべきであろうとする見解(豊崎・工業371頁),同趣旨から本号の判断時期を出願時とすべきとする見解(石川義雄・三宅喜寿357頁)があるが,商標登録出願と防護標章登録出願との間には先後願を定めた8条1項の適用はなく(商標68条1項),したがって,防護標章登録出願に係る標章は,それと同一範囲の先願商標の存在にかかわらず,他の登録要件を満たす限り登録される。一方,商標登録出願に係る商標は,防護標章登録出願商標(すなわち,その原商標権に係る登録商標)との間に出所の混同のおそれがあるものであるときは4条1項15号で処理され,防護標章登録後は本号で処理される。

なお,4条1項15号の判断時期が出願時である(商標4条3項)のに対し,本号の判断時期が査定時であることから,査定時に存在する防護標章登録で出願商標の登録を拒絶等をするのは4条3項の趣旨に沿わないと指摘しつつも,査定時において他人の著名な商標と混同を生じさせるような事由に該当する出願商標は登録すべきでないから,当該出願商標の後願にあたる防護標章登録出願が存在するときは,まず,当該防護標章登録出願を審査し,64条の要件を充たしていると判断されたときは,防護標章登録をし,しかる後に当該出願商標に本号を適用することができるとの見解がある(網野・商標〔第6版〕367頁)。

Ⅲ 判断時期等

(1) 判断時期

本号を適用するための判断時期は査定又は審決の時である(商標4条3項)が,前述のように4条1項15号と同じに出願時とすべきとの見解がある(石川義雄・三宅喜寿357頁)。

(2) 本号違反の登録の無効審判

本号に違反した登録は,登録の無効理由を有する(商標46条1項1号)が,本号違反を理由とする無効審判は,登録の日から5年を経過した後は請求することができない(商標

47条)。本号違反は，登録異議の申立てによる登録取消理由にもなる（商標43条の2）。

(3) **そ の 他**

　本号が適用された例はないといってよいであろう。防護標章登録を受けられるような他人の著名商標と同一のものを出願する例はきわめて稀で，しかも，ある商品又は役務について著名となっている登録商標は，区分の異なる他の商品・役務についても，防衛的に通常の商標として商標登録を受けていることが多く，その場合には，4条1項11号が適用されるからと考えられる。

〔工藤　莞司＝樋口　豊治〕

■4条1項13号

　旧13号は，平成23年の改正で削除された。出所の混同を防止する規定の1つではあった（15号括弧書参照）が，商標権の消滅後1年限りの適用可能な不登録事由であったため，旧13号に係る拒絶理由が発せられても，最終処分までに当該1年が経過すれば，自動的に拒絶理由が解消してしまい，実効性が薄いものである上に，逆に，拒絶理由で職権審査の対象であるため，迅速な処理の観点から足かせ的なものともなっていた。結局削除されたが，旧13号が対象としていた出所の混同の防止は，15号でも可能とされた。

〔工藤　莞司〕

§4-I⑭

■4条1項14号

【参考文献】
〔書　籍〕兼子＝染野・特許・商標〔新装版〕，吉原・説義，光石・詳説〔新訂〕，渋谷・理論，三宅・雑感，夢・解説（四法編），豊崎・工業〔新版増補〕，小野・概説〔第2版〕，田村・商標〔第2版〕，商標審査基準〔改訂第12版〕，網野・商標〔第6版〕，工藤・解説〔第8版〕，逐条解説〔第19版〕，その他については，4条1項10号の注解に掲載した「参考文献」を参照。
〔論文等〕渋谷達紀「種苗からみた農産物の輸入」ニュース（01），中辻雄一朗（農林水産省生産局種苗課法令専門官）「種苗法の解説」ニュース（01）。

細　目　次

I　本号の趣旨(464)
　(1)　趣　旨(464)
　(2)　沿　革(465)
　(3)　本号を設けた理由(465)
II　本号の内容(467)
　(1)　品種登録を受けた品種の名称(467)
　(2)　有効期間経過後等の扱い(467)
III　特許庁の実務(468)
　(1)　先後願による調整(468)
　(2)　種苗と類似する商品の取扱い(469)
IV　判断時期等(469)
　(1)　判断時期(469)
　(2)　本号違反の登録の無効審判(469)

〔工藤　尭司＝樋口　豊治〕

I　本号の趣旨

(1)　趣　旨

　本号は，商標の不登録事由の1つとして，「種苗法により登録を受けた品種の名称に抵触する商標」は登録を受けることができない旨を定めたものである。本号は，商標登録出願の拒絶理由及び登録異議申立理由並びに登録の無効理由であり（商標15条1号・43条の2・46条1項1号），私益保護規定と位置づけられているものである（商標47条）。
　種苗法とは，「新品種の保護のための品種登録に関する制度，指定種苗の表示に関する規制等について定めることにより，品種の育成の振興と種苗の流通の適正化を図り，もって農林水産業の発展に寄与することを目的とする（種苗1条）」法律であり，現行法は平成15年6月18日改正の法律第90号（平成10年5月29日法律第83号の一部改正＝同年12月24日施行）である。
　種苗法上「品種」とは，「重要な形質に係る特性（以下，単に「特性」という。）の全部又は一部によって他の植物体の集合と区別することができ，かつ，その特性の全部を保持しつつ繁殖させることができる一の植物体の集合をいう」と定義される（種苗2条2項）。
　「種苗」とは，「収穫物」に対する概念で，「植物体の全部又は一部で繁殖の用に供されるもの」をいう（種苗2条3項）。種苗の形態には，種子，胞子，種菌，苗，苗木，穂木，

台木，塊茎（ばれいしょ等），球根（ゆり等），塊根（甘藷等），芽，葉などがあるが，どのような形態であれ，植物体の個体数の増加を目的として使用されるものはすべて「種苗」に該当する。ただし，食用・飼料・肥料として店頭にあるものは，該当しない。

品種登録を受けることができる者は，新品種を育成（人為的変異又は自然的変異に係る特性を固定し又は検定すること）した者又はその承継人であり，併せて「育成者」という（種苗3条）。

(2) **沿　革**

本号に類する規定が不登録事由の1つとして導入されたのは，農産種苗法が制定された昭和22年である。農産種苗法で優秀な新品種等の名称を保護することとしたため，同法と商標法との保護の調整が図られ，大正10年商標法を改正して，不登録事由として「農産種苗法第7条ニ依リ登録セラレタル名称ト同一又ハ類似ニシテ同一又ハ類似ノ商品ニ使用スルモノ」を加えたのである（種苗2条1項12号）。農産種苗法8条も「……登録を受ける種苗の名称は，同一の品種又は系統の種苗につき一名称とし，他の品種又は系統の種苗に関して使用されている名称又は種苗若しくはこれに類似の商品に係る登録商標若しくは失効の日から1年を経過しない商標と同一又は類似のものであってはならない」と規定した。

これがそのまま昭和34年商標法に引き継がれたが，農産種苗法が昭和53年に「種苗法」として改正されたことに伴い，本号も現行規定に改正されたものである。

また，平成3年商標法（平成3年法律65号）で，「商品に係る商標」と「役務に係る商標」との間にも類似関係が存在することを想定した（商標2条6項）ことを踏まえて，商品「種苗」と「種苗に類似する役務」もあり得ることから，本号を役務商標にも適用するため「類似する役務」の語が加えられた。

(3) **本号を設けた理由**

本号を設けた理由は，(a) 農産種苗法時代には，同法による保護との二重保護を避けるとともに，同法の保護期間経過後は種苗登録を受けた者以外への登録による出所の混同を防止し，種苗登録に係る種苗との品質の誤認を避けるためとされていた（逐条解説〔昭和34年初版〕568頁）。これに対して，政策的見地からとする見解があった（兼子＝染野・工業739頁，三宅・雑感119頁）。

(b)　種苗法においては，品種登録にあたり，「審査主義」（種苗15条）及び「先願主義」（種苗9条1項）を採用し，登録の要件として，(イ)内外国公知の品種の登録排除（種苗3条1項1号），(ロ)一品種一名称主義（種苗4条1項1号），(ハ)「種苗」・「種苗と類似する商品」・「種苗と類似する役務」を指定商品又は指定役務とする商標登録と同一・類似の品種名称の登録拒絶（種苗4条1項2号・3号）などを定めている。そして，登録品種の名称が，前記

§4-Ⅰ⑭   第2章　商標登録及び商標登録出願

「種苗」・「種苗と類似する商品」・「種苗と類似する役務」を指定商品又は指定役務とする商標登録と同一・類似であることが判明した場合は、農林水産大臣は、当該品種名称を登録した育成権者に対し、当該登録品種名称の変更を命じることとしている（種苗48条1項）。また、登録品種の名称が前記「種苗」又は「種苗と類似する商品」を指定商品とする商標登録と同一・類似であることが判明した場合は、品種名称登録の取消事由とされる（種苗49条1項1号）。なお、農林水産省法令専門官中辻雄一郎氏は、前記「種苗と類似する役務」の例として「貸与」を挙げ、「植木の貸与」なる役務について「ベンジャミン」なる登録商標が存在する場合は、観葉植物について「ベンジャミン」なる品種名称登録はできないとしている（ニュース平成14年1月9日号「種苗法の解説④」3頁）。

　また、登録を受けた品種の種苗を業として販売する場合には、当該品種の名称以外の名称を使用してはならないとし、また、登録品種が属する種類又はこれと類似の種類として農林水産省令で定めるものに属する当該登録品種以外の品種の種苗を業として販売する場合には、当該登録品種の名称を使用してはならないとされる（種苗22条）。すなわち、種苗法の趣旨は、育成権者に登録品種名称を独占させることにあるのではなく、その普通名称化を促進することにあるといえる。したがって、種苗業者が自己の販売する種苗を他者のそれと識別させるためには、別途に商標を採択して使用する必要がある。

　よって、品種登録を受けた者以外の者も、取引上においては登録品種の名称のみの使用が義務づけられて、登録品種とその名称との結びつきが一層強くなり、登録品種の名称は、登録品種そのものの名称、すなわち当該登録品種の「一般的な名称」として位置づけられた。このような名称に商標権を付与することは、品種登録を受けた者本人といえども適当でないことから、本号は、登録品種の名称を商標登録の対象から除外するため商標法と種苗法の調整措置として設けられたものである（逐条解説〔第19版〕1289頁）。

　これに加えて、本号は、品種登録を受けた者が当該登録品種の譲渡を専有するため、品種登録を受けた者に係る種苗との出所の混同のおそれ、及び当該品種登録に係る種苗との品質の誤認のおそれを回避する措置としても機能しよう。

　(c)　他人の登録商標と同一又は類似の品種名称の使用は、形式的には商標権侵害となる（登録品種の名称は当該品種の一般的な名称であるから、その使用は、実質的には商標法26条1項2号の普通名称又は品質の表示に該当して商標権の効力は及ばないと解される）。そこで、種苗法は、本号と反対の規定を置き、商標権の内容と矛盾がないようにしている（農林水産省農産園芸局種苗課・種苗法の解説43頁）。すなわち、前述したように、「種苗」又は「種苗と類似する商品若しくは役務」を指定商品又は指定役務とする商標登録と同一・類似の品種名称の登録拒絶（種苗4条1項2号・3号）、そのような登録品種名称に対する農林水産大臣の変更命令（種苗48条1項）、及び「種苗」又は「種苗と類似する商品」を指定商品とす

る商標登録と同一・類似であることが判明した場合における当該品種名称登録の取消し（種苗49条1項1号）を定めている。

II　本号の内容
(1)　品種登録を受けた品種の名称
(a)　種苗法によれば，品種の育成をした者等（種苗3条1項）が，農林水産大臣宛に品種の登録出願をするが，その願書には，出願品種の名称，植物体の種類，登録を受ける者の氏名等を記載するとともに，当該植物体の写真の添付が求められる（種苗5条）。

(b)　種苗法により品種登録を受けた品種の名称・特性・登録番号及び年月日・育成者権の存続期間等は，品種登録簿に登録され（種苗18条2項），かつ，公示（登録公表）される（種苗18条3項）。育成者権の存続期間は，品種登録の日から原則として25年，例外的に30年（平成10年改正前までは，品種登録の有効期間として15年又は18年）であるが（種苗19条），前述したように，登録が取り消される場合がある（種苗49条）。

上記「登録公表」に先立って，従前は「内定公表」（品種登録することが適当であると認められる出願品種の公表）が行われたが，現行法下では，「内定公表」に代えて「出願公表」（受理された品種登録出願の公表・同法13条）が行われている。

(c)　名称であるから文字又は数字からなるものに限られ，記号又は図形からなるものは認められず，存在しない。

(2)　有効期間経過後等の扱い
有効期間（育成者権の存続期間）の満了等で登録品種でなくなったときは，品種登録を受けた品種の名称に該当しないものとなる。

有効期間満了後の当該品種の名称は，登録期間中，品種登録を受けた者のみならず，取引上当該業界において登録品種の種苗自体の一般的な名称として使用される結果，当該品種の種苗の名称として普通名称化するか，あるいは，普通名称化には至らなくとも当該種苗の品質を表示するものと考えられる。そこで，特許庁は，出願商標が登録品種名称（改正前の種苗法〔平成10年12月24日施行の平成10年法律第83号〕で品種登録を受けていたものを含む）と同一であって「種苗又はこれに類似する商品」若しくは「種苗に類似する役務」について使用するものであるときは，商標法3条1項1号ないし3号に該当するものとして処理することとしている（商標審査基準〔改訂第12版〕第3の十二の1。基準に沿った判決例として，登録品種名称と類似する出願商標「紅隼人」は，指定商品「アイスクリーム」の原材料又は品質表示であるとして，3条1項3号及び4条1項16号が適用された事例がある（知財高判平18・9・27速報378号13924〔紅隼人事件〕））。

これに対して，本号の「登録を受けた」とは，「品種登録を受けたことのある全ての

§4-I ⑭

のを含む」趣旨であるとの見解があり（石川義雄・三宅喜寿357頁，大正10年商標法から昭和34年商標法への改正にあたり設置された工業所有権法制度改正審議会は，大正10年商標法2条1項12号により保護される農産種苗の名称は現に登録されているものに限り，既に消滅しているものは含まないという趣旨を明定すると答申している。中村・商標328頁），この見解の下では「育成者権の存続期間満了後」でも本号の適用が可能となる。

III 特許庁の実務

(1) 先後願による調整

本号は，登録品種の名称と出願商標が抵触したときは，登録を受けることができない旨のみを定め，登録時での調整としているが，実務上は，出願品種より出願商標が先願であるときは，出願品種の名称の登録が受けることができず（種苗17条1項1号の解釈），反対に，出願商標より出願品種が先願であるときは商標登録出願が本号により拒絶され，両者は，先後願として調整されているようである。なお，拒絶理由に引用された品種名に関する詳細は，農林水産省種苗課で提供してくれよう。また，公表データは，http://www.maff.go.jp/soshiki/nousan/syubyo/touroku.html で得られよう。

本号に関する審査・審決例として下記のものがある。

別	本願商標	・	引用種苗名	事件の概要・説示
意見書	ELFIN BEAUTY 平31類「種子類，苗木，他」	×	エルフィン ばらの品種名 登録5121号	商願平8-52456／登録4215647　☆本願商標は，種苗法第12条の4第1項（旧法）の規定に基づき『ばら』の品種名として登録されている『エルフィン』（登録日：平成8年6月13日，種苗登録第5121号）と類似の商標であって，その品種の種子又はこれに類似する商品について使用するものであるとの拒絶理由通知に対し，非類似であるとの意見書が認められ商標登録された。
査定不服	雪化粧 平31類「花，苗，苗木，他」	＝	雪化粧 カーネーションの品種名：登録5238号	審判平11-7990／平12・05・12　★本願商標は，種苗法12条の4第1項（旧法）の規定による品種の登録期間経過後の品種名称であって，当該種苗「カーネーション」の属する「花」を指定商品とするものであるから，商標法3条1項1号に該当し，「カーネーション」以外の商品について使用するときは商標法4条1項16号に該当する。
無効	かぐや姫 平30類「米，食用粉類，べんとう」	＝	かぐや姫（ひめ） 稲の品種名 登録7040号	無効2000-35542／平13・03・05　☆本件商標は，種苗法12条の4第1項（旧法）の規定により登録を受けた品種の名称と類似の商標であって，その指定商品中，当該品種又はこれに類似する「米」，「食用粉類」及び「べんとう」については，商標法4条1項14号に違反して登録されたものであり，無効とすべきものである。
査定不服	めぐみ MEGUMI 平31類「甜菜の種子」	×	めぐみ ぶどうの品種名 登録30号	審判平11-13291／平13・06・27　☆①「めぐみ」の文字は「ぶどうの品種名」として登録されている（種苗登録第30号）。②本願の指定商品「甜菜の種子」と「ぶどう」の商取引についてみると，前者は種子店で販売されているのに対し，後者は，種子から繁殖させると品種にばらつきが出るため，苗木によりより取引され，植木市・苗木店で販売されているのが実情である。③「甜菜の種子」と「ぶどう」は，商品の流通・販売経路を異にし，取引者・需要者そして商品の品質について誤認を生じさせるおそれはないものと認められ，4条1項16号には該当しない。筆者注：本願の指定商品は「ぶどうの苗木」ではないので，4条1項14号にも該当しない。

(2) 種苗と類似する商品の取扱い

登録品種の名称は，特許庁で商標登録出願の審査データとして蓄積され，商品区分第31類の「種子類」又は「木，草，苗，苗木，花等」等を指定商品とする出願商標に関する審査の対象とされる。

Ⅳ 判断時期等

(1) 判断時期

本号を適用するための判断時期は，査定又は審決の時である（商標4条3項）。したがって，査定時等に登録品種の有効期間（育成者権の存続期間）が満了しているときは，本号によらず，前述のように商標法3条1項1号ないし3号により処理される（商標審査基準〔改訂第12版〕第3の十二の1）。

(2) 本号違反の登録の無効審判

本号に違反した登録は無効理由を有する（商標46条1項1号）が，その請求は，登録の日から5年を経過した後はすることができない（商標47条）。なお，現行法下，本号違反は，登録異議の申立てに基づく登録取消理由ともされる（商標43条の2）。

〔工藤 莞司＝樋口 豊治〕

§4−I⑮

第2章 商標登録及び商標登録出願

■4条1項15号

【参考文献】

〔書　籍〕　兼子＝染野・特許・商標〔新装版〕, 吉原・説義, 光石・詳説〔新訂〕, 渋谷・理論, 三宅・雑感, 夢・解説（四法編）, 豊崎・工業〔新版増補〕, 小野・概説〔第2版〕, 田村・商標〔第2版〕, 商標審査基準〔改訂第12版〕, 網野・商標〔第6版〕, 工藤・解説〔第8版〕, 逐条解説〔第19版〕, その他については, 4条1項10号の注解に掲載した「参考文献」を参照。

〔論文等〕　小野久「所謂世人欺瞞の虞れある商標の解釈如何は商標法の死活に関する大問題である」新聞21号（上）1819号3頁, 下1821号3頁, 清瀬一郎「欺瞞商標論」発明19巻9号7頁, 伊澤孝平「商標が商品の混同を生ぜしむる虞れのある場合の意義及び其の認定標準（大判大15・5・14判例評釈）」判民大正15年度昭和元年度255頁, 平田慶吉「商品の混同を生ぜしむるの虞れある商標（大判昭13・10・15判例評釈）」民商39巻9巻4号138頁, 末弘厳太郎「商品の混同を生ぜしむるの虞ある商標の意義（大判昭13・10・15判例評釈）」判民昭和13年度464頁, 内田力蔵「商標法第2条第1項第11号に所謂『商品ノ誤認又ハ混同ヲ生セシムル虞アルモノ』の意義（大判昭16・3・20判例評釈）」判民昭和16年度93頁, 石井照久「商標法2条1項11号の適用範囲（大判昭17・10・13判例評釈）」判民昭和17年度208頁, 矢野邦雄「登録出願商標が商品の誤認・混同を生じさせるおそれのあるものと認められた事例（最判昭41・2・22判例評釈）」最判解説民事篇昭和41年度71頁, 小野昌延「登録出願商標が商品の混同を生じさせるおそれがあるものと認められた事例（最判昭41・2・22判例評釈）」民商55巻3号518頁, 王義郎「食料品, 加味品を指定商品とする登録出願商標が味淋, 焼酎等を指定商品とする著名商標と類似し, 両指定商品が同一店舗において取扱われることが多い場合と商標法（旧）2条1項11号にいう商品の誤認, 混同（最判昭41・2・22判例評釈）」法協84巻1号185頁, 磯長昌利「商品の混同−商標の類似（大判昭16・3・20判例評釈）」商標判例百選44頁, 馬瀬文夫「商品の混同・商品の類似（最判昭30・7・5判例評釈）」商標判例百選46頁, 土井輝生「商標登録拒絶と外国著名商標の保護（東京高判昭42・1・26判例評釈）」商標判例百選48頁, 播磨良承「著名商標の保護理論」内田修編・判例工業所有権法（有信堂, 72）299頁, 江口順一「商標の稀釈化について」阪大法学78年106号1頁, 満田重昭「不正競業における混同防止の判断（大阪高判昭41・4・5判例評釈）」中川＝播磨編323頁, 山口幸五郎ほか「商品の誤認・混同の発生とその基準（最判昭41・2・22判例評釈）」中川＝播磨編335頁, 満田重昭「商標不登録事由としての『商品の混同』と著名商標（東京高判昭57・3・17判例評釈）」判評292号52頁・判時1073号214頁, 小酒禮「石鹸を指定商品とする商標『主婦の友』と商標法2条1項11号（最判昭30・7・3判例評釈）」内田古稀665頁, 生駒正文「商品の混同（最判昭41・2・22判例評釈）」内田古稀759頁, 渋谷達紀「行為の客観的不当性にもとづく広義の混同のおそれの認定（大阪地判昭57・2・26判例評釈）」ジュリ853号118頁, 網野誠「登録著名商標の指定商品と非類似の指定商品とする登録出願商標について出所の混同が生ずるとされた事例（最判昭41・2・22判例評釈）」村林還暦173頁, 仙元隆一郎「著名営業表示のただ乗り（神戸地判昭62・3・25判例評釈）」小野還暦455頁, 平澤卓人・知財政策25号235頁, 冨井美希・知管60巻10号1727頁, 今村哲也・平成23年度重判解287頁, 藤野忠・知財政策40号213頁, 外川英明・知管63巻2号235頁, 髙部眞規子「登録要件・混同」牧野ほか編・知財大系Ⅱ225頁。

細　目　次

I　本号の趣旨(471)　　　　　｜　　(1)　趣　旨(471)

470　〔工藤＝樋口〕

- (2) 沿　革(471)
- (3) 本号を設けた理由(473)
  - (a) 混同の防止の総括規定(473)
  - (b) 4条1項10号ないし14号以外で混同のおそれのある商標についての適用(473)
  - (c) 大正10年商標法2条1項11号の性格と趣旨(474)
  - (d) 私益保護規定(474)
- II 本号の内容(475)
- (1) 他人の業務(475)
- (2) 出所の混同の意義(476)
  - (a) 狭義の混同(476)
  - (b) 広義の混同(477)
  - (c) 審議会の答申と審査基準の改正(478)
  - (d) 最近の審・判決例(478)
- (3) 混同を生ずるおそれのある商標(479)
  - (a) 本号に該当する商標(479)
  - (b) 著名商標(480)
  - (c) 氏名，名称，肖像等の関係(481)
  - (d) 商標の類似の要否(481)
  - (e) 混同を生ずるおそれ(482)
  - (f) 混同を生ずるおそれのある範囲(482)
- (4) 51条，53条，64条等との関係(483)
- (5) 本号とフリーライド及びダイリューションの関係(484)
- (6) 商標パロディ事件と本号(485)
- III 特許庁の実務(486)
- (1) 混同のおそれの判断要素について(486)
- (2) 著名商標等の立証方法について(487)
- (3) 他人の著名な表示の引用等について(488)
- IV 判断時期等(489)
- (1) 判断時期(489)
- (2) 本号違反の登録の無効審判(489)
- (3) 平成3年一部改正法附則に基づく特例出願と本号の適用(489)
- V 本号に関する審決例・異議決定例・審決取消判決例(490)

〔工藤　莞司＝樋口　豊治〕

I 本号の趣旨

(1) 趣　旨

　本号は，商標登録出願に係る商標の不登録事由の1つとして，出所の混同を生ずる虞れのある商標は登録できない旨を定めたものである。大正10年商標法2条1項11号中の「商品ノ混同ヲ生セシムルノ虞アルモノ」に相当する規定であり（逐条解説〔第19版〕1289頁），その趣旨・内容に変わりはない。

　本号は，商標登録の拒絶理由・異議申立理由・無効理由であり（商標15条1号・43条の2・46条1項1号），私益保護規定と位置づけられて，本号違反を理由とする無効審判の請求には除斥期間が設けられている（商標47条）。

(2) 沿　革

　(a) 本号と同趣旨の規定が最初に設けられたのは，明治32年商標法2条3号「秩序又ハ風俗ヲ紊リ若ハ世人ヲ欺瞞スルノ虞アルモノ」の規定中の後段においてであり，これが明治42年商標法2条3号に引き継がれた。

　「世人ヲ欺瞞スルノ虞アル商標」とは，「商標カ外観，観念，称呼等ニ依リ其商標ノ使用セラレタル商品ノ品位，品質，産地，出所等ニ関シ商品需要者ヲシテ錯誤ニ陥ラシメ

§4−Ⅰ ⑮ 　　　　　　　　　　　　　　第2章　商標登録及び商標登録出願

之カ為メ希望ニ副ハサル商品タルコトヲ知ラスシテ之ニ対シテ対価ヲ払フニ至ラシムルノ虞アルトキハ其商標」をいうものであった（田中・要論34頁）。

しかしながら，大審院は，「ある商標に付き登録を許すや否やに関する法律の規定もまた商標自体に付き其の当否を定めたるものと解するを至当とす，特別の理由なきを以て是れ亦商標自体により……世人を欺瞞する虞れあるや否やを判定するを至当とし他の事情を総合して其の当否を判定すべきものにあらず，例えば，砂糖蜜の商標として蜜蜂の図形を用い，赤色混成酒の商標として葡萄の図形を用いるが如きが適例なり，欺瞞の原因が商標自体によりにあることを必要する。」（大判大元・12・4民録18輯1017頁）として，世人の欺瞞には，商品の出所の混同は含まないと解釈した。

これに対して，当時の特許局審決（特許局審決明43・2・4ニュース8479号2頁等）に，「単に商標自体に付いて之を判すべきものにあらずして，その商標が世人に及ぼす各般の事情を総合して判すべきものであって，出所の混同の虞れがある場合も含まれる」とする対立した判断があり，学説は特許局審決を支持した（小野久・新聞1819号3頁・同1821号3頁，清瀬一郎・発明大正11年9月号3頁）。

（b）　そこで，大正10年商標法2条1項11号では「商品ノ誤認又ハ混同ヲ生セシムルノ虞アルモノ」として，同号が品質の誤認を生ずる虞れがある場合と出所の混同を生ずるおそれがある場合とに適用があることを明定して，明治42年商標法2条3号を巡る解釈上の問題を立法的に解決し（村山・四法要義373頁，三宅発・商標158頁，百年史(上)440頁），大審院もこれを認めた（大判大15・5・14民集5巻6号371頁）。

そして，同号中の「混同ヲ生セシムルノ虞アルモノ」とは，取引社会の状況等諸般の事情を総合観察すれば商標が自他商品の出所の混同を来し結局世人をして不実関係を誤信せしむるごとき構成資料を包含する商標をいうとされた（三宅発・商標158頁）。

なお，このような経緯にもかかわらず，誤認と混同を区別せず，同号は，広く商品を需要者，取引者をして誤認させ，混同を生ずるおそれのある場合を概括的に指称しているとの見解もあった（吉原・詳論62頁，蓼・条解463頁）。

（c）　現行法においては，さらに出所の混同を生ずるおそれがある場合と品質の誤認を生ずるおそれがある場合とを，前者は私益保護規定と位置づけて本15号に，後者は公益保護規定と位置づけて4条1項16号とにそれぞれ分けて規定したものである。すなわち，混同防止に関する規定である大正10年商標法2条1項8号，9号，10号は無効審判請求に除斥期間があるにもかかわらず，その総括規定である同2条1項11号にはなかったので，そのアンバランスを修正したためである（逐条解説〔第19版〕1289頁）。

なお，平成3年の一部改正（平成3年法律第65号）では，役務に係る商標登録出願商標にも本号を適用するため，「役務」の語を加えた。

(3) **本号を設けた理由**
(a) **混同の防止の総括規定**　出所の混同を生ずるおそれ（以下「混同のおそれ」という）のある商標は，需要者を惑わすのみならず，商標の本質的な機能である自他の識別機能を減殺して商標使用者の売上を減少に導き，さらには取引秩序を乱すものであり，商標登録制度では排除しなければならない基本的な事項に属するものである（商標1条）。したがって，混同のおそれのある商標は登録しない旨の規定は，わが国では，明治17年商標条例5条1号等以来同趣旨の規定が設けられており，諸外国の商標法にも必ず設けられている（米国商標法43条 c4＝Dilution Act of 1995，英国商標法4条5項，ドイツ商標法9条1項3号，スウェーデン商標法4条9項，共同体商標法8条5項，韓国商標法7条1項10号など）。

混同のおそれのある商標は，その具体例として，商標が同一又は類似で，使用商品も同一又は類似のときに典型的に生じることから，登録商標とこのような関係にある商標の登録を排除する趣旨の規定が設けられ，またそれ以外でも混同のおそれがあり得ることから，それをも登録から排除する必要がある。

その方法としては，混同のおそれのある例を具体的に規定するほか，一般条項ないしは総括規定として出所の混同を生ずるおそれのある商標を不登録事由として規定する方法が考えられ，本号は，混同のおそれのある商標の登録を排除するための総括規定として設けられたものである。

したがって，本号は，4条1項10号ないし14号において典型的に混同のおそれのある商標を例示的に規定し，それ以外で（14号は昭和52年の農産種苗法から種苗法への改正でその趣旨が変わったことについては，同号の解説参照），混同のおそれのある商標について適用するためのものであるから，抽象的な規定となっている。

(b) **4条1項10号ないし14号以外で混同のおそれのある商標についての適用**　本号は混同のおそれのある商標に関する不登録事由の総括規定である。すなわち，10号から14号までに該当する商標以外で混同のおそれのある商標に適用される（本号括弧書）。10号から14号は取引の経験則等から混同のおそれのある商標を具体的に規定したもので，本号は抽象的，一般的に規定しそのために前者の場合を除いたものであり，前者は混同のおそれのある商標について「商標（標章）の同一又は類似」及び「商品・役務の同一又は類似」の概念を用い定型的，技術的に適用して法的安定化を図り，後者本号はそれ以外で商標ごとにその取引実情に応じて個々具体的に適用して具体的妥当性を狙ったものといえるものである。

したがって，本号に該当する商標か否かの判断については，出願商標自体からするのではなくて，出願商標と他人の使用する商標等との関係において，具体的な取引の実情を取り込んで判断されるものである。この結果，本号は，4条1項11号等と異なり，取

§4−I ⑮ 第2章 商標登録及び商標登録出願

引界の諸般の事情を考慮して混同のおそれのある商標、特に、未登録商標・商標の著名性・商号等との関係で適用があることから、広い意味で競業法的規制であるとの見解もある（豊崎・工業373頁）。

このため、前述の本号の規定振り・性格とは関係なく、実際に適用される内容から本号の出所の混同を具体的な混同、4条1項10号及び11号を一般的な混同と把握する見解がある（網野・商標〔第6版〕375頁）が、その実益はさほどないとされる（応答集3211頁）。

(c) 大正10年商標法2条1項11号の性格と趣旨　本号の前身である大正10年商標法2条1項11号については、一般取引の安全を害し、公益に反するものと認めたるにほかならずとし、公益を目的とすることから直接不正競争防止を目的とするものと称せられる所以と説明されていた（三宅発・商標156頁・157頁）。

同号が公益保護規定であったことは、同号違反の登録は利害関係人のほか公益の代表として審査官も無効審判の請求をすることができ（大正10年商標法22条2項）、しかも除斥期間もなく（同法23条但書）、また更新登録出願の拒絶理由でもあった（同法11条但書）ことからも肯定される。同号が本号と異なり「商品ノ誤認」を含めて規定していたことからだけではなくて、不正競争の防止及び商品の出所の混同の防止は需要者の保護につながることから公益保護ととらえられていたようである。したがって、判断時期は査定時とされていた（三宅発・商標162頁、大判昭4・10・26新聞3077号9頁）。

また、大正10年商標法2条1項11号と同法2条1項の他の不登録事由との関係は、同法2条1項9号と同11号等は重複して適用があるとする学説が有力で多数説であり（三宅発・商標163頁、蓴・条解465頁、石井・判民昭和17年度208頁）、これと同趣旨の最高裁の判例がある（最判昭35・12・10民集14巻14号3103頁）。その主な理由は無効審判の除斥期間の有無の点、他人の名称でその承諾を得てもなお混同のおそれがある場合にあった。

一方、大正10年商標法2条1項11号は、同1号から10号以外で混同のおそれがある場合に適用があり（飯塚・無体323頁）、そのために不登録事由の最後にもってきたとする見解があり（村山・四法要義373頁）、同法の国会審議でも政府委員は同趣旨の答弁をしており（百年史(上)440頁・441頁、峯尾編・商標43頁）、これと同趣旨の大審院の判決例もある（大判昭16・10・21審決公報号外22号商標5巻237頁）。

本号は、後者の考え方を採用したもので、前述のような異なる見解が生ずるのを避けるためにそのことを括弧書で明らかにしているが、むしろ大正10年商標法と同様に重複適用すべきであったとする見解もある（豊崎・工業373頁）。しかし、もともと大正10年商標法時も重複適用がなく従来の学説・判例は正当でなく、したがって本号の括弧書を注意的なものとする見解がある（三宅・雑感126頁）。

(d) 私益保護規定　本号は、私益保護規定であるとの見解（網野・商標〔第6版〕374

頁）と，同時に公衆保護をも目的としたものとの折衷した見解がある（豊崎・工業373頁，光石・詳説〔新訂〕148頁）が，本号で出所の混同を防止することは競業者の私益保護を目的としたものであるとされる（応答集3211頁）。

前述のように大正10年商標法においては出所の混同を防止することは需要者の保護につながること，すなわち出所の混同を生じさせる商標は結局世人をして不実関係を誤信させるとの観点から大正10年法2条1項11号は公益保護規定ととらえられていたようであるが，商標使用者の立場に立てば，出所の混同は，自他の商品・役務の出所が混同するのであるから，その結果，商標の本質的な自他識別機能が減殺され（この観点から，現行商標法3条は絶対的識別性，4条1項15号は相対的識別性，すなわち，指標力に関する規定として把握される場合もある），また商標使用者の商品の売上の減少を伴い，したがって，出所の混同の防止はまた私益の保護ともいえる。現行法は，このような考え方に立って，本号及び4条1項15号等を私益保護規定と位置づけたものと考えられる。そのために，前述のように本号違反を理由とする無効審判の請求には除斥期間が設けられている（商標47条）。

なお，私益保護規定ではあるが，混同のおそれのある商標等の使用者の承諾があっても本号の適用は免れない。ある著名商標の使用者がその関連会社である出願人に「承諾を与えたこと」を本号非該当の理由の1つとするような審決（審判平元-11972「PININFARINA／ピニンファリーナ」→本稿V表参照）があるが，承諾は関連会社である事実を認定する資料の1つとみるべきであろう。また，他人の名称等でその他人の承諾を得ても混同のおそれがあるときは本号が適用される（大判昭7・3・29民集11巻6号524頁）。

II 本号の内容
(1) 他人の業務

本号は，他人の業務に係る商品又は役務と混同のおそれのある商標を規定している。

他人とは，出願人以外の者で，競業関係にある必要はなく，非営利事業者も含まれる（東京高裁昭25(行ナ)12号「PTA」事件→本稿V表参照）。また，何某とまでわからなくとも特定の者の業務に係るものとわかる程度で足りる。いわゆる「広義の混同」の理論（後述）が出され，本号の混同もそのように解釈・運用されていることから（商標審査基準〔改訂第12版〕第3の十三の1），経済的又は組織的に関係ある者からなるグループも他人に含まれよう（商標4条1項10号の注解II参照）。

このようなグループ内での著名商標の使用は混同のおそれはなくそのような商標は本号に該当しないとする実務例も散見される（前掲審判「PININFARINA／ピニンファリーナ」）から，このようなときは，他人とは前述のような関係にあるグループ内以外の者ということとなろう。

〔工藤＝樋口〕

§4-I ⑮

業務とは、「商品を生産し、証明し、又は譲渡する業務」及び「役務を提供し又は証明する業務」であり（商標2条1項1号）、非営利事業も含まれる。本号が、将来生ずるかもしれない業務を対象とせず、具体的な混同について適用があることを理由として、現存又は過去の業務であることを要し、将来の業務は含まない（網野・商標〔第6版〕375頁）、商品の実在を要する（兼子＝染野・特許・商標〔新装版〕343頁）とする見解がある。

このような解釈は狭すぎるとして、客観的にその商品を取り扱うものと推認される場合の商品も含み、「他人の業務に係る商品であるかの如く誤認させる」という意味と解釈すべきとする見解があり（馬瀬・商標判例百選47頁、応答集3211頁）、大正10年商標法2条1項11号についても、商品の現実の取扱いを要せずとしたものがあった（三宅発・商標161頁）。

特許庁の実務は、平成3年の改正前からサービス事業者との混同のおそれがある場合にも本号を適用することとしているから（商標審査基準〔昭和52年改訂版〕37頁）、後者のように本号の業務を広く解釈しているものといえよう。

本号が、4条1項10号から14号までを除いた出所の混同の防止に関する総括規定であることに加えて、本号の適用は混同の「おそれ」、すなわち「混同の蓋然性」で足りることからして、このような解釈は肯定されよう。

(2) 出所の混同の意義

商品又は役務の出所の混同とは、他人の商標等との関係で、出願商標をその指定商品又は指定役務について使用するとき、該他人とは無関係であるにもかかわらず、商標の類似その他の連想作用等により、その他人の製造、販売に係る商品又は提供に係る役務のごとく、その製造源等について、需要者に対して、誤認、混同を生じさせることをいう。

大正10年商標法時の判決例では、「後ノ商標カ容易ニ前ノ商標ヲ連想セシムルカ如キ関係ノ存スルカ　又ハ商標以外諸般ノ事情ヨリシテ世人カ両商品ニ付キ同一ノ出所ヲ有スルモノト誤信スル虞レアルコト……」としたものがある（大判昭14・4・19判例工業所有権法813の3頁）。

出所の混同には、狭義の混同のほか、学説・判例で確立された広義の混同がある。

(a) **狭義の混同**　「狭義の商品又は役務の出所の混同」とは、商標との関係で、甲者に係る商品を乙者に係る商品と誤認、混同することをいう。商品又は役務自体の混同によるものも含まれる。

この場合、乙者に係る商品を甲者に係る商品と誤認、混同することをも含まれると考えられるが、両者を区別して、「混同」とは違うものを同じものと間違えることであるから、「甲の商品か乙の商品かわからない」ことを混同とはいわないとされる（三宅・雑感126頁）。そして、混同には「混同されるもと」が必要であり、ある商標をみるとそれが甲の商品であると判る前提事実があって、他の商標をみると事実は乙の商品なのであるが

§4−I ⑮

その商標に釣られて甲の商品と間違えてしまうのが，商品の出所の混同であり，したがって，前提事実を構成する商標がある程度周知ないしは著名なものでなければ一般的に出所の混同を生ずる余地はあり得ないとされる（三宅・雑感126頁）。このような考え方は，不正競争防止法の出所の混同にも現れている（豊崎ほか・不正競争147頁）が，商標法においては，4条1項15号を置き，登録商標との関係での出所の混同について手当てしている。

「狭義の出所の混同」は，商標が同一・類似で使用商品が同一・類似の場合に典型的に生ずるが，この場合は4条1項10号及び11号等（大正10年法2条1項8号及び9号等）に該当するので，本号（大正10年法2条1項11号）の出所の混同は，大正10年商標法時の審判決例では，主として著名商標を非類似の商品について使用するときに生ずるとされ，著名商標の使用商品と非類似の商品の範囲は同一店舗で取り扱われる範囲のものとされた（大判大15・5・14民集5巻6号371頁，大判昭13・10・15民集17巻21号1993頁，最高裁昭38（オ）914号「寳」事件→本稿Ⅴ表）が，同一店舗での取扱いは混同のおそれの判断基準の1つと評価された（王義郎・法協84巻1号185頁）。

特許庁の審決でも，商標「SANTRY」が指定商品「シャツ・ズボン下等」に使用され（審判昭32-564「SANTRY」→本稿Ⅴ表），商標「PARKER」が指定商品「骨・角・歯・牙等」に使用されても（審判昭33-1754「PARKER」→本稿Ⅴ表），それぞれ製造，販売部門を異にすることなどを理由として，商品の出所混同のおそれはない（大正10年法2条1項11号に該当しない）と判断された。しかしながら，このような解釈・運用の下では著名商標の保護は不十分であり，いわゆる著名商標へのフリーライドを防止できない状態にあった（百年史(下)488頁）。

前述のような審判決例の傾向は，大正10年商標法2条1項11号が公益保護規定であったこと，すなわち，同号は，現実に公衆保護のため公益的見地から，登録を拒否しなければならない程度の出所の混同の危険が現存するときに限り適用されると解され，狭義に解釈運用されていた（網野・商標〔第6版〕373頁，中山編・基礎268頁〔吉野日出夫〕）ことなどにあったと考えられる。

(b) 広義の混同　　前述のような混同の解釈では，著名商標の保護が十分に図れないことから，「別個の企業であろうという認識があるにもかかわらず，使用されている標識がある程度近似しているため，それを使用している企業間に，業務上，経済上または組織上なんらかの連携関係があると誤認される場合に『広義の混同のおそれ』がある」（辞典711頁）という見解が生じ，これはドイツの判例が企業表示について展開し，ついで商標法の同種の範囲に適用されたといわれる（辞典711頁，渋谷・理論208頁）。

わが国でも，不正競争防止法事件において，著名標章に係る混同行為に関して，競争観念の希釈化の理論や広義の混同の理論を採用して著名標章のフリーライドを認めない

〔工藤＝樋口〕

§4-Ⅰ⑮

判決例が出された（大阪高判昭39・1・30下民集15巻1号105頁，東京地判昭41・8・30下民集17巻7＝8号729頁）。

特許庁の審決でも，指定商品を菓子等とした「SONY」に係る登録無効審判において，「被請求人会社は請求人会社と何らかの関係（例えば親子の関係にあるものか，資本的につながりがあるのではないかと思うなど）にあるものと思い，ひいては商品の出所について誤認混同を生じさせるおそれが十分である」と，広義の混同の理論を採用して大正10年商標法2条1項11号違反として当該登録を無効とした（審判昭36-655「SONY」→本稿Ⅴ表参照）。

しかし，裁判所が本号について広義の混同を認めたのは，相当する事案がなかったためか，比較的最近のことである（東京高裁昭63(行ケ)100号「PIAGE」事件→本稿Ⅴ表参照）。

(c) 審議会の答申と審査基準の改正　前述のように特許庁の審決でも広義の混同の理論が採用されたが，そのような理論を採用した実務が定着せず，一方で，大正10年商標法2条1項11項の運用の範囲を出ない審決も多かった。そこでは，著名商標を厳格に解しあるいは商品の製造部門，販売部門が異なるとして本号に該当しないとした。

工業所有権審議会は，昭和49年12月16日の商標の使用義務の強化を中心とした「商標制度の改正に関する答申」の中で，「周知標章の他人による登録出願の拒絶」の項目を設けて，周知標章の保護に関して従来の特許庁の実務は経済情勢の変化に対応していないとして，本号の運用強化のために，審査基準の見直しについて言及した（中村・商標366頁）。

特許庁は，昭和52年の「商標審査基準」の改正において，本号の混同には，従来の狭義の混同のみならず，前述の広義の混同をも含むとし，その例として，商品のみならず，著名サービスマークとの間でも当該サービスを商品と誤認して混同する場合を掲げて公表した（商標審査基準〔昭和52年改訂版〕37頁）。

(d) 最近の審・判決例　旧不正競争防止法1条1項1号・2号の混同については，多くの広義の混同を認めた判決例が出され，既に最高裁でも支持されている（例えば，「東京マックバーガー事件／最判昭56・10・13民集35巻7号1129頁」，「日本ウーマンパワー事件／最判昭58・10・7民集37巻8号1082頁」，「ダイエー・アメフトシンボルマーク事件／最判昭59・5・29民集38巻7号920頁」。これらを江口順一教授は三大判決といわれる〔平10・7・7日本商標協会講演〕）。

特許庁の実務では，本号に該当する旨の審決例が，従前より多く出されており（工藤・解説〔第8版〕418頁以下），その中で広義の混同を認めたものもあり（審判昭46-9651「C・B」→本稿Ⅴ表，審判昭57-1305「パーソニー」→本稿Ⅴ表），また商品とサービスの間での出所の混同を認めたものも出されている（審判昭50-6097「常盤ハワイアンセンター」→本稿Ⅴ表）。

さらに，防護標章登録の要件を定めた64条の出所の混同においても，広義の混同の理論が採用されている（審判昭56-21655／昭62・04・16「トヨタ」についての防護標章登録拒絶査定を撤回）。

〔工藤＝樋口〕

旧不正競争防止法事件では,「同一の商品化事業を営むグループに属する関係が存するものと誤信させる行為」も同法1条1項1号の混同に含まれるとした最高裁の判決が出されるに至っている（前掲「ダイエー・アメフトシンボルマーク」事件）。

(3) 混同を生ずるおそれのある商標

(a) 本号に該当する商標　本号に該当する混同のおそれのある商標とは,「4条1項10号から14号以外での混同のおそれ」のある商標をいう。商標が同一又は類似で商品・役務が同一又は類似である場合等, いわゆる互いに抵触する商標は既に除かれており（本号の括弧書）, それら以外で混同のおそれがある場合の商標となる。

具体的には, 出願商標と他人との商標との関係で, (イ)商標が同一又は類似で, 商品・役務が非類似である場合, (ロ)商標が非類似であるが, 商品・役務が同一又は類似である場合又は(ハ)商標が非類似で商品・役務が非類似である場合があり, また, 商標のみならず商号を含む名称等との関係でも混同のおそれがある場合がある（旧不競1条1項1号・2号, 現2条1項1号・2号）。

4条1項11号等の商標が同一又は類似で商品・役務が同一又は類似の関係にある場合は, 経験則上, 典型的に混同のおそれがある場合であり, これら以外で, すなわち前述(イ), (ロ)又は(ハ)の場合は, 一般的には混同のおそれはないが, 個々具体的な条件の下では出所の混同を生ずるおそれがあるときがあり得る。

商標が自他商品又は役務の識別ないし出所標識であるから, その出所表示力（指標力）が強い場合, すなわち, 商標が周知・著名であるときは, その印象に基づく連想作用等から, 混同のおそれのある範囲は, 一般的な混同のおそれのある範囲である商標又は商品・役務の類似の関係にある範囲を超えるものである（商標64条, 前掲「寶」事件）。これも, 経験則といえるものである。したがって, 本号は, 周知・著名商標との関係で, 他人の同商標と出願商標が前述(イ), (ロ)又は(ハ)にあたる場合に適用され, (イ)の著名商標と同一又は類似の商標を非類似の指定商品又は役務に使用する場合は, 本号の混同のおそれがある典型例である（審判昭45-9414「BOLBO」→本稿V表, 審判昭44-348「ロート」→本稿V表）。

(ロ)又は(ハ)の場合は, ⓐ周知・著名商標を一部に有して成るとき（商標審査基準〔改訂第12版〕第3の十三の4, 審判昭41-4544「明星友報」→本稿V表, 審判昭43-4258「ダイヤキューピー」→本稿V表）, ⓑ周知・著名商標と基幹の文字部分を共通するシリーズ商標とみられるとき（東京高裁平2（行ケ）213号「マスチマイシン」事件→本稿V表）, 及び, ⓒ商標の構成上の発想を同じくするとき（審判昭32-179図形商標（座した熊が蓄音機に傾聴している図）→本稿V表, 審判昭53-5132「Kyoshiba／京芝」→本稿V表）などである。

大正10年商標法2条1項11号も, 主として著名商標との関係で適用されるものと解されていた（三宅発・商標159頁, 吉原・詳論63頁, 夢・条解464頁, 兼子＝染野・全訂特許・商標448

〔工藤＝樋口〕

§4-Ⅰ ⑮　　　　　　　　　　　　　　　　　　第2章　商標登録及び商標登録出願

頁）。本号についても，同様に解釈され（蕚・解説（四法編）754頁，豊崎・工業374頁，網野・商標〔第6版〕380頁），特許庁の取扱いも同様である（商標審査基準〔改訂第12版〕第3の十三の4）。このようなことから，本号は著名商標の保護規定といわれるときもある。

　(b)　著名商標　　著名商標は俗称であって定義がない。一般に，非類似の商品について使用をした場合でも混同のおそれがある商標をいうとされる（網野・商標〔第6版〕379頁，辞典820頁）。

　防護標章登録制度が著名商標の保護制度であることから，その登録要件である前述の64条の登録要件を満たすものが著名商標と解されているものである。しかし，この定義は，抽象的でわかりにくいことからか全国的に周知な商標を著名商標という見解もあり（反対，網野・商標〔第6版〕382頁），周知商標のうち周知の程度が高いものが著名商標で，周知商標の中に著名商標が含まれる。登録商標も含まれる。

　外国商標は，わが国で著名であるか又は少なくとも外国で著名であることがわが国で認識されている必要がある（商標審査基準〔改訂第12版〕第3の十三の6）。

　商標の著名性は，取引者・需要者の間の認識の程度の問題であるが，具体的には，ある商標が一定の商品又は役務に長期間に互って使用され，広範囲に宣伝，広告が行われて，使用した商品等の販売高が多い場合に，すなわち実際の取引において獲得するものである。商品等の品質，テレビ等による集中的なコマーシャル等も影響する。

　認識対象である取引者・需要者の範囲は，商品，役務の性格等により異なり，最終消費商品は当該消費者であるが，原材料等はその取引者であり，それらの間で著名であればよい。

　このようにして獲得した著名商標の出所表示力は強く，著名商標と同一又は類似の商標を使用する商品又は役務は，商標又は商品・役務の類似の範囲を超えて出所の混同を生ずるおそれがあることから，本号の混同のおそれは，もっぱら著名商標との関係で適用されるものと解釈，運用されているものである。そして，著名商標の出所表示力（指標力）と近時の企業の多角経営化により，本号の混同のおそれのある範囲は広がっているといえる（豊崎・工業374頁，小野・概説〔第2版〕136頁，生駒・内田古稀767頁）。

　著名商標は需要者間に広く知られているため，需要者は少しの違いでも区別できて，出所の混同を生ずるおそれのある範囲は狭いとする見解がある（東京高裁昭63(行ケ)128号「二層矢形図形商標」事件→本稿Ⅴ表，満田・研究100頁）が，本号は，商標の類否にかかわらず，混同のおそれがある場合に適用されるのであり，出所表示力（指標力）の強い著名商標が需要者に与える印象は強く，そのために生じる連想作用等により出所の混同を生ずるおそれのある範囲は広いといえる（東京高裁平4(行ケ)82号「LIZZA／リッツァ」事件→本稿Ⅴ表）。

本号は，前述のように著名商標との関係で適用されるものと運用されているが，全国的な周知，著名商標に至らなくとも，売上が漸増する商品に係る未登録商標の使用者と同一市町村内で使用する出願商標の場合，不正競争防止の観点から大正10年商標法2条1項11号を適用すべきであり（三宅発・商標159頁），また，本号の混同を全国的に混同のおそれがある場合と混同の範囲を地域でとらえて，極めて地域的に著名な商標との関係では必ずしもその範囲が全国的でなくとも適用すべきとの見解もある（網野・商標〔第6版〕382頁）。

ただ，本号は著名商標との関係での出所の混同のおそれを要件としているわけではないので，具体的に混同のおそれがあれば適用可能であり，例えば，シリーズ商標として使用して地域的又は一部の業界内のみで周知に至っている商標との関係で，姉妹商品の如く混同のおそれはあり得るであろうから，このような場合にも本号を適用し得ると考えられる。

なお，本号の出所の混同をする対象者は，出願商標に係る指定商品又は指定役務の取引者・需要者と考えられるが，引用する著名商標を使用する商品の取引者・需要者であるとした判決例がある（前掲「PIAGE」事件）。著名商標と認識している需要者等の混同を本号は対象としているものと解したのであろう。

(c) 氏名，名称，肖像等の関係　本号は，商標との関係のみならず，他人の氏名（芸名等含む），商号等の名称，肖像等との関係でも適用されるが，出所の混同の性格等からこれらも著名であることが必要である。

平成3年の一部改正前から，著名サービスマークとの関係でも，本号を適用することとされていた（商標審査基準〔昭和52年改訂版〕37頁）。

企業は商号を使用してさまざまな事業を行っているので，他人の商号やその略称との関係で混同のおそれがある場合は多い（東京高裁昭28（行ナ）31号「ニューニッポンミシン」事件→本稿V表，審判昭38-3566／45・07・27「合資会社小松鉄工所」対「株式会社小松製作所」）。

また，プロ野球の選手の氏名等を商標とする場合は，近時のタレント等の兼業の状況，本号の混同には広義の混同も含むとの解釈からして，指定商品又は役務との関係にもよるが，当該選手の業務に係る商品等のごとく混同のおそれがある場合もあり，当該本人の承諾の有無にかかわらず，本号が適用される。

(d) 商標の類似の要否　本号は，出願商標と他人の商標とが非類似である場合も適用されると解されるが，両商標の類似であることを必要とする見解，実務例があり，出願商標・登録商標と拒絶又は無効の理由として引用した商標とは類似ではないから，引用商標が著名であるとしても混同のおそれはないとする審決例が見受けられる。大正10年商標法2条1項11号の解釈，運用が影響しているものと考えられる。

〔工藤＝樋口〕

§4-Ⅰ ⑮　　　　　　　　　　　　　　　　第2章　商標登録及び商標登録出願

　また，両商標が非類似である以上，引用商標が著名であったことのみを理由として特段の理由を示すことなく本号を適用したのは違法であるとした判決例があるが（東京高裁昭57（行ケ）187号「ミラクルコーケン」事件→本稿Ⅴ表），引用商標が著名商標であること以外で，特段の理由が何であるかは必ずしも明らかではない。

　これに対して，著名商標等を連想させるような場合は，商標が非類似であっても，本号（大正10年法2条1項11号）に該当するとする見解があり（蕁・条解464頁，兼子＝染野・全訂特許・商標449頁，網野・商標〔第6版〕382頁），大正10年商標法2条1項11号の事例ではあるが非類似の商標について同号の適用を認めた判決例等があり（大判昭16・3・20民集20巻6号328頁，前掲審判昭32-179［座した熊が蓄音機に傾聴している図形商標］），本件商標が引用商標に類似しない理由のみによって，本件商標をその指定商品に使用しても商品の出所について混同を生ずるおそれはないとした審決は，本号の規定を誤解してなされたものとした判決例がある（東京高裁平元（行ケ）54号「東京電音株式会社」事件→本稿Ⅴ表）。

　また，両商標の類否を判断せず，引用商標が著名商標であることのみを理由として，本号を適用した判決例も多い（前掲「ミラクルコーケン」事件，東京高裁昭35（行ナ）155号／「AZOSTAR／アゾスター」事件・同昭35（行ナ）156号／「AZOCOPY／アゾコピー」事件→本稿Ⅴ表）。

　本件登録商標と登録無効の理由に引用した引用商標とは非類似であるから，引用商標の著名性の確立等の特段の事情がない限り出所の混同のおそれはないとの原告の主張に対して，「引用商標の著名性が我が国において既に確立していたことも前述のとおりであり，本件商標と引用商標が非類似であるとしても，本件においては，商標法4条1項15号の適用の有無に関し，商品の出所の混同のおそれについての検討を要するのであるから，右主張は採用できない」と説示した判決例がある（東京高裁平2（行ケ）183号「Polo Club」事件→本稿Ⅴ表）。

　(e)　混同を生ずるおそれ　　本号に該当するには，出願商標をその指定商品又は指定役務に使用したときに，他人の商標等に係る商品又は役務と混同のおそれがあれば足り，現実の混同又は不正競争防止法のように混同の危険性も必要としない。抽象的なおそれ，すなわち，客観的に「混同の蓋然性」があればよい。出願商標が使用されていないのが前提で，このような商標との関係で出所の混同を生ずるであろうとの抽象的なおそれであり，この点，問題となる商品表示等がともに使用されている不正競争防止法2条1項1号又は2号（同旧法1条1項1号・2号）と異なる。なお，本号には，著名商標の商品等と混同させる意思，不正競争の目的等の主観的要件は必要ではない。

　(f)　混同を生ずるおそれのある範囲　　前述のように主として他人の著名商標等との関係で，前述(a)の(イ)，(ロ)又は(ハ)の場合等に，個々具体的に混同のおそれの有無が判断される。そして，大正10年商標法2条1項11号と同様に，混同のおそれが取引過程の現象

〔工藤＝樋口〕

であるから，商標自体のみから判断するのではなくて，一般取引社会の客観的事情も斟酌して判断される（東京高裁平元(行ケ)127号「サンヒルズ」事件→本稿V表）。

本号が適用される多くの例は，著名商標と同一又は類似の商標をその使用商品等と非類似の商品又は役務を指定商品等とする場合である。

非類似の商品又は役務の限界については，一般的には，引用する商標等の著名度が高ければ，混同のおそれのある範囲，すなわち商品・役務は広く，著名度がそれほどでなければ使用商品と同一の産業分野内程度の商品となろう。

多角経営化も考慮され，著名商標を使用する者又はそのグループの事業規模，範囲にもよる。多角経営化が行われ，異業種への進出があれば，広い範囲で混同のおそれが認められる（当該著名商標使用者のみならず，当該業界の多角経営化の状況も考慮される）。

また，商標の性格・種類及び商標の構成の独創性（造語商標等）とも関係する。例えば，独創性のある著名商標が企業のハウスマークであれば，混同を生ずるおそれのある範囲は広いといえよう。審決例でも，電気製品等に著名な「SONY」を菓子等に使用する場合（前掲「SONY」），石油について著名な「Esso」を織物等に使用する場合（審判昭38-3482「Esso」→本稿V表）等にそれぞれ混同のおそれがあるとされている。ハウスマークは旧商品の区分のほとんどの類に防護標章登録を得ているものが少なくない。

他方，特定の商品又は役務について使用されて著名となっているペットマークについては，混同のおそれのある範囲は広いとはいえ当該産業分野を超えて，混同のおそれが認められる例は少ない。

判決例でも，口紅，化粧水等で著名な「エリザベス」を婦人用靴下等に使用する場合（東京高裁昭41(行ケ)47号「ELIZABETH／エリザベス」事件→本稿V表），自動車及びその部品に著名な「ダイムラーベンツのエンブレム」に類似する商標を商品「養蜂用巣箱等」に使用する場合は，混同のおそれがないとされている（前掲「Sunhills／サンヒルズ」事件）。

ペットマークについては，防護標章登録も当該産業分野を超えて登録を得ているものは多くはない。なお，防護標章登録は，非類似の商品について混同を生ずるおそれがあると判断された結果であり（商標64条），防護標章登録例から，本号の適用範囲についても，特許庁の実務をある程度窺うことができよう。防護標章登録は原商標権に係る登録商標と同一に限られるのに対して，本号は著名商標と類似の商標にも適用され，この場合の混同を生ずるおそれのある範囲は，著名商標と同一の場合とは同じとは考えられず，狭くなろう。

本号による著名商標の保護は営業の自由との関係で慎重に進むべきであるとの見解もある（小野・民商55巻3号144頁）。

(4) 51条，53条，64条等との関係

§4−I ⑮　　　　　　　　　　　　　　　第2章　商標登録及び商標登録出願

　本号の「他人の業務に係る商品又は役務と混同を生ずるおそれがある商標」と似たような表現振りを商標法中に求めると、51条1項、53条1項及び64条に見出せる。51条1項及び53条1項には「……他人の業務に係る商品若しくは役務と混同を生ずるものをしたとき……」とあり、64条には「……自己の業務に係る指定商品とが混同を生ずるおそれがあるとき……」（1号）及び「自己の業務に係る指定役務とが混同を生ずるおそれがあるとき……」（2号）とある。

　本号と64条とは、同一の商標が非類似の商品又は役務について使用された場合に生ずる混同のおそれを排除する点では同じと解され、他人の出願商標を排除する本号と商標権者が登録を受ける64条は裏腹の関係にあるといわれ、広義の混同を含む点でも共通する。ただし、前述のように、本号は類似の商標等との関係で混同のおそれがある場合にも適用がある点が異なる。

　また、51条1項（平成3年法律第65号附則10条で読み替えたものを含む）及び53条1項は、混同を生ずる使用、すなわち登録商標と抵触関係にある商標又は登録商標自体を使用したことにより生ずる出所の混同の場合（東京高裁昭52（行ケ）158号／昭54・10・16「camilon REIMS」事件：判例工業所有権法2881の301頁）である点、さらに51条1項は使用に「故意（不正競争の目的）」の主観的要件が必要である点において、本号と異なるが、53条1項は、判決例によれば、実際に混同を生じた場合のみならず、そのおそれがある場合をも含むとされている（東京高裁昭57（行ケ）50号／昭58・10・19「BRAUN」事件：判例工業所有権法2881の310頁）。

　平成3年法律65号附則8条で読み替えた後の昭和34年商標法19条2項但書1号の「……商標権者、専用使用権者若しくは通常使用権者の業務に係る役務と混同を生ずるおそれがある商標となっているとき」との関係は、同号がサービスマーク登録制度導入の経過措置として特例的に認められた重複登録に関して、それらの更新時に再度、設定登録時に本号についてしたと同様の審査をすることとして設けられたものであるが、その対象となる登録の趣旨等からして、慎重に適用されるべきものと考えられる。

　なお、旧不正競争防止法1条1項1号及び2号の「……他人ノ商品（営業上ノ施設又ハ活動）ト混同ヲ生ゼシムル行為、……」とは、両者の商品表示等が互いに使用されていることが前提で、広義の混同を含み、その混同はおそれで足りる（大阪地判昭36・2・26不競集393頁）が、そのおそれについて具体的な危険性が必要であり（神戸地姫路支判昭43・2・8判タ219号130頁）、単なる抽象的なおそれで足りる本号とは異なる。

(5)　本号とフリーライド及びダイリューションの関係

　著名商標の無断使用に関し、フリーライド（free-ride、ただ乗り）及びダイリューション（dilution、希釈化）と呼ばれる行為とその保護理論がある（辞典1139頁・692頁・1054頁）。

　フリーライドは、他人の著名商標をその使用商品又は役務と非類似のものに使用した

場合で，著名商標に蓄積された顧客吸引力にただ乗りすることをいい，それ自体が不正競争行為であり禁止されるべきとの考え方があり，フリーライドの理論と呼ばれる。

同様に，他人の著名商標をその使用商品又は役務と非類似のものに使用した場合で，著名商標に蓄積された出所表示力，顧客吸引力を希薄化・弱体化し又は良好なイメージを毀損する行為をダイリューションといい，このような行為を不正競争行為として，禁止されるべきであるとされる。米国では，希釈化を分類し，「指標力（独自性・特別の顕著性）」の希釈化を「Blurring」といい，「信用・評判」の希釈化（劣化・汚損，例えば，神戸地裁昭59（ワ）94号／昭62・3・25「シャネル・ラブホテル」事件＝無体集19巻1号72頁）を「Tarnishment」という。

これらはいずれも，混同のおそれがない場合にも生じ得る現象であり，既存の混同理論では解決できないことから，生まれた著名商標の保護理論である。

わが国では，商標法，不正競争防止法も，フリーライド，ダイリューションから著名商標を保護するための直接的な規定を有していない。

本号や旧不正競争防止法1条1項1号又は2号は，前述のようにこれらに規定する混同のおそれがあるときにのみ適用されて，その結果として著名商標が保護されるが，著名商標に対する冒用行為への広義の混同の理論の採用は，実質的にフリーライド等から著名商標を保護するものであるといわれてきた。

このような事例として，本号（大正10年法2条1項11号）に関しては，前掲「SONY」事件（審判昭36-655）や「Esso」事件（審判昭38-3482）等があり，旧不正競争防止法1条1項1号等に関しては，「ヤシカ」事件（東京地判昭41・8・30下民集17巻7＝8号729頁）及び前掲「シャネル・ラブホテル」事件等が挙げられる。

しかしながら，現行法では，「広義の混同のおそれの存在」が限界であり，旧不正競争防止法1条1項1号等もそれを超えて適用することに限界があった。しかるところ，現行不正競争防止法では，商品又は営業主体混同行為とは別に著名商標冒用行為が新たに不正競争行為とされ，著名表示を直接保護する規定（不競2条1項2号）が設けられた。ただし，ダイリューション等に係る要件が不明であり，適正な運用が望まれる。

なお，本号の混同のおそれは，抽象的なもので足りるから，もともと不正競争防止法2条1項1号（旧法1条1項1号）等よりは適用範囲が広く，その意味では，本号による著名商標の保護は，不正競争防止法よりは広い範囲で保護することが可能である。

(6) 商標パロディ事件と本号

かつて札幌地裁に係属した「面白い恋人事件」は，商標権侵害及び不正競争防止法違反事件だったが，パロディ事件としても，注目された。パロディとは，著作権法上問題となる概念で，「パロディとは，現存の著名な著作物の作品の文体・作風などを変更し，

〔工藤＝樋口〕

風刺化，滑稽化した作品をいう。」（半田正夫＝牧野利秋＝盛岡一夫＝角田政芳＝三浦正広編・知的財産権辞典85頁（丸善，2004年））とされる。現行著作権法には規定はなく著作権法32条に規定する引用の範囲内であれば許され，範囲外であれば翻案権や同一性保持権が問題とされる。

商標法においても，同様であって，使用商品等が指定商品に同一又は類似で他人の登録商標と類似する範囲内，また混同の虞れのある範囲内であれば，パロディに係る商標登録は阻止され（商標4条1項11号・15号・19号），登録商標及び指定商品等と同一又は類似の範囲内であれば侵害となる（商標25条・37条1号）。しかし，いずれもパロディ自体が直接判断の対象となることはない。あるとすれば，パロディの対象商標が著名である点であろう。

パロディと思われる商標事件が審決取消訴訟で争われたことがある。対象となった引用登録商標は，スポーツ用品等で著名な登録商標（下図右，出願商標は下図左）である。特許庁は，異議申立てを受けて両商標に係る商品においては混同のおそれがあるとして4条1項15号を適用して登録を取り消し，知財高裁も，異議決定を支持した（知財高判平25・6・27速報459号18467〔KUMA事件〕）。「本件商標をその指定商品について使用する場合には，これに接する取引者，需要者は，顕著に表された独特な欧文字4字と熊のシルエット風図形との組合せ部分に着目し，周知著名となっている引用商標を連想，想起して，当該商品が被告又は被告と経済的，組織的に何らかの関係を有する者の業務に係る商品であるかのように，その出所について混同を生ずるおそれがあるといえる。」

また知財高裁は，本件商標は引用商標に化体した信用，名声及び顧客吸引力に便乗して不当な利益を得る等の目的をもって引用商標の特徴を模倣して出願し登録を受けたもので，商標法の目的（商標1条）に反するものであり，公正な取引秩序を乱し，商道徳に反するものというべきであるとして，4条1項7号違反も肯定している。

出願商標

登録商標

III　特許庁の実務

本号の適用にあたって，特許庁の『商標審査基準』は次のように定めている。

(1)　混同のおそれの判断要素について

「1．本号において，『他人の業務に係る商品又は役務と混同を生ずるおそれがある場

合』とは，その他人の業務に係る商品又は役務であると誤認し，その商品又は役務の需要者が商品又は役務の出所について混同するおそれがある場合のみならず，その他人と経済的又は組織的に何等かの関係がある者の業務に係る商品又は役務であると誤認し，その商品又は役務の需要者が商品又は役務の出所について混同するおそれがある場合をもいう。

2．『他人の業務に係る商品又は役務と混同を生ずるおそれがある商標』であるか否かの判断にあたっては，
　(イ)　その他人の標章の周知度（広告，宣伝等の程度又は普及度）
　(ロ)　その他人の標章が創造標章であるかどうか
　(ハ)　その他人の標章がハウスマークであるかどうか
　(ニ)　企業における多角経営の可能性
　(ホ)　商品間，役務間又は商品と役務間の関連性

等を総合的に考慮するものとする。なお，(イ)の判断に当たっては，周知度が必ずしも全国的であることを要しないものとする。」（商標審査基準〔改訂第12版〕第3の十三の1・2）。

混同のおそれは，事実の認定ではなくて，出願商標と引用商標及びそれらに係る取引の実情を考慮して客観的に判断されるものであって，直接の証拠は必要ないが，その前提となる引用商標等の著名性及び取引の実情に関しては，事実認定の範囲内のものである。そのために，前述の各要素の存在の有無がまず考慮されるものである。

一般的には，他人の標章（サービスマークを含む意味で使用されている），すなわち引用商標等は，周知度が高く，いわゆる著名商標であって，上記(ロ)以下の各要素が肯定されるときは，混同のおそれがあると判断される。該当する要素が少ない場合であっても，必ずしも混同のおそれがないと判断されるとは限らず，総合的に判断されるものである。

(2) 著名商標等の立証方法について

本号の適用にあたっては，審査官又は審判官の職権により，商標等の著名性が認定され，また関係する取引の実情等が個々具体的に探知されるもので，これには，特許庁に顕著な事実も含まれるが，これらには著名性の性格等からくる限界があることから，多くの場合，著名商標の認定については，当事者の立証を待って認定される。著名商標の立証方法につき，『商標審査基準』は次のように定めている。

「3．2．(イ)に関する立証方法については，この商標審査基準第2（第3条第2項）の3．(2)及び(3)を準用する。」（商標審査基準〔改訂第12版〕第3の十三の3）

すなわち，3条2項に定める「いわゆる使用による識別性」を備えるに至っている否かの判断は，①実際に使用している商標並びに商品又は役務，②使用開始時期，③使用

期間，④使用地域，⑤生産・証明又は譲渡の数量又は営業の規模（店舗数・営業地域・売上高等），⑥広告宣伝の方法・回数及び内容，等の事実を総合勘案してなされる。

そして，これらの事実の立証方法として，①広告物（新聞，雑誌，カタログ，ちらし，テレビCM等），②仕切伝票，納入伝票，注文伝票，請求書，領収書又は商業帳簿，③商標が使用されていることを明示する写真等，④広告業者，放送業者，出版業者又は印刷業者の証明書，⑤同業組合又は同業者の証明書，⑥公的機関等（国，地方公共団体，在日外国大使館，商工会議所等）の証明書，⑦一般紙，業界紙，雑誌又はインターネット等における記事掲載等，⑧需要者の商標の認識度（アンケート）調査結果も例示されている（商標審査基準〔改訂第12版〕第3の十三の3，第2の3）。一般的には，使用期間が長く，使用地域が広く，また販売数量等が多ければ，それだけ，当該商標は，取引者・需要者へ浸透して，取引者・需要者の間に知られるに至ったと推定され，それが全国的にわたるものであるときは，著名性を獲得しているものと認定されることとなる。

証拠方法としての証明書は，「著名となっていることを証明する。」のような内容では足りない（前掲「ELIZABETH／エリザベス」事件）。証明の根拠事実としての使用期間・使用地域・販売数量等に関する事実関係の明示が必要である（4条1項10号の注解Ⅲ(1)(d)参照）。

(3) 他人の著名な表示の引用等について

他人の著名な表示の引用等について『商標審査基準』は，以下のとおり定めている。
「4．他人の著名な商標を一部に有する商標については，次のとおり取り扱うこととする。
　(1) それが他人の著名な登録商標と類似であって，当該商標登録に係る指定商品若しくは指定役務と同一又は類似の商品若しくは役務に使用すると認められる場合は，第4条第1項第11号の規定に該当するものとする。
　(2) それが他人の著名な商標と類似しないと認められる場合又は他人の著名な商標と類似していても商品若しくは役務が互いに類似しないと認められる場合において，商品又は役務の出所の混同を生ずるおそれがあるときは，原則として，本号の規定に該当するものとする。
　(3) それが他人の著名な商標と類似していても，商品又は役務が互いに類似せず，かつ，商品又は役務の出所の混同を生ずるおそれもないと認められる場合において，不正の目的をもって使用するものであるときは，第4条第1項第19号の規定に該当するものとする。
5．他人の著名な商標と他の文字又は図形等と結合した商標は，その外観構成がまとまりよく一体に表されているもの又は観念上の繋がりがあるものなどを含め，原則として，商品又は役務の出所の混同を生ずるおそれがあるものと推認して，取り扱

うものとする。ただし、その他人の著名な商標の部分が既成の語の一部となっているもの、又は、指定商品若しくは指定役務との関係において出所の混同のおそれのないことが明白なものを除く。
6．著名標章を引用して、商標登録出願を本号に該当するものとして拒絶することができる商標には、外国において著名な標章であることが商標登録出願の時に（第4条第3項参照）、我が国内の需要者によって認識されており（必ずしも最終消費者まで認識されていなくともよい。）、出願人がその出願に係る商標を使用した場合、その商品又は役務の出所について混同を生ずるおそれがあるものを含むものとする。
7．他人の業務に係る商品又は役務と混同を生ずるおそれがあるかどうかの認定にあたっては、取引の実情等個々の実態を充分考慮するものとする。」

（商標審査基準〔改訂第12版〕第3の十三の4〜7）

Ⅳ 判断時期等

(1) 判断時期

本号を適用するための判断時期は、出願時である（商標4条3項）。大正10年商標法2条1項11号は公益保護規定であり、そのためにその判断時期は査定又は審決の時と解されていたが、同号の内容が現行法では本号と4条1項16号とに分けられて、本号は私益保護規定と位置づけられたため、その判断時期は出願時とされたものである（反対、三宅・雑感137頁、満田・判評292号54頁・判時1073号216頁）。

出願商標が本号に該当するためには、引用商標等は、出願商標の出願時に本号の要件、すなわち著名等でなければならないと同時に査定又は審決の時にも著名等でなければならない（前掲「Polo Club」事件）。

(2) **本号違反の登録の無効審判**

本号に違反した登録は、無効理由である（商標46条1項1号）。だだし、本号違反を理由とする無効審判は、登録の日から5年を経過した後は請求することができない（商標47条）。

なお、本号に違反した登録は、異議の申立てに基づく取消理由でもある（商標43条の2条）。

(3) **平成3年一部改正法附則に基づく特例出願と本号の適用**

サービスマーク登録制度導入のための一部改正法（平成3年法律第65号）では、互いに競合する特例商標登録出願に係る商標同士についての4条1項10号（同第65号附則5項2項で読み替えたものを含む）又は本号の適用にあたって、出所の混同については前述Ⅱ(2)(a)のような考え方に基づいている。すなわち、出所の混同とは、混同されるもとがあって、

〔工藤＝樋口〕

§4-Ⅰ⑮　　　　　　　　　　　　第2章　商標登録及び商標登録出願

そのものとは周知度が高いもので，それに係る出所と周知度が低いものとの出所が誤認・混同されるものである。したがって，未周知，周知，著名と周知の程度に違いがある場合は，周知度の高い商標に係る出所と混同のおそれがあることから，周知度の低い商標に係る出願が拒絶され，周知度の同程度のものは出所の混同のおそれはないと解されるので（前掲「寶」事件），重複して登録される（特許庁編・サービスマーク113頁）。最近もこれと同じ考え方に立ったと思われる判決例が出されている（前掲「Columbia Pictures Industries, Inc.」事件）。

Ⅴ　本号に関する審決例・異議決定例・審決取消判決例

本号に関する審決例・異議決定例・審決取消判決例に下記のものがある。

〔工藤　莞司＝樋口　豊治〕

別	本件商標	・	引用商標	事件の概要・説示
査定審取	PTA 大43類「キャンディー，ドロップ，他」	＝	Parents and Teachers Assoiation (PTA) 「PTA」	東京高裁昭25（行ナ）12／昭25・12・13　行集1巻1945頁・取消集昭23～33年81頁（審判昭24-271／昭25・05・10）　★「PTA」は，学童の福祉の助長援助を目的とする非営利団体の略称であること，及び，この団体が学童の学用品等の給与に関する場合があることはいずれも顕著な事実であり，本願の指定商品（キャンデー，ドロップ等）も学童向きであり，このような事実によれば，前記商品に本願商標が使用されると，その商品が前記団体の取扱いに係るものと思わしめるに至ることは容易に予想することができるから，出所に混同を招くおそれがある。
査定審取	ニューニッポンミシン 大17類「裁断縫機」	＝	ニッポンミシン 「ミシン」	東京高裁昭28（行ナ）31／昭29・06・07　行集5巻6号1403頁・取消集昭23～33年395頁（審判昭26-379／昭28・07・20）★①著名会社の略称に「ニュー」の語を付した商標をその著名会社の製造販売する商品と同一の商品に使用する場合，世人はその著名会社の製造販売する「新製品」と誤信し，商品の出所に混同を生ぜしめるおそれがある。②審決取消訴訟の係属後，被告の引用した商標の権利者が被告特許庁長官の側の補助参加の申し出をした場合，この参加人の提出した新たな資料に基づいて審決の当否を判断できる。
査定不服	大22類「蓄音機用針」	＝	大22類「蓄音機」	審判昭32-179／昭33・11・07★①引用商標は，日本ビクター㈱が「蓄音機，レコード」等に使用する著名な図柄で同社独自のものであり，他に類例を見ない。②本願商標と引用商標は「犬」と「熊」の相違はあるとしても「動物が蓄音機の演奏を聴いている状景」を表した点で「商標構成上の発想」を同じくし，両者は外観・称呼・観念に相違はあると雖も，世人は著名な引用商標を想起し，出願人（審判請求人）が日本ビクター㈱又はこれと特殊な関係にあると誤認し，ひいては商品の出所について混同を生じさせるおそれがある。
無効	SANTRY サントリー 大36類「シャツ，ズボン下，靴下，他」	×	SUNTRY サントリー 大38・39類「酒類」	審判昭32-564／昭35・10・10　★①請求人の引用商標が著名であるのは「ウイスキー」についてであり，本件商標が「被服類」について使用されても，世人は，請求人がその営業品目を「被服類」に拡張したとは思わないものであり，被請求人の商品が請求人と特別の関係にある者の製造・販売に係るものとは解しない。本件商標の登録を無効とする理由は見当たらない。

§4−Ⅰ ⑮

区分	本願商標		引用商標	判決・審決等
査定審取	① AZOSTAR アゾスター ② AZOCOPY アゾコピー 大18類「複写機械、青写真用印画紙、陽画感光紙」	=	AZO 「ガスライト印画紙」	東京高裁昭35(行ナ)155・同156／昭37・04・17 取消集昭36〜37年151頁(審判昭34-1046・同1047／昭35・11・09)★本願両商標は「ガスライト印画紙」の著名商標「AZO」の文字を含み、指定商品中「青写真用印画紙、陽画感光紙」の製造方法は「ガスライト印画紙」と同じで、指定商品中「複写機械」も「青写真用印画紙等」と同一の目的に使用するもので「機械と材料の関係」にあり、同一場所・機会において取引されるものと予想され、これらの商品に本願商標を使用するとその商品もまた著名なアゾ印画紙と同じイーストマンコダック社の商品であるかのような印象を世人に与える。
査定不服	PARKER 大59類「硬質合成樹脂製容器」	×	PARKER 「万年筆、インキ」	審判昭33-1754／昭37・04・28 ☆「万年筆、インキ」と「合成樹脂製容器」とでは、その製品の形状はもちろん、製法、需要者、効能、用途、使用効果、ならびに製造・販売業者等の点において格段の相違があり、これらの商取引の実際に鑑み、世人をして商品の出所につき誤認を生じさせるおそれがあるとは認められない。
査定上告	寶(円輪郭) 大45類「他類に属せざる食料品及び加味品」	=	寶 「みりん、焼酎、他」	最高裁昭38(オ)914／昭41・02・22 (東京高裁昭36(行ナ)65／昭38・05・28) 判時447号61頁、判夕190号127頁、民集20巻2号234頁 ★①円輪郭内に「寶」の文字を要部として表して成る商標は、『タカラ』の称呼・観念を生ずる。②著名商標を付した商品と一店舗において取り扱われる可能性のある商品は、品質、形状、用途を異にするものであっても、著名商標と類似する商標を付した場合、商品の出所の混同を生じさせるおそれがある。
無効審取	① 美鶴松浦漬 ② 美鶴松浦 大45類「他類に属せざる食料品及び加味品」	=	松浦漬 「鯨の蕪骨の粕漬」	東京高裁昭39(行ケ)21・同22／昭40・10・07 判夕188号201頁 ☆①引用商標は、本件2商標の登録出願時すでに商品「鯨の蕪骨の粕漬」の商標として取引者・需要者間に周知著名であった。②明治時代に創始され、官公庁・各種団体から表彰を受け、辞典等に紹介された章標は著名であると認定できる。③「松浦」「松浦漬」の文字を有する本件商標がその指定商品に使用されると、世人をしてその商品があたかも被告商品の姉妹品であるかの如く、あるいは、その商品の出所が被告と何らかの関係があるかの如く思われ、商品の出所に混同を生じさせるおそれがある。
無効	SONY 大43類「菓子、麺麭の類」	=	①商標：SONY ②商号：ソニー株式会社 「ラジオ、テープレコーダー、他」	審判昭36-655／昭40・10・20 ☆①引用商標「SONY」は請求人の創造した語であり、出所表示力が強い。②請求人がその商号を「東京通信工業株式会社」から「ソニー株式会社」に変更したのは昭和33年1月であり、本件商標の出願日は同年10月27日であるとしても、請求人の商号が「ソニー」と略記されることは、既に取引業界・一般需要者間に周知であった。②引用商標と本件商標は、その構成が全く同一であるから、商品の出所について混同誤認を生じさせるおそれが充分であるといわなければならない。
無効	Esso 昭16類「織物、編物、フェルト、他」	=	Esso 「ガソリン」	審判昭38-3482／昭41・02・12 ☆①本件商標の指定商品「織物」には石油化学工業の分野で生産される「化学繊維」を原材料とするものが含まれ、繊維と石油は「原料と製品」という密接な関係にある。②本件商標がその指定商品について使用されるとき、取引者・需要者あるいは一般世人をして、その商品が「エッソグループ」の生産及び販売に係るものであるかのように、商品の出所について混同を生じさせるおそれがある。
無効審取	OMEGA オメガ 大17類「ライター、他」	=	Ω OMEGA 「時計」	東京高裁昭37(行ナ)72／昭44・06・17 判夕238号273頁、無体集1巻181頁(審判昭29-2084／昭37・01・25) ☆本件商標の出願時においては既に、本件商標をその指定商品「ライター」に使用すると、原告の製造販売に係る商品であるかのように誤認させ、商品の出所につき混同を生じさせるおそれが生じていた。
無効審取	ELIZABETH エリザベス 大36類「被服その他本類に属する商品」	×	エリザベス ELIZABETH 大2類「口紅、香水、他」	東京高裁昭41(行ケ)47／昭45・06・16 判夕252号184頁、無体集2巻356頁(審判昭38-3484／昭41・01・25) ★商標の周知著名及び商品の混同を立証するために提出された日本紙業会会長名の証明書において、「著名となった」「出所混同を生ぜしめるおそれがある」等の記載があっても、いかなる調査資料に基づく証明なのか、はたしてそれが事実なのか、証明者がこれを確認したのか疑問であって、信頼を置くに値しない場合は右商標の周知著名を認めることはできない。

〔工藤＝樋口〕

§4-Ⅰ ⑮　第2章　商標登録及び商標登録出願

区分	本願商標		引用商標	判決・審決
査定不服	明星友報 昭26類「新聞, 雑誌」	＝	明星 「雑誌」	審判昭41-4544／昭45・11・30　★本願商標は, ㈱集英社発行の月刊誌・週刊誌の表題として著名の「明星」の文字を含むので, これに接する取引者・需要者は「明星」の文字部分に注意と関心が惹かれ, 該商品が恰も㈱集英社発行のものであるかの如く, 世人をして商品の出所につき混同誤認を生じさせるおそれがある。
査定不服	ダイヤキューピー 昭32類「パン粉」	＝	キューピー 「マヨネーズ, 他」	審判昭43-4258／昭46・08・19　★キューピー㈱の著名な商標「キューピー」の文字を含む本願商標が, その指定商品「パン粉」に使用された場合, パン粉とマヨネーズ等の商品が西洋風料理の副材料として関連があり, 共に一般食料品店において販売されることがきわめて多い実情よりみれば, 本願商標は畢竟他人の業務に係る商品と混同を生ずるおそれがある商標と認めざるを得ない。
無効	BOLBO 昭5類「燃料, 工業用油」	＝	VOLVO 「自動車」	審判昭45-9414／昭52・10・17　☆本件商標の指定商品中,「液体燃料, 気体燃料, 工業用油」は,「自動車」と密接な関係を有し, 取引者を同一にすることも多いものであるから, 本件商標をこれらの商品に使用すると商品の出所に混同を生ずるおそれがある。
無効	ロート 昭4類「歯みがき」	＝	① ロート ② ROHTO 「目薬, 胃腸薬」	審判昭44-348／昭53・06・13　☆「歯みがき」と「目薬, 胃腸薬等の家庭薬」は, 商品の性格・流通経路等において相当程度の関連を有すると認められ, 本件商標をこれらの商品に使用するときは, 請求人あるいはこれと関連のある商者の取扱いに係る商品であるかの如く商品の出所について混同を生ずるおそれがある。
無効	C・B シービー 昭30類「菓子」	＝	C&B CROSSE & BLACKWELL 大45類「カレー粉, 胡椒, ジャム, 缶詰, 他」	審判昭46-9651／昭55・05・26　☆引用商標はCrosse & Blackwell社より請求人が譲り受け, 専用使用権者であるネッスル日本㈱により我が国で製造された商品に使用され, また, 引用商標を使用した各種食料品が我が国に輸入され, 今日では, 食品業界においては勿論, 需要者間においても「シービー印」として周知著名となっている。本件商標をその指定商品に使用するときは, 請求人あるいはこれと関連のある者の取扱いに係る商品であるかの如く, 商品の出所について混同を生ずるおそれがある。
査定審取	主婦之友 昭1類「薬剤, 医療補助品」	＝	主婦之友 「婦人雑誌」	東京高裁昭54(行ケ)141／昭55・09・17　取消集昭55年871頁 (審判昭50-839／昭54・08・21)　★本願商標「主婦之友」をその指定商品「薬剤, 医療補助品」に使用するときは, ㈱主婦の友が発行する婦人雑誌の題号「主婦の友」が周知・著名な商標であること, 同社が主婦の友代理部の名称を用いて「薬剤, 医療補助品等」を取扱い販売していることも相まって, 同社の業務に係る商品であるかの如くその商品の出所について混同を生ずるおそれがある。
無効審取	① 大45類「他類に属しない食料品及び加味品」	＝	① 寶 ② 寶 「みりん, 焼酎」	東京高裁昭55(行ケ)243／昭56・04・27　取消集昭56年1045頁 (審判昭38-927／昭55・06・25)　☆原告会社は大正14年9月に設立され, 酒類・調味料等の製造販売を業務目的として来たもので, 更に, この頃, 明治38年10月以来存続する四方合名会社を合併して, 一切の営業を継承し, わが国屈指の酒類及びその副産物の総合メーカーとなり, その製品には「寶」の文字から成る商標又はこれを要部とする商標を使用して来たところ, 少くとも本件商標の登録出願当時 (昭和21年11月15日) 既に取引者・需要者間に広く認識されていた。原告からの十分な立証がなかったことのみを理由として, 原告の引用商標が「著名な商標とは認め得ない」としたのは事実誤認の違法がある。
査定不服	常磐ハワイアンセンター 昭26類「雑誌, 新聞, 書画」	＝	常磐ハワイアンセンター 「娯楽センター」	審判昭50-6097／昭56・08・11　★本願商標は, 福島県いわき市常磐藤原町蕪平50に所在する周知著名な娯楽施設「常磐ハワイアンセンター」を表す「常磐ハワイアンセンター」の文字を書して成るものであるから, これをその指定商品について使用するときは, 恰も同センターと何らかの関係にある者の業務に係る商品であるかの如く商品の出所につき混同を生じさせるおそれがある。
無効審取	☆ 昭9類「養蜂用巣箱, 理髪用椅子及び救命用具」	×	☆ 「自動車, その部品」	東京高裁昭55(行ケ)343／昭56・12・21　取消集56年1065頁 (審判昭50-2508／昭55・06・25)　★①引用商標が「自動車・その部品」について著名であったとしても, これと本件商標の指定商品「養蜂用巣箱, 理髪用椅子及び救命用具」とは, 形態・用途のほか製造・販売・需給関係等, 両者の間には相互に関連性がない。②引用商標が「自動車・その部品」以外の商品分野で著名であったと認める証拠がない。③本件商標がその指定商品に使用されたからといって, 商品の出所について誤認混同を生ずるおそれはない。

492　〔工藤＝樋口〕

§4-I ⑮

	本件商標		引用商標	判決要旨
無効審取	花王 **フェザー** シャンプー 大5類「シャンプー」	=	TRADE MARK FEATHER 「安全剃刀」	東京高裁昭55（行ケ）33／昭57・03・17　判時1053号155頁，取消集57年1117頁（審判昭35-496／昭54・12・12）☆①本件商標の登録査定時に引用商標は「安全剃刀」について著名となっていた。②両商標は互いに紛らわしい商標であり，両引用商標が製造販売経路において関連性を有するから，本件商標がその指定商品に使用されると「フェザー」の称呼を有する引用商標を付したフェザー安全剃刀と同じ「フェザー」と称呼される「フェザーシャンプー」が市場に出回ることとなり，商品の出所に混同を生ずるおそれがある。
無効審取	ミラクルコーケン 昭1類「薬剤，医療補助品」	×	① MIRACLE ② ミラクル 「化学品」	東京高裁昭57（行ケ）187／昭59・03・29　無体集16巻1号218頁（審判昭53-10561／昭57・07・01）★審決は，本件商標と両引用商標は「類似しない」としながら，両引用商標が，本件商標の登録出願時には「化学品」について「著名」であったことのみを理由とし，他に商品の混同が生ずるおそれがあることの特別の理由を示すことなく審決した点で違法である。本件商標と引用商標は，外観，称呼，観念のいずれの点においても類似しない。
査定不服	Toshiba 東芝 昭11類「電子応用機械器具，他」	=	Toshiba 東芝 昭1類「電気機械器具，電子応用機械器具，他」	審判昭53-5132／昭60・12・13　★本件商標と引用商標は，常に細心の注意を払って観察すればともかく，卒爾の間，互いに見誤るおそれがある程度に相紛らわしく，本件商標に接する需要者は請求人あるいは請求人と関連ある者の取扱いに係る商品であるかの如く，商品の出所について混同を生ずるおそれがあるものと認められる。
査定不服	パーソニー 昭24類「おもちゃ，人形，楽器，レコード，他」	=	ソニー 「電気機械器具，他」	審判昭57-1305／昭63・01・20　★本願商標が「パーソニー」と一連に表示して成るとしても，取引者・需要者は，本願商標中の「ソニー」の文字に着目又は記憶付けられることも少なくないから，本願商標をその指定商品について使用するときは，該商品がソニー㈱又はソニーグループに属する者の業務に係るものであるかの如く，商品の出所について混同を生ずるおそれがある。
査定審取	PIAGE ピアゼ 昭17類「被服，他」	=	PIAGET 「時計」	東京高裁昭63（行ケ）100／平01・03・14　無体集21巻1号172頁（審判昭58-5524／昭63・03・30）★本願商標「PIAGE・ピアゼ」をその指定商品「被服その他本類に属する商品」に使用するときは，該商品が「時計」について周知著名である「PIAGET」を使用するピアジェ社と経済的又は組織的に何らかの関係にある者の業務に係る商品であるかの如くその出所について混同を生ずるおそれがある。
無効審取	▲ 昭12類「輸送機械器具」	×	▲ 同左	東京高裁昭63（行ケ）128／平01・03・28　取消集2年(8)388頁（審判昭61-15532／昭63・02・04）★本件商標は非類似の商標である。「非類似であっても混同を生じるおそれがある」と主張するには，そのような特別の事由につき主張・立証が必要であり，それなくして4条1項15号に該当するとはなし得ない。
無効審取	東京電音株式会社 昭11類「電気機械器具，電気通信機械器具，他」	=	① 電音 ② DENON 大69類「電気機械器具及びその各部，他」	東京高裁平1（行ケ）54／平02・01・23　判時1346号145頁（審判昭59-17076／昭63・12・22）☆本件商標「東京電音株式会社」は，いわゆる商号商標であるから，その略称は「東京電音」であり，引用商標「DENON」とは異なる。しかしながら，引用商標「DENON」が本件商標の出願時に既に著名であったこと，及び，本件商標「東京電音株式会社」は『デンオン』と発音される「電音」の文字を含むことから，被告がこれを使用するとき，原告と経済的若しくは組織的に何らかの関連を有する企業の業務に係る商品であるかの如く混同を生じさせるおそれがある。
無効審取	サンヒルズ 昭17類「被服，他」	×	dunhill 同左	東京高裁平1（行ケ）127／平02・02・22　取消集3年(15)322頁（審判昭59-19338／平01・01・18）★たとえ原告が著名な会社であり，かつ，引用商標が世界的に周知なものであるといって，本件商標と対比し，外観・称呼の点から別異の商標であると比較的容易に識別され，かつ，原告主張の本件商標の欧文字部分と引用商標の共通部分に特段の識別力も認め得ない以上，そこから直ちに本件商標が付された商品を原告の業務に係る商品と混同されるおそれが生じるとみることはできない。

〔工藤＝樋口〕

§4-Ⅰ ⑮　　　　　　　　　　　　　　　　　第2章　商標登録及び商標登録出願

	本件商標		引用商標	判決・審決等
無効審判	Columbia Pictures Industries, Inc・ 昭26類「印刷物, 他」	×	Columbia（ロゴ） 同左及び昭22類「楽器, レコード, 他」	東京高裁平3(行ケ)19／平03・10・24　判時1428号131頁, 知財集23巻3号743頁（審判昭59-9921／平02・10・25）★①原告の引用商標は『コロムビア』と称呼されることで原告或いは原告の商品を示すものとして極めて著名である。②一方、被告の本件商標「Columbia Pictures」も被告或いは被告の商品を示すものとして知れわたっている（両商標とも著名）。③しかるところ、両商標は非類似のものであるから、被告がその商品に本件商標を使用することにより商品の出所の混同のおそれはない。
無効審判	Polo Club 昭23類「時計, 眼鏡」	＝	Polo By Ralph Lauren 「被服類, 他」	東京高裁平2(行ケ)183／平03・07・11　知財集23巻2号604頁, 判時1401号116頁（審判昭62-17087／平02・05・31）　☆引用標章「Polo By Ralf Lauren」等はラルフ・ローレンのデザインに係る被服類, 眼鏡類を表すものとの認識が広く需要者・取引者の間に確立し、需要者等が本件商標に接すれば「Polo」の部分に着目して引用標章を連想すると認めるのが相当である。してみると、本件商標「Polo Club」を指定商品のうち「眼鏡」に使用した場合、その出所に混同を生ずるおそれがある。また、わが国においては、時計が眼鏡と同一の売り場で販売されることが多いという公知の事情も勘案すると、服飾品としての性格を有する時計についても出所の混同を生ずるおそれがある。
査定不服	PININFARINA ピニンファリーナ 昭21類「装身具, 他」	×	PININFARINA 「自動車」	審判平1-11972／平04・09・10　☆原審において、登録異議申立てがあった結果、「本願商標は、商標法4条1項15号に該当する」として、その出願を拒絶したのであるが、その後、異議申立人と出願人は本願商標の商標について和解が成立し、本願商標を登録することについて異議申立人の承諾を得ていることは、審判請求理由補充書に添付された「同意書」から明らかである。してみれば、本願商標をその指定商品について使用しても、商品の出所について混同を生ずるおそれはなくなったといえる。
無効審判	小倉屋昆布販売株式会社 昭32類「昆布」	＝	小倉屋 「塩こんぶ」	東京高裁平3(行ケ)206／平04・09・30　特企284号48頁（審判昭55-12808／平03・06・06）☆「をぐら」「小倉屋」等は、本件商標の出願前に既に昆布加工品を取り扱う業界において、被告会社の業務に係る商品として、取引者・需要者の間に広く知られていたことが認められるから、本件商標「小倉屋昆布株式会社」が指定商品「昆布又はその類似商品」に使用した場合、その商品が被告ないしは被告会社と何らかの関係を有する者の取り扱う商品であるかのように誤解され混同を生ずるおそれがある。
査定審判	LIZZA リッツァ 昭30類「菓子, パン」	＝	リッツ 「クラッカー」	東京高裁平4(行ケ)82／平05・03・03　速報215号6133（審判昭61-9280／平04・02・10）★商標の類否は、同一又は類似の商品に使用された商標が、その外観・称呼・観念等を総合して全体的に考察すべきであり、しかもその取引の実情を明らかにし得る限り、その具体的な取引状況に基づいて判断すべきであり（最高昭43年2月27日）、この取引の実情には、引用商標の著名性を含むことは疑いない。引用商標は「クラッカー」について著名である。
査定審判	マスチマイシン 昭1類「抗生物質及び生物質製剤」	×	①マスチゲン ②マスチゲンB12 昭1類「薬剤, 他」	東京高裁平2(行ケ)213／平05・03・30　速報215号6142, 知財集25巻1号125頁（審判昭9-3898／平04・03・26）☆①商標法4条1項15号にいう「混同を生ずるおそれ」がある「主体の判断基準」についてみれば、一般的に経済的対価を支払う者が商品の選択・決定権を有するので、ここにいう「主体」は「取引者・需要者」をいうと解される。②商品が「要指示医薬品」である場合、最終需要者は、医師から指示を受けた場合にのみ購入するのであって、自らが他の医薬品と比較してこれを選択し決定する余地がないから、本号の「主体」は上記選択・決定権を有する「医師」である。
査定審判	MEIJI 昭0類「理化学機械器具, 他（ただし、医療機械器具を除く。）」	＝	①Meiji ②明治 「菓子」	東京高裁平4(行ケ)103／平05・03・17　速報215号6139（審判昭59-3898／平04・03・26）★原告が本願商標「MEIJI」を使用して「教育用及び工業用顕微鏡」を製造販売する等するときは、「菓子・食品・医薬品等」を表示する商標として取引者・需要者に広く認識されている「Meiji」を使用している訴外会社の業務に係る商品若しくは訴外会社と関連を有する者の商品であるかのような誤認が生じ、商品の出所につき混同を生ずるおそれがある。

〔工藤＝樋口〕

§4-I ⑮

	本願商標／引用商標			判決・審決要旨
査定審取	㊕（まるよね） 昭32類「加工食料品, 他」	＝	㊉ 大45類「味噌」	東京高裁平7(行ケ)1／平08・02・15　取消集平9(55)172頁（←拒絶審決平06・10・17←異議申立←出願公告←公告決定←査定不服審判昭58-23042←拒絶査定）　★①本願商標の指定商品「加工食料品」には「即席みそ汁、たいみそ、みそづけ魚介類、みそづけ肉、野菜のみそづけ」等が含まれ、これらと「味噌」が特許庁の類似商品審査基準上「非類似」のものとして取扱われているとはいえ、同じ食品分野に関わり、両商品が一般に同一の食料品販売店舗で取り扱われていることが多いと認められる。②本願商標の㊕の図形部分もそれ自体看者に強い印象を与え、独立して自他商品の識別標識としての機能を果たし、この図形部分から『マルコメ』の称呼も生ずるものと認められる。③引用商標は『マルコメ』の称呼をもって使用され、テレビ等で宣伝されてきたことについて当事者間に争いがない。本願商標は4条1項15号に該当する。
無効審取	SANANSONY 昭32類「昆布」	×	SONY 「塩こんぶ」	東京高裁平7(行ケ)108／平08・03・27　取消集平9(57)177頁（審判昭58-19903／平07・02・22）　★「SONY」「ソニー」の著名性を考慮しても、「SONY」「ソニー」が冒頭部分にあって特に注意を惹きやすい場合とは異なり、本件商標を観察・称呼する場合、比較的長い文字及び音節の構成からなるものにおける後半部である「SONY」「ソニー」の部分に特に注意を惹かれて、殊更「SANAN」と「SONY」に分離すべき格別の理由はない。
無効	el international 昭17類「被服, 他」	×	ELLE 「ファッション雑誌」	審判平1-5760／平08・08・30　★本件商標の構成中、「el」はスペイン語の冠詞で、「international」は英語又は仏語であり、言語を異にするとしても、かかる構成において殊更分離し、「el」の部分を捉えて称呼・観念しなければならない特段の事由は見出せない。本件商標はその構成文字に相応して『エルインターナショナル』の称呼のみを生ずるものと判断するのが相当である。
無効	カドリーブラウン CUDDLYBRAUN 昭13類「手動利器, 他」	×	BRAUN 「電気かみそり」	審判平2-19693／平08・11・11　★①本件商標は「電気かみそり」につき著名な「BRAUN」の文字を含むが、該文字は、同書・同大・等間隔で一体に書された「CUDDLYBRAUN」なる構成中に埋没し、該文字が特別看者の注意を引くとは認められない。たとえ、引用商標が著名であるとしても、出所の混同を生じさせるおそれはない。
無効	○○ 昭19類「台所用品, 他」	×	○○ 「化粧品等」	審判平3-9231／平09・03・13　★①本件商標は矩形の枠線と枠内図形とが同一の太さで一体不可分に結合されているのに対し、引用商標は「C」字状図形を左右対称に背中合わせに交叉させてなるものであるから、図形全体から受ける視覚的印象を全く異にする。②引用商標がわが国において著名であったとしても、両者は別異の商標であるから出所の混同を生じさせる要素はない。
無効	Cactier 昭30類「菓子」	＝	Cartier 「ライター, 貴金属製身飾品等」	審判平5-8885／平09・05・06　☆本件商標は、著名な引用商標と構成態様が近似したものであり、近時の企業の多角経営化を考慮すると、本件商標が指定商品に使用された場合、これに接する取引者・需要者は、その商品が請求人の関連会社の取扱に係るものであるかの如く商品の出所に混同を生じさせるおそれがある。
異議	シャネル 渡邉 昭17類「被服, 他」	＝	CC 「ハンドバッグ等」	審判昭61-6186／平9・09・22　☆①本願商標の出願時におけるわが国でのシャネル標章の著名性からすれば、請求人は異議申立人のシャネル標章の著名性を容易に知ることができたのである。②請求人が永年洋服店のマークとして本願商標を使用してきたとしても、その取扱い商品の範囲・顧客層が広くないことから、本願商標の著名性はシャネル標章のそれには及ばなかったといえる。
無効	ロメックス ROMEX 昭21類「装身具, 他」	×	ROLEX 「時計」	審判平6-7727／平09・10・03　★①両商標は、外観上は中央に「M」「L」の差異を有し、この「M」「L」はそれ自体明らかに区別できる文字であり、称呼上は共に5音という短い音構成中第2音に『メ』と『レ』の差異を有し、前者が鼻音、後者が弾音で調音方法が異なる上に促音を伴い、かつ、この差異音にアクセントが生じて彼此聴き誤るおそれがない。②両商標は明らかに区別し得る別異のものであるから、本願商標をその指定商品に使用しても、引用商標との関係で出所に混同を生ずるおそれはない。

〔工藤＝樋口〕

§4-I ⑮

	引用商標/本件商標		審判番号・日付・要旨
無効	◎◎ 昭28類「清酒」	＝ COMMUNITY STORE 「スーパーマーケット」	審判平7-1024／平09・10・31　☆①引用商標は請求人のスーパーストアのシンボルマークとして、本願商標の出願前既に取引者間で広く認識されていた。②その図形部分は独立して自他商品識別機能を果たすものであり、引用商標と構成の軌を一にするから、これをその指定商品に使用すると出所に混同を生ずるおそれがある。
無効	★ 昭26類「印刷物、他」	× ベンツマーク 「自動車」	審判平1-19653／平09・11・05　★①本件商標は全体としてバランスよく組合わされた不可分一体の図形として看取されるから、引用商標とは月桂樹図形の有無において異なるうえに全体の構成上の印象において両者は著しく異なる。②「印刷物等」と「自動車等」とは、用途・製造部門、流通部門等が異なり、互いに関連性がない。
無効	ダイジェスト 昭11類「民生用電気機械器具」	DIJET 「切削工具」	審判平9-8717／平10・02・12　☆①引用商標は、請求人の営業標章及び「切削工具等」を表示するものとして長年使用され、宣伝広告の結果、本件商標の出願時には既に著名となっていた。②広告において引用商標と併せて「ダイジェット」の文字が記載されており、引用商標の欧文字は『ダイジェット』と称呼され得る。
無効	BLACK & WHITE 昭21類「かばん類 他」	× BLACK & WHITE 「ウィスキー」	審判平7-16181／平10・02・13　★引用商標が「ウィスキー」に使用されていた事実は認め得るが、該ウィスキーの販売量・宣伝広告地域・宣伝広告回数等が不明であるから、引用商標が本件商標の出願前に需要者等に広く認識されていたとは認められない。
無効	SHADYLAND 昭4類「おもちゃ、他」	＝ SHADDY 「企業名称」	審判平7-26877／平10・02・17　☆「SHADY」の語は成語としてわが国では親しまれておらず、引用商標「SHADDY」より「D」が1文字少ないだけであり、「LAND」の語は「陸地、国」を意味し、「レジャーランド」等のように使用され識別力が弱いから、本件商標の前半の文字が需要者等の注意を惹き、著名な引用商標を想起させる。
無効	Enrico Ferrari 昭4類「石鹸類、他」	＝ Ferrari 「自動車」	審判平8-5736／平10・03・02　☆①引用商標は、請求人の「スポーツカー」を表示するものとして本件商標の出願時にはわが国の需要者間で広く知られていた。②本件商標は、全体として姓名を表したと直ちに認識されるものとはいえず、著名な「Ferrari」の文字を有する。
異議	OMEGA 平41類「ぱちんこホールの提供」	× Omega 「時計」	審判平7-5089／平10・03・04　★①「OMEGA」の文字はギリシャ語の最終字母である「Ω」を意味し、転じて「最後、最終」等を意味する英語であって単位記号等としても使用されており、②「時計等」と「ぱちんこホールの提供」とは業種・業態が異なり関連性が薄いこと等から、請求人が本願商標を指定役務に使用しても出所について混同が生じるおそれはない。
無効	菊正本 昭13類「手動利器」	＝ 正本 「包丁等」	審判平6-21271／平10・03・09　☆請求人は、引用商標を長年にわたって「包丁」に使用し、多大な宣伝広告費をかけてきた結果、本件商標の出願前には需要者等に広く知られていたから、被請求人が「正本」の文字を含む本件商標をその指定商品に使用すると、商品の出所について混同を生ずるおそれがある。
無効	DOMINIQUE ARPELS 昭21類「装身具、他」	× VAN CLEEF & ARPELS 「装身具等」	審判平5-20686／平10・03・19　★本件商標は、宝飾デザイナーとして知られた被請求人の姓名を表したものであり、その構成中に「ARPELS」の文字を含むとしても、請求人を想起させることはない。
査定不服	POLOPROFESSIONAL 平18類「かばん類 他」	＝ POLO 「被服」	審判平8-6645／平11・03・23　★①引用商標は本願商標の出願時にはわが国において著名であったと認められる。②本願商標は構成全体をもって一連の既成の意味合いを表す語と認識されるものではなく、構成中に著名な「POLO」の文字を含むものと容易に理解されるから、本件商標をその指定商品に使用すると出所について混同を生ずるおそれがある。
無効	GE 昭4類「化粧品、他」	＝ GENERAL ELECTRIC 「電気機械器具」	審判平5-11238／平10・04・13　☆①「G」と「E」をモノグラム化したものと認識され、少なくとも『ジーイー』なる称呼を生じ得る。②本件商標の出願時には、引用商標の中央部図形部分は『ジーイー』と称呼されるものとして需要者間で広く認識されていた。③今日の企業の多角化・系列化を勘案すれば出所について混同のおそれがある。

§4-Ⅰ ⑮

	本件商標		引用商標	判断
異議	C3 平16類「文房具」	×	C3 「コンタクトレンズケア商品」	異議平9-90626／平10・04・28　★本件商標は立体図形に陰を表した部分があり、極めて重量感・安定感のある印象を与えるのに対して、引用商標は半円状円弧と数字「3」を平面的に表したものであり比較的軽量感・不安定感のある印象を与えるから、両者は別異の商標であって、本件商標をその指定商品に使用しても商品の出所について混同を生じるおそれはない。
異議	Shell－X 平6類「金型及び鋳型用鉄及び鋼」	×	SHELL 「石油」	異議平9-90393／平10・05・19　★①「金型、鋳型用鉄及び鋼」と「石油」とは、生産・販売部門・品質・用途等において異なる。②引用商標が著名であるとしても、「Shell」及び「シェル」の語は「貝がら」を意味する英語・外来語として一般に親しまれているものであるから、本件商標をその指定商品に使用しても商品の出所について混同を生じるおそれはない。
無効	PLAYBOY 昭4類「化粧品,他」	＝	PLAYBOY 「雑誌」	審判平5-17932／平10・05・19　☆①本件商標の出願時には、引用商標は「雑誌」のタイトルとして世界的に認識されていたといえる。さらに、請求人は、各種商品について多数人に引用商標の使用を許諾しており、雑誌や化粧品が同一店舗で販売されていること等を勘案すると、本件商標を指定商品について使用すると出所について混同のおそれがある。
査定不服	COUGAR 昭17類「靴下,他」	×	FLYING PUMA 「被服等」	審判平5-20339／平10・05・22　☆本願商標の図形部分は文字の上部に折り重なるように3匹の動物を描いており、いずれも後ろ足は文字に隠れているのに対して、引用商標の図形部分は文字の上方から右上方にかけて1匹の動物の全体を描いてなるものであるから、両商標の図形部分が与える印象は明らかに異なる。
査定不服	ALBIONCLUB 昭17類「被服,他」	＝	ALBION 「化粧品」	審判平3-665／平10・06・15　★①本願商標は前半部分に著名商標を含み、かつ、「CLUB」は「同好の士の集団」を意味するありふれた日常語であって、化粧品メーカーによっては自社の化粧品愛用者の組織のために使用しており、「ALBION」と「CLUB」の間には軽重の差が生じる。②「被服」と「化粧品」とは、雑誌等で一緒に紹介され、需要者を共通にすることも少なくない。
異議	Amix 平36類「建物又は土地に関する助言,他」	×	AMEX 「クレジットカードサービス」	異議平9-90698／平10・06・25　★本件商標は図形と「AMIX」の文字との組合せよりなり、引用商標は「AMEX」の文字を書してなるから両者は外観上明らかに相違し、称呼における差異音『ミッ』と『メッ』はいずれも促音を伴うため強く発音されるから称呼上相紛れるおそれもある。よって、両者は別異の商標であって、商品の出所について混同を生じるおそれはない。
無効	PROCHE プロチェ 昭12類「自転車,他」	＝	PORSCHE 「自動車」	審判平7-28123／平10・07・08　☆①「PROCHE」と「PORSCHE」なる欧文字の相違は「S」の有無・「R」と「O」の順序にあるが構成文字数がやや多いため外観的印象の相違が認識されにくい。②本件商標の出願前より引用商標が「自動車」について著名であり、請求人が自動車以外の多種類の商品を扱っているため、本件商標が指定商品について使用されると出所の混同を生ずるおそれがある。
異議	polo 平4類「オートバイ用特殊靴」	×	POLO 「紳士服」	異議平4-12061／平10・07・10　★引用商標が「眼鏡等」についてわが国である程度知られていることは認め得るとしても、「眼鏡等」と「オートバイ用特殊靴等」では用途・取引経路を異にし、関連性が極めて希薄であるから、両者が取引上混同を生ずるとみるべき特段の事由はない。
異議	SAN MIGUEL SUPER DRY 昭32類「ビール,他」	×	スーパードライ SUPER dry 「ビール」	異議平9-90020／平10・07・13　★①本件商標より生ずる『サンミーゲルスーパードライ』の称呼は冗長であり、常に一体不可分に看取されるとはいえ、『サンミーゲル』若しくは『スーパードライ』と略称され得る。②引用商標の「SUPER DRY」「スーパードライ」の文字が「特別辛口のビール」という品質を表示するにすぎないとも言い得る。
無効	Sankyo 三協開発 平38類「電話による通信の加入契約の取次ぎ」	×	SANKYO共 「薬剤」	審判平9-21144／平10・07・24　★①本件商標の指定役務と「薬剤」の間には直接の関係がないばかりでなく、請求人が本件商標の指定役務の業務を行うことの証左もない。②「SANKYO」なる欧文字自体は「三共」「三協」「山峡」「三強」「三京」等の字音に対応するものでいずれとも特定し得ず、それ程特異なものではなく、比較的一般に採択されやすい。

〔工藤＝樋口〕　497

§4-Ⅰ ⑮   第2章　商標登録及び商標登録出願

区分	本願商標		引用商標	審決・判決等
査定不服	（二枚貝図形） 昭18類「ひも,他」	×	（二枚貝図形） 「石油製品」	審判平1-14907／平10・08・10　☆①両商標はともに二枚貝をモチーフにするが、本願商標は写実的な二枚貝の図形からなるのに対して、引用商標は単にかかる二枚貝を表したとの印象を与えるに止まるから、両商標から受ける印象が異なる。②本願指定商品は、事業者・取引経路・用途等から見て、引用商標が使用される「石油商品」とは直接的には関連性を有しない。
無効	スーパー7パーキン 昭12類「自動車の部品」	＝	スーパーセブン 「スポーツカー」	審判平6-14091／平10・09・07☆①引用商標は「スポーツカー」に使用された結果,本件商標の出願前から英国ケーターハム社の商標として著名である。②「スーパー7パーキン」は全体として特定の造語ではなく、他にこれを一体不可分に把握すべき必然性もないから、需要者は本件商標の「スーパー7」なる著名な文字部分に注目し、出所について引用商標と混同するおそれがある。
無効	SANKYO 平42類「建築物の設計,他」	×	SANKYO 三共 「薬剤」	審判平9-12282／平10・09・25　★①本件商標の指定役務と「薬剤」の間には直接の関係がないばかりでなく、昨今の企業の多角経営化を考慮しても両者の関連性は乏しい。②「SANKYO」なる欧文字自体は「三共」「三協」「山峡」「三強」「三京」等の字音に対応するものであっていずれにも特定し得ず、それ程特異なものではなく、比較的一般に採択されやすい。
無効	SHADY OAKS 昭17類「被服,他」	×	SHADDY シャディ 「衣服等」	審判平7-26878／平10・10・05★①本件商標は全体で熟語的表現の一つと認識され、『シェイディオークス』とのみ称呼される。②フランチャイズシステムのカタログ販売用カタログを通常の広告用印刷物と同等にみるのは必ずしも適切でなく、請求人のカタログの頒布実績等をもって、直ちに引用商標が所謂有名百貨店と同等の業務上の信用を蓄積するに至っていたとは客観的に言えない。
査定不服	ホテル ニューミヤコ 平42類「宿泊施設の提供」	×	都ホテル 「ホテル」	審判平7-19371／平10・10・14　☆①異議申立人の営業にかかるホテルが単に「都」と略称されて広く知られている事実を立証する証左は見当たらない。②本願商標は、申立人の営業にかかるホテルとは明確に区別されるものである。
異議	COTY 平29類「食肉,他」	×	COTY 「化粧品等」	異議平10-90886／平10・10・14　★本件商標は、その構成各文字が極めて図案化され、引用商標とは外観上顕著な差異を有する別異の商標として認識され、本件商標の指定商品は、申立人の使用に係る「化粧品等」とはその生産者・販売者・需要者等を著しく異にするから、本件商標から引用商標を想起するものとは言えない。
異議	FLUSHING MEADOW 平25類「運動用特殊衣服」	＝	（月桂樹図形） 「テニスウェア」	異議平10-90515／平10・10・20　☆①本件商標出願時に引用商標は「テニスウェア」等について著名であった。②本件商標の文字部分「FLUSHING MEADOW」は全米テニス選手権大会開催地として知られ、識別力が極めて弱い。③両商標の図形部分は子細に観れば差異があるが、共に円弧状月桂樹図形で構成の軌を一にする。
異議	IDUNHILL 平25類「被服,他」	×	DUNHILL 「被服等」	異議平10-90874／平10・10・21　★本件商標は同書・同大・同間隔にて一体不可分に表されてなり、その構成中の語頭及び語尾の「I」の文字を省略し「DUNHILL」の文字部分が独立して認識されるとみる特段の事由は見出せず、本件商標は引用商標に類似するものでも引用商標を想起させるものでもない。 ⇒後掲の無効審判で逆転。
異議	PRINCE COBRA プリンスコブラ 平28類「運動用具」	＝	COBRA 「ゴルフクラブ」	異議平10-90476／平10・10・27　☆本件商標はその構成中に長年使用され広く認識されるに至った異議申立人の商標を含むものであるから、これに接する需要者等をして異議申立人又はその著名商標を想起させる。
異議	BŌZU 平25類「被服」	＝	BOSS 「缶コーヒー」	異議平10-90851／平10・10・27　☆引用商標は「缶入りコーヒー」について広く認識されており、販促品としての「ジャンパー」プレゼントに対する応募数は記録的であったこと、本件商標は著名な引用商標の「BOSS」を「BOZU」に置き換え、男性の図形の頭髪部分を変えたにすぎないから、本件商標から引用商標又は異議申立人を想起させ得る。

§4-I ⑮

異議	ナチュラルプレミアム 平30類「菓子及びパン」	×	プレミアム 「クラッカー」	異議平10-91136／平10・11・06　★引用商標は「クラッカー」の商標として広く認識されていたとしても，両者は別異の商標であるから本件商標は引用商標を想起させるものでもない。
異議	ELLECLUB 平28類「おもちゃ」	×	ELLE 「雑誌等」	異議平10-91200／平10・11・10　①本件商標は同書・同大・同間隔で書されており，視覚上一体性をもって看取されэ『エルクラブ』なる称呼も冗長ではなく，両者は別異の商標であり，②たとえ引用商標が「雑誌」のタイトルとして広く認識され，ライセンス事業が展開されているとしても，本件商標から引用商標を想起するとは言えない。
査定不服	（井桁図形） 昭11類「電気機械器具」	＝	（井桁図形） 「電気機械器具」	審判平9-7469／平10・11・19　①本願商標の出願前から，引用商標は「住友井桁マーク」として需要者間で広く認識されている。②本願商標の太井桁の図形部分は引用商標の井桁図形と太さにおいて若干の差異があるが，構成を同じくし，両者を離隔観察するときは極めて近似した印象を与えるから，本願商標をその指定商品に使用すると出所について混同を生ずるおそれがある。
異議	三菱パワーゲン株式会社 平32類「穀物の加工品」	＝	三菱 「三菱グループ」	異議平10-90701／平10・11・25　☆本件商標は，その構成中にわが国の著名な「三菱グループ」が商号・商標の一部として長年使用している「三菱」の文字を含むので，本件商標をその指定商品に使用するときは，該商品が「三菱グループ」に属する企業の商品であるかの如く商品の出所について誤認混同を生じさせるおそれがある。
異議	BellCom 平11類「電気通信機器具」	×	Bell 「電話会社」	異議平10-91386／平10・11・30　★本件商標の「ベルコム」及び「BellCom」の文字は全体として纏まりよく書されており，構成中の「ベル」「Bell」の各文字が独立して認識されるとは言えないから商品の出所について混同を生じさせるおそれはない。
異議	Poｌｏ 平16類「印刷物，他」	×	Polo 「化粧品，被服」	異議平10-91308／平10・12・01　★本件商標はその振り仮名に照し『ピーゼロワンゼロ』なる称呼のみを生じ，『ポロ』の称呼を生ずる引用商標と称呼上相紛れるおそれなく，両商標は他に類似するところがない。②たとえ引用商標が著名であるとしても，本件商標が異議申立人を想起させることはないといえる。
異議	（花図形） 平5類「浴剤，他」	×	（花図形） 「化粧品，被服」	異議平10-91358／平10・12・01　★たとえ引用商標が「化粧品，被服」について著名であるとしても，両商標は外観・観念・称呼のいずれにおいても十分区別し得るものであるから，商品の出所について混同を生じさせるおそれはない。
無効	（図形） 昭17類「被服，他」	＝	（ベンツマーク） 「自動車」	審判平9-9098／平10・12・04　☆①本件商標の出願前から，引用商標は「メルセデスベンツ」を象徴する商標として需要者間で広く認識されている。②本件商標の図形部分は独立して自他商品識別機能を発揮するものであり，全体として引用商標の特徴とその構成の軌を一にするから，本件商標をその指定商品に使用すると出所について混同を生ずるおそれがある。
査定不服	MASTER CARD 昭1類「電気機械器具」	＝	MASTERCARD 「クレジットカード会員に代わる支払い」	審判昭62-15145／平10・12・07　★「MASTERCARD」は本願商標の出願時にはわが国で広く知られていたから，「MASTER CARD」の文字よりなる本願商標をその指定商品に使用すると出所について混同を生ずるおそれがある。
無効	THREE-M 昭21類「かばん類，他」	×	3M 「接着剤等」	審判平7-13951／平10・12・22　①請求人商標は本件商標のような態様で使用されておらず，「かばん類」等に使用されたこともない。②本件商標は「3つのM」なる自然の観念を生じ，必ずしも請求人のみを一義的に想起させず，また，その出願時より「紳士服」について関西地区等で需要者間で知られていたから，本件商標をその指定商品に使用しても出所の混同のおそれはない。
無効	（ポケット図形） 昭17類「被服，他」	×	（ポケット図形） 「ジーンズ」	審判平9-20434／平11・01・19　★①「ジーンズ」については，二重ステッチで縫い付けたポケットの五角形の形状はありふれており，この五角形内部のステッチ柄が識別力を発揮する。②引用商標が，本件商標の出願時に著名でも，両者は，五角形内部のステッチ柄の相違から，全体として別異の印象を与えるから，両者は相紛れず，商品の出所についての混同のおそれはない。

〔工藤＝樋口〕　499

§4−I ⑮　　　　　　　　　　　　　　　　　　　　　　第2章　商標登録及び商標登録出願

区分	本件商標		引用商標	審決等内容
異議	チャールス ジャンダン 平9類「眼鏡, 他」	×	CHARLES JOURDAN 「靴, 眼鏡」	異議平10-91022／平11・02・15　★両商標は外観・称呼・観念のいずれにおいても非類似であるから、たとえ引用商標が本件商標の出願時に「眼鏡、靴」等について需要者間で広く認識されていたとしても両商標を混同するというべき事情が見出せないから、本件商標をその指定商品に使用しても混同のおそれはない。
査定不服	WINDOWS Magazine WINDOWS　マガジン 平26類「雑誌」	＝	WINDOWS 「パソコン用基本ソフト」	審判平8-11490／平11・02・26　★本願商標はその出願前から需要者等間で著名である引用商標と同一の「WINDOWS」の文字を含んでなるものであるから、本願商標をその指定商品に使用すると出所について混同を生ずるおそれがある。
異議	がんばれジャイアンツ 平30類「菓子及びパン」	＝	GIANTS ［球団名］	審判平2-14643／平11・03・09　☆①「がんばれ」の文字は事物を応援するために使用されるから、該文字は本願商標の出願前より「読売ジャイアンツ」を表すものとして広く認識されていた「ジャイアンツ」の文字を形容していると看取される。②異議申立人は引用商標を用いて各種商品を販売しているから、本願商標をその指定商品に使用すると出所について混同を生ずるおそれがある。
異議	BASS US バッサス 平25類「靴類, 他」	＝	BASS 「靴類」	審判平10-91168／平11・03・09　☆①本件商標の片仮名部分は欧文字部分の読みを書したとみて不自然でなく、本件商標は外観・観念・称呼上のいずれにおいても引用商標に類似しない。②引用商標は本件商標の出願日前から「靴類」についてわが国需要者間で広く認識されていたから、本件商標を指定商品中「靴類」に使用すると著名な「BASS」と出所の混同を生ずるおそれがある。
異議	JAS INTERNATIONAL INC・ 平42類「宿泊施設の提供, 他」	×	JAS 「航空輸送」	異議平10-91148／平11・03・11　★①本件商標は、その構成が商標権者を指称する英文名称としても不自然なものではなく、引用商標とは区別し得る。②引用商標が著名であるとしても本件商標は引用商標とは別異のものであるから、本件商標をその指定役務に使用しても役務の出所について混同を生ずるおそれはない。
異議	F1冒険CLUB 平41類「技芸の教授, 他」	×	F1 「自動車レース」	異議平10-91722／平11・03・15　★本件商標の構成からみて、本件商標をその指定役務に使用しても申立人の業務に係る役務とその出所について混同を生ずるおそれはない。
異議	AVANDIA 平5類「薬剤」	×	アバン A V A N 「薬剤」	異議平10-91968／平11・03・15　★引用商標が本件商標の出願時には申立人の業務に係る「脳代謝・精神症状改善剤」について需要者等間で広く認識されていたとしても、本件商標と引用商標は外観・称呼・観念のいずれにおいても十分に区別し得るから、本件商標をその指定商品に使用しても商品の出所について混同を生ずるおそれはない。
査定不服	ROVER MINI 昭17類「被服, 他」	＝	ROVER MINI 「自動車」	審判平3-20672／平11・03・17　★「ROVER」の文字は本願商標の出願前より「オースチン・ローバー」社を、また「MINI」の文字は同社の小型乗用車をそれぞれ表すものとして広く認識されており、今日の企業経営の多角化を考慮すれば、本願商標をその指定商品に使用すると出所について混同を生ずるおそれがある。
無効	amc AMERICAN MULTI-CINEMA 平41類「映画の上映, 他」	＝	amc Entertainment 「映画の上映」	審判平10-35111／平11・03・19　★米国での映画事情はわが国でもよく知られており、米国で「映画の上映」について広く知られている引用商標は、本件商標の出願前よりわが国においても広く知られているといえるから、「AMC」なる文字を含む本件商標をその指定役務に使用すると出所に混同を生ずるおそれがある。
異議	ヤンキーゴジラ 平28類「おもちゃ, 他」	＝	ゴジラ 「映画のキャラクター」	異議平10-91392／平11・03・24　☆①本件商標は全体として特定の語意を有さない。②「ゴジラ」の文字は異議申立人の映画のキャラクター名であり、その商品化事業に係る商品に使用され、本件商標の出願時に需要者間で広く認識されていたから、本件商標をその指定商品に使用すると出所について混同が生ずるおそれがある。
無効	LUCKY KING LUCK & STRIKE KING 平28類「おもちゃ, 他」	＝	LUCKY STRIKE 「たばこ」	審判平9-3687／平11・03・26　☆①本件商標の上段と下段の文字は観念・外観上一体のものとは言えず、全体から生ずる称呼も冗長であるから下段の文字が独立して観察され得る。②本件商標の下段の文字は著名な引用商標と称呼・外観上紛れ易く、本件商標をその指定商品に使用すると出所に混同を生ずるおそれがある。

区分	本件商標		引用商標	判決・審決等
異議	ネットベル 平9類「電気通信機械器具」	×	ベル 「電話通信業」	異議平10-91927／平11・03・29 ★本件商標は「ネットベル」の文字を同書同大に同間隔で一連に表したものであり一体不可分というべきであって、その構成から「ベル」の文字を抽出しなければならない格別の事情なく、本件商標と引用商標とは十分に区別し得るから、本件商標をその指定商品に使用しても商品の出所について混同を生ずるおそれはない。
異議	（ロゴ） 平18類「かばん類、他」	×	（ロゴ） 「履物等」	異議平10-91855／平11・04・06 ★本件商標は外観・称呼・観念のいずれにおいても引用商標とは非類似であるから、本件商標を指定商品に使用しても、引用商標が著名であるとしても、商品の出所について混同を生ずるおそれはない。
無効	EBEL 昭24類「運動用具、他」	＝	EBEL 「時計」	審判平6-20554／平11・04・09 ☆①本件商標の出願前から、引用商標は「高級時計」を表示するものとして「高級時計」の需要者等の間で相当知られていた。②本件商標の指定商品中「ゴルフ用具」等には高級品も存在し、その需要者は「高級時計」のそれとある程度重なり得る。③本件商標を指定商品に使用すると出所について混同を生ずるおそれがある。
査定不服	TOTOFOLDER 昭9類「産業機械器具」		TOTO 「洗面化粧台等」	審判平8-11487／平11・04・12 ★①引用商標は本願商標の出願前から需要者等の間で「洗面化粧台等」について著名である。②本願商標は特定観念を生ずる一連の既成語ではなく、中間の「F」がやや図案化され前の「TOTO」の文字と分離して観察されるから、「TOTO」と「FOLDER」とに視覚的にも分析され、本願商標をその指定商品に使用すると出所について混同を生ずるおそれがある。
無効	白鹿 昭33類「穀物、他」	＝	白鹿 「清酒」	審判平5-12958／平11・04・12 ☆本願商標の出願前から「清酒」について需要者・取引者の間で広く知られている引用商標と同一の本願商標を「清酒」の原材料・副産物等である指定商品に使用すると出所について混同を生ずるおそれがある。
異議	（ロゴ） 平25類「洋服、他」	×	（ロゴ） 「被服等」	異議平10-91495／平11・04・13 ★①両商標は一部分において近似した幾何学図形であっても本件商標は纏まりよく構成されており、両者は外観上の顕著な差異と異なる印象を有しているから互いに相紛れるおそれはない。②本件商標は引用商標とは別異のものであるから、本件商標をその指定商品に使用しても商品の出所について混同を生ずるおそれはない。
異議	EYEMATE アイメイト 平3類「化粧品」	×	アイメイト EYEMATE 「眼科用剤」	異議平10-92153／平11・04・16 ★両商標の指定商品は互いに非類似であり、引用商標は本件商標の出願時に申立人の業務に係る「眼科用剤」について需要者等間で広く認識されていたとも認められないから、本件商標をその指定商品に使用してもその商品の出所について混同を生ずるおそれはない。
異議	EMPORIO TOSCANI 平25類「洋服、他」	×	EMPORIO ARMANI 「被服等」	異議平10-91891／平11・04・19 ★引用商標が「紳士服等」について需要者間で広く認識されていたとしても、両商標は、外観・称呼・観念のいずれにおいても十分に区別でき、本件商標をその指定商品に使用しても商品の出所について混同を生ずるおそれはない。
異議	AGATHA RUIZ DE LA PLADA 平18類「かばん類、他」	×	PRADA 「バッグ類」	異議平10-92047／平11・04・23 ★引用商標が本件商標の出願時に申立人の業務に係る「バッグ等」について需要者等間で広く認識されていたとしても、本件商標と引用商標は外観、称呼及び観念のいずれにおいても十分に区別し得るから、本件商標をその指定商品に使用しても商品の出所について混同を生ずるおそれはない。
査定不服	JEEP 平19類「土砂崩壊防止用植生板」	＝	JEEP 「自動車」	審判平8-5283／平11・04・27 ★引用商標は本願商標の出願前から山間部等のオフロードの走行に適した「四輪駆動車」について需要者等の間で広く認識されていたから、本願商標を山間部の道路保持等に使用される指定商品に使用すると出所について混同を生ずるおそれがある。
査定不服	ECR 平9類「配電用又は制御用の機械器具」	＝	National 「電気機械器具」	審判平7-10139／平11・05・06 ★①引用商標は本願商標の出願前既に取引者間で広く認識されていた。②両商標は共に「N」字状図形の上下辺にそれぞれ切り欠き部を設けた「黒塗り角形図形」内に白抜きの細い円輪を表し、同円輪の重ねるように白抜き欧文字を配している点において構成の軌を一にするから、本願商標を指定商品に使用すると出所について混同を生ずるおそれがある。

〔工藤＝樋口〕

§4-I ⑮　　　　　　　　　　　　　　　　　　　　　第2章　商標登録及び商標登録出願

区分	本件商標		引用商標	判決要旨
異議	GEORGIA JASS INTERNATIONAL INC. 平18類「かばん類」他	＝	GEORGIA 「コーヒー」	異議平10-91430／平11・05・06　☆①本件商標中の「GEORGIA」なる文字は看者の注意を惹き易い態様で表されており、下段の文字との配置関係からみて、該文字が商品の産地等表示と必ず認識されるとは言えない。②引用商標は、本件商標の出願時には「コーヒー」について広く需要者間で認識されていた。③本件商標をその指定商品に使用すると出所の混同のおそれがある。
異議	GRAND BOSS グランドボス 平25類「洋服」他	＝	BOSS HUGO BOSS 「衣服」	異議平10-91510／平11・05・07　☆①本件商標の出願時には、引用商標は「被服」について需要者間で広く認識され、「ボス」ブランドとして著名であった。②「GRAND BOSS」が一体不可分に認識されるとは必ずしもいえず、むしろ本件商標の「BOSS」の部分は引用商標を想起せしめる。③本件商標をその指定商品に使用すると出所について混同が生ずるおそれがある。
異議	ジーキャノン 昭24類「おもちゃ」他	×	キャノン 「光学機械器具」	異議平10-92273／平11・06・01　★①「キャノン」は「模型おもちゃ」について「大砲(CANNON)」を意味するものとして数多く使用されており、本件商標も「キャノン砲を背負ったロボットおもちゃ」に使用されているから、本件商標の「キャノン」の文字が独立して出所標識として機能することはなく、本件商標は引用商標とは非類似であるから、出所の混同のおそれはない。
査定不服	MISSONICLUB 平25類「被服」他	＝	MISSONI 「スーツ等」	審判平10-6285／平11・06・04　★①引用商標は、本願商標の出願時には広く需要者間で認識されていた。②本願商標は構成全体をもって特定の観念を有する成語を有するものではなく「MISSONI」が著名であり「CLUB」が「同好会」等の意味を有することに鑑みれば、「MISSONI」の部分から需要者等の注意を惹くから本願商標を指定商品に使用すると出所の混同のおそれがある。
査定不服	英國屋（図） 平42類「飲食物の提供」	×	東京 銀座 英國屋 「被服の仕立等」	審判平10-687／平11・06・07　☆本願商標の指定役務と引用商標が使用されている商品・役務とは、その属する業種態様が異なり、その用途・目的等を著しく異にするものであって直接関係がなく、他方、本願商標はその指定役務について昭和50年から使用され著名性を獲得しているから、本願商標をその指定役務に使用しても出所について混同を生ずるおそれはない。
異議	HANSHIN Tigers（図） 平5類「薬剤」他	×	TIGER 「魔法瓶、炊飯器」	異議平11-90070／平11・06・10　★①本件商標はその構成全体をもって一体不可分の商標とみるべきで、両商標は外観・称呼・観念のいずれにおいても非類似である。②引用商標が本件商標の出願時に「魔法瓶」等につき需要者間で広く認識されていたとしても、両商標は非類似であるから出所の混同のおそれはない。
無効	フラボステン FLAVOSTEN 平5類「薬剤」	＝	OSTEN オステン 「薬剤」	審判平9-16494／平11・06・14　★「OSTEN」は、本件商標の出願前より医薬業界において「骨粗鬆症治療剤」の商標として著名であった。該著名商標を含む「FLAVOSTEN」なる欧文字と「フラボステン」の片仮名から成る本件商標を「薬剤」に使用すると、出所について誤認を生ずるおそれがある。
査定	GAP 平32類「清涼飲料」他	＝	GAP 「被服」	審判平10-10911／平11・06・22　★引用商標は本願商標の出願時に「被服」についての営業表示又は商標として広く認識されていた。②企業の多角経営化の傾向等を勘案すれば、本願商標が「被服」と異なる分野の商品であるとしても、本願商標をその指定商品に使用すると出所について混同が生ずるおそれがある。
査定不服	RANDY RUSSELL 平18類「かばん類」他	×	RUSSELL 「被服等」	審判平10-9369／平11・07・02　☆①本願商標は「RANDY RUSSELL」なる人名を同書・同大で纏まりよく一体に表し、外観・称呼・観念において引用商標とは非類似である。②引用商標「RUSSELL」が単独で使用された証拠はなく、それが「かばん類」等について著名であるとは認められないから出所の混同のおそれはない。
査定不服	MiguelLoewe ミゲールロエベ 昭21類「かばん類」他	＝	Loewe 「バッグ、被服等」	審判平8-11495／平11・07・09　★①本願商標の出願前より引用商標はロエベ社の商品表示として需要者間で広く認識されていた。②引用商標の著名性を考慮すると、「MiguelLoewe」の文字を書しての本願商標に接する需要者は容易に「Loewe」の文字が含まれるものと認識するから、本願商標をその指定商品に使用すると出所について混同が生ずるおそれがある。

§4−Ⅰ ⑮

異議	Alfred 平18類「かばん類 他」	×	ALFRED DUNHILL 「かばん類等」	異議平11-90221／平11・07・12　★①本件商標は外観・称呼・観念のいずれにおいても引用商標とは非類似であり、引用商標が「鞄類」等について著名であるとしても、「ALFRED」が引用商標の略称として広く認識されていたとは認められない。②本件商標をその指定商品に使用してもその出所について混同を生ずるおそれはない。
異議	レッズ REDS 平24類「織物, 他」	×	（CINCINNATI REDS図） 「米国野球チーム」	異議平11-90234／平11・07・21　★①「シンシナティ レッズ」がメジャーリーグ球団名として我が国で知られていても、「レッズ」がその略称として我が国で広く認識されているとは言えず、むしろ、我が国需要者は「レッズ」を「浦和レッズ」の略称として認識している。②本件商標をその指定商品に使用しても、商品の出所について混同を生ずるおそれはない。
異議	LEROUX ルルー 平30類「コーヒー, 他」	×	LULU 「薬剤」	異議平11-90474／平11・07・16　★①本件商標の指定商品と引用商標が使用されている「感冒薬」とは取引系統を異にする。②本件商標と引用商標とは称呼において類似するところがないではないが、外観・観念において明らかに異なる。③本件商標を指定商品に使用しても引用商標を想起・連想することがあるとは認められないから、商品の出所について混同を生ずるおそれはない。
査定不服	gucciino 昭17類「被服, 他」	＝	GUCCI 「かばん類等」	審判平1-11979／平11・07・21　★①引用商標は、本願商標の出願時には既に「かばん等」の商標として著名であった。②本願商標はその文字部分に当該著名商標と同一綴り字を含むから、ファッション関連商品である「かばん類」と馴染み深い「被服」に本願商標が使用されると、引用商標の所有者と経済的又は組織的に何らかの関係のある者の商品であると誤認するおそれがある。
異議	（S図） 平41類「体操の教授」	×	（S図 Sheraton） 「ホテル」	異議平11-90073／平11・07・26　★①引用商標が本件商標の出願時に「宿泊施設の提供」について著名であったとしても、本件商標の指定役務「体操の教授」と「宿泊施設の提供」とは、**その役務の提供者, 提供場所, 需要者等を著しく異にするので, 本件商標をその指定役務に使用しても出所について混同を生ずるおそれはない。**
異議	SNS PILOT 平28類「運動用具」	×	PILOT 「万年筆等」	異議平11-90315／平11・07・26　★①引用商標が本件商標の出願時に「万年筆」等について著名であったとしても、本件商標の指定商品「運動用具」と「万年筆等」とは、その商品の製造・販売・用途・需要者等を著しく異にするものであるから、本件商標をその指定商品に使用しても出所について混同を生ずるおそれはない。
査定不服	（鶏図 F.F.F.） 平14類「貴金属, 他」	＝	（EQUIPE DE FRANCE F.F.F.図） 「仏サッカー協会徽章」	審判平8-858／平11・08・05　★①請求人が仏国ナショナル・サッカー協会から商品化事業の許諾を受けているとしても、わが国で本願商標の登録について承認を得ているとは認められない。②仏国ナショナルサッカーチームを表示する引用標章に酷似する本願商標をその指定商品に使用すると該チームと何らかの関係を有する者の業務に係る商品であるかの如く誤認される。
査定不服	株式会社オスカープロモーション 平41類「美人コンテストの開催, 他」	×	オスカー 「映画の賞」	審判平8-1363／平11・08・09　☆①本願商標は商号商標であると理解され、その指定役務中「映画の上映」等の役務が放棄されたので、残余の役務「美人コンテストの企画・運営又は開催」に本願商標を使用しても役務の出所について混同を生ずるおそれはないものと判断するのが相当である。
無効	SUNWEST サンウエスト 平32類「清涼飲料, 他」	＝	Sunkist 「清涼飲料」	審判平9-10991／平11・08・17　☆①本件商標の「SUNWEST」の文字と引用商標の使用態様は、語頭の「SUN」と語尾の「ST」を共通にし、共通の特徴をもって表されており、共に「サン」と『スト』の称呼を有している。②引用商標は、本件商標の出願時、「清涼飲料」について著名であったから、本件商標をその指定商品に使用すると出所の混同が生ずるおそれがある。
無効	G-SHOCK 平12類「自転車, 他」	＝	G-SHOCK 「腕時計」	審判平10-35341／平11・08・27　☆①引用商標は、本件商標の出願時には既にアウトドアスポーツ関連商品の分野で「腕時計」の商標として著名であった。②本件指定商品と請求人「腕時計」は、共にアウトドアスポーツ用で需要者を共通にするから、本件商標がその指定商品に使用されると出所の混同が生ずるおそれがある。

〔工藤＝樋口〕

§4−I ⑮   第2章 商標登録及び商標登録出願

査定不服	PIED ROCHE 平14類「時計」	=	ROCHE 「薬剤等」	審判平10-14356／平11・09・03　★①本願商標の出願前より引用商標は著名であり、ロシュ社の関連企業は液晶製品を製造販売している。②本願商標は特定の意味を有さず、常に一体的に把握されるわけではなく、著名な商標である「ROCHE」の文字を有すると容易に認識されるから、本願商標をその指定商品に使用すると出所の混同が生ずるおそれがある。
査定不服	ペプ・シーP 昭22類「はき物, 他」	=	PEPSI 「清涼飲料」	審判平4-22528／平11・09・13　★①引用商標は、本願商標の出願前から「清涼飲料等」について著名である。②本願商標の『ペプシ』の称呼と引用商標の『ペプシー』の称呼とは相紛らわしく、本願商標より引用商標が容易に想起され得るから、商品分野が異なるとしても、本願商標がその指定商品に使用されると、出所の混同を生ずるおそれがある。
査定不服	ワールド 平36類「資金の貸付け」	=	ワールド 「衣服等」	審判平10-35667／平11・10・18　★①引用商標は「衣料、保険代行」等生活関連分野で使用され、本件商標の出願時にはすでに著名であった。②本願商標がその指定商品に使用されると、引用商標の保有者と資本的、組織的に関係がある者の業務に係る役務であると誤認を生ずるおそれがある。
査定不服	ELLECLUB 平16類「文房具, 他」	=	ELLE 「被服等」	審判平10-15774／平11・10・22　★①引用商標は少なくとも本願商標の出願時には「雑誌」及び「被服等」の商標としても著名であった。②本願商標は前半部分に当該著名商標を含むから、本件商標がその指定商品に使用されると、需要者は「ELLE」の文字に着目し、引用商標の所有者と経済的又は組織的に何らかの関係のある者の商品であると誤認するおそれがある。
無効	JAGMAN 平12類「船舶, 他」	×	JAGUAR 「自動車」	審判平11-35108／平11・10・22　★引用商標が本件商標の出願時に著名であって、かつ、両商標が共に「JAG」の文字を有するとしても、両者は6文字構成中の2文字を異にし、相違する文字は特徴を有するから、外観・称呼・観念上相紛れるおそれはなく、本件商標をその指定商品に使用しても商品の出所に混同を生ずるおそれはない。
査定不服	(図形) 平5類「薬剤」	×	(図形) 「薬剤」	審判平10-3389／平11・11・11　☆本願商標は、全体として、恰も月の満ち欠けを上下に表した図形と印象付けられるのに対して、引用商標は、全体として、音の伝波状態を図示した如き図形と印象付けられるから、両者は、印象を著しく異にし、両者を離隔観察した場合でも、判然と区別でき、引用商標の著名性を考慮しても出所について混同を生ずるおそれはない。
無効	ZUCCA 平25類「ベルト, 他」	=	ZUCCA 「被服等」	審判平10-35361／平11・11・19　☆①引用商標は、少なくとも本件商標の出願時には「被服等」ファッション商品業界で著名であった。②本件指定商品と「被服」とは、ともにファッション性を有し、互いに密接に関連するの商品であるから、本件商標がその指定商品に使用されると、出所の混同を生ずるおそれがある。
査定不服	GAUFRE RITZ ゴーフルリッツ 昭30類「菓子, 他」	=	RITZ 「クラッカー等」	審判平4-13499／平11・12・12　★①引用商標は、本願商標の出願前から「クラッカー等」について著名である。②「GAUFRE／ゴーフル」が請求人の周知商標であっても、本願商標に接する需要者は、容易に引用商標を連想、想起するから、本願商標がその指定商品に使用されると、出所の混同を生ずるおそれがある。
異議	(図形) 平12類「自動車, 他」	×	(図形) 「自動車」	異議10-90994／平11・12・15　★両商標は外観・称呼・観念において非類似の商標であるから、引用商標が「高級乗用車」について著名であるとしても両商標を混同するものとする事情は見出せない。
査定不服	pascadidas 平25類「被服, 他」	=	adidas 「スポーツ用品」	審判平10-18579／平12・01・04　★①引用商標は、本願商標の出願前にはすでに「スポーツ用品」について著名であった。②本願商標は、引用商標と全く同一の構成の「adidas」なる文字を有し、その指定商品中には「スポーツ用品」の範疇に属する「運動用特殊被服等」が含まれるから、本願商標がその指定商品に使用されると、出所の混同を生ずるおそれがある。

〔工藤＝樋口〕

§4-I ⑮

	商標	引用商標	審決・判決
無効	(騎手馬図形) 昭21類「装身具, 他」	(騎手馬図形) 同左	審判平10-35354／平12・01・14　☆①両商標は, 直接対比して仔細に観察すれば, 騎手の服装・帽子・騎手の上体の姿勢・鞭の有無等に相違点が認められるが, 共に「騎手を乗せて疾走している馬をシルエット状に表した点で軌を一にし, 異同の識別は難しい。②引用商標が高い著名性を有することを考慮すると, 本件商標は4条1項15号に違反して登録されたものと認められる。
無効審取	BEN'S ベンズ 昭17類「被服, 他」	× MERCEDES-BENZ 「自動車」	東京高裁平11(行ケ)199／平12・01・27　★①引用商標及び「BENZ」の著名性ゆえに本件商標を「BENZ」「ベンツ」と取り違えることは殆どあり得ず, 両商標は外観・称呼上類似しない。②引用商標及び「BENZ」が「自動車」について著名でも, 「自動車」と何ら関係のない商品についても著名とはいえず, 本件商標をその指定商品に使用しても出所の混同のおそれはない。
査定不服	WISE SPORTS for MEN 平25類「子供服, 他」	× Y's 「衣服」	審判平10-16093／平12・02・29　☆①「for MEN」の文字は「男性用」を意味し, 識別機能を発揮しないが, 本願商標は『ワイズスポーツ』の称呼が生じるが, 『ワイズ』の称呼は生じない。②本願商標の『ワイズスポーツ』の称呼と引用商標の『ワイズ』の称呼は音韻成において著しく相違し, 本件商標をその指定商品に使用しても, 商品の出所に混同を生ずるおそれはない。
査定審取	POLOCITY ポロシティ 昭17類「被服, 他」	= POLO 「被服等」	東京高裁平11(行ケ)192／平12・02・29　★①引用商標は, 本願商標の出願時にはわが国で著名であったと認められ, 一方, ポロ球技はわが国では殆ど馴染みがない。②本願商標は全体として一連の既成の意味合いを表す語と認識されず, 構成中に著名の「POLO」の文字を含むものと容易に理解されるから, 本願商標をその指定商品に使用すると出所について混同を生ずるおそれがある。
査定不服	遊ぶWindows 昭16類「雑誌, 他」	= Windows 「コンピュータ用基本ソフト」	審判平10-17816／平12・03・01　☆①引用商標は本願商標の出願時より「パソコン用基本ソフト」について著名である。②著名な引用商標をその構成中に含む本願商標がその指定商品に使用されると, 引用商標の保有者と資本的, 組織的に関係がある者の業務に係る役務であると誤認を生ずるおそれがある。
無効	BURTON CLUB 平9類「眼鏡, 他」	= BURTON バートン 「ゴーグル, スノーボード」	審判平10-35363／平12・04・11　☆①本件商標の文字部分は, 図形部分から独立しており, 「CLUB」はありふれた日常語であるため需要者等は著名「BURTON」の文字に強く印象付けられる。②本件指定商品と請求人商品は共に若年層中心の需要者を共通にするから, 本件商標がその指定商品に使用されると出所の混同をおそれがある。
無効	CARTIE 昭12類「自転車」	= CARTIER カルティエ 「時計等」	審判平11-35363／平12・04・12　☆①引用商標は本件商標の出願時に既に「宝飾品, 時計等」について著名であった。②両商標の相違は末尾の「R」の有無にすぎず, 両者は外観上極めて近似し, 観念・称呼上著しく相違しないから, 需要者が本件商標から引用商標を容易に想起・連想する場合が少なくなく, 本件商標がその指定商品に使用されると出所の混同を生ずるおそれがある。
査定不服	ICHANELI 平25類「被服, 他」	= CHANEL 「婦人服, バッグ等」	審判平11-5934／平12・05・09　☆①引用商標は本願商標の出願時はもとより現在も「婦人服, 時計等」について著名である。②両者の指定商品は, 関連性が高い。③本願商標は全体として既成の観念を有する馴染まれた語ではなく, 「CHANEL」なる文字の両端に「I」の文字を配したにすぎないから, 本願商標がその指定商品に使用されると出所の混同を生ずるおそれがある。
無効	FiNTA 平18類「かばん類, 他」	× FILA 「かばん類等」	審判平10-35090／平12・06・19　★引用商標が本件商標の出願時以前からわが国において「かばん類」等について著名であったとしても, 本件商標は引用商標とは非類似の別異の商標であるから, 本件商標がその指定商品に使用されても商品の出所についての混同のおそれはない。
無効上告	レールデュタン 昭21類「化粧用具, 他」	= L'AIR DU TEMPS 「香水等」	最高裁平10(行ヒ)85／平12・07・11　裁判所時報1271号342頁東京高裁平9(行ケ)164／平10・05・28, 審判平4-12599／平09・02・24)　☆①引用商標は本件商標の出願時, 上告人の「香水」の一つを表示するものとして著名であった。②本件商標の指定商品に「化粧用具, 身飾品」等は女性の装飾という用途において密接な関連性を有し, 本件商標がその指定商品に使用されると当該商品が上告人と緊密な営業上の関係を有する者の商品であると誤認するおそれがある。

〔工藤＝樋口〕

§4-I ⑮　　　　　　　　　　　　　　　　　　　　第2章　商標登録及び商標登録出願

判定	本件商標		引用商標	審判番号・備考
無効	（ワニの図） 平25類「洋服, 他」	＝	Lacoste 「被服等」	審判平10-35527／平12・07・18　☆①引用商標は, 本件商標の出願時には既に「ポロシャツ等」について「ワニのマーク」として著名であった。②両商標は, その着想及び全体的構成の軌を一にして, 共に指定商品が服飾品であるから, 本件商標がその指定商品に使用されると需要者は引用商標を想起・連想し, 請求人と組織的又は経済的に関係のある者の商品であると誤認するおそれがある。
無効	ANTICA SELLERIA RITZ 平16類「革製書類ホルダー」	＝	RITZ PARIS 「ホテル」	審判平11-35521／平12・08・21　☆①引用商標は「Ritz Hotel」を指称する語として本件商標の出願時前から著名である。②本件商標は全体としてイタリア語で「古来の馬具店」を意味するとしてもイタリア語はわが国ではさほど馴染みがなく, 本件商標の構成は冗長であるから, 著名な引用商標を含むと認識され, 本件商標がその指定商品に使用されると出所の混同を生ずるおそれがある。
査定不服	日立信販 平36類「資金の貸付」	＝	日立 「電気機器, 他」	審判平10-16086／平12・08・23（異議成立→拒絶査定→不服審判）★①本願商標「日立信販」の「信販」の文字は「業態」を表す。②引用商標は, 異議申立人「株式会社日立製作所」の代表的出所表識及び商号の略称として本願の出願前から周知著名である。③昨今, 小売流通業者や電子機器メーカーが保険・証券を含む金融業界に参入あるいは参入の可能性のあることは顕著な事実である。
無効	カルーアの誘惑 昭31類「調味料, 他」	＝	KAHLÚA 「コーヒーリキュール」	審判平11-35323／平12・08・23　☆①引用商標は, 本件商標の出願時には「コーヒーリキュール」について著名であった。②両者の指定商品は用途を同じくする場合もあり, 密接な関連性を有する。③本件商標は一つの熟語を形成するものではなく, 需要者は本件商標から容易に著名な引用商標を想起するから, 本件商標がその指定商品に使用されると出所の混同を生ずるおそれがある。
査定不服	budejovicky Budvar 平32類「ビール」	×	Bud 「ビール」	審判平10-19765／平12・09・28　☆①本願商標の「budejovicky」「Budvar」の文字から「Bud」を抽出すべき事由はなく, 全体をもって請求人の商号の一部を表したとみるのが相当である。②本件商標と引用商標は称呼・外観・観念のいずれにおいても類似しないから商品の出所に混同を生ずるおそれはない。
無効	ベネッセ BENESSE 平12類「輸送機械器具」	＝	Benesse 「教育サービス等」	審判平11-35201／平12・10・04　☆①引用商標は創造商標であり, 本件商標の出願時には既に教育関連事業について著名であった。②引用商標主は「電動自転車」等を扱っているから, 本件商標がその指定商品に使用されると, 請求人又はこれと経済的又は組織的に何らかの関係がある者の業務に係る商品であるかの如く出所の混同を生ずるおそれがある。
無効	MCMDXA エムシーエムディエックスエー 平25類「洋服, 他」	＝	MCM （図） 「かばん等」	審判平10-35628／平12・10・05　☆①引用商標若しくは「MCM」は本件商標の出願時には既に「バッグ」について著名であった。②本件商標は特定の意味合いを有する成語ではなく, 請求人の著名な商標「MCM」をその構成前半部に含むから, 統一ブランドでファッションをまとめようとする昨今において本件商標がその指定商品に使用されると出所の混同を生ずるおそれがある。
無効	（羽根の図） 平3類「石けん類, 他」	×	TRADE MARK "FEATHER" 「石けん等」	審判平11-35785／平12・10・10　★本件商標は『アカイハネ』の称呼と『赤い羽根』の観念を生ずるのに対して, 引用商標は『ハネ(ジルシ)』又は『フェザー』の称呼と『羽』の観念を生じ, 両者は別異の商標であって区別され得るから, 本件商標をその指定商品に使用しても出所についての混同を生ずるおそれはない。
無効	アルディオール ARDIOR 平14類「身飾品, 他」	＝	DIOR ディオール 「衣服, 時計等」	審判平10-35007／平12・10・26　☆①引用商標は本件商標の出願時はもとより現在においても「腕時計等」について著名である。②「アル」「AR」は成語でなく, また, 本件商標は全体として特定の意味合いを有するものではないから, 請求人の著名な商標をその構成に含む本件商標がその指定商品に使用されると出所の混同を生ずるおそれがある。
査定不服	（紋章図） POLOCOUNTRYVINTAGE 平25類「洋服, 他」	＝	POLO 「紳士服等」	審判平10-4102／平12・11・20　★①引用商標は本願商標の出願時にはわが国において著名であったと認められる。②本願商標はその構成文字「POLOCOUNTRYVINTAGE」中に著名な「POLO」の文字を有するものであり, これをその指定商品に使用すると出所についての混同を生ずるおそれがある。

〔工藤＝樋口〕

§4-I ⑮

	本願商標		引用商標	審判・判決内容
査定不服	G-WINDOWS 昭26類「印刷物, 他」	=	WINDOWS 「パソコン用基本ソフト」	審判平8-15313／平12・12・01 ★①本願商標は「G」と「WINDOWS」をハイフンで結合した『ジーウインドウズ』と一連に称呼されるべき一種の造語であるとの審判請求人の主張は採用できない。②本願商標は「G」と「WINDOWS」を単にハイフンで結合したにすぎず、著名な引用商標との間に出所の混同を生ずるおそれがある。
査定不服	ROBERTA BALDINI 平18類「かばん類, 袋物, 他」	=	ROBERTA 「衣料品, 靴, かばん等のファッション商品」	審判平9-3311／平12・01・12 ★①請求人は引用商標「ROBERTA」がわが国における「太郎」「花子」の如きありふれた名であり、これをイタリアのデザイナーRoberta di Camerinoと結びつけるのは適切でないと主張するが、わが国でありふれているとはいえない。②ありふれた名の商標であっても、その使用の程度・実績等によって著名となることもある。③本願商標はその指定商品に使用すると、それが恰もロベルタ社と関係のある者の商品であるかの如く商品の出所の混同を生ずるおそれがある。
査定不服	ROBERTAVALENTINO 平25類「洋服, コート, セーター, 靴, 他」	=	ROBERTA 「衣服, 靴, かばん等ファッション関連商品」	審判平10-20459／平12・12・20 ★①「ROBERTA」の文字を含む商標がわが国に他に多数存在するとしても、それらの商標と本願商標ではその構成が相違し登録適格の判断時点も異なる。本願商標が著名な引用商標と明確に区別されているとするに足る証左もない。②本願商標は著名な「ROBERTA」商標の姉妹ブランドではないかと誤認させ、商品の出所の混同を生ずるおそれがある。
無効	カルフルライス 平30類「米」	=	カルフール (CARREFOUR) 「スーパーマーケット」	審判平9-12674／平13・01・16 ☆①引用商標は食品等に使用され、本件商標の登録出願時以前からわが国で取引者・需要者の間に広く認識されていたものと認められる。②本件商標をその指定商品に使用したとき、恰もカルフールグループと何らかの関係があるかの如く誤認させ、商品の出所の混同を生ずるおそれがある。
無効	IDUNHILLI 平25類「被服, ベルト, 履物, 他」	=	DUNHILL 「紳士用服飾品, 喫煙具, 眼鏡, 時計, 他」	審判平11-35700／平13・02・07 ☆本件商標を構成する最初と最後に単純な形状の「Ｉ」の文字が同じように配置されていること、引用商標が著名であること、及び、本件商標の指定商品と引用商標のそれとの間に関連性があることから、本件商標に接する者は、著名な「DUNHILL」の文字の左右に飾りが付いているものと誤認して、出所に混同を生じさせるおそれがある。 注：前掲異議平10-90874が不成立であったための無効請求。
無効	ICHANELI 平18類「かばん類, 袋物, 他」	=	CHANEL 「婦人用衣料品, バッグ, 化粧品, 他」	審判平11-35797／平13・02・07 ☆①本件商標は一体となって特定の意味をなすものではなく、たとえ『イシャネリ』『イカネリ』の称呼を生じても、それらもまた、特定の意味をもたない。②本件商標の指定商品と引用商標との間に関連性がある。③本件商標に接する者は著名な「CHANEL」の文字の左右に飾りが付いているものと誤認して出所に混同を生じさせるおそれがある。
無効審取	株式会社群馬電通 平35類「看板による広告」	=	株式会社電通 「広告代理業」	東京高裁平12(行ケ)458／平13・02・22 （審判平11-35118／平12・10・17）☆①原告商標は、本件商標の出願時以前から「広告」について著名であり、「株式会社電通東日本」等の関連会社を有している。②本件商標の「群馬電通」は一体不可分とはいえず、「電通」が原告商号の著名な略称であることから、本件商標がその指定役務に使用されると出所の混同を生ずるおそれがある。
査定不服	JR環境 平12類「輸送用コンテナ」	=	JR 「JRグループ」	不服2000-10917／平13・03・07 ★①本願商標の図形部分と「JR環境」の文字が常に一体として把握されねばならないとする特別の事情は見出せない。②「JR」の文字は「JRグループ」を総称するものとして周知である。③本願商標がその指定商品に使用されると、「JRグループ」若しくはその関連会社の業務であるかの如く誤認し、商品の出所について混同を生じさせるおそれがある。
無効	こんぴら露天温泉 平42類「入浴施設の提供」	=	金毘羅 「金刀比羅宮の著名な略称」	審判平11-35273／平13・03・14 ☆本件商標がその指定役務「入浴施設の提供」について使用されると、これに接する取引者・需要者は、その構成中の「こんぴら」の文字に着目し、これより「金刀比羅宮」を想起し、その役務が金刀比羅宮若しくはこれと何らかの関係がある者の提供に係るものであるかのように、提供役務の出所について混同を生じさせるおそれがある。

〔工藤＝樋口〕 507

§4-Ⅰ ⑮　　　　　　　　　　　　　　　　　　　　　　　第2章　商標登録及び商標登録出願

無効	LEROUX ルルー 平30類「コーヒー豆、ウースターソース、他」	=	① LULU ② ル ル 「感冒薬」

審判平11-35653／平13・03・16　☆①本件商標と引用商標は、外観・観念において相違するが、称呼上類似する。②近年、郊外型の大型ディスカウントショップやドラッグストアで、医薬品を中心に化粧品、衛生用品、日用雑貨、食料品など日常性の高い商品を販売しているので、両者の商品には関連性がある。

査定不服	HOLLYWOOD POLO CLUB 平25類「衣服、他」	=	POLO 「紳士服、他」

審判平10-14098／平13・03・21　★①本願商標はラルフ・ローレンのデザインした紳士物・婦人物の被服類等について世界的に著名な「POLO」の文字を含むので、ラルフ・ローレンと経済的又は組織的に何らかの関係があるかのように誤認させるおそれがある。

査定不服	サラダ館 平37類「建築一式工事、他」	=	サラダ館（図形） 「カタログ販売」

審判平11-310／平13・03・21☆①引用標章「サラダ館」は一種の造語と認められ、ギフト商品最大手シャディ㈱の「カタログ誌名」「フランチャイズショップの店舗名・営業標識」として全国的に使用され著名である。②引用標章は、寝装品・タオル製品・電化製品・文具・健康機器等々極めて広範囲の商品に使用されている。③本願商標がその指定役務に使用された場合、引用標章を想起させ、その業務がシャディ社と関係があると誤信させるおそれがある。

無効	Coco! 平16類「紙製包装容器、文房具類、他」	×	COCO 「石けん等」

審判平11-14861／平13・05・08　★本件商標をその指定商品について使用しても、取引者・需要者は、これより「ガブリエル・ボヌール・シャネル」の愛称としての「COCO」又は「シャネル エス アー」が香水に使用する商標「COCO」を想起するとはいえないから、商標法4条1項15号には該当しない。

査定不服	（馬上ポロ図形） 平18類「かばん類、袋物、他」	=	（馬上ポロ図形） 「紳士服、他」

審判平11-2852／平13・04・09　★①本願商標も引用商標も、描き方は相違するが共に「ポロプレーヤー」を表してなる。②取引者・需要者は本願商標の図形から著名な引用商標を連想・想起させ、出願人の商品がラルフ・ローレン又は同人と組織的又は経済的に何らかの関係にあるかのように出所の混同を生ずるおそれがある。

査定不服	ひよこのピヨちゃん 平30類「菓子、パン」	=	（ひよこ図形）ピヨ 昭30類「菓子、パン」

審判平11-35301／平13・04・09　★①「ひよ子」なる菓子は、ひよこを形取った菓子であって、大正元年福岡県飯塚市で製造・販売されたものであるが、今日では全国各地のデパート・駅店舗等で販売されるようになり、取引者・需要者間に広く知られている。②本願商標と引用商標は、称呼・観念において類似し、著名な引用商標との間に出所の混同を生ずるおそれがある。

査定不服	THE BROTHERS GARCIA 平9,16,25,28,41類の各種商品・役務	×	BROTHER 「ブラザー工業㈱のハウスマーク」

不服2000-16103／平13・04・09　★本願商標はまとまりよく一体に構成され、淀みなく一連に称呼でき、観念上も「ガルシア兄弟」の如き意味合いを把握でき、その構成中の「BROTHER」の文字部分のみによって認識されるものではなく一体のものとして把握されるから引用商標との間に出所の混同を生ずるおそれがない。

無効	MALIBU PRIME 平32類「清涼飲料、他」	=	MALIBU 「リキュール」

無効2000-35074／平13・04・24　☆商標の構成文字中「PRIME」は「最良の、最高の」を意味するので、本件商標の要部は「MALIBU」である。②引用商標を使用した「ジャマイカ産ラム酒をベースに天然のココナッフレーバーを混ぜたリキュール酒」は、1981年頃から、ニッカウキスキー㈱等を通じて日本に輸入され、取引者・需要者間に広く知られているに至っていると認められる。

査定不服	BURTON CLUB 平14類「貴金属製喫煙用具、身飾品、他」	=	BURTON 「スノーボード用品」

審判平11-13692／平13・05・28　★①引用商標主「ザ・バートン・コーポレーション」は1977年に米国で設立された会社で、スノーボード用手袋・被服、バッグ等を製造・販売し、1996年2月における米国スノーボード市場における占有率が30%以上で、「BURTON」はそのハウスマークである。②日本では1981年から上市され、日本スノーボード市場におけるシェアは第1位20%以上である。③本件商標の「CLUB」の文字は、同好の士の集団を意味するありふれた語であるため、前半の著名な「BURTON」の文字に着目される。

§4-I ⑮

	本願商標		引用商標	判決要旨
査定不服	CITIPOST 平39類「メッセージ・小荷物・新聞の配達, 他」	=	シティ・ポスト CITIPOST 「委託郵便局」	不服2000-9513／平13・05・29　★①「シティ・ポスト」の語は、簡易郵便局法の一部を改正する法律(平2年法53)を根拠法として、郵政省(現郵政事業庁)が1990年11月1日から東京都・横浜市・名古屋市、同月2日から大阪市で、それぞれ業務を開始した、大都市型簡易郵便局の愛称であり営業標章として使用されているものである。本願商標は、「CITIPOST」の文字より成るものであるから、その構成文字に相応して『シティ・ポスト』の称呼を生じ、本願商標がその指定役務に使用された場合、取引者・需要者は前記大都市型簡易郵便局を想起し、その役務が郵政省の取扱いに係るものであるかの如く役務の出所について混同するおそれがある。
査定不服	IVY 昭22類「はき物(運動用特殊靴を除く), 他」	×	(葉図形) 昭22類「テニスシューズ」	審判平7-3592／平13・06・15　☆①本願商標は、『枝葉図形』の中に「IVY」の文字を配し、その全体が外観上まとまりよく一体的に表わされ、『アイビー』の称呼で取引に資されるとみるのが自然である。②引用商標が「テニスシューズ」について周知著名な商標であるとしても両者が相紛れるとする事由は見出せない。
無効	*IARMANI* 平25類「被服, 履物, ガーター, ベルト, 他」	=	GIORGIO ARMANI 「紳士服, 婦人服」	審判平11-35651／平13・06・20　☆①本件商標は、スクリプト風の書体にデザイン化されているが、「IARMANI」と容易に看取される。②冒頭の「I」の文字を除けば、著名なアルマーニ標章と同じ綴り字で、「I」の文字が「ARMANI」の語頭の飾りである等の誤認を生じさせる。
無効	STELLA CADENTE 平25類「被服」		STELLA CADENTE 「アクセサリー類」	無効2000-35272／平13・06・20　☆①引用商標は「FIGARO」「SPUR」「EPHEMERES」「流行通信」「Grand Magasin」「JJ」「MORE」「TOKYO SANTA」「ViVi」「Hanako」「FELISSIMO」等の著名雑誌に多数紹介されており、本願商標の出願日前から「アクセサリー類」について著名である。②本件商標の指定商品「被服」と引用商標の商品「アクセサリー類」は、トータルファッションの関連から、互いに密接な関係を有する商品である。
無効	HUNTING SPIRIT (象図形) 平18類「かばん類, 他」	=	HUNTING WORLD (象図形) 「かばん類, 他」	審判平11-35514／平13・06・27　☆①引用商標は、その構成中の「HUNTING WORLD」の文字及び「象図形」のそれぞれが単独で表示されたとしても、審判請求人の商標として認識されるほど著名である。②両商標は、象の向きが左右反対であるが、その印象は強いものではなく、必ずしも正確に記憶されるとはいえない。
無効	ワイショック Y SHOCK 平12類「自転車の部品・付属品, 他」	×	G- SHOCK 「スポーツウォッチ」	審判平11-35758／平13・06・27　★引用商標はカシオ計算機が1983年に発売した「デジタル腕時計」の商標として、著名であると認められる「ジーショック」の称呼をもって固有の識別力を発揮している商標というべきである。②本件商標の指定商品と引用商標の「腕時計」は、その製造者・販売者を共通するところがなく、取引系統を全く異にする。本件商標の登録が「不正競争的意図」の下になされたことを示す証拠は見出せない。
無効	ウルソール 平5類「薬剤, 他」	=	① ウルソ ② ハイウルソ ③ ウルソサン 昭5類「薬剤, 他」	審判平10-35564／平13・07・16　☆①参加人の「ウルソ」「ハイウルソ」「ウルソサン」等、構成中に「ウルソ」の文字を含む商標が「消化器用薬」について本件商標の登録出願時に既に周知著名となっていたと認められる。②「ウルソ」の文字を含む本件商標がその指定商品中「薬剤」に使用されると、商品の出所の混同を生ずるおそれがある。③被請求人は、「医家向け医薬」と「一般向け市販薬」とは、その取引形態が異なるので出所混同のおそれはないと主張するが、近年、インフォームドコンセプトの意識も高まる状況においては「医家向け医薬」も広く一般需要者にも知られている。
無効	Intelbee 昭12類「輸送機械器具, 他」	=	intel 昭11類「マイクロプロセッサ, 他」	審判平11-35227／平13・07・17　☆①引用商標が1990年当時以来今日に至るまで、「マイクロプロセッサ等」についてその著名性を堅持していることは、顕著な事実である。②近時、自動車に組み込まれる「マイクロコンピュータ」の利用について、自動車業界とコンピュータ業界との共同開発などが進められている現況下、両業界は、需給関係その他において密接に関連している。

〔工藤＝樋口〕

§4-I ⑮

	本願商標		引用商標	審判・判決/年月日 ★理由
査定不服	WATERMAN 平25類「被服、履物、運動用特殊被服、他」	＝	WATERMAN 「万年筆」	不服2000-14882／平13・07・17　★拒絶理由中に挙げられた「男の一流品大図鑑'99」「世界の一流品大図鑑'85,'98」「文房具図鑑」が、永年にわたって世界的な一流品として知られているものを収録して掲載しているものであり、これをもって、わが国においても取引者・需要者間に広く認識されていると認め得る。
査定不服	セゾンドゥ 平36類「建物・土地の管理・貸与・売買、他」	＝	SAISON 「開発・金融・流通、他」	審判平11-17310／平13・07・24　★本願商標をその指定役務に使用した場合、取引者・需要者は、本願商標の「セゾン」の文字部分から、著名な企業グループの略称「セゾン」を想起し、その役務が「セゾングループ」あるいは同グループと経済的又は組織的に何らかの関係がある者の業務に係る役務であると誤認し、役務の出所について混同を生ずるおそれがある。
査定不服	POLAROME 平3類「工業用香料類」	＝	POLA 「化粧品、せっけん」	不服2000-5386／平13・07・27　★①本願商標は、その構成の前半に、静岡市所在の「有限会社忍新薬」及び同「ポーラ化成工業㈱」が「化粧品、せっけん」について使用してきた著名な商標「POLA」の文字を有してなり、後半の「ROME」の文字部分はイタリアの出願と首都「ローマ」を表したものと認められる。②本願の指定商品「工業用香料類」中には「化粧品の原料」となり得るものも含まれ、両者は密接な関連性を有する。
無効	AirBus 平9類「電気通信・電子応用機械器具」	＝	AIRBUS INDUSTRIE 「航空機」	審判平11-35733／平13・08・23　☆①「航空機」が生産される場合に「電気通信機械器具・電子応用機械器具」が必要不可欠の機器であり、両者は極めて密接な関係にある。②航空機の商標として全世界に広く「AirBus」と同一の本願商標がその指定商品に使用されると恰もエアバス・インダストリー社の業務に係る商品であるかの如く出所に誤認を生じさせるおそれがある。
無効	UMBRO 平14類「貴金属製食器類・喫煙具、時計」	＝	UMBRO 「被服、スポーツウェア、サッカーシューズ、鞄」	無効2000-35464／平13・08・29　☆①請求人の「サッカーシューズ・トレーニングシャツ・パンツ・Tシャツ」等の商品が、1988年頃からわが国で代理店を通じて販売されて需要者の間に広く知られるに至っている。②引用商標は、請求人「アンブロ・インターナショナル・ジェ・ブイ」又はこれと協力体制にある㈱デサントの業務に係る商品であるかの如く出所に誤認を生じさせる。
査定不服	ROVER CLUB 平25類「ガーター、靴下止め、ずぼん吊、他」	＝	ROVER 「自動車」	審判平10-4457／平13・09・06　★①本願商標の後半部の「CLUB」の文字は「同好会、愛好会」の意味合いで親しまれている英語であり、これが「ROVER」と結合したことにより「ローバー愛好会」の如く認識される。②引用商標は、英国ローバーグループリミテドが「自動車」について使用している世界的に著名な商標であり、本願商標がその指定商品に使用された場合、その商品がローバー社と経済的若しくは組織的に何らかの関係がある者の業務に係る商品であるかの如くその出所について混同を生ずるおそれがある。
無効	Cyma 平34類「喫煙用具」	＝	◆（図形） 「住友グループ」	無効2000-35050／平13・09・05　☆本件商標はその黒塗り図形内に「Cyma」の欧文字を白抜きで表しているが、その外輪郭は住友グループを表すものとして著名な「住友井桁商標章」と同一の特徴を有するから、取引者・需要者の中には、本件商標を「住友井桁」と称呼・観念する者も少なくない。
査定不服	赤帽 平39類「貨物自動車による輸送」	＝	赤帽 「軽自動車による輸送」	審判平11-686／平13・09・12　★①請求人の営業地域は東京都江戸川区周辺に限られていると推測されるのに対し、引用商標はフランチャイズ方式の下に「全国赤帽軽自動車運送協同組合連合会」の会員によって、本願商標の出願前から全国規模で使用されていたものであって、本願商標の出願時及び現在における両商標の周知・著名度には著しい差異がないと認められる。②本願商標が平成3年改正商標法附則5条に定める「使用に基づく特例出願」であっても、引用商標との間に周知・著名度に相当の差異があり、取引者・需要者は引用商標を連想・想起し、同連合会と関係がある者の業務に係る商標であるかの如く役務の出所について誤認混同するおそれがある。
無効	京王企画 平16類「印刷物」・42類「パチンコに関する情報の提供」	＝	京王 「京王グループ」	審判平11-35782／平13・09・13　☆①「京王」なる商標は「京王電鉄」「京王百貨店」「京王プラザホテル」「京王ストア」「京王自動車」「京王運輸」「京王不動産」等の企業グループを表示するものとして本件商標の登録時はもとより出願時においても著名となっていたと認められる。②本件商標は「京王企画」の文字よりなり、「京王企業グループ」の一員であるかの如く誤信させる。

〔工藤＝樋口〕

§4-I ⑮

区分	本願商標		引用商標	審決要旨
査定不服	CBS 平12類「自動車、他」	×	CBS Inc・ 「テレビ・ラジオ放送」	審判平10-7628／平13・09・26　☆①わが国において、多数の企業が欧文字3文字若しくは4文字を組み合わせ商品又は役務の標章として随時採択し使用している実情がある。②「CBS」が米国のテレビネットワークの略称として知られ、関連事業として、通信サービス・映画制作・書籍出版・メールオーダー等を展開していることが認められるとしても、自動車業界とは無縁であり、本願商標がその指定商品について使用されても、取引者・需要者に誤認・混同を生じさせるおそれがあるとは認められない。
無効審取	alfredo versace 昭17類「被服、布製身回品、寝具類」	=	VERSACE 「婦人服、他」	東京高裁平13(行ケ)165／平13・09・19　発明協会判決速報No・318〔10323〕　（審判平10-35183／平13・01・29）★「Alfredo Versace」がデザイナーである原告の氏名そのものであること、そのことが、わが国の取引者・需要者一般に知られていると認めるに足る証拠はないから、本件商標に接する取引者・需要者がこれを原告の氏名ないしそのデザイナー・ブランドと認識するとは考えられず、「versace」の文字部分からGianni Versace S・p・A・社の著名な「ヴェルサーチ商標」を想起し、その事業主体に係る商品と出所の混同を生ずるおそれがある。
査定不服	AVONDIA 平5類「薬剤」	×	AVON 「化粧品」	不服2000-8625／平13・09・11　☆①「AVON」が「化粧品、ベビーパウダー等」について著名な商標であるとしても、本願商標は「AVONDIA」の欧文字を同書・同大・等間隔でまとまりよく表してなるのであるから、これを殊更「AVON」と「DIA」に分離して観察しなければならない理由はない。②両商標は、その外観・称呼・観念のいずれからしても充分に区別できる。③よって、取引者・需要者に誤認・混同を生じさせるおそれはないものである。
査定不服	メッツ 平41類「娯楽施設の提供、録画済み磁気テープの貸与」	×	Mets 「米国プロ野球団」	審判平10-17806／平13・10・04　☆①職権をもって調査するも、引用商標が本願の出願前にわが国の取引者・需要者の間に広く知られるに至っていたと認めるに足る資料を見出し得なかった。②本願商標は、「ニューヨークメッツ」なる球団名自体を書して成るわけでも、野球のボールやニューヨークのビル街を連想させる図形を伴うわけでもなく、単に「メッツ」の文字を書して成るにとどまり、「ニューヨークメッツ」なる球団と経済的又は組織的に何らかの関係にある者の業務に係る役務であるかの如く、役務の出所について混同を生じさせるおそれがあるとは認められない。
無効	COUGAR 昭24類「運動具、他」	=	PUMA 「スポーツウェア、他」	審判平10-35655／平13・10・09　☆①両商標における「猫科動物の全体姿態は、各部の形状や体勢に差異があっても、全体として外観が類似する。②本件商標は請求人の著名な動物商標を想起・連想させ、その商品が請求人と何らかの関係がある者の業務に係るものと商品の出所について混同を生ずるおそれがある。
無効	フォーシーズンカントリークラブ Four Seasons Country Club 平41類「ゴルフ場の提供、他」	=	Four Seasons 「ホテル」	審判平11-35765／平13・11・19　☆①本件商標から生じる『フォーシーズンカントリークラブ』の称呼は14音と極めて長く、「フォーシーズンズ」と略称され、引用商標と同じ「四季」の観念を生ずる。②ホテルにゴルフ場が併設される例がある。③本件商標がその指定役務に使用された場合、これに接する取引者・需要者は、その役務が「フォーシーズンズホテル」又はそのグループ会社により提供に係るものと認識し、役務の出所に混同を生ずるおそれがある。
査定不服	INCA CAMEL 平14類「時計、キーホルダー」	×	CAMEL 「たばこ」	不服2000-21120／平13・10・25　☆「ラクダの図形」と共に使用されている引用商標が、本願商標の出願前にわが国で広く認識されるに至っていたことは認められる。しかしながら、本願商標と引用商標とは、ラクダの描き方における差異及び文字部分を含む図形全体から、互いに非類似の商標であるとみるのが相当である。
無効	TOMMY トミー 昭25類「履物」	=	Tommy Hilfiger 「ファッション商品」	無効2000-35149／平13・10・26　☆「トミー・ヒルフィガー」は、米国のみならず世界的に著名なファッション・デザイナーで、その略称「Tommy」も著名であると認められる。本願商標がその指定商品に使用された場合、これに接する取引者・需要者は、その商品がトミー・ヒルフィガーと何らかの関係がある者の業務に係る物であるかの如く商品の出所について混同を生ずるおそれがある。

〔工藤＝樋口〕

§4-Ⅰ ⑮

無効審取	ETNIES 昭24類「運動具,他」	=	ETNIES 「スケートボード用靴」
異議取消	iOffice2000 平9類「電子計算機用プログラムを記憶させた電子回路,他」	=	Office2000 「パソコンソフト」
異議取消	Polo SPORTS 昭17類「被服,他」	×	POLO, ポロ (by Ralph Lauren) 「被服・装身具・香水・眼鏡,他」

東京高裁平12(行ケ)465／平13・11・15　最高裁HP（審判平10-35421／平12・10・03）　☆①引用商標は、本件商標の出願日までにわが国で「スケートボード関連商品」について著名となっていた。②15号の該当性の有無は、本件商標と他人の表示との類似性、他人の表示の周知著名性及び独創性の程度、商品又は役務の性質・用途・使用目的の関連性の程度、取引者・需要者の共通性、及びその他の取引の実情などの総合判断によるべきものである。
東京高裁平13(行ケ)205／平13・11・20 最高裁HP（異議平2000-90496／平13・03・30）★本件商標の出願時には、引用商標に係る商品（マイクロソフト社のパソコンソフト「Office2000」）は未発売されておらず、周知性も著名性もなかったと原告は主張するが、引用商標は、「Office95」及び「Office97」のバージョンアップ版としてその著名性を継承し、既に著名となっていた。
東京高裁平13(行ケ)40／平13・12・20 最高裁HP（←登録取消決定：平11・12・13←異議平9-90318←商標登録：平09・06・20←本件商標出願：昭58・05・11）　原告：ポロ・ビーシーエス㈱＝丸永衣料・公冠販売グループ、　被告：特許庁長官、　被告への補助参加人（登録異議申立人）：ザ　ポロ／ローレン　カンパニー　リミテッド　パートナーシップ　☆①昭和57・58年当時、公冠グループによる「Polo商標」を付した被服類の売上げも億単位に達していたのであり、「Polo」ないし「Polo」の文字を含む衣料品の商標は、公冠グループが現実に使用していて、このことは一般にもある程度知られていたといえる。②そもそも、「ポロ（polo）」なる語が「騎乗球技」を表す普通名称であることからすると、昭和57・58年当時において、「ポロ商標」「Polo商標」からは、「ラルフ・ローレンのデザインに係る被服等を認識する者」もいれば、「公冠グループが扱う被服等を認識する者」もいたというべきである。③このような状況下、昭和58年当時の㈱西武百貨店での補助参加人商品の売上げ程度、さらには、補助参加人商品が専ら「POLO by Ralph Luaren」「ポロ・バイ・ラルフローレン」ないし「ポロ・ラルフローレン」なる商標で商品展開されていたことを総合勘案すると、その呼称から普通名詞の「ポロ競技」のみを生じる引用商標「POLO」「ポロ」は、本件商標の出願時である昭和58年5月11日の時点のわが国においては、「ラルフ・ローレンのデザインに係る被服等のみを表示するもの」として取引者・需要者の間に広く認識されるに至っていたと認めるのは困難である。むしろ、上記の事実関係からすると、昭和55年から昭和58年当時においては、ラルフ・ローレンが手がけるいわゆる「ポロ商品」は、「POLO by Ralph Luaren」「ポロ・バイ・ラルフローレン」ないし「ポロ・ラルフローレン」という一連の標章によって認識されていたものと認めるべきである。④異議決定が、本件商標登録は商標法4条1項10号・同15号の規定に違反してなされたものであると判断したのは、引用商標がその登録出願前から補助参加人の商品「被服・装身具・香水・眼鏡」等に係るものとして、需要者間に広く知られていたことを前提にしているものであり、その判断に誤りがあるので、本件商標の登録を取り消すとの決定は、取消しを免れない。

「3ms事件」（知財高判平24・7・26速報448号17834）では、第40類「布地・被服又は毛皮の加工処理」等を指定役務とする本件商標の登録に対し、左記引用商標との間で争われたところ、知財高裁は、次のように判断して混同のおそれを肯定した。『本件商標と引用商標の類否については、本件商標から生じ得る「スリーエムズ」と、引用商標の「スリーエム」の称呼とは末尾に「ズ」の1音が加わっているだけで、両商標は称呼において類似する。また、本件商標と引用商標は、いずれも構成各文字がほぼ同じ大きさ、高さ、太さで表されていること、「3」及び「Mないしm」が共通することに照らすと、外観において類似する。

①本件商標と引用商標とは、外観及び称呼において類似する商標であること、②本件出願前から、原告や住友スリーエムの商号中の「スリーエム」部分は、日本国内において著名であること、③原告の関連会社は、日本国内において、引用商標を使用して、文具製品・オフィス製品を始め、多分野、多種類に及ぶ製品を販売し、それらの中には、被服に使用される中綿素材や反射材製品、衣類・布製品及び革に使用される防水スプレーも含まれていること、④上記中綿素材、反射材製品及び防水スプレーは、本件指定役務に含まれる「布地・被服又は毛皮の加工処理」と密接に関連するといえることを総合すれば、本件商標をその指定役務に使用すると広義の混同をする虞がある。』

「アディダススリーストライプ図形事件」（知財高判平24・11・15速報452号18021）では、被告・商標権者が所有する指定商品「履物、運動用特殊靴」に係る本件商標（左図）の登録に対して、原告らは、「アディダススリーストライプ図形」各商標を引用し、4条1項15号違反について、知財高裁は、次のように判断して混同の虞れを認めた。『……認定した事実によれば、運動靴の甲の両側面にサイドラインとして付されたスリーストライプス商標（細部のデザインの相違を捨象した3本線を基調とする商標）は、……本件商標の登録出願時及び登録査定時において、我が国において運動靴の取引者、需要者に、3本線商標ないしスリーストライプス商標といえばアディダス商品を想起するに至る程度に、アディダスの運動靴を表示するものとして著名であったものと認められる。……そうすると、運動靴の甲の側面に付された本件商標に接した取引者、需要者は、本件商標の上下両端部における構成が視認しにくい場合や、本件商標から、4本の細長いストライプではなく、それらの間に存在する空白部分を3本のストライプと認識する場合などがあり、これらのことから、3本

〔工藤＝樋口〕

§4-Ⅰ⑮

のストライプから著名なアディダスのスリーストライプス商標を想起するものと認められる。……本件商標と引用各商標（アディダスの著名商標）との構成態様より受ける印象及び両商標が使用される指定商品の取引の実情等を総合勘案すると，本件商標を指定商品「履物，運動用特殊靴」に使用したときは，その取引者，需要者において，当該商品がアディダスの業務に係る商品と混同を生ずるおそれがある。』

〔作表：樋口豊治＝大西育子〕

■4条1項16号

【参考文献】
〔書　籍〕 兼子＝染野・特許・商標〔新装版〕，吉原・説義，光石・詳説〔新訂〕，渋谷・理論，三宅・雑感，蕁・解説（四法編），豊崎・工業〔新版増補〕，小野・概説〔第2版〕，田村・商標〔第2版〕，商標審査基準〔改訂第12版〕，網野・商標〔第6版〕，工藤・解説〔第8版〕，逐条解説〔第19版〕，その他については，4条1項10号の注解に掲載した「参考文献」を参照。
〔論文等〕 渡部吉隆「連合商標として登録出願された商標が商品の誤認を生ぜしめるおそれがあるとされた事例（本条追加，平8法律68）（最判昭39・1・23判例評釈）」最判解説民事篇昭和39年度1頁，三ツ木正次「品質の誤認を生ずるおそれ（東京高判昭37・6・19判例評釈）」商標判例百選52頁，清瀬信次郎「連合商標登録出願と商品の誤認（最判昭39・1・23判例評釈）」中川＝播磨編387頁。

細　目　次

Ⅰ　本号の趣旨(515)
　(1)　趣　　旨(515)
　(2)　沿　　革(516)
　(3)　本号を設けた理由(516)
Ⅱ　本号の内容(516)
　(1)　商品の品質等の誤認を生じさせるおそれのある商標(516)
　(2)　商品の品質・役務の質(518)
　(3)　誤認を生ずるおそれ(519)
Ⅲ　特許庁の実務(519)
　(1)　本号に該当する商標の例(519)
　(2)　本号に係る拒絶理由に対する対応(520)
　(3)　その他(520)
Ⅳ　判断時期(520)
Ⅴ　本号に関する審決例・異議決定例・審決取消判決例(521)

〔工藤　莞司＝樋口　豊治〕

Ⅰ　本号の趣旨

(1)　趣　　旨

　本号は，商標登録出願に係る商標の不登録事由の1つとして，商品の品質又は役務の質について誤認を生ずるおそれのある商標は登録できない旨を定めたものである。大正10年商標法第2条1項11号中の「商品ノ誤認ヲ生セシムルノ虞アルモノ」に相当し内容に変わりはない（逐条解説〔第19版〕1290頁）。

　本号は，商標登録出願の拒絶理由及び登録異議申立理由並びに登録の無効理由でもあり（商標15条1号・43条の2・46条1項1号），公益保護規定と位置づけられて無効審判の請求には除斥期間がなく（商標47条），また，昭和34年商標法下では商標権存続期間の更新登録出願の拒絶理由及び更新登録の無効理由でもあった（同法19条2項但書1号・4条1項1号）ことからわかるように，商標法の目的の1つである需要者保護を目的とする具体的規定である。

　なお，現在では，侵害訴訟で，権利行使制限の抗弁が可能であり（商標39条で準用する特

§4-Ⅰ⑯　　　　　　　　　　　　　　　　　　　　　　第2章　商標登録及び商標登録出願

104条の3)，最近本号違反の無効理由があるとされた判決例がある（東京地判平26・10・30速報475号19355〔ピタバ沢井事件〕)。

(2)　沿　革
(a)　本号と同趣旨の規定が不登録事由として最初に設けられたのは，明治32年商標法2条3号「秩序又ハ風俗ヲ紊リ若ハ世人ヲ欺瞞スルノ虞アルモノ」の規定中の後段においてであり，これが明治42年商標法2条3号に引き継がれた。

「世人ヲ欺瞞スルノ虞アル商標」とは，「商標カ外観，観念，称呼等ニ依リ其商標ノ使用セラレタル商品ノ品位，品質，産地，出所等ニ関シ　商品需要者ヲシテ錯誤ニ陥ラシメ　之カ為メ希望ニ副ハサル商品タルコトヲ知ラスシテ　之ニ対シテ対価ヲ払フニ至ラシムルノ虞アルトキ」はその商標を指すというものであった（田中・要論34頁）が，大審院判決例は，欺瞞の原因が商標自体にあることを必要として，例えば，赤色混成酒に葡萄の図形を表した商標又は砂糖蜜に蜂の図形を表した商標のような場合に限り適用すべきと解釈した（大判大元・12・4民録18輯1017頁）。そのため，大正10年商標法2条1項11号では，「商品ノ誤認又ハ混同ヲ生セシムルノ虞アルモノ」として，同号が品質の誤認を生ずるおそれがある場合と出所の混同を生ずるおそれがある場合とに適用があることを明定した。

(b)　現行法は，「出所の混同を生ずるおそれがある場合」を私益保護規定と位置づけて4条1項15号に，「品質の誤認を生ずるおそれがある場合」を公益保護規定と位置づけて本号に，分けて規定している。

平成3年の一部改正（平成3年法律第65号）では，役務に係る商標登録出願商標にも本号を適用するため，「役務の質」を加えた。

(3)　本号を設けた理由
商標の構成要素とその使用商品等との不実関係（deceptiveness），すなわち，商標が表す観念と使用商品等とが符合しないために，需要者が誤った商品を購入し又は役務の提供を受けるなどの錯誤を防止するために，商品の品質等について誤認を生ずるおそれのある商標は登録できないとして，需要者の保護を図ったものである。

Ⅱ　本号の内容
(1)　商品の品質等の誤認を生じさせるおそれのある商標

商品の品質の誤認を生ずるおそれのある商標とは，商標を構成する文字・図形等がその指定商品又は役務と不実の関係にあるため，需要者に商標の使用に係る商品が商標に表示された商品又は役務のごとく錯誤に陥れるおそれのあるものをいう（三宅発・商標157頁）。

判決例も，本号について「一定の商標がその外観，称呼，観念等から判断して，その

〔工藤＝樋口〕

指定商品について、その商品が現実に有する品質と異なるものであるかのように一般需要者をして誤認させるおそれがあるか否かがその該当性の判断基準となるべきであるが、本号に該当するといえるためには、当該商標が商品の性質につき具体的な一定の観念を生ぜしめるものであることを要すると解すべきである」と判示している（長野地裁昭57(ワ)167号「みぞれ甘納豆」事件／昭61・6・26無体集18巻2号239号。商標権侵害系の判決であるが、その中で、①当該更新登録が本号に該当し無効なものであるか否か、及び、②そのような商標権に基づく権利行使は権利濫用にあたるか否かが争われ、①については、「半乾きの甘納豆」に使用する「みぞれ」なる商標は、商品の外観、性状を幾分連想させるとはいえ、商標法4条1項16号にいう「商品の品質の誤認を生ずるおそれがある商標」にはあたらないとされ、②については、「権利濫用とする理由は見当たらない」とされた）。

したがって、商品の品質又は役務の質について誤認を生ずるおそれは、商標を構成する文字・図形等が商品又は役務の普通名称その他直接的に商品又は役務自体の性質・特性を表す場合であって、その商品又は役務と関連するものを指定商品又は指定役務とするときに生ずる。商標の構成上に、商品・役務の普通名称自体等を有する場合のみならず、普通名称等と称呼上類似する文字等を有するときもその商品・役務と誤認を生ずるおそれがあるとされるときがある（最高裁昭36(オ)114号「YAGULT／ヤグルト」事件→本稿V表）。

そして、商品の品質・役務の質等の誤認のおそれは、商標自体から判断すべきものであり（大判大15・5・14民集5巻6号371頁、大判昭13・10・1審決公報号外21巻商標4巻167頁）、商標のいわゆる要部のみならず付記的部分として表示された文字等との関係でも、商品の品質・役務の質等について誤認を生じさせるおそれのある商標とされる。

また、必ずしも自他商品・役務の識別性の有無とは直接的な関係はなく、例えばある品質を表示する語が使用により識別性を具備したものであっても、品質等の誤認のおそれがあるとされる場合もある（東京高裁昭36(行ナ)113号「Hollywood」事件→本稿V表）。

例えば、商標中に「胃腸薬」の文字があるにもかかわらず、「胃腸薬以外の薬」を指定商品中に含むもの、「栗」の図形があるのに「栗を材料としていない菓子」を指定商品とするもの、又は、「フランス料理」の文字があるにもかかわらず「日本料理」を指定役務とするものなどである。

このように、商標を構成する文字・図形等が、直接的にある商品又は役務の特性を表示する場合であって、「当該或る商品又は役務」と「指定商品又は指定役務」が関連があるときに、誤認を生ずるおそれがあるとされる。商標を構成する文字・図形等が、ある商品又は役務若しくはそれらの特性を単に暗示する程度のものであるとき、若しくは、指定商品・指定役務と直接的に関連しないものを表すものであるとき（例えば、商標が「飛

〔工藤＝樋口〕

§4-Ⅰ⑯

行機」で指定商品が「鉛筆」のようなとき）は，誤認を生ずるおそれはない。

なお，商品・役務の関連する範囲を定めるにあたり，「同一系統の商品・役務である」とか，「材料・用途・外観・製法・販売系統を共通する」とかが挙げられている（網野・商標〔第6版〕403頁）が，概ね「商品・役務の類似の範囲」といってよいであろう（中川＝播磨編392頁〔清瀬信次郎〕）。

(2) **商品の品質・役務の質**

(a) 「商品の品質」とは，商品の種類を表す普通名称のみならず，産地・原材料・品質（当該商品自体の特性・性質を表すもので産地・原材料等以外の特性）・用途・生産方法・加工方法・使用方法等も該当する場合がある。品質の優劣は該当しないが，これらは表示のみからは判断できない多分に主観的なものであるからであろう。

「役務の質」も同様であって，役務の普通名称のほかに，提供場所・質（当該役務自体の性質を表すもので提供場所等以外の特性）・提供の用に供する物・用途・態様・提供の方法等も該当する場合がある。商品・役務によっては，地名も品質誤認を招くおそれのある表示となり，「Hollywood」が化粧品等について，当該地で生産されたもの等と誤認混同を生じさせるおそれがあるとした判決例がある（前掲「Hollywood」事件）。

(b) 本号の「商品の品質又は役務の質」は，品質の優劣とは関係なく（逐条解説〔第19版〕1290頁），「51条1項の『商品の品質若しくは役務の質』」と同義と解されるが，「3条1項3号の『商品の品質』・『役務の質』」よりは広く，「品質等の優劣も含む53条1項の『商品の品質』・『役務の質』」（逐条解説〔第19版〕1470頁）とは異なるとされている。

(c) 平成3年の一部改正（平成3年法律第65号）において，本号に「又は役務の質」が加えられたことにより，商品と役務の間で誤認を生ずるおそれがある場合，すなわち「商品に係る商標」であるにもかかわらず「ある特定の役務を提供するものと誤認させるような文字，図形等から商標」又は「その反対の関係にある商標」も本号に該当すると解される。

(d) 著名商標との関係で，例えば「味の素」を「食塩」に使用した場合等にも，商品の品質の誤認のおそれがあるので本号を適用すべしとの見解がある（網野・商標〔第6版〕403頁，紋谷・概論75頁）が，商標自体以外の事情に基づく判断となり，しかも，それを認めると，著名商標の普通名称化につながることになりかねないことからか，認められた事例は見当たらない。また，ある判決例では，「一地方においては著名であっても，全国的には著名でない略称は，商標法4条1項8号にいう『著名な略称』には当たらない」として著名性が否定され（東京高裁昭53（行ケ）216号／昭56・11・05「月の友の会」事件無体集13巻2号793頁），また，当該商品の品質表示として取引上普通に使用されていない（審判昭56-13961「フマキラー」→本稿Ⅴ表）として，それぞれ本号に該当しないとされた例がある。

(3) 誤認を生ずるおそれ

誤認を生ずるおそれとは，「商標」と「商品又は役務」の関係で客観的に誤認を生ずるおそれがあることをいい，出願人の主観的意図は問題とならない。

「おそれ」があれば本号に該当する。現実の誤認は必要なく，その蓋然性で足りるのである。誤認の主体は，商品又は役務の需要者（「取引者」も含まれる）であるから，それぞれの商品又は役務ごとに対象となる需要者が異なる。したがって，機械や原材料等の生産材の取引分野では，当該商品に関係する専門家が需要者である場合もあり，必ずしも最終消費者のみが対象ではない。

また，現実に存在しない商品又は役務との誤認を生ずるおそれがある場合も含まれ（商標審査基準〔改訂第12版〕第3の十四の1），判決例も「その商標によって表わされるような品質の商品が現実に製造，販売されていることを必要とするものでなく，一般需要者が，その商標を付した商品に接したならば，その商品の品質効能等の特性を誤認するおそれがあれば足るものというべき」としている（東京高裁昭63（行ケ）113号「スピルリナゲイトラー」事件→本稿V表参照）。

Ⅲ　特許庁の実務

(1) 本号に該当する商標の例

(a) 出願商標が，全体として指定商品の普通名称又は品質等表示として自他識別性を欠き，かつ，その指定商品以外の商品について使用すると品質の誤認のおそれのある表示のみからなるもの，例えば，商標が「SPEEDCOPY」で指定商品が「電子応用機械器具」であるときは，当該普通名称又は当該品質に係る商品「電子応用複写機」については3条1項1号又は3号に該当すると判断され，それ以外の商品で関連ある範囲のものについては「電子応用複写機のごとく品質の誤認を生ずるおそれがある」として本号に該当するとされる。

(b) 例えば，商標が「桜羊羹」で指定商品が「菓子」である場合のように，出願商標の構成中の「自他識別性を有する部分（「桜」）」以外に，指定商品の普通名称（「羊羹」）又は品質の誤認のおそれのある表示を有するときは，当該普通名称又は当該品質に係る商品以外でそれと関連ある範囲のものについては商品の品質の誤認を生ずるおそれがあり，本号に該当すると判断される。

(c) 例えば，商標が「〇〇風邪薬」であるのに指定商品が「頭痛薬」である場合，又は，商標が「△△饅頭」であるのに指定商品が「せんべい」である場合のように，出願商標が「指定商品と関連する商品の普通名称若しくは品質の誤認のおそれのある表示」のみからなるときは，「頭痛薬」を「風邪薬」のごとく，「せんべい」を「饅頭」のごと

§4-Ⅰ ⑯

く，それぞれ品質の誤認を生ずるおそれがあり，本号に該当すると判断される。

　(d)　出願商標が外国の地名を構成中に含みながら，その指定商品が「当該地（国）で生産されるもの」でも「取り扱われるもの」でもない場合は，本号に該当すると判断される。例えば，商標が「XYZ-Paris」で指定商品が「被服」であるとき，フランス製でない「被服」については本号に該当すると判断される。

　(2) 本号に係る拒絶理由に対する対応

　本号に該当する旨の拒絶理由の通知に対しては，その認定・判断の当否を争うほか，商品の品質又は役務の質の誤認を生ずるおそれのない商品又は役務に指定商品等を補正して，拒絶理由を解消することができる。

　上記(1)(b)の例については，指定商品を「羊羹」と補正すれば本号に基づく拒絶理由は解消する。(1)(d)の例については，指定商品を「フランス製の被服」と補正すればよい。また，当該地名を表す文字が「付記的なものである」ときは，これを削除する補正をすることによっても拒絶理由を解消できる。ただし，国際商標登録出願に係る商標については，かかる補正はできない（商標審査基準〔改訂第12版〕第3の十四の3）。(1)(c)の例については，指定商品に含まれていない「風邪薬」，「饅頭」に補正をすることができない。そのような補正は，要旨を変更するものとして却下される（商標16条の2）。したがって，本号の拒絶理由は免れることができず，実務上「免れざる16号」と呼ばれる。

　(3) その他

　(a)　商標中に「○○博覧会金碑受領」・「○○大臣賞受領」等のような品質を保証するような文字又は図形があるときは，その受領等の事実が立証されないときは，4条1項9号に該当するものを除き，本号に該当するとして取り扱われる（商標審査基準〔改訂第12版〕第3の十四の4）。

　(b)　また，商標中の付記的部分に「JIS」，「JAS」，「特許」，「実用新案」，「意匠」等のようなものがあるときは，補正により削除されない限り，本号に該当するものとして取り扱われる。ただし，国際商標登録出願に係る商標については，これらの文字等を削除する補正をすることはできない（商標審査基準〔改訂第12版〕第3の十四の5）。

Ⅳ　判断時期

　本号の判断時期は，査定又は審決の時である（商標4条3項）。ただし，後発的に（商標登録後に）何らかの事情で本号に該当する商標となったときは，登録無効理由とされる（商標46条1項5号）。これは，平成8年改正において，商標権の存続期間の更新時における公益的不登録事由についての実体審査（旧21条1項1号）が廃止され，併せて更新登録の無効審判制度（旧48条）も廃止されたことに伴う代替的措置として新設されたものである

§4-I ⑯

(逐条解説〔第19版〕1450頁)。

V 本号に関する審決例・異議決定例・審決取消判決例

本号に関する審決例・異議決定例・審決取消判決例に下記のものがある。

〔工藤 莞司＝樋口 豊治〕

別	本件商標	事件の概要・説明
査定審取	Hollywood ハリウッド 大3類「化粧品,香料,他」	東京高裁昭36(行ナ)113／昭37.06.19　行裁集13巻6号1162頁(審判昭35-2167／昭36.08.07)　★Hollywoodは、米国の映画都市であり、世界の流行の中心であること、及び、著名なMax Factor Belugeのほか化粧品製造会社が10数社存在していることから、本願商標の使用は、ハリウッドで製造されたものかそこにおける取引業者を経て我が国に輸入されたものと誤られ、商品の品質について誤認を生じさせるおそれがある。
査定上告	① ヤグルト (62号・70号) ② YAGULT (61号・68号) ③ ニューヤグルト (64号・65号) ④ ネオヤグルト (60号・67号) ⑤ NEO YAGULT (66号・69号) 大40類「乳酸清涼飲料,乳酸菌飲料」	最高裁昭36(オ)114／昭39.01.23　判タ157号98頁・判時362号59頁・民集18巻1号50頁(東京高裁昭35(行ナ)61～70／昭35.11.08)　★本願各商標を「ヨーグルト」以外の商品について使用するときは、上告人が「ヤクルト」の商標を使用してその商品を販売しているとしても、一般人の中には「ヤクルト」と「ヨーグルト」を同一物と認識する者が存在し、商品「ヨーグルト」との間に品質の誤認を生ぜしめるおそれがあるとした原判決は正当である。
査定審取	SANYO SCOTCH サンヨースコッチ 昭17類「コート」	東京高裁昭39(行ケ)67／昭40.01.28　判タ174号198頁　★①「Scotch」「スコッチ」の文字は英国スコットランド産の毛織物の名称として知られている。②本願商標は、その指定商品「コート」が舶来品たる毛織物であるかのごとく誤認させるおそれがある。③「Scotch」のごとく、それ自体が品質誤認を生ぜしめるおそれのある語は、たとえ周知商標に付加されて使用されたとしても、品質誤認を生ずるおそれがあることに変わりはない。
無効審取	アミウール 大36類「被服,手巾,他」	東京高裁昭38(行ナ)62／昭40.12.06　判タ191号219頁(審判昭35-896／昭38.04.30)　★①本願商標「アミウール」は、たとえ造語であるとしても、「ウール(羊毛)」の観念を生じないとはいえず、「羊毛を含む製品」であると認識されかねない。②本願商標は、「羊毛を含まない製品」について使用されるときは、商品の品質を誤認させるおそれがある。
無効審取	① ボックス (496号) ② BOX (497号) 大17類「印刷機及びその各部」	東京高裁昭36(行ナ)177・同178／昭41.11.17　行集17巻11号1247頁(審判昭34-496・同497／昭36.10.24)　☆「ボックス型」なる語が印刷物の種類を示す慣用語として存在する以上、「ボックス」又は「BOX」の語から成る本願商標は、これを「ボックス型以外の印刷物」について使用するときは、商品の品質の誤認を生じさせるおそれがある。
査定審取	X-PRESS 昭9類「タップ」	東京高裁昭41(行ケ)145／昭42.01.31　判タ204号157頁(審判昭38-2726／昭41.05.27)★①本願商標が英語「EXPRESS」の変形であるとの出願人の主張は認め難い。②本商標をその指定商品「タップ」について使用するときは、それが「プレス機」であるかのように商品の品質の誤認を生じさせるおそれがある。
査定不服	FULSCOPE 昭10類「光学機械器具,他」	審判昭39-4832／昭43.05.06　☆①「scope」の文字は、「microscope＝顕微鏡」「telescope＝望遠鏡」「periscope＝潜望鏡」のように「光学機械中、視る機械」に接尾語として使用されているが、「scope」の文字は本来「余地」「範囲」「視界」「広さ」等の意味を表す英語であって、光学機械とはいえず、「gyroscope＝回転機」「iconoscope＝テレビジョン受像用に用いる一種の真空管」等のごとく、「光学機械」「視る機械」と無関係の機械器具についても使用されている。②本願商標は、商標法4条1項16号に該当しない。
査定審取	ANOZINC 大6類「他類に属せざる金属及びその半加工品」	東京高裁昭43(行ケ)36／昭44.09.02　判タ241号251頁(審判昭38-1322／昭42.10.07)　★①本願指定商品の取引者・需要者は、「zinc」の文字から本願の指定商品を「亜鉛」又は「亜鉛に関連するもの」と認識し、本願商標がこれら以外の商品について使用されるときは、商品の品質に誤認を生ぜしめるおそれがある。

〔工藤＝樋口〕

§4-Ⅰ ⑯　　　　　　　　　　　　　　　　　　　　第2章　商標登録及び商標登録出願

査定審取	**UNICHROME** 大6類「金属その他本類に属する商品」	東京高裁昭43（行ケ）37／昭44.09.02　判タ241号252頁（審判昭38-1323／昭42.10.07）　★①造語であるが故に直ちに無意味な語として一体にのみ把握しなければならないとする合理的根拠はない。②金属製商品について「クローム」といえば「クローム合金」又は「クロームメッキ」の製品を指すものと一般に理解されている。③本願商標は、これを「クローム合金製又はクロームめっきでない製品」について使用されると、商品の品質に誤認を生じさせるおそれがある。
無効審取	**鹿茸精** 昭1類「薬剤」	東京高裁昭49（行ケ）32／昭50.11.18　判タ335号266頁（審判昭42-8325／昭48.12.06）　☆「鹿茸（ろくじょう）」は古来知られた漢方薬名で普通名詞であり、「精」の文字は「抽出物ないしエキス」若しくは「純良・混合物でない」と観念づけられるから、本願商標を「鹿茸と他の薬剤との混合物」に使用するときは、商品の品質に誤認を生じさせるおそれがある。
無効審取	**ハイチオール** 昭1類「化学品、他」	東京高裁昭51（行ケ）80／昭52.07.20　判タ359号292頁・無体集9巻2号529頁（審判昭41-4613／昭51.05.25）　★本願商標の「ハイチオール」の文字は不可分一体に結合されており、「ハイ」と「チオール」に分離する必然性はなく、外観上一体として観察され、一気に称呼されるのが自然であり、取引の実情もそのとおりである。②「チオール（thiol）」が、化学構造上「アルコール及びフェノールの各硫黄類似体」を指し、催眠剤等の原料として使用されている事実があるとしても、卑近な化学用語ではなく極めて専門的な用語であるため、取引者・需要者としてもそのような認識をもたないので、商品の品質の誤認は生じない。
無効審取	**CABINET** 昭28類「果実酒」	東京高裁昭53（行ケ）194／昭55.01.30　取消集55年687号（審判昭51-9903／昭53.09.28）　☆①ドイツでは高級ワインの表示だて古くから「CABINET」の文字が使用され、1971年の新ワイン法制定後は「KABINETT」に表示変更されたものの依然として「CABINET」の表示も併用されている。②我が国でも「CABINET」の文字が「高級ドイツワイン」の表示として広く使用されてきた。③本件商標をぶどう酒以外の商品に使用すると商品の品質に誤認を生じさせるおそれがある。
更新拒絶不服	**ふまきらー フマキラー** 昭1類「駆虫剤、他」	審判昭56-13961／昭58.04.28　☆①原査定は、本願商標「フマキラー」「ふまきらー」は「殺虫剤」について長期にわたって使用されてきたため、これを「殺虫剤以外の商品」について使用するときは「殺虫剤」であると認識されるまでに至っており、本願更新登録出願に係る商標は商標法4条1項16号に該当するとしてその更新登録を拒絶したが、「フマキラー」「ふまきらー」の文字が本件登録商標の指定商品について、その品質を表示するものとして取引上普通に使用されている事実を発見できないから、本件更新登録を拒絶する理由はない。
査定審取	**吉向焼** 昭19類「陶磁器製日用品・台所用品」	東京高裁昭59（行ケ）97／昭60.04.25　取消集昭60年1436号（審判昭53-10876／昭59.02.06）　★①文献によれば、吉向焼（きっこうやき）は初代吉向治兵衛（亀次）が大阪十三で開窯し、江戸、播州、伊予、信濃等に伝播した。②「吉向焼」の文字は、陶磁器の取引者間で焼き物の一種を指称するものとして理解されている。③本願商標を「吉向焼以外の商品」について使用するときは、商品の品質に誤認を生じさせるおそれがある。
査定審取	**スピルリナ** 昭32類「スピルリナ藻類の精製粉末を含有する加工食品品、他」	東京高裁昭59（行ケ）48／昭60.12.17　判タ588号100頁（審判昭56-16798／昭58.08.15）　★①「スピルリナ」は藍藻類スピルリナ科に属する実在の植物で食し得るものである。②本願商標を「スピルリナを含有しない商品」について使用されるときは、商品の品質に誤認を生じさせるおそれがある。
査定不服	**こつぶちゃん** 昭29類「オレンジのさのう入りオレンジジュース」	審判昭56-15527／昭61.06.30　☆①「こつぶちゃん」の文字が「小粒状のもの」であることを認識させるとしても、取引者・需要者間において本願指定商品の品質・形状を表すものとして普通に見出し得ない。②本願商標は自他商品識別標識としての機能を充分に果たすものであり、商品の品質に誤認を生じさせるものではない。
査定不服	**正統守護印** 昭25類「印章、印肉、印章入れ」	審判昭57-21565／昭61.07.17　★「正統守護印」の文字は「印章そのもの」を意味するので、これを指定商品中「印肉、印章入れ」に使用するときは、商品の品質に誤認を生じさせるおそれがある。
査定不服	**モザイク** 昭7類「金属製建築・構築専用材料」	審判昭55-724／昭61.11.06　★①「モザイク」の文字は「寄木細工」「モザイク模様」等の意味合いで親しまれており、建築材料の分野において、かかる細工・模様は装飾デザイン上しばしば使用されている。②本願商標をその指定商品中「モザイク状の装飾加工を施した商品以外の商品」に使用するときは、商品の品質に誤認を生じさせるおそれがある。

§4−Ⅰ ⑯

査定不服	(魚の図形) 昭19類「日用品,台所用品」	審判昭57-18601／昭62.09.17　★①ガステーブル・ガスオーブン等の商品カタログにおいて，図案化した魚に矢印・曲線等を組み合わせた図形を用いてグリル部やオーブン部の熱源の方向を示し，上下方式・下火式・両面式等の機構や特徴を表示している事実がある。②本願商標は，上記機構・特徴を備えた以外の商品に使用するときは，商品の品質に誤認を生じさせるおそれがある。
無効審取	ALLROUND 昭24類「スキー用具」	東京高裁昭58(行ケ)128／昭62.12.03　無体集19巻3号505頁(審判昭53-15608／昭58.05.11)　☆①「ALLROUND」「オールラウンド」の語が「回転用・大回転用・滑降用」等と対置的意味で「万能型」であることを示すものとしてわが国で多数の業者によって使用されてきた事実がある。②本件商標が「万能型」の性能を有しないスキーについて使用されると商品の品質に誤認を生じさせるおそれがある。
査定審取	スピルリナゲイトラー 昭32類「スピルリナゲイトラーの精製粉末を含有する加工食品，他」	東京高裁昭63(行ケ)113／平01.04.20　判時1328号106頁(審判昭56-16803／昭63.01.14)　★①「スピルリナ」の語は，健康食品・自然食品の一つとして既に我が国で知られており，本願商標「スピルリナゲイトラー」に接する一般需要者が，当該商標が「スピルリナの種類に属する藻類」を加工したものと認識する。②本願商標が上記以外の商品に使用されるときは商品の品質の誤認を生じさせるおそれがある。
査定上告	EXPERT 昭24類「運動用具，他」	最高裁平2(行ツ)212／平03.02.08　発明協会判決速報No. 190(5433)(東京高裁平1(行ケ)-227／平02.09.06)　☆①本願商標「Expert」(商公昭57-41320)について原判決が「商品の品質・用途を表示したもの」と認定したことは，「取引者・需要者が必ず錯誤を犯す」と判断したことを意味する。「錯誤」とは「認識と対象，事実と観念の不一致」をいうのであるから，「錯誤」に基づく商取引は民法95条の「無効行為」に該当する。
無効審取	FLOORTOM フロアタム 昭24類「楽器」	東京高裁平2(行ケ)150／平03.06.20　発明協会判決速報No, 194(5570)　☆①「Floor tom」「フロアタム」の語が「ドラムの一種」を指称することに疑の余地はなく，本件商標登録は無効とされるべきである。②審決取消訴訟において，新たな証拠を提出することは，審判手続において審理判断を受けた被告の利益を奪うものでなく，もとより許されることである。
査定審取	① H. I. C. ② HIC 昭11類「電気通信機械器具，他」	東京高裁平5(行ケ)42／平05.10.26 発明協会判決速報 No. 222(6329)・223(6338)(東京高裁平5(行ケ)40／平05.11.10)　★①「H. I. C.」「HIC」の文字は「Hybrid Integrated Circuit」の略語であり，「混成集積回路」を示す語として現在では広く認識されている。本願商標を「混成集積回路以外の商品」に使用するときは，商品の品質の誤認を生じさせるおそれがある。②原告の商標登録第814692号「HIC」が，23年前に無効審判において無効とされなかったからといって，その間，電子技術業界の著しい進展に伴う技術用語の出現・定着に照らせば，本願は拒絶査定を免れない。
無効審取	UROBAG ウロバッグ 昭10類「医療機械器具，他」	東京高裁平6(行ケ)35／平06.10.20　取消集(45)167頁　(審判昭56-16803／昭63.01.14)　★①医療機械器具の分野において，「URO」「ウロ」の語は「尿」を意味するものとして通常に使用されており，本願商標は「採尿バッグ」「採尿バッグ付き尿量計」等蓄尿若しくは採尿用の袋以外の商品に使用されるときは商品の品質の誤認を生じさせるおそれがある。
査定審取	COPIER 昭11類「電子応用機械器具，他」	東京高裁平7(行ケ)196／平08.06.18　取消集(58)233頁(審判昭58-14782／平06.07.05)　★①原告(コピア㈱)は，大正12年の創業以来「複写機」を製造販売してきた会社であって，「Copier」「Copier」「コピア」の文字について商標登録を得，その著名性を高めてきた。②同業他者が「Copier」「Copyer」「コピア」の文字を普通名称的に使用しているのを知るとその都度「使用中止」を申し入れるなどして，その普通名称化を防止する努力を続けてきた。③しかしながら，研究社の英和辞典「KENKYUSHA'S COLLEGIATE ENGLISH-JAPANESE DICTIONARY」(第18刷)においてもなお，「copier」が「複写機」の普通名詞として使用されている。④本願商標が，その指定商品中「電子応用複写機(複写装置)以外の商品」に使用されるときは，商品の品質の誤認を生じさせるおそれがある。
査定不服	洗えるリンス 平3類「シャンプー，リンス」	審判平8-9533／平10.11.16★本願商標は「洗えるリンス」の文字を普通に用いられる方法で表したもので，指定商品との関係において「ヘアーリンス」を容易に看取させる「リンス」の文字を有するから，本願商標を「シャンプー」に使用するや「ヘアーリンス」であるかの如く商品の品質の誤認を生ずるおそれがある。
無効審取	ケミカルアンカー 昭7類「建築・構築専用接着材」	東京高裁平10(行ケ)110／平10.11.26　発明協会判決速報No. 285(8468)(審判平7-10195／平10.02.25)　★「ケミカルアンカー」の語が「建築学用語辞典(第1刷・第3刷)」及び「文部省学術用語集建築学編増訂版」に掲載されているといえども，本件商標(登録第2680790号)の指定商品の品質を表示するものとして慣用されてきたとする事実を認めることはできない。

〔工藤＝樋口〕　523

§4−Ⅰ ⑯   第2章　商標登録及び商標登録出願

	商標	審判番号／審決日	要旨
査定不服	（電話機の図） 昭11類「電子通信機械器具、他」	審判平10-1855／平11.01.19	★①公共の場において電話、食堂等の各種施設を表す案内絵文字が使用されており、かかる絵文字は事物等を一見してその内容が把握できる程度に簡略化して表される実情がある。②本願商標は「電話機」を表したものと認められるので、「電話機」以外の商品に使用すると商品の品質の誤認を生ずるおそれがある。
査定不服	地中海 平8版42類「飲食物の提供」	審判平7-17266／平11.02.12	★①「地中海」なる文字を未だ特異とは認められない方法で書してなる本願商標を「地中海料理の提供」に使用しても需要者等は役務の質（内容）を表示したものと理解するに止まる。②本願商標を上記役務以外の役務に使用すると役務の質の誤認を生ずるおそれがある。
査定不服	BRANDERS JEANS RIGID DENIM 平25類「洋服、他」	審判平9-10025／平11.02.13	★①本願商標中の英語「JEANS」「DENIM」はそれぞれ「細綾織り綿布」「綾織り厚地綿布」を意味し、これらの生地は「ジーンズ」「デニム」と称されてカジュアルウェア等の生地として広く知られている。②本願商標を「ジーンズ・デニム製の商品以外の商品」に使用すると商品の品質について誤認を生ずるおそれがある。
異議	バイブコール VIB CALL 平9類「電気通信機械器具、他」	審判平10-90565／平11.03.08	☆「バイブコール」の語は「携帯電話、ポケットベル等」を取扱う業界で呼出し音の代わりに振動で着信を知らせる機能を指称する「バイブレーションコール」及び「バイブレータコール」の語の略称として普通に使用されている。②本件商標を「上記機能付きの電気通信機械器具以外の商品」に使用すると商品の品質について誤認を生ずるおそれがある。
無効	エバセチン Eversetin 平5類「ビタミン剤」	審判平9-2468／平11.03.30	★①本件商標は「エバセチン」「Eversetin」は造語であり、これを「ビタミン剤」に使用しても品質の誤認を生じさせるおそれはない。②本件商標は「抗ヒスタミン剤」の一般名「ebastine」と類似するものではなく、本件商標をその指定商品に使用しても品質誤認を生じさせるおそれはない。
査定不服	VOICEMEMO 平9類「電子通信機械器具、他」	審判平10-3412／平11.04.12	★①「携帯電話」について「通話中の相手の声を録音・再生できる」機能を「ボイスメモ」と称している事実がある。②本願商標を「通話中の相手の声を録音・再生できる商品以外の商品」に使用すると商品の品質の誤認を生ずるおそれがある。
査定不服	柿ピー 平30類「菓子及びパン」	審判平7-13316／平11.04.16	★「柿ピー」の文字を普通に用いられる方法で書してなる本願商標を「柿の種状のあられとピーナッツを混ぜた菓子」について使用しても需要者等は当該商品の原材料、品質等を表示したものと理解するに止まり、それ以外の商品に使用すると商品の品質の誤認を生ずるおそれがある。
無効	麦飯石 平31類「飼料」	審判平10-35538／平11.04.16	☆本願商標は岩石として用いられる「麦飯石」の文字からなる本件商標をその指定商品中「麦飯石を混合した飼料」以外の商品に使用すると商品の品質誤認を生ずるおそれがある。
査定不服	CEFLAZINE 平5類「動物用薬剤」	審判平9-1404／平11.06.21	★本願商標の「CEFLAZINE」の文字は、世界保健機関（WHO）の「医薬品の国際一般的名称（INN）」の一つである「Cefradine」に近似し、我が国の「医療薬日本医薬集」「医薬品一般名称辞典1996」等の「セフラジン」の項に記載されている「Cefradine」を直感せしめ、「L」と「R」、「Z」と「D」の相違があるとしても、本願商標が「セフラジン」以外の薬剤に使用されれば、商品の品質の誤認を生ずるおそれがある。
査定不服	SILICON DISK 昭11類「電子応用機械器具、他」	審判平6-5262／平11.06.25	☆本願商標より「シリコンディスク」を想起する場合があるとしても、本願商標の構成全体は普通に用いられる方法で表示されているとは言い難く、むしろ独創的に表現された欧文字「S」「D」の字形及び線描き部分を特徴とする固有の商標とみるのが相当であり、本願商標を「データ記憶装置」以外の商品に使用しても品質誤認のおそれはない。
査定不服	SAPPORO（図） 平30類「コーヒー、他」	審判平8-13388／平11.06.30	★本願商標はその構成中に「ビール」及び「生」の文字を有しており、本願指定商品及び需要者を同じくするものであって、特に缶入りについては商品の形状が似たものが多いから、本願商標を指定商品に使用すると恰も「ビール」であるかの如く商品の品質の誤認を生ずるおそれがある。
異議	BOURBON フルーツサワー 平30類「サワー風味を有する菓子」	異議10-92283／平11.07.16	☆異議申立人は、本件商標は「BOURBON」の文字を有してなるから、これを「バーボンウィスキーを含有する菓子」以外の商品に使用すると商品の品質誤認を生ずるおそれがあると主張するが、申立人提出の証拠を検討し、職権で調査してもかかるおそれがあるとは認められない。

§4-Ⅰ ⑯

査定不服	ブラック＆ブラック アンド 平2類「塗料」	審判平8-21660／平11.08.17	☆本願商標はまとまりよく一体的に表示され、一連の造語からなる商標と認識され、本願商標が商品の品質を表示するものとして取引上普通に使用されている事実は発見し得ないから、これを「黒色塗料」以外の商品に使用しても商品の品質について誤認を生じさせるおそれはない。
査定不服	御室流 平16類「印刷物」	審判平7-5116／平11.09.16	★華道の一流派を指称する「御室流」の文字を書してなる本願商標を「当該流派の紹介・解説等を内容とする書籍等」以外の商品に使用すると商品の品質の誤認を生ずるおそれがある。
無効	Phillipson 平28類「釣り具」	審判平10-35095／平12.04.25	☆①「Phillipson」なる文字は、商品の普通名称その他直接的に商品の性質を表す語である、本願の指定商品であって取引上普通に使用されている事実は認められないから、商標法4条1項16号に違反して登録されたものということはできない。
査定不服	Saint Germain Des Près 平3類「化粧品, 他」	審判平10-9708／平12.05.08	★本願商標は、フランス国パリ市のサン・ジェルマン・デープレ教会を中心としたカフェー・ブティック・化粧品店等の集まっている地域を表すもので、本願商標を「パリ産化粧品等の商品以外の商品」に使用するときは商品の品質について誤認を生じさせるおそれがある。
査定不服	若芽納豆 平31類「海藻類」	審判平11-8476／平12.07.07	★①「若芽」の文字は「わかめ（海藻類）」を指称する語として一般に使用されており、「わかめを加えて食する納豆」が「わかめ納豆」として複数の新聞紙上で紹介されている。②本願商標を「わかめを加えて食べる納豆と以外の納豆」に使用すると商品の品質に誤認を生ずるおそれがある。
無効	シェルシリンダー 昭9類「印刷機用ローラー」	審判平10-35435／平12.07.26	☆①「シェルシリンダー」の文字は本件商標の出願時には既に「オフセット印刷機において、見当合わせのための操作側・駆動側それぞれ単独で天地左右の微調整が出来る銅版」を意味するものにして取引上普通に使用されている。本件商標を上記商品以外の指定商品に使用すると商品の品質について誤認を生ずるおそれがある。
査定不服	DCSHOECOUSA 平25類「靴類, 他」	審判平10-11738／平12.08.22	★①「USA」の文字は「United States of America」の略語であり、米国製の商品であることを表すためにしばしば使用されている。②本願商標をその指定商品中「米国製の商品以外の商品」に使用すると、需要者をして該商品があたかも「米国製の商品」であるかの如く誤認して商品の品質について誤認を生ぜさせるおそれがある。
査定不服	ジュエリーシルク 平24類「絹織物類」	不服2000-5473／平12.09.08	☆本願商標はその構成文字全体を以って一連の造語を表したものとみるのが自然であり、「ジュエリーシルク」の文字を本願指定商品のいずれに使用しても需要者等が品質等を認識するとは認められない。
査定不服	情報運用 平35類「広告, 他」	審判平11-14056／平12.10.17	☆①補正後の本願指定役務について本願商標が使用されても特定の役務の質・内容であることを直ちに認識させるものとは認め難く、本願商標を補正後の指定役務のいずれの役務に使用してもその質について誤認を生じるおそれがあるとは認められない。
査定不服	エコブラック 平25類「洋服, 他」	不服2000-5487／平12.10.31	☆本願商標は、その構成文字全体をもって一体不可分の造語を表したものとみるのが自然であり、「エコブラック」の文字を本願指定商品のいずれの商品に使用しても、その品質について誤認を生じるおそれがあるとは認められない。
査定不服	平3類「せっけん類, 他」	不服2000-11401／平12.12.28	☆①本願商標の構成図形は「入浴用の商品」を意味するものとして一般に知られ親しまれているのでもなく、かかる図形を表示するものとして普通に使用されている事実も発見できない。②本願商標を指定商品のいずれの商品に使用しても、その品質について誤認を生じるおそれはない。
査定不服	ツインセット TWINSET 平12類「自転車」	審判平10-5404／平13.01.10	☆本願商標から直ちに「一対が一組になったもの」との熟語的意味合いが看取されるとは言い難く、また、「ツインセット」「TWINSET」なる文字が「自転車」の品質等の表示として取引上使用されている事実はないから、本願商標を「自転車」に使用してもその品質について誤認を生じるおそれはない。
査定不服	平5類「薬剤, 他」	不服2000-12325／平13.01.15	☆本願商標が患部に貼付し易いようにしたシート状の薬剤（例えば、湿布薬、皮膚軟化剤など）の形状を表示するものとして普通に使用されている事実を発見できず、十分に自他商品識別標識としての機能を果たすものであり、商品の品質の誤認を生じさせるおそれもない。
査定不服	手芸屋さん 平28類「液晶画面付き電子ゲームおもちゃ, 人形, 他」	不服2000-4406／平13.01.16	☆①本願商標をその指定商品中「人形」に使用しても商品の品質について誤認を生じさせるおそれはない。②本願商標が、商標法4条1項16号に該当するとしてこれを拒絶した原査定は、妥当でない。

〔工藤＝樋口〕

§4−Ⅰ ⑯ 第2章 商標登録及び商標登録出願

査定不服	Mebius メビウスノート 平9類「電子応用機械器具、他」	審判昭11-18393／平13.01.30	★本件商標はその構成中に「ノート」の文字を有しているから、指定商品中の「ノート型ワードプロセッサー又はノート型パーソナルコンピュータ以外の商品」について使用するときは、取引者・需要者に商品の品質に誤認を生じさせるおそれがあるので4条1項16号に該当する。
査定不服	ガンダム GUNDAM 平9類「映写フィルム、録画済みビデオディスク・ビデオテープ、他」	審判昭10-14907／平13.02.16	☆原査定は、「本願商標をその指定商品中、例えば『機動戦士ガンダムを内容とする映写フィルム、録画済みビデオディスク・ビデオテープ等』に使用するときは、単に商品の品質・内容を表示するに過ぎず、それ以外の商品に使用するときは、商品の品質・内容について誤認を生じるおそれがある」というものであったが、本願商標の文字からは、直ちに「特定の著作物」の内容を表示するものとはいい難い。
無効	ダウンタウン熱血べーすぼーる物語 野球で勝負だ！くにお君 平9類「家庭用テレビゲーム玩具、他」	審判平9-15156／平13.02.19	★①本件商標はその全体構成から「下町の野球の好きな子供『くにお君』の物語」を取り扱ったゲームであると理解させるものであり、商標法4条1項16号で規定する「商品の品質について誤認を生じさせるおそれのある商標」であるという請求人の主張は採用できない。②本件商標の登録を無効とすることはできない。
査定不服	SNOWBOARD WORLD CUP 平25類「被服、運動用特殊衣服、他」	審判平11-6432／平13.03.14	★本願商標「SNOWBOARD WORLD CUP」は、審判請求人（「国際スキー連盟」）の開催する「スノーボード世界競技大会」を意味し、その構成中に「SNOWBOARD」の文字を含んでいても、取引者・需要者にそれが「スノーボード用具」であるかの如く商品の品質に誤認を生じさせるおそれはない。
査定不服	ウェルネス家電 平7類「金属加工機械器具、他」	不服2000-16310／平13.03.14	☆「家電」の文字が「家庭用電気器具」の略語であるとしても、本願商標の構成は、その全体として「商号」を表した一種の名称として看取されるとみるのが相当であり、本願の指定商品に使用されてもその品質について誤認を生じるおそれはないといわざるを得ない。
査定不服	私は花 インテリア挿花 平26類「造花」	不服2000-14445／平13.03.23	☆本願商標がその構成中に「生花」と同義語である「挿花」の文字を有して成るとしても、これを本願の指定商品「造花」について使用した場合に、商品の品質の誤認を生じさせるものとは認められない。
査定不服	FLEA MARKET 平41類「各種催し物の企画・運営、他」	審判平10-15733／平13.04.17	★本願商標をその指定役務中「フリーマーケット（のみの市）の企画又は開催」について使用した、単に役務の内容を表示するにすぎないので3条1項3号に該当し、それ以外の役務について使用するときは、役務の質（内容）の誤認を生じさせるおそれがある。
査定不服	ハンドキー 平9類「電子応用扉自動開閉装置」	審判平11-18396／平13.04.24	★本願商標をその指定商品「掌形識別による入退室管理装置（ハンドキー）」について使用してなる、単に商品の内容を表示するにすぎないので3条1項3号に該当し、それ以外の商品について使用するときは、商品の品質（機能）の誤認を生じさせるおそれがある。
査定不服	WPOWDER 平5類「失禁用おしめ、生理用タンポン、他」	不服2000-18354／平13.04.25	☆本願商標の「W」の文字が「二重の、倍の」の意の略記号として、また、「POWDER」の文字が「粉末、粉おしろい」等の意に理解されることがあるとしても、本願商標を構成する「WPOWDER」の文字が「2重にパウダーを施した又は倍のパウダーを施した商品（失禁用おしめ、生理用タンポン等）の品質を表示するものとして直ちに理解されるとはいえない。
査定不服	吸汗速乾 平25類「スウェットスーツ、スウェットシャツ、運動用特殊被服、他」	審判平9-14403／平13.05.08	★本願商標をその指定商品中「汗を吸い取り速やかに乾かす機能を備えた被服・運動用特殊被服」に使用しても、単に商品の品質・効能を表示するにすぎないので3条1項3号に該当し、それ以外の商品について使用すると、商品の品質について誤認を生じさせるおそれがある。
査定不服	シューファクトリー CHOUFACTORY 平30類「菓子・パン、他」、32類「清涼飲料、他」、42類「飲食物の提供」	不服2000-17876／平13.05.16	☆「キャベツ」の意の仏語「CHOU」が、ときに「シュークリーム」の略語として使用されることがあるとしても、これに「工場」の意の英語「FACTORY」を連綴してなる本願商標は「シュークリーム」又は「シュークリームを主とする飲食物の提供」以外の指定商品・指定役務に使用されても、商品の質・役務の質について誤認を生ずるおそれはない。
査定不服	ナビパッケージ 平12類「自動車の部品及び付属品、他」	審判平10-12968／平13.05.21	★本願商標をその指定商品中「車載用電子航法装置（ナビゲーション装置）」に使用しても、単に商品の品質・機能を表示するにすぎないので3条1項3号に該当し、それ以外の商品について使用すると、商品の品質について誤認を生じさせるおそれがある。
査定不服	エコペット Ecopet 平33類「日本酒、洋酒、果実酒、他」	審判平11-16569／平13.06.01	★①本願商標は一種の造語を表したものと判断するのが相当である。②「エコペット／Ecopet」の文字が「再資源化し易いペットボトルを包装用容器とした商品」を表示するものとして普通に使用されている事実は発見できない。

査定不服	**Cyber Call** 平38類「電話による通信、他」	審判平11-12198／平13.06.05　☆本願商標は「電脳」を意味する接頭語「ｃｙｂｅｒ」と「通話」を意味する「ｃａｌｌ」の語を結合したものであり、「インターネット電話」を意味する「cyberphone」なる語が存在するとしても、本願商標は、単に造語として認識されるにとどまる。
査定不服	**Ｐメール** 平38類「電子計算機端末による通信、他」	審判平10-16523／平13.06.05　☆①「メール」が「電子メール」を想起させるとしても、該語は第一義的には「郵便、郵便物」を意味する。②本願商標は「Ｐ」と「メール」の文字間に間隔を置かずに同書・同大に一体に組み合わせて成り、視覚的に無理なく一体に把握し得るので、全体として一種の造語として認識される。
査定不服	**コントロールスパッツ** 平25類「下着、靴下」	審判平11-7477／平13.06.11　★①「スパッツ」とは「ゲートル」の一種であり「細身のズボン」を意味することが各種の辞典やファッション関係の書籍などに記載されている。②本願商標が「スパッツ以外の商品」について使用されるとき、その指定商品が恰も「スパッツ」であるかの如く誤信させる。
査定不服	**CILICONGYRO** 平9類「平板型3軸加速度センサー及びその部品」	審判平10-7682／平13.06.19　★①本願指定商品は、請求人提出の資料から「シリコン（チップ）を素材とするジャイロスコープ又はその関連電子部品ないしは当該センサー機能を備えた工業用機器」である。②本願指定商品が世界で初めてのものであるといえども、本願商標をその指定商品以外の商品について使用されるとき、商品の品質について誤認を生じさせるおそれがある。
査定不服	**水洗タンク洗浄中** 平3類「水洗トイレのタンク用洗浄剤・芳香洗浄剤（身体用のものを除く）」	不服2000-4668／平13.06.20　☆当審において職権をもって調査するも、「水洗タンク洗浄中」の文字が、本願の指定商品を取り扱う業界において、取引上、商品の品質・用途等を表示するものとして普通に使用されている例を発見することができなかった。
査定不服	**CAR-PARA** 平12類「自動車並びにその部品及び付属品、他」	不服2000-465／平13.06.22　☆本願商標は、「CAR」の文字と「PARA」の文字をハイフンで結合して成り、これを構成する各文字は、同じ書体で外観上まとまりよく一体的に表現されていて『カーパラ』と無理なく称呼し得るから、全体として一種の造語として認識され、本願商標をその指定商品中、「自動車並びにその部品及び付属品以外の商品」について使用しても、商品の品質について誤認を生じさせるおそれはない。
査定不服	**πウォーター** **π WATER** 平10類「医療用機械器具」	審判平11-5361／平13.06.22　☆①「πウォーター」が「人間の体内の３分の２を占める生体水に限りなく近く、超微量の２価３価鉄塩を含む水」である、ある程度知られていると認められる。②しかしながら、「πウォーター」は本願の指定商品「医療用機械器具」とは全くその組成を異にする異種、別個の商品で両者間に何らの関連性も想起し得ないから、「医療用機械器具」に使用しても商品の品質について誤認を生じさせるおそれはない。
査定不服	**めぐみ** **MEGUMI** 平31類「甜菜の種子」	審判平11-13291／平13.06.27　☆①「めぐみ」の文字は、「ぶどうの品種名」として登録されている（種苗法登録第30号）。②本願指定商品「甜菜の種子」と「ぶどう」の商取引については、前者は種子店で販売されているのに対し、後者は、種子から繁殖させると品種にばらつきが出るため苗木により取引され、植木市・苗木店で販売されているのが実情である。③「甜菜の種子」と「ぶどう」は、商品の流通・販売経路を異にし、取引者・需要者をして商品の品質について誤認を生じさせるおそれはない。
査定不服	**電子印鑑** 平16類「印章」	審判平11-1533／平13.07.03　☆①(株)ジーサーチの提供する「G-Search」の新聞情報データベースを見るに、平成8年10月21日付朝日新聞東京夕刊・平成11年1月7日付朝日新聞名古屋朝刊等に「電子印鑑システム」即ち「パソコン上での押印を可能とするソフトウエア」が販売されている事実が報じられている。②本願商標をその指定商品について使用した場合、それが恰も「電子印鑑システムに用いられる商品」であるかの如く商品の品質について誤認を生じさせるおそれがある。
無効	**トライアスロン** 平41類「技芸・スポーツ又は知識の教授（但し、トライアスロンに関するものを除く）、運動施設の提供、他」	審判平10-35380／平13.07.10　☆★①本件商標をその指定役務中「技芸・スポーツ又は知識の教授（但し、トライアスロンに関するものを除く）」について使用するときは、提供される役務の内容等について誤認を生じさせるおそれがある。②指定役務中、「運動施設の提供」については、トライアスロン競技が特定の施設で実施されるものではないことにより、また、「録画済み磁気テープの貸与」については、トライアスロンの語が貸与という役務の内容を直接的に表現しているものではないことにより、本件商標をこれらの指定役務について使用しても、役務の質の誤認を生じさせるおそれはない。
査定不服	**こだわり竹** 平19類「人造擬竹材、竹材、竹の模様を付したプラスチック製建築専用材料、他」	不服2000-4257／平13.07.18　☆本願商標「こだわり竹」は、「こだわった竹材を使った商品」の意味合いを暗示させることがあるとしても、特定の商品の用途・構造・品質等を具体的に表示したものと認識、理解するものとはいい難く、むしろ、その構成文字の全体をもって、特定の観念を有しない一種の造語として把握され、商品の品質について誤認を生じさせるおそれはない。

〔工藤＝樋口〕

§4−Ⅰ ⑯

査定不服	**七葉胆** 平30類「コーヒー、ココア、アマチャヅル茶、その他の茶、調味料、香辛料、他」	**審判平9-6901**／平13.08.17　★「七葉胆」はウリ科の植物で、中国語では「絞股藍」といい、わが国では「アマチャヅル」の名称で知られており、体内の毒素を排出する作用があるので、コレステロールの調整や高血圧・低血圧・肩凝り・便秘・冷え症・喘息・肥満・しわ（皮膚の老化）等に効果あるとされていることが職権による調査で明らかであるから、本願商標を「アマチャヅル」以外の商品に使用するときは、商品の品質について誤認を生じさせるおそれがある。
査定不服	**KABISTOP** **カビストップ** 平1類「化学品」・2類「塗料」・5類「薬剤、はえ取り、防虫紙」	**審判平11-18769**／平13.08.23　★本願商標は、「かびの発生を止める」との意味合いを看取させるので、本願の指定商品中「防カビ剤、防カビ塗料」等の「防カビ効果のある商品」以外の商品に使用するときは、商品の品質について誤認を生じさせるおそれがある。
査定不服	（立体商標） 平3類「スプレー式洗浄剤」	**不服2000-4617**／平13.09.04　★本願商標は、そのスプレー式容器の周囲に書した「エアコン」「洗浄スプレー」「エアコンの奥まで洗える」の文字及び「エア・コンディショナーの内部と思しきものにスプレーで噴霧している図」が表示され、「エアコン」の文字は「エア・コンディショナー」の略語として親しまれているものである。してみれば、本願商標をその指定商品中「エア・コンディショナー用スプレー式洗浄剤」以外の商品に使用するときは、商品の品質について誤認を生じさせるおそれがある。
査定不服	**ムルシア** 平21類「植木鉢、プランター」	**不服2001-3679**／平13.09.11　☆本願商標の「ムルシア」の文字がスペイン南東部の州名及びその州都名「Murcia」の表音であるとしても、そのことがわが国で一般に知られているとはいい難く、本願商標に接する取引者・需要者が、その指定商品が「スペイン産」のものと誤認するおそれがあるとはいい難い。
査定不服	**ＣＮＣ** 平9類「電子応用機械器具、他」	**審判平10-10962**／平13.09.11　★①「ＣＮＣ」の文字は「コンピュータ数値制御」を意味する「Computerized Numerical Control」の略語であることが、「コンピュータ英和辞典」、共立出版」「日経ＢＰ　デジタル大辞典2000-2001／日経ＢＰ社」「情報・知識imidas2001」「集英社」「知恵蔵2001」「朝日新聞社」「ランダムハウス英和辞典」「コンサイスカタカナ語辞典」等々に掲載されている。②本願商標をその指定商品中「コンピュータ数値制御機能を利用した商品」以外の商品について使用すると商品の品質に誤認を生ずるおそれがある。
査定不服	**キノコパワー** 平29類「加工野菜、食肉、他」	**審判平11-16563**／平13.09.17　☆①本願商標は、一連の造語を表した商標であると認められ、「キノコパワー」の語が指定商品の品質を具体的に直接表示したものとはいい得ない。②「キノコパワー」の語が「食品」を取り扱う業界において、取引上、品質を表すものとして普通に使用されている事実を発見できない。
査定不服	**COFFEEBOY** **コーヒーボーイ** 平30類「コーヒー及びココア、茶、調味料、香辛料、穀物の加工品、他」	**不服2000-13225**／平13.09.25　☆「COFFEE／コーヒー」の文字が「コーヒー」を意味するしても、かかる構成にあっては、「COFFEE」「コーヒー」及び「BOY」「ボーイ」の文字を形容詞的に修飾しているものと認められ、全体として「コーヒーの少年」というが如き一連の造語を形成しているというを相当とする。してみると、「COFFEE／コーヒー」の文字は、商品の品質を表すものとはいえない。
査定不服	**BSD Magazine** **BSD マガジン** 平16類「紙製包装用容器、雑誌、写真、写真立て、遊戯用カード」	**不服2000-8632**／平13.10.12　☆①「Magazine」の文字部分が「雑誌」を指称する語として親しむとしても、「雑誌」を除く残余の指定商品である「紙製包装用容器、雑誌、写真、写真立て、遊戯用カード」と「雑誌」とは、その取引の対象・製造者・流通経路等を全く異にし、両者間に何らかの関連性を有するとは認め難い。②よって、本願商標は4条1項16号に該当するものではない。
査定不服	**漢検** 平41類「技芸・スポーツ・知識の教授」	**審判平10-17825**／平13.10.17　☆①「漢検」の文字は財団法人漢字能力検定協会が文部省の認定の下に行う「漢字能力検定の実施等」の役務に使用されていることが認められる。②してみると、「漢検」の文字は「漢字検定試験」を想起させる場合があるとしても役務の質等を表示するものではない。
査定不服	**アクネスポット** 平3類「せっけん類、化粧品、他」	**審判平10-19822**／平13.10.30　★①「アクネ」の文字部分が「acne」即ち「にきび」を意味する語であることは、請求人も争わない。②当審において職権証拠調べをした結果、化粧品業界においては、数社のインターネット・ホームページ上に「薬用アダルトアクネスポット」「脂性肌にアクネスポットクリーム」等の用例がみられ、業界誌「週間粧業」にも、例えば、「カネボウ　アクネシリーズを発売」「伸びるアクネ用製品」等の記事が掲載されている。③「スポット（spot）」は「しみ、汚れ、場所、点」を意味する外来語であり、「スポット化粧水」の如く商品の品質・用途を示す語として普通に使用されている。④本願商標は、これをその指定商品中「にきびのトラブルスポットに使用する専用美容液又はクリーム等」以外の商品について使用するときは、商品の品質について誤認を生じさせるおそれがある。

§4-Ⅰ ⑯

	商標	判決等
査定不服	**マウスケアウオッシュ** 平5類「口腔用薬剤」	審判平11-2463／平13.10.30 ★①「口腔用材・口中清潔剤」等を取り扱う業界においては、「マウスケア」の文字が「口中の手入れ」を意味し、例えば「マウスケア商品」と称して、商品の用途・品質を表示する語として普通に使用されている。②本願商標を「洗口液又はうがい薬以外の商品」について使用するときは、商品の品質について誤認を生じさせるおそれがある。
査定不服	**キャンディタイム** 平30類「菓子及びパン、他」	不服2000-1760／平13.11.05 ☆①「キャンディ」の文字部分が「砂糖菓子」の意を有するとしても、同書・同大・等間隔で「キャンディタイム」と書した構成中の「キャンディ」の文字部分が特定の商品又は商品の品質を具体的に表示したものとはいえない。②本願商標は、特定の意味合いのしない造語より成るものといえるから、これをその指定商品で「砂糖菓子」以外の商品について使用しても、何らその商品の品質について誤認を生じさせるおそれはない。
査定不服	**ULTRAVIOLET** 平3類「オードトワレ、香水、石鹸類」	不服2001-4153／平13.11.08 ☆原審は、本願商標を「紫外線防止効果を有する化粧品」について使用するときは3条1項3号に該当し、それ以外の商品について使用するときは4条1項16号に該当するとしたが、補正後の指定商品「オードトワレ、香水、石鹸類」に使用しても、商品の品質・効能を表すものとはいえず、商品の品質について誤認を生じさせるおそれはない。
査定不服	**焼きおにぎり** **やきおにぎり** 平30類「せんべい」	審判平11-11433／平13.11.09 ☆本願商標をその指定商品「せんべい」について使用しても、商品の品質を表示するものとはいえず、自他商品識別標識としての機能を十分果し得るものであり、商品の品質について誤認を生じさせるおそれはない。
査定不服	**癒しの水** 平3類「薬用液状石鹸、肌荒れ用化粧水」、5類「液状の薬剤、包帯液」	不服2000-18767／平13.11.13 ☆本願商標の「癒し」の文字部分に「病気や傷をなおす」という意があるとしても、一般的には「心を和ませる、ほっとさせる、リラクゼーション」等の意味として使用され、原審説示の如く「傷や病気を治す水液」等の意味合いで商品の品質・用途表示と理解されるとは云い難く、むしろ、構成全体をもって不可分一体の造語と認識・把握されるとみるのが相当である。
査定審取	**Image Communication** 平38類「通信、通信機器の貸与、放送」	東京高裁平13（行ケ）72／平13.11.13 最高裁HP（審判平10-4904／平13.01.05）★本願商標を「画像通信が行われないと考えられるラジオ放送」「画像通信機能が付加されていない通信」「画像通信機能のない機器の貸与」等について使用した場合、役務の質について誤認を生じさせることは明らかである。
査定不服	**San Martín**（図形） 平34類「葉巻たばこ、他」	不服2000-11061／平13.11.19 ☆①原査定は、「本願商標は、その構成中に、たばこの特産地として有名なペルー共和国サンマルティン市に通ずるSan Martinの文字を含むので、これを「ペルー国サンマルティン産」以外の商品に使用するときは商品の品質に誤認を生じさせる」というものであった。②しかしながら、「San Martin」の文字は「産地表示」というよりは、「アルゼンチンの軍人で、南米の南部地域をスペインから解放し独立させた英雄」の名を表したものと認識・把握されるとみるのが相当である。
査定不服	**ショコラヴレ** 平30類「コーヒー及びココア、コーヒー豆、茶、調味料、香辛料、食品香料、サンドイッチ、菓子及びパン、アーモンドペースト、他」	不服2000-19151／平13.11.26 ☆「ショコラ」の文字部分が「チョコレート」を意味するフランス語であるとしても、本願商標は、一連の造語を表したものと認められるものであり、これをその指定商品について使用しても、何ら商品の品質の誤認を生じさせるものとは認められない。
査定不服	**UOMO 1886** 平3類「化粧せっけん、オーデコロン、他」	不服2001-2784／平13.11.26 ☆①縦に配列された「UOMO」と思しき欧文字の上から2番目の「O」と3文字目の「M」とを介するが如く十字形を配してなる結果、あたかも該文字又は図形部分は、全体として一種独創的に表現された特有の態様のものと認識把握されるというべきで、もはや「人間、男性、夫」を意味するイタリア語「UOMO」を普通に使用される方法で表したものではなく、それ自体自他商品の識別機能を有すると見るのが相当である。②本願商標は、特定の商品の品質等を表示するものではなく、また、商品の品質について誤認を生ずるおそれもないというべきである。

〔作表：樋口 豊治＝西津 千晶〕

§4−Ⅰ⑰

■4条1項17号

【参考文献】
　逐条解説〔第19版〕，網野・商標〔第6版〕，小野・概説〔第2版〕，田村・商標，平尾・商標〔第1次改訂版〕，工藤・解説〔第7版〕，尾島明・逐条解説TRIPS協定（日本機械輸出組合，99）。

細　目　次

Ⅰ　本号の趣旨(530)
　(1)　趣　　旨(530)
　(2)　沿　　革(530)
　(3)　本号を設けた理由(530)
Ⅱ　本号の内容(531)
　(1)　WTO加盟国のぶどう酒又は蒸留酒の産地を表示する標章を有する商標(531)
　　(a)　ぶどう酒・蒸留酒(531)
　　(b)　産地を表示する標章(531)
　　(c)　産地を表示する標章を有する商標(532)
　(2)　日本国のぶどう酒又は蒸留酒の特許庁長官指定の産地を表示する標章(532)
　　(a)　日本国のぶどう酒等の産地表示も加えることとした理由(532)
　　(b)　特許庁長官が指定する産地(533)
　　(c)　産地を表示する標章を有する商標(533)
Ⅲ　判断時期等(533)
　(1)　判断時期(533)
　(2)　拒絶・異議・無効理由(533)

〔齋藤　恵〕

Ⅰ　本号の趣旨

(1)　趣　　旨

　本号は，商標登録出願に係る商標の不登録事由の1つとして，一定のぶどう酒若しくは蒸留酒の産地を表示する標章を有する商標であって，当該産地以外の地域を産地とするものに使用する商標については登録しない旨を定めたものである。
　本号は，拒絶理由・異議申立理由及び無効理由である（商標15条1号・43条の2第1号・46条1項1号）。

(2)　沿　　革

　本号は，平成6年の一部改正（平成7年7月1日施行）において，TRIPS協定（Agreement on Trade-Related Aspects of Intellectual Property Rights）を遵守すべく，新設されたものである。

(3)　本号を設けた理由

　ぶどう酒等の原産地表示を含む商標については，原産地を異にするぶどう酒等に使用されたために商品の産地・品質等について誤認を生ずるおそれがある場合には，商標法4条1項16号に基づいて拒絶又は無効とすることが可能である一方，平成6年一部改正前の商標法では，産地・品質を誤認するとはいえないような場合には拒絶・無効にすることが困難であった。

一方, TRIPS協定23条2は, ぶどう酒又は蒸留酒の産地を特定する地理的表示を含むか又はそれよりなる商標であって, その原産地を異にするぶどう酒又は蒸留酒に使用するものは, 誤認の有無にかかわらず, 出願を拒絶し又は登録を無効にすることを義務づけている。また, 同協定24条9では, 加盟国は, 原産国において保護されていない地理的表示を保護する義務を負わない旨規定されている。

そこで, これらのTRIPS協定の規定に従い, 平成6年一部改正により, 商標法4条1項17号を新たに設けた。

本号は, 一般に真実の産地の生産者等の保護規定と解されている。すなわち, 異なる産地の商品を指定する限り「誤認を生ずるおそれ」の有無を問わず出願を拒絶する取扱いとすることにより, 真実の産地表示及びその産地表示を付したぶどう酒又は蒸留酒の名声・信用を維持し, その産地の生産者の利益を保護する趣旨であり, 私益保護規定である。

II 本号の内容

(1) WTO加盟国のぶどう酒又は蒸留酒の産地を表示する標章を有する商標

世界貿易機関 (WTO) の加盟国のぶどう酒又は蒸留酒の産地を表示する標章のうち, 当該加盟国において当該産地以外の地域を産地とするぶどう酒又は蒸留酒について使用することが禁止されているものを有する商標であって, 当該産地以外の地域を産地とするぶどう酒又は蒸留酒について使用するものは商標登録を受けることができない。

これは, TRIPS協定23条2が,「ぶどう酒又は蒸留酒を特定する地理的表示を含むか又は特定する地理的表示から構成される商標」について商標登録出願がなされた場合は, 誤認の有無にかかわらず出願の拒絶又は登録の無効を義務づけていることに対応したものである。

(a) ぶどう酒・蒸留酒　本号の「ぶどう酒 (wine)」にはアルコール強化ぶどう酒が含まれ,「蒸留酒 (spirits)」には, 例えば, 泡盛, しょうちゅう, ウイスキー, ウォッカ, ブランデー, ラム, ジン, カオリャンチュー, パイカル等が含まれるが, リキュールは含まれない (商標審査基準)。

(b) 産地を表示する標章　WTO加盟国のぶどう酒又は蒸留酒の産地を表示する標章の一例として,「原産地名称の保護及びその国際登録に関するリスボン協定」に基づき国際登録されているぶどう酒又は蒸留酒の原産地名称のうち, WTOにも加盟している国のものが公示されている (審査便覧42.117.03, 平成7年6月23日発行 特許庁公報 (公示号) 参照 巻末資料2-1, 2-2)。例えば, ぶどう酒に「ALSACE」,「BORDEAUX」, 蒸留酒に「SLOVACKA BAROVICKA」である。

§4−Ⅰ ⑰

また，本号の審査において参考資料として活用されるリストとして，EPA や MOC（協力覚書）等によって提供された地理的表示や地名・産地表示が掲載されている（審査便覧42.117.51（外国政府との取決めについて）88.01）。

　ぶどう酒又は蒸留酒の産地を，上記のような当該産地における文字で表示した標章のみならず，片仮名文字，その他その翻訳と認められる文字で表示した標章も含まれる（商標審査基準）。例えば，「BORDEAUX」を「ボルドー」（片仮名），「BOURGOGNE」を「BURGUNDY」（英語）と表示する場合である。一方，例えば，フランスの「MOURIS」について「森」（漢字）と表示された場合，通常フランスの地名の翻訳とはいえないことから，これに該当しない。また，「モリ」（片仮名）と表示されていても，他の言葉と併せて別の意味を有する場合（「元気モリモリ」等）には，フランスの地名「MOURIS」の翻訳とはいえず，これに該当しない（商標審査便覧42.117.01）。

　(c)　産地を表示する標章を有する商標　　TRIPS協定23条2が「ぶどう酒又は蒸留酒を特定する地理的表示を『含む』商標」を対象としたことと対応させ，産地を表示する標章を「有する」商標が該当する。現行の「類似」の判断基準である外観，称呼，観念のうちの1つが類似するか否かという基準ではなく，当該標章がまさに原産地の表示として一致するか否かという基準とすべきであり，その判断は，当該商標に含まれる表示が産品の地理的原産地を特定する表示と一致するかという形式的判断によるものでなければならない。

　使用形態（「山梨産ボルドー風ワイン」等）やその地理的表示の日本における著名性の如何を問わないとの趣旨と解され，当該商標が原産国で保護されている地理的表示を含んでいれば，それが国内で地理的表示として認識されているか否かを問わず拒絶すべきこととなる。逆に，需要者に地理的表示と混同され得る表示であったとしても，その表示が原産国で保護されている地理的表示でない場合は，商標法4条1項16号該当性が問題となることがあるとしても，本号には該当しない。

(2)　日本国のぶどう酒又は蒸留酒の特許庁長官指定の産地を表示する標章

　日本国のぶどう酒又は蒸留酒の特許庁長官指定の産地を表示する標章であって，当該産地以外の地域を産地とするぶどう酒又は蒸留酒について使用するものは，商標登録を受けることはできない。

　(a)　日本国のぶどう酒等の産地表示も加えることとした理由　　TRIPS協定は，WTO加盟国が自国内のぶどう酒又は蒸留酒の地理的表示を保護することまでを義務づけるものではない。しかし，本号のような規定を設けない場合には，①ぶどう酒又は蒸留酒の産地の表示の保護に関し，他の加盟国の産地に比べ国内の産地を不利に扱うこととなる。また，② TRIPS協定24条の9の規定により，原産地で保護されていない地理的

表示については他の加盟国で保護する義務が生じないため，他の加盟国においてもわが国の産地が不利に取り扱われることになる。そこで，条約の規定上，日本国のぶどう酒又は蒸留酒が不利に扱われることのないよう，日本国のぶどう酒又は蒸留酒の産地を表示する商標についても併せて保護することにした（逐条解説〔第19版〕1290～1291頁）。

(b) **特許庁長官が指定する産地** 特許庁長官が指定する「日本国のぶどう酒又は蒸留酒の産地」として，現在，酒類「しょうちゅう」について「壱岐」，「球磨」，「琉球」（長崎県壱岐郡，熊本県球磨郡人吉市及び沖縄県，平成7年10月3日指定）及び「薩摩」（鹿児島県（奄美市及び大島郡を除く），平成17年12月28日指定），酒類「ぶどう酒」について「山梨」（山梨県，平成25年7月26日指定）が指定を受けている（商標審査便覧42.117.02）。

特許庁長官による指定を受けるための申請手続等は，商標法施行規則1条から1条の4までに規定されている。

(c) **産地を表示する標章を有する商標** 「有する」の語の解釈及び判断基準は，上述 II(1)(c)と同様である。

III 判断時期等

(1) 判断時期

本号の適用判断時期は，原則として最終判断時つまり査定又は審決時である。しかし，査定又は審決時に本号に該当しても，商標登録出願時に該当しなければ，同号に該当しない（商標4条3項）。

このように出願時も基準としたのは，ぶどう酒又は蒸留酒の産地表示の製造業者の保護と出願により登録を受ける期待権を有する商標登録出願人との調整を図ったためである。

平成6年法施行以前に係属した出願であって，その公布日（平成6年12月14日）後になされた出願に関しては，予測可能性を保障する必要がないので，施行時点において4条1項17号に該当する場合には登録を阻却することにした（平成6年改正附則12条）（田村・商標201頁）。

(2) 拒絶・異議・無効理由

本号に違反する場合，拒絶理由（商標15条）・異議理由（商標43条の2第1号）・無効理由（商標46条）に該当する。

いったん登録された商標に，時間の経過に伴い信用が化体し得ることに配慮し，除斥期間が適用され，本号違反を理由とする無効審判は，登録日より5年を経過した後は請求することができない。例外的に不正競争の目的で登録を受けたときは除かれる（商標47条）。後発的無効理由にも列挙されていない（商標46条1項6号）。

〔齋藤　恵〕

§4-I ⑱

■4条1項18号

【参考文献】
〔書　籍〕逐条解説〔第19版〕，網野・商標〔第6版〕，小野・概説〔第2版〕，田村・概説，川津義人・商品・サービス商標実務入門（発明協会，01），工藤・解説〔第8版〕，平26改正解説，小野＝三山・新概説．

細　目　次

I　本号の趣旨(534)
　(1)　趣　　旨(534)
　(2)　沿　　革(534)
　(3)　本号を設けた理由(534)
　(4)　平成26年法における改正の趣旨(535)
　(5)　不正競争防止法との比較(536)
　(6)　外国法との比較(536)
II　本号の内容(536)
　(1)　「商品若しくは商品の包装又は役務」であること(536)
　(2)　「当然に備える特徴のうち政令で定めるもののみからなる商標」であること(537)
　(3)　「不可欠な立体的形状のみからなる商標」(537)
　(4)　特許権・実用新案権・意匠権との関係(538)
III　特許庁の実務(538)
IV　判断時期等(539)
　(1)　判断時期(539)
　(2)　拒絶・無効理由(539)
V　審判決例等(539)

〔竹内　耕三〕

I　本号の趣旨

(1)　趣　　旨

本号は，商標登録出願に係る商標の不登録事由の1つとして，立体商標のうち商品等の機能を確保するために不可欠な立体的形状のみからなる商標については登録しない旨を定めたものである．

本号は，商標登録出願の拒絶理由及び登録異議申立理由並びに無効理由であり（商標15条1号・46条1項1号），公益保護規定である．

(2)　沿　　革

本号は，平成8年の一部改正において立体商標制度を導入したことに伴って政策的見地から新設され，平成9年4月1日に施行された．

さらに，平成26年の一部改正において，色彩のみの商標や音の商標など新しいタイプの商標の保護に伴って，政策的見地から改正され，平成27年4月1日に施行された．

(3)　本号を設けた理由

商品の形状や商品の包装の形状を普通に用いられる方法で表示する標章のみからなる立体商標は，通常は，自他商品識別力を有しないとして登録を受けることができない（商標3条1項3号）が，使用された結果識別力を獲得するに至った場合には，3条2項の規

定の適用により登録を受けることができるはずである。また，普通に用いられる方法で表示するとはいえない標章からなる立体商標は3条1項3号に該当せず，登録を受けることができるはずである。

しかしながら，これらの立体商標の中には，その商品又は商品の包装の機能を確保するために不可欠な立体的形状のみからなる商標があり，かかる商標に永久権たる商標権を付与すると，その商品又は商品の包装についての製造・販売等の独占を事実上半永久的に許すことになり，市場における適切な自由競争を阻害するおそれがある。

そこで，かかる事態を排除するため，商品又は商品の包装の機能を確保するために不可欠な立体的形状のみからなる商標については，自他商品識別力の有無にかかわらず，その登録を阻却すべく本号を設けた。

4条1項18号の法的位置づけについて，ミニマグライト事件（知財高判平19・6・27（平18（行ケ）10555号））で，知財高裁は次のとおり判示している。

「商標法は，商品等の立体的形状の登録の適格性について，平面的に表示される標章における一般的な原則を変更するものではないが，同法4条1項18号において，商品及び商品の包装の機能を確保するために不可欠な立体的形状のみからなる商標については，登録を受けられないものとし，同法3条2項の適用を排除していること等に照らすと，商品等の立体的形状のうち，その機能を確保するために不可欠な立体的形状については，特定の者に独占させることを許さないとしているものと理解される。

そうすると，商品等の機能を確保するために不可欠とまでは評価されない形状については，商品等の機能を効果的に発揮させ，商品等の美観を追求する目的により選択される形状であっても，商品・役務の出所を表示し，自他商品・役務を識別する標識として用いられるものであれば，立体商標として登録される可能性が一律的に否定されると解すべきではなく，また，出願に係る立体商標を使用した結果，その形状が自他商品識別力を獲得することになれば，商標登録の対象とされ得ることに格別の支障はないというべきである。」

つまり，3条1項3号の規定に該当する商標であっても，使用により識別力を獲得した商標の中に，商品等の機能を確保するために不可欠なものと不可欠でないものとがあり，そのうち不可欠なものが登録できないことを明らかにしている。

これと同様の判示が，その後のコカコーラボトル事件（知財高判平20・5・29（平19（行ケ）10215号））やYチェア事件（知財高判平23・6・29（平22（行ケ）10253号）〔審決取消請求事件〕・平22（行ケ）10321号〔承継参加事件〕）の判決においてなされ，定着している。

(4) 平成26年法における改正の趣旨

平成8年法の18号では「商品又は商品の包装の形状であって，その商品又は商品の包

装の機能を確保するために不可欠な立体的形状のみからなる商標」と規定されていた。
　これが，平成26年の法改正により，色彩のみの商標や音商標など一定の新しいタイプの商標の登録が認められることとなったことに伴い，頭記のとおり改正された。
　これら新商標のうち，商品が当然に備える色彩や発する音等（例えば，商品である「自動車」のタイヤの黒色，役務である「焼肉の提供」における肉の焼ける「ジュー」という音）については，その登録を認めると商品若しくは商品の包装又は役務の提供の独占につながるおそれがあり，妥当でない。
　そこで，従来から既に規定されている商品又は商品の包装の機能を確保するために不可欠な立体的形状（特徴）も包含される，「商品若しくは商品の包装又は役務が当然に備える特徴」を規定して，その具体的な特徴については，政令に委任することとした。

(5) **不正競争防止法との比較**
　不正競争防止法においても，専ら商品等の形態が技術的な機能や効果と必然的に結びつく場合には，同法上の保護の対象とはならないとの見解を採る下記のような判決例（技術形態除外説）があるが，本号はこれと同じ範疇に属するものである（工藤・解説〔第8版〕322頁）。

・組み立て式押入タンスセット事件（東京地判昭41・1・22判時476号45頁）
・伝票会計用伝票Ⅰ事件（東京地判昭52・12・23無体集10巻2号769頁）
・投げ釣り用天秤事件（東京地判昭53・10・30無体集9巻2号509頁）
・ルービックキューブ事件（東京地判平12・10・31（平9（ワ）12191号）裁判所ホームページ）

(6) **外国法との比較**
　本号はEC指令3条(1)と同趣旨の規定であると解される。EC指令3条(1)(e)は，「標章が，もっぱら商品そのものの特質から生じる形状のみで構成される場合，技術的結果を得るために必要な商品の形状のみで構成される場合，又は商品に実質的価値を与える形状のみで構成される場合には，その標章は有効に登録できない」旨規定する。同指令に基づいて制定されたフランス法（2条3項），ドイツ法（3条2項），イギリス法（3条2項），ベネルクス統一商標法（1条）にも同様の規定が定められている。

Ⅱ　本号の内容

　本号は，その商品又は包装の機能を確保するために不可欠な立体的形状のみからなる商標の登録を排除している。

(1) **「商品若しくは商品の包装又は役務」であること**
　「商品若しくは商品の包装」については，平成8年改正法において，立体商標を保護することになった（商標2条1項柱書）ことに伴う。平成26年改正法において，音商標を保

護することになったことに伴い,「商品又は商品の包装」のほかに「役務」を追加した。
(2) 「当然に備える特徴のうち政令で定めるもののみからなる商標」であること
「当然に備える特徴」とは,従来の規定の「その商品又は商品の包装の機能を確保するために不可欠な立体的形状」も含み,商品等の必然的特徴をいい,その具体的な特徴については政令に委任することとした。

政令である商標法施行令1条は以下のとおり規定する。

「商標法施行令
　第1条　商標法第4条第1項第18号及び第26条第1項第5号の政令で定める特徴は,立体的形状,色彩又は音（役務にあっては,役務の提供の用に供する物の立体的形状,色彩又は音）とする。」

以上から見て,「商品等が当然に備える特徴」とは,商品等の必然的特徴であり,商品又は商品の包装にあってその機能を確保するために不可欠な立体的形状であり,色彩商標にあっては,商品等から自然発生する色彩であり,音商標にあっては,商品等から自然発生又はその機能を確保するための不可欠な音であるといえよう。

将来政令の改正により,さらに匂いの商標や触感商標などが登録されるようになれば,政令が改正され,それに対応して,「商品等が当然に備える特徴」の概念も拡大されることになろう。

(3) 「不可欠な立体的形状のみからなる商標」
不可欠な立体的形状のみからなる商標は,平成26年法の改正により,「当然に備える特徴」の中に含まれ,その一態様となった。不可欠な立体的形状のみからなる商標は登録されないが,それが識別力ある文字や図形と結合している場合には,全体として識別力があるといえるから,本号に該当せず登録され得る。このように不可欠な立体的形状を一部に含む商標の登録は認められるが,商標法26条の規定により,他の商標の一部となっているような場合を含めて「商品等が当然に備える特徴のうち政令で定めるもののみからなる商標」には,商標権の効力が及ばないとしてその独占を排除している。

不可欠とまではいえない立体的形状であれば,商標登録を受けることが可能である。ミニマグライト事件（知財高判平19・6・27（平18(行ケ)10555号））では,
「商品等の機能を確保するために不可欠とまでは評価されない形状については,商品等の機能を追及する目的により選択させる形状であっても,商品・役務の出所を表示し,自他商品・役務を識別する標識として用いられるものであれば,立体商標として登録される可能性が一律に否定されると解するべきではなく,また,出願にかかる立体商標を使用した結果,その形状が自他商品識別力を獲得することになれば,商標登録の対象とされることに格別の支障はないというべきである」と判示している。

§4−Ⅰ ⑱

(4) **特許権・実用新案権・意匠権との関係**

　本号は，商品等が当然に備える特徴のみからなる商標の登録を排除するものであり，特許権，実用新案権及び意匠権の存在の有無は問わない。特許・実用新案は技術的思想を保護するものであるから，通常はそれを実現する形態は多数あり得るはずであり，その中の1つを立体商標として保護したからといって，その技術思想の永久的独占にはなり得ないからであり，また意匠と商標とは排他的，択一的な関係にあるものではなくして，意匠となりうる模様であっても，それが同時に商標たり得る（大阪地判昭62・3・18パテ47巻9号40頁〔ルイ・ヴィトン事件〕）。本号は，商標権と特許権，実用新案権及び意匠権とは，併存するとの考え方を基礎にしていると考えられる。

Ⅲ　特許庁の実務

　本号に該当するか否かの判断について，『商標審査基準』〔改訂第12版〕第3の十六は次のように説明する。

「1．商品若しくは商品の役務の提供の用に供する物（以下「商品等」という。）が『当然に備える特徴』は，原則として，第3条第1項第3号に該当する商品等の特徴に含まれるものであるため，審査において第4条第1項第18号を適用するか否かが問題となるのは，第3条第1項第3号に該当するものであるが，実質的には第3条第2項に該当すると認められる商標についてである。

2．商品等が『当然に備える特徴』について，第3条第2項に該当するか否かの判断において提出された証拠方法等から，次の(1)，(2)又は(3)を確認する。

　(1)　立体商標について
　　(イ)　出願された商標（以下「出願商標」という。）が，商品等の性質から通常備える立体的形状のみからなるものであること。
　　(ロ)　出願商標が，商品等の機能を確保するために不可欠な立体的形状のみからなるものであること。
　(2)　色彩のみからなる商標について
　　　次の(イ)及び(ロ)を確認する。
　　(イ)　出願商標が，商品等から自然発生する色彩のみからなるものであること。
　　(ロ)　出願商標が，商品等の機能を確保するために不可欠な色彩のみからなるものであること。
　(3)　音商標について
　　　次の(イ)及び(ロ)を確認する。
　　(イ)　出願商標が，商品等から自然発生する音のみからなるものであること。

§4−Ⅰ⑱

(ロ) 出願商標が，商品等の機能を確保するために不可欠な音のみからなるものであること。
(4) 上記(1)(ロ)，(2)(ロ)又は(3)(ロ)を確認するにあたっては，下記(イ)及び(ロ)を考慮するものとする。
(イ) 商品等の機能を確保できる代替的な立体的形状，色彩又は音が他に存在するか否か。
(例)
① 商品等の構造又は機構上不可避に生じる音であるか否か。
② 人工的に付加された音であるか否か。
(ロ) 代替可能な立体的形状，色彩又は音が存在する場合でも，同程度（若しくはそれ以下）の費用で生産できるものであるか否か。」

Ⅳ 判断時期等
(1) 判断時期
本号を適用するための判断時期は，最終判断時つまり査定又は審決時である。
(2) 拒絶・無効理由
本号に違反した場合，出願の拒絶理由（商標15条），登録異議申立理由（商標43条の2），登録の無効理由（商標46条）となる。ただし，本号違反を理由とする無効審判請求の除斥期間の適用はない（商標47条）が，後発的無効理由ではない（商標46条1項）。この点から，公益保護規定とはいってもその色彩は強くないといえる。

Ⅴ 審判決例等

別	本件（本願）商標・引用標章	事件の概要・説示
異議	28類「ブロックおもちゃ」 昭24類「おもちゃ，他」	異議平10-91983／平11・06・01 ★①本願商標に接する取引者・需要者は，立体図形部分は指定商品の形状・構造・機能を表したものと容易に認識するものと認められ，自他商品識別機能を果さず，該図形中に顕著に表されている「MEGA BLOKS」の文字部分をもって取引に供し，これより生ずる『メガブロックス』の称呼をもって取引に当ると判断するを相当とする。②引用商標は，昭和62年に出願された平面的な図形商標である。③両商標は，その外観・称呼・観念のいずれにおいても類似しない。※レゴブロックの3Dは2004年08月03日付け審決で商標法3条2項の適用を認められず拒絶された。
査定不服		審判平11-15134／平15・07・24 ☆①本願商標は商品「まんじゅう」について永年盛大に使用されてきた結果，需要者が何人かの業務に係る商品であると認識することが出来るに到ったものと認められる。②本願立体商標は，商法3条2項を適用し，登録すべきものというを相当とする。

〔竹内〕

§4-I ⑱　　　　　　　　　　　　　　　　　　　第2章　商標登録及び商標登録出願

	30類「まんじゅう」	※商品の形状自体について立体商標登録が認められた現時点で唯一の例である。
審決取消し		平19・06・27知財高裁判決平18(行ケ)10555　本願商標に係る形状が，商品等の機能を確保するために不可欠な立体的形状のみからなる商標といえないことはいうまでもない。 　商標法は，商品等の立体的形状の登録の適格性について，平面的に表示される標章における一般的な原則を変更するものではないが，同法4条1項18号において，商品及び商品の包装の機能を確保するために不可欠な立体的形状のみからなる商標については，登録を受けられないものとし，その機能を確保するために不可欠な立体的形状については，特定の者に独占させることを許さないとしているものと理解する。 　そうだとすると，商品等の機能を確保するために不可欠とまでは評価されない形状については，商品等の機能を効果的に発揮させ，商品等の美観を追求する目的により選択される形状であっても，商品，役務の出所を表示し，自他商品，役務を識別する標識として用いられるものであれば，立体商標として登録される可能性が一律的に否定されると解すべきではなく（もっとも，以下のイで述べるように，識別機能が肯定されるためには厳格な基準を満たす必要があることはいうまでもない。）に独占させることを許さないとしているものと理解される。 　また，出願に係る立体商標を使用した結果，その形状が自他商品識別力を獲得することになれば，商標登録の対象とされ得ることに格別の支障はないというべきである。
審決取消し		平20・05・29平19(行ケ)10215　商標法は，商品等の立体的形状の登録の適格性について，平面的に表示される標章における一般的な原則を変更するものではないが，同法4条1項18号において，商品及び商品の包装の機能を確保するために不可欠な立体的形状のみからなる商標については，登録を受けられないものとし，同法3条2項の適用を排除していること等に照らすと，商品等の立体的形状のうち，その機能を確保するために不可欠な立体的形状については，特定の者に独占させることを許さないとしているものと理解される。 　そうすると，商品等の機能を確保するために不可欠とまでは評価されない形状については，商品等の機能を効果的に発揮させ，商品等の美感を追求する目的により選択される形状であっても，商品・役務の出所を表示し，自他商品・役務を識別する標識として用いられるものであれば，立体商標として登録される可能性が一律的に否定されると解すべきではなく（もっとも，以下のイで述べるように，識別機能が肯定されるためには厳格な基準を充たす必要があることはいうまでもない。)，また，出願に係る立体商標を使用した結果，その形状が自他商品識別力を獲得することになれば，商標登録の対象とされ得ることに格別の支障はないというべきである。 　本願商標については，原告商品におけるリターナブル瓶の使用によって，自他商品識別機能を獲得したものというべきであるから，商標法3条2項により商標登録を受けることができるものと解すべきである。

§4−I ⑱

審決取消し

平23・06・29知財高裁判決平22(行ケ)10253
（立体商標における使用による識別力の獲得）　商標法3条2項は，商品等の形状を普通に用いられる方法で表示する標章のみからなる商標として同条1項3号に該当する商標であっても，使用により自他商品識別力を獲得するに至った場合には，商標登録を受けることができることを規定する（商品及び商品の包装の機能を確保するために不可欠な立体的形状のみからなる商標を除く。同法4条1項18号）。

立体的形状からなる商標が使用により自他商品識別力を獲得したかどうかは，当該商標ないし商品等の形状，使用開始時期及び使用期間，使用地域，商品の販売数量，広告宣伝のされた期間・地域及び規模，当該形状に類似した他の商品等の存否などの諸事情を総合考慮して判断するのが相当である。

上記に挙げた事実及び前記1(2)アの事実に照らすと，①原告製品は，背もたれ上部の笠木と肘掛け部が一体となった，ほぼ半円形に形成された一本の曲げ木が用いられていること，座面が細い紐類で編み込まれていること，上記笠木兼肘掛け部を，後部で支える「背板」（背もたれ部）は，「Y」字又は「V」字様の形状からなること，後脚は，座部より更に上方に延伸して，「S」字を長く伸ばしたような形状からなること等，特徴的な形状を有していること，②1950年（日本国内では昭和37年）に販売が開始されて以来，ほぼ同一の形状を維持しており，長期間にわたって，雑誌等の記事で紹介され，広告宣伝等が行われ，多数の商品が販売されたこと，③その結果，需要者において，本願商標ないし原告製品の形状の特徴の故に，何人の業務に係る商品であるかを，認識，理解することができる状態となったものと認めるのが相当である。

（本願商標と原告使用に係る商標との同一性）　本願商標は，形状における特徴の故に，自他商品の出所識別力があると解するのが相当であるから，原告製品に使用された木材の材質や色彩，座面（ペーパーコード）の色彩にバリエーションがあったとしても，商品の出所に対する需要者の認識が大きく異なるとはいえず，本願商標に係る形状が自他商品識別機能を獲得していると認定することの障害になると解することはできない。

（原告製品に類似した形状の椅子が，インターネットを通じて販売されている事実との関係）　原告製品に類似した形状の椅子が，インターネット上で販売されている例があるとしても，これらはいずれも「Yチェア」の「ジェネリック製品」ないし「リプロダクト製品」などと称されており，オリジナル製品として原告製品が存在することを前提として，原告製品に類似した形状の椅子を安価に購入しようとする消費者に向けた商品ということができる。これに対し，原告は，このような商品を市場から排除するため，当該商品を販売する業者等に対し，「Yチェア」等の登録商標（文字商標）に基づき，また，不正競争防止法に基づき，警告書等を送付するなどの措置を講じている。そうすると，審決時においてなお，原告製品に類似した形状の椅子がインターネット上で販売されていたとしても，本願商標が自他商品識別機能を獲得していると認定する上での妨げとなるものとはいえない。

〔竹内〕

§4-I ⑱

以上のとおり，本願商標は，使用により，自他商品識別力を獲得したものというべきであり，商標法3条2項により商標登録を受けることができるものと解すべきである。

〔竹内　耕三〕

■4条1項19号

【参考文献】
〔書　籍〕　逐条解説〔第19版〕，網野・商標〔第5版〕，小野・概説〔第2版〕，田村・商標，川津義人・商品・サービス商標実務入門（発明協会，01），小野＝三山・新概説。

細　目　次

Ⅰ　本号の趣旨(543)
　(1)　趣　旨(543)
　(2)　沿　革(543)
　(3)　本号を設けた理由(543)
　(4)　不正競争防止法2条1項2号との比較(544)
　(5)　商標法4条1項7号・10号・15号との関係(544)
Ⅱ　本号の内容(544)
　(1)　他人の業務(544)
　(2)　需要者の間に広く認識された(544)
　(3)　日本国内における需要者の間に広く認識されている商標(545)
　(4)　外国における需要者の間に広く認識されている商標(545)
　(5)　「同一又は類似の商標」(545)
　(6)　「不正の目的」(545)
　　(a)　意　義(545)
　　(b)　不正の目的に該当するか否かの判断(546)
　　(c)　事　例(546)
Ⅲ　特許庁の実務(547)
　(1)　周知性の推定(547)
　(2)　本号の該当事例（商標審査便覧42.119.03）(547)
　(3)　「不正の目的」の認定資料(548)
　(4)　「不正の目的」の推認(548)
　(5)　EC指令の規定等との比較(549)
Ⅳ　判断時期等(549)
　(1)　判断時期(549)
　(2)　本号違反の効果(549)
　(3)　平成8年法附則の経過規定(549)
Ⅴ　審判決例等(550)

〔竹内　耕三〕

Ⅰ　本号の趣旨

(1)　趣　旨

　本号は，商標登録出願に係る商標の不登録事由の1つとして，日本国内又は外国における他人の周知商標と同一又は類似の商標であって，不正の目的で使用をするものについては登録しない旨を定めたものである。

　本号は，商標登録出願の拒絶理由（商標15条1号）及び登録異議申立理由（商標43条の2第1項）並びに無効理由（商標46条1項1号）であり，私益保護規定である。

(2)　沿　革

　本号は，平成8年の一部改正において新設され，平成9年4月1日に施行された。

(3)　本号を設けた理由

　平成8年一部改正前においては，日本国内又は外国で周知な商標について不正の目的でなされた出願については，商標法4条1項7号（公序良俗違反）及び同15号（出所の混同

の規定の解釈によりその登録を排除されていた。
　しかし，①周知・著名な商標の保護の明確化の要請が高まってきたことに応える必要性が生じてきたこと，②国内外の周知・著名商標を不正な目的で使用されることを防ぐことが望ましいことなどの要請が高まった。
　そこで，上記7号や15号の解釈によることなく，国内外の周知・著名商標の保護を充全ならしめるため，本号を設けた。

(4) 不正競争防止法2条1項2号との比較

　不正競争防止法（不競2条1項2号）においては，著名な標章と同一又は類似のものを使用する行為を不正競争行為として禁止するものである。
　これに対し，本号は，日本国内又は外国において周知な商標と同一又は類似の商標について不正の目的で出願した場合にその登録を排除するものである。

(5) 商標法4条1項7号・10号・15号との関係

　商標法4条1項1号から18号までの規定に該当する場合にはこれらの規定が適用され，19号は適用されない（同号括弧書）。
　実際に19号が適用されるのは，日本国内で周知な商標と同一・類似の商標であってその商品・役務と同一又は類似の商品・役務について使用する商標は同10号に，日本国内で著名な商標と混同する商標は同15号に，それぞれ該当するため，それ以外の日本国内で周知・著名な商標と同一・類似の商標であってその商品・役務と非類似の商品・役務について使用する商標であって不正の目的で使用するもののうち，7号に該当するものを除いたものになろう。
　本号はこれらの規定に比べて，不正の目的にウェイトが置かれており，登録商標の識別力や名声を損なうものか否か等は直接の要件とされていない。しかしこれらは，基本的には同じ発想に基づく規定であるといえよう。

II　本号の内容

　本号は，他人の業務に係る内外周知・著名商標の保護を規定している。

(1) 他人の業務

　他人の業務とは，当該出願人以外の者の一定目的の下に反復継続して行う行為をいい，営利非営利を問わない。

(2) 需要者の間に広く認識された

　「需要者の間に広く認識された」商標とは，必ずしも「著名」であることを要しない（東京高判平14・8・22（平14(行ケ)97号））。「需要者の間に広く認識されている商標」には，最終消費者まで広く認識されている商標のみならず，取引者の間に広く認識されている商

標を含む（商標審査基準〔改訂第12版〕第3の十七）。

(3) **日本国内における需要者の間に広く認識されている商標**

商標審査便覧42.119.03は，該当事例として以下の2つを挙げる。

① その商標が，商品又は役務の分野に拘わらず，その商標登録出願以前より，全国的に著名若しくは特定の地域において極めて周知なものであることが認められること。

② その周知，著名商標が造語よりなるものであるか若しくは構成上顕著な特徴を要するものである場合であって，その商標と同一又は極めて類似するものであること。

> 特許庁では，FAMOUS TRADEMARKS IN JAPAN（日本有名商標集）に掲載されている商標は日本における周知度，指定商品及び指定役務との関係等を考慮して取り扱うものとしている（商標審査便覧42.119.01）。

(4) **外国における需要者の間に広く認識されている商標**

日本国内で使用されておらず周知又は著名でなくとも，「外国」において周知又は著名であればよい。「日本国内の周知・著名商標」のみならず，外国の周知・著名商標の保護を明確化し，冒用行為を禁止する趣旨である。

「外国」とは，日本以外の国という意味ではなくて，ある一の外国の国家であり，その国内で周知であれば足り，必ずしも複数の国での周知は要しない（商標審査基準〔改訂第12版〕第3の十七）。一の外国で周知かどうかの認定は，該国家の認定によるものではなく，該国家の事情を考慮しつつ，わが国が具体的個別的に判断することとなろう。

(5) **「同一又は類似の商標」**

日本国内の周知・著名商標の同一のみならず類似の商標まで保護するのは，不正目的をもった無断登録出願者を利することにならないようにしたものと解され，類似範囲を狭く，同一に近いものに限定すべきであるとされる（小野・概説144頁）。

(6) **「不正の目的」**

(a) 意　義　不正の目的とは，不正の利益を得る目的，他人に損害を加える目的その他の不正の目的をいい，図利目的や加害目的を有する場合のほか取引上の信義則に反するような目的のことをいう。

その意義は，不正競争防止法19条1項2号でいう「不正の目的」と同じであり，ここで「不正競争の目的」とせず「不正の目的」としたのは，取引上の競争関係を有しない者による出願であっても，信義則に反するような不正の目的による出願については商標登録すべきでないからである（逐条解説〔第19版〕1292頁）。

かくして，「不正の目的」の概念は，「不正競争の目的」の概念よりも，広く解され，

§4-I ⑲

結局、他人の利益と出願人の利益を考慮しつつ法目的に照らし信義則に反するものと解されよう。この観点から不正の目的で「使用」するもののみならず、「登録」するものも含むと解すべきであろう。については混同の有無を要件とせずに登録を排除することとしている。

(b) 不正の目的に該当するか否かの判断　「不正の目的」に該当するかどうかは、①主観的な要素ととらえる説（土肥一史「周知商標の保護」紋谷還暦337頁）や②法の目的に鑑みて容認すべきではない態様に用いられることが意図されているという程度の意味に解しておけば十分であり、それ以上に主観的な要素を必要とするものではないととらえる説（田村・商標73頁）とがあるが、「不正の目的」は、国内外の周知・著名商標を不正な目的で使用するのを排除するという本号の趣旨から、主観的要素も、客観的要素も、いずれも和集合的に含むと広く解するべきであろう。

(c) 事　例　「不正の目的」について、以下の4類型に分けられる（商標審査便覧42.119.03）。

(i) 外国で広く認識されている他人の商標と同一又は類似の商標を、わが国で登録されていないことを奇貨として、高額で買い取らせるために先取り的に出願したもの。

(ii) 外国の権利者の国内参入を阻止したり、国内代理店契約締結を強制する目的で出願したもの。

［例］

・MANE and TAIL／メインアンドテイル事件（知財高判平17・6・20（平17(行ケ)10213号））
　本件商標の出願当時、米国内において引用商標が周知であることを知りながら、被告の国内参入の阻止や日本進出に際し国内代理店契約の締結を強制するなどの不正の目的のために、本件商標を出願し、設定登録を受けたものと推認された。

・M.A.C・MAKEUP ART COLLECTION事件（平12・3・28（平10異議92239号））
　外国周知商標の権利者の国内参入阻止、該商標の希釈化、不当利益を得る等の目的で出願されたもので、不正の目的をもって使用する商標に該当するとされた。

(iii) 日本国内で全国的に著名な商標と同一又は類似の商標について、出所の混同のおそれまではなくても、出所表示機能を稀釈化させたり、その名声を毀損させる目的をもって出願したもの。

［例］

・iOffice2000事件（東京高判平13・11・20（平13(行ケ)205号））
　商標の著名性にただ乗りする意図で出願し使用するものであり、希釈化のおそれがあることから、不正の目的があるとされた。

(iv) 日本国内又は外国で広く知られている商標と同一又は類似の商標を信義則に反する不正の目的で出願したもの。

§4−Ⅰ⑲

[例]
・MARIEFRANCE 事件（平11・8・11（平7審判25958号））
　フランスで周知著名な商標についてこれをほとんどそのまま流用して出願されたものを信義則に反する不正の目的をもって使用するものとした。
・ZANOTTA 事件（東京高判平14・3・14（平13(行ケ)176号））
　指定商品家具の取引事情に鑑みれば，本件商標はイタリア国において周知・著名であり，周知商標主の承諾なしに登録出願する行為は不正の目的をもってするものというべきとされた。
・DonaBenta 事件（知財高判平19・5・22（平18(行ケ)10301号））
　本件商標は，ブラジル国内で需要者の間に広く認識されている原告商標ときわめて類似し，それをあえて採用し，登録出願したのはその名声に便乗する不正の目的があると認められた。

Ⅲ　特許庁の実務
(1)　周知性の推定
　特許庁では，商標法4条1項10号，11号，15号とともに，19号の審査において，「需要者の間に広く認識されている商標」に関する審査を円滑かつ統一的に行うため以下の資料を利用する。すなわち，下記に掲載されている商標は当該国における需要者の間に広く認識されている商標と推認して取り扱うものとしている（商標審査便覧42.119.01）。

外国周知商標
・ドイツ編【「ドイツ産業連盟」BDI（Bundesverband der Deutschen Industrie e. V.）作成】
・フランス編【「フランス工業所有権庁」作成】
・イタリア編【「イタリア商標模倣品対策協会」INDICAM（Istituto di Centromarca per la lotta alla contraffazione）作成】
・中国編【「中国国家工商行政管理局商標局」作成】
・韓国編【「AIPPI・KOREA」作成】

(2)　本号の該当事例（商標審査便覧42.119.03）
① 外国で広く認識されている他人の商標と同一又は類似の商標を，我が国で登録されていないことを奇貨として，高額で買い取らせるために先取り的に出願したもの。

〔竹内〕

② 外国の権利者の国内参入を阻止したり，国内代理店契約締結を強制する目的で出願したもの。
③ 日本国内で全国的に著名な商標と同一又は類似の商標について，出所の混同のおそれまではなくても，出所表示機能を稀釈化させたり，その名声を毀損させる目的をもって出願したもの。
④ その他，日本国内又は外国で広く知られている商標と同一又は類似の商標を信義則に反する不正の目的で出願したもの。

(3) 「不正の目的」の認定資料

特許庁は，「不正の目的」の認定資料については，例えば以下の(イ)ないし(ヘ)に示す資料を十分勘案する（商標審査基準〔改訂第12版〕第3の十七）。

① その他人の商標が需要者の間に広く知られている事実（使用時期，使用範囲，使用頻度等）を示す資料
② その周知商標が造語よりなるものであるか，若しくは，構成上顕著な特徴を有するものであることを示す資料
③ その周知商標の所有者が，我が国に進出する具体的計画（例えば，我が国への輸出，国内での販売等）を有している事実を示す資料
④ その周知商標の所有者が近い将来，事業規模の拡大の計画（例えば，新規事業，新たな地域での事業の実施等）を有している事実を示す資料
⑤ 出願人より，商標の買取り，代理店契約締結等の要求を受けている事実を示す資料
⑥ 出願人がその商標を使用した場合，その周知商標に化体した信用，名声，顧客吸引力等を毀損させるおそれがあることを示す資料

(4) 「不正の目的」の推認

特許庁は，下記の①及び②の要件を満たすような商標登録出願にかかる商標については，他人の周知な商標を不正の目的をもって使用するものと推認して取り扱う（商標審査便覧42.119.03）。

〔日本国内において周知，著名な商標の場合〕
① その商標が，商品又は役務の分野に拘わらず，その商標登録出願以前より，全国的に著名若しくは特定の地域において極めて周知な商標であることが認められること。
② その周知，著名商標が造語よりなるものであるか若しくは構成上顕著な特徴を有す

> るものである場合であって，その商標と同一又は極めて類似するものであること。
> 〔外国においてのみ周知な商標の場合〕
> ① 一以上の外国において周知な商標と同一又は極めて類似するものであること。
> ② その周知商標が造語よりなるものであるか若しくは構成上顕著な特徴を有するものであること。

不正の目的を「推認」するのであるから，上記①及び②に該当する場合，不正の目的の不存在を出願人が立証しなければならない。

(5) EC指令の規定等との比較

本号はEC指令4条(3)と同趣旨の規定と解される。EC指令4条(3)は，特定の商品又はサービスを標章する先行の登録著名商標にフリーライドして，その識別力と名声を損なうような商標については，登録著名商標の使用されている商品（サービス）と非類似の商品（サービス）に使用される同一又は類似の商標についても，混同の有無を問わず，その登録を排除することができる旨を規定することができる旨定める。これに対応して，ドイツの改正商標法（9条(2)3），イギリスの改正商標法（5条3項）においても同様の規定が商標の相対的不登録事由とされている。

Ⅳ 判断時期等

(1) 判断時期

本号を適用するための判断時期は，最終判断時つまり査定又は審決時である。ただし，査定又は審決時に本号に該当しても，商標登録出願時に該当しなければ，同号に該当しないものとした（商標4条3項）。このように出願時も基準としたのは，出願により登録を受ける期待権を有する商標登録出願人との調整を図ったためである。

この結果，出願時に周知・著名でない他人の商標を不正の目的で出願した場合には，本号に該当しないものとされる。もっとも，かかる場合の多くは，商標法4条1項7号に該当するであろう。例えば，函館市の新聞の題号事件，母衣旗事件（東京高判平11・11・29（平10(行ケ)18号）判時1710号141頁）などである。

(2) 本号違反の効果

本号に違反した場合，出願の拒絶理由（商標15条），登録異議申立理由（商標43条の2），登録の無効理由（商標46条）となる。

(3) 平成8年法附則の経過規定

平成8年法附則には，「平成8年改正法施行前の出願については従前の例による」旨の経過規定がない。改正前においては7号に該当するとして拒絶されていたものであるか

〔竹内〕

§4−Ⅰ⑲　　　　　　　　　　　　　　第2章　商標登録及び商標登録出願

ら，新たに拒絶理由を設けたものではなく，本号を適用しても既得権の侵害にはならないとの理由によるものと解される（網野・商標〔第5版〕412頁）。したがって，平成8年改正法施行前（平成9年4月1日前）の出願についても本号が適用されることになる。

Ⅴ　審判決例等

別	本件商標　・　引用商標		事件の概要・説示
異議	（図形商標） （25　洋服等） =	MARIEFRANCE （雑誌）	異議平09-90059／平11・03・03（審決公報4905号043頁）成立 〔理由〕19号〔説示〕①本件商標の文字部分はウェディングテキスト体で「MARIE FRANCE」と書したものであり，該文字は広く知られたファッション誌のタイトル名である。②本件商標はフランスにおける正当な権利者の承諾を得たものではなく，その者の名声を冒認使用するもので，かかる行為は国際信義に反し，不正の目的があるものといえる。
異議	（図形商標） （25　洋服等） =	MARIEFRANCE （雑誌）	異議平09-90074／平11・03・03（審決公報4905号045頁）成立 〔理由〕19号〔説示〕①本件商標の文字部分はウェディングテキスト体で「MARIE FRANCE」と書したものであり，該文字は広く知られたファッション誌のタイトル名である。②本件商標はフランスにおける正当な権利者の承諾を得たものではなく，その者の名声を冒認使用するもので，かかる行為は国際信義に反し，不正の目的があるものといえる。
査定	マリフランセ MARIE FRANCE （25　洋服等） =	MARIEFRANCE （雑誌）	審判平10-13368／平11・08・16　不成立 〔理由〕19号〔説示〕①本願商標はフランスの代表的な雑誌である「MARIE FRANCE」を表示したものと認められ，当該雑誌の名称は本願商標の出願時にはフランスで著名であった。②フランスで著名な商標と同一文字を有する本願商標の権利を取得しようとする行為は国際信義に反し，不正の目的があるものといえる。
査定	MARIEFRANCE （25　洋服等） =	MARIEFRANCE （雑誌）	審判平07-25958／平11・08・11　不成立 〔理由〕19号〔説示〕①本願商標はフランスの代表的な雑誌である「MARIE FRANCE」を表示したものと認められ，当該雑誌の名称は本願商標の出願時にはフランスで著名であった。②フランスで著名な商標と同一文字を有する本願商標の権利を取得しようとする行為は国際信義に反し，不正の目的があるものといえる。

§4-I ⑲

査定	*Curious George* （25　洋服等）	＝	Curious George	審判平10-16531／平12・10・04　不成立 ［理由］19号［説示］①本願商標は米国の周知著名な絵本「Curious George」の題号，主人公の名称と同じ名称からなり，同著作物の出版権を有する者の許諾を得ずに出願されたものであって，同題号・主人公の名称が本願指定商品について登録されていないことを奇貨として先取りした出願であるから，不正の目的をもって使用するものと認められる。
異議	ビッグ ポケット BP （39　貨物自動車による 　　　輸送等）	≠	BP （石油）	異議平10-91130／平10・11・11（審決公報4849号059頁）　不成立 ［理由］19号［説示］本件商標の「BP」の文字部分は，それ自体自他役務識別機能を果たし得ず，上部の「ビッグ」「ポケット」の頭文字を表してなると看取され得るものであり全体として『ビッグポケット』の称呼を生ずるから，本件商標は，引用商標の出所表示機能を稀釈化させたり，申立人の名声などを毀損させる不正の目的をもって出願されたものとはいえない。
異議	ロードマスター （25　被服）	≠	ROAD MASTER （28　運動用具等）	異議平10-91988／平11・04・02（審決公報4894号073頁）　不成立 ［理由］19号［説示］引用商標が本件商標の出願時に需要者等の間で「自転車」について広く認識されていたものとは認められないから，本件商標を「被服」に使用しても商品の出所について混同を生じさせるおそれなく，本件商標が不正の目的をもって出願されたものとはいえない。
異議	VIASEMPIONE ビアセンピオーネ （25　被服等）	≠	PIAZZA SEMPIONE （旧17　被服等）	異議平10-91527／平11・04・12（審決公報4905号107頁）　不成立 ［理由］19号［説示］①本件商標の構成文字はそれぞれ一連一体に把握され，「SEMPIONE」「センピオーネ」が独立して認識されるとはいえない。②引用商標は本件商標の出願前にわが国又は外国で需要者間で広く認識されていたとはいえず，本件商標は引用商標に類似するものではないから，不正の目的で使用されるものとはいえない。
異議	1800ANTIGUO （33　洋酒等）	≠	ANTIGO （テキーラ）	異議平10-91829／平11・04・28（審決公報4906号061頁）　不成立 ［理由］19号［説示］本件商標の出願時に，引用商標が「テキーラ」についてメキシコで使用されていた事実は認められるが，需要者間で広く認識されていたとはいえず，本件商標が不正の目的で使用されるものとはいえない。

〔竹内〕

§4-Ⅰ ⑲

異議	M·A·C MAKEUP ART COLLECTION ＝ M·A·C	異議平10-92239／平12・03・28（審決公報●●●●●）成立 ［理由］19号［説示］引用商標と全く同一の態様の図案化「MAC」をその構成に有する本件商標を出願し，登録を受け使用することは，不正の目的をもってなしたものといわざるを得ない。
異議	STiCKMAN ＝ STICKMAN	異議平11-91630／平13・05・28 成立 ［理由］19号［説示］本件商標は，引用商標と偶然に一致したものとは認め難く，商標権者は，本件商標が申立人の業務に係る商品を表示するものとして，米国における需要者の間に広く認識されている引用商標とほぼ同一の商標であることを承知のうえ，当該商標が未だ我が国において登録されていないことを奇貨として，不正の利益を得る等の目的のもとに出願し，権利を取得したものといわざるを得ない。
異議	（象の図） ≠ （HUNTING WORLD等の円形図案4点）	異議2000-90522／平13・08・02 不成立 ［理由］10・11・15・19号［説示］①本件商標と引用商標とは，判然と区別し得る別異の商標である。②本件商標は，不正の目的をもって使用をするものではない。

§4-I ⑲

無効	～H₂O＋ H₂O PLUS エイチツーオー プラス	＝ H₂O PLUS	無効2000-35648／平13・07・27　成立 ［理由］15・19号［説示］本件商標は他人の業務に係る商品を表示するものとして日本国内又は外国における需要者の間に広く認識されている商標と同一又は類似の商標であって，不正の目的（不正な利益を得る目的，他人に損害を加える目的その他の不正な目的）をもって使用するものといわざるを得ない。
異議	SMC	≠ S. M. C.	異議2001-90114／平13・09・13　不成立 ［理由］10・15・16・19号［説示］申立人は，本件商標が19号に該当するものと主張しているが，申立人の提出に係る甲各号証によっては，引用商標を日本国内又は外国における需要者に広く認識されている商標とすることができない。
異議	I·N·C INTERNATIONAL CONCEPTS	≠ INTERNATIONAL	異議2001-90018／平13・09・13　不成立 ［理由］15・19号［説示］本件商標が，殊更，不正の目的（不正な利益を得る目的，他人に損害を加える目的，その他の不正な目的）をもってするものとすべき証左はなく，該事実を窺わせるような事情も見出せない。
異議	ホンダス	≠ HONDA	異議2001-90368／平13・09・05　不成立 ［理由］10・11・15・19号［説示］①本件商標をその指定商品中「電気機械器具」に使用するとしても，その商品が申立人又は同人と関係のある者の業務に係る商品であるかのようにその出所について混同を生ずるおそれのないものである。②商標権者が本件商標を採択使用する行為に不正の目的があったものと認め得るものではない。
異議	ƎC ANTONIO DUCATI	≠ DUCATI	異議2000-91097／平13・08・20　不成立 ［理由］7・10・15・19号［説示］本件商標は，引用商標の出所表示機能を稀釈化させたり，又は申立人の名声を毀損させるなど不正の目的をもって出願されたものとは認められない。
異議	VIAGRADE	≠ VIAGRA	異議2001-90313／平13・11・08　不成立 ［理由］7・15・19号［説示］本件商標が引用商標A及び引用商標Bと出所の混同を生ずるおそれのない別個の商標と認識されることからすると，本件商標は，不正の目的をもって使用する商標ではなく，公の秩序又は善良の風俗を害するおそれのある商標でないことは明らかである。

〔竹内〕

§4-Ⅰ⑲

無効	B ＆ Z ≠ バランスターZ（BZ）		審判2000-35452／平13・10・16　不成立 ［理由］19号［説示］請求人の主張する標章「BZ」の文字は，他人の業務に係る商品を表示するものとして日本国内又は外国における需要者の間に広く認識されている商標と同一又は類似の商標であって，不正の目的をもって使用をする商標とは認められないことは明らかである。
無効	シルコットエレガンス ≠ エレガンス ELEGANCE Elegance		審判平11-35031／平13・07・03　不成立 ［理由］8・10・11・15・19号［説示］①本件商標と引用登録商標とは，外観，称呼及び観念のいずれにおいても類似しない非類似の商標といわなければならない。②本件商標は，商標法第3条第1項柱書，同法第4条第1項第8号，同第10号，同第11号，同第15号及び同第19号に違反して登録されたものではない。
無効	DIESELVOX ≠ DIESEL		審判平11-35105／平13・05・17　不成立 ［理由］7・8・10・11・15・19号［説示］引用商標は，本件商標の出願前より我が国又は外国において広く認識されていたものとは認められず，請求人の著名の略称であるとも認められないこと前記のとおりであり，また，そのような引用商標にただ乗りしたとも考え難く，不正の目的をもって使用するものと認め得る証左もないことから，本件商標は，商標法第4条第1項第7号，同第8号，同第10号，同第15号及び同第19号に関する請求人の主張は，いずれも採用することができない。
異議	ピザーラエキスプレス PIZZA-LA EXPRESS ≠ PIZZA EXPRESS Pizza Studio EXPRESS PIZZA EXPRESS		異議2001-90011／平13・07・11　不成立 ［理由］8条1項，4条1項10・11・15・19号［説示］引用各商標が本件商標と類似するものではなく，また，需要者の間に広く認識されているものと認められないこと前示のとおりであって，その採択事情等に関して，不正の目的（不正の利益を得る目的，他人に損害を加える目的，その他不正の目的）をもって使用するものとはいい難くその証拠も見出せないから，商標法第4条第1項第19号に違反して登録されたものとはいえない。

〔竹内〕

§4-Ⅰ ⑲

異議	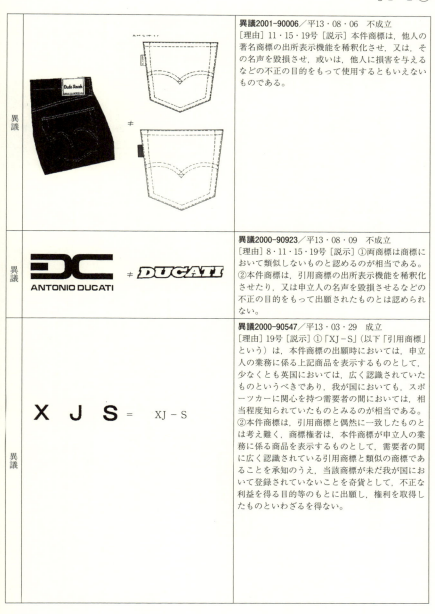	異議2001-90006／平13・08・06　不成立 [理由] 11・15・19号 [説示] 本件商標は，他人の著名商標の出所表示機能を稀釈化させ，又は，その名声を毀損させ，或いは，他人に損害を与えるなどの不正の目的をもって使用するともいえないものである。
異議		異議2000-90923／平13・08・09　不成立 [理由] 8・11・15・19号 [説示] ①両商標は商標において類似しないものと認めるのが相当である。②本件商標は，引用商標の出所表示機能を稀釈化させたり，又は申立人の名声を毀損させるなどの不正の目的をもって出願されたものとは認められない。
異議	XJS = XJ-S	異議2000-90547／平13・03・29　成立 [理由] 19号 [説示] ①「XJ-S」(以下「引用商標」という)は，本件商標の出願時においては，申立人の業務に係る上記商品を表示するものとして，少なくとも英国においては，広く認識されていたものというべきであり，我が国においても，スポーツカーに関心を持つ需要者の間においては，相当程度知られていたものとみるのが相当である。②本件商標は，引用商標と偶然に一致したものとは考え難く，商標権者は，本件商標が申立人の業務に係る商品を表示するものとして，需要者の間に広く認識されている引用商標と類似の商標であることを承知のうえ，当該商標が未だ我が国において登録されていないことを奇貨として，不正な利益を得る目的等のもとに出願し，権利を取得したものといわざるを得ない。

〔竹内〕

§4-Ⅰ⑲

異議	ZANOTTA ザノッタ ＝ ZANOTTA	異議2000-90508／平13・03・13　成立 ［理由］19号［説示］①本件商標は，革製椅子，革製クッション，その他家具について周知・著名である商標「ZANOTTA」と類似する。②本件商標を登録異議申立人の承諾なしに取得することは，不正に利益を得る目的をもって使用するものといい得る。 　なお，商標権者はこの取消決定に対し，不服として東京高裁に出訴したが，棄却された。（平14・03・14東京高裁平13(行ケ)175等　商標権行政訴訟事件）
異議	SACCO サッコ ＝ SACCO	異議2000-90509／平13・03・13　成立 ［理由］19号［説示］①本件商標は，革製椅子，革製クッション，その他家具について周知・著名である商標「SACCO」と類似する。②本件商標を登録異議申立人の承諾なしに取得することは，不正に利益を得る目的をもって使用するものといい得る。 　なお，商標権者はこの取消決定に対し，不服として東京高裁に出訴したが，棄却された。（平14・3・14東京高裁平13(行ケ)175等　商標権行政訴訟事件）
無効	HURLEY FLAX （浄水器） ＝ ハーレー2	審判平9-17396／平14・04・16　成立 ［理由］19号［説示］引用商標はアメリカはもちろんのこと，日本国内においても，その取引者及び需要者の間に広く認識されていたものと認め得るところである。本件商標は引用商標と類似する商標である。本件商標の登録出願は，公正な取引秩序を乱すおそれがあるものであり，かつ，国際的信義則に反するものというべきである。したがって，不正の目的をもって使用する商標であることは明らかであるから，商標法第4条第1項第19号に違反して登録されたものというべきものである。
無効	ナカモ西京 （西京みそ） ≠ 丹　丹西京	審判無効2000-35554／平14・03・06　不成立 ［理由］11・15・19号［説示］自他商品識別機能を有しない「西京」の文字部分より生じる「サイキョウ」の称呼をもって本件商標と引用各商標とが類似ということはできない。してみれば，本件商標は「西京」の文字を有するとしても，不正の目的をもって使用するものとはいうことはできない。

556〔竹内〕

§4-Ⅰ ⑲

無効	神戸ラーメン第一旭 ≠ 第一旭 （屋号）		審判無効2000-35081／平14・08・09　不成立 ［理由］10・15・19号［説示］「第一旭」を店名とし，ラーメン店を営業している者は，請求人のみが使用している店名ではなく，前記した者ほか多数の者が使用していると認めざるを得ない。かかる実情を勘案すれば，請求人の主張は被請求人が不正の目的をもって使用するものとする理由には当たらないと判断するのが相当である。
無効	力王 （りきおう） （飲食物の提供） ≠ 力王 （地下足袋）		審判無効平11-35790／平14・04・26　不成立 ［理由］7・8・15・19号［説示］請求人商標が地下足袋を表示するものとして一貫して使用され需要者間において広く認識せられたいわゆる周知商標であり，また，請求人がこれを「地下足袋」の商標として最初に使用した者であること等の点は認められるとしても，これと本件商標に係る指定役務とは全く異種・別個のものであり，相互の業種間に何らの関連性もなく，また，商標自体も元々平易な漢字2文字又は同文字の仮名文字表現と認められるものであって，比較的着想容易な部類のものであってみれば，本件商標は被請求人によりその指定役務の分野において独自に採択されたものというべく，結果的に一致したものとみるのが相当であって，被請求人側に不正目的又は剽窃的意図を窺わせるような事実はなく，また，その証拠も見出せない。
無効	ETNIES ＝ ETNIES		審判無効2002-35063／平15・04・15　成立 ［理由］7・10・15・19号［説示］被請求人は，我が国ばかりでなく，米国を含む海外における靴等の市場調査の過程において，引用商標の存在を知ったものと推認するに難くなく，被請求人が請求人の業務に係る「ETNIES」製品の存在を全く知らないで，自ら独自に「ETNIES」商標を考案したとの主張は，俄に首肯し難いところである。…以上によれば，被請求人は，引用商標の存在を知り，それを付した請求人の製品が日本でも人気を博する蓋然性があると予測，期待した上で，同社に商談を持ちかけ，同社が誠実に対応するという状況の下で，交渉における自己の立場を有利にするためなどの目的で，本件商標の出願をしたものといわざるを得ない。してみれば，このような事情のもとになされた本件商標の出願行為は，請求人との関係において取引上の信義則に反するものというべきであって，商標法第4条第1項第19号にいう「不正の目的」に該当するものといわなければならない。

〔竹内〕

§4-I ⑲　　　　　　　　　　　　　　　　　　　第2章　商標登録及び商標登録出願

無効	(Budejovicky /Budvar) の図形商標 ≠ Budweiser	審判無効2001-35124／平14・06・04　不成立 ［理由］10・15・19号［説示］本件商標と引用商標とは非類似であり、本件商標を構成する文字は被請求人の創造に係る造語といえるものであるから、本件商標権者が本件商標を採択し出願した行為に、請求人の業務に係る商品に使用する商標の出所表示機能を希釈化させたり又はその名声を毀損させるなどの不正の意図があったものとは認められない。［東京高裁］（平成14(行ケ)507）本件商標は引用商標とは非類似であると判断し、審決を維持。
異議	*iOffice 2000* ＝ Office2000	東京高判平13(行ケ)205号／平13・11・20 ［理由］「Office2000」が既に著名な商標となっていることを十分に知りながら、これと類似する本件商標を出願し、その後これを使用したものであるから、原告は、マイクロソフトの商標である「Office2000」の著名性にただ乗りする意図で、本件商標の出願をし、オフィスソフトと密接に関連することが明らかなグループウエアにこれを使用したものと認めざるを得ず、また、原告が本件商標を使用する結果として、マイクロソフトの「Office2000」の著名性が希釈化されるおそれが大きいと認めざるを得ない。したがって、原告がその商品であるグループウエアに本件商標を使用することには、商標法4条1項19号にいう「不正の目的」があったものという以外にない。
異議	併合審理 1．登録4358283号商標（本件①商標）に関する決定について ① ＺＡＮＯＴＴＡ 　　ザノッタ 2．登録4358284号商標（本件②商標）に関する決定について ② ＳＡＣＣＯ 　　サッコ　＝ SACCO	東京高判平13(行ケ)175号・176号／平14・03・14 ［理由］①家具の取引の実情にかんがみれば、「ZANOTTA（若しくはzanotta）」及び「SACCO」の表示は、本件商標①及び②の登録出願前から、イタリア国において周知・著名であったものであり、日本国内の家具の取引業者、需要者の間においても周知・著名であったというべきである。②原告は、登録出願時に既に、登録異議申立人から商品の供給を受ける見込みがないものと理解し、これらの登録出願をするにつき登録異議申立人の承諾を得られていないことを認識していたものと認めることができる。以上のような事実関係の下においては、本件商標①及び②の登録出願行為は、商標法第4条第1項第19号にいう「不正の目的」をもってするものというべきである。

§4−I ⑲

無効	MANE and TAIL メイン アンド テイル	＝Mane 'n Tail	知財高判平17（行ケ）10213号 ［理由］引用商標と本件商標とは高い類似性を有していること，引用商標が本件商標の出願当時，米国内において被告の商品を表示するものとして需要者等の間で広く認識されていたことをも併せ考慮すると，原告は，本件商標の出願当時，米国内において引用商標が広く知られていることを知りながら，未だ引用商標が我が国において商標登録されていないことを奇貨として，被告の国内参入を阻止ないし困難にし，あるいは被告の日本進出に際し原告との国内代理店契約の締結を強制するなどの不正の目的のために，引用商標と類似する本件商標を出願し，設定登録を受けたものと推認せざるを得ない。
異議	（屋鈴 図）	＝ （屋鈴 図）	知財高判平18（行ケ）10178号／平18・10・26 ［理由］①原告は，本件商標をHに使用させることにより，同社の商品を需要者，取引者が異議申立人若しくはその許諾を受けた者の商品と誤認することを意図として，本件出願をしたものと推認される。②商標法4条1項19号にいう「不正の目的」には，「不正の利益を得る目的」が含まれるところ，上記原告の意図は，まさに引用商標に表象される異議申立人の信用にただ乗りしようとするものであり，「不正の利益を得る目的」に該当するというべきである。
異議	RonaBenta （標準文字）	＝ Dona Benta	知財高判平18（行ケ）10301号／平19・05・22 ［理由］本件商標を使用する商品の主な需要者は，在日の日系ブラジル国人であり，原告商標の周知性にかんがみると，これらの需要者の多くは，原告ないしジェイマセド・グループの業務に係る商品表示として原告商標を認識していること，及び，本件商標の出願当時，被告においてもこのことは認識していたものと推認される。 　そうすると，それにもかかわらず被告において，原告商標と極めて類似する本件商標をあえて採用し，登録出願したのは，ブラジル国において広く認識されている原告商標の名声に便乗する不正の目的をもってしたものと認めるのが相当である。
無効	FAI WORLD GRAND PRIX	≠ FAI WORLD GRAND PRIX AEROBATICS	東京高判平15（行ケ）369号／平16・05・31 ［理由］引用商標は本件商標登録出願時点においても，本件商標登録査定時点においても，日本国内における需要者の間で，原告の提供する役務を表示する商標として広く認識されていたものと認めることはできないから，本件商標は4条1項19号に違反して登録されたものではない。

〔竹内〕

§4−I ⑲

無効	HORTILUX (標準文字)	≠ Hortilux Schréder	東京高判平成16(行ケ)7号／平16・12・21 [理由] ①原告提出の証拠から，原告商標が本件商標の登録出願前にオランダ等の外国で周知となっていたものとはいうことはできず，他にこれを認めるに足りる証拠はない。②本件において，被告が，ビジネス上の接触等を通じて知り得た原告の商号ないし原告商標を剽窃したなど，本件商標の登録出願の経緯に著しく社会的妥当性を欠くと認めるべき事情があると認められず，被告が不正な目的をもって原告商標の要素の一部を含む本件商標を使用するものとは認められない。4条1項19号に該当しない。

〔竹内　耕三〕

■4条2項

【参考文献】
〔**書 籍**〕 兼子＝染野・特許・商標〔新装版〕，吉原・説義，光石・詳説〔新訂〕，渋谷・理論，三宅・雑感，蔓・解説〔四法編〕，豊崎・工業〔新版増補〕，小野・概説〔第2版〕，田村・商標〔第2版〕，網野・商標〔第6版〕，逐条解説〔第19版〕，その他については，4条1項10号の注解に掲載した「参考文献」を参照。

細 目 次

I 本項の趣旨(561)
　(1) 趣　旨(561)
　(2) 沿　革(561)
　(3) 本項を設けた理由(561)
II 本項の内容(562)

III 本項の適用に係る商標権の制限(562)
　(1) 譲渡の制限(562)
　(2) 使用権設定の制限(562)

〔工藤　莞司＝樋口　豊治〕

I　本項の趣旨

(1) 趣　旨

　本項は，「国若しくは地方公共団体若しくはこれらの機関」，「公益に関する団体であって営利を目的としないもの」又は「公益に関する事業であって営利を目的としないもの」（以下，あわせて「公益団体等」という）が使用する標章についての例外規定である。すなわち，これらの公益団体等がした出願に係る商標については，「公益団体等を表示する著名な標章と同一又は類似の商標について登録をしない旨を定めた4条1項6号の規定」を例外的に適用しない旨を定めたものである。

(2) 沿　革

　本項は，昭和34年商標法において，不登録事由の1つとして4条1項6号が設けられたことに伴い，導入されたものである。

(3) 本項を設けた理由

　現行商標法は，国・地方公共団体若しくはこれらの機関や公益団体等が標章をその事業に使用した結果，これらの機関・団体等を表示するものとして著名となっている標章と同一又は類似のものに係る出願商標については，公益団体等の権威尊重等の観点から登録しないこととしている（商標4条1項6号）。したがって，このような標章について公益団体等でない者が商標登録を受けて使用することは4条1項6号の趣旨に反するが，公益団体等本人が登録を受けて商標として使用をしても，その権威を損なうことはなく，また，同団体等が事業として，商品の製造・販売若しくは役務の提供をするときは，むしろその標章を商標として登録を受けて商標権を取得することが必要である。

そこで、公益団体等が使用して著名となっている標章と同一又は類似の商標について登録を受けるときは、その商標登録出願については、4条1項6号を適用しないこととしたものである。ただし、4条1項6号以外の不登録事由は適用される。

II　本項の内容

(a)　本項の「国」・「地方公共団体」・「国・地方公共団体の機関」・「公益に関する団体であって営利を目的としないもの」及び「公益に関する事業であって営利を目的としないもの」の範囲については4条1項6号のものと同じである（同号の注解参照）。

(b)　本項が「第6号の商標」としているので、公益団体等が使用する著名な標章と同一のものだけではなくて、その類似の商標に係る出願にも、本項は適用される。

(c)　公益団体等がそれぞれ自らを表示する標章について商標登録出願をするときに、本項の適用があるのであって、ある公益団体等に係る標章をその公益団体等以外の同団体等がした出願商標、例えば国に係る標章について地方公共団体がした出願商標には適用されない（逐条解説〔第19版〕1293頁）。

(d)　国・地方公共団体若しくはこれらの機関、公益団体等が使用する標章であっても著名でないものについては、そもそも4条1項6号の適用がないので、本項の適用の有無にかかわらず登録を受けることができる。

III　本項の適用に係る商標権の制限

(1)　譲渡の制限

本項の適用を受けて登録された商標権の譲渡については、制限が加えられている。すなわち、国若しくは地方公共団体若しくはこれらの機関又は公益に関する団体であって営利を目的としないものの出願に係る商標権は譲渡することができず（商標24条の2第2項）、公益に関する事業であって営利を目的としないものの出願に係る商標権は、その事業とともに譲渡する場合にのみ、譲渡することができる（商標24条の2第3項）。

(2)　使用権設定の制限

本項の適用を受けて登録された商標権については、専用使用権はもとより、通常使用権も設定することができない（商標30条1項但書・31条1項但書）。

〔工藤　莞司＝樋口　豊治〕

§4-Ⅲ

■4条3項

【参考文献】

〔書　籍〕兼子=染野・特許・商標〔新装版〕,吉原・説義,光石・詳説〔新訂〕,渋谷・理論,三宅・雑感,夢・解説(四法編),豊崎・工業〔新版増補〕,小野・概説〔第2版〕,田村・商標〔第2版〕,網野・商標〔第6版〕,逐条解説〔第19版〕,その他については,4条1項10号の注解に掲載した「参考文献」を参照。

〔論文等〕豊崎光衞「商標の不登録事由の存否を判定すべき標準時について」特管61年11巻10号13頁,石川義雄「商標登録の可否判断の時点(東京高判昭57・3・17判例評釈)」三宅喜寿347頁,田倉整「商標登録出願について登録の可否の判断する時点」判タ270号96頁。

細　目　次

Ⅰ　本項の趣旨(563)
(1)　趣　旨(563)
(2)　沿　革(563)
　(a)　大正10年商標法時の扱い(563)
　(b)　審議会の答申(564)
　(c)　本項の経緯(564)
(3)　本項を設けた理由(565)
Ⅱ　本項の内容(565)

(1)　判断時期は査定又は審決の時が原則(565)
(2)　4条1項8号等の要件の充足時期(565)
(3)　4条1項8号,10号,15号,17号及び19号以外の不登録事由の要件の充足時期(566)
(4)　査定又は審決の時と登録時(566)

〔工藤　莞司=樋口　豊治〕

Ⅰ　本項の趣旨

(1)　趣　旨

　本項は,不登録事由を定めた4条1項各号の中,8号,10号,15号,17号及び19号の適用の判断時期を商標登録出願の時と定めたものである。この結果,本項は,8号,10号,15号,17号及び19号については,出願時に該当しないときは査定又は審決の時に該当しても適用されず,これら8号,10号,15号,17号,19号以外の4条1項各号の適用の判断時期は査定又は審決の時となる。また,8号,10号,15号,17号又は19号違反を理由とする登録異議の申立て及び無効審判の判断時期も出願時となる。

(2)　沿　革

(a)　**大正10年商標法時の扱い**　本項は,8号・10号及び15号を対象として昭和34年商標法で設けられ,次いで,平成6年改正法(法律第116号)で17号が,平成8年改正法(法律第68号)で19号が,それぞれ追加された。

　大正10年商標法の不登録事由を定めた2条1項各号の判断時期については,「登録時とするもの」(三宅発・商標95頁),「出願時とするもの」(安達・商標28頁),及び「不登録事由を公益保護規定と私益保護規定とに分けて,前者を出願時,後者を査定時とするもの」

〔工藤=樋口〕

§4-Ⅲ　　　　　　　　　　　　　　　　　　　第2章　商標登録及び商標登録出願

(夢・条解445頁, 兼子＝染野・全訂特許・商標427頁)があった。

　これに対して, 大審院判決例は,「商標法2条1項ハ……商標カ右各号ニ該当スルヤ否(イナヤ)ヲ決スルニ付テハ　何レノ時期ヲ以テ標準トナスヘキヤヲ明示セス　酒(すなわ)チ之ヲ明示セスト雖(いえども)　之カ為直ニ右各号ヲ通シ一様ニ登録出願ノ時又ハ審査ノ時ヲ以テ如上(うえのごとく)標準時期トナスノ趣旨ナリト言フヲ得ス　這(いわ)ハ須(すべか)ク右各号ニ付キ之ヲ審究スルヲ要ス……前記審査当時詳言スレハ其ノ最終ノ時即登録ヲ許可シタル査定若シクハ審決又ハ判決ノ時ニ於テ商品ノ誤認又ハ混同ヲ生セセシムヘキ虞アリタルヤ否(イナヤ)ニ依リテ之ヲ決スヘク……」として, 大正10年商標法2条1項11号(現行4条1項15号及び16号に相当)については同号の公益保護規定の趣旨から査定又は審決の時としたもの(大判昭4・10・26新聞3077号9頁), 同様の観点から大正10年商標法2条1項8号(現行4条1項10号に相当)については出願時としたもの(大判昭6・11・13民集10巻12号1032頁)などがあった。

　(b)　審議会の答申　　大正10年商標法から昭和34年商標法への改正にあたり設置された工業所有権法制度改正審議会は, 大正10年商標法2条1項5号(現4条1項8号相当), 8号(現4条1項10号相当)については出願時, その他については登録時とする旨の答申を行った。その理由は, 現行8号については, 出願後に他人が周知とした場合は登録時とすれば拒絶されることとなるから, 出願時とすべきであり, 現行10号と15号については, 出願時適法であったものがその後同じものを他人が商号として採用した場合には拒絶にならないようにするため, 出願時とする必要があるというものである(特許庁編著・工業所有権制度改正審議会商標部会答申案説明書, 中村・商標327頁)。

　(c)　本項の経緯　　前述の答申を受け, 8号・10号・15号を対象として昭和34年商標法で本項が設けられた。

　15号については, 同号に相当する大正10年商標法2条1項11号が公益保護規定であったことから前述の答申の段階では登録時とされていたが, 昭和34年商標法の作成作業の過程で, 大正10年商標法2条1項11号が「私益保護規定としての現4条1項15号」と「公益保護規定としての現4条1項16号」とに分けられたため, 15号については, 前述の理由と同じ理由, すなわち, 出願後の他人の著名商標の出現により拒絶となるのを避けるため出願時とされて, 本項に含められたものである。

　17号は, TRIPS協定23条2及び24条9の「ぶどう酒及び蒸留酒の地理的表示の保護義務」を果たすべく平成6年商標法で追加されたものである。これにつき, 逐条解説〔第19版〕(1293頁)は,「商標登録出願時に原産国で保護されていない地理的表示に関する商標を出願した場合は, 後に原産国で保護されることを知らずに善意に出願したものと考えるのが妥当であり, TRIPS協定24条5ｂに規定する『善意』の要件を満たすものと考えられる」としている。

§4-Ⅲ

(3) **本項を設けた理由**

前述のように，大正10年商標法時には不登録事由についての判断時期が明定されていなかったため，それを巡る争いがあった。昭和34年商標法においては，そのような争いを回避するため，本項を設けて立法的に解決を図ったものである。

Ⅱ 本項の内容

(1) **判断時期は査定又は審決の時が原則**

本項は，4条1項8号・10号・15号・17号又は19号の判断時期については，出願時と定めることによって，一般的な不登録事由の判断時期は査定又は審決の時であることを明らかにしたものである。

不登録事由の判断時期は，すべての事情を考慮することができる出願の処分時と同時期であることが望ましく，本来的には出願の処分時である査定又は審決の時とすべきであるが，これを徹底すると，私益保護規定であるのに，審査の遅延によって出願時には適法であったものまで拒絶される場合が生じることとなる。そこで，出願後の新たな事情の出現で拒絶することが出願人に著しく酷となるものについては，例外的に出願時としたのである（逐条解説〔第19版〕1293頁）。

このように，実際の処分時点と判断時点とが一致ないし近接していることは，適確な審査を確保する上で望ましく，判断時期として査定又は審決の時を原則とするのは妥当であり，一般の行政処分の判断時期とも符合する（東京高裁昭45(行ケ)5号／昭46・9・9「PHOTO-DIRECT」／指定商品：昭9類「写真製版機械器具，その他の印刷機械器具」→無体集3巻2号306頁・判タ269号209頁）。

学説は，「大正10年商標法の審判決例に概ね符合し，妥当である」とするもの（豊崎・特管11巻10号17頁）がある反面，「4条1項8号等について例外的に出願時としたことに疑問を呈するもの」もある（三宅・雑感137頁。4条1項15号について疑問とするもの，満田・判評292号54頁・判時1073号216頁）。

(2) **4条1項8号等の要件の充足時期**

出願商標が4条1項8号・10号・15号・17号又は19号に該当するとして拒絶されるには，その出願前に，「他人の名称（著名な略称）等が存在」するか，「周知商標又は著名商標が存在」するか，「ぶどう酒又は蒸留酒の産地表示であって特許庁が指定したものが存在」することが必要である。したがって，周知商標・著名商標を引用して異議申立て又は無効審判請求をするときは，当該引用商標が攻撃対象たる商標の出願前に周知・著名であったことを立証しなければならない。

また，本項は，「8号，10号，15号，17号又は19号に該当する商標であっても，商標登

§4-Ⅲ　　　　　　　　　　　　　　　　　　　　　第2章　商標登録及び商標登録出願

録出願の時に当該各号に該当しないものについては，これらの規定は，適用しない」と定めているが，反対に，4条1項8号，10号，15号，17号又は19号を適用するには，当該出願商標が同号に「出願時に該当し，かつ，査定又は審決の時にも該当しなければならない」ことをも定めたものと解される（網野・商標〔第6版〕313頁，石川・三宅喜寿355頁）。したがって，出願時には該当したが，その後，例えば「商号の変更」や「周知商標の周知性の喪失」等により，査定又は審決の時には該当しない場合には，4条1項8号，10号，15号，17号又は19号は適用されないと解される。

　これに対して，大正10年商標法2条1項8号の判決例で，同号の判断時期は出願時と解するのが相当であるとした上で，出願時に他人の周知商標が存在しない以上はたとえ査定時に出現しても登録査定をすべきであり，反対に，出願時に他人の周知商標が存在したときはたとえ査定時に存在しないときでも拒絶査定をすべきであるといわざるを得ないとしたものがある（大判昭6・11・13民集10巻12号1032頁）。ただし，後者の拒絶査定については疑問が出されている（鈴木竹雄・判民昭和6年度436頁，三宅・雑感136頁）。

　(3)　**4条1項8号，10号，15号，17号及び19号以外の不登録事由の要件の充足時期**

　4条1項8号，10号，15号，17号又は19号以外の4条1項各号に該当して拒絶されるには，査定又は審決の時に各要件に該当しなければならない。例えば，査定又は審決の時に出願商標と同一の外国の国旗が出現したときは，4条1項1号に該当しその出願は拒絶されるが，出願時に存在した抵触する他人の先願に係る登録商標が査定又は審決の時に当該商標権が消滅しているときは，その出願商標は4条1項11号には該当しないこととなる。

　(4)　**査定又は審決の時と登録時**

　(a)　出願商標に係る不登録事由の判断時期としては，一般的には出願時又は登録時のいずれかということとなり，その意味では，本項で明定した以外の4条1項各号の判断時期は登録時となろうが，商標登録出願の審査は審査官が行い（商標14条），その拒絶査定不服審判は審判官が行うこととされている（商標56条，特136条）のに対して，登録は，審査官の査定又は審判官の審決及び登録料の納付に基づいて特許庁長官が行うこととなっている（商標18条2項，商標登7条1項）。したがって，実際に不登録事由を適用するのは審査官又は審判官であって，その最終判断は査定又は審決で示されるものであるから，不登録事由の判断時期は査定又は審決の時ということとなり，登録時は，実際は査定又は審決の時を意味するものとしてとらえることとなる。

　(b)　これに対して，査定又は審決の時以降登録までの間に不登録事由が出現する場合もあるから，「査定又は審決の時」と「登録時」とは厳密に区別すべきであるとの見解がある（三宅発・商標96頁）。この問題を解決するには，「査定又は審決の時」から「登録時」

§4-Ⅲ

までの間は，前述のように，審査官又は審判官が関与することが不可能な時期であるから，審査及び査定不服審判においては「査定又は審決の時」とし，無効審判においては「登録時」を判断時期とするほかないであろう（田倉・判タ270号99頁）。なお，商標法4条1項11号に該当することを理由とする無効審判請求における判断の基準時について，「商標登録出願に対する登録査定に当たり，同号の登録要件の存否は，同査定時を基準として判断するのであるから（4条3項），登録無効事由の存否，すなわち右の登録要件の定めに違反して誤って登録査定がなされたか否かを判断する商標登録無効請求審判手続においても，その判断の基準時を登録査定時とするのは当然である」とした判例がある（東京高裁昭63(行ケ)288号／平01・06・27「小僧寿し」事件→無体集21巻2号574頁［上告審確定／平02・01・22］，審判昭55—20435／昭63・10・20）。

(c) 4条1項8号，10号，15号，17号及び19号以外の不登録事由についての判断時期が査定又は審決の時となる結果，審査において4条1項11号で拒絶査定された出願商標について，審判係属中に拒絶理由として引用した登録商標の商標権が消滅又は当該商標権を譲り受けてその登録がされたときは拒絶理由は解消するが，審判における拒絶審決後東京高裁に係属中に審決で引用した登録商標の当該商標権が消滅等をしても審決は取り消されない（東京高裁昭59(行ケ)208号「ユベキノン／UBEQUINON」事件→取消集昭59年1318頁・特企194号76頁）。

(d) 査定又は審決の時とは，査定謄本等が出願人等に送達されてその効力が発生した時と解され，確定した時ではない。

(e) マドリッド協定議定書に基づく「国際商標登録出願」及び「国際登録の利益喪失者に認められるわが国商標登録出願」が，商標法4条1項8号・10号・15号・17号・19号に該当するか否かの判断時期について，『商標審査基準』は，(i)「国際商標登録出願」については「国際登録の日又は事後指定の日」，(ii)「68条の10に規定する出願時の特例の適用のある国際商標登録出願」については「該当する国内登録の登録商標に係る商標登録出願の日」，(iii)「68条の32に規定する商標登録出願（セントラルアタック後の国内出願）」又は「68条の33に規定する商標登録出願（議定書廃棄後の商標登録出願）」については「国際登録の日又は事後指定の日」とし，上記(ii)について，「68条の10に規定する特例は，国内登録における指定商品又は指定役務と重複している範囲について認められることとなるので，その重複している指定商品又は指定役務ごとに商標登録出願の日が異なる場合がある」とする（商標審査基準〔改訂第12版〕第3の十八）。

〔工藤　莞司＝樋口　豊治〕

§4-Ⅳ

■4条4項

　平成23年の改正で，商標法4条1項13号の削除に伴い，その適用除外を定めた規定であった旧4条4項も，同時に削除された。

〔工藤　莞司〕

第5条（商標登録出願）

商標登録を受けようとする者は，次に掲げる事項を記載した願書に必要な書面を添付して特許庁長官に提出しなければならない。（改正，平3法65，平8法68）

一　商標登録出願人の氏名又は名称及び住所又は居所（改正，平8法68）
二　商標登録を受けようとする商標（改正，平8法68）
三　指定商品又は指定役務並びに第6条第2項の政令で定める商品及び役務の区分。（改正，平3法65，平8法68）

2　次に掲げる商標について商標登録を受けようとするときは，その旨を願書に記載しなければならない。（改正，平3法65，平8法68，平26法36）

一　商標に係る文字，図形，記号，立体的形状又は色彩が変化するものであつて，その変化の前後にわたるその文字，図形，記号，立体的形状若しくは色彩又はこれらの結合からなる商標（本号追加，平26法36）
二　立体的形状（文字，図形，記号若しくは色彩又はこれらの結合との結合を含む。）からなる商標（前号に掲げるものを除く。）（本号追加，平26法36）
三　色彩のみからなる商標（第1号に掲げるものを除く。）（本号追加，平26法36）
四　音からなる商標（本号追加，平26法36）
五　前各号に掲げるもののほか，経済産業省令で定める商標（本号追加，平26法36）

3　商標登録を受けようとする商標について，特許庁長官の指定する文字（以下「標準文字」という。）のみによつて商標登録を受けようとするときは，その旨を願書に記載しなければならない。（本項追加，平8法68）

4　経済産業省令で定める商標について商標登録を受けようとするときは，経済産業省令で定めるところにより，その商標の詳細な説明を願書に記載し，又は経済産業省令で定める物件を願書に添付しなければならない。（本項追加，平26法36）

5　前項の記載及び物件は，商標登録を受けようとする商標を特定するものでなければならない。（本項追加，平26法36）

6　商標登録を受けようとする商標を記載した部分のうち商標登録を受けようとする商標を記載する欄の色彩と同一の色彩である部分は，その商標の一部でないものとみなす。ただし，色彩を付すべき範囲を明らかにしてその欄の色彩と同一の色彩を付すべき旨を表示した部分については，この限りでない。

§5（商標登録出願）　　　　　　　　　　　　　第2章　商標登録及び商標登録出願

（改正，平8法68，平26法36）

【参考文献】
　逐条解説〔改訂9版〕，小野・概説〔第2版〕，網野・商標〔新版増補〕，蓴・改正解説，江口・新解説，兼子＝染野・工業〔改訂版〕，三宅・雑感，村山・四法要義，三宅発・商標，逐条解説〔第16版〕，平8改正解説，商標審査基準〔改訂第7版〕，特許庁監修・工業所有権法規沿革Ⅳ，Ⅴ（日本弁理士会，01），商標審査基準〔改訂第12版〕，「新しいタイプの商標の保護等のための商標制度の在り方について」報告書（平成25年9月），特許庁・出願の手続（平成27年度版），平26改正解説，逐条解説〔第19版〕．

細　目　次

Ⅰ　本条の趣旨(570)
Ⅱ　基本的事項(573)
　(1)　願　書(574)
　　(a)　1　号——商標登録出願人の氏名又は名称及び住所又は居所(575)
　　　(イ)　商標登録出願人(575)
　　　　(i)　権利能力(575)
　　　　(ii)　氏　名(575)
　　　　(iii)　住所（居所）(576)
　　　　(iv)　押　印(577)
　　　　(v)　国　籍(578)
　　　(ロ)　法人の代表者の氏名(578)
　　　(ハ)　代理人(578)
　　　(ニ)　各種証明書等の提出の簡素化(579)
　　(b)　2　号——商標登録を受けようとする商標(579)
　　(c)　3　号——指定商品又は指定役務並びに6条2項の政令で定める商品及び役務の区分(585)
　　(d)　必要な書面(586)
　　(e)　商標法5条2項(586)
Ⅲ　立体商標の表示(587)
Ⅳ　標準文字の表示(589)
Ⅴ　新しいタイプの商標(592)
　(1)　動き商標(592)
　(2)　ホログラム商標(594)
　(3)　色彩のみからなる商標(595)
　(4)　音商標(597)
　(5)　位置商標(598)
　(6)　商標の詳細な説明(600)
　(7)　国際商標登録出願に係る商標についての新しい商標の種類の判断(600)
Ⅵ　経済産業省令に定める物件(601)
Ⅶ　台紙の色彩と同一の色彩の部分の取扱い(603)
　(1)　6項の趣旨(603)
　(2)　当該色彩の指定をしない場合の効果(605)
　(3)　当該色彩の指定の方法(605)

〔後藤　晴男＝平山　啓子〕

Ⅰ　本条の趣旨

　本条は，商標登録出願の際に提出すべき基本的書類について規定したものである．旧商標法（大正10年法律第99号）においては，商標法施行規則1条に定めていたものであるが，規定の性質上法律をもって規定すべき事項であるとしてここに規定したものである．
　なお，商標法条約（平成9年条約第2号）への加入，標準文字制度導入，立体商標制度導入に対応した平成8年の一部改正（平成8年法律第68号）及び電子出願化に伴う平成11年

§5（商標登録出願）

の一部改正（平成11年法律第41号）により願書等の記載事項の簡素化及び願書様式の改正がなされた。

　商標権は独占的かつ排他的な権利であるから、権利の内容や範囲、権利の所有者などを明確にしておかなければ第三者に不測の損害を及ぼし、また権利について争いが絶えないおそれがある。したがって、商標権の設定を請求する商標登録出願は、所定の方式に従った文書を提出することによりする必要がある。

　平成26年の一部改正（平成26年法第36号）において、いわゆる「新しい商標」制度が導入された。従来の平面及び立体商標のほかに、その商標登録を受けようとする商標（商標5条1項2号）の記載のみによってはその態様を必ずしも明確に認識することができないもの、視認できない標章も商標として保護されることとなったため、本条が改正された。

　本条においては、「新しい商標」のすべての種類は明示されておらず、5条2項1号ないし4号以外の種類は、経済産業省令で定めるとされている。本改正において5条2項5号及び同条4項の「経済産業省令で定める商標」を含む「新しい商標」は、それぞれ「位置商標」（商標施規4条の7）、「動き商標、ホログラム商標、色彩のみからなる商標、音商標、位置商標」（商標施規4条の8）である。

　このように新しい商標の種類をすべて列挙せず、省令で定めるとしたのは次のような理由が考えられる。

　米国においては、使用主義に基づき自他商品役務の識別力を有するあらゆる標識が商標として保護が可能であり、「動き」、「ホログラム」、「輪郭のない色彩」、「位置」のように視覚で認識できる商標に限らず、「音」や「におい」のように視覚で認識できない商標も保護されている。

［米国連邦商標法］商標の定義
第45条　「商標」という用語は、語、名称、シンボル若しくはデバイス又はその結合であり、次の条件に該当するものを含む。

　欧州においては、欧州指令により欧州共同体加盟国の商標法のハーモナイゼーションが進められており、その欧州指令では、商標を構成し得る標識を例示しているものの、写実的に表現できる標識であって、自他商品役務の識別ができるものであれば商標として保護が可能であり、「動き」、「ホログラム」、「輪郭のない色彩」、「位置」のように視覚で認識できる商標に限らず、視覚で認識できない「音」の商標も保護されている（「商標に関する加盟国の法律を接近させるための1988年12月21日付欧州経済共同体理事会指令89/104/EEC」。その後、「商標に関する加盟国の法律を接近させるための2008年10月22日付欧州議会及び理事

〔後藤＝平山〕

会の指令2008/95/EC」となった）。

> [欧州共同体商標理事会規則] 商標の定義
> **第4条（共同体商標を構成することができる標識）**
> 　共同体商標は，写実的に表現できる標識，特に，個人の名前を含む語，模様，文字，数字，商品の形状又はその包装により構成することができる。ただし，これらの標識が，ある企業の商品又はサービスと他の企業のそれとを識別することができるものである場合に限る。

　これに対し，新しい商標の種類を限定的に列挙していた韓国では，既に導入していた「動き」，「位置」等の視覚で認識できる商標に加え，重ねて商標法を改正し，「音」，「におい」等の視覚で認識できない商標についても保護対象とすることとしたため，2007年の改正に続いて2012年にも商標法の定義が改正された。

> [韓国商標法] 商標の定義
> **第2条（定義）**
> 1．"商標"とは，商品を生産・加工・証明又は販売することを業として営為する者が自己の業務に関連した商品を他人の商品と識別されるようにするために使用する次の各目のいずれか1つに該当するもの（以下，"標章"という。）をいう。
> 　イ．記号・文字・図形・立体的形状・色彩・ホログラム・動作又はこれらを結合したもの
> 　ロ．その他視覚的に認識することができるもの
> 　ハ．音やにおいなど視覚的に認識することができないもののうち，記号・文字・図形又はその他の視覚的な方法で写実的に表現したもの

　台湾においても，韓国と同様に，既に導入していた「輪郭のない色彩」，「音」に加え，「動き」，「ホログラム」についても保護対象とする法改正を行った（2012年7月1日施行）。

> [産業構造審議会知的財産製作部会第26回商標制度小委員会・配布資料より]
> 　韓国，台湾のような新しい商標を限定的に列挙することは，新しい商標の種類を追加する際に都度法改正が必要となり柔軟性にかけること，さりとて使用主義を採用している米国型は登録主義を採用している日本にはなじまないこと，欧州共同体商標のような定義にするとあまりにもその範囲が広がりすぎてしまい商標の特定が難しいこと，

§5 (商標登録出願)

等から,ユーザーが新しい商標とは何かをわかりやすいものとするように,可能な限り具体的に例を挙げた上で包括規定にすることが適当であるとされ,法改正を要しない経済産業省令で規定することが適当であるとしたことが考えられる。

II 基本的事項

1項は,商標登録を受けようとする者は,基本的書類,すなわち所定の事項を記載した願書に必要な書面を添付して特許庁長官に提出すべき旨を規定している。旧商標法施行規則1条1項では,類別ごとに願書を作り,商標見本及び必要なる説明書を添えて特許局に差し出すべき旨を規定していたのに対応する。類別ごとの願書に対応する規定は商標法6条2項があるので,ここには規定していない。商標登録出願の提出先は特許庁長官である。この特許庁長官は行政庁としての特許庁長官であり,具体的には提出日に特許庁長官の官職にある職員「特許庁長官商標太郎殿」のように記載して提出することとなる。

昭和34年改正法において「願書に商標登録を受けようとする商標を表示した書面及び必要な説明書」と「商標登録を受けようとする商標」は,願書に添付する書類とされていたが,平成8年の一部改正(平成8年法律第68号)により願書の記載事項とされた。

また,願書の「提出の年月日」は,願書の記載事項とされていたが,願書を作成する際に出願人がその提出の年月日を確定できないこと及び商標登録出願の年月日を認定するのは特許庁である(商標5条の2)こと等の趣旨によりその記載を義務づけることはできないとする商標法条約3条7の規定に基づき,平成8年の一部改正において願書の記載事項から削除された。しかし,特許庁が最終的に確定する際の過誤をなくすために有益な参考資料となり得ることから,その記載の際には次の点に留意して記載することが望ましい。特許庁の窓口に直接提出する場合は,特許庁の窓口に提出する年月日を,郵便又は商標法77条2項において準用する特許法19条の民間事業者による信書の送達に関する法律(平成14年法律第99号。以下「信書便法」という)の役務であって経済産業省令で定めるものにより提出した場合において,その願書又は物件を日本郵便株式会社の営業所(郵便の業務を行うものに限る)に差し出した日時を郵便物の受領証により証明したときはその年月日を記載する。

郵政民営化により,民間事業者が信書の送達をすることについて郵便と信書便はほぼ同等なものになると考えられるので,平成17年の郵政民営化法等の施行に伴う関係法律の整備等に関する法律(平成17年法律第102号)において,到達主義の例外に信書便を追加する改正がされた(いわゆる発信主義)。

〔後藤=平山〕

§5（商標登録出願）　　　　　　　　　　　　　　第2章　商標登録及び商標登録出願

　本条の規定の適用を受けるためには，郵便物又は信書便を差し出した日時が明瞭であることが必要であり，引受時刻証明等により差出時刻を証明したものはその日時に，そのような証明がなくて通信日付印が明瞭なものはその日付印により表示された日時に到達したものとみなすこととしたのである。

　本条に規定する願書その他の書類，物件については，郵便物又は信書便によらないで直接特許庁に差し出すことも認められるが，その場合は本条の適用をまつまでもなく，差し出した日時が到達した日時である。また，本条に規定する書類その他の物件以外のもの（例えば，特許出願人の名義変更届等）については，一般の原則に従って郵便又は信書便によった場合であっても，特許庁に到達したときに，提出の効力が生ずるものとされる。

　なお，小包郵便物については，郵政公社の民営化に伴って郵便法が改正され，郵便物に該当しなくなった。特許法19条（願書等の提出の効力発生時期）に規定されている郵便物のうち小包郵便物については，郵政公社の民営化に伴う郵便法の改正により郵便物に該当しなくなり，平成19年10月1日以降，「小包」で特許庁宛に提出された場合は，特許庁に到着した日が書類等の提出日となる（特19条（平成19年10月1日施行））。

> **特許法第19条（願書等の提出の効力発生時期）（抜粋）**
> 　願書又はこの法律若しくはこの法律に基づく命令の規定により特許庁に提出する書類その他の物件であつて……（中略）……その郵便物又は信書便法第2条第3項に規定する信書便物（以下この条において「信書便物」という。）の通信日付印により表示された日時が明瞭であるときはその日時に，その郵便物又は信書便物の通信日付印により表示された日時のうち日のみが明瞭であつて時刻が明瞭でないときは表示された日の午後12時に，その願書又は物件は，特許庁に到達したものとみなす。

(1)　願　　　書

　商標法5条1項各号は，願書の必要的記載事項を定めている。願書の様式については，商標法施行規則2条及びその規定に基づく様式第2，第3，第3の2，第4から第8，第8の2及び第9で詳細に定めている。平成11年の電子出願化に伴い願書の項目見出しには必ず「【　】」の括弧を付すこととされた。例えば，【書類名】，【整理番号】，【提出日】，【あて先】，【商標登録を受けようとする商標】，【立体商標】，【標準文字】，【指定商品又は指定役務並びに商品及び役務の区分】，【第　　類】，【指定商品】，【指定役務】，【商標登録出願人】，【識別番号】，【住所又は居所】，【氏名又は名称】，【代表者】，【国籍】，【代理人】，【提出物件の目録】，【物件名】，【手数料の表示】等。

　なお，新しい商標の願書への1項1号に掲げる必要的記載事項については従来の商標

と変わらないが,【商標登録を受けようとする商標】等の内容については(b) 2 号以降に記載した。

(a) 1 号──商標登録出願人の氏名又は名称及び住所又は居所

(イ) 商標登録出願人　商標登録出願人の氏名(名称)及び住所(居所)は商標登録出願人を特定するために必要な事項である。

(i) 権利能力　商標登録出願人は,権利能力を有する者,すなわち自然人又は法人でなければならない。権利能力のない社団や財団は出願人となることができない。その社団の構成員の共同出願とするか,その社団又は財団に代表者又は管理人がいる場合にはその代表者又は管理人の個人名義で出願すべきである。

日本国民は当然に権利能力を有するが,外国人は当然には権利能力を有しない。日本国内に住所又は居所(法人にあっては営業所)を有しない外国人は,次の各号の一に該当する場合を除き,商標権その他商標登録に関する権利を享有することができない(商標77条3項,特25条)。

① その者の属する国において,日本国民に対しその国民と同一の条件により商標権その他商標登録に関する権利の享有を認めているとき

② その者の属する国において,日本国がその国民に対し商標権その他商標登録に関する権利の享有を認める場合には日本国民に対しその国民と同一の条件により商標権その他商標登録に関する権利の享有を認めることとしているとき

③ 条約に別段の定めがあるとき。例えば,
　ⓐ パリ条約の同盟国民(パリ条約2条(1)(2))又は準同盟国民(パリ条約3条)
　ⓑ 世界貿易機関の加盟国の国民(TRIPS協定2条1)
　ⓒ 商標法条約の締約国の国民
　ⓓ 二国間条約
　ⓔ 商標法に関するシンガポール条約の締約国の国民

出願人として記載されているものが権利能力を有しないときは,その商標登録出願は,記載事項の要件は満たしていても実体審査において拒絶されることとなる(商標15条1号・77条3項,特25条)。

(ii) 氏名　① 氏名は戸籍上の氏名を記載する。ペンネーム,芸名,雅名の変名や通称名を記載すべきでない。また,個人事業者が,屋号(〇〇商店)等を記載することは認められないので,その個人の氏名を記載する。

② 法人の名称は,登記した名称(商号)を完全かつ正確に記載し,名称の下に【代表者】の項を設けて,その氏名を記載する。

③ 外国人の場合は,その住所国又は国籍国における表音に従い,片仮名で記載す

べきである。

　④　2名以上が共同で出願するときは，共同出願人全員の氏名（名称及び代表者）を記載する。

　⑤　「代表出願人」を選定して出願する場合は，代表する出願人の住所（居所）の上に「代表出願人」と記載する。

　⑥　商標登録出願により生じた権利の持分の定めをしたときは，各出願人の氏名の前にその持分を，例えば「持分1／3」のように記載する（商標施規22条，特施規27条）。

　この場合において，商標法施行規則22条2項において準用する特許法施行規則27条2項の規定により商標登録出願人の権利について持分を記載するときは，「【商標登録出願人】」の次に「【持分】」の欄を設けて「〇／〇」のように分数で記載し，商標登録出願人に係る代表者選定の届出を出願と同時にするときは，代表者として選定される商標登録出願人を第一番目の「【商標登録出願人】」の欄に記載し，「【商標登録出願人】」(商標登録出願人の権利について持分を記載する場合にあっては，「【持分】」)の次に「【代表出願人】」と記載する。また，持分が投資事業有限責任組合契約に関する法律（平成10年法律第90号）3条1項に規定する投資事業有限責任組合契約，有限責任事業組合契約に関する法律（平成17年法律第40号）3条1項に規定する有限責任事業組合契約又は民法667条1項に規定する組合契約に基づくときは，「(【手数料の表示】)」の欄の次に「【その他】」の欄を設けて，例えば，投資事業有限責任組合契約にあっては「〇〇の持分は，〇〇投資事業有限責任組合の投資事業有限責任組合契約に基づく持分」，有限責任事業組合契約にあっては「〇〇の持分は，〇〇有限責任事業組合の有限責任事業組合契約に基づく持分」，組合契約にあっては「〇〇の持分は，民法第667条第1項に規定する組合契約に基づく持分」のように記載する。

　(ⅲ)　住所（居所）　①　住所は，住民票又は登記簿に従って「県，郡，村，大字，字，番地，号」のように完全に記載し，番地がないときは，住所の末尾にかっこして「(番地なし)」と記載する。

　住民票又は登記簿に「無番地」とあるときは，番地の表示方法の一種であるから，住所の一部として「無番地」と記載する。

　②　会社，寮，事務所等を住所として表示するときは，「〇〇株式会社内」，「〇〇事務所内」のように記載する。

　③　団地の名称が通称の地名に転化したり，過去に用いられていた地名が通称として慣用されているような場合も，必ず住民票又は登記簿上の住所を記載する（通称名で出願することは認められない）。

　なお，郵便配達の便のため，通称の地名，棟番等の記載を欠くことができないときは，

§5（商標登録出願）

正規の住所と混同が生じないように，かっこしてその旨記載する。
　④　法人の住所は，必ず本店の所在地を記載する。
　準同盟国民である法人や日本に営業所を有する外国法人が，当該営業所の所在地を表示して出願する場合は，本店の所在地の項を設けて記載する。
　⑤　外国人の住所は，「国，行政区画，地名，街区，番地」のように国から大区画順に記載する。
　また，原則として原語を翻訳（例えば「South」を「南」，「Street」を「通り」，「P.O.Box」を「私書箱」のように）せず，原語表音どおりに片仮名で記載する（数字はこの限りではない）。
　⑥　「【識別番号】」の項を設けて「識別番号」（手続特例規則2条・3条）を記載した場合は，「【住所又は居所】」の項を設けて「住所又は居所」を記載することを要しない（商標施規様式第2備考21，手続特例規則2条3項）。
　(iv)　押　印　　商標法施行規則の願書の様式によれば，出願人の氏名の記載とともに押印を要求している。
　押印は，出願人が自ら出願をすることの意思表示ないしその確認をする機能を有するとともに，その後の手続における出願人の同一性確認において重要な機能を有するものである。したがって，次のいずれかに該当するような印章を用いることは禁じられている。
　①　本人の氏名と相違し，他人の氏名とみられる文字によって構成されているもの。
　②　自然人が，法人の代表者としてではなく法人の代表者印を用いること。
　③　法人の代表者が，その法人を表す印（例えば，社印，会社特許之印，会社特許課之印等）のみを表しているものを用いること。
　④　極めて簡単な記号や外国文字のみによって構成されているもの。
　⑤　変形のおそれが著しいもの（ゴム印，ネームスタンプ等）。
　⑥　社会通念上印章と認めることが不都合であるもの。
　代理人によって出願するときは，出願人の押印は不要である。代表出願人を選定して出願するときは，代表出願人以外の出願人の押印は不要である。
　なお，印章は実印であることを要しない。また，日本に住所を有する外国人で，外国人登録済証を提出する場合は，押印に代えてサインで足りるものとされている。
　わが国では古くから証書には実印を押す習わしがある。その法的根拠は，「諸證書ノ姓名ハ必ス本人自ラ書シテ實印ヲ押スヘシ」と定めた明治10年大政官布告第10号に由来するものであろう。しかし，その布告は，民法施行法（明治31年法律第11号）9条1項18号の規定により民法（明治29年法律第89号）の施行の日（明治31年7月16日）に廃止された。こ

〔後藤＝平山〕　577

§5（商標登録出願）　　　　　　　　　　　第2章　商標登録及び商標登録出願

の結果，書類を作成した場合にその作成の意思ないし責任を明らかにする場合は，その作成者又は責任者がその書類に署名（自署）するだけで足ることとなっているものと解される。ただ，法令が押印を要求している場合にはこの限りでない。その場合でも，押印の習慣のない外国人に対しては，特例を設ける必要がある。そこで，明治政府は，「外国人ノ署名捺印及無資力証明ニ関スル法律」（明治32年法律第50号）を制定し，明治32年7月17日から施行し，「法令ノ規定ニ依リ署名，捺印スヘキ場合ニ於テハ外国人ハ署名スルヲ以テ足ル」こととしている。

　⑦　「識別ラベル」（手続特例規則5条）を「【氏名又は名称】」（法人の場合は「【代表者】」）の項の横に貼付した場合は，押印を省略することができる（商標施規様式第2備考25，手続特例規則5条1項）。

　(v)　国　　籍　　商標法施行規則の願書の様式によれば，国籍の欄が設けられている。権利能力の有無の判断資料となる。

　①　出願人が外国人（日本の国籍を有しない者）であるときは，在外者又は日本国内居住者のいかんを問わず，国籍の属する国名（外国法人にあっては設立準拠法制定国名）を記載する。

　②　無国籍者は「国籍なし」と記載する。

　(ロ)　法人の代表者の氏名　　商標登録出願人が法人である場合には，法人の下に「【代表者】」の項を設けて，商標登録出願をする代表権を有する代表者の氏名を記載する。共同代表の場合は代表者全員を記載する。なお，商標法条約が願書・各種申請書の記載事項を簡素化し，条約上で定める要件以外の要件を課すことを禁止している（商標法条約3条(7)）ことに対応して，代理人による出願の場合には「法人の代表者の氏名」の願書への記載は不要とする趣旨で，条文中から「並びに法人にあっては代表者の氏名」が削除された。

　氏名の記載方法は出願人の場合と同様である。

　(ハ)　代理人　　代理人は出願人の能力の補充又は拡大のために用いられる。代理人がいる場合にのみ記載する。

　(i)　出願人が次の①又は②の場合は能力が制限される。

　①　未成年者及び成年被後見人並びに被保佐人　　未成年者及び成年被後見人は，法定代理人によらなければ出願することができない。ただし，未成年者が独立して法律行為をすることができるときはこの限りでない。被保佐人が出願その他の手続をするには，保佐人の同意を得なければならない（商標77条2項，特7条）。

　法定代理人が出願する場合で，後見監督人があるときは，その同意を得なければならない（商標77条2項，特7条）。

〔後藤＝平山〕

なお，これら手続能力のない者がした出願は，追認することができる。

② 在外者　　在外者は，商標管理人によらなければ，出願をすることができない（商標77条2項，特8条1項）。

(ⅱ) ① 委任による代理人（任意代理人，商標管理人を含む）によって出願する場合は，「【代理人】」の欄にその代理人の住所及び氏名を記載する。法人を代理人とする場合は，住所及び名称並びに代表者の氏名を記載する。

② 法定代理人によって出願する場合は，「【法定代理人】」の欄を設け，住所及び氏名を記載する。

③ 任意代理人又は法定代理人が復代理人を選定して出願する場合は，さらに「【復代理人】」の欄を設けてその住所及び氏名を記載する。

④ 代理人が2名以上いるときは，代理人全員の住所（居所）及び氏名（名称）を記載する。

⑤ 共同出願人の全員を代理しない代理人がいるときは，いずれの出願人の代理人であるかを記載する。

(ⅲ) 代理人の氏名及び住所等の記載方法は出願人の場合と同様である。

(ニ) 各種証明書等の提出の簡素化　　手続の簡素化のため，従来，特許法施行規則7条あるいは運用で求めていた次に掲げる証明書については，原則としてその提出を不要とし，方式審査において合理的な疑義があると認められる場合に限り，必要な証拠の提出を要求できることとなった。

① 法人・国籍証明書〔法人であって，国籍と住所が不一致のとき〕
② 無国籍であることを証明する書面又は宣誓書
③ 準同盟国民であることの証明書
④ 法人証明書
⑤ 代表者資格証明書〔外国法人であって，出願時と名義変更時等の代表者が相違する場合，署名権限を証明する意味で求めているものを含む〕
⑥ 日本における代表者であることの証明書
⑦ 清算人，管財人等であることの証明書
⑧ 代表者の定めがある，法人でない社団であることの証明書
⑨ 外国人登録済証明書〔日本国内に住所（居所）を定めている外国人〕
⑩ 誤りの補正に係る証明書（登記事項証明書，住民票等）

(b) 2 号——商標登録を受けようとする商標　　商標登録を受けようとする商標とは，旧商標法の下での「商標見本」をいい，昭和34年改正法において「見本」の語が意匠法6条2項等で用いられており，それらとの混同を避けるなどのために「商標を表示

した書面」の語句とされていたものである。近年の事務機器の発達により「商標登録を受けようとする商標」の作成が容易になったこと及び標準文字商標制度の導入等から手続の簡素化の観点で平成8年の一部改正（平成8年法律第68号）により「商標登録を受けようとする商標」は，願書の記載事項とされた。しかし，立体商標登録制度導入等により願書の記載欄では表示しにくい場合があることから「商標登録を受けようとする商標」を表示した書面（図面又は写真）を願書に貼付することも本項でいう「記載」にあたるとしている（逐条解説〔第19版〕1297頁）。

(イ)【商標登録を受けようとする商標】への記載については，平成26年一部改正で新しい商標が追加されたことにより，願書への記載方法も改正がなされた。関連する改正された商標法施行規則の主なものは以下のとおり。

> **(動き商標の願書への記載)**
> **第4条** 商標に係る文字，図形，記号，立体的形状又は色彩が変化するものであつて，その変化の前後にわたるその文字，図形，記号，立体的形状若しくは色彩又はこれらの結合からなる商標（以下「変化商標」という。）のうち，時間の経過に伴つて変化するもの（以下「動き商標」という。）の商標法第5条第1項第2号の規定による願書への記載は，その商標の時間の経過に伴う変化の状態が特定されるように表示した一又は異なる二以上の図又は写真によりしなければならない。
>
> **(ホログラム商標の願書への記載)**
> **第4条の2** 変化商標のうち，ホログラフィーその他の方法により変化するもの（前条に掲げるものを除く。以下「ホログラム商標」という。）の商標法第5条第1項第2号の規定による願書への記載は，その商標のホログラフィーその他の方法による変化の前後の状態が特定されるように表示した一又は異なる二以上の図又は写真によりしなければならない。
>
> **(立体商標の願書への記載)**
> **第4条の3** 立体的形状（文字，図形，記号若しくは色彩又はこれらの結合との結合を含む。）からなる商標（以下「立体商標」という。）の商標法第5条第1項第2号の規定による願書への記載は，その商標を一又は異なる二以上の方向から表示した図又は写真によりしなければならない。
> 2　特許庁長官は，前項の規定により願書に記載された商標登録を受けようとする商標が明確でない場合には，相当の期間を指定して必要な説明書の提出を求めることができる。
>
> **(色彩のみからなる商標の願書への記載)**

§5（商標登録出願）

第4条の4　色彩のみからなる商標の商標法第5条第1項第2号の規定による願書への記載は，次のいずれかのものによりしなければならない。
一　商標登録を受けようとする色彩を表示した図又は写真
二　商標登録を受けようとする色彩を当該色彩のみで描き，その他の部分を破線で描く等により当該色彩及びそれを付する位置が特定されるように表示した一又は異なる二以上の図又は写真

（音商標の願書への記載）
第4条の5　音からなる商標（以下「音商標」という。）の商標法第5条第1項第2号の規定による願書への記載は，文字若しくは五線譜又はこれらの組み合わせを用いて商標登録を受けようとする音を特定するために必要な事項を記載することによりしなければならない。ただし，必要がある場合には，五線譜に加えて一線譜を用いて記載することができる。

（位置商標の願書への記載）
第4条の6　商標に係る標章（文字，図形，記号若しくは立体的形状若しくはこれらの結合又はこれらと色彩との結合に限る。）を付する位置が特定される商標（以下「位置商標」という。）の商標法第5条第1項第2号の規定による願書への記載は，その標章を実線で描き，その他の部分を破線で描く等により標章及びそれを付する位置が特定されるように表示した一又は異なる二以上の図又は写真によりしなければならない。

（商標登録を受けようとする商標の類型）
第4条の7　商標法第5条第2項第5号（同法第68条第1項において準用する場合を含む。）の経済産業省令で定める商標は，位置商標とする。

（願書への商標の詳細な説明の記載又は物件の添付）
第4条の8　商標法第5条第4項（同法第68条第1項において準用する場合を含む。以下同じ。）の経済産業省令で定める商標は，次のとおりとする。
一　動き商標
二　ホログラム商標
三　色彩のみからなる商標
四　音商標
五　位置商標
2　商標法第5条第4項の記載又は添付は，次の各号に掲げる区分に応じ，それぞれ当該各号に定めるところにより行うものとする。
一　動き商標　商標の詳細な説明の記載
二　ホログラム商標　商標の詳細な説明の記載

§5（商標登録出願）　　　　　　　　　　　　　第2章　商標登録及び商標登録出願

　　　三　色彩のみからなる商標　商標の詳細な説明の記載
　　　四　音商標　商標の詳細な説明の記載（商標登録を受けようとする商標を特定するために必要がある場合に限る。）及び商標法第5条第4項の経済産業省令で定める物件の添付
　　　五　位置商標　商標の詳細な説明の記載
　3　商標法第5条第4項の経済産業省令で定める物件は，商標登録を受けようとする商標を特許庁長官が定める方式に従つて記録した一の光ディスクとする。
　4　前項に掲げる物件であつて，商標法第68条の10第1項に規定する国際商標登録出願（以下「国際商標登録出願」という。）に係るものを提出する場合は，様式第9の2によりしなければならない。

　上記の商標の類型及び必要な資料等は，次頁のようにまとめることができる。
　(ロ)「新しい商標」には，その商標を受けようとする商標（商標5条1項2号）の記載のみによってはその態様を必ずしも明確に認識することができないもの，例えば「音商標」のような商標が含まれている。
　そのため，「立体商標」について行っているのと同様にその商標を出願する旨についての意思表示を課すことになったこと，加えて，視認することができないもの（音商標）や，変化する過程が商標を構成する要素と考えられる場合には（動き商標等）は，それを説明する必要があるため，願書への添付が必要な書類は商標の種類ごとに異なる。
　(ハ)【商標登録を受けようとする商標】への記載方法　　【商標登録を受けようとする商標】は，次の要領により記載する（商標施規様式第2備考7）。
　　(i)　通常の商標の場合　　①　願書の1頁目に【商標登録を受けようとする商標】」欄を設け，次の欄に8cm平方〜15cm平方の枠線により商標記載欄を設けて商標を記載する。
　　②　願書の1頁目に商標記載欄を設けることができないときは，「【商標登録を受けようとする商標】」欄に「別紙のとおり」と記載し，次頁に「【商標登録を受けようとする商標】」欄を設け，次の欄に8cm平方〜15cm平方の枠線により商標記載欄を設けて商標を記載する。
　　③　「商標登録を受けようとする商標」を記載した書面を願書に貼付するときは，その用紙を商標記載欄とする。この場合，商標記載欄を表す枠線を記載せず，用紙は願書の記載事項が隠れず，かつ，容易に離脱しないように用紙の全面を張り付ける。
　　④　商標記載欄には，陰影を表すための細線又は濃淡，内容を説明するための指示線，符号，又は文字，その他商標を構成しない線，符号，図形又は文字を記載してはな

§5（商標登録出願）

■願書の記載事項等

商標の類型	商標見本(商標記載欄)	商標の詳細な説明	5条4項に規定する物件
動き商標 （施行規則4条）	要　複数可	要	不要
ホログラム商標 （施行規則4条の2）	要　複数可	要	不要
立体商標 （施行規則4条の3）	要　複数可	任意	不要
色彩のみからなる商標 （施行規則4条の4）	要	要	不要
音商標 （施行規則4条の5）	要　複数可	任意	要 音源データ（特許庁長官が定める方式に従って記録した光ディスク）（特許庁告示第5号による）
位置商標 （施行規則4条の6）	要　複数可	要	不要

らない。

⑤　描き方は，濃墨，容易に変色若しくは退色しない絵の具ではく離しないように鮮明に描くか，あるいは印刷又は複写等により鮮明で容易に消すことができないように記載することとし，鉛筆，インキ，クレヨン又はカーボンペーパーを使用してはならない。また，パラフィン紙その他表示される文字，図形等が容易にはげおちるおそれがある用紙に記載してもならない。

⑥　商標登録を受けようとする商標は，写真，青写真又ははり合わせたものによって記載してはならない。

⑦　活字により商標を表示するとき（標準文字による商標登録出願の場合を除く。）は，見やすい大きさの活字（原則として20ポイントから42ポイントまで）を用いる。

(ii)　商標の種類ごとの願書への記載方法　　商標法施行規則4条（動き商標），4条の2（ホログラム商標），4条の3第1項（立体商標），4条の4第2号（色彩のみからなる商標）及び4条の6（位置商標）の場合。

①　異なる二以上の方向から表示した図（各図の大きさは15cm平方を超えてはならない）によって記載する場合であって，特に必要があるときは，【商標登録を受けようとする商標】の欄には，「別紙のとおり」と記載し，別の日本工業規格A列4番の大きさの用紙（原

§5（商標登録出願）

則として1枚）に【商標登録を受けようとする商標】の欄を設けて，次に枠線により商標記載欄を設けて記載することができる。この場合において，用紙の左に2cm，上に2cm，右及び下に各3cmの余白をとり，容易に離脱しないようにとじるものとする。

　② 異なる2以上の方向から表示した図または写真によって記載するときは，各図又は各写真を同一縮尺で記載し，各図又は各写真の間に十分な余白を設ける。

　③ 商標登録を受けようとする商標を写真によって記載するときは，次の要領による（商標施規様式第2備考8）。

　　ⓐ 写真の大きさは，原則8cm平方とし，背景に他のものの入らないものであって，容易に変色又は退色しないものを用いる。ただし，特に必要があるときは，15cm平方までの大きさのものを用いることができる。

　　ⓑ 写真によって記載するときは，商標記載欄に，願書の記載事項が隠れず，かつ，容易に離脱しないように写真の全面をはり付ける。

　　ⓒ 写真は，折ってはならない。

　④ 動き商標について商標登録を受けようとするときは，「【商標登録を受けようとする商標】」の欄の次に「【動き商標】」の欄を加える（同備考9）。

　⑤ ホログラム商標について商標登録を受けようとするときは，「【商標登録を受けようとする商標】」の欄の次に「【ホログラム商標】」の欄を加える（同備考10）。

　⑥ 立体商標について商標登録を受けようとするときは，「【商標登録を受けようとする商標】」の欄の次に「【立体商標】」の欄を加える（同備考9，10及び14に該当するときを除く）（同備考11）。

　⑦ 色彩のみからなる商標について商標登録を受けようとするときは，「【商標登録を受けようとする商標】」の欄の次に「【色彩のみからなる商標】」の欄を加える（同備考9及び10に該当するときを除く）（同備考12）。

　⑧ 音商標について商標登録を受けようとするときは，「【商標登録を受けようとする商標】」の欄の次に「【音商標】」の欄を加える（同備考13）。

　⑨ 位置商標について商標登録を受けようとするときは，「【商標登録を受けようとする商標】」の欄の次に「【位置商標】」の欄を加える（同備考9及び10に該当するときを除く）（同備考14）。

　⑩ 標準文字のみによって商標登録を受けようとするときは，「【商標登録を受けようとする商標】」の欄の次に「【標準文字】」の欄を加える（同備考15）。

　⑪ 商標法5条4項の規定により商標の詳細な説明を記載するときは，「【動き商標】」，「【ホログラム商標】」，「【色彩のみからなる商標】」，「【音商標】」又は「【位置商標】」の欄の次に「【商標の詳細な説明】」の欄を設けて記載する。ただし，商標法施行規則4

条の8第1項各号に掲げる商標以外の商標の商標登録出願についての願書には,「【商標の詳細な説明】」の欄を設けてはならない(同備考16)。

⑫ 「【商標の詳細な説明】」の欄には,文字及び符号のみを記載し,図,表等を記載してはならない(同備考17)。

(iii) 標準文字の場合　標準文字のみによって商標登録を受けようとする商標は,特許庁長官の指定するところに従い,黒色で,かつ,大きさ及び書体が同一の活字等(大きさは10ポイント以上とする)を用いて,一行に横書きで記載する(同備考7)。

(c)　3 号──指定商品又は指定役務並びに商標法6条2項の政令で定める商品及び役務の区分　平成8年の一部改正において一出願多区分制の導入による6条の改正に伴う形式的な改正がされた。

指定商品及び指定役務は,商標登録を受けようとする商標を表示した書面とあいまって,登録商標の保護範囲を定めるものであるから(商標27条),この記載は重要である。

① 商標法6条2項にいう政令(商標法施行令)2条の別表(政令別表)では,第1類から第34類までを商品の区分,第35類から第45類までを役務の区分としている。

② 指定商品又は指定役務　商標を使用する商品又は役務を記載する。この記載された商品又は役務をそれぞれ指定商品又は指定役務という。

1つの区分内に属する商品・役務であれば多数の商品・多数の役務を記載することができる。

商標が特定の商品又は役務について使用するものである以上,商標登録出願をするにあたっても,出願に係る商標をいかなる商品又は役務について使用するのかを明確に指定しなければならない。

政令別表は,ニース協定に基づく国際分類の類別表を踏まえたものであるが,その別表は,商品又は役務が属する類の範囲を概ね表示したものにすぎない。

このため,① 政令別表に掲載されている商品又は役務を指定商品又は指定役務とするもの,例えば「第6類　卑金属及びその製品」,「第36類　金融,保険及び不動産の取引」のような記載はその商品又は役務の範囲が不明確であるとして,許されない。

② 「○○,その他本類に属する商品(役務)」というような表示の指定(いわゆる全類指定)は,その他本類に属する商品(役務)といっても,具体的に出願に係る商標をいかなる商品又は役務について使用するのか,その商品又は役務の範囲が不明確なものとして認められない。

③ 「○○○等」や「○○○及びこれらの類似商品(類似役務)」という表示からなる商品又は役務を指定商品又は指定役務とするもの,また『○○会館』『○○○店』(施設を指称)という表示からなる役務を指定役務とするもの(『第41類　映画館』や『第42類　ホテル

〔後藤＝平山〕

業」）も認められない。このような商品又は役務の範囲は不明確なものであるとして，商標法6条の拒絶の理由にあたる。

したがって，出願にあたっては，商標の登録を受けようとする個々の商品又は役務を具体的に表示して指定しなければならない。

また，① 指定商品又は指定役務が商品の区分・役務の区分と一致しないもの（「第1類　無機酸類，化粧品」，「第35類　雑誌，雑誌による広告」等），

② 商品の区分・役務の区分に属しないもの（「第4類　洗濯用漂白剤」，「第40類　洗濯用漂白剤」，「第16類　雑誌による広告」，「第36類　雑誌による広告」等）は，正しい区分に補正しない限り，その出願は拒絶される。

なお，特許庁の審査の実務では，「指定商品又は指定役務の範囲の減縮，誤記の訂正又は明瞭でない記載を明瞭なものに改めることは要旨変更にはあたらない」としている（商標審査基準〔改訂第12版〕第13の1(1)(ロ)）。

二以上の指定商品（指定役務）を指定するときは，それぞれの指定商品（指定役務）の区切りにコンマ（，）をつけなければならない。

特許庁の機械処理の都合上，指定商品（指定役務）を複数記載する場合には，商品（役務）の区切りは必ず「，」（コンマ）を入れ，その他の記号，特に「、」（読点）では区切らないこと，例えば「第1類　化学品，のり及び接着剤（事務用又は家庭用のものを除く。）」のように記載する。

(d) 必要な書面　「必要な書面」は，すべての出願について必要とするものではなく，必要な場合に添付すればよい。この書面には，①商標の採択の理由を説明した書面，②使用による識別力の事実に関する説明書，③指定商品の材料，製法，構造，用法，用途等を説明した書面，④指定役務の質，効能，用途等を説明した書面，⑤団体商標登録を受けられる要件を備えた法人であることを証明する書面，⑥願書に記載した立体商標を説明した書面などがある。

新しい商標である動き商標，ホログラム商標，色彩のみからなる商標，音商標及び位置商標について，商標法5条4項で規定する商標の詳細な説明（以下「商標の詳細な説明」という）に記載した内容は，本項にいう「必要な書面」に同じ内容を記載して提出する必要はない。

(e) 商標法5条2項　平成26年の一部改正において新しい商標が追加されたことによって本項が改正された。これまで本項で規定されていた「立体商標」を2号とし，全体を1号ないし5号としたため，「次に掲げる商標」として「動き商標」，「音商標」等の種類ごとに項立てをして，願書への記載項目を明確にした。新しい商標については，Vに記載した。

Ⅲ　立体商標の表示

　2項は，平成8年の一部改正において立体商標制度を導入したことに伴い新設された規定であって，商標登録を受けようとする商標が立体商標（立体的形状からなる商標）である場合には，その旨を願書に記載すべきことを義務づけたものである。具体的には，願書の「【商標登録を受けようとする商標】」欄の次に「【立体商標】」欄を加える（商標施規様式第2備考11）。これは，商標を構成する立体的形状が斜視図で現されている場合は，それのみでは平面商標又は立体商標のいずれの商標として登録を求めているのか明らかでないことがあるので，立体商標として登録を求めているときには，その旨を願書に記載させることによって出願人の意思を確認しようとするものである。立体商標が立体的形状と平面商標との結合からなる場合も立体商標である旨を願書に記載しなければならない（逐条解説〔第19版〕1298頁）。

　願書に立体商標である旨の記載がない場合は，原則として，平面商標として取り扱われる（商標審査基準〔改訂第12版〕第4の2）。

　立体商標である旨の記載があっても，願書中の商標登録を受けようとする商標を記載する欄への記載が立体商標としての商標の構成及び態様を特定し得るものと認められないときは，商標法3条1項柱書の規定により商標登録を受けることができる商標に該当しないものとされる（商標審査基準〔改訂第12版〕第1の二の6）。

　「立体商標」である旨の願書への記載を追加し，平面商標を立体商標へ変更又は願書に記載されている「立体商標」の記載を削除し，立体商標を平面商標へ変更しようとする補正は，原則として商標の要旨の変更とされるが，次の場合は，商標の要旨の変更でないものとして取り扱われる（商標審査便覧31.01）。

　①　商標法5条2項2号の規定による「立体商標」である旨の記載がなされているが，願書中の商標登録を受けようとする商標を記載する「商標記載欄」への記載からは，商標登録を受けようとする商標が平面商標としてしか認識できない場合において，当該「立体商標」である旨の記載を削除する補正

　②　商標法5条2項2号の規定による「立体商標」である旨の記載はないが，商標登録を受けようとする商標が立体商標である旨を記述した商標の説明書が願書に添付され（出願と同時に提出されたものに限る），かつ，商標記載欄への記載も，立体商標の構成及び態様を特定し得ると認められる場合において，当該「立体商標」である旨の願書への記載を追加する補正

　立体商標としての商標の構成及び態様を特定し得るものと認められない例としては，次の場合があげられる（商標審査基準〔改訂第12版〕第1の二の6）。

　ⓐ　商標記載欄に三次元の物の外観としての立体的形状が記載されていない場合

§5 〔商標登録出願〕　　　　　　　　　　　第2章　商標登録及び商標登録出願

  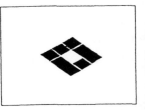

　（注）　立体的形状としての厚み等の三次元の物の外観としての形状が表示されておらず、立体商標として認識することができない。

　ⓑ　商標記載欄に立体的形状と平面標章が分離した構成及び態様をもって記載されている場合

　（注）　平面標章が立体的形状に係る物の表面に貼り付けられたような構成及び態様でなく、分離した構成及び態様であるため、全体としては、三次元の物の外観としての形状が表示されているとはいえず、立体商標として認識することができない。

　ⓒ　商標記載欄に複数の図が記載されているが、各図の示す標章が合致しない場合

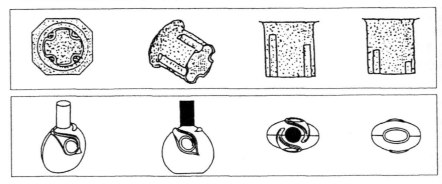

　（注）　各図が表す立体的形状、図形、文字、色彩の付し方等の標章が合致していない。

Ⅳ 標準文字の表示

3項は、平成8年の一部改正において標準文字制度を導入したことに伴い新設された規定であって「商標登録を受けようとする商標」が標準文字のみである場合には、その旨を願書に記載すべきことを義務づけたものである。具体的には、願書の「【商標登録を受けようとする商標】」欄の商標記載欄の次に「【標準文字】」欄を加え、特許庁長官が指定した標準文字を用いて願書の商標記載に直接「商標登録を受けようとする商標」を記載する（商標施規様式第2備考15）。

標準文字とは、特許庁長官が指定する文字であるが、その指定は特許庁公報平成15年第33号（平成15年7月25日付け）掲載の「商標法第5条第3項に規定する標準文字の指定について」により指定されている（漢字については、JIS規格X0208-1983の第1水準及び第2水準が指定されている。平成9年3月25日発行の特許庁公報通番号7473号199〜208頁及び平成15年7月1日に「凛」と「熙」及び平成16年12月24日に指定された文字「、」,「。」,「！」,「ヽ」,「〜」,「・」,「（」,「）」,「｛」,「｝」,「［」,「］」,「『」,「』」,「＋」,「－」,「％」,「＠」については、JIS規格（X0208-1997）の文字である。なお、本取扱いは、国際商標登録出願には適用しない（商標審査便覧19.01））。

標準文字を用いると「商標登録を受けようとする商標」をイメージ情報ではなくコード情報で処理することができるため特許庁の事務処理の効率化及び出願人の手続負担の軽減を図る効果があるとの理由で採用された。

3項の規定による標準文字である旨の願書への記載の有無は、商標登録を受けようとする商標が商標記載欄に記載された商標自体か、又は標準文字に置き換えて現されたものであるかを区別するものである。

標準文字によるものと認められる商標登録出願に係る商標は、願書に記載されたものでなく、標準文字に置換して現されたものとされる（商標12条の2第2項3号・18条3項3号・27条1項）。

願書に「標準文字」の記載がされた場合であっても、商標の記載によっては、標準文字による出願とは認められず、通常の出願として取り扱われる。

また、標準文字である旨の願書への記載を追加又は削除する補正は、一般的には商標の構成及び態様の変更を伴うこととなるため、商標の要旨の変更として認められない（商標審査基準〔改訂第12版〕第4の3）が、商標記載欄へ記載した商標が、もともと標準文字に置き換えて現されたものと同一と認められる場合においては、標準文字である旨の願書への記載を追加又は削除しても、商標自体の構成及び態様が変更されることにはならないから、この場合は例外的に商標の要旨の変更でないものとされる（商標審査便覧31.02）。

商標審査基準〔改訂第12版〕第4の3では、標準文字による出願と認める場合と認めな

§5（商標登録出願）

い場合の商標記載例があげられているが，これらによる出願は，通常の出願として扱うものとされている。

❶ 標準文字による出願と認められる商標の記載例

| とっきょちょう | 国際ハーモのＪｐｏ | 特　許　庁 |

❷ 標準文字による出願とは認められない商標の記載例

イ　図形のみの商標，図形と文字の結合商標

　　Ｖ特許庁　　特許庁商標課

ロ　指定文字以外の文字を含む商標
ハ　文字数の制限30文字を超える文字数（スペースも文字数に加える）からなる商標
ニ　縦書きの商標，２段以上の構成からなる商標

| 特許庁（縦書き） | 特　許　庁／商　標　課 | 特　　許　　庁 |

ホ　ポイントの異なる文字を含む商標

| 日本国特許庁 | 日本の特許庁 | ＴＯＫＫＹＯＣＨＯ |

ヘ　色彩を付した商標
ト　文字の一部が図形的に，又は異なる書体で記載されている商標

| T OKKY O C H O | I N P U T | 日本国特許庁 |

チ　花文字等特殊文字，草書体等特殊書体等で記載された商標

| Tokkyocho | 特許庁 | 特許庁 |

リ　上記イないしチ以外のものであって，記載文字が容易に特定できない商標

❸　国際商標登録出願について「standard characters」である旨の宣言があった場合の取扱い

　国際商標登録出願に係る商標について「standard characters」である旨の宣言があっても，5条3項で規定するわが国の商標法上の標準文字としては取り扱わないこととしている。その理由については以下のとおり（商標審査便覧19.71）。

①　国際登録簿上の標章の構成と，特許庁長官が指定する文字により表示されるわが国の標準文字制度に基づく登録商標との具体的構成とは相違すること。

②　諸外国における標準文字（standard characters）制度についてみると，当該国の法律等でその意義や効果を明示している国は見当たらず，「standard characters」である旨の宣言が記載されている公報等から判断した場合にその運用に関して，わが国のものとは制度の内容を大きく異にすること。

③　わが国の標準文字制度は，文字商標における構成文字については特許庁長官が指定する文字によりその態様の標準化を図り，商標見本の作成・添付を不要とすることによって主として商標登録出願に係る手続の簡便化を図る目的から導入されたものであるが，「standard characters」である旨の宣言をしている国際登録出願においてはこのような利便性の効果は少ないこと。

④　わが国においては標準文字として登録されるか否かにかかわらず，その商標権の

及ぶ範囲が広くなったり狭くなったりすることはないので出願人に何ら不利益を与えるものではないこと。

V 新しいタイプの商標

新しいタイプの商標については，視認できないものも含まれるため，特定の方法は非常に重要である。

商標審査基準〔改訂第12版〕において，商標の詳細な説明及び経済産業省令で定める物件が商標登録を受けようとする商標を特定するものであるか否かについての基準が示されている。

商標の詳細な説明及び経済産業省令で定める物件（以下「物件」という）が商標登録を受けようとする商標を特定するものであるか否かについては，動き商標，ホログラム商標，色彩のみからなる商標，音商標又は位置商標のうち，いずれかの商標として願書中の商標登録を受けようとする商標を記載する欄へ記載した商標（以下「願書に記載した商標」という）と，商標の詳細な説明又は物件の商標の構成及び態様が一致するか否かを判断するとされる。

これらが一致する場合には，特定されたものとされるが，一致しない場合においても，願書に記載した商標の構成及び態様の範囲に商標の詳細な説明又は物件が含まれているか否かを判断し，その範囲に商標の詳細な説明又は物件が含まれているときには，特定されたものとするとされている。

以下，それぞれの種類ごとに，願書への記載方法及び，商標の詳細な説明又は物件の商標の構成及び態様が一致する又は一致しない例をあげる。

(1) 動き商標

(a) 動き商標について商標登録を受けようとするときは，「【商標登録を受けようとする商標】」の欄の次に「【動き商標】」の欄を加える（商標施規様式第2備考9）。

(b) 特定方法　動き商標について商標登録を受けようとするときは，その商標の変化（商標に係る文字，図形，記号若しくは立体的形状若しくはこれらの結合又はこれらと色彩との結合の移動を含む。以下同じ。）の状態を特定するための指示線，符号又は文字を記載することができる。この場合は，当該記載によりどのように商標の変化の状態が特定されるのかを「【商標の詳細な説明】」の欄に記載する（商標施規様式第2備考7ワ）。

(c) 動き商標を特定するものと認められる例（商標審査基準〔改訂第12版〕第4の7(1)(イ)）

動き商標を構成する標章の説明及び時間の経過に伴う標章の変化の状態（変化の順番，全体の所要時間等）についての具体的かつ明確な記載がある場合。

§5 （商標登録出願）

[例1] 1枚の図によって記載されている例（標章が変化せず移動する例）

[例2] 異なる複数の図によって記載されている例

　(d)　動き商標を特定するものと認められない例（商標審査基準〔改訂第12版〕第4の7(1)(ロ)）
　(イ)　願書に記載した商標と商標の詳細な説明に記載されている標章が一致しない場合（願書に記載した商標に記載されていない標章が，商標の詳細な説明に記載されている場合及び願書に記載した商標に記載されている標章が，商標の詳細な説明に記載されていない場合を含む）。
　(ロ)　願書に記載した商標と商標の詳細な説明に記載されている標章の変化の状態（例：変化の順番）が一致しない場合。
　(e)　商標審査便覧においては，動き商標の願書への記載について，下記のような取扱いがある（商標審査便覧52.01）。
　(イ)　動き商標における願書に記載した商標は，時間の経過に伴う標章の変化の状態が特定されるように表示された一又は二以上の図又は写真であり，動き商標を構成するすべての標章及びすべての変化の態様を記載する必要があるが，変化の過程におけるすべての瞬間をとらえて記載をする必要はなく，変化の態様の種類（色彩の変化，大きさの変化，見える角度の変化，位置の変化等）及び変化の過程における標章が確認できる記載をすれば足りる。
　(ロ)　商標の詳細な説明における所要時間の記載について，動き商標は標章が時間の経過に伴って変化する商標であるため，変化に要する時間（所要時間）についての記載が必須となる。しかしながら，願書に記載した商標には所要時間について記載することができないため，商標の詳細な説明に記載する必要がある。
　(ハ)　色彩のみが変化する動き商標における商標の詳細な説明の記載について，動き商標は標章が時間の経過に伴って変化する商標であり，標章が色彩のみからなる場合も

含まれる。こうした色彩のみから構成される動き商標における商標の詳細な説明は，その色彩について，色彩のみからなる商標において求められるのと同程度（色彩名，三原色（RGB）の配合率，色見本帳の番号，色彩の組合せ方（色彩を組み合わせた場合の各色の配置や割合等）等）の具体的かつ明確な記載が必要である。

(2) ホログラム商標
　(a)　ホログラム商標について商標登録を受けようとするときは，「【商標登録を受けようとする商標】」の欄の次に「【ホログラム商標】」の欄を加える（商標施規様式第2備考10）。
　(b)　特定方法　ホログラム商標について商標登録を受けようとするときは，その商標の変化の前後の状態を特定するための指示線，符号又は文字を記載することができる。この場合は，当該記載によりどのように商標の変化の前後の状態が特定されるのかを「【商標の詳細な説明】」の欄に記載する（商標施規様式第2備考7カ）。
　(c)　ホログラム商標を特定するものと認められる例（商標審査基準〔改訂第12版〕第4の7(2)(イ)）　ホログラム商標を構成する標章の説明及びホログラフィーその他の方法による視覚効果（立体的に描写される効果，光の反射により輝いて見える効果，見る角度により別の表示面が見える効果等。以下「視覚効果」という）により変化する状態についての具体的かつ明確な説明がある場合。
［例］

　(d)　ホログラム商標を特定するものと認められない例（商標審査基準〔改訂第12版〕第4の7(2)(ロ)）
　　(イ)　願書に記載した商標と商標の詳細な説明に記載されている標章が一致しない場合（願書に記載した商標に記載されていない標章が，商標の詳細な説明に記載されている場合及び書に記載した商標に記載されている標章が，商標の詳細な説明に記載されていない場合を含む）。
　　(ロ)　願書に記載した商標と商標の詳細な説明に記載されている視覚効果が一致しない場合。
　(e)　商標審査便覧における動き商標の願書への記載の取扱い中，下記の取扱いについては，ホログラム商標にも適用される（商標審査便覧52.01）。
　すなわち，色彩のみが変化する動き商標における商標の詳細な説明の記載について，動き商標は標章が時間の経過に伴って変化する商標であり，標章が色彩のみからなる場

§5（商標登録出願）

合も含まれる。こうした色彩のみから構成される動き商標における商標の詳細な説明は，その色彩について，色彩のみからなる商標において求められるのと同程度（色彩名，三原色（RGB）の配合率，色見本帳の番号，色彩の組合せ方（色彩を組み合わせた場合の各色の配置や割合等）等）の具体的かつ明確な記載が必要である。

(3) 色彩のみからなる商標

(a) 色彩のみからなる商標について商標登録を受けようとするときは，「【商標登録を受けようとする商標】」の欄の次に「【色彩のみからなる商標】」の欄を加える（備考9及び10に該当するときを除く）（商標施規様式第2備考12）。

(b) 特定方法

(イ) 色彩のみからなる商標の場合（商標4条の4第1号），その商標を図又は写真によって記載するときは，なるべく商標登録を受けようとする色彩が全体にわたり表示された図又は写真によって記載する（商標施規様式第2備考7ヨ）。

(ロ) 色彩のみからなる商標であって，その色彩が付された位置を特定する商標の場合（商標4条の4第2号），その色彩のみからなる商標を図又は写真によって記載するときは，商標登録を受けようとする色彩及びそれを付する位置を特定するための線，点その他のものを記載することができる。この場合は，当該記載によりどのように当該色彩及びそれを付する位置が特定されるのかを「【商標の詳細な説明】」の欄に記載する（商標施規様式2備考7タ）。

(c) 色彩のみからなる商標を特定するものと認められる例（商標審査基準〔改訂第12版〕第4の7(3)(イ)）　色彩のみからなる商標を構成する色彩を特定するための色彩名，三原色（RGB）の配合率，色見本帳の番号，色彩の組み合わせ方（色彩を組合せた場合の各色の配置や割合等）等についての具体的かつ明確な説明が記載されている場合。

［例1］単色　　　　　　　　　　［例2］色彩の組合せ

§5（商標登録出願）　　　　　　　　　　　第2章　商標登録及び商標登録出願

［例3］商品等における位置を特定　　　［例4］商品等における位置を特定

　(d)　色彩のみからなる商標を特定するものと認められない例（商標審査基準〔改訂第12版〕第4の7(3)(ロ)）
　　(イ)　願書に記載した商標と商標の詳細な説明に記載されている標章（色彩）が一致しない場合（願書に記載した商標に記載されていない標章が，商標の詳細な説明に記載されている場合及び願書に記載した商標に記載されている標章が，商標の詳細な説明に記載されていない場合を含む）。
　　(ロ)　色彩を組合せたものである場合に，願書に記載した商標と商標の詳細な説明に記載された各色の配置や割合等が一致しないとき。
　　(ハ)　色彩を付する位置を特定したものである場合に，願書に記載した商標と商標の詳細な説明に記載された色彩を付する位置が一致しないとき。
　(e)　『商標審査便覧』においては，色彩のみからなる商標について，下記のような取扱いがある。
　　(イ)　色彩のみからなる商標及び位置商標において，特定された位置が存在しない商品等に関する取扱い（商標審査便覧51.01）。
　　(ロ)　色彩のみからなる商標のうち，色彩の組合せからなるものの願書への記載について（商標審査便覧54.01）。
　色彩のみからなる商標については，出願人の実際の使用態様に応じて，様々な構成及び態様で出願されるところ，本取扱いには，下記のような構成及び態様の表示について，記載されている。さらに，色彩を組み合わせてなる商標に係る商標の詳細な説明については，『商標審査基準』〔改訂第12版〕第4（第5条）の7の(3)(イ)において，色彩名，三原色（RGB）の配合率，色見本帳の番号のほか，色彩の組み合わせ方（色彩を組合せた場合の各色の配置や割合等）等についての具体的かつ明確な説明の記載を必要としているところ，色彩の組合せの態様に応じた願書への記載についても同様に記載されている。
　　①　色彩を直線的に組み合わせてなる場合（縦，横，斜め，これらの組合せ）

②　色彩を曲線的に組み合わせる場合
③　グラデーションの場合
④　商品等における位置を特定する場合
⑤　図形を認識させることが明らかな場合
　(ハ)　色彩のみからなる商標の出願における「金色」等の色彩に関する取扱い（商標審査便覧54.03）。
　(ニ)　色彩のみからなる商標の出願において願書に記載した商標が複数の図又は写真により記載されている場合の取扱い（商標審査便覧54.04）。
　(ホ)　色彩のみからなる商標の出願における色見本帳についての取扱い（商標審査便覧54.05）。

(4)　音商標
(a)　音商標について商標登録を受けようとするときは，「【商標登録を受けようとする商標】」の欄の次に「【音商標】」の欄を加える（商標施規様式第2備考13）。
(b)　特定方法
　(イ)　音商標について商標登録を受けようとするときは，音符，休符，音部記号，テンポ，拍子記号，歌詞その他の商標登録を受けようとする音を特定するために必要な事項を記載する（商標施規様式第2備考7レ）。
　(ロ)　商標法施行規則4条の5の規定により音商標を文字を用いて記載するときは，黒色で，かつ，大きさ及び書体が同一の活字等（大きさは原則として7ポイント以上とする）を用いて，横書きで記載する。この場合において，音商標を外国語で記載することができる（商標施規様式第2備考7ソ）。
(c)　音商標を特定するものと認められる例　　音商標について，願書に記載した商標に記載がない事項（演奏楽器や声域等の音色等。ただし，歌詞等の言語的要素を除く）は，物件及び商標の詳細な説明（商標登録を受けようとする商標を特定するために必要な場合に限る）により特定するものとする。
　(イ)　五線譜で表されている音商標について（商標審査基準〔改訂第12版〕第4の7(4)(イ)）
　(i)　音商標を特定するものと認められる例
　　①　願書に記載した商標に演奏楽器としてピアノが記載され，物件がピアノにより演奏されたと認識される音声ファイルである場合。
　　②　願書に記載した商標に演奏楽器について記載されておらず，物件がピアノにより演奏されたと認識される音声ファイルである場合。
　(ii)　音商標を特定するものと認められない例
　　①　願書に記載した商標に演奏楽器としてピアノが記載され，物件がギターによ

り演奏されたと認識される音声ファイルである場合。

　②　願書に記載した商標に演奏楽器について記載されておらず，物件がギターにより演奏されたと認識される音声ファイルであり，かつ，商標の詳細な説明にはバイオリンで演奏されたものである旨の記載がある場合。

　(ロ)　文字で表されている音商標について（自然音等）（商標審査基準〔改訂第12版〕第4の7(4)(ロ)）

　　(i)　音商標を特定するものと認められる例　　願書に記載した商標が，「本商標は，『パンパン』と2回手をたたく音が聞こえた後に，『ニャオ』という猫の鳴き声が聞こえる構成となっており，全体で3秒間の長さである。」という文章であり，物件が「パンパン，ニャオ」と聞こえ，全体で3秒間の音声ファイルである場合。

　　(ii)　音商標を特定するものと認められない例　　願書に記載した商標が，上記①と同一の文章であり，物件が「パンパン」と聞こえ，全体で2秒間の音声ファイルである場合。

　(d)　音商標に関する願書への記載及び補正について，以下のような取扱いがある（商標審査便覧55.01）。

　(イ)　音商標の演奏楽器として音高のない打楽器のみを用いる場合には，通常の五線譜で記載することは不可能であり，また，楽器をたたくタイミング等を文字で記載するのは困難である。そこで，演奏楽器として音高のない打楽器のみを使用している場合にかぎり，五線譜中の一線を用いて一線譜として記載ができるとされる。

　(ロ)　テンポが記載されていない場合における補正の取扱い　　願書に記載した商標が五線譜により記載されている場合，音を特定するために①音符，②音部記号，③テンポ，④拍子記号，⑤言語的要素（歌詞等が含まれるとき）が記載されていなければならないが，③テンポについて記載されていない場合にかぎり，テンポを商標の詳細な説明に追記する補正は，要旨の変更とはされない。

(5) 位置商標

　(a)　位置商標について商標登録を受けようとするときは，「【商標登録を受けようとする商標】」の欄の次に「【位置商標】」の欄を加える（備考9及び10に該当するときを除く）（商標施規様式第2備考14）。

　(b)　特定方法　　位置商標について商標登録を受けようとするときは，その商標に係る標章及びそれを付する位置を特定するための線，点その他のものを記載することができる。この場合は，当該記載によりどのように当該標章及びそれを付する位置が特定されるのかを「【商標の詳細な説明】」の欄に記載する（商標施規様式第2備考7ツ）。

　(c)　位置商標を特定するものと認められる例（商標審査基準〔改訂第12版〕第4の7(5)(イ)）

§5 （商標登録出願）

位置商標を構成する標章及びこの標章を付する商品等における位置（部位の名称等）についての具体的かつ明確な説明が記載されている場合。

［例1］ ［例2］

(d) 位置商標を特定するものと認められない例（商標審査基準〔改訂第12版〕第4の7(5)(ロ)）

(イ) 願書に記載した商標と商標の詳細な説明に記載されている標章が一致しない場合（願書に記載した商標に記載されていない標章が，商標の詳細な説明に記載されている場合及び願書に記載した商標に記載されている標章が，商標の詳細な説明に記載されていない場合を含む）。

(ロ) 願書に記載した商標と商標の詳細な説明に記載された商標を付する位置が一致しない場合。

(e) 位置商標に関する願書への記載及び補正について，以下のような取扱いがある（商標審査便覧56.01）。

(イ) 商標の詳細な説明の記載は，商標登録を受けようとする商標を特定するものでなければならないため，商品等における標章を付する位置についての具体的かつ明確な記載が必要であるところ，願書には，商標における商品等を一例としてあげることが通常行われると考えられる。また，実際に商標を使用する場合には，商品の形状等に応じて標章を付する位置が若干変わることもあり得る。

そこで，商標の詳細な説明において，商品等における標章を付する位置についてなされた記載が，標章の大きさ，標章を付する商品等，取引の実情等を総合的に考慮した上で，願書に記載した商標から合理的に解釈し得る位置の範囲に含まれていれば，標章を付する位置は特定されたものとされた（商標審査便覧56.01）。

(ロ) 位置商標の出願において願書に記載した商標が複数の図又は写真により記載されている場合に，その位置を特定するために記載された商品等は，指定商品又は指定役務（以下「指定商品等」という）のうちの一部の商品又は役務である場合が多いと考えられる。位置商標の場合に，位置を特定するための商品等の記載は，その指定商品等における使用態様のうちの一例として取り扱うこととし，下記のような場合に，願書に記載し

た商標として商品等における位置を特定する記載が複数枚提出された場合であっても、それぞれの記載において下記①ないし③をすべて満たす場合には、同法3条1項柱書及び6条1項の規定（一商標一出願）に違反しないものとして取り扱うとされた（商標審査便覧56.02）。

① 商品等が指定商品等に含まれていること
② 標章が同一であること
③ 商品等における位置が同一であること

(6) 商標の詳細な説明

新しい商標を特定する場合には、願書上の【商標の詳細な説明】の記載に注意が必要である。動き商標における移動の軌跡、位置商標、色彩のみからなる商標において商品の輪郭を示す「破線」を商標中に記載した場合には、商標を構成する要素ではない旨の説明が必要である。すなわち、それぞれ、「破線矢印等は、鳥が移動する軌跡を表すための便宜的なものであり、商標を構成する要素ではない。」、「なお、破線は、商品の形状の一例を示したものであり、商標を構成する要素ではない。」等のような記載とする。これらの記載がない場合、又は異なる場合には、商標が特定されたものとはみなされないか、又は、意図した商標とは異なる商標出願とみなされる（商標審査基準〔改訂第12版〕第4）。

(7) 国際商標登録出願に係る商標についての新しい商標の種類の判断

(a) 商標審査基準において、日本国を指定する領域指定（以下「指定通報」という）に「Indication relating to the nature or kind of marks」の記載がある場合は、その記載内容から、原則として次のように判断するものとされている（商標審査基準〔改訂第12版〕第4の8(1)）。

(イ) 「Indication relating to the nature or kind of marks」に、「three-dimensional mark」と記載されていれば「立体商標」と判断するものとする。

(ロ) 「Indication relating to the nature or kind of marks」に、「mark consisting exclusively of one or several colors」と記載されていれば「色彩のみからなる商標」と判断するものとする。

(ハ) 「Indication relating to the nature or kind of marks」に、「sound mark」と記載されていれば「音商標」と判断するものとする。

(b) 指定通報の「Description of the mark」の記載内容により、原則として、次のように判断するものとする（商標審査基準〔改訂第12版〕第4の8(2)）。

(イ) 「Description of the mark」に、「moving」等と表示されていれば「動き商標」と判断するものとする。

(ロ) 「Description of the mark」に、「hologram」等と表示されていれば「ホログラム

商標」と判断するものとする。

　(ハ)　「Description of the mark」に，「positioning of the mark」や「position mark」等と表示されていれば「位置商標」と判断するものとする。

　(c)　上記(a)及び(b)の記載内容によっても判断ができない場合には，商標登録を受けようとする商標の記載に基づいて判断するものとする。

　例えば，商標登録を受けようとする商標を記載する欄に五線譜の記載があるが，「Indication relating to the nature or kind of marks」の記載がなく，「Description of the mark」に「moving」，「hologram」，「positioning of the mark」又は「position mark」等の記載がない場合は，五線譜を商標登録を受けようとする商標とする図形商標として取り扱う（商標審査基準〔改訂第12版〕第4の8(3)）。

　(d)　なお，国際商標登録出願に係る商標についての物件は，国際登録簿に添付する手続がないことから，日本国を指定する領域指定時には，当該物件が添付されていないため，5条4項を適用して当該物件の提出を促すこととされる（商標審査基準〔改訂第12版〕第4の10）。

VI　経済産業省令に定める物件

　音商標の出願にあたっては，商標法5条4項で定める物件として，音声ファイルの提出が必要である。当該音声ファイルを提出するメディア（記録媒体），ファイル形式などの要件は，以下のとおり（特許庁ホームページ「音商標の出願における音声ファイルのファイル形式等について」）。

「1．音声ファイルの要件

　　Windows Ⓡ 7 搭載の Windows Media Ⓡ Player で再生可能なメディア・ファイル形式であって，一定以上の品質の音声を記録したもの。特に，以下のメディア・ファイル形式を推奨します（太文字は必須の要件）。

　(1)　メディア（記録媒体）

　　　メディア（記録媒体）：CD-R 又は DVD-R〔直径120㎜〕

　　　ディスクフォーマット：ISO9660（レベル2）又は UDF（1.5，2.0）

　(2)　ファイル形式等

　　　ファイル形式：MP3〔MPEG audio layer-3〕

　　　ビット数：16bit

　　　サンプリング周波数：44100HZ 又は48000Hz

　　　ビットレート：128kbps 又は256kbps

　　　ファイルサイズ：5MB 以下

§5（商標登録出願）　　　　　　　　　　　第2章　商標登録及び商標登録出願

2．ラベル面の記載等
　(1)　メディアのラベル面（記録面と反対側の面）には以下の[ⅰ]から[ⅲ]を記載する必要があります。
　　[ⅰ]　「商標法第5条第4項の物件」との表題
　　[ⅱ]　「事件の表示」（詳しくは，後述の記載例を参照。）
　　[ⅲ]　「出願人の氏名又は名称」
※「事件の表示」の記載例
　　ア）出願番号が通知されている商標登録出願：「出願番号」
　　　　例）商願2015-001234
　　イ）出願番号が通知されていない商標登録出願：「平成〇〇年〇〇月〇〇日提出の商標登録願」及び必要に応じて商標登録願に記載の「整理番号」
　　　　例）平成27年4月2日提出の商標登録願
　　　　　　整理番号 ABC-123
　　ウ）国際商標登録出願：「国際登録番号」又は「〇〇〇〇年〇〇月〇〇日に事後指定が記録された国際登録第〇〇〇〇〇〇号」(*)
　　　　例1）国際登録第0123456号
　　　　例2）2015年5月1日に事後指定が記録された国際登録第0123456号
　　　　　（*）　国際商標登録出願の場合，「商標法第5条第4項の物件提出書（国際商標登録出願）」（商標法施行規則様式第9の2）により提出します。（補正の場合を除く）
　　エ）手続補正書で提出する場合：出願番号等に加え，「平成〇〇年〇〇月〇〇日付け補正書」のように記載。
　　　　例1）商願2015-001234
　　　　　　平成27年6月1日付け手続補正書
　(2)　1つのメディアには，1出願分の1つのファイルのみ記録し，ファイル名は以下のようにする必要があります。
　　[ⅰ]　出願番号が通知されている商標登録出願：出願番号（半角数字10桁）＋拡張子
　　　　例）2015001234.mp3［商願2015-001234の場合］
　　[ⅱ]　出願番号が通知されていない商標登録出願：出願人名＋整理番号＋拡張子
　　　　例）商標太郎.mp3
　　[ⅲ]　国際商標登録出願：国際登録番号（半角数字7桁）＋分割記号（半角ローマ字1字［存在する場合］）＋拡張子
　　　　例1）0123456.mp3

例2) 0123456A.mp3
　(3)　メディア（記録媒体）は，1枚用のプラスチックケース等に入れて提出してください。
　(4)　提出いただいた音声ファイルは，返却いたしませんので予め御了承ください。
　(5)　提出に際しては，ファイルがコンピュータ・ウィルスに感染していないことを御確認ください。
　(6)　特許庁内の事務処理上の問題から再提出をお願いすることがありますので，御了承ください。」

Ⅶ　台紙の色彩と同一の色彩の部分の取扱い

　6項は，色彩を商標の構成要素としていることと関連して商標登録を受けようとする商標の色彩との関係を明らかにしている。すなわち，商標登録を受けようとする商標を表示した部分のうちその用紙の色彩と同一である部分は，その用紙の色彩と同一の色彩を付すべきことを記載した範囲を除き，その商標の一部でないものとみなす旨規定している。この規定は，商標登録出願に係る商標や登録商標の内容を確定する面をも有する観点からは，別個独立の条文とするとの立法方法もあり得るであろうが，当該色彩の指定を商標登録を受けようとする商標を願書の記載事項としていることからここに規定している。

(1)　6項の趣旨

　旧商標法（大正10年法）1条3項は「商標ハ之ニ施スヘキ色ヲ限定シテ登録ヲ受クルコトヲ得」と規定し，明治42年商標法を踏襲して着色限定制度を採用していた。商標の構成要素は，文字，図形，記号又はその結合に限られることは同条2項の明定するところであるが，着色限定制度の趣旨，解釈などについて疑問点があった。着色限定制度については，「色彩は商標の構成要素ではなく，登録商標にどのような色彩を施して使用しても登録商標の使用になる」ことを前提とし，色彩を施さない場合には識別力のない標章であっても，色彩を施した場合には識別力を有するものであれば，商標登録を受けられるが，このような商標について商標登録した場合に，あらゆる色彩のその商標の使用にもその商標権の効力が及ぶことになるのは不当であるので，着色限定によって，色彩も商標の構成要素とする代わりに他の色彩については権利の効力が及ばないことにすることとしたものであるとの考え方があった。これに対し他の見解は，色彩は商標の構成要素ではないから色彩を施した商標見本を提出しても，その商標見本どおりのものが商標登録されたことにはならず，商標見本どおりの色彩を施したものを含むあらゆる色彩を施したものについて商標登録されたことになる弊害を救うために着色限定制度があり，

§5 (商標登録出願)　　　　　　　　　　　　　　第2章　商標登録及び商標登録出願

着色限定をして初めて色彩を施した商標見本どおりのものが登録されることになる，というのである。また，着色限定をしていない登録商標はすべての色について登録されたものとみなすこととすることは，商標権の効力の面だけでなく，審査の面等種々の面で混乱を生ずることとなるばかりでなく，商標の本質にも反するので，旧商標法のもとでも，着色限定をしていない商標だからといって必ずしもすべての色について商標登録を受けているものとみるべきではないとの見解もあった。

　そこで，これらの諸問題を解決することが必要となった。この点につき，工業所有権制度改正審議会が昭和31年11月に行った答申では，「いかなる着色をするかは出願の際に必ずしも既定の事実ではないし，また着色の種類ごとに別個の出願をしなければならないこと等の事情も考慮しなければならない。従って，すべての場合色を構成要件とすることは考えなかった」と説明している（答申説明書76頁）。しかし，立法段階で構成要素となったり，構成要素とならない場合の基準がはっきりしないとして，一律に色彩を構成要素とすることに改められた。また，同答申中で「商標はその全部についてこれを施すべき色を限定して登録をうけることができる」とあったのを受けて「商標は，その全部について，付すべき色彩を指定して商標登録を受けることができる」との規定を設けることも検討された。しかし，商標登録出願の性質上，商標登録出願の願書に添付している商標見本は出願人が商標登録を受けることを求めて提出したものとみるのが合理的であるとみることもできよう。そうだとすれば，その商標見本そのままの色彩で出願及び登録がされたものとみなすべきであり，色彩の指定を要求するのは妥当でないこととなった。このことは，意匠登録出願の場合と同様である。その結果，商標見本のままの色彩で出願したものとみなすこととなり，その規定を設けないこととなった。

　ところが，商標登録を受けようとする商標を表示した書面（台紙）の色彩と商標登録を受けようとする商標の構成のうちの色彩が同一である部分がある場合，その部分が商標の一部分を構成するものとみるべきか否かの問題を生ずるに至った。この問題に対しては，台紙中当該商標を構成する標章の部分とそうでない部分に分け，その両者の接点を標章の輪郭として捉え，その輪郭の内側の台紙の色彩と同一の色彩の部分は台紙の色彩と同一の色彩を施してあるものとみなし，その輪郭の外側の台紙の色彩と同一の色彩の部分は色彩を付していないものとみなすとの解決案がまず浮上した。しかし，その輪郭の設定が困難な場合があることなどの理由で採用されなかった。ついで，その輪郭に拘泥しないその解決策の1つとして，商標の色彩のうち台紙の色彩と同一の部分もその色彩と同一の色彩を標章の構成要素としているものとみなすとする案が検討された。この場合，台紙の色彩自体本来商標の色彩とは別のものであるべきであって，それを当然に商標の色彩とみることには飛躍がありそれを商標の色彩を構成するものとみるためには

出願人の意思を反映させる途を開くべきであるといえよう。すなわち，出願人が台紙の色彩と同一の色彩の部分を商標の構成要素とする意思を表示した場合に限り，その構成要素となるものとし，その意思表示をしない場合はその商標の構成要素とはならないこととすることとなった。

(2) **当該色彩の指定をしない場合の効果**

当該色彩の指定をしない場合には，当該色彩の部分は「その商標の一部でないものとみなす」と規定している。「その商標の一部でないものとみなす」とは，「用紙の色彩と同一の色彩である部分」であって，商標の基本的構成要素である文字，図形，記号又はこれらの結合自体がその商標の一部でないものとみなされるのではない。また，色彩がないとみなすだけであり，「打ち抜き」となることを意味するものではない。用紙の色彩と同一の色彩である部分の扱いを定めたのがこの規定である。もともと，色彩を商標の構成要素としているといっても，色彩自体が独立して商標となるというものではなく，色彩は文字，図形，記号又はこれらの結合の付随的構成要素となるにすぎない（小野・概説〔第2版〕19頁）。商標の一部でないものとみなされるものは色彩だけであって，基本的構成要素である文字，図形，記号又はこれらの結合自体が商標の一部でないものとみなされるものではない（網野・商標〔新版増補〕62頁）。白色の用紙に「白鹿」の文字を白抜きで書してなる場合には，当該白抜きの部分（用紙の色彩と同一の部分）のみが商標の一部でないものとみなされるだけであって，「白鹿」の文字自体が商標の一部でないものとみなされるのではない。したがって，「商標の一部でないものとみなす」部分からも外観，称呼又は観念が生ずるものとされるのである（商標審査基準〔改訂第12版〕第4の6）。また，「商標の一部でないものとみなす」部分についても，「色彩を登録商標と同一にするものとすれば登録商標と同一の商標であると認められるもの」をゆるやかに解釈し，色彩がないものとした場合に両者が同一の商標である場合も含むものとし，商標法70条1項及び3項の規定を類推適用すべきものと解される。

(3) **当該色彩の指定の方法**

(a) 当該色彩の指定の方法については，「その書面に記載」することと規定している。その記載方法については商標法施行規則2条に基づく様式第2備考19で定めている。それによると，説明書に「商標法第5条第6項ただし書の適用」と記載し，商標登録を受けようとする商標を記載し，引出線，文字その他のものにより，色彩を付すべき範囲を明らかにして商標記載欄の色彩と同一の色彩を付すべ旨を記載することとしている。

この場合，願書に「【提出物件の目録】」の欄に「【物件名】」の欄を設けて「商標法第5条第6項ただし書説明書」と記載する。ただし，「【商標の詳細な説明】」の欄に，色彩を付すべき範囲を明らかにして商標記載欄の色彩を付すべき旨を記載した場合には，説

明書に記載する必要はない。
　(b)　当該色彩の指定は「その書面に」記載することによりしなければならないので，商標登録出願と同時でなければならない。商標登録出願と同時に当該色彩の指定をしていない場合には，その後にその指定を行う補正をすることは，原則として商標登録を受けようとする商標の構成要素でなかったものを構成要素とするものであるから，要旨を変更する補正として許されない（商標16条の2・9条の4，商標審査基準〔改訂第12版〕第13の1(2)(ヘ)）。ただ，「その書面の記載」により確定できる場合には，商標登録を受けようとする商標を記載した書面であって当該色彩を付すべき部分から引出線を引き，その旨を記載したものを提出しても要旨の変更とはならないと解すべきである。
　(c)　この規定は「商標を記載した部分」しか適用されない。この場合「商標を記載した部分」の認定に問題を生ずる場合もある。立法過程で問題とされた「標章の輪郭」の問題が尾を引いているように思われる。『商標審査便覧25.02』には「商標を記載した部分」と認めなかった例が紹介されている。
　それによると，下記図における中左下二本の引出線の箇所は商標を記載した部分ではないと認定している。その理由は次のとおりである。
　「本件事案の問題箇所についてみると，該箇所は商標見本のうち商標を表示した部分を除く部分と同じ色続きである点からみて，出願人の意図にかかわらず，商標を表示した部分とは判断し得ないものといわざるを得」ず，引出線㋐㋑について削除する補正が指示された。

〈色彩の指定が認められなかった事例〉

商標記載欄の色彩と同一の色彩を付する

　(d)　当該色彩の指定の効果　　当該指定がされた部分は，その用紙の色彩と同一の色彩であることとなる。したがって，当該商標は当該文字，図形又は記号と当該色彩との

結合からなる商標となる。それに基づき称呼，観念，外観をも考慮しなければならない。当該色彩部分についても商標法70条1項及び3項の規定が適用される。この点，旧商標法の着色限定の商標には商標法70条1項及び3項が適用されないのと異なる（商標施3条3項）。

(e) 新しい商標への適用　『商標審査便覧25.01』において，新しい商標が商標法5条6項但書の規定の適用を受けようとする場合の手続について説明している。

■商標審査便覧25.01——商標法第5条第6項ただし書の規定の適用を受けようとする際の手続について

> 　説明書に「商標法第5条第6項ただし書の適用」と記載し，その次に商標登録を受けようとする商標を記載し，引出線，文字その他のものにより，色彩を付すべき範囲を明らかにして商標記載欄の色彩と同一の色彩を付すべき旨を記載する。
> 　この場合において，「【提出物件の目録】」の欄に「【物件名】」の欄を設けて「商標法第5条第6項ただし書説明書」と記載する。ただし，「【商標の詳細な説明】」の欄に，色彩を付すべき範囲を明らかにして商標記載欄の色彩と同一の色彩を付すべき旨を記載した場合には，説明書に記載するには及ばない。＜商標法施行規則様式第2備考19＞

(イ) 「説明書」の記載について　商標法5条6項但書の規定の適用を受けようとする旨を記載した説明書の例は，以下のとおり。
　(i) 商標記載欄の色彩と同一の色彩を付する範囲を「引出線」により記載する場合。

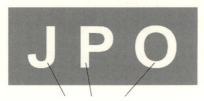

商標記載欄の色彩と同一の色彩（白色）を付する。
引出線は，説明の便宜上のものであり，商標の構成要素ではない。

§5（商標登録出願）　　　　　　　　　　　第2章　商標登録及び商標登録出願

(ii) 商標記載欄の色彩と同一の色彩を付する範囲を「文字」により記載する場合。

「JPO」，「ジェイピーオー」及び「じぇいぴぃおう」の文字は，商標記載欄の色彩と同一の色彩（白色）を付する。

(iii) 商標記載欄の色彩と同一の色彩を付する範囲を「破線及び引出線」により記載する場合。

商標記載欄の色彩と同一の色彩（白色）を付する。
破線及び引出線は，説明の便宜上のものであり，商標の構成要素ではない。

(ロ) 「商標の詳細な説明」の記載について

(i) 動き商標，ホログラム商標及び位置商標について　　動き商標，ホログラム商標及び位置商標については，「商標の詳細な説明」に商標記載欄の色彩と同一の色彩を付する範囲を文字により記載した場合には，説明書を提出することを要せず，商標法5条6項但書の規定の適用を受けることができる。

(ii) 色彩のみからなる商標について　　色彩のみからなる商標については，「商標の詳細な説明」に，商標記載欄の色彩と同一の色彩についての色彩名，三原色（RGB）の配合率，色見本帳の番号等を記載することにより，色彩を特定される。

§5（商標登録出願）

(ハ) 国際商標登録出願において，商標法5条6項但書の規定の適用を受けようとする旨の記載があった場合は，その記載と商標登録を受けようとする商標に相違がない限り，商標法5条6項但書の規定の適用を受けることができるとされる。

■参考——音商標について，提出が義務付けられている音源データ（特許庁長官が定める方式に従って記録した光ディスク）の特許庁長官が定める方式についての特許庁告示第5号

特許庁告示第5号
　商標法施行規則（昭和35年通商産業省令第13号）第4条の8第3項の規定に基づき，特許庁長官が定める光ディスクへの記録方式を次のように定め，平成27年4月1日から施行する。
平成27年2月23日
特許庁長官　伊藤　仁

商標法施行規則の規定に基づく光ディスクへの記録方式

1．媒　体　　提出される光ディスクは日本工業規格X6282又はX6249に適合する直径120mm．のものでなければならない。
2．ファイル形式及びサイズ
　(1) 光ディスクに記録されるファイルは，MP3（MPEG audio layer-3）によるものでなければならない。
　(2) 光ディスクに記録されるファイルのサイズは，5メガバイト以下とする。
3．ファイル名等
　(1) 1つの光ディスクには1出願分の1つのファイルのみを，1つのファイル名で記録しなければならない。
　(2) ファイル名は出願番号の数字，あるいは出願番号の通知がされていないときには出願人の氏名又は名称及び必要に応じてその出願の願書に記載した整理番号，国際商標登録出願にあっては国際登録の番号の数字及びローマ字を用いて「〇〇〇〇〇〇〇〇〇〇．MP3」（例えば出願番号が商願2015-123456の場合は「2015123456．MP3」，出願人の氏名又は名称を用いる場合は「商標太郎．MP3」）とする。
4．ラベル等　　光ディスクのデータ記録面と反対側の面（いわゆる「ラベル面」）に「商標法第5条第4項の物件」との表題を記しさらに下記の項目に関する事項を記載しなければならない。記載する際には，各項目名に続いて，各項目に関する事項を記載す

§5（商標登録出願）　　　　　　　　　　　第2章　商標登録及び商標登録出願

る。
(1)「事件の表示」（出願番号，あるいは出願番号の通知がされていないときには「平成〇年〇月〇日提出の商標登録願」及び整理番号，国際商標登録出願にあっては「国際登録第〇〇〇〇〇〇号」，又は「〇〇〇〇年〇〇月〇〇日に事後指定が記録された国際登録第〇〇〇〇〇〇号」，さらに，手続補正書により光ディスクを提出する場合には，出願番号等に加え，「平成〇年〇月〇日付け補正書」のように記載し手続を特定すること。）
(2)「出願人の氏名又は名称」

〔後藤　晴男＝平山　啓子〕

§5の2（出願の日の認定等）

第5条の2（出願の日の認定等）
　特許庁長官は，商標登録出願が次の各号の一に該当する場合を除き，商標登録出願に係る願書を提出した日を商標登録出願の日として認定しなければならない。
一　商標登録を受けようとする旨の表示が明確でないと認められるとき。
二　商標登録出願人の氏名若しくは名称の記載がなく，又はその記載が商標登録出願人を特定できる程度に明確でないと認められるとき。
三　願書に商標登録を受けようとする商標の記載がないとき。
四　指定商品又は指定役務の記載がないとき。
2　特許庁長官は，商標登録出願が前項各号の一に該当するときは，商標登録を受けようとする者に対し，相当の期間を指定して，商標登録出願について補完をすべきことを命じなければならない。
3　商標登録出願について補完をするには，手続の補完に係る書面（以下「手続補完書」という。）を提出しなければならない。
4　特許庁長官は，第2項の規定により商標登録出願について補完をすべきことを命じた者が同項の規定により指定された期間内にその補完をしたときは，手続補完書を提出した日を商標登録出願の日として認定しなければならない。
5　特許庁長官は，第2項の規定により商標登録出願について補完をすべきことを命じた者が同項の規定により指定された期間内にその補完をしないときは，当該商標登録出願を却下することができる。
（本条追加，平8法68）

【参考文献】
　平8改正解説，逐条解説〔第19版〕。

細　目　次

I　本条の趣旨(611)
II　本条の内容(612)
　(1)　1項(612)
　(2)　2項(612)
　(3)　3項(612)
　(4)　4項(613)
　(5)　5項(613)

〔後藤　晴男＝平山　啓子〕

I　本条の趣旨
　本条は，商標法条約5条及び同条約第5規則に対応させるために平成8年の改正にお

§5の2（出願の日の認定等）

いて新設されたものであって，商標登録出願の日の認定，商標登録出願についての補完命令等について規定したものである。

II 本条の内容
(1) 1項

1項は，特許庁長官は，商標登録出願に不可欠な基本的事項がすべてそろった商標登録出願について，その商標登録出願に係る願書が提出された日をその商標登録出願の日として認定しなければならないことを定めたものである。

「商標登録出願に不可欠な基本的事項」とは，1号～4号に規定されている瑕疵がないことである。すなわち，①商標登録を受けようとする旨の表示が明確であること，②商標登録出願人の氏名若しくは名称が商標登録出願人を特定できる程度に明確に記載されていること，③願書に商標登録を受けようとする商標が記載されていること，④指定商品又は指定役務が記載されていることである。

出願日の認定行為は，特許庁長官が行う処分のうちでも重要なものの一つであり，これらの基本的事項に瑕疵が存在しないにもかかわらず商標登録出願の日を認定しないことは許されないのである。

(2) 2項

2項は，特許庁長官は，商標登録出願に係る願書がその基本的事項のいずれかの瑕疵を有するときには，商標登録出願人に対して相当の期間を指定して，それらの瑕疵について手続の補完をするよう命令しなければならないことを定めたものである。

改正以前は，基本的事項に瑕疵のある願書については不受理処分としていた。

(3) 3項

3項は，本条の規定による手続の補完をする場合の提出書類について定めたものである。手続の補完をする場合には「手続補完書」を提出しなければならない旨規定する。

手続補完書は，特許庁の事務処理上及び商標登録出願人の混乱防止の要請から，方式要件不備の場合における「手続補正書」と区別したものであるという。手続補完書の様式，作成方法については，商標法施行規則5条，様式第10で詳細に定めている。その要点は，次のとおりである（様式第10備考6及び7）。

> 6　「【手続補完1】」の欄の「【補完の内容】」には，次の要領により補完事項を記載する。
> 　イ　商標登録を受けようとする旨の表示を補完するときは，「【補完の内容】」に「商標登録願を受けようとする商標」のように記載する。
> 　ロ　商標登録出願人の氏名若しくは名称の記載を補完するときは，「【補完の内容】」の

§5の2（出願の日の認定等）

次に「【商標登録出願人】」及び「【氏名又は名称】」の欄を設け,「【氏名又は名称】」の欄に補完する商標登録出願人の氏名若しくは名称を記載する。
　ハ　商標登録を受けようとする商標を補完するときは,「【補完の内容】」の次に【商標登録を受けようとする商標】の欄及び商標記載欄を設け,商標登録を受けようとする商標を記載する。
　ニ　指定商品又は指定役務を補完するときは,「【補完の内容】」の次に「【指定商品又は指定役務並びに商品及び役務の区分】」,「【第〇類】」及び「【指定商品（指定役務）】」の欄を設け,区分及び指定商品又は指定役務を記載する。
７　２以上の補完をするときは,次のように欄を繰り返し設けて記載する。
　　【手続補完１】
　　　【補完の内容】
　　【手続補完２】
　　　【補完の内容】

(4)　**4　項**

4項は,補完命令に対して商標登録出願人が指定した期間内に補完命令に係る基本的事項の瑕疵を手続補完書をもって補完した場合には,特許庁長官は,その手続補完書が特許庁に提出された日を商標登録出願の日として認定しなければならない旨の規定である。なお,商標登録出願人が補完命令の有無にかかわらず,自発的に手続補完書を提出した場合についても,同様に取り扱われる。

(5)　**5　項**

5項は,補完命令に対して商標登録出願人が指定した期間内に補完命令に係る基本的事項の瑕疵を手続補完書をもって補完しなかった場合には,特許庁長官は,その商標登録出願を却下することができる旨の規定である。

却下するか否かは特許庁長官の裁量権に属する。その理由は,指定した期間が経過した翌日に手続の補完がなされたような場合でも,その補完がされた状態において商標登録出願の日を認定することが諸般の事情から何ら支障がないようなときは,却下することなく補完を認めて商標登録出願の日を認定することも考え得るからであるとする。

〔後藤　晴男＝平山　啓子〕

第6条（一商標一出願）

商標登録出願は，商標の使用をする一又は二以上の商品又は役務を指定して，商標ごとにしなければならない。（改正，平3法65，平8法68）

2 　前項の指定は，政令で定める商品及び役務の区分に従つてしなければならない。（本項追加，平8法68）

3 　前項の商品及び役務の区分は，商品又は役務の類似の範囲を定めるものではない。（改正，平3法65，平8法68）

【参考文献】

池永光弥「商標の指定商品について」パテ6巻9号1頁（53），「商標に関するくじの実施」発明61巻5号51頁（64），池永光弥「商標出願の原則」商標判例百選66頁（67），特許庁商標課「商品の区分及び類似商品審査基準について」発明63巻6号67頁（66），特許庁「『商品区分』および『類似商品審査基準』について」特管20巻11号1107頁（70），特許庁商標問題研究会「結合商標と商標の単一性－商標法15条3号と関係法規の運用」発明76巻3号68頁（79），播磨良承「商品区分（指定商品）の問題点」特管34巻11号1441頁（84），特許庁編・ニース協定及び現行商品区分と国際分類との商品対照表（発明協会，89），後藤晴男・ニース協定と国際分類（AIPPI，91），特許庁編・商品及び役務区分解説（発明協会，92），特許庁編・「商品及び役務の区分」に基づく類似商品・役務審査基準（発明協会，1996・2001，発明推進協会，2014），特許庁編・サービスマーク，逐条解説〔第19版〕，平8改正解説，平成26年度知的財産権制度説明会（実務者向け）テキスト「商標の国際分類と類似商品・役務審査基準」，商標審査基準〔改訂第7版〕，同〔改訂第12版〕。

細目次

I 　本条の趣旨(615)
　(1)　一商標一出願の原則及び商品及び役務の区分(615)
　(2)　6条1項及び2項(615)
　(3)　一商標一出願の原則に反する出願(615)
II 　商標登録出願(616)
III 　一 商 標(616)
IV 　商品及び役務の区分(617)
　(1)　指定商品・指定役務(617)
　(2)　指定商品又は指定役務が二以上の商標権についての特則(617)
　(3)　区分を設けた趣旨(617)
V 　政令で定める商品及び役務の区分(619)
　(1)　趣 旨(619)
　(2)　政令における規定(619)
　(3)　サービスマーク制度導入時における政令及び省令(620)
　(4)　商品及び役務の区分の法律的効力(622)
VI 　ニース協定に基づく国際分類(622)
　(1)　ニース協定(622)
　(2)　国際分類(623)
　(3)　国際分類の版改訂の方法に関する議論(625)
　(4)　商品又はサービスの類の帰属の決定の指針(626)
　　(a)　一般注釈(626)
　　　(イ)　商 品(626)
　　　(ロ)　サービス(627)
　　(b)　類表題と注釈（List of Classes with explanatory notes）(628)
VII 　商品及び役務の類似の範囲との関係(629)
VIII 　マドリッド協定議定書に基づく国際登録出

§6（一商標一出願）

願における区分(631)
(1) 国際分類との関係(631)
(2) 指定商品・役務の区分について(631)

〔後藤　晴男＝平山　啓子〕

I　本条の趣旨
(1)　**一商標一出願の原則及び商品及び役務の区分**
　本条は，一商標一出願の原則を定めるとともに，商品及び役務の区分の性格をも明らかにしている。工業所有権制度改正審議会が昭和31年12月24日付で行った答申（商標部会関係）第二十「一商標一出願主義の趣旨を明定し，二又は二以上の商標の登録出願を一出願でしてはならないという趣旨の規定を設ける」及び第九「第5条の商品類別は出願及び審査の便宜のためのものであることを明定する」に基づくものである。役務を追加したのは，工業所有権審議会が平成3年2月5日に行った「サービスマーク登録制度の導入等に伴う商標制度のあり方に関する答申」の「サービスマークについても現行商標法が規定する商標登録制度と同様の登録制度を導入し，商標に対するのと同様適切な保護を図ることが適当と考えられる」に対応するものである。

　また，平成8年の一部改正において，商標法条約3条5の規定に対応して1項を改正し，2項を新設し，以前の2項を3項とした。

(2)　**6条1項及び2項**
　1項は，商標登録出願は，商標の使用する一又は二以上の商品又は役務を指定し，商標ごとにしなければならないと規定し，一商標一出願の原則を定めている。この結果，一商標一出願の原則は，①1つの商標ごとに1つの商標登録出願をしなければならないこと，及び，②1つの商標登録出願は一又は二以上の商品又は役務を指定しなければならないことを意味する。

　また，一出願多区分制の導入に伴う平成8年の一部改正において，「政令で定める商品及び役務の区分内において」の文言を削除した。

　2項は，一出願多区分制の導入に伴い平成8年の一部改正において追加されたものであって，商品又は役務の指定の方法を定めるものである。商標登録出願にあたっての商品又は役務の指定は，政令で定める「商品及び役務の区分」に従って区分けしてされなければならないこととした。区分ごとに区分けすれば，一商標登録出願で複数の区分にわたる商品又は役務を指定できることを意味する。一出願多区分制は，出願人にとっては，区分ごとに願書を作成する必要がなくなり，手続の簡素化が図られ，商標権の管理及び調査が容易になるという利点があるとする（逐条解説〔第19版〕302頁）。

　3項は，商品及び役務の区分は，商品又は役務の類似範囲を定めるものではないと規定し，その区分と商品・役務の類否関係を明らかにしている。

(3)　**一商標一出願の原則に反する出願**

〔後藤＝平山〕

§6（一商標一出願）　　　　　　　　　　　　　第2章　商標登録及び商標登録出願

一商標一出願の原則に反する場合は，拒絶理由にはなるが（商標15条3号），登録異議申立理由及び無効理由にはならない（商標43条の2・46条）。

II　商標登録出願

商標登録出願は，商標について商標権の付与を求めて特許庁長官に対し願書を提出する行為である。商標登録を受けようとする者は，所定の事項を記載した願書に必要な書面を添付して特許庁長官に提出しなければならない（商標5条1項）。

III　一　商　標

商標登録出願は，商標ごとにしなければならない。商標についての一件一通主義の原則の適用である。商標の単位をどのような基準によって定めるかはきわめて難しい問題である。商標法上商標とは，文字，図形，記号，立体的形状若しくは色彩又はこれらの結合，音その他政令で定めるもの（標章）であって，特定の者が商品又は役務について使用をするものをいう（商標2条1項，平成26年改正）。この定義に形式的に従えば，商標登録を受けようとする商標が1種類である限り，そこにどのようなものが表されていても商標は1個ということになる。これに対し，商標登録を受けようとする商標を流通過程から離れて技術的な表現としての標章を観察し，単一の形態，称呼，観念を有するもののみを1個の商標としなければならないと解する説がある（兼子＝染野・特許・商標744頁）。

他方，登録された後に営む商標の機能を前提として判断すべきであるとし「商標を構成する文字，図形の結合等から数個の称呼，観念が生じ，商品に関する種々の角度からする幾つかの識別標識を含むもの（社標である記号と，商品の呼び名である文字と，その他の文字，図形を適宜に配した商標）であっても，それが取引上1個のまとまった標識として需要者に一体的に認識されるものと判断し得る限り，1個の商標として1つの出願で登録を受けることができる」との説がある。しかし，この説においても，広告目的用の商標については，さらにゆるやかに解釈し，究極的には一商標一出願の原則は1つの出願について2件以上の用紙に表示された商標を同時に出願することを禁止する趣旨であると解するのと実質大差ないこととなろうと述べている（網野・商標〔第6版〕677頁）。

特許庁の実務では，きわめて例外的な場合を除き，商標登録を受けようとする商標が1種類の場合には，二以上の商標についての出願であるとの理由で拒絶してはいないようである。ただ，多種多様なものが表示され，構成が散慢で特定の認識ができないものを表示している商標登録を受けようとする商標の場合には，商標法6条より拒絶すべきであるとの説もあるが（網野・商標〔第6版〕676頁），むしろ商標法3条1項6号により処理すべきものと解すべきである。

なお，本条では，同一人が同一商標を二以上出願することまでを禁じてはいない。しかし，同一の内容のものについて同一の独占権を二以上付与することは，条理上当然に許されないことであり，同一人が同一商標について同一商品，役務を指定して二以上の出願をした場合には，「商標法制定の趣旨に反する」との理由により拒絶されることとなる（商標審査基準〔改訂第12版〕第18「その他」，商標15条）。

IV 商品及び役務の区分

商標登録出願は，政令で定める商品及び役務の区分に従って，商標の使用をする商品又は役務を指定してしなければならない。

(1) 指定商品・指定役務

商標は，商品・役務について使用をする標章であり，商標と商品・役務とは不可分の関係にある。しかるに，現実の取引社会に流通する商品・役務は多種類にわたるので，その商品・役務について類別に分けたものが商品・役務の区分といわれる。なお，商品・役務の使用については商標法2条1項ないし3条1項柱書の問題であり，本条で扱うべき問題ではない。

商品・役務の区分は，商標制度にとって絶対不可欠なものではない。現に諸外国の中には，このような商品の区分ないし類別制度を有しない国もある。しかし，商品の多種多様のために，先行登録商標の調査や管理上有益な働きをするものであることを看過することはできない。このことは，諸外国の多くが類別制度を有し又は採用する傾向にあること，さらに1957年6月15日には商標を使用する商品及びサービスの国際分類に関するニース協定の成立をみ，しかも自国では類別制度を有しないにかかわらず，この協定に加入しあるいは加入しない国で国際分類を採用している国のあることからも窺知することができるであろう。わが国でも，最初の商標法ともいうべき明治17年の商標条例では「商品ノ種類」と称し，明治21年の改正商標条例から大正10年法においては「商品類別」と題し，さらに現行法は，当初は「商品の区分」，その後平成4年の改正により「商品及び役務の区分」の名称のもとに同様の制度を設けている。

(2) 指定商品又は指定役務が二以上の商標権についての特則

商品及び役務の区分に区分けすれば複数の商品・役務を指定することができる。2以上の商品・役務は，類似の商品・役務であるか非類似の商品・役務であるかを問わない。

二以上の商品・役務を指定して登録された場合には，指定商品又は指定役務ごとに商標登録がされ，又は商標権があるものとみなされる（商標69条）。つまり，この場合指定商品・指定役務単位の商標権の束ともいうべき1個の権利が成立することとなる。

(3) 区分を設けた趣旨

〔後藤＝平山〕

§6（一商標一出願）

商品の区分を設けた趣旨は，
「①　世の中にはきわめて多数の商品があり，同一人がその中の1つ1つの商品について別々の商標権を設定しなければならないということになると，無数の権利が存在し，煩雑となるので，このような事態の発生を避けるべきである。
②　1つの商標権で多数の商品についての権利をも設定できるということになると，自己の企業に関係のない商品までも指定するという弊害を生ずるので，この発生を防ぐ必要がある。
③　1つの商標権で多数の商品について，しかも自己の企業に関係のない商品についてまでも権利を設定するということは，商標権が一定の商品についての商標の使用権であるという意味がなくなってしまうことになる。
④　同種企業が取り扱う可能性がある商品をまとめて，1つの商品の区分を作り，この区分内にある商品については，1商標権で権利が設定できるようにする。
⑤　商標出願上の便宜および商標審査上の便宜をはかる点にある」
といわれる（特許庁商標課編・商品区分解説（旧）5頁）。

しかし，この説明については疑問がないではない。「商品及び役務の区分」は商品・役務ごとに無数の権利の成立を阻止するに十分であろうか。決して十分なものではない。1つの区分内であれば，具体的な商品・役務ごとの出願を阻止することはできないからである。

また，「商品及び役務の区分」は，不使用商標権の成立を防止することはできない。これは，登録主義の欠陥に根ざすものであり，不使用商標権の整理は使用主義ないしは使用強制制度の採用にまつべきであり，「商品及び役務の区分」によって実現することは困難である。

さらに，第三者に対する商標選択の自由を確保するためにも，「商品及び役務の区分」だけでは不十分である。「商品及び役務の区分」内において1つの出願をせよということは，出願の数さえ増加すれば全商品について出願することを不可能とするものではないからである。

かくして，「商品及び役務の区分」の実質的意義で最も重視すべきものは，先行（登録）商標の調査ないし管理の便宜のための制度であるということである。そして，このような「商品及び役務の区分」に法律的にどのような効力を与えるかは，まったく立法政策の問題である。

最近では，諸外国の多くは，国際条約の加盟を視野に入れて，1つの出願で多類別の商品（役務）を指定できることにしている（一出願多区分制）。わが国も平成8年の一部改正によりこの法制を採用した（標章の国際登録に関するマドリッド協定議定書，商標法条約）。

V　政令で定める商品及び役務の区分

(1) 趣　旨

　商品及び役務の区分は，商標の経済的機能を十分に発揮させるためには，根本的には市場における商品取引の実情を主として分類されるべきであり，また，世界的に統一化への動向にあることに鑑み，それに即応できるようにするため政令に委任することとしたものである（前掲答申84頁）。

(2) 政令における規定

　商標法施行令及び商標登録令の一部を改正する政令（平成15年政令第398号）による改正後の商標法施行令2条は次のように規定している。

> （商品及び役務の区分）
> 第2条　商標法第6条第2項の政令で定める商品及び役務の区分は，別表のとおりとし，各区分に属する商品又は役務は，1967年7月14日にストックホルムで及び1977年5月13日にジュネーヴで改正され並びに1979年10月2日に修正された標章の登録のための商品及びサービスの国際分類に関する1957年6月15日のニース協定第1条に規定する国際分類に即して，経済産業省令で定める。

　商標法6条2項の委任に基づき，商標法施行令は，商品の区分及び役務の区分を同施行令別表として定めている。

　同別表をみるに，第1類から第45類までの区分表からなり，区分表は区分の番号と名称からなっている。そして，第1類から第34類までは商品の区分であり，第35類から第45類までは役務（サービス）の区分であり，この限りにおいて国際分類の類別表と一致している。ただ，同別表の各区分に付されている名称と国際分類の類別表の各類に付されている名称とは完全には一致していないので，同別表は，形式的には国際分類そのものではなく，独自の日本分類であるとみることもできよう。

　ところで，ニース協定2条(2)の規定によれば，同盟国は国際分類を主たる体系として使用するか副次的体系として使用するかの選択権を有することとなっている。ニース協定1条(1)で，同盟国が採用する義務を負っている分類は「唯一の分類」ではなく「共通の分類」であることを明定していることからも明らかなように，ニース協定上でいう「国際分類の主たる体系としての使用」とは，商品及びサービスの分類体系として「国際分類」のみを採用することを意味するものではない。

　もともと，ニース協定2条(2)は，商品又はサービスについて独自の分類体系を有する国のニース協定への加入を容易にすることをねらって設けられた規定であって，独自の

〔後藤＝平山〕

分類体系を有する国にとっては、国際分類とその国内分類との使用の仕方を定める必要に基づくものである。独自の分類体系を有する国は、国際分類を主たる体系として又は副次的な体系として使用する限りにおいて、独自の国内分類を引き続き使用することを維持できるのである。これに対し、独自の国内分類体系を有しない国にとっては、国際分類を採用するだけで足りるのである。

そして、同施行令1条は、また、「各区分に属する商品又は役務は、1967年7月14日にストックホルムで及び1977年5月13日にジュネーヴで改正され並びに1979年10月2日に修正された標章の登録のための商品及びサービスの国際分類に関する1957年6月15日のニース協定第1条に規定する国際分類に即して、経済産業省令で定める」と規定している。つまり、この規定は、国際分類を導入することを宣明すると同時に、各区分に属する商品又は役務は、国際分類に即して、経済産業省令で定めることとしているところである。したがって、各区分に属する商品及び役務は、経済産業省令で定めるけれども、同省令で定める内容に制約を課することにより国際分類と一致すべきことを担保しているといえよう。

そうだとすれば、同別表は、その各区分に付されている名称に拘泥すべきではない。各区分に属する商品及び役務が国際分類のそれと一致するものである以上、商標法施行令2条の委任に基づく経済産業省令は、実質的な国際分類をもカバーしているものといえるのではあるまいか。

ニース協定上の締約国の主たる義務は、共通の分類を採用し、標章の登録に関する公文書及び公の出版物に、登録される商標に係る商品又はサービスの属する国際分類の類の番号を表示することである。「区分の番号」と「国際分類の類の番号」が一致し、各区分に属する商品及びサービスが国際分類の類に属する商品及びサービスと一致するものである以上、実質的には、国際分類の主たる体系としての使用と変わるところはないといえよう。

(3) サービスマーク制度導入時における政令及び省令

商品及び役務の区分は、商標法施行令1条の別表（以下「政令別表」という）と商標法施行規則6条の別表（以下「省令別表」という）の両者で構成されている。

サービスマーク制度導入時である平成4年3月に発行された特許庁編『類似商品・役務審査基準』〔改訂第7版〕xi頁によれば、政令別表及び省令別表について次のように説明されている。

一 政令別表
商標法第6条に規定する「商品及び役務の区分」そのものであり、各区分の表示は、

国際分類の類別注釈を踏まえて代表的な名称付けをしたものである。

商標法施行令（著者注：旧商標法施行令）第1条で「各区分に属する商品又は役務は国際分類に即して通商産業省令で定める」と規定することによって，我が国の「商品及び役務」の分類は国際分類を主たる体系として採用するものであり，各区分に属する「商品又は役務」の実質的内容は商標法施行規則に委任している。

二 省令別表

商標法施行令第1条により委任された各区分に属する商品又は役務を，国際分類に即して例示したものである。注意しなければならない点を次に述べる。

1 旧商品分類は，省令別表において政令別表の表示を頂点に下位概念の商品を順次階層的に配列（概念括り）し，各区分に属すべき商品の範囲を明確にしているのに対し，新分類は，国際分類を主たる体系として採用するものであるため，各区分に属すべき商品又は役務を必ずしも概念別に整理した上で省令別表に例示しているものとはいえない。

従って，各区分に属すべき商品又は役務は，省令別表に例示されている商品又は役務を確認しなければならない。

また，省令別表に掲げられていない商品及び役務であって，国際分類に掲げられているものは，国際分類に表示された類に従って分類されるが，省令別表及び国際分類のいずれにも掲げられていない商品及び役務については，省令別表の備考に従って区分が決定されることとなる。

2 各区分において，包括表示を付して整理し，列挙している商品又は役務は例示である。

なお，例示されていない商品又は役務が包括表示下の商品群又は役務群に属すると認められる場合，その商品及び役務は，国際分類上その類に属する商品又は役務の範囲において，その包括表示下の商品群又は役務群に包括されるものと解釈する。

(a) ここでまず注意すべきは，政令別表について，「各区分に属する『商品又は役務』の実質的内容は商標法施行規則に委任している」とあるけれども，全面的に委任されているものではないことである。商標法施行令1条本文は省令別表をニース協定1条に規定する国際分類に即して定めるとしており，これにより各区分に属する具体的な商品又は役務の詳細は実質的に確定しており，省令別表は機械的，技術的な範囲の委任にとどまるものである（特許庁編・サービスマーク86頁）。

(b) 次に，各区分に属すべき商品又は役務は，「省令別表に例示されている商品又は役務によって確認しなければならない」と述べていることである。さらに，省令別表及び

国際分類のいずれにも掲げられていない商品又は役務については、「省令別表の備考に従ってその属すべき区分が決定される」と述べている点である。

省令別表備考一で、別表に掲げられていない商品又は役務の分類に際しては、「ニース協定第1条に規定する国際分類の一般的注釈に即するものとし」と規定しているので①国際分類に掲げられている商品・役務(省令別表にないものであっても)により、次に②一般的注釈に定める基準に従い、そのいずれにもよることができない場合に省令別表の備考(一)〜(八)に従って属すべき区分を決定すべきこととなる。

(c) さらに、「各区分において、包括表示を付して整理し、列挙している商品又は役務は例示である」と述べている。しかし、その例示の範囲が必ずしも明らかでないということである。例えば、「化学品」とあっても、その概念は、改正前の「化学品」と同一ではないし、少なくとも国際分類で他の類に属するものとされている商品を含むものであってはならないことは当然であり、また専門家委員会で事後に他の類を帰属を変更した場合にも、それに従わなければならないということである (ニース協定3条(iii)・4条)。

(4) 商品及び役務の区分の法律的効力

前述したとおり、「商品及び役務の区分」に法律的にどのような効力を与えるかは、まったく立法政策の問題であり、先行(登録)商標の調査ないし管理の便宜が実質的意義で最も重視すべきものである。そのほか、区分を表示することによってその指定商品・役務の性質を概ね表示したものであること、類似する商品・役務をグルーピングしたものであること、商品・役務の類似の単位であること、等種々の効果・利用方法があると考えられるが、料金の支払の単位であることは国際分類を採用している国々に共通したものと考えられる。米国の商標審査マニュアルにおいては、区分が料金の支払の単位であることが明示されている ("Classification is the basis for determining the number of fees that must be paid." USPTO TMEP 2015 1401.04 Classification Determines Number of Fees)。

Ⅵ ニース協定に基づく国際分類

(1) ニース協定

(a) ニース協定は、現在は「1967年7月14日にストックホルムで及び1977年5月13日にジュネーヴで改正され並びに1979年10月2日にジュネーヴで修正された標章の登録のための商品及びサービスの国際分類に関する1957年6月15日のニース協定」ということになる。「1967年7月14日にストックホルムで及び1977年5月13日にジュネーヴで改正され並びに1979年10月2日にジュネーヴで修正された」の部分は、ニース協定の経歴を示している。「標章の登録のため」の語句は国際分類の目的を表現したものである。国際分類は、当初、国際事務局 (BIRPI) が1891年のマドリッド協定に基づく商標の国際登

§6 （一商標一出願）

録の業務を遂行する事務上の必要から出発したものであること及び国際分類の対象とする商品及びサービスは，現実に標章が使用されているものに限定されず，標章の登録の対象となる可能性のあるものであればよいことなどを表現することをねらったものである。「標章」の語は，商標及びサービスマークの双方を包含する簡潔な語であることから用いられている。1935年刊行の国際分類は，商品のみを扱うにすぎず，国際商品分類とも呼ばれたけれども，その後，サービスマークを登録する国が次第に増える傾向にあったことから，その情況に対応できるようにするため，サービスをも国際分類の対象に加えることとしたものである。

現在，ニース協定への加盟国は84の国及び地域（2015年10月現在）で，わが国は平成2年2月20日に加入しており，国際分類を実際に採用している国又は機関は70である（2016年 WIPO 国際分類〔第10-2016版〕より）。

(b) ニース協定の主な内容は，次のとおりである。

(イ) ニース協定の加入国は特別の同盟（ニース同盟）を形成し，標章の登録のための商品及びサービスの共通の分類（すなわち，国際分類）を採用する。

(ロ) 同盟国は，標章の登録に係る刊行物等に国際分類の類の番号を表示しなければならない。ただし，国際分類を主たる分類として採用する（「主たる体系」としての使用）か，あるいは副次的な分類として独自の国内分類と併用する（「副次的な体系」としての使用）かは任意である。

(ハ) 国際分類を新しい商品及びサービスの出現等に対処し得るよう最新のものとするための国際分類の変更（商品及びサービスの追加，削除，用語上の変更及び他の類への移行等）は，各同盟国によって構成された専門家委員会が行う。

なお，わが国は，平成元年7月27日発行の出願公告の商標公報から国際分類の類の番号を併記し，同4年4月1日から国際分類に即した分類を施行することとなった。

(2) 国際分類

(a) 国際分類は，ニース協定の適用される国が共通に採用する分類ではあるが，その具体的内容（類別表等）はニース協定の不可分の一部を構成するもの（例えば，附属書）としては規定されていない。

(イ) 歴史的にみても，ニース協定の国際分類（類別表等）もその協定の成立前に作成され，1935年に国際事務局が刊行した国際商品分類をベースとして出発したこと，

(ロ) 国際分類は，ニース協定上は何ら法的効果を有するものではなく，標章の登録に関する公の文書等の整理，検索等に関する事務上の便宜に供するためのものであって，商標権等の設定や範囲に影響を及ぼすものとしての位置づけをされていないこと，

(ハ) 国際分類の修正その他の変更の権限は，同盟の総会ではなく，専門家委員会に

〔後藤＝平山〕

与えられていることなどによるものである。
　しかし，国際分類は，ニース協定にとっては最も重要な事項の１つであることには変わりはないので，ニース協定では，国際分類の構成，用語等について規定している。
　(b)　国際分類の構成　　国際分類は，類別表，注釈（場合により設ける）及びアルファベット順の一覧表で構成される（ニース協定１条(2)）。
　　(イ)　類別表「List des classes（仏語）」，「a list of classes（英語）」は，国際分類の根幹ともいうべきものであって，商品及びサービスの分類を定めたものである。
　　(ロ)　アルファベット順の一覧表「Liste alphabetique（仏語）」，「alphabetical list（英語）」は，商品及びサービスの品目をアルファベット順に列挙し，ある商品が国際分類のいずれの類に属するかの決定を容易にするとともにその決定における混乱を避けることにより，国際分類の利用を容易にすることをねらったものであって，①類別全体にわたる商品及びサービスの品目をアルファベット順に列挙したものと，②各類ごとに当該類に属する商品又はサービスの品目をアルファベット順に列挙したものとに分けられる。
　　(ハ)　注釈（notes explicatives（仏語），explanatory note（英語））は，国際分類の明確化，解釈及び統一的な適用を容易にするために類別表に加えられるもので，類別全体についての言及である一般注釈（一般的注釈）（Remarques generals, General Remarks）と必要と認められる類に付される注釈（Note explicative）からなっている。注釈は類別表に伴うものとされている。
　1977年のジュネーヴ改正協定のもとでは，類別表並びに商品及びサービスのアルファベット順の一覧表は，1971年に国際事務局が刊行したもの並びにニース協定３条の規定に基づく専門家委員会による修正・補足で1979年２月６日前に効力の生じたもの及びその日後に効力の生ずる修正その他の変更からなるものとされている（ニース協定１条(3)）。
　(c)　1935年に刊行の類別表は，34の類からなり，各類は類の番号及び表題（見出し）で構成され，第１類から第５類までは化学工業及びその関連産業の製品，第６類から第14類までは金属及び金属製品，第15類から第21類まではその他の生産技術に関する製品，第22類から第27類までは繊維工業及びその関連産業の第１次原材料並びにその製品，第28類はおもちゃ，遊戯具，運動具，第29類から第34類までは食品，飲料，タバコ製品及びその関連産業製品を包含している。そして，一般注釈に相当するものは，部分品についてのみ言及していた。商品のアルファベット順の一覧表は，商品の品目を掲記したものであって，左側から連続番号，当該品目のフランス語の表示，当該品目の属する類の番号，当該品目のドイツ語表示，当該品目の英語表示の順に配置されているものである。
　専門家委員会により，修正・補足された類別表並びに商品及びサービスのアルファベット順の一覧表は，国際事務局により，1963年，1971年に刊行された。その後，1981年，

§6 (一商標一出願)

1983年, 1987年及び1991年に刊行された。1977年のジュネーヴ改正協定のもとで,「仮のもので, 勧告とみなされていた」注釈は, 1982年5月28日第14回専門家委員会により新たに注釈が決定されたので, その席をゆずることとなった。他方, 1963年版からサービスの類別が追加され, 第35類から第42類までの8の類がサービスの類で, 1991年版では第35類は広告及び事業の管理・運営・処理, 第36類は保険, 財政, 金融, 不動産業務, 第37類は建設, 修理, 設備サービス, 第38類は通信, 第39類は輸送, 物品の梱包・保管, 旅行の手配, 第40類は材料処理（加工）, 第41類は教育, 調教, 娯楽, スポーツ・文化活動, 第42類は飲食物の提供, 一時的宿泊, 医療・衛生・美容, 獣医科・農業に係るサービス, 法律業務, 科学・産業の調査研究, コンピューターのプログラミング, 他の類に属させることができないサービスとなった。さらに, 2002年から第42類を第42類〜第45類に分け第42類を科学技術又は産業に関する調査研究及び設計, 電子計算機又はソフトウェアの設計及び開発並びに法律事務, 第43類を飲食物の提供及び宿泊施設の提供, 第44類を医療, 動物の治療, 人又は動物に関する衛生及び美容並びに農業, 園芸又は林業に係る役務, 第45類を冠婚葬祭に係る役務その他の個人の需要に応じて提供する役務(他の類に属するものを除く）及び警備とされた（国際分類〔第8版〕）。

さらに, 2007年1月1日からの国際分類〔第9版〕の発効に伴い, それに即して商標法施行令1条別表及び商標法施行規則6条別表を改正し, 同日付けで施行した。

そして, 2012年1月1日からの国際分類〔第10版〕の発効に伴い, それに即して商標法施行規則6条別表を改正し, 同日付けで施行した。

(3) **国際分類の版改訂の方法に関する議論**

国際分類の第4条（変更の通知, 効力発生及び公表）の(1)では,「専門家委員会が決定した変更及び専門家委員会の勧告は, 国際事務局が同盟国の権限のある官庁に通知する。国際分類の修正は, 通知の発送の日の後6箇月で効力を生じ, その他の変更は, その変更が採択される時に専門家委員会が定める日に効力を生ずる。」とされているところ, 国際分類の「国際分類の変更（changes）」とは, 類の移行・追加を伴わない変更, すなわち, 国際分類表への追加, 削除, 表現の変更を指している。これに対して「国際分類の修正（amendments）」は, 類の移行・類の追加などを指している。

国際分類の変更の提案は, 同盟国の権限のある官庁, 国際事務局, 専門家委員会にオブザーバーを出席させた政府間機関及び専門家委員会により提案を行うよう特に要請された機関又は国が行うことができる（協定3条）。これまで, 国際事務局に提出された提案は, 専門家委員会によって設置された準備作業部会で討議され, 準備作業部会の勧告に基づいて専門家委員会により変更の最終決定が行われてきたが, 専門家委員会第21回会合（2010年11月開催）において, ①電子フォーラム（E-Forum）を利用して, 国際分類の

§6（一商標一出願）

「その他の変更（other changes）」の投票・決定を行うことや，②5年に1回開催されていた専門家委員会を少なくとも1年に1回開催し，国際分類の「その他の変更」を毎年発効すること等が決定された。これにより，第10版より国際分類の「その他の変更」を毎年発効することとなった。これまで，準備作業部会は専門家委員会によって設置され，各加盟国からの提案の検討を行ってきたところ，WIPOが開設した電子フォーラムがこれにとって代わり，準備作業部会は事実上休止となっている。

専門家委員会は，ニース協定3条によって規定されるとおり，国際分類の変更，専門家委員会の手続規則の採択，版改訂の期間等，国際分類に関連する様々な事項を決定する権限を有している。

国際分類〔第10版〕発効のための専門家委員会第21回会合において，少なくとも1年に1回は専門家委員会を開催すること，版の改訂期間は原則5年であることが維持される決定がなされた。毎年開催される専門家委員会では，国際分類の「その他の変更」の採択及びその発効時期の決定がされ，次期の版へ反映させる「国際分類の修正（amendments）」については，議論され決定されるものの，実際の発効は次期版の発効の日となる。

2014年に公表され2015年に発効している国際分類〔第10-2015版〕についての変更のための各国提案は，専門家委員会第25回会合（2015年4月開催）で審議され，584項目（「修正」22項目，「その他の変更」584項目）の提案が可決された。「その他の変更」は，国際分類の新追加版〔第10-2016版〕として2016年1月1日に発効したことに伴い，それに即して商標法施行規則6条別表を改正し，同日付けで施行された（国際分類〔第10-2016版〕のアルファベット順一覧表の英語版に掲載されている商品及びサービスは，商品8262項目及びサービス996項目）。

なお，第10版発効後の専門家委員会で可決された国際分類の「修正（amendments）」は，次回の国際分類の改訂版〔第11版〕として2017年1月1日に発効予定である。

(4) 商品又はサービスの類の帰属の決定の指針

商品又はサービスの類の所属を決める指針については，一般注釈（General Remarks）で示している。

(a) 一般注釈　類別表に掲げる商品又はサービスの表示は，当該商品又はサービスが原則として属する分野についての一般的な表示である。したがって，各具体的商品又はサービスの分類を確認するためには，アルファベット順の一覧表を参照すべきである。

(イ) 商　品　ある商品を類別表又はアルファベット順の一覧表に従って分類することができない場合には，次の①から⑥までの注釈が適用すべき基準を示している。

①　完成品は，原則として，その機能又は目的（用途）に従って分類する。その基準が類別表に定められていない場合には，完成品は，アルファベット順の一覧表に掲げら

れている商品で比較することができる他のものから類推して分類する。比較することができる他の商品を発見できない場合には，商品の材料又は作動方式のような他の補助的基準が適用される。

　② 完成品で複数の目的（用途）を有する複合物（例えば，ラジオ付時計）であるものは，それぞれの機能又は目的（用途）に対応するいずれの類に分類することができる。これらの基準が類別表に定められていない場合には，①に示す基準が適用されるべきである。

　③ 原材料（未加工のもの又は半加工のもの）は，原則として，当該原材料を構成する素材に従って分類する。

　④ 他の製品の一部を構成することを意図した商品は，原則として，当該他の製品である商品と同一の類に分類する。ただし，同一の種類の商品が通常は他の目的（用途）に用いることができない場合に限るものとする。他のすべての場合には，①の基準が適用される。

　⑤ 商品（完成品であるかどうかを問わない）がその作られた材料に従って分類する場合であって，2以上の材料から成るものであるときは，当該商品は，原則として，主たる材料に従って分類する。

　⑥ 収納しようとする製品に適合させた容器は，原則として，当該製品である商品と同一の類に分類する。

　(ロ) サービス　あるサービスをアルファベット順の一覧表に従って分類することができない場合には，次の①から④までの注釈が適用すべき基準を示している。

　① サービスは，原則として，サービスの類の見出し及びその注釈に掲げる事業分野に従って，又は，アルファベット順の一覧表に掲げられている比較することができる他のサービスから類推して分類する。

　② 賃貸サービスは，原則として，賃貸の目的物によって提供されるサービス（例えば，第38類，電話機の賃貸）と同一の類に分類する。リース方式による賃貸サービスは，賃貸サービスに類似するため同じ方法で分類する。しかし，分割払い購入資金の貸付又は賃借り満期購入方式の金融（lease-purchase financing）は，財政サービスとして第36類に分類する。

　③ 助言・情報又は指導の提供のサービスは，原則として，助言・情報又は指導の内容に対応するサービスの区分と同じ区分に分類するものとする。例えば，輸送の指導及び助言（39類），事業経営の指導及び助言（35類），金融の指導及び助言（36類），美容の指導及び助言（44類）。

　助言・指導・情報が電子的手段（例えば，電話，コンピュータ）によって提供されること

§6（一商標一出願）

は，これらのサービスの分類に影響を及ぼすものではない。

　　④　フランチャイズの枠組みにおけるサービスは，原則としてフランチャイザーが提供する特定のサービスと同じ類に分類する（例えば，フランチャイズに関する事業の助言（第35類），フランチャイズに関する財政サービス（第36類），フランチャイズに関する法律事務（第45類））。

　(b)　類表題と注釈（List of Classes with explanatory notes）　類別表に掲げる商品又はサービスの表示は，当該商品又はサービスが原則として属する分野に関する一般的表示であるといわれる。「類別表に掲げる商品又はサービス（goods or services appearing in the List of Classes）の表示」には，各類の表題（見出し）中の表示だけでなく，注釈中の表示をも含むものと解される。そして，これらの表示は，正確な概念規定のもとに表現されたものではなく，一般的表示である。

　英語及びフランス語は等しく正文であるけれども，その対応関係は，それぞれ「一般的表示」として英語圏又はフランス語圏の人々に理解しやすいものであれば足り，必ずしも概念的に完全に一致することまでを要求しているものとは解されない。

　まず，類別表の類の表題（見出し）及び注釈並びにアルファベット順の一覧表を調査し，それらのうちに，分類しようとする商品と機能若しくは用途（目的）を同一にする商品又はそれと近い関係にある商品そのものの表示又はそれを含む表示があるかどうかを確認する。アルファベット順の一覧表に掲げる商品中に分類しようとする商品の機能若しくは用途（目的）を同一にする商品の表示又はそれと近い関係にある商品の表示がある場合には，類別表の類の表題（見出し）又は注釈において別段の表示がある場合を除き，アルファベット順の一覧表の表示に従って分類することとなる。類別表の類の表題（見出し）又は注釈に別段の表示がある場合には，それに従って分類する。

　アルファベット順の一覧表に掲げる商品中に，分類しようとする商品と，機能若しくは用途（目的）を同一にする商品の表示も，それと近い関係にある商品の表示もない場合には，①商品の原材料，②商品の操作方法，使用方法，③部品であるものは完成品，④容器はその収納に適合する商品に従い分類する。ただし，類別表の類の表題（見出し）又は注釈に別段の表示がある場合には，その表示に従う。

　アルファベット順の一覧表に掲げるサービス中に，分類しようとするサービスと同一の表示もそれを含む表示もない場合には，類別表の類の表題（見出し）及び注釈に掲げる事業分野が同じもの若しくは近い関係にあるサービスがあるかどうか又はアルファベット順の一覧表に掲げるサービス中に事業分野を同じくし若しくは近似関係にあるサービスがあるかどうかを確認し，そのようなサービスの表示がある場合には，前者の場合にあってはアルファベット順の一覧表に掲げるサービスに，後者の場合にあっては類別表の類の表題（見出し）又は注釈において別段の表示があるときを除き，それに従って分類

§6（一商標一出願）

する。なお，貸与サービスは，原則としてサービスの提供者がその提供に当たり用いる物品によって提供されるサービスと同一の類（例えば，自動車の貸与では「輸送」サービスの属する第39類）に属することとなる。

Ⅶ　商品及び役務の類似の範囲との関係

　3項は確認規定である。「政令で定める商品及び役務の区分」と商品及び役務の類似の範囲とは別ものであることを注意的に規定したものである。

　ニース協定のもとでも，国際分類の効果は，各国が定めるものとし，国際分類は，特定の標章の保護の範囲の評価について加盟国を拘束するものではないと定めている（ニース協定2条(1)）。

　『類似商品・役務審査基準』によれば，省令別表第1類に属する商品「化学品」，「のり及び接着剤（事務用又は家庭用のものを除く。）」，「肥料」，「人工甘味料」等は互いに類似しない商品であり，一方，第3類に属する商品「歯磨き」と，第21類に属する商品「歯ブラシ」とは類似と推定される。これらは，個別に，商品又は役務の類否関係が判断されることとなる。また，第35類に属するサービス「広告」と，「職業のあっせん」等は互いに非類似である。

　『商標審査基準』によれば，商品の類否の判断基準は次のようである（商標審査基準〔改訂第12版〕第3の十の11）。

> 11．商品の類否を判断するに際しては，次の基準を総合的に考慮するものとする。この場合には，原則として，類似商品・役務審査基準によるものとする。
> 　(イ)　生産部門が一致するかどうか
> 　(ロ)　販売部門が一致するかどうか
> 　(ハ)　原材料及び品質が一致するかどうか
> 　(ニ)　用途が一致するかどうか
> 　(ホ)　需要者の範囲が一致するかどうか
> 　(ヘ)　完成品と部品との関係にあるかどうか

　なお，『類似商品審査基準』については，国際分類を主たる体系として採用する際に見直すべきとの意見もあったが，商品類似関係の見直しについては慎重論が多く，商品類似関係の変更は商標権者の権利擁護あるいは商品の需要者の利益保護等に極めて重大な影響を及ぼすとの判断から，『旧類似商品審査基準』の類似範囲は変更しないこととしたといわれる。

〔後藤＝平山〕

§6（一商標一出願）　　　　　　　　　　　　　　第2章　商標登録及び商標登録出願

　したがって，『類似商品例集』における材料主義，生産者主義を主とした類似商品の範囲を尊重しつつ，商品の類否を判定する一般的基準である商品の生産部門，販売部門の同一性，原材料，品質の同一性，用途の同一性，需要者の範囲の同一性及び完成品と部品の関連性を総合的に考慮し，さらに商品の類否判定を行う場合の要因である商標の商品取引における使用の実態を考慮して作成された旧商品分類下の『旧類似商品審査基準』の考え方は新商品分類下においても踏襲したといわれる（類似商品・役務審査基準〔改訂第7版〕iv頁）。

　また，『商標審査基準』によれば，役務（サービス）の類否の判断基準は次のようである（商標審査基準〔改訂第12版〕第3の十の12）。

> 12. 役務の類否を判断するに際しては，次の基準を総合的に考慮するものとする。この場合には，原則として，類似商品・役務審査基準によるものとする。
>   (イ) 提供の手段，目的又は場所が一致するかどうか
>   (ロ) 提供に関連する物品が一致するかどうか
>   (ハ) 需要者の範囲が一致するかどうか
>   (ニ) 業種が同じかどうか
>   (ホ) 当該役務に関する業務や事業者を規制する法律が同じかどうか
>   (ヘ) 同一の事業者が提供するものであるかどうか

　さらに，『商標審査基準』によれば，商品と役務（サービス）との類否の判断基準は次のようである（商標審査基準〔改訂第12版〕第3の十の13）。

> 13. 商品と役務の類否を判断するに際しては，例えば，次の基準を総合的に考慮した上で，個別具体的に判断するものとする。ただし，類似商品・役務審査基準に掲載される商品と役務については，原則として，同基準によるものとする。
>   (イ) 商品の製造・販売と役務の提供が同一事業者によって行われているのが一般的であるかどうか
>   (ロ) 商品と役務の用途が一致するかどうか
>   (ハ) 商品の販売場所と役務の提供場所が一致するかどうか
>   (ニ) 需要者の範囲が一致するかどうか

　商品の類似に関する最高裁判決として注目すべきものとしては「清酒」と「焼酎」についての「指定商品が類似のものであるかどうかは，商品自体が取引上誤認混同の虞が

あるかどうかにより判定すべきものではなく，それらの商品が通常同一営業主により製造又は販売されている等の事情により，それらの商品に同一又は類似の商標を使用するときは同一営業主の製造又は販売にかかる商品と号される虞があると認められる関係にある場合には，たとえ，商品自体が互いに誤認混同を生ずる虞がないものであっても，それらの商標は商標法（大正10年法律99号）2条9号にいう類似の商品にあたると解するのが相当である。」（最〔3小〕判昭36・6・27民集15巻6号1730頁）と，「商標の類否決定の一要素としての指定商品の類否を判定するにあたつては，商品の品質，形状，用途が同一であるかどうかを基準とするだけではなく，さらに，その用途において密接な関連を有するかどうかとか，同一の店舗で販売されるのが通常であるかどうかというような取引の実情をも考慮すべきことは，むしろ，当然であり，……上告人の登録出願にかかる商標は，『PEACOCK』なる文字より成り，商標法施行規則15条第51類文房具中の『万年筆，鉛筆，クレオン，鉛筆削り，ペン先，ペン軸，シャープペンシル，チョーク，インキ，印刷用インキ，インキ消，消ゴム，ゴム印，筆先，文箱，筆立，紙挟，状差，シース，紙押えピン，ホチキス，バインダー，文鎮』をその指定商品とし，引用商標は，『孔雀の図形』と『諸星墨汁』なる文字よりなり，第51類文房具中『墨汁』を指定商品とするものであるが，本願商標と引用商標とが商標自体において類似することは上告人の争わないところであること，また，本願商標の指定商品と引用商標の指定商品とが必ずしも常にその製造発売元を異にするものでないことは，みやすいところである。……引用商標の指定商品とは品質，形状，用途の点において異なるとしても，……原判決が両者はともに第51類文房具にぞくするものであって，書写およびこれと密接に結合された用途に使用されるものであり，且つ，同一の店舗において公衆に販売されるのを常態とするものであるから，本願商標をその指定商品に使用して売り出せば一般世人に引用商標の商品と同一営業主の製造または販売にかかるものと誤認混同される虞がある」（最〔3小〕判昭39・6・16民集18巻5号774頁）がある。

Ⅷ マドリッド協定議定書に基づく国際登録出願における区分
(1) 国際分類との関係
　マドリッド協定議定書により日本を指定した国際商標登録出願はニース協定の国際分類に基づいて指定されるが（マドリッド協定議定書3条(2)国際出願），国際分類の版については国際登録時のものが適用される。そのため，事後指定により日本を指定した国際商標登録出願は，その版が現行の版とは異なるものがある。
(2) 指定商品・役務の区分について
　WIPO国際事務局は，指定商品・役務に関する類の帰属，その表示について国際登録

§6（一商標一出願）

時に確認を行う。
　最終的に WIPO 国際事務局が類の帰属について決定する権限を負うため（マドリッド協定議定書3条(2)国際出願，同共通規則12規則(9)），理論的には，国際商標登録出願については商標法6条2項の適用はないものとなる。

〔後藤　晴男＝平山　啓子〕

§7（団体商標）

第7条（団体商標）
　一般社団法人その他の社団（法人格を有しないもの及び会社を除く。）若しくは事業協同組合その他の特別の法律により設立された組合（法人格を有しないものを除く。）又はこれらに相当する外国の法人は，その構成員に使用をさせる商標について，団体商標の商標登録を受けることができる。（改正，平18法50・法55）

2　前項の場合における第3条第1項の規定の適用については，同項中「自己の」とあるのは，「自己又はその構成員の」とする。

3　第1項の規定により団体商標の商標登録を受けようとする者は，第5条第1項の商標登録出願において，商標登録出願人が第1項に規定する法人であることを証明する書面を特許庁長官に提出しなければならない。

（本条改正，平8法68）

【参考文献】
　平8改正解説，平18改正解説，小野・概説〔第2版〕，後藤・講話〔第12版〕，逐条解説〔第19版〕，商標審査基準〔改訂第12版〕。

細目次

I　団体商標制度の導入の経緯(633)
　(1)　団体標章(633)
　(2)　団体商標の明文化(634)
　(3)　団体商標制度の概要(634)
　(4)　団体商標の主体の拡大(635)

II　本条の趣旨(636)
　(1)　1　項(636)
　(2)　2　項(637)
　(3)　3　項(638)

〔後藤　晴男＝平山　啓子〕

I　団体商標制度の導入の経緯

(1)　団体標章

　団体標章は，同業者又は密接な関係を有する営業者からなる社団法人で，その団体員の営業上の共同の利益を増進する目的を有する者が，その団体員の営業に係る商品に標章を専有せしめるために登録を受ける標章をいい，工業所有権の保護に関するパリ条約7条の2の規定を実施するため大正10年の商標法（旧27条）で「団体標章」として初めて導入された制度である。「同業者」は，多くの場合ある地域内における同一営業者ということになる。

　「密接な関係者を有する営業者」とは，製造営業者とその材料営業者のごときをいう。団体標章は，特に，広告的機能・証明的機能を有する。団体標章の所有者は商品検査所的任務を有するが，その全部をカバーするものではない。団体標章は，個別企業だけの

信用，暖簾，得意先，資本等の不利を排除し，経済上集団的利益を享受するとともに，外部の同業者に対抗できる利点があり，この場合，構成員は独自の営業活動をしていることを要するが，公益法人に限定されない。組合でも法人であれば所有者になれるものであった。

昭和34年の商標法の改正の際に新たに導入することとなった「使用許諾制度」の活用によって同様の目的を実質的に達成できるとして「団体標章制度」は廃止された。

(2) 団体商標の明文化

平成8年の改正にあたって，「団体商標」として改めて明文化することとした理由を立法者は「①将来，我が国がマドリッド・プロトコルに加入する場を踏まえ，団体商標を通常の商標と区別して登録している米国，英国，独国等の諸外国との国際的調和を進める必要があること，②団体商標は，そもそも通常の商標と異なる特質を有するものであることから，法律上，明確に通常の商標とは区別して規定することは，このような実体にも沿ったものであること（特質とは，個々の事業者が登録することに馴染まず，団体が登録するものであるが，その団体自身が商品の生産や役務の提供等をすることは必ずしも要しないこと，また，当初から，商標権者（団体）とは異なる者（構成員）による使用が予定されているものであり，その構成員には，構成員たる地位を有する限り商標の使用をする権利が認められるべきであること），③昨今，地域興しや特定の業界の活性化のため，団体が核となって，独自ブランドによる特産品づくりが求められていることから，団体商標を明文化することは，このような時代の要請にも応じるものであること，④工業所有権審議会においても，使用許諾制度を使って間接的に同一の効果を得るというのではなく，諸外国と同様に団体が直接登録することができ，その構成員による使用を団体自身による使用とする団体商標制度を導入することが国際的調和の観点から見ても適当とされた」とする（平8改正解説175頁）。

そして，「団体標章」も「団体商標」も，業として商品の生産等をする者が，その商品等について使用するものであることには変わりないことに加えて，団体自身が商品の生産・販売等を統一管理するとともに商標の使用をすることも少なくないという取引の実情をも勘案して，団体自身による使用を認めることを明記したため，「団体標章」ではなく「団体商標」と規定したという（平8改正解説179頁）。

(3) 団体商標制度の概要

平成8年の改正により明文化された団体商標制度の概要は，①団体商標の登録を認める対象は，公益社団法人，法人格を有する組合，これらに相当する外国の法人としたこと，②団体自らは，商品の生産・役務の提供等を行っていなくても商標登録を受けることができることとしたこと，③出願手続においては，出願人が公益社団法人，法人格を有する組合，これらに相当する外国の法人であることを証明する書面を提出すること以

§7（団体商標）

外は，通常の商標と変わるところがないものとしたこと，④団体商標の商標登録出願と通常の商標登録出願の相互間の出願の変更を認めることとしたこと，⑤権利の内容や範囲については，基本的には通常の商標権と同じものとしたこと，⑥団体商標の商標権は，これを通常の商標権として移転することも，団体商標の商標権として移転することも可能としたこと，⑦団体の構成員は，逐一通常使用権の許諾を得なくても，団体の定めるところにより登録商標の使用をする権利が認められることとしたこと，にあるとする（平8改正解説176頁）。

ところで，政府は，この団体商標制度の見直しに着手している。すなわち，「平成8年改正法が施行された平成9年から平成14年までで，団体商標の登録出願は約300件（うち登録が認められたものは約200件）とその利用が極めて少数に止まっている。一方，単なる産地表示（商品名等との結合を含む。）からなる商標を団体商標として出願したもので登録が認められたものはほとんどない。地域産業・伝統産業の育成の観点からこうした団体商標制度においてより広く保護することが求められているのではないか。」（産業構造審議会知的財産政策部会第4回商標制度小委員会11頁）。

(4) 団体商標の主体の拡大

平成18年の一部改正により，従来，団体商標の主体として，一般法である民法の規定により設立された社団に加え，法人格を有する社団を追加する改正がなされた。公益法人制度改革の一貫として，公益性の有無にかかわらず，準則主義（登記）により簡便に法人格を取得することができる「一般社団法人及び一般財団法人に関する法律」（平成18年法律第48号）が平成20年12月1日に施行されたことに伴い，関係法令を整備するための「一般社団法人及び一般財団法人に関する法律及び公益社団法人及び公益財団法人の認定等に関する法律の施行に伴う関係法律の整備等に関する法律」（平成18年法律第50号）により，1項の「民法（明治29年法律第89号）第34条の規定により設立された社団法人」は，同日付けで「一般社団法人」に改正されたものである。

団体商標制度の主体が拡大された理由は次のような実情によると考えられる。

① 近年，構成員を有する法人格のある商工会議所等の社団についても，かかる社団において，構成員に商標を使用させている実情があること。
② 公益法人制度改革の一貫として，商標法7条1項において引用している民法34条の社団法人は，一般社団法人へ移行することが予定されており，公益性を有する従来の社団法人に加えて，公益性のない中間法人についても一般社団法人として認められることとなること。

こうしたことから，商工会議所，商工会，中間法人等の構成員を有する社団については広く団体商標の主体として追加することとされた。

〔後藤＝平山〕

Ⅱ 本条の趣旨

本条は，団体商標を明文化したものであって，団体商標登録を受けることができる条件等を規定するものである。団体商標は，事業者を構成員に有する団体がその構成員に使用させる商標であり，商品又は役務の出所が当該団体の構成員であることを明らかにするものである。すなわち，団体商標は，団体の構成員が扱う商品・役務についての共通的性質を表示するものであり，これによって，団体の構成員は相互の協力により，その団体の信用力を高め，特産品づくり等の団体の目的達成にも資することを期待するものである。

本条に規定する以外の条件については，団体商標であっても通常の商標であることに変わりなく，通常の商標に関する規定がすべて適用されることとなる。団体商標として商標登録した場合であっても，その権利の内容や範囲は通常の商標権と基本的には異なることがないからである。

(1) 1 項

1項は，団体商標登録を受けることができる条件等を規定する。団体商標登録を受けることができる条件としては，(i)一般社団法人，事業協同組合，その他の特別の法律により設立された組合（法人格を有しない者を除く）又はこれらに相当する外国の法人に限られること，(ii)その商標は構成員に使用させる商標であることを定めている。団体商標として登録を受けることができるものについて，このように明示的に限定したのは，団体商標の本来的性格からみて，業として商品の生産や役務の提供等をする事業者を構成員に有する団体であることが当然に必要という理由による。また，この団体から法人格を有しない者を除いたのは，団体商標に係る商標権の享有につき，他の工業所有権と異なる扱いをする必要性がないからである。すなわち，権利能力のないものは団体商標の登録を受けることができない。出願人は，商標法7条1項の法人であることを証明する書面を特許庁長官に提出しなければならない（3項）。

平成8年改正工業所有権法の解説では，「民法34条の規定により設立された社団法人」とは公益社団法人を，「事業協同組合」とは中小企業等協同組合法に規定する事業協同組合を，「その他の特別の法律により設立された組合」とは農業協同組合法により設立された農業協同組合を，「これらに相当する外国の法人」とは欧州諸国の葡萄酒組合等をいう。なお，立法者は，団体商標の登録を受けることができない者の例とその理由を次のとおりとする（平8改正解説179頁）。

① 財団法人　財団の集団（財産自体がその実体）であり，業として商品の生産や役務の提供等をする事業者を構成員として有していない。

② 株式会社　構成員たる株主は，株式に相当する出資義務を負うだけの者である

§ 7（団体商標）

ことからすれば，その株主が商品の生産・役務の提供等をする事業者であって，しかも，会社がその株主の事業について自己の商標を使用させるとは考え難い。

③　フランチャイズチェーン　　フランチャイザーとフランチャイジーの間の事業契約により成立するものであって，団体とその構成員の関係にあるものではない。

④　商工会議所　　構成員は，同業者によって構成されるわけではないことから，団体の構成員に係る商品又は役務の共通的性質を表示するために商標の使用をするとの団体商標の特質には馴染まない。

　民法上の公益法人がその製造・販売する商品についての標章を専用するため又は同業組合等の組合がその規約に基づく所定の品位，品質等を具えることを保証する標章を専用するために登録を受けることは旧法でも認められていたところである（旧法26条）。ただ，団体が標章の所有者であるがその使用者が当該団体ではなくその構成員である場合には，団体商標によるべきものとされていた。もっとも，ここでは「その構成員に使用させる商標について」と規定しているけれども，これは当該法人が自己の業務に係る商品又は役務について使用するだけの商標を排除できるにすぎず，当該法人自体も使用をする商標を除外する趣旨とは解されないので，旧法26条と27条を合併したような規定となっている。この点においても「団体商標」といいながら，旧法とは異なっている。

　平成18年の一部改正では，その他の社団（法人格を有しないもの及び会社を除く）が追加された。「その他の社団」には，商工会議所法に基づく商工会議所，商工会法に基づく商工会，特定非営利活動促進法（平成10年法律第7号）に基づく特定非営利活動法人（NPO法人）等の特別の法律により法人として設立された社団が含まれることとなった。

　一方，法人格を有する社団であっても，株式会社や持分会社のような商法により設立された会社や日本たばこ産業株式会社のような日本たばこ産業株式会社法等の特別の法律によって設立された会社については，株主等を構成員とする社団であり，構成員に共通して使用させる商標が想定し難いことから，団体商標を登録できる主体には含めないこととされた。

(2)　2項

　2項は，1項で定める団体商標登録を受けることができる条件の(ii)を登録要件とする規定である。「前項の場合」とは，「その構成員に使用をさせる商標について，団体商標の商標登録を受ける場合」をいう。本項によって読み替えで適用される商標法3条1項は「自己又はその構成員の業務に係る商品又は役務について使用をする商標」となり，構成員だけでなく団体も使用する商標も含まれるが，団体のみが使用する商標は含まれないといわれており，この読み替え規定は，「構成員に使用させる商標」であることを担保する規定だとされている。「前項の場合」が「その構成員に使用をさせる商標につい

〔後藤＝平山〕

て,「団体商標の商標登録を受ける場合」を意味していることは明らかであるが,「自己又はその構成員」というときの「又は」の意味は明確でない。もしも,「及びと又は」の双方の意味において用いているとすれば,「その構成員又は自己」のようにすべきではなかったかと思う。そうでないと,団体自体が自己の業務に係る商品又は役務について使用をする商標でもあるが,また,同時に,その構成員の業務に係る商品又は役務についても使用をさせる商標でもあるときは,どう扱われるのか不明である。通常の「又は」の用例に従えば,まずは,どちらかの商標であれば足りることとなろう。しかし,これでは,その団体自体が通常の商標登録を受ける場合と重複することとなり,妥当でない。この規定は,団体だけで使用をする商標を除外するとともに,その構成員の業務に係る商品又は役務について使用をする商標であることを確保していることが必要であり,また,それで十分といえるのではなかろうか。

　出願人が1項に規定する法人であっても,その法人が自己の業務に係る商品又は役務について使用をするだけの商標については,読み替えで適用される商標法3条1項柱書の登録要件を満たさないものとして扱われる。

　団体商標の商標登録出願については,その団体及びその構成員の双方が使用をしないものばかりでなく,その団体が指定商品又は指定役務について使用するのみで,その構成員が使用をするものでないときも,読み替えで適用される商標法3条1項柱書により登録を受けることができないものとする（商標審査基準〔改訂第12版〕第6の2）。

　単なる産地表示からなる団体商標の登録を認めないとした理由を,「①自他商品の識別力を有しない産地表示は,そもそも実体的には商標としての機能を有しないものであること,②産地表示を特定の団体に独占させることは,その団体に属さない生産業者や販売業者は,その産地表示を使用できなくなり,かえって,地域興し等にも支障を生ずるおそれがあり,将来に亘って同一地域内にアウトサイダーがでないという保証はないこと,③団体商標であっても,一定期間の使用実績を勘案し,産地表示が継続して特定の団体の商品又は役務を表示する商標としての機能を有するに至った場合にのみ（即ち,将来に亘っても識別力が維持される見通しのある場合に限って）,3条2項を適用して商標登録を認めることが適当であること」としている（平8改正解説180項）。

(3) 3項

　3項は,1項で定める(i)の条件を方式要件とする規定であり,同(i)の条件を証明する書面を特許庁長官に提出しなければならない旨を定めている。同(i)の条件を証明する書面が提出されていない場合には,商標法77条2項において準用する特許法17条3項2号の規定により,手続の補正が命じられることとなる。

　この証明書は,通常の商標登録出願を団体商標の登録出願に変更する場合（商標11条3

項)及び商標登録を団体商標登録に変更する場合(平8改正商標附則5条2項)にも提出しなければならない。

　国際商標登録出願において,団体商標(collective mark),証明商標(certification mark)又は保証商標(guarantee mark)と記載されている場合であって7条3項に規定する証明書の提出がない場合は,団体商標として3条1項柱書により登録を受けることができないものとする(商標審査基準〔改訂第12版〕第6の3)。

〔後藤　晴男＝平山　啓子〕

§7（団体商標）

団体商標の登録例

凡例：1．本表は，2014年3月末日までに発行された商標公報中に掲載された団体商標のうち，権利が有効に存続しているものの抜粋である。
　　　2．註中の「大正」は，「大正10年商標法」に従い登録された例である。
　　　3．註中の「色」は色彩が付された商標であることを指す。
　　　4．註中の「図」とは図形が付された商標であることを指す。
　　　5．商標の説明は執筆者による。

No.	商　標	註	区分	権利者	登録番号
1	信州味噌	大正	30	長野県味噌工業協同組合	457925
2	小城羊羹	大正	30	小城羊羹協同組合	439574
3	磯部煎餅	大正	30	磯部製菓協同組合	558434
4	美濃名産　堂上　蜂屋柿	色	29	めぐみの農業協同組合	4315178
5	阿波ポーク（図）		29	公益社団法人徳島県畜産協会	5297957
6	草加せんべい（図）		30	草加煎餅協同組合，草加地区手焼煎餅協同組合	4224361
7	小田原蒲鉾（図）	色	29	小田原蒲鉾協同組合	4734754
8	MADE IN ISHIKARI　石狩ブランド応援ロゴマーク	色	29 30 31 32 33	石狩商工会議所	5353639
9	宇都宮餃子		30 42	協同組合　宇都宮餃子会	4546706
10	函館朝市		29 30 31 43	函館朝市協同組合連合会	4957233
11	門司港発祥　焼きカレー（図）	色	29 30 43	社団法人北九州市観光協会	5094233
12	笹野彫		28	笹野彫協同組合	4488182
13	由布院温泉　YUFUIN HOT SPRINGS（図）		35 43 44	一般社団法人由布院温泉観光協会	5351522
14	全日東京アカデミー	色	41	社団法人全日本不動産協会	5083250

§7（団体商標）

15	大規葬 大阪市民規格葬儀（図）	色	45	大阪市規格葬儀指定店事業協同組合	5135429
16	PARMA PROSCIUTTO DI PARMA（図）	色	29	コンソルツィオ　デル　プロッシュット　ディ　パルマ	4584290
17	カナダポーク（図）	色	29	カナダ・ポーク・インターナショナル	5218426
18	篤姫の郷		29 30	指宿商工会議所	5156834
19	黒門		30	黒門市場商店街振興組合	5071608
20	横綱の里		24 29	福島町商工会	5220735
21	エルマーク		09 35 41 45	一般社団法人　日本レコード協会	5161484
22	投資信託協会		16 36	社団法人投資信託協会	5059708
23	かあちゃん野菜おいしいけんな～♪		31	美馬農業協同組合	5649730
24	全国質屋組合連合会		36	東京質屋協同組合	4784137 2004/07/02
25	Wi-Fi DIRECT		09	ワイーファイ　アライアンス	5503049
26	AFAQ		35 42	エー・エフ・エヌ・オー・アール　アソシエーション　フランセズ　デ　ノーマリゼーション	4612691
27	ROTARY		35 36 41 42	ロータリー・インターナショナル	4660840
28	パルミジャーノ　レッジャーノ		29	コンソルチオ・デル・フォルマジョ・パルミジアノ・レジアノ	5584013
29	生乳鮮度重視 推　奨 社団法人全国農協乳業協会（図）		29	一般社団法人全国農協乳業協会	4953996
30	火縄　銃兵衛（図）		14 24 25 28 29 32 35	西之表市商工会	5223007

〔後藤＝平山〕

§7（団体商標）

31	安納いもブランド推進本部 annouimo-brand.Com 種子島　安納いも べにくん　こがねちゃん（図）	色	29 30 31	一般社団法人安納いもブランド推進本部	5636933
32	北限の海女 北限の海女イメージキャラクター アマリン（図）	色	30 35 43	一般社団法人久慈市観光物産協会	5650276
33	気密性（図）	色	06 19	一般社団法人日本サッシ協会	5143636
34	日漆連（お椀を模した図）		21 35 42	日本漆器協同組合連合会	4299805
35	imabari towel（図）	色	24 25	四国タオル工業組合	5341974
36	if　共済会∞全葬連（図）		42	全日本葬祭業協同組合連合会	4341819
37	Wi－FiPROTECTED SETUP（図）		09	ワイ-ファイ　アライアンス	5211659
38	ALPACA ORIGIN MARK Since 1984（アルパカ図）		18 23 24 25 27 28	アソシアシオン　インテルナシオナル　デラ　アルパカ	5580185
39	紹興黄酒（繁体字，図）	色	33	紹興市黄酒行業協会	5580729
40	DEUTSCHER KONDITORENBUND DKB（図）		30	ドイッチャー　コンディトーレンブント	5600205
41	（豚の形状の蚊取り線香用容器図）	色	29 30 43	一般社団法人四日市とんてき協会	5453065
42	（ダイヤモンドを模した図）		14	日本貴金属文化工芸協同組合	5072277
43	JP（モノグラム）		14	日本貴金属製鎖工業組合	5256035
44	（丸に三本線の図）	色	35	沖縄県三線製作事業協同組合	5368948
45	（キャラクター図）	色	35	中野ブロードウェイ商店街振興組合	5505241
46	（キャラクター図）	色	35 41	日本橋筋商店街振興組合	5328234
47	（Hの文字の図）		42	一般社団法人日本ホテル協会	4203780

§7（団体商標）

48	(Q, I, M を組み合わせた図)		42	イスティテュト・イタリアノ・デル・マルキオ・ディ・カリタ・ペル・イル・コントロロ・ディ・リスポンデンザ・ア・ノルメ・テクニク・ディ・プロドッティ・エ・システミ	4240619

§7の2（地域団体商標）

第7条の2（地域団体商標）

事業協同組合その他の特別の法律により設立された組合（法人格を有しないものを除き，当該特別の法律において，正当な理由がないのに，構成員たる資格を有する者の加入を拒み，又はその加入につき現在の構成員が加入の際に付されたよりも困難な条件を付してはならない旨の定めのあるものに限る。），商工会，商工会議所若しくは特定非営利活動促進法（平成10年法律第7号）第2条第2項に規定する特定非営利活動法人又はこれらに相当する外国の法人（以下「組合等」という。）は，その構成員に使用をさせる商標であつて，次の各号のいずれかに該当するものについて，その商標が使用をされた結果自己又はその構成員の業務に係る商品又は役務を表示するものとして需要者の間に広く認識されているときは，第3条の規定（同条第1項第1号又は第2号に係る場合を除く。）にかかわらず，地域団体商標の商標登録を受けることができる。（改正，平26法36）

一　地域の名称及び自己又はその構成員の業務に係る商品又は役務の普通名称を普通に用いられる方法で表示する文字のみからなる商標

二　地域の名称及び自己又はその構成員の業務に係る商品又は役務を表示するものとして慣用されている名称を普通に用いられる方法で表示する文字のみからなる商標

三　地域の名称及び自己若しくはその構成員の業務に係る商品若しくは役務の普通名称又はこれらを表示するものとして慣用されている名称を普通に用いられる方法で表示する文字並びに商品の産地又は役務の提供の場所を表示する際に付される文字として慣用されている文字であつて，普通に用いられる方法で表示するもののみからなる商標

2　前項において「地域の名称」とは，自己若しくはその構成員が商標登録出願前から当該出願に係る商標の使用をしている商品の産地若しくは役務の提供の場所その他これらに準ずる程度に当該商品若しくは当該役務と密接な関連性を有すると認められる地域の名称又はその略称をいう。

3　第1項の場合における第3条第1項（第1号及び第2号に係る部分に限る。）の規定の適用については，同項中「自己の」とあるのは，「自己又はその構成員の」とする。

4　第1項の規定により地域団体商標の商標登録を受けようとする者は，第5条第1項の商標登録出願において，商標登録出願人が組合等であることを証明する書面及びその商標登録出願に係る商標が第2項に規定する地域の名称

§7の2（地域団体商標）

を含むものであることを証明するため必要な書類を特許庁長官に提出しなければならない。

（本条追加，平17法56）

【参考文献】
平17改正解説，平26改正解説，小野＝三山・新概説。

細　目　次

I　本条の趣旨(645)
(1)　趣　　旨(645)
(2)　沿　　革(646)
(3)　本条を設けた理由(646)
II　本条の内容(647)
(1)　主体要件（商標7条の2第1項）(647)
　(a)　「事業協同組合その他の特別の法律により設立された組合」であり，設立根拠法で構成員資格者の加入の自由が保証されている団体であること（同1項）(647)
　(b)　商工会，商工会議所，特定非営利活動促進法（平成10年法律7号）2条2項に規定する特定非営利活動法人であること（同1項）(647)
　(c)　これらに相当する外国の法人（同1項）(648)
(2)　客体要件(648)
　(a)　構成員に使用させる商標であること（同1項）(648)
　(b)　商標が地域の名称と商品又は役務の名称等を普通に用いられる方法で使用する文字のみからなる商標であること（同1項各号）(648)
　(c)　周知性（同1項）(649)
　　(イ)　商標の周知性を要件とした理由(649)
　　(ロ)　周知性の程度(649)
　　(ハ)　出願人又はその構成員の商標としての周知性(649)
　　(ニ)　出願商標と使用商標の同一性(650)
　　(ホ)　周知性の立証方法及び判断(650)
　(d)　地域の名称と商品又は役務との密接な関連性（同2項）(651)
　(e)　商標法3条の適用の例外規定（同1項柱書・同3項）(652)
　　(イ)　他の登録要件(652)
　　(ロ)　商標法3条1項1号及び2号の適用(652)
　　(ハ)　商標法3条2項の適用(652)
　　(ニ)　商標法4条1項10号の適用(653)
　　(ホ)　商標法4条1項11号の適用(653)
　　(ヘ)　商標法4条1項16号(654)
(3)　手続要件(654)
　(a)　出願人が主体的要件を満たすことを証明する書面(654)
　(b)　その商標登録出願に係る商標が第2項に規定する地域の名称を含むものであることを証明するため必要な書類(654)
(4)　地域団体商標の登録状況(655)
III　審判決例等(655)

〔竹内　耕三〕

I　本条の趣旨

(1)　趣　　旨

本条は，地域団体商標に固有の登録要件を定めたものである。

§7の2（地域団体商標）　　　　　　　　　第2章　商標登録及び商標登録出願

地域団体商標とは，地域名と商品・役務名等とからなる商標をいい（商標7条の2），俗に，地域ブランドと称されている。例えば，○○りんご，○○ラーメン，○○焼，○○織，本場○○織，○○産キャベツなどをいう（○○には地域名が入る）。

本条は，地域団体商標出願の拒絶理由，登録異議申立理由及び無効理由であり（商標15条1号・43条の2・46条1項6号），公益保護規定である。

(2) 沿　革

本条は，平成17年の一部改正において地域団体商標制度を導入したことに伴って新設され，平成18年4月1日に施行された。さらに，平成26年の一部改正において，地域団体商標の登録主体を拡大するべく，商工会，商工会議所，特定非営利活動促進法（平成10年法律7号）2条2項に規定する特定非営利活動法人を追加し，平成26年8月1日に施行された。

(3) 本条を設けた理由

地域団体商標制度の導入前は，地域名と商品・役務名等とからなる商標は自他識別力を有しないため商標法3条1項3号又は6号に該当するとして，原則として商標登録を受けることができず，例外的に以下の場合に商標登録を受けることができるにすぎなかった。

(ⅰ) 使用の結果全国的に周知になった場合（商標3条2項）

　　（例）　夕張メロン，西陣織，信州味噌，宇都宮餃子，前沢牛

(ⅱ) 他の識別力ある図形や文字を組み合わせた場合

　　（例）　小田原蒲鉾と図形の結合商標，関あじ・関さばと図形の結合商標，三ケ日みかんと図形の結合商標

しかし，上記の例外的保護では，地域団体商標の保護が十分ではない以下のような事態が生じてきた。

① 全国的に周知になった場合の保護では，不十分である。

すなわち，全国的に周知になるまでの間，第三者の便乗使用を排除できず，地域団体商標の信用が毀損されることがある。

② 識別力ある図形・文字を組み合わせた場合の保護では不十分である。

すなわち，他人が当該図形等の部分を意図的に別の図形等に変えて地域団体商標を使用する場合や，単に文字のみで当該地域団体商標を便乗使用する場合に，商標権の効力を及ぼし得ないので，文字のみでの登録が望ましい。

そこで，地域団体商標をより適切に保護することにより，事業者の信用の維持を図り，産業競争力の強化と地域経済の活性化を支援するために，地域団体商標制度を導入した。

§7の2 （地域団体商標）

Ⅱ 本条の内容

地域団体商標に固有の登録要件が以下のとおり定められている。主体・客体・手続要件に大別できる。

(1) **主体要件** （商標7条の2第1項）

出願人は，以下の(a)〜(c)のいずれかの主体要件を充足する必要がある。出願人が複数の場合，全員が要件を満たす必要がある。

(a) 「事業協同組合その他の特別の法律により設立された組合」であり，設立根拠法で構成員資格者の加入の自由が保証されている団体であること（同1項）　法人格を有するものに限られる。

(例)　中小企業等協同組合法に規定する事業協同組合
　　　農業協同組合法により設立された農業協同組合
　　　水産業協同組合法により設立された漁業協同組合
　　　商店街振興組合法により設立された商店街振興組合
　　　森林組合法により設立された森林組合
　　　酒税の保全及び酒類業組合等に関する法律により設立された酒造組合
　　　酒類業組合法より設立された小売酒販組合及びこれらの中央会，連合会
　　　中小企業団体の組織に関する法律により設立された商工組合
　　　商店街振興組合法により設立された商店街振興組合及びこれらの連合会

加入の自由が保障されている団体であることを要件としたのは，可能な限り多くの事業者等が構成員となって当該商標を使用できるようにするためである。加入の自由の保障といっても，正当な理由に基づき加入を拒否することや，現在の構成員に付したと同様の加入条件を付すことは許される。

加入の自由の保証の例として，例えば，中小企業等協同組合法14条や農業協同組合法20条には，以下のように規定されている。

「組合員たる資格を有する者が組合に加入しようとするときは，組合は，正当な理由がないのに，その加入を拒み，又はその加入につき現在の組合員が加入の際に附されたよりも困難な条件を附してはならない。」

(b)　商工会，商工会議所，特定非営利活動促進法（平成10年法律第7号）2条2項に規定する特定非営利活動法人であること（同1項）　平成26年法改正により新たにこれらの者を登録主体として追加した（平成26年8月1日施行）。その理由は，これらの者が地域ブランドの普及に主体的に取り組んできたことを考慮し，地域ブランド保護を活性化させるためである。

これら追加された団体についても，それぞれの設立根拠法において，加入の自由が保

〔竹内〕　647

§7の2（地域団体商標）

証されている（商工会法14条1項，商工会議所16条1項，特定非営利活動促進法2条2項1号イ）。

(c) これらに相当する外国の法人（同1項） 業として商品の生産や役務の提供をする事業者を構成員に有し，法人格を有する外国の団体であって，構成員資格を有する事業者の加入が不当に制限されないことが法律上担保されている団体をいう。

この判断においては，各国法制の実情を考慮し，実質的に上記(a)又は(b)に相当する要件が担保されていれば足りるという弾力的な運用がされるべきであろう。例えば，当該国で出願人を管理監督する官庁又はこれに準ずる機関が「設立根拠法は不存在であるが加入の自由のある組合である」ことを証明すれば足りるとするなどである。

(2) 客体要件

地域団体商標の登録を受ける商標は，以下の要件を満たす必要がある。

(a) 構成員に使用させる商標であること（同1項） 組合等は，組合員に組合等の定める条件の下で使用させることができる。

「構成員に使用させる商標」であるか否かを判断するときは，その構成員による商標の使用が団体の管理の下で行われているか否かを考慮するものとする（商標審査基準）。

登録主体たる団体の使用意思は不要であるが，構成員に加えて団体自身が使用する商標であってもよい。

(b) 商標が地域の名称と商品又は役務の名称等を普通に用いられる方法で使用する文字のみからなる商標であること（同1項各号） 具体的には，以下の3態様がある。

① 地域の名称と商品（役務）の普通名称とからなる商標（同1号）

（例） ○○りんご，○○ラーメン，○○温泉

○○の部分に入る地域名は，旧地名（伊予），海域名（瀬戸内海，宇和海），山岳・河川名でもよく，商品（役務）名は，その略称でもよい。

② 地域の名称と商品（役務）の慣用名称とからなる商標（同2号）

（例） ○○織，○○焼，○○塗，○○牛，○○漬

③ 地域の名称と商品（役務）の普通名称又は慣用名称と産地表示の際に慣用されている文字とからなる商標（同3号）

（例） ○○の△△，本場○○紬，○○産△△

地域団体商標の構成を限定した理由は，図形等と組み合わされた商標や特殊な文字により表示された商標のような元々識別力を有する商標については，そもそも商標法3条1項各号に該当しないため，地域団体商標制度によらなくても登録を受けることができるからである。

地域の名称のみの商標を対象としなかった理由は，①地域ブランドは，地域の名称と商品又は役務の名称と組み合わせた商標が用いられることが多く，地域の名称のみの商

§7の2（地域団体商標）

標が用いられることは稀であること，②地域の名称のみの商標についても認めると，同一又は類似の商品・役務に地域の名称のみの商標を使用したときに権利侵害となり，同一又は同名の地域において他の商品・役務を生産・販売，提供等する者による地域の名称の正当な使用を過度に制約し，その事業活動を萎縮させるおそれがあるからである。

「普通に用いられる方法で表示する文字」とは，普通の態様で表示する文字標章（標準文字も含む）をいう。

「地域の名称」には，商品の産地，役務の提供の場所，出願時の行政区画の名称（都道府県名，市町村名等）に限られず，旧地名，旧国名，河川・山岳・湖沼等の名称，海域名その他の地理的名称を広く含み，地域の名称の略称も含む（同条2項）。

(c) 周知性（同1項）

(イ) 商標の周知性を要件とした理由　　商標が使用により隣接都道府県に及ぶほど周知であることが必要である。

本制度導入前は，地域の名称と商品・役務の名称等からなる商標は，商標法3条1項各号に該当するとして，登録が認められず，登録を認められるためには，商標法3条2項の要件，つまり使用された結果全国的に周知であるという要件を満たす必要があり，この要件を満たすのは困難であった。

しかしながら，地域の名称と商品・役務の名称等からなる商標についての事業者の信用の維持を図り，わが国産業の競争力強化と地域経済の活性化を図る観点からは，商標法3条2項より緩やかな要件で商標登録を認めるのが妥当である。

地域団体商標として登録を受けるためには，第三者による自由な使用を制限してまでも保護すべき信用が蓄積されている程度の周知性が必要であり，また，その登録を受ける商標は，第三者による便乗使用のおそれが生じ得る程度に信用の蓄積がされている程度の周知性があるものに限定すべきである。

そこで，地域団体商標は，使用された結果，商標法3条2項の全国的な周知性までは要求しないが，上記程度の周知性があることを登録の要件とした。

(ロ) 周知性の程度　　上記趣旨からみて，全国的な周知性ではなく，隣接都道府県に及ぶ程度の周知度で足る。すなわち，ここでいう「周知性」は，商品又は役務の種類，需要者層，取引の実情等の個別事情によるが，全国的な需要者の間に認識されるには至っていなくとも，一定範囲の需要者，例えば，都道府県を超える程度の範囲における多数の需要者の間に認識されていることを必要とする。

(ハ) 出願人又はその構成員の商標としての周知性　　この周知性の要件は，出願人又はその構成員の業務に係る商品・役務を表示するものとして，隣接県に及ぶ程度の需要者に認識されていることが必要であり，その商標自体広く知られていても，出願人以

§7の2（地域団体商標）　　第2章　商標登録及び商標登録出願

外に使用している者が存在し、出願人又はその構成員の商標と認識されていない場合には、この要件を充足しないことになる。

　例えば、商標「喜多方ラーメン」（指定役務：福島県喜多方市におけるラーメンの提供）は、出願人又はその構成員の商標としての周知性の要件を充足しないとして、登録されなかった（知財高判平22・11・15判時2111号109頁：平24・1・31上告不受理）。知財高裁判決は、「老麺会やその加盟店が、市内で喜多方ラーメンの広告宣伝を積極的におこなっていたとしても、市外では非加盟店も相当長期間にわたって『喜多方ラーメン』の名称でラーメン店を展開している」と認定し、「知名度向上が必ずしも同会の貢献のみによるものではない」との特許庁判断を支持した。消費者は「喜多方ラーメン」が「老麺会加入店のラーメン」とは認識していないと判断して、知財高裁は同会の請求を棄却していたが、最高裁の上告不受理で、この判決が確定した。

　特許庁の審決においても、「京料理」（指定役務：京都における日本料理を主とする飲食物の提供）や「京生菓子」（指定商品：京都産の生菓子）については、かかる周知性の要件を充足しないとして、登録されなかった（それぞれ、審判平21・3・30（不服2007-14424）、審判平20・8・22（不服2007-25090）特許庁ホームページ）。

　この観点から、当該組合への事業者の加入比率が低い場合、地域内の有力事業者が当該組合に加入していない場合、地域内に当該組合と競合関係にある組合が別にある場合、当該組合員以外の者が全国各地に多数存在している場合には、出願人たる当該組合又は組合員の商標の周知性が認められないことになろう。

　㈡　出願商標と使用商標の同一性　　本制度は、使用され周知になっている商標を保護するものであるから、出願される商標は使用商標と、実質的に同一であることが必要である。同一性については、商標法3条2項の要件よりも緩やかに解釈され、外観が相違していても明朝体とゴシック体や縦書きと横書きの相違であれば同一性を損なわないとされている（商標審査基準〔改訂第12版〕第7の一の4）。

　一方、例えば、出願商標が「京生菓子」に対し、使用商標が「京の生菓子」、「京都生菓子」、「京都菓子祭り」の場合は、同一性が認められなかった（審判平20・8・22（不服2007-25090）特許庁ホームページ）。

　㈢　周知性の立証方法及び判断　　「次の(1)ないし(4)の事実について、それぞれに例示された提出資料等を確認する。

(1)　使用事実について
　　出願商標を商品、商品の包装（出荷用段ボール箱等）又は役務に使用している写真、パンフレット、ウェブサイトの写し等
(2)　営業に関する事実（生産数量、販売地域、譲渡数量、売上高、使用期間等）について

§7の2（地域団体商標）

① 販売数量等が記載された注文伝票（発注書），出荷伝票，納入伝票（納品書及び受領書），請求書，領収書，仕切伝票又は商業帳簿等
② 生産数量等が記載された公的機関等（国，地方公共団体，在日外国大使館等）の第三者による証明書等
(3) 宣伝広告の方法，内容及び回数，一般紙，業界紙，雑誌又はウェブサイト等における記事掲載の内容及び回数について
① 宣伝広告の内容が掲載されたパンフレット，ポスター，ウェブサイトの写し，観光案内，観光地図の写し等
② 宣伝広告の量，回数等（パンフレットの配布先及び配布部数並びにウェブサイトの掲載期間等）が記載された広告業者等との取引書類，証明書等
③ 一般紙，業界紙，雑誌，地方自治体が発行する広報又はウェブサイト等における紹介記事
(4) その他の事実について
① 需要者を対象とした商標の認識度調査（アンケート）の結果報告書
ただし，実施者，実施方法，対象者等の客観性について十分に考慮して判断する。
② 国や地方公共団体等の公的機関により優良商品として認定・表彰等された事実」
(商標審査基準〔改訂第12版〕第7の一の8)

(d) **地域の名称と商品又は役務との密接な関連性**（同2項）　そもそも地域団体商標制度は，地域ブランドの保護による産業競争力の強化と地域経済の活性化を目的として，地域の名称及び商品・役務の名称等からなる商標の登録要件を緩和する制度であるから，出願された商標が，単に地域の名称のもつイメージを利用しただけであり，実際には当該地域と牽連しない商品・役務について使用されるような場合にまで商標登録を認める必要性はないからである。

密接関連性を有する場合とは，具体的に以下のような場合である。
① 商品の産地であること
例えば，農産物について生産された地域（リンゴについて「青森」），海産物について水揚げ又は漁獲された地域（アジについて「関」），工芸品について主要な生産工程が行われた地域（人形について「博多」）をいう。
② 役務の提供場所であること
例えば，温泉の提供場所である「道後」。
③ その他①，②に準ずる程度の密接な関連性
・製法が由来する地域であること

§7の2（地域団体商標）

例えば，「織物」について伝統的製法の由来地である「大島」。
・主要な原材料が生産される地域であること
　例えば，「そばのめん」について原材料「そばの実」の産地である「出石」，「硯」について原材料「石」の産地である。その地域名は，完成品の地名でなくともよい。
　(e)　商標法3条の適用の例外規定（同1項柱書・同3項）
　　(イ)　他の登録要件　地域団体商標については，商標法7条の2の固有の登録要件のほか，3条1項や4条1項の通常の商標登録出願の要件を満たす必要がある。7条の2は「3条1項（1号及び2号に係る場合を除く）にかかわらず，地域団体商標の登録を受けることができる」として，固有の登録要件を規定しつつ，3条1項3号から6号の適用について例外を設けた規定である。したがって，例外の対象となっていない3条1項1号及び2号や4条1項の登録要件は通常の商標と同様に満たす必要がある。
　つまり，地域団体商標についても，例えば，商標法3条1項1号及び2号（普通名称及び慣用商標），商標法4条1項7号（公序良俗違反），同10号や15号（周知・著名商標の保護規定），同11号（他人の先登録商標と同一又は類似の商標排除），同16号（品質誤認）等の規定の適用がある。
　　(ロ)　商標法3条1項1号及び2号の適用　商標法7条の2第1項柱書は，「3条の規定（同条1項1号又は2号に係る場合を除く。）にかかわらず，地域団体商標の商標登録を受けることができる。」と規定し，商標法3条1項3号から6号までの規定の適用について例外規定を設けた。
　つまり，地域団体商標について，商標法3条1項1号及び2号は通常の商標登録出願と同様に適用される。これは，商品又は役務の普通名称からなる商標や慣用商標は，何人も使用できるようにしておく必要性が特に高く，地域団体商標としても登録を認めるべきではないからである。例えば以下のような場合が該当する。
　①　商品又は役務の普通名称（商標3条1項1号）
　例えば，薩摩芋，西条柿。
　②　商品又は役務の慣用商標（商標3条1項2号）
　例えば，工芸品における「焼」（陶器，磁器），「織」（織物），「塗」（漆器，塗物），「牛」（牛肉），「豚」（豚肉），「漬」（漬物）。
　一般的登録要件3条1項（1号及び2号に係る部分に限る）については，同項中「自己の」とあるのは，「自己又はその構成員の」とする（同条3項）。地域団体商標の内容に合致するように，読み替えることとしたのである。
　　(ハ)　商標法3条2項の適用　地域団体商標制度は，商標法3条2項の場合よりも緩和された要件で登録を認められるものであるから，3条2項の要件を満たす場合は常

§7の2（地域団体商標）

に地域団体商標の周知性の要件を満たしていることになり，3条2項の規定を適用できるが，適用しなくても登録を受けることができるものである。

そこで，地域団体商標については，3条2項の規定も含め，「3条の規定（同条1項1号又は2号に係る場合を除く。）にかかわらず」登録を受けることができるとしている。

以上から見て，地域団体商標と同一の商標が，3条2項の適用を受ける程度に全国的に周知であれば，地域団体商標の登録をする必要はなく，通常の商標登録出願をすることにより通常の商標登録を取得することができることになる。

㈡　商標法4条1項10号の適用　　同一地域において，同一の地域団体商標を複数の団体が使用しており，それぞれが周知となっているときは，需要者に混同を生ぜしめることになるため，いずれも登録を受けることができない（商標4条1項10号）。

例えば「鳴門わかめ」（指定商品：徳島県産の塩蔵わかめ）は徳島県と兵庫県の双方の漁業協同組合が共同して周知にしたにもかかわらず，前者の組合のみが出願して登録にしたところ，後者の組合が異議申立てをし，4条1項10号に違反するとして登録取消しの決定がなされた（異議平21・7・21決定（異議2008-900188）特許庁ホームページ）。

ちなみに，この場合双方の漁業協同組合が共同で出願をすれば，同10号に違反することもないから登録されるであろう。現に，以下のような場合，複数の組合が共同名義で出願することにより，登録を受けている。

・「本場結城紬」――本場結城紬卸売協同組合，茨城県本場結城紬織物協同組合，栃木県本場結城紬織物協同組合
・「江戸木目込人形」――東京都雛人形工業協同組合，岩槻人形協同組合
・「市田柿」――みなみ信州農業協同組合，下伊那園芸農業協同組合
・「静岡茶」――静岡県経済農業協同組合連合会，静岡県茶商工業協同組合
・「近江牛」――滋賀県食肉事業協同組合ほか4組合
・「松阪牛」――松阪農業協同組合ほか10組合
・「四万十川の青のり」――四万十川下流漁業協同組合，四万十川中央漁業協同組合

㈢　商標法4条1項11号の適用　　特に商標法4条1項11号の適用において，地域団体商標と通常出願の先後願の判断が問題になる場合がある。例えば，地域団体商標の商標登録出願よりも先に出願された文字部分が同一又は類似の図形入りの登録商標が存在する場合，原則として相互に非類似と考えられる。なぜなら，かかる場合先願の登録商標の図形部分のみが商標の要部であるため，地域団体商標とは類似しないと考えられるからである。

　　（例）　先の通常商標「前沢＋図形」≠地域団体商標「前沢牛」
　　　　　先の通常商標「三ヶ日＋図形」≠地域団体商標「三ヶ日みかん」

〔竹内〕

§7の2（地域団体商標）　　　　　　　　　　　第2章　商標登録及び商標登録出願

　一方，地域団体商標の商標登録出願より後に出願された文字部分が同一又は類似の商標については，地域団体商標が周知となっているとして登録された商標であることから，取引者・需要者は後願の商標の文字部分に着目，記憶し取引にあたることが少なくないものと考えられる。そのため，原則として，後願についても文字部分から称呼や観念を生じ，かつそれらが地域団体商標の称呼や観念と同一であるか又は類似していることから，当該後願の商標は地域団体商標と類似し，商標法4条1項11号に該当し，登録できないものと考えられる。

　（例）　先の地域団体商標「前沢牛」≠通常商標「前沢＋図形」
　　　　　先の地域団体商標「三ヶ日みかん」≠通常商標「三ヶ日＋図形」

　(ヘ)　商標法4条1項16号　　地域団体商標は，地域の名称及び商品・役務等名のみからなる商標であるから，商標法3条1項3号等に該当するがそれにもかかわらず例外的に登録を受けることができるとしたものである。

　しかし，地域団体商標が付された商品・役務について，商標を構成する地域名と密接な関連性を有するものはともかく，密接な関連性を有する商品又は役務以外の商品又は役務について使用されるときは，商品の品質又は役務の質の誤認を生じさせるおそれがあり，商標法4条1項16号に違反する場合が考えられる。

　そこで，地域団体商標の指定商品・役務について，同16号に違反しないため，例えば商品の産地であれば「○○（地域の名称）産の△△（商品の名称）」，役務の提供地であれば「○○（地域の名称）における△△の提供（役務の名称）」のように地域的な限定を付す必要があると考えられる。

　(3)　手続要件

　手続要件として，出願に当たり提出する書面（商標7条の2第4項）が規定されている。本項は，手続要件として，以下の書面の提出を義務づけた。

　(a)　出願人が主体的要件を満たすことを証明する書面　　地域団体商標に固有の登録要件（商標7条の2第1項）は拒絶理由となっており（商標15条），かかる主体的要件を満たさないことが明らかな出願の場合には，実体審査を行うまでもなく方式審査の段階で出願を却下することが適当である。このため，出願人に対して主体的要件を満たすことの証明書の提出義務を課し，提出がない場合には出願を却下することとした。証拠方法としては，例えば，登記事項証明書，設立根拠法の写し（加入の自由の定めを明示したもの）などである。

　(b)　その商標登録出願に係る商標が第2項に規定する地域の名称を含むものであることを証明するため必要な書類　　地域団体商標における地域の名称を指定商品・役務との密接関連性について，実際に団体や構成員がどのような商品・役務に出願にかかる商

§7の2（地域団体商標）

標を使用しており，その商品・役務が商標中の地域とどのような関連性を有しているかの判断は，出願人からの書類の提出がない限り困難であるから，明示的に出願人にこれら書類の提出義務を課した。

例えば，以下のような証拠方法による（商標審査基準〔改訂第12版〕第7の三の5(2)）。
① 新聞，雑誌，書籍等の記事
② 公的機関等の証明書
③ パンフレット，カタログ，内部規則
④ 納入伝票，註文伝票等の各種伝票類

当該書類の提出がない場合には，方式審査の段階で，出願が却下されることになる。

(4) 地域団体商標の登録状況

平成27年5月31日現在で，地域団体商標の登録は576件である（特許庁発行の「地域団体商標 MAP」参照）。

Ⅲ 審判決例等

	本件商標・引用商標	事件の概要・説示
査定	喜多方ラーメン （標準文字）	平成22年11月15日第2部判決，棄却（上告受理申立て）平22・11・15知財高判平21(行ケ)10433号［理由］7条の2［説示］ ①原告又はその構成員が「喜多方ラーメン」の表示ないし名称を使用し，喜多方市内においてラーメンの提供を行うとともに，指定役務「福島県喜多方市におけるラーメンの提供」に関する広告宣伝活動を積極的に行っていたとしても，喜多方市内のラーメン店の原告への加入状況や，原告の構成員でない者が喜多方市外で相当長期間にわたって「喜多方ラーメン」の表示ないし名称を含むラーメン店やラーメン店チェーンを展開・運営し，かつ「喜多方ラーメン」の文字を含む商標の登録を受けてこれを使用している点にもかんがみると，例えば福島県及びその隣接県に及ぶ程度の需要者の間では，本願商標が原告又はその構成員の業務に係る役務を表示するものとして，広く認識されているとまでいうことはできないというべきである。②出願人が責めを負うべき事由により，団体構成員となれず，かつ，地域団体商標の登録によって，先使用権を立証する以外には当該商標の使用の道を閉ざされる者が多数存在するような場合には，商標権者との利益の均衡を失する。そうすると，先使用権者による救済措置があるからといって，安易に地域団体商標の商標登録は認めるべきではない。③7条の2第1項柱書の「商標が使用をされた結果自己又はその構成員の業務に係る商品又は役務を表示するものとして需要者の間に広く認識されている」という，地域団体商標の周知性の要件を具備していない。

〔竹内　耕三〕

〔竹内〕

第8条(先 願)

　同一又は類似の商品又は役務について使用をする同一又は類似の商標について異なつた日に二以上の商標登録出願があつたときは，最先の商標登録出願人のみがその商標について商標登録を受けることができる。(改正，平3法65)

2　同一又は類似の商品又は役務について使用をする同一又は類似の商標について同日に二以上の商標登録出願があつたときは，商標登録出願人の協議により定めた一の商標登録出願人のみがその商標について商標登録を受けることができる。

3　商標登録出願が放棄され取り下げられ若しくは却下されたとき，又は商標登録出願について査定若しくは審決が確定したときは，その商標登録出願は，前2項の規定の適用については，初めからなかつたものとみなす。(改正，平8法68)

4　特許庁長官は，第2項の場合は，相当の期間を指定して，同項の協議をしてその結果を届け出るべき旨を商標登録出願人に命じなければならない。

5　第2項の協議が成立せず，又は前項の規定により指定した期間内に同項の規定による届出がないときは，特許庁長官が行う公正な方法によるくじにより定めた一の商標登録出願人のみが商標登録を受けることができる。

【参考文献】
〔書　籍〕網野・商標〔第6版〕，小野＝三山・新概説，兼子＝染野・工業〔改訂版〕，渋谷・理論，豊崎・工業〔新版増補〕，三宅・雑感，三宅発・商標，逐条解説〔第19版〕，商標審査基準〔改訂第12版・平成28年4月〕，中山＝小泉編・新注解特許法(上)，Werner Althammer「Warenzeichengesetz」(4Aufl, Carl Heymanns Verlag K. G., 89), T. A. Blanco White and Robin Jacob「Kerly's Law of Trademarks and Tradenames」(12th Ed. Sweet & Maxwell, 86), McCarthy on Trademarks and Unfair Competition (4th Edition Vols 1〜7) (Thomson Reuters (2015)), Lange;International Trade Mark and Signs Protection A Handbook (C. H. Beck・Hart・Nomos (2010)), Paul Lange ; Marken-und Kennzeichennrecht (C. H. Beck (2006))。

〔論文等〕石川義雄「商標法における使用主義と登録主義」特管34巻11号423頁以下(84)，田中美登里「西ドイツ商標法における使用強制の導入」原退官(下)1183頁以下。

細　目　次

I　本条の趣旨(657)
　(1)　最先出願者登録主義の採用(657)
　　(a)　商標の成立に関する先願主義と登録主義(657)
　　(b)　最先出願者登録主義の問題点(658)
　　(c)　わが国商標法における登録主義の修正

§8（先　願）

(658)
(d) 使用主義の修正(659)
(2) 先願主義，最先出願者登録主義，使用主義，最先使用者主義などの関係について(659)
(3) 商標法のハーモナイゼーション(660)
Ⅱ　本条の沿革(660)
(1) 本条に至るまでの経緯(660)
(2) 本条の改正(661)
Ⅲ　本条の内容(661)
(1) 最先出願者登録主義の内容(661)

(2) 本条1項の違反と拒絶理由又は無効事由(662)
(3) 本条2項（協議）(663)
(4) くじによる決定(664)
　(a) くじを採用する法制(664)
　(b) 商標法とくじ(664)
　(c) 「くじ」のやりかたについて(665)
(5) 先後願又は競願関係の消失(666)
　(a) 8条3項の趣旨(666)
　(b) 消失の事由(667)

〔松尾　和子〕

Ⅰ　本条の趣旨
(1) 最先出願者登録主義の採用

　本条は，商品又は役務の事業主体につき出所の混同防止の究極目的のために最先出願者登録主義の大原則を表明した規定である。

　(a) **商標の成立に関する先願主義と登録主義**　商標制度には基本的にみて，商標権の成立を登録の事実に基づいて承認する登録主義と，商標権を商標の使用の事実に基づいて発生させる使用主義の二つの主義がある。商標は選定されただけでは通常財産的価値がないが，それが商品や役務について使用される結果，経済取引社会において自他商品又は役務を識別し，識別機能を発揮し，これにより商標の財産的価値を高めることが可能となる。その意味において，商標は本来使用されるべきものであり，商標の保護制度は商標の使用を基礎として構成すべきものと考えられる。したがって，商標権としての独占権を使用にかからせ，商標登録に権利創設的効果を認めない使用主義は合理性があり，商標制度は沿革的には使用主義によって成立したといわれている。

　しかしながら，先使用の事実の立証は必ずしも容易ではなく，また商標権成立後に他人の先使用の立証により権利を否定されるおそれがあり，さらに商標の選定にあたり他人が有する商標につき調査の困難性がある点で，権利関係の不安定さを避けることはできない。商標制度において後進国であったわが国はドイツ商標法にならい，明治17年商標条例（明治17年6月7日太政官布告第19号）は「商標簿登録により商標権が発生する」と規定し，それ以来登録主義を採用している。

　商標における使用主義・登録主義に対応するものとして，特許の分野には先発明主義と先願主義が対立する。わが国において，明治18年専売特許条例（太政官布告第7号），明治32年法（明治32年3月1日法律第36号）及び明治42年法（明治42年4月2日法律第23号）はいずれも先発明主義を採用し，特許付与に際し発明完成時期の先後を確認する複雑な手続

を設け,また特許付与一定期間後の権利には権利不可争効果を与えていた。大正10年法(大正10年4月30日法律第96号,いわゆる旧法)はこの原則を変更し,先願主義を採用した。特許法の使命は,社会にとって有用かつ新規な発明をなした者を保護することにあり,これにより発明の奨励を可能とするといえる(先発明主義の思想である)。しかし,完成した発明を秘蔵することなく公共の利益のために開示し,産業の発達に寄与させることこそ,近代的特許制度の第一義的目的であるとみることができる。これが先願主義の思想的根拠である。

商標法が登録主義ないし最先出願者登録主義を採用した根拠については,特許法におけるような思想的苦悩が明らかにされていない。権利関係の安定化,使用の先後を確定する煩雑な手続の回避という現実的理由が存在したに違いないが,案外,「恩恵主義時の名残りではないか」とするほうが的を射た答えなのかもしれない(三宅・雑感178頁)。

(b) 最先出願者登録主義の問題点　最先出願者登録主義は同一商標につき二以上の出願人がある場合に,使用の有無や使用の先後を問うことなく最先の出願人に限り商標権を付与するのであって,権利の成立を出願と登録という公的事実にかからしめるため,安定性があり,権利の成立及び範囲は公示され,客観的に認識できるから法律関係が明確である利点は大きい。また,商標所有者の主体的意思により商標権を取得する努力が可能であり,他人の商標の調査も相対的に容易である。

しかしながら,最先出願者登録主義の下では,当事者は最終決定をしないまま複数の選択した商標をいち早く出願することになり,また,将来使用したい商標が登録できない場合を配慮して商標登録を貯蔵することにもなる。さらに,他人が使用する未登録商標を登録出願する不当な出願行為を許すことにもなりかねない。そこで,このような最先出願者登録主義を採用する法制の下では,先願主義から生じる弊害を修正するため,使用の事実を考慮した調整規定を設ける必要が生じてくるのである。

登録主義をとるドイツでは,商標出願の絶対数の増加とこれに伴う審査業務の悪化を是正するため,1967年改正法により,不使用商標に基づく異議申立ての抑制並びに5年間にわたる不使用登録商標につき登録取消請求を求める制度などの使用強制制度を導入した(各国法制について,小野=三山・新概説62〜67頁参照)。

(c) わが国商標法における登録主義の修正　最先出願者登録主義の欠点を除去するために,わが国商標法は需要者間に周知の商標と同一又は類似の未登録商標を同一又は類似の商品若しくは役務に使用する商標の登録を拒絶している(商標4条1項10号)。また,使用の事実を適切に評価するために先使用による商標の使用を継続する権利(いわゆる先使用権。商標32条)を認めるほか,昭和50年法改正(昭和50年法律第46号)は,商標登録の取消しにつき使用の立証責任の転換をはかることにより,さらに平成8年法改正(平

成8年法律第68号）は，駆け込み使用の改正，取消効果の遡及により不使用取消制度を強化・改善した（商標50条）。そのほか，未登録の周知表示ないし著名表示は不正競争防止法によって別途保護の道が開かれている。

その後平成8年法改正は，連合商標制度の廃止を断行し，これにより，ようやく，商標権の空権化の流れを阻止できたようであるが，さらに見守っていく必要があるであろう。

(d) **使用主義の修正**　使用主義を採用する国も権利の安定性のために，通常登録制度と組み合わせ，あるいはその他登録主義の長所をとりいれた種々の調整を行っている。使用主義を採用するフランスにおいて，最先使用者以外の者は当初，商標の所有者となり得なかったが，1964年改正法は，これを完全な登録主義に改革した。これに対し登録要件として使用の事実を要求する法制（フィリピン法及び1988年改正前のアメリカ連邦商標法）もあるが，イギリス法と並びかつイギリス法より厳格に使用主義法制を維持してきたアメリカ連邦商標法は，1988年法改正により，従来の使用に基づく出願のほかに誠実な使用の意思に基づく出願を認め，登録を使用にかからしめた（同1条(b)・(d)）。また，「主登録簿における商標登録は登録人が当該商標につき所有を主張する擬制通知である」と規定し（同7条(b)），さらに，登録後5年間継続使用し，その旨の宣誓供述書を提出したときは，権利は不可争となり（同15条），当該登録は登録商標の有効性，商標の所有並びに登録商標の排他的使用権の確定証拠になると規定している（同33条(a)・(b)）。

イギリス商標法は1905年改正法により使用意思に基づく登録商標権の成立を認めるに至り，その後1994年現行法は，使用主義法制を明白に変更した。ただし，その基礎となった1988年EC指令は，メンバー国から使用により形成された商標権を保護する権利を奪うものではない。

(2) **先願主義，最先出願者登録主義，使用主義，最先使用者主義などの関係について**

本条は「先願主義」を表明したものと称するものが多い。しかし，先願主義は使用主義とも結合し，複数の使用者につき使用の先後が不明な場合には最先出願者を商標権者とし，あるいは，この者に登録を付与する法制をとることが可能である。よって，商標権の成立につき登録主義を基調としたわが国の商標法の下では，本条の文言どおり，「最先出願者登録主義」とよぶのが適切であると考える。また，使用主義は，登録主義に対立するものとして商標権の成立を使用の事実に基づいて定める法制を指しているが，商標登録又は更新登録にあたり使用の事実を要求する制度並びに一般に商標制度の中に使用を強調する手続を設けることを「使用主義の採用ないし強化」とよぶことがある。この場合の「使用主義」は，単に商標権の成立に限らず，広く商標権の存続についても使用事実の重要性を認める考え方を指すものである。言い換えれば，商標制度全般を使用

§8（先　願）　　　　　　　　　　　　　　　　第2章　商標登録及び商標登録出願

の事実を基礎として考える主義であり，これに対応して「登録主義」は登録の有無を基礎として，権利の成立，存続，範囲等一切を決定する主義である。ただし，ここでは，特に断らないときは，「使用主義」を商標権の成立に関する主義として狭義に使用し，その他一般的に使用の事実を強調するときには，単に「使用事実」の強化などと述べることとする。

(3) **商標法のハーモナイゼーション**

使用主義及び登録主義の問題は100年を超える長い間論じられてきた。しかし，すでに両主義とも，狭義・広義のいずれにおいても当初の純粋な型では通常存在せず，さまざまな修正が加えられている。取引経済社会がグローバル化し，市場が流動化すると，権利関係の明確性，普遍性，信頼性，予測可能性が要求されるとともに，現実的意味のないものを排除する合理性が追求されるからである。わが国の商標法も最先出願者登録主義を基本とする点を肯定した上で，未登録商標の先使用者の保護，不使用の登録商標の排除並びに空権の権利行使の制限等々，登録主義の欠点を補正し，商標の「使用」により形成された財産的価値を適切に保護し，内容のある商標権を実現する方向を求めているといえる。

Ⅱ　本条の沿革

(1) 本条に至るまでの経緯

1項は異なる日に複数の商標登録出願があった場合を対象とし，最先の出願人のみが商標登録を受けられることを規定し，2項は同日に商標登録出願が競合した場合の取扱いを規定し，出願人間で協議をなし，商標登録を受けるべき一出願人を定めることとする。明治17年商標条例は，二人以上の者の商標登録出願が抵触するときはその願書の日付の後である者を却下し，日付が同じ者は「共ニ之ヲ却下ス可シ」と定めていた（3条）。明治21年改正条例（明治21年12月18日勅令第86号。8条）は，これを踏襲して「出願ノ先ナルモノヲ登録シ同時ニ出願シタルモノハ共ニ其ヲ登録セス」と規定するほか，「但シ出願者一人トナリタルトキハ此ノ限ニアラス」となした。どのような事情で出願の取下げがあるものと考えていたのか明瞭でないが，これに続く明治42年商標法（明治42年4月2日法律第25号）は最先出願者登録主義を明言するほか「但シ同日ノ格別ノ出願者アルトキハ出願者ノ協議ニ依リ登録シ協議調ハサルトキハ共ニ登録セス」として，初めて関係出願人間における「協議」の考え方を導入した（3条1項）。この考え方は大正10年法（大正10年4月30日法律第99号。4条）にも承継された。現行法は，同一趣旨を異なる日の競合出願と同日の競合出願にわけて規定するが，最も大きい差異は，協議が成立しない場合にくじにより，商標登録を受けることができるものとしたことである（商標8条5項）。これに

§8（先　願）

ついては，5項に関連して後述する。
(2) 本条の改正
　本条は平成3年法律第65号をもって一部改正されているが，これは，商標の定義を拡大し，役務に係る商標を追加保護したことに伴う修正にすぎず，最先出願者登録主義の原則を何ら変更するものではない。ただし，商品と役務の間に類似関係が認められることとなったため，商品にかかる商標登録出願と役務商標登録出願との間においても先後願関係が成立することとなったことは注意すべきである。なお，使用に基づく特例の適用の主張を伴う商標登録出願（以下単に「特例商標登録出願」という）については，本条2項の適用につき特例があり，いわゆる優先・重複登録をうけることができる。この点については後述する（附則4条3項参照）。また平成8年の一部改正により，本条3項中の「無効」を「却下」に改めたが，特許法の改正に伴うものである（商標77条2項により準用する特18条の2参照）。

Ⅲ　本条の内容
(1) 最先出願者登録主義の内容
　(a)　対象となる二以上の商標登録出願　　競合するため調整が必要となる商標登録出願は同一又は類似の商品又は役務について使用する同一又は類似の商標である。商品又は役務の同一又は類似並びに商標の同一又は類似の概念は商標法4条1項11号のそれと同一である。よって，ここでは繰り返さない。
　(b)　基準日　　先後願を定める基準日は商標登録出願日であり，日が同じであれば，時間や分について先後願の関係をみない。出願の願書を郵便により提出した場合は，民法97条1項に定める意思表示についての到達主義に対する例外を定めた規定が別途存在することに注意する必要がある（商標77条2項により準用する特19条参照）。すなわち，願書を郵便で差し出すことは，しばしば行われるが，その日時を郵便物の受領証により証明したとき又はそれが郵便物の通信日付印により明瞭であるときは，その日時に当該願書が特許庁に到達したものとみなされる。願書の通信日付印により表示された日時のうち日のみが明瞭であって時刻が明瞭でないときは表示された日の午後12時にその願書は特許庁に到達したものとみなされる。願書提出の日時を郵便物の受領証，又は通信日付印で確認できないときは，本条の適用はないから，原則に基づき，特許庁に現実に願書が到達した日時に提出したものとして取り扱われることになる。願書を郵便によらないで直接特許庁に提出した場合も，本条の適用はないから，現実に特許庁の窓口に差し出した日時が特許庁に到達した日時である。
　(c)　本条は，商標登録出願と防護標章登録出願との間にも先後願関係を認めていない。

§8（先　願）　　　　　　　　　　　　第2章　商標登録及び商標登録出願

その理由は，両出願が競合する場合に，商標登録出願の指定商品又は役務と防護標章登録出願に係る登録商標についての指定商品又は役務とは必ず混同を生じないときに商標登録出願に対し登録が行われることになるし，防護標章登録出願がされるような場合には，それと競合する商標登録出願に係る指定商品又は役務とその防護標章登録出願に係る登録商標についての指定商品又は役務とは必ず混同を生ずるので，先後願を問題にするまでもなく他の登録要件（商標4条1項15号・64条参照）で処理できるからであると説明されている（逐条解説〔第19版〕1317頁・1318頁）。

本条1項違反と商標法4条1項11号の違反に関する考え方と共通する点があるが，防護標章登録出願人との間については，本条2項以下の協議は問題とならないから，これを8条の中に取り込まなかったのは合理的であるといえる。

(2) 本条1項の違反と拒絶理由又は無効事由

(a) 商標法は，本条1項の規定違反を商標登録の無効事由として認めるが（商標46条1項1号），これを拒絶の理由としていない（商標15条1号参照）。出願中の商標には後願排除権がないのである。その理由は「8条1項違反で拒絶すべき場合は必ず4条1項11号違反になるから8条1項違反を拒絶理由としておく意味がないのに反し，これを無効理由にしておかないと誤って後願が先に登録された場合にその後願に係る登録を無効にできないからである」（逐条解説〔第19版〕1318頁）と説明されている。

商標法8条と対応し，発明につき二以上の出願があった場合につき最先出願者登録主義を定める特許法39条は，39条1項違反を拒絶理由とし（特49条2号参照），さらに無効事由としている（特123条1項2号）。このような特許法の規定の仕方をみても，商標法において8条1項違反を拒絶理由としなかった理論的根拠は明白でなく，むしろ合理性がないといわなければならない（三宅・雑感178頁，179頁が早くから指摘するところである）。

商標審査基準は，「商標登録出願が同日に相互に同一又は類似の関係にある他人の出願と競合したときは，該当するすべての商標登録出願に対し，第8条第4項の協議命令と，第8条第2項及び第5項の拒絶理由の通知とを同時に行うこととする。ただし，事前に第8条第2項の協議が成立した旨又は協議が不成立である旨の書面が提出されているときは，この限りでない」（商標審査基準〔改訂第12版〕第8（第8条）の1）と記載している。平成11年法律第41号改正により，マドリッド協定議定書と同様に拒絶理由を通知する期間は，原則として，国内出願については出願の日又は国際商標登録出願については領域指定の通報が行われた日から1年6ヵ月とされた（商標施令3条）ので，この期間を考慮して対処したものである。

(b) なお，「第1項は単に，商標登録出願が競合するときは，最先の先願者にかぎり登録する旨を規定しているに止まっているから，先願が存在することは，後願について登

録査定をすることの障害とはなるが，後願について審査，出願公告決定，出願公告をする妨げとなるものでないことは，右規定の文理上了解できるばかりでなく，後願について右のような手続を禁止する規定もなく，また，かように解することによって，先願が抛棄，取下等によって消滅し後願が先順位となるような場合に，後願について敏速に査定できる実益もある……」（東京高判昭33・2・12高民集11巻1号66頁・判タ79号94頁〔人物新潮事件〕。本件は審査官が出願公告の決定をしたことを違法ではないとして判決に対する控訴事件に係る）。

(3) **本条2項（協議）**
(a) 協議により定めた一の商標登録出願人の意味　　本条2項は二以上の商標登録出願人が協議を行い，その協議で定められた一出願人のみがその商標について商標登録を受けることができる旨を規定する。協議で定められた出願人は「商標登録を受けることができる」にすぎず，他の登録要件を具備していなければ最終的に登録を受けられないことはいうまでもない。

出願人全員による協議の結果，仮に，複数の出願人が商標の類似性の度合，商品又は役務の重複程度若しくは取引の地域的拡がり具合などを考慮し，現実に出所の混同のおそれがないと判断したため二以上の者が商標登録を受けうることを合意したとしても，そのような内容の協議は本項の文言に反し，協議が成立したものとは認められない。また，問題とされた出願商標を二以上の者が共同名義にする旨を協議しても，これも2項の文言に反して認められない。商標登録につき類否判断の一切を審査官の責任とし，抵触する商標所有者が登録に合意する意見を表明したコンセント制度を認めない考え方と共通する。ただし後の例の場合には一出願人を決めた後に一の商標登録出願以外を放棄又は取下げ（本条3項参照），残った一つの商標登録出願につき，それから生じた権利を一部譲渡の上共有することにより同じ目的を達成することは可能である。

(b) 協議の方法　　競合する商標登録出願人自身は他の商標登録出願人の存在を知りうる立場にないから，協議は本条4項の規定により，特許庁長官名で競合する出願人に対し協議を命じる旨，及び協議が調わないときはくじを実施する日を通知する旨を定める取扱いとなっている。

出願人間で，前述の意味により協議が調ったときは，協議の結果登録を受けることになった出願人以外の出願人に対し8条2項に違反する旨の拒絶理由を通知し，協議により登録を受けることになった当該出願人の商標が登録された後に，拒絶査定を発することになる。

(c) 「法8条2項，同5項に違反し商標登録が無効となる場合（法46条1項1号）とは，本件審決も述べるように，先願主義の趣旨を没却しないような場合，すなわち出願人の

§8（先　願）

協議により定められたにも拘わらず定めた一の出願人以外のものが登録になった場合，くじの実施により定めた一の出願人でない出願人について登録がなされたような場合をいうものと解するのが相当である。」と判示し，特許庁長官の協議命令・当事者間の協議，長官の行うくじの手続を経ることなく，競合する出願人の一の商標を審査官が登録させた事案につき，無効審判請求を不成立とし審決の取消しを求めた請求を棄却した（知財高判平19・4・26判タ1238号282頁）。

(4) くじによる決定

(a) くじを採用する法制　　商標法8条5項は，同日の出願が競合した場合であって，協議の不調又は特許庁長官による指定期間内に協議結果の届出がない場合は（商標8条4項参照），関係出願人が特許庁長官の行う公正な方法のくじ（偶然的要因）により商標登録を受けるべき出願人を定めることになる。

特許法39条2項は，同日付の特許出願が競合し出願人間の協議が調わないときは，いずれの出願人も特許を受けることができないと規定し，くじ等抽せんによって定める法制をとっていない。特許法の場合（実7条2項，意9条2項も同様であるが），これを採用しなかった理由として，特許法の一発明一特許の原則に反することになり，「また特許出願人にしてみれば，抽せんによって他人が特許権を取得する危険性のある制度よりも，むしろいずれにも特許されないほうがよいということもあり得ることを考慮し，採用しなかったとされている（逐条解説〔第18版〕135頁）」（中山＝小泉編・新注解特許法（上）726頁〔加藤志麻子〕）。

ただし，特許法等の場合は，登録を受けることに新規性が必要であるから，協議が調わないときの競合出願は，ともに新規性がなくなり，公衆が当該技術を自由に利用できるとするのは公衆の利益からみて意味があることになる。

(b) 商標法とくじ　　他方，商標法もくじと必然的に結合するものではない。くじにより商標登録を受けうるものを定める方法は現行法によりはじめて採用されたところであり，従来は特許法等と同様「協議調ハサルトキハ共ニ登録セス」とされていた（大正10年法4条並びに前述Ⅱ(1)「本条に至るまでの経緯」の項に説明したところを参照）。くじの方法は，諸外国の法制には例がないようである。

商標法の場合にくじを採用した理由として，8条3項により，競合する商標登録出願の一つが放棄，取下げ又は無効とされた場合のみではなく査定や審決の確定があるとき，当該出願は初めからなかった取扱いをうけ，先願権は残らないから，その後に同様な商標登録出願を行った者が商標登録を取得する場合が生じ得るので，その不合理さを抑止することがあげられている（逐条解説〔第19版〕1318頁）。この見解に対して，もし，これが不合理であるなら，先後願の関係をみる期間を限定するか，登録査定又は拒絶査定が確

§8 (先　願)

定するまでの間に出た出願との間で先後願を考え，それ以外のものは，本条1項を適用しないことに徹し「共ニ登録セス」とする方が合理的であるとする見解もある（三宅・雑感184頁，185頁）。

　以上に対し，競合出願者間で協議できないときは，すでに商標を使用している出願人がいる場合にはこれを優先させ，同一条件のもとにある出願人についてのみ，「共ニ登録セス」とする考え方を採用する方が合理的であると思われる。なぜなら，商標の場合には，使用により財産的価値の生じた商標を保護しかつ，商標の出所の混同防止を考慮する方向でものごとを考えるのが合理的であるからである。

　なお，くじで定める立法例として鉱業法27条3項があるが，鉱業法の場合には，鉱物資源を合理的に開発することが公共の福祉の増進に寄与するから（同法1条参照），くじの方法によって，優先権者を定めるのが公共の福祉に合致するのであって，これと商標法の場合を同列に扱う理由はない。

　(c)　「くじ」のやりかたについて　　3個の出願が競合し，くじにより第2順位とされた者が登録査定をうけたため，当該査定の適法性が争点となり，不服審判の請求が不成立となったため，審決取消訴訟で争われた事件があった（知財高判平17・11・8裁判所ホームページ〔ジュジュ化粧品事件〕）。判決は大変詳細であるからそのまま引用する。「商標法8条2項及び5項は，……同日出願の関係にある3以上の商標登録出願があったときに，商標登録出願人の協議又は特許庁長官が行うくじにより，1の商標登録出願人のみを定めなければならないとは規定していないから，同日出願の関係にある3以上の商標登録出願の間に優劣の順位を定めることを排除していないということができる。」とした上で（なお，この前段では，くじについて「公正な方法によるくじによる」定めのあることを述べている），このような結論をとる理由として「特許庁長官が行うくじにより1の商標登録出願人のみを定めた場合において，当該商標登録出願人の商標登録出願の放棄等がされると，同条3項の規定により，そのほかの競合している商標登録出願との関係において同日出願としての地位が失われ，その結果，商標登録を受けることができる商標登録出願人が存在しなかったことになってしまうが，同条5項が，商標登録出願人の協議が成立せず，又は指定した期間内に協議の結果の届出がないときに，商標登録を受けることができる商標登録出願人を定めることとした趣旨に照らすならば，上記のように，くじにより定めた商標登録出願人が存在しないという事態が生じることは，妥当でないと考えられる。」。さらに，拒絶理由を受けた商標登録出願人は，「……拒絶理由があるとされた指定商品以外の指定商品について商標法10条1項の規定に基づいて新たな商標登録出願をしたり，また，拒絶理由があるとされた指定商品について，同法68条の40第1項の規定に基づいて願書からこれを削除する補正をしたりすることにより，出願した指定商品の一

部がそのほかの商標登録出願と競合するために全体が拒絶されるという不利益を免れることができる。そうであれば，同日出願の関係にある3以上の商標登録出願があったときにおいて，特許庁長官がくじにより優劣の順位を定めたとしても，商標登録出願人の利益が害されることはない。」。これらの理由により「特許庁長官が行うくじにおいて，同日出願の関係にある商標登録出願が3以上あるときは，その間に優劣の順位を定めることができると解するのが相当である。」と判示し，「くじが公正な方法により行われるのであれば，商標登録出願人にくじの方法等について意見を述べる機会を与えたり，くじの実施を拒絶したりすることを認めたりしなくても，商標登録出願人の利益が害されることはないから，……特許庁長官が，くじにより定めた順序に従い，Bの商標登録出願について商標登録をすべき旨の査定をし，同日になされたAの出願について拒絶査定をしたことに違法はない。」と結論している。

(5) 先後願又は競願関係の消失

(a) 8条3項の趣旨　本条3項は，出願が放棄，取下げ，若しくは却下されたとき，又は商標登録出願について査定若しくは審決が確定したときは，その商標登録出願は，本条1項・2項すなわち先後願の関係の適用については，初めからなかったものとみなす旨特に定めている。「その趣旨は，放棄等がなされた商標登録出願について，そのほかの競合している商標登録出願との関係において先願又は同日出願としての地位を失わせるためには，放棄等によってその出願を初めからなかったものとみなす必要があることによるものと解される」(最判昭59・10・23民集38巻10号1145頁・1149頁〔ユニオン事件〕。これは原審である東京高判昭56・2・24無体集13巻1号109頁の見解を支持している)。このみなし規定の結果，その後の出願が順次くり上げられることになる。したがって，商標法4条1項11号の「規定の適用の有無が問題となる場合においては，当該商標登録出願は，右登録商標との関係では，必然的に後願であって先願又は同日出願の地位にはないのであるから，右商標登録出願について，先願又は同日出願としての地位を失わせるために設けられた同法8条3項の規定を適用ないし類推適用する余地はないものといわなければならない」(前掲ユニオン事件，民集38巻10号1149頁・1150頁)。

なお，このユニオン事件においては，商標法4条1項11号を理由に商標登録出願が拒絶されたケースであって，出願人は，審決がすでになされ手続の補正が許されない時期に至って指定商品の一部放棄を行いながら，その効果は商標登録出願の時点に遡及する旨主張して，拒絶査定不服審判請求を認めなかった審決に対し，審決には事実誤認の違法があると主張して審決の取消しを求めて東京高等裁判所に出訴した。東京高等裁判所は訴えを棄却したためさらに最高裁判所に上告したものである。このような指定商品の一部放棄の効果（遡及効）について，本件最高裁判所判決以前には，東京高等裁判所にお

いて肯定否定両説があったが，本8条3項固有の問題ではないから，ここではその旨を注記するだけにとどめる。

(b) 消失の事由　8条3項は，前述のとおり，消失の事由として，商標登録の出願の放棄，取下げ，出願が却下されたとき，又は出願につき査定若しくは審決が確定したときをあげている。

「出願について査定又は審決が確定したとき」の意味は明瞭ではない。これが登録をなすべき旨の査定又は審決が確定した場合とみることは合理性がないから，本条1項，2項との関係では出願について，拒絶すべき旨の査定又は審決が確定した場合と理解する必要がある。

〔松尾　和子〕

第9条（出願時の特例）

　　政府等が開設する博覧会若しくは政府等以外の者が開設する博覧会であつて特許庁長官の定める基準に適合するものに，パリ条約の同盟国，世界貿易機関の加盟国若しくは商標法条約の締約国の領域内でその政府等若しくはその許可を受けた者が開設する国際的な博覧会に，又はパリ条約の同盟国，世界貿易機関の加盟国若しくは商標法条約の締約国のいずれにも該当しない国の領域内でその政府等若しくはその許可を受けた者が開設する国際的な博覧会であつて特許庁長官の定める基準に適合するものに出品した商品又は出展した役務について使用をした商標について，その商標の使用をした商品を出品した者又は役務を出展した者がその出品又は出展の日から6月以内にその商品又は役務を指定商品又は指定役務として商標登録出願をしたときは，その商標登録出願は，その出品又は出展の時にしたものとみなす。（改正，昭40法81，昭50法46，平3法65，平6法116，平8法68，平23法63）

2　商標登録出願に係る商標について前項の規定の適用を受けようとする者は，その旨を記載した書面を商標登録出願と同時に特許庁長官に提出し，かつ，その商標登録出願に係る商標及び商品又は役務が同項に規定する商標及び商品又は役務であることを証明する書面（次項及び第4項において「証明書」という。）を商標登録出願の日から30日以内に特許庁長官に提出しなければならない。（改正，平3法65，平26法36，平27法55）

3　証明書を提出する者が前項に規定する期間内に証明書を提出することができないときは，その期間が経過した後であつても，経済産業省令で定める期間内に限り，経済産業省令で定めるところにより，その証明書を特許庁長官に提出することができる。（本項追加，平27法55）

4　証明書を提出する者がその責めに帰することができない理由により，前項の規定により証明書を提出することができる期間内に証明書を提出することができないときは，同項の規定にかかわらず，その理由がなくなつた日から14日（在外者にあつては，2月）以内でその期間の経過後6月以内にその証明書を特許庁長官に提出することができる。（本項追加，平26法36，平27法55）

【参考文献】
　　平23改正解説，平26改正解説，逐条解説〔第19版〕，商標審査基準〔改訂第12版〕，商標審査便覧。

§9（出願時の特例）

細　目　次

I　本条の趣旨(669)
II　本条の保護を受ける博覧会(669)
III　期間経過後の救済規定の新設(670)
IV　出願時の特例の主張が可能となる博覧会(670)
V　商標審査基準(671)

〔後藤　晴男＝平山　啓子〕

I　本条の趣旨

　本条は，博覧会に出品した者がその出品した商品又は出展した役務に使用した商標を他人が先に商標登録出願をした場合に，正当な商標登録出願者であるべき出品（展）者を保護する必要があり，パリ条約11条の趣旨に沿って設けられたものである。

　当初，本条の対象となるのは，政府，地方公共団体の開催する博覧会に限られていたが，これは実情に即しないので，政府，地方公共団体以外の者が開催する博覧会で特許庁長官が指定するものについても同様に対象とするよう昭和41年に改正された。

　平成6年の一部改正においては，TRIPS協定2条1の規定に従い，世界貿易機関の加盟国の領域内で開催される博覧会に出品した場合についても本条の適用対象とするよう改正を加えた。さらに，平成8年の一部改正においては，商標法条約15条の規定（パリ条約を遵守する義務）に従い，商標法条約の締約国の領域内で開催される博覧会に出品した場合についても本条の適用対象とするよう改正が加えられた。

　商標法では，産業の発達に寄与することをその目的の1つに掲げられているところ，博覧会等をできるかぎり利用することも，その趣旨に沿うものである。しかしながら，以前は，政府，地方公共団体以外の者が開催する博覧会について，博覧会の開設者の申請に基づき特許庁長官の指定がなければ，出品（展）者は出願時の特例を主張することができず，その結果，博覧会への出品（展）を見た第三者の出願に後れて商標登録を受けられないおそれがあり，出願人にとって利便性が高いとはいえない状況にあった。

　そのため，平成23年の一部改正においては，特許庁長官による博覧会の指定を廃止し，特許庁長官の定める基準に適合する博覧会については，出願時の特例の主張が可能となることとした。

II　本条の保護を受ける博覧会

　平成23年の一部改正において，政府，地方公共団体以外の者が開設する博覧会について，個別に特許庁長官が指定する制度を廃止し，特許庁長官の定める基準に適合する博覧会の賞であるならば，出願時の特例の主張が認められることとなり，博覧会への出品（展）を見た第三者の出願の登録を排除し得ることとした。

　出願時の特例の主張が可能となる博覧会については，特許庁長官告示によって，特許

庁長官の定める基準が示されている。

III　期間経過後の救済規定の新設

　その責めに帰することができない理由により同項に規定する期間内に当該書面を提出することができないときは，その理由がなくなった日から14日（在外者にあっては，2ヵ月）以内でその期間の経過後6ヵ月以内であれば，その書面を提出できる旨の救済規定を整備した。

　平成26年改正において，特許法条約の加入を視野に入れて（同条約11条関係）指定期間の経過後であっても，手続者による請求によりその手続をすることができる期間経過後の救済を目的として特許法30条4項を新設したことを受け，同趣旨により商標法9条3項を新設し，同条2項に規定する期間について救済規定を整備した。なお，同条3項を新設するにあたり，同条2項に略称規定を置くこととした。

IV　出願時の特例の主張が可能となる博覧会

　商標法4条1項9号及び同法9条1項の規定に基づき定められた特許庁長官の定める博覧会の基準は，次のように告示された。

特許庁告示第6号

　商標法（昭和34年法律第127号）第4条第1項第9号及び同法第9条第1項の規定に基づき，特許庁長官の定める博覧会の基準を次のように定め，平成24年4月1日から施行する。

　　平成24年3月13日

　　　　　　　　　　　　　　　　　　　　　　　特許庁長官　岩井　良行

1　商標法第4条第1項第9号に規定する特許庁長官の定める基準に適合する政府又は地方公共団体（以下「政府等」という。）以外の者が開設する博覧会については，次に掲げる要件を満たすものでなければならない。
　　一　産業の発展に寄与することを目的とし，「博覧会」「見本市」等の名称の如何にかかわらず，産業に関する物品等の公開及び展示を行うものであること。
　　二　開設地，開設期間，出品者及び入場者の資格，出品者数並びに出品物の種類及び数量等が，同号の趣旨に照らして適当であると判断されるものであること。
　　三　政府等が協賛し，又は後援する博覧会その他これに準ずるものであること。

2 商標法第9条第1項に規定する特許庁長官の定める基準に適合する政府等以外の者が開設する博覧会及びパリ条約の同盟国,世界貿易機関の加盟国又は商標法条約の締約国のいずれにも該当しない国の領域内でその政府等又はその許可を受けた者が開設する国際的な博覧会については,次に掲げる要件を満たすものでなければならない。
　一　産業の発展に寄与することを目的とし,「博覧会」「見本市」等の名称の如何にかかわらず,産業に関する物品等の公開及び展示を行うものであること。
　二　開設地,開設期間,出品者及び入場者の資格,出品者数並びに出品物の種類及び数量等が,同項の趣旨に照らして適当であると判断されるものであること。
　三　日本国において開設される博覧会については,原則として,政府等が協賛し,又は後援する博覧会その他これに準ずるものであること。

　この改正により,出願人は,特許庁にあらかじめ博覧会の指定を受けることを要せず,出願時その旨を願書に記載し,出願と同時か又は出願後30日以内に上記基準を満たす証明書を提出すれば足りることとなった(商標9条2項)。

V　商標審査基準

　『商標審査基準』〔改訂第12版〕第9において,次のように規定されている。

1．博覧会は広く解し,品評会を含むものとする。
2．本条第1項でいう「政府等以外の者が開設する博覧会であつて特許庁長官の定める基準に適合するもの」及び「パリ条約の同盟国,世界貿易機関の加盟国若しくは商標法条約の締約国のいずれにも該当しない国の領域内でその政府等若しくはその許可を受けた者が開設する国際的な博覧会であつて特許庁長官の定める基準に適合するもの」かどうかは,以下の「特許庁長官の定める基準」(平成24年特許庁告示第6号)に適合するかどうかにより判断するものとする。
　(1)　産業の発展に寄与することを目的とし,「博覧会」「見本市」等の名称の如何にかかわらず,産業に関する物品等の公開及び展示を行うものであること。
　(2)　開設地,開設期間,出品者及び入場者の資格,出品者数並びに出品物の種類及び数量等が,本項の趣旨に照らして適当であると判断されるものであること。
　(3)　日本国において開催される博覧会については,原則として,政府等が協賛し,又は後援する博覧会その他これに準ずるものであること。

　上記審査基準1は,「博覧会」の解釈を定めたものである。

〔後藤＝平山〕

§9（出願時の特例）

　商標法9条1項には，「博覧会の賞の権威の維持と商品の品質又は役務の質の誤認の防止」という立法趣旨があるが，「博覧会」（種々の産物を蒐集展示して公衆の観覧及び購買に供し，産業・文化の振興を期するために開催する会：広辞苑）及び同趣旨の品評会（作品・作物などを集めて品評する会：広辞苑）も含むものとされた。

　上記審査基準2は，「政府等以外の者が開設する博覧会であつて特許庁長官の定める基準に適合するもの」の解釈基準が示されている。

　改正後の商標法9条1項に規定する「特許庁長官の定める基準」は，改正前の博覧会と実質的に共通するものも多く，博覧会開設者の主体適格や博覧会への政府等の後援等の要件が具体的に定められ一般に公表することにより，第三者の予見性が確保された。

　審査基準2(1)では，「博覧会」「見本市」等の名称は問わず，「産業の発展に寄与することを目的とし」，「産業に関する物品等の公開及び展示を行うものである」かどうかを判断基準としている。そのため，「博覧会」「見本市」等の名称を付したものであっても，単なる商品販売の目的として百貨店等で開催される各種の商品の販売会や絵画・美術品等の展示会のようなものは同条の目的に副わず，「博覧会」には該当しないこととなる。

　同基準2(2)では，目的が同条に副っていたとしても，開設地が離島等交通不便な地域である場合，開設期間が季節によって制限されるような場合，出品者が限られ，入場者に特別な資格が必要であるような場合，出品者数並びに出品物の種類及び数量等が極めて少ないなど，一般公衆の閲覧及び購買に供されることを目的とすることがいえないような場合には，該当しないことを明示している。

　同基準2(3)「その他これに準ずるものであること」には，独立行政法人，公益社団法人等，公益に関する団体であって営利を目的としない者が開設する博覧会が含まれるとされている。それらの法人の性格上，特定の企業等の一部の者の利益のみを目的として開設しないことを考慮したものと考えられる。

〔後藤　晴男＝平山　啓子〕

§9の2 (パリ条約の例による優先権主張)

第9条の2 (パリ条約の例による優先権主張)
　パリ条約の同盟国でされた商標(第2条第1項第2号に規定する商標に相当するものに限る。)の登録の出願に基づく優先権は，同項第1号に規定する商標に相当する商標の登録の出願に基づく優先権についてパリ条約第4条に定める例により，これを主張することができる。

(本条追加，平3法65，改正，平8法68)

【参考文献】
　平23改正解説，平26改正解説，逐条解説〔第19版〕，商標審査基準〔改訂第12版〕，商標審査便覧，後藤・講話〔第13版〕。

細　目　次

Ⅰ　本条の趣旨(673)
Ⅱ　優先権主張の手続(674)
　(1)　願書への記載(674)
　(2)　優先権の主張の効果(674)

〔後藤　晴男＝平山　啓子〕

Ⅰ　本条の趣旨

　本条の趣旨は，商品に係る商標の出願についてのパリ条約上の優先権主張と同様の主張を役務(サービス・マーク)に係る商標の出願についても認めるための規定である。この規定により，商品に係る商標の出願と同様，パリ条約の優先権の効果はパリ条約4条Bにより(商標77条4項で準用する特26条)，その手続については，商標法13条1項で準用する特許法43条による。
　本条は，役務に係る商標の出願について優先権を認めるために設けられたものである。パリ条約6条の6では，サービスマークを登録制度により保護することを義務づけていないため，役務に係る商標の出願についてパリ条約4条に規定する優先権を認める義務はないこととなる。
　しかしながら，サービスマークの登録出願についてパリ条約の4条に定める優先権を認めることは差し支えないとされていること，及びわが国ではサービスマークと商品に係る商標とは，サービスであるか商品であるかの相違はあるものの，両者は同様の機能・価値を有するものとして，従来の商標法の中にサービスマークを取り込むこととしたことに伴い，優先権の面についても両者を区別してその保護に差をつける必要はないため，本条を新設して役務に係る商標の出願についても優先権を認めたものである。
　なお，本条はパリ条約の同盟国でされた出願を対象としているが，世界貿易機関の加盟国又は商標法条約の締約国でされた出願については，商標法9条の3の規定により同

§9の2（パリ条約の例による優先権主張）

様の優先権が認められる。

Ⅱ 優先権主張の手続
（1） 願書への記載
サービスマークの優先権主張の手続は，商品の商標出願と同じである。パリ条約の同盟国のいずれかにおいて正規に商標の登録出願をした者又はその承継人は，他の同盟国等に出願をすることに関し，優先権を主張して出願時の特例の規定の適用を受けようとする場合，願書の「【代理人】」の欄の次に「【パリ条約による優先権等の主張】」の欄を設け，その欄に「【国名】」及び「【出願日】」を設けて国名及び出願日を記載する。

優先権の主張の基礎とされた出願の番号を記載するときは，「【出願日】」の欄の次に「【出願番号】」の欄を設けて，その番号を記載する。証明書の提出は「優先権証明書提出書」（特施規27条の3の3様式第36を準用）に証明書を添付して，出願日から3ヵ月以内に提出しなければならない。

（2） 優先権の主張の効果
上記の期間満了前に他の同盟国等においてされた後の出願は，その間に行われた行為，例えば，他の出願，当該商標の使用等によって不利な取扱いを受けないものとされ，また，これらの行為は，第三者のいかなる権利又は使用の権能も生じないとされる（パリ条約4Ｂ）。

〔後藤　晴男＝平山　啓子〕

§9の3〔パリ条約の例による優先権主張〕

第9条の3〔パリ条約の例による優先権主張〕
　次の表の上欄に掲げる者が同表の下欄に掲げる国においてした出願に基づく優先権は，パリ条約第4条の規定の例により，商標登録出願について，これを主張することができる。

日本国民又はパリ条約の同盟国の国民（パリ条約第三条の規定により同盟国の国民とみなされる者を含む。)	世界貿易機関の加盟国の国民（世界貿易機関を設立するマラケシュ協定附属書一C第一条3に規定する加盟国の国民をいう。）又は商標法条約の締約国の国民
世界貿易機関の加盟国又は商標法条約の締約国	パリ条約の同盟国、世界貿易機関の加盟国又は商標法条約の締約国

（本条追加，平8法68）

【参考文献】
　　後藤・講話〔第13版〕，中山＝小泉編・新注解特許法(上)。

細　目　次

I　本条の新設の経緯(675)　　　　　(2)　商標法条約15条の規定による追加(676)
II　本条の内容(676)　　　　　　　　(3)　優先権主張の手続(676)
　(1)　パリ条約4条の趣旨(676)
　　　　　　　　　　　　　　　　　　　　　　〔小野　昌延＝三山　峻司〕

I　本条の新設の経緯

　本条は，平成8年法律第68号の一部改正によって新設された条文である。
　商標法は，商標登録及び防護標章登録に関し条約に別段の定めがあるときはその規定による，と条約の効力を定めている（商標77条4項，特26条)。
　優先権主張の手続については，特許法が準用されている（商標13条1項，特43条1項から4項まで・6項及び7項)。そして，平成8年改正前においては，商標法13条1項で特許法43条の3第1項（平成26年改正前は，特許法43条の2第1項。同年改正で特許法43条の2が新設され，現行法では，特許法43条の3第1項が準用される形になった）を準用していたが，平成8年の一部改正において，商標法条約（平成9年4月1日発効）による条約締約国のパリ条約遵

§9の3〔パリ条約の例による優先権主張〕

守義務（商標法条約15条）による優先権主張を規定することになったので，従前のように特許法43条の3第1項を準用する形式によると「読み替え」による準用となって規定ぶりが却って複雑になってしまう。そこで，特許法43条の3第1項を商標法にあわせて新たに書き起こしたのである。

　上段には優先権の主張をなすことができる国民，下段には優先権の基礎となる最初の出願をなすことができる対象国を記載している。

Ⅱ　本条の内容
(1)　パリ条約4条の趣旨

　パリ条約4条に基づく優先権主張を伴う出願の場合，いずれかの同盟国において正規に商標の登録出願をした者（又はその承継人）は，他の同盟国において出願をすることに関し，6ヵ月間の優先権を有する（パリ条約4条A，同条C(1)）。したがって，この6ヵ月の期間が満了する前に出された優先権のある後願は，その間に行われた他の先出願より不利な取扱いを受けないものとされる（同条B）。すなわち，優先権主張を伴う後の出願は，それより前にされた出願よりも優先する。

(2)　商標法条約15条の規定による追加

　平成6年改正法ではTRIPS協定の規定を踏まえ，①日本国民又はWTO（世界貿易機関）を設立するマラケシュ協定附属書1C第1条3に規定する加盟国民がWTO加盟国でした出願に基づく優先権，②WTO（世界貿易機関）の加盟国民がパリ条約同盟国でした出願に基づく優先権，③パリ条約同盟国の国民がWTO加盟国でした出願に基づく優先権を各規定した。

　そして，平成8年改正法で，さらに商標法条約15条の「締約国は，パリ条約の規定で標章に関するものを遵守する」との規定を踏まえ，商標法条約の締約国の国民についてもパリ条約4条に基づく優先権主張を認めるために，上段に「商標法条約の締約国の国民」及び下段に「商標法条約の締約国」を追加したのである。

(3)　優先権主張の手続

　本条の規定によって優先権を主張しようとする者は，優先権主張の旨と最初に出願した国の国名及び出願年月日記載の書面を出願と同時に特許庁長官に提出しなければならない（商標13条1項，特43条1項・43条の3第3項）。そして，優先権主張をした者は，商標登録出願の日から3月以内に優先権証明書を特許庁長官に提出しなければならない（商標13条1項，特43条2項）。上記期間内に優先権証明書を提出しないときは，優先権主張は失効する（商標13条1項，特43条4項・43条の3第3項）。

〔小野　昌延＝三山　峻司〕

§9の4（指定商品等又は商標登録を受けようとする商標の補正と要旨変更）

第9条の4（指定商品等又は商標登録を受けようとする商標の補正と要旨変更）
　願書に記載した指定商品若しくは指定役務又は商標登録を受けようとする商標についてした補正がこれらの要旨を変更するものと商標権の設定の登録があつた後に認められたときは，その商標登録出願は，その補正について手続補正書を提出した時にしたものとみなす。

（本条追加，平5法26，改正，平8法68）

【参考文献】
　特許庁総務部総務課工業所有権制度改正審議室編・改正特許法・実用新案法解説（発明協会，93）
　小野編・注解商標．

細　目　次

〔小野　昌延＝三山　峻司〕

Ⅰ　本条の立法経緯(677)
Ⅱ　本条の内容(678)

Ⅰ　本条の立法経緯

　本条は，平成5年法律第26号によって新設されて改正された9条の3が，平成8年法律第68号によって，1条繰り下げられ9条の4としてさらに改正されたものである。

　平成5年の一部改正前の商標法においては，商標法13条によって特許法40条（明細書の補正と要旨変更）の規定を準用して，登録後に不適法な補正がなされたことが認められた場合は，補正がなされた時に出願日が繰り下がる旨定めていた。

　しかし，平成5年改正により，特許法においては，制度の国際的調和を図る観点から，商標法13条が準用していた特許法40条を廃止した。そして，特許の場合には不適法な補正であることが登録後に認められた場合は，特許の無効理由とすることとし，特許無効の審判の対象とした。そこで，特許法40条が廃止され，同条の準用ができなくなったので，特許法40条に相当する規定である平成5年法による1条繰り下げられる前の9条の3を新設したのである。

　商標法においては，特許法における訂正審判・訂正請求に相当する制度が設けられていない。したがって，不適法な補正であることが登録後に認められた場合に，当該補正を無効理由とすると，権利者には何らこれに対処する手段がないことから，当該補正が不適法なことが判明すると，ただちに無効にまですることは権利者には酷にすぎることになる。そこで，出願日を繰り下げて第三者との利害を調整するものとしていた従来の制度を存続させることにしたのである。

　ところで，本条の前身である平成5年法の9条の3は，出願公告制度を前提とし，補

§9の4(指定商品等又は商標登録を受けようとする商標の補正と要旨変更)　第2章　商標登録及び商標登録出願

正を行った時期について,「出願公告をすべき旨の決定の謄本の送達前にした補正」としていたが,出願公告制度と付与前異議申立制度を廃止したことに伴い,前記公告制度を前提とする文言を削除するとともに,9条の3に〔パリ条約の例による優先権主張〕の条項が新設されたことにより,9条の4に繰り下げられたのである。

　また,「願書に添付した商標登録を受けようとする商標を表示した書面」との表現も平成8年改正により「商標登録を受けようとする商標」が願書の記載事項とされた(商標5条1項)ので,その改正に合わせて,そのように表現が改められている。

Ⅱ　本条の内容

　手続の補正は,事件が審査,登録異議申立てについての審理,審判又は再審に係属中は,一般的にできることになっている(商標68条の40)。ただ,商標権の内容に影響を与えるような補正は,商標法が登録主義・先願主義をとっていることから第三者に与える影響は大きく,商標登録出願人・第三者等の利益をも考慮して補正の制限と限界が画されることになる。

　願書に記載した指定商品若しくは指定役務又は商標登録を受けようとする商標は,商標権の内容をなす重要な事項であり,無制限にその補正を許すことはできないことは当然である。そして,その場合の補正の制限又は限界は,「要旨の変更」にあたるか否かによって取扱いを異にすることにした。

　本条は,願書に記載した指定商品若しくは指定役務又は商標登録を受けようとする商標についてなした補正が「要旨を変更」するものであることが,商標権の設定の登録後に認められたときの効果について,規定したものである。

　この場合においては,商標登録出願は,その補正について手続補正書を提出したときにしたものとみなされる。つまり,商標出願の出願日が,手続補正書の提出日まで繰り下げられるわけである。このような繰り下げを認めなければ,要旨変更の補正をした出願が,当初の出願日になされた結果となり,先願主義に反し,第三者に不測の不利益を与えることになるからである。

　出願日が繰り下がることによって,当初の出願日と繰下日との間になされた商標登録出願に係る指定商品若しくは指定役務又は,これに類似する商品若しくは役務について,その商標又はこれに類似する商標の使用は,先使用権(商標32条)を基礎づける事実となる。また,当初の出願日と繰下日との間に同一の商標について第三者の商標登録出願があった場合などは,その商標権の設定の登録のあった商標登録は審判により無効にされることとなる(逐条解説〔第19版〕1325頁)。

　「要旨の変更」にあたらない指定商品・指定役務の減縮や明瞭な誤記の訂正などの手続

§9の4（指定商品等又は商標登録を受けようとする商標の補正と要旨変更）

上の軽微な補正は，商標権の内容に影響を与えず第三者に不測の不利益を与えることがないので，出願日が繰り下げられることはない。

本条の「要旨の変更」にあたり出願日が手続補正書を提出した時に繰り下げられるかが争われた事例として，知財高判平22・5・12判時2097号141頁〔ケフィア倶楽部の／ピュアメープルシロップ事件〕がある。登録された本件商標は，「ケフィア倶楽部の」の文字及び「ピュアメープルシロップヌーボー」の片仮名文字の二段横書きからなり指定商品第30類「メープルシロップ」である。引用商標は，①「ヌーボー」の文字を横書きにする第30類「メープルシロップ」等を指定商品とする商標と②「メープルシロップヌーボー」の文字を横書きにする第30類「メープルシロップ」を指定商品とする商標で，引用商標は，本件商標と同一の商品について同一又は類似の先願商標にあたり本件商標が無効になるとして争われたが，その前提として，本件商標が引用商標出願後にした補正が，第32類「カエデの木から採取した樹液を原料とするシロップ」から第30類「メープルシロップ」とする補正であった。そこで，本条の「要旨の変更」にあたり出願が繰り下がると引用商標が先願になることから問題となった。裁判所は，「補正が要旨の変更に当たるか否かは，当該補正が出願された商標につき商標としての同一性を実質的に損ない，第三者に不測の不利益を及ぼすおそれがあるものと認められるか否かにより判断すべきものである。」とし，「本件補正に係る『メープルシロップ』は，本件出願に係る『カエデの木から採取した樹液を原料とするシロップ』との表現を，より一般的な表現に改めただけであって，両者は，その内容において同一の商品を指定するものであった」とし，「本件出願に際して商品区分を第32類と指定したことは，第32類に『シロップ』が含まれていたことにより，その記載を誤ったにすぎないものというべく，本件補正により第32類を第30類とすることは，誤記の訂正の範囲を出ないもの」として，商標法9条の4所定の「要旨の変更」にはあたらないとした。

商標権設定の登録前の出願審査の段階で，願書に記載した指定商品若しくは指定役務又は商標登録を受けようとする商標についてなされた補正であって「要旨の変更」に該当するものであると認められたときは，商標権の設定登録前であれば，審査官は，決定をもって，その補正を却下しなければならない（商標16条の2第1項）。この補正却下の決定は，文書をもって行い，理由を付さなければならない（商標16条の2第2項）。補正却下の処分に不服のあるときは，補正却下不服審判を請求して争うことになる（商標45条1項）。商標登録出願人が，補正却下決定の謄本の送達があった日から3月以内に，補正後の商標について新たな商標登録出願をしたときは，その出願は，その補正について手続補正書を提出したときにしたものとみなされる（商標17条の2，意17条の3第1項）。

商標法における「要旨の変更」の意味については，16条の2「補正の却下」における

〔小野＝三山（峻）〕

§9の4(指定商品等又は商標登録を受けようとする商標の補正と要旨変更)　第2章　商標登録及び商標登録出願

1項の注解を参照されたい。

　商標法においては，「要旨の変更」の判断は，特許法におけるほど微妙なものではなく，補正にあたり，これが「要旨の変更」に該当するか否かにより審理が遅滞するという弊害は生じていなかった（特許法では，「要旨の変更」の概念の採用をとりやめ，補正のできる範囲を絞り込んで出願から登録までの審理期間を短縮するとともに審判手続を簡素化することが，平成5年改正の眼目であった）。そこで，商標法では，補正の範囲を画するものとして「要旨の変更」の概念を残すとともに不適法な補正であることが，登録前に判明したときは，補正却下とし，これに対する不服は，補正却下不服審判（商標45条）で争うこととし，平成5年の改正で特許法では廃止された同審判制度を存続させたのである。

〔小野　昌延＝三山　峻司〕

§10（商標登録出願の分割）

第10条（商標登録出願の分割）
　商標登録出願人は，商標登録出願が審査，審判若しくは再審に係属している場合又は商標登録出願についての拒絶をすべき旨の審決に対する訴えが裁判所に係属している場合に限り，二以上の商品又は役務を指定商品又は指定役務とする商標登録出願の一部を一又は二以上の新たな商標登録出願とすることができる。（改正，平3法65，平8法68）

2　前項の場合は，新たな商標登録出願は，もとの商標登録出願の時にしたものとみなす。ただし，第9条第2項並びに第13条第1項において準用する特許法（昭和34年法律第121号）第43条第1項及び第2項（これらの規定を第13条第1項において準用する同法第43条の3第3項において準用する場合を含む。）の規定の適用については，この限りでない。（改正，平5法26，平6法116，平8法68，平26法36）

3　第1項に規定する新たな商標登録出願をする場合には，もとの商標登録出願について提出された書面又は書類であつて，新たな商標登録出願について第9条第2項又は第13条第1項において準用する特許法第43条第1項及び第2項（これらの規定を第13条第1項において準用する同法第43条の3第3項において準用する場合を含む。）の規定により提出しなければならないものは，当該新たな商標登録出願と同時に特許庁長官に提出されたものとみなす。
（本項追加，平11法41，改正，平26法36）

【参考文献】
逐条解説〔第19版〕，網野・商標〔第6版〕，小野・概説〔第2版〕，田村・商標，平尾・商標〔第1次改訂版〕，工藤・解説〔第7版〕，平8改正解説，平11改正解説，平26改正解説，松村信夫「審決取消訴訟において出願分割と同時になされた補正の効力」小松陽一郎先生還暦記念論文集・最新判例知財法449頁。

細　目　次

I　本条の趣旨(682)
II　出願分割の要件(682)
　(1)　主体的要件(682)
　(2)　客体的要件(683)
　　(a)　原出願の存在(683)
　　(b)　原出願が二以上の商品又は役務を包含(683)
　　(c)　商標及び商品・役務の同一性(683)
　(3)　時期的要件(683)
　(4)　手続的要件(684)
　　(a)　新たな商標登録出願(684)
　　(b)　もとの出願の補正(684)
　　(c)　拒絶審決取消訴訟の裁判係属中になされた分割に伴う商標法施行規則22条2項の補正の効果(684)
　　(d)　一定書面等の提出の省略（3項）(685)

〔齋藤〕

§10（商標登録出願の分割）　　　　　第2章　商標登録及び商標登録出願

Ⅲ　出願分割の効果(685)
　(1)　出願分割の要件を満たす場合(685)
　　(a)　出願時の遡及（2項）(685)
　　(b)　出願時の遡及の例外（2項但書・3項）
　　　(686)
　(2)　出願分割の要件を満たさない場合(686)

〔齋藤　恵〕

Ⅰ　本条の趣旨

　商標法6条1項は，商標登録出願は，政令で定める商品及び役務の区分内において商標の使用をする一又は二以上の商品又は役務を指定しなければならないとし，一商標一出願の原則について定める。この原則への違反は，拒絶理由に該当する。

　しかしながら，①商品又は役務の区分は複雑で，実際には，指定しようとする商品又は役務の属するべき区分の表示が不適切な場合がある。また，②商品又は役務の区分の表示は適切であっても，多区分・一区分指定にかかわらず，一部の商品又は役務を切り離して新たな出願としたい場合がある。例えば，拒絶理由が存在する商品又は役務を切り離して新たな出願とし，もとの出願の早期権利化を目指す場合などである。

　そこで，出願人に手続上の便宜を与えるため，上記原則に対する例外として出願の分割を認めた。これは，商標法条約7条の要請をも満たすものである。本条は，指定商品又は指定役務が複数の場合に認められるものであり，二以上の商標にかかる出願の分割は認められない。

　なお，国際商標登録出願については，出願の分割はできない（商標68条の12）。議定書上，国際登録の名義人の変更を伴わずに一の領域指定を二以上に分け，その出願日をもとの領域指定の日に遡及させたりする手続が認められていないからである（逐条解説〔第19版〕1541頁）。

Ⅱ　出願分割の要件

　1項及び2項より，以下の要件が導かれる。分割による新たな商標登録出願が出願時の遡及効の利益を受けるためには，通常の商標登録出願についての要件を具備するとともに，分割の要件を満たさなければならない。

(1)　主体的要件

　分割を行うことができるのは，もとの商標登録出願の分割出願時点の出願名義人である。分割出願の出願人は，もとの商標登録出願人と同一人でなければならない。共同名義による商標登録出願を分割する場合は，出願人全員で行わなければならない（商標77条2項にて準用する特14条）。

　もっとも，これは，分割出願の際の要件であり，分割後，その分割に係る出願の出願人名義を変更することはできる。

§10（商標登録出願の分割）

(2) **客体的要件**
(a) 原出願の存在　　出願の分割ができるためには，もとの商標登録出願が特許庁に有効に係属していなければならない。すなわち，分割出願時，すでに特許庁に有効に係属していない出願，つまり，取下げ，放棄，却下又は拒絶査定若しくは拒絶審決の確定した商標登録出願を分割することはできない。
(b) 原出願が二以上の商品又は役務を包含　　もとの商標登録出願が，分割出願時，二以上の商品又は役務を指定していることが必要である。二以上の区分に亘るときと，1区分にとどまるときとを問わない。二以上の商品又は役務がなければ分割の必要もないことから当然の要件である。
指定商品又は指定役務が文言上二以上の商品又は役務として表示されているかどうかではなく，実務上，たとえ1つの包括表示で記載されている場合であっても，その包括表示に含まれる下位概念の商品又は役務ごとに出願を分割することができる（商標審査基準〔改訂第12版〕第10）。例えば「第25類　被服」から，その包括表示に含まれる下位概念の商品である「洋服」や「シャツ」を分割できる。
(c) 商標及び商品・役務の同一性　　もとの商標登録出願と分割出願との間において目的物の同一性が必要である。分割は，もとの商標登録出願の一部を新たな商標登録出願とするものであるからである。
具体的には，まず，商標が同一であることを要する。分割の趣旨から，自他商品役務の識別標識としての本質的部分が同一であればよいというにとどまらず，いわゆる物理的同一性が必要である。
次に，分割出願に係る指定商品又は指定役務が，分割によってもとの商標登録出願から削除された指定商品又は指定役務と実質的に同一でなければならない。実質的に同一かどうかは，内容的に一致していれば足り，指定商品又は指定役務の文言上の一致までは要求されない。なお，たとえ相互に類似する商品・役務間であっても，出願の分割が可能である。
(3) **時期的要件**
分割ができる時期は，商標登録出願が審査，審判若しくは再審に係属している場合又は商標登録出願についての拒絶をすべき旨の審決に対する訴えが裁判所に係属している場合に限られる。平成8年の一部改正（平成9年4月1日施行）前は，旧2項で「査定又は審決の確定まで」としていたが，この改正で上記のように改正した。かくして，改正前は，拒絶査定から拒絶査定不服審判請求までの間，拒絶審決から知的財産高等裁判所への出訴までの間，知的財産高等裁判所の判決から最高裁判所への上告までの間も出願の分割が可能であったが，この改正後できなくなった。

§10 (商標登録出願の分割)　　　　　　　　　　　　第2章　商標登録及び商標登録出願

　出願の分割時期に制限を設けたのは，以下の理由による（逐条解説〔第19版〕1327頁）。
　① 出願が審査・審判等に係属していない時期の分割は，徒に手続を複雑化させる。
　② 拒絶査定や拒絶審決等に対する不服申立をする際又はその係属中に分割できるとすることで出願人の保護は足りる。
　③ 商標法条約7条(1)に規定する分割の時期とも一致することとなり，裁判所係属期間を除けば補正をすることができる時期（商標68条の40）とも一致することとなって，分割が補正の一種であるとする特許出願の分割の場合と考え方の軌を一にすることができる。
　なお，いったん，分割出願が適式になされれば，その後にもとの商標登録出願が取下げ，放棄，却下等により特許庁に係属しなくなったとしても，分割自体に影響はない。

(4) 手続的要件
(a) 新たな商標登録出願　　出願の分割は，出願日が遡及する関係上，先願主義の例外であり重要な意義を有するものであるから，出願人の分割の意思及びもとの商標登録出願との関連を明らかにしておく必要がある。このため，新たな商標登録出願の願書には，通常の商標登録出願の願書記載事項に加えて，「商標法第10条第1項の規定による商標登録出願」である旨及びもとの商標登録出願の表示を記載する必要がある（商標施規1条3項様式第3）。
(b) もとの出願の補正　　出願の分割をするときは，分割出願と同時にもとの出願にかかる指定商品又は指定役務から分割する指定商品又は指定役務を削除する補正をしなければならない（商標施規22条2項にて準用する特施規30条）。例えば，第25類「被服」より「洋服」を分割出願する場合，同日付けで，もとの商標登録出願の指定商品を「被服，但し洋服を除く」とする補正書を提出しなければならない。
(c) 拒絶審決取消訴訟の裁判係属中になされた分割に伴う商標法施行規則22条2項の補正の効果　　出願の分割は，拒絶査定不服審判の拒絶審決に対する訴えが知的財産高等裁判所に係属している間にも行うことができるが，これは商標法68条の40に規定された補正可能期間には含まれない。すなわち，商標法上，拒絶審決取消訴訟の係属中に分割はできるが補正はできないこととなっている。これに関連し，当該期間内になされた分割と同日付けで行う商標法施行規則22条2項の補正がどのような性質を有するのかにつき議論が存在し，高裁レベルの判決も以下のとおり見解が分かれていた。
　① 平成15年(行ケ)第83号東京高裁判決・平成15年(行ケ)第121号東京高裁判決
　　分割出願の効果として，分割に係る指定商品又は指定役務が原出願から削除される。(旧)商標法施行規則22条4項の補正はその効果を明確化するだけのものであって，商標法68条の40の補正ではない。

② 平成15年（行ケ）第64号東京高裁判決

分割出願により原出願から指定商品又は指定役務が当然に削除されるのではなく，（旧）商標法施行規則22条4項の補正を行うことにより初めて分割の効果が生じる。当該補正は商標法68条の40の補正ではなく，遡及効はない。

結局，上記の平成15年（行ケ）第83号東京高裁判決の上告審である平成16年（行ヒ）第4号最高裁判決において，最高裁判所が高裁判決を破棄して②の立場を採る旨を明らかにしたことにより，（旧）商標法施行規則22条4項の補正が，(i)分割の効力発生要件であること，及び(ii)商標法68条の40第1項に規定する補正とは性質を異にし，遡及効はなく，拒絶審決の結論には影響しないことが確定した。

その結果，実務的には，拒絶審決取消訴訟の係属中に分割出願を行う場合，例えば引例と競合せず，早期に商標登録を希求する指定商品又は指定役務をもとの商標登録出願に残す形で補正を行うと，競合する指定商品又は指定役務について削除補正を行っても遡及効を得られず，拒絶審決の結果が維持されてしまう可能性が高くなる。よって，早期商標登録を希求する指定商品又は指定役務を新たな商標登録出願，すなわち分割出願の指定商品又は指定役務として取り出す必要がある点に注意を要する。

(d) 一定書面等の提出の省略（3項）　もとの出願にて提出済みの下記の書面又は書類については，分割出願についてその出願時に提出したものとみなすこととした（3項）。平成11年一部改正において新たに規定されたものであり，特許法44条4項と同趣旨である。すなわち，手続を簡素化して出願人を保護する趣旨である。

① 出願時の特例を受けるための証明書（商標9条2項）
② パリ条約優先権主張の手続書面又は書類（商標13条1項にて準用する特43条1項・2項）
③ パリ条約の例による優先権主張の手続書面又は書類（商標13条1項にて準用する特43条の3第3項）

Ⅲ 出願分割の効果

(1) 出願分割の要件を満たす場合

2項に規定する以下の効果が得られる。同項は，平成8年一部改正において旧2項を削除したことに伴い，旧3項を繰り上げたものである。

(a) 出願時の遡及（2項）　分割出願は，もとの商標登録出願の時にしたものとみなされる。先願の地位を保持して出願人の利益を確保するためである。したがって，先願に関する要件（商標4条1項11号・8条1項・2項）についてはもとの商標登録出願の日時を基準に判断され，たとえもとの商標登録出願と分割出願の間に競合する他人の商標登録出願があっても何ら不利益を受けることはない。商標法4条3項，29条，32条等の規定

§10（商標登録出願の分割）

も，もとの商標登録出願の日時を基準に判断される。

　また，分割出願はもとの商標登録出願とは別個独立のものであるから，その要件を満たす限り，その分割出願についてさらに分割出願を行うことも可能である。この場合，さらなる分割出願の日時は，分割出願の日時にとどまらず，最初のもとの商標登録出願の日時にまで遡及することとなる。

　(b)　出願時の遡及の例外（2項但書・3項）　　分割出願について，①出願時の特例を受けるための手続（商標9条2項），②パリ条約優先権主張の手続（商標13条1項にて準用する特43条）及び③パリ条約の例による優先権主張の手続（商標13条1項にて準用する特43条の3）のための書類提出期間にまで遡及効を及ぼすと，分割時にすでに手続期間を徒過してしまうことになり，却って不都合を生じる。

　そこで，これらの場合に限って出願時の遡及の例外とし（2項但書），分割出願と同時に提出されたものとみなすことにより（3項），出願人の便宜を図ることとした。

　なお，このような出願時の遡及の例外は，もとの商標登録出願が出願時の特例等の利益を享受している場合に分割出願にもその利益を享受できるようにしようとする趣旨であるから，もとの商標登録出願において主張手続を行っておらず，これらの利益を享受していない場合には，適用はない。

　(2)　出願分割の要件を満たさない場合

　分割の要件を満たさない場合には，分割出願について出願時の遡及効が認められず，通常の出願として扱われる。これにより，出願自体が拒絶・無効等の不利益な扱いを受けるものではない。

　分割の要件を満たさない場合，出願時の遡及が認められない旨及びその理由が特許庁より通知される。この通知は必ずしも単独で行われず，拒絶理由通知書等他の通知（登録査定を含む）に書き添えてなされる（商標審査便覧17.01）。

〔齋藤　恵〕

§11（出願の変更）

第11条（出願の変更）
　商標登録出願人は，団体商標の商標登録出願を通常の商標登録出願（団体商標の商標登録出願及び地域団体商標の商標登録出願以外の商標登録出願をいう。以下同じ。）又は地域団体商標の商標登録出願に変更することができる。（改正，昭45法91，平8法68）
2　商標登録出願人は，地域団体商標の商標登録出願を通常の商標登録出願又は団体商標の商標登録出願に変更することができる。（本項追加，平17法56）
3　商標登録出願人は，通常の商標登録出願を団体商標の商標登録出願又は地域団体商標の商標登録出願に変更することができる。（改正，昭45法91，平8法68）
4　前3項の規定による商標登録出願の変更は，商標登録出願について査定又は審決が確定した後は，することができない。
5　第1項から第3項までの規定による商標登録出願の変更があつたときは，もとの商標登録出願は，取り下げたものとみなす。
6　前条第2項及び第3項の規定は，第1項から第3項までの規定による商標登録出願の変更の場合に準用する。（本項追加，昭45法91，改正，平8法68，平11法41）
（改正，平17法56）

【参考文献】
　逐条解説〔第19版〕，網野・商標〔第6版〕，小野・概説〔第2版〕，田村・商標，平尾・商標〔第1次改訂版〕，工藤・解説〔第8版〕，平8改正解説，平11改正解説，平17改正解説。

細　目　次

Ⅰ　本条の趣旨(688)
Ⅱ　出願変更の態様(688)
　(1)　団体商標の出願を，通常の商標又は地域団体商標の出願に変更（1項）(688)
　(2)　地域団体商標の出願を，通常の商標又は団体商標の出願に変更（2項）(688)
　(3)　通常の商標の出願を，団体商標又は地域団体商標の出願に変更（3項）(689)
Ⅲ　出願変更の要件(689)
　(1)　主体的要件(689)
　(2)　客体的要件(689)
　　(a)　原出願の存在(689)
　　(b)　商標及び指定商品・指定役務の同一性(689)
　(3)　時期的要件(689)
　(4)　手続的要件(690)
　　(a)　新たな商標登録出願(690)
　　(b)　商標法7条3項・7条の2第4項の書面の提出(690)
　　(c)　一定書面等の提出の省略(690)
Ⅳ　出願変更の効果(690)
　(1)　出願変更の要件を満たす場合(690)
　　(a)　出願時の遡及(690)
　　(b)　出願時の遡及の例外(691)

〔齋藤〕

§11（出願の変更）

　　(c)　出願の取下擬制（5項）(691)
(2)　出願変更の要件を満たさない場合(691)
　　(a)　出願の取下げ擬制の効果(691)
　　(b)　審判請求後の出願変更(692)

〔齋藤　恵〕

I　本条の趣旨

　本条は，団体商標登録出願，地域団体商標登録出願，そして通常の商標登録出願の相互間の出願の変更について定めている。平成8年の一部改正（平成9年4月1日施行）により団体商標制度が，平成17年の一部改正（平成18年4月1日施行）により地域団体商標制度が新設されたことに伴う。

　平成8年一部改正前は連合商標登録出願と独立の商標登録出願相互間の出願変更の規定が設けられていたが，同改正において連合商標制度が廃止されたため，かかる出願変更の規定も廃止された。

　出願人は，適式な出願形式の下に商標登録出願をしなければならないが（商標5条・7条1項），かかる形式違反を理由に出願形式の変更を認めないと出願人に酷となる場合がある。そこで，出願人を手続面から保護するため，商標法では以下の出願変更の類型を認めている（商標11条・12条・65条）。

① 団体商標登録出願と通常の商標登録出願相互間の出願の変更
② 地域団体商標登録出願と通常の商標登録出願相互間の出願の変更
③ 団体商標登録出願と地域団体商標登録出願相互間の出願の変更
④ 商標登録出願と防護標章登録出願相互間の出願の変更

　①ないし③の類型が本条に規定される一方，④の類型については商標法12条・65条に規定が存在する。

II　出願変更の態様

　本条に規定する出願変更の態様は，以下の3つである（逐条解説〔第19版〕1329頁）。通常の商標の出願とは団体商標及び地域団体商標の出願以外であり（商標11条1項括弧書），商標登録出願というときには防護標章登録出願を含まない。

(1)　団体商標の出願を，通常の商標又は地域団体商標の出願に変更（1項）

　例えば，商標法7条に規定する条件を満たさないとして補正命令を受けた場合や，団体自身のみが使用する商標であるとして拒絶理由通知（商標3条1項柱書違反）を受けた場合になされる。

(2)　地域団体商標の出願を，通常の商標又は団体商標の出願に変更（2項）

　例えば，出願に係る商標が全国的な範囲の需要者に広く知られているため，3条2項

の規定により通常の商標又は団体商標として登録を受けようとする場合になされる。

(3) 通常の商標の出願を，団体商標又は地域団体商標の出願に変更（3項）

例えば，通常の商標登録出願により生じた権利を7条1項に規定する法人が承継したような場合で，その商標を団体商標として使用しようとするとき，また，通常の商標登録出願をした組合等が，出願商標が3条1項3号に該当するとして拒絶理由通知を受けた場合で，地域団体商標として登録を受けようとする場合等になされる。

なお，国際商標登録出願については，出願の変更はできない（商標68条の13）。国際登録簿上，商標の種別の変更ができないためである（逐条解説〔第19版〕1542頁）。

Ⅲ 出願変更の要件

1項ないし4項より，以下の要件が導かれる。

(1) 主体的要件

出願の変更を行うことができるのは，もとの商標登録出願の変更出願時点の出願名義人である。変更出願の出願人は，もとの商標登録出願人と同一人でなければならない。共同名義による商標登録出願を変更する場合は，出願人全員で行わなければならない（商標77条2項において準用する特14条）。

出願の変更は，もとの商標登録出願のみなし取下げを伴うからである。

(2) 客体的要件

(a) **原出願の存在**　変更出願の際，もとの商標登録出願が特許庁に有効に係属していなければならない。すなわち，変更出願時，既に特許庁に有効に係属していない出願，つまり，放棄，却下又は拒絶査定若しくは拒絶審決の確定した商標登録出願を変更することはできない。出願形式の変更を求める趣旨から当然であり，出願の復活まで認めるものではないからである。

(b) **商標及び指定商品・指定役務の同一性**　変更出願ともとの商標登録出願の商標及び指定商品又は指定役務が同一でなければならない。原出願を手続面より保護する趣旨から当然であり，同一でない商標及び指定商品又は指定役務についてまで変更を認めれば，出願時の遡及効により第三者に不測の不利益を与えるから妥当でない。

商標についてはいわゆる物理的同一性が必要であり，指定商品又は指定役務については内容が実質的に同一であることが必要である。

(3) 時期的要件

出願の変更は，もとの商標登録出願について査定又は審決が確定した後はすることができない。査定の確定時は，登録査定にあっては査定の謄本の送達と同時に，拒絶査定にあっては査定の謄本の送達後，審判を請求することなく3ヵ月を経過した時に確定す

る。また，審決の確定時は，拒絶査定に対して不服審判を請求した場合におけるその審判の審決が確定した場合のことを指す。

したがって，たとえ査定又は審決後であっても，査定又は審決が確定する前ならば，出願の変更が可能である。

(4) 手続的要件

(a) 新たな商標登録出願　　出願の変更は，所定の事項を記載した願書（商標施規2条5項の様式第5）を提出して新たな商標登録出願をすることにより行う。通常の商標登録出願・団体商標の商標登録出願又は地域団体商標の商標登録出願の願書の記載事項に加え，「商標法第11条第1，2，3項の規定による商標登録出願」である旨の記載及びもとの商標登録出願の表示を願書に記載する必要がある（商標施規2条5項の様式第5）。

代理人は，特別の授権を得なければ出願の変更を行うことはできない（商標77条2項において準用する特9条）。

(b) 商標法7条3項・7条の2第4項の書面の提出　　団体商標への出願変更に際しては，7条3項に規定する書面（出願人が7条1項に規定する法人であることを証明する書面）の提出を要する。地域団体商標への出願変更に際しては，7条の2第4項に規定する①出願人が組合等であることを証明する書面及び②7条の2第2項に規定する地域の名称を含む商標であることの証明書面の提出を要する。

(c) 一定書面等の提出の省略　　もとの出願にて提出済みの下記の書面又は書類について，商標法10条3項を準用し，変更出願の出願時に提出したものとみなすこととした（6項）。平成11年一部改正にて新たに規定されたものであり，特許法44条4項と同趣旨である。すなわち，手続を簡素化して出願人を保護する趣旨である。

① 出願時の特例を受けるための証明書（商標9条2項）
② パリ条約優先権主張の手続書面又は書類（商標13条にて準用する特43条1項・2項）
③ パリ条約の例による優先権主張の手続書面又は書類（商標13条1項にて準用する特43条の3第3項）

Ⅳ　出願変更の効果

(1) 出願変更の要件を満たす場合

出願の分割の場合と同様であり，6項で分割の該規定（商標10条2項・3項）を準用している。

(a) 出願時の遡及　　変更出願は，もとの商標登録出願の時にしたものとみなされる。変更出願の内容は，出願の種類を除けばもとの商標登録出願と同一であって，もとの商標登録出願の時に出願の意思が明らかにされているともいえることから，変更出願の日

時をもとの商標登録出願時に遡及させることにより先願主義の例外をなして出願人の利益を確保しているのである。

(b) **出願時の遡及の例外** 変更出願について，①出願時の特例を受けるための手続（商標9条2項），②パリ条約優先権主張の手続（商標13条1項にて準用する特43条）及び③パリ条約の例による優先権主張の手続（商標13条1項にて準用する特43条の3）のための書類提出期間にまで遡及効を及ぼすと，変更出願時にすでに手続期間を徒過してしまうことになり，却って不都合を生じる。

そこで，これらの場合に限って出願時の遡及の例外とし，変更出願と同時に提出されたものとみなすことにより，手続上の便宜を図ることとした。

なお，このような出願時の遡及の例外は，もとの商標登録出願が出願時の特例等の利益を享受している場合に変更出願にもその利益を享受できるようにしようとする趣旨であるから，もとの商標登録出願において主張手続を行っておらず，これらの利益を享受していない場合には，適用はない。

(c) **出願の取下擬制（5項）** 出願の変更があったときは，もとの商標登録出願は取り下げたものとみなされる。出願の変更は，補正でなく（昭和45年一部改正前は補正と解されていた），新たな商標登録出願であると解される。特許庁では，出願人がもとの商標登録出願をあきらめて新たな出願に換える意思表示をしたことの効果であると解し，このように取り扱うこととしている（商標審査便覧17.03）（参考：東京地判昭52・9・21（昭51（行ウ）93号）判例工業所有権法2513の6頁）。

仮に，もとの商標登録出願を残存させれば，変更出願と重複して保護することとなる。これは出願形式の変更を認めて手続面から出願人の保護を図るという本条の趣旨にもそぐわないため，もとの商標登録出願が残存することのないよう，取り下げたものとみなすことにより消滅させているのである。

(2) 出願変更の要件を満たさない場合

(a) **出願の取下げ擬制の効果** 変更出願が変更の要件を具備しない場合，出願時の遡及効が認められないが，単なる形式違反であるから，変更出願自体が拒絶・無効等の不利益な扱いを受けるものではない。

変更の要件を満たさない場合，出願時の遡及が認められない旨及びその理由が特許庁より通知される。ただし，補正によりもとの出願の要旨を変更しないものとなった場合には，この通知後であっても，出願日の遡及が認められる。ここの通知は必ずしも単独で行われず，拒絶理由通知書等他の通知（登録査定を含む）に書き添えてなされる（商標審査便覧17.02）。

もっとも，この考え方は国際商標登録出願には適用されない。

（b）審判請求後の出願変更　　出願の変更は，査定又は審決後であっても確定する前ならば可能であるが，この場合でも，もとの商標登録出願は取り下げたものとみなされる。このため，もとの商標登録出願について拒絶査定がなされ，拒絶査定不服審判を請求した後に商標登録出願の変更があった場合，その審判の請求は，もとの商標登録出願が取り下げたものとみなされるために目的物を失い，審決により却下されることとなる。

　また，拒絶査定不服審判の審決に対して出訴後に商標登録出願の変更があった場合には，出願人が当該審決を取り消すことについて何らの利益もなくなることから，訴えの利益なきものとして却下する（東京高判昭58・4・28判例工業所有権法2431の59頁）方法もあり得るが，みなし取下げにより存在しなくなった出願について審決したこととなり違法であることから，取り消されるべきこととなる（東京高判昭43・7・17判例工業所有権法2801の101頁）。

〔齋藤　恵〕

§12〔同　前〕

第12条〔同　前〕
　防護標章登録出願人は，その防護標章登録出願を商標登録出願に変更することができる。(改正，昭45法91)
2　前項の規定による出願の変更は，防護標章登録出願について査定又は審決が確定した後は，することができない。
3　第10条第２項及び第３項並びに前条第５項の規定は，第１項の規定による出願の変更の場合に準用する。(改正，昭45法91，平８法68，平11法41，平17法56)

【参考文献】
　逐条解説〔第19版〕，網野・商標〔第６版〕，小野・概説〔第２版〕，田村・商標，平尾・商標〔第１次改訂版〕，工藤・解説〔第７版〕，平８改正解説，平11改正解説，平17改正解説．

細　目　次

I　本条の趣旨(693)
II　出願変更の態様(693)
III　出願変更の要件(694)
　(1)　主体的要件(694)
　(2)　客体的要件(694)
　　(a)　原出願の存在(694)
　　(b)　商標及び指定商品・指定役務の同一性(694)
　(3)　時期的要件(694)
　(4)　手続的要件(694)
IV　出願変更の効果——出願変更の要件を満たす場合(695)
　(1)　出願時の遡及（商標12条３項にて準用する商標10条２項）(695)
　(2)　出願の取下擬制（商標12条３項にて準用する商標11条５項）(695)

〔齋藤　恵〕

I　本条の趣旨

　防護標章登録出願を受けようとする者は，適式な出願を行わなければならない。しかし，①防護標章登録出願をした後，当該商品又は役務について使用をしたい場合があり，商標の専用権を確保する必要が生じる場合がある。また，②防護標章出願後，商標法64条に定める要件を具備しないことがわかり，出願変更を欲する場合もある。さらに，③先願主義下，出願を急ぐあまり出願形式を誤ることもある。そこで，これらの事情を考慮し，出願人を手続面から保護・救済するため，防護標章登録出願から商標登録出願への変更を認めている。

II　出願変更の態様

　商標法では商標登録出願と防護標章登録出願の相互間の変更を認めているところ，本条に規定する出願変更の類型は，防護標章登録出願から商標登録出願に変更する場合である。逆に，商標登録出願を防護標章登録出願に変更する場合については商標法65条に

§12〔同　前〕　　　　　　　　　　　　　　第2章　商標登録及び商標登録出願

規定が存在する。なお，商標登録出願というときには，防護標章登録出願以外の通常の商標・団体商標及び地域団体商標の出願が含まれる。

Ⅲ　出願変更の要件
1項及び2項より，以下の要件が導かれる。
(1) 主体的要件
出願の変更を行うことができるのは，もとの防護標章登録出願の変更出願時点の出願名義人である。変更出願の出願人は，もとの防護標章登録出願人と同一人でなければならない。共同名義による商標登録出願を変更する場合は，出願人全員で行わなければならない（商標77条2項において準用する特14条）。出願の変更は，もとの防護標章登録出願のみなし取下げを伴うからである。
(2) 客体的要件
(a) 原出願の存在　　変更出願の際，もとの防護標章登録出願が特許庁に有効に係属していなければならない。すなわち，変更出願時，既に特許庁に有効に係属していない出願，つまり，放棄，却下又は拒絶査定若しくは拒絶審決の確定した商標登録出願を変更することはできない。出願形式の変更を求める趣旨から当然であり，出願の復活まで認めるものではないからである。

(b) 商標及び指定商品・指定役務の同一性　　変更出願ともとの防護標章登録出願の商標及び指定商品又は指定役務が同一でなければならない。原出願を手続面より保護する趣旨から当然であり，同一でない商標及び指定商品又は指定役務についてまで変更を認めれば，出願時の遡及効により第三者に不測の不利益を与えるから妥当でない。

商標についてはいわゆる物理的同一性が必要であり，指定商品又は指定役務については内容が実質的に同一であることが必要である。
(3) 時期的要件
出願の変更は，もとの防護標章登録出願について査定又は審決が確定した後はすることができない。査定の確定時は，登録査定にあっては査定の謄本の送達と同時に，拒絶査定にあっては査定の謄本の送達後，審判を請求することなく3ヵ月を経過した時に確定する。また，審決の確定時は，拒絶査定に対して不服審判を請求した場合におけるその審判の審決が確定した場合のことを指す。

したがって，たとえ査定又は審決後であっても，査定又は審決が確定する前ならば，出願の変更が可能である。
(4) 手続的要件
出願の変更は，所定の事項を記載した願書（商標施規2条6項の様式第6）を提出して新

§12〔同　前〕

たな商標登録出願をすることにより行う。商標登録出願の願書記載事項に加え，「商標法第12条第1項の規定による商標登録出願」である旨の記載及びもとの防護標章登録出願の表示を願書に記載する必要がある（商標施規2条6項の様式第6）。

　代理人は，特別の授権を得なければ出願の変更を行うことはできない（商標77条2項において準用する特9条）。

Ⅳ　出願変更の効果——出願変更の要件を満たす場合

　3項で，分割の該規定（商標10条2項・3項）及び変更の該規定（商標11条5項）を準用している。

(1)　出願時の遡及（商標12条3項にて準用する商標10条2項）

　変更出願はもとの防護標章登録出願の時にしたものとみなされ，商標法4条1項11号，4条3項，8条1項及び2項，29条，32条等の規定についてももとの防護標章登録出願の日時を基準に判断される。

　ただし，出願時の特例を受けるための手続（商標9条2項）はそもそも防護標章登録出願には適用されないため，対象外である。パリ条約優先権主張手続（商標13条1項にて準用する特43条）に係る規定については，商標法9条の2が68条による防護標章登録出願に準用されているものの，なお適用があるのかは微妙となろう。

(2)　出願の取下擬制（商標12条3項にて準用する商標11条5項）

　出願の変更があったときは，もとの防護標章登録出願は取り下げたものとみなされる。

　上記(1)及び(2)の趣旨は前条と同様であり，出願時の遡及効が認められない場合のみなし取下げの扱いや，査定又は審決後確定前に出願の変更があった場合の扱いに関する問題も前条と同様である。詳細は，商標法10条2項及び前条を参照されたい。

〔齋藤　　恵〕

§12の2（出願公開）

第12条の2（出願公開）

特許庁長官は，商標登録出願があつたときは，出願公開をしなければならない。

2　出願公開は，次に掲げる事項を商標公報に掲載することにより行う。ただし，第3号及び第4号に掲げる事項については，当該事項を商標公報に掲載することが公の秩序又は善良の風俗を害するおそれがあると特許庁長官が認めるときは，この限りでない。

一　商標登録出願人の氏名又は名称及び住所又は居所
二　商標登録出願の番号及び年月日
三　願書に記載した商標（第5条第3項に規定する場合にあつては標準文字により現したもの。以下同じ。）（改正，平26法36）
四　指定商品又は指定役務
五　前各号に掲げるもののほか，必要な事項

（本条追加，平11法41）

【参考文献】
〔書　籍〕逐条解説〔第19版〕，平11改正解説，小野編・注解商標〔新版〕。
〔論文等〕特許庁審査第一部商標課「マドリッド協定議定書関連の商標法改正について」パテ53巻2号19頁（00），光石俊郎「平成11年改正商標法と商標権侵害訴訟」パテ53巻3号35頁（00），特許庁「マドリッド協定議定書に基づく商標の国際登録制度(1)」発明97巻4号90頁（00）。

細　目　次

I　本条の趣旨(696)	(1)　1　項(701)
II　制定の経緯(697)	(2)　2　項(702)
(1)　概　説(697)	IV　出願公開の効果(705)
(2)　本条創設の趣旨(698)	V　出願公告制度(706)
(3)　その他(701)	〔泉　　克幸〕
III　本条の内容(701)	

I　本条の趣旨

平成11年改正（平成11年法律第41号）により，商標権設定登録前の金銭的請求権が認められることとなった（商標13条の2）。そこで，第三者が，現在使用している商標がそれと同一又は類似している場合に直ちにその商標を変更すること，あるいは，新たに使用する商標を選択する場合に他者が既に出願している商標と同一又は類似する商標を回避することで，前記金銭的請求権の対象となる事態を早期に発見，あるいは未然に防止するこ

§12の2（出願公開）

とが可能となるよう，商標登録出願の出願内容を迅速に広く国民に知らせるというのが本条の趣旨である。

　この点，特許法における出願公開制度（特64条）とは趣旨が異なる。すなわち，特許法の公開制度の趣旨は，審査の遅延によって発明の内容が長期間公表されないため，企業活動を不安定にし，また，重複研究や重複投資を生じているという弊害を除去すること（逐条解説〔第19版〕207頁），あるいは，出願された技術をもとに新たな技術が生まれる可能性を高めることにある。特許法の公開制度は，技術がその積み重ねによって開発がなされるという特性に鑑みて，設けられたものということができる。

II　制定の経緯

(1)　概　　説

　マドリッド協定議定書（マドリッドプロトコル）4条(1)(a)は，「標章の国際登録又は領域指定の記録の日から，当該標章は，関係締約国において，標章登録を当該関係締約国の官庁に直接求めていたならば与えられたであろう保護と同一の保護を与えられるものとする」と規定している。国際登録の日は原則として国際登録出願日であるため，登録が確定した場合に指定国は，国内登録と同一の保護を出願日に遡って与えなければならない。わが国はマドリッド協定議定書の加入に際し，この規定に対応するため，平成11年改正において13条の2を新たに設け，設定の登録前の金銭的請求権を商標登録出願人に認めることとした。この金銭的請求権の行使は，主として第三者が突然に金銭的請求を受けるという不意打ちを予防する観点から商標登録出願後に警告を行うことが要件となっており（商標13条の2第1項），この点で商標登録出願人と他者との衡平が一定のレベルで保たれている。しかしながら，平成11年改正はさらに，「金銭的請求権の行使は設定登録を待ったうえでなされるとしても（商標13条の2第2項），まだ出願中の権利が確定していない時点においてこの請求をなすことが可能となるため，第三者の立場との平衡を保つには，出願に関する情報を迅速に世間に知らしめることが必要であり」，また，「マドリッド議定書経由の商標出願については，国際事務局が定期的に公報を発行しているが，その記載は英語及びフランス語によるものであるため，そのままで国内の広報に代えることには問題がある。したがって，そのような出願や登録についても早期かつ容易に権利関係を知らしめる必要があ」ることから，国内出願あるいは国際商標登録出願かの別を問わず，情報提供の手段として出願公開制度を創設し，本条において規定することとした（小野編・注解商標〔新版〕(上)568頁〔清水徹男〕。なお，マドリッド協定議定書の公用語として，2004年にスペイン語が導入されている）。

〔泉〕

§12の2（出願公開）

(2) 本条創設の趣旨

(1)で述べたように，商標法13条の2及び本条の創設はマドリッド協定議定書への対応が発端となったものである。しかしながら，立法化の段階で，こうしたマドリッド協定議定書への対応といった背景に加え，「商標の早期保護」という別の意義も含めて理解されるようになり，むしろ後者に重きを置いて説明がなされているとも理解できる（小野編・注解商標〔新版〕（上）580頁〔大島厚〕は，13条の2との関係でこうした点を指摘し，同条を解説する）。

まず，平成11年改正の内容を検討・審議した工業所有権審議会商標小委員会の報告書（「企業活動の国際展開に伴う商標保護のための制度整備について」（平成10年11月26日））では，「Ⅴ．マドリッド協定議定書加入に伴う主な論点とその対応」という章において，その冒頭，「議定書は，マドリッド協定と異なり，我が国のような審査主義にも配慮しより多くの国が利用できるように設計されたものであるとはいえ，我が国の商標制度と完全に整合しているものではない。次に掲げた論点はその主要なものであるが，我が国商標制度の国際的調和の観点から，多数の加入国を有する議定書の制度の整合性を図りつつ，以下の方向で対応すべきと考えられる」と述べている。そして，それに続く「1．登録の効果の発生とその内容について」の最初に，「議定書によれば，登録が確定した場合には，商標の保護は，国際登録日から登録によるものと同一のものを与えることとなっており，国際的調和等の観点から我が国現行商標制度においても，議定書と同様の措置を図ることが望ましい」としたうえで，「(1)議定書の趣旨」において議定書4条(1)(a)の紹介と議定書加入国（英国，ドイツ，フランス，中国）の制度比較を行っており，この部分までは平成11年改正をマドリッド協定議定書加入との関係でその必要性を説明している。ところが，その後，「(2)商標の早期保護の必要性」にいう項目において以下のような理解を示している。

「商標法は，商標を使用する者の業務上の信用の維持向上を図ることによって，産業の発達に寄与することのみならず，併せて需要者の利益の保護を目的とするものである（商標法第1条）。そして，商標法は，この法目的を達成する手段として，『商標権』の設定登録という行政処分を行うこととし（同第18条），この『商標権』については『商標権者が，指定商品又は指定役務について登録商標の使用を専有する権利』として構成する（同第25条）。

しかし，商品・サービスのライフサイクルが短縮している等の経済的環境の下で，広告等企業の経済活動を通じて商標が有する信用力，顧客吸引力等が設定登録前に発生する可能性があるケースが増加しており，出願段階においても一定程度の保護を与える必要性があると考えられる。特に，商標はその対象がいわゆるマーク（標章）からなるもの

§12の2（出願公開）

に過ぎず，模倣等が容易であることから，商標を取り巻く経済環境の変化に鑑みれば，商標に化体した信用力の毀損等に対しては，迅速な保護が得られる制度の構築の必要性が高い。

そうした早期保護の必要性の観点を踏まえれば，法定の登録要件を備えたと認められるかどうかを事後的にチェックすることを前提として，商標権の設定の登録前の時点であっても商標法上の保護を与えることが必要と考えられる。

以上のように，議定書の第4条の趣旨，締約国の運用状況及び商標の経済的意義の向上に伴う商標の早期保護の必要性に鑑みれば，我が国としては，商標登録出願から設定登録の間についても保護を与えることとし，具体的に以下のように対応することが望ましい。」。

そして，報告書は続く「(3)出願から登録までの保護についての制度設計」という項目において，「①事後的救済措置として，損害賠償等の請求権を設定することとするが，従前の商標法による審査制度・登録制度による安定的な権利付与は堅持すべきと考えられることから，損害賠償等の請求権の権利行使については，商標権の設定登録により権利が確定した後に認めることとするのが適当である。また，権利が確定していない時点における第三者との関係のため，出願情報を広く世の中に対して迅速に知らしめるよう，出願公開制度を設けることが必要である」との提言を行っている（なお，報告書は，「②差止請求権については，権利行使が設定登録後であることから，出願から設定登録までの過去の行為については行い得ないこと，仮にその間に差止請求を認め，設定登録されなかった場合には無過失賠償により金銭対価での処理を行うとしても，第三者に過大な負担を負わせることになるため，制度として設けることは適当でないと考えられる」，「質権等の派生的財産権については，従前通り商標権の設定登録後から認めることとする」との2点について，併せて提言している）。

このように，設定の登録前の金銭的請求権及びそれに伴う出願公開制度の創設に関して上記商標小委員会には，マドリッド協定議定書加入との関係に加え商標の早期保護という意識があったことが読み取れる。

次に，特許庁による解説書（平11改正解説）では，その第11章で「企業活動の国際展開に伴う商標保護のための制度整備について」というタイトルの下，平成11年の商標法改正の解説を行っている。同章は，「Ⅰ．改正の必要性」，「Ⅱ．改正の概要及び条文の解説」という章立てとなっているが，「Ⅰ．改正の必要性」において，①商標の早期保護の必要性，②企業活動の活発な国際展開に伴う海外における商標保護の必要性，および，③マドリッド協定議定書加入に向けた対応，の3点を挙げ，その①の中で「そうした早期保護の必要性の観点を踏まえれば，法定の登録要件を具備しているかについて事後的にチェックすることを前提として，商標権の設定の登録前の時点であっても商標法上何等か

〔泉〕

§12の2（出願公開）　　　　　　　　　　　　　　　　第2章　商標登録及び商標登録出願

の保護を与えることが必要と考えられる」と記述している。また，「Ⅱ．改正の概要及び条文の解説」の冒頭においては，改正内容を，「(1)商標の早期保護のため及びその他の改正」と「(2)マドリッド協定議定書加入のための改正」とに分類したうえで，「(1)商標の早期保護のため及びその他の改正」の具体的項目として，①出願公開制度の新設と②商標登録前の金銭的請求権の新設を挙げている。

　さらに，特許庁がマドリッド協定議定書とその実施関連の平成11年商標法改正について解説する「マドリッド協定議定書に基づく商標の国際登録制度(1)」発明97巻4号90頁（2000）は，その「Ⅰ．国際登録制度の概要」において，マドリッド協定議定書の概要に続けて，平成11年改正商標法の概要を説明している（「3．議定書関連平成11年改正商標法の概要」）。そこでは，「3-1　議定書の実施のための改正」と「3-2　商標の早期保護のための改正」との分類を行い，後者の中で，「(1)設定登録前の金銭的請求権の創設」及び「(2)出願公開制度の導入」について，それぞれ解説を行っている。前記(1)では，「改正商標法は，商標登録出願人に，出願から設定登録前の商標登録使用者に対する金銭的請求権を認め，商標の早期保護を図ることとしました（13条の2）」と述べており，続く前記(2)では，「商標登録出願があったときは，その出願はすべて公開されます（商標12条の2）。商標登録出願から設定の登録までの間の商標の早期保護を図ることに伴い，実際に出願されているその内容を特許庁の公的な刊行物である商標公報に掲載して，出願情報を公開するものです」と記述していることからわかるように，基本的には13条の2及び本条を，「商標の早期保護」という観点から説明している。もっとも，前記(1)では，上で指摘した記述の後，「議定書によれば，指定国において登録が確定した場合には，商標の保護は，国際登録の日から，当該指定国における登録による保護と同一の保護が与えられることとなっていますが（4条(1)(a)），改正商標法が規定する金銭的請求権は，実質上この議定書の規定を担保しています」との説明も合わせてなされている（特許庁審査第一部商標課「マドリッド協定議定書関連の商標法改正について」パテ53巻2号19頁（2000）も，ほぼ同内容の解説となっている）。

　以上のとおり，わが国の設定登録前の金銭的請求権制度（商標13条の2）は，元々はマドリッド協定議定書4条(1)(a)に対応する必要性から検討が始まり，また，実質的にはそのことを担保してはいるが，立法の過程において「商標の早期保護」という別の観点・意義も重視されて設けたものであり（小野編・注解商標〔新版〕(上)581頁〔大島厚〕は，議定書の規定の整合性を図ることに加え「商標の早期保護」も，13条の2設置の二義的要因となったと述べる），公開制度（本条）はそれに伴い，第三者との関係で創設されたものであると理解することができる（以上のような本条創設の経緯と公開制度の意義については，小野＝三山・新概説〔第2版〕459～461頁も参照）。

§12の2（出願公開）

(3) その他

　本条は，マドリッド協定議定書4条(1)(a)との整合性を図ることの必要性及び商標の早期保護の観点から創設された設定登録前の金銭的請求権（商標12条の2）との関係で設けられたものであることは上述したとおりであるが，小野編・注解商標〔新版〕(上)568頁〔清水徹男〕は，議定書の加入とは直接関係なく，早期の情報公開とその法制化を望む声があったことを指摘する。確かに，商品をタイミングよく市場に出すことが企業には求められているのであり，その際に優れた商標の選択が経営戦略上極めて重要である事実に鑑みるならば，商標登録出願に関する情報をいち早く他の事業者に提供する公開制度は，産業の発達という商標法の目的に照らしても合理的かつ有益な制度と評価できる。

Ⅲ　本条の内容

(1) 1項

　本条1項は，「特許庁長官は，商標登録出願があつたときは，出願公開をしなければならない」と規定されているように，出願公開の義務を果たす主体は特許庁長官である。出願公開の対象となる商標登録出願は特許庁に出願されたすべての商標登録出願であり，団体商標（商標7条），地域団体商標（商標7条の2），防護標章登録出願（商標68条1項）も含まれる。分割出願（商標10条）や変更出願（商標11条・12条・65条）も本条の対象となる。他方で，公開前に出願の却下処分が確定した場合には，公開すべき出願がないため公開はなされないと解されている（田村・商標〔第2版〕268頁）。国内出願のみならず，わが国を指定国とする国際商標登録出願も公開の対象である。商標登録出願とみなされる国際商標登録出願（商標68条の9）も出願公開の対象とした理由については，国際商標登録出願の場合，国際事務局（WIPO）により公報が発行されるものの（マドリッド協定議定書3条(4)），当該公報のみではその発行部数及び入手容易性のなどの点で，日本国内における周知手段としては十分とはいえないことによると説明されている（逐条解説〔第19版〕1333頁。ただし，現在は，当該公報は国際事務局よりオンラインデーターベースを通じて広く一般に提供されている）。

　出願公開の時期については具体的に規定されているわけではないが，商標登録出願後，公報の発行準備が整い次第速やかに，また分割出願や変更出願についても，その分割や変更後速やかに出願公開されると説明されている（逐条解説〔第19版〕1333頁）。本条の趣旨からして，できる限り早期に出願公開されるべきであろう（小野編・注解商標〔新版〕(上)569頁〔清水徹男〕も同旨を述べる。特許庁「公報に関して：よくあるご質問」(2015年5月22日)によれば，公開商標公報は出願日から2～3週間程度で発行される）。なお，特許法にある出願公開の請求制度（特64条の2）は商標法にはない。特許法の補償金請求権（特65条）は出願公

〔泉〕

§12の2（出願公開） 第2章 商標登録及び商標登録出願

開が前提となっており，早期の出願人保護の観点から出願公開の請求制度が創設されたが（平11改正解説73頁），後述するように，本条が規定する商標法の出願公開は設定登録前の金銭的請求権の発生を含め，何らの法的効果を生じないからである。

(2) **2 項**

2項は，出願公開に際して商標公報（公開商標公報，公開国際商標公報）に掲載すべき事項について，以下のとおり列挙する（商標権設定登録の際に商標公報に掲載しなければならない事項（商標18条3項1号ないし6号）と比較し，「登録番号及び設定の登録の年月日」（5号）を除いて共通である）。なお，商標公報はインターネットを利用して発行されており（手続特例13条2項・3項，手続特例規則35条2項），2015年3月末にはインターネット公報の推進により，媒体（DVD-ROM，CD-ROM及び紙）での発行は廃止されることとなった。

　一　商標登録出願人の氏名又は名称及び住所又は居所
　二　商標登録出願の番号及び年月日
　三　願書に記載した商標（第5条第3項に規定する場合にあつては標準文字により現したもの）
　四　指定商品又は指定役務
　五　前各号に掲げるもののほか，必要な事項

上記1号及び2号は商標登録出願を特定するのに不可欠な情報である。公開国際商標公報の場合，2号にある「商標登録出願の番号及び年月日」は「国際登録の番号及び国際登録の日（事後指定に係る国際商標登録出願の場合は事後指定の日）」となる（商標68条の14）。また，わが国を領域指定する国際登録は国際事務局から英語で通報されてくることとなっているが，4号の「指定商品又は指定役務」について特許庁は，「マドリッド協定議定書に対応するための商品・役務名対訳ガイドライン」等を参考にして日本語による翻訳を作成し，当該翻訳も参考訳として英語表示とともに掲載している（商標審査便覧85.71「国際商標登録出願に係る指定商品又は指定役務の翻訳の作成と公報等への掲載に関する取扱い」）。

3号括弧書の「第5条第3項に規定する場合にあつては標準文字により現したもの。」とは，5条3項に基づき，標準文字のみによって商標登録を受けようとする商標については，願書に実際に記載された商標ではなく，標準文字によって掲載されるという意味である。5号の「前各号に掲げるもののほか，必要な事項」には，商標登録出願の種類（通常，団体商標，地域団体商標，防護標章など），商品及び役務の区分，パリ条約による優先権等の主張，標準文字である旨の表示，出願の分割や変更に係る出願である旨の表示，代理人に関する事項などが含まれる（商標権の設定登録時における商標公報の記載事項としての「前各号に掲げるもののほか，必要な事項」（商標18条3項6号）について解説する逐条解説〔第19版〕1352頁参照）。

本条2項に規定された事項のうち，「願書に記載した商標」（3号）及び「指定商品又は

§12の2（出願公開）

指定役務」（4号）については,「当該事項を商標公報に掲載することが公の秩序又は善良の風俗を害するおそれがあると特許庁長官が認めるとき」は公開されない（2項但書）。これは,本項の掲載事項は,出願公開の段階では,その内容については未だ審査が終了していないためと説明されている（逐条解説〔第19版〕1333頁）。この点に関して,「出願公開に伴う,『公序良俗を害するおそれのある商標』及び『公序良俗を害するおそれのある指定商品又は指定役務』について」（商標審査便覧85.01）は次のような考え方を示している。

> 　商標法第12条の2第2項ただし書きで規定する,商標公報に掲載することが公の秩序又は善良な風俗を害するおそれがある「願書に記載した商標」及び「指定商品又は指定役務」と認められるものとは,以下の要件に該当するものをいう。
> 1. 公の秩序又は善良な風俗を害するおそれのある商標
> 　出願商標が一般世人を基準として下記に示す構成よりなるか又はその一部に含む商標と認められるときは,公の秩序又は善良な風俗を害するおそれのある商標として取り扱うこととする。
> ① 猥褻,きょう激又は卑わいなもの
> ② 特定な者の名誉を毀損するもの
> ③ 特定な国又は国民を侮辱する等国際信義に反するもの
> ④ その他社会一般の道徳観念に照らし反社会的と認められるもの
> 2. 公の秩序又は善良な風俗を害するおそれのある指定商品又は指定役務
> 　指定商品又は指定役務が下記に示すものであるときは,公の秩序又は善良な風俗を害するおそれがあるものとして取り扱うこととする。
> ① 指定されている商品が明らかに罪を犯すことを目的としたものであるもの,又は指定している役務を提供することにより明らかに罪を犯すこととなるもの
> ② 指定されている商品又は役務の表示が公の秩序又は善良な風俗を害するおそれのある語からなるもの,又はその様な語を含むもの
> 　公の秩序又は善良な風俗を害するおそれのある語とは,上記1.①から④に該当する表示及び登録商標（指定商品又は指定役務の表示全体からみて登録商標を表示していることが明らかな場合に限る。）を表示しているものをいう。
> ［説明］
> 　出願公開制度は,実際に商標登録出願されている内容を出願後速やかに特許庁の公的な刊行物である商標公報に掲載して,商標登録出願情報の公示を図ろうとするものであることから,出願された内容は,原則として公開公報に掲載しなければならないが,公

§12の2（出願公開）　　　　　　　　　　　　　　第2章　商標登録及び商標登録出願

の秩序又は善良な風俗を害するおそれのある商標及び指定商品又は指定役務については公開しないこととしている（第12条の2第2項ただし書き）。

　すなわち，出願されたものであるにもかかわらず，出願公開しないこととする商標及び指定商品又は指定役務については，出願公開制度の趣旨を考慮すると，それを商標公報に掲載し公表すること自体が公の秩序又は善良な風俗を害するおそれがある場合に限るものと解される（なお，この公報の発行によって何の法的効果も発生するものではない。）。

　上記趣旨を考慮して，公の秩序又は善良な風俗を害するおそれのある商標及び指定商品又は指定役務に関する取扱いを定めることとする。

(1)　公の秩序又は善良な風俗を害するおそれのある商標について

　　　公の秩序又は善良な風俗を害するおそれのある商標であるか否かは，上記趣旨を考慮して，基本的にその商標の構成態様自体によって判断することとし，ここで，公開することが「公の秩序又は善良な風俗を害するおそれがある」とは，具体的には，刑法第175条に規定する「わいせつな文書，図画」に該当するような，きょう激な文字，卑わいな図形又は国家の基本秩序を破壊するような反社会的な文字等一般世人を基準として社会一般の道徳観念に照らし反社会的と認められるものが該当するものとして取り扱うのが適切である。

　　　したがって，その商標の使用によって公の秩序又は善良な風俗を害するおそれがある商標，又は第4条第1項第7号に該当する商標であっても，構成態様自体が公の秩序又は善良な風俗を害するおそれのない商標であれば，第12条の2第2項ただし書きで規定する"公の秩序又は善良な風俗を害するおそれ"のあるものには該当しないものとなる。

(2)　公の秩序又は善良な風俗を害するおそれのある指定商品又は指定役務について

　　　公の秩序又は善良な風俗を害するおそれのある指定商品又は指定役務については，その商品が反社会的に使用することを目的とする物であることが明らかな場合又はその役務の提供が反社会的なものであることが明らかな場合，すなわち，犯罪の手段となる物又は犯罪を構成するような行為となるようなものについては，公の秩序又は善良な風俗を害するおそれのあるものとして取り扱うものである。

　　　更に，指定されている商品又は役務が上記の様な商品又は役務に該当しないものであっても，その表示において公の秩序又は善良な風俗を害するおそれのあるような用語が使用（一部に含まれている場合も含む。）されているときは，その指定商品又は指定役務は公の秩序又は善良な風俗を害するおそれのあるものとして取り扱うこととする。

　　　また，公の秩序又は善良な風俗を害するおそれのあるものとして登録商標（多く

§12の2 (出願公開)

は周知・著名となっている登録商標)が記載されている場合も含めているが,この取扱いは,一般的には登録商標を記載したからといって,直ちに公の秩序又は善良な風俗を害するものとはいえないとしても,商品又は役務を表す普通名称と同様に登録商標が使用されていることから,周知・著名商標の希釈化等の弊害を生じ,また特許明細書等に断り無く登録商標を使用している場合も公の秩序又は善良な風俗を害するおそれのあるものとして取り扱われていることを考慮したものである。ただし,登録商標であることを明記している場合には公の秩序又は善良な風俗を害するものとして取り扱う必要はないものである。

なお,上記に該当するような指定商品又は指定役務は,実体審査の過程において削除補正又は適切な他の表示に補正されることにより登録可能なものとなる。

Ⅳ 出願公開の効果

商標登録出願が本条によって公開された場合であっても,法的には何らの効果も生じない。すなわち,侵害時における過失の推定の根拠,あるいは,商標法13条の2に規定される設定登録前の金銭的請求権の根拠となるものではなく,補正の制限とも無関係である(小野編・注解商標〔新版〕(上)569頁〔清水徹男〕)。

既に述べたように,本条が規定する出願公開の趣旨は,商標権設定登録前の金銭的請求権制度(商標13条の2)が創設されたことに伴い,出願内容を国民に知らせることで第三者が不意打ち的に当該金銭的請求を受ける事態を回避するところにある。特許法の出願公開制度(特64条)と比較すると,同制度は審査の遅延によって出願された発明の内容が長期間に亘って公表されないため,企業活動が不安定になり,また,重複研究や重複投資を招いているという弊害を除去することにある(逐条解説〔第19版〕207頁)。他方で,出願公開がなされると第三者が発明を実施することが可能となり,出願人に損失が発生する。この損失を補填するために,補償金請求権(特65条)が出願人に認められているのである(逐条解説〔第19版〕213頁)。このように,商標法上の出願公開は特許法における出願公開(特64条)とは異なり,発明公開の代償としての仮保護を与えるものではないため,補償金請求権(特65条)のような権利が認められるわけではない(平11改正解説115頁)。

また,特許法の補償金請求権は,出願公開がされた特許出願に係る発明であることを知って特許権の設定の登録前に業としてその発明を実施した者に対しては,警告をしなくとも認められるが(特65条1項後段),商標法13条の2に定められている金銭的請求権は,たとえ相手方が悪意で使用していても警告は必要であるため(逐条解説〔第19版〕1337頁),商標の出願公開には特許法における出願公開が有するような効果はない(金銭的請求権は,

〔泉〕 705

§12の2（出願公開）

商標登録出願後に当該出願に係る内容を記載した書面を提示して警告することが要件となっているが（商標13条の2第1項），出願公開の際に発行される商標公報を「出願に係る内容を記載した書面」として利用する可能性はある）。

　以上のとおり，商標法の出願公開には何らの法的効果もないが，①他者の商標登録出願の内容を知ることにより，自己が現在使用している商標がそれと同一又は類似している場合に，商標を変更するなどの対策を早急に講じることで，商標権設定登録前の金銭的請求を回避したり，被請求額の減額が可能となること，②新たに商標を選択する場合に，他者が既に出願している商標と同一又は類似の商標の選択を未然に回避できること，といった効果が期待できるとされる（小野編・注解商標〔新版〕（上）570頁〔清水徹男〕）。また，公開によって審査に関する情報が広く提供されることから，公正で適正な審査の可能性が高まるという事実上の効果も期待できる。

V　出願公告制度

　平成8年の商標法等の一部改正法（平成8年法律第68号）以前は，登録査定前に出願内容を開示する出願公告制度が存在していた。この公告制度は出願内容を国民に開示するという点では本条に定める出願公開制度と共通性を有する。しかしながら，公告制度は，審査官による審査の適正化を図り瑕疵のない安定した権利を付与するとの観点から，出願内容を開示（出願公告）して一般公衆に異議を申し立てる機会を認めることにより，特許庁に対して登録処分を行うことについての再検討を求めることができる，いわゆる，登録前の異議申立制度と密接に関連したものであった（逐条解説〔第19版〕1426～1427頁。なお，登録前の異議申立制度も平成8年改正によって廃止され，権利付与後の異議申立制度（商標43条の2）に移行した）。このように，何らの法的効果をもたず，国民に対する単なる情報提供としての意味しか有していない出願公開制度は，その機能や意義の点で出願公告制度とは大きく異なっている（小野編・注解商標〔新版〕（上）570頁〔清水徹男〕も同旨）。

〔泉　　克幸〕

§13（特許法の準用）

第13条（特許法の準用）
　特許法第43条第1項から第4項まで及び第7項から第9項まで並びに第43条の3第2項及び第3項の規定は，商標登録出願に準用する。この場合において，同法第43条第1項中「経済産業省令で定める期間内」とあるのは「商標登録出願と同時」と，同条第2項中「明細書，特許請求の範囲若しくは実用新案登録請求の範囲及び図面」とあるのは「商標登録を受けようとする商標及び指定商品又は指定役務を記載したもの」と，「次の各号に掲げる日のうち最先の日から1年4月」とあるのは「商標登録出願の日から3月」と，同条第7項中「前項の規定による通知を受けた者は」とあるのは「第2項に規定する書類を提出する者は，同項に規定する期間内に同項に規定する書類を提出することができないときは，その期間が経過した後であつても」と，「第2項に規定する書類又は第5項に規定する書面」とあるのは「経済産業省令で定めるところにより，同項に規定する書類」と，同条第8項中「第6項の規定による通知を受けた者」とあるのは「第2項に規定する書類を提出する者」と，「第2項に規定する書類又は第5項に規定する書面」とあるのは「第2項に規定する書類」と，「その書類又は書面」とあるのは「その書類」と，同条第9項中「第2項に規定する書類又は第5項に規定する書面」とあるのは「第2項に規定する書類」と，同法第43条の3第2項中「又は世界貿易機関の加盟国」とあるのは「，世界貿易機関の加盟国又は商標法条約の締約国」と，「若しくは世界貿易機関の加盟国の国民」とあるのは「，世界貿易機関の加盟国の国民若しくは商標法条約の締約国の国民」と，同条第3項中「前2条」とあるのは「第43条」と，「前2項」とあるのは「前項」と読み替えるものとする。（改正，平27法55）

【参考文献】
　逐条解説〔第19版〕，網野・商標〔第6版〕，小野・概説〔第2版〕，田村・商標，平6改正解説，平8改正解説，平10改正解説，工藤・解説〔第8版〕。

細　目　次

I　本条の趣旨(708)
　(1)　趣　旨(708)
　(2)　沿　革(708)
II　1項の内容(708)
　(1)　特許法43条1項から4項の準用(708)
　　(a)　特許法43条1項の準用(708)
　　(b)　特許法43条2項の準用(709)
　　(c)　特許法43条3項の準用(709)
　　(d)　特許法43条4項の準用(709)
　　(e)　特許法43条7項の準用(709)
　　(f)　特許法43条8項の準用(710)
　　(g)　特許法43条9項の準用(710)

〔竹内〕　707

§13（特許法の準用）　　　　　　　　　第2章　商標登録及び商標登録出願

(2) 特許法43条の3の準用(710)
　(a) 特許法43条の3第2項の準用(710)
　(b) 特許法43条の3第3項の準用(710)
Ⅲ　2項の内容(711)
(1) 出願前の権利(711)
(2) 商標登録出願により生じた権利(711)
(3) 特許法33条1項の準用(712)
(4) 特許法33条2項の準用(712)
(5) 特許法33条3項の準用(712)
(6) 特許法34条4項の準用(712)
(7) 特許法34条5項の準用(713)
(8) 特許法34条6項の準用(713)
(9) 特許法34条7項の準用(713)

〔竹内　耕三〕

Ⅰ　本条の趣旨

(1) 趣　　旨

　本条は，パリ条約又はパリ条約の例による優先権主張の手続に関する特許法の規定及び特許を受ける権利に関する特許法の規定を商標法において準用する旨を定めたものである。わが国が特許法条約（PLT）及び商標法に関するシンガポール条約（STLT）への早期加入を実現すべく，両条約の実施のための国内担保法の規定の整備を行ったものである。

(2) 沿　　革

　本条は，平成27年の特許法等の一部改正する法律第55号において特許法43条1項が改正されたことに伴い，商標法の見地から準用において必要な読み替えを行うために改正された。

Ⅱ　1項の内容

　本項は，特許法43条1項から4項まで，7項から9項まで並びに43条の3第2項及び3項（パリ条約による優先権主張の手続）を準用することにより商標登録出願に関するパリ条約に基づく優先権の主張の手続を定めている。

(1) 特許法43条1項から4項の準用

　特許法43条1項から4項は，優先権の主張の手続を定めている。

　(a) 特許法43条1項の準用　　特許法43条1項は，パリ条約優先権の主張をした者がその後にすべき手続を定めている4条D(1)に相当するもので，優先権の主張をする手続を定めている。特許法43条1項中「経済産業省令で定める期間内」とあるのは，「商標登録出願と同時」と読み替えた。すなわち，パリ条約4条D(1)の規定により商標登録出願について優先権を主張しようとする者はその旨並びに最初に出願をし若しくは同条C(4)の規定により最初の出願とみなされた出願をし又は同条A(2)の規定により最初に出願をしたものと認められたパリ条約の同盟国の国名及び出願の年月日を記載した書面を商標登録出願と同時に特許庁長官に提出しなければならない。

§13 （特許法の準用）

(b) 特許法43条2項の準用　　特許法43条2項は，パリ条約4条D(3)に相当するもので，優先権の主張をした者がその後にすべき手続を定めている。すなわち，同盟国の認証がある出願の年月日を記載した書面，指定商品又は指定役務を表示した願書及び商標登録を受けようとする商標を表示した書面の謄本又はこれらと同様の内容を有する公報若しくは証明書であってその同盟国の政府が発行したものを商標登録出願の日から3月以内に特許庁長官に提出しなければならない。

特許法43条2項中「明細書，特許請求の範囲及び図面」とあるのを，「商標登録を受けようとする商標及び指定商品又は指定役務を記載したもの」と読み替えた。特許出願の内容を特定する書面を商標出願の内容を特定する書面に読み替えたものである。

特許法43条2項中「次の各号に掲げる日のうち最先の日から1年4月」とあるのを「商標登録出願の日から3月」と読み替えた。これは，昭和62年の一部改正により，特許出願及び実用新案登録出願については，優先権証明書の提出期限を公開制度との関係を考慮しつつ「優先日から1年4月以内」に延長したが，商標登録出願については，優先権証明書の提出期限の延長から生ずる審査の遅延による影響が大きい等の理由から，従来どおり「出願の日から3月以内」とすることとしたためである（逐条解説〔第19版〕1334頁）。

(c) 特許法43条3項の準用　　特許法43条3項は，パリ条約4条D(5)に基づき，優先権を主張して出願する者は第1国の出願の番号を明示しなければならないことに伴い，その手続を定めている。

　1国の出願の番号を記載した書面を優先権証明書とともに特許庁長官に提出しなければならないが，提出前に番号を知ることができない場合には，番号を記載した書面に代えてその理由を記載した書面を提出し，番号を知ったときに遅滞なくその番号を記載した書面を提出するものとしている。

(d) 特許法43条4項の準用　　特許法43条4項は，パリ条約4条D(4)に相当するもので，優先権の主張をした者が優先権証明書の提出を怠った場合の効果を定めている。優先権証明書を提出しないときは，その優先権の主張は効力を失う。ただし，優先権の主張は効力を失うが，商標登録出願自体が効力を失うことはない。

(e) 特許法43条7項の準用　　特許法43条7項は，優先権書類を提出しなかった場合に，その旨通知を受けた出願人が優先権書類を提出できることとした規定である。

特許法43条7項中「前項の規定による通知を受けた者は」とあるのを，「2項に規定する書類を提出する者は，同項に規定する期間内に同項に規定する書類を提出することができないときは，その期間が経過した後であっても」と読み替えた。

　これは，STLT 14条(2)(ii)で，官庁に対して手続をすべき期間内にその手続をすることができなかった場合に，当該期間の経過後であってもSTLTに基づく規則に規定する期

〔竹内〕　709

§13（特許法の準用）

間内に限り，その手続をすることを認めていることに鑑み，この規定に倣い，「その期間が経過した後であっても」，一定期間内に限りその提出をすることができることとした。

特許法43条7項中「2項に規定する書類又は5項に規定する書面」とあるのは「経済産業省令で定めるところにより，同項に規定する書類」と読み替えた。

これは，特許出願の内容を示すいわゆる優先権書類を商標出願の内容を示すものに読み替えているものである。

（f）特許法43条8項の準用　特許法43条2項に規定する書類を提出する者がその責めに帰することができない理由により同2項に規定する書類を提出することができないときは，同項の規定にかかわらず，経済産業省令で定める期間内に，その書類を特許庁長官に提出することができる。

（g）特許法43条9項の準用　特許法43条1項の規定による優先権の主張をした者が特許法43条7項又は8項の規定により特許法43条2項に規定する書類を提出したときは，特許法43条4項の規定は，適用しないので，優先権は失効しないことになる。

(2)　特許法43条の3の準用

（a）特許法43条の3第2項の準用　前述のとおり，平成26年法（平成27年4月1日施行）により，従前の特許法43条の2が特許法43条の3に変更された。以下において，変更後の条文に改めて説明する。

平成6年の一部改正において，特許法43条の3第2項及び3項を準用し，世界貿易機関の加盟国でされた出願等に基づきパリ条約の例による優先権の主張（商標9条の2）を認めている。平成8年一部改正前は，特許法43条の3の規定全体を準用していたが，その改正後は，2項及び3項のみ準用した。商標法条約への加入に伴い商標法中に新たに9条の3を設けたため，特許法43条の3第1項は準用する必要がなくなったからである。

特許法43条の3第2項の準用にあたり，同項中「又は世界貿易機関の加盟国」とあるを「，世界貿易機関の加盟国又は商標法条約の締約国」と読み替え，同項中「若しくは世界貿易機関の加盟国の国民」とあるを「，世界貿易機関の加盟国の国民若しくは商標法条約の締約国の国民」と読み替えた。これは，商標法条約15条の規定（パリ条約を遵守する義務）に従い，「商標法条約の締約国国民」及び「商標法条約の締約国」を追加したものである。

（b）特許法43条の3第3項の準用　これにより，特許法43条のパリ条約による優先権主張の手続の規定は，特許法43条の3第2項の規定により優先権を主張する場合に準用されることになる。

Ⅲ　2項の内容

本項は，特許法33条1項から3項まで及び34条4項から7項まで（特許を受ける権利）の規定は，商標登録出願により生じた権利に準用する旨規定する。

(1) 出願前の権利

発明，考案，意匠等のような人間の精神的な創造的活動は，これら創造的活動自体が実施されると否とにかかわらず財産的価値を有する。したがって，これらは，その創造的活動の完成とともに特許や登録を受ける権利が発生する。一方，商標は，商品又は役務について使用され，その使用を通じ自他商品・役務の識別力が生じ，業務上の信用が化体し，財産的価値を有するものとなるため，これを商標登録を受ける権利として，出願前に認めるべきか問題となる。

しかしながら，①商標自体は一般に創作物ではなく選択物であり，それ自体人間の精神的な創造された経済的・文化的価値物ではない。②また，商標の採択自体が一種の知的創造とみられる場合（例えば，標章自体に美術的，文学的価値があるような場合）もあり得るが，それは，業務上の信用の化体とは本来関係のないものであり，美術的，文学的価値等の保護を商標法は目的としていない。③さらに，わが国商標法は，使用主義でなく登録主義を採用しているため，使用という事実は権利の発生の要件ではないから，出願前における商標の使用の事実を商標登録を受ける権利として法律上認める理由は存在しない。

そこで，これらの事情を考慮し，出願前の商標登録を受ける権利を認めないこととした。

(2) 商標登録出願により生じた権利

本項は，特許法33条1項から3項まで及び34条4項から7項までを準用することにより，商標登録出願により生じた権利について定めている。

商標登録出願により生じた権利の性質については，学説上，①国家に対し商標権の付与を請求する公法上の権利であるとする説（公権説）（網野・商標〔第6版〕702頁），②商標の支配を目的とする私法上の権利であるという説（私権説），③さらに，その両面を有するものであるという説（折衷説）とに分かれている。

商標登録出願により生じた権利については，特許を受ける権利等とは異なり創作性が必要とされないこと，わが国が登録主義を採用しており出願前の商標の保護価値の存否を問わず出願が認められること，出願により先願的地位を有し商標登録という行政処分を求める権利が生じるのであるから公権的側面が強い権利であるといえる。他面，将来商標登録を受けることができるという期待権であるということができ，財産権の側面を有する（小野・概説〔第2版〕245頁）。したがって，③が妥当と考える。

(3) 特許法33条1項の準用

特許法33条1項の準用は，商標登録出願により生じた権利は移転することができる旨を定めている。

旧法では，特許を受ける権利が一種の財産権と考えられ自由に移転できるのに対し，商標登録出願により生じた権利は「其ノ営業ト共ニスル場合ニ限リ」移転することができるとされ（旧商標6条），人格的性質が濃くその営業と固く結び付いていたため，特許法の条文を準用できなかった。現行法においては，財産的価値を認めて営業を離れての譲渡を認めるべきとの要請が極めて強く，仮に自由譲渡を認めたとしても譲受人がそれまでの信用の維持につとめる結果品質が劣ることもないであろうと考えられる等の事情から，その自由譲渡を認めることとした。この結果，法律的には，商標登録出願により生じた権利は特許出願をした後の特許を受ける権利と同じになったため，本項で特許法33条1項を準用することとした。

(4) 特許法33条2項の準用

特許法33条2項の準用は，商標登録出願により生じた権利は質権の目的とすることができない旨を定めている。

商標登録出願により生じた権利が将来商標権となり得るか否かは不確定であるから，第三者に不測の損害を生ぜしめないように権利質として質権の目的とすることを禁じている。なお，特段の規定がない以上，抵当権が認められないことはもとよりであるが，譲渡担保についてはこれを禁じる趣旨ではない。

(5) 特許法33条3項の準用

特許法33条3項の準用は，商標登録出願により生じた権利が共有に係るときは，各共有者は他の共有者の同意を得なければその持分を譲渡することができない旨を定めている。

商標登録出願により生じた権利が商標権になった後も同じ共有関係が存続することから，商標権の共有の場合と同様の趣旨で制限することとしたものである。商標権は，有体財産と異なり，共有者全員が同時に登録商標の使用をすることも可能であるため，例えば，共有者同士の出所の混同等利害関係が密接であるから，共有者の同意を必要としたことに基づくものである。

(6) 特許法34条4項の準用

特許法34条4項の準用は，商標登録出願により生じた権利の承継は相続その他の一般承継（相続のほかには，会社合併，包括遺贈等が含まれる）の場合を除き特許庁長官に届け出なければその効力を生じない旨を定めている。届出を効力発生要件としている。これは，商標権の移転等についての改正と同様に権利の帰属関係を明確にするためである。

§13（特許法の準用）

相続その他一般承継の場合を除外しているのは，仮に，除外しないとするならば，相続等の事実が発生した時点から届出がされるまでの間は権利者の不存在状態が発生することとなるので，これを回避するためである。

(7) **特許法34条5項の準用**

特許法34条5項の準用により，商標登録出願により生じた権利の相続その他の一般承継があったときは，承継人が遅滞なくその旨を特許庁長官に届け出なければならない。

(8) **特許法34条6項の準用**

特許法34条6項の準用は，同一の者から承継した同一の商標登録出願により生じた権利の承継について同日に二以上の届出があったときは，届出をした者の協議により定めた者以外の者の届出は，その効力を生じない旨定めている。

商標法においては同日中の時刻の先後を問わないことから，いずれの届出を有効とすべきかを当事者間の協議に委ねている。

(9) **特許法34条7項の準用**

前記(8)の当事者間の協議の取扱いについては，特許法34条7項を準用し，そこで準用する特許法39条7項及び8項の規定による。すなわち，特許庁長官は，相当の期間を指定して，協議をして，いずれが承継するかその結果を届けるべき旨を出願人に命じなければならず，指定期間内に届出がないときは，協議が成立しなかったものとみなすことができる。

〔竹内　耕三〕

§13の2（設定の登録前の金銭的請求権等）　　第2章　商標登録及び商標登録出願

第13条の2（設定の登録前の金銭的請求権等）
　商標登録出願人は，商標登録出願をした後に当該出願に係る内容を記載した書面を提示して警告をしたときは，その警告後商標権の設定の登録前に当該出願に係る指定商品又は指定役務について当該出願に係る商標の使用をした者に対し，当該使用により生じた業務上の損失に相当する額の金銭の支払を請求することができる。
2　前項の規定による請求権は，商標権の設定の登録があつた後でなければ，行使することができない。
3　第1項の規定による請求権の行使は，商標権の行使を妨げない。
4　商標登録出願が放棄され，取り下げられ，若しくは却下されたとき，商標登録出願について拒絶をすべき旨の査定若しくは審決が確定したとき，第43条の3第2項の取消決定が確定したとき，又は第46条の2第1項ただし書の場合を除き商標登録を無効にすべき旨の審決が確定したときは，第1項の請求権は，初めから生じなかつたものとみなす。
5　第27条，第37条，第39条において準用する特許法第104条の3第1項及び第2項，第105条，第105条の2，第105条の4から第105条の6まで及び第106条，第56条第1項において準用する同法第168条第3項から第6項まで並びに民法（明治29年法律第89号）第719条及び第724条（不法行為）の規定は，第1項の規定による請求権を行使する場合に準用する。この場合において，当該請求権を有する者が商標権の設定の登録前に当該商標登録出願に係る商標の使用の事実及びその使用をした者を知つたときは，同条中「被害者又はその法定代理人が損害及び加害者を知った時」とあるのは，「商標権の設定の登録の日」と読み替えるものとする。（改正，平16法120，平16法147，平18法50，平23法63）

（本条追加，平11法41）

【参考文献】
　平11改正解説，逐条解説〔第19版〕，小野編・注解商標〔新版〕（上），小野＝三山・新概説，平尾・商標〔第2次改訂版〕。

細　目　次

Ⅰ　本条の創設等(715)
　(1)　本条の創設(715)
　(2)　その後の改正(715)

Ⅱ　金銭的請求権の法的性質(716)
　(1)　不法行為に基づく損害賠償請求権との関係(716)

〔伊原〕

§13の2（設定の登録前の金銭的請求権等）

(2) 法定請求権(716)
Ⅲ 特許の出願公開による補償金請求権との関係(718)
(1) 実質的な保護対象の相違(718)
(2) 出願公開制度との関係(718)
Ⅳ 金銭的請求権の内容(719)
(1) 概　要(719)
(2) 金銭的請求の内容(720)
(3) 金銭的請求の要件(722)
　(a) 警告(722)
　(b) 業務上の損失の発生（出願商標の使用）(722)
Ⅴ 金銭的請求権の遡及的消滅(724)
(1) 消滅事由(724)
(2) 金銭的請求権の遡及的消滅と原状回復(725)
Ⅵ 防護標章と金銭的請求権(725)
Ⅶ 国際商標登録出願と金銭的請求権(725)
Ⅷ 金銭的請求権の制度導入の経緯等(725)
(1) マドリッドプロトコル（マドリッド協定議定書）加入についての国内法整備(725)
(2) 商標の早期保護の必要性(726)
(3) 立法当局の説明(727)
Ⅸ 消滅時効(729)
(1) 消滅時効(729)
(2) 除斥期間(730)
Ⅹ その他の準用条文(730)
(1) 文書等提出命令（特105条の準用）(730)
(2) 計算鑑定（特105条の2の準用）(730)
(3) 秘密保持命令制度（特105条の4から6の準用）(730)

〔伊原　友己〕

Ⅰ　本条の創設等

(1)　本条の創設

(a)　本条は，平成11年改正（平成11年法律第41号）で新たに設けられたものである。なお，本条は，第三者へ不測の不利益を与えるべきではなく，また，施行前の出願人の期待を上回って保護する必要性はないという見地から，同法改正法の施行（平成12年1月1日）後にされた出願から適用されることとされた（同改正法附則5条2項，平11改正解説200頁参照）。

(b)　本条創設の経緯は，詳しくは後記Ⅷのとおりであるが，マドリッド協定議定書加入のための国内法整備の必要性の点から議論がスタートし，商標の早期保護の必要性も謳われて改正に至ったものである。

(2)　その後の改正

(a)　平成16年法律第120号により，特許無効の抗弁が創設されたことに伴い，本条の金銭的請求権についても，同抗弁が成立する場合には，その行使が許されないものとされた（本条5項による準用条文の追加）。また，侵害裁判所と特許庁との訴訟や審判等の進行調整を図るための諸規定である特許法168条3項から6項までの規定につき，本条の金銭的請求権を行使する民事訴訟においても準用することとされた。

(b)　平成16年法律第147号により，民法の可読性を高めるため，それまでの片仮名・文語体の条文から，平仮名・口語体に変更されたことに伴い，本条5項中の民法724条の読み替えに関する表記部分も同様に変更されたが，本条に実体的な変更をもたらすもので

§13の2（設定の登録前の金銭的請求権等）　　第2章　商標登録及び商標登録出願

はない。

（c）　平成18年法律第50号により，第5項中の「民法」の次に，「（明治29年法律第89号）」と法律番号が特定明記された。これは，民法38条から84条までの法人に関する規定が全面改正され，別途制定された「一般社団法人及び一般財団法人に関する法律」（平成18年法律第48号）に移行したことに関連した法令の表記変更であり，本条に実体的な変更をもたらすものではない。

（d）　また，平成23年法律第63号で，特許法104条の3第3項（特許の冒認救済に関係する規定）と，同法104条の4（再審制限に関する規定）が追加されたことに伴い，商標法では準用を要しないこれらの規定を商標法39条の準用条文から外す文言修正をしたことに対応させて，本条5項の書きぶりを修正したものである（特104条の3の準用を同条1項及び2項のみとし，また，同法104条の4は準用せず，同法105条と同法105条の2とを準用するとしたものである）から，これも本条に実体的な変更をもたらすものではない。

II　金銭的請求権の法的性質

(1) 不法行為に基づく損害賠償請求権との関係

本条が定める金銭的請求権（以下単に「金銭的請求権」という）は，後記VIIIのとおり，立法当局は，不法行為に基づく損害賠償請求権に準じた請求権であると説明する（逐条解説〔第19版〕1338頁の5項についての解説中に「不法行為に準じたものであるので」と，民法の共同不法行為（民719条の規定）と消滅時効の規定（民724条）を準用することとした理由が説明されている。また，平11改正解説119頁においても，同様に「また，商標登録出願中の第三者の使用行為は，不法行為に近いものであるので」と説明している。さらに小野＝三山・新概説452頁では，「特別法（商標法）のみなし特殊不法行為とでもいうべきものである。」と説明されている）。

(2) 法定請求権

（a）　しかし，その創設の意図は意図として，結論的には民法所定の不法行為（民709条）でも不当利得（民703条・704条）でもなく，商標法が特別に定めた法定の請求権であると整理されるべきである（何故，このような請求権を法定する必要があったのかという点については，後述VIII参照。また，金銭的請求権を不法行為に基づく損害賠償請求権とみることの当否についても，VIII(3)(c)参照。平尾・商標256頁も「出願中の商標の使用行為を一律に違法行為とは評価できません。したがって，金銭的請求権は損害賠償請求権ではありません。また不当利得返還請求権は『相手方の利得』の返還を請求するものであるところ，金銭的請求権は『出願人の損失』の支払いを請求するものですから，不当利得返還請求でもありません。結局，商標法で特別に認められた損失相当額の請求権であって，民法に根拠を有するものではないと解することになります。」と説明する）。

（b）　この点に関し，特許法の規定する出願公開（特64条）がなされたときに特許出願人

§13の2 (設定の登録前の金銭的請求権等)

に付与される補償金請求権(特65条,以下単に「補償金請求権」という)の法的性質論が参考になる。

補償金請求権においては,後に特許となるような特許を受ける権利については,出願中の時期でも不法行為法上の保護が受けられてしかるべきであるという考え方や,また技術的創作成果の無断利用は不当利得と比肩し得べきものというような考え方から,不法行為に基づく損害賠償請求権や不当利得返還請求権と同様のものとして捉えるべきであるとする見解もある。

しかしながら,通説や立法当局の捉え方は,不法行為法等の既存の請求権の範疇で捉えるべきものではなく,特許法が特に定めた法定の請求権であるというものである(筆者も,補償金請求は法定請求権であると解する。なお,この点に関する議論は,中山=小泉編・新注解特許法(上)960頁〔酒井宏明=寺崎直〕以下に詳しい)。

特許出願中の発明のような,いわゆるノウハウ(技術上の営業秘密)として不正競争防止法上の保護をも享受でき得るような技術的な創作成果であっても,補償金請求権を不法行為法的な権利と理解するのは困難というのであるから,商標登録出願人が選択した標章(出願商標)に関する情報にすぎない商標出願の内容一般につき,定型的に商標権の設定登録前の段階で他者の利用を禁じる結果を招くことになる不法行為法上の要保護性を認め,金銭的請求権の本質が不法行為に基づく損害賠償請求権と異ならないものであると理解するのは,一層困難であるといえよう。

(c) もとより,個別の事案において,不法行為等の成立要件も充足するような場合は,これらの法制度と重畳的な適用があり,請求権競合となることを否定されるべきではない。

むしろ,本条の創設の趣旨(出願中の商標であっても,既に商標登録出願人による使用等で,その商標に信用が化体しているものもあり,商標権の設定登録の前の時点においても,これを保護するべき社会的要請があるという趣旨)からすれば,不法行為に基づく損害賠償請求権や周知商標として不正競争防止法上の保護を受けることができる場合が少なくないのではないかとさえ思われる。

しかし,いまだ商標権という独占権が設定されていない段階において,いかに商標登録出願人による出願商標の使用により,これに信用が化体していたとしても,これを他者が同時に使用してはいけないということには直ちには繋がらないので,すべての事案で不法行為が成立するというわけではなかろう。

また,金銭的請求権については,あくまで本条がその根拠条文であって,その成立要件及び効果を規定しているものであるから,商標権侵害の不法行為に基づく損害賠償請求権のように,その請求権の発生根拠条文が民法(709条)等に求められるというような

〔伊原〕

ものではない。

このような次第で，金銭的請求権は，不法行為に基づく損害賠償請求権に準ずる請求権であるという立法者意思は，不法行為が成立しているとはいえない場合においても，金銭的請求権を認める余地を含み，同時に，不法行為法の観点から検討しても，他者の出願商標の使用行為がある程度非難できるような事実関係が必要ということと理解するのが相当である。

Ⅲ 特許の出願公開による補償金請求権との関係
(1) 実質的な保護対象の相違

金銭的請求権は，よく補償金請求権と同様の制度であると捉えられがちであるが，根本的な部分では，異なる制度であるから留意されるべきである。両請求権の枝葉にわたる部分の相違点は，それぞれの項で個別に比較説明するとして，ここでは根源的な部分の相違を確認しておく。

まず，補償金請求においては，特許出願人の主観において創作的（新規かつ進歩的）な技術を特許出願人の意思にかかわらず，社会に強制的に公開する代償として，その出願発明が特許となることを停止条件にして（これは一応審査により客観的にも新規性，進歩性のある創作成果であることが確認されたことを意味する），せめて悪意の無断実施者からは実施料に相当する金銭（補償金）の支払を受けられるようにするべきではないかということで，かかる金銭的な請求権を特許出願人に付与するものである。

換言すれば，出願公開制度により，特許出願人の保有する技術的創作成果（出願発明）が，特許されるまでの間，特許出願人に何の断りもなく，第三者によって自由に実施されてしまうことによる特許出願人の経済的損失の穴埋めを目的としたものである。

これに対し，商標法は創作法ではなく，識別法（標識法）であって，商標出願は，商標登録出願人が業務上独占的に商標として使用することを欲する標章の選択を行うものであり，その出願商標（及び指定商品・役務等）が審査段階で社会に公開されるということに関して，商標登録までの間に第三者によりその公開された出願商標が事業上使用されるといったこと自体は，第三者による他者（商標登録出願人）の知的創作成果の無断利用という捉え方はできず，定型的に出願公開に伴う商標登録出願人の経済的な不利益の補償というものを必ずしも観念することを要しない。

(2) 出願公開制度との関係

金銭的請求権は，商標出願審査時点における金銭請求権であり，それが，設定登録後に行使できるものであるというような点においては，補償金請求権と似てはいるが，金銭的請求権は，そもそも商標の公開制度の効果として付与されたものではなく，別個の

§13の2（設定の登録前の金銭的請求権等）

制度である（小野＝三山・新概説448頁では、「出願公開がされ、その法的効果として、商標登録設定前の金銭的請求権が採用新設され、」と説明されたり、同451頁でも、「この出願公開に基づいて商標登録設定前に金銭的請求ができることにした。」という説明がなされたりしているが、金銭的請求権は、補償金請求権のように出願公開に基づくものであったり、その効果として位置づけられるものではない）。

むしろ、金銭的請求権を付与する以上、本当に当該金銭的請求権の根拠とされている商標出願が存在するのかを、特許庁において公証するというような意味合いにおいて関わりがあるにすぎない。この点、平11改正解説115頁が、「商標登録出願人は、当該商標の設定登録後に金銭的請求権等を行使できることとした（第13条の2：後述P116参照）こととあわせ、実際に商標登録出願されているその内容を特許庁の公的な刊行物である商標公報（第75条第1項）に掲載して、商標登録出願情報の公示を図ろうとするものである。」とし、「また、商標法上の出願公開は、特許法の出願公開（特許法第64条）とは異なり、発明公開の代償としての仮保護を与えるものではないので、補償金請求権（同第65条）のごとき権利は認められない。」とも解説しているのが参考になる。

Ⅳ 金銭的請求権の内容

(1) 概　要

(a) 商標登録出願人は、その出願後に、当該出願に係る内容を記載した書面を提示して警告をしたときは、その警告後商標権の設定の登録前に当該出願に係る指定商品又は指定役務と同一・類似の指定商品・役務について当該出願に係る商標と同一・類似の商標を使用した者に対し、当該使用により生じた業務上の損失に相当する額の金銭の支払を請求することができるというものであるが（本条1項及び5項で準用する商標37条）、その請求権の行使ができるのは、商標権の設定の登録があった後に限られる（本条2項）。

つまり、出願中の商標につき、他者がこれと同一・類似の商標を同一・類似の指定商品・役務に使用しているのを覚知した場合は、商標登録出願人は、他者（相手方）に対して、自己の出願標章と指定商品・役務を記した警告書を送付しておけば、登録後に、その警告書を相手方が受け取ってから登録日の前日までの間の業務上の損失補填を求めるための金銭請求ができるというものである。

(b) 本条5項で、特許法106条が準用されており、同条は謝罪広告等の信用回復措置を命ずることができるという条文であるから、金銭的請求に代え、又は金銭的請求とともに、信用回復措置の履行を求めることもできることになっている。

(c) また、補償金請求においては、特許権の設定登録が補償金請求の発生要件とみるのか、行使の要件とみるのかという点について議論があるが（中山＝小泉編・新注解特許法

〔伊原〕　719

§13の2（設定の登録前の金銭的請求権等）　　第2章　商標登録及び商標登録出願

（上）970頁〔酒井（宏）＝寺崎〕参照），いずれの見解でも設定登録前の時点での補償金請求権に基づく将来の給付の訴え，仮差押え，証拠保全等は認められるとされており，両説には実質的な差はないと結論づけられているので，金銭的請求権においても，この点の捉え方の違いで結論に違いはないであろう。また，金銭的請求権は，本条4項により（補償金請求権の特許法65条5項も同旨の規定であるが），商標登録出願が放棄されたり，取り下げられたような場合は，遡及的に消滅するということであるから，出願中の段階でも，それは存在する（発生している）ことが前提となっていると読むのが素直であろう。また，本条2項も「行使することができない。」という文言であるから，金銭的請求権は，（業務上の損失の発生など，他の実体的要件を具備していれば）発生はしているが，行使できる状況にはないと読むのが素直であろう。

　(d)　金銭的請求権は，前述のとおり，商標の出願公開を前提とするものではない。ただ，現状，出願から出願公開までの間は1ヵ月前後であるから（拒絶理由通知が発せられないものは，半年ほどで登録査定に至る），出願後，公開までの間に上記警告書を発するというようなことは，あまりないように思われる。

　(e)　金銭的請求権は，出願後，商標権の設定登録までの期間に対応する（要件的には警告後であるが）ものであり，商標権の設定登録がなされた後は，商標権に基づく差止請求権や商標権侵害の不法行為に基づく損害賠償請求権など，通常の侵害救済の方法による。本条3項が「第1項の規定による請求権の行使は，商標権の行使を妨げない。」と規定するのは，この意味である。

　すなわち，金銭的請求権が行使されたからといって，商標権の設定登録後の商標権侵害の法的救済措置には，何らの掣肘も与えない。

　もっとも，金銭的請求権の算定期間内の取引について，その対象商品が，商標権の設定登録後に転売された場合については，もはや金銭的請求に応じて精算した商品というような趣旨で，下流の取引には商標権の行使ができないのか（消尽的な考え方），本条3項の条文に忠実に，商標権の行使が可能とみるのかは議論がある（小野編・注解商標〔新版〕（上）584頁〔大島厚〕参照）。

　しかし，商標権の侵害商品が，金銭的請求の算定対象商品であるからといって適法商品になるというものではなかろうから，下流の当該商標権侵害品の取引については，商標権の行使は許されるべきである（損害賠償額の算定においては，既に金銭的請求権を行使して一定の損失の補填を受けているという事情が考慮されることになろう（上記小野編・注解商標〔新版〕（上）〔大島〕同旨））。

(2)　金銭的請求の内容

　(a)　特許法の出願公開に基づく補償請求においては，実施料相当額と法定されてい

§13の2（設定の登録前の金銭的請求権等）

るが，金銭的請求権においては，「業務上の損失に相当する額の金銭」（本条1項）とされる。そのため，理論的には，使用料相当額を超える額を請求することも可能な建て付けになっている。

　しかしながら，商標登録出願人が，他者による当該出願商標の使用により，被った「業務上の損失」を立証するのは容易なことではない。競合地域で，他者が商標登録出願人の出願商標と同一・類似の商標を，指定商品・役務と同一・類似の商品・役務に使用した事実が立証できたとしても，それによりどれほど商標登録出願人に経済的な損失が発生したといえるのかは（つまり，実損の立証），必ずしも判然としない（詳細は次項のとおり）。

　(b)　「業務上の損失」の発生が幾ばくか観念できる場合において，問題は金銭的評価の算定方法であろう。かかる算定の困難性を低減せしめる方策として商標権侵害の場合においては，損害額の推定規定等がおかれている（商標38条参照，不正競争防止法においても同様の規定が整備されている〔不競5条〕）。

　しかし，本条においては，商標法38条は準用されていない（本条5項参照）ので，実損の立証は容易ではなかろう（小野編・注解商標〔新版〕（上）587頁〔大島〕は，その点を捉えて，商標の早期保護を唱えた改正であるというなら，立証の容易化が望まれるとする。なお，本改正の主たる目的については，後述Ⅷのとおりである）。

　もっとも，商標法38条は，商標権の侵害の場合の損害立証の救済条文であるところ，本条の金銭的請求権は，まだ出願段階の商標であって，その後，商標権の設定登録がなされたものであっても，警告時点では，いまだ権利性が不明確であるということに鑑みれば，明確な権利侵害を前提とする規定を立法措置として準用，あるいは解釈として類推適用するということについては，慎重であってよい。わが国の商標制度は，審査登録主義であり，設定登録後に初めて排他的独占権が発生する建て付けであるから，設定登録（商標権の発生）の前後では，商標登録出願人・商標権者の法的地位は異なって然るべきであろう。

　(c)　金銭的請求権が行使された裁判例（金銭的請求権の金額算定例）を筆者は知らない。実務においては，商標の侵害的行為を牽制するのであれば，商標権の設定登録後に商標権に基づいて差止請求や損害賠償請求等をするか，また，設定登録に至らない段階でもそれなりに商標に化体した信用があると思われるような事案であれば，不正競争防止法2条1項1号該当行為であることを主張して，差止請求や損害賠償請求等をするのが通例であるように思われ，権利関係がはっきりしない商標の出願中の時期に，あえて登録までの数ヵ月分（拒絶査定不服審判や取消訴訟を経由しないで登録になる場合）につき，その実損の立証も容易ではない本条の金銭的請求権を行使するメリットがどの程度あるのかは，検討の余地があろう（穿った見方をすれば，金銭的請求権は，わが国の審査登録主義とは馴染

〔伊原〕　721

§13の2（設定の登録前の金銭的請求権等）　　第2章　商標登録及び商標登録出願

みにくい側面のある制度なので，その活用はあまり念頭にはないということかもしれない）。

(3)　金銭的請求の要件

(a)　警　告　　金銭的請求権を行使しようとすれば，商標登録出願人は，その出願に係る内容を記載した書面を提示して警告をしなければならない。「書面」は，紙かこれに類する物と考えるべきであり，証明手段としての確実性の見地より，電子メール等で送信することは認められないと解するべきであろう。

補償金請求においては，出願公開後に警告することが規定されているが（特65条1項前段），本条1項は，そのような限定はない（その意味で，本条は商標の出願公開を前提するものではなく，またその効果として付与される金銭的請求権ではない）。

また，補償金請求においては，特許出願人が警告をしない場合でも，相手方が悪意であれば，補償金請求ができることになっている（特65条1項後段）が，金銭的請求は，相手方が商標登録出願人が出願中の商標であることを知っている場合であっても，警告が不要になることはない。

加えて，商標の出願公開は，相手方の悪意を推定させるようなものではない（平11改正解説118頁，小野編・注解商標〔新版〕（上）569頁〔清水徹男〕）。

なお，網野・商標〔第6版〕707頁では，過失が推定されるとしている。しかし，立法者も出願公開にそのような効果を付与していないと解されるし，筆者も，事業者に対して商標権が設定登録されるかどうかもわからない時点で商標の公開公報まで調査しておくようにと求めることは適切ではないし，登録されるかどうかもわからない段階で自己の商標使用と出願内容との関連性を評価して慎重に対応せよといえるものでもないと解するので，商標の公開公報の存在は過失を推定する基礎事情にはできないと考える。

警告書の内容は，商標登録出願人の氏名・名称はもちろんのこと，出願日，出願番号等の書誌的事項と，出願標章，指定商品・役務（実務的には，願書に記載の区分と指定商品・役務であって，相手方が現に使用している同一・類似商標が使用されている商品・役務に関係するもの）を記載することになろうが，既に公開公報が発行されている場合であれば，これを送付する（上記を内容証明郵便の方法で送るのであれば，別便の書留で同送する）ことになろうし，音の商標等であれば，別途，音源を記録した媒体を送付することになろう。要は，どのような標章が商標登録出願されているのかを，相手方に知らしめるということが必要である。

金銭の請求権の行使の要件を整えるための警告であるから，商標登録出願中，設定登録前の段階で商標登録出願人に差止請求権があるかの如き文面は相当ではなかろう（もとより，不正競争防止法など他の法律原因で差止請求権があるという場合は別論である）。

(b)　業務上の損失の発生（出願商標の使用）　　本条が創設された狙いは，後述のとおり

§13の2（設定の登録前の金銭的請求権等）

であり，掻い摘んで指摘すれば，出願中の商標であっても，既に使用により商標登録出願人の信用が化体しているものもあり，また商標は模倣（盗用）が容易であるから，出願審査中の段階でも，一定の保護をする必要性があるということである。

他者の使用により商標登録出願人に「業務上の損失」が発生するということは，商標登録出願人が，その出願商標を現に使用しているのが実質的な要件になり得る（逐条解説〔第19版〕1338頁，平成11改正解説は「この請求権の発生の前提として出願人自らの使用が原則として必要とされることとなる。」と表現し，例外的に出願人自らの使用を要しない場合があるような書きぶりである。これは会社代表者が出願人でありその経営する会社が使用している場合や，出願人の資本的な繋がりのある関係会社による使用，ライセンスすることにより第三者が使用しているような場合を想定しているのかも知れない。いずれにせよ，商標登録出願人における業務上の損失を論じる中での商標使用の問題であるから，個別の事実関係や実情に応じて，適切に評価すれば足りよう）。

かかる「業務上の損失」の発生の主張立証は，実務的には，不正競争防止法2条1項1号の不正競争行為（混同惹起行為）に近いものとなり，商標登録出願人（原告）が，既に出願商標に関してその業務上の信用を化体せしめている（顧客吸引力を獲得している）地域において，被告が出願商標と同一・類似商標を，指定商品・役務と同一・類似の商品・役務で使用することにより，需要者の間で混同を生じさせているような状況を明らかにしていくことになるのではないだろうか。

また，このような使用実績があり，信用が蓄積された周知性のある商標に対して，当該商標を毀損するような使用態様で，被告が使用することに対しても，金銭的評価が可能であるかぎり，本条は排除していないように思われる。

逆に，単に出願中の商標が被告により指定商品・役務と同一・類似の商品・役務で使用されたとだけ主張しても，業務上の損失の有無は明らかではない。本条創設の趣旨からすれば，フリーライド的な事情やポリューション的な事象の発生，つまり出願商標の要保護性を相応に立証されることが求められよう。

しかし翻って，商標権の設定登録前の段階で，既に商標登録出願人の信用が出願商標に化体しているという状況を想定しているのであれば，それは法的保護に値する法的利益ということで，不法行為法上の保護（損害賠償請求）が享受できる場合があろうし，また既に周知・著名商標となっていて，これから商標登録をするというような場合には，不正競争防止法で保護されるものであるから，不法行為にもならず，不正競争行為にもならない場合の金銭的請求権の法的位置づけ（金銭的請求権の成立性）は微妙といわざるを得ない。そもそも，不法行為にもならず，不正競争行為にもならない場合であって，かつ商標登録出願人の業務上の損失が金額算定可能に発生している場合というのは，実務的にはそう多くはないように思われる。

〔伊原〕

§13の2（設定の登録前の金銭的請求権等）　　　第2章　商標登録及び商標登録出願

　この点，平尾・商標258頁注(4)では，「出願人の使用が周知レベルであれば，不正競争防止法上の保護が与えられますので，13条の2はそれより1ランク低レベルの商標を保護する機能があります。」と説明している。
　後述の本条の創設の契機となったマドリッド協定議定書上の義務についてみても，不法行為でもないもの（その意味で適法行為）についてまで，商標権の設定登録前の保護の段階で金銭的請求の対象とすることを求めているとも解されず（商標権が設定登録されたときと同様の保護で足りるものと解される），突き詰めれば，審査登録主義をとるわが国の商標制度や違法行為について損害賠償請求権を課するわが国の不法行為法体系には馴染みにくい請求権を上記議定書加入のために無理においたことによる捻れ（法体系的な不整合）が生じているというのが実相であり，周知レベルの高低で整理できるものでもないように思われる。

V　金銭的請求権の遡及的消滅
(1)　消滅事由
　金銭的請求権は，商標権の設定登録がなされることが行使の条件になっている（本条2項）。したがって，商標登録出願が放棄され，取り下げられ，若しくは却下されたときや，拒絶査定若しくは拒絶審決が確定したとき，さらには取消決定（商標43条の3第2項）が確定したとき，又は無効審判が確定したとき（商標46条の2第1項但書の場合，つまり後発的無効理由の場合を除く）は，登録にならないことが確定し，あるいは遡及的に消滅することになったのであるから，行使の許されない金銭的請求権の存在を観念する必要はなく，初めから生じなかったものとみなされる（本条4項）。
　補償金請求権については出願審査中に補正がなされた場合の扱いについては従来から議論があるが（中山＝小泉編・新注解特許法(上)964頁〔酒井(宏)＝寺崎〕参照），商標の出願審査手続における補正の可否の判断は比較的簡明であり，出願商標（標章）の補正は，原則として要旨変更となり許されないとされており，また指定商品・役務についても，削除補正により禁止権の範囲を減縮する以外に，その範囲の拡張・変更を来すような補正もまた要旨変更になり，許されないので（法16条の2第1項参照），金銭的請求権の行使に関して，補正後であっても，金銭的請求をする相手方の（商標権の設定登録前の）商標の使用行為が，登録された商標権の内容から判断される禁止権の範囲に属するかどうかという点で判断されればよかろう。なお，指定商品・役務が2以上の商標権については，個々の指定商品・役務ごとに商標権があるものとして扱われるので（商標69条），金銭的請求権が遡及的に消滅する場合も，個々の指定商品・役務ごとに消滅することなる。
　また，無効の抗弁（商標39条が準用する特104条の3第1項）が成立する場合も，法的価値

§13の2（設定の登録前の金銭的請求権等）

としては，無効審判が確定したときと変わらないのであるから，当該金銭的請求者とその相手方との間においては，金銭的請求権は遡及的に消滅することとなる（本条5項）。

(2) 金銭的請求権の遡及的消滅と原状回復

無効審判請求による無効審決は，商標権の設定登録後，何年も経ってから確定することがあるので，既に，商標登録出願人（商標権者）が金銭的請求権を行使して，その支払がなされた後に確定することも想定される。

そのような場合は，金銭的請求権は遡及的に消滅し，当該支払を受けた金銭は，これを保持する法律上の原因を欠くこととなり，商標登録出願人（商標権者）は返還を要するところとなる（金銭的請求権には，再審制限の規定〔特104条の4〕は準用されていない。平尾・商標258頁同旨）。

Ⅵ 防護標章と金銭的請求権

商標法68条1項で，金銭的請求権は防護標章登録出願にも準用されると規定されている。

しかし，防護標章登録の登録要件は，周知性や混同惹起のおそれがあるといった場合に登録商標と同一の標章についての防護標章登録を受けることができるというものであるから（商標64条1項・2項），不正競争防止法（2条1項1号あるいは2号）による対応で事が足りるようにも思われ，実務的には，損害算定の困難性をも勘案すれば，あえて金銭的請求権を行使することはないように思われる。

Ⅶ 国際商標登録出願と金銭的請求権

商標法68条の9で，わが国を指定する領域指定は，国際登録日になされたわが国への商標登録出願とみなされるため，本条の金銭的請求権も，当然に国際商標登録出願人に対して与えられることとなる。

Ⅷ 金銭的請求権の制度導入の経緯等

(1) マドリッドプロトコル（マドリッド協定議定書）加入についての国内法整備

(a) わが国の商標制度は，審査登録主義であり，商標登録出願については，実体審査を行い，拒絶の理由がないという場合に，登録査定がなされて登録料納付等の手続がなされた後に設定登録がされて，これにより初めて商標権が成立するというものである。そして，商標権は，その禁止権の範囲に入る第三者の使用行為（侵害行為）に対して，差止請求（商標36条・37条）や損害賠償請求（民709条）等ができることとなっている。つまり，商標権は，設定の登録により発生するものであるから（商標18条1項），登録前の段階

〔伊原〕

§13の2（設定の登録前の金銭的請求権等）　　第2章　商標登録及び商標登録出願

では、未だかかる排他的独占権は成立しておらず、商標登録出願人は、他者に対して差止請求や損害賠償請求等ができる法的地位に立たない。

(b)　他方、わが国企業は、グローバルな事業展開により海外で商標登録をする必要性が高く、各国ごとに個別に商標登録出願をしていたのでは、手間もコストもかかることから、マドリッド協定議定書による商標の国際登録システムを利用できることが望ましい。そこで、平成11年改正時に、マドリッド協定議定書加入に向けた種々の国内法整備がなされることとなった。マドリッド協定議定書の第4条（国際登録の効果）の(1)(a)に下記の定めがある。

「(1)(a)　第3条及び前条の規定に従って行われた標章の国際登録又は領域指定の記録の日から、当該標章は、関係締約国において、標章登録を当該関係締約国の官庁に直接求めていたならば与えられたであろう保護と同一の保護を与えられるものとする。第5条(1)及び(2)の規定に基づく拒絶の通報が国際事務局に対して行われなかった場合又はそのような拒絶の通報がその後に取り消された場合には、標章の国際登録又は領域指定の記録の日から、当該標章は、関係締約国において、当該関係締約国の官庁による登録を受けていたならば与えられたであろう保護と同一の保護を与えられるものとする。」

つまり、国際登録日や領域指定の記録日（これは原則として願書提出の日、つまり出願日と考えてよい）から、商標権におけるのと同一の保護（差止請求権や損害賠償請求権）を出願商標にも与えるべきことを求めていると読むことができるので、わが国の審査登録主義との整合性が問題となる。

(c)　そこで、出願中の商標についても、金銭的請求権を付与する形を整えて、なんとかこの問題に対応したということであろう。

(2)　商標の早期保護の必要性

(a)　平11改正解説111頁以下の第11章の構成を見る限り、金銭的請求権制度の創設は、マドリッド協定議定書加入のための国内法整備ではなく、出願中の商標においても「商標に化体した信用力の毀損等に対しては迅速な保護が得られる制度の構築の必要性が高い。そうした早期保護の必要性の観点を踏まえれば、法定の登録要件を具備しているか否かについて事後的にチェックすることを前提として、商標権の設定登録前の時点であっても商標法上何らかの保護を与えることが必要と考えられる。」(111頁）ということから、金銭的請求権が新設されたと整理されている（113頁では、マドリッド協定議定書加入のための改正ではなく、あくまでも商標の早期保護のための改正と整理されている）。

(b)　もともと、マドリッド協定議定書加入のために始まった議論が、最後は、「商標の早期保護の必要性」というテーマに関係する改正事項になった経緯は定かではないが、マドリッド協定議定書加入のためだけなら、国際商標出願についてのみ金銭的請求権制

§13の2（設定の登録前の金銭的請求権等）

度を導入するという対応もあり得たのであろうが（小野編・注解商標〔新版〕（上）580頁〔大島〕，平尾・商標257頁注(1)も同様に理解に立つ），それでは国内出願とのアンバランス（国内出願を行うわが国企業には金銭的請求権が付与されないという形になる）から，国内出願一般において，金銭的請求権制度の導入の必要性を謳う立法手続的な必要性（立法事実の提示の必要性）があったのではないかと想像される。平成11年の改正論議の推移は，小野編・注解商標〔新版〕（上）580頁〔大島〕が解説するとおり，最初は，マドリッド協定議定書加入のための規定の整備からスタートしたことは事実であろうから（工業所有権審議会答申「企業活動の国際展開に伴う商標保護のための制度整備について」），実質的に改正の軸足は，国際登録システムにわが国も参加することにある。

金銭的請求権は，審査登録主義をとるわが国商標制度には馴染みにくいものといえ，また実際，金銭的請求権の行使事例もいまだ存在しないか，それに等しい状況である。（商標出願中の）「商標に化体した信用力の毀損等」に対処する保護法制としては，不正競争防止法や不法行為法の適用が図られるのが実務的に収まりがよく（金銭的請求権の成立要件として，商標登録出願人の業務上の損失が発生していることが必要であると解されていることは上述のとおりであって，その保護の射程の多くは重複するように思われる），これらの法制での救済対象にもならない要保護性の脆弱な出願商標について，第三者に対して金銭を支払わせる実質的な根拠がどれほどあるのか，かなり微妙であろう。

(3) **立法当局の説明**
(a) 特許庁は，そのウェブサイト上に「マドリッド協定議定書加入に伴う主な論点とその対応」という表題での解説をしている（http://www.jpo.go.jp/shiryou/toushin/toushintou/tosin_03.htm，平成28年7月現在掲載）。

そして，その冒頭において「議定書は，マドリッド協定と異なり，我が国のような審査主義国にも配慮しより多くの国が利用できるように制度設計されたものであるとはいえ，我が国の商標制度と完全に整合しているものではない。次に掲げた論点はその主要なものであるが，我が国商標制度の国際的調和の観点から，多数の加入国を有する議定書の制度との整合性を図りつつ，以下の方向で対応すべきと考えられる。」とし，続けて「1．登録の効果の発生とその内容について」とのサブタイトルのもと，「議定書によれば，登録が確定した場合には，商標の保護は，国際登録日（出願日）から登録によるものと同一のものを与えることとなっており，国際的調和等の観点から我が国現行商標制度においても，議定書と同様の措置を図ることが望ましい。」とする。

(b) そして，マドリッド協定議定書の他の加盟国である，英国，ドイツ，フランス，中国の法制を比較し（いずれの国も国際登録日〔＝本国官庁が国際出願を受理した日〕から商標権が発生するものとされており，英国，中国は，自国における登録後に権利行使可能にしている。なお，

〔伊原〕

§13の2（設定の登録前の金銭的請求権等）

ドイツ，フランスは，損害賠償請求のみならず，差止請求をも認める），日本の制度設計について，商標権の早期保護の必要性を説いたうえで，下記のとおり解説する。

「(3) 出願から登録までの保護についての制度設計

具体的には，出願から設定登録までの間について，

① 事後的救済措置として，損害賠償等の請求権を設定することとするが，従前の商標法による審査制度・登録制度による安定的な権利付与は堅持すべきと考えられることから，損害賠償等の請求権の権利行使については，商標権の設定登録により権利が確定した後に認めることとするのが適当である。また，権利が確定していない時点における第三者との関係のため，出願情報を広く世の中に対して迅速に知らしめるよう，出願公開制度を設けることが必要である。

② 差止請求権については，権利行使が設定登録後であることから，出願から設定登録までの過去の行為については行い得ないこと，仮にその間に差止請求を認め，設定登録されなかった場合には無過失賠償により金銭対価での処理を行うとしても，第三者に過大な負担を負わせることになるため，制度として設けることは適当でないと考えられる。

③ 質権等の派生的財産権については，従前通り商標権の設定登録後から認めることとする。

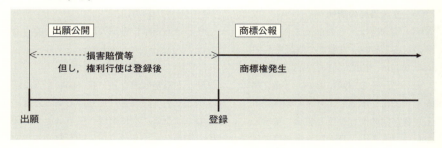

」

(c) つまり，マドリッド協定議定書加入に際して，国際登録日から，国際商標登録出願については，国内保護と同一の保護をしなければならないという条項は（マドリッド協定議定書4条(1)(a)），必ずしも自国での商標権の設定登録の日より前の差止請求権の付与を求めるものではなく（法技術的に差止請求権を付与することは不可能ではないにしても，審査のうえ商標権の設定登録に至らなかった場合，差止請求権は遡及的に消滅してその差止執行は正当性を失い，執行を受けた相手方に被害回復の方策を別途付与する手当てをしないといけないが，法律状態が複雑になり，無用の混乱が生じることが懸念される），また，損害賠償等についても，その

§13の2（設定の登録前の金銭的請求権等）

設定登録日以降に行使することを認める法制を選択する余地があるとの理解から，わが国の審査登録主義との摺り合わせの見地から，できるだけ収まりのよい形で，設定登録日以降の金銭的請求権という手法が生み出されたという経緯である。

なお，上記の英国等は，国際登録日から商標権自体を付与しているので，その「侵害」というものを観念することができ，したがって「損害賠償請求権」ということも矛盾なく導き出せる。

しかし，わが国では，いまだ「商標権」を付与していない段階での，商標の保護ということであるから，損害賠償請求権という法的構成をとるといっても，権利侵害という意味での不法行為性は，ストレートには出てこない。また，「業務上の信用が化体した商標」という要保護性のある無体財産（法律上保護される利益の侵害〔民709条参照〕）という実質論でこれを裏づけるか，周知商品等表示の侵害ということで不正競争防止法と関連づけるかという話にならざるを得ないが，後者は要件が厳格に規定されているのでともかく，前者の場合，未だ独占権たる商標権も設定されていない段階での他者による商標使用につき，たとえ商標登録出願人の業務上の信用が化体した商標であるからといって，どうしてそれと同一・類似の商標を，指定商品・役務と同一・類似の商品・役務で使用してはいけないのかという，違法性の実質的な裏づけが必ずしも明確ではない。

結局，本条は，5項において，不法行為の各規定（民719条〔共同不法行為〕及び同724条〔消滅時効〕）を準用しているので，金銭的請求権の基底におかれているのは，不法行為法であろうことは窺えるが，金銭的請求権自体が不法行為の損害賠償請求権であるというのであれば，かかる準用はもとより不要なはずであるから（当然にそれらの規定は適用されるので），金銭的請求権は，不法行為の損害賠償請求権の色彩を帯びるものではありながら，これにとどまらない，出願段階においても擬似的な商標権を付与してこれを商標法上保護しているようイメージさせるように，ある意味定型的な損害賠償請求権類似の請求を法定したとみるべきである（不法行為に基づく損害賠償請求権ということであれば，本条は不要であり，これまで同様，一般法〔あるいは不正競争防止法〕によるケース・バイ・ケースの判断となって，マドリッド協定議定書加入の条件が整備されているのかどうかも対外的に不明瞭とみられる）。小野編・注解商標〔新版〕(上)580頁〔大島〕は，この点，「損害賠償請求権そのものではないが，これに近似し，国際的には損害賠償請求権を認めたのと変わらないように見える類似の権利が創案されたものと考えられる。」と表現している。

IX 消滅時効

(1) 消滅時効

金銭的請求権は，商標権の設定登録の日から3年で消滅時効にかかる（5項が読み替え

§13の2（設定の登録前の金銭的請求権等）

て準用する民724条前段）。消滅時効期間を3年としたのは，金銭的請求権が不法行為に基づく損害賠償請求権に準ずる請求権と立法当局がみているためである。

　起算点を商標権の設定登録の日としたのは，その日まで金銭的請求権の権利行使ができないので（法律上の障碍があるので），権利行使が可能となった日から起算されることとされた（逐条解説〔第19版〕1339頁参照）。

(2) **除斥期間**

　5項では，民法724条後段も準用されるので，金銭的請求の被請求者の商標使用のときから20年間，金銭的請求権を行使しなければ除斥期間にかかって消滅することになるが，（何度かの中断があったとしても）商標権の設定登録の日から3年間の消滅時効が先に完成するはずなので，あまり意味がない。

X　その他の準用条文

(1) **文書等提出命令（特105条の準用）**

　金銭的請求権を行使するための支払請求訴訟においては，商標権侵害訴訟と同様の被請求者（被告）の会計帳簿等の開示を求めることができる。もっとも，金銭的請求権は，その請求者（原告）において，被告の商標使用に基づいて業務上の損失が発生していることが，その成立要件であるから，実務上は，これがまず訴訟上，ある程度の確度で明らかにされない限り，その金額立証のための文書提出命令は発令されないように思われる。

(2) **計算鑑定（特105条の2の準用）**

　商標権侵害訴訟の損害賠償額の審理の場合と同様，被請求者（被告）の会計帳簿等から要証事実を探知するために，専門家による鑑定を求めることもできる。なお，実務上は，鑑定人費用が100万円以上必要であるとされるため，それに見合う金銭的請求が認容されることが見込まれる事案において意味があろう。

(3) **秘密保持命令制度（特105条の4から6の準用）**

　金銭的請求権の支払請求訴訟においても，主として被請求者（被告）の営業秘密を開示して訴訟追行をする必要がある場合には，秘密保持命令制度を利用することが可能である。

〔伊原　友己〕

第3章 審　　査

第14条（審査官による審査）
特許庁長官は，審査官に商標登録出願を審査させなければならない。

（改正，昭37法131，平8法38）

【参考文献】

〔書　籍〕　兼子＝染野・特許・商標〔全訂版〕，吉原・説義，網野・商標〔第6版〕，夢・新解説〔全訂版〕，三宅・雑感，渋谷・理論，豊崎・工業〔新版〕，紋谷編・50講，小野・概説〔第2版〕，竹田・要論〔第6版〕，田村・商標〔第2版〕，工藤・解説〔第8版〕，逐条解説〔第19版〕，小野＝三山・新概説〔第2版〕，茶園編・商標，平尾・商標〔第2次改訂版〕，工藤莞司・商標法の解説と裁判例〔改訂版〕（マスターリンク，15）

〔論　文〕

（商標行政）　斎藤哲夫「商標審査資料の機械検索」発明72巻3号68頁（75），石井義雄「商標行政の現状と見通し」とっきょ64号3頁（77）。

（手　続）　青木康二＝荒垣恒輝・特許手続法〔新版〕（弘文堂，81），山崎浩輝〔石川義雄監修〕・出願方式の基礎知識（発明協会，82），同・出願手続方式の実務（発明協会，82），松田雅章「商標制度改革への一考察－商標庁『緑の窓口課』を目指して」松田治躬先生古稀記念論文集103頁（東洋法規出版，11）。

（審　査）　吉原省三「出願公告における指定商品記載の遺脱」商標判例百選32頁（67），同「後願を先願の審査中に公告することの可否」商標判例百選31頁（67），江口俊夫・異議の申立－新工業所有権読本（通商産業調査会，74），新工業所有権読本編集委員会・登録と審判－新工業所有権読本（通商産業調査会，74），特許庁編・工業所有権方式審査便覧（発明協会，79），登録実務研究会編（中山信弘監修）・特許方式問題へのアプローチ（通商産業調査会，82），山崎浩輝〔石川義雄監修〕・出願手続方式の基礎知識（工業所有権実務大系1）（82），山崎浩輝〔石川義雄監修〕・出願手続方式の実務（工業所有権実務大系2）（82），山崎浩輝・出願手続実務の要点（発明協会，83），工藤莞司〔石川義雄監修〕・登録手続の実務（工業所有権実務大系6）（83），登録実務研究会編・工業所有権登録の実務（通商産業調査会，83），角田政芳「進歩性欠如の拒絶理由通知の後，新規性欠如の理由で拒絶審決する場合の新たな拒絶理由通知の必要性」特管43巻10号1313頁，商標委員会委員長：西光明「改正商標法による商標登録出願の実体審査に係る件（ご要望）」特管43巻12号1642頁，「工業所有権審議会商標問題検討小委員会報告書(6)－平成7年5月18日早期権利付与の確保，著名商標等の保護〈報告〉」CIPICジャーナル51号82頁，「商標早期審査・早期審理制度の概要，意匠早期審査・早期審理制度の概要，早期審査・早期審理制度の概要（特許・旧実用新案）」AIPPI 42巻8号67頁，「商標登録出願に関する情報提供についての運用指針」AIPPI 42巻3号69頁，特許庁商標課「商標登録出

§14（審査官による審査）　　　　　　　　　　　　　　　第3章　審　査

願に関する情報提供についての運用指針〈特許庁よりのお知らせ〉」AIPPI 42巻3号69頁，商標制度企画室「早期審査制度（商標法）の概要」商標懇14巻53号5頁，小川宗一「登録異議申立の審査の処理促進化について」商標懇7号26号17頁．

（査定・登録）　羽柴隆「商標権消滅による抹消登録と回復登録」商標判例百選86頁（67），青木康「拒絶査定の確定時期」特許判例百選88頁（85），大村昇「商標の相対的登録要件は職権審査すべきものであろうか？」パテ48巻11号20頁，玉井克哉「商標登録阻止事由としての『自由使用の必要』」知的財産の潮流（知的財産研究所5周年記念論文集）199頁，田倉整「知的所有権法案内(44)－先行登録商標を含む商標登録の可否」発明94巻11号69頁，田倉整「知的所有権法案内⑰－商標権の重複登録」発明90巻12号101頁，松原伸之「AIPPI 第35回東京報告総会議題Q 92D：商標の出願，登録，変更に関する方式要件の調和」AIPPI 37巻6号54頁，小坂志磨夫「合併により消滅した会社の異議申立人たる地位と承継の有無（ダイエー事件最高裁五六・六・一九判）」村林還暦263頁，久保次三「商標更新登録申請手続における多件一通方式の採用について（ご要望）」知管46巻10号1696頁，「商標登録異議申立書の書き方のガイドライン①②」発明94巻10号85頁，11号82頁，渋谷達紀「商標登録出願により生じた権利の移転を特許庁長官に届け出る前に，権利の承継人が被承継人に対してなしうる請求の内容（昭和63・6・29東京地判）」〈最新判例批評6〉判評359号214頁（判時1291号），小松陽一郎「商標登録出願により生じた権利の承継人が，出願名義人に出願人名義変更手続を求める場合の請求の内容（チェレーザ事件東京地裁六三・六・二九判）」村林還暦299頁，渋谷達紀「商標登録出願により生じた権利の承継人が被承継人に対してなしうる請求—東京地裁昭和63年6月29日判決」ジュリ1004号91～94頁，渋谷達紀「商標登録出願人名義変更の請求の内容（昭和63・6・29東京地判）」昭和63年度重判解（ジュリ臨増935号）233頁，白井皓喜「商標法七七条五項の公示送達とその無効（エリカ事件最高裁五六・三・二七判）」村林還暦283頁，岩下誠一「商品見本と商品表示態様について」商標懇7巻24号21頁，青木康「判例研究：No.197手続補正書の不受理処分が無効とされた事例」知管43巻4号319頁，商標委員会：西光明「方式，手続関係および事務処理の改善について」特管44巻11号1343頁，光石俊郎「商標の類似及び商品・役務の類似の判例理論から特許庁の商標審査基準」牧野退官17頁，光野文子「商品の立体的形状のみからなる商標の登録要件判断の基準の行方－ミニマグライト判決考」知管58巻2号191頁，平成23年度第2商標委員会第3小委員会商標出願の精神拒絶（同一人名義の重複出願の拒絶）についての考察」パテ65巻7号31頁．

（異議）　渋谷達紀「異議申立人の地位の承継の可否」昭和56年度重判解255頁，「登録査定後の不受理処分取消の訴の利益，異議申立人の地位の承継〔判例紹介〕」法時53巻12号156頁（81），小室直人「商標登録異議手続受継申立不受理処分取消の訴えの利益」民商86巻3号79頁（82），村上敬一「商標登録異議受継不受理処分取消請求訴訟の訴の利益，並，異議申立会社の合併と地位承継」曹時37巻11号224頁（85），中野収二「出願公告の取消と登録異議申立の不受理処分」村林還暦245頁，渋谷達紀「商標登録出願について手続の補正ができない時期に至ってなされたいわゆる指定商品の一部放棄の効力の有無」民商93巻1号89頁，田倉整「商標登録拒絶審決と指定商品の一部放棄」杉林古稀745頁，後藤晴男「商標登録出願の指定商品の一部放棄について」三宅喜寿359頁，小西敏男「商標登録出願について手続の補正ができない時期に至ってなされたいわゆる指定商品の一部放棄の効力」村林還暦291頁，生駒正文「(1)通信講座用のテキストが，商標法上の商品であるとされた事例，(2)書籍の題号としての使用に商標権の効力が及ばないとされた事例」（平成6・4・27東京地判）〈判例評釈〉発明93巻6号120頁，中村英夫「『商品』は『商品表示』によって確定しうるのか－『国際分類採用』への一視点－」工業研究35巻3号9頁，商標委員会第2小委員会「新法商標出願

§14（審査官による審査）

（商品・役務）の実体審査」に関するアンケート集計報告」知管46巻1号53頁，渋谷達紀「劇団木馬座事件（昭和63・4・28横浜川崎支判）」〈最新判例批評94〉判評367号217頁（判時1315号），特許庁審査第一部書換審査室「商標権の指定商品の書換制度について」発明95巻4号90頁，満田重昭「商標法上の『商品』とは一般市場で流通に供されることを目的として生産される有体物をいう（天一事件東京高裁六三・三・二九判）」村林還暦73頁，山上和則「商標法上の『商品』概念と不動産（ダイダラザウルス事件大阪地裁四五・五・二〇決）」小野還暦101頁，神谷巌「商標法上の商品」知管48巻4号479頁，杉本ゆみ子「商標法上の商品における流通性について」田倉古稀279頁，渋谷達紀「商標法上の商品概念（昭和62・4・27東京地判）〈商事判例研究－昭和62年度補遺〉」ジュリ984号198頁，松居祥二「商品の類似（PEACOCK事件最高裁三九・六・一六判）」村林還暦201頁，松田雅章「商品区分の書換－新旧商品区分の統一について（特集商標法）」パテ49巻4号49頁，小野昌延「商品類否判断の基準（三国一事件最高裁四三・一一・一五判）」村林還暦39頁，神谷巌「知的所有権判例：商標法にいう『商品』とは」発明90巻11号77頁，Reinard Michau〔頼計輔訳〕「南アフリカ：正しい指定商品の提出－微妙な問題〈外国の法制〉」AIPPI 40巻8号52頁，島田康男「判決例ならびに研究報告(5)研究報告『商品と役務の類似』」法律実務研究10号432頁，田村善之「判例で考える商標法(1)(2)—商品概念の再検討(1)(2)」発明91巻4号73頁，5号81頁，工藤莞司「判例にみる商標法(7)商標法上の商品とパンフレット」発明86巻7号72頁，杉本ゆみ子「判例にみる商品とサービス」パテ44巻2号93頁，満田重昭「判例研究：No.160指定商品と純正部品」特管42巻9号1225頁，角田政芳「判例研究：No.135指定商品の部品についての商標の使用と，商標の不使用」特管40巻7号825頁，土肥一史「判例研究：No.140商標法にいう商品の意義」特管40巻12号1479頁，日本知的財産協会商標委員会第2小委員会「付随的サービス・商品の概念及び商標法上の取り扱いについての一考察」知管46巻5号759頁，亀田和明「1967年7月14日にストックホルムで及び1977年5月13日にジュネーブで改正され並びに1979年10月2日に修正された標章の登録のための商品及びサービスの国際分類に関する1957年6月15日のニース協定（平成元・12・5条約第9号）」法令解説資料総覧107号16頁，松原伸之「ニース協定への加入と国際分類の導入について」工業研究35巻3号1頁，滝沢智夫「ニース国際分類に関する第12会期準備作業部会に出席して」商標懇10巻34号14頁，「改正商標法の実務4－国際分類の本格的採用」発明89巻2号101頁，古関宏「国際分類に関する実務的検討」パテ44巻12号32頁，赤穂隆雄「国際分類に関する動向について」パテ43巻1号6頁，商標委員会「国際分類及びサービスマーク登録制度の採用に関する経過報告」パテ43巻8号56頁，鈴木茂久「国際分類採用の環境」商標懇6巻21号15頁，商標委員会第1小委員会「商標の国際商品分類の採用について」特管40巻4号415頁，松田雅章「商標商品及びサービスの国際分類について」パテ44巻2号10頁，商標委員会第2小委員会「商標商品・サービス国際分類（ニース協定）の第7版発効（1997年1月1日）とその概説」知管47巻3号395頁，松田雅章「商品区分の書換」パテ49巻4号49頁，酒井孝成「商標異議申立制度の現状と改善提案」松田治躬先生古稀記念論文集437頁（東洋法規出版，11）。

細　目　次

Ⅰ　わが国における審査主義の宣明(734)
Ⅱ　審査主義と無審査主義(734)
　(1)　審査主義(734)
　(2)　無審査主義(734)
Ⅲ　審査官による審査(735)
　(1)　審査の意義(735)
　(2)　方式審査(735)
　　(a)　形式的要件についての審査(735)
　　(b)　不受理処分についての改正(736)
　　　(イ)　従来の状況(736)

〔小野＝三山（峻）〕

§14（審査官による審査）　　　　　　　　　　　　　　　　　第3章　審　査

　　　(ロ)　商標法条約と不受理処分についての
　　　　　改正(737)
　(3)　実体審査(737)
Ⅳ　審査官の組織上の位置づけ及びその資格・
　　除斥などについて(738)
　(1)　組織とその位置づけ(738)

(2)　審査及び審査官の資格・除斥など(739)
　(a)　審　査(739)
　(b)　審査官(739)
　(c)　審査官の除斥(739)

〔小野　昌延＝三山　峻司〕

Ⅰ　わが国における審査主義の宣明

　本条は，商標登録制度に審査主義を採用することを明らかにした規定である。

　特許庁長官は，特許庁の「長」（経済産業省設置法21条）であり，特許庁の「事務を統括し，職員の服務について，これを統督する」（国家行政組織法10条）。

　商標出願の申立ては特許庁長官に宛てて提出されるが（商標5条），特許庁長官は，これらの審査を審査官に行わせることとし，自らはこれを行わないこととしている。審査官の資格は，政令で定められる（商標17条，特47条2項）。どの審査官に審査をさせるかは特許庁長官の権限であり，特許庁長官から審査を命ぜられた審査官は，独自の権限に基づいて審査を行い，特許庁長官を代理するものでもなく，また単に特許庁長官を補助するにすぎないものでもない（東京地判昭51・8・30判時845号46頁）。

　「……審査させなければならない」とあるから，商標出願があれば，審査官は，必ず義務的に審査しなければならない。

　平成8年の改正により，登録前の異議申立制度は廃止され，登録後の異議申立制度に移行したので，その改正の際に審査官による審査から「登録異議の申立て」が削除され，現行の条文の文言となっている。

Ⅱ　審査主義と無審査主義

(1)　審査主義

　商標法においては，各国の制度によって審査の程度は異なるが，「審査主義」をとる法制の国が多い。商標権のように消費者に関連する権利の設定には，審査主義をとることが妥当である。特に，登録においては，出願商標は未使用商標でよく，かかる場合，出願時の商標は商標使用による実体的内容が化体していないのであるから，商標権の発生について，法定の要件が具備されているか否かについて，何らのチェックもせず商標登録の出願形式さえ整っていればそのまま受理し，商標を無審査で登録する「無審査主義」は不適当である。

(2)　無審査主義

　無審査主義をとった場合，無審査によって与えた登録には，安定した強い権利が与え

§14（審査官による審査）

られない。したがって，無審査主義下の登録商標の効力が弱いため，企業は商標を使用するにあたって不安定な立場に甘んじなければならない。無審査主義の下においては，商標登録先願者が権利主張をするときには，商標登録後も，商標登録の効力について裁判所で争われることになるし，権利侵害訴訟において，商標登録の有効性についての争いなど，権利行使上の不安定要因が残る。

　無審査主義では登録商標権者の保護は十分でなく，審査主義が望ましいので，海外で新しく法を制定したり，法改正をしたりするところでは多く審査主義が採用されている。

Ⅲ　審査官による審査
(1)　審査の意義

　「審査」とは，審査官が登録出願の内容につき審議し，登録の許否を決定する行政上の行為である。

　審査事務は商標法上の最も重要な事務であって，これを行う審査官の資格は政令をもって定められ（商標17条で準用する特47条2項，商標施令4条2項，特施令4条），そして，審査の厳正・公平を保つために，当該審査官が事件について直接の利害関係を有するとか，親族関係であるなどの原因（商標17条で準用する特48条・139条1号から5号まで及び7号にあげる原因）があるときは，審査官は審査より除斥され，その商標登録出願及び登録異議申立ての審査をしてはならないことになっている。

　審査は「方式審査」と「実体審査」に分かれる。

(2)　方式審査

(a)　形式的要件についての審査　　願書が受理されると，まず方式審査が行われる。「方式審査」とは，審査官が商標登録出願の形式的要件について審査することである。審査官は，形式的要件として商標法77条2項で準用する特許法6条から9条まで，11条から16条まで，17条3項各号にあげられた事柄の形式的な事項を審査する。すなわち，①手続が未成年者，成年被後見人もしくは法定代理人あるいは被保佐人の手続能力（特7条1項～3項）につき，又は委任代理人の代理権の範囲（特9条）につき違反しているとき，②手続がこの法律又はこの法律に基づく命令で定める方式に違反しているとき，③手続について手数料を納付しないときに該当するか否かを審査する。形式的要件を欠く商標登録出願に対して，特許庁長官は，相当の期間を定めて補正命令を発し，補正がなされなければ，手続を却下することができる（商標77条2項，特18条）。ただ，この場合形式的要件の審査を行うのは特許庁長官であり，手続を却下するか否かの権限を有するのも特許庁長官であって審査官ではない。したがって，形式的要件の審査はここに規定する審査官による審査ではない。

〔小野＝三山(峻)〕

(b) 不受理処分についての改正

(イ) 従来の状況　わが国の商標法は先願主義を採用しており，先後願関係は当事者の重大な利害に関わる。したがって，法定期間の定めがある手続の書類は濫りに不受理にすべきではない。当事者の手続には誤りがありがちであるから，軽度の瑕疵はできるだけ補正させるのが妥当である。

　出願手続において（審査・審判などの手続においても）出願が不適法な場合，出願に補正によっても治癒できない欠陥のある一定の場合には，書類を受理しないで当事者に返却する，いわゆる書類の不受理の実務が従前より存し，旧商標法施行規則（6条の2）は，不受理事由を列挙していた。しかし，現行商標法制定の際，この旧商標法施行規則6条の2に相当する部分は削除され，手続が方式に違反しているときその他一定の場合に，手続の補正をすべきことを命ずることができるものとされた（商標77条2項，旧特17条2項）。しかし，実務上は内部規則（特許庁令規36総第906号など）によって一定の場合に書類の不受理処分がなされ，また，出願が出願としての体をなしていないような本質的要件を欠いたり重要かつ明瞭な形式違反については，特許庁長官は補正を命じないで出願却下の意味で「不受理処分」として出願書類が受理されずに出願人に返却されていた。実用新案に関する事案（東京地判昭46・1・29無体集3巻1号11頁）であるが，図面の添付を欠いた出願を不受理処分にできるかという点が争われた事例がある。判例は，不受理処分の意味について「行政庁に対して申請をする権利，いわゆる申請権を認められた私人がする行政庁への申請行為に形式的な瑕疵があるため，当該行政庁が申請の実体について審理その他の行為をすることなく，形式的な瑕疵があることを理由にその申請を拒否する却下処分であると解すべきものである」とし，不受理処分をするには，法の根拠を必要とするが，法の具体的な明文の規定がなければならないということではなく，「申請が一応申請としての体裁を具えていながらも，申請が申請として成立するために法によって要求される本質的要件を備えておらず，しかも，その瑕疵が補正によって治癒されえないような場合には，不受理処分をしうる」と判示している。そして，「いかなる態様の瑕疵がある場合に，申請が申請としての本質的要件を欠き，またその追完が許されないものとすべきかについては，当該申請がいかなる法令によって認められたものであるか，また当該申請によって達せられるべき目的，その申請行為の性質等によって異なり，一概に決めることはできず，各法令を検討解釈して決定すべき問題である」として，一般的な考え方を述べ，実務を容認し，この理は，商標にもそのままあてはまるといわれていた（同旨，東京地判昭46・6・14訟務月報18巻3号370頁）。しかし，出願書類の不受理処分は，あまりにも不備な出願書類の場合のほかは軽々しく行うべきではない。一見して重大な手続的欠陥のない出願書類について，補正命令を出さずに不受理処分にすることは，出願

§14（審査官による審査）

人に不当な不利益を強いることになる。また、手続処理上も不受理処分の不服申立てにより補正命令手続より手続が敏速にならないこともあり得る（東京地判昭45・4・22無体集2巻1号181頁〔特許出願か実用新案出願か不明の場合〕。前掲東京地判昭46・1・29〔図面の添付を欠く場合〕）。

しかし、法律上明確な根拠を有しない不受理処分については、従来から批判が強く、次に述べるように平成8年の法改正により廃止されることとなった。

(ロ) 商標法条約と不受理処分についての改正　商標法条約では、合理的な期間内に意見を述べる機会を与えることなく、その全部又は一部を却下又は拒絶することはできない旨規定されている（商標法条約14条「官庁は、出願又は第10条から前条までの規定による申請に関し、却下又は拒絶しようとすることについて合理的な期間内に意見を述べる機会を出願人又は申請人に与えることなく、その全部又は一部を却下し又は拒絶することができない。」）。不受理処分は、これに該当する。

そこで平成8年改正法では、法律上明確な根拠を有しない「不受理処分」をやめ、これを却下処分とする旨を明確にした。そして、不適法な手続であって補正をすることができないものについて不受理処分でなく、却下するものとした（商標77条2項、特18条の2第1項）。かつ、手続の適正化、出願人の利益保護の観点から、却下処分前に理由を通知し、相当の期間を指定して、弁明を記載した書面を提出する機会を与えることにした（商標77条2項、特18条の2第2項）。

(3) 実体審査

願書が方式審査で形式上適法であるとされると、実体審査に入ることになる。「実体審査」とは、審査官が商標登録出願の実質的要件について審査することをいう。

審査官は、商標登録出願が次の商標法15条に挙げる拒絶理由の一に該当するときは、その商標登録出願について拒絶査定をしなければならない（商標15条）。拒絶査定は、審査官の名前で行われる。ただ、拒絶査定をしようとするときには、審査官は、出願を拒絶すべきものと認めても、直ちに拒絶の査定をせず、商標出願人に対して拒絶の理由を通知し、相当の期間を指定して、出願人に意見書を提出する機会を与えなければならない（商標15条の2。「意見書の様式」は、商標施規9条の5、様式第11の3により作成する）。

商標出願に対する実体審査権限は、特許庁長官にあるのか、審査官にあるのか。この問題は、出願の実体審査についての行為の取消請求事件の被告適格に関係する。特許事件に関してであるが、この点に関して争われた事件がある。

法文の文言上は「特許庁長官は、審査官に……審査させなければならない」とあり、「審査官は……審査しなければならない」とは規定されていないこと等から、審査官は出願審査に関する特許庁長官の職務権限を代行行使するにすぎず、その固有の権限として

〔小野＝三山（峻）〕

§14（審査官による審査）　　　　　　　　　　　　　　第3章　審　査

出願審査するのではないとする見解がある。しかし，判例（東京地判昭51・8・30判時845号46頁）は，拒絶査定は行政処分であり，この行政処分をすべき者として審査官を法みずからが明定し，又代行（代理）行使するのであれば，代行（代理）者による行為である旨を表示しなければならないが，拒絶査定は審査官名で行われていること等を理由として，審査官は特許庁長官の代行者ないし補助的職務執行者でもなく，特許庁長官から独立した行政庁であるとする。審決に対しては，その取消しの訴えの被告は特許庁長官又は審判の請求人あるいは被請求人であるが（特178条・179条），被告を法定したのは便宜のためである。そして，審査官が出願審査に関してなした行為の取消しを求める訴えにおいては，その審査官自身を被告とすべきであるとする（当該事案では，実用新案登録出願に関してなされた通知処分の取消しで，通知は，取消しを求め得る行政処分ではないともされている）。学説も判例と同様に解するものが多い（光石士郎・新訂特許法詳説377頁，兼子＝染野・工業143頁，反対，播磨・理論246頁）。

Ⅳ　審査官の組織上の位置づけ及びその資格・除斥などについて

審査官の資格については，17条によって特許法47条2項が，審査官の除斥については，17条によって特許法48条が，それぞれ準用されているので，審査官の組織上の位置づけとあわせて，ここで述べる。

(1)　組織とその位置づけ

特許庁は，経済産業省の外局で，発明・実用新案・意匠・商標に関する事務を行うことを主たる任務とする（経済産業省設置法14条1項・22条）。その任務を遂行するため，工業所有権に関する出願書類の方式審査，工業所有権の登録，これに関する審査，審判等の所掌事務をつかさどる（経済産業省設置法23条，経済産業省組織令134条ないし143条）。弁理士に関することも所管する（経済産業省設置法23条，経済産業省組織令136条）。

外部に対しては特許庁長官が責任を負い，内部には，その下に審査官が出願の審査にあたり，各審査官の所属する審査部が置かれている。

また，特許庁には，各種審判事件を審判する審判官の所属する審判部も置かれている。この意味でいわゆる準司法機関である。

特許庁の内部部局には，総務部・審査業務部・特許審査第1部から第4部・審判部の計7部が設置されている（経済産業省組織令135条）。審査業務部は，出願書類の方式審査その他出願に関する事務，登録に関する事務をつかさどり，商標審査は，この審査業務部で行われる（経済産業省組織令137条）。特許審査部は，技術分野ごとに特許又は意匠の審査を担当している（経済産業省組織令138条ないし141条）。審判部は審判事件等を担当する（経済産業省組織令142条）。

§14 (審査官による審査)

(2) 審査及び審査官の資格・除斥など

(a) 審　査　　商標法においては，制度によって審査の内容・程度こそ異なるが，商標登録について審査主義をとる法制の国がほとんどである。審査主義法制国として，ドイツ・イギリス・フランスなど，あるいは登録の性格は異なってもアメリカ合衆国など，ほとんどの国が商標登録において審査主義をとっている。わが国も商標登録にあたって，商標登録出願について審査を行う。

「審査」とは，審査官が登録出願の内容につき審議し，登録の許否を決定する行政上の行為である。

(b) 審査官　　審査事務は商標登録上の最も基本的かつ重要な事務であって，これを行う審査官の資格は政令をもって定められている。すなわち，審査官の資格を有する者は，職務の級が定められた俸給表の適用を受ける者であって，次の各号の一に該当し，かつ，独立行政法人工業所有権情報・研修館における所定の研修課程を修了した者とする（商標17条，特47条2項，商標施令4条2項，特施令4条）。

① 4年以上特許庁において審査の事務に従事した者
② 産業行政又は科学技術に関する事務（研究を含む。以下「産業行政等の事務」という）に通算して5年以上従事した者であって，うち3年以上特許庁において審査の事務に従事したもの
③ 産業行政等の事務に通算して6年以上従事した者であって，うち2年以上特許庁において審査の事務に従事したもの
④ 産業行政等の事務に通算して8年以上従事した者であって，前3号に掲げる者と同等以上の学識経験を有すると認められるもの

(c) 審査官の除斥　　審査官が審査に疑惑を受けないため，また，公正を期するため審査官除斥の制度が設けられている。除斥原因がある審査官は，職務の執行から除斥される。審査官は，次の各号の一に該当するときは，除斥され，その商標登録出願の審査をしてはならない（商標17条，特48条・139条）。

① 審査官又はその配偶者若しくは配偶者であった者が，事件の当事者，参加人若しくは商標異議申立人であるとき又はあったとき
② 審査官が事件の当事者，参加人若しくは商標異議申立人の4親等内の血族，3親等内の姻族若しくは同居の親族であるとき又はあったとき
③ 審査官が事件の当事者，参加人又は商標異議申立人の後見人，後見監督人，保佐人，保佐監督人，補助人又は補助監督人であるとき
④ 審査官が事件について証人又は鑑定人となったとき
⑤ 審査官が事件について当事者，参加人若しくは商標異議申立人の代理人であると

§14（審査官による審査）

き又はあったとき
⑥　審査官が事件について直接の利害関係を有するとき
　商標法17条は，特許法48条（審査官の除斥）を準用しているが，特許法48条は，さらに特許法139条（審判官の除斥）の定めている同条1号ないし7号のうち6号を除いて準用している。同条6号は「審判官が事件について不服を申し立てられた査定に審査官として関与したとき」と定めているが，審査官については不服を申し立てられた処分に審査官が関与するということは通常あり得ないから6号を準用していないのは当然である。6号の準用はないから，拒絶査定に対する審判で査定が取り消され，差し戻しされた場合に，拒絶査定に関与した審査官が再審査にあたることは差し支えない。
　このほかに審査官については，審判官について定められている除斥の申立て（特140条）・忌避（特141条）・除斥又は忌避の申立ての方式（特142条）・除斥又は忌避の申立てについての決定（特143条）などの規定は準用されていない。その理由については，審査においては法律に基づく除斥の申立て，その理由についての処分等はいたずらに手続を複雑にするため不要と考えられたからであると説明されている（逐条解説〔第19版〕180頁）。また，審査官については，「事件」をどの範囲のものとみるかにも関係するが，商標登録異議申立人との関係で除斥原因が生じる事態は考えにくい。
　除斥の原因があるときは，審査官は事件の職務執行から当然除斥される。除斥原因のある審査官の関与は除斥の決定をまつまでもなく，その審査官のした査定は違法である。
　この違法を争う方法は，拒絶査定にあっては，拒絶査定に対する審判（商標44条）においてその取消しを求めることができるが，登録査定については，商標登録無効の審判請求における無効理由となっていないので登録無効審判請求をすることができない（商標46条）。除斥原因のある審査官による登録査定との関係で，不利益を受けることになる第三者になんらかの不服申立ての途を考える必要があるのではないかと指摘されている（中山＝小泉編・新注解特許法(上)864頁〔酒井宏明＝髙村順〕）。

〔小野　昌延＝三山　峻司〕

§15 (拒絶の査定)

第15条 (拒絶の査定)
　審査官は,商標登録出願が次の各号のいずれかに該当するときは,その商標登録出願について拒絶をすべき旨の査定をしなければならない。(改正,平17法56)
一　その商標登録出願に係る商標が第3条,第4条第1項,第7条の2第1項,第8条第2項若しくは第5項,第51条第2項(第52条の2第2項において準用する場合を含む。),第53条第2項又は第77条第3項において準用する特許法第25条の規定により商標登録をすることができないものであるとき。(改正,平8法68,平17法56)
二　その商標登録出願に係る商標が条約の規定により商標登録をすることができないものであるとき。
三　その商標登録出願が第5条第5項又は第6条第1項若しくは第2項に規定する要件を満たしていないとき。(改正,平3法65,平8法68,平26法36)

【参考文献】
　平8改正解説,平17改正解説,平26改正解説,その他は14条の「参考文献」文献参照。

細　目　次

I　拒絶理由(741)
(1)　限定的列挙(741)
(2)　1　号(742)
(3)　2　号(743)
(4)　3　号(743)
II　拒絶査定と登録の査定(745)
〔小野　昌延＝三山　峻司〕

I　拒絶理由

(1)　限定的列挙

　拒絶理由は,限定的に列挙されている(商標15条1号～3号)。例示的な列挙ではなく,限定的列挙であるゆえに,これ以外の理由で拒絶査定を受けることはない。
　このように限定的に列挙することに対して批判もある。すなわち,登録無効理由については,商標権の安定性から限定列挙主義がよいけれども,登録出願拒絶理由を限定的にすることは望ましくないとするのである。なぜならば,列挙された以外の理由,例えば権利能力のない者の出願など拒絶査定をすべきものを誤って受理した場合は,拒絶理由に掲げられていないので,無効審判でその存在を否認するほかなくなるからとする(吉原・説義107頁,三宅・雑感199頁)。しかし,審査の安定,円滑などのためには現行法の形式もやむを得ない。以下に拒絶理由を挙げる。

〔小野＝三山(峻)〕

§15（拒絶の査定） 第3章 審 査

なお，平成8年改正により，本条の旧1号中から，連合商標制度の廃止に伴い連合商標の登録要件に関する「第7条第1項若しくは第3項」の規定を削除した。また，本条の旧4号（代理人等による不当出願）は廃止された。旧4号は，代理人などの不当登録出願の場合，すなわち，その商標登録出願に係る商標が，パリ条約の同盟国において商標に関する権利（商標権に相当する権利に限る。以下同じ）を有する者の当該権利に係る商標又はこれに類似する商標であって当該権利に係る商品若しくは役務又はこれらに類似する商品若しくは役務について使用をするものであり，かつ，その商標登録出願が正当な理由がないのに，その商標に関する権利を有する者の承諾を得ないで，その代理人若しくは代表者（又は当該商標登録出願の日前1年以内に代理人若しくは代表者であった者）によってなされたものであるとき，特許庁は，本号の内容に該当する事由のあることを理由として登録異議の申立てのあった場合に限り拒絶理由として問題にすればよいという規定であったが，異議申立てがあることが前提となる拒絶理由であったところ，付与後異議申立制度になったことから審査官による審査の対象としないことにしたのである。また，平成17年の一部改正において地域団体商標制度が新設されたことに伴い，1号に地域団体商標の登録要件に関する「第7条の2第1項」の規定が追加され，平成26年の一部改正において新しいタイプの商標が保護対象となったことから，当該商標の登録を受けようとする商標の内容を特定する「第5条第5項」の規定を3号に追加している。

(2) **1 号**

その商標登録出願に係る商標が，3条（商標登録の要件，自他商品識別力の有無），4条1項（不登録事由），7条の2第1項（地域団体商標），8条2項若しくは5項（先願主義），51条2項，52条の2第2項，53条2項（商標登録取消しの場合の一定期間の再登録禁止），又は，77条3項において準用する特許法25条（外国人の権利能力）の規定により商標登録をすることができないものであるとき。

実体（商標3条・4条1項・7条の2第1項）と手続（商標8条2項・5項・51条2項・52条の2第2項・53条2項・77条3項による特25条）との登録性に関する事由がとりあげられている。各該当条項を参照されたい。

ここでは，8条1項違反が，登録無効原因とされてはいるが（商標46条1項1号），拒絶理由とはされていないことに留意すべきである。したがって，商標の出願が競合し，先願の審査中に後願が審査されるようなことがあっても違法ではない。先願の存在は，後願についての登録査定をすることの障害にはなるが，後願を審査することの妨げとなるものではない。また先願が放棄，取下げ等によって消滅し，先願としての地位を失ったときは，後願との関係では，初めから存在しなかったものとみなされるから（商標8条3項），後願が先順位となるような場合，後願について，審査の手続を進めておくことは，

後願について敏速に査定ができるということにもなる。15条の3第1項は, 先願未登録商標に基づく拒絶理由通知のなし得ることを定めているが, 後願の審査を行うことが当然の前提となっている。同一商品に使用すべき同一商標について先願の存することは, 後願についての公告決定の妨げとなるものではないと判示した東京高判昭33・2・12高民集11巻1号66頁は, 4条1項は, 単に商標登録出願が競合するときは, 最先の先願者にかぎり登録する旨を規定するにとどまり, 先願が存在することは, 後願について登録査定をすることの障害とはなるが, 後願について審査等をする妨げとなるものでないことは文理上了解できるばかりでなく, 先願が抛棄・取下げ等によって消滅し後願が先順位となるような場合に, 後願について敏速に査定できる実益もあると判示する。

(3) **2　号**

その商標登録出願に係る商標が, 条約の規定により商標登録をすることができないものであるとき。

条約は, 商標法の一部をなすものであり, 商標に関し条約に別段の定めがあるときは, その規定による (商標77条4項, 特26条)。したがって, 商標出願が条約の規定に違反するものであるときは, 商標登録することはできない。特許法49条3号, 平成5年法律第26号改正前の実用新案法11条2号, 意匠法17条2号に同趣旨の規定がある。

パリ条約の4条の規定による優先権の主張を伴う出願は, 最初に出願した国における出願日以降になされた他の出願に優先するので, そのために後願となった出願は, 条約の規定による拒絶理由となる。

商標登録が条約に違反してなされたときは無効理由にもなる (商標46条1項2号)。

(4) **3　号**

(a) その商標登録出願が5条5項 (経済産業省令で定める商標の詳細な説明の記載と物件の添付による特定) に規定する要件を満たしていないとき。

商標の定義に追加された色彩のみの商標及び音その他政令で定める商標については, 商標登録を受けようとする商標の記載のみによっては, その内容を明確に特定できないことから, 願書に商標の詳細な説明を記載し, 又は経済産業省令で定める物件を添付しなければならないとし (商標5条4項), 当該記載及び物件は, 商標登録を受けようとする商標の内容を特定するものでなければならないとしている (商標5条5項)。

そこで, 当該要件を担保するため, 当該要件を満たしていない場合, これを拒絶理由としたのである。

(b) その商標登録出願が6条1項若しくは2項 (一商標一出願主義) に規定する要件を満たしていないとき。

このように一商標一出願の原則違反は, 拒絶理由となっているが, 登録されてしまえ

§15（拒絶の査定）　　　　　　　　　　　　　　　　　　　　　　第3章　審　査

ば，無効理由には含まれておらず，商標登録無効審判の対象とはなっていない（商標46条）。拒絶理由になっているが，無効理由となっていないのは，一商標一出願の原則は，単なる手続上の便宜を趣旨とする規定であるからである（なお，同じ体裁をとる意匠法について，一意匠一出願の原則を手続上の便宜のみからではなく，一物一権主義の秩序形成から考えるべきものとするものに加藤恒久・意匠法要説260頁。このような立場からすると，無効理由となっていないことについては，審査の便宜のためという以上の理由が必要である。一商標一出願の原則が看過され登録されてしまうと商標の権利範囲が不分明となり第三者に影響するところは大きい）。

「商標登録出願は『商標ごとにしなければならない』（6条1項）から，一出願中に2個以上の商標が包含されている場合は拒絶査定を受ける。商標登録出願の分割に関する規定は商品毎に分割する規定で商標自体を分割するものではないから適用されない。したがって，拒絶査定を受けないためには商標の補正をする以外に方法はない」（兼子＝染野・工業766頁）ということになろう。

『商標審査基準』によれば「指定商品又は指定役務の記載は，省令別表（商標法施行規則第6条）に掲載されている商品又は役務の表示など，その商品又は役務の内容及び範囲が明確に把握できるものでなければならない。」。また，「指定商品又は指定役務の表示が不明確で，かつ，政令で定める商品及び役務の区分に従ったものと判断できないときは，第6条第1項及び第2項の要件を具備しないものとして，拒絶の理由を通知する。」。そして，「指定商品又は指定役務の表示は不明確であるが，政令で定める商品及び役務の区分に従ったものと判断できるときは，第6条第1項の要件を具備しないものとして，拒絶の理由を通知する。」，「指定商品又は指定役務の表示は明確であるが，政令で定める商品及び役務の区分に従っていないときは，第6条第2項の要件を具備しないものとして，拒絶の理由を通知する。」，「指定商品又は指定役務の表示中に，特定の商品及び役務を表すものとして登録商標が用いられている場合は，原則として，第6条第1項の要件を具備しないものとして，拒絶の理由を通知する。」とされている（商標審査基準〔改訂第12版〕第5）。また，これらの拒絶理由に対する出願人側の意見書等の提出などに対する審査官の補正の指示などについての対応についても審査基準により取扱いを定めている。

二以上の拒絶の理由を発見したときは，原則として，同時にすべての拒絶の理由を通知することとする（商標審査基準〔改訂第12版〕第18の1）。

特許庁は大量の出願の審査の適正と迅速化を期するため，「審査基準」を定めている（商標審査基準の「昭和46年3月31日付の序文」）。ただ，これは重要な基準ではあるが法律的拘束力のあるものではない（東京高判昭38・1・29行集14巻1号87頁。この判例は，清酒と焼酎の各商品について，審査基準における類似・非類似の認定が変わったことに関し，『類似商品審査基準』には

§15（拒絶の査定）

法律的性格がない旨を判示している。なお，東京高判平16・7・30裁判所ホームページ）。

Ⅱ　拒絶査定と登録の査定

　拒絶査定があった場合，これに対して拒絶査定不服の審判を請求することができる（商標44条）。この審判請求に理由がある場合は，商標登録をすべき旨の審決がなされる。また，拒絶査定不服の審判に対し，拒絶をすべき旨の審決があった場合，これに対して裁判所（東京高等裁判所の専属管轄）にその取消しを求めて訴えを提起することができる（商標63条）。この東京高等裁判所がした判決に対しては，さらに民事訴訟法に定める手続により，最高裁判所に上告又は上告受理の申立てをすることができる。

　拒絶理由を発見しないときは，「商標登録をすべき旨の査定」をしなければならない（商標16条）。

〔小野　昌延＝三山　峻司〕

§15の2（拒絶理由の通知） 第3章 審査

第15条の2（拒絶理由の通知）
　審査官は，拒絶をすべき旨の査定をしようとするときは，商標登録出願人に対し，拒絶の理由を通知し，相当の期間を指定して，意見書を提出する機会を与えなければならない。

（本条追加，平8法68）

【参考文献】
　平8改正解説，その他は14条の「参考文献」参照。

細　目　次

Ⅰ　本条の立法の経緯(746)　　　　　　　　　　出）(746)
Ⅱ　本条の内容（拒絶理由の通知・意見書の提　　　　　　　　〔小野　昌延＝三山　峻司〕

Ⅰ　本条の立法の経緯

　平成8年法律第68号の一部改正により，15条の3として先願未登録商標の存在を理由とした拒絶理由通知制度を導入した関係から，15条の3の規定とのバランスから，15条の2の拒絶理由通知制度を従来の特許法50条を準用する体裁ではなく，独立して書き起こしたものである。

Ⅱ　本条の内容（拒絶理由の通知・意見書の提出）

　拒絶理由を審査官が発見して，出願を拒絶すべきものと認めても，直ちに拒絶の査定をせず，商標出願人に対し，拒絶理由を通知し，相当の期間を指定して，意見書を提出する機会を与えなければならない（「意見書の様式」は，商標施規9条の5に規定されている様式第11の3により作成する）。

　意見書提出の機会を与えたのは，出願人に弁明の機会を与えずに直ちに拒絶査定することは，出願人に対して苛酷であるとともに審査官もまったく過誤がないとはいえない場合があるので，意見書を参照して再審査のチャンスをもって審査の慎重を期するためである（逐条解説〔第19版〕194頁）。

　相当の期間を指定することになっているのは拒絶理由に対し，出願人が検討を加え，これを意見書の作成にあたり反映させるに必要な時間を与えるためである。したがって，拒絶理由を通知しないで，いきなり拒絶査定をしたり，拒絶理由通知をしても意見書の提出のために相当の期間を指定しなかったり，あるいは意見書提出期間の経過前に拒絶査定を行った場合には，いずれもこれらの拒絶査定は違法である。意見書を提出す

§15の2（拒絶理由の通知）

べき指定期間の取扱いについては，通知書を発送した日の翌日より起算し，その期間は実務上，40日であり，別表に掲げる交通不便地に居住する場合においては55日とされている（方式審査便覧「04.10」）。

　拒絶理由の通知は，15条各号のどの理由に該当するのかを特定して明らかにする内容を有しなければならない。

　拒絶理由の理由内容の明らかでないものや，拒絶理由が通知されても，これと異なる理由で拒絶査定となり，拒絶査定となった拒絶理由について意見書提出の機会の与えられていないものは，いずれも違法である。意見書提出後，新たな理由により出願を拒絶すべきものと認めたときは，再び出願人に対し拒絶理由を通知し，意見書を提出する機会を与えなければならない。新たな拒絶理由の通知を省略して拒絶査定することは違法となる（間接的に東京高判昭49・9・25判タ315号266頁）。東京高判平3・11・21（判時1414号96頁）は，実用新案に関するが，実用新案法3条2項に規定されている考案に該当する旨の拒絶理由通知後，同条1項3号に規定されている考案に該当するとして実用新案登録を拒絶する場合に，出願に係る考案と引用例記載の技術的事項を対比し構成の異同を検討する機会が与えられ同3号に関する拒絶理由に対しても明細書補正の機会が与えられ，出願人の防禦権を行使するについて必要かつ十分な手続が履践されていると考えられる場合には，3号に関して改めて再度の拒絶理由通知は必要でないとされている（疑問を呈するものに角田政芳・特管43巻10号1313頁）。手続の迅速・経済性及び出願人に対する不意打ちなど新たな不利益を課すものでもなく，このような取扱いは肯定されるべきであり，拒絶理由通知のないことによる違法性は，出願人への不意打ちや新たに生じる不利益を考慮して判断されなければならないことは，商標においても同様に考えてよい。新たな拒絶理由か否かは実質的に判断される。なお，商標法55条の2第1項は，拒絶査定不服審判において，審査の理由と異なる拒絶の理由を発見した場合に，本条を準用し，意見書提出の機会を与えなければならないとしている。しかし，査定と審決の判断の内容が，商標法3条1項所定の商標登録の要件を欠く商標に該当するという共通の結論に至り実質的に相違するものでない場合は，審決が，新たな拒絶理由を示したものではなく，相当の期間を指定して意見書を提出する機会を与えなくとも本条に違反しない（商標法3条1項6号か3号かによって判断内容に実質的に相違はないとするものに知財高判平26・10・22裁判所ホームページ。自他商品の識別機能を有するものではないとする判断内容に実質的に相違するものではないとするものに知財高判平18・6・20裁判所ホームページ）。

　出願人は，通知された拒絶理由を認めて，指定商品若しくは指定役務の減縮など手続補正書を提出して補正することもできる（商標16条の2）。

　二以上の拒絶の理由を発見したときは，原則として，同時にすべての拒絶理由を通知

〔小野＝三山（峻）〕

§15の2（拒絶理由の通知）

する（商標審査基準〔改訂第12版〕第18の1）。商標法16条の規定では，政令で定める期間内に拒絶理由を発見しないときは，登録をすべき旨の査定をしなければならないこととなっており，拒絶理由を通知する期間が限定されていることから，審査の結果，拒絶理由を複数発見したときは，原則として，そのすべての拒絶理由を同時に通知することとしたのである。ただし，指定商品又は指定役務の表示が不明確で，かつ，政令で定める商品及び役務の区分に従ったものと判断できないときは，6条1項及び2項の要件を具備しないものとした拒絶理由の通知，あるいは指定商品又は指定役務の表示は不明確であるが，政令で定める商品及び役務の区分に従ったものと判断できるときは，6条1項の要件を具備しないものとした拒絶理由の通知に対し，出願人が実質的に商品等の説明のみを内容とする意見書又は物件提出書を提出した場合は，直ちに拒絶をすることなく，当該意見書又は物件提出書を斟酌し，例えば補正案を示すなど指定商品又は指定役務その他を適切な表示に補正すべきことを指示する（審査官名による手続補正指示）ものとする。この場合において，出願人が当該手続補正指示に対し何らの対応もしないとき又は的確な補正等を行わないときは，その商標登録出願は，先の拒絶理由に基づき拒絶するものとする（商標審査基準〔改訂第12版〕第5の3・4・5）。

また，6条に基づく拒絶の理由に応答して商品等の説明のみを内容とする意見書等が提出された場合であっても，新たに他の拒絶の理由を発見したときには，上記による補正（商標審査基準〔改訂第12版〕第5の5）を指示することなく，当該他の拒絶の理由を通知することができるものとする（商標審査基準〔改訂第12版〕第18の2）。

期間経過後に提出された意見書は，受理されないものとされている。期間内に意見書が提出された場合でも，また提出されなかった場合でも，査定をするにあたっては拒絶理由があるかどうかを審査し，拒絶すべきものと認めたときは拒絶査定をする。

〔小野　昌延＝三山　峻司〕

§15の3〔同　前〕

第15条の3〔同　前〕

　審査官は，商標登録出願に係る商標が，当該商標登録出願の日前の商標登録出願に係る他人の商標又はこれに類似する商標であつて，その商標に係る指定商品若しくは指定役務又はこれらに類似する商品若しくは役務について使用をするものであるときは，商標登録出願人に対し，当該他人の商標が商標登録されることにより当該商標登録出願が第15条第1号に該当することとなる旨を通知し，相当の期間を指定して，意見書を提出する機会を与えることができる。

2　前項の通知が既にされている場合であつて，当該他人の商標が商標登録されたときは，前条の通知をすることを要しない。

（本条追加，平8法68）

【参考文献】

　平8改正解説，その他は14条の「参考文献」参照。

細　目　次

I　本条の立法の経緯(749)
II　本条の内容——先願未登録商標に基づく拒絶理由通知(749)

〔小野　昌延＝三山　峻司〕

I　本条の立法の経緯

　商標登録出願においては，最先願のものが最終的に処理されるまで後願のものが処理待ち状態となり，全体として処理が滞ることになる。先願が拒絶査定不服審判や審決取消訴訟に係属するような場合には後願の処理待ち期間は一層長期化することとなり，さらに，商標法条約への加盟に伴い一出願多区分制が導入されると，多区分に係る出願についてはすべての区分の審査が終わらないと全体の処理がされないため，このような状態に拍車がかかることとなる（逐条解説〔第19版〕1343頁）。出願人も先願未登録商標の存在を早期に知ることができれば，早期に指定商品・役務を補正したり，別の商標を新たに採択・出願するなど様々な対応が可能となる。先願未登録商標の処理が最終的に決するまでその存在が知らされず対応策をとれないことは，事業上も不都合である。このような状況にかんがみ，先願未登録商標に基づく拒絶理由の通知をすることによって，審査処理の促進を図るように平成8年に改正された。

II　本条の内容——先願未登録商標に基づく拒絶理由通知

　審査官は，商標登録出願に係る商標が先願に係る他人の商標，又はこれに類似する商

§15の3〔同　前〕　　　　　　　　　　　　　　　　　　　　　　　　　　第3章　審　査

標であって，その商標に係る指定商品若しくは指定役務又はこれらに類似する商品若しくは役務について使用をするものであり，先願に係る商標が商標登録されることにより商標法15条1号に該当することになる場合には，あらかじめその旨を通知（拒絶理由の通知）し，相当の期間を指定して，意見書を提出する機会を与えることができる（商標15条の3第1項。「意見書の様式」は，商標施規9条の5に規定されている様式第11の3により作成する）。ここで「第15条第1号に該当する」とは，15条1号に掲げられている拒絶理由のうち4条1項11号（先登録された商標との抵触）に該当することとなることを意味する（逐条解説〔第19版〕1344頁）。

　先願未登録商標に基づき拒絶理由の通知をする場合は，その拒絶理由通知書に先願未登録商標（引用商標）の出願番号（国際商標登録出願の場合は国際登録番号（事後指定の場合は「〇〇〇〇年〇〇月〇〇日に事後指定が記録された国際登録第〇〇〇〇〇〇〇号」））を記載する（商標審査便覧40.01の2）。

　また，この拒絶理由の通知が既にされている場合であって，その他人の商標が登録されたときは，改めて拒絶理由の通知をすることを要しない（同条2項）。拒絶の理由で引用した先願商標の指定商品又は指定役務について補正があったとしても，改めて拒絶理由の通知をすることを要しないものとする（商標審査基準〔改訂第12版〕第11の2）。この点については，「引用した先願商標は，登録までの間にその指定商品又は役務の補正があり得，その補正の内容によっては，後願に係る指定商品又は役務を補正すれば抵触を免れるときもあると考えられるが，後願に係る出願人の意思と一致するかは明らかでないため，この場合でも改めて拒絶理由は通知しないこととし，先願のウォッチ及びその補正に係る対応は，先願を拒絶理由で既に示してあることから出願人側に委ねたものと考えられる」と指摘されている（工藤・解説〔第8版〕555頁）。

　なお，商標法15条の2に規定する拒絶理由の通知は，これまで特許法50条を準用していたが，先願未登録商標に基づく拒絶理由の通知に関する規定を新設したことのバランスから，特許法を準用するのではなく，商標法に15条の2として新たに規定を設けた。

　先願未登録商標に基づき拒絶理由を通知する場合は，その拒絶理由通知書に当該未登録商標（引用商標）の出願番号，商標，指定商品・役務並びに商品及び役務の区分を明示する。

　商標法15条の拒絶査定の理由には，先願未登録商標と抵触する商標について規定されていないため，この拒絶理由による拒絶査定は，引用商標が登録された後にされることになる（商標審査基準〔改訂第12版〕第11の1）。先願商標が後願の拒絶査定前に拒絶又は出願却下等になったときは，先の拒絶理由は消滅することとなる。

〔小野　昌延＝三山　峻司〕

§16 (商標登録の査定)

第16条 (商標登録の査定)
　審査官は，政令で定める期間内に商標登録出願について拒絶の理由を発見しないときは，商標登録をすべき旨の査定をしなければならない。

(改正，平2法30，平6法116，平8法68，平11法41)

【参考文献】
　平6改正解説，平8改正解説，平11改正解説，その他は14条の「参考文献」参照。

細　目　次

Ⅰ　本条の立法の経緯(751)
Ⅱ　本条の内容(751)
　(1)　「商標登録をすべき旨の査定」(751)
　(2)　「しなければならない」(752)
　(3)　政令で定める期間内(752)
Ⅲ　出願公告制度の廃止と情報提供制度(754)
　　　　　　　　　　〔小野　昌延＝三山　峻司〕

Ⅰ　本条の立法の経緯

　平成8年法律第68号の一部改正により，出願公告制度と付与前異議申立制度は廃止された。そこで，出願公告について規定していた改正前16条を，商標登録の査定の規定に改めて，新設したのである。

　また，マドリッド協定議定書加入に伴う平成11年の一部改正により，商標登録出願について政令で定める期間内に拒絶の理由を発見しないときは登録査定を行うこととした。この改正は，議定書を実施するために必要な措置であるとともに，同議定書ルートの商標登録出願をした者と直接特許庁に出願した者とを平等に扱うためにすべての商標登録出願に本条の適用があることとした。この結果，商標登録出願人は自己の商標登録出願について，商標登録の拒絶理由を政令で定める期間内に知ることが制度的に担保される（逐条解説〔第19版〕1345頁）。

　なお，旧2項から4項までは，出願公告についての規定であるため，平成8年改正の際に出願公告制度の廃止に伴って削除された。

Ⅱ　本条の内容

(1)　「商標登録をすべき旨の査定」

　審査官は，政令で定める期間内に商標登録出願について拒絶の理由を発見しない場合には登録査定をしなければならない。

　登録査定は，文書をもって行い理由を付さなければならない（商標17条による特52条1項の準用）。査定の謄本は，商標出願人に送達しなければならない（商標17条による特52条2項

§16（商標登録の査定）

の準用）。この送達は書留郵便等によって発送できる（商標77条5項による特189条から192条までの準用。特190条による民訴107条1項の書留郵便等に付する送達の準用。民事訴訟法は，交付送達を原則として補充送達及び差置送達による送達ができない例外として書留郵便等に付する送達を認めているが，特許法190条では，民事訴訟法107条1項中各号の区分を厳格にせず同項1号を前提とし2号・3号を除き準用し，「場合には，裁判所書記官」とあるのは「場合及び審査に関する書類を送達すべき場合には，特許庁長官の指定する職員又は審判書記官」と読み替えることにより，例外的措置としてでなく簡易に書留郵便等による発送ができるようにしている）。

(2)　「しなければならない」

「しなければならない」とあるから拒絶理由を発見しない場合は，必ず登録査定をしなければならない。査定の機が熟しているのに何らの合理的な理由もなく登録査定までに長時日を要することは問題である。拒絶理由を発見しない以上，速やかに登録査定すべきである。

商標権は設定登録により発生し（商標18条1項），登録の前後によって効力に大きな差があり（商標13条の2・25条・36条～39条など），登録査定の時期は，商標出願者の利害に与える影響が大きい。

本条の趣旨として，田村善之教授は，16条は，時の問題とは無関係に拒絶理由の真偽が不明の場合には商標登録をなさなければならないという機能（第1の機能）と1999（平成11）年改正により「政令で定める期間内に」という文言が挿入されて所定の期間内にファースト・アクションをなさなければならないという機能（第2の機能）があり，期間の適用に関しては，マドリッド協定議定書による期間内の拒絶理由通知義務を履践するという第2の機能の趣旨に基づいた趣旨解釈を行う必要があると説かれる（田村・商標〔第2版〕271頁，279頁）。

(3)　政令で定める期間内

審査官は，商標登録出願の審査をして（商標14条），「政令で定める期間内」に登録査定をするようにしなければならない。

「政令で定める期間」は国内出願にあっては，原則として，商標登録出願に係る願書を提出した日である商標登録出願の日から1年6月とされている（商標施令3条1項）。ただし，当該商標出願が，5条5項（経済産業省令で定める商標の詳細な説明の記載と物件の添付による特定を満たしていない場合）又は6条1項（指定商品又は役務を欠く場合あるいは商標ごとに出願されていない場合）若しくは2項（指定商品又は指定役務の区分に従っていない場合）に該当するとして拒絶査定を受けた場合（商標15条3号），手続の補正により，15条3号に該当しなくなったときは，当該手続補正書を提出した日から1年6月である（商標施令3条1項括弧書）。このような場合には，審査をすぐに始められないので審査対象等が明確にな

§16（商標登録の査定）

る手続補正書の提出日を基準日としたのである。さらに，この1年6月の起算日は，出願時の特例を受ける博覧会への出品又は出展（商標9条1項）にあっては，出願時を遡及させずに商標登録出願した日を，商標登録出願の分割（商標10条2項）にあっては，もとの商標登録出願の時への遡及をさせずに分割した新たな商標登録出願の日を，補正却下決定に対して新出願を行った場合（商標17条の2第1項で準用する意17条の3第1項の規定。商標16条の2第1項）にあっては手続補正書提出時への遡及をさせずに新出願の日を起算日とする（商標施令3条1項各号）。

また，国際商標登録出願にあっては領域指定の通報が行われた日から1年6月である（商標施令3条2項）。この期間の限定は，マドリッド協定議定書5条(2)(a)の義務を履行するために平成11年商標法の改正で加えられた。同条(2)(b)では，(a)に規定する1年の期間を18ヵ月の期間とする旨を宣言することができるとあり，この期間に従ったのである。国際商標登録出願は，国内出願とみなされ（商標68条の9第1項），同様に審査され，この登録を拒絶するためには18ヵ月以内にすべての拒絶理由が出願人に通知される必要があるのであり，協定議定書上の義務から，わが国特許庁は，国際事務局に拒絶の通報をし（マドリッド協定議定書5条(2)），その写しは，国際事務局から出願人に送付される（同5条(3)）。この義務の履行は，国際商標登録出願について充足すればよいが，それでは国内出願とアンバランスが生じるので，国内出願が国際出願に比して不利にならないように，国内出願についても同列に規定したのである。期間の限定は，いつまでも審査の結果が知らされないという出願人の不安を解消し，所定の期間内に通知された拒絶理由以外の理由で拒絶されることはないという出願人の期待を法的に保証したものである（田村・商標〔第2版〕271頁））。

『商標審査基準』〔改訂第12版〕（第12の1）では，「本条で規定する『政令で定める期間内』に拒絶の理由を発見したか否かは，当該出願に係る拒絶理由通知書を発送した日を基準にすること」とされている。この点については，「拒絶理由を発見した時期によってはその拒絶理由をもって，当該出願を拒絶することができる場合と，拒絶できない場合が生じる。したがって，拒絶理由を発見したときは，特許庁の内部的なものではなく，客観的であることを要するから，出願人に対して拒絶理由通知書の発送の日を基準としたものである」（工藤・解説〔第8版〕556頁。商標審査便覧40.03の1）。

さらに，『商標審査基準』〔改訂第12版〕（第12の2）では，拒絶理由通知書が出願人に到達せず特許庁へ戻され，再度発送された場合であっても，本条の「政令で定める期間」内に拒絶理由を発見したか否かは，当該拒絶理由通知書を最初に発送した日を基準とするとしている。出願人の転居や住所移転により，再送する場合にも再送しない通常の場合とのバランスを失しないようにするためである。

〔小野＝三山（峻）〕

§16（商標登録の査定）

Ⅲ　出願公告制度の廃止と情報提供制度

　商標権という標章使用の独占的排他権を，特定人に付与することは，その者以外の第三者に，重大な制限的影響を及ぼす。このため，商標法は，従来は商標登録出願について拒絶の理由を発見しないときは，拒絶理由がないと思われる出願であっても，もし誤りがあれば，これを是正するのはできるだけ早いほうが望ましいと考え出願の内容を広く公告して特許庁の判断の正確を期するために，一般人に審査の協力を得るため出願公告をする「公告審査主義」と「登録前異議制度」を採用していた。しかし，早期権利付与を優先して，特許法と同様に，出願公告制度を廃止した。

　特許庁長官は，18条3項各号に掲げる事項を掲載した商標公報の発行の日から2ヵ月間，特許庁において出願書類及び附属物件を公衆の縦覧に供しなければならない（商標18条4項）。縦覧とは，物を誰にでも自由に見せる定めがある場合にこれを見せることをいう。主として書類，名簿等について，異議の申立ての機会を与える等の目的で広く一般に見せる場合に用いられる用語である（吉国一郎＝角田禮次郎＝茂串俊ほか編・法令用語辞典〔第9次改訂版〕383頁）。縦覧請求については，「閲覧」に手数料納付がいることに対し，手数料の納付は不要である。これによって，商標権付与後の登録異議が申し立てられ，若しくは，無効審判が提起される形で，公衆審査が行われることになるが，それだけでは必ずしも実情に合わないので，情報提供制度を準備した。

　すなわち，登録前異議申立制度を廃止したことに伴い，公衆審査を経ない瑕疵のある商標権の発生することが予想されるので，これを未然に防止するため，これまで運用で事実上認めてきた情報提供の一層の活用を図る必要が要望され，第三者の競業者，団体などが，商標の出願があったことを速報する商標出願速報などを利用して，自主的に商標登録出願の拒絶理由に関する情報を提供できる情報提供制度を，商標法施行規則に規定し制度化したのである（商標施規19条）。

〔小野　昌延＝三山　峻司〕

§16の2 (補正の却下)

第16条の2 (補正の却下)

願書に記載した指定商品若しくは指定役務又は商標登録を受けようとする商標についてした補正がこれらの要旨を変更するものであるときは，審査官は，決定をもつてその補正を却下しなければならない。(改正，平8法68)

2　前項の規定による却下の決定は，文書をもつて行い，かつ，理由を付さなければならない。

3　第1項の規定による却下の決定があつたときは，決定の謄本の送達があつた日から3月を経過するまでは，当該商標登録出願について査定をしてはならない。(改正，平8法68，平20法16)

4　審査官は，商標登録出願人が第1項の規定による却下の決定に対し第45条第1項の審判を請求したときは，その審判の審決が確定するまでその商標登録出願の審査を中止しなければならない。

(本条追加，平5法26)

【参考文献】
　平8改正解説，平20改正解説，その他は14条の「参考文献」参照。

　　　　　　　　　　細　目　次
I　本条の立法の経緯(755)
II　補正の制限(756)
　(1)　1　項(756)
　　(a)　「要旨の変更」の対象と意味(商標補正の範囲)(756)
　　(b)　「要旨の変更」の判断基準──「要旨の変更」に関する商標審査基準(757)
　(2)　2　項(762)
　(3)　3　項(763)
　(4)　4　項(763)
III　手続補正の時期経過後の指定商品又は指定役務の一部放棄の効力(763)
　　　　　　〔小野　昌延＝三山　峻司〕

I　本条の立法の経緯

　本条1項・3項は平成8年法により変更されたものである。

　本条の前身となる条項は，平成5年法律第26号によって挿入された。当時は出願公告制度を採用していたので出願公告決定の謄本送達前の補正については，従来は，旧17条によって特許法53条が準用されていた。

　しかし，「補正」に関する平成5年4月の特許制度の改正に伴って，特許法53条は，「要旨の変更」をまねく不適法な補正の取扱いを変更し，出願公告決定の謄本送達前の補正については，補正を行う時期(最後の拒絶理由通知以降であるか否か)によって補正の許され

§16の2（補正の却下）

る範囲（出願当初の明細書・図面の範囲内で請求項の削除，特許請求の範囲の減縮，誤記の訂正，明瞭でない記載の釈明か否かといったことが問題とされる）と違反の場合の取扱いを明瞭にしたために，これをそのまま商標法に準用することが適当ではなくなった。

そこで，旧17条による特許法53条の準用を削除し，従来の制度を存続させるため，本条の前身となる条項が設けられたのである。

そして，平成8年法律第68号の一部改正により，商標の出願公告制度が廃止されたことに伴い「出願公告決定の謄本の送達前の補正」に関する1項の「出願公告をすべき旨の決定の謄本の送達前に」という文言と3項の「出願公告すべき旨の決定前に第1項の規定による却下の決定があったときは，出願公告をすべき旨の決定又は拒絶すべき旨の査定」という文言を削除した。そして，「願書に添付した商標登録を受けようとする商標を表示した書面」との表現も平成8年法により「商標登録を受けようとする商標」が願書の記載事項とされた（商標5条1項2号）ので，そのように表現が改められたのである。

さらに，平成20年法律第16号の一部改正により，補正の却下の決定に対する不服審判の請求期間を「30日」から「3月」に改正したので，3項の期間についても同様に「30日」から「3月」とする改正を行った。

II 補正の制限

願書が，出願当初から完全であって補充や訂正が一切ないことは最も望ましいことであるが，このような完全を望むことは出願人に対して，酷である。他方，いつまでも補正を許すことは手続を不安定にし，出願処理の上からも望ましくなく処理を遅延させる原因にもなる。

そこで，補正の内容と時期を明らかにしておくことがよい。

補正の時期としては事件が審査，登録異議の申立てについての審理，審判，又は再審に係属している場合に限り，この時間的制約の中であれば，いつでも補正が認められる（商標68条の40第1項）。ただ，商標登録出願に係る区分の数を減ずる補正は，登録料の納付，あるいは分割納付をするときの分割納付時の登録料の納付と同時にすることができる（商標68条の40第2項）。

(1) 1 項

(a) 「要旨の変更」の対象と意味（商標補正の範囲）　願書に記載した指定商品若しくは指定役務又は商標登録を受けようとする商標についてした補正は，これらの要旨を変更しない範囲（商標16条の2）で認められるにすぎず，きわめて限定されている。

「要旨の変更」は，願書に記載した指定商品若しくは指定役務又は商標登録を受けようとする商標について問題となる。商標出願における要旨の変更が何について問題となる

§16の2（補正の却下）

のかを明らかにしたのである。願書に記載された指定商品若しくは指定役務が対象となり，その記載範囲の変動が問題とされるわけであって，商品若しくは役務の類似・非類似とは関係がない。

　要旨の変更か否かによって取扱いを異にするのは，補正された出願と他の出願との間の公正を保つためのものである。要旨変更は，①指定商品又は指定役務を拡大することや，②商標の重要な部分を変更すること，③出願当初の商品の区分と異なる区分の指定商品又は指定役務に変更すること，④同一区分内にあっても出願当初の指定商品又は指定役務を増加するような指定の変更などがこれに含まれる。しかし，①指定商品又は指定役務を減縮したり，②不適当な表現を正しく改めるだけで実質的変更のないような補正は，要旨の変更とはならない。

　要旨変更か否かは，補正された商標と他の出願との公平，すなわち第三者の出願に不利益を与える変更であるかどうかによって判断する。出願人の補正が第三者に不利益を与えない範囲のものであるか否か，すなわち商標権の効力範囲の変動が第三者に不利益を及ぼすものであるか否かという観点から決せられる。商標権の内容に影響を与えるような補正は，許されない。

　したがって，新商品又は新役務が出願の当初は，ある商品区分又は役務区分のものとして出願され，後に他の商品区分又は役務区分に含まれるものとして補正する場合には，商品又は役務の特殊性から要旨の変更とはならないとする考えもあるが（光石・詳説281頁），この場合は，第三者の利益を害する故に要旨変更になると考えるべきである。

　裁判例として，「商標登録出願人が願書に添付した書面に表示した商標について行った補正が，商標の要旨を変更する補正に当たるかどうかは，当該補正が，出願された商標につき商標としての同一性を実質的に損ない，競願者等の第三者に不測の不利益を及ぼすおそれがあるものと認められるかどうかによって決せられるべきものであるが，その判断は，当該補正前の商標と補正後の商標との外観，称呼，観念等を総合的に比較検討して，全体的な考察の下になされることを要するものというべきである。」と判示するものがある（東京高判平9・7・16判時1629号132頁〔一冨士事件〕）。

　(b)　「要旨の変更」の判断基準――「要旨の変更」に関する商標審査基準　「要旨変更」に関する『商標審査基準』〔改訂第12版〕（第13）は以下のようになっている。

■商標審査基準〔改訂第12版〕第13

1．要旨変更であるかどうかの判断の基準は，次のとおりとする。
　(1)　第5条第1項第3号で規定する指定商品又は指定役務（以下「指定商品又は指定役務」という。）について

§16の2（補正の却下） 第3章 審　査

　　(イ)　指定商品又は指定役務の範囲の変更又は拡大は，非類似の商品若しくは役務に変更し，又は拡大する場合のみならず，他の類似の商品若しくは役務に変更し，又は拡大する場合も要旨の変更である。

　　(ロ)　指定商品又は指定役務の範囲の減縮，誤記の訂正又は明瞭でない記載を明瞭なものに改めることは，要旨の変更ではない。

　　(ハ)　小売等役務に係る補正は，次のとおりとする。

　　　①　「衣料品，飲食料品及び生活用品に係る各種商品を一括して取り扱う小売又は卸売の業務において行われる顧客に対する便益の提供」（総合小売等役務）を，その他の小売等役務（以下「特定小売等役務」という。）に変更する補正は，要旨の変更である。

　　　　　また，特定小売等役務を総合小売等役務に変更する補正も，要旨の変更である。

　　　②　特定小売等役務について，その取扱商品の範囲を減縮した特定小売等役務に補正するのは要旨の変更ではないが，その取扱商品の範囲を変更又は拡大した特定小売等役務に補正するのは，要旨の変更である。

　　　③　小売等役務を商品に変更する補正も，また，商品を小売等役務に変更する補正も，要旨の変更である。

(2)　第5条第1項第2号で規定する商標登録を受けようとする商標を記載する欄への記載（以下「願書に記載した商標」という。）について

　　(イ)　願書に記載した商標中の付記的部分に，「JIS」，「JAS」，「特許」，「実用新案」，「意匠」等の文字若しくは記号又は商品の産地・販売地若しくは役務の提供の場所を表す文字がある場合，これらを削除することは，原則として，要旨の変更ではない。

　　(ロ)　願書に記載した商標中の付記的部分でない普通名称，品質若しくは質の表示，材料表示等の文字，図形，記号又は立体的形状を変更し，追加し，又は削除することは要旨の変更である。

　　　（例）　①　商標「桜羊かん」のうち「羊かん」の文字を削除し，又は変更すること
　　　　　　②　商標「桜」について「羊かん」の文字を追加すること
　　　　　　③　商標「椿銀行」のうち「銀行」の文字を削除し，又は変更すること
　　　　　　④　商標「椿」について「銀行」の文字を追加すること

　　(ハ)　願書に記載した商標の色彩の変更は要旨の変更である。

　　(ニ)　商標登録出願後，第5条第2項の規定による「立体商標」である旨の願書への記載を追加することによって平面商標を立体商標へ変更しようとすること，又は

§16の2（補正の却下）

　　　削除することによって立体商標を平面商標へ変更しようとすることは，原則として，要旨の変更である。
　　㈭　商標登録出願後，第5条第3項の規定による「標準文字」である旨の願書への記載を補正によって追加又は削除することは，原則として，要旨の変更である。
　　㈻　商標登録出願後，第5条第6項ただし書きの規定による色彩の適用を受けようとすることは，要旨の変更である。
2．国際商標登録出願については，第68条の18の規定により，第17条の2第1項において準用する意匠法第17条の3の規定は，適用しない。
3．動き商標，ホログラム商標，色彩のみからなる商標，音商標及び位置商標について
　(1)　動き商標，ホログラム商標，色彩のみからなる商標，音商標及び位置商標である旨の記載の補正について
　　㈤　原則
　　　　商標登録出願後，第5条第2項で規定する動き商標，ホログラム商標，色彩のみからなる商標，音商標及び位置商標である旨の記載を追加する補正，又は削除する補正は，原則として，要旨の変更である。
　　㈨　例外
　　　　ただし，願書に記載した商標及び第5条第4項で規定する商標の詳細な説明（以下「商標の詳細な説明」という。）又は経済産業省令で定める物件（以下「物件」という。）から，動き商標，ホログラム商標，色彩のみからなる商標，音商標及び位置商標のいずれか以外には認識できない場合において，その商標である旨の記載を追加する補正，又は，その商標である旨の記載に変更する補正は，要旨の変更ではないものとする。
　(2)　願書に記載した商標の補正について
　　㈤　原則
　　　　願書に記載した商標の補正は，原則として，要旨の変更である。
　　㈨　例外
　　　　ただし，音商標において，願書に記載した商標中に，楽曲名，作曲者名等の音商標を構成する言語的要素及び音の要素以外の記載がされている場合，これらを削除する補正は，要旨の変更ではないものとする。
　(3)　商標の詳細な説明又は物件の補正について
　　　商標登録を受けようとする商標が特定されていない場合における商標の詳細な説明又は物件の補正が，要旨変更であるか否かについては，補正後の商標の詳細な説明又は物件が，願書に記載した商標の構成及び態様の範囲に含まれているか否かに

§16の2 （補正の却下）

よって判断するものとする。

　商標登録を受けようとする商標が特定されている場合における商標の詳細な説明又は物件の補正が，要旨変更であるか否かについては，その特定された範囲に補正後の商標の詳細な説明又は物件が含まれているか否かによって判断するものとする。例えば，音商標について，願書に記載した商標に記載がない事項（演奏楽器や声域等の音色等。ただし，歌詞等の言語的要素を除く。）は，商標の詳細な説明（願書に記載した商標を特定するために必要がある場合に限る。）及び物件により特定されるため，その範囲に，補正後の商標の詳細な説明及び物件が含まれているか否かによって判断するものとする。

(イ)　動き商標について

　　要旨変更とならない例は，例えば，次のとおりとする。

　ａ．願書に記載した商標に記載されているが，商標の詳細な説明には記載されていない標章を，商標の詳細な説明に追加する補正。

　ｂ．願書に記載した商標に記載されているが，商標の詳細な説明には記載されていない時間の経過に伴う標章の変化の状態を，商標の詳細な説明に追加する補正。

(ロ)　ホログラム商標について

　　要旨変更とならない例は，例えば，次のとおりとする。

　ａ．願書に記載した商標に記載されているが，商標の詳細な説明には記載されていない標章を，商標の詳細な説明に追加する補正。

　ｂ．見る角度により別の表示面が見える効果が施されたホログラム商標である場合に，願書に記載した商標に記載されているが，商標の詳細な説明には記載されていない表示面についての説明を，商標の詳細な説明に追加する補正。

(ハ)　色彩のみからなる商標について

　　要旨変更とならない例は，例えば，次のとおりとする。

　ａ．願書に記載した商標の色彩が赤色であり，商標の詳細な説明では青色の場合に，商標の詳細な説明を赤色に変更する補正。

　ｂ．願書に記載した商標が，3つの色彩を組み合わせてなる商標であり，商標の詳細な説明では4つの色彩について記載している場合に，商標の詳細な説明を3つの色彩についてのものへ変更する補正。

　ｃ．願書に記載した商標が，上から下に向けて25％ごとの割合で4つの色彩を組み合わせてなる商標であり，商標の詳細な説明では上から下へ向けて30％，30％，20％，20％の割合で4つの色彩からなると記載している場合に，商標の

§16の2（補正の却下）

詳細な説明を25％の割合へ変更する補正。
  (ニ) 音商標について
    ① 要旨変更とならない例は，例えば，次のとおりとする。
      a．願書に記載した商標が，演奏楽器としてピアノが記載されている五線譜であり，物件がギターにより演奏されたと認識させる音声ファイルである場合に，物件をピアノにより演奏されたと認識させる音声ファイルに変更する補正。
    ② 要旨変更となる例は，例えば，次のとおりとする。
      a．願書に記載した商標が，歌詞が記載されていない五線譜であり，物件が歌詞を歌った音声がない音声ファイルである場合に，物件を歌詞を歌った音声ファイルに変更する補正。
      b．願書に記載した商標が，演奏楽器について記載されていない五線譜であり，物件がギターにより演奏されたと認識させる音声ファイルである場合に，物件をピアノにより演奏されたと認識させる音声ファイルに変更する補正。
  (ホ) 位置商標について
    要旨変更とならない例は，例えば，次のとおりとする。
      a．願書に記載した商標が，標章を眼鏡のつるに付するものであり，商標の詳細な説明では，標章を眼鏡のレンズフレームに付する旨の記載がある場合に，商標の詳細な説明を，標章を眼鏡のつるに付する旨の記載へと変更する補正。
4．上記3．(1)及び(2)の扱いは，国際商標登録出願には適用しない。

指定商品の変更とは，指定商品ＡをＢに交替的に変更することをいい，指定商品の変更の例としては，「第1類　化学品」を「第1類　肥料」に変更するような補正や「第30類　せんべい」を「第30類　あられ」に変更する補正が該当し，指定商品の範囲の拡大とは，指定商品ａをＡ（ａ＜Ａ）又は指定商品ＡをＡ，Ｂのように補正前の指定商品に含まれないものを含ませることをいい，指定商品の拡大の例としては，「第25類　洋服」を「第25類　被服」に変更するような補正や「第7類　金属加工機械器具」を「第7類　金属加工機械器具，金属一次製品製造機械器具，金属二次加工機械器具」に補正するものが該当する（工藤・解説〔第8版〕562頁）。これらは要旨の変更となり補正は却下される。指定商品又は役務の減縮とは，指定商品Ａをａ（Ａ＞ａ）又は指定商品Ａ，ＢをＢのように指定商品又は役務の一部を削除して縮小することをいい，指定商品の減縮の例としては，「第20類　家具」を「第20類　洋服ダンス」とする補正や「第29類　食肉」を「第29類　牛肉」にする補正などがあげられる（工藤・解説〔第8版〕563頁）。これらは要旨の変更とならず補正が許される。商標中の付記的部分とは「当該商標は他に自他商品の識別

§16の2（補正の却下）　　　　　　　　　　　　　　　　第3章　審　査

機能を有する部分があり，かつ，自他商品の識別機能を有する部分と構成上一体でない部分が該当」する（工藤・解説〔第8版〕565頁）。

　平面商標と立体商標との間の補正は，原則として要旨の変更となるが，
「1．商標法第5条第2項の規定による『立体商標』である旨の記載がなされているが，願書中の商標登録を受けようとする商標を記載する欄（以下『商標記載欄』という。）への記載からは，商標登録を受けようとする商標が平面商標としてしか認識できない場合において，当該『立体商標』である旨の記載を削除する補正
　2．商標法第5条第2項の規定による『立体商標』である旨の記載はないが，商標登録を受けようとする商標が立体商標である旨を記述した商標の説明書が願書に添付され（出願と同時に提出されたものに限る。），かつ，商標記載欄への記載も，立体商標の構成及び態様を特定し得ると認められる場合において，当該『立体商標』である旨の願書への記載を追加する補正」
は，商標の要旨の変更ではないものとして取り扱われる（商標審査便覧「31.01」の1・2）。

　商標見本に誤字があっても，この訂正は，商標の構成を変えるもので許される補正ではない。文字又は図形若しくは記号の変更とみられるからである。商標を構成する文字の書体を変更する補正・商標を構成する縦書の文字を横書きの文字に補正すること，2段に書かれた文字を1段に直したり，1段の文字を2段に直す補正なども許されないといわれている（応答集2760頁・2761頁）。

　これらからわかることは，現実的に要旨の変更にあたらないケースは，指定商品又は指定役務の範囲の減縮のほかに一部の例外的な場合を除いて，極めて限定的なものにとどまるということで，補正のできる例は珍しい。縦書きの「一富士」を横書きの「一富士」にした補正は，要旨変更にあたらないとした判例は参考となる（東京高判平9・7・16判時1629号132頁〔一富士事件〕）。

(2)　2　項

　手続として却下決定は理由付きの文書をもって行う必要がある旨定められている。補正の却下決定に対して，出願人のとれる方法としては，以下の3通りの方法がある。

　(a)　新出願をする。願書に記載した指定商品若しくは指定役務又は商標登録を受けようとする商標について，補正却下決定の謄本の送達のあった日から3月以内にその補正後の商標について，新たな商標登録出願をするわけである。このときには，その商標登録出願は，その補正について手続補正書を提出したときにしたものとみなされる（商標17条の2第1項，意17条の3第1項）。この新たな商標登録出願があったときは，もとの商標登録出願は，取り下げたものとみなされる（商標17条の2第1項，意17条の3第2項）。この規定（商標17条の2第1項，意17条の3第1項）による適用を受けたいときには，その旨の書

§16の2（補正の却下）

面を商標登録出願と同時に特許庁長官に提出しないと，適用されない（商標17条の2第1項，意17条の3第3項）。

(b) 却下決定不服の審判請求を行う（商標45条）。

補正却下決定の謄本の送達のあった日から3月以内に請求することができる（同条1項本文）。上記(a)の新出願をしたときは，この審判請求はできない。(a)と(b)の方法は択一的である（同条1項但書）。

(c) 特別の対応策をとらず放置する。この場合には，補正の却下の決定は確定し，補正がなかったものとの前提で爾後の手続が進行する。

なお，補正が放置されたまま商標が登録された場合，あるいは，商標登録後に，補正がされないままの場合（商標9条の4参照），補正のなかった商標登録出願について登録がされたものとして考えなければならないであろう。

(3) **3 項**

却下の決定に対しては，45条1項により決定謄本の送達のあった日から3月以内に，上記(a)の新たな出願をしてもとの出願はなかったことになるか，(b)の却下決定不服の審判を請求するのかが明らかになる。(a)の場合はもとの出願は取り下げたものとなるし，(b)の審判請求がされた場合には，本条4項により出願審査は必要的中止となるので，決定謄本送達後の3月間は，新たな出願がされるか否か，審判請求されるか否かを確かめる必要があるので，このように商標登録出願についての査定（登録査定又は拒絶査定）のできる時期を決定謄本送達があった日から3月を経過するまで待つように定めたわけである（逐条解説〔第19版〕1112頁）。

(4) **4 項**

審決の確定まで出願審査を必要的中止としたのは，却下決定不服審査の審決が理由ありとされた場合には，補正後の商標出願について審査しなければならず，また審決が理由なしとされた場合には，補正が却下された補正前の商標出願について審査しなければならず，どのような状態での出願について審査をなすべきかが明瞭でないからである（逐条解説〔第19版〕1113頁）。

Ⅲ 手続補正の時期経過後の指定商品又は指定役務の一部放棄の効力

手続の補正ができない時期に至り，とくに拒絶査定不服審判の審決後に指定商品又は指定役務の一部放棄による方法で，指定商品又は指定役務の範囲を減縮して実質的に手続の補正をなすことができるか。

出願人としては，できるだけ広い範囲の指定商品又は指定役務について商標登録出願したいと考えるので，審決後に審決の結果をみて指定商品等を一部放棄し，放棄部分に

§16の2（補正の却下） 第3章 審 査

については，その商標登録出願は，初めからなかったものとみなされ，指定商品等の減縮の効果は出願時点に遡及するとして（商標8条3項），放棄しなかった残余の商品等について，審決後に指定商品等の減縮という手続の補正を行ったと同じ結果を得ようとする方法がとられていた。

　このような取扱いを認める判例も存した（東京高判昭53・6・21無体集10巻1号280頁，東京高判昭54・3・28判タ388号164頁，東京高判昭57・6・17無体集14巻2号451頁，東京高判昭54・12・24無体集11巻2号666頁）。

　最高裁（昭59・10・23民集38巻10号1145頁・判時1134号139頁）は，次のように判示し，審決がされ手続の補正ができない時期に至って二以上の商品を指定商品とする商標登録出願について，指定商品の一部放棄をしても，残余の商品に指定商品を減縮し，その効果を商標登録出願の時点に遡及させ，減縮した商品を指定商品とする商標登録出願にする効果は生じないとして，それまでの実務の取扱いの認められないことを明らかにした（反対，網野誠・〔判批〕昭和59年度重判解259頁，なお，渋谷達紀・〔判批〕民商93巻1号83頁は，出願分野の問題を提起する）。

　「上告人の主張する指定商品の一部放棄は，指定商品の一部を除外して残余の商品に指定商品を減縮し，その効果を商標登録出願の時点に遡及させ，減縮した商品を指定商品とする商標登録出願にすることを目的とするものであるところ，右目的を達成する手続としては，商標法は同法77条2項（昭和45年法律第91号による改正前のもの）によって準用される特許法17条1項（右改正法律による改正前のもの）所定の手続の補正の制度を設けているにとどまるから，商標登録出願人が右目的を達成するためには，手続の補正をする必要があるものといわなければならない。しかし，手続の補正には，これによって商標登録出願人が受ける利益，第三者が受ける不利益及び手続の円滑な進行などが比較考量されて，事件が審査，審判又は再審に係属している場合に限りすることができる旨の時期的制限が設けられているから（右商標法77条2項によって準用される特許法17条1項本文），審決がされて事件が審判の係属を離れ手続の補正をすることができない時期に至って指定商品の一部放棄をしても，商標登録出願人はもはや前記目的を達成することはできないものというべきである。」として，手続の補正に時間的制限のある意味を述べ，次いで「ところで，同法8条1項及び2項は，先後願又は同日出願の関係にある二以上の商標登録出願があったときは，最先の商標登録出願人又は商標登録出願人の協議によって定めた一の商標登録出願人のみがその商標について商標登録を受けることができる旨定めている。そして，同条3項は，右各規定の適用については，商標登録出願の放棄等によってその出願は初めからなかったものとみなす旨定めるところ，その趣旨は，放棄等がされた商標登録出願について，そのほかの競合している商標登録出願との関係において先

764　〔小野＝三山（峻）〕

§16の2 （補正の却下）

願又は同日出願としての地位を失わせるためには，放棄等によってその出願を初めからなかったものとみなす必要があることによるものと解される。これに対し，同法4条1項11号は，商標登録出願に係る商標が，その出願の日前の出願に係る他人の登録商標に類似する商標であって，その商標登録に係る指定商品に類似する商品について使用するものは，商標登録を受けることができない旨規定するところ，右規定の適用の有無が問題となる場合においては，当該商標登録出願は，右登録商標との関係では，必然的に後願であって先願又は同日出願の地位にはないのであるから，右商標登録出願について，先願又は同日出願としての地位を失わせるために設けられた同法8条3項の規定を適用ないし類推適用する余地はないものといわなければならない。したがって，同法4条1項11号の規定によって商標登録を受けることができないものとされた商標登録出願についてする指定商品の一部放棄が，同法8条3項所定の商標登録出願の放棄にあたるものと解することはできない。」と判示し，8条3項が先願主義の場面で規定されたもので，その放棄の意義を4条1項11号の適用の場面に及ぼすことはできないとした。

　この判決により，指定商品の一部放棄による手続補正の目的は達せられないことが明らかとなった。指定商品の一部放棄は，出願に関する手続としては，法が定めるものではない。審決後の指定商品の一部放棄の方法による手続補正が可能ということになれば，商標法に定める手続の補正に関する規定は，その限度において無意味なものとなる。また指定商品についての手続補正のために拒絶査定不服審判の審決を利用するということにもなりかねない。上記最高裁の判決は妥当なものといえよう。その後，本件判決を引用して放棄の効力を認めない下級審判決（ただし，特許につき東京高判昭60・3・19無体集17巻1号58頁）が出され，さらに最判昭61・3・11（特企209号9頁）は，同旨の判決をしてその立場を明確にしている（その後のこの立場に従う判決として，東京高判平9・11・13判例工業所有権法〔第2期版〕422頁・LEX/DB 28032765）。

　これらの最高裁の立場によっても，手続の補正をすることができる時期であれば，指定商品の一部放棄としての効力が認められると解し得る余地は未だ残っている。

　実務的には，審決が出されるまでの審判手続中において，自主的に指定商品を放棄して，実質的に補正の実をあげることは認められているようである。

　指定商品を減縮する補正について補正の時期や範囲についてきめ細かい規定の設けられていること及び前記昭和59年の最高裁判決の判示する類推適用する前提のないことを考えると，理論的根拠のあいまいな補正の便宜的手段としての指定商品又は指定役務の一部放棄という実務慣行のあり方は，その時期を問わず認められないのではないかと考える。

〔小野　昌延＝三山　峻司〕

〔小野＝三山(峻)〕　765

§17（特許法の準用）　　　　　　　　　　　　　　　　　　　第3章　審　　査

第17条（特許法の準用）
　　特許法第47条第２項（審査官の資格），第48条（審査官の除斥），第52条（査定の方式）及び第54条（訴訟との関係）の規定は，商標登録出願の審査に準用する。

（改正，昭37法161，昭62法27，平５法26，平６法116，平８法68，平15法47，平26法36）

【参考文献】
　　平６改正解説，平８改正解説，平15改正解説，平26改正解説，その他は14条の「参考文献」参照。

細　目　次
I　本条の立法の経緯(766)　　　　　　(3)　査定の方式(767)
II　本条の内容(767)　　　　　　　　　(4)　訴訟との関係(767)
　(1)　審査官の資格(767)
　(2)　審査官の除斥(767)　　　　　　　　　　　〔小野　昌延＝三山　峻司〕

I　本条の立法の経緯
　平成５年法律第26号によって，特許法53条が改正されたので，同条の準用ができなくなった。そこで，同条の規定に相当する16条の２を新設し，17条からは特許法53条の準用を削除した。
　さらに平成８年法律第68号によって，特許法において出願公告制度と付与前異議申立制度が廃止され特許法55条から63条までが廃止されたことにより，廃止された63条の条文移動による査定の方式による52条のみは準用し，他の不要となった準用を削除した。また，特許法50条（拒絶理由の通知）の準用も商標法15条の２，15条の３の新設により準用規定から削除された。そして，特許法54条１項の特許庁で審査を中止することができる場合の規定について，平成15年法律第47号で，同項中「特許異議の申立てについての決定若しくは」を削るとの改正を行ったので，商標法への準用にあたっては，従前どおりとするため読み替えを行ったのであるが，平成26年法律第36号の特許異議の申立制度の創設に伴い同項中に審判における審決と同様に，特許異議の申立てについての決定が確定するまで審査を中止することができるとして，先に削った「特許異議の申立てについての決定若しくは」との文言を復活させたので読み替えの必要がなくなった。そこで読み替え部分を削除したのである。
　その結果，第３章の審査における特許法の準用の状況は本条のようになっている。

§17（特許法の準用）

Ⅱ　本条の内容
　(1)　**審査官の資格**
　特許法47条2項（審査官の資格）の準用については，14条を参照されたい。
　(2)　**審査官の除斥**
　特許法48条（審査官の除斥）の準用については，14条を参照されたい。
　(3)　**査定の方式**
　特許法52条（査定の方式）については，以下のとおりである。
　査定の方式として，登録査定及び拒絶査定は，理由を付した文書で行われる（特52条1項）。理由を付することにより査定不服審判請求における争点が明らかになる。特許庁長官は，査定があったときは，査定の謄本を出願人に送達しなければならない（特52条2項）。
　(4)　**訴訟との関係**
　特許法54条（審査と訴訟との関係）の準用については，次のとおりである。
　審査手続の中止については，審査において必要があるときには，登録の異議申立てについての決定若しくは審決が確定し，又は訴訟手続が完結するまで，手続を中止することができる（商標17条，特54条1項）。その例として，代理権の欠缺を理由に特許庁に対する代理人の行為の無効や特許を受ける権利の譲渡の無効などが訴訟において争われている場合などが考えられる（逐条解説〔第19版〕202頁）。
　また，訴訟手続の中止については，訴えの提起又は仮差押命令若しくは仮処分命令の申立てがあった場合において必要があるときは，査定が確定するまで，訴訟手続を中止することができる（商標17条，特54条2項）。
　審査手続・訴訟手続を中止するか否かは，審査官又は裁判所の裁量に委ねられており，審判・訴訟が係属しているからといって，必ず審査あるいは訴訟を中止せねばならないものではない。
　審査手続の中止規定の存在意義をめぐって，「裁量規定であるから，このような規定がなくても，先決問題が他の手続に係属しているとき，その結論を待つために，進行を止めることは事実上よく見聞きするところである。したがって，このような規定よりも，担当官の自由な判断と運用に委ねるべきであり，これに制約を加えるようにみえる本規定の存在価値に疑問を投じる向きもあるが（三宅正雄・特許法雑感258頁），担当官としては，先行すべき手続の存在を明確にしておくためにも，この規定によって中止の措置をとることができるようにしておいた方が客観性を担保できるであろう」と指摘されている（中山編・注解特許法〔第3版〕（上）598頁〔田倉整＝奥野泰久〕）。

〔小野　昌延＝三山　峻司〕

〔小野＝三山(峻)〕

§17の2（意匠法の準用） 第3章 審 査

第17条の2 （意匠法の準用）
　意匠法（昭和34年法律第125号）第17条の3（補正後の意匠についての新出願）の規定は，第16条の2第1項の規定により，決定をもつて補正が却下された場合に準用する。（改正，平5法26）
2　意匠法第17条の4の規定は，前項又は第55条の2第3項（第60条の2第2項において準用する場合を含む。）において準用する同法第17条の3第1項に規定する期間を延長する場合に準用する。（改正，平5法26，平6法116，平8法68，平10法51）
（本条追加，昭60法41）

【参考文献】
　商標審査基準〔改訂第12版〕，逐条解説〔第19版〕，網野・商標〔第4版〕，工藤・解説〔第8版〕，商標審査基準〔改訂第4版〕，中山編・注解特許法〔第3版〕(上)。

細 目 次

Ⅰ　改正経緯(768)
　(1)　補正却下後の新出願(768)
　(2)　期間の延長(768)
Ⅱ　内　容(769)

(1)　補正の時期とその対象(769)
(2)　補正と要旨変更(769)
(3)　補正却下と新出願(769)

〔藤本　昇〕

Ⅰ　改 正 経 緯

(1)　補正却下後の新出願

　本条1項は，意匠法17条の3の規定を準用する規定で，同17条の3は，昭和60年の一部改正により特許法及び実用新案法において補正却下後の新出願の制度が廃止されたことに伴い，意匠法において同制度を存続させることによって新設されたもので，平成5年の一部改正により条文が移動されたものである。
　意匠法及び商標法については，補正却下の決定に基づく新出願の制度を維持する必要性から意匠法においては17条の3の規定を設け，商標法においては該意匠17条の3の規定を準用すべく本条1項が設けられたのである。

(2)　期間の延長

　本条2項は，意匠法17条の4の期間の延長規定を商標法において準用する規定として設けられたもので，商標法17条の2第1項又は同法55条の2第3項において準用する意匠法17条の3第1項（新出願）に規定する期間を延長する場合に準用される規定である。
　本条2項の商標法55条の2の規定は，平成6年，8年，10年の改正法によって追加・

§17の2（意匠法の準用）

削除によって改正されたが，平成10年の改正において従来の２項の規定が繰り下げられ，同様に商標法60条の２第１項も２項に繰り下げられたため，これに伴って改正されたものである。

Ⅱ 内　容

(1) 補正の時期とその対象

　商標登録出願の手続をした者は，商標法68条の40の規定によってその出願が審査，審判に係属している場合に限り，その補正をすることができる。

　商標登録出願後の補正としては，願書に記載した指定商品若しくは指定役務又は商標登録を受けようとする商標が対象となる。

(2) 補正と要旨変更

　しかしながら，これらの補正が要旨を変更するものであるときは，商標法16条の２の規定によって審査官は決定をもってその補正を却下しなければならない。

　例えば，指定商品又は指定役務の変更又は拡大は，非類似の商品若しくは役務に変更し，又は拡大する場合のみならず，他の類似の商品若しくは役務に変更し，又は拡大する場合は要旨変更となる。ただし，指定商品又は指定役務の範囲の減縮，誤記の訂正又は明瞭でない記載を明確化する補正は要旨の変更とはならないが，願書に記載した商標中の付記的部分でない文字，図形，記号又は立体的形状を変更し，追加又は削除することは要旨の変更となる。

(3) 補正却下と新出願

　前記商標法16条の２第２項の規定による要旨変更により補正の却下の決定謄本の送達があった場合には，出願人はその決定に対し不服の審判を請求することができる（商標45条）が，一方では補正後の商標について新たな商標登録出願を行うことができる（商標17条の２）。ただし，新出願をしたときには，もとの出願は取り下げたものとみなされるため，補正却下の決定に対する不服審判請求をすることはできない（商標45条１項但書）。

　本条１項が準用する意匠法17条の３第１項の規定は，上記のように補正後の商標について新出願を行うことができる旨の定めとともに該新出願はその補正について手続補正書を提出した時にしたものとみなすことを定めたものである。

　本条１項が準用する意匠法17条の３第２項は，前記新出願を行ったときにはもとの商標登録出願は取り下げたものとみなすことを定めたもので，同意匠法17条の３第３項は新出願について本条１項の適用を受けるためには，新出願と同時に同項の適用を受けたい旨を記載した書面を特許庁長官に提出した場合に限り適用がある旨を定めたものである。

〔藤本〕

§17の2（意匠法の準用）

　本条の規定による新出願は，出願日の遡及を受けることができる特殊な出願であるため，特許庁長官に対し適用書面を提出させることを出願人に義務化したものである。

　これによって，新出願は補正書提出時にしたものとみなされるとの特例を受けることは可能であるが，本来なら要旨変更となるおそれがある商標については，補正によらないで初めから新たな商標登録出願を行ったほうが手続の迅速性から望ましい。ただし，要旨変更と認定されるか否かの事前判断は困難な場合もあるので，特許庁発行の審査基準等を参酌したうえで事前検討することが重要である。

　本条2項は，意匠法17条の4の規定（期間延長）を準用するもので，補正却下の決定後，本条1項により新たな商標登録出願を行うためには，却下の決定の謄本の送達があった日から3ヵ月以内（意17条の3第1項）に行う必要があるが，本条2項は新出願をしようとする者が遠隔又は交通不便な地にある者である場合には，前記期間を職権又は請求によって延長することができる旨を定めたものである。

〔藤本　昇〕

第4章　商　標　権

第1節　商　標　権

第18条（商標権の設定の登録）
　商標権は，設定の登録により発生する。
2　第40条第１項の規定による登録料又は第41条の２第１項の規定により商標登録をすべき旨の査定若しくは審決の謄本の送達があつた日から30日以内に納付すべき登録料の納付があつたときは，商標権の設定の登録をする。〈改正，平８法68〉
3　前項の登録があつたときは，次に掲げる事項を商標公報に掲載しなければならない。
　一　商標権者の氏名又は名称及び住所又は居所
　二　商標登録出願の番号及び年月日
　三　願書に記載した商標〈改正，平11法41〉
　四　指定商品又は指定役務
　五　登録番号及び設定の登録の年月日
　六　前各号に掲げるもののほか，必要な事項
　〈改正，平８法68〉
4　特許庁長官は，前項の規定により同項各号に掲げる事項を掲載した商標公報（以下「商標掲載公報」という。）の発行の日から２月間，特許庁において出願書類及びその附属物件を公衆の縦覧に供しなければならない。ただし，個人の名誉又は生活の平穏を害するおそれがある書類又は物件及び公の秩序又は善良の風俗を害するおそれがある書類又は物件であつて，特許庁長官が秘密を保持する必要があると認めるものについては，この限りでない。〈本項追加，平８法68，改正，平10法51〉
5　特許庁長官は，個人の名誉又は生活の平穏を害するおそれがある書類又は

〔山田〕

§18（商標権の設定の登録）　　　　　　　　　　　　　　第4章　商　標　権

物件であつて，前項ただし書の規定により特許庁長官が秘密を保持する必要があると認めるもの以外のものを縦覧に供しようとするときは，当該書類又は物件を提出した者に対し，その旨及びその理由を通知しなければならない。
（本項追加，平10法51）

【参考文献】
　小野編・注解商標〔新版〕(上)，小野＝三山・新概説，小野・概説〔第2版〕，網野・商標〔第6版〕，平尾・商標〔第一次改訂版〕，田村・商標〔第2版〕，茶園編・商標，逐条解説〔第19版〕，平8改正解説，特許庁出願支援課登録室・産業財産権登録の実務〔改訂6版〕，中山＝小泉編・新注解特許法(上)，中山編・注解特許法〔第3版〕(上)，夢・解説（四法編）〔改訂版〕。

細　目　次

Ⅰ　本条の意義(772)
Ⅱ　設定登録による商標権の発生（商標18条1項）(772)
（1）登録主義(772)
（2）設定登録の法的な位置づけ(773)
　（a）登録処分の捉え方(773)
　（b）商標登録があれば有効な権利があるといえるのか(774)
　（c）設定登録は商標権の存続要件にあたるのか(774)
Ⅲ　設定登録までの手続（商標18条2項）(775)
（1）登録料納付による設定登録(775)
（2）登録料を納付しなかった場合の措置(776)
Ⅳ　商標公報の発行（商標18条3項）(776)
（1）商標公報の掲載事項(776)
（2）商標公報の発行の意義(776)
Ⅴ　出願書類等の縦覧（商標18条4項・5項）(777)
（1）出願書類等の縦覧を認めた意義(777)
（2）縦覧の制限(778)

〔山田　威一郎〕

Ⅰ　本条の意義

　商標法18条は，商標権の設定登録，商標公報の掲載事項，商標公報発行後の出願書類等の縦覧についての規定である。
　わが国の商標法は登録主義を採用しており，商標登録をすべき旨の査定又は審決の謄本の送達後に所定の登録料を納付すると，商標権の設定登録がなされ，商標権が発生する。そして，商標登録後，商標登録の内容を記載した商標公報が発行され，その後，出願書類等の縦覧の機会が与えられる。
　商標法18条はかかる一連の手続について規定した条項であり，わが国の商標法が登録主義を採用していることの法的根拠となる条文である。

Ⅱ　設定登録による商標権の発生（商標18条1項）
（1）登録主義

第1節　商　標　権　　　　　　　　　　§18（商標権の設定の登録）

　商標法18条1項は，商標権は，設定の登録により発生する旨規定している。
　わが国の商標制度は，商標登録に商標権の設権的効果を与える「登録主義」の考え方を採用しているが，商標法18条1項の規定は，わが国の商標法が登録主義を採用していることの根拠となる条文である。
　「登録主義」に対立する考え方としては，「使用主義」の考え方があるが，登録主義，使用主義との用語の意義に関しては，必ずしも一義的なものとはいい難い。
　1つの整理としては，「登録主義」とは商標権の成立を登録の事実に係らしめている場合をいい，「使用主義」とは商標権の成立を使用の事実に基づいて認める場合をいうとの考え方（網野・商標〔第6版〕56頁）があり，商標法18条1項はかかる意味での登録主義の根拠になるものである。
　これに対し，商標登録にあたって，登録要件として使用の事実を要求する制度を「使用主義」といい，商標登録にあたって現実の使用がなくても登録を認める制度を「登録主義」というとの整理の仕方もあるが（逐条解説〔第19版〕1273頁，田村・概説〔第2版〕11頁），わが国の商標法は，商標登録出願に際し，商標を使用する意思さえあれば，現実の使用は必要でないとの制度設計がなされており（商標3条1項柱書），かかる意味でも「登録主義」を採用しているということができる。

(2)　設定登録の法的な位置づけ
(a)　登録処分の捉え方　　設定登録は，行政庁の行う行政処分のうち設権行為にあたるものであり，設定登録がなされて初めて商標権が発生することになるが，商標権を発生させるためには，商標登録出願，審査，登録査定又は登録審決を経て設定登録に至る一連の手続を経ていることが前提となる。その意味で，商標の「登録処分」とは，登録査定又は登録審決から設定登録に至るまでの一連の処分を意味するというべきであり，設定登録のみを抜き出して，行政処分と解することは妥当でない。
　この点，学説上は「登録の査定または審決は実質的には商標権設定の行政処分であり，登録は登録査定又は審決の効力発生の条件にすぎない」との見解もあるが（網野・商標〔第6版〕734頁），商標法18条1項が，設定登録を商標権の発生という法律効果の発生要件としていること，登録無効審判や登録異議申立てにおいても，あくまで無効，取消しの対象は商標登録であることに鑑みると，設定登録までを含んだ一連の処分を「登録処分」と解するのが妥当であろう。また，裁判例においても，本条に対応する実用新案法14条1項に関し，「実用新案法第14条第1項は，実用新案権は設定の登録により発生すると規定する。右規定は，通常たとえ設定登録がなされたとしても，実用新案登録出願について登録すべき旨の査定すなわち権利を与える旨の査定がなされていない場合には権利は発生しないものと解されている。しかしながら，右の解釈は，直ちに設定登録が権利の

§18（商標権の設定の登録）

発生には不必要であるということを意味するものでないことはいうまでもなく，右規定がある限りの本件抹消登録手続は，行政権の権力行為であって国民の権利義務査定と，形式的要件としての登録とを具備することによって，はじめて権利となりうることを示すものである。そして，右の考察をさらに敷衍するならば，少くとも実用新案登録は，その設定に関する限り，単なる権利発生の確認的な行為ではなく，実用新案権を付与すべき手続の一環をなしていることは明らかであり，権利付与行為の一部と解すべきものである。」と判示した裁判例（東京地判昭45・8・31判時618号200頁）があるが，かかる裁判例も，設定登録までを含む一連の行為を登録処分として捉える考え方を採用している。

(b) 商標登録があれば有効な権利があるといえるのか　商標法18条1項は，商標権は設定登録によって発生する旨規定しているが，設定登録がなされてさえいれば，有効な権利が存在するというわけでない。

「登録主義」に関する上述した2つの考え方のうち，前者の考え方でいう「登録主義」とは，登録がない限り，権利が発生しない考え方をいうが，逆は必ずしも真ではなく，登録があれば必ず有効な権利が存在するというものではない（この点は前掲東京地判昭45・8・31の判決の中でも同趣旨の見解が述べられている）。

商標登録がなされているにもかかわらず，有効な権利が存在しない事例としては，出願人が相続人なしに死亡した場合や外国人の出願人が条約の規定により権利能力を喪失したりした場合等が考えられるが，このような事案では，仮に設定登録がなされたとしても，有効な商標権は発生しないと解される（平尾・商標〔第一次改訂版〕276頁）。

(c) 設定登録は商標権の存続要件にあたるのか　商標権の設定登録は商標権発生の要件であるとともに存続要件でもあると解され，商標登録の無効又は取消しが確定すると，商標権は遡及的に消滅することになる（平尾・商標〔第一次改訂版〕276頁）。また，商標権の放棄による抹消登録がなされた場合にも，商標権は消滅することになる。

この点，前掲東京地判昭45・8・31の判決の中でも同趣旨の考え方がとられており，同判決では「実用新案法第26条によって準用される特許法第28条第1項第1号は，特許権の移転，放棄による消滅または処分の制限は，登録しなければ，その効力を生じない旨を規定している。そして，右規定を，前叙権利の設定に関する実用新案法第14条第1項と合わせて考えるとき，実用新案における登録は，その効力発生要件であると同時にその存続の要件であるということができ，右のとおり解する限り，設定登録の場合の登録の効力とその権利が存続するうえにおいての登録の効力とは同一と考えられるから，権利が存続するためには，それが権利として存在しうるべき実質的要件と形式的要件としての登録が存在しなければならないことになる。すなわち実用新案登録は，権利の存在の単なる表象ではなく，権利が存在するための一つの要件であるといわなければなら

第1節 商 標 権　　　　　　　　　　　　　　§18（商標権の設定の登録）

ない。」と判示されている。

　この考え方に対しては，設定登録は権利の発生要件ではあるが，存続の要件ではないとの見解もあり（特許権に関するものであるが中山編・注解特許法〔第3版〕（上）628頁），登録が実体法上の根拠なく違法に抹消された事案に関し，「特許権の設定の登録は，特許権発生の要件ではあるが，その存続の要件ではない。したがって，たまたま，その登録が法律上・実体上の根拠なく違法に抹消されることになったとしても，権利自体に変動を生ずるものではなく，特許権の存続に何ら影響を与えず，ただ，回復の登録手続によって登録を実体関係に一致させる必要が生ずるに過ぎない。」と判示している裁判例（東京高判昭57・4・20無体集14巻1号120頁）もある。もっとも，この裁判例の判示は，登録が違法に抹消された特殊な事案において，登録が権利の実態に影響しないことに主眼があるものであり（中山＝小泉編・新注解特許法（上）277頁），商標登録があったからといって，直ちに商標権が有効に存続するとはいえないことを示したにすぎないと解すべきであろう。

Ⅲ　設定登録までの手続（商標18条2項）
(1) 登録料納付による設定登録

　商標法18条2項は，商標登録をすべき旨の査定若しくは審決の謄本の送達があった日から30日以内に納付すべき登録料の納付があったときは，商標権の設定の登録をする旨規定している。

　商標登録出願の手続をオンラインの端末を用いた電子出願の方式で行った場合には登録査定又は登録審決もオンラインで送達され，オンラインで書類を受領した日から30日の期間が起算される。一方，紙での出願を行った場合には，特許庁からの登録査定又は登録審決も郵送され，郵送で書類を受領した日から30日の期間が起算されることになる。

　登録料の納付は10年間分の登録料を一括して納付する形か（商標40条），5年分のみを分割する形（商標41条の2）のいずれかの方法で行うことができ，いずれの方法で納付した場合でも商標権の設定登録がなされる。また，国に属する商標権の場合には，登録料の納付は設定登録の要件にはなっていないため（商標40条3項），登録査定又は登録審決の送達がなされた後，自動的に商標権の設定登録がなされることになる。

　設定登録は，特許庁長官が職権で商標登録原簿に記録することによって行われ，その手続は，商標法71条，商標登録令及び商標登録令施行規則の定めに従って行われる。設定登録は，特許庁に備える磁気テープをもって調製される商標登録原簿に所定事項を登録することによって行われ（商標71条2項，商標登施5条等），登録手続は，特許庁長官の指定する職員が所定の登録事項をアウトプットした書類によって確認した時に完結する（商標登施規16条において準用する特登施規21条）。

〔山田〕

§18（商標権の設定の登録）

なお，登録査定又は登録審決の送達後，商標登録がなされるまでの間は，商標登録出願が依然として特許庁に係属している状況にあるため，この段階での権利（商標登録により生じた権利）の移転は出願人名義変更の手続で行うことになり，出願人の意思に基づき，出願の取下げ，放棄を行うことも可能である。

 (2) **登録料を納付しなかった場合の措置**

商標登録出願人が，登録査定又は登録審決の謄本送達から30日以内に納付すべき登録料を納付しない場合には商標権の設定登録はなされず，特許庁長官は，出願を却下処分にすることができる（商標77条2項，特18条1項）。

もっとも，現行の特許庁の運用では，登録査定又は登録審決の謄本送達から30日が経過したからといって直ちに却下処分は行われず，出願人に対して，登録料の納付がなされていないことをはがきで通知する運用がなされている。そして，かかる特許庁からの通知に応じ，登録料を納付した場合には，納付が30日の期間を過ぎた後になされた場合であっても，商標権の設定登録がなされ，それでも，登録料の納付がなされない場合には出願が却下されることになる。

Ⅳ 商標公報の発行（商標18条3項）

 (1) **商標公報の掲載事項**

商標法18条3項は，商標登録がなされた場合，以下に掲げる事項を商標公報に掲載しなければならない旨規定している。

① 商標権者の氏名又は名称及び住所又は居所
② 商標登録出願の番号及び年月日
③ 願書に記載した商標
④ 指定商品又は指定役務
⑤ 登録番号及び設定の登録の年月日
⑥ 前各号に掲げるもののほか，必要な事項

6号が定める「必要な事項」の内容に関しては，条文にはこれ以上の詳細な規定はないが，実務上，商品又は役務の区分，立体商標・音商標・色彩商標・動きの商標・位置商標又はホログラムの商標である旨の記載，団体商標又は地域団体商標である旨の記載，防護標章である旨の記載，標準文字である旨の記載，代理人に関する記載等が「必要な情報」にあたるとして，商標公報に掲載されている。

 (2) **商標公報の発行の意義**

商標公報の発行は，商標登録の内容を公衆に知らせるためのものであり，何人も，商標公報発行後2ヵ月以内に登録異議申立てを行うことができる（商標43条の2）。

〔山田〕

第1節 商標権　　　　　　　　　　　§18（商標権の設定の登録）

平成8年の商標法改正で，付与後異議申立制度が導入される以前は，商標登録前に出願公告がなされ，商標登録前の異議申立てを行う制度が採用されていたが，現行制度下では，商標登録後に商標公報が発行され，その後，異議申立てがなされる制度となっている。

商標公報の発行は，登録内容を第三者に知らせるためのものであり，それ以上の法律効果を生じさせるものではない。商標権はあくまで設定登録によって発生するものであり（商標18条1項），商標公報の発行前に権利行使を行うことも可能である。

なお，意匠権侵害の事案では，意匠公報発行前の侵害行為に関しては過失の推定を否定している事例があるが（大阪地判昭47・3・22判タ278号378頁），これは意匠権に関しては，出願公開制度がないため，意匠公報の発行前の段階では，登録意匠の内容を知り得ないとの事情があるためである。これに対し，商標に関しては，商標登録出願の内容が商標出願後に発行される公開商標公報に掲載され（商標12条の2），何人もその内容を確認できるほか，出願後数ヵ月程度で，特許庁のデータベースに出願内容が公開されるため，商標公報の発行前の侵害行為に関しても過失の推定が否定されることはないと考えられる。

V　出願書類等の縦覧（商標18条4項・5項）
(1) 出願書類等の縦覧を認めた意義

商標法18条4項は，商標公報の発行の日から2ヵ月の間，特許庁において出願書類及びその附属物件を公衆の縦覧に供しなければならない旨を規定している。

この2ヵ月の期間以外でも，所定の手数料を納付すれば，出願書類等の閲覧，謄写を行うことができるが（商標72条・76条1項10号・11号），この2ヵ月間は手数料なしに出願書類等を確認することができる。商標法18条4項では「縦覧」との文言が使用されているが，「縦覧」とは手数料なしに自由に見ることができることを意味し，手数料の支払が必要な「閲覧」とは区別される。

商標公報発行後2ヵ月の期間は，登録異議申立て（商標43条の2）を行うことができる期間と対応しており，商標法18条4項は，異議申立てを行うために出願書類等の内容を確認することを意図した規定である。登録異議申立制度は，商標公報発行後に第三者からの異議申立ての機会を設けることにより，審査の瑕疵を是正する制度であるが，異議申立ての要否及び異議申立ての内容を検討する上では，商標登録までの経過を分析することが不可欠である。商標法18条4項は，かかる分析を行うために，出願書類等の確認を無料で行うことができるようにした規定である。

なお，平成12年（2000年）1月1日以降の出願に関しては，オンラインで出願書類の閲

覧請求が可能となっており，出願中，登録後のいずれの段階でも，一定の費用を支払えば出願書類の閲覧ができるが，商標公報発行後2ヵ月の間の「縦覧」に関しても，オンラインでの書類取り寄せが可能である。

(2) 縦覧の制限

商標法18条4項但書は，個人の名誉又は生活の平穏を害するおそれがある書類又は物件及び公の秩序又は善良の風俗（以下，「公序良俗」という）を害するおそれがある書類又は物件であって，特許庁長官が秘密を保持する必要があると認めるものについては，縦覧の対象にはしない旨規定している。

この条項は，出願書類等の「閲覧」に関する商標法72条1項2号，3号と同内容の規定であり，①個人の名誉又は生活の平穏を害するおそれがある書類又は物件及び公序良俗を害するおそれがある書類又は物件であること，②特許庁長官が秘密を保持する必要があると認めたこととの2つの要件を満たすものに関し，縦覧の対象から除外することを規定したものである。出願書類の中に，個人の名誉又は生活の平穏を害するおそれがある書類や公序良俗を害する書類が含まれる事例としては，意見書や審判請求書の記載内容に公序良俗に反する内容等が含まれる場合等が考えられるが，極めて特殊な事態ではないかと思われる。

商標法18条4項但書の縦覧の制限が認められるためには，特許庁長官が秘密を保持する必要があると認めること（上記の②の要件）が必要になるため，個人の名誉又は生活の平穏を害するおそれがある書類であっても，直ちに縦覧制限の対象にはなるわけではない。商標法18条5項はかかる場合を想定した規定であり，個人の名誉又は生活の平穏を害するおそれがある書類又は物件を特許庁長官の判断で縦覧に供することとした場合には，当該書類又は物件を提出した者に対し，その旨及びその理由を通知しなければならないこととしている。

〔山田　威一郎〕

第1節　商　標　権　　　　　　　　　　　　　　　　§ 19（存続期間）

第19条（存続期間）
　　商標権の存続期間は，設定の登録の日から10年をもつて終了する。
　2　商標権の存続期間は，商標権者の更新登録の申請により更新することができる。（改正，昭50法46，平3法65，平8法68）
　3　商標権の存続期間を更新した旨の登録があつたときは，存続期間は，その満了の時に更新されるものとする。（本項追加，昭50法46，改正，平3法65，平8法68）

【参考文献】

〔書　籍〕　三宅発・商標，兼子＝染野・工業，兼子＝染野・特許・商標〔新装版〕，江口俊夫・商標法解説(1)(2)〔蓴工業所有権研究所，71〕，光石・詳説〔新訂〕，三宅・雑感，江口俊夫・新商標法解説（蓴工業所有権研究所，75〕，吉原＝高橋・新訂説義，紋谷編・50講〔改訂版〕，豊崎・工業〔新版増補〕，中山編・基礎，蓴・解説（四法編）〔改訂版〕，村林還暦，特許庁編・工業所有権方式審査便覧（発明協会，91），著作権法・商標法判例研究会編・著作権法・商標法判例解説集（新日本法規，92），登録実務研究会編著・工業所有権登録の実務〔改訂版〕（通商産業調査会，92），特許庁編・サービスマーク，新知的財産権読本委員会編・商標出願の実務（通商産業調査会，92），平8改正解説，特許庁編・商標出願のてびき〔改訂30版〕（発明協会，02），小野＝小松編・法律相談，牧野利秋編・特許・意匠・商標の基礎知識〔第3版〕（青林書院，99），小野・概説〔第2版〕，網野・商標〔第6版〕，田村・商標〔第2版〕，角田政芳＝辰巳直彦・知的財産法〔第7版〕（有斐閣，15），江口順一編・Q＆A商標法入門（世界思想社，01），川津義人・商品・サービス商標実務入門（発明協会，01），土肥・入門〔第14版〕，逐条解説〔第19版〕，平尾・商標，渋谷・講義Ⅲ〔第2版〕，小野＝小松編・新法律相談，工藤莞司・商標法の解説と裁判例（マスターリンク，11），牧野利秋編・実務解説特許・意匠・商標（青林書院，12），紋谷・知的概論〔第3版〕，知的所有権問題研究会編・最新商標権関係判例と実務（民事法研究会，12），小野＝三山・新概説〔第2版〕，末吉・商標，茶園編・商標。

〔論文等〕　藤江政太郎「商標権存続期間更新登録の性質」特商3巻9号1頁，江口俊夫「商標区分の改正と更新登録」商標判例百選88頁，水田耕一「商標権の存続期間更新登録と商標使用事実の証明」商事法務812号26頁，木村三朗「商標登録の維持および更新に対する使用の影響」AIPPI 23巻10号10頁，特許庁商標問題研究会「更新時の使用説明書を見て」発明76巻7号70頁，松原伸之「商標登録の維持及び更新に対する使用の効果」AIPPI 24巻4号2頁，鈴木茂久「商標権の存続期間の更新登録出願に必要な商標の使用証明（上・下）」発明76巻11号32頁，12号27頁，松居祥二「商標権の存続期間更新に関して」パテ34巻10号24頁，青木康＝渡部清秀「商標登録出願についての指定商品の一部放棄の性質とそのなしうる時期」特管31巻6号667頁，佐久間光夫「更新チェックの連合商標について」パテ36巻1号22頁，菊地栄「更新登録出願手続について」パテ36巻7号23頁，池田定夫「商標登録更新記録の検索」パテ37巻8号56頁，清瀬信次郎「商標権存続期間更新登録と商標の使用事実」発明82巻8号91頁，商標委員会「外国商標権更新登録の使用証明について」特許36巻10号1275頁，佐藤英二「商標権の存続期間の更新制度と更新登録出願」発明86巻3号58頁，網野誠「改正商標法の問題点」学会年報16号1頁。

〔盛岡〕

§19 （存続期間）　　　　　　　　　　　　　　　　　　　　　　第4章　商　標　権

細　目　次

I　本条の趣旨(780)　　　　　　　　　　(1)　平成8年改正前(781)
II　商標権の存続期間(781)　　　　　　　(2)　平成8年改正(782)
III　商標権の存続期間の更新(781)　　　　(3)　更新登録の効果(783)
IV　存続期間更新登録の申請(781)

〔盛岡　一夫〕

I　本条の趣旨

　本条は，商標権の存続期間について規定したものである。商標権に存続期間を設けた趣旨は特許権，実用新案権及び意匠権に存続期間を設けた趣旨とは本質的に異なっている。

　特許制度は，技術の進歩のためには技術が公開されることが必要であり，この技術を公開する代わりに一定期間独占権を付与するものである。特許法は，発明を公開した者に対し，その代償として一定期間独占排他的に実施する権利（特許権）を付与するものである。特許権を永久に存続させることは，特許制度の目的である技術の発展を望めず，逆に技術の進歩を阻害することになる。特許権の存続期間は，特許権者の保護と一般公衆の利益とを考慮して定められたものである。特許権の場合には，存続期間の延長を認めないで，存続期間の経過後においては，公衆に全く自由に利用させる機会を認めるほうがよい。

　商標登録制度は，商標に化体された信用を保護し，市場における秩序維持を目的とするものである。商標は長く使用することによって信用を増大していくのであるから，特許権等のように存続期間を制限する必要はなく，商標は同一人に永久に使用させてもよいのである。特許権のように存続期間経過後において公衆が自由に使用できることにすると，出所の混同，品質の誤認を生じ市場の秩序を維持することができないことになり，商標制度の趣旨に反することになる。商標権に存続期間を設けることは，商標に化体された信用を保護するという商標制度に反することになる。

　特許法は，特許権については，産業政策的見地により，創作的活動を奨励して，技術を公開した者を一定期間保護し，その後は公衆の利用に供し，産業の発達を期待している。これに対し，商標は，自他商品又は自他役務の識別機能を果たしている限り，永久に保護しても流通秩序を維持することができるものであり，逆に，一定期間後に公衆に利用できる機会を与えることは，出所の混同，品質の誤認を生じさせることになって，商標権者の利益が害されるとともに，需要者の利益も害されることになる。

　商標は商品又は役務に継続して使用することによって，業務上の信用が化体するのであるから，商標に信用が化体しているかぎり，永久に保護することが必要である。しかし，登録商標を無制限に保護することによる弊害も生じることがある。登録後に長期間

第1節 商標権　　　　　　　　　　　　　　　§19（存続期間）

登録商標を使用しないでいることもある。実際に使用されていない商標を登録し続けることは，第三者にとって商標の選択が狭められることにもなる。商標権の存続期間は10年とし，さらにその登録商標を使用したいと希望するときには，更新登録の申請をすることによって永久的に使用することができるようにしている。

II　商標権の存続期間

商標権の存続期間は，設定の登録の日から10年をもって終了する（商標19条1項）。特許権及び実用新案権の存続期間の始期は，出願の日である（特67条，実15条）が，商標権の存続期間の始期は設定の登録の日である点において異なっている。

存続期間の計算は特許法3条の規定に従う（商標77条1項）。すなわち，初日は算入せず期間は暦に従って起算し，起算日に応当する日の前日に満了する。例えば，設定登録の日が平成5年5月10日のときには10日は算入しないので平成15年5月11日が応当日になり，その前日の15年5月10日に10年の存続期間が満了することになる。ただし，最後の月に応当する日がないときは，その月の末日に満了する。

III　商標権の存続期間の更新

商標は，営業者が自己の業務に係る商品又は役務を識別するために，自己の商品又は役務に使用する標識であり，自他商品・役務識別の機能を有するものであるから，商標の永続使用を認めても，産業の発達を阻害するものではない。不正競争防止及び業務上の信用の保護のためには，同一商標は同一人が永久に使用するほうがよいので，商標権の存続期間は，設定登録の日から10年であるが，その存続期間は更新登録の申請によって何度でも更新することができることにしている。すなわち，商標権は更新登録の申請により，10年ごとに存続期間を更新することができるのである（商標19条2項）。

IV　存続期間更新登録の申請

(1)　平成8年改正前

商標権の存続を希望する場合には，更新登録の出願を認め，さらに10年間使用することができることにしていたのであるが，登録商標が公益を害するようになった場合及び登録商標が長期間使用されない場合に，その商標の更新登録を認めることは，商標制度に反することになるので，次の場合には更新を認めるべきではないとしていた。

(a)　登録商標が，更新登録査定時において，国旗，菊花紋章，勲章，又は外国の国旗と同一又は類似の商標となっているとき，その登録商標の存続期間の更新が認められないとしていた（旧商標19条2項但書，現行商標4条1項1号に該当する場合）。

〔盛岡〕

(b)　登録商標が，更新の時にパリ条約の同盟国の国の紋章その他の記章（パリ条約の同盟国の国旗を除く）であって，通商産業大臣が指定するものと同一又は類似のものとなっているときは，その登録商標の存続期間の更新が認められないとしていた（旧商標19条2項但書，現行商標4条1項2号に該当する場合）。

(c)　登録商標が，更新の時に国際連合その他の国際機関を表示する標章であって，通商産業大臣が指定するものと同一又は類似のものとなっているときは，その登録商標の存続期間の更新をすることが認められないとしていた（旧商標19条2項但書，現行商標4条1項3号に該当する場合）。

(d)　登録商標が，更新の時に日本国若しくはパリ条約の同盟国の政府若しくは地方公共団体の監督用又は証明用の印章又は記号のうち通商産業大臣が指定するものと同一又は類似の標章を有する商標であって，その印章又は記号が用いられている商品又は役務と同一又は類似の商品又は役務について使用をするものとなっているときは，その登録商標の存続期間の更新が認められなかった（旧商標19条2項1号，現行商標4条1項5号に該当する場合）。

(e)　登録商標が，更新の時に公の秩序又は善良の風俗を害するおそれがある商標になっているときは，その登録商標の存続期間の更新は認められていなかった（旧商標19条2項1号，現行商標4条1項7号に該当する場合）。

(f)　登録商標の使用が，更新の時に商品の品質又は役務の質の誤認を生ずるおそれがあるようになっているときには，その登録商標の存続期間の更新が認められていなかった（旧商標19条2項1号，現行商標4条1項16号に該当する場合）。

　更新登録の出願前（旧商標20条3項の更新登録出願期間の特例の規定の適用を受ける場合にあたっては，同条2項について規定する期間の満了前）3年以内に日本国内において，商標権者，専用使用権者又は通常使用権者のいずれもがいずれの指定商品又は指定役務についてもその登録商標の使用をしていないときには，その登録商標の存続期間の更新登録を認めないことにしていた。この場合，指定商品又は指定役務の1つでも使用していたらよいことになり，また，更新登録の出願前3年以内に使用されたことのない登録商標でも，その指定商品又は指定役務のいずれかについて，それと相互に連合商標となっている他の登録商標の使用をしているときは，更新登録が認められていた（旧商標19条2項2号）。ただし，登録商標が更新登録前3年以内に使用されていない場合でも，その登録商標を使用していないことについて正当な理由があるときは，その更新登録の出願は拒絶されないとしていた（旧商標19条3項）。

(2)　**平成8年改正**

　従来行われていた更新時の実体審査及び登録商標の使用チェックを伴う更新登録出願

制度は平成8年の改正によって廃止された。

商標法条約13条(4)(ⅲ)は、更新の申請に関し、標章の使用に関する宣言書又は証拠の提出を要求することができないこと、同条(6)は、登録の更新に際し実体について審査することができないことにしている。そこで、わが国においても実体審査及び使用チェックを行うことなく、更新登録の申請及び更新登録料の納付（商標40条2項・41条の2第2項）のみにより、更新登録を行うことができることとした。

商標権の存続期間を更新するためには、従来、更新登録の出願をし、公益的不登録理由の実体審査及び登録商標の使用チェックが必要であったが、審査を経ることなく更新登録の申請により存続期間の更新が認められるようになった（商標19条2項）。この場合に申請できるのは、商標権者のみであって、使用権者、質権者等の利害関係人は申請することができない。

指定商品又は指定役務の一部のみの更新は認められない。これを認めることにより手続が複雑化すること、商標権の一部放棄によっても同様の効果が生ずることによる（逐条解説［第19版］1353頁）。なお、複数区分に係る商標権については、更新を求める区分についてのみの申請（区分単位の申請）が認められている。

更新登録に際して実体審査が廃止されたので、これに伴い存続期間の更新登録の無効審判制度（旧商標48条）も廃止された。その代わりに、商標登録無効審判の無効理由として、後発的な公益的不登録理由に該当することが追加され（商標46条1項6号）、また、不使用登録商標の取消審判を強化している（商標50条1項・3項）。

防護標章制度について、商標法条約21条は、更新手続に関する規定の留保を認めていること、著名商標の保護の強化の観点から、防護標章登録に基づく権利の存続期間の更新登録は、従来どおり、更新登録の出願によって行われる（商標65条の2第2項）。

商標法条約22条(6)は、サービスマークの重複登録除去のため最初の更新に際し実体について審査できる旨規定している。そこで、経過措置として、役務商標について初回の更新時に限って実体審査を行うことを認めている（平成8年商標法改正附則11条）。

(3) **更新登録の効果**

商標法40条2項の規定による登録料又は41条の2第7項の規定により更新登録の申請と同時に納付すべき登録料の納付があったときは、商標権の存続期間を更新した旨の登録がなされる（商標23条1項）。割増登録料等を納付して、商標法20条3項又は21条1項の規定により更新登録があったときにも商標権の存続期間を更新した旨の登録がなされる（商標23条2項）。この存続期間更新の登録があったときは、存続期間は、その満了の時に更新されるものとする（本条3項）。

〔盛岡　一夫〕

§20（存続期間の更新登録の申請）

第20条（存続期間の更新登録の申請）
　商標権の存続期間の更新登録の申請をする者は，次に掲げる事項を記載した申請書を特許庁長官に提出しなければならない。
　一　申請人の氏名又は名称及び住所又は居所
　二　商標登録の登録番号
　三　前２号に掲げるもののほか，経済産業省令で定める事項
　（改正，平８法68，平11法160）

２　更新登録の申請は，商標権の存続期間の満了前６月から満了の日までの間にしなければならない。（改正，平３法65，平８法68）

３　商標権者は，前項に規定する期間内に更新登録の申請をすることができないときは，その期間が経過した後であつても，経済産業省令で定める期間内にその申請をすることができる。（改正，平８法68，平27法55）

４　商標権者が前項の規定により更新登録の申請をすることができる期間内に，その申請をしないときは，その商標権は，存続期間の満了の時にさかのぼつて消滅したものとみなす。
　（改正，平３法65，平８法68，平10法51）

【参考文献】
〔書　籍〕三宅発・商標，兼子＝染野・工業，兼子＝染野・特許・商標〔新装版〕，江口俊夫・商標法解説(1)(2)（夢工業所有権研究所，71），光石・詳説〔新訂〕，三宅・雑感，江口俊夫・新商標法解説（夢工業所有権研究所，75），吉原＝高橋・新訂説義，紋谷編・50講〔改訂版〕，豊崎・工業〔新版増補〕，中山編・基礎，夢・解説（四法編）〔改訂版〕，村林還暦，特許庁編・工業所有権方式審査便覧（発明協会，91），著作権法・商標法判例研究会編・著作権法・商標法判例解説集（新日本法規，92），特許庁編・サービスマーク，新知的財産権読本委員会編・商標出願の実務（通商産業調査会，92），平８改正解説，特許庁編・商標出願のてびき〔改訂30版〕（発明協会，02），小野＝小松編・法律相談，牧野利秋編・特許・意匠・商標の基礎知識〔第３版〕（青林書院，99），小野・概説〔第２版〕，網野・商標〔第６版〕，田村・商標〔第２版〕，角田政芳＝辰巳直彦・知的財産法〔第７版〕（有斐閣，15），江口順一編・Q&A商標法入門（世界思想社，01），川津義人・商品・サービス商標実務入門（発明協会，01），土肥・入門〔第14版〕，逐条解説〔第19版〕，平尾・商標，渋谷・講義Ⅲ〔第２版〕，小野＝小松編・新法律相談，工藤莞司・商標法の解説と裁判例（マスターリンク，11），牧野利秋編・実務解説特許・意匠・商標（青林書院，12），紋谷・知的概論〔第３版〕，知的所有権問題研究会編・最新商標権関係判例と実務（民事法研究会，12），小野＝三山・新概説〔第２版〕，末吉・商標〔新版第４版〕，茶園編・商標。

〔論文等〕松井祥二「商標権の存続期間更新に関して」パテ34巻10号24頁，菊地栄「更新登録出願手続について」パテ36巻７号23頁，佐藤英二「商標権の存続期間の更新制度と更新登録出願」発明86巻３号58頁，網野誠「改正商標法の問題点」学会年報16号１頁。

第1節　商標権　　　　　　　　　　　§20（存続期間の更新登録の申請）

細　目　次

I　本条の趣旨(785)
II　更新登録申請書(785)
　(1)　記載事項(785)
　(2)　商標登録出願との差異(785)
III　更新登録の申請期間(786)
　(1)　平成3年改正前の出願期間(786)
　(2)　平成3年改正の出願期間(787)
　(3)　平成8年改正の申請期間(787)
IV　更新登録の申請期間の特則(788)
　(1)　平成27年改正前の申請期間(788)
　(2)　平成27年改正の申請期間(788)
V　更新登録の申請がなかった場合の効果(788)

〔盛岡　一夫〕

I　本条の趣旨

　本条は、商標法19条の規定を具体化するために、商標権の存続期間の更新登録申請手続、期間及び効果について規定したものである。1項は、更新登録にあたって提出しなければならない申請書について、2項は、更新登録申請の期間について、3項は、2項の申請期間内に提出することができなかった場合の特則について、4項は、更新登録申請がなかった場合の効果について、それぞれ規定したものである。

II　更新登録申請書

(1)　記載事項

　商標権の存続期間の更新登録の申請をする者は、①申請人の氏名又は名称及び住所又は居所、②商標登録の登録番号、③経済産業省令で定める事項を記載した申請書を特許庁長官に提出しなければならない（商標20条1項）。

　経済産業省令で定める事項としては、商標権に係る商品及び役務の区分の数を減じて申請する場合における更新登録を求める商品及び役務の区分がある（商標施規11条）。このときには、商標登録番号の欄の次に「商品及び役務の区分」の欄を設けて、第1類、第2類のように、更新登録を求める商品及び役務の区分のみを記載する（特許庁編・商標出願のてびき〔改訂30版〕99頁）。

　更新登録の申請をする者は、商標権存続期間更新登録申請書の提出（商標施規10条）と同時に登録料として、1件ごとに3万8800円に区分の数を乗じて得た額を納付しなければならない（商標40条2項）。

(2)　商標登録出願との差異

　更新登録申請書には、商標登録出願の場合と異なり、商標登録を受けようとする商標、指定商品又は指定役務及び商品の区分又は役務の区分（商標5条）の記載は必要でないとしている。この理由については、更新登録は権利の創設と異なり、既存の権利を実体の同一性を保持しつつさらに10年間効力を存続させる意味をもつにすぎないからであると

する。言い換えれば，更新登録によって更新される権利の実体は同じであるから，その権利を確定するために必要な資料は不必要であって，単に既存の権利と更新登録に係る権利との関係を明確にすることで足りるからである（逐条解説〔第19版〕1357頁）。

Ⅲ　更新登録の申請期間
(1)　平成３年改正前の出願期間

　平成３年改正前の商標法（20条２項）においては，更新登録の出願は，商標権の存続期間の満了前６ヵ月から３ヵ月までの間にしなければならないとし，例外として，更新登録出願人が，その責めに帰することができない理由により，存続期間の満了前６ヵ月から３ヵ月までの間にその出願をすることができないときは，その理由がなくなった日から14日以内でその期間の経過後２ヵ月以内にその出願をすることができることにしていた（旧商標20条３項）。

　すなわち，存続期間の満了日から逆算すると３ヵ月から６ヵ月までの間に更新登録の出願をしなければならず，この期間内にしなかった場合には，この期間の経過後２ヵ月以内，したがって，存続期間満了の１ヵ月前までの間にしなければならなかった。しかも，この救済が認められるのは，更新登録出願人の責めに帰することのできないような特別な理由があるときであったが，これは厳格に解釈されていた。

　更新登録出願の要件と憲法の関係について東京地判昭和38年３月９日（判タ142号167頁）は，「原告は，新商標法第20条第２項の規定は，憲法第13条，第29条に違反する旨主張する。しかしながら，一定の商標を財産権として認めるかどうか，また，その内容をどう規制するかは国の立法の範囲に属する事項であり，商標権は，法律上商標の登録を受けた者に対し，将来，一定の要件を具備する場合に存続期間の更新をすることができるものとして存続期間を限定して附与された権利であるから，商標権の存続期間の更新登録の要件をいかに定めるかも，前同様立法政策の問題であり，新商標法第20条第２項が更新登録の出願につき，商標権の存続期間の満了前６月から３月までの間にしなければならないとする規定を設けたからといって，これをもって，国民の権利を尊重しないとか，その財産権を侵害するものということはできない。したがって，これらの規定をもって，憲法第13条，第29条に違反するものということはできないし，また右出願期間を徒過したものに対する救済を定めた同条第３項の規定も右憲法の規定に違反するものということはでき」ないと述べている。

　更新登録出願期間を定めた規定の意味について，東京地判昭和48年11月16日（判タ303号247頁）は，「商標権は，原告の主張するように，永久権的な性格をもつものと表現することも可能であろう。商標法第20条第２項は，右更新登録の出願は，商標権の存続期間

の満了前6月から3月までの間にしなければならない旨を規定し，同条第3項は，更新登録の出願をする者がその責に帰することができない理由により第2項に規定する期間内にその出願をすることができないときは，第2項の規定にかかわらず，その理由がなくなった日から14日以内で第2項に定める期間の経過後2月以内にその出願をすることができる旨を規定している。これは，商標権の存続期間の更新登録出願の，期間に関する適法要件を規定したものである。すなわち，この要件に合致しない出願は不適法であり，商標権の存続期間は更新されることなく終了するのである。原告は，商標法第20条第2項が，更新登録の出願を商標権の存続期間の満了前6月から3月の間に限ったのは，商標権の永久権的な性格ならびに更新登録規定立法の沿革からみて，立法の過誤というべきであり，この立法の過誤は運用によって是正されなければならず，商標法第20条第2項，第3項の規定にかかわらず，更新登録の出願は，商標権の存続期間中はいつでも有効になされうるとの趣旨の主張をする。しかしながら仮に右が立法の過誤であったとしても立法の過誤は立法によって是正すべきであって，商標法の右の条文を，その明文の規定にもかかわらず，原告主張のように解すべき根拠は全くない。なお原告は，商標法第20条第2項の出願期間の規定は，その期間に商標権者に登録商標の使用継続の意思表示をさせるような訓示的規定であって強行性を持たないという趣旨の主張をしているが，この主張も根拠がなく，採用できる限りではない」と述べている。

(2) **平成3年改正の出願期間**

更新登録の出願は，原則として，存続期間満了前6ヵ月から3ヵ月までの間であり，例外としても，存続期間満了の1ヵ月前までしかできないことになっていたことに対して批判があった。更新登録の出願は最大限でも存続期間満了の1ヵ月前までしかできなかったのであるが，これでは商標権者にとって酷であるので，これを存続期間の満了の時点まで出願できるようにとの意見が主張されていた。

当時の諸外国の更新登録出願期間をみると，例えば，アメリカは満了前6ヵ月から満了時まで，イギリスは満了前3ヵ月から満了時まで，ベネルクスは満了前6ヵ月から満了時まで，オーストラリアは満了前6ヵ月から満了時まで，イタリアは満了前1年から満了時まで，フランスは満了前までとなっている（パテ36巻7号29頁，特許庁編・サービスマーク71頁以下参照）。

そこで，平成3年の改正では，出願人の便宜の向上及び国際的趨勢等を考慮し，原則として，「存続期間の満了前6月から3月までの間」（旧商標20条2項）となっていたのを「存続期間の満了前6月から満了の日までの間」と改められた。

(3) **平成8年改正の申請期間**

更新登録の申請は，平成3年改正の更新出願制度における期間と同様に，商標権の存

続期間の満了前6ヵ月から満了の日までの間にしなければならない（商標20条2項）。

Ⅳ 更新登録の申請期間の特則
(1) 平成27年改正前の申請期間
　商標権者は，存続期間の満了前6ヵ月から満了の日までの間に更新登録の申請をすることができないときは，その期間が経過した後であっても，さらにその期間の経過後6ヵ月以内にその申請をすることができた（商標20条3項）。

　これは，商標法条約13条(1)(c)，第8規則の要請によるものである。すなわち，商標法条約13条(1)(c)の規定の適用上，更新の申請書を提出することができ，及び更新のための料金を支払うことができる期間は，更新が行われるべき日の6ヵ月以上前に開始し，当該更新が行われるべき日の6ヵ月以上後に終了する。また，更新が行われるべき日の後の更新の申請書が提出され又は更新のための料金が支払われる場合には，割増料金の支払を更新の条件とすることができることになっている。

　平成8年改正前においては，期間満了後の更新は，更新登録の出願人がその責めに帰することができない理由によって，商標法20条2項の規定する期間内に更新登録の出願をすることができないときという条件があったときのみに出願手続をすることができたが，平成8年改正により，このような条件は課されないことになった。期間満了後の更新登録の申請について，商標権者本人の責めに帰することができない理由があるか否かは問わないことになった。

　更新登録の申請を当該商標権の存続期間満了後に行う場合には，更新において必要な登録料のほかに，この登録料と同額の割増登録料を納付しなければならない（商標43条1項）。

(2) 平成27年改正の申請期間
　商標法20条3項に規定する申請期間の特則について，平成27年の改正により「その期間の経過後6月以内」を「経済産業省令で定める期間内」に改められた。

　すなわち，商標権者は，商標法20条2項に規定する期間内に更新登録の申請をすることができないときは，その期間が経過した後であっても，経済産業省令で定める期間内にその申請をすることができるようになった。

Ⅴ 更新登録の申請がなかった場合の効果
　商標権者が存続期間満了後，経済産業省令で定める期間内に更新登録の申請をしないときは，その商標権は，存続期間の満了の時に遡って消滅したものとみなされる（商標20条4項）。

第1節　商　標　権　　　　　　　　　　　§20（存続期間の更新登録の申請）

　商標法20条2項に規定する商標権の存続期間の満了前6ヵ月から満了の日までの間に更新登録の申請をしない場合に，当該商標権は消滅したものとみなされるのではなく，同条3項に規定する商標権の存続期間満了後経済産業省令で定める期間内に更新登録の申請がない場合に，はじめて当該商標権は存続期間の満了の時に遡って消滅したものとみなされる。

〔盛岡　一夫〕

§21（商標権の回復）

第21条（商標権の回復）

　前条第４項の規定により消滅したものとみなされた商標権の原商標権者は，同条第３項の規定により更新登録の申請をすることができる期間内にその申請ができなかつたことについて正当な理由があるときは，経済産業省令で定める期間内に限り，その申請をすることができる。（改正，平23法63，平27法55）

　2　前項の規定による更新登録の申請があつたときは，存続期間は，その満了の時にさかのぼつて更新されたものとみなす。

　（改正，昭50法46，平８法68）

【参考文献】

〔書　籍〕　平８改正解説，小野＝小松編・法律相談，牧野利秋編・特許・意匠・商標の基礎知識〔第３版〕（青林書院，99），網野・商標〔第６版〕，田村・商標〔第２版〕，江口順一編・Q&A商標法入門（世界思想社，01），川津義人・商品・サービス商標実務入門（発明協会，01），土肥・入門〔第14版〕，逐条解説〔第19版〕，平尾・商標，渋谷・講義Ⅲ〔第２版〕，小野＝小松編・新法律相談，工藤莞司・商標法の解説と裁判例（マスターリンク，11），牧野利秋編・実務解説特許・意匠・商標（青林書院，12），紋谷・知的概論〔第３版〕，知的所有権問題研究会編・最新商標権関係判例と実務（民事法研究会，12），小野＝三山・新概説〔第２版〕，末吉・商標〔新版第４版〕，茶園編・商標，平23改正解説。

細　目　次

Ⅰ　本条の趣旨（790）
Ⅱ　平成23年改正前の商標権の回復（791）
　(1)　商標権回復のための要件及び手続期間（791）
　(2)　「その責めに帰することができない理由」の解釈（791）
　　(a)　「その責めに帰することができない理由」に該当するとされた事例（791）
　　(b)　「その責めに帰することができない理由」に該当しないとされた事例（792）
Ⅲ　平成23年改正の商標権の回復（793）
Ⅳ　平成27年改正の商標権の回復（793）
Ⅴ　割増登録料の納付（793）
Ⅵ　商標権の回復の申請がなされた場合の効果（794）

〔盛岡　一夫〕

Ⅰ　本条の趣旨

　本条は，存続期間の満了後経済産業省令で定める期間内に更新登録の申請がなく，存続期間の満了の時に消滅したものとみなされた商標権についても，その申請できなかったことについて，原商標権者に正当な理由があるときは，さらに一定期間内において更新登録の申請を認める旨及び商標権の回復について規定したものである。

第1節 商　標　権　　　　　　　　　　　　　§21（商標権の回復）

　1項は，商標権の回復のためにする申請の要件及び手続期間について規定し，2項は，商標権の回復の申請がなされた場合の申請の効果について規定したものである。

II　平成23年改正前の商標権の回復
(1)　商標権回復のための要件及び手続期間

　平成23年の法改正前においては，商標権者は，旧商標法20条3項に規定する期間内（存続期間の満了後6ヵ月以内）に更新登録の申請をしないときは，その商標権は存続期間の満了の時に遡って消滅したものとみなされた（商標20条4項）。しかし，この消滅したとみなされた商標権の原商標権者は，その責めに帰することができない理由によって旧商標法20条3項の規定により更新登録の申請をすることができる期間内（存続期間の満了後6ヵ月以内）に更新登録の申請ができなかったときは，その理由がなくなった日から14日（在外者にあっては2ヵ月）以内でその期間の経過後6ヵ月以内に限り，更新登録の申請をすることができるとされていた（旧商標21条1項）。

　在外者とは，日本国内に住所又は居所（法人にあっては営業所）を有しない者であり（商標77条2項＝特8条1項），遠隔地であるので回復申請期間をその不責事由解消の日から14日以内としないで，2ヵ月以内とされていた。

　消滅したものとみなされた商標権が回復するためには，原商標権者に責めに帰することができない理由によって，存続期間の満了後6ヵ月以内に更新登録の申請ができなかったことを必要とされた。責めに帰することができない理由は，存続期間の満了後6ヵ月を経過する時点において解消していなければよかったのである。

　平成8年の改正により，回復申請期間を6ヵ月以内に延期したが，その改正前の商標法20条3項では，2ヵ月以内となっていた。その理由は，責めに帰することができない場合の手続期間の特例を特許法，意匠法等で6ヵ月としていることとの整合性を図る必要があるからである。例えば，特許法における拒絶査定に対する審判請求期間（特121条2項，意46条2項）等がある。また，商標法において，拒絶査定に対する審判請求期間（商標44条2項），登録料の分割納付（商標41条の2第5項），再審の請求期間（商標61条＝特173条2項）も6ヵ月としている。

(2)　「その責めに帰することができない理由」の解釈

　責めに帰することができない理由とは，天災地変，申請人の重病のため期間を徒過せざるを得ないような場合をいう。旧商標法20条3項の責めに帰することができない理由と同じ意味であり，厳格に解されていた。裁判例を紹介する。

　(a)　「その責めに帰することができない理由」に該当するとされた事例　　本件商標権の存続期間の更新登録の出願は，昭和48年5月14日から同年8月13日までの間になさ

〔盛岡〕

§21（商標権の回復）

れるべきであったが、原告がこの期間内に出願せず、期間経過後である同年10月1日に出願していた。ところが、原告は、昭和48年7月1日頃、急性腎炎のため見合の席で急に気分が悪くなり、その場から直ちに入院したが、入院後約1週間頃から高熱が出るとともに重篤状態となり、その状態が同年9月25日まで続き、その間医師から安静を命ぜられ、家族以外の者との面会を禁止されており、重篤状態には判断力、思考力が極度に減衰していたことが認められ、右事実によると、原告は、昭和48年7月1日頃から9月25日までは自ら本件商標権の存続期間の更新登録の出願をし、あるいは代理人をしてこれをさせることを念頭におくことを期待できない状態にあった。

このような事案の場合について「（旧）商標法第20条第3項の規定する『責に帰することができない理由』のある場合とは、商標権の存続期間の更新登録の出願をする者が、その出願手続をする上に通常用い得ると期待される注意を尽しても、なお出願期間の徒過を避けることができないと認められる事由のある場合をいうものと解すべきであり、右は必ずしも天災その他避けることのできない事変といった、いわゆる客観的事由に基づく不能の場合に限られず、出願本人に生じた、いわゆる主観的事由に基づく不能の場合もまたこれに含まれるものである。従って右に認定したように突然の重病により出願が不能となった本件の場合も、右不能になった理由は、原告の『責に帰することができない理由』に該当するというべきである」としている（東京地判昭51・6・28無体集8巻1号244頁）。

(b)「その責めに帰することができない理由」に該当しないとされた事例　弁理士の過失によって存続期間更新登録の出願期間を懈怠した場合について、「控訴人は自ら、更新登録出願の時期を知る方法として弁理士を使用したというに帰するのであって、このようにして使用せられた弁理士の過失もまた控訴人の過失と同視すべきであり、結局控訴人はその過失によって更新登録出願の期間の到来を知らず、またその期間を懈怠したものといわざるを得ない」と述べ、旧商標法20条3項の規定は適用されないとしている（東京高判昭39・2・27判タ160号127頁）。

更新登録出願の期間内に出願することができなかったことが、代理人の過失に基づくものであった事案において、「原告は、本件商標権の存続期間の更新登録の出願は、その責に帰することのできない理由により、所定の期間内に出願することができなかった場合に該当する旨主張するが、本件のように、自己の任意に選任した代理人によって登録をする場合、その責に帰することのできない理由があるかどうかは、本人である原告およびその代理人の両者を通じて、これをみるべきであることは、この種の代理について、その性質上、むしろ当然とすべきところ、本件商標権の存続期間の更新登録の出願を同条第2項所定の期間内にすることができなかったのは、原告の委任を受けた代理人の過

失に基くものであることは、原告の主張自体に徴し明らかであるから、たとえ、それが委任者である原告自身の過失に基くものでなかったとしても、これをもって、同条第3項所定の事由に該当するとはいいがた」いとしている（東京地判昭38・3・9判タ142号167頁）。

Ⅲ 平成23年改正の商標権の回復

　平成23年改正前の規定には、原商標権者に「その責めに帰することができない理由」によって一定期間内に更新登録の申請ができなかったことが、商標権の回復の要件となっていたが、この「その責めに帰することができない理由」の解釈は、前述のように、天災その他避けることのできない事変とか、本人が突然の重病になり出願が不能となったような場合等と極めて厳格に解されていた。

　そこで、平成23年の改正は、救済の要件を緩和するとともに、救済手続の可能な期間を拡大した。改正前の「その責めに帰することができない理由」とする救済の要件を緩和して「正当な理由」とし、「その理由がなくなった日から14日（在外者にあっては、2月）」とする救済期間を拡大して「その理由がなくなった日から2月」に改正した。

　特許権の回復における平成23年の改正では、期間経過後6ヵ月以内との要件を1年以内と改正されたが、国際的にも欧米主要国では6ヵ月を超える例がないことなどの理由から、従来どおり「その期間の経過後6月以内」とする規定が維持された（平23改正解説195頁）。

Ⅳ 平成27年改正の商標権の回復

　商標権回復の申請期間は、「その理由がなくなった日から2月以内でその期間の経過後6月以内」となっていたが、平成27年の改正により「経済産業省令で定める期間内」に改められた。すなわち、商標法20条4項の規定により消滅したものとみなされた商標権の原商標権者は、同条3項の規定により更新登録の申請をすることができる期間内にその申請ができなかったことについて正当の理由があるときは、経済産業省令で定める期間内に限り、その申請をすることができることになった。

Ⅴ 割増登録料の納付

　商標法21条1項の規定により更新登録の申請を行う場合には、商標法40条2項の規定により納付すべき登録料のほかに、その登録料と同額の割増登録料の納付を必要とする（商標43条1項）。

§21（商標権の回復）

VI　商標権の回復の申請がなされた場合の効果

　商標権の回復の規定による更新登録の申請があったときは，存続期間は，その満了の時に遡って更新されたものとみなされる（商標21条2項）。

　更新登録の満了時に消滅したものとみなされていた商標権が，商標法21条1項の規定による更新登録の申請をすることによって，存続期間は，その満了時に遡って更新されたものとみなされ，権利は継続して存続することになるから，商標権は回復することになり，存続期間に空白期間が生じないことになる。

〔盛岡　一夫〕

第1節　商標権　　　　　　　　　　§22（回復した商標権の効力の制限）

第22条（回復した商標権の効力の制限）
　　前条第２項の規定により回復した商標権の効力は，第20条第３項に規定する更新登録の申請をすることができる期間の経過後前条第１項の申請により商標権の存続期間を更新した旨の登録がされる前における次に掲げる行為には，及ばない。
　一　当該指定商品又は指定役務についての当該登録商標の使用
　二　第37条各号に掲げる行為
　　（改正，平６法116，平８法68）

【参考文献】
〔書　籍〕平８改正解説，小野＝小松編・法律相談，牧野利秋編・特許・意匠・商標の基礎知識〔第３版〕（青林書院，99），網野・商標〔第６版〕，田村・商標〔第２版〕，江口順一編・Q&A商標法入門（世界思想社，01），川津義人・商品・サービス商標実務入門（発明協会，01），土肥・入門〔第14版〕，逐条解説〔第19版〕，平尾・商標，渋谷・講義Ⅲ〔第２版〕，小野＝小松編・新法律相談，工藤莞司・商標法の解説と裁判例（マスターリンク，11），牧野利秋編・実務解説特許・意匠・商標（青林書院，12），紋谷・知的概論〔第３版〕，知的所有権問題研究会編・最新商標権関係判例と実務（民事法研究会，12），小野＝三山・新概説〔第２版〕，末吉・商標〔新版第４版〕，茶園編・商標．

細　目　次

Ⅰ　本条の趣旨(795)　　　　　　　　　　　　　　　　　　　　　　　　〔盛岡　一夫〕
Ⅱ　回復した商標権の効力の制限(796)

Ⅰ　本条の趣旨
　存続期間満了後経済産業省令で定める期間内に更新登録の申請をしないときは，商標権は消滅したものとみなされるが，存続期間満了後経済産業省令で定める期間を経過していても，原商標権者が更新登録の申請ができなかったことについて正当な理由があるときは，一定期間内に更新登録の申請をすることにより商標権は回復するので，回復した当該商標権と第三者による当該登録商標の使用等との関係を衡平の見地から調整することを要する。
　そこで，本条は，回復した商標権の効力は，商標法20条３項に規定する更新登録の申請期間の経過後から，21条１項の申請による更新登録がされるまでの期間における①当該指定商品又は指定役務についての当該登録商標の使用，②37条各号に掲げる行為には及ばないものとしている。

§22（回復した商標権の効力の制限）　　　　　　　　　　　　　　　第4章　商　標　権

Ⅱ　回復した商標権の効力の制限

　商標権者が存続期間満了後経済産業省令で定める期間内に更新登録の申請をしないときは，その商標権は存続期間の満了の時に遡って消滅したものとみなされる（商標20条3項・4項）。しかし，存続期間満了後経済産業省令で定める期間内に更新登録の申請をすることができなかったことについて，原商標権者に正当の理由があるときは，経済産業省令で定める期間内に限り更新登録の申請をすることが認められている（商標21条1項）。このときは，存続期間の満了の時に遡って更新されたものとみなされ商標権は回復する（商標21条2項）。

　このように，一度消滅したものとみなされた商標権が回復することになるので，商標権が消滅したものと信じて当該登録商標の使用をしていた第三者の利益を保護することを要する。そこで，存続期間の満了後経済産業省令で定める期間の経過後から商標法21条1項の申請により商標権の存続期間を更新した旨の登録がされる前における当該指定商品又は指定役務についての当該登録商標の使用及び商標法37条各号に掲げる行為には，回復した商標権の効力は及ばないことにしている。更新登録の翌日以降における当該指定商品又は指定役務についての当該登録商標の使用等については，商標権の効力は及ぶことになる。

　再審により回復した商標権の効力が制限されるのは，第三者が登録商標を善意で使用していることを要件としている（商標59条）が，本条の場合には，善意であることを要件としていないので，第三者の使用が善意であると悪意であるとを問わず，商標権の効力は制限される。これは，前述のように存続期間満了後経済産業省令で定める期間内に更新登録の申請をしないで消滅したものとみなされた商標権が，原商標権者の正当な理由により回復されることを知った上で，短い期間内に当該商標権の使用等（本条1号・2号）を開始するようなことは少ないからである。

　登録商標が無効審判等により無効になった後に，再審により権利が回復するまでの期間において，登録商標の権利が存在しないものであると信じて，登録商標と抵触する商標を使用し周知にさせたときには，引き続き使用する権利を認めている（商標60条）。このような権利が商標権の回復に関連して設けられていないが，これは，再審の場合と比較して周知性を獲得するまでの期間が極めて短期間であって，この期間に需要者の間で広く認識されるような商標となるようなことは通常あり得ないこと等の理由による（逐条解説〔第19版〕1360頁）。

〔盛岡　一夫〕

第1節　商標権　　　　　　　　　　　　　　§23（存続期間の更新の登録）

第23条（存続期間の更新の登録）
　第40条第２項の規定による登録料又は第41条の２第７項の規定により更新登録の申請と同時に納付すべき登録料の納付があつたときは，商標権の存続期間を更新した旨の登録をする。（改正，平８法68，平27法55）
２　第20条第３項又は第21条第１項の規定により更新登録の申請をする場合は，前項の規定にかかわらず，第40条第２項の規定による登録料及び第43条第１項の規定による割増登録料又は第41条の２第７項の規定により更新登録の申請と同時に納付すべき登録料及び第43条第２項の規定による割増登録料の納付があつたときに，商標権の存続期間を更新した旨の登録をする。（改正，平８法68，平27法55）
３　前２項の登録があつたときは，次に掲げる事項を商標公報に掲載しなければならない。
　一　商標権者の氏名又は名称及び住所又は居所
　二　登録番号及び更新登録の年月日
　三　前２号に掲げるもののほか，必要な事項
（本項追加，平８法68）

【参考文献】
〔書　籍〕　三宅発・商標，兼子＝染野・工業，兼子＝染野・特許・商標〔新装版〕，江口俊夫・商標法解説(1)(2)（蕚工業所有権研究所，71），光石・詳説〔新訂〕，三宅・雑感，江口俊夫・新商標法解説（蕚工業所有権研究所，75），吉原＝高橋・新訂説義，紋谷編・50講〔改訂版〕，豊崎・工業〔新版増補〕，中山編・基礎，蕚・解説（四法編）〔改訂版〕，村林還暦，特許庁編・工業所有権方式審査便覧（発明協会，91），著作権法・商標法判例研究会編・著作権法・商標法判例解説集（新日本法規，92），登録実務研究会編著・工業所有権登録の実務〔改訂版〕（通商産業調査会，92），特許庁編・サービスマーク，新知的財産権読本委員会編・商標出願の実務（通商産業調査会，92），平８改正解説，小野＝小松編・法律相談，牧野利秋編・特許・意匠・商標の基礎知識〔第３版〕（青林書院，99），小野・概説〔第２版〕，網野・商標〔第６版〕，田村・商標〔第２版〕，角田政芳＝辰巳直彦・知的財産法〔第７版〕（有斐閣，15），江口順一編・Q&A商標法入門（世界思想社，01），川津義人・商品・サービス商標実務入門（発明協会，01），土肥・入門〔第14版〕，逐条解説〔第19版〕，平尾・商標，渋谷・講義Ⅲ〔第２版〕，小野＝小松編・新法律相談，工藤莞司・商標法の解説と裁判例（マスターリンク，11），牧野利秋編・実務解説特許・意匠・商標（青林書院，12），紋谷・知的概論〔第３版〕，知的所有権問題研究会編・最新商標権関係判例と実務（民事法研究会，12），小野＝三山・新概説〔第２版〕，末吉・商標〔新版第４版〕，茶園編・商標。

〔盛岡〕

§23（存続期間の更新の登録）

細 目 次

I　本条の趣旨(798)
II　存続期間の更新登録(798)
III　商標法20条3項又は21条1項の規定により更新登録の申請をする場合の登録料(798)
IV　商標公報への掲載事項(799)

〔盛岡　一夫〕

I　本条の趣旨

1項は，存続期間の更新のための登録料又は分割納付の前半分が納付されたときには，存続期間の更新登録をする旨を規定し，2項は，商標法20条3項又は21条1項の規定により更新登録の申請をする場合には，登録料又は分割納付の前半分の納付のほか，それぞれの登録料と同額の割増登録料の納付も必要である旨を規定し，3項は，更新登録がなされた場合の商標公報への掲載事項について規定している。

II　存続期間の更新登録

更新登録の申請と同時に更新登録の登録料を納付しなければならない。更新登録料の納付があったときは，商標権の存続期間を更新した旨の登録がなされ，この登録があったときは，存続期間はその満了の時に更新されるものとしている（商標19条3項）。平成8年の改正により，登録料の分割納付が認められ，分割納付の前半分が納付されたときにも更新登録がなされることになった（商標23条1項）。

更新の登録料は，全額納付の場合においては，1件ごとに3万8800円に区分の数を乗じて得た額であり（商標40条2項），分割納付の場合においては，1件ごとに2万2600円に区分の数を乗じて得た額を納付するとともに，商標権の存続期間満了前5年までに，1件ごとに，2万2600円に区分の数を乗じて得た額を納付する（商標41条の2第7項）。

III　商標法20条3項又は21条1項の規定により更新登録の申請をする場合の登録料

更新登録の申請を存続期間満了の日までにすることができず（商標20条2項），存続期間満了後経済産業省令で定める期間内に更新登録の申請をする場合（商標20条3項）又は原商標権者が手続期間内に更新登録の申請ができなかったことについて正当な理由があり，経済産業省令で定める期間内に申請をする場合（商標21条1項）は，登録料（商標40条2項）又は分割納付の前半分の登録料（商標41条の2第7項）のほか，その登録料と同額の割増登録料（商標43条1項）又は分割納付のときの割増登録料（商標43条2項）を納付しなければならない（商標23条2項）。上記の納付があったときに，商標権の存続期間を更新した旨の登録がなされる。

Ⅳ 商標公報への掲載事項

　更新の登録がなされたときには，①商標権者の氏名又は名称及び住所又は居所，②登録番号及び更新登録の年月日，③そのほか必要な事項が商標公報に掲載される（商標23条3項）。そのほか必要な事項としては，代理人がある場合の代理人に関する事項，更新登録をする際に商品及び役務の区分を減縮する場合があるが，その場合における更新後の商品及び役務の区分の記載等がある。

　更新登録の場合の記載事項が商標権の設定登録の際の商標公報への記載（商標18条3項）よりも少ないのは，更新登録の場合には，既に存在している権利が引き続き存続することを公示すればよいからである。これに対し，設定登録の場合には，権利が設定された旨を公衆に知らせるため，また，登録異議の申立てを認めるために願書に記載された商標，指定商品又は指定役務等を詳細に掲載する必要があるからである。

〔盛岡　一夫〕

§24（商標権の分割）　　　　　　　　　　　　　　　　　　　　　第４章　商　標　権

第24条（商標権の分割）
　商標権の分割は，その指定商品又は指定役務が二以上あるときは，指定商品又は指定役務ごとにすることができる。
２　前項の分割は，商標権の消滅後においても，第46条第３項の審判の請求があつたときは，その事件が審判，再審又は訴訟に係属している場合に限り，することができる。（改正，平26法36）

（本条追加，平８法68）

【参考文献】
〔書　籍〕　平８改正解説，小野＝小松編・法律相談，牧野利秋編・特許・意匠・商標の基礎知識〔第３版〕（青林書院，99），網野・商標〔第６版〕，田村・商標〔第２版〕，角田政芳＝辰巳直彦・知的財産法〔第７版〕（有斐閣，15），江口順一編・Q&A商標法入門（世界思想社，01），川津義人・商品・サービス商標実務入門（発明協会，01），土肥・入門〔第14版〕，逐条解説〔第19版〕，平尾・商標，渋谷・講義Ⅲ〔第２版〕，小野＝小松編・新法律相談，工藤莞司・商標法の解説と裁判例（マスターリンク，11），牧野利秋編・実務解説特許・意匠・商標（青林書院，12），紋谷・知的論〔第３版〕，知的所有権問題研究会編・最新商標権関係判例と実務（民事法研究会，12），小野＝三山・新概説〔第２版〕，末吉・商標〔新版第４版〕，茶園編・商標。

細　目　次

Ⅰ　本条の趣旨(800)
Ⅱ　商標権の分割の条件(800)
Ⅲ　商標権の分割の時期(801)
Ⅳ　商標権の分割の登録(801)

〔盛岡　一夫〕

Ⅰ　本条の趣旨

　１項は，商標権を分割することができる条件について規定し，２項は，商標権を分割することができる時期について規定したものである。

Ⅱ　商標権の分割の条件

　１個の商標権に指定商品又は指定役務が二以上ある場合に，商標権者の意思によって指定商品又は指定役務ごとに分けて，別個独立の商標権とすることを商標権の分割という。
　平成８年改正前は，他人への権利の移転を伴わない商標権の分割は認められていなかった（旧商標24条１項）。しかし，商標法条約７条(2)では，権利の移転の有無に関係なく登録の分割を認めている。

そこで，わが国でも，商標権の分割は，その指定商品又は指定役務が二以上あるときは，指定商品又は指定役務ごとにすることができる（商標24条1項）と規定し，商標権を他人への移転を前提としない分割を認めている。

このように他人への移転を伴わない商標権の分割が認められるようになると，登録異議の申立て（商標43条の2）又は商標登録の無効審判の請求（商標46条）があったような場合に，登録異議の申立て又は無効審判の請求がされた指定商品又は指定役務についての商標権と，登録異議の申立て又は無効審判の請求がされなかった指定商品又は指定役務についての商標権とに分割することによって，争いのない指定商品又は指定役務についての商標権については，安心して早く使用できることになる。

なお，商標権を分割したときには，防護標章登録に基づく権利は消滅する（商標66条1項）。

Ⅲ　商標権の分割の時期

商標法条約7条(2)によると，登録の分割は，第三者が官庁に対して登録の有効性を争う手続の期間及びその手続において官庁が行った決定に対する不服申立手続の期間は認められると規定されている。

そこで，わが国でも，商標権の分割は，商標権の消滅後においても，商標登録の無効審判の請求があったときは，その事件が審判，再審又は訴訟に係属している場合に限りすることができることにしている（商標24条2項）。商標登録の無効審判は，商標権の消滅後においても請求することができる（商標46条3項）ので，この事件が審判，再審又は訴訟に係属している場合に限り，商標権の分割を認めている。

商標権が発生してから消滅するまでの期間については，特段の制限なく商標権の分割は認められている。

Ⅳ　商標権の分割の登録

商標権の分割は，登録しなければ，その効力を生じない（商標35条，特98条1項1号）。登録が分割の効力発生要件とされている。

〔盛岡　一夫〕

§24の2（商標権の移転）

第24条の2（商標権の移転）

商標権の移転は，その指定商品又は指定役務が二以上あるときは，指定商品又は指定役務ごとに分割してすることができる。

2　国若しくは地方公共団体若しくはこれらの機関又は公益に関する団体であつて営利を目的としないものの商標登録出願であつて，第4条第2項に規定するものに係る商標権は，譲渡することができない。

3　公益に関する事業であつて営利を目的としないものを行つている者の商標登録出願であつて，第4条第2項に規定するものに係る商標権は，その事業とともにする場合を除き，移転することができない。

（改正，平8法68）

4　地域団体商標に係る商標権は，譲渡することができない。（本項追加，平17法56）

【参考文献】

〔書　籍〕　三宅発・商標，兼子＝染野・工業，兼子＝染野・特許・商標〔新装版〕，江口俊夫・商標法解説(1)(2)（夢工業所有権研究所，71），光石・詳説〔新訂〕，三宅・雑感，江口俊夫・新商標法解説（夢工業所有権研究所，75），吉原＝高橋・新訂説義，紋谷編・50講〔改訂版〕，豊崎・工業〔新版増補〕，中山編・基礎，夢・解説（四法編）〔改訂版〕，登録実務研究会編著・工業所有権登録の実務〔改訂版〕（通商産業調査会，92），平8改正解説，小野＝小松編・法律相談，小野・概説〔第2版〕，牧野利秋編・特許・意匠・商標の基礎知識〔第3版〕（青林書院，99），網野・商標〔第6版〕，田村・商標〔第2版〕，角田政芳・辰巳直彦・知的財産法〔第7版〕（有斐閣，15），江口順一編・Q&A商標法入門（世界思想社，01），川津義人・商品・サービス商標実務入門（発明協会，01），土肥・入門〔第14版〕，逐条解説〔第19版〕，平尾・商標，渋谷・講義Ⅲ〔第2版〕，小野＝小松編・新法律相談，工藤莞司・商標法の解説と裁判例（マスターリンク，11），牧野利秋編・実務解説特許・意匠・商標（青林書院，12），紋谷・知的概論〔第3版〕，知的所有権問題研究会編・最新商標権関係判例と実務（民事法研究会，12），小野＝三山・新概説〔第2版〕，末吉・商標〔新版第4版〕，茶園編・商標，平17改正解説。

〔論文等〕　染野啓子「商標権の自由譲渡と法規制の限界」パテ8巻3号8頁，荒玉義人「商標権の自由譲渡について」特管5巻5号95頁，新井市彦「商標権の自由譲渡及び商標の使用許諾制度について」商事法務研究138頁，吉野衛「商標権の自由譲渡と担保の取得について」金法223号20頁，大矢陸夫「商標権の売買における最近の疑問」特管11巻1号27頁，W. J. デレンバーグ（松尾和子訳）「国際商標・不正競争の諸問題——商標の譲渡と使用許諾」海外商事法務50号21頁，飯島久雄「商標権の譲渡担保の効力」商標判例百選80頁，西本喜久男「連合商標の一つを譲渡する契約の効力」別冊ジュリ14号82頁，松岡誠之助「会社の商標権移転行為に対する株主の無効の訴」商標判例百選102頁，播磨良承「商標権の移転」受験新報23巻4号206頁，木村三朗「並行輸入の問題と商標権譲渡の効力」学会年報1号158頁，播磨良承「商標権の移転登録手続き命令」発明78巻3号105頁，渋谷達紀「周知表示の譲渡と差止請求権の帰属」特管32巻4号465頁，渋谷達紀「商標登録出願により生じ

第1節　商標権　　　　　　　　　　　　　　　§24の2（商標権の移転）

た権利の移転を特許庁長官に届け出る前に，権利の承継人が被承継人に対してなしうる請求の内容」判評359号214頁。

細目次

I　本条の趣旨(803)
II　商標権移転の自由(803)
　(1)　旧法（大正10年法）の規定(803)
　(2)　営業との分離(804)
　(3)　商標権移転の登録(804)
　(4)　持分の譲渡(804)
　(5)　商標権移転と防護標章登録に基づく権利との関係(805)
III　商標権移転の制限(805)
　(1)　国・公益団体等の商標権の譲渡禁止(805)
　(2)　公益事業の商標権の移転禁止(805)
　(3)　地域団体商標の商標権の譲渡禁止(805)
　(4)　平成8年改正前の制限(806)
　　(a)　類似指定商品・類似指定役務間の分割移転の禁止(806)
　　(b)　連合商標の分離移転禁止(806)
　　(c)　日刊新聞紙への公告義務(806)

〔盛岡　一夫〕

I　本条の趣旨

旧法（大正10年法）は，商標権は営業とともにする場合に限り移転することができる旨を規定していたが，商標の機能は，出所表示機能から品質保証機能へとその重点が変化しているので，商標権は，営業と分離して自由に移転できることにしている。

しかし，需要者の保護及び制度の趣旨等を考慮して，一定の制限がなされている。すなわち，2項は，国・公益団体等の商標権の譲渡禁止，3項は，公益事業の商標権の移転禁止，4項は，地域団体商標の商標権の譲渡禁止について規定している。

II　商標権移転の自由

(1)　旧法（大正10年法）の規定

旧法12条1項は「商標権ハ其ノ営業ト共ニスル場合ニ限リ之ヲ移転スルコトヲ得」と規定していた。旧法においては，商標と営業とは不可分の関係にあると考え，商標と営業を分離して移転すれば，需要者に商品の出所の混同・品質の混同を生じさせるので，商標権は営業とともにする場合に限り移転することができるとしていた。

しかし，次第に商標権の財産的価値が評価されるようになり，経済界から営業と分離して商標だけの移転を認めるべきであるとの要請がなされるようになった。裁判例においても，旧法12条1項の営業について，商標と営業との有機的結合関係が既に客観的事実として形成されている場合と形成の成立していない場合とに分け，後者の場合において，営業とは，観念的な営業又は営業者たる地位ないし権利者の指定商品についての営業に関する内心の意思と解してもさしつかえない旨判示されるようになった（東京地判昭30・4・15下民集6巻4号718頁）。

〔盛岡〕　803

§24の2（商標権の移転）

また，実務においても，商標権移転登録申請書に営業とともに移転する旨を記載した譲渡証が添付されていれば，実質審査がなされず，営業譲渡証の添付で商標権の移転が認められていたといわれている（小野・概説〔第2版〕186頁，紋谷編・50講〔改訂版〕116頁〔宮田量司〕）。

このように，旧法12条1項によって，商標権は営業とともにする場合に限り移転することができる旨規定されていたが，裁判例及び実務により緩和されて解釈されていた。

(2) 営業との分離

現行法においては，旧法12条1項に相当する規定が廃止され，商標権は営業と分離して自由に移転が認められることになった。その理由については，商標権の財産権としての地位の強化の傾向が一般的となり，経済界においても，商標に化体された信用そのものに財産的価値を認め，営業と離れての譲渡を認めるべきであるとの要請が強かったこと，また，商品の出所の混同の問題についても，一般消費者は品質について保証があれば出所のいかんは問わないだろうし，その品質の保証についても商標権者が同一でも必ずしも法的に品質の保証があるわけではなく，逆に自由譲渡を認めたとしても商標権を譲り受けた者はそれまでに築かれた信用の維持につとめる結果，品質が劣ることもないだろうから，一般的に自由譲渡を禁止する根拠となり得ない旨説明されている（逐条解説〔第19版〕1366頁）。

商品が大量生産され，商品取引形態も変化してくると，需要者にとっては，商品の品質が保証される限り，営業者が誰であるかということについて，それほど関心を示さないようになってきた。商標の機能の重点は，商標が出所表示機能を中心とした人格権的なものから，商品の品質保証機能を中心とした財産権的なものへ変わってきたといえる。

現行法が商標権の移転を営業と分離して自由に認めたことにより，需要者の保護が十分になされないようになっているとの批判がある（小野・概説〔第2版〕186頁，豊崎・工業〔新版増補〕442頁，中山編・基礎317頁〔田辺秀三〕）。

(3) 商標権移転の登録

商標権の移転は，相続その他の一般承継によるものを除き，商標登録原簿に登録しなければ，その効力を生じない（商標35条，特98条1項1号）。相続その他の一般承継の場合には，登録しなくても移転の効力を生じるが，移転があった旨を特許庁長官に届け出なければならない（商標35条，特98条2項）。

(4) 持分の譲渡

商標権が共有に係る場合は，各共有者は，他の共有者の同意を得なければ，その持分を譲渡することができない（商標35条，特73条1項）。

第1節 商標権　　　　　　　　　　　　　　　　　　§24の2（商標権の移転）

(5) 商標権移転と防護標章登録に基づく権利との関係
　商標権が移転したときは，防護標章登録に基づく権利もこれに付随して移転する（商標66条2項）。商標権の分割移転の場合は，商標権を分割したときに，防護標章登録に基づく権利は消滅する（商標66条1項）。

Ⅲ　商標権移転の制限
　商標権は，自由に移転できるのであるが，次のような制限をしている。
(1) 国・公益団体等の商標権の譲渡禁止
　国若しくは地方公共団体若しくはこれらの機関，公益に関する団体で営利を目的としないものを表示する標章であって，著名なものと同一又は類似の商標については，他人が商標登録を受けることができない（商標4条1項6号）。これは，これらの公益団体の権威を尊重するためであるから，その団体自身が自ら使用するために商標登録出願をするときには，商標登録が受けられることになっている（商標4条2項）。国・公益団体等にのみ登録されている商標権を他人に自由に譲渡を認めることは，商標法4条の趣旨に反するので禁止されている（本条2項）。ここで「譲渡」と表現したのは，一般承継の場合には移転できるという趣旨である（逐条解説〔第19版〕1336頁）。
(2) 公益事業の商標権の移転禁止
　公益に関する事業であり営利を目的としないものを表示する標章であって著名なものと同一又は類似の商標は，他人が商標登録を受けることができない（商標4条1項6号）。しかし，公益に関する事業であって営利を目的としないものを行っている者自身が，商標登録出願をするときに限って登録が認められている（商標4条2項）。
　公益に関する事業で営利を目的としないものを表示する標章であって著名なものと同一又は類似の商標は，これらの者の事業に使用するために登録が認められたのであるから，これらの商標権は，その事業とともにする場合を除き移転することができない（本条3項）。
(3) 地域団体商標の商標権の譲渡禁止
　地域団体商標に係る商標権は，譲渡することができないとは，組合等の団体の合併のような一般承継の場合には移転することができるということである。
　地域団体商標の商標権については，自由な譲渡を認めると登録要件を設けた趣旨が損なわれるので，組合の合併等の一般承継の場合に限り移転することができるものとし，譲渡は認められないこととしている（本条4項）。登録要件を備えた組合等の団体の合併のような場合には，出所そのものがまったく異なる性質の主体に変動するわけではなく，商標の使用をしていた構成員についても変化がないため，商標に化体した商品の品質又

§ 24の2（商標権の移転）

は役務の質に対する信用も維持されるからであるとされている（逐条解説〔第19版〕1366頁）。

　(4)　平成8年改正前の制限

　平成8年改正前においては，次の場合にも制限していた。

　(a)　**類似指定商品・類似指定役務間の分割移転の禁止**　分割しようとする指定商品又は指定役務が，その分割しようとする指定商品又は指定役務以外の指定商品又は指定役務のいずれかに類似している場合には，分割移転は認められなかった（旧24条1項但書）。類似指定商品又は類似指定役務間の分割移転を認めないのは，別の独立の商標権となる商標に元の商標権の効力が及ぶ結果となるからであり，また，商品及び役務の出所の混同を生ずるからであるといわれていた（小野・概説〔第2版〕187頁，吉原・説義174頁）。

　平成8年の改正により，混同防止表示請求権（商標24条の4）及び出所の混同が生じた場合に商標登録取消審判（商標52条の2）を設けることにし，類似関係にある商品又は役務についても商標権の分割移転を認めた。

　(b)　**連合商標の分離移転禁止**　連合商標は相抵触する商標であるが，同一人に登録される限り出所の混同を生じないのでその登録が認められているものであって，この連合商標を分離して他人に移転すれば，相互に抵触する商標権が併存し，出所の混同を生ずることとなり，連合商標制度の趣旨に反することになる。したがって，連合商標に係る商標権は，分離して移転することができないことにしていた（旧24条2項）。平成8年の改正により連合商標制度を廃止したので，旧24条2項の規定を削除した。

　(c)　**日刊新聞紙への公告義務**　商標権を譲り受けるには，その譲渡の事実を一般公衆に周知させるために，通商産業省令で定めるところにより，その旨を日刊新聞紙に公告しなければならず（旧24条3項），商標権の移転の登録は，日刊新聞に公告があった日から30日を経過した後でなければすることができなかった。（旧24条4項）。日刊新聞紙に公告することは，商標権の移転登録の要件となっており，この移転登録申請をするときは，公告した日刊新聞紙を添付しなければならなかった（旧商標登8条）（登録実務研究会編著・工業所有権登録の実務〔改訂版〕324頁以下参照）。

　このような手続になっていたのは，需要者に商標権の移転があったことを周知させて，出所の混同，品質の誤認を防止するためであった。日刊新聞紙としては，一般の新聞でも通商産業省公報でもよいのであるが，多くの場合は通商産業省公報に公告されていた。一般の公衆が通商産業省公報を見ることは少ないので，周知の方法としては疑問のあるところであった（小野・概説〔第2版〕186頁）。

　従来，一般紙は利用されることが少なかったこと，譲渡される商標権は不使用のものが多かったこと，使用されていた商標権であっても誤認混同が生じないような措置が講じられるのが通常であること等の理由により，平成8年の改正において，日刊新聞紙へ

第1節　商　標　権　　　　　　　　　　　§ **24の2**（商標権の移転）

の公告義務づけは廃止された（逐条解説〔第19版〕1336頁）。

〔盛岡　一夫〕

§24の3（団体商標に係る商標権の移転） 第4章 商 標 権

第24条の3（団体商標に係る商標権の移転）
　団体商標に係る商標権が移転されたときは，次項に規定する場合を除き，その商標権は，通常の商標権に変更されたものとみなす。
2　団体商標に係る商標権を団体商標に係る商標権として移転しようとするときは，その旨を記載した書面及び第7条第3項に規定する書面を移転の登録の申請と同時に特許庁長官に提出しなければならない。

（本条追加，平8法68）

【参考文献】
　平8改正解説，後藤・講話〔第12版〕，逐条解説〔第19版〕。

細　目　次

Ⅰ　本条の趣旨(808)
Ⅱ　本条の内容(809)
　(1)　1項(809)
　(2)　2項(809)

〔後藤　晴男＝平山　啓子〕

Ⅰ　本条の趣旨

　本条は，団体商標制度の明文化に伴い新設された規定であって，団体商標に係る商標権が移転された場合について定めている。団体商標に係る商標権の移転も原則として自由である。団体商標に係る商標権も，その指定商品又は指定役務ごとに分割して移転することができる（商標24条の2第1項）。しかし，所定の要件を満たさない法人に移転する場合やその要件を満たす法人であっても団体商標として使用することを望まないで移転を受けようとする場合もあることなどから，移転されたときは，原則として通常の商標権となったものとみなすこととしている（商標24条の3第1項）。なお，団体商標の登録要件は通常の商標の登録要件をカバーしているので，通常の商標の登録要件を満たしているものとみることができよう。しかし，所定の要件を満たす法人が団体商標に係る商標権として承継することを望むときは，団体商標に係る商標権として移転する旨を記載した書面及び所定の要件を満たす法人であることを証明する書面を移転の登録と同時に特許庁長官に提出しなければならない（同条2項）。この手続が履行されないときは，通常の商標権に変更されたものとみなされる。

第1節　商標権　　　　　　　　　　§24の3（団体商標に係る商標権の移転）

Ⅱ　本条の内容
（1）　1　項
　1項は，団体商標に係る商標権が移転されたときは，2項に規定する場合を除いて，その商標権は，通常の商標権に変更されたものとみなされる旨を規定する。団体商標に係る商標権が移転されたときは原則として通常の商標権となったものとみなすこととした。それは，①団体商標に係る商標権の移転も原則としては自由であること，②7条1項の要件を満たさない法人に移転する場合や，③7条1項の要件は満たす法人であっても団体商標として使用することを望まない移転を受けようとする場合等もあること，④団体商標の登録要件は通常の商標の登録要件をカバーしていることによる。したがって，所定の要件を満たす法人が団体商標に係る商標権として継承することを望む場合には，団体商標に係る商標権として移転する旨を記載した書面及び所定の要件を満たす法人であることを証明する書面（商標7条3項）を移転登録申請書と同時に特許庁長官に提出することを要する（次項）。

（2）　2　項
　2項は，団体商標に係る商標権を団体商標に係る商標権として移転する場合には，団体商標に係る商標権の移転する旨を記載した書面及び7条1項の要件を満たす法人であることを証明する書面（商標7条3項）を移転登録申請書と同時に特許庁長官に提出しなければならない旨を規定する。したがって，この条件が満たされない団体商標に係る商標権の移転については，1項の規定により，通常の商標権に変更されたものとみなされる。なお，通常の商標権を団体商標に係る商標権として移転することは認められない。このような移転を認めなくても，譲受人は使用許諾制度により実質的に団体商標に係る商標権と同じ利益が得られるという背景があることに加えて，団体商標に係る商標権を他人に移転した後に何時でも自己に移転し直すことが可能となると，平成8年改正法施行日から1年以内に限り通常の商標登録を団体商標の商標登録に変更できることとした経過措置（改正法附則5条1項）の存在意義が失われることともなるからであるとする（平8改正解説183頁）。

〔後藤　晴男＝平山　啓子〕

§24の4（商標権の移転に係る混同防止表示請求） 第4章 商標権

第24条の4 （商標権の移転に係る混同防止表示請求）
　　商標権が移転された結果，同一の商品若しくは役務について使用をする類似の登録商標又は類似の商品若しくは役務について使用をする同一若しくは類似の登録商標に係る商標権が異なつた商標権者に属することとなつた場合において，その一の登録商標に係る商標権者，専用使用権者又は通常使用権者の指定商品又は指定役務についての登録商標の使用により他の登録商標に係る商標権者又は専用使用権者の業務上の利益（当該他の登録商標の使用をしている指定商品又は指定役務に係るものに限る。）が害されるおそれのあるときは，当該他の登録商標に係る商標権者又は専用使用権者は，当該一の登録商標に係る商標権者，専用使用権者又は通常使用権者に対し，当該使用について，その者の業務に係る商品又は役務と自己の業務に係る商品又は役務との混同を防ぐのに適当な表示を付すべきことを請求することができる。

（本条追加，平8法68）

【参考文献】
〔書　籍〕　三宅発・商標，兼子＝染野・工業，兼子＝染野・特許・商標〔新装版〕，江口俊夫・商標法解説(1)(2)（尊工業所有権研究所，71），光石・詳説〔新訂〕，三宅・雑感，江口俊夫・新商標法解説（尊工業所有権研究所，75），吉原＝高橋・新訂説義，紋谷編・50講〔改訂版〕，豊崎・工業〔新版増補〕，中山編・基礎，尊・解説（四法編）〔改訂版〕，登録実務研究会編著・工業所有権登録の実務〔改訂版〕（通商産業調査会，92），平8改正解説，小野＝小松編・法律相談，牧野利秋編・特許・意匠・商標の基礎知識〔第3版〕（青林書院，99），網野・商標〔第6版〕，田村・商標〔第2版〕，角田政芳＝辰巳直彦・知的財産法〔第7版〕（有斐閣，15），江口順一編・Q&A商標法入門（世界思想社，01），川津義人・商品・サービス商標実務入門（発明協会，01），土肥・入門〔第14版〕，逐条解説〔第19版〕，平尾・商標，渋谷・講義Ⅲ〔第2版〕，小野＝小松編・新法律相談，工藤莞司・商標法の解説と裁判例（マスターリンク，11），牧野利秋編・実務解説特許・意匠・商標（青林書院，12），紋谷・知的概論〔第3版〕，知的所有権問題研究会編・最新商標権関係判例と実務（民事法研究会，12），小野＝三山・新概説〔第2版〕，末吉・商標〔新版第4版〕，茶園編・商標。

細　目　次
Ⅰ　本条の趣旨(810)　　　　　　　　　　　　　(811)
Ⅱ　商標権の移転に係る混同防止表示請求

〔盛岡　一夫〕

Ⅰ　本条の趣旨
　　従来，出所の混同を防止するため，連合商標に係る商標権の分離移転は禁止され（旧商標24条2項），また，類似関係にある指定商品又は指定役務に係る同一商標の分割移転も

810　〔盛岡〕

第1節　商　標　権　　　§24の4（商標権の移転に係る混同防止表示請求）

禁止されていた（旧商標24条1項但書）。しかし，平成8年の改正により，連合商標制度が廃止されて分離移転が認められるようになり，また，類似関係にある指定商品又は指定役務についても分割移転が認められるようになった。そこで，本条は，混同を防止するための措置として，双方の商標権者又は専用使用権者に混同を防止するのに適当な表示を付すべきことを請求することができる旨を規定したものである。

II　商標権の移転に係る混同防止表示請求

　平成8年の改正により，類似関係にある二以上の商標権の分離移転及び同一商標権の類似商品又は類似役務ごとの分割移転が認められるようになったので，混同が生じないような措置を設ける必要が生じ，商標登録の取消審判（商標52条の2）及び混同防止表示請求が設けられた。

　分離移転及び分割移転により，互いに抵触する商標権が異なった商標権者に属することになるが，この場合に，一の登録商標の使用により，他の登録商標に係る商標権者又は専用使用権者の業務上の利益が害されるおそれがあるときは，その商標権者又は専用使用権者は，混同防止表示の請求をすることができる。

　商標権が移転された結果，同一の商品若しくは役務について使用をする類似の登録商標又は類似の商品若しくは役務について使用をする同一若しくは類似の登録商標に係る商標権が異なった商標権者に属することとなった場合において，一方の登録商標に係る商標権者，専用使用権者又は通常使用権者の指定商品又は指定役務についての登録商標の使用により出所の混同が生じ，他方の登録商標に係る商標権者又は専用使用権者の業務上の利益が害されるおそれが生じるときでも，いずれも権利者であるから，相手方に対して差止めの請求をすることができない。

　そこで，他方の登録商標に係る商標権者又は専用使用権者は，一方の登録商標に係る商標権者，専用使用権者又は通常使用権者に対して，その使用について，その者の業務に係る商品又は役務と自己の業務に係る商品又は役務との混同を防ぐために適当な表示を付すべきことの請求を認めている。

　業務上の利益が害されるおそれとは，カッコ書の規定により，「当該登録商標の使用をしている指定商品又は指定役務に係る業務上の利益が害されるおそれのあるとき」と解釈されるものであるところ，これに該当するときとは，その業務上の利益が現実に害されたことまでは必要とせず，利益を害される具体的危険性，例えば，売上げの減少，得意先の喪失，業務上の信用，名声の毀損，登録商標の出所表示機能・品質保証機能の毀損等があれば足りると解されている（逐条解説〔第19版〕1371頁）。

　混同を防ぐのに適当な表示としては，一般需要者が取引上の通常の注意力をもって彼

§24の4（商標権の移転に係る混同防止表示請求）

此区別し得る程度のもの，例えば，自己が業務を行っている地域の地名等を付して需要者の注意を促し得るもの等であればよいものと解されている（逐条解説〔第19版〕1371頁）。

　誤認混同を防止するために，混同防止表示請求のほかに，登録商標の取消審判の請求が設けられている。商標権が移転された結果，類似商標に係る商標権が異なった商標権者に属するようになった場合に，その一の商標権者が不正競争の目的で指定商品又は指定役務に係る登録商標を使用し，他の商標権者等の業務に係る商品又は役務と混同を生ずる使用をしたときには，何人もその登録商標に係る商標登録の取消審判の請求を認めている（商標52条の2）。

〔盛岡　一夫〕

第1節　商　標　権　　　　　　　　　　　　　　　　§25（商標権の効力）

第25条　（商標権の効力）
　商標権者は，指定商品又は指定役務について登録商標の使用をする権利を専有する。ただし，その商標権について専用使用権を設定したときは，専用使用権者がその登録商標の使用をする権利を専有する範囲については，この限りでない。（改正，平3法65）

【参考文献】

〔書　籍〕　網野・商標〔第6版〕，田村・商標，竹田・要論，逐条解説〔第19版〕。

〔論文等〕　後藤憲秋「商標権の侵害と出所表示機能を有しない態様での表示等の使用」富岡健一先生追悼記念論文集・知的財産法の実務と研究（六法出版社，97），関智文＝岩間剛一「『商標的使用』の概念と商標権侵害／POS事件――商標使用にあたりながら商標権侵害にならない理由」中山編・研究Ⅱ，井上由里子「商標法における自他商品識別機能と『商品』概念――木馬座事件」中山編・研究Ⅲ，中山代志子＝石原修「商標権の侵害と『商標的使用』シャネルNo.5タイプ事件」中山編・研究Ⅲ，石井誠「商標権『POS』が書籍の題号の一部に使用されても商標権の侵害を構成しないと認定された事例」判例と実務シリーズ150号，松尾和子「商標法の改正と商標の定義について」パテ48巻9号（95），土肥一史「商標法にいう商品の意義」特管40巻12号（90），茶園成樹「ファーストフード店において販売されるパン，菓子が店内で飲食される場合にも商品に当たるとされた事例」特管41巻7号（91），神谷巌「商標法上の商品」知管48巻4号（98），商標委員会第2小委員会「付随的サービス・商品の概念及び商標法上の取り扱いについての一考察」知管46巻5号（96），満田重昭「適法に商標を付された売残り品・サンプル品・キズ物の安売り専門業者による販売が商標権侵害とされた事例」知管47巻3号（97），「商標法上の『商標』の定義と自他商品識別機能（清水の28人衆等ペナント事件）」特管28巻11号（78），樋口豊治「原製品に改変を加えた製品に原製品の商標を残す行為が商標権侵害に当たるとされた事例」特管43巻8号（93），松尾和子「『シャネルNo.5タイプ』表示の商標権侵害事件」特管44巻7号（94），生駒正文「①通信講座用のテキストが，商標法上の商品であるとされた事例／②書籍の題号としての使用に商標権の効力が及ばないとされた事例」発明（96-6），後藤晴男「商品『すし』について使用する商標『小僧』と『小僧寿し』との類否等」特研25号（98-3）。

細　目　次

Ⅰ　本条の趣旨(815)
Ⅱ　専　用　権(815)
Ⅲ　使用権の制限(821)
　(1)　専用使用権を設定した場合（商標25条但書）(821)
　(2)　共有者，質権者と特約をした場合（商標35条で準用する特73条2項，商標34条1項）(821)
　(3)　他人の意匠権等との関係（商標29条）(821)
　(4)　権利濫用にあたる場合(821)
Ⅳ　禁止的効力の制限(823)
　(1)　商標が自他商品（役務）の識別機能を発揮できない場合(823)
　　(a)　商品の普通名称・慣用商標あるいは商品の内容を説明的に記述したにすぎない表示であると認められるもの(824)
　　　(イ)　「カルゲン事件」(824)
　　　(ロ)　「河内ワイン事件」(824)
　　　(ハ)　「システムダイアリー事件」(825)

〔田倉（整）＝髙田〕

§ 25 （商標権の効力）　　　　　　　　　　　　　　第 4 章　商　標　権

　　(ニ)　「カンショウ乳酸事件」(825)
　　(ホ)　「無臭性ニンニク事件」(825)
　　(ヘ)　「タカラ本みりん入り事件」(826)
　　(ト)　「ドーナツ事件」(826)
　　(チ)　「PITAVA 事件」(826)
　(b)　装飾的ないし意匠的効果により購買意欲を喚起することを目的として表示されたと認められるもの(827)
　　(イ)　「ポパイ第 2 事件」(827)
　　(ロ)　「清水次郎長事件」(827)
　　(ハ)　「通行手形事件」(827)
　　(ニ)　「十二支箸事件」(827)
　　(ホ)　「ピースマーク事件」(827)
　　(ヘ)　「ルイ・ヴィトン事件」(828)
　　(ト)　「NBA 事件（刑事）」(828)
　　(チ)　「Heaven 事件」(828)
　　(リ)　「ポパイ第 4 事件」(828)
　　(ヌ)　「LOVEBERRY 事件」(828)
　(c)　包装容器を指定商品とする登録商標がある場合において，内容物についての商標の使用であると認められるもの(829)
　　(イ)　「巨峰事件」(829)
　　(ロ)　「合格祈願はち巻事件」(829)
　(d)　著作物の題号の表示であると認められるもの(829)
　　(イ)　「テレビマンガ事件」(829)
　　(ロ)　「POS 事件」(829)
　　(ハ)　「UNDER THE SUN 事件」(830)
　　(ニ)　「三国志事件」(830)
　　(ホ)　「がん治療最前線事件」(830)
　　(ヘ)　「朝バナナ事件」(831)
　(e)　商品についての使用ではないと認められるもの(831)
　　(イ)　「木馬座事件」(831)
　　(ロ)　「BOSS 事件」(832)
　　(ハ)　「おもちゃの国事件」(832)
　　(ニ)　「中納言事件」(832)
　　(ホ)　「気功術事件」(833)
　　(ヘ)　「東天紅事件」(833)
　　(ト)　「後楽事件」(833)
　(f)　その他(834)

　　(イ)　「MARLBORO 事件」(834)
　　(ロ)　「HAPPY WEDDING 事件」(834)
　　(ハ)　「just married 事件」(834)
　　(ニ)　「Always 事件」(835)
　　(ホ)　「壁の穴事件」(835)
　　(ヘ)　「孔版インク詰替え事件」(835)
　　(ト)　「For Brother 事件」(836)
　　(チ)　「黒烏龍茶事件」(836)
　　(リ)　「塾なのに家庭教師事件」(836)
　　(ヌ)　「elegance 卑弥呼事件」(837)
　　(ル)　「ライサポいけだ事件」(837)
　　(ヲ)　「シャネル No. 5 タイプ事件」(837)
　　(ワ)　「Y's 事件」(838)
　　(カ)　「HACKER JUNIOR 事件」(838)
　　(ヨ)　「MAGAMP 事件」(838)
　　(タ)　「yuyama 事件」(839)
(2)　商標の機能を害することがなく，実質的違法性を欠く場合(839)
　(a)　真正商品の並行輸入と認められるもの(839)
　　(イ)　「GUESS 事件」(839)
　　(ロ)　「第 1 次フレッドペリー事件」（東京地判平 11・1・28（平 8（ワ）12105 号）判時 1670 号 75 頁・判タ 995 号 242 頁）(840)
　　(ハ)　「第 3 次フレッドペリー事件」（東京高判平 14・12・24（平 13（ネ）5931 号））(840)
　　(ニ)　「第 2 次フレッドペリー事件」（最判平 15・2・27（平 14（受）1100 号））(840)
　　(ホ)　「CONVERSE 事件」(841)
　(b)　中古品販売のための広告と認められるもの──「ヘルストロン事件」(842)
(3)　商標権の行使が権利濫用にあたる場合(842)
　(a)　「下呂膏事件」(842)
　(b)　「STÜSSY 事件」(842)
　(c)　「ウイルスバスター事件」(843)
　(d)　「JUVENTUS 事件」(843)
　(e)　「カンショウ乳酸事件」(843)
　(f)　「mosrite 事件」(844)

814　〔田倉（整）＝髙田〕

第1節 商標権 §25（商標権の効力）

　(g) 「ぼくは航空管制官事件」(844)
　(h) 「ADAMS 事件」(844)
　(i) 「バドワイザー事件」(844)
　(j) 「PAPIA 事件」(845)
　(k) 「IP FIRM 事件」(845)
　(l) 「GRAVE GARDEN 事件」(845)
　(m) 「melonkuma 事件」(846)
(4) 他人の特許権等との関係（商標29条）(846)
(5) 特許権等の存続期間満了後の商標の使用をする権利（商標33条の2・33条の3）(846)
(6) 商標権が再審により回復した場合（商標59条・60条）(846)
(7) 商標権が更新登録申請の追完により回復した場合（商標22条・66条4項）(846)
(8) 先用権・中用権等が存する場合（商標32条・32条の2・33条・60条）(846)
(9) 団体商標の構成員が使用する場合（商標31条の2）(847)
⑽ 専用使用権・通常使用権を設定した場合（商標30条・31条）(847)
⑾ 商標法26条で商標権の効力が及ばないとされる場合(847)
⑿ 継続的使用権が認められる場合(847)
　(a) 平成3年法律第65号附則3条(847)
　(b) 平成18年法律第55号附則6条(847)
　(c) 平成26年法律第36号附則5条3項及び5項(847)

〔田倉　整＝髙田　修治〕

I　本条の趣旨

　本条は，商標権の中核をなす「専用権」を規定するものである。専用権は，商標法37条1号の規定する「禁止権」とともに，商標権の本質的効力を構成している。
　商標法は，商標のもつ本質的機能である自他商品（役務）の識別機能を保護し，出所混同を防止するため，商標権の効力として登録商標・指定商品（役務）の同一範囲に専用権を認め，その類似範囲に禁止権を認めることとしたのである。

II　専用権

　専用権は，商標権者が登録商標を指定商品（役務）に独占的に使用する権利（いわゆる「使用権」）と，第三者が登録商標を指定商品（役務）に使用することを禁止し排除する権利（禁止的効力）とからなっている。
　前述のとおり，商標法37条1号の規定する禁止権は，登録商標・指定商品（役務）の類似範囲にまで及ぶが，「使用権」は登録商標・指定商品（役務）の同一範囲に限られている[*1,*2]。「使用権」を登録商標・指定商品（役務）の同一範囲に限定したのは，その類似範囲が商標の知名度や取引の実情によって変動する不確定なものであるため，類似範囲にまで一律に使用権を認めてしまうと，かえって第三者の商標権との関係で出所混同を生じさせることとなるし，また，権利相互間の調整規定を置くとしても複雑なものとなってしまうからである。
　しかしながら，企業が登録商標を使用するにあたっては，登録商標の構成に多少の変更を加えて使用することがごく普通に行われており，また標準文字で出願された登録商

〔田倉（整）＝髙田〕

§25（商標権の効力）

標ではまったく同一の商標が使用されることはまず考えられない。かかる取引社会の実情からみて，登録商標の同一範囲を厳格に解釈することは妥当でなく，また商標権者に専用権を与えて商標を保護することとした商標法の趣旨に反することも明らかである。したがって，登録商標の同一範囲というのは，登録商標と物理的に同一のもの及びそれと相似形のものを意味すると限定的に解釈すべきではなく，取引社会の通念に基づいて解釈するのが妥当である[*3]～[*5]。

ところで，大正10年法では，商標権の効力について同7条2項と同34条に規定を置いていた。同7条2項には，「商標権者ハ第五條ノ規定ニ依リ指定シタル商品ニ付其ノ商標ヲ専用スルノ権利ヲ有ス」と規定されており，また，同34条には，「他人ノ登録商標ト同一若ハ類似ノ商標ヲ同一若ハ類似ノ商品ニ使用シタル者又は其ノ商品ヲ交付シ，販賣シ若ハ交付，販賣ノ目的ヲ以テ所持スル者」（同条1号）は「五年以下ノ懲役又ハ五萬圓以下ノ罰金ニ處ス」（同条柱書）と規定されていた。しかし，登録商標の類似範囲にも専用権が認められるか否かについては学説・判例が分かれていた[*6]～[*14]。昭和34年法において現行の条文形式（商標25条・37条1号）に改められ，通説の見解に沿って登録商標の類似範囲には禁止権のみが認められることが明らかとなった[*15, *16]。

また，商標法70条1項は「第25条〔商標権の効力〕……における『登録商標』には，その登録商標に類似する商標であって，色彩を登録商標と同一にするものとすれば登録商標と同一の商標であると認められるものを含むものとする。」と規定しているが，商標法25条の専用権には登録商標に類似する商標は含まれないのであるから，「その登録商標に類似する商標であって，色彩を登録商標と同一にするものとすれば登録商標と同一の商標であると認められるもの」というのは，商標の構成要素中色彩を異にするが取引社会の通念上登録商標と同一と認められるものを意味すると解される[*17]。

平成26年の一部改正で，商標法70条4項が新設され，同70条1項の規定は，「色彩のみからなる登録商標」については適用されないこととされた。これは，「色彩のみからなる商標」の場合，色彩のみが商標の構成要素であり，商標の要旨そのものであることから当然のことである。

なお，平成8年の一部改正で，商標法50条（不使用による商標登録の取消審判）における「登録商標」には「書体のみに変更を加えた同一の文字からなる商標，平仮名，片仮名及びローマ字の文字の表示を相互に変更するものであって同一の称呼及び観念を生ずる商標，外観において同視される図形からなる商標その他の当該登録商標と社会通念上同一と認められる商標を含む。」旨の規定（同条1項カッコ書）が追加されたが，同条は登録商標が使用されていないため空権化している商標権の整理を目的とする規定であり，同条1項カッコ書はその目的に沿った解釈の基準を定めたものであるから，本条における「登

第1節　商　標　権　　　　　　　　　　　　　　　　　§25　（商標権の効力）

録商標」の解釈には適用されない。
* 1　「小僧寿し事件」（最判平9・3・11民集51巻3号1055頁，高松高判平6・3・28（平4（ネ）120号），高知地判平4・3・23判タ789号226頁）
　　指定商品「すし」に登録商標「小僧」の商標権を有する原告（控訴人）が，「小僧寿し」，「KOZO SUSHI」などの商標を商品「すし」に使用する被告（被控訴人）の行為が右商標権の侵害にあたるとして訴えた事案において，原審が，被告が「小僧寿し」につき商標権を有することを理由に，これに類似する標章についてもその商標権に基づく排他的使用権を有するとして，原告の商標権の禁止的効力が及ばないとしたのに対し，「商標権は，指定商品について当該登録商標を独占的に使用することができることをその内容とするものであり，指定商品について当該登録商標に類似する標章を含めてこれらを排他的に使用する権能までも含むものではなく，ただ，商標権者には右のような類似する標章を使用する者に対し商標権を侵害するものとしてその使用の禁止を求めること等が認められるにすぎないから（商標25条，36条，37条参照），原審の右判断は，是認することができない。」と判示した。
* 2　「マックバーガー事件」（最判昭56・10・13民集35巻7号1129頁・判時1020号15頁・判タ455号83頁，東京高判昭53・10・25無体集10巻2号478頁・判時914号60頁・判タ371号160頁，東京地判昭51・7・21無体集8巻2号296頁・判時852号84頁）
　　「商標権は，指定商品について当該登録商標を独占的に使用することができることをその内容とするものであり，指定商品について当該登録商標に類似する標章を排他的に使用する権能までを含むものではなく，ただ，商標権者には右のような類似する標章を使用する者に対し商標権を侵害するものとしてその使用の禁止を求めること等が認められるにすぎない」と判示した。
* 3　「ELLE Marine事件」（東京地判平10・10・30（平8（ワ）23034号））
　　「一般に，商標権者が登録商標を使用する場合には，必ずしも，登録商標と全く同じ商標を用いるとは限らず，商品の種類・性質に応じて，また消費者の趣向や流行等に合わせて，創意工夫して使用することが行われていること等の諸事情を総合的に考慮するならば，被告Yが使用する標章が，被告登録商標と全く同一でなくとも，取引の実情に鑑みて社会通念上同一と認識されるものであれば」登録商標の使用と認められる旨判示した。控訴審判決（東京高判平11・6・30（平10（ネ）5397号））もこの認定を支持した。「ELLECLUB事件」（東京地判平10・11・27（平9（ワ）15630号・19169号・28015号））でも同様の判示がなされている。
* 4　「BOSS CLUB事件」（東京地判平13・2・27（平9（ワ）3190号・9068号））
　　原告が本件登録商標「BOSSCLUB」に微小な変更を加えたイ号標章「BOSS CLUB」を使用していたところ，被告フーゴ・ボス社が原告の取引先に対し，原告によるイ号標章の使用が被告登録商標「BOSS」の商標権侵害に当たるとして警告を行ったことについて，原告が不競法2条1項13号（虚偽の事実の告知）に基づく損害賠償の請求をした事案において，「登録商標の使用権を全うさせるための防御的機能である禁止権は登録商標の類似範囲に及ぶが，禁止権の効力は他人の使用を禁止し排除するだけであるから，商標権者としては積極的に類似範囲の部分を使用する法律上の保護を与えられるわけではなく，他人の権利によって制限されない限り事実上使用することができるだけである。したがって，二つの登録商標の類似の範囲が相互に重なり合う場合には，それぞれ相手方に対して類似範囲の使用の

〔田倉（整）＝髙田〕　**817**

§25 (商標権の効力)　　　　　　　　　　　　　　　　　　第4章　商　標　権

差止めを求めることができる，講学上のいわゆる『蹴り合い』の状態となる。このような点に照らせば，商標権者の使用権の及ぶ範囲については，常に登録商標と厳密に同一のものに限られ，微小な変更であっても全く許されないとまではいえないとしても，類似の登録商標との間での紛争を前提として判断する場合には，登録商標に極めて一致する範囲に限定して解すべきものである。」と判示した。

＊5　「マイクロシルエット事件」（東京地判平15・2・20（平13（ワ）2721号））
「商標権者が，商品の種類・性質や消費者の趣向・流行に応じて，登録商標を多少変容させて用いることも少なくないことを考慮すれば，登録商標と同一の標章のほか，これと厳密に同一でないとしても，これと実質的に同一と評価できる標章については，登録商標の使用の範囲内と認め得るものというべきである。これを本件についてみると，被告登録商標は，別紙被告商標目録記載のとおり，通常の字体の片仮名『マイクロシルエット』を横一列に配した商標であるところ，太ゴシック体（被告標章1）あるいはやや変則的なゴシック体（被告標章2）の片仮名で，同じく『マイクロシルエット』を横一列に配した被告標章1，2は，いずれも，被告登録商標と実質的に同一であり，被告登録商標の使用権の範囲内にあるものと認められる。」と判示した。

＊6　田中清明・特許実用新案意匠・商標法論408頁（巖翠堂書店）
「余は商標権本来の権利範囲と保護範囲とを明確に区別せむと欲する者なり。一は権利の効力の及ぶ範囲なるも，他は本来の権利を保護するために，之に類似する商標の使用を禁止せられたる範囲なりとす。従て保護範囲内に属する類似の商標の使用範囲は他人に対しては禁止区域なるも，権利者に対しては権利行使の範囲に非ずして，単に放任行為に過ぎざるのみ。」

＊7　末弘厳太郎・工業所有権法58頁（日本評論社）
「尚商標権者は，他人が指定商品と類似の商品に付き登録商標を使用し，又は登録商標と類似の商標を使用することを禁止する権利を有するも（34条1号参照），自ら権利者として為し得る行為は指定商品に付き登録商標を使用することのみであって，濫りに類似の商標を使用し得ない。類似商標の使用をも自己の専権とするが為めには，……特に連合商標として其登録を為すことを要する（3条）。」

＊8　蓴優美・條解工業所有権法〔増補版〕477〜478頁（博文社）
「商標権の内容はこれを専用権と禁止権とに分つことができる。専用権は登録商標をその指定商品について独占排他的に使用することに存し，禁止権は登録商標と同一または類似の商標をその指定商品と同一または類似の商品に他人が使用することを禁止し得ることに存するのである。故に自己の登録商標と類似する商標をその指定商品と同一または類似の商品に使用した場合，その使用が他人の登録商標の禁止権の範囲に属するときは商標権侵害の問題を惹起するのである。」

＊9　安達祥三・商標法（現代法学全集第36巻）338頁（日本評論社）
「商標権の内容たる所謂使用権と禁止権とは広狭同じではない。使用権は登録商標を指定商品に付使用することに存し，登録商標と同一又は類似の商標を指定商品と同一又は類似の商品に使用することは禁止権の範囲に属する。是は二以上の商標権の抵触する場合等に於て意義を有する。」

＊10　三宅發士郎・日本商標法226〜228頁（巖松堂書店）

第1節　商　標　権　　　　　　　　　　　　　　　　§25（商標権の効力）

　　「類似商標の使用は，商標権の権利範囲なりや。即ち他人の類似商標の使用を商標権の侵
　害として民事上の損害賠償の請求を為し得るや否や。予は積極説を採る。……従って予は
　立法論としては第7条を『其ノ商標又ハ類似ノ商標ヲ専用スルノ権利ヲ有ス』と為すべきに
　如かずと考ふるも，解釈論としても亦当然之と同一に解すべきものと信ず。」（傍点は原文の
　とおり）
＊11　兼子一＝染野義信・特許・商標（実務法律講座XXI）519頁〔青林書院〕
　　「商標権者はその登録された商標をその指定商品について専用するとともに，その類似の
　商標を類似の商品について使用することができる。……商標権の効力は，まず商品の出所
　を混同せしめるか，若しくは混同せしめる虞れのある他人の商標の使用を排除する点に存
　するものであって，商標権者が自己の商標を数個の類似の態様について使用することは積
　極的な商標の使用であり，他人がこの類似範囲の商標を類似の商品について使用すること
　は侵害を構成するものというべきである」
＊12　「うどんや風薬事件」（大判昭7・10・24刑集11巻1523頁・判例工業所有権法5巻851の5
　頁）
　　被告人が，他人の「うどんや風薬」なる商標権の存在を知りながら，自己の登録商標に附
　記変更を加え「風薬うどんの友」なる商標を風邪薬に使用した事案について，「うどんの友」
　又は「引風ねつさましうどんの友」なる自己の登録商標につきその効能あるいは普通名称に
　過ぎない「引風ねつさまし」の文字を「風薬」と附記変更し「風薬うどんの友」と表示した
　ものであって，被告人の有する登録商標による権利行使の範囲を出ないものと認められる
　から，「風薬うどんの友」なる商標の使用が仮に他人の有する「うどんや風薬」なる登録商標
　と類似する点があるとしても被告人の有する前記登録商標の存在する限り該行為を違法と
　することはできない旨判示した。
＊13　「ズルチン事件」（最判昭28・10・30（昭27（あ）2939号），刑集7巻10号2041頁）
　　「商標権者は常に必ずしもその指示した類別内の商品についてのみ商標専用権を有するも
　のということはできないのであつて，類似商品である以上他の類別に属すべきものであつ
　ても商品について商標専用権を有することがあるものと解すべきである。」と判示した。
＊14　「白鷹事件」（山形地判昭32・10・10判時133号26頁）
　　商標権の内容ないし効力は商品の出所の混同又は誤認を生ずるのを避けようとする商標
　法の目的に照し，同法の各条文の規定によって定められなければならないところ，同法7条
　2項には『商標権者ハ第五条ノ規定ニ依リ指定シタル商品ニ付キ其ノ商標ヲ専用スル権利
　ヲ有ス。』る旨規定してあり，文理上の解釈によるときは商標権者が登録商標の外これと類
　似の商標をも使用する権利を有するものと解することが無理なばかりでなく，商標権の正
　当な権利行使の範囲内であると解するにおいては，商品の出所の混同又は誤認の虞がない
　互に非類似の商標について権利を有する2人以上の商標権者がそれぞれ自己の登録商標に
　類似する新たな商標を使用した場合には，これ等の新たな商標の間においては勿論これ等
　の商標と相手の登録商標との間においても又互に相類似するに至るべきこともあり得るか
　ら前記法の目的に照して適切でない旨判示した。
＊15　商標法37条は，1号ないし8号に規定する行為を一律に「商標権及び専用使用権を侵害す
　るものとみなす。」と規定している。しかし，同条の1号と2号ないし8号とではその意味
　合いがまったく異なっている。すなわち，1号は，他人による登録商標の類似範囲における

§25（商標権の効力）　　　　　　　　　　　　　　　　　　　　　　　　第4章　商　標　権

「使用」を，「商標権」（商標法25条の専用権）を侵害する行為とみなしている。これに対し，同条2号ないし8号は，商標の「使用」に至らない予備的・幇助的な「行為」を，「商標権」（商標法25条の専用権）を侵害する行為とみなしている。前者は商標権の本来的な効力を規定しているのに対し，後者は商標権の本来的な効力を拡張している。前者と後者は，条文上等しく「商標権を侵害するものとみなす」と表現されているが，意味合いがまったく異なるものであることに注意をすべきである。

　平成16年の一部改正で，商標法37条の「みなし侵害」の法定刑が，一律に商標法25条の専用権の侵害の罪（商標78条）の法定刑の半分とされた（商標78条の2）。しかし，商標法37条1号の禁止権は商標権の本来的な効力を構成するものであるし，また，実際の商標権侵害行為のほとんどが登録商標の類似範囲において行われるものであることからも，商標法37条1号に規定する行為を同条2号ないし8号に規定する「みなし侵害」行為と同列に扱ったことは明らかに誤りであろう。

　なお，昭和34年法が商標法37条1号の禁止権を商標権の本来的な効力と考えていることは，商標法25条のすぐ後ろに位置する商標法26条1項2号，同3号（商標権の効力制限）及び商標法32条（先使用権）が登録商標の類似範囲における使用について規定していることからも明らかである。因みに，大正10年法も，同7条2項の直ぐ後ろに位置する同9条に，登録商標の類似範囲における他人の使用について先使用権を認める旨の規定を置いていた。

＊16　商標法37条1号は商標権の本来的な効力である「禁止権」を規定したものであるにもかかわらず，「商標権を侵害するものとみなす」と規定されているために，登録商標と外観・称呼・観念において「類似」していれば商品又は役務の出所混同のおそれがあろうがなかろうが，画一的に商標権の侵害と擬制されるという誤った解釈を惹き起こす要因となっている。

　逐条解説〔第19版〕1497頁に，商標の類似の概念について次の記載がある。「商標法によって保護を与えられる商標権の範囲は25条及び37条1号に規定されているところであるが，結局，登録商標を指定商品又は指定役務について使用をする権利と，この権利の十分な保護のためにそれと類似関係にある範囲について他人のその部分の商標の使用を禁止する権利，つまり禁止権とに分けられ，これが本来的な商標権の効力の範囲と考えられている。そして，これらの権利の侵害に直接つながる予備的な行為を37条2号以下で侵害とみなすこととしているのである。……この場合に，商標法は法的な保護を与えるべき範囲を限定する技術的手段として『類似』という概念を用いる。すなわち，……<u>登録商標を中心とした類似範囲（禁止権の範囲）にある商標の他人による使用は，実際に商品又は役務の出所の混同を生ずるかどうかを問題としないで，当然に商品又は役務の出所の混同を生じるものと擬制してこの範囲を限界として商標権の効力を認めているのである。</u>」（商標法64条の〔趣旨〕の項，下線は筆者）。しかしながら，この商標の類似概念に関する解説は，最高裁が「氷山印事件」判決（最判昭43・2・27民集22巻2号399頁）において，「商標の類否は，対比される両商標が同一または類似の商品に使用された場合に，商品の出所につき誤認混同のおそれがあるか否かによって決すべきである」旨判示したことと明らかに相違するものである。

　商標法37条1号を同条柱書と合わせると，あたかも他人による「登録商標の類似範囲における使用」が直ちに専用権（商標25条）侵害と擬制されるかのように読めるが，実は専用権の権利範囲である「登録商標の同一範囲における使用」と擬制しているにすぎないのである。そして，「禁止権」は商標権の本来的効力なのであるから，立法論としては，他人による「登

第1節　商　標　権　　　　　　　　　　　　§25（商標権の効力）

録商標の類似範囲における使用」（商標法37条1号に規定する行為）を「登録商標の同一範囲における使用」（商標法25条本文に規定する行為）とみなす旨の規定を，商標法25条2項として設けるのが適当と考える。このように規定することによって，初めて，商標法37条1号に規定する登録商標の類似範囲が「出所混同のおそれのある範囲を意味する」と違和感なく理解することができるのである。

＊17　商標法70条1項は，色彩が違えば類似か否かは別として同一の商標ではないとの考え方に立って，色彩の点を除外してみるときには同一である商標が商標法25条の登録商標の同一範囲に含まれないと解釈されることのないよう規定されたものである。

Ⅲ　使用権の制限

使用権は，他人の商標権が過誤登録等によって併存していても直ちに制限されることはないが，次の場合には制限される。

(1)　**専用使用権を設定した場合（商標25条但書）**

専用使用権を設定すると，その設定した範囲については商標権者といえども使用ができなくなる。これは，専用使用権が物権的効力をもつ権利であることから当然のことであるが，保護の対象が直接的支配のできない無体物（商標に化体された商標権者の業務上の信用）であるため誤解の生じないよう注意的に規定を置いたものであろう。

(2)　**共有者，質権者と特約をした場合（商標35条で準用する特73条2項，商標34条1項）**

(3)　**他人の意匠権等との関係（商標29条）**

従来，商標権と意匠権又は著作権とが抵触する場合についてのみ調整する規定が置かれていたが，平成8年の一部改正により立体商標制度が導入されたことに伴い，商標権と特許権又は実用新案権とが抵触する場合についても調整する規定が追加された。また，平成26年の一部改正により，「著作権」の下に「若しくは著作隣接権」の文言が加えられた。

(4)　**権利濫用にあたる場合**

商標権者による使用権の行使といえども，権利濫用にあたる場合には，当然にその行使が制限される＊18～＊23。

旧不正競争防止法6条は，「商標法ニ依リ権利ノ行使ト認メラルル行為」には周知商品等表示混同惹起行為（同法1条1項1号及び2号）に対する差止請求権等を認めた規定を適用しない旨規定していたが，平成5年の改正で廃止された。

＊18　「ELLECLUB事件」（前掲東京地判平10・11・27（平9（ワ）15630号・19169号・28015号））
「被告Yが被告商標権を取得した行為及びこれに基づき被告登録商標を使用する行為には，既に著名性を有している原告商標の円滑な行使等の活動を害する意図があるものと解される。このような場合，被告Yが被告商標権を取得した行為，及び，被告登録商標を使用する行為は，いずれも，原告商標について原告が得ていた権利ないし法的地位を害するもの

§25（商標権の効力）　　　　　　　　　　　　　　　　　　　第4章　商　標　権

　　　として権利の濫用に該当するものと解すべきである。……そうとすると，自らの被告登録
　　　商標の使用であることを理由として当該標章の使用が不正競争行為に当たらないとの被告
　　　らの主張は，失当として排斥すべきである。」旨判示されている。
＊19　「ホテルゴーフルリッツ事件」（大阪高判平11・12・16（平8（ネ）3445号・平10（ネ）2842号），
　　　神戸地判平8・11・25（平4（ワ）2156号））
　　　　本件表示「リッツ（RITZ）」は，右被告商標「ホテルゴーフルリッツ」の登録出願前であ
　　　る被告ホテルの開業当時には，既に日本において原告ホテルの営業表示として周知性を獲
　　　得していたこと，被告は，原告と同様のホテル業を営む者である以上，開業当時においても
　　　「リッツ（RITZ）」が原告の営業表示であることを当然知っていたものと推認できること，
　　　原告は被告に対し，被告の右登録出願の約1年前到達の書面によって，本件表示の使用の中
　　　止を求めていること，右登録商標を無効とする審決がなされたこと等から，被告商標の使用
　　　行為は，原告に対する関係では，権利の濫用であって正当な権利行使とはいえず，違法性阻
　　　却事由にはあたらない旨判示している。
＊20　「ヤシカ事件」（東京地判昭41・8・30判タ196号62頁）
　　　　被告主張の登録商標は出願当時既に原告の営業表示として広く認識されていた「ヤシカ」
　　　表示と同一の文字及び称呼を有しており，また被告が実際に使用する表示は原告の表示と
　　　書体まで酷似していることが認められる。かかる事情の下における被告の右表示の使用は，
　　　原告表示のイメージを僣用し，その信用力，顧客吸引力を無償で利用するものであり，これ
　　　を法律上保護すべき何らの実質的理由もなく，まさに権利の濫用に当たる旨判示した。
＊21　「三国鉄工株式会社事件」（大阪地判昭32・8・31下民集8巻8号1628頁）
　　　　不正競争の目的をもって他人が登記した商号と類似の商号を使用する者が，商法20条及
　　　び旧不競法1条1項による右商号使用の差止めを免れるため，右商号と全く同一の名称に
　　　ついて商標登録を受け，右名称を商品に表示して販売するのは，信義に従った誠実な商標権
　　　の行使とは認められない旨判示した。「峰屋本陣事件」（福岡地判昭57・5・31無体集14巻2
　　　号405頁）でも同様の判断が示されている。
＊22　「ピーターラビット事件」（東京地判平14・12・27（平12（ワ）14226号・平14（ワ）4485号）判
　　　タ1136号237頁）
　　　　「被告が主張するように本件商標権(1)(2)を時効によって取得したとしても，……被告が本
　　　件商標権を有するような外形（商標登録，行使等）が生じたのは，原告とライセンス契約を
　　　締結し，その承諾を得ていたからであると認められる。そうすると，被告が本件商標権(1)(2)
　　　を時効によって取得したとしても，ライセンス契約終了後に，原告からの不正競争防止法に
　　　基づく請求に対して，本件商標権を有していることを抗弁として主張することは許されな
　　　いものというべきである。」旨判示した。
＊23　「マイクロシルエット事件」（前掲東京地判平15・2・20（平13（ワ）2721号））
　　　　「訴外Aは，原告サニーヘルスに従業員として在職中に，原告商品が好調な売れ行きを示
　　　し，原告標章が周知の商品等表示となっていることを認識しながら，これと類似する被告登
　　　録商標につき商標登録出願をしたものであり，原告標章の周知性にただ乗りする意図の下
　　　に上記商標登録出願をしたものと認められる。そして，被告ホルスは，原告標章が周知の商
　　　品等表示となっていることを認識しながら，訴外Aからこれと類似する被告登録商標の商
　　　標登録を受ける権利を譲り受けたものであり，また，その際，同被告は，原告標章が周知の

第1節 商 標 権　　　　　　　　　　　　　　§25（商標権の効力）

商品等表示となった後に被告登録商標が出願されたことを認識していたか，又は知り得べきものでありながら過失によって知らなかったものと認められる。上記のような各事情に照らせば，被告ホルスが商標権者として被告登録商標を使用する行為は権利濫用に該当するものであり，本件訴訟において，不正競争防止法2条1項1号，2号を理由とする原告らの請求に対し，登録商標使用の抗弁を主張することもまた，権利の濫用に当たるものとして許されないというべきである。」旨判示した。

IV　禁止的効力の制限
(1)　商標が自他商品（役務）の識別機能を発揮できない場合

商標法2条1項は，商標を「人の知覚によつて認識することができるもののうち，文字，図形，記号，立体的形状若しくは色彩又はこれらの結合，音その他政令で定めるもの（以下「標章」という。）であつて」，業として商品又は役務について使用するものと定義しているが，商標の本質的機能が自他商品（役務）の識別機能にあることは，商標法1条が商標の使用によりその商標に蓄積された業務上の信用を保護し，取引秩序を維持することを目的とする旨規定しており，また，商標法3条が自他商品（役務）の識別力を登録要件として規定していることに示されている。そして，「登録商標」は商標登録を受けた商標をいう（商標2条5項）のであるから，本条にいう登録商標も自他商品（役務）の識別機能を発揮できる商標でなければならないことは明らかである。そうとすれば，本条の禁止的効力は自他商品（役務）の識別機能を発揮できない商標の使用あるいは自他商品（役務）の識別機能を発揮できない態様で表示された商標の使用には及ばないと解すべきであろう*24～*26。

自他商品（役務）の識別力のある登録商標であっても，その表示態様によっては，自他商品（役務）の識別機能を果たし得ないことがある。それ故，商標自体が自他商品（役務）の識別機能を果たし得ない場合だけでなく，商標自体は自他商品（役務）の識別力を有するが自他商品（役務）の識別機能を果たし得ない態様で表示されている商標についても本条の禁止的効力は及ばない。

*24　「テレビマンガ事件」（東京地判昭55・7・11無体集12巻2号304頁・判時977号92頁），「通行手形事件」（東京地判昭62・8・28無体集19巻2号277頁・判時1247号125頁），「POS事件」（東京地判昭63・9・16無体集20巻3号444頁・判時1292号142頁・判タ684号227頁），「HAPPY WEDDING事件」（名古屋地判平4・7・31判時1451号152頁），「UNDER THE SUN事件」（東京地判平7・2・22知財集27巻1号109頁・判時1526号141頁・判タ881号265頁），「十二支箸事件」（東京地判平10・7・16判タ983号264頁）の各判決は，いずれも同様の理論構成をとっている。

*25　「龍村事件」（東京高判昭54・11・14無体集11巻2号577頁，東京地判昭51・9・29無体集8巻2号400頁・判時867号74頁・判タ353号231頁・特管別冊判例集昭和51年II509頁），「清水次

〔田倉（整）＝髙田〕　823

§25（商標権の効力）

郎長事件」（東京地判昭51・10・20判タ353号245頁・特企96号31頁）の各判決は、商標法2条1項の中に当然自他商品識別の機能を有するものとしての商標の概念が前提されかつ含まれているものと解する点で、理論構成を異にしている。

＊26　「みぞれ事件」（長野地判昭61・6・26無体集18巻2号239頁）の判決は、商標法は、2条において「商標」につき自他商品の識別機能の面からする限定を付しておらず、3条において、商標登録の実体的要件の1つとして「自他商品の識別力のない商標でないこと」を掲げ、26条として第三者の「商標」に対して商標権の効力の及ぶ範囲を制限する規定を置いていることからすれば、当該商標が客観的に出所表示機能を有するものとして使用されているか否かによって商標としての使用にあたるか否かの判断がなされるべきものとは解されない旨判示しているが、論理的説明としても正当ではないであろう。この判決は、「銀包装事件」（大阪地判昭46・3・3無体集3巻1号80頁）が示した理論構成を踏襲するものである。

商標の本質的機能が自他商品の識別機能にあることから、専用権の禁止的効力が制限される場合としては、次のようなものが挙げられる。

　(a)　商品の普通名称・慣用商標あるいは商品の内容を説明的に記述したにすぎない表示であると認められるもの　　これらについては、次条（商標26条）において商標権の効力が及ばないと規定されているが、この規定の適用を待つまでもなく本条の専用権の禁止的効力を及ぼすべきではない。

　　(イ)　「カルゲン事件」（東京高判平8・10・2無体集28巻4号695頁、浦和地判平7・8・28（平5（ワ）1111号））　果実等を指定商品とする控訴人登録商標「カルゲン」が存するところ、被控訴人が商品「いちご」の包装に「天然カルシウム」「カルゲン」「使用」の文字を上下三段に配した標章を表示した事案において、右標章はそれ以外の印刷部分の記載、すなわち、「博多とよのか」「福岡」「JA糸島」などの品種、産地、生産者の名前などの記載との対比において、いちごについて「天然カルシウムであるカルゲンを使用したものである」との商品情報を得ることができるものと認められ、自他商品の識別機能を有するものと認められないから、商標権の侵害ということはできない旨判示した。

　　(ロ)　「河内ワイン事件」（大阪地判平11・1・26（平9（ワ）5752号））　ぶどう酒を指定商品とする原告の本件商標（「河内ワイン」の文字を有するもの）が存するところ、被告の製造・販売に係るぶどう酒の包装容器に被告標章（「河内ワイン」「Kawachi Wine」の文字を有するもの）を表示した事案において、本件商標中の「河内ワイン」の文字（その称呼及び観念）は、河内地方で産出したぶどうから作られたぶどう酒又は河内地方で醸造されたぶどう酒を指す普通名称ないし産地表示あるいはそのような商品の内容を説明的に記述したものであって、この文字部分は自他商品識別機能を有しないものと認められるから、この文字部分を本件商標の要部ということはできず、本件商標の「河内ワイン」の文字部分と被告標章の「河内ワイン」及び「Kawachi Wine」の文字部分の称呼、観念が同一であるほかに共通する部分はないから、両者は非類似であるとして商標権侵害を構成しない旨判

示した。しかし,「河内ワイン」の文字部分につき自他商品識別機能を有しないと認定しているのであるから,両標章の類否を判断するまでもなく直ちに非侵害の結論を導くこともできたのではないか。

同様の事例として,「広島風お好み焼きせんべい事件」(広島高判平15・9・26 (平15(ネ)44号)),「スーパーフコイダン事件」(東京地判平19・7・26 (平18(ワ)28323号),知財高判平19・12・25 (平19(ネ)10065号)),「青丹よし事件」(大阪地判平20・7・10 (平19(ワ)14984号)),「PREMIUM 事件」(大阪地判平21・7・16 (平20(ワ)4733号)),「南京町事件」(大阪地判平26・3・6 (平24(ワ)1855号)) がある。

(ハ) 「システムダイアリー事件」(東京地判平11・3・29 (平10(ワ)15972号))　日記欄つき手帳を指定商品とする原告登録商標「SYSTEM DIARY」が存するところ,被告がインターネットのホームページ上に,記念キャンペーンの一環として,「アンケートに答えると抽選で,ジュラルミンアタッシュケース,高級本革製システムダイアリーなどが当たる。」という掲示をした事案において,商品の広告に標章を付する行為とは,およそ商品の広告に標章を付する行為態様のすべてを含む趣旨に解すべきではなく,標章を特定の商品を識別する目的で用いる場合に限られるものと解するのが相当であり,被告標章の使用態様は,特定の商品を識別するために標章を用いたもの,すなわち,出所表示機能を有する態様での商標を使用したものと認めることはできないから商標権の侵害行為にあたらない旨判示した。

(ニ) 「カンショウ乳酸事件」(東京地判平13・2・15 (平12(ワ)15732号))　乳酸を指定商品とする原告の本件商標(「カンショウ乳酸」の文字を行書体で横書きしてなるもの) が存するところ,被告がその販売に係る乳酸の広告に「発酵乳酸 (50, 88, 90パーセント)」,「発酵乳酸カルシウム (顆粒)」,「発酵乳酸ナトリウム (50, 60パーセント)」の文字と並んで「カンショウ乳酸」の文字 (被告標章) を普通の書体で小さく表示した事案において,「カンショウ乳酸」の語は商品の普通名称であり,右表示は商品出所表示機能,自他商品識別機能を果たす態様で被告標章を用いたものとはいえず,商標としての使用にあたらない旨判示した。控訴審判決 (東京高判平13・10・31 (平13(ネ)1221号)) もこの認定を支持した。

(ホ) 「無臭性ニンニク事件」(東京地判平12・2・28 (平11(ワ)24693号))　無臭性ニンニク加工食品を指定商品とする原告の本件登録商標 (ニンニクの写真) が存するところ,被告が大粒無臭性ニンニクを原材料とした健康食品である被告商品の包装箱に被告標章 (ニンニクの写真) を付した事案において,「右包装箱の体裁や被告商品の説明部分からすれば,一般需要者は,ありふれた格別特徴のないニンニクを撮影した写真である被告標章を,被告商品の原材料を表示,補足説明したものと理解するのが合理的であり,特定の商品を識別する機能,ないしその出所等を識別する機能を有する表示であると理解す

§25（商標権の効力）　　　　　　　　　　　　　　　　　　　第4章　商　標　権

ることはないと解されるとして，商標としての使用行為にあたらない旨判示した。

　　㈻　「タカラ本みりん入り事件」（東京地判平13・1・22（平10（ワ）10438号））　　しょうゆを指定商品とする原告の著名な本件各登録商標（「宝」,「寶」の各文字からなるもの）が存するところ，被告がその販売に係る「煮魚お魚つゆ」,「煮物万能だし」,「煮物白だし」の容器に被告各標章（「タカラ本みりん入り」の文字を一部に有するラベル）を付した事案において，被告各標章における「タカラ本みりん入り」の表示部分は，専ら被告商品に「タカラ本みりん」が原料ないし素材として入っていることを示す記述的表示であって，商標として（すなわち自他商品の識別機能を果たす態様で）使用されたものではないというべきである旨判示した。控訴審判決（東京高判平13・5・29（平13（ネ）1035号））もこの認定を支持した。

　　㈻　「ドーナツ事件」（知財高判平23・3・28判時2120号103頁，東京地判平22・10・21判時2120号112頁）　　原告が指定商品を「クッション」等とする登録商標「ドーナツ」を有しており，被告がドーナツ形状の商品「クッション」に被告標章「ドーナツクッション」を付したものを販売した事案において，「ドーナツクッション」の語は，一般需要者においてドーナツ形状の「クッション」であることを説明するための表示であり，特定の出所を表す表記であるとは認識されていないこと，また，取引者・需要者は被告標章と一緒に表示されている被告名称の著名な略称「TEMPUR」をもって出所表示と認識すると解されることなどから，被告標章は商品の出所表示機能・出所識別機能を果たす態様で用いられているものと認めることはできず，その使用は商標としての使用（商標的使用）にあたらない旨判示した。

　　㈻　「PITAVA事件」（東京地判（民47部）平26・8・28（平26（ワ）770号））　　原告は指定商品を第5類「薬剤」とする登録商標「PITAVA」を有しており，被告がピタバスタチンカルシウムを有効成分とする薬剤（錠剤）の片面に「ピタバ」と表示したものを販売した事案において，被告商品の主たる取引者，需要者である医師や薬剤師等の医療関係者は，被告商品に接した際，錠剤に表示された被告標章「ピタバ」の文字からその有効成分がピタバスタチンカルシウムであると認識し，また，その被告標章の近傍に会社名「明治」が表示されていることに加え，被告商品のパッケージであるPTPシートに付された「明治」や「MS」の表示によってその出所を識別するから，被告標章の使用は商標的使用にあたらない旨判示した。

　　控訴審判決は，被控訴人標章（被告標章）の使用は商標的使用にあたらず，商標法26条1項6号に該当する旨判示した（知財高判（4部）平27・7・16（平26（ネ）10098号））。

　　「PITAVA事件」としては，他に，東京地判（民46部）平26・10・30（平26（ワ）768号）とその控訴審である知財高判（4部）平27・8・27（平26（ネ）10129号），東京地判（民46部）平26・10・30（平26（ワ）773号）とその控訴審である知財高判（3部）平27・6・8（平26（ネ）

第1節　商標権　　　　　　　　　　　　　　　　§25（商標権の効力）

10128号），東京地判（民40部）平26・11・28（平26(ワ)767号）とその控訴審である知財高判（1部）平27・9・9（平26(ネ)10137号），東京地判（民40部）平26・11・28（平26(ワ)772号）とその控訴審である知財高判（2部）平27・7・23（平26(ネ)10138号），東京地判（民29部）平27・4・27（平26(ワ)766号）とその控訴審である知財高判（2部）平27・10・22（平27(ネ)10073号），東京地判（民29部）平27・4・27（平26(ワ)771号）とその控訴審である知財高判（3部）平27・10・21（平27(ネ)10074号）が存する。

　(b)　装飾的ないし意匠的効果により購買意欲を喚起することを目的として表示されたと認められるもの

　(イ)　「ポパイ第2事件」（大阪地判昭51・2・24無体集8巻1号102頁・判時828号69頁・判タ341号294頁）　世界的に著名な漫画の主人公「ポパイ」の絵柄とその名称からなる標章を，アンダーシャツの胸部中央殆ど全面にわたり大きく，彩色のうえ表示した事案について，これはもっぱらその表現の装飾的あるいは意匠的効果にひかれてその商品の購買意欲を喚起させることを目的として表示されているものであり，自他商品の識別機能を有しないとして，侵害の成立を否定した。

　(ロ)　「清水次郎長事件」（東京地判昭51・10・20判タ353号245頁・特企96号31頁）　「清水次郎長」，「清水の二十八人衆」の各標章を，商品「三角旗（ペナント）」に大きく目立つように表示した事案について，商標の使用と認められるためには，その表示がその使用されている位置態様等に照らし自他商品の識別機能を果たしていることを要するとして，商標の使用にあたらない旨判示したされた。

　(ハ)　「通行手形事件」（東京地判昭62・8・28無体集19巻2号277頁・判時1247号125頁）「通行手形」の標章を，将棋の駒形に形成した木製の室内用吊り下げ飾りの一方の面の中央部に大きく表示した事案について，その標章は歴史上実際に用いられた通行手形を模したものであることを表現し，説明するため，記述的に用いられているものであり，自他商品の識別機能を果たす態様で用いられていないとして，商標の使用にあたらない旨判示した。

　(ニ)　「十二支箸事件」（東京地判平10・7・16判タ983号264頁）　「箸」を指定商品とする登録商標「十二支箸」が存するところ，商品「正月用祝い箸」の箸袋に十二支に属する個々の動物の絵（被告標章）を1つずつ表示した事案について，被告商品の正月用の祝い箸という用途に対応して付された箸袋の習俗的装飾であり，専らその装飾的効果ないし意匠的効果を目的として用いられるものであって，自他商品の識別機能を果たす態様で使用されておらず，商標権を侵害しない旨判示した。

　(ホ)　「ピースマーク事件」（東京地判平22・9・30判時2109号129頁）　被告各商品の前身頃において「BABY MILO」のキャラクターの顔が中心部分に配置され，そのキャラク

〔田倉(整)＝髙田〕

§ 25（商標権の効力）

ターの顔の背景の一部として「ピースマーク」が散点模様的に描かれている事案について，商品の出所識別機能を果たす態様で用いられているものと認めることはできない旨判示した。

　これに対し，次の事例のように自他商品（役務）の識別機能を果たし得ると認められる場合には禁止的効力は制限されない。

　㈦　「ルイ・ヴィトン事件」（大阪高判昭62・7・15無体集19巻2号256頁，大阪地判昭62・3・18無体集19巻1号66頁）　「L」と「V」を図案化した世界的に著名な標章を，かばんの表面全体にわたってあたかも模様のように表示した事案について，意匠と商標とは排他的，択一的な関係にあるものではなくして，意匠となり得る模様等であっても，それが自他識別機能を有する標章として使用されている限り，商標としての使用にあたる旨判示した。

　㈧　「NBA事件（刑事）」（大阪地判平5・1・13判タ840号244頁）　世界的に著名な全米プロバスケットボール協会（NBA）傘下のチーム名称のロゴとそのシンボルマークを組み合わせた標章をトレーナーの胸部にカラープリント印刷で表示した事案について，その使用形態において真正商品と同一であり，被告人らの意図はその意匠的効果よりも，消費者においてNBAのブランド商品と混同することを期待して本件標章を使用したものであり，一般消費者においてもNBAのブランド商品の特徴的表象であるNBA傘下の各チームの名称等に注目して商品を識別していることは明らかであり，当時衣料品販売業界においてNBAのブランド商品のコピーも出回っていたことからすると，右ブランドは著名であって，これらの事情を総合すると，本件標章は商品の出所表示等の機能を有していたと認めることができるとして，商標権侵害罪（商標78条）の成立を認めた。

　㈨　「Heaven事件」（東京地判平2・1・29取消集⒂437頁・特企255号62頁）　「Heaven」の標章がベビーティーシャツの胸部に大きく表示されていた事案であるが，織りネームや証紙にも商標として表示されており，侵害の成立が認められて当然であろう。

　㈩　「ポパイ第4事件」（最判平9・7・17民集51巻6号2714頁・判時1612号161頁，東京高判平4・5・14知財集24巻2号385頁・判時1431号62頁，東京地判平2・2・19無体集22巻1号34頁・判時1343号3頁・判タ723号127頁）　不正競争防止法に基づく請求事件ではあるが，キャラクターの絵柄について，商品化の実績が豊富にあり著名であることから，自他商品の識別機能があると認定された事例。同様の事例として，「ミッキーマウス事件」（東京地判平2・2・28判時1345号116頁・判タ724号252頁）がある。

　㋱　「LOVEBERRY事件」（東京地判平18・12・22判タ1262号323頁）　被告が被告標章をTシャツ及びサンダルに付した事案について，「商標が織りネームやタグだけでなく，

第1節　商　標　権　　　　　　　　　　　§25（商標権の効力）

Ｔシャツの胸元やサンダル等の足を乗せる部分に付された商品が数多く存在することは，当裁判所に顕著である。したがって，Ｔシャツの胸元等に付されたものが単なる装飾あるいは意匠的効果を有するか，出所識別機能をも有するかは，当該標章の具体的使用態様に即して判断せざるを得ないところ，……その具体的な使用態様によれば，被告標章……は出所識別機能をも有するものとして使用されているものと認められる」と判示している。

　(c)　包装容器を指定商品とする登録商標がある場合において，内容物についての商標の使用であると認められるもの

　　(イ)　「巨峰事件」（福岡地飯塚支判昭46・9・17無体集3巻2号317頁・判タ274号342頁）　包装用容器等を指定商品とする原告登録商標「巨峰」の標章を，巨峰ぶどうを内容物とする段ボール箱（包装用容器）の見易い位置に見易い方法で表示した事案について，取引上の経験則からみて内容物の表示であり，段ボール箱についての標章の使用にはあたらない旨判示した。なお，審決取消訴訟ではあるが「寶事件」（東京高判昭40・4・22判タ175号208頁・行集16巻5号787頁）は，「酒類等飲料を壜詰めで販売する場合に，壜の見易い場所に見易い方法であらわされている標章は……すべて内容物の出所を示す標章として受け取られ，壜そのものについての標章とは見られないというのが今日における取引上の経験則であるといわねばならぬ」と判示している。

　　(ロ)　「合格祈願はち巻事件」（広島地判平10・1・28（平6（ワ）1670号）判例集未登載）紙類を指定商品とする原告登録商標「合格祈願鉢巻」に類似する「合格祈願はち巻」の標章を，布製鉢巻を内容物とする包紙の正面に大きく毛筆書体で表示した事案について，被告鉢巻は布製の鉢巻本体と包紙が一体となった商品であり紙類についての商標の使用にはあたらない旨判示した。本件では，被告鉢巻の購入者（受験生）は鉢巻を包紙から取り出して使用することが常態であると認定しているのであるから，むしろ内容物である鉢巻についての商標の使用であって包紙についての商標の使用にはあたらないとすべきであったのではないか。

　(d)　著作物の題号の表示であると認められるもの

　　(イ)　「テレビマンガ事件」（東京地判昭55・7・11無体集12巻2号304頁・判時977号92頁）
　　カルタ等を指定商品とする原告登録商標「テレビマンガ」に類似する「テレビまんが」の標章を，カルタ及びその容器の蓋に表示した事案について，被告カルタはテレビ漫画映画「一休さん」を基にして作られたものであり，絵札に表される登場人物のキャラクター等が右テレビ漫画映画に由来するものであることを表示するにすぎないものであるから，商標権に対する侵害となるとする余地はない旨判示した。

　　(ロ)　「POS事件」（東京地判昭63・9・16無体集20巻3号444頁・判時1292号142頁・判タ684号

§ 25（商標権の効力）　　　　　　　　　　　　　　第4章　商　標　権

227頁）　　印刷物を指定商品とする原告登録商標「POS」の文字を含む「POS 実践マニュアル」の標章を商品「書籍」に表示した事案について，被告標章は単に書籍の内容を示す題号として被告書籍に表示されているものであって，出所表示機能を有しない態様で被告書籍に表示されているものであるから，商標権を侵害するものとはいえない旨判示した。

　　㈦「UNDER THE SUN 事件」（東京地判平7・2・22知財集27巻1号109頁・判時1526号141頁・判タ881号265頁）　　レコード等を指定商品とする原告登録商標「UNDER THE SUN」の標章を商品「CD」に表示した事案について，被告標章はアルバムタイトルの一般的な表記の態様と何ら異なることはなく，専ら本件 CD に収録されている編集著作物である本件アルバムに対して付けられた題号（アルバムタイトル）であると認められるから，商標権を侵害するものとは認められない旨判示した。

　　㈡「三国志事件」（東京高決平6・8・23知財集26巻2号1076頁，千葉地決平6・3・25知財集26巻1号301頁）　　電子応用機械器具等を指定商品とする抗告人（原審債権者）登録商標「三国志」に類似する標章「三國志／武将争覇」を，被抗告人（原審債務者）が商品「コンピュータ用ゲームプログラムを記憶させた磁気ディスク」及びその包装に表示した事案について，本件商品がコンピュータ用ゲームプログラムであることに留意しても，右標章の使用は題号として創作物の内容を表示するために使用されているものであり，また抗告人がコンピュータ用ゲームプログラムに本件商標を題号として使用した結果，取引需要者において「三國志」という題号を見ただけで，それが抗告人の商品であると認識し，この題号が自他商品の識別標識としての機能をも果たすに至っていることを認めるに足りる疎明はないとして，商標権の侵害とすることはできない旨判示した。

　　㈣「がん治療最前線事件」（東京地判平16・3・24（平15（ワ）25348号），東京高判平16・7・30（平16（ネ）2189号））　　原告が登録商標「がん治療最前線」を有しており，被告が雑誌の表紙の上部に，左から右に横書きで，上から順に，赤色で小さく「別冊『月刊がん　もっといい日』」，黒色で大きく「がん治療の最前線」，緑色で小さく「進歩するがん治療。各専門医による最新の治療法をご紹介します。」と表示した事案について，「①被告は，がん医療の最新情報をがん患者やその家族のために提供するために，月刊誌として『月刊がん　もっといい日』の発行を継続しており，同雑誌の中で，『治療最前線』の表題の下に，がんに関する最新の治療法の紹介記事を連載していたこと，②本件書籍は，上記雑誌の別冊として出版された図書であること，③本件書籍の内容は，上記雑誌において『治療最前線』の表題の下に連載された最新のがん治療法の紹介記事を，特に期待されている治療法のみを選択して，まとめられた図書であること，④本件書籍で紹介されている記事は，『乳がん内視鏡手術』，『PET／陽電子放射線断層撮影装置』，『がん休眠療法』，

第1節　商　標　権　　　　　　　　　　　　　　　　§25（商標権の効力）

『サリドマイド療法』，『陽子線治療』などであるが，合計17点の記事すべてが，注目されている最新の治療法の現場からの紹介に関するものであること等，本件書籍の内容に照らすと，本件書籍の需要者は，『がん治療の最前線』との被告標章を，最新のがん治療法を内容とする記事を掲載した雑誌であることを示す表示であると理解すると解される。以上のとおり，被告が本件書籍において被告標章を用いた行為は，被告標章を，本件書籍の自他商品識別機能ないし出所表示機能を有する態様で使用する行為，すなわち商標としての使用行為であると解することはできないから，本件商標権の侵害には当たらない。」と判示した。

　(ヘ)　「朝バナナ事件」（東京地判平21・11・12（平21(ワ)657号））　原告が登録商標「朝バナナ」を有しており，被告が書籍の題号として「朝バナナダイエット成功のコツ40」と表示した事案について，「被告書籍の内容は，『朝バナナダイエット』というダイエット方法を実行し，ダイエットに成功するために，著者が成功の秘訣と考える事項を40項目挙げるというものであり，題号の表示も，被告書籍に接した読者において，書籍の題号が表示されていると認識するものと考えられる箇所に，題号の表示として不自然な印象を与えるとはいえない表示を用いて記載されているといえる。そうすると，被告書籍に接した読者は，『朝バナナ』を含む被告書籍の題号の表示を，被告書籍が『朝バナナダイエット』というダイエット方法を行ってダイエットに成功するための秘訣が記述された書籍であることを示す表示であると理解するものと解される。……以上によれば，被告書籍のカバーや表紙等における被告標章の表示は，被告標章を，単に書籍の内容を示す題号の一部として表示したものであるにすぎず，自他商品識別機能ないし出所表示機能を有する態様で使用されていると認めることはできないから，本件商標権を侵害するものであるとはいえない。」と判示した。

　(e)　商品についての使用ではないと認められるもの
　(イ)　「木馬座事件」（横浜地川崎支判昭63・4・28無体集20巻1号223頁・判時1301号144頁・判タ702号246頁）　印刷物等を指定商品とする原告登録商標「木馬座」が存するところ，被告がぬいぐるみ人形劇の宣伝・広告のためのポスター，その案内・解説のためのパンフレット及び劇場入場券等に「木馬企画」の標章を表示した事案について，右ポスター及びパンフレットは，被告によるぬいぐるみ人形劇の宣伝・案内等の利用に供されているものであり，それ自体が独自に商取引の対象として流通性を有しているものとは認められないから，商標法上の商品といえず，また，劇場入場券に使用されている標章は，観劇入場券それ自体の識別標識としてではなく，劇場入場券によって給付されるサービスについての識別標識として，そのサービスについての出所表示機能，質保証機能，宣伝広告機能を果たしているものとみるのが相当であるから，右劇場入場券それ自体も商標

〔田倉（整）＝髙田〕

§25（商標権の効力）

法上の商品といえない旨判示した。

(ロ)　「BOSS事件」（大阪地判昭62・8・26無体集19巻2号268頁・判時1251号129頁）　被服等を指定商品とする原告登録商標「BOSS」が存するところ，被告がその製造・販売する電子楽器（商標「BOSS」）の宣伝広告及び販売促進用の物品（ノベルティ）として，Tシャツ等に右商標「BOSS」を付したものを右電子楽器の購入者に無償で配布した事案について，被告は右商標「BOSS」をその製造・販売する電子楽器の商標として使用しているものであり，右商標「BOSS」を付したTシャツ等は右楽器に比すれば格段に低価格のものをノベルティとして被告の楽器購入者に限り一定の条件で無償配布をしているにすぎず，右Tシャツ等それ自体を取引の目的としているものではないことが明らかである。また，その配布方法にかんがみれば，右Tシャツ等はこれを入手する者が限定されており，将来市場で流通する蓋然性も認められない。そうだとすると，右Tシャツ等は，それ自体が独立の商取引の目的物たる商品ではなく，商品たる電子楽器の単なる広告媒体にすぎないものと認められる。よって，被告の前記行為は商品「Tシャツ等」についての商標の使用にはあたらず，原告の商標権の侵害を構成しない旨判示した。

(ハ)　「おもちゃの国事件」（東京地判昭48・1・17無体集5巻2号250頁・判タ291号252頁）　玩具を指定商品とする原告登録商標「おもちゃの國」の商標権が存するところ，被告阪急百貨店が，顧客に店内の玩具売場が恰もおとぎのおもちゃの国であるかのような印象を抱かせるため，「おもちゃの国」の標章を表示した事案について，その使用態様からすれば，いずれも一種又は複数種の特定の商品について，それが定まった何人かの業務（被告の業務）にかかるものであることを表示するものとはいえず，単に玩具の売場自体を指示するためにのみ用いられているものと認められるから，商標の使用にはあたらない旨判示した。控訴審判決（東京高判昭48・7・31無体集5巻2号250頁）もこの認定を支持した。

(ニ)　「中納言事件」（大阪地判昭61・12・25無体集18巻3号599頁・判時1223号130頁・判タ630号202頁）　加工食料品等を指定商品とする原告登録商標「中納言」の商標権が存するところ，被告が店内で提供する料理に「中納言会席」の標章を表示し，また看板に「中納言」の標章を表示した事案について，商標は自他商品の識別機能をその本質的機能としており，商標法は商標のもつこの機能を保護することによって商品流通秩序を維持することを目的とするものであるから，商標法上の商品は本質的に流通性を有することを予定しているものと解される。しかし，店内で飲食に供され即時に消費される料理は，提供者自身の支配する場屋内で提供されるものであるため，出所との結びつきは直接かつ明白であって，そこには他人のものとの識別を必要とする場は存在しないのであって，流通性は全くないものというべきである。したがって，「商品」についての商標の使用に

はあたらない旨判示した。同様の事例として，「天一事件」（東京高判昭63・3・29無体集20巻1号98頁・判時1276号124頁，東京地判昭62・4・27無体集19巻1号116頁・判時1229号138頁・特企223号72頁）がある。

　これに対し，次の事例では商品についての商標の使用にあたるとされた。
　㈭「気功術事件」（東京地判平6・4・27判時1510号150頁・判タ872号284頁）　雑誌・新聞を指定商品とする原告登録商標「気功術」の商標権が存するところ，被告が主宰する通信講座及びそれにかかわるテキスト教材，ビデオテープ教材に「気功術実践講座」の標章を表示した事案について，右通信講座の製作のための経費に占める右教材の製作費の割合は90パーセントに達し，通信指導のための費用の割合は10パーセントに過ぎず，右通信講座の実体は被告商品及びビデオテープ教材の販売であって，その後の通信指導はアフターサービスあるいはその販売を促進するための副次的なものに過ぎないものと認められるから，被告商品は商標法上の商品にあたる旨判示した。
　㈭「東天紅事件」（名古屋地判昭60・7・26無体集17巻2号333頁）　加工食料品等を指定商品とする原告登録商標「東天紅」の商標権が存するところ，被告が「東天紅」の文字看板を掲げた中華料理店において「ぎょうざ」，「しゅうまい」等の中華食料品を販売した事案について，右店舗において右商品を販売している以上，右「東天紅」なる文字が右商品の同一性を表示するための識別標識（標章）としての機能を有するものと認めるのが相当であるから，右商品に関する広告に標章を付して展示した行為にあたり，これも商標の使用に該当する旨判示した。控訴審判決（名古屋高判昭61・5・14）もこの認定を支持した。同様の事例として，「十五屋事件」（名古屋地判昭58・1・31無体集15巻1号15頁），「三愛事件」（大阪地判昭52・3・4無体集9巻1号195頁・判タ353号293頁・特管別冊昭和52年419頁）がある。
　㈭「後楽事件」（広島高岡山支判昭61・6・26（昭56（ネ）102号），岡山地判昭56・6・11（昭48（ワ）24号））　中華そばめん等を指定商品とする控訴人登録商標「後楽」の商標権が存するところ，被控訴人が店内における中華そばの提供について「後楽」の標章を使用した事案について，右標章は，被控訴人の店舗を他と識別する機能を有するものであるとともに，延いては同店舗で提供される飲食物たる中華そばをその主要材料である中華そばめんとともに，その特色を他に表示するものとみられ，その使用は本件指定商品たる「中華そばめん」について使用するものと解することができると旨判示した。上告審判決（最判昭62・6・18（昭61（オ）1085号））もこの認定を支持した。
　このような事案は，平成3年の一部改正で，役務商標制度が導入され（商標2条1項），また商品と役務との間においても互いに類似することがある旨の規定（商標2条6項）が

〔田倉（整）＝髙田〕

§25（商標権の効力） 第4章 商 標 権

注意的に追加されたことにより，論理的に無理なく救済できるようになった。

因みに，「ハーモナイザーズ事件」（大阪地判平10・8・27（平7（ワ）11111号））では，第20類（昭和34年法）に属する商品「家具」等と役務「分譲マンション販売の営業」との類似関係を認めている。特許庁商標課編『類似商品・役務審査基準』によれば，第9類の商品「電子計算機用プログラム」（11C01）は第42類の役務「電子計算機用プログラムの提供」（42X11）に，また第9類の商品「電子出版物」（26A01・26D01）は第41類の役務「電子出版物の提供」（41C02）に類似するとされている。

  (f) その他

　　(イ) 「MARLBORO 事件」（東京地判平5・11・19判タ844号247頁）　転写紙等を指定商品とする原告登録商標「MARLBORO」が存するところ，商品「プラスチックモデルカーの車体に貼付するためのシール」に「Marlboro」の標章を表示した事案について，実物のＦ－１レースカーに表示されている被告標章を，プラスチックモデルカー愛好者が，モデルカー上に再現表示するためのシールの図柄として使用されており，しかも他の多くの有名企業名や標章等のシールと並列的に配置されていて，被告標章のみが特に他の企業名や標章等と異なる取扱いをされているものではないから，被告標章は商標として被告商品に使用されているものではない旨判示した。

　　(ロ) 「HAPPY WEDDING 事件」（名古屋地判平4・7・31判時1451号152頁）　包装用袋等を指定商品とする原告登録商標「HAPPY WEDDING」と同一の標章を「結婚式の引き出物を持ち帰るための袋」の正面左上部分に貼付されたシールに表示した事案について，右表示は，結婚式の主催者ないしこれに準ずる者である新郎新婦に対するお祝いを意味する言葉であり，また，被告商品の底部には被告の商号が表示され，その出所を明示していることから，被告標章は自他商品の識別機能を果たしておらず，商標権を侵害するものではない旨判示した。

　　(ハ) 「just married 事件」（名古屋地判平12・9・22（平11（ワ）2823号））　酒類を指定商品とする原告の本件商標「HAPPY WEDDING」，「just married」が存するところ，被告が販売する酒類に被告標章（HAPPY WEDDING」，「Just Married」）を記載したラベルを貼付した事案において，「被告商品は結婚式の引き出物として使用される商品であるから，その購入者は主催者である。……したがって，被告商品の出所表示機能について検討するに当たっては，主催者との関係でこれを判断すべきである。……主催者は被告商品の出所をカタログに表示された……銘柄や，表示名を目印として識別し，これによって取引をしているものであり，ラベル及びそこに記載された被告標章は，被告商品に新郎新婦や列席者の氏名，挙式年月日等を美しく表示し，列席者に対して主催者側の意思を伝え，特別な良い印象を与えるための背景デザインとして選択され，使用されているにすぎず，

834　〔田倉(整)＝髙田〕

被告標章が被告商品を他の商品から識別する機能を果たしていることはないというべきである。したがって，被告標章は，被告商品について自他商品の識別機能を有する態様で使用されているものでなく，……本件商標権を侵害するものではない。」と判示した。

　㈡　「Always 事件」(東京地判平10・7・22判時1650号130頁)　　清涼飲料等を指定商品とする原告登録商標「オールウエイ」が存するところ，商品「コーラ」に「Always Coca-Cola」の標章を表示した事案について，コカ・コーラについては，従来から様々なキャッチフレーズによるキャンペーンが実施されていたこと，「Always」は著名商標である「Coca-Cola」に隣接した位置に，一体的に記載されていること，「Always」が「常に，いつでも」を意味することは一般に知られているものと解されること，右標章は需要者が商品の購買意欲を高める効果を有する内容と理解できる表現であること等の事情に照らすならば，コーラの缶上に記載された右標章を見た一般顧客は，専ら，ザ・コカ・コーラ・カンパニーがグループとして実施している販売促進のためのキャンペーンの一環であるキャッチフレーズの一部であると認識するものと解され，右標章は自他商品の識別機能を果たす態様で用いられているものとはいえないから，商標の使用にはあたらない旨判示した。控訴審判決(東京高判平11・4・22(平10(ネ)3599号))もこの認定を支持した。

　㈢　「壁の穴事件」(東京高判平11・7・14(平11(ネ)196号)，東京地判平10・11・30(平10(ワ)13018号))　　スパゲッティ，パスタ等を指定商品とする控訴人(原告)の本件商標「壁の穴」が存するところ，被控訴人(被告)がその販売に係るスパゲッティ及びパスタの包装に被告標章「壁の穴」を販売者名を表す被告商号「株式会社壁の穴」の一部として表示した事案において，「デパートや量販店の被控訴人商品の陳列棚において，本件商品あるいはそれに関連するソースの各販売価格が『壁の穴』の記載とともに表示されていた事実は認められるものの，各商品自体にはそのような表示が行われておらず，陳列されている他社の商品についての表示と対比しても，これらの表示は，販売者である当該デパートや量販店が作成掲示したものと推認されるから，被控訴人の製造販売する本件商品において，被告標章は，被控訴人の商号をその販売者名として表示しているにすぎず，商標としての使用に該当しない」旨判示した。

　㈣　「孔版インク詰替え事件」(東京地判平15・1・21(平14(ワ)4835号))　　孔版印刷用インクを指定商品とする原告登録商標が存するところ，原告登録商標が適法に付されたインクボトルに詰められたインクを購入して使い切った顧客から，被告が空のインクボトルの提供を受け，それに被告インクを充填して顧客に納品したという事案において，「被告らの孔版印刷用インクの販売においては，本件登録商標は顧客から被告インクを充填するための容器として提供されたインクボトルに当初から付されていたものであって，本件登録商標とインクボトルの内容物である商品たる被告インクとの間には何らの

§25（商標権の効力）　　　　　　　　　　　　　　　　　　　　第4章　商　標　権

関連もなく，本件登録商標が商品の出所識別標識としての機能を果たす余地のないことが外形的に明らかであるから，被告らの行為は商標法にいう商標の『使用』に該当しないものというべきである。」と判示した。

　これに対し，控訴審は，①被控訴人らが，顧客が空インクボトルを提供することを前提とせず，空インクボトルに充填された被控訴人インクを販売する態様の行為をも行っていること，②被控訴人の取引規模が，個人的な小規模取引のようなものとは全く異なる大規模なものであること，③被控訴人らが顧客に納品する，被控訴人インクの充填されたインクボトルにも，本件登録商標が付されたままであり，「被控訴人インクが控訴人と無関係に製造されたものである」旨のいわゆる打ち消し表示もされていないことなどから，本件登録商標は，商品（インク）の取引において出所識別機能を果たしているものであって，被控訴人らの行為は，実質的にも本件登録商標の「使用」に該当し，本件商標権を侵害するものというべきである旨判示した（東京高判平16・8・31（平15（ネ）899号））。

　（ト）「For Brother事件」（東京高判平17・1・13（平16（ネ）3751号），東京地判平16・6・23判時1872号109頁）　　原告は「ファクシミリ」等を指定商品とする登録商標「BROTHER」，「ブラザー」を有しており，被告が原告製品のファクシミリに適合するファクシミリ用紙の包装箱に，「For brother」，「（新）ブラザー用」と表示した事案において，本件「brother」又は「ブラザー」との表示に接した被告製品の一般需要者は，控訴人（原告）が被告製品の製造者又は販売者であるとは速断せず，むしろ，「For brother」又は「（新）ブラザー用」との態様で表示されていることから，これらの表示が適合機種表示であって，被告製品はファクシミリのメーカー以外の業者により製造，販売されるものであると認識する可能性の方が高いものと判断され，また，「ELECTRIC INC.」及び「お客様相談室」の表示などから，被告製品の一般需要者は，「ELECTRIC INC.」が被告製品の製造者又は販売者であって，控訴人（原告）とは別の主体であると認識するものと認められることをも考慮すると，被告標章が自他商品識別機能や出所表示機能を発揮しているとは認められない，旨判示している。

　（チ）「黒烏龍茶事件」（東京地判平20・12・26判時2032号11頁）　　被告が，被告商品の含有成分の量と原告商品のそれとを比較し，前者の方が優れていることを示す比較広告において，原告商品に付された本件各登録商標を使用した事案について，被告による本件各登録商標の使用は，比較の対象である原告商品を示し，その宣伝内容を説明するための記述的表示であって，自他商品の識別機能を果たす態様で使用されたものではないというべきであり，商標として使用されたものとは認められない旨判示した。

　（リ）「塾なのに家庭教師事件」（東京地判平22・11・25判時2111号122頁）　　原告は「学習塾」等を指定役務とする登録商標「塾なのに家庭教師」の商標権を有しており，被告が

自己の学習塾を宣伝するチラシに被告標章「塾なのに家庭教師」を表示した事案において，被告チラシに接した学習塾の需要者である生徒及びその保護者は，被告標章の「塾なのに家庭教師」の語は，学習塾であるにもかかわらず，自分で選んだ講師から家庭教師のような個別指導が受けられるなど，集団塾の長所と家庭教師の長所を組み合わせた学習指導の役務を提供していることを端的に記述した宣伝文句であると認識し，他方で，その役務の出所については，チラシ下部に付された「東京個別指導学院名古屋校」，「東京個別指導学院」又は「関西個別指導学院」の標章及び「TKG」の標章……から想起し，「塾なのに家庭教師」の語から想起するものではないものと認められることから，被告チラシにおける被告標章1の使用は，本来の商標としての使用（商標的使用）にあたらない旨判示している。

　(ヌ)「elegance 卑弥呼事件」（東京地判平23・7・22（平21(ワ)24540号））　被告が原告に納入した婦人靴で返品されたものについて，原告商標が表示された織りネームをマジックで塗りつぶし，その上に被告ブランド「無」を表示した中敷きを剥離しにくく貼付して販売した事案について，原告商標は完全に覆い隠されており，中敷きの上から原告商標を視認することは不可能であり，また，需要者が中敷きを剥がしてその中を確認することは通常想定することができないから，原告商標を使用するものということはできない旨判示している。

　同様の事案として，「PRIME SELECT 事件」（大阪地判平26・3・27判時2240号135頁）がある。

　(ル)「ライサポいけだ事件」（大阪地判平26・6・26（平25(ワ)12788号））　原告が登録商標「ライサポ」を有しており，被告が自己のウェブサイトのトップページの最も目立つ場所に，「特定非営利活動法人　ライフサポートネットワーク　いけだ」と大きく記載した上で，同ウェブサイト内の相互リンクのためのバナー，リンクテキスト，イラスト記述的文章の中で，被告の名称全体を記載する代わりの略語として，「ライサポいけだ」と記載した事案において，同ウェブサイトにおいて，被告標章が被告の提供する役務の出所を識別するものとして使用されているということはできず，被告標章の使用は，商標法2条3項8号が定める商標としての使用にはあたらない旨判示した。

　これに対し，次の事例では，商標権侵害の成立が認められている。

　(ヲ)「シャネル No.5 タイプ事件」（東京地判平5・3・24判時1457号137頁・判タ812号262頁）
　化粧品を指定商品とする「No.5」，「CHANEL」，「PARIS」の文字を三段書きした原告登録商標が存するところ，商品「香水」の包装用パッケージに，「シャネル」，「No.5」，「タイプ」の文字を三段書きした標章を小さな文字で表示し，また「CHANEL No.5」の

§25 （商標権の効力） 第4章 商 標 権

標章を英語の文章中に表示した事案について，前者の標章は唯一の日本語であり，橙黄色の地の中の灰色の円形の中に記載されていることもあって，需要者・取引者の注目を引くものであるところ，「シャネルNo.5」がシャネル・グループの製造販売する香水の商品表示として著名であることからすれば，「シャネルNo.5」の部分をもって，被告商品の出所を表示する標章と理解する需要者も決して少なくないと認められ，また，後者の標章はやや肉太の，他とは異なる書体で表されて一段をなしていることから需要者・取引者の注目を引くものであるところ，右標章を含む英語の文章全体の意味を理解できる需要者は少なくないものと認められること，右標章の直後に登録商標であることを示すRの記号が付されていること，「シャネルNo.5」がシャネル・グループの製造販売する香水の商品表示として著名であることからすれば，右標章をもって被告商品の出所を表示する標章と理解する需要者も決して少なくないと認められ，したがって商標の使用にあたる旨判示した。同様の事例として，「エチケットブラシ事件」（大阪地判昭60・6・28無体集17巻2号311頁・判時1156号136頁・判タ567号284頁）がある。

（ワ）「Y's事件」（大阪地判平7・7・11判時1544号110頁）　被服等を指定商品とする原告登録商標「Y's」の商標権が存するところ，原告を含むワイズグループによって製造され適法に右登録商標を付されたものであって，当初から原告の意思に基づいて流通過程に置かれたものとは認められないサンプル品やキズ物，及びいったんは原告の意思に基づいて流通過程におかれたものの回収されて廃棄処分の対象となったものを被告が売却した事案について，商標の機能である出所表示機能及び品質保証機能を害するものであり，一般消費者に損害を及ぼすおそれもあるから，原告の商標権を侵害する旨判示した。

（カ）「HACKER JUNIOR事件」（東京地判平4・5・27知財集24巻2号412頁）　家庭用テレビゲーム機おもちゃ等を指定商品とする原告登録商標「Nintendo」が存するところ，被告が通常の販売経路において正当に購入した原告商品の内部構造に改造を加え，右登録商標をそのまま残しつつ，自己の商標「HACKER JUNIOR」を新たに表示して販売した事案について，改造が本体及びコントローラーのいずれにも及び，改造部分に相当する価格が販売価格の54％に及び，改造品であるとして売り出されていることから原告商品と同一性のある商品とはいえず，かかる改造後の商品に右登録商標が付されたままにされるとその出所表示機能及び品質保証機能が害されるおそれがあると認められるから，商標権侵害を構成する旨判示した。

（ヨ）「MAGAMP事件」（大阪地判平6・2・24判時1522号139頁）　肥料を指定商品とする原告登録商標「MAGAMP」が存するところ，訴外Aが大型包装袋入りの原告商品を購入して透明なビニール小袋に詰め替えたもの（小分け品）を被告が購入し，小分け品に右登録商標に類似する商標「マグアンプK」を新たに表示して販売した事案について，

当該商品が真正なものであるか否かを問わず，また，小分け等によって当該商品の品質に変化を来すおそれがあるか否かを問わず……商標権者が登録商標を指定商品に独占的に使用する行為を妨げ，その商品標識としての機能を途中で抹殺するものであって，商品の品質と信用の維持向上に努める商標権者の利益を害し，ひいては商品の品質と販売者の信用に関して公衆を欺瞞し，需要者の利益をも害する結果を招来するおそれがあるから，商標権侵害を構成する旨判示した。同様の事例として，「ハイ・ミー事件」(最決昭46・7・20刑集25巻5号739頁・判時641号102頁・判タ266号223頁)，「STP事件」(大阪地決昭51・8・4無体集8巻2号324頁・判タ353号267頁)がある。

(タ)「yuyama事件」(大阪地判平26・1・16判時2235号93頁) 被告が使用済みの原告製品の芯管(原告の登録商標が付されたままとなっている)に分包紙を巻き直して製品化した事案について，原告製品及び被告製品は，いずれも病院や薬局等で医薬品の分包に用いられることから高度の品質が要求されるものであり，厳重な品質管理の下で，芯管に分包紙を巻き付けて製造されるものである。顧客にとって，上記製品に占める分包紙の部分の品質は最大の関心事であることが窺える。そうすると，分包紙及びその加工の主体が異なる場合には，品質において同一性のある商品であるとはいいがたいから，このような原告製品との同一性を欠く被告製品について本件各登録商標を付して販売する被告の行為は，原告の本件各商標権(専用使用権)を侵害するものというべきである。実質的にみても，購入者の認識にかかわらず，被告製品の出所が原告ではない以上，これに本件各登録商標を付したまま販売する行為は，その出所表示機能を害するものである。また，被告製品については原告が責任を負うことができないにもかかわらず，これに本件登録商標が付されていると，その品質表示機能をも害することになる。これらのことからすると，原告は被告製品につき本件各商標権を行使することができるものと解するのが相当である旨判示した。

(2) **商標の機能を害することがなく，実質的違法性を欠く場合**
(a) 真正商品の並行輸入と認められるもの
(イ)「GUESS事件」(東京地判平2・12・26無体集22巻3号873頁) 原告は「被服」を指定商品とする原告登録商標「GUESS」につき商標権を保有しているところ，被告が原告の製造販売に係る右登録商標を付した商品「ジーンズ」を，訴外の米国A社から輸入し販売した事案について，右登録商標を付した被告商品は，原告の製造販売した真正な商品であるから，被告による被告商品の輸入販売行為は，商標法1条に同法の目的として規定する，商標を使用する者である原告の業務上の信用の維持を図ることに反することも，需要者である一般消費者の利益を保護することに反することもなく，また，同法がその目的達成のために保護している商標の出所表示機能及び品質保証機能を害すること

もない，と認められる。したがって，被告の右行為は実質的にみて違法性を欠き，商標権侵害を構成しない旨判示した。同様の事例として，「PARKER事件」（大阪地判昭45・2・27刑集17巻3号28頁・無体集2巻1号・判時625号75頁），「LACOSTE事件」（東京地判昭59・12・7無体集16巻3号760頁・判時1141号143頁・判タ543号323頁・特企194号85頁）が存する。

　㈺　「第1次フレッドペリー事件」（東京地判平11・1・28（平8（ワ）12105号等）判時1670号75頁・判タ995号242頁）　　外国における被許諾者が製造地域制限条項に違反して製造した商品を，国内の輸入業者が輸入販売した事案について，「許諾の対象となった種類の商品を被許諾者が許諾契約に定められた地域において製造したかどうかは，商標権者と被許諾者の間の内部関係というべきものであって，許諾契約における右のような個々の条項について違反があったからといって，第三者（取引者，需要者）に対する関係では，当該商品の出所表示機能等が害されたということはできない」として商標権侵害を構成しない旨判示した。同様の事例として，「第1次フレッドペリー事件」（東京高判平12・4・19（平11（ネ）1464号）），「第3次フレッドペリー事件」（東京地判平13・10・25（平11（ワ）6024号））が存する。

　これに対し，次の事例では，商標権侵害の成立が認められている。

　㈩　「第3次フレッドペリー事件」（東京高判平14・12・24（平13（ネ）5931号））　　外国における被許諾者が製造地域制限条項に違反して製造した商品を，国内の輸入業者が輸入販売した事案について，「製造地域制限条項に違反し，商標権者グループの一員であるライセンサーの品質管理が及ばない商品については，もはや商標の品質保証機能が働かないというべきであるから，このような商品を真正商品であるとしてその並行輸入を適法とすることは，商標権者が当該商標について築き上げてきた信用を維持し，発展させることを著しく困難にするものであり，また，商標権者グループによる商品の品質管理ができないものである以上，当該商標を信頼して商品を購入する消費者の利益をも害するものというべきである。」として商標権侵害を構成する旨判示した。同様の事例として，「第2次フレッドペリー事件」（大阪地判平12・12・21（平9（ワ）8480号等）），「第2次フレッドペリー事件」（大阪高判平14・3・29（平13（ネ）425号））が存する。

　㈦　「第2次フレッドペリー事件」（最判平15・2・27（平14（受）1110号））　　外国における被許諾者が製造地域制限条項に違反して製造した商品を，国内の輸入業者が輸入販売した事案（第2次フレッドペリー事件控訴審判決）についての上告審判決であって，「商標権者以外の者が，我が国における商標権の指定商品と同一の商品につき，その登録商標と同一の商標を付したものを輸入する行為は，許諾を受けない限り，商標権を侵害する（商標法2条3項，25条）。しかし，そのような商品の輸入であっても，(1)当該商標が外国にお

ける商標権者又は当該商標権者から使用許諾を受けた者により適法に付されたものであり、(2)当該外国における商標権者と我が国の商標権者とが同一人であるか又は法律的若しくは経済的に同一人と同視し得るような関係があることにより、当該商標が我が国の登録商標と同一の出所を表示するものであって、(3)我が国の商標権者が直接的に又は間接的に当該商品の品質管理を行い得る立場にあることから、当該商品と我が国の商標権者が登録商標を付した商品とが当該登録商標の保証する品質において実質的に差異がないと評価される場合には、いわゆる真正商品の並行輸入として、商標権侵害としての実質的違法性を欠くものと解するのが相当である。けだし、商標法は、『商標を保護することにより、商標の使用をする者の業務上の信用の維持を図り、もつて産業の発達に寄与し、あわせて需要者の利益を保護することを目的とする』ものであるところ(同法1条)、上記各要件を満たすいわゆる真正商品の並行輸入は、商標の機能である出所表示機能及び品質保証機能を害することがなく、商標の使用をする者の業務上の信用及び需要者の利益を損なわず、実質的に違法性がないということができるからである。」とし、これを本件についてみれば、製造地域制限条項に違反して製造され登録商標が付された商品の輸入は、登録商標の出所表示機能を害するものであること、また、製造地域制限条項は商標権者が商品に対する品質を管理して品質保証機能を十全ならしめる上で極めて重要であるところ、これに違反して製造され登録商標が付された商品は、商標権者による品質管理が及ばず、商標権者が本件登録商標を付して流通に置いた商品と品質において実質的に差異を生ずる可能性があり、商標の品質保証機能が害されるおそれがあること、需要者は、いわゆる並行輸入品に対し、商標権者が登録商標を付して流通に置いた商品と出所及び品質において同一の商品を購入することができる旨信頼しているところ、製造地域制限条項に違反した本件商品の輸入を認めると、需要者の信頼に反する結果となるおそれがあることから、本件商品の輸入は、いわゆる真正商品の並行輸入と認められず、実質的違法性を欠くということはできない旨判示して、原判決の結論を支持した。

㋭ 「CONVERSE事件」(知財高判平22・4・27(平21(ネ)10058号・平21(ネ)10072号)、東京地判平21・7・23(平18(ワ)26725号)) 旧米国コンバース社を買収した新米国コンバース社が、日本における商品「靴」に関する商標権も譲り受け、それを原告に譲渡したが、その原告登録商標と類似する標章「CONVERSE」を付した新米国コンバース社販売の「靴」が被告によってわが国に輸入された事案において、前記最判平15・2・27を引用して、①原告伊藤忠と新米国コンバース社との間に共同マーケティング契約が存在していること、原告コンバースフットウェア(買主)とTD社(買付代理人)との間に業務委託契約が存在することを考慮してもなお、原告伊藤忠と新米国コンバース社が経済的に同一人と同視し得る関係にあるということはできず、また、原告伊藤忠と新米国コンバース

§25（商標権の効力）　　　　　　　　　　　　　　　　第4章　商　標　権

社の間には，総販売代理店や親子会社の関係はなく，法律的に同一人と同視する関係があることを裏づける事情があるとも認められないこと，及び②原告伊藤忠は直接的にも間接的にも，新米国コンバース社の商品の品質管理を行い得る立場にあるとは認められず，被告商品が原告伊藤忠の品質管理の下にあると認めることはできないことから，被告による被告商品の輸入行為は，真正商品の並行輸入として違法性が阻却されるとはいえない旨判示した。

　(b)　中古品販売のための広告と認められるもの——「ヘルストロン事件」（大阪地判平15・3・20（平14（ワ）10309号））　　中古健康機器の販売を業とする被告が，原告商品の中古品の販売のため新聞，インターネットなどに原告商標の表示を付した広告を掲載した事案について，「『中古』又は『中古品』の文字が記載されており，その態様からして，それを見た者は，販売されている原告商品が中古品である旨を認識し，したがって，広告主である被告が，原告を出所とする中古の原告商品を販売していることを認識するものであって，広告主である被告が原告商品の出所であると認識することはないものと認められる」。そうすると，被告がこのような広告を行うことは，形式的には，商標法2条3項8号，37条1号に該当するが，「商品の出所混同を招くおそれがなく，登録商標の出所表示機能を害することがないから，実質的違法性を欠くものというべきである。」旨判示した。

(3)　商標権の行使が権利濫用にあたる場合

　(a)　「下呂膏事件」（名古屋地判平7・9・29（平元（ワ）1380号））　　(ア)原告は六代目又右衛門が自己の業務に係る商品を表示するものとして本件標章（「下呂膏」）を使用することを前提として六代目に製品を供給するとともに，六代目の信用を利用する目的で，六代目の業務に係る商品を表示するものとして本件標章を使用していたこと，(イ)六代目及び原告の右のような使用により，本件標章は六代目の業務に係る商品を表示するものとして需要者の間において広く認識されるに至ったこと，(ウ)原告代表者は，そのような事情を十分に認識していたこと，(エ)それにもかかわらず，原告は，六代目に無断で密かに本件標章を出願し商標権を取得したこと，(オ)七代目又右衛門は六代目の相続人で，六代目の診療所の業務を承継した者であること，(カ)被告は七代目の許諾を受けて「下呂膏」の標章を付した膏薬を製造販売していること等から，原告が被告に対して本件標章の使用の差止めを求めることは権利の濫用として許されない旨を判示した。控訴審判決（名古屋高判平8・10・23（平7（ネ）819号））もこの認定を支持した。

　(b)　「STÜSSY事件」（京都地判平10・7・16（平9（ワ）780号））　　「現時点において，原告が，本件商標権に基づく排他的保護に基づき原告活字体標章を使用することを認めることは，米国で使用されている標章であることを知りながらこれを入手・登録した上，自

第1節　商　標　権　　　　　　　　　　　　　　　　§25（商標権の効力）

らはその標章に自己の信用を化体させる営業努力をしなかった原告が，ステューシー社と独占的販売契約を締結し，積極的に営業活動，広告宣伝活動を展開してステューシー標章を周知ならしめた被告の営業努力にフリーライドすることにほかならないというべきである。そして，ステューシー標章が既に周知性を有している以上，原告が，今後，被告の営業努力にフリーライドすることなく本件商標に自己の営業努力による信用を化体させる余地はほとんどないものといわざるを得ない。」として，本件商標権に基づく差止請求等を権利濫用にあたる旨判示した。

（c）「ウイルスバスター事件」（東京地判平11・4・28（平9（ワ）16468号））　　「本件商標は一般的に出所識別力が乏しく，原告の信用を化体するものでもなく，そのため被告が本件商標に類似する被告標章をウイルス対策用ディスクに使用しても本件商標の出所識別機能を害することはほとんどないといえるのに対し，被告は，前記（一）のとおり別紙第三目録記載の標章を原告が本件商標の登録出願をする前から継続的に使用しており，現在では被告標章は一般需要者が直ちに被告商品であることを認識できるほど著名な商標であるから，本件商標権に基づき被告標章の使用の差止めを認めることは，被告標章が現実の取引において果たしている商品の出所識別機能を著しく害し，これに対する一般需要者の信頼を著しく損なうこととなり，商標の出所識別機能の保護を目的とする商標法の趣旨に反する結果を招来するものと認められる。」として，本件商標権の行使は権利の濫用として許されない旨判示した。

（d）「JUVENTUS事件」（東京地判平12・3・23（平8（ワ）5748号））　　「原告商標は『JUVENTUS』チームの名称に由来するものといわざるを得ず，原告はこれを知った上でその商標登録出願をしたものというべきである。……原告は，我が国においてサッカー人気が高まるなか，原告商標が『JUVENTUS』チームの名称に由来するにもかかわらず，商標権が自己に帰属していることを奇貨として，その由来元に当たる同チームから適法に許諾を受けて同チームの標章を使用する者に対し，本件商標権を行使して，その使用を妨げようとしているものであるといえる。原告によるこのような本件商標権の行使は，正義公平の理念に反し，国際的な商標秩序に反するものといわざるを得ない。したがって，原告の本訴請求は，公正な競業秩序を乱すものとして，権利の濫用に当たるというべきである。」旨判示した。

（e）「カンショウ乳酸事件」（東京地判平13・2・15（平12(ワ)15732号））　　乳酸を指定商品とする原告の本件商標（「カンショウ乳酸」の文字を行書体で横書きしてなるもの）が存するところ，被告がその販売に係る乳酸の広告に「カンショウ乳酸」の文字を表示した事案において，「カンショウ乳酸」という語は，本件商標が出願された当時には，既に商品の普通名称であったというべきであり，本件商標は「カンショウ乳酸」という語を行書体

§25（商標権の効力） 第4章 商　標　権

で横書きしたにすぎないから，商品の普通名称を普通に用いられる方法で表示する標章のみからなる商標であるというべきである。そうすると，本件商標に係る商標登録は，商標法46条1項1号所定の無効事由（同法3条1項1号）を有することが明らかであるといえるから，本件商標権に基づく請求は，権利濫用にあたる旨判示した。控訴審判決（東京高判平13・10・31（平13（ネ）1221号））もこの認定を支持した。

　(f)　「mosrite事件」（東京地判平13・9・28（平10（ワ）11740号））　　原告の本件商標を構成する標章「mosrite」は，出願時に，米国モズライト社が商品「エレキギター」に使用する商標として需要者間に広く認識されており，また原告が本件商標登録を不正競争の目的で受けたことも明らかであって，本件商標登録には，無効理由（商標46条1項1号・4条1項10号）が存在していることが明らかであるから，このような商標権に基づく請求は権利の濫用にあたる旨判示した。控訴審判決（東京高判平14・4・25（平13（ネ）5748号））もこの認定を支持した。

　(g)　「ぼくは航空管制官事件」（東京地判平14・5・31平13（ワ）7078号）　　「原告の被告に対する本件商標権に基づく請求は，被告ソフトの製造について許諾を与えたテクノブレイン社の標章と同一の標章を自ら商標登録した上，本件商標権に基づいて権利行使されたものであり，また，その目的も，テクノブレイン社のライセンシーの製造，販売を妨げるためにされたものと解されるから，正義公平の理念及び公正な競争秩序に反するものとして，権利の濫用に当たり許されないというべきである。」旨判示した。

　(h)　「ADAMS事件」（東京地判平14・2・7（平11（ワ）11675号・平12（ワ）1229号））　　「コトブキゴルフには，アダムス又ADAMSの名称について商標登録をするべき合理的な理由は存在せず，むしろタイトライズ製品が米国のゴルフ業界において成功したことに着目し，ADAMSの名称が将来我が国において人気が出ることを期待して商標登録出願を行ったものと認められる。そうすると，アダムスゴルフが自己の製造販売するゴルフクラブにADAMSの標章を付してこれを輸入，販売等する行為，及び，ワールドブランズが本件標章の付されたアダムスゴルフ製造販売に係るゴルフクラブを輸入，販売等する行為に対して，コトブキゴルフ及び同社から本件商標権を譲り受けた同社の代表者であるAが，本件商標権に基づく差止請求権・損害賠償請求権を行使することは，権利の濫用に当たるというべきである。」旨判示した。

　(i)　「バドワイザー事件」（東京地判平14・10・15（平12（ワ）7930号））　　「原告登録商標1の由来，被告ブドバーが自己の製造販売するビールに『Budweiser』の表示を付している経緯，チェコ語標章ビールにおける被告標章4の使用態様等の事情に照らせば，原告が，被告ブドバーによる被告標章4の使用に対して原告登録商標1に基づく権利を行使するのは，権利の濫用として許されないというべきである。」旨判示した。

第1節　商　標　権　　　　　　　　　　　　　　　　§25（商標権の効力）

(j)　「PAPIA事件」（東京地判平15・2・13（平13（ワ）11393号））　　「原告は，当初から本件商標を被告小岩店において用いることを目的として被告の選択により名称を決定するなどして作成し，これを被告小岩店の店舗や什器備品等に付して使用させておきながら，他方において，被告に秘したまま，本件商標につき商標登録出願をしていたものであり，また，従来，被告の本件商標の使用につき何ら異議を述べたこともなかったにもかかわらず，被告との間での紛争が生じるや，本件商標につき商標登録を受けていることを奇貨として被告に対して本件訴訟を提起したものと認められる。このような事情に照らせば，本件訴訟において原告が本件使用許諾の解除を主張することはもちろん，そもそも被告に対して本件商標権に基づく権利を行使すること自体が，権利の濫用に当たるものとして許されないというべきである」と判示した。

　同様の事例として，「KAMUI事件」（東京地判平24・1・26（平22（ワ）32483号））がある。

(k)　「IP FIRM事件」（東京地判平17・6・21（平17（ワ）768号））　　原告登録商標「IP FIRM」は，その指定役務中「工業所有権に関する手続の代理」業務については自他役務識別力を有しておらず，商標法3条1項6号に違反して登録されたものであるから，被告が被告標章「TOKYO IP FIRM」を前記役務に使用することに対し原告商標権を行使することは権利濫用にあたる旨判示した。

(l)　「GRAVE GARDEN事件」（東京地判平24・2・28（平22（ワ）11604号））　　「本件商標は，その商標登録当時，出願人たる原告において，自己の業務に現に使用していたとは認められず，かつ，自己の業務に使用する意思があったとも認められないものであって，その商標登録に商標法3条1項柱書きに違反する無効理由があることは明らかである。……本件商標の商標登録後においても，原告が，本件商標を『墓地又は納骨堂の提供』の役務に係る業務において現に使用した事実は認められず，また，将来において本件商標を使用する具体的な計画があることも認められないものであるから，本件商標には，原告の信用が化体されているとはいえない。……原告の本件商標権に基づく損害賠償請求権の行使を容認することは，商標法の趣旨・目的，とりわけ，いわゆる登録主義の法制下においての濫用的な商標登録を排除し，登録商標制度の健全な運営を確保するという同法3条1項柱書きの規定趣旨に反する結果をもたらすものといえるから，原告の被告らに対する本件商標権に基づく損害賠償請求権の行使は，権利の濫用に当たるものとして許されないというべきである。……商標権の行使が権利濫用に当たるか否かの判断に当たっては，当該商標の商標登録に無効理由が存在するとの事情を考慮し得るというべきであり，当該無効理由につき商標法47条1項の除斥期間が経過しているからといって，このような考慮が許されないものとされるべき理由はなく，このことが同項の趣旨を没却するなどといえないことは明らかである」と判示した。

〔田倉(整)＝髙田〕

§25（商標権の効力）　　　　　　　　　　　　　　　　　　　　第4章　商　標　権

　⒨　「melonkuma事件」（大阪地判平26・8・28（平25（ワ）7840号））　被告代表者が「メロン熊」と題するキャラクターを考案し，それが北海道夕張市を代表するキャラクターとして周知性，著名性を獲得していたところ，原告が，そのキャラクターが周知・著名性を獲得する以前に登録していた原告商標「melonkuma」に基づき，損害賠償を請求した事案において，「もともと被告各標章には特段の自他識別能力がある一方，原告商標は，登録後，少なくとも，流通におかれた商品に使用されてはおらず，原告商標自体，原告の信用を化体するものでもなく，何らの顧客誘因力も有しているともいえない。そして，原告商標と被告各標章との間で出所を誤認混同するおそれは極めて低い。それにもかかわらず，原告は，原告商標権に基づき損害賠償請求をするものであるが，このような行為は，本件キャラクターが周知性，著名性を獲得し，強い顧客吸引力を得たことを奇貨として，本件の権利行使をするものというべきである。また，……原告商標の登録取消審決に至る経過をみると，本件訴訟の提起自体が，上記審判に対する対抗手段として行われた疑いが強いというべきである。以上によると，原告商標と被告各標章が誤認混同のおそれがあるとしても，原告による権利行使は，商標法上の権利を濫用するものとして，許されないというべきである。」と判示した。

　⑷　**他人の特許権等との関係**（商標29条）

　使用権と同様，その他人の特許権等との関係で禁止的効力も制限される。

　従来，商標権と抵触する意匠権・著作権との関係のみを調整していたが，平成8年の一部改正により立体商標制度を導入することに伴い，特許権・実用新案権との抵触関係についても調整する規定が追加された。

　⑸　**特許権等の存続期間満了後の商標の使用をする権利**（商標33条の2・33条の3）

　平成8年の一部改正により立体商標制度が導入されたことに伴い，商標権と抵触する先願又は同日出願の特許権又は実用新案権が消滅した場合についても調整する規定が追加された。

　⑹　**商標権が再審により回復した場合**（商標59条・60条）

　平成8年の一部改正により付与後異議申立制度を導入することに伴い，その異議での取消決定が再審により覆って商標権が回復した場合についても規定が追加された。

　⑺　**商標権が更新登録申請の追完により回復した場合**（商標22条・66条4項）

　商標法22条は，平成8年の一部改正により新設された。商標法66条4項は，平成10年の一部改正により確認的に追加された規定で，商標権そのものの効力制限ではなく防護標章登録に基づく権利の効力の制限にあたる。

　⑻　**先用権・中用権等が存する場合**（商標32条・32条の2・33条・60条）

　平成18年の一部改正により地域団体商標制度が導入されたことに伴い，地域団体商標

第1節　商　標　権　　　　　　　　　　　　　　　　　§25（商標権の効力）

として登録された商標権についても先使用権が認められることとなった（商標32条の2）。
 (9)　**団体商標の構成員が使用する場合**（商標31条の2）
 (10)　**専用使用権・通常使用権を設定した場合**（商標30条・31条）
 (11)　**商標法26条で商標権の効力が及ばないとされる場合**
 (a)　平成26年の一部改正で，商標法26条1項2号，3号及び5号が改正され，同6号が新設された。
 (b)　また，平成26年6月25日に「特定農林水産物等の名称の保護に関する法律」が公布されたことに伴い，平成26年の一部改正で，商標法26条3項が新設され，不正競争の目的を伴わない地理的表示の使用行為には商標権の効力が及ばない旨が規定された。
 (12)　**継続的使用権が認められる場合**
 (a)　平成3年法律第65号附則3条　　平成3年の一部改正で，「役務商標」登録制度が導入されたことに伴い，「施行後6月経過前の使用による役務に係る商標の使用をする権利」が認められることとなった。
 (b)　平成18年法律第55号附則6条　　平成18年の一部改正で「小売等役務商標」登録制度が導入されたことに伴い，「施行前からの使用に基づく商標の使用をする権利」が認められることとなった（同1項）。この権利は，この法律施行の際現にその商標の使用をしてその役務に係る業務を行っている範囲内に限られるが，この法律施行の際に需要者の間に広く認識されているときは，当該地域的範囲を超えることができる（同3項）。
 (c)　平成26年法律第36号附則5条3項及び5項　　平成26年の一部改正で，「新しいタイプの商標」の登録が開始されたことに伴い，「文字や図形等が変化する商標」，「色彩のみからなる商標」及び「音からなる商標」について，改正法施行前から国内において不正競争の目的でなく，他人の登録商標に係る指定商品等についてその登録商標又はこれに類似する商標の使用をしていた者には，改正法施行の際現にその商標の使用をして業務を行っている地理的範囲内において，継続的使用権が認められることとなった（同3項）。その使用に係る商標が，改正法施行の際現に需要者の間に広く認識されているときは，当該地理的範囲を超えて継続的使用権が認められる（同5項）。
　なお，「位置商標」（文字や図形等の標章を商品等に付す位置が特定される商標）には，継続的使用権が認められない。これは，「位置商標」が，改正法施行前から保護が認められていた商標について，それを付す位置が特定されるにすぎないものだからである。

〔田倉　整＝髙田　修治〕

第26条（商標権の効力が及ばない範囲）
　商標権の効力は，次に掲げる商標（他の商標の一部となつているものを含む。）には，及ばない。
　一　自己の肖像又は自己の氏名若しくは名称若しくは著名な雅号，芸名若しくは筆名若しくはこれらの著名な略称を普通に用いられる方法で表示する商標
　二　当該指定商品若しくはこれに類似する商品の普通名称，産地，販売地，品質，原材料，効能，用途，形状，生産若しくは使用の方法若しくは時期その他の特徴，数量若しくは価格又は当該指定商品に類似する役務の普通名称，提供の場所，質，提供の用に供する物，効能，用途，態様，提供の方法若しくは時期その他の特徴，数量若しくは価格を普通に用いられる方法で表示する商標（改正，平3法65，平26法36）
　三　当該指定役務若しくはこれに類似する役務の普通名称，提供の場所，質，提供の用に供する物，効能，用途，態様，提供の方法若しくは時期その他の特徴，数量若しくは価格又は当該指定役務に類似する商品の普通名称，産地，販売地，品質，原材料，効能，用途，形状，生産若しくは使用の方法若しくは時期その他の特徴，数量若しくは価格を普通に用いられる方法で表示する商標（改正，平3法65，平26法36）
　四　当該指定商品若しくは指定役務又はこれらに類似する商品若しくは役務について慣用されている商標（改正，平3法65）
　五　商品等が当然に備える特徴のうち政令で定めるもののみからなる商標（本号追加，平8法68，平26法36）
　六　前各号に掲げるもののほか，需要者が何人かの業務に係る商品又は役務であることを認識することができる態様により使用されていない商標（本号追加，平26法36）
2　前項第1号の規定は，商標権の設定の登録があつた後，不正競争の目的で，自己の肖像又は自己の氏名若しくは名称若しくは著名な雅号，芸名若しくは筆名若しくはこれらの著名な略称を用いた場合は，適用しない。
3　商標権の効力は，次に掲げる行為には，及ばない。ただし，その行為が不正競争の目的でされない場合に限る。（本項追加，平26法84）
　一　特定農林水産物等の名称の保護に関する法律（平成26年法律第84号。以下この項において「特定農林水産物等名称保護法」という。）第3条第1項の規定により商品又は商品の包装に特定農林水産物等名称保護法第2条第

§26（商標権の効力が及ばない範囲）

　　　3項に規定する地理的表示（以下この項において「地理的表示」という。）を付する行為
　　二　特定農林水産物等名称保護法第3条第1項の規定により商品又は商品の包装に地理的表示を付したものを譲渡し，引き渡し，譲渡若しくは引渡しのために展示し，輸出し，又は輸入する行為
　　三　特定農林水産物等名称保護法第3条第1項の規定により商品に関する送り状に地理的表示を付して展示する行為

【参考文献】
〔書　籍〕網野・商標〔第6版〕，田村・商標，竹田・要論，逐条解説〔第19版〕，平8改正解説。
〔論文等〕生駒正文「①通信講座用のテキストが，商標法上の商品であるとされた事例／②書籍の題号としての使用に商標権の効力が及ばないとされた事例」発明93巻（96.6），後藤晴男「商品『すし』について使用する商標『小僧』と『小僧寿し』との類否等」特研25号27頁（98.3），福井陽一「ROBINSON事件——商標使用が慣用的表示方法に従ったものか否か」判例と実務シリーズ170号。

細　目　次

Ⅰ　本条の趣旨(850)
(1)　通　説(850)
(2)　私　見(851)
　(a)　本条1項1号（自己の肖像・氏名などを含む商標）について(851)
　(b)　本条1項2号（商品などの普通名称など），3号（役務などの普通名称など）及び4号（慣用商標）について(851)
　(c)　本条1項5号（商品等が当然に備える特徴のうち政令で定めるもののみからなる商標）について(852)
Ⅱ　本条1項(853)
(1)　本条1項柱書のカッコ書（他の商標の一部となっているもの）(853)
(2)　本条1項1号（自己の肖像・氏名などを含む商標）について(853)
　(a)　自己の氏名(853)
　(b)　自己の名称(854)
　(c)　著名な雅号等(854)
　(d)　著名な略称(854)
　(e)　普通に用いられる方法で表示する(856)

　(f)　本条2項（不正競争の目的）(858)
(3)　本条1項2号（商品の普通名称等を普通に用いられる方法による表示）について(858)
　(a)　本号に含まれる商標(858)
　　(イ)　当該指定商品若しくはこれに類似する商品の普通名称を普通に用いられる方法で表示する商標(858)
　　(ロ)　当該指定商品若しくはこれに類似する商品の産地，販売地，品質，原材料，効能，用途，形状（包装の形状を含む），生産若しくは使用の方法若しくは時期その他の特徴，数量若しくは価格を普通に用いられる方法で表示する商標(858)
　　(ハ)　当該指定商品に類似する役務の普通名称を普通に用いられる方法で表示する商標(858)
　　(ニ)　当該指定商品に類似する役務の提供の場所，質，提供の用に供する物，効能，用途，態様，提供の方法若しくは時期その他の特徴，数量若しくは価格

〔田倉（整）＝髙田〕　849

§26（商標権の効力が及ばない範囲）　　　　　　　　　第4章　商　標　権

　　　　を普通に用いられる方法で表示する商
　　　　標(858)
　　　(b)　改　　正(862)
　　　(c)　「普通に用いられる方法で表示する」
　　　　(862)
　　(4)　本条1項3号（役務の普通名称等を普通
　　　に用いられる方法による表示）について
　　　(863)
　　　(a)　本号に含まれる商標(863)
　　　　(イ)　当該指定役務若しくはこれに類似す
　　　　　る役務の普通名称を普通に用いられる
　　　　　方法で表示する商標(863)
　　　　(ロ)　当該指定役務若しくはこれに類似す
　　　　　る役務の提供の場所，質，提供の用に
　　　　　供する物，効能，用途，態様，提供の
　　　　　方法若しくは時期その他の特徴，数量
　　　　　若しくは価格を普通に用いられる方法
　　　　　で表示する商標(863)
　　　　(ハ)　当該指定役務に類似する商品の普通
　　　　　名称を普通に用いられる方法で表示す
　　　　　る商標(863)
　　　　(ニ)　当該指定役務に類似する商品の産
　　　　　地，販売地，品質，原材料，効能，用
　　　　　途，形状（包装の形状を含む），生産若
　　　　　しくは使用の方法若しくは時期その他
　　　　　の特徴，数量若しくは価格を普通に用

　　　　いられる方法で表示する商標(863)
　　　(b)　改　　正(864)
　　(5)　本条1項4号（慣用商標）について(864)
　　　(a)　本号に含まれる商標(864)
　　　　(イ)　当該指定商品若しくはこれに類似す
　　　　　る商品の慣用商標(864)
　　　　(ロ)　当該指定役務若しくはこれに類似す
　　　　　る役務の慣用商標(864)
　　　　(ハ)　当該指定商品に類似する役務の慣用
　　　　　商標(864)
　　　　(ニ)　当該指定役務に類似する商品の慣用
　　　　　商標(864)
　　　(b)　改　　正(865)
　　(6)　本条1項5号（商品等が当然に備える特
　　　徴のうち政令で定めるもののみからなる商
　　　標）について(865)
　　　(a)　本号に含まれる商標(865)
　　　　(イ)　立体商標(865)
　　　　(ロ)　色彩のみからなる商標(865)
　　　　(ハ)　音商標(865)
　　　(b)　改　　正(867)
　　(7)　本条1項6号(867)
　Ⅲ　本条2項(868)
　Ⅳ　本条3項(868)
　　　　　　　　　〔田倉　整＝髙田　修治〕

I　本条の趣旨

(1)　通　　説

　本条の立法趣旨は，通説によれば，次の3点にあるといわれている。
　(a)　本条1項1号に規定する商標は商標法4条1項8号に規定する商標（他人の肖像・氏名等を含む商標）に該当し，また，本条1項2号ないし4号に規定する商標は商標法3条1項1号ないし4号に規定する商標（商品の普通名称等のみの商標）に該当し，さらに，本条1項5号に規定する商標（商品等が当然に備える特徴のみの商標）は商標法4条1項18号に規定する商標に該当するから，本来，いずれも商標登録を受けることができないはずであるが，特許庁の過誤により登録されることも考えられる。このような場合に，当該商標権の行使を受けた第三者に対し，わざわざ登録無効審判の請求をするまでもなく，救済を与えようというものである。

850　〔田倉（整）＝髙田〕

第1節 商　標　権　　　　　　　　　§26（商標権の効力が及ばない範囲）

　商標法4条1項8号，同3条1項1号ないし4号の規定に違反して登録を受けた場合，登録無効審判については登録日から5年の除斥期間があるので（商標47条），本条はその期間経過後に特に存在意義があるとされている。
　(b)　登録商標そのものは，商標法4条1項8号，同3条1項1号ないし4号あるいは商標法4条1項18号に規定する商標ではないが，その類似範囲に商標権の禁止的効力（商標37条1号）を及ぼすことが適当でないことがあるので，このような場合にその類似範囲についての第三者による使用を確保しようというものである。
　例えば，商品「パーソナルコンピュータ」について商標「パソゴン」が登録されている場合，その類似商標である「パソコン」についての第三者による使用が本条により救済されるというのである。
　(c)　登録の時点では登録要件を備えていたが，登録後に商標法4条1項8号あるいは商標法3条1項1号ないし4号に該当する商標となった場合にも，その商標権の禁止的効力（商標25条・37条1号）を及ぼすことは人格権保護の見地あるいは商標保護の目的から見て適当でないので，第三者による使用を確保しようというものである。
　(2)　私　　見
　しかしながら，本条の立法趣旨は次のように理解すべきであろう。
　(a)　本条1項1号（自己の肖像・氏名などを含む商標）について　　本号は，特定人の自己同一性の表示を可能にすることによって，人格権又は人格的利益の保護を図るとともに，商品（役務）の需要者が必要とする製造者・販売者等の情報を得ることができるようにして取引秩序という公益を図ることをその立法の趣旨としている。
　本号は，本来的に商標権（商標25条・37条1号）の侵害を構成する行為について，その侵害の成立を阻却する事由（抗弁事由）を定めた特別規定である。
　もとより，商品等に自己の氏名や名称を表示したとしても，それが自他商品（役務）の識別機能を果たし得ない態様で表示されたものである場合には，初めから商標権の侵害を構成しないことはいうまでもない。
　(b)　本条1項2号（商品などの普通名称など），3号（役務などの普通名称など）及び4号（慣用商標）について　　自他商品（役務）の識別機能を果たし得ない商標の使用に商標権の禁止的効力（商標25条・37条1号）が及ばないことは前述のとおりであるが，商標法26条1項2号ないし4号に規定する商標は自他商品（役務）の識別機能を果たし得ないのであるから，もともと商標権の禁止的効力（商標25条・37条1号）が及ばないわけである。つまり，商標法26条1項2号ないし4号の規定がなくても，商標権侵害にはならないのである。それでは，何故に商標法26条1項2号ないし4号の規定が設けられているのであろうか。

〔田倉（整）＝髙田〕　851

§26（商標権の効力が及ばない範囲）

　商標法26条は，その規定の位置からみれば，商標法25条の専用権の侵害を構成する行為について，その侵害の成立を阻却する事由を定めた特別規定であると解すべきもののようにも思える。

　しかしながら，商標法26条1項2号ないし4号に規定する商標の使用は，もともと商標権の侵害を構成しないのであるから，侵害の成立を阻却するための特別規定を設ける必要などないはずである。

　思うに，商標権の効力は自他商品（役務）の識別機能を果たし得ない商標の使用には及ばないのであるが，商標法2条1項に規定する商標の定義には立法技術上の要請から商標の本質的機能である自他商品（役務）の識別機能が捨象されているため，商標法25条及び37条1号についても標章を商品又は役務に使用すればすべて商標の使用にあたると解釈されるおそれがある。そこで，自他商品（役務）の識別機能を果たし得ない商標の使用のうち典型的な行為類型を予め注意的に明示しておくことによって，商標権者が本来保護すべき範囲を超えて過大な権利主張を行うことを未然に防ぎ，その権利の制約を受ける者の利益を保護するために本条を設けたものと解するのが妥当であろう。商標権侵害訴訟の実際においては，原告は被告の行為が登録商標の使用であることを登録の事実によって主張立証し，これに対し被告は自他商品（役務）の識別機能を果たし得ない商標の使用であることを主張立証（抗弁）することとなる。その意味で，商標法26条1項2号ないし4号の規定は形式的にいえば抗弁事由であり，本条を指摘することによって侵害成否の論点の1つとなる。

　平成26年の一部改正前の本条には，商標法3条1項4号ないし6号に規定する商標が含まれていなかった。これは上記商標には常に商標権の効力が及ぶという趣旨ではなく，個々具体的な事実認定により自他商品（役務）の識別機能を果たし得ない商標の使用であると判断されれば，初めから商標権（商標25条・37条1号）の侵害を構成しないのであるから，あえて本条に含める必要がなかったことによるものと考えられる。しかし，平成26年の一部改正で，本条1項6号の規定が新設されたことにより，実質的に商標法3条1項4号ないし6号に規定する商標についても商標権の効力を制限する条文上の根拠が与えられることとなった。

　（c）　本条1項5号（商品等が当然に備える特徴のうち政令で定めるもののみからなる商標）について　　本号は，平成8年の一部改正により立体商標制度が導入されたことに伴って新設され，「商品等の機能確保のために不可欠な立体的形状のみの商標」には商標権の効力は及ばないと規定された。その立法趣旨は，次のとおりである。

　本号に規定する商標については，自他商品（役務）の識別力の有無にかかわらず，商標法4条1項18号の規定（商品等の機能確保のために不可欠な立体的形状のみの商標）により商標

登録を受けることができないわけであるが、特許庁の過誤によって商標登録がなされることも考えられ、また本号に規定する商標をその構成の一部に含む商標が登録されることも今後は大いにあり得ることである。そこで、本号に規定する商標を第三者が自由に使用することができるようにするため、政策的に設けられたのが本号の規定である。すなわち、商標権は存続期間を更新することによって半永久的に存続させることが可能であるため、本号に規定する商標にまで商標権の効力が及ぶとすれば、商品や商品の包装そのものの生産や販売を事実上一私人に半永久的に独占させることとなってしまい、このようなことは自他商品（役務）の識別機能の保護を通じて出所混同を防止し、取引秩序の維持を図ろうという商標法の目的を明らかに逸脱する結果となるので、政策的に商標権の効力を制限することとしたのである。

　平成26年の一部改正で商標法4条1項18号の規定が改正され、「色彩のみの商標」や「音の商標」などの、いわゆる「新しいタイプの商標」が新たに商標権の保護対象となったことに伴い、それに対応させるべく商標法26条1項5号についても改正がなされた。これは、商品等から自然発生する色彩や音などの「商品若しくは商品の包装又は役務の特徴」（例えば、商品「自動車のタイヤ」に黒の色彩、役務「焼肉の提供」に肉の焼ける音）のみからなる商標に商標権の効力を認めると、「商品等の機能確保のために不可欠な立体的形状のみの商標」の場合と同様、商標法の趣旨を明らかに逸脱する結果となるので、政策的に商標権の効力を制限することとしたのである。

　本号は商標権侵害の成立を阻却する事由（抗弁事由）を定めた特別規定である。

II　本条1項

(1)　本条1項柱書のカッコ書（他の商標の一部となっているもの）

　平成8年の一部改正で追加されたもので、本条1項各号に規定する商標が「他の商標の一部となっている」場合にも、商標権の禁止的効力（商標25条・37条1号）が制限されることを意味している。

　本条1項各号の立法趣旨からみて、当然のことを注意的に規定したものということができる。

　ただし、次に述べる本条1項1号（自己の肖像・氏名などを含む商標）に規定する商標にあっては、「他の商標の一部となっている」ことで「普通に用いられる方法で表示する商標」にあたらないと認定されることがある。

(2)　本条1項1号（自己の肖像・氏名などを含む商標）について

　(a)　自己の氏名　　「自己の氏名」は、フルネームを意味し、氏又は名のみの場合には本号の適用はない。氏又は名のみの場合には、その使用が自他商品（役務）の識別機能を

§26（商標権の効力が及ばない範囲）

果たすか否かによって，商標権の禁止的効力（商標25条・37条1号）が制限されるか否かが判断されることになる。

(b) 自己の名称　「自己の名称」の代表的な例としては，商業登記簿に登記された法人の正式な名称があげられる。株式会社や有限会社を外した表示は，後述する「著名な略称」と認められる場合に限り保護される*1～*3。

*1　「月の友の会事件」（最判昭57・11・12民集36巻11号2233頁）
　　「株式会社の商号は商標法4条1項8号にいう『他人の名称』に該当し，株式会社の商号から株式会社なる文字を除いた部分は同号にいう『他人の名称の略称』に該当すると解すべきであって，登録を受けようとする商標が他人たる株式会社の商号から株式会社なる文字を除いた略称を含むものである場合には，その商標は，右略称が他人たる株式会社を表示するものとして『著名』であるときに限り登録を受けることができないものと解するのが相当である。」旨判示した。本号においても同様に解すべきである。

*2　「古潭事件」（大阪地判平9・12・9判タ967号237頁）
　　「商標法26条1項1号は，……『自己の名称』と『これらの著名な略称』を明確に区別しているのであるから，右規定にいう『自己の名称』とはその完全な名称をいうものと解すべきであり，有限会社の商号から有限会社という文言を除いた部分は自己の名称の『略称』に該当するものと解すべきである（最高裁昭和57年11月12日判決・民集36巻11号2233頁参照）。被告標章中の『古潭』は，被告の商号『有限会社古潭』から『有限会社』という文言を除いたものであって，被告の名称の略称であるというほかない」旨判示している。

*3　「バドワイザー事件」（東京地判平14・10・15（平12（ワ）7930号））
　　被告標章4（BUDWEISER BUDVAR, NATIONAL CORPORATION）は，「被告ブドバーのチェコ語の正式の表記である『Budejovicky Budvar, Narodni Podnik』の英語の翻訳であること，被告ブドバーは特に英語圏の国において自己の営業を示すものとして被告標章4を用いていることが認められる。……被告標章4は，自己の名称を普通に用いられる方法で表示するものというべきであるから，原告登録商標1の商標権の効力が及ぶものではない（商標法26条1項1号）。なお，被告標章4は，前記のとおり，被告ブドバーの名称を英語で表記したものであって，母国語であるチェコ語による表記ではないが，現在の国際的な商取引において主として英語が用いられていることに照らせば，英語を母国語としない国の企業がその名称を英語で表記するものも，商標法26条1項1号にいう『自己の名称』に該当するものと解するのが相当である（そのように解さないと，英語を母国語ないし公用語とする国の企業のみを，不当に優遇する結果となる。）。」と判示した。

(c) 著名な雅号等　「著名な雅号，芸名若しくは筆名」を規定したのは，これらも氏名と同様に特定人の同一性を認識させる機能があり，その使用を確保するのが妥当だからである。著名なものに限ったのは，雅号等は氏名に比べて恣意的なものであるため，そのすべてを保護するとすれば，徒に取引秩序が乱されることになるからである。

(d) 著名な略称　「これらの著名な略称」というのは，自己の氏名，名称，雅号，芸名，筆名の著名な略称という意味である。「著名な略称」には，本号の立法趣旨から，特

第1節　商　標　権　　　　　　　　　§26（商標権の効力が及ばない範囲）

定人の同一性を認識させる機能があるものが広く含まれると解すべきである*4〜*8。

* 4　「小僧寿し事件」（最判平9・3・11民集51巻3号1055頁，高松高判平6・3・28（平4（ネ）120号），高知地判平4・3・23判タ789号226頁）
　　「フランチャイズ契約により結合した企業グループは共通の目的の下に一体として経済活動を行うものであるから，右のような企業グループに属することの表示は，主体の同一性を認識させる機能を有するものというべきである。したがって，右企業グループの名称もまた，商標法26条1項1号にいう自己の名称に該当するものと解するのが相当である。本件において，『小僧寿し』は，フランチャイズ契約により結合した企業グループの名称である小僧寿しチェーンの著名な略称であり，被上告人による被上告人標章……の使用は，その書体，表示方法，表示場所等に照らし，右略称を普通に用いられる方法で表示するものということができる」旨判示した。「日本美容医学研究会事件」判決（東京高判平14・10・24（平14（行ケ）219号））によれば，「これは，商標法26条第1項第1号の適用の上で，権利能力なき社団の名称に著名性が要件とされるものではないとした旨の説示と解される。」旨示示しているが，企業グループの名称の著名な略称として保護を認めたものと考えるのが妥当であろう。

* 5　「フリーフレーム事件」（東京高判平10・1・14無体集30巻1号212頁）
　　「法人格のない社団は，法人格を有しない故に一定の範囲で権利主体となることに制限があるとはいえ，個々の構成員とは別個に独立して存在し，社会において一定の地位を占めるものであるから，その実質的な社会的地位に伴う名誉・信用等の人格権的利益を享有しうるものであることは社団法人の場合と変わりがなく，そのような利益のうちには，自己の名称等が他人によってみだりに使用されない利益をも含むものというべきである。」。そして，商標法4条1項8号が「他人」の氏名等に対する人格権的利益を保護することを主たる目的とするものであることは，同8号かっこ書から明らかである。そうすると，同法が同8号から法人格のない社団を除外していると解する理由はない旨判示した。本号においても同様に解すべきである。

* 6　「カルフール事件」（東京高判平13・7・18（平12（行ケ）257号））
　　「商標法4条1項8号所定の他人の名称とは，当該他人が外国の会社である場合には，当該国の法令の規定に則って付されたその正式な名称をいい，当該国の法令において，株式会社等の組織形態を含まないものが法令上の正式名称とされているときは，これを含まないものが同号所定の他人の名称に当たると解するのが相当である。なぜならば，他人の名称を含む商標について登録を受けることができないと規定する同号の趣旨は，当該他人の人格権を保護するという点にあるところ，同号が他人の名称については著名性を要するものとしていないのに対し，他人の略称についてはこれを要するものとしているのは，略称については，これを使用する者がある程度恣意的に選択する余地があるためであると解されるから，このこととの対比において，著名性を要せずに同号該当性が認められる他人の名称とは，使用する者が恣意的に選択する余地のない名称，すなわち，法令上の正式名称であるというべきであり，以上の理は，当該他人が法人，ひいては外国の会社であっても異なるところはないからである。また，法令上の正式名称は，人格権保護のために最も重要であるから，略称等と異なり著名性を要件としていないということもできる。」旨判示した。本号においても同様に解すべきである。

〔田倉（整）＝髙田〕　855

§26（商標権の効力が及ばない範囲） 第4章 商標権

＊7 「日本美容医学研究会事件」（東京高判平13・4・26（平12(行ケ)345号））
　「商標法4条1項8号に基づき，他人がその略称を商標登録するのを阻止するためには，その名称から法人の種類を示す文字を除いたものが著名であることを主張，立証しなければならないことになる。これに対し，その性質上，常に法人の名称からその種類を示す文字を除いたものに相当するものを自己の名称として採用することになる権利能力なき社団については，その名称を単に商標法4条1項8号の『名称』に当たるとすると，同条項に基づき，上記法人の名称を商標登録することを阻止するためには，単に法人の名称に，自己の名称が含まれていることを主張，立証すれば足り，それが著名であることの主張，立証を要しないことになる。しかしながら，このような解釈は，法の定める手続に従って法人格を取得した法人を，法の定める手続をとらなかった権利能力なき社団よりも著しく不利に扱うことになり，看過することのできない不均衡を生じさせるものであるうえ，このような取扱いを認めると，商標法4条1項8号を利用して，法人の名称の商標登録を阻止するために権利能力なき社団が濫用的に用いられる危険も大きくなる。したがって，権利能力なき社団の名称については，法人との均衡上，その名称は，商標法4条1項8号の略称に準ずるものとして，同条項に基づきその名称を含む商標の登録を阻止するためには，著名性を要するものと解すべきである。」旨判示した。本号においても同様に解すべきである。

＊8 「MONCHOUCHOU事件」（大阪高判平25・3・7（平23(ネ)2238号・平24(ネ)293号），大阪地判平23・6・30判時2139号92頁）
　「モンシュシュ」は，控訴人（原審被告）の略称として著名であるとは認められないから，商標法26条1項1号に該当しない旨判示した。

(e) 普通に用いられる方法で表示する　「普通に用いられる方法で表示する」というのは，本号が，出所混同を防止し取引秩序を維持するという商標法の目的を制限してまでも，人格権あるいは人格的利益保護のために特定人の自己同一性の表示を可能にしようという例外規定であることからみて，必要最小限の範囲においてその使用を認めれば足りると解するのが妥当である。

　したがって，特殊な書体で表示するものはもとより，普通の書体で表示するものであっても自他商品（役務）の識別力を有する商標の一部を構成するものである場合には，本号の適用は受けられないと解すべきである[9]~[13]。

　ところで，本条1項柱書のカッコ書には「他の商標の一部となっているものを含む」とあることから，例えば自己の氏名や名称が自他商品（役務）識別力を有する「他の商標」の一部を構成している場合にも本号の適用があるかのように読むこともできるが，このような場合にはもはや「普通に用いられる方法で表示する」商標の使用とは認められないから，結果的に本号の適用はないと解すべきである[14]。

＊9 「山形屋海苔店事件」（東京地判昭57・6・16無体集14巻2号418頁・判タ417号223頁・特企164号63頁）
　被告標章は，被告の名称を表示する商標ということができる。「しかし，……これらの標章は，これらが附される缶，瓶又は箱の大きさとの対比において相当程度大きく，かつ，需

第1節　商　標　権　　　　　　　　　　§26（商標権の効力が及ばない範囲）

要者の注意をひきやすい場所に表示されているということができ，このことと，……これらの標章が特徴のある崩書きの書体により書かれたものであることを考慮すれば，商標法26条1項1号の規定の『普通に用いられる方法で表示する商標』に当たるとは認められない」旨判示した。

＊10　「曽呂利事件」（大阪地判昭57・1・19特企159号57頁）

被告商品に表示されている「曽呂利の外郎」，「曽呂利の御菓子」なる文字は，「特にその商品の表示として一般の注意を惹くのに充分な態様において記載されていることが明らかに看取でき，被告ら主張のように単に被告会社の商号を通常の方法で記載したにとどまるものと認めることはできない。」旨判示した。

＊11　「東天紅事件」（名古屋地判昭60・7・26無体集17巻2号333頁）

被告標章「東天紅」が被告の商号（有限会社東天紅）そのものを表示したものでないことは明らかであり，また，被告標章が被告の商号の略称であるとしても右略称が著名であることを認める証拠は何ら存しないし，さらに，被告標章は一般需要者の注意を引くような特別な字体が用いられているから，被告の各行為は，被告が自己の商号若しくはその著名な略称を普通に用いられる方法で表示したものとは認め難い旨判示した。控訴審判決（名古屋高判昭61・5・14無体集18巻2号129頁・判タ629号174頁）もこの認定を支持した。

＊12　「塩瀬総本家事件」（東京地判平11・1・29（平5（ワ）15921号））

「被告標章……の使用態様については，しおりの上方，包装箱や包装紙の中央等，比較的目立つ位置に，需要者の注意を惹きやすい字体，文字の大きさで表示されて……，営業主体の表示としては極めて不自然な態様であることに照らし，……原告の営業規模及び状況をも勘案すると，右使用態様をもって名称等の普通に用いられる方法と解することはできない。」旨判示した。控訴審判決（東京高判平11・6・24（平11（ネ）1428号））は，「商標法26条1項1号に規定されている『自己の氏名若しくは名称（中略）を普通に用いられる方法で表示する商標』は，商標権の効力を及ぼすことが適当でないものとして例外的に使用が許されるものであるから，その表示方法は，殊更に出所表示機能を企図する態様のものであってはならないと解するのが相当である。」として，原判決を支持した。

＊13　「AiCOM事件」（大阪地判平13・3・13（平10（ワ）4292号））

「商標法26条1項1号が，自己の名称を普通に用いられる方法で表示する商標について，商標権の効力が及ばないとしたのは，そのような商標についてまで商標権の効力が及ぶとすれば，本来需要者が商品について必要とする製造者・販売者等の情報を得ることができなくなってしまい，取引秩序という公益を図ることができなくなってしまうからである。したがって，同号にいう『普通に用いられる方法』とは，商品の製造者・販売者名等を示す方法として普通に用いられる方法をいうものと解するのが相当である。」とし，パンフレットに付された本件被告標章は，単に本件システムや本件コンピュータの開発元販売者名ないし開発製造者名を示す以上の態様で使用されていると認められ，また，本件コンピュータに付された本件被告標章も，その表示内容，使用態様（特に，商品上面に付されている本件被告標章は，大きく目立つように記載されている）からすると，それは，単なる本件コンピュータの開発・製造者名を示す以上の商標と認められるので，いずれも「普通に用いられる方法」で使用されているということはできない旨判示した。

＊14　「小僧寿し事件」（前掲最判平9・3・11）

〔田倉（整）＝髙田〕

§26（商標権の効力が及ばない範囲）

「右標章における『小僧寿し』の文字は，図形標章と一体的に組み合わせて，商標を構成する一部として用いているものであるから，略称を普通に用いられる方法で表示するものということはできない」旨判示した。

(f) **本条2項（不正競争の目的）** 「不正競争の目的で」というのは，他人の信用を利用して不当な利益を得る目的でという意味である*15。「商標権の設定の登録があった後」にこのような目的で，自己の氏名や名称等を使用した場合には，たとえそれが「普通に用いられる方法で表示する」ものであっても，本条1項1号の立法趣旨を逸脱するものであるから，商標権の禁止的効力（商標25条・37条1号）を制限しないこととしたのである。

自己の氏名や名称等を商標権の設定登録前から使用していたとしても，商標権の設定登録後に表示態様を変更するなどして不正競争の目的で使用した場合には，本項に該当すると解すべきである。

*15 「日本美容医学研究会事件」（前掲東京高判平13・4・26）
「不正競争の目的があるというためには，単に原告の名称を知っていたというだけでは足りず，原告の信用を利用して不当な利益を得る目的がなければならないというべきである。」旨判示した。

(3) 本条1項2号（商品の普通名称等を普通に用いられる方法による表示）について

(a) **本号に含まれる商標**

(イ) 当該指定商品若しくはこれに類似する商品の普通名称を普通に用いられる方法で表示する商標*16〜*22

(ロ) 当該指定商品若しくはこれに類似する商品の産地，販売地，品質，原材料，効能，用途，形状（包装の形状を含む），生産若しくは使用の方法若しくは時期その他の特徴，数量若しくは価格を普通に用いられる方法で表示する商標*23〜*32

(ハ) 当該指定商品に類似する役務の普通名称を普通に用いられる方法で表示する商標

(ニ) 当該指定商品に類似する役務の提供の場所，質，提供の用に供する物，効能，用途，態様，提供の方法若しくは時期その他の特徴，数量若しくは価格を普通に用いられる方法で表示する商標

*16 「高麗人蔘酒事件」（大阪地判昭58・11・25判タ514号309頁・工業研究（1983年12月）79号24頁）
「『高麗人蔘酒』は，普通名称である『高麗人蔘』を酒精分に漬け込んだものを表わす普通名称として不可分一体となって被告製品の内容物を示す表示として用いられており，商標として用いられているのは『秘苑』『BIWON』であるから，その『高麗』の部分が独立して自他商品の識別標識として用いられているとは到底いえない。のみならず，被告標章を商標として見た場合にもその表示態様が……この種物品には，珍しくない隷書体であること

第1節 商　標　権　　　　§26（商標権の効力が及ばない範囲）

によれば，被告標章は商標法26条1項2号にいう普通名称を普通に用いられる方法で表示したものとして，本件商標権の効力は及ばない」旨判示した。控訴審判決（大阪高判昭59・10・30判タ543号321頁）もこの認定判断を支持した。

＊17　「ドロコン事件」（名古屋地判平2・11・30判タ765号232頁）
　　「本件標章は，……愛知県内及び静岡県等の近郊の県内において，鳶職及び屋根瓦業者等の需要者並びに製造者である建材業者間で，壁土等を表わす普通名称として用いられており，……そして，被告らは，本件標章を，壁土等を表わす名称として，『普通に用いられる方法で表示する』に過ぎないものであると認めることができる。」として，商標法26条1項2号に該当する旨判示した。

＊18　「ベゼル事件」（東京地判平3・2・27特企268号59頁）
　　被告は，開閉器の附属品である化粧用枠について被告標章を使用しているのであり，開閉器自体について被告標章を使用していない。「ベゼル」及び「BEZEL」の語は，化粧用枠を意味する言葉として，当該商品の普通名称に該当すると認めるのが相当である。そして，被告は「ベゼル」及び「BEZEL」の語を右化粧用枠に普通に用いられる方法をもって使用していると認められるから，商標法26条1項2号に該当する旨判示した。

＊19　「しろくま事件」（大阪地判平11・3・25（平8（ワ）12855号））
　　「『しろくま』というのは，鹿児島県を中心にした九州地方において，かき氷に練乳をかけ，フルーツをのせたものを意味する普通名称であると認めるのが相当である。そして，商標法26条1項2号でいう『普通名称』というのは，日本全国において通用することは必要でなく，一地方において普通名称となっていれば足りるというべきである。……世上，飲食店において提供される飲食物を流通型商品に加工して販売することは，本件のようなかき氷に限らず，種々の飲食物において見られるところであり，そのような場合には，流通型加工商品も，元となった飲食物の性質を備えている同一物又は代用物と観念される限り，飲食物と同じ一般名称で呼ばれるのが通常である。……一般には，『氷菓』については『かき氷』の延長にある代用物と認識されているとみるのが合理的であるが，『ラクトアイス』については，『かき氷』の代用物と認識されているとはいえない。」として，被告商品氷菓については，「しろくま」はなお普通名称というべきであり，しかも，標章は，特殊な字体，装飾文字により表示したものとはいえないから，商標法26条1項2号に該当する旨判示した。

＊20　「SYSTEM DIARY事件」（東京地判平11・5・14（平10（ワ）18387号））
　　「①被告商品の帯紙及びリフィル用紙の第一枚目の表における各表示の大きさ，位置関係等の表示態様，被告が関連会社を通じて『PLANEX』からなる登録商標を有し，これを継続的に用いている等の使用態様に照らすならば，被告商品と他社商品とを識別する機能を有する表示が，『Planex』『Plano』部分にあり，『SYSTEM DIARY』部分にはないことは明らかであること，②そうすると，『SYSTEM DIARY』部分は，被告商品の機能や品質上の特徴を説明するものとして用いられていると解するのが相当であること，③『SYSTEM DIARY』ないしは『システムダイアリー』は，用紙の差替えが自在で，異なる機能を持つリフィル用紙を綴じ込むことのできる機能的な手帳を意味する語として用いられた例があり，一般人もそのように理解していたこと等の事実を総合すると，被告が被告標章を被告商品に付して使用したことは，被告商品の品質，機能を示す普通名称を普通に用いられる方法で表示したものと認められる。」として，商標法26条1項2号に該当する旨判示した。

§26（商標権の効力が及ばない範囲）

＊21 「みぞれ事件」（長野地判昭61・6・26無体集18巻2号239頁）
　　「菓子類において，削り氷に蜜をかけたものを『みぞれ』と称するほか，みぞれようかん，みぞれおこし等に『みぞれ』の語が用いられている。……『みぞれ』の語は，菓子類のほかにもみぞれあえ，みぞれがま，みぞれ酒等に使用されている。……イ号標章は，半乾き甘納豆の，水分を多く含み，ぬれた状態を保っているとの品質，形状を幾分暗示させないでもないが，半乾き甘納豆に『みぞれ』なる標章を使用することが一般的でないうえ，イ号標章の位置，態様，被告の商号との対比，さらには同業者や顧客の認識からすると，イ号標章は，被告の製造，販売にかかる半乾き甘納豆を表現するとともに，これにより他人の同種商品と区別する作用をも有していることは明らかであって，自他商品の識別機能を有するものということができ，被告が主張するように甘納豆の品質，形状を普通に用いられる方法で表示する商標とは認め難く」として，商標法26条1項2号に該当しない旨判示した。

＊22 「巨峰事件」（大阪地判平14・12・12（平13(ワ)9153号），大阪高判平15・6・26（平15(ネ)76号））
　　「一般消費者，ぶどう生産者，青果卸売業者などの需要者において，『巨峰』という語は，特定の業者の商品にのみ用いられるべき商標であるとは認識されておらず，ぶどうの一品種である本件品種のぶどうを表す一般的な名称として認識されているものと認められる。したがって，『巨峰』という語は，ぶどうの一品種である本件品種のぶどうを表す普通名称（商標法26条1項2号）に当たると認めるのが相当である。」旨判示した。

＊23 「気功術事件」（東京地判平6・4・27判時1510号150頁・判タ872号284頁）
　　「気功術」の語は，中国古来の健康法，治療法，鍛錬法である気功のしかた，方法を表す普通名称であり，また，「実践講座」の語も，ものごとの実践を学ぶための講座に一般的に用いられる用語であるから，被告商品に用いられている「気功術実践講座」の語は，被告商品の内容を端的に表すものとして付された書籍の題号であると認められ，被告商品の品質を普通に用いられる方法で表示しているにすぎないとして，商標法26条1項2号に該当する旨判示した。

＊24 「ROBINSON事件」（大阪地判平2・10・9無体集22巻3号651頁）
　　「機体等における表示」は，製造業者であるロビンソン社の所在地，製品名（ロビンソン社がつけた型番）及び製造番号等とともに表示されている使用態様からみると，それらは商品（本件ヘリコプター）の製造元，機種，製造番号等を特定，説明したものであり，その表示方法も，ごく普通の表示方法であるから，商標法26条1項2号に該当するか少なくともこれに準ずる旨判示した。

＊25 「タカラ本みりん入り事件」（東京地判平13・1・22（平10(ワ)10438号））
　　「右表示態様は，原材料を普通に用いられる方法で表示する場合（商標法26条1項2号）に該当するので，本件各商標権の効力は及ばない。」旨判示した。

＊26 「チェンジリテーナ事件」（東京地判平15・1・30（平13(ワ)14488号），東京高判平15・12・25（平15(ネ)1127号））
　　被告標章「チェンジリテーナ」は，商品の普通名称を普通に用いられる方法で表示する標章のみからなる商標であるから，被告による被告標章の使用は商標法26条1項2号に該当する旨判示した。

＊27 「尿素とヒアルロン酸の化粧水事件」（東京地判平16・5・31（平15(ワ)28645号））

第1節　商　標　権　　　　　　　　　　　§26（商標権の効力が及ばない範囲）

　　　「被告表示のうち需要者の注意を惹く部分は『尿素＋（プラス）ヒアルロン酸　化粧水』の表示部分である。また，この表示部分は，被告商品に接した需要者が，『尿素とヒアルロン酸を保湿成分とする化粧水である』という被告商品の品質，内容を示す表示であると認識し，被告商品の出所を示す表示であると認識することはないと解するのが相当である。したがって，被告が被告商品において被告表示を用いた行為は，被告表示を，被告商品の自他商品識別機能ないし出所表示機能を有する態様で使用する行為，すなわち商標としての使用行為とはいえないから，原告商標権の侵害行為に当たらない。また，……被告表示の表示態様は，他の化粧品の成分表示の表示態様と同様のものである。したがって，被告表示は，商標法26条1項2号に該当するから，原告商標権の効力は及ばない。」と判示した。
＊28　「日奈久竹輪事件」（大阪地判平23・10・20（平22（ワ）5536号））
　　　被告は指定商品を「焼きちくわ」とする登録商標「ひなぐちくわ」の商標権を有しており，原告は商品「焼きちくわ」に「日奈久竹輪」の文字部分がある原告標章を付したものを販売していたところ，被告が原告の取引先に対して前記商標権に基づく侵害警告を行ったため，原告が不正競争防止法2条1項14号に基づいて訴訟を提起した事案において，原告標章中の「日奈久」は需要者又は取引者にとってその商品の産地，販売地と認識されるといえ，また，原告標章の文字部分「日奈久竹輪」は毛筆体で書かれているが，日本食の食料品類に毛筆体の文字で商品名を記載することは取引上一般に行われているといえるとして，商標法26条1項2号に該当する旨判示した。
＊29　「博多織事件」（福岡地判平24・12・10（平23（ワ）1188号））
　　　「地域団体商標として登録された商標についても，商標法26条1項2号又は3号が適用されるというべきであり，地域内アウトサイダーが，自身の製造・販売する商品等の産地及びその一般名称からなる当該地域団体商標又はその類似の標章を上記商品等に付して使用する限りは，それは主として取引に必要な産地や商品等の種類の表示であると評価することができるから，同使用は商標法26条1項2号又は3号に該当するものとして許されるというべきである。」と判示した。
＊30　「鳶事件」（東京地判平25・11・19（平23（ワ）26745号））
　　　原告は「水準器」等を指定商品とする原告登録商標「鳶」を有しており，被告が商品「水準器」に被告標章「鳶」を付したものを販売していた事案において，水準器の需要者は鳶職に限られないから被告標章に接した需要者が鳶職の用途を表示するものと認識するということはできないし，また，被告標章は「鳶」との黒色の毛筆様の文字に赤色の影を付してなるものであり，包装された被告製品を正面から見ると被告標章が一番大きく目立つ位置に表示されていることから，被告標章が普通に用いられる方法で表示する商標であるということもできないとして，商標法26条1項2号に該当しない旨判断した。
＊31　「紅豆杉事件」（東京高判平12・10・25（平12（行ケ）164号））
　　　「少なくとも審決時において，本願商標が指定商品の原材料表示ないし品質表示として取引者，需要者に広く知られている特段の事情がなく，取引者，需要者には出所の表示として認識されるものと認められる本件においては，将来において，仮に上記のような認識が形成されるに至ったとしても，他の競業者との間の紛争は，商標法26条の規定等による権利関係の調整を図るべきものであ」る旨判示した。
＊32　「PITAVA事件」（知財高判（1部）平27・9・9（平26（ネ）10137号））

〔田倉（整）＝髙田〕

§26（商標権の効力が及ばない範囲）

　　被控訴人各標章は，本件商標権の指定商品である「ピタバスタチンカルシウムを含有する薬剤」の有効成分の略称であり，「……指定商品……の品質，原材料……を普通に用いられる方法で表示する商標」（商標26条1項2号）であると認められる旨判示した。「PITAVA事件」（知財高判（3部）平27・6・8（平26（ネ）10128号））も同趣旨の判決である。「PITAVA事件」（知財高判（4部）平27・7・16（平26（ネ）10098号）），同（知財高判（4部）平27・8・27（平26（ネ）10129号））は，商標法26条1項2号だけでなく同6号にも該当する旨判示した。

(b) 改　　正

　(イ)　本号のうち(a)の(ハ)と(ニ)は，平成3年の一部改正で2条1項の「商標」の定義に役務について使用する商標が含まれることとなり，また商品と役務との間の類似もあり得るところから，追加されたものである。

　(ロ)　次に，平成8年の一部改正で，2条1項の「商標」の定義に「立体的形状」が含まれることとなったのに伴い，(a)(ロ)の「形状」にも立体的形状が含まれることとなった。また，3条1項3号の改正に対応してカッコ書で(a)(ロ)の「形状」には「包装の形状」が含まれることを明らかにしたのである。

　(ハ)　平成26年の一部改正で，当該指定商品若しくはこれに類似する商品の「数量，形状（包装の形状を含む。次条において同じ。），価格若しくは生産若しくは使用の……時期又は当該指定商品に類似する役務の……数量，態様，価格若しくは提供の……時期を」が，当該指定商品若しくはこれに類似する商品の「形状，生産若しくは使用の……時期その他の特徴，数量若しくは価格又は当該指定商品に類似する役務の……態様，提供の……時期その他の特徴，数量若しくは価格を」と改められた。「包装の形状を含む。」との文言が削られているが，商品の「包装の形状」については商標法26条1項5号（同4条1項18号）の規定によって手当てされている。

　(c)　「普通に用いられる方法で表示する」　取引の実際において，当該指定商品の普通名称等を表示するにあたり，一般的に用いられている表示の仕方を意味する。具体的には，表示の位置や態様（書体，大きさ，彩色など）などに基づき，取引の実情を考慮して判断することになる*33〜*37。

　以上のことは，本条1項3号及び4号においても同様である。

　　*33　「高麗人蔘酒事件」（前掲大阪地判昭58・11・25）
　　　　「被告標章を商標として見た場合にもその表示態様が……この種物品には，珍しくない隷書体であることによれば，被告標章は商標法26条1項2号にいう普通名称を普通に用いられる方法で表示したものとして，本件商標権の効力は及ばない」旨判示した。
　　*34　「しろくま事件」（前掲大阪地判平11・3・25）
　　　　標章は，特殊な字体，装飾文字により表示したものとはいえないから，商標法26条1項2号に該当する旨判示した。

第1節　商　標　権　　　　　　　　　　§26（商標権の効力が及ばない範囲）

＊35　「巨峰事件」（前掲大阪地判平14・12・12）
　　「被告標章1は、漢字の『巨峰』の文字を毛筆体によって横書きに記載したもの、被告標章2は、漢字の『巨峰』の文字をゴシック体で横書きに記載したものであり、いずれも、その文字の形態や表記の態様に顕著な特徴があるとはいえず、本件品種のぶどうを表す『巨峰』という普通名称を、『普通に用いられる方法』で表示したものと認めるのが相当である。」旨判示した。

＊36　「広島風お好み焼せんべい事件」（広島高判平15・9・26（平15(ネ)44号））
　　被控訴人標章（原審被告標章）は、黒字で「広島風」、赤字で「お好み焼」（他の文字よりポイントが大きい）、黒字で「せんべい」と3行にわたって横書きされたものであって、「その中央に『広島風』と横書きで大書されてはいるが、その字体や文字の配列、デザイン等の外観に格別特徴的な点があるわけではないから、この表示部分が、専ら被控訴人商品の自他識別のために使用されているとみることはできず、普通名称である『お好み焼せんべい』の『産地、販売地、品質』を『普通に用いられる方法で表示する』ものと認めるのが相当である。」と判示している。

＊37　「鳶事件」（前掲東京地判平25・11・19）
　　被告標章は、「鳶」との黒色の毛筆様の文字に赤色の影を付してなるものであること、包装された被告製品（水準器）を正面から見ると、被告標章が一番大きく目立つ位置に表示されていることが認められること等から、被告標章が水準器の用途（鳶職用）を普通に用いられる方法で表示する商標であると認めることはできない旨判示した。

(4)　本条1項3号（役務の普通名称等を普通に用いられる方法による表示）について

(a)　本号に含まれる商標

　(イ)　当該指定役務若しくはこれに類似する役務の普通名称を普通に用いられる方法で表示する商標

　(ロ)　当該指定役務若しくはこれに類似する役務の提供の場所、質、提供の用に供する物、効能、用途、態様、提供の方法若しくは時期その他の特徴、数量若しくは価格を普通に用いられる方法で表示する商標＊38,＊39

　(ハ)　当該指定役務に類似する商品の普通名称を普通に用いられる方法で表示する商標

　(ニ)　当該指定役務に類似する商品の産地、販売地、品質、原材料、効能、用途、形状（包装の形状を含む）、生産若しくは使用の方法若しくは時期その他の特徴、数量若しくは価格を普通に用いられる方法で表示する商標

＊38　「古潭事件」（前掲大阪地判平9・12・9）
　　「商標法26条1項3号は、『当該指定役務若しくはこれに類似する役務の……提供の場所……を普通に用いられる方法で表示する商標』には、商標権の効力が及ばない旨規定するところ、右にいう『役務の提供の場所』は、必ずしも当該指定役務又はこれに類似する役務が当該商標の表示する場所において現実に提供されていることを要せず、需要者によって、当該指定役務又はこれに類似する役務が当該商標の表示する場所において提供されているで

§26 （商標権の効力が及ばない範囲）　　　　　　　　　　　第4章　商　標　権

あろうと一般に認識されることをもって足りるというべきである（最高裁昭和61年1月23日判決・判タ593号71頁参照）。……ラーメンを主とする飲食物の提供に当たり被告標章が使用される場合，せいぜい『北海道のアイヌゆかりの土地』という漠然としたイメージを生じさせるにすぎず，前記のとおり，一般の需要者は，北海道各地に存在する被告標章をその地名中に含む個々の場所を想起し，被告標章をもってラーメンを主とする飲食物が提供される特定の場所を表示するものと認識するとは認められない。」として，被告標章「古潭」は，商標法26条1項3号にいう「役務の提供の場所」を普通に用いられる方法で表示する商標に当たらない旨判示した。

＊39　「東京インプラントセンター事件」（東京地判平21・7・17（平21（ワ）2942号））
　　「仮に，被告の使用する標章が『東京インプラントセンター』と特定し得るとしても，これを『インプラント治療を含む歯科医業』という指定役務に使用した場合，同章は，指定役務の普通名称，提供の場所を普通に用いられる方法で表示するにすぎないものであり，このような標章に対し本件商標権の効力は及ばない（商標法26条1項3号）」と判示した。

　(b) 改　　正
　　(イ)　本号は，平成3年の一部改正で追加されたものである。
　　(ロ)　平成8年の一部改正により，(a)(ニ)の「形状」には，立体的形状が含まれることとなり（商標2条1項），また，「包装の形状」が含まれることとなった（本条1項2号カッコ書）。
　　(ハ)　平成26年の一部改正で，当該指定役務若しくはこれに類似する役務の「数量，態様，価格若しくは提供の……時期又は当該指定役務に類似する商品の……数量，形状，価格若しくは……時期を」が，当該指定役務若しくはこれに類似する役務の「態様，提供の……時期その他の特徴，数量若しくは価格又は当該指定役務に類似する商品の形状，生産若しくは使用の……時期その他の特徴，数量若しくは価格を」と改められた。

(5)　**本条1項4号（慣用商標）について**
　(a)　本号に含まれる商標
　　(イ)　当該指定商品若しくはこれに類似する商品の慣用商標＊40，＊41
　　(ロ)　当該指定役務若しくはこれに類似する役務の慣用商標
　　(ハ)　当該指定商品に類似する役務の慣用商標
　　(ニ)　当該指定役務に類似する商品の慣用商標

＊40　「純正事件」（東京地判昭51・7・19無体集8巻2号262頁・判時841号49頁）
　　「『純正』，『純正部品』，『純正部分品』，『純正パーツ』，『ゼニュイン・パーツ』，『genuine』，『genuine parts』等の文字は，それが商標であるとしても，自動車メーカー及び自動車販売会社など自動車関連業者間において，特定の自動車メーカー又はその関連部品メーカーが製造し，当該自動車メーカーが責任をもってその品質を保証している，当該自動車メーカー製造の自動車の部品又は付属品について慣用されている商標であると認められる。……原告の有する商標権の効力は被告標章中『純正』，『純正部品』，『GENUINE PARTS』，『Genuine

第1節　商　標　権　　　　　　　　　§ 26（商標権の効力が及ばない範囲）

Parts』とある部分には及ばない（商標法26条1項3号）。」と判示した。
＊41　「しろくま事件」（前掲大阪地判平11・3・25）
　「慣用商標であるというためには，当該商標を付した商品が，不特定多数の業者によって，相当の期間，相当の数量，反復継続して販売されてきたことを要する。」とし，ラクトアイスについて「しろくま」は，慣用商標であると認めることはできない旨判示した。

　(b)　改　　正　　本号のうち(a)の(ロ)〜(ニ)は，平成3年の一部改正で2条1項の「商標」の定義に「役務」について使用をする商標が含まれることとなり，また，商品と役務との間の類似もあり得ることから追加されたものである。
(6)　**本条1項5号（商品等が当然に備える特徴のうち政令で定めるもののみからなる商標）について**
　本号は，平成26年の一部改正により，商標法4条1項18号が改正されたことに対応して改正されたものである。
　本号の規定を受けて商標法施行令1条には，「商標法第4条第1項第18号及び第26条第1項第5号の政令で定める特徴は，立体的形状，色彩又は音（役務にあつては，役務の提供の用に供する物の立体的形状，色彩又は音）とする。」と規定されている。
　(a)　本号に含まれる商標
　　(イ)　立体商標
　　　(i)　商標が，商品等の性質から通常備える立体的形状のみからなるもの。
　　　(ii)　商標が，商品等の機能を確保するために不可欠な立体的形状のみからなるもの[42][43]。
　　(ロ)　色彩のみからなる商標
　　　(i)　商標が，商品等から自然発生する色彩のみからなるもの。
　商品等から自然発生する色彩の例としては，商品「自動車のタイヤ」の黒の色彩が挙げられる。
　　　(ii)　商標が，商品等の機能を確保するために不可欠な色彩のみからなるもの。
　　(ハ)　音商標
　　　(i)　商標が，商品等から自然発生する音のみからなるもの。
　商品等から自然発生する音の例としては，役務「焼肉の提供」における肉の焼ける音が挙げられる。
　　　(ii)　商標が，商品等の機能を確保するために不可欠な音のみからなるもの。
　『商標審査基準』の商標法4条1項18号の項には，上記の(イ)(ii)，(ロ)(ii)又は(ハ)(ii)を確認するにあたっては，下記の(イ)及び(ロ)を考慮するものとする旨記載されている。
　「(イ)　商品等の機能を確保できる代替的な立体的形状，色彩又は音が他に存在するか

〔田倉(整)＝髙田〕

§26（商標権の効力が及ばない範囲）　　　　　　　　　　　第4章　商　標　権

否か。
　（例）　①商品等の構造又は機構上不可避に生じる音であるか否か。
　　　　　②人工的に付加された音であるか否か。
　(ロ)　代替可能な立体的形状，色彩又は音が存在する場合でも，同程度（若しくはそれ以下）の費用で生産できるものであるか否か。」
なお，商標審査基準は，法規範ではない[*44]。

[*42]　「機能を確保するために不可欠な立体的形状の例としては，例えば，丸くせざるを得ない自動車のタイヤ，球の形状にせざるを得ない野球用のボール等当該商品と同種の商品を製造・販売するためには必ず採らざるを得ない形状が想定される。」(平8改正解説165頁)

[*43]　「パズル玩具事件」(東京地判平12・10・31（平9（ワ）12191号))
　　「商品の形態が当該商品の機能ないし効果と必然的に結びつき，これを達成するために他の形態を採用できない場合には，右形態は，不正競争防止法2条1項1号所定の『商品等表示』に該当するものではなく，これについては不正競争防止法による保護は及ばないと解すべきである。けだし，右のような機能ないし効果と必然的に結びつく形態は，本来，発明ないし考案として，特許法等の工業所有権法により一定の期間独占的地位を保障されることを通じて保護されるべきものであるところ，仮にこのような形態について不正競争防止法上の保護を与えるならば，本来，工業所有権法上の所定の期間の経過後は広く社会全体の公有財産に帰属するものとして万人が自由に利用できることになるはずの技術について，特定の者が独占的に支配することを認めることとなり，公共の利益に反するからである。すなわち，仮に，機能ないし効果と必然的に結びつく形態を不正競争防止法による保護の対象とするならば，不正競争防止法2条1項1号が本来的な商品表示として定める『人の業務に係る氏名，商号，商標，標章，商品の容器若しくは包装』のように，商品そのものではない別の媒体に出所識別機能を委ねる場合とは異なって，同法条が目的とする出所の混同の防止を超えて，当該商品に利用されている技術思想そのものについて，特許法等の工業所有権法上の保護を超えた独占的，排他的支配を認めることとなり，技術の自由な利用によりもたらされる産業の発展や商品の自由な流通を阻害する結果となる。……原告商品の基本的構成態様，すなわち『六面体であってその各面が九つのブロックに区分され，各面ごとに他の面と区別可能な外観を呈している』という商品形態は，六面体の各面を九つのブロックに区分し，各ブロックを適宜回転させて各面の配色をいったん崩した後再び各面を同一色でそろえるなどして遊ぶパズル玩具であるという原告商品の有する機能ないし効果と必然的に結びついていると認められるから……不正競争防止法2条1項1号所定の『商品等表示』として認められる範囲から除かれると解するのが相当である。」旨判示している。
　　本判決は不正競争防止法2条1項1号に関するものであるが，商標法26条1項5号の解釈の参考になる。

[*44]　知財高判特別部平17・11・11（平17（行ケ）10042号)
　　「特許・実用新案審査基準は，特許要件の審査に当たる審査官にとって基本的な考え方を示すものであり，出願人にとっては出願管理等の指標としても広く利用されているものではあるが，飽くまでも特許出願が特許法の規定する特許要件に適合しているか否かの特許庁の判断の公平性，合理性を担保するのに資する目的で作成された判断基準であって，行政

第1節　商　標　権　　　　　　§26（商標権の効力が及ばない範囲）

手続法5条にいう『審査基準』として定められたものではなく（特許法195条の3により同条の規定は適用除外とされている。），法規範ではない」と判示した。商標審査基準も同様である（商標77条6項）。

　本号によって商標権の効力が制限されるのは，あくまでも「のみからなる商標」であって，商品等が当然に備える特徴をその構成の一部とする商標が登録されている場合に，その登録商標のうち商品等が当然に備える特徴を除く識別力ある構成を第三者が使用することまで許されるわけではない。

　(b)　改　　　正
　(イ)　本号は，平成8年の一部改正で追加されたものであって，商標法4条1項18号が不登録事由として新設されたことに対応するものである。
　(ロ)　平成26年の一部改正で，「商品又は商品の包装の形状であって，その商品又は商品の包装の機能を確保するために不可欠な立体的形状のみからなる商標」とあったのを，「商品等が当然に備える特徴のうち政令で定めるもののみからなる商標」と改めた。ここに「商品等」とは，「商品若しくは商品の包装又は役務をいう。」と定義されている（商標4条1項18号）。

　(7)　**本条1項6号**
　本号は，平成26年の一部改正により新設された規定で，これまで幾多の裁判例*45～*69によって形成されてきた，「商標的態様により使用されていない商標」として商標権の効力が制限される類型を明文化したものである。
　平成26年の一部改正で「新しいタイプの商標」を保護対象としたことに伴い，これまで以上に商標権者が本来保護すべき範囲を超えて過大な権利主張を行うことが予想されることから，そのような権利主張を未然に防ぎ，その権利の制約を受ける者の利益を保護するために本号が設けられたものと解される。本号の適用範囲を認めた判決例としては，「PITAVA事件」控訴審判決*70が存する。

　　＊45　「ポパイ第2事件」（大阪地判昭51・2・24無体集8巻1号102頁）
　　＊46　「清水次郎長事件」（東京地判昭51・10・20判夕353号245頁）
　　＊47　「テレビマンガ事件」（東京地判昭55・7・11無体集12巻2号304頁，東京高判昭56・3・25無体集13巻1号333頁）
　　＊48　「通行手形事件」（東京地判昭62・8・28無体集19巻2号277頁）
　　＊49　「POS事件」（東京地判昭63・9・16無体集20巻3号444頁）
　　＊50　「HAPPY WEDDING事件」（名古屋地判平4・7・31判時1451号152頁）
　　＊51　「MARLBORO事件」（東京地判平5・11・19判夕844号247頁）
　　＊52　「三国志事件」（東京高判平6・8・23，千葉地決平6・3・25）
　　＊53　「UNDER THE SUN事件」（東京地判平7・2・22知財集27巻1号109頁）
　　＊54　「カルゲン事件」（東京高判平8・10・2知財集28巻4号695頁，浦和地判平7・8・28知財

〔田倉(整)＝髙田〕

§26（商標権の効力が及ばない範囲）　　　　　　第4章　商　標　権

集28巻4号704頁）
* 55　「十二支箸事件」（東京地判平10・7・16判タ983号264頁）
* 56　「Always事件」（東京地判平10・7・22知財集30巻3号456頁）
* 57　「システムダイアリー事件」（東京地判平11・3・29（平10（ワ）15972号））
* 58　「壁の穴事件」（東京高判平11・7・14（平11（ネ）196号），東京地判平10・11・30（平10（ワ）13018号））
* 59　「無臭ニンニク事件」（東京地判平12・2・28（平11（ワ）24693号））
* 60　「just married事件」（名古屋地判平12・9・22判タ1110号204頁）
* 61　「タカラ本みりん入り事件」（東京地判平13・1・22判時1738号107頁）
* 62　「カンショウ乳酸事件」（東京地判平13・2・15（平12（ワ）15732号））
* 63　「がん治療最前線事件」（東京地判平16・3・24（平15（ワ）25348号），東京高判平16・7・30（平16（ネ）2189号））
* 64　「For brother事件」（東京高判平17・1・13（平16（ネ）3751号），東京地判平16・6・23判時1872号109頁）
* 65　「IP FIRM事件」（東京地判平17・6・21判時1913号146頁）
* 66　「朝バナナ事件」（東京地判平21・11・12（平21（ワ）657号））
* 67　「塾なのに家庭教師事件」（東京地判平22・11・25判時2111号122頁）
* 68　「ドーナツ事件」（知財高判平23・3・28判時2120号103頁，東京地判平22・10・21判時2120号112頁）
* 69　「Quick Look事件」（東京地判平23・5・16（平22（ワ）18759号），東京地判平23・6・29判タ1397号290頁）
* 70　「PITAVA事件」（知財高判（3部）平27・10・21（平27（ネ）10074号））

「被告商品の需要者である医師，薬剤師等の医療従事者及び患者のいずれにおいても，被告商品に付された『ピタバ』の表示（被告標章）から商品の出所を識別したり，想起することはないものと認められるから，被告商品における被告標章の使用は，商標的使用に当たらないというべきである。したがって，被告標章は，『需要者が何人かの業務に係る商品であることを認識することができる態様により使用されていない商標』（商標法26条1項6号）に該当するものと認められる。」と判示した。「PITAVA事件」（知財高判（4部）平27・7・16（平26（ネ）10098号）），同（知財高判（4部）平27・8・27（平26（ネ）10129号））は，商標法26条1項2号だけでなく同6号にも該当する旨判示した。

Ⅲ　本条2項

前述Ⅱ(2)(f)を参照。

Ⅳ　本条3項

この規定は，平成27年6月1日に施行された「特定農林水産物等の名称の保護に関する法律」（地理的表示法）附則4条に商標法の一部を改正する旨が規定され，それに基づいて設けられたものであって，商標権の効力を制限する特別規定である。

第1節　商　標　権　　　　　　　　　§26（商標権の効力が及ばない範囲）

　地理的表示法は，①特定の場所，地域又は国を生産地とするものであり，かつ，②品質，社会的評価その他の確立した特性が前記生産地に主として帰せられる農林水産物等（特定農林水産物等）の名称の表示（地理的表示）を保護する法律である[*71]。商標法のように登録によって独占権を設定して保護するのではなく，登録を受けた地理的表示がその産品が満たすべき登録基準を満たしていないものに使用された場合に行政が取り締まることによって保護がなされるというものである。

　地理的表示法では，登録を受けている名称と同一の名称だけでなく，登録を受けている名称と社会通念上同一と認められる範囲のものも地理的表示と同一の名称に該当すると解されている。例えば，書体のみに変更を加えた同一の文字からなる表示，平仮名，片仮名及び漢字の文字を相互に変更した表示は，社会通念上同一と認められるであろう。したがって，商標法26条3項の「地理的表示」には，地理的表示として登録を受けている名称だけでなく，その名称と社会通念上同一と認められるものも含まれる。

　また，商標法26条3項柱書にいう「不正競争の目的で」とは，他人の信用を利用して不当な利益を得る目的でという意味である。

*71　この法律は，特定農林水産物等の生産業者の利益の保護を図り，もって農林水産業及びその関連産業の発展に寄与し，併せて需要者の利益を保護することを目的としている（同法1条）。

　　地理的表示として保護される農林水産物等の範囲は，①すべての食用に供される農林水産物又は食品，②非食用のものであっても，政令で指定を受けた物品（観賞用の植物，工芸農作物，立木竹，観賞用の魚，真珠，飼料，漆，竹材，精油，木炭，木材，畳表及び生糸）に及ぶ。ただし，これらに該当するものであっても，酒類，医薬品，医薬部外品，化粧品及び再生医療等製品に該当するものは除かれる。

　　地理的表示を付することができる対象は，①登録を受けた生産者団体の構成員である生産者が生産し，②登録基準を満たしている（登録を受けた生産者団体の生産行程管理を適切に受けたもの）農林水産物等又はその包装等である。

　　地理的表示を付することができる者は，①登録を受けた生産者団体の構成員である生産業者と，②その生産業者から登録産品（登録を受けた地理的表示に係る登録の基準を満たした産品）を直接又は間接に譲り受けた者（流通・小売業者等）である。

〔田倉　整＝髙田　修治〕

〔田倉（整）＝髙田〕　　869

§27（登録商標等の範囲）　　　　　　　　　　　　　　第4章　商　標　権

第27条（登録商標等の範囲）
　　登録商標の範囲は，願書に記載した商標に基づいて定めなければならない。
　　（改正，平8法68）
2　指定商品又は指定役務の範囲は，願書の記載に基づいて定めなければならない。（改正，平3法65）
3　第1項の場合においては，第5条第4項の記載及び物件を考慮して，願書に記載した商標の記載の意義を解釈するものとする。（本項追加，平26法36）

【参考文献】
〔書　籍〕　網野・商標〔第6版〕，逐条解説〔第19版〕，平8改正解説。
〔論文等〕　羽田吉郎「特定の類に属する全商品を指定商品とした登録商標の指定商品の解釈」判例と実務シリーズ114号，畑岸義夫「スキンライフ事件」判例と実務シリーズ117号，「一冨士事件——東京高裁平9・7・16判決」特企344号。

細　目　次

I　本条の趣旨(870)
II　1項（登録商標の範囲）について(870)
III　2項（指定商品・役務の範囲）について(871)
IV　3項（「新しいタイプの商標」に係る登録商標の範囲）について(873)

〔田倉　整＝髙田　修治〕

I　本条の趣旨

　本条は，登録商標の範囲及び指定商品又は指定役務の範囲を，何に基づいて特定すべきかを規定したものである。
　本条について，商標法28条の判定（商標権の効力の範囲の判定）をするにあたっての準則を定めたものであるとする説もあるが（逐条解説〔第19版〕1377頁），登録商標の範囲及び指定商品又は指定役務の範囲を定めただけでは商標権の効力の及ぶ範囲を定めたことにはならないのであるから，妥当ではない。
　本条1項及び2項は，特許法70条1項が，「特許発明の技術的範囲は，願書に添付した特許請求の範囲の記載に基づいて定めなければならない。」と規定しているのと同様の表現形式をとっている。しかし，特許権の保護客体が特許発明そのものであるのに対し，商標権の保護客体は，登録商標そのものではなく，登録商標のもつ出所表示機能であり，登録商標に化体された業務上の信用であることから，本条1項及び2項の持つ意味も特許法70条1項とではまったく異なるものである。

II　1項（登録商標の範囲）について

　従前は，「願書に添附した書面に表示した商標に基いて」定めるものとされていたが，

第1節　商　標　権　　　　　　　　　　　§27（登録商標等の範囲）

平成8年の一部改正で、商標法5条1項2号において商標登録を受けようとする商標を願書の記載事項としたことに伴い、「願書に記載した商標に基づいて」定めるものと改められた*1、*2。

　標準文字（特許庁長官が指定して公表した文字）のみによって商標登録を受けた場合における登録商標の範囲は、商標法18条3項3号の規定により、願書に直接記載した商標ではなく、標準文字により商標公報に現したものに基づいて定めることとなる。

　　*1　「ワンポイントマーク事件」（東京高判平14・4・25裁判所ホームページ）
　　　　原告が登録商標の範囲は願書に添付した商標見本に基づいて定めるべきことが法定されていると主張したのに対し、「商標法27条1項が、登録商標の範囲は、『願書に添付した書面に表示した商標』（平成8年法律第68号による改正前）あるい（原文ママ）『願書に記載した商標』（同改正後）に基づいて定めなければならない、と規定していることは、原告主張のとおりである。しかし、商標法4条1項15号の『混同を生ずるおそれ』の有無は、前記のとおり、取引の実情をも考慮して判断されるのであるから、引用商標と本件商標がワンポイントマークとして使用されること等をも考慮して、『混同を生ずるおそれ』の有無を判断することは、何ら商標法27条1項の趣旨に反するものではない。」と判示した。

　　*2　「一冨士事件」（東京高判平9・8・28判時1629号132頁）
　　　　補正却下決定不服審判の審決取消訴訟において、本願出願人が願書に添付した書面に表示した商標について行った補正（漢字縦書きの「一冨士」を、漢字左横書きの「一冨士」に補正）が、商標の要旨を変更する補正にあたるか否かが争われた事案について、「本願商標が本件補正の前後を通じ、特定の称呼及び観念を有する三文字の漢字のみによって構成され、図形部分等その他の要素が存在せず、本件補正前と補正後の本願商標の相違は、その外観のうちの三文字の漢字を縦書きとしたか左横書きとしたかという点に限られるものであって、この相違により、他の称呼及び観念が生ずるものとは認められないことを考慮すれば、外観、称呼及び観念を総合して全体的に考察した場合、本件補正前の本願商標を補正後のものに変更したところで、社会観念上、両者の同一性を実質的に損ない、第三者に不測の不利益を及ぼすおそれがあるものと認めることはできない。」と判示した。

Ⅲ　2項（指定商品・役務の範囲）について

　指定商品・役務の範囲は、願書の記載に基づいて定めなければならない。ここに指定商品・役務の範囲は、願書の記載から判断される客観的な範囲を意味する*3〜*6。

　　*3　「SUPER GRIP事件」（東京高判平15・1・21裁判所ホームページ）
　　　　商標登録無効審判の審決取消訴訟において、「願書に記載された指定商品の解釈は、商標権の効力が指定商品と同一の商品及び類似の商品に及ぶことを考えれば、出願人の主観的意図のみに基づくものであってはならず、商標権の及ぶ商品の範囲を公示するものとして商標公報及び登録原簿に記載された指定商品の記載（表示）を第三者がどのように理解するかという観点からする客観的解釈でなければならない。そして、事の性質が表示の解釈である以上、指定された商品の範囲についての判断の基準は、商標法4条1項11号（商標登録阻却事由）にいう商品の類否判定について用いられる判定基準、すなわち、同一又は類似の

§27（登録商標等の範囲） 第４章 商 標 権

商標を使用した場合に出所の誤認混同を生ずる商品かどうかを取引の実情（生産部門，販売部門，用途，需要者の範囲等）を考慮して判断するという，出所混同が生ずる客観的範囲に基づく判定基準とは自ずと異なったものになると考えられる。」と判示した。

＊４　「パチスロ機事件」（東京地判平10・９・29判タ989号254頁）
　　侵害訴訟において，登録商標の指定商品が第９類（昭和34年法）「産業用機械器具，その他本類に属する商品」と包括的に記載されており，かつ政令別表の当該区分にも「その他の機械器具で他の類に属しないもの」という控除形式で包括的に記載されている事案について，「省令別表に記載された区分細目及びそこに列挙された個々の商品を基準として指定商品の範囲を判断するほかはない。すなわち，……第三者が商標を使用する商品が登録商標の指定商品と同一又は類似の商品に該当するかどうかを判断するに当たっては，(1)第三者の商品が他の区分に属する商品であることが積極的に認定されない限り『他の類に属しないもの』に該当するものとして指定商品と同一の区分に属するという見解を採ることはできず，(2)第三者の商品が省令別表に掲げられた区分細目及びそこに列挙された商品と同一又は類似であると認められる場合に限り，指定商品と同一又は類似の商品として商標権者の商標権の禁止的効力が及ぶものと解するのが相当である。」と判示した。

＊５　「クリーム状洗顔料事件」（東京高判昭60・５・14無体集17巻２号213頁・判タ567号257頁）
　　不使用による商標登録取消審判の審決取消訴訟において，登録商標を使用している商品「ポリチューブに入ったクリーム状の洗顔料」が第３類（大正10年法）の「化粧品」に属するか，第４類（同上）の「石鹸」に属するかが争われた事案について，「もともと，現行商標法における商品区分ないし旧商標法における商品類別は，市場で流通する膨大な種類の商品を，商標登録出願に際しての出願人の便宜及び審査の便宜を図るという行政的見地から分類したものであり，もとより，いずれの分類に属するか判断の極めて困難な商品も存する（商標法施行規則第３条の別表のいわゆる小分類に掲げる商品は例示であり，当然，右小分類のいずれにも属しない商品もありうるし，例えば同別表第一類化学品中の『硫酸アンモニウム』と第二類肥料中の『硫安』のように，実質的に同じ商品でありながら，用途の違いにより二つの商品区分に挙げられているものもある。）のみならず，時代の推移とともに右分類のなされた当時には存在しなかった種類の商品が出現することは見易い道理であり，右分類自体，現実の流通市場の実態に合わせるべく改定されてきたところであること等に鑑みれば，右分類のいずれか一つに属するとは決し難い商品が出現した場合，不使用取消審判の場で，商品は常にいずれか一つの分類に属すべきものであって，二つの分類に属することはありえないとするのは相当でなく，登録商標の使用されている当該商品の実質に則して，それが真に二つの分類に属する二面性を有する商品であれば，当該二つの分類に属する商品について登録商標が使用されているものと扱って差支えないというべきであり，このように解しても，前記のような商品区分ないし商品類別の趣旨に反することにはならない。」とし，本件商品の先駆的性格，成分，効用，本件商品及びこれと同様の同業他社の商品についての流通市場における認識，同業他社の認識，薬事法上の扱いに照らし判断すると，本件商品は，「石鹸」であるが同時に「化粧品」でもある商品，ないしは石鹸（原料としての）成分を含有する「化粧品」というべきものである，旨判示した。
　　同様の事例として，「脱臭器事件」（東京高判平12・６・29（平12（行ケ）47号）），「吸収性局所コラーゲン止血剤事件」（東京高判平13・７・12（平12（行ケ）447号））がある。

872　〔田倉（整）＝髙田〕

第1節　商　標　権　　　　　　　　　　　　　§27（登録商標等の範囲）

*6　「貨物用コンテナ事件」（東京高判昭51・12・23特管36号879頁・取消集(51)548頁）
　　拒絶査定不服審判の審決取消訴訟において，本願の指定商品「貨物用コンテナ」が引用商標の指定商品第12類（昭和34年法）「輸送機械器具」に属するか否かが争われた事案について，商標法施行規則3条別表に記載されている個々の具体的商品は，その数が相当多数にのぼっているとはいえ，第12類に属すべき商品を例示したにすぎないものであって，同類に属する商品のすべてを網羅したものではないと解するのを相当とする。したがって，同別表に「貨物用コンテナ」が掲記されていないからといって，このことから直ちに本願商標の指定商品である「貨物用コンテナ」が引用商標の指定商品から除外されているというのは当たらない，旨判示した。

Ⅳ　3項（「新しいタイプの商標」に係る登録商標の範囲）について

　本項は，平成26年の一部改正で「新しいタイプの商標」についても登録が認められることとなったことに対応して新設された規定であって，「新しいタイプの商標」に係る登録商標の範囲を定めるにあたっては，商標法5条4項の記載及び物件を考慮して「願書に記載した商標」の記載の意義を定めることとなった。

〔田倉　整＝髙田　修治〕

§28〔判　定〕

第28条〔判　定〕
　商標権の効力については，特許庁に対し，判定を求めることができる。
2　特許庁長官は，前項の規定による求があつたときは，3名の審判官を指定して，その判定をさせなければならない。
3　特許法第71条第3項及び第4項の規定は，第1項の判定に準用する。（改正，平11法41）

【参考文献】

小野＝三山・新概説〔第2版〕281〜284頁，小野編・注解商標〔新版〕（上）711〜720頁〔石川義雄〕，網野・商標〔第5版〕749〜753頁，平尾・商標〔第1次改訂版〕287〜289頁，小野・概説〔第2版〕236頁，光石・詳説190〜193頁，斎藤誠・特許判例百選〔第4版〕96頁，工業所有権法質疑応答集3巻3916頁，特許庁・特許行政年次報告書2015年版「第1章　統括統計」9頁，「大判大14・3・11（大13（オ）969号）」評論14巻諸法110頁，「最判昭43・4・18（昭42（行ツ）47号）」判時521号46頁・裁判集民事90号1019頁。

細目次

I　本条の趣旨(874)
　(1)　確認審判（旧法）と判定(874)
　(2)　判定の法的性質・効力(876)
II　判定の対象・範囲(877)
III　判定の手続(878)
　(1)　概　説(878)
　(2)　判定請求(879)
　(3)　審判官の除斥と忌避(879)
　(4)　審理方法(880)
　(5)　判定書(880)
IV　判定の不服申立て(881)
V　権利範囲確認訴訟の適法性(881)
VI　判定請求事件数の動向(882)

〔藤田　晶子〕

I　本条の趣旨

(1)　確認審判（旧法）と判定

　本条1項では，商標権の効力について「判定」制度を設けている。これは，旧法（大正10年法律第99号）下の「確認審判」制度（旧商標22条1項3号）に代えて現行法で設けられた制度である。

　旧法下の「確認審判」では，審決に不服のある者は，抗告審判を提起することができ，さらに，抗告審判の審決に不服がある場合は，裁判所に審決取消訴訟をすることができ，訴え提起をしないで審決が確定した場合は，一事不再理効（旧商標24条，旧特117条）が認められていた。このような「確認審判」制度については，法的性質が「鑑定」なのか，何らかの対世的効力をもつ行政処分なのか，法の規定上不明確性が指摘され，疑問がもたれていた（平尾・商標〔第1次改訂版〕287頁）。

第1節　商　標　権　　　　　　　　　　　　　§28〔判　　定〕

　すなわち，審決取消訴訟で審決を取り消す旨の判決が確定すると，抗告審の審理終結前の状態に復帰するため，この段階で抗告審判請求が取り下げられれば，審決が確定することになっていた。例えば，審決及び抗告審判の審決が，登録商標の範囲に属しないと判断し，審決取消訴訟の判決が登録商標の範囲に属すると判断して抗告審判の審決を取り消しても，その後に抗告審判請求が取り下げられれば，審判の登録商標の範囲に属しない旨の審決が確定することになり，これに一事不再理効が生じた。したがって，結局，一事不再理効とともに，審決取消訴訟の判決の効力から逃れることが可能となっていた。

　そこで，第1説は，「確認審判」の審決は，法的拘束力をもつものではなく，「鑑定」的な性格を有するものとする考え方があった。しかし，一事不再理効や訴え提起に関する規定が「確認審判」にも適用があることを考えると，一定の法的効果があり，単なる「鑑定」的なものとは解されないとの指摘があった。

　次に，第2説は，「確認審判」の審決は，当事者のみを拘束する確認訴訟的な性質を有するものとする説である。これは当該事件限りにおいて裁判所をも拘束するとする考え方である。しかし，裁判所を拘束するとの考え方は，法制度全体との整合性がとれず，既判力にも似た当事者拘束力により同じ商標の類似判断が甲乙関係では類似，甲丙関係では非類似といった結果が生じ得るのは，客観的判断を欲する商標権の効力の場面では妥当とは解されない。

　さらに，第3説は，「確認審判」は商標権の客観的範囲を示す行政行為であり，商標権の類似範囲を定め，その範囲においては形成的な効力で第三者をも拘束し，対世効を有するが，裁判所における訴訟の場面では，特許庁の判断は先決事項として商標権の範囲を示すものであって，憲法以下法制度全体との整合性もとられているとの考え方である。判決・審決例の解釈（大判大14・3・11（大13(オ)969号）評論14巻諸法110頁）としては概ね以上のような見解に立っていたと解されている（網野・商標〔第5版〕749頁）。

　また，「確認審判」の対象が，商標の類似範囲に属するか否かのみならず*1，商標としての「使用」があるか否か，「先使用権」が成立するか否か，「普通名称」の抗弁が成立するか否か等の事項も審判の対象となるか否かも争いがあった。以上のように，「確認審判」制度には，法的性質や審判の対象，制度としての妥当性についても疑問がもたれていた。

　そこで，これらの旧法の疑問を解消し，明確化を企図して改められたのが現行法の「判定」制度である。

　　＊1　旧法下の「確認審判」制度を背景に，確認審判審決を取り消した原判決を支持して上告棄却された参考事例として「雷おこし事件」（最判昭50・4・8（昭45(行ツ)95号）判時779号

〔藤田〕　　875

§28〔判　定〕

56頁・裁判集民事114号409頁）がある。旧商標法（大正10年法律第99号）22条1項3号による商標権の範囲の確認の審判においては，「登録の当時」を基準として，商標の構成それ自体を対比し，もっぱらその技術的範囲に関して対象である権利の内容を判断すべきであり，また，本件商標は無効審判の請求期間を経過したことにより不可争性を獲得しているから，係争の部分をも含めてその全体につき特別顕著性を有するものとして判断すべきであるのに，原判決は，その解釈を誤り，「審決の当時」を基準としてこれを判断すべきものとし，本件商標の獲得した不可争性を無視した結果，不当に本件商標権の範囲を確定したものであり，また，商標権の確認といいながらその実質は商標権の効力について判断したものであって，違法であるという当事者の主張を斥けた。

現行法の制定過程においては，①「鑑定」的な効力の制度とする，②商標権の効力に関し，特許庁の解釈を求める制度との立法案が出されたが，国会において，単なる「解釈」ではなく，「判定」と修正された（工業所有権法質疑応答集3巻3916頁）。この点，「解釈」であれば法的拘束力はなく，不服があっても訴え提起等の不服申立手段は出てこないが，「判定」に対しては，訴願（違法又は不当な行政処分につき，特定の行政庁に対してその再審査を請求すること。昭和37年（1962年）行政不服審査法の制定により廃止された）等により不服を申し立てることができる，との政府答弁があり，旧法とは別に解釈上不分明な点が残されているとの指摘がある（網野・商標〔第5版〕750頁）。
　以上のように，現行法の「判定」制度は，「鑑定」制度としての性格をもち，旧法の「確認審判」のような「一事不再理効」はなく，制度として「判定」に対する不服申立ては認められず，訴え提起の途もない。
　ただし，「判定」の結果は，専門庁である特許庁の「公式見解」であり，自ずと社会的影響力もあることから，相応の権威をもたせる必要もあり，後述のとおり，適正な「判定」結果を得るために審判に準じた対審手続構造の審判制度に準じる手続がとられ，証拠調べ手続等を整備している（平尾・商標〔第1次改訂版〕288頁）。

(2)　判定の法的性質・効力

　上記のとおり，現行法の「判定」は，行政上の事実行為であり，特許庁が行う「鑑定」制度としての性質をもち，法律的な効力のある「行政処分」ではないと解されており，手続内容については，政令で定められている。
　現行法の現在の解釈においては，「判定」は法律的効果の生じないもので，同一商標について再度の判定を求めることもでき，最初の判定は再度の判定を拘束しないと解されている。また，旧法の「確認審判」のように必ずしも相手方が存在する必要はなく，自己の登録商標の禁止権の及ぶ範囲を予め「判定」によって明らかにしておくといったことも可能と解されている（平尾・商標〔第1次改訂版〕288頁）。

第1節　商　標　権　　　　　　　　　　　　　　§28〔判　定〕

Ⅱ　判定の対象・範囲

　本条1項は、「商標権の効力」について、特許庁に判定を求めることができる旨規定しているが、他の知的財産法（特許法、実用新案法、意匠法）の産業財産権の「判定」制度と比較すると、他三法は、特許発明の技術的範囲や意匠の同一及び類似範囲といった「事実認定」に関する判断が「判定」の対象となっており（特許法71条1項（実用新案法は26条で特許法71条1項を準用）は、「特許発明の技術的範囲」を「判定」の対象とし、意匠法25条1項は「登録意匠及びこれに類似する意匠の範囲」を対象としている）、他方、商標法では、「商標権の効力」という「法的判断」を対象とする文言となっている点が異なっている。

　この点、「商標法の効力」をどのように捉えるかが問題となるが、他の三法とあえて異なる「法的判断」を含む表現をとっているのであるから、商標の同一、類似判断、商品・役務の同一、類似判断といった事実レベルの判断にとどまらず、一定の範囲の権利の効力範囲も判定の対象となるものと説かれている（平尾・商標〔第1次改訂版〕288頁）。

　しかし、商標権の効力範囲には、商標法26条（普通名称や品質表示等）、29条（他人の特許権、実用新案権、意匠権等との抵触）、32条（先使用権の成否）といった法的判断が含まれることから、これらの法的判断がすべて本条1項の「判定」の対象とするのかは問題である。なぜなら、「判定」は司法的な拘束力がないとしても、専門庁である特許庁の公式見解であって、特許庁がその専門的知見により客観的かつ適正な判断をなし得るような範囲の事項に限ることが望ましく、能力と権限を超える判定の範囲を認めるのはかえって国民の利益を害することになるからである（網野・商標〔第5版〕753頁）。

　したがって、本条1項の判定の対象・範囲は、特許庁が適正に客観的判断をなし得る範囲に限定していく必要がある。この観点から、当事者の主観的事情を認定する必要がある先使用権（商標32条）、中用権（商標33条）の成否、著作権の判断等に係るものは「判定」の対象外と解されている（平尾・商標〔第1次改訂版〕288頁）。

　以上により、「判定」の対象・範囲は、商標の同一、類似判断、商品・役務の同一、類似判断といった事実レベルの判断のほか、商標的「使用」か、普通名称、産地表示、品質表示等の該当性（商標26条）、他人の特許権、実用新案権、意匠権等との抵触の有無（商標29条）などに限定されると説く見解もあれば（平尾・商標〔第1次改訂版〕289頁）、より狭く絞り込み、「判定」の対象は、商標及び商品等の類否判断のほかは、せいぜい26条の普通名称、産地・品質表示等の表示にとどめておくのが運用上妥当、と説く見解もある（網野・商標〔第5版〕753頁）。実務的にも使用の事実認定や主観的意思の有無が判断の前提となる法律問題については「判定」は行われていないと説明されている（小野・概説〔第2版〕236頁、小野＝三山・新概説〔第2版〕282頁）。

　いずれにしても、専門庁たる特許庁が出す公式見解としては、登録商標に関する事実

〔藤田〕　877

§28〔判　定〕

関係と技術的判断を対象とし，法律問題に踏み込まないのが立法趣旨にも沿うものと思われる。

Ⅲ　判定の手続
(1)　概　説

　判定の手続は，前述のとおり，「判定」の結果が専門庁である特許庁の「公式見解」であり，自ずと社会的影響力もあることから，相応の権威をもたせる必要もあり，適正な「判定」結果を得るために，以下のように審判に準じた対審手続構造と，証拠調べ手続などを整備しているほか，次条のとおり，裁判所から「鑑定の嘱託」があった場合の手続も整備している（商標28条の2）。

　本条3項は，「判定」の手続について特許法71条3項及び4項を準用しており，手続的には，基本的に「審判」手続と同様となる（従前，特許法施行令の規定を準用していたが，平成11年法律第41号の改正により，特許法71条が改正され，審判手続を準用する立法となった）。特許法の準用は以下のとおりである（小野編・注解商標〔新版〕(上)716頁〔石川義雄〕）。

・131条1項（審判請求の方式）
・131条の2第1項本文（審判請求の補正）
・132条1項（共同審判）
　　　　2項（共有に係る権利の場合の被請求人）
・133条（方式に違反した場合の決定による却下）
・133条の2（不適法な手続の却下）
・134条1項（請求書の副本送達・答弁書の提出）
　　　　3項（答弁書の副本送達）
　　　　4項（当事者等の審尋）
・135条（不適法な審判請求の審決による却下）
・136条1項（審判の合議制）
　　　　2項（過半数議決）
・137条2項（審判官の指定と故障がある場合）
・138条（審判長）
・139条（6号を除く）（審判官の除斥）
・140条（除斥の申立）
・141条（審判官の忌避）
・142条（除斥又は忌避の申立方式）
・143条（除斥又は忌避の申立についての決定）

第1節　商　標　権　　　　　　　　　　　　　　　　§28〔判　定〕

- 144条（除斥又は忌避の申立があった場合の審判手続の中止）
- 144条の2第1項及び3項から5項（審判書記官）
- 145条2項ないし5項（審判における審理の方式）
- 146条（通訳人の立会い等）
- 147条1項・2項（調書）
- 150条1項から5項（証拠調べ及び証拠保全）
- 151条（民事訴訟法等の準用）
- 152条（職権による審理）
- 153条（同前・当事者等が申し立てない理由の審理）
- 154条（審理の併合又は分離）
- 155条1項（審判の請求の取下げ）
- 157条（審決）
- 169条3項，4項，6項（審判における費用の負担）

(2) 判定請求

　特許庁長官は，商標権の効力について判定請求があった場合には，3名の審判官を指定して判定をさせなければならない（商標28条2項）。判定を求める者は，以下の事項を記載した書面を特許庁長官に提出しなければならない（商標28条3項，特131条1項の準用）。

　① 　当事者及び代理人の氏名又は名称及び住所又は居所
　② 　判定請求事件の表示
　③ 　請求の趣旨及びその理由

(3) 審判官の除斥と忌避

　審判官は，以下のいずれかの事項に該当する場合は，除斥される（商標28条3項，特139条の準用）。

　① 　審判官又はその配偶者若しくは配偶者であった者が事件の当事者，参加人若しくは判定請求人であるとき，又はあったとき（1号）。
　② 　審判官が事件の当事者，参加人若しくは判定請求人の四親等内の血族，三親等内の姻族若しくは同居の親族であるとき，又はあったとき（2号）。
　③ 　審判官が事件の当事者，参加人又は判定請求人の後見人，後見監督人，保佐人，保佐監督人，補助人又は補助監督人であるとき（3号）。
　④ 　審判官が事件について証人又は鑑定人となったとき（4号）。
　⑤ 　審判官が事件について当事者，参加人若しくは判定請求人の代理人であるとき，又はあったとき（5号）。
　⑥ 　審判官が事件について直接の利害関係を有するとき（7号）。

〔藤田〕

§28〔判　定〕

前述のとおり，「判定」には不服申立方法がないので，「審判官が事件について不服を申し立てられた査定に審査官として関与したとき」という6号は除かれる。また，特許庁長官は，判定請求があった場合には3名の審判官を指定するが，審判官について審判の公正を妨げるべき事情があるときは，当事者又は参加人はこれを忌避することができる（商標28条3項，特141条1項の準用）。

ただし，当事者又は参加人は，事件について審判官に対し書面又は口頭をもって陳述をした後は，審判官を忌避することができなくなる。ただし，忌避の原因があることを知らなかったとき，又は忌避の原因がその後に生じたときは除かれる（商標28条3項，特141条2項の準用）。

除斥又は忌避の申立てがあった場合は，審判手続を中止しなければならない（商標28条3項，特144条の準用）。

(4)　審理方法

「判定」の機関としては，特許庁長官が指定する3名の審判官の合議制で行われ，合議体の合議は，過半数で決定される（商標28条3項，特136条1項・2項の準用）。

審理は職権進行主義で行われ（商標28条3項，特152条の準用），当事者が申し立てない理由の審理も行えるが，当事者が申し立てない理由について審理した場合は，その審理の結果を当事者及び参加人に通知し，相当の期間を指定して，意見を申し立てる機会を与えなければならない（商標28条3項，特153条1項・2項の準用）。

書面審理を原則とするが，申立てにより又は職権で，口頭審理によるものとすることもできる（商標28条3項，特145条2項の準用）。また，口頭審理による審判については，審判書記官は，期日ごとに審理の要旨その他必要な事項を記載した「調書」を作成しなければならない（商標28条3項，特147条1項の準用）。

審判に準じた対審手続構造のもと，証拠調べ手続も整備している（商標28条3項，特150条の準用）。

(5)　判　定　書

判定手続の審理が終了したときは，以下の記載事項の「判定書」が作成されなければならない（商標28条3項，特157条1項の準用）。

① 　判定請求の番号
② 　当事者及び参加人並びに代理人の氏名又は名称及び住所又は居所
③ 　判定請求事件の表示
④ 　判定の結論及び理由
⑤ 　判定の年月日

また，特許庁長官は，判定があったときは，判定書の謄本を当事者，参加人及び審判

第1節 商 標 権　　　　　　　　　　　　　　　　　§28〔判　定〕

に参加を申請してその申請を拒否された者に送達しなければならない（商標28条3項，特157条2項の準用）。

Ⅳ　判定の不服申立て

「判定」に対する不服申立制度については，昭和37年に行政不服審査法の制定により廃止された「訴願」を行うことができるか否か見解の対立があったが，多数説的見解によれば，「行政庁がした処分」（旧商標62条）には法的効果の生じないものは含まれないから，専門庁としての特許庁の公式見解の表明にとどまり，単なるサービス的な「鑑定」的行為であって，当事者の法的地位に影響を与えないものであるから，訴願の提起はできないと解されていた（網野・商標〔第5版〕751頁）。

「訴願」が廃止された現行法上，「判定」に対する不服申立てとして特許庁に対し審査請求を行ったとしても，行政不服審査法の「行政庁の処分」にあたらないとして，不適法却下の裁決になるものと解される。

裁判例上も，登録実用新案の技術的範囲についての判定に対する行政不服審査法による異議申立てについての裁決取消請求の事案ではあるが，「特許法71条所定の判定は，行政不服審査の対象としての行政庁の処分その他公権力の行使に当る行為に該当せず，従ってまた，実用新案法26条により右特許法の規定を準用してなされた本件判定も，行政不服審査の対象となり得ない」旨判示している（最判昭43・4・18（昭42(行ツ)47号）判時521号46頁・裁判集民事90号1019頁）。この理由は商標法の「判定」にもあてはまるものと解される。

Ⅴ　権利範囲確認訴訟の適法性

前述のとおり，権利範囲確認審判制度（旧商標22条1項3号）があった時代は，商標権の客観的範囲を具体的，独立に確認することは同確認審判で可能であったが，旧法時下において，民事訴訟によって通常裁判所において権利範囲確認訴訟ができるかについては対立があり，通常裁判所の商標権の権利範囲に関する確認訴訟を肯定する見解も存在した。他方，消極説は，審査前置主義を理由にその必要はないとしていた。

現行法における商標権侵害訴訟では，商標権の権利範囲は裁判の前提問題となるが，商標権侵害訴訟と別に商標権の権利範囲確認訴訟が認められるかは，一般的に否定されている。他方，これを認めると，将来の侵害発生の予防ともなり，実益があるとする見解もある（光石・詳説190頁）。

〔藤田〕

§28〔判　定〕

Ⅵ　判定請求事件数の動向

商標における判定制度の利用は非常に低い件数で推移している（特許行政年次報告書2015年版・第1章統括統計9頁参照（https://www.jpo.go.jp/shiryou/toushin/nenji/nenpou2015_index.htm#toukei_shiryou））。下記の表を参照。

〔藤田　晶子〕

	商　標			
	請求件数	審判部最終処分件数		
		請求不成立	請求成立 （含却下）	取下・放棄
2005年	8	4	5	1
2006年	14	6	6	0
2007年	12	5	5	0
2008年	12	10	5	1
2009年	7	7	1	1
2010年	12	6	5	0
2011年	4	6	1	0
2012年	4	1	3	0
2013年	7	3	3	0
2014年	8	4	1	2

第1節　商標権　　　　　　　　　　　　　　　　　　　　　§28の2〔同　前〕

　　第28条の2　〔同　前〕
　　　特許庁長官は，裁判所から商標権の効力について鑑定の嘱託があつたときは，3名の審判官を指定して，その鑑定をさせなければならない。
　　2　特許法第71条の2第2項の規定は，前項の鑑定の嘱託に準用する。

　（本条追加．平11法41）

【参考文献】
　逐条解説〔第19版〕，特許庁審判部編・審判便覧〔改訂第15版〕（発明推進協会，15）。

細　目　次

I　本条の趣旨(883)　　　　　　　　　　　　Ⅲ　具体的運用(885)
Ⅱ　鑑定の範囲(884)
　　　　　　　　　　　　　　　　　　　　　　　　　　　　　　　〔押本　泰彦〕

I　本条の趣旨

　本条は，商標権の効力についての裁判所から鑑定の嘱託があった場合の取扱いについて規定したものである。

　工業所有権に関する侵害訴訟等，裁判所に訴訟が提起される件数が近年上昇の一途を辿っている。しかし，訴訟件数が増加しても裁判所における処理件数には限界があり，訴訟提起されてから判決に至るまでに時間を要している。侵害訴訟における商標の類否及び商品・役務の類否は侵害か否かを判断する上で最も重要な要素となっており，この点が明確になれば訴訟は進行することになる。一方，特許庁では，「商標権の効力」，「商標の類似」，「商品又は役務」について判定制度（商標28条）で実績をもっている。

　これまでにも，工業所有権の侵害訴訟では裁判所の要請から特許庁の審判官が調査官として訴訟に参加し，裁判所に適切な助言を与えていたという実績もある。

　また，民事訴訟法218条の規定により特許庁に対して商標の効力について鑑定を嘱託することは可能であったが，かかる要請があった場合に特許庁において誰がかかる重要な判断を下すかについて明文の規定がなかった。

　そこで，裁判所の要請があった場合には3名の審判官を指定して合議体により判断させることを明文化したのである。

　商標権侵害訴訟における鑑定は，弁護士，弁理士並びに学識経験者の鑑定書が訴訟の原告又は被告側から提出されているケースが多いが，本件規定の場合は純粋に裁判所からの要請に基づくものであり，特許庁が原告又は被告のために行うものではない。

　2項の規定は，特許法の鑑定制度（特71条の2）の規定を準用させたものである。すな

§28の2〔同　前〕

わち特許法136条1項，2項（審判の合議制），同法137条2項（審判官の指定の補充）並びに同法138条（審判長）の規定を鑑定の嘱託の規定に準用させたものである（鑑定に係る業務フローの概略について**図表1**参照）。

II　鑑定の範囲

　商標法における判定制度（商標28条）では，特許法71条が「特許発明の技術的範囲」，意匠法25条が「登録意匠及びこれに類似する意匠の範囲」と規定されているのに対して，「商標権の効力」と規定されていることから新設された鑑定の範囲についても「商標権の効力」と規定されている。したがって，28条（判定）で規定されている疑義のある場合のすべてが鑑定対象となり得る。具体的には，25条の「商標権の効力」及び37条の「侵害とみなす行為」及び67条の「防護標章登録されている場合の侵害とみなす行為」が鑑定対象となるが，判定制度と同様に26条の「商標権の効力の及ばない範囲」，29条の「他人の特許権等の関係」，32条の「先使用による商標を使用する権利」，33条の「無効審判の請求登録前の使用による商標の使用をする権利」，33条の2及び33条の3の「特許権等の存続期間満了後の商標の使用をする権利」についても鑑定を行うことができるか否かが問題となる。

　本来の鑑定対象である商標の類否及び商品・役務の類否に関して，特許庁の審査及び審判における商標の類否及び商品・役務の類否の判断実務は，日本の商標制度が登録主義を採用している関係から，商品又は役務の類似範囲を昭和35年から類似群といわれる概念を導入し，この類似群が共通する商品又は役務同士は類似すると擬制して審理を画一的に処理している経緯があり，実際の商品又は役務の類似（混同）との間にずれがある。

　また，商標の類似についても審査・審理対象の商標と比較対象商標は共に市場で使用されておらず，そこで比較対象の商標を付した商品が市場に置かれた場合の混同の可能性を「称呼類似」，「観念類似」，「外観類似」という概念に置き換え，これらを総合的に判断している。

　しかし，侵害問題における商標の類否は，一般需要者・取引者が商品又は役務の出所について混同するか否か検討するものであり，審査又は審理で培った基準と商標の類否の考え方との間に若干のずれがあるということで，市場における流通の実情を勘案して判断することが求められた鑑定を果たして簡単に特許庁が見解を示せるか否かについて疑問が残る。26条の「商標権の効力の及ばない範囲」等の鑑定については，より取引業界の実情を勘案する必要があり，特許庁の鑑定範囲からはずれるものではないかと考える。

第1節　商　標　権　　　　　　　　　　　　　　　　　§28の2〔同　前〕

Ⅲ　具体的運用

　特許法における鑑定を準用していることから特許庁で開示された特許の鑑定の運用がそのまま適用になる。弁理士，弁護士，学者等の鑑定が，50万円以上であることに鑑みれば，極めて安価な鑑定となる。しかしながら，これまで裁判所においてかかる鑑定が利用された例は見当たらない。これは，鑑定制度を知らない訴訟当事者による申出がないためと思われる。

　しかしながら，商標の侵害事件は，特許・実用新案と異なり，すべての地方裁判所で訴訟が提起される可能性を秘めていることを考慮すれば，知財専門裁判所といわれる東京地裁及び大阪地裁以外で提起された場合には，各地方裁判所は専門家である特許庁の鑑定意見を求めるのも有効な方策かもしれない。

　鑑定料については，判定の料金（4万円／1件）と同様となっている（鑑定料に係るフローについて**図表2**参照）。

　①鑑定は，侵害訴訟における対象物（又は，実施行為）が商標権の効力範囲に属するか否かを判断するという実質的業務において，判定と差異がないこと，②鑑定は，裁判の立証過程で当事者の申立てにより，裁判所が必要と認めた場合に，特許庁に対して嘱託されるが，他方，裁判を経ずに同様の判断を求める「判定」と料金の上で相違があることは不自然であることを考慮して同一の料金体系となっている。

　料金の計算にあたっては，商標権1件に対するイ号1件の鑑定を鑑定事項1件とし，鑑定事項1件の料金を4万円とする。

　参考までに最近特許庁で結論が下された判定結果を表にすると，**図表3**のとおりである。

〔押本　泰彦〕

§28の2〔同　前〕

図表1　鑑定に係る業務フロー概略

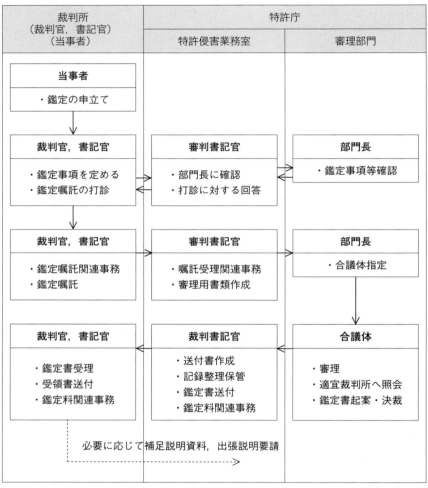

（出典：特許庁）

第1節　商標権　　　　　　　　　　　　　　　　　　§28の2〔同　前〕

図表2　鑑定料に係るフロー図

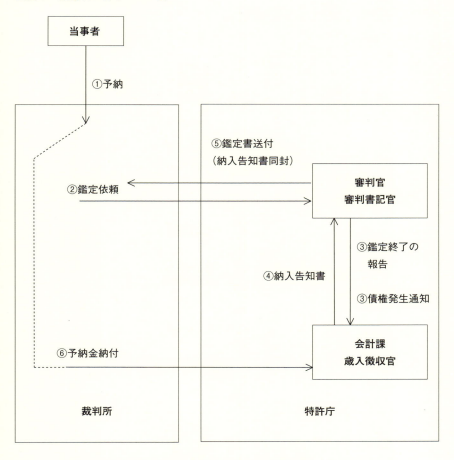

（注）①ないし⑥は，手続の流れの順番であり，同じ番号は，同時に行うもの。

（出典：特許庁）

§28の2〔同 前〕 第4章 商標権

図表3 判定事件一覧

判定事件番号	登録番号	商標名	分類	商品	イ号商標	請求内容	結論
2014-600015	4038761	たまごの村	29	卵	たまご村	商品「卵」に使用するイ号標章は,登録第4038761号商標の商標権の効力の範囲に属する。	属する
2014-600026	876727	名匠	8	剪定鋏	名匠一刀流作	「剪定鋏」に使用するイ号標章は,本件商標の商標権の効力の範囲に属する。	属しない
2014-600024	4939356	あそびま書	16	風呂敷	美と,あそびま書	広告役務に使用するイ号標章は,本件商標の商標権の効力の範囲に属する	属しない
2014-600002	4362019	獅子田	15	和楽器	獅子田流	商品「篠笛」に使用するイ号標章は,登録第4362019号商標の商標権の効力の範囲に属する。	属する
2014-600016	4895484	エマックス	11	家庭用電気瞬間湯沸器,その他の家庭用電熱用品類	EemaX エマックス	商品「家庭用電気瞬間湯沸器」に使用するイ号標章は,登録第4895484号商標の商標権の効力の範囲に属する。	属する
2014-600017	5366316	エマックス EemaX	11	家庭用電気瞬間湯沸器,その他の家庭用電熱用品類	e Eemax	商品「家庭用電気瞬間湯沸器」に使用するイ号標章は,登録第5366316号商標の商標権の効力の範囲に属する。	属する
2013-600013	5447872	優慶パートナーズ	35	経営に関する助言,財務書類の作成又は監査	UKパートナーズ会計事務所	役務「経営に関する助言,財務書類の作成又は監査」について使用するイ号標章は,登録第5447872号商標に係る商標権の効力の範囲に属する。	属する
2014-600001	1261355	VISLON	26	スライドファスナー	VISION	商品「スライドファスナー」に使用するイ号標章は,登録第1261355号商標の商標権の効力の範囲に属する。	属する
2013-600020	5539378	Trick Art	41	トリックアート美術品の展示,トリックアート美術品の展示施設の提供,トリックアート美術品の制作	トリックアート	役務「トリックアート美術品の展示,トリックアート美術品の展示施設の提供,トリックアート美術品の制作」に使用するイ号標章は,登録第5539378号商標の商標権の効力の範囲に属しない。	属しない

第1節　商　標　権　　　　　　　　　　　　　　　　　　§28の2〔同　前〕

番号	登録番号	商標	区分	指定商品・役務	イ号標章	判断	結論
2013-600021	5539378	Trick Art	41	トリックアート美術品の展示，トリックアート美術品の展示施設の提供，トリックアート美術品の制作	TRICK ART	役務「トリックアート美術品の展示，トリックアート美術品の展示施設の提供，トリックアート美術品の制作」に使用するイ号標章は，登録第5539378号商標の商標権の効力の範囲に属しない。	属しない
2013-600017	4581331	TacoRice タコライス	29	ご飯にのせる具としての牛・豚挽肉を主材料としてなる即席タコスのもと	TACO RICE	商品「即席タコスのもと」について使用をするイ号標章は，本件商標の商標権の効力の範囲に属する。	属しない
2013-600014	649513	砂丘	30	巻き寿司	因幡のごちそう 砂丘巻き	請求人が使用するイ号標章は，登録第649513号商標の商標権の効力の範囲に属しない。	属しない
2013-600004	5021893	エアリーホイップ AIRY WHIP	3	洗顔料	Vita-nourish Airy Whip	商品「洗顔料」について使用する（イ）号標章は，登録第5021893号商標の商標権の効力の範囲に属する。	属しない
2012-600043	4606867	CUTBOX	43	美容，理容	only cut boxxx	役務「美容，理容」に使用するイ号標章は，登録第4606867号商標の商標権の効力の範囲に属する。	属しない
2012-600001	5021893	エアリーホイップ AIRY WHIP	3	洗顔料	Vita-nourish Airy Whip	商品「洗顔料」に使用するイ号標章は，登録第5021893号商標の商標権の効力の範囲に属する。	属する
2012-600026	4834594	KIRIN 午後の紅茶 Afternoon Tea	30	紅茶	Afternoon Tea	商品「紅茶」に使用するイ号標章は，登録第4834594号商標の商標権の効力の範囲に属する。	属しない
2012-600004	5299817	人事の学校	41	技芸・スポーツ又は知識の教授，セミナーの企画・運営又は開催	人事の大学	役務「技芸・スポーツ又は知識の教授，セミナーの企画・運営又は開催」に使用するイ号標章は，登録第5299817号商標の商標権の効力の範囲に属する。	属しない
2011-600012	5364874	櫻 さくら	33	焼酎	茂乃 さくら	商品「焼酎」に使用する（イ）号標章は，登録第5364874号商標の商標権の効力の範囲に属する。	属する
2011-600046	4201846	平清盛（縦書き）	30	菓子及びパン	清盛	商品「菓子及びパン」に使用するイ号標章は，登録第4201846号商標の商標権の効力の範囲に属する。	属する

〔押本〕　889

§28の2〔同 前〕　　　　　　　　　　　　　　　　　　第4章　商標権

番号	登録番号	登録商標	区分	指定商品・役務	イ号標章	判断	属否
2010-600059	5004631	口から健康	25	靴下	足から健康	商品「靴下」に使用するイ号標章は，登録第5004631号商標の商標権の効力の範囲に属する。	属しない
2011-600011	155303	さくら	33	清酒	さくら	「焼酎」に使用する(イ)号標章は，登録第155303号商標の商標権の効力の範囲に属する。	属する
2011-600008	5216143	金紋	30	みそ，菓子及びパン，うま味調味料	信州金紋味噌	商品「みそ」に使用するイ号標章は，登録第5216143号商標の商標権の効力の範囲に属する。	属する
2010-600052	5058041	バラフ	31	野菜	アイスプラントバラフ	商品「野菜」に使用するイ号標章は，登録第5058041号商標の商標権の効力の範囲に属する。	属する
2010-600061	4797745	健遊館	43	高齢者向けの賃貸住宅の提供	健遊館	請求人が使用するイ号標章は，登録第4797745号商標の商標権の効力の範囲に属しない。	属しない
2010-600060	4711250	JUAR TEA	30	茶	GOLD	商品「茶」に使用する(イ)号標章は，登録第4711250号商標の商標権の効力の範囲に属する。	属する
2010-600042	4575126	V-up	3	頭髪用化粧品，その他の化粧品		商品「スプレータイプ染毛料」に使用するイ号標章は，登録第4575126号商標の商標権の効力の範囲に属する。	属する
2010-600043	5107102	V-up	3	頭髪用化粧品，その他の化粧品		商品「スプレータイプ染毛料」に使用するイ号標章は，登録第5107102号商標の商標権の効力の範囲に属しない。	属しない
2010-600012	5261637	佐世保バーガー SASEBO BURGER	30 43	長崎県佐世保市産のハンバーガー，飲食物の提供		商品「ハンバーガー」及び役務「飲食物の提供」に使用するイ号標章は，登録第5261637号商標の商標権の効力の範囲に属しない。	属しない
2010-600016	5261637	佐世保バーガー SASEBO BURGER	30 43	長崎県佐世保市産のハンバーガー，飲食物の提供		商品「ハンバーガー」及び役務「飲食物の提供」に使用するイ号標章は，登録第5261637号商標の商標権の効力の範囲に属しない。	属しない
2010-600008	5247402	ベビーセラピスト☆カレッジ	41	ベビーセラピストの育成・教育	ベビーセラピスト・カレッジ	役務「ベビーセラピストの育成・教育」に使用するイ号標章は，登録第5247402号商標の商標権の効力の範囲に属しない。	属しない
2010-600037	579338	YUASA	9	電池	YUANA	商品「バイク用バッテリー」に使用するイ号標章は，登録第579338号商標の商標権の効力の範囲に属する。	属する

〔押本〕

第1節 商標権　　　　§28の2〔同　前〕

出願番号	登録番号	標章	区分	指定商品	イ号標章	判断内容	結論
2010-600004	5237246	はざいや	17 19	エコ制振マット（ウレタンくず製品），ポリエチレンシート（ポリエチレンくず製品），AEGIS（吸音材）	hazaiya.jp	商品「エコ制振マット（ウレタンくず製品），ポリエチレンシート（ポリエチレンくず製品），AEGIS（吸音材）」について使用するイ号標章は，登録第5237246号商標の商標権の効力の範囲に属する。	属する
2010-600005	1036120	ペチカ	11	あんか，かいろ，かいろ灰，湯たんぽ，化学物質を充てんした保温保冷具	ペチカ	『ビーズ式足温器』に使用するイ号標章は，本件商標に係る商標権の効力の範囲に属する。	属しない 商品が異なる
2010-695001	IR852773	（図形）	18	traveling bags, traveling sets (leather goods), trunks and suitcases, garment bags for travel purposes, vanitycases, backpacks, shoulder bags, handbags, attache cases		商品「かばん」に使用する（イ）号標章は，国際商標登録第852773号商標の商標権の効力の範囲に属しない。	属しない
2009-600042	5076457	黒糖ドーナツ棒	30	黒糖を使用した棒状形のドーナツ菓子	棒でドーナツ	商品『棒でドーナツ黒糖』に使用するイ号標章は，登録第5076547号の商標権の効力の範囲に属する	属しない
2009-600021	5169970	（図形）	25	仮装用かぶりもの		商品「かぶりもの」に使用するイ号標章は，登録第5169970号商標の商標権の効力の範囲に属しない。	属しない
2009-600018	5171586	KAIZO 改造	9	録音済みの磁気カード・磁気シート及び磁気テープ，録音済みのコンパクトディスク，録画済のビデオディスク及びビデオテープ，電子出版物	改造	商品「雑誌の版面を記録したマイクロフィルム」に使用するイ号標章は，登録第5171586号商標の商標権の効力の範囲に属しない。	属しない

〔押本〕

§28の2〔同 前〕

2009-600017	5191482	Fabric Panel	24	織物製壁掛け	ファブリックパネル	商品「織物製壁掛け」に使用するイ号標章は、登録第5191482号商標の商標権の効力の範囲に属しない。	属しない
2008-600048	4936831	聞き流すだけ	9	コンパクトディスク付きの英語教本, ダウンロード可能な英語教本の音声, ダウンロード可能な英語教本	聞き流すだけ"の英語教材『スピードラーニング』	商品「コンパクトディスク付きの英語教本, ダウンロード可能な英語教本の音声, ダウンロード可能な英語教本」に使用する(イ)号標章は、登録第4936831号商標の商標権の効力の範囲に属しない。	属しない
2008-600033	5066745	(図形)	41, 44	「看護・医療・医業・調剤・医療情報・医療事務に関する知識の教授,」「医療相談, 医師・クリニック・病院・薬局等の医療機関に関する情報の提供, 医療情報の提供,」etc.	医療コンシェルジュ	役務「看護・医療・医業・調剤・医療情報・医療事務に関する知識の教授, 病院における患者への接待・案内に関する知識の教授, 医療・医療看護に関する教育・訓練, 病院における患者への接待・案内に関する教育・訓練, 看護・医療・医業・調剤・医療情報・医療事務に関する資格試験の実施及び資格の認定・資格の付与, 看護・医療・医業・調剤・医療情報・医療事務に関する資格試験の実施に関する情報の提供, 看護・医療・医業・調剤・医療情報・医療事務に関する資格の認定・付与に関する情報の提供, 病院における患者への接待・案内に関する資格試験の実施及び資格の認定・資格の付与, 病院における患者への接待・案内に関する資格試験の実施に関する情報の提供, 病院における患者への接待・案内に関する資格の認定・付与に関する情報の提供, 資格試験受験のための学習講習会の企画・運営又は開催, 看護・医療・医業・医療・医業・調剤・医療情報・医療事務に関するセミナーの企画・運営又は開催及びこれらに関する情報の提供, 病院における患者への接待・案内に関するセミナーの企画・運営又は開催及びこれらに関する情報の提供, 医療相談, 医師・クリニック・病院・薬局等の医療機関に関する情報の提供, 医療情報の提供, 健康診断に関する情報の提供, 患者及びその家族に対する心理検査結果・臨床検査結果・健康診断結果に関する解説・説明, 調剤に関する情報の提供, 医療看護に関する情報の提供, 医療看護に関する指導・助言, 病院の紹介又は取次ぎ, 病院の予約の媒介又は取次ぎ」に使用するイ号標章は、登録第5066745号商標の商標権の効力の範囲に属しない。	属しない

第1節　商　標　権　　　　　　　　　　　　　　　　§28の2〔同　前〕

番号	登録番号	商標	区分	指定役務・商品	イ号標章	判断	属否
2009-600002	5182044	バイシクルナビ	35	「広告」及び「インターネットにおける広告用スペースの提供」	BICYCLE NAVI.net	役務「広告」及び「インターネットにおける広告用スペースの提供」に使用に使用するイ号標章は、登録第5182044号商標の商標権の効力の範囲に属する。	属する
2007-600090	2694457	ねぎ焼き	30	「ねぎ入りお好み焼き」	ねぎ焼	商品「ねぎ入りお好み焼き」に使用する（イ）号標章は、登録第2694457号商標の商標権の効力の範囲に属する。	属しない
2008-600031	4878841	DERMA SCIENCE	3	化粧品、せっけん類	Dermal Science	商品「化粧品，せっけん類」に使用するイ号標章は、登録第4878841号商標の商標権の効力の範囲に属する。	属する
2008-600030	4516290	ダーマサイエンス	3	化粧品、せっけん類	Dermal Science	商品「スキンケア用化粧品」に使用する（イ）号標章は、登録第4516290号商標の商標権の効力の範囲に属する。	属しない
2008-600015	4841568	闇市 YAMIICHI	29 43	焼き肉を主とする飲食物の提供	闇市	役務「焼き肉を主とする飲食物の提供」に使用するイ号標章は、登録第4841568号商標の商標権の効力の範囲に属する。	属する
2008-600011	4973674	ゴルトモ	42	インターネットを介したウェブログ（電子掲示板）へのアクセスタイムの貸与に当たり，電磁的方法により行う映像面に標章を表示して役務を提供する行為	Goltomo	役務「インターネットを介したウェブログ（電子掲示板）へのアクセスタイムの貸与に当たり、電磁的方法により行う映像面に標章を表示して役務を提供する行為」に使用するイ号標章は、登録第4973674号商標の商標権の効力の範囲に属する。	属する
2008-600003	2647696	株式会社玄米酵素	29	麹菌を種菌にして発酵させた米ぬかと米胚芽を主原料とする顆粒状・粉末状の加工食品	元祖 玄米酵素 創業50年	商品「麹菌を種菌にして発酵させた米ぬかと米胚芽を主原料とする顆粒状・粉末状の加工食品」に使用するイ号標章は、登録第2647696号商標の商標権の効力の範囲に属する。	属しない
2008-600004	3174063	玄米酵素	29	麹菌を種菌にして発酵させた米ぬかと米胚芽を主原料とする顆粒状・粉末状の加工食品	元祖 玄米酵素 創業50年	商品「麹菌を種菌にして発酵させた米ぬかと米胚芽を主原料とする顆粒状・粉末状の加工食品」について使用するイ号標章は、登録第3174063号商標の商標権の効力の範囲に属する。	属しない

§28の2〔同前〕　　　　　　　　　　　　　　　　　第4章　商標権

番号	登録番号	商標	標章	区分	イ号標章	判断	属否
2008-600005	4842376		麹菌を種菌にして発酵させた米ぬかと米胚芽を主原料とする顆粒状・粉末状の加工食品	29		商品「麹菌を種菌にして発酵させた米ぬかと米胚芽を主原料とする顆粒状・粉末状の加工食品」について使用するイ号標章は、登録第4842376号商標の商標権の効力の範囲に属する。	属しない
2008-600019	4716257	NEXTEX	「ビジネスモデル策定コンサルティング」及び「業務改革コンサルティング」	35	nextech	「ビジネスモデル策定コンサルティング」及び「業務改革コンサルティング」に使用するイ号標章は、登録第4716257号商標の商標権の効力の範囲に属する。	属する
2007-600086	4999215	ゴルトモ	インターネットを介した電子会議室・電子掲示板へのアクセスタイムの貸与	42	ゴルトモ	役務「インターネットを介した電子会議室・電子掲示板へのアクセスタイムの貸与」に使用するイ号標章は、登録第4999215号商標の商標権の効力の範囲に属する。	属する
2008-600007	4706965	金蔵米	米	30		商品「米」に使用するイ号標章は、登録第4706965号商標の商標権の効力の範囲に属する。	属する
2007-600058	4586957		「提供するインターネットの画面上に、食べ歩きグルメや旅行等撮影した動画をアップロード、ブログ、ホームページ、日記、掲示板を作成する	38 41		役務「提供するインターネットの画面上に、食べ歩きグルメや旅行等撮影した動画をアップロード、ブログ、ホームページ、日記、掲示板を作成する」に使用するイ号標章は、登録第4586957号商標の商標権の役務のうちの第38類に属する「電子計算機端末による通信」及び第41類に属する「図書及び記録の供覧、美術品の展示、映画の上映・製作又は配給、放送番組の制作」の効力の範囲に属しない。	属しない
2008-600085	4973674	ゴルトモ	インターネットを介した電子会議室・電子掲示板へのアクセスタイムの貸与	42	ゴルトモ	役務「インターネットを介した電子会議室・電子掲示板へのアクセスタイムの貸与」に使用するイ号標章は、登録第4973674号商標の商標権の効力の範囲に属する。	属する
2008-600008	5085260	MINNA ISLAND	ティーシャツ	25		商品「ティーシャツ」に使用するイ号標章は、登録第5085260号商標の商標権の効力の範囲に属する。	属しない

第1節　商　標　権　　　　　　　　　　　　　　　　　§28の2〔同　前〕

番号	登録番号	商標	区分	指定商品・役務	イ号標章	判断	属否
2007-600030	4716257	NEXTEX	35	「ビジネスモデル策定コンサルティング」及び「業務改革コンサルティング」	ネクステック	「ビジネスモデル策定コンサルティング」及び「業務改革コンサルティング」に使用するイ号標章は、登録第4716257号商標の商標権の効力の範囲に属する。	属する
2007-600083	4945203	ゴルトモ	42	「インターネットを介した電子会議室・電子掲示板へのアクセスタイムの貸与」	ゴルトモ	役務「インターネットを介した電子会議室・電子掲示板へのアクセスタイムの貸与」に使用するイ号標章は、登録第4945203号商標の商標権の効力の範囲に属する。	属しない
2007-600057	4784854	コンフォートゾーンシャーシー Comfort zone chassis	25	靴及び靴の中敷き		商品「靴及び靴の中敷き」に使用する（イ）号標章は、登録第4784854号商標の商標権の効力の範囲に属する。	属しない
2007-600074	4485999	カーコンビニ倶楽部	37	自動車の整備または修理	マイカーコンビニクラブツカサテン	被請求人が役務について使用するイ号標章は、登録第4485999号商標の商標権の効力の範囲に属する。	属しない
2007-600047	4729420	EPI エピ	43	女性用脱毛美容	イ号：EpiSalon ロ号：エピサロン	役務「女性用脱毛美容」に使用するイ号標章及びロ号標章は、登録第4729420号商標の商標権の効力の範囲に属する。	属しない
2007-600046	4293213	EPI エピ	42	脱毛美容	イ号：EpiSalon ロ号：エピサロン	役務「脱毛美容」に使用するイ号標章及びロ号標章は、登録第4293313号商標の商標権の効力の範囲に属する。	属しない
2006-60066	4144248	岩磐浴	20	寝台	岩盤浴	商品「岩盤浴用ベッド」、役務「岩盤浴施設の設計」、「岩盤浴施設の施工」及び「岩盤浴施設の提供及びそれに関する情報の提供」に使用するイ号標章は、登録第4144248号商標の商標権の効力の範囲に属する。	属しない
2007-600036	4143096	クリアーベース	3	化粧品、せっけん類	クリアーベースコート	商品「化粧品」に使用するイ号標章は、登録第4143096号商標の商標権の効力の範囲に属する。	属しない

〔押本〕

§28の2〔同 前〕　　　　　　　　　　　　　　　　　　　　第4章　商標権

				指定役務	イ号標章	判決要旨	
2006-60055	4983085	東京医専	41	あん摩・マッサージ及び指圧, カイロプラクティック, きゅう, 柔道整復, はり, 医業, 医療情報の提供, 健康診断	メディカル総合学園 東京医専	請求に係る役務中, 以下の役務に使用するイ号標章は, 登録第4983085号商標の商標権の効力の範囲に属する。「救急救命の知識の教授, 臨床工学の知識の教授, 医療コンピュータの知識の教授, 看護の知識の教授, 保健の知識の教授, 診療情報管理の知識の教授, 医療秘書の知識の教授, 医療事務の知識の教授, 言語聴覚の知識の教授, 視能訓練の知識の教授, 理学療法の知識の教授, 作業療法の知識の教授, 運動療法の知識の教授, 介護福祉の知識の教授, 精神保健福祉の知識の教授, 訪問介護の知識の教授, 養護の知識の教授, エアロビックダンス・エクササイズの教授, トレーナーの知識の教授, 人命救助の知識の教授, 医療の知識の教授, メイクの教授, 手話の教授, 針灸の知識の教授, 柔道整復の知識の教授, あんま・マッサージ・指圧の知識の教授」	属する
						また, 以下の役務に使用するイ号標章は, 登録第4983085号商標の商標権の効力の範囲に属しない。「あん摩・マッサージ及び指圧, カイロプラクティック, きゅう, 柔道整復, はり, 医業, 医療情報の提供, 健康診断」。	属しない
2006-60054	4983085	東京医専	41	技芸・スポーツ又は知識の教授	メディカル総合学園 東京医専	「救急救命の知識の教授, 臨床工学の知識の教授, 医療コンピュータの知識の教授, 看護の知識の教授, 保健の知識の教授, 診療情報管理の知識の教授, 医療秘書の知識の教授, 医療事務の知識の教授, 言語聴覚の知識の教授, 視能訓練の知識の教授, 理学療法の知識の教授, 作業療法の知識の教授, 運動療法の知識の教授, 介護福祉の知識の教授, 精神保健福祉の知識の教授, 訪問介護の知識の教授, 養護の知識の教授, エアロビックダンス・エクササイズの教授, トレーナーの知識の教授, 人命救助の知識の教授, 医療の知識の教授, メイクの教授, 手話の教授, 針灸の知識の教授, 柔道整復の知識の教授, あんま・マッサージ・指圧の知識の教授」に使用するイ号標章は, 登録第4983085号商標の商標権の効力の範囲に属する。	属する
						また, 同役務中「あん摩・マッサージ及び指圧, カイロプラクティック, きゅう, 柔道整復, はり, 医業, 医療情報の提供, 健康診断」に使用するイ号標章は, 登録第4983085号商標の商標権の効力の範囲に属しない。	属しない

第1節　商　標　権

§28の2〔同　前〕

事件番号	登録番号	登録商標	区分	指定商品	イ号標章	判旨	結論
2006-60056	4987738	蔵王とうふ ZAO TOFU	29	豆腐	あさひ	商品「豆腐」に使用するイ号標章は、登録第4987738号商標の商標権の効力の範囲に属する。	属しない
2006-60040	4810058	もちクラスト	30	穀物の加工品	パリッともちもちクラスト	商品「ピザ生地、ピザクラスト」に使用するイ号標章は、登録第4810058号商標の商標権の効力の範囲に属する。	属しない
2006-60070	4998946	(図形)	9	第9類「磁気センサー、ホール素子を用いた磁気センサー、その他の測定機械器具」、または、第9類「電子応用機械器具及びその部品」	(図形)	「ホール素子を用いたIC型回転位置検出センサー」に使用するイ号標章は、登録第4998946号商標の商標権の効力の範囲に属する。本件商標の指定商品である測定機械器具に属すべき商品というべきである。	測定器械に属する
2006-60043	1547724	ZOOM ズーム	16	アルバムの半製品	ZOOM ALBUM	商品「アルバムの半製品」に使用するイ号標章は、登録第1547724号商標の商標権の効力の範囲に属する。	属する
2006-60041	735137	開運香	3	線香	(図形)	商品「線香」に使用するイ号標章は、登録第735137号商標の商標権の効力の範囲に属する。	属する
2006-60024	4716448	バリアフリーペイブ BARRIER FREE PAVE	19	セメント及びその製品	バリアフリーペイパー	商品「舗装用コンクリート平板」に使用するイ号標章は、登録第4716448号商標の商標権の効力の範囲に属する。	属しない
2006-60003	3371351	つるつる美容（縦書き）	3	ヘアートリートメント	つるつる	商品「ヘアートリートメント」に使用する（イ）号標章は、登録第3371351号商標の商標権の効力の範囲に属する。	属する
2006-60025	4771604	鳥人	25	Tシャツ	(図形)	商品「Tシャツ」に使用するイ号標章は、登録第4771604号商標の商標権の効力の範囲に属しない。	属する
2006-60008	2677680	HARVEST	9	ソフトウエア	JasmineSoft Harvest	第9類「ソフトウエア」に使用する（イ）号標章は、登録第2677680号商標の商標権の効力の範囲に属しない。	属する
2006-60009	2677680	HARVEST	9	ソフトウェア	JasmineSoft Harvest	商品『コンピュータソフトウェア』に使用するイ号標章は、本件商標の商標権の効力の範囲に属しない。	属する
2006-60021	4144248	岩磐浴	20	寝台	岩盤浴	商品「寝台」に使用する（イ）号標章は、登録第4144248号商標の商標権の効力の範囲に属する。	属する
2005-60082	2100539	大江戸	30	雷おこし	大江戸みやげ	商品「菓子、パン」について使用するイ号標章は、商標登録第2100539号の商標権の効力の範囲に属する。	属する

〔押本〕

§28の2 〔同 前〕　　　　　　　　　　　　　　　　　　　　第4章 商 標 権

番号	登録番号	標章	区分	商品役務	イ号標章	判断	結論
2005-60078	4520827	げんきの郷	42	入浴施設の提供	天然温泉 げんきの郷	役務「温泉施設の提供」に使用するイ号標章は、登録第4520827号商標の商標権の効力の範囲に属する。	属する
2005-60076	4489930	(フェルトペン図)	16	フェルトペン	(フェルトペン図)	商品「フェルトペン」に使用するイ号標章は、登録第4489930号商標の商標権の効力の範囲に属する。	属する
2005-60055	2092022	めんこうほ	30	うどんめん、そばめん、中華そばめん	こだわり麺工房	商品「うどんめん、そばめん、中華そばめん」に使用するイ号標章は、登録第2092022号商標の商標権の効力の範囲に属しない。	属しない
2005-60041	2192418	タマゴ TAMAGO	3	クリーム	(図)	商品「クリーム」に使用する(イ)号標章は、登録第2192418号商標の商標権の効力の範囲に属する。	属する
2004-60090	4728287	オーツーファクトリー	3	化粧品、せっけん類	Prima	商品「化粧品、せっけん類」について使用するイ号標章は、本件商標の商標権の効力の範囲に属しない	属しない
2005-60018	4288662	直貼り	1	接着剤	1液直貼接着剤	商品「接着剤」に使用するイ号標章は、登録第4288662号商標の商標権の効力の範囲に属する。	属しない
2004-60094	4489930	(フェルトペン図)	16	フェルトペン	(図)	商品『フェルトペン』について使用するイ号標章は、本件商標の商標権の効力の範囲に属する。	属しない
2005-60008	4287876	消臭元	3	消臭剤、芳香消臭剤	消臭苑	商品「消臭剤、芳香消臭剤」について使用を予定するイ号標章は、本件商標の商標権の効力の範囲に属する。	属しない
2004-60071	2629691	クリスタル	16	ボールペン	クリスタル[細字用]	商品「ボールペン」に使用するイ号標章は、登録第2629691号商標の商標権の効力の範囲に属する。	属する
2004-60100	4709100	GG	25	帽子	(図)	商品「帽子」に使用するイ号標章は、登録第4709100号商標の商標権の効力の範囲に属する。	属する
2004-60092	4220808	ペタコローラー		清掃用具	ペタコロ	商品「清掃用具」について使用するイ号標章は、本件商標の商標権の効力の範囲に属する。	属しない
2004-60063	4740438	UMIN CHU 海人	25	Tシャツ	海人	商品「Tシャツ」に使用するイ号標章は、本件商標の商標権の効力の範囲に属しない。	属しない
2004-60080	1403900	守礼堂	25	空手着	(図)	商品「空手衣」に使用するイ号標章は、登録第1403900号商標の商標権の効力の範囲に属する。	属する

〔押本〕

第1節　商　標　権　　　　　　　　　　　　　　　　　　§28の2〔同　前〕

2004-60006	1063069	サンブロック	3	日やけ止め乳液		商品「日やけ止め乳液」に使用するイ号標章は、登録第1063069号商標の商標権の効力の範囲に属する。	属する
2004-60065	4558362	フィトブラン PHYTOBLANC	3	美容液		商品「美容液」に使用するイ号標章は、登録第4558362号商標の商標権の効力の範囲に属する。	属する
2004-60066	4558362	フィトブラン PHYTOBLANC	3	化粧水		商品「化粧水」に使用するイ号標章は、登録第4558362号商標の商標権の効力の範囲に属する。	属する
2004-60067	4558362	フィトブラン PHYTOBLANC	3	美容液		指定商品「美容液」に使用するイ号標章は、登録第4558362号商標の商標権の効力の範囲に属する。	属する
2004-60068	4558362	フィトブラン PHYTOBLANC	3	洗顔料		商品「洗顔料」に使用するイ号標章は、登録第4558362号商標の商標権の効力の範囲に属する。	属する
2004-60001	4693228	自由学園	41	幼児に対する知識の教授	チャイルド自由学園	役務「幼児に対する知識の教授」に使用するイ号標章は、登録第4693228号商標の商標権の効力の範囲に属しない。	属しない
2003-60030	4336357		16	トイレットペーパー	トイレットロール	商品『トイレットペーパー』に使用するイ号標章は、本件商標の商標権の効力の範囲に属しない。	属しない
2003-60067	4201000		29	豆腐	絹揚げ	商品「絹あげ豆腐」に使用するイ号標章は、本件商標の商標権の効力の範囲に属しない。	属しない
2003-60065	1740102	親業（P.E.T.)	26	印刷物	親業マニュアル	商品「書籍」に使用するイ号標章は、登録第1740102号商標の商標権の効力の範囲に属する。	属する
2004-60007	2475665	APiTA	19	建築用の金属製専用材料，陶磁製建築専用材料，プラスチック製建築専用材料，合成建築専用材料，ゴム製の建築用の専用材料，木材	アピタ	商品「建築用の金属製専用材料，陶磁製建築専用材料，プラスチック製建築専用材料，合成建築専用材料，ゴム製の建築用の専用材料，木材」に使用する（イ）号標章は、登録第2475665号商標の商標権の効力の範囲に属する。	属する
2003-60092	4425254		21	鍋		被請求人が商品「紙製なべ」について使用するイ号標章は、本件商標の商標権の効力の範囲に属しない。	属しない

〔押本〕

§28の2〔同 前〕　　　　　　　　　　　　　　　　　　第4章　商　標　権

2003-60066	3009989	親業	16	書籍	親業完全マニュアル	商品『書籍』に使用するイ号標章は、本件商標の商標権の効力の範囲に属する。	属する
2003-60091	4246297	(図形)	21	鍋	(図形)	商品「紙製角型一人コンロ用鍋」に使用するイ号標章は、登録第4246297号商標の商標権の効力の範囲に属する。	属しない
2003-60072	4629817	WILLSON 鏡面	3	つや出し剤	鏡面Wax	商品「つや出し剤」に使用するイ号標章は、登録第4629817号商標の商標権の効力の範囲に属しない。	属しない
2003-60040	2590749	APiTA	20	家具	APiTA	商品「家具」に使用するイ号標章は、登録第2590749号商標の商標権の効力の範囲に属する。	属する
2003-60059	4088460	APiTA	11	照明用器具	ABITA	商品「照明用器具」に使用する(イ)号標章は、登録第4088460号商標の商標権の効力の範囲に属する。	属する
2003-60047	1183751	アロエーヌ	3	化粧品	アロエーヌ	「化粧品」に使用するイ号標章は、登録第1183751号商標の商標権の効力の範囲に属する。	属する
2002-60065	4381750	九代目	33	焼酎	(図形)	商品「焼酎」に使用するイ号標章は、登録第4381750号商標の商標権の効力の範囲に属する。	属する
2002-60096	4190897	こしひかり	30	こしひかり米	(図形)	商品「精米」に使用するイ号標章は、登録第4190897号商標の商標権の効力の範囲に属しない。	属しない
2002-60097	2658870	ZEBRA	25	筆記線をコンピュータに入力可能な筆記具	筆記具ではない。	商品「筆記線をコンピュータに入力可能な筆記具」は、登録第2658870号商標の商標権の効力の範囲に属する。	属しない
2003-60019	840669	グリップ	16	「事務用紙」、「鉛筆類」、「絵画用材料」	「文房具」を削除したか否か？	商品「事務用紙、鉛筆類、絵画用材料」は、商標登録第840669号の商標権の効力の範囲に属する。	属しない

第1節　商　標　権　　§29（他人の特許権等との関係）――著作権ほかとの関係（除く意匠権）

第29条（他人の特許権等との関係）（見出し改正，平8法68）

商標権者，専用使用権者又は通常使用権者は，指定商品又は指定役務についての登録商標の使用がその使用の態様によりその商標登録出願の日前の出願に係る他人の特許権，実用新案権若しくは意匠権又はその商標登録出願の日前に生じた他人の著作権若しくは著作隣接権と抵触するときは，指定商品又は指定役務のうち抵触する部分についてその態様により登録商標の使用をすることができない。（改正，平3法65，平8法68，平26法36）

■著作権ほかとの関係（除く意匠権）

【参考文献】

三宅・雑感，蕁・解説（四法編）〔改訂版〕，小野・概説〔第2版〕，逐条解説〔第19版〕，網野・商標〔第6版〕，田村・商標〔第2版〕，斉藤博・著作権法〔第2版〕（有斐閣，04），半田正夫・著作権法概説〔第11版〕（法学書院，03），三山裕三・著作権法詳説〔第9版〕（レクシスネクシス・ジャパン，13），松井正道「29条の解説部分」小野編・注解商標（上），網野誠「相抵触する登録商標と周知商標とが並存する場合の法的取扱について」同・諸問題，増井和夫「商標権と著作権の衝突（ポパイのキャラクターは誰のものか）」中山編・研究Ⅰ167頁，小松陽一郎「商標の使用(1)」小野＝小松編・法律相談〔改訂版〕，牛木理一「抵触関係」同前，牛木理一・キャラクター戦略と商品化権（発明協会，00），外国工業所有権法令集（AIPPI－社団法人日本国際工業所有権保護協会），松村信夫＝三山峻司・実務に役立つ知的財産関係法の解説〔新訂〕（新日本法規，98），三山峻司「商標権と著作権との交錯領域における諸問題－特に商標法29条の解釈を中心として－」パテ40巻4号23頁，渋谷達紀「キャラクターの名称表示については登録商標権の侵害を肯定したが，キャラクターの画像と名称表示を組み合わせた標章については，先行著作物の複製に当たるとして，商標権の効力が及ばないと解した商標法29条の適用事例」判評331号57頁，渋谷達紀「判例研究」法協108巻10号206頁，菊池武「漫画のキャラクター」著作権判例百選56頁，玉井克哉「ポパイ事件」ジュリ908号95頁，辻正美「ポパイ事件－最高裁判決」特研11号27頁，三山峻三「漫画の保護期間－ポパイ立て看板事件」著作権判例百選〔第3版〕176頁，網野誠「商標権侵害の主張と権利濫用」平成2年度重判解236頁，塩月秀平「時の判例」ジュリ966号71頁，田倉整「〈ポパイ〉の著作権主張と商標権の抗弁」特管41巻6号747頁，石川明「商標法29条について」慶応義塾大学法学研究64巻10号，飯田圭「音の商標の保護と著作権，実演家の権利およびレコード製作者の権利との関係」コピライト582号38頁，足立勝「商標法と著作権法の交錯」パテ67巻4号20頁，「新しいタイプの商標の保護等のための商標制度の在り方について」（産業構造審議会知的財産分科会，13）。

細目次

Ⅰ　本条の趣旨(903)
　(1)　商標権と著作権等の抵触及びその解決原理(903)

　　(a)　使用権の制限(903)
　　(b)　著作権の優先的地位(903)
　　(c)　特許権，実用新案権との抵触(903)

§29（他人の特許権等との関係）——著作権ほかとの関係（除く意匠権）　　第4章　商　標　権

(2) 抵触が生じる理由及び実務の運用等(904)
 (a) 先行著作権と抵触する標章の出願も現行法上は可能である(904)
 (b) 特許庁における商標出願実務(904)
 (c) ハーモナイゼーションの必要性及び諸外国の立法例(905)

II 商標権の効力(906)
(1) 使用権と禁止権(906)
(2) 本条により禁止権も制限されるか(907)
(3) 禁止権行使の効力が及ぶ範囲(907)
 (a) 禁止権否定は相対効か絶対効か(907)
 (b) 著作権の効力を正当に援用し得る者にも禁止権の効力は及ばないか(908)

III 本条適用の諸相と商標権者の以降の使用(908)
(1) 商標権者が著作権者の著作物の使用に対し、36条若しくは37条により使用の差止めを求めたときの著作権者側の反論(908)
(2) 著作権者が商標権者に対し、著作権侵害により使用の差止めを求めたときに、商標権者が登録商標の使用である旨主張したときの著作権者側の反論(909)
(3) 著作権者が商標権者に対し、29条により使用の差止めを求めたとき若しくは著作権者が商標権者からの使用の差止めに対し29条を抗弁として主張したときの商標権者側の反論(909)
(4) 商標権者の主張が認められなかったとき以降の商標権者の使用(909)

IV 本条の要件及び解釈(909)
(1) 「著作権」と抵触すること(909)
 (a) 複製権及び翻案権との抵触(909)
 (b) キャラクターの著作物性(910)
 (c) 複製権、翻案権以外の支分権との抵触(910)
 (d) 著作者人格権との抵触(911)
(2) 「著作隣接権」と抵触すること(911)
 (a) 平成26年の商標法の改正(911)
 (b) 音の商標とは(912)
 (c) 著作隣接権との抵触(912)
 (d) 実演家人格権との抵触(913)
(3) 商標登録出願日前に著作権が「発生」していること(913)
 (a) 商標出願日前の創作(914)
 (b) 商標出願のほうが著作権の成立より早いとき(914)
 (c) 商標出願と著作権の成立とが同時のとき(914)
(4) 著作権が有効に「存続」すること(915)
(5) 「著作物」であること(915)
 (a) 文字、題号、名称等の著作物性(915)
 (b) ポパイ事件と文字商標の非著作物性(915)
 (c) 最高裁判決と権利濫用論(916)
 (d) 権利濫用論に否定的な諸説(917)
(6) 「他人の」著作物であること(918)
 (a) 抵触しない場合——独自著作の抗弁(918)
 (b) 主張立証責任(918)
(7) 著作物標章と登録商標の類似性（外観、称呼及び観念）(919)
(8) 「その使用の態様により」又は「その態様により」の意味(919)
 (a) 使用する物品又は物品への用い方(919)
 (b) 意匠権と態様(919)
 (c) 著作権と商標の物品への用い方(919)
(9) 「指定商品又は指定役務のうち抵触する部分」の意味(919)

V 商標的使用とは(920)
(1) 例えば胸部のほとんど全面に使用する場合(920)
(2) ワンポイントマークとして使用する場合(920)
(3) えり吊りネーム、吊り札、包装袋、織りネーム等に使用する場合(921)

VI 抵触の効果——著作権の優先的地位(921)

〔三山　裕三〕

第1節　商標権　§29（他人の特許権等との関係）——著作権ほかとの関係（除く意匠権）

I　本条の趣旨
(1)　商標権と著作権等の抵触及びその解決原理
(a)　使用権の制限　本条は，登録商標の使用が，その商標登録出願の日前に生じた他人の著作権若しくは著作隣接権と抵触するときは，抵触する部分について商標権者，専用使用権者又は通常使用権者は，登録商標の使用をすることができない旨を定めたものであり，Ⅱで後述する商標権の効力の一つである使用権を制限するものである。

(b)　著作権の優先的地位　商標権は特許庁に出願し，審査を経てはじめて成立する権利である。ところで，同一の商標が後に出願されても先行商標があれば特許庁の審査で通常は拒絶されるので，原則として同じ商標権が並存するという事態は発生しない。

これに対し，著作権の享有には，いかなる手続，表示，履行も要せず（著17条2項），また商標についての特許庁のように，著作権という権利の成立を審査する機関もないから（無方式主義），その結果，特許庁の関与しないところで商標権と抵触する著作権が発生することがあり得る。しかも両権利とも成立後はいずれも物権類似の排他的独占性を有するから，両権利が衝突する可能性がある以上，その間の権利調整規定を予め設けておく必要があり，本条はこの場合において，著作権に優先的地位を付与したものである（なお，平成26年の商標法の改正により，著作権に加え，著作隣接権が付加された。ちなみに，著作隣接権も著作権法89条5項により，その享有にいかなる方式の履行も要しない）。

以上から明らかなとおり，ここで重要なことは，いずれの権利が優先するかの交通整理を予めしておくことにあり，その意味では商標権を優先させてもよいわけである。しかし，両権利がともに排他的独占権であるとすれば，著作権の成立と商標出願の早い者勝ちで決めることにも合理性があると解され，本条はまさに早い者勝ちで決めているのであるから（とはいえ，著作権の成立が商標出願より先であることの主張立証責任は著作権者にある），その意味では必ずしも著作権を優先させたことにはならないであろう（では逆に，商標出願のほうが著作権の成立より早いときは商標権が優先するのか。この点についてはⅣ(3)(b)で後述する）。

ただし，公示手段もなく，いとも容易に成立する著作権を商標権と同列に扱い，しかも著作権者は創作後であれば，別途，著作物につき商標登録をしようと思えばいつでもできたにもかかわらず，出願しなかったという怠慢を不問に付し，著作権の成立と商標の登録出願の先後で優劣を決したという意味では，著作権をかなり優遇したといえるのではないか。

(c)　特許権，実用新案権との抵触　従来は，商標権と意匠権又は著作権とが抵触する場合のみの調整規定が設けられていたが，平成8年の商標法の一部改正により立体商標制度が導入されたことに伴い，商標権と特許権又は実用新案権とが抵触する場合の調

§29（他人の特許権等との関係）——著作権ほかとの関係（除く意匠権）

整規定も追加された。本条と同様に抵触関係を調整する規定としては，特許法72条，実用新案法17条がある。

 (2) 抵触が生じる理由及び実務の運用等
 (a) 先行著作権と抵触する標章の出願も現行法上は可能である　抵触が生じるのは，他人の著作物を取り込んだ商標登録出願が現行商標法上必ずしも禁止されていないことによる。つまり，著作権者が自らの著作権とは別に，自らその著作物（通常は，絵画，漫画，原画等の美術の著作物，図形の著作物若しくは写真の著作物であろう）について商標出願をすることは当然にできるが，もしこれをしない場合に，他人がその著作物を取り込んで商標出願をすることは現行法上何ら禁止されていない。

 なぜなら，商標登録の要件上（商標3条），他人の先行著作権と抵触する標章は商標登録を受けることができない場合に例示として挙がっていないし，29条の存在自体がその前提として他人の著作物を取り込んだ商標出願のあり得ることを認めているからである。

 その結果，商標権と著作権の抵触が発生することになる（よって著作権者としては，創作した著作物について将来の商品化に備えて商標登録の出願を速やかに行っておくことが望ましい）。

 (b) 特許庁における商標出願実務　ただ，最近は*1，他人の著作物を取り込んだ商標が，著作権者またはその承継人によって出願されるのではなく，かつ，他人の著作物であることが明らかな場合には，特許庁が著作権の存在を尊重し，そのような商標を「公の秩序を害するおそれがある商標」（商標4条1項7号*2，商標登録の消極的要件）として出願を拒絶するようにしているとのことである（牛木理一「抵触関係」小野＝小松編・法律相談372頁）。

 しかしながら，無方式主義のもとに，いとも容易に成立する著作権の存在及びその内容を果たして特許庁が常に的確に把握し得るとは考えられず，著作権の存在を理由に特許庁が適切に出願を拒絶し得るとは到底解せられない*3。そして，既に設定登録を受け発生している商標権については，その商標登録出願日前に発生した他人の著作権と抵触する場合には，その抵触する部分について，当該登録商標を使用できないという事態が発生することに変わりはない。以上より，商標権と著作権が抵触する事態は今後も十分に予想される。

 なお，出願される標章が「周知商標」（商標4条1項10号）に該当する場合は，拒絶理由となり，また登録無効理由ともなることは当然である。

 *1　過去において「MICKY MOUSE」の文字から成る商標に関し，著作権に抵触してその使用が制限を受けるかもしれないが，これのみをもってその登録を無効とする程度までに公序良俗を乱すおそれがあるとは認められないとした無効審判がある（審決昭和35年4月25

第1節　商　標　権　　　§29（他人の特許権等との関係）——著作権ほかとの関係（除く意匠権）

　　　日，昭和33年審決652号，特許庁審決公報226号23頁）。
　＊2　商標法29条は，商標登録を有効なものとした上で，当該商標の使用を制限することによって，他の知的財産権等との調整を図った規定であるから，商標法29条に該当する行為がある場合には，当然に商標法４条１項７号に該当するとの主張は，主張自体失当である（知財高判平22・3・30裁判所ホームページ）。その使用が他人の著作権と抵触する商標であっても，商標法４条１項７号に規定する商標にあたらないものと解するのが相当である（東京高判平13・5・30判時1797号150頁）。
　＊3　東京高判平13・5・30判時1797号150頁は，特許庁及びその審査官について，次のように述べる。
　　①　特許庁は，狭義の工業所有権の専門官庁であって，著作権の専門官庁ではないから，先行著作物の調査，二次的著作物の創作的部分の認定，出願された商標が当該著作物の創作的部分の内容及び形式を覚知させるに足りるものであるかどうか，その創作的部分の本質的特徴を直接感得することができるものであるかどうかについて判断することは，特許庁の本来の所管事項に属するものではなく，これを商標の審査官が行うことには多大な困難が伴う。
　　②　依拠性の有無を認定するためには，当該商標の作成者が，その当時，他人の著作物に接する機会をどの程度有していたか，他人の当該著作物とは別個の著作物がどの程度公刊され，出願された商標の作成者がこれら別個の著作物に依拠した可能性がどの程度あるかなど，商標登録の出願書類，特許庁の保有する公報等の資料によっては認定困難な諸事情を認定する必要があり，これらの判断もまた，狭義の工業所有権の専門官庁である特許庁の判断にはなじまない。
　　③　特許庁の審査官が，出願された商標が他人の著作権と抵触するかどうかについて必要な調査及び認定判断を遂げた上で当該商標の登録査定又は拒絶査定を行うことには，相当な困難が伴うのであって，特許庁の商標審査官にこのような調査をさせることは，極めて多数の商標登録出願を迅速に処理すべきことが要請されている特許庁の事務処理上著しい妨げとなることは明らかである。

　(c)　ハーモナイゼーションの必要性及び諸外国の立法例　　文学的及び美術的著作物の保護に関するベルヌ条約は無方式主義を採用しているところ（同条約５条２），現在世界の大半の国は同条約の加盟国であることから，著作権は地球的規模でいとも簡単に成立する。他方で，商標の付された商品は，経済のグローバル化が進んだ今日，国境を越えて流通するから，著作権と商標権の抵触は地球的規模で不断に発生することになる。この観点からも諸外国の法制との協調，いわゆるハーモナイゼーションが必要となることはいうまでもない。
　ところで，1990年６月25日から29日までジュネーブにて開催された商標保護法ハーモナイゼーションに関する第２回専門家会議は，WIPO国際事務局が準備した「商標法条約草案」を議論したが，同草案103条の４(ii)では，「保護される意匠権もしくは著作権により保護される著作物を再製する標章」を商標登録出願を拒絶しうる場合の１つにあげ

〔三山（裕）〕　905

ていた。しかるに，条約案検討のための専門家会議を重ねるにつれ，各国の実体規定を調整することが困難であることが実感され，第3回の専門家会議以降は，各国の手続規定の調和に重点が移行した。その結果，1994年10月に採択され，1996年8月1日に発効した商標法条約には，前述の拒絶し得る場合の規定は盛り込まれていない。

なお，先行する著作権との調整規定を定めた諸外国の立法例には次のものがある（いずれも AIPPI の訳文によった）。

① フランス知的所有権法（1996年12月施行）711条の4は，「標識はそれが先の権利を侵害する場合には，標識として認められない」と規定しており，先の権利の例示として(e)で「著作者の権利」を挙げている。

② ベラルーシ商標およびサービスマークに関する法律（1993年2月5日発効）4条(2)は，「以下の複製を構成する標識および記述は，標章として登録されないものとする」と規定しており，その例示として「ベラルーシ共和国で知られている科学，文学または芸術作品の名称，かかる作品，芸術作品またはその一部の引用。ただし，著作権者または権限のある当局が同意した場合を除く」と規定している。

③ 英国1994年商標法5条(4)は，「商標は，次のいずれかの理由により，その使用が連合王国において妨げられるおそれがある場合には，その範囲について，登録されない」と規定しており，その例示として(b)で「前記(1)から(3)まで又は(a)に規定するもの以外の先行の権利による場合，特に，著作権，意匠権又は登録意匠に関する法律による場合。このように商標の使用を防ぐ権限を有する者は，この法律において，商標に関する『先行の権利』の所有者という」と規定している。

④ ドイツ商標及びその他の標識の保護に関する法律（1995年1月1日施行）13条(1)は，「登録商標の時間的順位を決定することとなる日前に，9条から12条までに定める権利以外の権利を他人が取得した場合であって，その他人がドイツ連邦共和国の領域において当該登録商標の使用を禁止する権利を有するときは，当該商標の登録は取り消すことができる」と規定し，さらに(2)では「(1)にいう他の権利には，特に，次に掲げる権利が含まれる」とし，その例示として3．で「著作権」をあげている。

Ⅱ　商標権の効力

(1)　使用権と禁止権

商標権には2つの効力がある。

1つは，使用権又は専用権といわれるもので，登録商標をその指定商品又は指定役務について，他人の妨害を受けずに独占的に使用できる権利のことである（積極的効力，商標25条）。

第1節　商　標　権　　§29（他人の特許権等との関係）──著作権ほかとの関係（除く意匠権）

　もう1つは，禁止権といわれるもので，他人が自己の登録商標と類似範囲内にある商標を使用するときは，かかる類似範囲内の商標を積極的に自ら使用する権利はないものの，かかる他人の使用を禁止又は排除し得る権利のことであり（消極的効力，商標36条及び37条），いわば本権に対する防禦地域である（逐条解説〔第19版〕1407頁）。

　使用権が，商標権の本来的な効力であるのに対し，禁止権は，使用権を実効あらしめるために登録商標を防衛するための効力といえよう。

(2) 本条により禁止権も制限されるか

　本条は，使用権の制限を定めるに止まり，商標権者による禁止権の行使については明定していない。しかし禁止権は，使用権の排他的独占性を確保し，これを裏づけるためのものであるから，使用権が制限される以上，当然に禁止権の行使も制限される趣旨と解するのが素直であるし，もし仮に，使用権が制限されるのみで禁止権は制限されないと解すると，使用権制限の結果，商標権者は当該商標を使用できなくなるところ，禁止権により著作権者も著作物を使用できなくなるが，これでは使用できない商標に禁止権を与えるという不合理が生ずることになる（増井和夫「商標権と著作権の衝突」中山編・研究Ⅰ178頁）。

　以上より，本条に該当する場合，商標権者は，登録商標を使用できないことはいうに及ばず，当該商標を構成する著作物の著作権者に対し，禁止権（商標権）の侵害を理由として，使用差止めや損害賠償を請求することもできないと解すべきである。

　漫画ポパイの著作権者がポパイの商標権者に対して図柄の使用差止めと損害賠償を求めた事件で，東京地判平成2年2月19日（判時1343号3頁）は，明確な理由づけはないものの「本件商標のうち少なくともその絵の部分は，本件著作権に抵触するものであるから，商標法29条によりこれを使用することができず，ひいては，本件商標権に基づく禁止権は，本件著作権に基づく本件著作物の利用に対しては及ばないものと言わざるをえず」と判示している。

(3) 禁止権行使の効力が及ぶ範囲

　(a) **禁止権否定は相対効か絶対効か**　　禁止権の行使が制限されるのは，著作権者若しくはそのライセンシーに限るのか，それとも著作権の効力を正当に援用し得る者に対してもか，さらにはそれ以外の第三者に対してもか。

　換言すれば，禁止権は相対的に否定されるのか，それとも対世的かつ絶対的に否定されるのか。

　この点については，相対的に否定されるという考え方が妥当と解される。その理由は，本来は排他的独占権であるところの商標権を著作権等との関係で一定の条件の下に制限しようとするのが本条の趣旨であるから，本条は商標法の中にあっては原則に対する例

〔三山（裕）〕

外規定ともいうべく、まずもって例外規定は厳格に解すべきものと思われるし（三山峻司・パテ40巻4号27頁）、本条の趣旨からいっても著作権者等一定の範囲の者との関係で商標権の排他的独占性を制限すれば必要にしてかつ十分と考えられるからである。また、同一商品につき類似商標が過誤登録された場合でも、無効、取消等がない限りは商標権の効力は制限されないから（逐条解説〔第16版〕1138頁）、後行登録商標は先行登録商標との関係では侵害となっても、後行登録商標権者は他の第三者に対しては登録に基づき差止請求ができるわけで、相対的な考え方は商標法自体が認めるところといえよう。さらに、実際上も著作権とまったく無関係の第三者が当該商標を使用するときに、これに禁止権が及んでも何の支障もない（無関係な第三者は先行著作権の存在を抗弁として商標権者からの差止めを免れることはできない）というべきである。

　(b)　著作権の効力を正当に援用し得る者にも禁止権の効力は及ばないか　とはいえ、禁止権否定の効力が及ぶ範囲を著作権者及びライセンシーに限定すると、ライセンシーの製造にかかる商品を買い受けた者（例えば、著作権者からライセンスを受けて商品を製造している者から当該商品を仕入れ販売している者）による再譲渡は禁止されることになり、先行著作権に優先的地位を与えることによって商標権との調整をはかった29条の法意にもとる結果となろう（大阪高判昭60・9・26判時1182号141頁、大阪地判昭59・2・28判タ536号418頁）。

　よって、著作権の効力を正当に援用し得る者にも禁止権行使の効力は及ばないと解すべきであり、ここに著作権の効力を正当に援用し得る者にあたるか否かは、それぞれの局面において個別具体的に、商標権に先行する著作権を無意味なものにするか否かという基準により、無意味なものにすると思われるときは著作権の効力を正当に援用し得る者に該当すると解すべきであろう。前掲判例の事案では、ライセンシーから仕入れ販売している者も保護されたわけであるが、著作物が付された商品が流通に置かれた場合、その仕入れ、販売に関与する者で著作権者等に準じて保護するに値する者は、著作権の効力を正当に援用し得る者に該当すると解すべきであろう。

Ⅲ　本条適用の諸相と商標権者の以降の使用
　(1)　**商標権者が著作権者の著作物の使用に対し、36条若しくは37条により使用の差止めを求めたときの著作権者側の反論**
　(a)　自己の使用はそもそも商標的使用にはあたらないから商標権の侵害とはならず著作物の使用を継続できる（後記Ⅴ参照）。
　(b)　29条により著作権が商標権に優先するから著作物の使用を継続できる。
　(c)　商標権者の請求は権利の濫用であるから著作物の使用を継続できる。

第1節　商　標　権　　§29（他人の特許権等との関係）——著作権ほかとの関係（除く意匠権）

(2) 著作権者が商標権者に対し，著作権侵害により使用の差止めを求めたときに，商標権者が登録商標の使用である旨主張したときの著作権者側の反論

29条により著作権が商標権に優先するから商標権者の使用権は制限される。

(3) 著作権者が商標権者に対し，29条により使用の差止めを求めたとき若しくは著作権者が商標権者からの使用の差止めに対し29条を抗弁として主張したときの商標権者側の反論

(a) 別異の著作物である（類似していない）から29条の適用外であり使用権は制限されない（後記IV(1)及び(7)参照）。

(b) 商標出願時には著作物は未だ創作されていなかったから29条の適用外であり使用権は制限されない（後記IV(3)参照）。

(c) 著作物の保護期間が経過しているから29条の適用外であり使用権は制限されない（後記IV(4)参照）。

(d) 非著作物であって著作物性がないから29条の適用外であり使用権は制限されない（後記IV(5)参照）。

(e) 著作権者の著作物に依拠しないで自ら独自に著作物を創作したから29条の適用外であり使用権は制限されない（後記IV(6)参照）。

(4) 商標権者の主張が認められなかったとき以降の商標権者の使用

29条は，まず商標権の効力の1つである使用権を制限している。著作権者が原告となって29条を根拠に商標権者の商標使用の差止めを求める場合がこれにあたる。

次に，商標権の効力の1つである禁止権をも制限している。商標権者が原告として訴えた場合に，被告の著作権者が29条の抗弁を持ち出す場合がこれにあたる。

ところで，後者の場合に商標権者の主張が認められなかったとして，その後の商標権者の使用はどうなるか。

確かに29条は，抵触するときは登録商標の使用ができない旨規定しており，裁判所により抵触が認定されると，以降，商標権者は29条により商標を一切使用できなくなるようにも思える。しかし，民事訴訟法の理論からは，原告（商標権者）の請求（著作権者による著作物使用の差止め）が棄却されたにすぎないので，被告（著作権者）から別訴があり（通常は商標権侵害の本訴と併合されよう），そこで被告が勝訴するのでない限りは，商標権者は，以降も使用を継続し得ると解される。

IV　本条の要件及び解釈

(1) 「著作権」と抵触すること

(a) 複製権及び翻案権との抵触　　登録商標の使用が他人の著作権と抵触することであるが，ここに著作権とは，一般には複製権（著21条）が念頭に置かれていると思われる

〔三山（裕）〕　909

§29（他人の特許権等との関係）――著作権ほかとの関係（除く意匠権）　　第4章　商　標　権

が，著作権という以上，翻案権（著27条）を除外する理由はない。

　まず，複製権についていえば，複製とは，有形的に再製することをいい（著2条1項15号），その中には全く同一のもの（いわゆるデッドコピー）はもちろん，実質的に類似している場合も含まれるから，多少の修正増減があっても著作物の同一性を変じない限りは複製権の侵害となる（東京地判昭52・1・28最新著作権関係判例集I289頁）。よって，かかる範疇に該当する登録商標の使用は複製権に抵触することになる。

　次に，翻案権についていえば，他人の著作物における表現形式上の本質的な特徴を直接感得し得るときは翻案権の侵害となるとするのが多数の判例であるから（東京地判平5・8・30知財集25巻2号316頁ほか），翻案権が適用されるか否かは通常のところ微妙な判断になるとはいえ，もし仮に翻案に該当するとされた場合にも登録商標の使用はできなくなる。

　(b)　キャラクターの著作物性　　ここでキャラクターについて触れておく。本条の判例として著名な一連のポパイ事件も，キャラクターが問題となった事件である。

　一般にキャラクターとは，小説や漫画などに登場する架空の人物，動物等の名称，容貌，姿態，性格，時にはその役柄等をいうが，多数の判例上，①漫画のキャラクター自体がその漫画と離れてそれ自体別個の独立した著作物となるものではないが，②キャラクターを無断利用すれば，漫画（原画）の著作物（美術の著作物）の複製権侵害となり，③複製権侵害を判断するにあたり，どの画面，どの場面の絵を複製したものであるかを特定する必要はないとされている（東京地判昭51・5・26判タ336号201頁ほか多数）。

　よってポパイを例にとれば，ポパイというキャラクター自体が著作物となるわけではないが，ポパイであることがわかれば，それはポパイという漫画（美術）の著作物の複製権侵害となり，ポパイ漫画のどれか特定の一コマと全く同じ場面でなくても，それがポパイであることがわかれば複製権侵害に該当することになる。

　なお翻案との関係でいえば，ポパイを若干アレンジして使用しても，それがポパイと感得し得る場合には，ポパイの翻案物ということになり，その限りで商標法29条の適用を免れることはできないであろう。

　(c)　複製権，翻案権以外の支分権との抵触　　商標は，従前はその定義から，必ず視覚に訴えるものでなければならないとされていた（逐条解説〔第19版〕1261頁）。

　ところが平成26年の商標法の改正（平成26年5月14日法律第36号）により，視覚で認識できない「音」も，新たに商標の保護対象となった。これにより，演奏権，口述権も商標権と抵触することがあり得る。上演権は，無形的複製とはいうものの視覚に訴える要素を有し，上演とは，演奏以外の方法により著作物を演ずることをいい（著2条1項16号），また，平成26年の商標法の改正により，商標法29条中の「著作権」の次に，「若しくは著

作隣接権」が付加されたので，上演権との抵触もあり得よう。展示権については，平成8年の商標法改正により立体商標が認められたが，その及ぶ範囲は原作品に限られるから，抵触は考えられない。映画著作物についての上映権については，上映とは，著作物を映写幕その他の物に映写することをいうので（著2条1項17号），抵触はあり得よう。映画著作物の頒布権については後述する譲渡権と同様になろう。平成9年の著作権法改正により，映画以外の著作物について譲渡権が認められたので，それとの抵触が考えられるが，譲渡権の場合には，その前段階で当該著作物に関し複製権若しくは翻案権が成立している以上（譲渡については定義はないものの，著26条の2によれば，原作品又は複製物（映画の著作物の複製物を除く）の譲渡をいい，頒布については，著2条1項19号によれば，有償，無償を問わず，複製物を公衆に譲渡又は貸与することをいうから），通常はこれらの支分権の成立が援用され，これらの支分権との抵触が考えられよう（貸与権についてもほぼ同じ）。同じく平成9年の著作権法改正により新たに設けられた公衆送信権のうち，自動公衆送信については，十分に抵触が考えられる。インターネットのウェブサイトに著作物を載せて配信する場合がこれに該当する。

(d) 著作者人格権との抵触　ここでいう著作権の中には著作者人格権（著18条ないし20条）は含まれていないと解される。なぜなら，工業所有権である商標権には人格権に相当する部分がないことから，その抵触を考えることは困難だからである。

　加えて，商標権は産業財産権であるから，商標の使用は財産的利用になる。その意味で，著作権の中の，同じく財産権である著作財産権の利用との抵触については違和感がない。これに対し，著作者人格権を侵害する態様での商標の使用を観念すること自体は不可能ではないが，著作者人格権との抵触はあくまで現象面における結果であって，かかる抵触によって著作物を利用しているわけではない。つまり，著作者人格権の本質は禁止権であって使用権ではない。よって，著作者人格権に抵触する商標の使用を観念することは困難である。

　この点に関し，商標法制定時点において定められた範囲の著作者人格権は，商標法29条の「著作権」に含まれて理解されていたとの見解（足立勝「商標法と著作権法の交錯」パテ67巻4号31頁）もあるが，既に述べた理論的理由に加え，実のところ改変についてはその程度如何により，前述の複製権若しくは翻案権の抵触として処理されるから，実務上も支障はない（三山裕三・著作権法詳説〔第9版〕211頁図）。

(2) 「著作隣接権」と抵触すること
(a) 平成26年の商標法の改正　従来，商標は，一定の形状を備え，視覚に訴えるものでなければならず，かつ静止しているものでなければならないとされていた。
　ところが平成26年の商標法の改正により，形状を備えていない「輪郭のない色彩」，視

§29（他人の特許権等との関係）——著作権ほかとの関係（除く意匠権）　　第4章　商　標　権

覚で認識できない「音」，静止していない「動き」なども，新たに商標として出願できることになった。米国や欧州では，既に商標として認められている輪郭のない色彩，音，動きなどを新たに加え，商標の保護対象を拡大したものである。

　これに伴い，実演家の権利，レコード製作者の権利との抵触問題が生じる可能性があることから，商標法第29条中の「著作権」の次に，「若しくは著作隣接権」が付加された。

　(b)　音の商標とは

　　(イ)　「音」の商標は，音楽，音声，自然音等からなる商標であり，聴覚で認識される商標である（産業構造審議会知的財産分科会「新しいタイプの商標の保護等のための商標制度の在り方について」3頁）。

　　例えば，CMなどに使われるサウンドロゴやパソコンの起動音などがこれにあたる。

　　(ロ)　音の商標については，まず自他商品役務の識別力がない音は，商標の対象にはならない（商標3条1項3号）。

　　例えば，石焼き芋の売り声や夜鳴きそばのチャルメラの音のように，商品又は役務の取引に際して普通に用いられている音，単音，効果音，自然音等のありふれている音，又はクラッシック音楽や歌謡曲として認識される音からなる「音」は，原則として自他商品役務の識別力がないとされている。

　　ただし，使用実績により，自他商品役務の識別力を獲得するに至った商標については，保護される可能性がある（商標3条2項（前掲「商標制度の在り方について」8頁））。

　　(ハ)　次に，商品が当然に発する音といった商品若しくは商品の包装又は役務の特徴のみからなる商標も対象にはならない（商標4条1項18号）。

　　例えば，役務「焼肉の提供」における肉の焼ける音である。

　　(ニ)　さらに，商標権の権利範囲をどのように特定するのかが問題となる。この点につき，音の商標である旨を願書に記載するとともに（商標5条2項），音源データ（及び商標の詳細な説明）の内容を考慮して，商標の範囲を特定しなければならない（前掲「商標制度の在り方について」7頁）。

　　具体的にいえば，音の商標については，商標法5条4項の物件として，その音をMP3形式で記録したCD-R又はDVD-Rを添付する必要がある（特許庁「音商標の出願における音声ファイルのファイル形式等について」）。

　(c)　著作隣接権との抵触

　　(イ)　著作隣接権の具体的内容　　具体的にいかなる著作隣接権と抵触するのかが問題となる。

　　まず，放送事業者及び有線放送事業者の権利は，放送及び有線放送についての権利であるから，その性質上，商標登録にはなじまないと考えられる。

912　〔三山(裕)〕

第1節　商　標　権　　§ 29（他人の特許権等との関係）——著作権ほかとの関係（除く意匠権）

そうすると主に問題となるのは，レコード製作者の複製権と送信可能化権であり，稀にではあるが，ある歌手の声色の一部が音として使用される場合を想定すると，実演家の録音権と送信可能化権も考えることができる（商標法2条1項の定義からいえば，実演家の実演自体は商標の対象にはならないと解されるので，実演家の録画権は考えられない）。

　(ロ)　使用の具体例と著作隣接権との抵触　　CDに録音された音源を，音の商標として登録した後，当該商標権者のホームページにレコード製作者からの許諾を受けずに当該音の商標をアップロードし，広告として再生されるようにした場合（産業構造審議会知的財産政策部会資料「新しいタイプの商標の効力の制限及びその他の論点について」4頁）を想定すると，レコード製作者の著作隣接権との抵触が生じる。具体的には，出願の際の許諾なしの録音については複製権の侵害が，ホームページへの許諾なしのアップロードについては，送信可能化権の侵害が，それぞれ考えられる。

　なお，音源については，CDに限らず，インターネットにおいて配信された音楽の場合も同様であると考えられる（飯田圭・コピライト582号39頁）。

　ホームページにアップロードして，送信する形態でなければ，送信可能化権の侵害にはならないと解される。

　(ハ)　抵触の有無（程度及び範囲）　　著作隣接権では音源の創作性が要求されていないので，元の音源をそのまま利用すれば，仮に利用された部分が短くても，基本的にはレコード製作者の複製権の侵害になる。とはいえ，元のレコードが識別できないときは，侵害にはならないと解するしかない。

　ちなみに，作詞家・作曲家などの著作財産権についていえば，創作性のある部分が利用されていれば，複製権・翻案権の侵害になる。換言すれば，利用された部分が短く，それだけでは創作性が認められないときは侵害にはならないことになる。

　(ニ)　商標的使用にあたらないとき　　同じ音の使用であっても，コンサートにおける歌唱や演奏，音楽番組の放送等，商標的使用にあたらないときは，そもそも侵害とはならないため，商標法29条の問題にはならない。

　(d)　実演家人格権との抵触　　ここでも著作者人格権に抵触する商標の使用を観念することは理論的に困難である。しかしながら，著作（財産）権の場合には，著作者は翻案権をも有するので（著27条），それを行使すれば著作者人格権を行使できなくとも支障がなかったが，実演家には録音権があっても，翻案権がないから，翻案利用については実演家人格権を行使させる実益がある。加えて，著作権法の条文上，実演家人格権も「第4章　著作隣接権」の中に包含されていることから，著作隣接権の中には，実演家人格権も含まれていると解する。

(3)　**商標登録出願日前に著作権が「発生」していること**

§29 (他人の特許権等との関係)——著作権ほかとの関係(除く意匠権)　　第4章　商　標　権

　(a)　商標出願日前の創作　　無方式主義をとるわが著作権法上，著作権は著作物が創作された時に発生する。よって，出願日前に著作物が創作されたことが必要である。商標権者からの侵害差止めに対し抗弁として著作権を主張する場合であれ，著作権者が商標権者に使用の差止めを求める場合であれ，いずれのときも著作権を主張する側で商標出願の日よりも先に著作物を創作したことを主張立証する必要がある。
　(b)　商標出願のほうが著作権の成立より早いとき　　著作権の成立が商標出願より後のときはどうなるか。これにつき，著作権のほうが時間的に先行するときは禁止権が制限されることは疑いないが，逆の場合には調整規定を欠き必ずしも明確な解釈はないとの見解もあれば(逐条解説〔第19版〕1380頁)，商標出願が先の場合でも，著作権と抵触する以上，禁止権の範囲においては積極的に使用する権利はなく，双方とも使用できなくなるとする見解もある(網野・商標〔第6版〕774頁)。後者の見解は，著作権法には権利が抵触する場合，商標権によって制限される旨の調整規定は存在しないから，著作権発生が後の場合には，自由に使用しうるかのようにも解されるが，条理上，先願の商標権によって使用が制限されると解するものである。しかし，29条は明確に著作権が先の場合についてのみ規定しているのであるから，そうでない場合，すなわち著作権の成立が後の場合には当然のことながら商標権は使用権も禁止権も失わないと解するのが素直であり，29条の反対解釈を待つまでもなく，著作権の成立が後の場合には，商標権の禁止権の効果が及ぶと解するのが妥当であろう(三山峻司・パテ40巻4号29頁)。なお，著作権の発生前に商標が出願されている場合には，著作権侵害の要件の1つである依拠の要件を欠くから，この場合には29条の適用がない(よって禁止権の効果が及ぶ)とする見解もある(田村・商標〔第2版〕235頁)。
　ところで問題は，後の著作権が先行商標に依拠しないで成立したときに，著作権同士の場合でなら主張し得る独自著作の抗弁を先行商標権に対して主張し得るかである。しかし，この場合先行の権利が著作権ではなく登録によって成立した排他的独占権の商標権であること，さらには後行が商標出願の場合なら拒絶されて使用できないのに，著作権としてなら使用できるというのでは，あえて出願しないで著作物として使用するという潜脱行為も起こり得ると解されることから(もちろん依拠なしに独自に創作したことが前提ではあるが，成立の時点では不知でもそれ以降に先行商標の存在を知ることはあり得る)，先行商標権の禁止権は後行著作権に及び，よって後の著作権が先行商標に依拠しないで成立したときでも，著作権者は独自著作の抗弁を先行商標権者に対して主張し得ないと解したい。
　(c)　商標出願と著作権の成立とが同時のとき　　これについては互いに併存してその権利を行使できるという考え方(逐条解説〔第16版〕1147頁)，同時に発生した権利相互については，いずれにも優位を認めるわけにはいかないから，この場合にはいずれも相手方

第1節　商　標　権　　　§29（他人の特許権等との関係）——著作権ほかとの関係（除く意匠権）

の許諾がない限り使用できないという考え方（三宅・雑感245頁），同日でも著作物の創作が先行しそれに依拠して作成された商標が出願されることはあり得るから，その場合を区別する理由はなく，著作権を侵害して作成された商標に係る登録である限り，登録商標の使用の抗弁を主張することはできないという考え方（田村・前掲235頁）がある。

　29条の素直な文言解釈としては，著作権の成立が後の場合と同様，同日の場合も29条の適用はなく商標の使用ができる（よって著作権としての使用は禁止権行使の対象となる）と解すべきであろう。ただし，同日でも商標が著作物に依拠したようなときは，商標の使用はできなくなると解すべきであろう。

　(4)　著作権が有効に「存続」すること

　商標出願日前に生じた著作物であっても，当該著作物を含んだ商標使用時において，その著作権保護期間（著作物の種類にもよるが，わが国では原則として著作者の死後50年間——著51条2項・57条）の満了により著作権が既に消滅している場合も抵触は生じない。

　(5)　「著作物」であること

　(a)　文字，題号，名称等の著作物性　　一般に，文字は表現の伝達手段であって，それ自体は表現ではないから，文字だけでは著作物にはあたらない。この理は，特殊な装飾文字であっても同様で，同じく著作物にはあたらない。また短い文字表現部分（例えば，著作物の題号や登場人物の名前など）のみを標章として使用するときも，当該部分には著作権の保護が及ばないと一般には解されているから，先行著作権との抵触という問題も生じない（結論として商標権の禁止権行使の効果が及ぶことになる）。

　したがって，著作権との抵触が生じるのは，通常は図形商標若しくは図形と文字との結合商標の場合ということになる。

　(b)　ポパイ事件と文字商標の非著作物性　　ポパイマフラー事件（大阪地判昭59・2・28無体集16巻1号138頁）は，登録商標権者である原告が，ポパイ漫画の著作権者のライセンシーよりマフラーを仕入れ販売している被告に対し，商標の使用差止めと損害賠償を請求した事件である。

　ところで原告の登録商標は，上段と下段にそれぞれ「POPEYE」及び「ポパイ」の文字が，中段に右腕に力こぶを作り両足を開き伸ばして立ったポパイの姿の漫画が描かれた文字と図形の結合商標であったところ（図①），被告の標章は2種類あった。

　その一は，マフラーの一方の隅に特殊なロゴタイプで横書きされた「POPEYE」の文字からなる標章（以下「乙標章」という）であり（図②），その2は，マフラーに付された吊り札で，力こぶが作られた右腕を特に大きくあらわしたポパイの上半身の漫画が上部に描かれ，その下部には同様のロゴタイプで右上り斜めに横書きされた「POPEYE」の文字がある標章（以下「丙標章」という）であった（図③）。

〔三山（裕）〕

§29（他人の特許権等との関係）——著作権ほかとの関係（除く意匠権） 第4章 商標権

①

②

③

　この事件の一，二審判決（前掲及び大阪高判昭60・9・26無体集17巻3号411頁）は，原告の登録商標と被告の両標章の類似性を肯定したうえで，乙標章は著作物ではないとし，29条の適用を否定したが（原告の請求を認容した），丙標章については，名称（文字部分）が図形（漫画）に付随し不可分一体をなして図形を説明しているとし，文字部分を禁止権行使の対象とすると，本来著作物として保護を受ける図形部分についてまで禁止権が及ぶことになるが，それは著しく妥当を欠くとして，丙標章は全体として本件商標権に基づく禁止権の行使を受けないとした。
　(c)　最高裁判決と権利濫用論　これに対し最高裁は，丙標章については原審の判断を踏襲したが，乙標章については，次のように述べて権利濫用論を展開し，結論として上告人（被告）敗訴部分を破棄した（最判平2・7・20民集44巻5号876頁）。
　いわく，「本件商標登録出願当時既に，連載漫画の主人公『ポパイ』は，一貫した性格を持つ架空の人物像として，広く大衆の人気を得て世界に知られており，『ポパイ』の人物像は，日本国内を含む全世界に定着していたものということができる。そして，漫画の主人公『ポパイ』が想像上の人物であって，『POPEYE』ないし『ポパイ』なる語は，右主人公以外の何ものをも意味しない点を併せ考えると，『ポパイ』の名称は，漫画に描かれた主人公として想起される人物像と不可分一体のものとして世人に親しまれてきたものというべきである。したがって，乙標章がそれのみで成り立っている『POPEYE』の文字からは，『ポパイ』の人物像を直ちに連想するというのが，現在においてはもちろん，本件商標登録出願当時においても一般の理解であったのであり，本件商標も，『ポパイ』の漫画の主人公の人物像の観念，称呼を生じさせる以外の何ものでもないといわなければならない。以上によれば，本件商標は右人物像の著名性を無償で利用しているものに外ならないというべきであり，客観的に公正な競業秩序を維持することが商標法の法目的の一つとなっていることに照らすと，被上告人が，『ポパイ』の漫画の著作権者の許諾を得て乙標章を付した商品を販売している者に対して本件商標権の侵害を主張するのは，客観的に公正な競業秩序を乱すものとして，正に権利の濫用というほかない。」。

第 1 節　商　標　権　　　§29（他人の特許権等との関係）——著作権ほかとの関係（除く意匠権）

(d)　**権利濫用論に否定的な諸説**　上告人は無効原因を有する商標権に基づく請求が権利濫用と主張したものであるが、最高裁はそれは認めず、商標権自体は有効であることを前提に権利濫用の法理を適用したものである。ところで、権利濫用論という一般条項を安易に適用するについては各界に拒絶反応が強く、乙標章と丙標章とが、マフラー、吊り札で一体的に使用されているから、丙標章の使用が権利侵害にならないのであれば、乙標章の使用も権利侵害とはならない（菊池武・著作権判例百選57頁）、著作物の質的に重要な一部である登場人物の名称や著作物の題名等を著作権で保護することは不可能とはいえない（渋谷達紀・判評331号57頁）、名前の部分も著作物の複製であるとされる漫画と一体をなすものとして禁止権は及ばない（網野誠・平成2年度重判解238頁）、著名著作物を借用した商標は自他商品識別力をほとんど有していないから乙丙各標章を使用しても本件商標権の自他識別機能は害されないから、乙丙標章は本件商標に類似しない（玉井克哉・ジュリ908号98頁）、「専用権が制限されるのに禁止権や損害賠償請求権だけが存在することとなって不合理である」との判例（大阪高判昭60・9・26・判時1182号141頁）の趣旨を徹底させれば、文字と図形から成る商標全体の専用権が制限される以上、著作権者による文字部分の使用に禁止権を及ぼすことは、専用権のない商標権に禁止権を認めることになるから認められるべきではない（増井・前掲180頁）といった反対論がある。

　各説とも、一般条項の安易な適用を避けるべく、個別の基準を提示してはいるが、前3説については、一体的使用や質的に重要な一部というメルクマールでは、権利濫用という一般条項とさほど大差がないうえ、論者によりその判断が区々になるとすれば、むしろ一般条項のほうが例外的基準ゆえ、一人歩きの度合いが少なくてすむ分妥当ではないかと解される。また、第4説については、ほとんどとはいえ自他商品識別力がないと果たしていい切ってよいのか疑問があるし、第5説については、文字部分だけでは著作物にあたらない以上、文字部分はそもそも29条の適用外と解されるのに、なにゆえに文字と図形から成る商標全体の専用権が制限されるという前提に行き着くのか理解が難しい。

　以上より、本件に関していえば、権利濫用という一般条項により判断したことは、必ずしも非難に値するとは解せられない。

　なお、この事件より前に、商標権に基づく使用差止めにおいて権利濫用論を適用した事件があるが、それはある日本法人がフランス法人との合弁契約終了後、従前使用していた商標を今後使用する意図もないのに、当該フランス法人との間で新たに代理店となった別の日本法人が当該フランス法人からの商品を輸入販売する行為を差し止めようとした事件であり、国際的な商標秩序維持、権利行使の社会的適合性の観点からは、明白に濫用的な事案であったものである（神戸地判昭57・12・21無体集14巻3号813頁〔ドロテビス

〔三山（裕）〕

§29（他人の特許権等との関係）——著作権ほかとの関係（除く意匠権）　第4章　商　標　権

事件〕）。

(6)　「他人の」著作物であること

(a)　抵触しない場合——独自著作の抗弁　　模倣，盗用なしに他人の著作物に依拠しないで同一の著作物が創作されれば，そこにも別個の著作権が発生する（最判昭53・9・7判時906号38頁）。よって，もし仮に，商標使用者が先行する著作物に依拠しないで，たまたま同一性のある著作物を創作したときは，そもそも商標法29条が前提とする他人の著作権と抵触するという問題は発生しないとの見解がある（蔓・解説〔四法編〕〔改訂版〕760頁）。この見解は，依拠まで含めて抵触の意味を理解し，その結果，依拠していないときは抵触はないと考え，登録商標の使用は29条により妨げられないと解するようである。また，出願された商標が独自に創作されたものである場合には，やはり依拠の要件を欠くので29条の適用を待つまでもなく，著作権侵害にはならないというのも（田村・商標〔第2版〕235頁）ほぼこれと同じ考え方であろう。ところで，著作権（複製権）侵害の要件は判例上，「同一性」（実質的に類似している場合も含まれる）と「依拠したこと」（依拠し得たことも含まれよう）の2つであり，「抵触」はそのうちの「同一性」の要件のみの判断と解するならば，抵触には依拠は含まれないという考え方もありえるが，もしこう解すると，依拠していないときも29条の適用があり，他人の先行著作権との抵触はあることになり，29条により登録商標の使用はできなくなるが，2つの著作権が併存していることに変わりはなく，著作権相互間には排他性がないから，併存する自分の著作物（商標）の使用は，他人の先行著作権によっては妨げられず，著作権としては従前のとおり標章（商標）の使用は継続できるということになる。しかし，これでは商標としては使用できないが，著作物としては使用できることになって，余りにも権利関係が複雑になりすぎると思われるし，著作権か商標権かの名目は別として，2つの強い権利（原則として排他的独占権）の併存により惹起される社会的混乱を調整する社会的必要性が大きく，そのために本条が設けられているのであるから，かかる観点からは明確に優先劣後を決するほうが妥当と解され，ここでは抵触は依拠まで含めて理解してよいのではないか。もしこう解するならば，依拠していないときは抵触がなく，登録商標の使用は29条により妨げられないということになろう。

(b)　主張立証責任　　この場合の主張立証責任がいずれにあるかにつき，他人の著作物のコピーでないという立証の責任は商標所有者にあるという見解がある（蔓・前掲760頁）。

一般に著作権（複製権）侵害事件では，原則として，原告のほうで同一性と相手方の依拠を立証しなければならないし，ないことを立証させるのではなく，あることを立証させるのが，立証責任の大原則であるから，この場合も著作権者側において当該商標にお

第1節　商　標　権　　　§29（他人の特許権等との関係）——著作権ほかとの関係（除く意匠権）

いて使用されている標章が先行する自己の著作物と同一であることと自己の著作物に依拠したことをそれぞれ立証しなければならず，これに対し，被告のほうでは，独自に著作したと反論することになるが，これは抗弁というよりは反証になると思われる。ただし，このような訴訟の実際では，間接事実からの推認も強く働くので，被告側でも相当の反証をしなければならず，立証責任が著作権者側にあるといっても，結果的には商標所有者にあるという見解とあまり大差のない訴訟運用がなされるのではないかと解される。

(7)　**著作物標章と登録商標の類似性（外観，称呼及び観念）**

抵触という以上，類似していることが前提となる。一般に，商標が類似するとは，商品の出所について誤認混同を生ずるおそれがあることをいい（最判昭36・6・27民集15巻6号1730頁），それは標章そのものを抽象的に対比するだけではなく，取引の実情をも参酌して決すべきだとされている（最判昭43・2・27判時516号36頁）。一般には，外観，称呼及び観念において著作物と登録商標とが類似しているか否かで判断されることになる。

(8)　**「その使用の態様により」又は「その態様により」の意味**

(a)　使用する物品又は物品への用い方　　「登録商標を使用する物品によって」又は「登録商標の物品への用い方」によって，商標権が特許権等と抵触したり，しなかったりする場合があることを意味している（逐条解説〔第19版〕1381頁）。例えば，特許権，実用新案権については，商品の形状自体についての発明や考案が特許権や実用新案権の対象となっている場合には，その商品自体の形状を立体商標として使用する態様であれば抵触することになる（同1145頁）。

(b)　意匠権と態様　　意匠権は物品と不可分のものであるから，当該意匠が表されている物品と同一又は類似の物品を当該登録商標が指定商品としている場合，その意匠と同一又は類似する態様において，当該登録商標を使用してはならないという意味であり（蕚・前掲760頁），登録商標の使用全般が禁止されるわけではなく，その意匠と違う形態の物品に登録商標を使用することは妨げられないことになる。

(c)　著作権と商標の物品への用い方　　ところで，著作権は特に物品と結びついているわけではないから，著作権との関係では「登録商標を使用する物品」という表現が関係してくる局面はほとんどないと解されるが，「登録商標の物品への用い方」については，ある登録商標が著作物の複製物からなる商標であっても，当該登録商標の構成要素のうちから著作権保護のない部分（例えば題号，名称）のみを標章として使用する場合は，その使用の態様上，著作権との抵触を生じない場合があろう（小野編・注解商標473頁〔松井正道〕）。

(9)　**「指定商品又は指定役務のうち抵触する部分」の意味**

指定商品又は指定役務がいくつかあって，そのうち抵触する指定商品又は指定役務に

〔三山（裕）〕

§29（他人の特許権等との関係）――著作権ほかとの関係（除く意匠権）

ついては使用できないという意味と，指定商品又は指定役務の幅が広いときは，そのうちの抵触する部分について使用できないという意味がある（逐条解説〔第19版〕1381頁）。

V　商標的使用とは
(1) 例えば胸部のほとんど全面に使用する場合

形式的には商標の使用にあたっても，実質的には商標の使用にあたらない場合，換言すれば商標の機能である自他商品役務識別機能を侵害しないような商標の使用は，装飾的，意匠的使用であって，商標的使用ではないとされている（大阪地判昭51・2・24無体集8巻1号102頁）。この事件は，「POPEYE」及び「ポパイ」の文字と漫画を子供用アンダーシャツの胸部のほとんど全面にわたって大きく使用した事案であるが，商標的使用というためには，商標が商品に表現されているだけでなく，商品の識別標識として使用されていることを要するとされたものである。本判決は「図柄，文字等をアンダーシャツの胸部などの中央に大きく表示するのは，商標としてその機能を強力に発揮せしめるためではなく，需要者が右表示の図柄が嗜好ないし趣味感に合うことを期待しその商品の購買意欲を喚起させることを目的とする」とし，また一般顧客は表現の装飾的あるいは意匠的効果である「面白い感じ」等に惹かれて買い求めるもので，「右の表示をその表示が附された商品の製造源あるいは出所を知りあるいは確認する『目じるし』と判断するとは解せられない」とし，さらに「『本来の商標』がシャツ等商品の胸部など目立つ位置に附されることがあるが，それが『本来の商標』として使用される限り，世界的著名商標であっても，商品の前面や背部を掩うように大きく表示されることはないのが現状である」とした。

もし仮に，この考え方が採用されるときは，商標法29条の問題になる前に，そもそも商標的使用にあたらないとして商標権侵害自体が成立しなくなる（前記Ⅲ(1)(a)参照）。

(2) ワンポイントマークとして使用する場合

ワンポイントマークとして標章が付された場合に，判例（大阪地判昭59・2・28判タ536号421頁）は，「いわゆるワンポイントマークとして用いられることの意味についてみると，一般消費者に対して，その標章のもつ装飾的，意匠的な美感に訴える面があるのは無視できないけれども，右『ワンポイントマーク』が有する商品全体の単一的色調にアクセントをつける機能上，そこに注目した消費者の目を，次にはその標章の有する外観，称呼，観念に表わされるブランド機能にも引きつけ，そのブランドに対する品質面での信頼から，右標章の付された商品の選択をなさしめることに大きな期待を寄せているものと考えられる。そうすれば，いわゆる『ワンポイントマーク』の有する商標的機能は無視し得ない」とし，ワンポイントマークとしての使用は，装飾的，意匠的使用にすぎな

第1節　商　標　権　　§ 29（他人の特許権等との関係）──著作権ほかとの関係（除く意匠権）

いとの被告の主張を斥け，「単に装飾的，意匠的な使用のみに止まらず，商品出所表示機能，品質保証機能を持たせた商標としての機能も兼ね備えた形で使用されているものと認めるのが相当である。」として商標的使用を認めた。

(3)　えり吊りネーム，吊り札，包装袋，織りネーム等に使用する場合

これらは本来的に出所表示機能を発揮することを目的として取引慣行上使用されているので，これらについては商標的使用といえよう。判例も，「『本来の商標』の性質から言って，えり吊りネーム，吊り札，包装袋等に表示されるのが通常である。」（大阪地判昭51・2・24無体集8巻1号102頁）とか，「丙標章はいわゆる吊り札としてマフラーに使用されており，このように吊り札に標章を付して商品の識別標識とすることは世上行われていることである」（大阪地判昭59・2・28判タ536号421頁）とする。

VI　抵触の効果──著作権の優先的地位

指定商品又は指定役務のうち抵触する部分については，登録商標の使用をすることができなくなる。よって登録商標を使用したいのであれば，著作権者の許諾が必要となり，著作権者から許諾（例えば，キャラクター商品化権許諾契約）を受ければ（著63条），その許諾に係る利用方法及び利用条件の範囲内でこれを適法に使用することができるが，許諾がないときは著作権侵害となる。著作権については出版権の設定を受ければよいとの見解があるが（逐条解説〔第19版〕1380頁，網野・商標〔第6版〕775頁），設定出版権は文書又は図画としての複製に限られるから（著79条1項・80条1項），シャツ等の被服類といった物に著作物を利用するときは設定出版権では無理である。なお，許諾が得られない場合に，意匠法33条に定めるような裁定許諾制は，商標法には設けられていない。

なお，平成26年の商標法の改正により，商標法29条中の「著作権」の次に，「若しくは著作隣接権」が付加されたので，著作隣接権との抵触が生じるときは，著作隣接権者の許諾が必要となることはいうまでもない。

〔三山　裕三〕

§29（他人の特許権等との関係）——意匠権との関係　　　　　第4章　商標権

■意匠権との関係

【参考文献】

　　商標審査基準〔改訂第12版〕，逐条解説〔第19版〕，網野・商標〔第4版〕，工藤・解説〔第8版〕，商標審査基準〔改訂第4版〕，中山編・注解特許法〔第3版〕（上），判例不競法，著作権法・商標法判例研究会編・著作権法・商標法判例解説集（新日本法規，92～），判例工業所有権法〔第2期版〕，小野喜寿Ⅱ，判タ353号民事判例，知財政策39号（12）（北海道大学情報法政策学研究センター），無体集15巻3号・16巻1号，戸川英明「商標の意匠的使用と商標権侵害」パテ62巻4号（09）。

細　目　次

Ⅰ　改正経緯(922)
Ⅱ　趣　旨(923)
　(1)　本条の必要性(923)
　(2)　商標の定義(923)
　(3)　意匠の定義(925)
　(4)　商標の意匠化（商標の意匠的使用）(925)
Ⅲ　商標権と意匠権の抵触の意義(925)
　(1)　同日の場合(925)
　(2)　専用権と禁止権(925)
Ⅳ　使用態様と抵触の意義と具体的使用態様(926)
　(1)　使用態様と抵触の意義(926)
　(2)　指定商品又は指定役務と意匠に係る物品との抵触(927)

Ⅴ　商標の構成要素と意匠の構成要素との相互抵触(930)
　(1)　文字，記号(930)
　(2)　図　形(930)
　(3)　色　彩(930)
　(4)　位置商標(931)
　(5)　動き商標(931)
　(6)　ホログラム商標(931)
Ⅵ　商標の意匠的使用(932)
　(1)　意匠的使用で商標の使用に該当せず(932)
　(2)　商標の使用に該当(932)

〔藤本　昇〕

Ⅰ　改　正　経　緯

　商標法29条は，商標権と他人の特許権，実用新案権，意匠権，著作権，著作隣接権との抵触関係についての調整規定である。

　本条は，平成8年の一部改正によって改正されたもので，改正前は商標権と意匠権又は著作権とが抵触する場合のみの調整規定であったが，同改正によって立体商標制度が導入されたことによって商標権と特許権又は実用新案権との抵触関係が発生する場合があるので，特許権と実用新案権が追加されたのである。また，平成26年の一部改正によって，音の商標が保護対象となった結果，当該商標が既にレコードに録音され，又は放送されたものである可能性がある。そのため，こうした商標の使用については，実演家の権利，レコード製作者の権利，放送事業者の権利及び有線放送事業者の権利といった，いわゆる著作隣接権と抵触し得る可能性があるため，従来の著作権以外に著作隣接権が

第1節　商　標　権　　　　　　　§ 29 （他人の特許権等との関係）——意匠権との関係

追加された（平成26年法律第36号）。これによって，商標権のうちの指定商品又は指定役務について登録商標を使用する権利がその使用態様により商標登録出願日の前の出願に係る他人の特許権，実用新案権，意匠権と抵触する場合，あるいは商標登録出願日の前に生じた他人の著作権若しくは著作隣接権と抵触する場合には，指定商品又は指定役務のうち抵触する部分について登録商標を使用することができないのである。

Ⅱ　趣　　　旨

(1) 本条の必要性

　本条は，商標権と同様な独占排他権である他人の意匠権等との抵触を調整する規定である。商標と意匠とは，本質的機能や保護法益が異なるため，商標登録出願と意匠登録出願との間には，特許出願と実用新案登録出願のように，いわゆる先後願の規定がないほか，特許，実用新案，意匠の相互間における出願変更の規定がない。

　したがって，たとえ構成要素が同じ（例えば商品形状である立体商標と意匠に係る物品形状が同一）であっても相互に意匠と商標は登録されるのである。よって，このようなケースではいずれも独占排他権である商標権と意匠権が併存することとなるため，両者の権利行使の制限規定としての調整規定が必要となるのである。本条及び意匠法26条は，両者の先後願によってそれを調整しているのである。

(2) 商標の定義

(a)　平成26年の法改正により，商標の定義について商標法2条は，「商標とは，人の知覚によって認識することができるもののうち，文字，図形，記号，立体的形状若しくは色彩又はこれらの結合，音その他政令で定めるもの（標章という）であって，業としてその商品を生産し，証明し又は譲渡する者がその商品について使用するもの（1号），及び業として役務を提供し，又は証明する者がその役務について使用するもの（2号）をいう。」と規定している。

(b)　さらに，商標法2条3項及び同4項において，標章の「使用」とは下記に掲げる行為をいうと規定している。

3　この法律で標章について「使用」とは，次に掲げる行為をいう。
一　商品又は商品の包装に標章を付する行為（改正，平3法65）
二　商品又は商品の包装に標章を付したものを譲渡し，引き渡し，譲渡若しくは引渡しのために展示し，輸出し，輸入し，又は電気通信回線を通じて提供する行為（改正，平3法65，平14法24，平18法55）
三　役務の提供に当たりその提供を受ける者の利用に供する物（譲渡し，又は貸し渡す

〔藤本〕

§ 29（他人の特許権等との関係）——意匠権との関係　　　　　第4章　商　標　権

物を含む。以下同じ。）に標章を付する行為（本号追加，平3法65）
四　役務の提供に当たりその提供を受ける者の利用に供する物に標章を付したものを用いて役務を提供する行為（本号追加，平3法65）
五　役務の提供の用に供する物（役務の提供に当たりその提供を受ける者の利用に供する物を含む。以下同じ。）に標章を付したものを役務の提供のために展示する行為（本号追加，平3法65）
六　役務の提供に当たりその提供を受ける者の当該役務の提供に係る物に標章を付する行為（本号追加，平3法65）
七　電磁的方法（電子的方法，磁気的方法その他の人の知覚によつて認識することができない方法をいう。次号において同じ。）により行う映像面を介した役務の提供に当たりその映像面に標章を表示して役務を提供する行為（改正，平3法65，平14法24）
八　商品若しくは役務に関する広告，価格表若しくは取引書類に標章を付して展示し，若しくは頒布し，又はこれらを内容とする情報に標章を付して電磁的方法により提供する行為（本号追加，平14法24）
九　音の標章にあつては，前各号に掲げるもののほか，商品の譲渡若しくは引渡し又は役務の提供のために音の標章を発する行為
十　前各号に掲げるもののほか，政令で定める行為
4　前項において，商品その他の物に標章を付することには，次の各号に掲げる各標章については，それぞれ当該各号に掲げることが含まれるものとする。
一　文字，図形，記号若しくは立体的形状若しくはこれらの結合又はこれらと色彩との結合の標章　商品若しくは商品の包装，役務の提供の用に供する物又は商品若しくは役務に関する広告を標章の形状とすること。
二　音の標章　商品，役務の提供の用に供する物又は商品若しくは役務に関する広告に記録媒体が取り付けられている場合（商品，役務の提供の用に供する物又は商品若しくは役務に関する広告自体が記録媒体である場合を含む。）において，当該記録媒体に標章を記録すること。

　上記「標章」の定義から，文字，図形，記号若しくは立体的形状若しくは色彩又はこれらの結合，並びに音その他政令で定めるもの（動き，ホログラム，色彩単独，位置）がその構成要素と定義されたのである。その結果，従来より，よりいっそう商標の使用態様が意匠的使用に接近する現象が生じ，本条の調整規定が重要となってきたのである。
　（c）　次に，上記標章の使用の定義からも明らかなように，商標は実際上その使用態様は種々のものがあり，その使用態様によって意匠的使用となり得る場合も数多く存在す

るのであるが，商標の使用か否かはあくまで商標の本質的機能である自他商品識別機能が発揮されているか否かによって判断されるべきである。

(3) **意匠の定義**

意匠は意匠法2条1項によると,「意匠とは，物品（物品の部分を含む。）の形状，模様若しくは色彩又はこれらの結合であって，視覚を通じて美感を起こさせるものをいう。」（改正，平10法51）と規定し，同法2項は,「前項において，物品の部分の形状，模様若しくは色彩又はこれらの結合には，物品の操作（当該物品がその機能を発揮できる状態にするために行われるものに限る。）の用に供される画像であって，当該物品又はこれと一体として用いられる物品に表示されるものが含まれるものとする。」（改正，平18法55）と規定している（いわゆる画像意匠）。

このように，意匠は物品の美的外観を保護対象とするものであって，あくまで意匠の創作性を保護することが本質であり，商標とは本質的機能を異にするものである。

(4) **商標の意匠化（商標の意匠的使用）**

最近，商標はその使用態様が意匠化しつつある。このことは，平成8年の一部改正により，立体商標制度の導入による立体的形状の商標としての保護，さらには平成26年の一部改正による新商標としての「動き商標」,「ホログラム商標」,「色彩のみからなる商標」,「位置商標」が保護対象となったことにより，よりいっそう商標の意匠的使用が進行した。なお,「音商標」も新商標として保護対象となっているが，視覚によって認識するものではないので，意匠の対象とはならない。

このように，商標の使用が意匠的使用になればなるほど，意匠権との抵触問題が多く発生することになるであろう。

Ⅲ 商標権と意匠権の抵触の意義

(1) **同日の場合**

登録商標の出願日と登録意匠の出願日とが先後願にある場合には，前記のように本条と意匠法26条が調整規定となっているが，同日であった場合には，本条の規定は適用されないことになる。したがって，同日の場合には，商標権者も意匠権者も権利行使に制限を受けることなく相互に自由に使用又は実施が可能となるが，この場合の両者の使用又は実施によって現実の取引実状において取引者，消費者に混同を生じる事態が発生する場合があるが，両者間の取引契約等によって調整する以外に法的にはそれを回避する方法はない。

(2) **専用権と禁止権**

(a) 商標法は，商標法25条に「指定商品又は指定役務について登録商標の使用をする

§29（他人の特許権等との関係）——意匠権との関係　　　　第4章　商標権

権利を専有する（いわゆる専用権）」と規定し，さらに同法37条1号に「指定商品若しくは指定役務についての登録商標に類似する商標の使用又は指定商品若しくは指定役務に類似する商品若しくは役務についての登録商標若しくはこれに類似する商標の使用は商標権侵害とみなす」との規定がある（いわゆる禁止権）。

　商標権の本来的な効力は前記専用権を示すのに対し，禁止権はその範囲を防衛するものであって本来的な専用権の範囲ではない。

　(b)　本条は，「登録商標の使用をすることができない」と規定していることからも明らかなように，専用権の制限規定であって，禁止権の制限については規定していない。しかしながら，禁止権の範囲に属する商標の使用は，商標権の本来的な効力の範囲外の使用である以上，その使用態様が他人の意匠権と抵触する場合には，当然にその使用が制限されることになると考えるべきである。

　(c)　この点に関し，ポパイ著作権侵害差止等請求事件の判決（東京地判平2・2・19判時1343号3頁，同控訴審：東京高判平4・5・14判時1431号62頁，最判平9・7・17民集51巻6号2714頁）によると，「商標権の禁止権はその出願前に創作された著作物の利用に対して及ばない」，「図柄(5)は，本件登録商標の類似範囲にあり，これについて他人の使用を排除する権利を有するとしても，本件商標と同様に当然にこれを使用し得る権利を有するものとはいえないから，かかる商標の使用は，不正競争防止法（旧）6条の商標権の権利行使に該当しない。」と判示している。いずれにしても，本条に該当する場合，登録商標の禁止権の範囲に属する商標もその使用はできないことになる。

　(d)　一方，商標権が意匠権の出願日より先願の場合で禁止権の範囲が抵触関係にあった場合には，抵触する部分は商標権者も意匠権者も双方互いに使用又は実施できなくなる。特に，禁止権の範囲については，商標権者は使用許諾することができないため，意匠権者が商標権者に実施許諾を求めることもできないのである。

IV　使用態様と抵触の意義と具体的使用態様

(1)　使用態様と抵触の意義

　(a)　本条は，「商標権のうち指定商品又は指定役務について登録商標の使用がその使用態様によりその商標登録出願の日前の他人の意匠権と抵触する場合には，その指定商品又は指定役務のうち抵触する部分について登録商標の使用をすることができない」と規定している。

　一方，意匠法26条1項は，「意匠権者はその登録意匠に係る部分がその意匠登録出願の日前の出願に係る他人の商標権と抵触するときは，業としてその登録意匠の実施をすることができない」と規定している。

(b) ここで，本条が「登録商標の使用がその使用態様により」と規定したのは，登録商標の場合，登録商標を使用する商品又は役務によって，あるいは登録商標の用い方，すなわち商標法2条3項に規定する使用において登録された標章の付される物によって商標権が意匠権と抵触したりしなかったりする場合があることから，このように規定されたもので，商標法独自の規定となっている。

(c) さらに「指定商品又は指定役務のうち抵触する部分」について登録商標の使用が制限されると規定されているが，これは商標の場合，指定商品又は指定役務がいくつかあって，そのうち抵触する指定商品又は指定役務という意味と，指定商品又は指定役務の幅が広く，そのうちの一部について抵触する場合とがあるため，その二態様を含む意味であると解釈できる。

(2) 指定商品又は指定役務と意匠に係る物品との抵触

(a) 上記のように，本条の抵触関係は，登録商標の使用との関係であるから，その使用は指定商品又は指定役務についての使用でなければならないものであるが，抵触対象である登録意匠に係る物品との対比においては，指定商品又は指定役務に係る物品に限定されるものではなく，登録商標の使用に該当する商標法2条3項に規定された登録に係る標章の付される物のすべてに対応する物品が対象となるので要注意である。

例えば，標章が付される指定商品の包装紙，包装用容器，包装用紐，包装用ラベル，荷札等，指定商品又は役務に関する広告，価格表，取引書類等，指定役務に関する銀行カード，会員証，通帳，切符等，幅広く含まれるのである。

さらに意匠権は，登録意匠のみならず，類似する意匠にまで効力が及ぶため，上記物品と類似する商品とも抵触関係が発生するのでさらに要注意である。

(b) 平面的形状に係る物品　商標が付される物として織物等の地物や生地あるいはネクタイ，タオル，スカーフ等の完成品，包装紙や包装用紐等の包材，さらにはラベル，レッテル，下げ札等多数の平面的物品（商品）が存在する。一方，これら平面的物品については，形状の意匠よりも模様意匠や色彩と模様との結合意匠等が創作意匠として登録されている事例が多数存在する。

このように，模様やパターン柄，地模様等は意匠の構成要素になると同時に商標の構成要素ともなり登録され使用されている場合がある。例えば，訴訟事件となったLとVを組み合わせたルイ・ヴィトン社の登録第1332979号商標や同社のモノグラム商標として著名なエピマーク図形（登録第1446773号商標）があるほか，「織物ほか」を指定商品とする登録商標（第4862594号）「SHIPS」等がある。近年，商標の意匠的使用（意匠化）の傾向があり，さらに商標とともに意匠も登録されているケースも数多く見られる結果，よりいっそう，両者の抵触関係が発生して問題となるケースが出現している。

〔藤本〕

§29（他人の特許権等との関係）――意匠権との関係　　　　　　第4章　商　標　権

　（c）　立体的形状に係る物品
　（イ）　平成8年の改正によって立体商標制度が導入された結果，立体商標の使用が形状の意匠権と抵触する可能性が発生する。
　立体商標についての参考事件としては，知財高判平19・6・27判時1984号3頁〔ミニマグライト事件〕，知財高判平20・5・29判時2006号36頁〔コーラ瓶事件〕，知財高判平20・6・30判時2056号133頁〔チョコレート事件〕等がある。
　（ロ）　次に，立体的な物品に商標を付することによって商標の使用を行う場合，例えば文字商標をペットボトルに表示して使用する場合，該ペットボトルが先願の登録意匠として登録されていた場合には，本条の抵触関係が生じることは明らかである。なお，立体商標としての識別標識と装飾的意匠的効果とは排他的な関係ではないのである。
　（d）　パッケージデザイン　　最近，医薬品業界や化粧品業界，さらには携帯電話等通信業界において，商品の包装や包装容器に標章を付すると同時に，そのパッケージ自体に自他商品識別標識としての機能とあわせてデザイン的装飾機能を併備させることが多く見られる。
　そして，これらの機能を保護するために商標登録や意匠登録を行うケースがある。例えば以下の登録例がその一例である。

■商標登録例

第5406499号	第4778317号	第5523103号

〔藤本〕

第1節　商　標　権　　　　§29（他人の特許権等との関係）——意匠権との関係

■意匠登録例

第1442483号			

第1397723号			

第1254350号			

〔藤本〕

§29（他人の特許権等との関係）——意匠権との関係　　　　　第4章　商　標　権

このように商標権と意匠権とが併存した場合に，商標権と意匠権とが抵触関係になる場合があり，しかも該抵触が意匠全体の場合のみならず部分意匠としての部分が抵触する場合もあり，さらには関連意匠との抵触もあり得るため，その場合には抵触する部分において登録商標の使用が制限されることとなる。

V　商標の構成要素と意匠の構成要素との相互抵触

商標は，文字，図形，記号，立体的形状，色彩又はこれらの結合を構成要素（音は意匠との関係では除外）とするものである。一方意匠は，形状，模様，色彩又はこれらの結合を構成要素とするものである。したがって，両者にはその構成要素の共通性から抵触関係がより多く発生する要因になっているのである。

そこで，両者の構成要素について検討する。

(1) 文字，記号

文字は，商標の構成中，大半を占めるものではあるが，意匠の構成要素中文字が図案化される等模様として認識される場合には，意匠を構成することとなる。文字が模様として認定されるか否かについては，例えば，東京高判昭55・3・25無体集12巻1号108頁〔カップヌードル事件〕があり，その判旨では，「文字が模様と認められるか否かは，文字が意味伝達機能を失っているか否かによって決定すべきとして，カップヌードルの文字は読めるから模様ではない」と判示している。

この判旨には異論もあるが，意匠は文字自体に権利を付与するものではない点商標とは異にする。ただし，文字が図案化されている場合には，意匠登録が可能となるため意匠との抵触問題があり得る。このことは記号についても同視し得る。

(2) 図　形

図形については意匠の模様に相当するため，意匠権との抵触が生じる可能性が高い。特に，最近の商標の意匠化に伴って，商標のロゴ化現象が多く，商標採択時の重要な要素となっている。これは前記パッケージデザイン等において多く現れている近時の現象である。

(3) 色　彩

色彩は，商標及び意匠にも共通の構成要素ではあるが，意匠においては色彩のみからなるものは意匠としての登録要件を欠くが，色彩が複数色で模様化された場合には登録性がある。

一方，商標においては，平成26年法改正により，色彩のみからなる商標が新商標の保護対象となったほか，従来色彩自体も商標の構成要素であるため，意匠との抵触問題が発生する。特に色彩が図案化されて模様となっている場合（色彩の組合せ）にはよりいっ

■色彩のみからなる商標

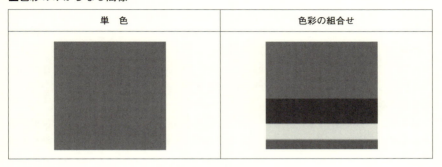

単色	色彩の組合せ

そう意匠との抵触問題が発生する可能性がある。

(4) 位置商標

平成26年法改正により，位置商標も商標の保護対象となったため，位置商標を構成する文字や図形，色彩等の標章とその標章が付される位置との関係において，意匠，特に部分意匠との関係において抵触問題が発生する可能性はある。

(5) 動き商標

動き商標も新商標として保護されることにより，よりいっそう意匠と接近することとなった。すなわち，動き商標を構成する文字，図形等の標章とその標章が時間の経過に伴って変化する状態が軌跡として指示線で表されて特定された場合に，意匠における，いわゆる動的意匠との関係が発生する。動的意匠は，物品の形状，模様又は色彩がその物品の有する機能に基づいて変化することをいうものであるが，商標の図形と意匠の模様との動きの変化によって商標の使用が登録意匠と抵触する場合が生じるのである。

(6) ホログラム商標

ホログラム商標は，該商標を構成する文字や図形等の標章とその標章がホログラフィーその他の方法による視覚的効果により変化する状態を表示面に現してなるものであるが，これが前記動的意匠と同様に表示されることによって意匠との抵触が生じる場合がある。特に画像の意匠との抵触が発生する可能性もある。

以上のように，平成26年法改正によって新たに保護された新商標としての「動き商標」，「ホログラム商標」，「色彩のみからなる商標」，及び「位置商標」によって，従来の商標以上に意匠との重なり合いが生じ，意匠権との抵触問題が生じる可能性が高くなるのである。

§ 29 (他人の特許権等との関係)——意匠権との関係　　　　　第4章　商　標　権

Ⅵ　商標の意匠的使用

　本条は，前記のように登録商標の使用がその使用の態様により先願の意匠権と抵触するときは，指定商品又は指定役務のうち抵触する部分についてその態様により登録商標の使用が制限されることを定めたものである。

　ところで，商標の使用が意匠的使用であって，自他商品識別機能を果たす態様で本来の商標としての使用にあたるか否かが問われる事例が発生しているため，本項においても解説する。

　商標法上，明文はないが，判例上，商標権侵害の成否は，2条3項の各号の使用態様が単なる商品等に表示されているだけでは足りず，それが自他商品識別機能を果たす態様で使用されているか否かを要するとして商標の本質，機能に鑑みて判断されているのである。

　ここに主要な判決例を紹介すると，下記のとおりである。

(1)　意匠的使用で商標の使用に該当せず

　①　大阪地判昭51・2・24判時828号69頁〔ポパイアンダーシャツ事件〕

　本件は，商品のアンダーシャツの全面にわたり大きく表した模様が意匠的効果で使用しているものであって，出所識別機能を果たすものとしての本来の商標の使用にはあたらないとして，商標権侵害を否定したケースである。

　②　東京地判平10・7・16判時983号264頁〔十二支箸袋事件〕

　本件において，「被告商品に付された十二支に属する動物の絵である被告標章は……被告製品の正月用の祝い箸という用途に対応して付された箸袋の習俗的装飾であり，専らその装飾的効果ないし意匠的効果を目的として用いられるものであって，被告商品を購入する者が箸袋の表面に付された十二支の動物の絵柄を見ることによって商品の出所を想起することはないと認められるから，被告標章は自他商品識別機能を果たす態様で使用されているものでない」との理由で商標権侵害を否定している。

　③　東京地判昭51・10・20判タ353号245頁〔清水次郎長事件〕

　本件では，「清水次郎長」の文字が次郎長一家を中心とする物語にちなんだ文字図形とともに三角旗内に表示されているというケースで，屋内装置品を指定商品とする「次郎長」の文字商標の商標権侵害の成否が争点となった。

　しかるに，裁判所は本件の場合，その意匠的効果により需要者の購買意欲を喚起させようとするもので，自他商品識別標識としての機能は認められないとの理由で商標権侵害を否定した。

(2)　商標の使用に該当

　④　大阪地判昭62・3・18無体集19巻1号66頁，大阪高判昭62・7・15無体集19巻2

第1節　商　標　権　　　　§29（他人の特許権等との関係）——意匠権との関係

号256頁，最判昭63・1・19（昭62（オ）1298号）〔ルイ・ヴィトン事件〕

　本件においては，LとVを組み合わせた登録商標（第1332979号）と模様的な登録商標（第1446773号）の商標権侵害の成否が問われた事件で，侵害者側は，「本件標章(1)と(2)が商品かばん類の表面全体にわたってあたかも模様のように使用したものであって，かかる使用は，上記標章を意匠として使用しているものであり，商標としての使用には該当しないから非侵害」と主張したのである。

　しかるに，大阪地裁（第一審）は，意匠的使用と商標の使用について，「商標と意匠とは排他的，択一的な関係にあるものではなくして，意匠となり得る模様などであっても，それが自他識別機能を有する標章として使用されている限り，商標としての使用がなされているものと言うべきであり，被告の本件標章(1)，(2)の使用は商標としての使用として商標権侵害となる」と判示した。

　本件の第二審も同様の理由で控訴を棄却し，さらに被告は上告したが，最高裁が上告理由をすべて排斥して上告を棄却した。このことは，まさに商標の構成要素である文字や図形と意匠の模様とは表示において共通することを認め，かつ商標と意匠とは排他的，択一的な関係にあるものではないことを認めたことは，両者の抵触規定（商標29条と意26条）の必要性を裏づけるものである。

　⑤　知財高判平19・6・27判時1984号3頁〔マグライト事件〕

　本件は意匠登録性はあったが外国で新規性なし・期間経過で意匠権は成立せず，商標（立体）で保護されたケースである。

　⑥　大阪地判平5・1・13判タ840号244頁〔NBA事件〕

　本件において，「本件各商標を使用した意図は，その意匠的効果よりも，いわゆるコピー商品を製造し，消費者においてNBAのブランド商品と混同することを期待して本件商標を使用したものであり……前記商標は，出所表示等の機能を有していたと認めることができ，本件商標権侵害行為に該当する」として商標権侵害罪の成立を認めた。

　⑦　東京地判平26・11・14裁判所ホームページ（2014WL.JPCA11149001）〔シップス事件〕

　本件は，第24類「織物ほか」を指定商品とする登録商標（第4862584号）「SHIPS」の商標権者が，長尺物の布地中に「SHIPS」の標章を使用した被告に対し商標権侵害差止請求を行った事件である。

　本件で被告は，「『SHIPS』の文字列は，海をイメージした美観をより強めて，購買意欲を喚起する機能を有するものであり，装飾的，意匠的な図柄の一部をなすにすぎない。」ことを理由に，被告標章の使用は意匠的使用であって商標的使用にあたらないと反論した。

　これに対し裁判所は，「仮に被告標章が被告商品のデザインの一部であるといえると

〔藤本〕　933

§29 (他人の特許権等との関係)——意匠権との関係

しても、そのことによって、直ちに商標としての使用が否定されるものではなく、装飾的、意匠的な図柄の一部をなしている標章であっても、その標章に装飾的、意匠的な図柄を超える強い識別力が認められるときは、装飾的、意匠的図柄であると同時に、自他識別機能・出所表示機能を有する商標としての役割を果たす場合はあるというべきである。よって、被告の主張は採用することができない。」として、本件商標権の侵害にあたると判示した。

　このように、商標の使用が意匠的使用になるケースが存在するが、「商標の使用」か「意匠的使用」かは択一的なものではなく、「商標の使用」とは商標の本質的機能を発揮しているか否かによって決すべきであると同時に商標の使用であることが意匠的使用を排斥するものでは決してなく、両者の使用が併存するのである。
　よって、商標権と意匠権との抵触時の調整の必要性から、本条と意匠法26条が設けられているのである。

〔藤本　昇〕

第30条（専用使用権）

　商標権者は，その商標権について専用使用権を設定することができる。ただし，第4条第2項に規定する商標登録出願に係る商標権及び地域団体商標に係る商標権については，この限りでない。（改正，平17法56）

2　専用使用権者は，設定行為で定めた範囲内において，指定商品又は指定役務について登録商標の使用をする権利を専有する。（改正，平3法65）

3　専用使用権は，商標権者の承諾を得た場合及び相続その他の一般承継の場合に限り，移転することができる。

4　特許法第77条第4項及び第5項（質権の設定等），第97条第2項（放棄）並びに第98条第1項第2号及び第2項（登録の効果）の規定は，専用使用権に準用する。

【参考文献】
〔使用許諾〕奥平正彦「商標の使用許諾」特商10巻6号1頁（41），能登勇「米法における商標の使用許諾」パテ10巻3号4頁（57），木村三朗「諸外国における商標の使用許諾」特管8号508頁（58），矢沢惇「商標権と営業との分離」ジュリ174号18頁（59），兼子＝染野・工業，W. J. デレンバーグ（土井輝生訳）「商標の使用許諾をめぐる諸問題」特管16巻9号497頁（66），W. J. デレンバーグ（松尾和子訳）「商標の譲渡と使用許諾－国際商標・不正競争の諸問題」海外商事法務50号21頁（66），土井輝生「商標ライセンスとコントロール－『関係会社』規定の法理と適用」海外商事法務85号14頁（67），杉林信義「ランハム法上の商標と関係会社」パテ21巻2号24頁（68），松本重敏「専用実施権制度のその問題点」ジュリ396号42頁（68），野口良光「特許実施契約」原退官（下）1043頁，桑田三郎「日本に於ける国際ライセンス取引の商標法的観点」AIPPI 15巻12号4頁（70），菊地武「フランチャイズ契約における商標・商号等の使用許諾」NBL 76号32頁（74），高橋章「『のれん分け』に基づく商標の使用許諾」特管25巻1号39頁（75），佐藤義彦「特許実施権の性質」於保還暦記念論文集（76），清瀬信次郎「商標権の専用使用権設定契約締結後，その登録を遅滞していても，その商標の専用使用者に対し，使用料の支払を命ぜられた事例。また商標権の存続期間更新により，黙示的に使用権が更新された事例」特管30巻8号861（77），川口博也「特許権の無効と実施料支払義務の関係」特管30巻12号1255頁（77），E.D. Offner（木村三朗訳）「諸外国における商標使用許諾契約」AIPPI 22巻4号20頁（77），雨宮正彦・特許実施契約論（日本工業新聞社，80），吉田清彦「専用実施権設定と特許権による侵害差止請求」パテ33巻11号29頁（80），石井誠「商標等の使用許諾契約において使用権者の工夫・創案を考慮して商標権の帰属を認めた事例」特管32巻9号1109頁（82），満田重昭「実施契約における実施不能と要素の錯誤」特許判例百選146頁（85），土井輝生「著名外国ブランド商品の国内ライセンスに基づく商標権の帰属」判評333号40頁（86），紋谷暢男編・注釈特許法（有斐閣，86），中山編・注解特許法（上）〔第3版〕，網野・商標〔第6版〕，逐条解説〔第19版〕，矢沢惇「商標権と営業との分離」ジュリ174号18頁，村林隆一「専用使用権者は商標登録取消審判を請求することができるか」パテ33巻10号49頁（80），土井輝生「著名外国ブランド商品の国内生産販売を目的とするライセンス契約に基づく商標権の帰属」判時1206号178頁，小野・概説〔第2版〕，

§30（専用使用権）　　　　　　　　　　　　　第4章　商　標　権

小野＝三山・新概説〔第2版〕，中山・工業〔第2版増補版〕433頁，中山・特許〔第2版〕453頁，渋谷・講義Ⅲ〔第2版〕，田村・商標370頁，渋谷達紀「特許実施契約における実施権者の実施義務と契約の法律的性質」法協85巻2号65頁，豊崎光衛「特許権の譲渡と特許実施権者の地位」大隅健一郎先生古稀記念論文集，渋谷達紀「実施許諾者の権利侵害差止義務」特許判例百選〔第2版〕152頁，大阪弁護士会知的財産法実務研究会編・知的財産契約の理論と実務506頁（商事法務，07），平嶋竜太「特許ライセンス契約違反と特許侵害の調整法理に関する一考察」中山還暦233頁，山田真紀「商標権の帰属について」牧野ほか編・理論と実務(3)35頁，斉藤博「通常実施許諾者の登録義務－埋設ヒューム管分割推進工法事件」小野喜寿Ⅰ124頁。

〔**権利の性格**〕　播磨良承「特許権についての通常実施権の許諾と設定登録手続義務」民商69巻6号115頁（74），佐藤義彦ほか「特許権についての通常実施権の許諾と設定登録手続義務」法時46巻1号107頁（74），中山信弘「通常実施権と登録請求権」学会年報2号24頁，佐藤文雄「実施許諾者の登録義務」特許判例百選150頁，渋谷達紀「実施許諾者の権利侵害差止義務」特許判例百選152頁，盛岡一夫「通常実施権に基づく訴権」特許判例百選170頁，盛岡一夫「通常実施権者の差止請求権」学会年報8号57頁，盛岡一夫「完全独占的通常実施権者の有する請求権」特許判例百選〔第3版〕204頁，盛岡一夫「特許権者とともに専用実施権者または独占的通常実施権者が請求し得る損害賠償の範囲」発明86巻3号，耳野皓三「専用使用権の設定登記未了と使用料の支払請求」山上和則先生還暦記念論文集・判例ライセンス法111頁，村林隆一「専用実施権を設定した意匠権者の仮処分と仮処分を取消すべき特別事情」山上和則先生還暦記念論文集・判例ライセンス法119頁，松尾和子「商標ライセンス」山上和則＝藤川義人編・知財ライセンス契約の法律相談216頁，村林隆一ほか・新特許侵害訴訟の実務（通商産業調査会，00），田倉整「独占的通常実施権についての損害賠償請求と過失・損害額の推定規定」知管50巻4号541頁，金子敏哉「特許権の侵害者に対する独占的通常実施権者の損害賠償請求権」知財政策21号203頁，三村量一「特許実施許諾契約」椙山敬士＝髙林龍＝小川憲久＝平嶋竜太編・ライセンス契約（ビジネス法務大系Ⅰ）。

細　目　次

Ⅰ　本条の趣旨(937)
Ⅱ　専用使用権(938)
　(1)　専用使用権の内容(938)
　(2)　商標権の使用許諾の理論的根拠(938)
　(3)　使用許諾制度と出所の混同防止並びに品質誤認の防止(939)
　(4)　専用使用権の性質及び通常使用権との差異(939)
　(5)　専用使用権の設定と効果(940)
　　(a)　設定の対象の範囲(941)
　　(b)　設定の禁止(941)
　(6)　団体商標等(941)
Ⅲ　専用使用権の侵害(942)
　(1)　専用使用権の侵害に対する専用使用権者の権利行使(942)
　(2)　専用使用権設定後の商標権に基づく差止請求の可否(943)
　(3)　専用使用権設定後の商標権者による損害賠償請求の可否(944)
Ⅳ　専用使用権の移転・質入(945)
　(1)　専用使用権の移転(945)
　(2)　専用使用権の質入(945)
　(3)　通常使用権の設定(946)
　(4)　商標権の譲渡による当事者間の契約関係の承継(946)
Ⅴ　専用使用権の消滅(948)
　(1)　専用使用権の存続期間の満了(948)
　(2)　商標権の消滅(949)
　(3)　専用使用権設定契約の解除(949)
　(4)　専用使用権の放棄(949)

第1節　商　標　権　　　　　　　　　　　　§30（専用使用権）

(5) 混　同(949)
Ⅵ　専用使用権と登録(949)
Ⅶ　専用使用権設定に伴う当事者の権利義務
　　(950)

(1) はじめに(950)
(2) 設定者の義務(950)
(3) 専用使用権者の義務(952)

〔松村　信夫〕

Ⅰ　本条の趣旨

　商標権の許諾使用権は，商標権の財産権としての価値利用のための制度であり，専用使用権と通常使用権がある。

　例えば，専用使用権は，国際著名商標の場合などでは，しばしば子会社，合弁会社，総販売店契約などと関連して用いられる。通常使用権者は勿論，専用使用権者の商標使用によって得られた信用は窮極的には商標権者に帰属する（網野・商標〔第6版〕835頁，豊崎・工業449頁）。この場合，特約がないときには専用使用権者から商標権者への補償請求問題などは生じない（小野・概説〔第2版〕239頁）。商標権者自身が商標をまったく使用していなかったとしても，専用使用権者がその商標に化体した商品に対する信用あるいは専用使用権者自身が取得した取引上の信用も，同質の商品及び同一の商標を通じ商標権者の信用でもあることが通例であるから，商標権者に帰属するものと解すべきである（兼子＝染野・工業795頁，網野・商標〔第6版〕835頁）。

　ただ，昭和34年の商標法改正により，専用使用権が通常使用権とともに商標の使用許諾制度として導入されるに際して，商標権者の下で形成された信用を第三者が使用をすることができるとすることが商標制度の本来の性格に合致するのかという反対論があったが，商標が商標権者の信用を化体するものではなく，当該商標が付された商品や役務の信用を化体しているのであるうえ，商標権が営業とともに移転する必要がない現行法の下では，商標権自体が独立した財産として取引の対象とされ，第三者の利用に供する許容性が一層高まったと考えられる（詳細Ⅱ(2)参照）。

　したがって，今日では専用使用権及び通常使用権を中心とした商標の使用許諾制度は広く利用され定着している。

　ただ，他方で，商標の使用許諾制度は，被許諾者に専用使用権の設定行為や通常使用権の許諾行為に定められた範囲で使用者に自己の商品や役務の識別標識として自由な使用を許す反面，商標権者や第三者との関係で法律上種々の義務を負担する（詳細はⅡ(3)(a)及びⅤ参照）。

　他方，商標権者も，専用使用権者や通常使用権者の商標使用行為に対し設定契約や許諾契約上の義務以外にも一定の監督義務がある（例えば商標53条）。

§30（専用使用権）　　　　　　　　　　　　　　　第4章　商標権

II 専用使用権
(1) 専用使用権の内容

専用使用権者は，設定行為で定めた範囲内において，指定商品又は指定役務について登録商標の使用をする権利を専有する（商標30条2項）。

専用使用権は，物権的な権利であり排他性がある。その範囲内においては，商標権者もその登録商標を使用することができない。商標権の権利範囲全部に専用使用権を設定すれば，商標権者もまったく使用できず，仮に使用した場合には，商標権者であっても商標権侵害となる。ただし，あらかじめ商標権者と専用使用権者の間で専用使用権設定後も商標権者が商標の使用を継続できる旨の特約をすれば，商標権者は相変わらず使用を継続し得る。その場合，商標権者が使用できる範囲等は設定契約の内容により決定される。逆に，専用使用権者でも，専用権の設定を受けた範囲外にまで商標を使用した場合には，商標権侵害となる。

商標権者は，専用使用権設定後は同一範囲の通常使用権を重畳的に許諾することはできないが，専用使用権の設定登録前の登録ある通常使用権は専用使用権に対抗できる（商標31条4項）。

設定行為で定める専用使用権の権利範囲は，通常，対象商品あるいは対象役務・存続期間・使用し得る地域等により決定する。販売という使用態様や数量，ときには当該商標を付した商品の取引先を制限することもある。このような制限が独占禁止法上違法となるか否かは別論として，商標法上は，かかる契約をすることは可能である。なお，商標のライセンス契約が公正かつ自由な競争を抑圧する意図や目的をもたず，商標に化体された営業上の信用という財産的価値を利用する本来の趣旨に沿って行われる限り，原則として独占禁止法上の問題は生じない（独禁21条）。

(2) 商標権の使用許諾の理論的根拠

専用使用権，通常使用権という商標権の使用を他人に許諾する制度は，昭和34年の商標法改正により商標の移転において業務と分離して，商標権のみ移転し得ることとなったこと，すなわち，商標権が営業と分離して存在し得ることとなったことを前提としている（兼子＝染野・工業795頁，三宅・雑感248頁，矢沢惇・ジュリ174号18頁）。

商標権が営業と分離して存在し得るという制度（商標24条の2）の下で，商標権は「人の知覚によって認識することができるもののうち，文字，図形，記号，立体的形状若しくは色彩又はこれらの結合，音その他政令で定めるもの」（商標2条1項）というように，一定の標章を対象として成立することとなり，特許権，実用新案権，意匠権と実質的に同一の基礎を有することとなった。そのうえで，特許権，実用新案権，意匠権について，専用実施権，通常実施権の制度が存する（特77条・78条，実18条・19条，意27条・28条）のと

938　〔松村〕

まったく同様に登録商標の使用を第三者に認めることが許されることとなった（兼子＝染野・工業795頁）。

(3) 使用許諾制度と出所の混同防止並びに品質誤認の防止

使用許諾制度は，商標権者が自らの信用を守ることは自明の理であり，その商標権の使用を許諾するときにおいては，十分に信用のおけるものを選別してこれを行うであろうし，使用者の商品の管理には十分注意するであろうことを前提としている（逐条解説〔第19版〕1383頁，三宅・雑感247頁）。そして，これを担保とする制度として，以下の(a)ないし(c)があげられる。

(a) 専用使用権者が指定商品又は指定役務につき出所の混同並びに品質誤認をもたらすような商標の不正使用をした場合は，商標法53条に基づき，何人も商標登録の取消しの審判の請求をすることができる。

(b) また，商標権者の氏名，商号が商標であった場合には，商標使用権者の行為によって，商標権者が名板貸人としての責任を負わねばならない場合が出てくる（旧商法23条）（矢沢惇・ジュリ174号19頁）。

(c) 不当景品類及び不当表示防止法4条3号についての公正取引委員会の指定として昭和48年に商品の原産国に関する不当な表示に関する一般的基準を定めた告示（公正取引委員会昭和48年告示第34号）が出され，外国事業者の氏名，名称又は，商標を表示することにより，その商品が国内で生産されたものであることを一般消費者が判断することが困難であると認められる場合（同告示1二）には，内閣総理大臣の措置命令（ただし，同法12条により権限行使の委任が可能）により，かかる行為が排除される（景表6条・12条）。

ところで，現行法の立法時には，専用使用権制度は，商標権者の保護という法の理念に反し，商標権者が使用できない登録商標を認めることになるとの反対が多かった（改正審議会答申149）。ところがその後逆に，商標使用許諾制度は，外国立法例に比して経済的便宜にやや流れすぎ，監督・品質保証などの点で無制約すぎると批判されている（豊崎・工業444頁，網野・商標〔第6版〕831頁）。また，一手販売業者に専用使用権が必要であるとの意見に対しては，独占的通常使用権の許諾を得れば足りるとする意見もある（吉原＝高橋・新訂説義168頁，小野・概説〔第2版〕239頁）。

ところで，商標権は，商標の機能の1つとしての品質保証機能，すなわち商標から消費者が一定の品質を看取して信頼することを保護しなければならないのであって，特許権，実用新案権，意匠権とは異なる側面がある。したがって消費者保護の観点から，許諾制度の再検討をする必要があるとの指摘もある（網野・商標〔第6版〕831頁）。

(4) 専用使用権の性質及び通常使用権との差異

両者の相違は，商標法30条2項と商標法31条2項の対比より明らかなごとく，指定商

§30 （専用使用権）

品・指定役務について登録商標を使用する権利を「専有する」か否かである。

指定商品・指定役務について登録商標の使用をする権利を「専有する」ことから，専用使用権が物権的効力をもっているものとされる結果，専用使用権が設定された範囲内では，商標権の効力が制限され，かつ，同一範囲内については商標権者は単一の専用使用権しか設定できないのに反し，通常使用権は債権であるため重複して同一範囲について設定できる（逐条解説〔第19版〕1382頁）。ただし，独占的通常使用権者と商標権者との間の合意により，同一内容の通常使用権の設定を禁止されることもあるが，この合意は債権的なものであって，独占的通常使用権者が他の通常使用権者を物権的に排他し得るものではない。

登録は，専用使用権には効力発生要件であるが，通常使用権にとっては，対抗要件にすぎない（商標30条4項による特98条1項2号準用，商標31条）。専用使用権設定の合意があって登録のみを欠く場合は，かような契約（合意）の解釈として独占的通常使用権の設定がなされたとして当事者の意思を忖度して解釈すべきであるとする学説及び判決例がある（特許権の専用実施権につき，中山編・注解特許法〔第3版〕(上)813頁〔中山〕，大阪地判平20・3・18裁判所ホームページ〔マイクロクロス事件〕）。

なお，許諾使用権の設定登録数を比較するに，商標権に関しては，平成元年以降，常に専用使用権の設定登録数が通常使用権のそれを上回り，この傾向は現在も変わらない。2014年（平成26年）は専用使用権の設定登録数が年間205件であるのに対して，通常使用権の登録数は129件である（特許庁・特許行政年次報告〔2015年版〕83頁）。

(5) 専用使用権の設定と効果

商標権者は，その商標権について専用使用権を設定することができる（商標30条1項）。

商標権が共有の場合には他の共有者の同意を要する（商標35条，特73条3項）。また，専用使用権者が共有に係る場合，同様に他の共有者の同意が必要である（商標30条4項，特77条5項・73条3項）。

専用使用権は，商標権者の許諾行為によって設定される。この許諾行為は，商標権者と専用使用権者との専用使用権設定契約のような契約の形式でされることが多いが，遺言によっても設定することができると解されている。

専用使用権者は，製造・販売などの使用態様，指定商品中の許諾商品あるいは指定役務中の許諾役務，使用許諾期間，使用許諾地域など，設定行為で定めた範囲内で，商品・役務に登録商標を使用する権利を専有する（商標30条1項・2項）。

専用使用権は，物権的なもので排他的効力があるから，侵害行為に対し差止請求権が行使できることは商標権と同様であり（商標36条），また，専用使用権を設定すれば，商標権者もその範囲内ではその登録商標を使用することができない。したがって，もし商標

第1節　商　標　権　　　　　　　　　　　　　　§30（専用使用権）

権者が自らも使用する権利を留保するためには，専用使用権者からの明示又は黙示の許諾を要し，これを第三者に対抗するには，専用使用権者から通常使用権の許諾を受け，その旨の登録を要する（網野・商標〔第6版〕763頁）。

(a)　設定の対象の範囲　　商標権者が専用使用権を設定することができるのは，使用権の範囲か禁止権の範囲かどうかという問題がある。すなわち，登録を受けた商標及び商品・役務について，いずれも同一の範囲においてのみ使用許諾し得るという説と類似の範囲内についても専用使用権を設定することができるという説があり，前説が通説であるとされている。前説は，禁止権は使用専有権（以下「使用権」という）の範囲と同一ではないことを理由とし（吉原＝高橋・新訂説義169頁），あるいは，禁止権は使用権に付随するものであって使用権の当然の効果として生ずるものであるから，禁止権自体が専用使用権設定の対象となることは商標権の性質上問題となり得ないとする（網野・商標〔第6版〕833頁）。

しかし，現実社会では，使用権の範囲を超えた使用許諾契約が多くなされている。これは，禁止権が対象商標と類似の範囲に及んでいることから，使用者としては，自己が専用使用権を有する対象商標と類似する商標をも対象としたほうが事実上広範囲の使用ができるだけでなく，商標権者としてもことさら専用権の範囲に限定して専用使用権を設定することによって契約内容が複雑化することを避けたいとの意思が存在するものと思われる。しかし，このような契約を法律上，商標の禁止権解除契約（すなわち禁止権の不行使特約）と解すべきかといった，事実上の使用許諾にすぎないものと解すべきかといった問題は残っている（小野＝三山・新概説〔第2版〕285頁）。

(b)　設定の禁止　　国・地方公共団体，これらの機関，公益団体で営利を目的としないもの，又は公益事業で営利を目的としないものを行っている者が，これらを表示する著名標章（これと同一・類似の商標を含む）について出願した登録商標に関しては，専用使用権設定は許されない。それは，これを特に登録した理由が，これらの団体・機関自体にのみ使用させることを前提とするから，専用使用権を設定することが許されないのである（商標30条1項但書・4条2項・4条1項6号）。

(6)　**団体商標等**

団体商標に係る登録商標（商標7条）にも，専用使用権，通常使用権を設定できる。商標法30条，31条の各規定において団体商標の場合を除外しておらず，商標法31条の2第1項但書は，団体商標について専用使用権が設定されることを前提としているからである。

団体商標制度は，商標法7条の要件を充足する団体が，その構成員に使用させる商標について商標登録を受ける制度である。

ところが，団体商標に係る商標権について専用使用権が設定されたときは，専用使用

権者がその登録商標の使用をする権利を専有する範囲については，団体構成員は，その登録商標を使用できない（商標31条の2第1項但書）。このような団体商標権にも，専用使用権等の使用権の設定を認めることとした理由として，例えば，商品の生産を行う事業者により構成される団体が，当該商品の販売等を団体構成員以外の者に扱わせるようなケースにおいて，当該団体商標を商品の販売をする者に使用させることが想定されるからということにある（逐条解説〔第19版〕1390頁）。

これに対して，地域団体商標に係る商標権については，専用使用権を設定することができない（商標30条1項但書）。地域団体商標制度が形成途上にある地域ブランドの保護を趣旨（小川宗一「地域団体商標制度と商標法の基本的理念」日本法学72巻3号199頁，江幡奈歩「『商標法の一部を改正する法律』の概要」L&T 28号30頁。ただし，反対説として田村善之「知財立国下における商標法の改正と理論的な含意－地域団体商標と小売商標の導入の理論的分析」ジュリ1326号94頁，松村信夫「原産地名称・地理的表示の保護と我国における原産地誤認表示規制及び地域団体商標登録制度」飯村退官915頁）とし，商標権者たる組合等の構成員に商標を使用させることを目的とした制度である以上，当然のことであろう。

Ⅲ 専用使用権の侵害
(1) 専用使用権の侵害に対する専用使用権者の権利行使

専用使用権者は，自己の専用使用権が侵害された場合には，商標権者と同様に侵害行為の差止請求権（商標36条），損害賠償請求権（民709条，商標38条），信用回復措置請求権（商標39条，特106条）を有する。

専用使用権のこのような効力を説明するために「専用使用権が設定されると商標権者たる地位は残存しつつ，その内容である独占排他的使用権は設定契約に従い，その全部又は一部が専用使用権者に移転する。専用使用権者は，移転された使用権の範囲内で商標権者と同様の権利を有する。従って，禁止権も行使し得ることはもとよりであって権利侵害に対しても第三者に対し差止請求や損害賠償の請求をする権利を有する」（網野・商標〔第6版〕833頁）と専用使用権者が商標権の排他的独占の権利の全部又は一部の移転を受けたことを根拠とする説がある。

これに対して，専用使用権設定後も商標権者が差止請求権や損害賠償請求権を失わないことに鑑みると，商標権者が有する独占排他権が専用使用権者に移転するのではなく，その差止請求権は専用使用権の排他的性格から，法が認めた政策的な権利であるとの理解も可能である（特許権の専用実施権に関して中山・特許〔第2版〕453頁，田村・商標371頁。この点は，独占的な通常実施権についても差止請求権や損害賠償請求権が認められるかという論点とも関連して，種々の議論が存在する。詳細は31条の注解を参照されたい）。

いずれにせよ，上述の差止請求権・損害賠償請求権・信用回復措置請求権は専用使用権者固有の権利であって，商標権者の権利を代位するものではない（特許権の専用実施権についてではあるが中山編・注解特許法〔第3版〕（上）817頁〔中山〕）。

(2) 専用使用権設定後の商標権に基づく差止請求の可否

専用使用権設定後も，商標権者は侵害行為の差止請求権を行使し得る（商標36条）。これに対し，専用使用権の設定により商標権者の専用権が排除され，その排除された限度で差止請求権等は専用使用権者についてのみ成立し，かつ行使されるとの説もある（特許権の専用実施権についてであるが，兼子＝染野・工業208頁）。特許権と専用実施権との関係で専用実施権設定後の特許権について差止請求権を認めない説は，特許法68条と77条2項の整合性を根拠としている。すなわち，特許法68条の「特許権者」が「専有する権利」には，特許発明を専用実施する権利と禁止権（特100条等）が含まれているとの前提に立ち，同条は「ただし，その特許権について専用実施権を設定したときは，専用実施権者がその特許発明の実施をする権利を専有する範囲についてはこの限りではない」と規定している以上，特許権が有している禁止権も同条但書により制限されると解するのである（東京地判平15・2・6民集59巻5号1080頁参照判決）。また，特許発明の実施権を有しない特許権者には，差止めを認めるべき実益がないということも理由として上げられる（上記判決）。しかし，専用使用権設定後も，商標権者には使用料収受権能としての収益権能が残るのであり，商標権侵害行為があればその収益権能の侵害の可能性があるから商標権者にも侵害行為の排除の必要があるとの理由から，専用使用権設定後の商標権についても差止請求権が認められるとする説が有力である（網野・商標〔第6版〕764頁，吉田清彦「専用実施権設定と特許権による侵害差止請求」パテ33巻11号29頁）。また，専用使用権設定後も商標権は虚空権ではなく，商標権者は専用使用権がなんらかの理由で消滅すれば，自ら登録商標の専用権を回復取得し得る地位にあることも，商標権者に差止請求権を認める理由としてあげられよう（網野・商標〔第6版〕764頁）。さらに，「専用実施権者といえども特許権者の許諾がない限り通常実施権を設定できないと規定されている（特77条4項）ところ，この規律を無意味としないためには，特許権者の許諾を得ることなく，専用実施権者から実施許諾を受けた者が特許発明を実施する行為に対して，特許権の侵害行為として特許権者が差し止めることができるとしなければならず，そのことの均衡から専用実施（侵害行為）に対し特許権者が差止請求権を行使することができるのは当然の帰結である」と解する説も存在する（田村善之・知的財産法〔第5版〕344頁）。なお，前記特許法77条4項は商標法上の専用使用権にも準用されている（商標30条4項）。そこで，かような解釈は専用使用権設定後の商標権者の差止請求権についても原則として妥当するであろう。

この点に関して，最高裁判所は，専用実施権の範囲を特許発明の実施の範囲の全部と

§30（専用使用権）

して設定した場合でも「特許権者は，その特許権について専用実施権を設定したときであっても，当該特許権に基づく差止請求権を行使することができると解するのが相当である。その理由は，次のとおりである。特許権者は，特許権の侵害の停止又は予防のため差止請求権を有する（特100条1項）。そして，専用実施権を設定した特許権者は，専用実施権者が特許発明の実施をする権利を専有する範囲については，業としてその特許発明の実施をする権利を失うこととされている（特68条但書）ところ，この場合に特許権者は差止請求権をも失うかが問題となる。特許法100条1項の文言上，専用実施権を設定した特許権者による差止請求権の行使が制限されると解すべき根拠はない。また，実質的にみても，専用実施権の設定契約において専用実施権者の売上げに基づいて実施料の額を定めるものとされているような場合には，特許権者には，実施料収入の確保という観点から，特許権の侵害を除去すべき現実的な利益があることは明らかである上，一般に，特許権の侵害を放置していると，専用実施権が何らかの理由により消滅し，特許権者が自ら特許発明を実施しようとする際に不利益を被る可能性があること等を考えると，特許権者にも差止請求権の行使を認める必要があると解される。」（最判平17・6・17裁判所ホームページ）と判示し，特許権者による差止請求権を認めている。この判決が挙示する理由は商標権につき専用使用権が設定された場合にも妥当すると思われる。よって，専用使用権設定後の商標権者についても差止請求権を認めるのが，妥当であろう。

(3) 専用使用権設定後の商標権者による損害賠償請求の可否

また，損害賠償請求権に関しては，第三者のために専用実施権を設定している実用新案権者が提起した損害賠償訴訟において，当該実用新案権は当該実用新案の実施品の販売のみに関するものであり，その製造に関する実施権は実用新案権者が留保しているといえるから，当該専用実施権設定の事実は，実用新案権者が平成10年改正前実用新案法29条2項により実施料相当損害金を請求することの妨げにはならないと判示した判決例がある（大阪地判平2・2・20判時1357号126頁）。

さらに，専用実施権設定後の特許権者であり自ら特許発明を実施していない者も，専用実施権者から売上げに応じた実施料を得るべき地位にある者は，侵害行為により専用実施権者から売上げに応じた実施料が減少することが観念できるから，特許法102条3項に基づき実施料相当額の損害賠償請求を行うことができると判示した判決も存在する（大阪地判平16・7・29裁判所ホームページ）。

ただ，専用実施権設定後は第三者に対する実施許諾権限を欠く特許権者は，特許法102条3項に基づく実施料相当損害を請求することはできず，民法709条に基づき侵害行為と相当因果関係のある約定実施料の減少について請求を行うことができるとの解釈を傍論で支持した判決例（大阪地判平19・11・19裁判所ホームページ）もあり，前提事実に相違は

あるものの，裁判所の判断も分かれているといわざるを得ない。
　なお，専用使用権者は，使用を許された商標や商品・役務に関してだけでなく，これに類似する商標の使用や，類似する商品・役務についての商標の使用についても差止めを行うことができる（商標37条）。また，損害賠償請求に関しても商標権者と同じく商標法38条1項ないし3項の損害の推定規定の適用を受け，損害立証のため侵害者に対して特許法105条に基づく書類の提出を求めることができる（商標39条）。
　この点については商標法38条，39条の注解において詳述するので該当箇所を参照されたい。
　さらに，専用使用権の侵害に対しては商標権侵害と同じく刑事処罰がなされる（商標78条）。

IV　専用使用権の移転・質入
(1) 専用使用権の移転
　専用使用権は，商標権者の承諾を得た場合及び相続その他一般承継の場合に限り移転することができる（商標30条3項）。
　専用使用権の自由な譲渡が制限されている理由について，学説は商標の信用維持と商品・役務の品質維持のため（豊崎・工業446頁，光石・詳説〔新訂〕208頁，小野＝三山・新概説〔第2版〕287頁），専用使用権が商標権者との信頼関係に基づいて設定されており，使用料の徴収等の商標権の経済的価値が専用使用権者や使用状況によって変動するため（特許権の専用実施権についてではあるが，中山編・注解特許法〔第3版〕(上)818頁〔中山〕，紋谷編・注釈特許法210頁〔橋本〕）などの理由をあげている。
　専用使用権の移転の原因が，売買等の有償行為であると贈与等の無償行為であるとを問わないし，強制執行等の法律上の原因に基づく場合にも許諾を要すると解されている（特許権の専用実施権の譲渡に関してではあるが，中山編・注解特許法〔第3版〕(上)819頁〔中山〕）。
　なお，特許権や実用新案権の場合には一般承継の場合のみならず「実施の事業とともにする場合」（特77条3項）にも特許権者等の承諾を得ずして専用実施権を移転することができるのに対して，商標権の専用使用権の場合にはこのような移転は認められていない。
(2) 専用使用権の質入
　特許権・商標権等の無体財産権を対象とした質権を設定することはできるが，専用使用権者は商標権者の承諾を得た場合に限って質権を設定することができる（商標30条4項による特77条4項及び5項の準用）。商標権及び専用使用権を目的とする質権の効力等については，商標法34条の注解を参照されたい。
　なお，質権設定について商標権者の承諾を要するとした以上，前記質権の実行による

任意競売の結果，競落人に専用使用権が移転する場合には，さらに商標権者の承諾を得る必要はなく，専用使用権が誰に競落されようとも異議を申し立てることはできない（中山編・注解特許法〔第3版〕(上)816頁〔中山〕)。

ところで，無体財産権を担保とする方法としては，質権設定のほかに譲渡担保が考えられる（豊崎・工業322頁等）。

専用使用権も譲渡担保の目的となるが，この場合にも譲渡担保権設定（すなわち専用使用権の信託的譲渡）の際には当然商標権者の許諾を得る必要があろう（商標30条3項又は4項による特77条4項の準用）。

(3) 通常使用権の設定

専用使用権者は，商標権者の承諾を得て，その権利の範囲内で通常使用権を設定することができる（商標30条4項による特77条4項の準用）。

この規定は，専用使用権者が商標権者の承諾を得ることによって，第三者に再使用許諾ができることを明らかにするとともに，再使用許諾権限の内容及び範囲について限定を設けたものである。

専用使用権者がその権利の範囲において，第三者に対して通常使用権を設定することは専用使用権者の変更をともなうものではなく，また専用使用権者の通常使用権者に対する監督も期待できるのであるから，専用使用権の移転・質入の場合よりは商標権者にとって不利益が生ずるおそれは少ない。しかし，何人が実際に商標を使用するかが商標の信用力やその品質保証機能，広告宣伝機能の維持にとって重大な影響を及ぼすこともあるので，商標権者の承諾を再使用許諾契約の要件としたのである。

専用使用権者が再使用許諾できる権利は，通常使用権のみであり，しかもその範囲（内容・存続期間等）も専用使用権の権利範囲を超えることができない。

しかし，専用使用権の権利範囲である限り，通常使用権の内容には制限がないのであるから，独占的通常使用権のような権利を設定することも可能である。

専用使用権者が，商標権者の承諾を得ても，再専用使用権（Sub-Exclusive-License）を設定することはできない。このような場合は，専用使用権の移転をすることで足りると現行法は考えている。しかし，国際的な規模で使用許諾を考えるときには，専用使用権者Bが，多数国で多数の商標権を有する国際企業Aから，アジア地域でのExclusive Licenseを獲得し，使用権者C_1にインドで，C_2にインドネシアで，C_3に日本でのExclusive Licenseを与えるというようなことがある。このようなときには，専用使用権者BがC_3に再専用使用権を与えるのが実態に合致するのである。しかし，現行法では再専用使用権の設定や，その登録をすることはできない。

(4) 商標権の譲渡による当事者間の契約関係の承継

第1節 商 標 権　　　　　　　　　　　　　　§30（専用使用権）

　商標権者は，第三者に専用使用権を設定した後も商標権を自由に譲渡できる。この場合，専用使用権者は設定登録によって商標権の譲受人に対しても自己の専用使用権を対抗できるのでその関係で何ら不利益は生じない。
　ただ，この場合に譲渡前の商標権者（以下「旧商標権者」という）と専用使用権者との間の法律関係（なかんずく専用使用権者が専用使用権設定契約に基づく場合に，その契約上の地位や契約により発生した権利義務関係）がそのまま譲渡後の商標権者（以下「新商標権者」という）と専用使用権者との間に移転するか否かについては問題があろう。
　この問題に関しては，従来特許権者と専用実施権者との間の法律関係について論じた論稿（大隅健一郎「技術提携」経営法学全集11巻152頁，豊崎光衛「特許権の譲渡と許諾実施権者の地位」大隅健一郎先生古稀記念論文集570頁，中山編・注解特許法〔第3版〕（上）817頁〔中山〕）が存在し，商標権の移転と被許諾者との権利義務関係の移転の可否についても参考になる。
　中山教授は，この点に関する従来の学説を「まず，第1の学説は，新許諾者が設定契約から生ずる権利・義務を引き継ぐ，すなわち設定契約はそのままの形で新特許権者に移転するとするものである（織田季明＝石川義雄・増訂新特許法詳解（日本発明新聞社，72）345頁）。これは賃借権に関する民法605条の考え方を特許法99条1項にあてはめたものである。これに対し第2の学説は，特許権の譲渡は自由になし得るが，実施権設定者たる地位は権利のほか義務も包含するので一方的行為によって譲渡することはできないとするものである（大隅健一郎「技術提携」経営法学全集11巻152頁〔昭和42〕）。この説によれば旧特許権者の実施料請求権の権利は債権譲渡の方法により新特許権者に移転することは可能であるが，設定契約そのものは旧特許権者と専用実施権者に残ることになる」と整理された後，基本的には前説（第1説）が妥当であろうとしている（中山編・注解特許法〔第3版〕（上）817頁〔中山〕）。また，豊崎教授はこの問題に関するドイツ・スイス・フランス等の状況を概観した後，「この問題は複雑な要素を含んで，筆者も確信をもった解決を示し得ないが，登録などの公示方法によって特許権の善意取得者の利益が守られる体制があれば，ドイツのような解決方法～実施契約関係の原則的移転～が簡明であると思われ，なお，リュデッケの提案する実施権者への解約権の付与も考慮に値すると思う」との結論に至られている（豊崎光衛「特許権の譲渡と許諾実施権者の地位」大隅健一郎先生古稀記念論文集581頁）。
　この問題は，結局，契約上の地位の譲渡に関する一般原則と特許権（商標権）譲渡の自由をどう調和させるかの問題であり，同時に登録制度によっても必ずしも十分に公示されない専用実施権（専用使用権）設定契約の権利義務内容を新特許権者（新商標権者）に承継させるのが妥当か否かという利益衡量に関する問題でもある。
　その点では，新特許権者と専用実施権者との関係に関して，（i）専用実施権の設定の範囲，実施料の額及び支払方法や時期は，登録されていれば，同一の条件で新特許権者に

〔松村〕　947

対して効力をもつ，(ii)その他一般に特許権の専用実施権設定にともなって設定者が当然に負う義務については登録がなくとも当然新特許権者に移転する，(iii)専用実施権設定にともなうものではないが，契約上課せられた義務は旧特許権者と専用実施権者の特殊な関係の下に課せられたものであり，また登録できる事項ではないので，当然には新特許権者に移転しないというように，契約条項の内容に従って新特許権者への承継の有無を個別に判断される中山教授の所説（中山編・注解特許法〔第3版〕（上）818頁〔中山〕，中山・工業〔第2版増補版〕440頁。ただし，特許権の専用実施権の場合は現在においても登録が効力発生要件として存続しているため，大きな問題状況の変化はないが，通常実施権については，平成23年特許法改正により，通常実施権の当然対抗制度が導入された結果，必ずしも上記のような考え方は通用しなくなった。そこで，通常実施権と契約上の地位の移転に関しては，一律の基準で解釈するのではなく，個別条項による権利義務関係の性格や当事者間の利益均衡等によるより細やかな検討が必要となる。詳細は中山信弘・特許法〔第2版〕471頁等参照）は新商標権者と専用使用権者との関係を考える上でも参考になろう。

V 専用使用権の消滅

専用使用権は以下の各場合に消滅する。

(1) 専用使用権の存続期間の満了

専用使用権は，設定行為で定められた存続期間が満了することによって消滅する。

専用使用権の存続期間は登録事項である（商標登10条による特登43条1項の準用）。したがって，あらかじめ存続期間を登録しておけば，存続期間満了時に消滅の登録をしなくとも，専用使用権消滅の効力が生ずる（織田＝石川・前掲388頁）。

これに対して，存続期間が定められていない専用使用権については，消滅の時期が明確ではない。

特許権・実用新案権・意匠権は，いずれも存続期間が定まっており更新もしないので，存続期間のない専用実施権であっても少なくとも基礎となる特許権・実用新案権・意匠権が存続期間の満了によって消滅すれば，専用実施権も消滅することになる（(2)参照）。これに対して，商標権に関しては，存続期間が定まっているものの更新登録の手続によって存続期間の更新を行うことができる。

そこで，存続期間の定めがない商標の専用使用権について，商標権の更新がなされた場合には，専用使用権の存続期間も更新されるものと考えるべきか，あるいは更新登録前の存続期間の満了によって専用使用権は消滅すると考えるべきかという問題が生じる。

これは，最終的には専用使用権設定契約自体の解釈問題に帰着する。存続期間の定めのない専用使用権や通常使用権に関して商標権につき存続期間の更新登録がなされたと

きは，専用使用権や通常使用権も当然に黙示的に更新されたものと判示した判決例が存在する（東京地判昭54・6・29ニュース5283号・5288号）。したがって，この判決例を前提にする限り，契約に定めがない限り専用使用権は商標が更新された後も原則として存続することになり，黙示の更新がないと認められる特段の事情があれば更新されないということになる。

そこで，実務では，あえて専用使用権の存続期間は，商標権の残存期間に限るというような条項を設けることにより，このような争いを避けている（松尾和子「商標ライセンス」山上和則＝藤川義人編・知財ライセンス契約の法律相談216頁）。

(2) 商標権の消滅

専用使用権は商標権を基礎として成立しているから，商標権が消滅すれば当然専用使用権も消滅する。

この場合，商標権消滅の原因の如何は問題とならないが，商標権を放棄によって消滅させる場合には専用使用権者の同意が必要である（商標35条による特97条1項の準用）。

ただ，商標権がいったん無効審決の確定によって消滅した後に無効審決に対する再審によって回復した場合に，消滅した商標権を基礎として設定された専用使用権が復活すると解すべきか否かについては問題がある（特許の専用実施権につき中山編・注解特許法〔第3版〕(上)823頁〔中山〕）。

(3) 専用使用権設定契約の解除

専用使用権設定契約が解除された場合には，専用使用権も消滅する。

ただし，例えば契約解除前に専用使用権に基づき設定された通常使用権も消滅することになるのか否かは疑問がある（このような場合に民545条1項但書を適用すべきであろうか）。

(4) 専用使用権の放棄

専用使用権は放棄により消滅する。しかし，専用使用権について質権，通常使用権を有する者があるときは，これらの者の承諾がなければ放棄することができない（商標30条4項による特97条2項の準用）。

(5) 混　　同

商標権と当該商標の専用使用権とが同一人格に帰属したときには混同（民179条2項）によって消滅する。ただし，当該専用使用権を目的とする質権等が存在する場合はこの限りではない（商標30条4項但書）。

VI 専用使用権と登録

専用使用権の設定・移転（相続その他の一般承継によるものを除く）・変更・消滅（混同又は商標権の消滅によるものを除く）又は処分の制限，専用使用権を目的とする質権の設定・移

§30（専用使用権）

転（相続その他の一般承継によるものを除く）・変更・消滅（混同又は担保する債権の消滅によるものを除く）又は処分の制限は，登録をしなければ効力を生じない（商標30条4項・34条4項，特98条1項2号・2項・98条1項3号）。

なお，商標原簿の公示性確保のため，相続その他の一般承継がなされた場合は，遅滞なくその旨を特許庁長官に届け出なければならない（商標30条4項，特98条2項）。

以上のように，専用使用権は登録が効力発生要件である以上，登録がない専用使用権は第三者との関係だけでなく，当事者間においても効力は生じない。ただし，当事者間では独占的通常使用権の許諾があったと見ることができる場合がある（大阪地判平20・3・18裁判所ホームページ〔マイクロクロス事件〕。なお，特許権の専用実施権に関する同様の判例として大阪地判昭59・12・20無体集16巻3号803頁〔ヘアブラシ事件〕等）。

Ⅶ 専用使用権設定に伴う当事者の権利義務

(1) はじめに

専用使用権は遺言等の単独行為による設定もできないわけではないが，多くの場合，専用使用権設定契約ないし商標権使用許諾契約などの契約により設定されている。

これは特許権等の他の工業所有権の専用実施権においても同様であって，特に特許実施契約にともない発生する当事者の権利義務関係については，多数の詳細な論稿が存在する（H. Stumpt（布井要太郎訳）「特許実施契約」特管28巻3号237頁以下，雨宮正彦「特許実施契約論」特管24巻5号405頁以下，野口良光「実施契約の解釈」特企35号15頁，同「特許実施契約」原退官（下）1013頁，渋谷達紀「特許実施契約における実施権者の実施義務と契約の法律的性質」法協85巻2号65頁，中山編・注解特許法〔第3版〕（上）819頁〔中山〕，大阪弁護士会知的財産法実務研究会編・知的財産契約の理論と実務315頁・506頁等）。

さらに，特許やノウハウの実施契約上，実施許諾者から被許諾者に対して課される義務の内容によっては，技術取引における公正かつ自由な競争確保の観点から独占禁止法による規制が及ぶ場合がある（独禁3条・19条・21条，公正取引委員会・知的財産の利用に関する独占禁止法上の指針（平成19年9月28日公表，平成22年1月1日改正）参照）。

これに対して，商標の使用許諾契約に関しては，当事者の権利義務を論じた論稿も少ない。

しかし，原則として，標識法と創作法の相違に由来するものでない限り，上記特許法等に関する論稿が参考となろう。以下においては，当事者の権利義務関係に関する若干の問題点について概観するにとどめる。

(2) 設定者の義務

前述のとおり専用使用権の設定に関しては，登録が効力発生要件であるので，当然専

§30 (専用使用権)

用使用権の設定者は登録手続に協力すべき義務がある。

　なお，登録義務の履行と使用料支払義務については，設定者がかような登録義務を履行しないまま死亡し，その相続人が被設定者に契約で定められた使用料を請求したのに対して，被設定者が設定者に再々登録を請求していたにもかかわらず設定者がこれを履行しなかったこと及び被設定者が有している商標の使用権は専用使用権設定登録が欠けている以上専用使用権としての効力はなく通常使用権としての効力しかないことなどを理由として，これを拒絶した事案について，専用使用権設定の合意があった場合，その設定登録を待つまでもなく，合意の成立と同時にその商標権を独占的に使用できるのであり，被設定者は本件契約の成立当初から本件登録商標を独占的に使用する権限を有していたのであって単なる通常使用権者としての利益を享受したにとどまるものではないとの理由で，使用料の支払請求を認容した判決例がある（東京地判昭54・6・29判例工業所有権法2837の54頁，同判決の解釈として耳野晧三「専用使用権の設定登録未了と使用料の支払請求」山上和則先生還暦記念論文集・判例ライセンス法111頁）。

　しかし，上記判決例は，専用使用権の設定合意後，相当の期間が経過する間も被設定者から設定者に対して設定登録をなすべきことの催告や登録手続の履行請求がなされず，しかもその間被設定者は設定者に対して特段の異議を述べることもなく約定の使用料の支払を続けており，その後設定者が死亡しその相続人から請求を受けた段階で上記のような登録手続未了を理由とした事案であり，それまで設定者及び設定者の相続人は対象商標を他に使用させることもなく，被設定者に事実上独占使用させていたという事例に関してなされたものであり，必ずしも判決の判旨を一般化できるものでもない。

　もっとも，本判決も認めているように，専用使用権の設定者は被設定者に対して設定登録手続を行うべき契約上の義務があるのであるから，被設定者はまず設定者に対して上記のような設定登録手続の履行を請求すべきであり，合理的な期間内にかような請求を行わずにただ実施料の全部もしくは一部の支払を拒むことはできないと解すべきであろう。

　ただ，被設定者が上記のような登録義務の履行請求を行ったにもかかわらず，設定者が不当にその履行を遅延したり，あるいは設定登録が未了であることを奇貨として他者に通常使用権の許諾を行う等の行為を行えば，設定者には上記設定登録手続の不履行という債務不履行責任が生じ，他方で設定登録手続が完了するまでの間，あるいはそれ以降も被設定者が対象商標を独占使用できなかったことにより経済的な損害が発生するならば，当該損害額（ただし，争いがあるときは裁判所による認容が必要である）と実施料債務とを相殺することにより，実施料支払義務の全部又は一部を免れることは可能であると思われる。

　なお，設定者は登録義務のほか，専用使用権者に商標の使用継続による利益を享受させるため，商標権の維持管理に努める義務があることはいうまでもない。

〔松村〕

§30 (専用使用権)

ただし，契約で別段の定めがされている場合を除き，商標の存続期間の更新登録手続を行う義務はないと思われる。もっとも，契約で専用使用権の存続期間を商標の存続期間より長期に定めている場合には，更新登録をしなければ専用使用権者は商標権が消滅した後は当該商標を独占的に使用することができないだけでなく，その後に同一商標につき登録を受けた第三者から差止請求や損害賠償請求を受ける危険がある（専用使用権の使用が商標法32条に該当する場合を除く）。したがって，このような場合には商標権者に黙示のあるいは信義則上の更新義務があるとも考えられる。

また，第三者から無効審判請求がなされた場合も，商標権者として無効を争う理由がない場合でも，専用使用権者のために審判や審決取消訴訟に応じ，無効となることを防止するため真摯な努力を怠らない義務があるか否かも問題となる。

この点については，次の(3)において詳述するように，商標登録が無効となった場合に専用使用権者が既に支払った使用料の返還を請求する義務があるか否かという論点とも関連して種々の考え方が成立し得る。

さらに，上記の論点は，商標権者は専用使用権者に対して商標権の有効性に関して担保責任を負うか否かという論点にも関係する。

後者の論点に関して，特許権に関して特許権者が特に契約で有効性を保証したり，あるいは契約時に有効性に瑕疵があることを知っていたような場合は別として，一般に特許の有効性について担保責任を負わないと解する説が有力である（豊崎・工業〔新版増補〕310頁，中山編・注解特許法〔第3版〕(上)820頁〔中山〕等）。

商標権の有効性についても，特許権における上記の有力説と同様の解釈をとるならば，そもそも契約で商標権の有効性につき特に保証をしたような場合でない限り，商標権者は専用使用権者に対して担保責任すら負わないのであるから，まして，無効審判や審決取消訴訟について専用使用権者のために積極的な無効化を防止する活動を行うべき義務まではないと解するのが相当であろう。

なお，商標権の侵害行為に対しては，専用使用権者が独自に差止請求権，損害賠償請求権を有している以上，商標権者は，契約に別段の定めがない限り，ことさら専用使用権者のために侵害行為に対し差止請求権等を行使して侵害の排除・予防を行うべき義務もないと解せられる。

(3) 専用使用権者の義務

専用使用権者は，設定者に対して，専用使用権設定契約で使用料支払の定めがあればこの約定に基づき使用料を支払わなければならない。使用料は，一般に固定額方式（設定料方式），出来高払方式（ロイヤリティ方式），両者の混合方式（イニシャル方式）等種々の形態がある。

§30（専用使用権）

　ところで，後日，専用使用権の対象となった商標登録が無効となった場合に，専用使用権者は設定者に対して支払った使用料の返還を求めることができるのであろうか。

　この問題に関して，学説上も争いがある。すなわち，商標登録が無効となった以上，専用使用権も法律上の根拠を失い，既に支払われた使用料は不当利得として返還すべきであるという考え方（網野・商標〔第6版〕961頁），無効な商標登録もこれを無効とする審決が確定するまでは有効なものとして扱われ，専用使用権者も事実上，排他的・独占的な使用による利益を享受することができたのであるから，使用料を不当利得とすべきではないとする考え方（豊崎・工業313頁，雨宮正彦「特許実施契約論」特管22巻5号137頁，中山編・注解特許法〔第3版〕(上)820頁〔中山〕），善意占有者の果実取得権（民189条1項・205条）を根拠として，使用権者が悪意でない限り返還すべきではないとする考え方（兼子＝染野・工業284頁），商標権が事実上尊重されていたか否かにより支払者に実質的な損失があったか否かを判断しこれを基準として不当利得請求の成否を決する折衷的考え方（谷口知平編・注釈民法(18)580頁〔馬瀬〕）などがある。

　なお，これと表裏の問題として，使用権者が商標権の効力を争わないという不争義務があるか否かという論点がある。この点については，学説上も争いのあるところである。

　不争義務を肯定する説は，使用権者が商標権が有効であることを前提に契約に入った以上，これを争うことは信義則に反することを理由とするようである。

　しかし，一義的にこのように解することは，使用権者に一方的に不利な場合があり，妥当ではない（意匠権の専用実施権者から通常実施権の許諾を受けた者が当該意匠の登録無効の審判を請求することは特段の事情がない限り信義則に反するものではないことを判示する判例として，東京高判昭60・7・30無体集17巻2号344頁〔蛇口接続金具事件〕，同判決の評釈として，茶園成樹「通常実施権者による意匠登録の無効審判の請求」前記・判例ライセンス法421頁）。

　ただ，例えば契約締結前に使用権者が無効理由の存在を知っていた場合，あるいは当事者間に組合類似の緊密な関係がある場合等の特殊な場合においては，信義則上不争義務を負うべきであろう。

　なお，当事者がかような約定を設けた場合の効力については，独禁法上問題があり，公正取引委員会が独禁法上の考え方の指針を公表している（公正取引委員会・知的財産の利用に関する独占禁止法上の指針（平成19年9月28日公表，平成22年1月1日改正）第4.4(7)等参照）。

　なお，これ以外にも契約上よく見られる商標ライセンス契約上のライセンシーとしての専用使用権者の義務としては商標の尊重（類似商標・類似品の取扱・販売の制限），品質コントロール義務，ライセンサーに対する協力義務等種々の義務が考えられる（詳細は大阪弁護士会知的財産法実務研究会編・知的財産契約の理論と実務537頁以下参照）。

〔松村　信夫〕

§31（通常使用権）

第31条（通常使用権）

商標権者は，その商標権について他人に通常使用権を許諾することができる。ただし，第4条第2項に規定する商標登録出願に係る商標権については，この限りでない。

2　通常使用権者は，設定行為で定めた範囲内において，指定商品又は指定役務について登録商標の使用をする権利を有する。（改正，平3法65）

3　通常使用権は，商標権者（専用使用権についての通常使用権にあつては，商標権者及び専用使用権者）の承諾を得た場合及び相続その他の一般承継の場合に限り，移転することができる。

4　通常使用権は，その登録をしたときは，その商標権若しくは専用使用権又はその商標権についての専用使用権をその後に取得した者に対しても，その効力を生ずる。（本項追加，平23法63）

5　通常使用権の移転，変更，消滅又は処分の制限は，登録しなければ，第三者に対抗することができない。（本項追加，平23法63）

6　特許法第73条第1項（共有），第94条第2項（質権の設定）及び第97条第3項（放棄）の規定は，通常使用権に準用する。（改正，平23法63）

【参考文献】

〔使用許諾〕　藤江政太郎「商標及商号の本質並に其の使用契約論」特商3巻6号11頁（34），長谷輝雄「商標の使用許諾について」特商6巻7号7頁（37），奥平正彦「商標の使用許諾」特商10巻6号1頁（41），佐藤直「商標権の実施権について」特管2巻3号67頁（52），沢浦雪男「商標の譲渡及び使用許諾について」特管5巻6号126頁（55），藤江政太郎「登録商標の使用論」パテ9巻10号23頁（56），蕁優美「アメリカ法における商標権の譲渡と使用権の問題（1～2）」パテ9巻11号15頁・12号9頁（56），能登勇「米法における商標の使用許諾」パテ10巻3号4頁（57），木村三朗「諸外国における商標の使用許諾」特管8巻8号508頁（58），矢沢惇「商標権と営業との分離」ジュリ174号18頁（59），W.J.デレンバーグ（松尾和子訳）「商標の譲渡と使用許諾－国際商標・不正競争の諸問題」海外商事法務50号21頁（66），W.J.デレンバーグ（土井輝生訳）「商標の使用許諾をめぐる諸問題」特管16巻9号497頁（66），土井輝生「商標ライセンスとコントロール－『関係会社』規定の法理と適用」海外商事法務85号14頁（67），杉林信義「ランハム法上の商標と関係会社」パテ21巻2号24頁（68），桑田三郎「日本に於ける国際ライセンス取引の商標法的観点」AIPPI 15巻12号4頁（70），村木清司「米国における商標の使用許諾について」パテ23巻3号19頁（70），菊地武「フランチャイズ契約における商標・商号等の使用許諾」NBL 76号32頁（74），望月保弘「商標ライセンス」JCAジャーナル21巻8号16頁（74），高村章「『のれん分け』に基づく商標の使用許諾」特管25巻1号39頁（75），E.D. Offner（木村三朗訳）「諸外国における商標使用許諾契約」AIPPI 22巻4号20頁（77），村林隆一「専用使用者は商標登録取消審判を請求することができるか」パテ33巻10号49頁（80），播磨良承「商標のライセンス契約と移転登録」発明78巻5号104頁（81），石井誠「商標等の使用許諾

第1節　商　標　権　　　　　　　　　　　　§31（通常使用権）

契約において，使用権者の工夫・創案を考慮して，商標権の帰属を認めた事例」特管32巻9号1109頁（82），満田重昭「実施契約における実施不能と要素の錯誤」特許判例百選〔第2版〕146頁（85），土井輝生「著名外国ブランド商品の国内ライセンスに基づく商標権の帰属」判評333号40頁（86）。

〔権利の性格〕　染野義信「特許実施契約」契約法大系Ⅵ375頁（63），雨宮正彦「通常実施権に基づく差止請求権」司法研修所創立20周年記念論文集1巻362頁（66），渋谷達紀「特許実施契約における実施権者の実施義務と契約の法的性質」法協85巻2号65頁（68），播磨良承「特許についての通常実施権の許諾と設定登録手続義務」民法雑誌69巻6号115頁（74），佐藤義彦「〔判例研究〕特許権についての通常実施権の許諾と設定登録手続義務」法時46巻1号107頁（74），中山信弘「通常実施権の侵害」中松潤之助先生追悼論文集・国際工業所有権法の諸問題（国際工業所有権保護協会日本部会，76）486頁，佐藤文男「実施許諾者の登録義務」特許判例百選〔第2版〕150頁（85），渋谷達紀「実施許諾者の権利侵害差止義務」特許判例百選〔第2版〕152頁（85），盛岡一夫「通常実施権に基づく訴権」特許判例百選〔第2版〕170頁（85），盛岡一夫「通常実施権者の差止請求権」学会年報8号57頁（85），佐藤義彦「特許実施権の性質」於保還暦記念論文集・民法の基礎的課題（下）279頁（76），中山信弘「通常実施権と登録請求権」学会年報2号24頁（79），金子敏哉「特許権の侵害者に対する独占的通常実施権者の損害賠償請求権」知財政策21号203頁（08），島並良「通常実施権の対抗制度のあり方」学会年報35号77頁（11），片山英二「当然対抗制度の導入と実務上の問題点」同89頁，鎌田薫「当然対抗制度と民法理論」同103頁，工藤莞司「商標法32条1項に規定する先使用権に係る周知性について－裁判例等からみた実務的検討－」松田治躬先生古稀記念論文集421頁（東洋法規出版，11），「商標で飄々としている方へ1，2，3，4」同607～618頁，「商標制度の改革に対する一考」同619頁，磯田直也「通常実施権の当然対抗制度とライセンス契約の当然承継の有無」パテ65巻3号6頁（12），村井麻衣子「特許権の独占的通常実施権者による差止請求の可否」同9号46頁，蘆立順美・知管62巻12号1725頁（12）。

細　目　次

Ⅰ　沿　　革(956)
Ⅱ　通常使用権の許諾(958)
　(1)　通常使用権(958)
　(2)　批判論・比較法論(959)
　(3)　許諾の禁止(960)
Ⅲ　通常使用権の内容(960)
　(1)　通常使用権の性格(960)
　(2)　独占的通常使用権とその排他性(962)
Ⅳ　通常使用権の侵害(963)
　(1)　損害賠償請求権も，差止請求権もともに認めない説（染野啓子，染野義信）(964)
　(2)　損害賠償請求権は認めるが，差止請求権は認めない説（渋谷達紀）(964)
　(3)　損害賠償請求権を認め，また，差止請求権の代位行使（民423条）を認める説（小島庸和，光石士郎）(965)
　(4)　独占的通常使用権に限って，損害賠償請求権は認めるが，（代位行使の可能性は留保しつつも）差止請求権は認めない説（本間崇）(967)
　(5)　独占的通常使用権に限って，損害賠償請求権を認め，また，差止請求権の代位行使を認める説（中山信弘）(967)
　(6)　独占的通常使用権に限って，損害賠償請求権も，差止請求権もともに認める説（盛岡一夫）(968)
　(7)　一般的に，損害賠償請求権を認め，また，特に登録された独占的通常使用権については，差止請求権を認める説（豊崎光衛）(968)
Ⅴ　近時の裁判例(969)
Ⅵ　通常使用権の移転(970)
Ⅶ　共有にかかる通常使用権についての質権設

§31（通常使用権）

定と放棄の制限(970)
Ⅷ　通常使用権の登録(970)
Ⅸ　団体標章の廃止と復活(972)

(1)　廃止とその批判(972)
(2)　復　　活(973)

〔南川　博茂〕

Ⅰ　沿　　革

　旧法（大正10年法, 昭和26年最終改正）には, 使用許諾の規定がなかったことから, 商標の使用許諾が旧法上で認められるかどうかについては, 学説・判例ともに変遷があった。
　古くは, 積極に解されていたようであるが, 後には, 消極に解するのが判例の傾向であり, 多数説でもあった（網野・商標〔第6版〕825頁, 三宅発・商標283〜290頁に詳しい）。
　「制限附移転の商標権, 商標権に付ての実施権等は認められて居らぬ。他人に登録商標権の使用を許すことは, 商標の使用を一営業に集中せむとする商標登録制度の使命に反するが故に, 此の如き意思表示を為すも, 民法第90条の自定に依り無効である」（安達・商標389頁）とされ, さらに, 「大審院は商標権に付ての実施権を認むるが如き判決を下したことがあって, 是が法律新聞に掲載せられて居たのを見たのであるが, 裁判集に掲載せられざるを観れば, 判例審査会が判例と為すに足らずとしたものであろう」としていた（安達・前掲389頁注）。
　特に, 旧商標法27条が「同業者及密接ノ関係ヲ有スル営業者ノ設立シタル法人ニシテ団体員ノ営業上ノ共同ノ利益ヲ増進スルヲ目的トスルモノハ其ノ団体員ヲシテ其ノ営業ニ係ル商品ニ標章ヲ専用セシムル為其ノ標章ニ付団体標章ノ登録ヲ受クルコトヲ得」として設けていた団体標章制度の必要性が認められなくなるということも消極に解すべき理由に挙げられていた（三宅発・商標289頁）（団体標章制度については, 後述する）。
　しかし, このような旧法時代においても, 私的自治の原則に基づき, 商標の使用許諾契約が事実上盛んに行われ, この傾向は, 親会社と子会社との間のような資本系列関係, 法人と法人の代表者（商標権者）との関係その他特殊な関係, 密接な関係があるような場合に, 特に著しく, そのうえ, 不使用による取消審判の規定（旧法14条1号）が存在するにもかかわらず, 一般の企業が多数のストック商標を他者に使用させていることは公然の秘密に近い状態になっていた（三宅・雑感248頁, 江口・解説〔改訂〕37頁）。
　殊にその商標が著名なものである場合や当事者間に資本的, 人的などの密接な関係がある場合（例, 親会社, 原料供給者と加工業）にその要求が強かったといわれている（豊崎・工業〔新版〕444頁）。
　そこで, 現行法（昭和34年法）は, 経済界の実際的な要求を容れ, 財産権としての商標権の価値を重視して, 新たに,「商標権の自由譲渡」と「商標権の使用許諾」を認めた（旧商標法12条は, 制限的に,「商標権ハ其ノ営業ト共ニスル場合ニ限リ」移転することができる, としていただけであった）。

第1節　商　標　権　　　　　　　　　　　　　　§31（通常使用権）

　ところで，工業所有権の使用許諾については，特許権の場合における実施権をめぐる論議が夙に先行しており，かつ，それなりに深められてもきているので，いずれも，そのアナロジー（類推）をもって，精査すべきこととなる。「通常使用権はその法的性格において特許等について成立する通常実施権と全く同一である」とされる（兼子＝染野・新特許・商標399頁）。

　なお，特許法において，他人にその特許発明を実施させることを「実施」と表現しているのに対し，商標法では通常，商標の「実施」とはいわないで「使用」というので，商標法では「使用権」という表現を用いた（本条の趣旨については「詳しくは特許法78条の〔趣旨〕を参照されたい」と同じとする。逐条解説〔第19版〕1385頁・1386頁）。

　ただ，特許権においては，専用実施権は，旧特許法（大正10年法律第96号）44条1項が「特許権ハ制限ヲ附シ又ハ附セスシテ之ヲ移転スルコトヲ得」としていた「特許権の制限付移転の制度」（実質的には用益物権的なものと解されていた）に代わる制度である（中山＝小泉編・新注解特許法（上）1218頁〔城山康文〕）とされるのに対し，一方，通常実施権については，旧特許法48条1項は「特許権者ハ特許発明ノ実施ヲ他人ニ許諾スルコトヲ得」（単に実施許諾としか定めていなかった）としていたことに留意すべきである。

　知的財産権保護の法体系において，特許法や意匠法は，創作保護法とされており，商標法や不正競争防止法は，不正競争立法とされているところから，将来，さらに精緻な研究，解釈が行われるようになった場合には，特許権における論理のアナロジーは，見直される可能性もあろう。

　そして，平成23年法律第63号による改正により，特許法は，「通常実施権は，その発生後にその特許権若しくは専用実施権又はその特許権についての専用実施権を取得した者に対しても，その効力を有する」と規定し（改正特99条1項），「当然に」通常実施権をもって対抗できることに改められた。いわゆる「当然対抗制度」であって，特許権者が破産した場合，双方未履行双務契約における破産管財人の解除権の行使（破53条2項）から保護され，また，平時にもライセンシーを保護する米国法に倣ったものと説明されている（島並良「通常実施権の対抗制度のあり方」学会年報35号（2012年5月））。

　また，特許法の通常実施権については，「産業活力の再生及び産業活動の革新に関する特別措置法（「産活法」）」（平成11年法律第131号）では，いわゆる包括的ライセンス契約（産活法では「特定通常実施権許諾契約」）についての「特定通常実施権登録制度」を設けていたが，これらは後に廃止された（平成23年法律第63号）。産活法の廃止後に新たに制定された「産業競争力強化法」（平成25年法律第98号）には，同種の規定はない。

　なお，商標法においては，当然対抗制度が採用されなかった理由は，次のように説明されている。

〔南川〕

§31（通常使用権）　　　　　　　　　　　　　　　　　　　第4章　商　標　権

「商標においては，特許と異なり，実務上，1つの製品について多数の商標ライセンス契約が締結されているといった複雑な状況は考えられず通常使用権が登録できない決定的な事情は見当たらないこと，また，商標法においては，第三者（譲受人）が，意に反して通常使用権の付いた商標権を取得してしまった場合，当該商標が出所識別機能や品質保証機能等を発揮できなくなるおそれがある等，通常使用権の商標権に対する制約は，特許権の場合と比較してはるかに大きいと考えられる」（逐条解説〔第19版〕1388頁）。

II　通常使用権の許諾
(1)　通常使用権

商標権者は，その商標権について他人に通常使用権を許諾することができる。

商標登録制度は，商標権者の業務上信用維持の利益，需要者の混同防止などの利益のために設けられたものであるから，登録商標は，登録商標権者のみが使用するのが本来的な姿である（小野・概説〔第2版〕243頁，小野＝三山・新概説280頁）。

しかし，多くの国で，何らかの形での使用許諾制度が設けられている。現行法は，商標権の財産性，自由譲渡性を重視し，そこから派生するものとして「商標使用許諾制度」を設けた。

需要者保護としては，「（使用許諾に制限をつけるにしても事前に審査することの実際上の事務的困難さと共に）一般的に使用許諾を認めても，もし，使用者の商品が粗悪なものであればその商品に使用された登録商標の信用が失われ，それは商標権者の信用の喪失を意味するのだから，商標権者としては十分に信用できる者に対してのみ使用許諾をし，かつ，使用者の商品の管理には十分注意するだろうから，使用許諾によって一般公衆が不測の損害を蒙るおそれはないものと考えられる」，「商標権者が自らの信用を護ることが自明の理ならば，使用許諾にあたっても同様の注意を払うであろうし，他方，商品の需要者は商品の出所の混同があっても，品質についての誤認が生じなければ問題はない」（逐条解説〔第19版〕1384頁）と前提して，やや無制約な商標使用許諾制度を設けた（小野・概説〔第2版〕243頁，小野＝三山・新概説280頁）。

ところで，英語の「Exclusive License」の語については，わが国においては，これに近い専用使用権の訳語があてられることも多い（小野・概説〔第2版〕241頁，小野＝三山・新概説278頁は，Sub-Exclusive License に関連して，わが国には制度的にない再専用使用権の理解のため比喩的に専用使用権の訳語を用い，また，土井輝生・知的所有権法137頁も，「特許のライセンスすなわち実施許諾は，大きく排他的ライセンス（exclusive license）と非排他的ライセンス（non-exclusive license）とに分けることができる。特許法では，排他的ライセンスを『専用実施権』，非排他的ライセンスを『通常実施権』と呼んでいる。また，排他的ライセンスの付与を『専用実施権の設定』，非排他

第1節　商　標　権　　　　　　　　　　　　　　　§31（通常使用権）

的ライセンスの付与を『通常実施権の許諾』と呼んでいる」とするが，いずれも専用使用権とexclusive licenseが，直結しないことが前提である）。他方，後に述べる独占的通常使用権に最も近いものとし，「諸外国には専用実施権制度がなく，従って，exclusive licenseは，我国における独占的通常実施権に対応する」とするものである（渋谷達紀「特許実施契約における実施権者の実施義務と契約の法律的性質」法協85巻2号193頁）。また，本間崇・実務法律大系⑽458頁は，「英国特許法101条は，exclusive license（独占的通常実施権）の排他性を明文で認める」としている。実務的には契約書面において専用実施権又は専用使用権を「exclusive license（sen-youshiyouken）又は（sen-youjisshiken）」と訳されることも多いようである（なお，川口博也・アメリカ特許法概説143頁以下は，「実施許諾」を，排他的実施許諾（exclusive license）と非排他的実施許諾（non-exclusive license）に分け，さらに，このうちの前者を，絶対排他的実施許諾と制限排他的実施許諾に細分する。そして，排他的実施許諾は，唯一の実施許諾を意味しない，とする。また，吉藤＝紋谷編・相談〔第4版〕511頁〔小島庸和〕は，イギリスのexclusive licenseの侵害に関しては，差止請求権が認められており，アメリカのexclusive licenseの侵害に関しては，差止請求権が認められていない，としつつ，これら両国のnon-exclusive licenseは，わが国の非独占的通常実施権に相当するとする）。

(2)　批判論・比較法論

立法論として，需要者・消費者保護について，登録取消審判制度（商標53条）にのみ制度的な保障を求めた現行法は，公衆保護が不十分であると批判されている（豊崎・工業〔新版〕444頁，網野・商標〔第6版〕831頁，三宅・雑感246頁）。

アメリカ商標法（1946年のLanham法）は，商標権者の関係会社にのみ商標の使用許諾を認める（ただし，関係会社の概念を広義に解して，資本・原材料・生産・販売などに関係ある会社でよいと要件を緩和している）。すなわち，同法5条は，「登録された商標又は登録出願中の商標を関係会社が使用する場合は登録人又は登録出願人のために有効である」とし，また，「このような使用はその商標が公衆を欺くような方法で使用されていない限り商標又はその登録の効力に何等の影響を与えない」とする。そして，同法45条で，関係会社とは，「商標権者若しくは出願人によってその商標を使用する商品の品質を合法的に管理されている者又はその商標を使用した商標権者若しくは出願人の商品の品質を合法的に管理するもの」とし，出願人は，自ら使用していなくても関係会社が使用している場合には，その使用を援用して登録を受けることができる（網野・商標〔第6版〕827頁）。

また，イギリス商標法（Trade Marks Act 1938年改正法）は商標の使用許諾を特許庁の登録官（Registrar）の事前認可にかからしめている（イギリス商標法を受継したタイ国商標法は，使用許諾の規定のない1919年法の段階で受継したので，営業とともにする譲渡しか認めていない（同法31条）とされるものの，それでも，タイ国では，登録商標の使用許諾契約は一般に実施されており，

§31（通常使用権）

外国の親会社が登録した商標を外国の子会社が使用許諾のもとにしばしば使用するとされている（アジア経済研究所発行・タイの商標法19頁））。

現行商標法も，いま少し厳重な法的制限を設けるべきであったとする者が多い（豊崎・工業〔新版〕444頁，網野・商標〔第6版〕831頁，吉原＝高橋・新訂説義174頁）。

諸外国，特に，韓国・台湾・フィリピン・中南米諸国等の開発途上国における商標の使用許諾については，桑野正之・国際商標戦略89頁以下が詳しく，erosion of trademark（商標の侵食－国内産業保護を優先して，商標の使用許諾等に制限を加える－）についても，紹介されている。

(3) 許諾の禁止

国若しくは地方公共団体若しくはこれらの機関，公益に関する団体であって営利を目的としないもの又は公益に関する事業であって営利を目的としないものを行っている者が，これらを表示をする著名な標章（と同一又は類似の商標）について，その商標権を有するときは，使用許諾をすることができない（商標31条1項但書・4条1項6号・2項）。

これら国のそのほかの著名な標章等を特に登録できることとしたのは，これらの団体・機関自体にのみに自ら使用させることを前提とするのであるから，他の者に通常使用権を設定することは許されない（小野・概説〔第2版〕243頁，小野＝三山・新概説280頁）。

Ⅲ　通常使用権の内容

(1) 通常使用権の性格

通常使用権は，許諾契約（使用権設定契約）に基づいて発生するものであるから，その設定行為で定めた範囲内において，指定商品・指定役務について登録商標の使用をすることができる。

言い換えると，通常使用権の範囲・期間・条件などは，自由に設定契約で定めることができる（具体的な契約の手法，殊に使用料の算定等については，特許の通常実施料ではあるが，土井輝生・知的所有権法145頁以下や吉藤幸朔・特許法概説〔第9版増補〕479頁以下に詳しく，発明協会研究所・実施料率〔第3版〕は，産業界における特許実施料の実際のデータとして，詳細である）。

通常使用権の法的性格については，物権でなく，債権である，とされている（通説。最判昭48・4・20民集27巻3号580頁は，特許権の通常実施権設定登録等請求事件であって，通常実施権設定者の側が設定登録義務を負うか，ということが争点となったが，「単に特許権者に対し……実施を容認すべきことを請求する権利を有するにすぎない」とする。なお，佐藤義彦「特許実施権の性質」於保還暦（下）279頁以下は，物権説を採るものと受け取られているが，旧特許法下の判例やドイツの学説を検討した上で，差止請求権や損害賠償請求権等の具体的な問題ごとに妥当な解決を引き出そうと努力するものと理解されるべきであろう）。

第1節　商　標　権　　　　　　　　　　　　　　　　§ 31（通常使用権）

　一方，専用使用権は，物権的なもので排他性がある（小野・概説〔第2版〕239頁，小野＝三山・新概説277頁），と一般に理解されている。
　商標権者は，専用使用権の場合とは異なり，通常使用権の設定後も自らその商標の使用を継続できるし，通常使用権者以外の者に，同一の商標について通常使用権を，同時に設定することができる。
　さらに，専用使用権を重ねて設定することもできる。
　この場合，先行の通常使用権の登録がなされていないと，後行の専用使用権の範囲内では商標の使用ができなくなる。
　このことについて，先行の通常使用権者は，商標権者に対しては契約不履行の責任を追及することができても，後行の専用使用権者に対抗することはできない（向田直範「知的財産権と独占禁止法－独占禁止法23条の解釈について－」経済法学会年報10号48頁は，独占禁止法23条が「……商標法による権利の行使と認められる行為にはこれを適用しない」としている適用除外行為を巡って，通説としての「知的財産権法それ自体から生ずる権利に基づく制限（＝物権的制限あるいは権利の本来的行使による制限）と契約から生ずる制限（＝債権的制限あるいは権利の非本来的行使による制限）とに区分し，前者については独占禁止法の適用を除外するとする『物権的制限・債権的制限区分説（＝文理解釈説）』」を紹介するが，専用使用権と通常使用権と性格の相違に関係をもつことになろうか）。
　通常使用権が登録をしてあれば，後行の専用実施権者に対抗することができ，継続して使用することができる（商標31条4項→特99条）（商標登9条の2。登録されるべき事項は，設定すべき通常使用権の範囲については，具体的には，地域，期間，内容とされる）。
　特殊な問題として，使用契約・許諾の対象であった商標権が後に無効とされた場合に，既に授受された使用料は返還されるべきか否か，という問題がある（佐藤義彦「特許無効と受領済みの実施料の返還義務」馬瀬古稀799頁以下は，この問題をめぐるドイツの判例・学説に詳しい。無効とされた後，使用料の支払義務を免れることは，争いがないようであるが，それ以前の既往分については，裁判例は，返還義務を否定した）。この問題を正面から捉えた判例・学説はないが，わが国では，意思表示の錯誤の理論で解決されることになろう（東京控判昭13・10・27新聞4359号8頁は，特許実施契約における実施不可能について，要素の錯誤を認めるもので，満田重昭「当該判例批評」特許判例百選〔第2版〕70事件は，判旨を正当とする）。なお，将来仮に無効となっても既払い分の返還義務を負わないと明記された契約書面も往々存在するが，その場合にあっても，理論的には同様であろう。
　牧野＝飯村編・新裁判実務大系(4)361頁以下〔石村智〕に特許発明の実施契約について，①無効審判の確定による無効，②原始的に実施不能であることの判明，そして，③技術的範囲に属さないことの判明という3つの場合において，実施料の返還を求めることが

§31（通常使用権）

できるかという錯誤無効主張の成否を詳しく論じたものがある。①については消極，②については積極，そして③については前提事実によって異なる，との結論が導かれているが，妥当な展開と考えられる。

なお，田村善之編著『論点解析　知的財産法』〔第2版〕103頁以下（2011年3月）は，「論点」として「無効審決の確定と通常実施権許諾契約の有効性」を論じ，民法703条の要件としての，「『法律上の原因』の不存在」の点からは，実施許諾契約に際し，無効審決の確定後も実施料の返還をしない旨約定しておけば，返還義務を免れると解されるとして，実用新案権に関する東京地判昭57・11・29判時1070号94頁〔即席食品包装容器事件〕を紹介する。また，特に「返還の約定」をしない限りは，黙示的に不返還の約定が存在すると考える見解（近藤惠嗣）の存在も指摘する。

(2) 独占的通常使用権とその排他性

「独占的通常使用権」とは，その通常使用権者以外には商標許諾契約をしない約定，すなわち，他者と重ねて通常使用権の設定契約をしない特約のある通常使用権をいう。ところで，商標権者は，独占的通常使用権を設定しても，専用使用権の場合とは異なり，自己の使用は制約されないが，一方で，自己の使用を留保しないものがあり，このようなものを，講学上「完全独占的通常使用権」という（吉藤幸朔・特許法概説〔第9版増補〕478頁）。

しかし，このように独占契約をしても，その登録を受けることはできない（商標登9条の2）。

したがって，このような特約をしても，契約当事者間の債権契約上の効力であることにとどまり，契約に違反した商標使用権者が現れても，商標権者に債務不履行責任が認められることにとどまる。しかし，それでも，これは，事実上，専用使用権に近い実態をもつことにはなる（小野・概説150頁，小野＝三山・新概説283頁）。

独占的通常使用権のうちで，登録されたものについては（この登録は，「独占」の登録ではないが），判例・学説も，損害賠償請求権のみならず，妨害排除請求権をも認めるものがあるが（東京地判昭30・12・24下民集6巻12号2690頁は，旧法下の特許権侵害禁止等仮処分申請事件であって，かつ，特許権者と登録のある独占的実施権者とが共同してした申立てを両方容れたものであり，豊崎・工業〔新版〕299頁は，「独占的通常実施権で登録されているものについては差止請求を認める学説・判例が有力であり，支持したい」とし，織田季明＝石川義雄・新特許法詳解〔増訂〕342頁，盛岡一夫「通常実施権者の差止請求権」学会年報8号59頁ほかも同旨），一方，これを否定する判例・学説もある（大阪地判昭59・12・20判時1138号137頁は，意匠権侵害についての差止めと損害請求事件で，許諾者自身の実施も禁止された完全独占的通常実施権者について，固有の差止請求権も，意匠権者の差止請求権の代位行使も認めなかったのであるが，固有の損害賠償請求権は，これ

第1節　商　標　権　　　　　　　　　　　　　　　　　§31（通常使用権）

を認めた）。

　独占的通常使用権者については，商標権者のもつ差止請求権の代位行使を認める判例・学説もある（東京地判昭40・8・31判タ185号209頁は，旧法下の特許権侵害停止損害賠償請求事件であるが，「本件特許発明を独占排他的，かつ，全面的実施に積極的に協力すべきことを請求する債権を有し……右債権を保全するため……代位して……差止請求権を行使しうる」とし，また，中山編・注解特許法〔第3版〕（上）833頁〔中山信弘〕は「不動産の利用権のアナロジーで，債権者代位を認めても許諾者の自由を不当に侵すことにはならないであろう」としていたが，中山＝小泉編・新注解特許法（上）1241頁〔城山康文〕では，そこまで踏み込まれず，この点については，積極，消極の裁判例が紹介されるにとどまる。積極：東京地判平14・10・3（平12(ワ)17298号）民法423条に基づく代位行使は認めたが，具体的な事案としては，間接侵害を否定し，特許発明の明らかな無効理由を肯定し，請求は棄却されている。消極：大阪高判昭61・6・20無体集18巻2号210頁）。

　一方，独占的通常使用権の侵害について，損害賠償請求権は，ほぼ認められている（大阪地判昭54・2・28無体集11巻1号92頁は，実用新案権侵害差止等請求事件であるが，初めは独占的通常実施権者で，後に専用実施権者となったものについて，一貫して実質上専用実施権者とみて支障がない，として，実用新案法29条1項の類推適用を認め，また，大阪地判昭50・12・20判時1138号137頁も，固有の損害賠償請求権を認め，そして，本間崇・実務法律大系(10)443頁も同旨である。大阪地判平3・12・25知財集23巻3号850頁も同旨である。ほかに，後記の通常使用権の場合における肯定説がこれに加わる）。

Ⅳ　通常使用権の侵害

　通常使用権が侵害された場合，つまり，権原のない第三者が当該商標を使用する場合に，通常使用権者には，どのような救済方法があるか，については，もっぱら特許権の通常実施権侵害の場合のアナロジー（類推）ながら，その考え方は，多岐にわたることになるが，次のように概括できよう。

　通常使用権の侵害に対する差止請求権については，一般的に否定的である（東京地判昭36・11・20下民集12巻11号2808頁は，旧法の実用新案権の侵害を理由とする損害賠償請求権であるが，実用新案権者とともに原告となった通常実施権者には，「通常実施権については，他人が同一の実用新案の考案を使用したというだけでは，侵害されたとはいえない。自己の実施権の行使を妨げられたような場合にのみ，その権利の侵害があると解するのが相当である」として，その請求を認めなかった。また，染野義信「特許権侵害訴訟における実施権者の訴訟適格」企研10周年記念215頁，渋谷達紀「特許実施契約における実施権者の実施義務と契約の法律的性質」法協85巻2号193頁も同旨である。反対としては，網野・商標〔第6版〕837頁があり，光石士郎・特許法詳説〔新版〕277頁は，「侵害者に対して通常実施権者が妨害排除の請求をするには，民法423条の代位行使の方法によるほかないで

§31（通常使用権）　　　　　　　　　　　　　　　　　　　　第4章　商　標　権

あろう」とする）。

　一方，損害賠償請求権については，旧法時代以来，肯定説（大判昭13・8・27民集17巻1675頁は，実用新案の実施権侵害についての損害賠償請求事件であるが，侵害された者は，直接侵害者に対し自己固有の権利に基づき損害賠償請求することができる，とするが，細かく見ていけば，当該被侵害者は，法定実施権と許諾による独占的実施権を有していた者であった。そこで，光石士郎・特許法詳説〔新版〕275頁は，「この判例の内容をつぶさに検討すれば，問題となった実施権は，独占的通常実施権であって，現行法の専用実施権に相当するものであることに留意しなければならない」とする。豊崎・工業〔新版〕は，「新法は特許権および専用実施権の侵害に対しては，差止請求権と損害賠償請求権を与えているので，通常実施権についてはこれを否定するように見えるが，それは決定的ではあるまい」とし，網野・商標〔第6版〕838頁は，「債権の不可侵性については必ずしも定説はないが，現在の民法の通説的見解に立つとしても，少くとも損害賠償請求権は認められるべきであろう」とし，渋谷達紀・前掲論文も同旨）と否定説（東京地判昭36・11・20下民集12巻11号2808頁，大阪地判昭59・4・26無体集16巻1号271頁，染野義信・前掲論文）に分かれていたが，前者がやや有力である（小野・概説〔第2版〕247頁）。

　これらの学説・判例を，さらに詳しく紹介すれば，次のようになる（なお，中山編・注解特許法〔第3版〕(上)830頁〔中山信弘〕，盛岡一夫「通常実施権者の差止請求権」学会年報8号62頁，小島庸和「通常実施権の不可侵性」小島・工業92頁（亜細亜法学19巻1＝2号167頁），小島庸和「工業所有権と差止請求権」小島・工業24頁（法時47巻4号44頁）などに詳しく紹介されてもいるが，その分類は，区々であるようである。なお，中山＝小泉編・新注解特許法(上)では，掲げられていない）。

(1) 損害賠償請求権も，差止請求権もともに認めない説（染野啓子，染野義信）

　旧法の実用新案に関する大判昭13・8・27民集17巻11号1675頁の解説において，いずれも消極に解されている（染野啓子・特許判例百選75事件）。当該判例は，固有の損害賠償請求権を認めたものであったが，現行法が専用実施権と通用実施権とに明確に区別し，後者が純粋に債権的性格のものと構成され，通常実施権者としては差止請求はもちろん，損害賠償請求をも否定されたものと考えざるをえない（染野義信「特許権侵害訴訟における実施権者の訴訟適格」企研10周年記念208頁）とし，「（当該判例が）旧法時に有していた役割は，今日においてはもはや終了したものというべきであろう」とする（染野義信「特許実施契約」契約法大系Ⅳ386頁は，「旧法においては現在の専用実施権の制度が存在せず，したがって，実施権者に直接救済手段を認める必要と利益が存在したといえるのであるが，現行法は，専用実施権の創設によって，通常実施権についてのこうした必要と利益を希薄化させたことは否定できないであろう。このように見てくると，通常実施権者一般に，この適格を認めることは問題ではないだろうか」とする）。

(2) 損害賠償請求権は認めるが，差止請求権は認めない説（渋谷達紀）

　「通常実施権の侵害に対しては，差止請求権は認められないが，少なくとも損害賠償は

第1節 商 標 権　　　　　　　　　　　　　　　§31（通常使用権）

認めてよいと思われる」とする（渋谷達紀「特許実施契約における実施権者の実施義務と契約の法律的性質」法協85巻2号193頁）。その理由としては、「通常実施権は債権であって、実施権者は、実施許諾者に対し特許発明を実施させるよう請求し、または、少なくとも実施を受忍すべきことを請求する権利を有する。その性格は賃借権に類似するが、占有を伴う賃借権については二重の利用はありえないから、二重の契約をするときはその何れかについて債務不履行責任を負うことになるが、通常実施権にあっては、発明の実施が占有を伴わないことから、同一範囲のものが重複して存在しうる」から、とする。

渋谷・講義Ⅰ〔第2版〕377頁においては、特許権に関するものながら、独占的通常実施権者による「損害賠償請求権の行使は、許容されて然るべきである。特許権の侵害は、高額の実施料を支払うことにより実施権者が享有している独占的利益を侵害する不法行為ということができるからである」とし、続けて「損害賠償請求権については、非独占的通常実施権者による行使も、一概に否定することはできない。ただし、それが許容されるためには、特許権の侵害があるだけでは足りない。許諾に基づく実施行為が具体的に妨害されたことを要する」とする（東京地判昭36・11・20下民集12巻11号2808頁、大阪地判昭59・4・26無体集16巻1号271頁）。

その一方で、渋谷・講義Ⅲ〔第2版〕554頁では、「許諾行為で定めた範囲内において商標権が侵害された場合は、独占的通常使用権者は、契約上の地位に基づき登録商標の独占的に使用することのできる法的保護に値する状態を侵された者として、不法行為（民709条）を理由に損害賠償を請求することができる。その場合、独占的通常使用権者は、許諾行為で定めた範囲内における唯一の使用権者でなければならないと述べる事例（東京地判平15・6・27判時1840号92頁）があるが、その必要はないと思われる。独占的通常使用権者は、それぞれが商標権者に対して許諾条件の履行を求めることによって使用の現状を法的に維持することができる地位にあり、その地位は、不法行為法上、保護に値する利益といえるからである」とする。ここで挙げられた東京地判平15・6・27判時1840号92頁は、後述するが、損害論において悩ましい問題を提起する。すなわち、このような判例の立場から相当因果関係のある損害とは何か？である。

(3)　**損害賠償請求権を認め、また、差止請求権の代位行使（民423条）を認める説（小島庸和、光石士郎）**

「通常実施権を債権とし、かつ、民法709条の『権利侵害』を違法性の徴表と解することからすれば、当然の帰結である」として、民法709条の不法行為に基づく損害賠償請求権を認め、また、「特許権者が、通常実施権者に対し、特許発明の実施を認容すべき義務のみならず、完全な実施をなさしめる義務を有することに対応」して、独占的通常実施権者に限らず、「通常実施権者は、侵害者に対して、特許権者に属する差止請求権を代位

行使できるものと解したい」とする（小島庸和「通常実施権の不可侵性」亜細亜法学19巻1＝2号合併号155頁以下（小島・工業85頁以下））。

　また，「権利の性質が物権的であろうと債権的であろうと，ひとしく不可侵性を有する点においては相違はないから，非独占的通常実施権者といえども，自己の権利を侵害されたときには，それによって被った損害に対し，自己固有の権利に基づいて損害賠償の請求は少なくとも可能であろう。しかし，侵害者に対して通常実施権者が妨害排除の請求をするには，民法423条の代位行使の方法によるほかないであろう」とする（光石士郎・特許法詳説〔新版〕276頁）。なお，この光石説を「非独占的通常実施権者は損害賠償請求権と実施許諾者の差止請求権を代位行使することができるとし，登録された独占的通常実施権者に損害賠償請求権と差止請求権を認める説」と紹介し（盛岡一夫「通常実施権者の差止請求権」学会年報8号63頁），同説が「一般的に，損害賠償請求権を認め，また，差止請求権の代位行使を認め，そして，特に，登録された独占的通常使用権については，固有の差止請求権を認める」もののようにするものがあるが，同説は，「独占的通常実施権は，現行法の専用実施権に相当するものであり」とし（光石・前掲275頁），「独占的通常実施権は，登録しなければ第三者に対抗することができない」としており（光石・前掲276頁），畢竟，旧法下の論議の紹介にとどまるものと思われる。

　ほかにも，概ねこの説に同調するものと理解できるものがある（網野・商標〔第6版〕837頁）。

　反対に，「第三者が特許権侵害行為をしても，通常実施権者が自己の実施権を行使することの妨げとならないから」，「実施権者が民法423条に定める代位訴権を有するか否かについては消極に解すべきものと信じる」と明確に否定する説もある（蕚・解説（四法編）〔改訂版〕278頁）。

　なお，特許権の効力を「自己実施権」と「実施許諾権」とに把握し，差止請求権は，「実施許諾の効力を確保するために不可欠のものとして――すなわち実施許諾権と表裏一体の関係をなすものとして――認められるのだと考える」，「特許権者は実施許諾権を有するが故に差止請求権を有する」とし，「通常実施権者はいかなる場合にも実施許諾権を有しない」，「通常実施権に基づく差止請求権は――少なくとも現行法の基本的体系との統一的関連において解釈する限りでは――否定されざるを得ない」とする見解があるが（雨宮正彦「通常実施権に基づく差止請求権」司法研修所創立20周年記念論文集1巻362頁以下），この見解では，通常実施権者の他の救済手段として，損害賠償請求権を肯定し，特許権者との間に侵害排除義務についての特約がある場合には断わった上で，「特許権者の差止請求権の代位行使」を肯定するが，その「注」において，「やはりこの点は原則として否定さるべきもののように思われる」（同書391頁注45）ともする。

一方,「通常実施権者は,差止請求権を有しないが,特許権者等に代位して侵害行為の差止を請求できるものと解する(民法第423条参照)。特許権者等は,この種の通常実施権者に対し,完全な状態において(他に権原のない競争者などの存在しない状態において)実施をすることを保障すべき義務があり,通常実施権者は,これを請求する権利,すなわち,債権を有するものということができるからである。しかし,損害賠償の請求は,特別の場合(例えば,独占的通常実施権の侵害の場合)以外は,これを有しないものと解さざるをえないように思う」とする説もある(三宅正雄・特許法講義113頁)(念のため,旧法の特許実施権に関するものでは,固有の差止請求権を認める説(永田・工業515頁)もあったことを指摘しておく)。

(4) **独占的通常使用権に限って,損害賠償請求権は認めるが,(代位行使の可能性は留保しつつも)差止請求権は認めない説(本間崇)**

「通常実施権は,その債権的性質のゆえに排他性をもたず,したがって差止請求権を認めることはできない。この理は独占的通常実施権であってもかわることはない」,「通常実施権は,債権であり,複数個の併存を本来容認するものであるから,物権的性格の強い独占的通常実施権にしてはじめて,許諾なき実施が行われることによって損害が発生することになる」,「独占的通常実施権者にかぎり,損害賠償請求をなすことができ,かつまた,民法423条の要件が備ったときには,差止請求権を代位行使することができるものと解する」とする(本間崇・実務法律大系(10)443頁)。

「少なくとも,独占的通常実施権については,損害賠償請求権を認めるべきであろう(これを否定する判決は見当たらない)」とする説(吉藤幸朔・特許法概説〔第9版増補〕478頁)も,同旨となろう。なお,この説を「登録された独占的通常実施権に差止請求権および損害賠償請求権を認める説」と紹介し(盛岡一夫「通常実施権者の差止請求権」学会年報8号63頁),同説が登録された独占的通常使用権に限って,損害賠償請求権も,差止請求権も認めるようにするが,正確ではなかろう。

(5) **独占的通常使用権に限って,損害賠償請求権を認め,また,差止請求権の代位行使を認める説(中山信弘)**

「独占的通常実施権の場合……不動産の利用権のアナロジーで,債権者代位を認めても許諾者の自由を不当に侵すということはならないであろう。損害賠償請求については……固有の請求権を有していると解すべきで……」とし(中山編・注解特許法(上)〔第3版〕833頁〔中山〕),また,「非独占的通常実施権については……(固有の)妨害排除請求権を認めるべきではない」「独占的通常実施権の固有の妨害排除請求権を認めるならば,その必要性が十分証明されなければならないが,いまだ学説上,その作業は十分なされているとはいい難い」とする(中山・前掲834頁)。

「非独占的通常実施権者は,無権原の第三者の実施に関して法的な利害関係をもたず,

差止請求権も損害賠償請求権もない。独占的通常実施権は、不動産の債権的利用権と比較的類似しており、無権原の第三者の実施に対して、不法行為として損害賠償を請求しうるし、また特許権者等の権利を代位して、差止請求と損害賠償請求をなしうる」とも総括されている（中山編・基礎173頁）。

また、「独占的通常実施権者に関しては、少なくとも契約の解釈により商標権者に侵害を差し止める義務が認められるような場合には、この債権を被保全債権として債権者代位権を行使することにより、商標を使用する第三者に対して商標権者に代わって差止請求権を行使することができると解される。商標権者に侵害排除義務がなかったとしても、他社に使用許諾を付与しないことという債権を有する独占的使用権者を法的に保護すべき利益がある以上、これを被保全債権とする債権者代位を認めるべきであろう」とするものもある（田村・商標〔第2版〕408頁）。なお、田村・商標〔第2版〕411頁も指摘するが、「債権侵害」におけるこれまでの民法学の考察は、知的財産権の利用許諾の事例には整合しないようにも思われる（吉田邦彦・債権侵害論再考（有斐閣、91）は、契約侵害に関する浩瀚な論考の集成でわが国における裁判例・学説を丹念にフォローしたもので、示唆するところは多いが、そこでは不法行為による損害賠償の成否が主題とされている）。

(6) **独占的通常使用権に限って、損害賠償請求権も、差止請求権もともに認める説（盛岡一夫）**

非独占的通常使用権については、差止請求権も、損害賠償請求権も行使することができないとする一方、独占的通常実施権者には、権原なしに実施している第三者に対し、自己固有の差止請求権と不法行為に基づく損害賠償請求権の両方を認める（盛岡一夫「通常実施権者の差止請求権」学会年報8号57頁以下）。

(7) **一般的に、損害賠償請求権を認め、また、特に登録された独占的通常使用権については、差止請求権を認める説（豊崎光衛）**

「現在の民法の通説的見解からは少なくとも損害賠償請求権は認められるであろう。また、独占的通常実施権で登録されているものについては差止請求を認める学説・判例が有力であり、支持したい」とする（豊崎・工業〔新版〕299頁）。

以上のとおり、損害賠償を認めるものが有力であり、判例もその立場に立つものが近時は多いようであるが、損害論としては悩ましいものがある。東京地判平15・6・27判時1840号92頁は、「（登録商標の）独占的通常使用権者に固有の損害賠償を認めるにしても、それは独占的通常使用権者が契約上の地位に基づいて登録商標の使用権を専有しているという事実状態が存在することが前提とするものであるところ、本件において……このような前提を欠く……したがって……損害賠償を請求することは許されない」とした。続けて「加えて、本件においては、被告が被告商品を市場において販売したことにより、

第1節　商　標　権　　　　　　　　　　　　　　§31（通常使用権）

相当因果関係の範囲内において原告が被った損害を確定することも不可能であるから……原告の……請求は理由がない」とする。さらに、「被告が被告商品を市場において販売したことにより、原告商品の売上に何らかの不利益な影響が生じたことは推測されるとしても、被告の行為と相当因果関係のあるものとして原告がどれだけの原告商品の売上を失ったのかを確定することは到底不可能である」ともしており、商標法38条の損害額の推定規定の類推適用を排しているが、慰謝料請求といった構成に至らずとも、民事訴訟法248条の相当な損害額の認定ということも検討されるべきであろう。

　ところで、「商標権者の個人経営にかかる会社が商標を使用している場合には、使用許諾に関する明示の契約を欠くことがあり、ために、黙示的に通常実施権の許諾がなされていると解さざるを得ない場合があるが、それだけでは会社は損害賠償を請求することができない。他方、商標権者である会社代表者は商標を使用していないので、裁判実務によれば、会社の売上減退による逸失利益の賠償や、侵害者利益の推定規定の恩恵を受けることはできず、商標法38条3項の相当な対価額を請求しうるに止まる。特許権侵害に関する裁判例では、こうした場合、会社を専用実施権者と同視したり、黙示的に独占的通常実施権が付与されているものと認定して、侵害者利益額の賠償を認めた判決がある」として、大阪地判平3・11・27判例工業所有権法〔第2期版〕5457の14頁が紹介されている（田村・商標〔第2版〕411頁）。これは事実認定、判断の問題となろう。

V　近時の裁判例

　既に紹介済みの①花粉のど飴事件（東京地判平15・6・27判時1840号92頁）以降、②コンバース事件（東京地判平21・7・23、知財高判平22・4・27）と③ひかり司法書士法人事件（東京地判平23・10・28）とが、独占的通常使用権の保護について判断をしたケースである。

　①では、登録商標の独占的通常使用権者の固有の損害賠償を認めるには、独占的通常使用権者が契約上の地位に基づいて登録商標の使用権を専有しているという事実状態が存在することが前提であるところ、当該事案においては、商標権者が他の競業者にも使用許諾しており、そのような前提を欠くとして、独占的通常使用権者の損害賠償請求が棄却された。

　②では、並行輸入が問題となった事案であって、独占的通常使用権に基づく差止等請求に対し、「真正商品の並行輸入の抗弁」の成否が問題となった事案であるところ、一審も控訴審も、抗弁を認めなかった。

　本件については、田村善之「商標権譲渡後の従前の真正商品の並行輸入の可否－Converse並行輸入事件－」知財政策30号（2010.9）279頁でもって、詳しい事実関係と訴訟自体にも関与された立場から批判的な解析が紹介されている。

〔南川〕　969

§31（通常使用権）

また，川田篤「真正な商品の並行輸入への対応－コンバース事件を契機として－」CIPICジャーナルVol. 210は，例外的な事案として紹介している。

が，判決文からは，独占的通常使用権に基づく損害賠償請求権の成否そのものは争点にはならなかったことが見てとれる。

③では，「法37条1号の類推適用により……独占的通常使用権を侵害する」としている。

このような裁判例の動向からは，独占的通常実施権については，損害賠償請求権は認め，差止請求権は認めないという扱いに収斂しつつあるように見受けられる。

前述のごとく，論者の間には錯綜したものがあり，何をもって定説，通説とはいい難いところであるが，近時の裁判例は，損害賠償請求権に限っては，商標法37条1号の類推適用（前記③），あるいは，独占的通常実施権（ママ）（商標権であるので通常使用権とあるべき）を侵害する不法行為にあたると認められる（前記②）……としている。

VI 通常使用権の移転

許諾通常使用権は，商標権者の承諾を得た場合に限り，そして，専用使用権についての通常使用権にあっては，商標権者及び専用使用権者の両者の承諾を得た場合に限り，移転することができる。これは，商標権者又は専用使用権者に不測の損害を及ぼすことがないように，その承諾を必要とするものとしたのである。

相続その他一般承継の場合は，その性質上商標権者又は専用使用権者の承諾を必要としない（商標31条3項）。

VII 共有にかかる通常使用権についての質権設定と放棄の制限

通常使用権が共有のときは，他の共有者を害さないよう，各共有者は，他の共有者の同意を得なければ，その持分を譲渡し，又はその持分を目的として質権を設定することができない（商標31条6項による特73条1項の準用）。

通常使用権者は，商標権者の承諾を得た場合に，そして，専用使用権についての通常使用権にあっては，商標権者及び専用使用権者の承諾を得た場合に限り，その通常使用権について質権を設定することができる（商標31条6項による特94条2項の準用）。

また，通常使用権者は，質権者を害さないよう，質権者があるときは，その承諾を得た場合に限り，その通常使用権を放棄することができる（商標31条6項による特97条3項の準用）。

VIII 通常使用権の登録

通常使用権は，その登録（商標登9条の2。登録される事項は，設定すべき通常使用権の範囲，

§31（通常使用権）

すなわち「地域」,「期間」,「内容」）をしたときは，その商標権若しくは専用使用権又はその商標権につき後に専用使用権を取得した者のいずれにも対抗することができる（商標31条4項）。

通常使用権の移転・変更・消滅・処分の制限又は通常使用権を目的とする質権の設定・移転・変更・消滅・処分の制限は，登録しなければ，第三者に対抗することができない（商標31条5項又は6項による特94条2項の準用）。

ところで，通常使用権の許諾を受けた者は，「登録請求権」をもつか，逆に，通常使用権を許諾した者は，その「登録義務」を負うか，という問題がある。

最判昭48・4・20民集27巻3号580頁は，旧法における特許の通常実施権のケースにおいて「通常実施権者は当然には特許権者に対して通常実施権につき設定登録手続をとるべきことを求めることはできないというべく，これを求めることができるのはその旨の特約がある場合に限られるというべきである」とする。

この判例の評釈において，「判旨のように同時に同内容の通常実施権を複数人に与えることが出来，その内容が単に特許権者に対し実施を容認すべきことを請求できるだけの契約内容の場合，この通常実施権について実施許諾者は登録義務を負わないことは判示の如くであり，特に問題はないものと思われる」と一応判旨を支持するが，「しかし，専用実施権ではなくても，契約内容が独占的な通常実施権である場合，第三者の実施によって債権の内容の実現が妨げられ，通常実施権が侵害されたこととなる。このような侵害を排除するためにはその債権の内容が公示されていることが必要となるので，独占的通常実施権の許諾者は登録義務を負うものとされる余地がある」とされている（佐藤文男・特許判例百選〔第2版〕70事件）。しかし，一方で「許諾による通常実施権が一種の物的権利であるとすれば，通常実施権許諾者に設定登録義務を承認することも可能になるのではあるまいか」として，これに疑問を呈する説もある（佐藤義彦・法時46巻1号107頁以下）。

そして，一般的には「通常実施権は債権であり，当然には登録請求権を認めることはできない」，「登録に関する事項は，通常実施権それ自体から派生するものではなく，当事者の意思から生ずる効果である」，「通常実施契約のタイプを類型化し，通常実施契約の実態をも考慮に入れ，各類型毎に利益衡量を行い，妥当な結論を導くべきであろう」（中山信弘「通常実施権と登録請求権」学会年報2号24頁以下）とされ，そして「契約内容の解釈に収斂される」とされている（中山編・基礎174頁）。

なお，登録に関する事項は，青木康＝荒垣恒輝・特許手続法230頁（弘文堂，昭和46年）に詳しいが，特許法が通常実施権の当然対抗制度を採用したことから，最早特許権の通常実施権には妥当せず，商標の通常使用権にしかあてはまらない。

§31（通常使用権）　　　　　　　　　　　　　　　　第4章　商　標　権

　そして，登録に関する実務は，特許庁出願支援登録室編・産業財産権登録の実務〔改訂6版〕（2010年9月刊）に詳しく，同367頁以下に紹介されている。「通常実施権の範囲」とは，「地域」「期間」「内容」によって表現されている。

IX　団体標章の廃止と復活
(1)　廃止とその批判
　昭和34年の法改正の際，通常使用権の制度が設けられたことによって，団体標章の登録の制度（旧27条1項「同業者及密接ノ関係ヲ有スル営業者ノ設立シタル法人ニシテ団体員ノ営業上ノ共同ノ利益ヲ増進スルヲ目的トスルモノハ其ノ団体員ヲシテ其ノ営業ニ係ル商品ニ標章ヲ専用セシムル為其ノ標章ニ付団体標章ノ登録ヲ受クルコトヲ得」）は，不要として廃止された（商標施3条1項・13条参照）（網野・商標〔第6版〕649頁，豊崎・工業〔新版〕448頁，逐条解説〔第19版〕1387頁）。

　なお，商標法施行法13条は，「旧法第27条第1項〔団体標章の登録〕の団体員又は旧法第33条〔公法人による団体標章の登録〕の営業者であつて，新法の施行の際現に団体標章の使用をすることができるものは，当該商標権についての新法第31条第1項〔通常使用権〕の規定による通常使用権を有するものとみなす」として，既得権は温存せしめた。

　団体標章とは，団体員の業務にかかる商品であることを示すために，その監督下に，その団体員に使用させる目的で有する標章である（紋谷編・50講〔改訂版〕135頁〔小野昌延〕以下に詳しい）。

　団体自らは商品や役務をもたない。

　昭和34年法では自己の業務にかかる商品や役務について使用する意思が必要である。

　この点を明確にしないまま，団体標章制度が廃止されたきらいがある。しかし，団体標章の保護は，パリ条約上の義務であって，パリ条約7条の2（団体商標の保護）第1項は，「同盟国は，その存在が本国の法令に反しない団体に属する団体商標の登録を認めかつ保護することを約束する。その団体が工業上又は商業上の営業所を有しない場合も，同様とする」と定めており，早晩改正が問題となるであろう，とされていた（網野・商標〔新版〕520頁・625頁，小野・概説152頁，紋谷編・50講〔改訂版〕135頁〔小野昌延〕）。

　「新法（昭和34年法）の下では，団体員に使用させ，団体自身は使用する意思がないこの種の標章は，登録できない筈であるから，存置すべきであった」とし（豊崎・工業〔新版〕448頁），「パリ条約に違背する」と明言するものもあった（蕚・解説〔四法編〕〔改訂版〕759頁）。

　これに関して，「条約の趣旨は，名称のいかんを問わず実体的に従来の団体標章制度を認めればよいと解され，かつ，それは使用許諾制度によって十分にカバーされるので，

第1節　商　標　権　　　　　　　　　　　　　§31（通常使用権）

旧法の団体標章の廃止は条約の規定に違反するとはみられない」としていたが（逐条解説〔第19版〕1387頁），上記のとおり，強い批判があった。

　フランス商標法が，その16条以下に，従来から認められていた団体標章について規定を設けた（豊崎・工業〔新版〕449頁）ことと，対照的であった。

　以上のように種々指摘されていた。

(2) 復　　活

　以上のような批判があったところ，平成8年改正法により団体商標制度が改めて明文化された。復活された規定は，次条のとおりであるが，民法34条の規定により設立された社団法人若しくは事業協同組合その他特別の法律により設立された組合（法人格を有しないものを除く）又はこれらに相当する外国の法人は，その構成員に使用させる商標について，団体商標の商標登録を受けることができる（商標7条1項）。この場合の，団体構成員の権利は，個別の使用許諾契約によることなく，当該法人の定めるところにより，通常使用権を取得することになる（商標31条の2第1項）。このような団体構成員の権利については，通常使用権に似た性格を有することになることから，通常使用権に関する他の条項が適用されている（商標31条の2第3項〔24条の4・29条・50条・52条の2・53条・73条〕）。

〔南川　博茂〕

§31の2（団体構成員等の権利）

第31条の2（団体構成員等の権利）（見出し改正，平17法56）

　団体商標に係る商標権を有する第7条第1項に規定する法人の構成員（以下「団体構成員」という。）又は地域団体商標に係る商標権を有する組合等の構成員（以下「地域団体構成員」という。）は，当該法人又は当該組合等の定めるところにより，指定商品又は指定役務について団体商標又は地域団体商標に係る登録商標の使用をする権利を有する。ただし，その商標権（団体商標に係る商標権に限る。）について専用使用権が設定されたときは，専用使用権者がその登録商標の使用をする権利を専有する範囲については，この限りでない。（改正，平17法56）

2　前項本文の権利は，移転することができない。

3　団体構成員又は地域団体構成員は，第24条の4，第29条，第50条，第52条の2，第53条及び第73条の規定の適用については，通常使用権者とみなす。（改正，平17法56）

4　団体商標又は地域団体商標に係る登録商標についての第33条第1項第3号の規定の適用については，同号中「又はその商標権若しくは専用使用権についての第31条第4項の効力を有する通常使用権を有する者」とあるのは，「若しくはその商標権若しくは専用使用権についての第31条第4項の効力を有する通常使用権を有する者又はその商標の使用をする権利を有する団体構成員若しくは地域団体構成員」とする。（改正，平17法56，平23法63）

（本条追加，平8法68）

【参考文献】
　平8改正解説，後藤・講話〔第12版〕，平17改正解説，逐条解説〔第19版〕。

細　目　次

Ⅰ　本条の趣旨(974)
Ⅱ　本条の内容(975)
　(1)　1　項(975)
　(2)　2　項(976)
　(3)　3　項(976)
　(4)　4　項(977)

〔後藤　晴男＝平山　啓子〕

Ⅰ　本条の趣旨

　本条は，団体商標制度を明文化した平成8年法の改正に伴い新設され，団体商標が商標登録された場合の団体構成員の権利及び地域団体商標が商標登録された場合の地域団体構成員の権利について規定したものである。平成17年の一部改正において地域団体商

第1節　商標権　　　　　　　　　　　　　　　　　　§31の2（団体構成員等の権利）

標制度が新設されたことに伴い，改正された。

II　本条の内容
(1)　1　項

　1項は，その本文において，団体商標に係る登録商標の使用をする権利及び但書において，その制限を規定する。

　1項は，団体商標に係る商標権を有する団体の構成員（団体構成員）又は地域団体商標に係る商標権を有する組合等の構成員（地域団体構成員）は，当該団体の定めるところにより，指定商品又は指定役務について団体商標又は地域団体商標に係る登録商標の使用をする権利を有する旨を定めたものである。団体商標は本来構成員の総意に基づき団体が構成員に使用させるために登録されるものであるので，団体構成員の登録商標の使用をする権利については，通常使用権の設定のような個別の使用許諾契約によることなく構成員であるとの地位に連動して，団体商標に係る商標権の発生と同時に自動的に発生させることとしたのである。

　ただ，団体内部の規定等により一定の品位，品質等に関する基準を設け，その基準に合致した商品又は役務についてのみ使用を許す団体商標もあり得ることを考慮し，それに反する団体構成員の使用を許さないことができるようにするために「当該法人の定めるところにより」と規定し，所定の場合には，団体構成員に団体商標の使用をする権利を認めないこととすることができるとしている。団体構成員の団体商標の使用をする権利は，当該法人が内部規則等で別段の定めをしない限り，法律の規定により発生するものであり，団体構成員たる地位に基づき当該法人に対して団体商標の使用を請求できる権利である。その使用を黙認することを当該法人に請求できるという反射的権利にとどまるものではない。しかし，団体構成員は当該法人に対し団体構成員のみに使用をさせ，団体構成員以外の者には使用させないことを請求できることまでは保証されていない。当該法人が自ら使用をすることも禁じられていない。

　また，団体構成員の団体商標の使用をする権利は，当該法人に対する債権的権利であるにすぎず，第三者に対し直接請求できる権利ではない。団体商標権を侵害し又は侵害するおそれがある者に対し差止請求権や損害賠償請求権を行使することはできない（商標36条・38条）。ただ，団体商標権の損害賠償請求権は団体構成員に生じた損害も包含するものと解すべきである。旧商標法29条にはその旨の規定を設けていたが，本法では何ら規定していない。団体商標の性格上，その使用者たる団体構成員に生じた損害を含むべきは当然というべきである。ただ，これについては，「当該団体商標が周知な商品等表示であれば，構成員が不正競争防止法第2条第1項第1号に基づく損害賠償請求をなし

〔後藤＝平山〕　975

§31の2（団体構成員等の権利）　　　　　　　　　　　　　　　第4章　商　標　権

得るものであること，大正10年法と現行法では法体系が異なるものであり旧法の規定をそのまま現行法に適用できるものではないこと，実際にそのような特則（損害額の推定規定）を設けるとしても団体商標の形態の多様さに鑑みて適切な推定規定を設けることは困難であること，等の理由から見送られた。」といわれる（産業構造審議会知的財産政策部会第4回商標制度小委員会14頁）。

　但書においては，団体商標権について，専用使用権が設定されたときは，専用使用権者が登録商標の使用をする権利を専用する範囲については，団体構成員であってもその団体商標の使用をすることができない旨を明らかにしている。商標法25条但書とのバランスにも配慮したものと解される。

　団体商標権に使用権の設定を認めた理由を「団体商標権について，専用使用権や通常使用権を認めることとしたのは，商品の生産等を行う団体構成員以外の者に，その商品の販売等の流通を扱わせる必要があるケースもあるからである。団体商標権者が外国の法人のような場合には，本邦の流通業者が団体商標権者から実際に専用使用権や通常使用権を設定されることが想定される」とする（平8改正解説185頁）。

(2) 2 項

　2項は，前項に規定する団体構成員の商標の使用をする権利又は地域団体構成員の商標の使用をする権利は，相続等の一般承継による場合を含めて移転することができない旨を定めたものである。これは，前項に規定する団体構成員又は地域団体構成員の権利が構成員であるとの地位に連動して発生し，構成員の身分と切り離すことができないものであることによるからである。質権の対象とすることもできない。

(3) 3 項

　3項は，1項において団体構成員又は地域団体構成員に登録商標の使用をする権利を認めたことに伴い，一定の規定の適用については，団体構成員又は地域団体構成員を通常使用権者と同等に扱うこととした規定である。

　なお，通常使用権に関する規定の中で24条の4等の一定の規定に限定して団体構成員又は地域団体構成員を通常使用権者と同等に扱うこととしているのは，団体構成員の商標の使用をする権利が通常使用権と異なる特質を有していることによる。例えば，通常使用権に関する質権の設定や共有の規定（商標31条6項において準用する特94条2項，商標35条において準用する特73条1項）の適用が除外されているのは，団体構成員又は地域団体構成員の商標の使用をする権利が団体構成員又は地域団体構成員たる地位と不可分に連動するものである点において通常使用権とは異なっていることによる。

　「一定の規定の適用」とは，商標権の移転に係る混同防止表示請求（商標24条の4），他人の権利と抵触する場合における登録商標の使用の制限（商標29条），不使用による商標

〔後藤＝平山〕

第1節　商　標　権　　　　　　　　　　　　　§31の2（団体構成員等の権利）

登録の取消審判の場合における登録商標の使用（商標50条），商標権の移転の結果における混同を生ずる使用による取消しの審判における登録商標の使用（商標52条の2），不正使用による商標登録の取消審判の場合における登録商標の使用（商標53条）及び商標登録表示における表示（商標73条）をいう。これらの規定及び次項の規定以外の規定の適用については，構成員たる地位と不可分に連動するものを拡張適用すべきではないとして，通常使用権者としては扱われないこととしている。この点，商標法施行法13条が現行商標法の施行の際に現に団体商標の使用をすることができた者につき同法31条の規定による通常使用権を有するものと規定していたのと大いに異なる。

(4)　**4　項**

4項は，無効審判の請求の予告登録前の使用による商標の使用をする権利（中用権）の取得に関し（商標33条1項3号の適用），団体構成員又は地域団体構成員を登録をした通常使用権を有する者と同等に扱うこととして，無効審判の請求登録前の使用による商標の使用をする権利（いわゆる中用権）を1項に規定する権利を有する団体構成員又は地域団体構成員にも認めることとした。平成23年の一部改正において，特許法99条1項（通常実施権の対抗力）が改正され，同条に相当する規定を31条4項に新設したことに伴い，所要の改正が行われた。

〔後藤　晴男＝平山　啓子〕

§32（先使用による商標の使用をする権利）　　　　　　　　第4章　商　標　権

第32条（先使用による商標の使用をする権利）（見出し改正，平17法56）

　　他人の商標登録出願前から日本国内において不正競争の目的でなくその商標登録出願に係る指定商品若しくは指定役務又はこれらに類似する商品若しくは役務についてその商標又はこれに類似する商標の使用をしていた結果，その商標登録出願の際（第9条の4の規定により，又は第17条の2第1項若しくは第55条の2第3項（第60条の2第2項において準用する場合を含む。）において準用する意匠法第17条の3第1項の規定により，その商標登録出願が手続補正書を提出した時にしたものとみなされたときは，もとの商標登録出願の際又は手続補正書を提出した際）現にその商標が自己の業務に係る商品又は役務を表示するものとして需要者の間に広く認識されているときは，その者は，継続してその商品又は役務についてその商標の使用をする場合は，その商品又は役務についてその商標の使用をする権利を有する。当該業務を承継した者についても，同様とする。（改正，平8法68）

2　当該商標権者又は専用使用権者は，前項の規定により商標の使用をする権利を有する者に対し，その者の業務に係る商品又は役務と自己の業務に係る商品又は役務との混同を防ぐのに適当な表示を付すべきことを請求することができる。（改正，昭60法41，平3法65，平5法26，平6法116，平10法51）

【参考文献】

〔書　籍〕藤江政太郎・改正商標法要論（巌松堂，22），三宅発・講話，井野・商標，三宅発・商標，安達・商標，飯塚・無体，兼子＝染野義信・特許・商標，蓴優美・学説判例工業所有権法総覧（帝国地方行政学会，56），蓴・条解〔増訂版〕，井上一平・日本商標の研究（実業の日本社，57），井上一平・商標論（日本経済新聞社，58），井原龍治・商標と商標法（東洋経済新報社，59），井上一平・商標詳論（同文館，64），吉原・説義，三宅・雑感，渋谷・理論，光石・詳説〔新訂〕，小野昌延・商標の知識（日本経済新聞社，75），紋谷編・50講，江口・新解説〔改訂〕，網野・諸問題，豊崎・工業〔新版増補〕，播磨良承・商標の保護（発明協会，81），三宅・商標，百年史（上）（下）（別），満田・研究，村林還暦，逐条解説〔第19版〕，小野・概説〔第2版〕，田村・商標〔第2版〕，網野・商標〔第6版〕，特許庁編・改正商標法ハンドブックⅡ（特許庁，92），小野編・注解商標〔新版〕（上），髙部眞規子・実務詳説商標関係訴訟（きんざい，2015），金井ほか編・商標コメ，茶園編・商標。

〔論文等〕井上一平「商標権の効力の制限について」特管15巻3号155頁以下（65），耳野皓三「商標の先使用と商品の同一」企研昭和41年2月号（129輯）2頁以下，松尾和子「先使用」商標判例百選206頁以下（67），小坂志磨夫「先使用権の範囲」商標判例百選140頁以下（67），飯島久雄「他人の使用による先使用権の取得」商標判例百選136頁以下（67），飯島久雄「先使用権の承継」商標判例百選142頁以下（67），網野誠「条理による商標権の効力の制限とその強化拡充とについて1～3」特企36号（71年12月）4頁以下，同37号（72年1月）31頁以下，同38号（72年2月）21頁以下，渋谷達紀「先使用商標の保護」私法35号224頁以下（73），網野誠「相抵触する登録商標と周知商標と

978　〔平野＝重冨〕

第1節　商　標　権　　　　　　　　　§32（先使用による商標の使用をする権利）

が併存する場合の法的取扱について」特管25巻5号75頁（75），田倉整「商標法上の先使用権」判タ328号83頁以下（76），広田聰「判例紹介」判タ499号218頁以下（83），播磨良承「商標権侵害における先使用権の抗弁（周知性）と権利濫用法理による侵害の成立」特管34巻10号1333頁以下（84），播磨良承「商標権侵害における先使用権の抗弁（周知性）と権利濫用法理による侵害の不成立」小橋一郎＝仙元隆一郎編・知的財産権判例研究289頁以下（日本特許協会，89），滝井朋子「商標の先使用権と周知性，商標権行使と権利濫用」村林還暦715頁以下，松尾和子「先使用の要件である『広く認識せられたる』（旧商標法第9条1項，現行法第32条1項）の意義」村林還暦849頁以下，齋藤方秀「表示使用差止請求権の主体に関する一考察（"Will-O，-The Wisp"をめぐりつつ）」慶應義塾大学法学部法律学科開設百年記念論文集347頁（慶応通信，90），齋藤方秀「著名表示のフリーライドと不正競争防止法の適用」小野還暦477頁以下，渋谷達紀「輸入総代理店による商標品の輸入販売行為が輸出元である外国会社の先使用権の範囲に属するとされた事例（東京地判平成3年12月16日）」判評403号（判時1424号）180頁（92），富澤孝「先使用権の成立要件としての周知性（東京地判平成3年12月20日）」特管43巻4号485頁（93），玉井克哉「商標権と周知表示」特研18号4頁（94），齋藤方秀「周知表示と商標権の優先関係」パテ48巻5月号59頁及び同8月号34頁以下（95），森林稔「商標法と不正競争防止法における先使用権」学会年報26号91頁（2002），森林稔「商標法32条2項の定める混同防止表示付加請求権が認められなかった事例（東京高判平成14年4月25日）」志学館法学4号1頁（2003），森林稔「「真葛」，「真葛焼」等の標章に先使用権を認めるとともに出所混同防止表示付加の請求を排斥した原判決が維持された事例（東京高判平成14年4月25日）」判評543号（判時1849号）194頁（2004），森林稔「ドメイン名の先使用権について(1)」志学館法学5号19頁（2004），森林稔「ドメイン名の使用につき商標権侵害及び商標法上の先使用権の抗弁が認められた事例（大阪地判平成16年4月20日）」知管56巻4号627頁（2006），三山峻司「商標の先使用について」牧野ほか編・理論と実務(3)143頁（2011），森本純「判批・ケンちゃん餃子事件」三山峻司先生＝松村信夫先生還暦記念・最新知的財産判例集－未評釈判例を中心として（青林書院，2011），川瀬幹夫「判批・商標法32条1項所定の先使用権が認められた事案－ケンちゃん餃子事件」知管60巻10号1741頁（2011），工藤莞司「商標法32条1項に規定する先使用権に係る周知性について－裁判例等からみた実務的検討」松田治躬先生古稀記念論文集421頁（東洋法規出版，2011），平成26年度商標委員会第4小委員会「先使用権の周知性に関する判決の研究」パテ68巻10号113頁（2015）。

　　　　　　　　　　　　　　　細　目　次

I　第1項(980)
　(1)　意　義(980)
　(2)　趣　旨(980)
　(3)　沿　革(982)
　(4)　法的性質(983)
　(5)　要　件(985)
　　(a)　他人の商標登録出願前から日本国内においてその商標登録出願に係る指定商品若しくは指定役務又はこれらに類似する商品若しくは役務について，その商標又はこれに類似する商標の使用をしていたこと(985)
　　(b)　不正競争の目的がないこと(987)
　　(c)　その商標登録出願の際に，現にその商標が自己の業務に係る商品又は役務を表示するものとして需要者の間に広く認識されていること(988)
　　(d)　継続してその商品又は役務についてその商標の使用をすること(1004)
　(6)　複数の先使用権の成否(1007)
　(7)　防護標章に対する先使用権(1007)
　(8)　当該業務を承継した者について（商標32

§32（先使用による商標の使用をする権利）

条1項後段）(1007)
(9) 効　果(1010)
 (a) 先使用権の効力の及ぶ範囲(1010)
  (イ) 先使用に係る商標使用対象の商品・役務と類似の商品・役務への先使用権の効力(1010)
  (ロ) 先使用商標と類似する商標への先使用権の効力(1011)
  (ハ) 先使用権者の使用態様の拡大の可否(1011)
 (b) 先使用権の消長・縮小(1013)
 (c) 先使用権の援用(1013)
 (d) 先使用権の消滅(1013)

II 第2項——混同防止表示付加請求権(1014)
(1) 意　義(1014)
(2) 趣　旨(1014)
(3) 法的性質(1014)
(4) 混同防止表示付加請求権に関する論点(1016)
 (a) 請求の相手方(1016)
 (b) 「混同を防ぐのに適当な表示」の内容(1016)
 (c) 請求者による混同防止表示の特定の可否(1017)

〔平野　惠稔＝重冨　貴光〕

I　第　1　項

(1) 意　義

　商標法32条1項は，先使用による商標を使用する権利を定めている。講学上，一般に先使用権といわれる。

　他人の商標登録出願前から日本国内において不正競争の目的でなくその商標登録出願に係る指定商品若しくは指定役務又はこれらに類似する商品若しくは役務についてその商標又はこれに類似する商標の使用をしていた結果，その商標登録出願の際，現にその商標が自己の業務に係る商品又は役務を表示するものとして需要者の間に広く認識されているときは，その者は，継続してその商品又は役務についてその商標の使用をする場合は，その商品又は役務についてその商標の使用をする権利を有するとされている（商標32条1項前段）。以下，本条注解においては，先使用権を有する者を先使用権者ないし先使用者ということがある。

(2) 趣　旨

　(a) 本項の趣旨については，先願主義・登録主義の例外として説明するもの，先使用者の信用や使用状態を登録商標の禁止権から保護すると説明するものが存する。以下，かような説明がなされている見解を紹介する。

　　(イ) 未登録ではあっても過去の実際の使用によって十分の指標力を獲得している商標の信用を保護しようとするものであり，登録主義の大きな例外である（豊崎・工業〔新版増補〕418頁）。

　　(ロ) 登録主義の原則を貫くことによって生ずる取引社会における不公正な結果を避けるために，一定の条件の下において，使用主義的な考え方を実定法の中に織り込んだ

ものである（網野・商標〔第6版〕775頁）。

　㈢　登録主義・先願主義の例外として，登録主義と使用主義，先願主義と先使用主義とを一定条件の下に修正調和せんとしたのが，この先使用の規定である（小野・概説〔第2版〕248～249頁）。

　㈣　先使用権の認められた趣旨は，先使用者の既得的な地位を後発の登録商標の禁止権から保護することにある。先発の使用者の努力によって信用が蓄積されたと評価できるような商標が存在するときは，その商標が未登録であっても，その事実状態（社会的関係）は保護されるべきである（小野＝三山・新概説〔第2版〕295頁，三山峻司「商標の先使用について」牧野ほか編・理論と実務(3)144頁〔以下「三山論稿」という〕も同旨）。

　㈤　先願主義の下で，先使用者の信用が蓄積された未登録の周知商標について，後発の登録商標の禁止権から保護するため，先使用権が法定されている。……識別性を備えるに至った商標の先使用者による使用状態の保護という点にある（髙部眞規子・実務詳説商標関係訴訟77頁）。

　㈥　登録商標権者以外を示すものとしてすでに信用を化体した表示があるのであれば，できる限りその継続的な使用を認めることとし，もって信用を形成しようとする者の予測可能性を保障する必要がある（田村・概説〔第2版〕79頁）。

　その他，先使用者の商標使用の結果として当該先使用商標が周知となった事実を重視して取引秩序保護の観点から本項の趣旨を説明するものもある。三宅・雑感260頁は，「第三者の商標使用の事実，そして，それにより，周知商標にまで高められた事実を重視して，取引秩序のため，商標権の支配からこれを保護しようとしたものと理解される。……その限りにおいては，使用主義的発想というべきであろうか，そして，ここで，使用主義的理念を採り入れたのは，結局は，周知商標となるまで使用してきたという事実によって醸し出されている取引社会の既定事実，すなわち，取引秩序という角度の違った立場に着目したものではあるまいか」と説明する。

　(b)　逐条解説は，本項の存在理由は本来的には過誤登録の場合の救済規定であるとの説明もしている。以下，逐条解説の説明を紹介する。

　本条所定の未登録商標がある場合は，他人の出願は必ず商標法4条1項10号に該当するはずだから他人の商標登録があるわけはないが，誤って過誤登録された場合に，あえて無効審判を請求するまでもなく，その未登録周知商標の使用を認めようというのである。本条は，商標法4条1項10号について善意に登録を受けた場合には除斥期間の適用があるので（商標47条1項），その登録後5年を経過した場合に特に実益がある（以上につき，逐条解説〔第19版〕1393頁）。先使用制度の存在により，先使用者は，除斥期間内はもとより，その経過後においても，登録を無効にすることなく使用を継続することができる

〔平野＝重冨〕

§32（先使用による商標の使用をする権利）

ようになる（小野編・注解商標法〔新版〕（上）798頁〔齋藤方秀〕）。

もっとも，上記の考え方に対しては，近時の平成16年法改正（商標法39条が準用する特許法104条の3の新設）及びその法解釈によって，過誤登録時の救済規定としての存在意義が低下したとの指摘もなされている（平尾・商標〔第2次改訂版〕383～384頁）。すなわち，上記法改正により，商標権侵害訴訟において，登録商標が商標登録無効審判により無効にされるべきものと認められるときは，商標権者はその権利を行使することができないことになったが，除斥期間経過後においても商標法39条が準用する特許法104条の3所定の抗弁が認められるとの考え方に立った場合には（この考え方に立つものとして，髙部・前掲商標関係訴訟72頁，潮海久雄「判批」新商標判例百選68頁），先使用権制度がなくとも，商標権侵害の責めを免れるとともに，未登録周知商標の使用を継続することはできることとなり，過誤登録からの救済という趣旨は重視されなくともよいこととなる。

(3) 沿革

商標の先使用権制度の沿革については，豊崎・工業〔新版増補〕418頁に説明があるほか，近時の論稿として，齋藤・前掲795頁及び森林稔「商標法と不正競争防止法における先使用権」学会年報26号91頁（2002年）が詳しい。以下，これらの論稿による説明を踏まえて先使用権制度の沿革を紹介する。

先使用権の制度がわが国で初めて設けられたのは，大正10年商標法（大正10年4月30日法律第99号。以下「大正10年法」という）である。大正10年法に先立つ法においては，「此ノ法律施行前ヨリ他ニ使用者アル商標ト同一若ハ類似ノモノ」（同法2条5号）については登録を認めないと規定されていたが，他方で，ひとたび商標登録が認められた場合には，先使用者には登録無効審判を請求する以外に条文上の救済手段は用意されていなかった（齋藤・前掲795～796頁参照）。

かかる状況のもと，大正10年法の9条にて，以下に示す先使用権の規定が設けられることとなった。

「他人ノ登録商標ノ登録出願前ヨリ同一又ハ類似ノ商品ニ付取引者又ハ需要者ノ間ニ広ク認識セラレタル同一又ハ類似ノ標章ヲ善意ニ使用スル者ハ其ノ他人ノ商標ノ登録ニ拘ラス其ノ使用ヲ継続スルコトヲ得。営業又ハ業務ト共ニ其ノ標章ノ使用ヲ承継シタル者亦同シ。」

大正10年法にて先使用権の規定が設けられるに至った経緯は次のように説明されている。すなわち，大正10年法では，23条において，無効審判請求について，悪意の場合を除き，5年間の除斥期間が設けられた。その結果として，周知先使用商標と同一又は類似の商標が他者によって過誤登録された場合に，除斥期間経過後は周知先使用商標が保護されないという不都合な状態となってしまうことから，このような場合に周知先使用

商標を保護すべく，先使用権の制度が設けられた（齋藤・前掲797頁，森林・前掲学会年報26号102～103頁）。

かような大正10年法における先使用権の制度が現行法においても引き継がれた。現行法施行にあたっては，大正10年法9条1項所定の先使用権で，現行法の施行の際現に存在するものは，現行法が施行された昭和35年4月1日以降は，同法施行法4条に基づいて現行法32条1項の規定による先使用権となったものとみなされた（森林・前掲学会年報26号104頁）。

なお，先使用権が採用されるにあたり，先使用による商標の使用権に関する規定が施行される前から継続して使用している事実によって，先使用権が認められるのかという問題が生じた。東京地判昭39・10・31判時398号44頁〔丸梅缶詰海苔事件〕では，先使用による商標の使用権に関する規定が大正10年商標法（旧法）で初めて設けられたところ，被告は明治32年法（旧々法）が施行されていた明治35年1月31日から継続して使用していた事実を基礎として，先使用権を主張した。原告は，明治32年法により登録となった本件商標に対しては，法律不遡及の原則により，先使用による商標を使用する権利を主張されることはないと主張した。裁判所は，大正10年法（旧法）が，その附則において一定の経過規定を設けながら大正10年法（旧法）の施行前から使用されている標章の使用権の存否を明治42年法（旧々法）により定むべきことについて，何らの規定も設けなかったことから，先使用権の有無については，旧商標法施行後にあっては，すべて旧商標法9条の規定により決定すべきものとした趣旨と解すべきとした。そして，本件登録商標は，明治42年法（旧々法）附則3項において準用される明治42年特許法99条の規定により，明治42年商標法により同年11月1日以降に受けたものとみなされ，旧商標法40条1項の規定により，大正11年1月11日以降，旧商標法によりしたものとみなされることとなり，旧商標法をその施行前に遡って適用することにはならないとして原告の主張を退けた。また，被告は，明治42年商標法のもとにおいては，明治32年7月1日前からの善意使用者に，他の登録商標があっても，重複して登録する制度があったにもかかわらず，原告が承継した者はその登録の手続をしなかったのであるから，本件商標を先使用により使用する権利は，これを保護するに値しないものであり，また，訴権の濫用であると主張したが，裁判所は，先の改正の経過からは，旧商標法施行後にあっては，明治42年商標法の規定による登録商標においても，先使用者に対しては先使用権を許容するに至ったものと解すべきであるとして，原告の主張を退けた。

(4) 法的性質

商標法32条1項所定の先使用権は，法定の使用権である。現行法に先立つ大正10年法では，先使用権を規定する9条が「其ノ使用ヲ継続スルコトヲ得」と定められていたこ

§32（先使用による商標の使用をする権利）

とから，先使用権は権利性を有するか否かにつき，解釈上の争いが存した（先使用権は権利性を認めたものではなく，事実関係にとどまると解する考え方もあった（三宅発・商標252頁，兼子＝染野・特許・商標567頁））。しかるに，現行法では「商標の使用をする権利」との文言として定められ，権利性を有することに争いはなくなった。

先使用権は，登録商標の禁止権（商標37条1号）を制限し，先使用に係る商標の使用行為が商標権侵害を構成しないとの法的効果を導く抗弁として位置づけられる（網野・商標〔第6版〕780頁）。実務上は，被疑侵害者は商標類否を争いつつ，仮に商標類似性が肯定されたとしても，被疑侵害者の標章の使用について先使用権が成立するとして，仮定的抗弁として主張されることが多いとも解説されている（三山論稿144頁）。

先使用権については，被疑侵害者が被告となる商標権侵害訴訟において，被告が抗弁として主張することが多い。他方で，被疑侵害者が原告となって，先使用権の存在を理由とする商標権に基づく差止請求権不存在確認の訴え，商標権侵害に基づく損害賠償請求権不存在確認の訴えを提起することも可能である。

なお，先使用権者が先使用権の存在の確認を求めて確認訴訟を提起することの許否の問題が存する。この点に関しては，先使用商標の同一性の範囲や先使用商標の使用が許される商品・役務の範囲などについて，先使用権の有無を確認することで紛争の解決につながる場面（先発訴訟で先使用の抗弁が容れられたものの，後発訴訟でその範囲が問題となるようなケース）があるとして，確認請求を認めてもよいとする見解がある（小野＝三山・新概説〔第2版〕300頁，三山論稿145頁）。裁判例では，特に争点となることなく認められてきている（東京地判昭39・10・31判時398号44頁〔丸梅缶詰海苔事件〕，大阪地判昭46・12・24無体集3巻2号455頁〔すっぽん煮大市事件〕，大阪地判平21・3・26判時2050号143頁〔ケンちゃん餃子事件〕）。

先使用権は，上述のとおり，登録商標の禁止権を制限するにとどまり，それを超えて，商標権と同じような物権的な権利が与えられたものではなく，第三者に対して対抗し，商標の独占的使用を主張できるものではなく，実施権を許諾できるものでもない（豊崎・工業〔新版増補〕420頁，網野・商標〔第6版〕780～781頁，森林・前掲学会年報26号101頁，114頁）。このように，先使用権は使用継続権という受動的権利であって，能動的な排他的権利ではない（小野・概説〔第2版〕249頁，小野＝三山・新概説〔第2版〕295頁）。

先使用権は権利の一種として不可侵性を有するから，この権能が侵害されたときは，不法行為の要件が備わっていればこれによって被った損害の賠償を請求することができ，この場合の侵害とは先使用権を否定しその円滑な権能の行使を妨げる一切の行為をいうと解説するものがある（森林・前掲学会年報26号114頁）。

また，先使用権は，無償の使用権であり，商標権の効力に由来しない点で共通の性格をもつ中用権（商標33条）が有償であるのと異なると解説するものがある（森林・前掲学会

§32（先使用による商標の使用をする権利）

年報26号114頁）。

(5) 要　件

先使用権が成立するための要件は，以下の各要件に大別することができる。
① 他人の商標登録出願前から日本国内においてその商標登録出願に係る指定商品若しくは指定役務又はこれらに類似する商品若しくは役務について，その商標又はこれに類似する商標の使用をしていたこと
② 不正競争の目的がないこと
③ その商標登録出願の際に，現にその商標が自己の業務に係る商品又は役務を表示するものとして需要者の間に広く認識されていること
④ 継続してその商品又は役務についてその商標の使用をすること

以下，各要件の意義・解釈について解説する。

(a) 他人の商標登録出願前から日本国内においてその商標登録出願に係る指定商品若しくは指定役務又はこれらに類似する商品若しくは役務について，その商標又はこれに類似する商標の使用をしていたこと　第1に，先使用権が成立するためには，先使用商標を「他人の商標登録出願前から」使用していることが必要である。

第2に，先使用商標を「日本国内において」使用していることが必要である。日本国内とは，商標法施行の地域内でという意味である（小野・概説〔第2版〕249頁）。日本国外における使用は考慮されない。国外で販売されている商標使用品の評判が国内に届いていたというだけでは足りない（渋谷・講義Ⅲ508頁）。外国で著名な商標といえども，国内先使用の要件を満たさなければ先使用権は成立しない（田村・概説〔第2版〕84頁）。

第3に，先使用商標の「使用」とは，商標法2条3項における使用を意味する（渋谷・講義Ⅲ508頁，小野＝三山・新概説〔第2版〕296頁，三山論稿146頁）。商品の販売前の宣伝広告（商標2条3項8号）に商標が用いられていたにとどまる場合でも，宣伝広告についてのみならず，これに必然的に後続する行為である商標使用品の生産や販売についても先使用権が成立すると解説するものがある（渋谷・講義Ⅲ508頁）。ドメイン名の使用も，登録商標の指定商品・役務との関連で使用されると商標使用となるため，先使用商標の「使用」に含まれる（小野＝三山・新概説〔第2版〕296頁，三山論稿146頁）。

第4に，先使用商標を「商品若しくは役務について」使用していることが必要である。他方で，商品・役務としてではなく，家紋や屋号として使用しているというだけでは必ずしも十分でないと解説されている（三山論稿146頁）。

第5に，先使用商標の使用は，「その商標登録出願に係る指定商品若しくは指定役務又はこれらに類似する商品若しくは役務について，その商標又はこれに類似する商標の使用」であることが必要である。これは，先使用権が登録商標の禁止権（商標37条1号）を

〔平野＝重冨〕　985

§32（先使用による商標の使用をする権利） 第4章 商 標 権

制限するものであることに伴って導かれるものといえる。
　先使用における使用については，古いものは，その立証が難しく，また，その態様が商標の使用といえるか，商標登録出願前の使用と現在の使用が同一であるといえるか，などが争点となる。
　裁判例では次のようなものがある。
　大阪地判昭46・12・24無体集3巻2号455頁〔すっぽん煮大市事件〕では，有名なすっぽん料理店がすっぽん煮の販売に商標を使用していた件で，すっぽん料理店が原告となり，商標権者である被告に対し先使用権の確認を求めた事件である。被告は，すっぽん店（原告）では，商号としての使用をしていたにすぎず，商標としては使用していなかったと主張した。裁判所は，江戸時代末期頃から，すっぽん料理を提供するとともに店頭ですっぽん煮を販売していたことを認定し，原告が先使用を主張した各標章については，少なくとも，大正時代，昭和初期，昭和20年，昭和30年に使用を開始し，現在も使用していることを認定し，原告の先使用権を認めた。
　大阪地判昭44・10・31タ242号302頁〔キャラ商標事件〕で，被告は，原告登録商標を，専門店向けの婦人洋装品の業界において使用し，需要者間で周知となっていたとして，裁判所は，先使用権を認めた。被告の原告登録商標の使用態様については，使用する標章全体では，付加的部分が複雑化するなどの変更があったが，裁判所は原告登録商標と同一性を認めた。
　東京高判平5・3・31知財集25巻1号156頁〔ハンティング・ワールド輸入総代理店控訴事件〕では，被控訴人（原審被告）は，被告標章が本来は素材を示すものであった点について，「被控訴人標章は1次的には本件素材を示すものであったが，本件素材を使用したバッグ類と常に結び付けて使用されていたため，本件商標登録出願の日には，本来の意義を超えハンティング・ワールド社が本件素材を使用して製造販売するバッグ類そのものを表示するものとしても需要者の間に広く知られるに至っていた。もし，当時被控訴人標章が右バッグ類そのものを表示するものとして知られるに至っていなかったとすれば，それは，これらの標章の使用が素材を示すだけでバッグ類そのものを表示しないためにほかならないから，控訴人が請求の根拠とする被控訴人標章を付したタグの下げられたバッグ類を輸入販売する行為もバッグ類について当該標章を使用することにはならず，本件商標権侵害になりえない」と主張した。裁判所は，被控訴人の主張を認め，ハンティング・ワールド社が被控訴人標章を本件素材を用いて製造販売するバッグ類と常に結び付けて販売し宣伝広告してきた結果，かばん袋物では一般に素材の特徴が直接商品の特徴となる要素が大きいこともあずかって，被控訴人標章は本件素材を表示するものとしての本来の意義を超え，バッグ類そのものをも表示するものとして，主としてい

第1節　商標権　　　　　　§32（先使用による商標の使用をする権利）

わゆる高級品市場において，その周知性を獲得したとして，先使用権を認めた。

　(b)　不正競争の目的がないこと　　「不正競争の目的」とは，相手方の商品役務との出所混同を招く意図（意図は結果の容認で足りる）をいうとする解説がある（渋谷・講義Ⅲ509頁）。「不正競争の目的」は，商標権者の所有する他の商標を使用した事実，商標権者の商品の名声を容易に知り得る立場にあった事実等から推認される（高部・前掲商標関係訴訟78頁）。

　「不正競争の目的がないこと」とは，他人の既存の信用を利用して不当な利得を得ようとする目的がないことを意味するとし，単なる民商法上の「悪意」の用例以上の商道徳上の意味を含めている（光石・詳説217頁，小野・概説〔第2版〕249頁，網野・商標〔第6版〕776頁，三山論稿146頁）。

　他人の商標登録出願前から当該商標と同一又は類似の商標を継続使用していたことは，不正競争の目的がないことを一応推定させるに足りる（網野・商標〔第6版〕776頁）。当初は不正競争の目的があったが，その後，例えば未登録商標の周知地域外に移動して使用を継続したというような場合には，不正競争の目的は消滅する（渋谷・講義Ⅲ509頁）。

　他方で，不正競争の目的が認められるであろう事例に関しては，以下のような各説明がなされている。異業種Aでの信用ある有名な他人の商標と類似する商標を，その他人がB業種で商標登録の出願をする前から使用し，B業種で周知商標としたような場合は，不正競争の目的があったものと認められる（小野・概説〔第2版〕249頁）。早晩，登録商標が出願されることを認識している場合や，他者が先使用者の営業（予定）地域にも近々進出することが見込まれる場合などで，先使用者が特に当該表示を使用しなければならない理由がない場合などが「不正競争の目的」があるものと想定できると説明するものがある（田村・概説〔第2版〕85頁）。相当広く知られている他人の商標と同一又は類似商標を使用してその信用を利用しようとした場合や，他人が大々的に商標を証することを知り，あらかじめそれと同一又は類似商標を使用した場合などに「不正競争の目的」があるとするものもある（平尾・商標〔第2次改訂版〕390頁）。

　不正競争の目的がないことの立証責任については，先使用権を主張する者が負担すべきであるとされる（豊崎・工業〔新版増補〕419頁，網野・商標〔第6版〕776〜777頁，森林・前掲学会年報26号108頁）。もっとも，不正競争目的のないことという消極的事実の立証は難しいから，出願前からの通常の一般的な態様の使用を行っていれば，特段の事情のない限り，不正競争の目的はないものと事実上推定されるとの解説もある（三山論稿147頁）。

　論点として，他人の商標登録出願の際に不正競争の目的がなかったとしても，その後に不正競争の目的を有するに至った場合に，本項にいう「不正競争の目的」があると解すべきかにつき，種々論じられている。

　豊崎・工業〔新版増補〕419頁，小野・概説〔第2版〕249頁，渋谷・講義Ⅲ509頁，金井

〔平野＝重冨〕

ほか編・商標コメ486頁は，このような場合には先使用権は否定されるとしている。網野・商標〔第6版〕777頁は，文理上，出願時までに不正競争の目的がなければ先使用権が生じ，先使用権が生じた以上は継続使用さえしていれば，不正競争の目的は問わないというように解されるとしつつも，不正競争の目的が明らかとなったような場合においては先使用権を認めるべきではないとしている。森林・前掲学会年報26号108頁は，不正競争の意思のないことは，先使用権の存続要件でもあるとし，先使用商標の使用が不正競争の目的でなされるようになったときに，なお商標権を制限してまで，これに法的保護を加えることは商標法の目的に反するとする。齋藤・前掲802頁は，少なくとも理論的には出願後も不正競争の目的の不存在が継続することを要すると解されるべきであろうとする。

三山論稿147頁は，不正競争目的のない継続的な使用が保護されるという不正競業法の法理から把握すれば，否定説が導かれるとしつつも，実際には主観的な認識の変化があったという一事のみで，出願前から続いている同じ態様での先使用状況が否定されるということは考えにくいとし，先使用商標自体の変化や先使用商標の使用地域の変化に伴って，不正競争の目的という主観的要素が問題とされるとする。

(c) その商標登録出願の際に，現にその商標が自己の業務に係る商品又は役務を表示するものとして需要者の間に広く認識されていること　この要件は，他人の商標登録出願の際に，先使用者の商標が自己の業務に係る商品又は役務を表示するものとして需要者の間に広く認識されていることを要求するものであり，一般に，「周知性」要件として位置づけられている。以下，この周知性要件の意義・解釈に関する論点を紹介する。

(イ) 周知性要件充足の判断基準時は，他人の商標登録出願の「際」とされている。この「際」という概念は，出願「時」よりも広い概念である。すなわち，商標法32条1項の条文上も「商標登録出願の際（第9条の4の規定により，又は第17条の2第1項若しくは第55条の2第3項（第60条の2第2項において準用する場合を含む。）において……もとの商標登録出願の際又は手続補正書を提出した際）」と規定されているように，例えば商標法9条の4の規定によって商標についてした補正が要旨変更であることが商標権設定登録後に認められた場合には，その商標登録出願はその補正について手続補正書を提出した時にしたものとみなされ，そのような時点を意味するものとして，他人の商標登録出願の「際」との文言が定められている（網野・商標〔第6版〕777〜778頁参照）。

(ロ) 先使用商標は，他人の商標登録出願の際に周知であれば足り，それを超えて当該出願より相当期間前の時点から周知であることは要求されない（網野・商標〔第6版〕777頁，齋藤・前掲802頁）。

(ハ) 「商標登録出願の際」とは，最初の登録出願の時をいうのであり，更新登録の出

願の場合を含むものではないと説明されている（網野・商標〔第6版〕778頁，渋谷・講義Ⅲ507頁）。

これに対し，いわゆる死蔵商標など例外的な場合においては「商標登録出願の際」と解することに疑問があるとする見解もある。齋藤・前掲803頁は，例えば，移転の登録について，周知商標Aの使用者Yに対抗するため，類似する全然使用されていない登録商標A'を譲り受けて登録を経た者Xが，その登録商標権に基づきYに使用差止請求権を行使するというような事案の場合には，Xへの移転登録出願の際，Yは既に類似商標につき周知性を獲得していたのであるから，Yに先使用権が認められてよいのではなかろうかとする。このように，齋藤・前掲は更新登録や移転登録の出願の場合をも含むと拡張的に解釈する余地があるとしている。

㈡　先使用商標は「自己の業務に係る商品又は役務を表示するものとして」周知でなければならない（網野・商標〔第6版〕778〜779頁）。先使用者の商標として両者の因果関係が明らかなうえで周知となることを要すると説明されている（森林・前掲学会年報26号108頁）。この点につき，フランチャイジーなどが，いかに多数の商品を取り扱っても，「自己の業務に係る商品又は役務を表示するものとして」周知であるとはいえず，先使用権は生じないと説明されている（小野・概説〔第2版〕249頁，齋藤・前掲803頁）。他人の商標を付けた商品を販売している場合にはこの要件を充たさないが，それが同時に販売者の商標として使われている場合はよいと思われるとする見解がある（豊崎・工業〔新版増補〕419頁）。

㈱　周知性要件に関して大々的に議論されている論点として，周知性の程度の問題がある。この問題は，商標法32条1項所定の先使用権成立のための周知性要件について，商標法4条1項10号における「需要者の間に広く認識されている」との周知性要件と同一・同義であると解すべきか否かという点で多くの議論がなされている（この論点は，渋谷・理論281頁が端緒となって議論されるようになった）。両説の対立は，商標法4条1項10号の周知には至らないが，商標法32条1項の周知と認め得る商標の存在を認めるか否かという点に議論の実益があるとされる（美勢克彦・新商標判例百選65頁）。

（ⅰ）第1に，商標法32条1項の周知性は，商標法4条1項10号の周知性と同一・同義であるとする見解（以下「同一説」という）がある。同一説に立つものとして，豊崎・工業〔新版増補〕418頁・419頁，逐条解説〔第19版〕1392頁，松尾和子「先使用権の要件である『広く認識せられたる』の意義」村林還暦859頁（以下「松尾論稿」という），滝井朋子「商標の先使用権と周知性，商標権行使と権利濫用」村林還暦726頁（以下「滝井論稿」という）がある。

同一説に立つべき論拠としては，以下のように説明されている。

〔平野＝重冨〕

§32 (先使用による商標の使用をする権利)　　　　　　　　　　　　　　第4章　商　標　権

　①　商標法32条は，商標法4条1項10号に反して同一又は類似の商標が過誤登録された場合であっても，商標法32条1項の要件を充足すれば無効審判の除斥期間経過後も救済規定としてその使用事実が保護されることに存在意義がある。

　②　商標法4条の周知性要件につき，先願主義の原則の例外であるから厳格に解すべきとする見解（以下「厳格説」という）については，その根拠に説得力を欠く。例外であっても要件が規定されている以上，その要件が的確にさえ判断されればよいのであって，特に厳格でなければならないという理由はない。厳格説は，審査官に過大な能力を期待してはならないという。しかしながら，審判段階や審決取消訴訟段階では審判官・裁判官が判断することになるが,その際の判断基準が変わることになるというのであろうか。厳格説は，周知商標主の出願懈怠というが，登録強制主義をとらない法制の下で，どれだけ強く懈怠を問題にできるのであろうか。懈怠という以上，除斥期間内に登録無効審判手続をとらなかった先使用者の懈怠はさらに重くなっているといえないのか（松尾論稿858頁）。

　(ii)　第2に，商標法32条1項の周知性は，商標法4条1項10号の周知性と同一・同義である必要はなく，先使用権の成立要件としての周知性をより緩やかに認めることを許容する見解（以下「非同一説」という）がある。非同一説に立つものとして，網野・商標〔第6版〕778頁，渋谷・講義Ⅲ〔第2版〕508～509頁，小野・概説〔第2版〕250頁，小野＝三山・新概説〔第2版〕297頁，田村・概説〔第2版〕80～81頁，茶園編・商標208頁，平尾・商標〔第2次改訂版〕390～391頁，齋藤・前掲812頁，美勢・新商標判例百選65頁，牧野利秋編・実務解説特許・意匠・商標（青林書院，2012年）635～636頁〔安江邦治〕，森林・前掲学会年報26号109頁等がある。非同一説は，商標法32条1項の先使用権は，商標法4条1項10号とは異なる固有の意義を認める立場として評価できる。非同一説によれば，商標法32条の周知性は，商標法4条の場合に比して，より狭い地域，より低い浸透度において肯定することが許される（齋藤・前掲805頁）。

　非同一説に立つべき論拠としては，以下のように説明されている。

　①　商標法4条1項10号の場合は，先願主義の例外として周知商標主に先願者の商標権の成立を排除する権利を付与するのに対し，商標法32条の場合には，先願者が取得した商標権の禁止権行使を周知商標主との関係においてのみ受忍するよう求める権利を周知商標主に付与するにすぎず，商標権者はそれによって使用権はもとより，それ以外の禁止権をも制限されるものではなく，両者は周知性が認められることによって喪失する不利益の大きさに顕著な相違がある（網野・商標〔第6版〕778頁）。

　②　先使用における周知性は，善意者の既存利益状態を覆滅するのが妥当か否かの観点に立つ。先使用における周知は，周知商標使用者に商標出願権を専属させる商標法4

条1項10号の周知より周知度が低くてよい（小野・概説249頁・250頁）。
　③　先使用権は，使用者の既得利益を保護するための権利である。したがって，先使用商標について要求される周知性は，他人の商標登録を妨げる周知商標（商標4条1項10号）について要求される周知性ほど高度である必要はない（渋谷・講義Ⅲ507頁）。
　④　登録商標権者の権利行使から先発者の既得的地位を保護するためには，どの程度の周知性があれば足りるかという利益衡量的視点から周知性の意味を考えれば足り，商標法4条1項10号の周知性要件と平仄をあわせる必要はない（三山論稿148頁）。
　⑤　商標法4条1項10号の出願人と周知商標使用者が二者択一の関係にあるのに対して，商標法32条1項の場合は先使用者が使用差止めのうえ，損害賠償義務を負う一方，商標権者は先使用権者による同一商標，同一商品・役務に限定した使用継続を甘受するにすぎず，周知性の程度はより低くてよいとする同一説否定説が説得的である（美勢・新商標判例百選65頁）。
　⑥　商標法4条1項10号の周知性要件については，特許庁の審査能力に過大な期待を抱くべきでないこと，他人による先願という事態を招いたのは周知商標使用者自身が登録出願を懈怠した結果であるから，周知性要件には厳格性が要求されるべきである。
　⑦　大正10年法23条が無効審判請求について5年の除斥期間を設けたのは，商標権という独占的排他権の権利関係の安定を期するという強い必要性，それなりの根拠に基づくものであり，この新設を事実上の契機として，周知商標使用者の保護を図るため大正10年法9条に先使用権の規定が新設されたにすぎないのであって，両者の間に理論的必然性は考えられない（森林・前掲学会年報26号109頁）。先使用権の成立要件としての「周知」は，先使用者の商標の使用継続が商標権の独占的排他的効力を制限してまで客観的に法的保護を要すべき状態に成熟しているか否かの観点から判断されるべきであるところ，商標法32条の周知とは商標法4条の周知に比較してかなり緩やかに解されてよいのではなかろうか（森林・前掲学会年報26号110頁）。
　(ⅲ)　第3に，同一説と非同一説の対立という構図に必ずしも捉われない考え方として，高部・前掲商標関係訴訟80頁は，商標登録の要件となる商標法4条1項10号の判断と，侵害訴訟における原告と被告の間の具体的衡平が考慮されるべき先使用権の判断とで同一か異なるかというよりも，先使用権については，原告の差止請求等を阻止することが相当であると評価し得る程度に周知性が認められるかという観点から，事案に応じた柔軟な判断が求められるように思われるとしている。
　裁判例では明示的に同一説がとられたことはなく，両者の基準を意識した裁判例には次のようなものがある。
　東京高判平5・7・22知財集25巻2号296頁〔ゼルダ控訴事件〕ではこう判示された。「商

§32（先使用による商標の使用をする権利） 第4章 商標権

標法32条1項所定の先使用権の制度の趣旨は，識別性を備えるに至った商標の先使用者による使用状態の保護という点にあり，しかも，その適用は，使用に係る商標が登録商標出願前に使用していたと同一の構成であり，かつこれが使用される商品も同一である場合に限られるのに対し，登録商標権者又は専用使用権者の指定商品全般についての独占的使用権は右の限度で制限されるにすぎない。そして，両商標の併存状態を認めることにより，登録商標権者，その専用使用権者の受ける不利益とこれを認めないことによる先使用者の不利益を対比すれば，後者の場合にあっては，先使用者は全く商標を使用することを得ないのであるから，後者の不利益が前者に比し大きいものと推認される。かような事実に鑑みれば，同項所定の周知性，すなわち『需要者間に広く認識され』との要件は，同一文言により登録障害事由として規定されている同法4条1項10号と同一に解釈する必要はなく，その要件は右の登録障害事由に比し緩やかに解し，取引の実情に応じ，具体的に判断するのが相当というべきである」。そして，裁判所は，本件での需要者を一般消費者ではなく流通段階でのバイヤーとして解釈し，バイヤーに送付されたダイレクトメールやファッションショーなどの開催を周知性の理由とした。また，デザイナーブランドの場合には，その対象とする層によって，多数の消費者に販売することが必ずしも目的とならず，その売上げの多寡がブランドの著名性と結びつくとは限らないとした。

大阪地判平6・10・6取消集(45)503頁〔ロイヤルコレクション事件〕でも，裁判所は，商標法32条1項の周知性は，同法4条1項10号所定の周知性に至らない程度のもので足りると解した。その理由については，「同法4条1項10号の適用が認められる場合には，先願主義に対する例外として，『周知』の商標を有する者に対し，先願者の商標権の成立を排除する権利を与えることになるのに対し，商標法32条1項が適用される場合には，先願者が取得した商標権そのものを排除するのではなく，ただその行使が『周知』の商標を有する者との関係で制限されるに過ぎないからである。」と判示している。そして，被告が年に数回約200人から300人，多い時には500人程度の顧客が集まる展示会を開き，その一角で，宝飾デザイナーAのデザインに係る真珠宝飾品を，被告標章を掲げて販売していたところ，Aのデザインした真珠加工品は，高級品であることや注文品が多かったことから，展示会での展示個数は少数であったが，そのデザインの見事さから，展示会に来場した顧客の注目を集め，展示会のいわゆる目玉商品の役割を果たしていたことから，Aデザインの真珠加工品自体の年間の販売個数が少なかったとしても，被告標章は真珠を買い求める顧客の間で広く知られるようになったと認定した。

名古屋地判平20・2・14裁判所ホームページ〔ブライド事件〕でも，裁判所は，先使用の周知性の要件を商標法4条1項10号のそれと同一に解釈する必要はなく，同号の周知性

の要件よりも緩やかに解し，取引の実情に応じ，具体的に判断するのが相当というべきであるとした。そして，被告各標章を付したBRIDEシートの販売態様，販売額，自動車関連の雑誌の広告宣伝及び掲載記事，展示会への出展，有名ドライビングレーサーFとのスポンサー契約及びFを通じてのBRIDEシートの宣伝状況等を詳細に認定し，これらを理由に，被告各標章は，需要者の間に広く認識されていたものと認め，被告に先使用権を認めた。

東京地判平22・7・16判時2104号111頁〔シルバーヴィラ事件〕は，原告が「シルバーヴィラ」を登録商標とする商標権を有し，「シルバーヴィラ揖保川」との名称で介護保険に係る施設を開設・運営する被告に対し，商標権侵害に基づく被告標章の使用差止めなどを求めた事件であり，被告は先使用権を主張した。裁判所は，「商標法32条1項は，先使用権が認められた者に『その商品又は役務についてその商標を使用する権利』を認めるにすぎず，無限定にその商標を使用することができるわけではないこと，同条2項の規定により，商標権者は，誤認混同防止措置を付すことを請求することができること，同条1項の周知性が同法4条1項10号における周知性と同じ意味であれば，当該商標権は無効とされるべきものとなり，そもそも商標権者は商標権を行使することができず（同法39条，特許法104条の3），先使用権を認める必要がないことからすれば，商標法第32条1項にいう『需要者の間に広く認識されている』地理的な範囲は，同法4条1項10号より狭いものであってもよいと解すべきである」とした。ただ，本件では，周知性の成立を否定した。

(ヘ) 周知性の地理的範囲　周知性の地理的範囲を考えるにあたっても，上述の同一説と非同一説のいずれをとるかによって考え方が変わってくるといえる。

商標法4条1項10号にいう「需要者の間に広く認識されている商標」とは，『商標審査基準』〔改訂第12版〕では，最終消費者まで広く認識されている商標のみならず，取引者の間に広く認識されている商標を含み，また，全国的に認識されている商標のみならず，ある一地方で広く認識されている商標をも含むとされている。同一説によれば，商標法32条1項の周知性要件を充たすための地理的範囲としては商標法4条1項10号と同様に解することになろう。逐条解説〔第19版〕1392頁も，「広く認識された」範囲は商標法4条1項10号の範囲と同様であると考えられ，相当程度周知でなければ保護に値する財産価値を生じないものと説明している。

これに対し，非同一説に属するものとして，先使用権が成立するための周知性要件の地理的範囲については，①周知性が一地域に限られていても，そのことで否定されることはない（三山論稿148頁），②商標法32条1項は，先使用地域で先使用者に表示の使用を認めるにすぎず，他人が商標権を取得して他地域で商標を使用することは何ら関知する

§32（先使用による商標の使用をする権利）

ところではないし，その先使用地域の範囲を超えて表示を使用することを認めるものでもないとして，狭小な地域における知名度で足りると解しても弊害は少なく，かえってその地域において形成された具体の信用を保護すべきである（田村・概説〔第２版〕80頁），③商標法４条１項10号ほどの地理的範囲は要しないというべきであり，一県よりも狭くとも認められる場合もあろう（美勢・新商標判例百選65頁），④日本全国にわたって広く知られていることを必要とせず，一地方において広く知られている場合であってもよい，先使用商標が周知地域を異にして２つ以上併存する場合が大いにあり得る，商品（役務）の種類，性質やそれによる事業の形態等から比較的狭い地域で取引が行われている商品（役務）については，一県内の一地方で周知であればよいと認められる場合もある（森林・前掲学会年報26号110頁）とするものがある。これらの見解においては，商標法４条１項10号の周知性が肯定されるための地理的範囲よりも狭いものであっても商標法32条１項における周知性が肯定されることを許容するものと評価できよう。また，同一説に立ちつつも，商標法４条１項10号及び商標法32条１項の周知性のいずれも，単に商標上の占有状態が形成されていることが求められているにすぎない趣旨であると理解すべきであり，地理的範囲及び浸透度において高いものは要求されている趣旨でないとして，使用実績がある限り，地域的には一県とその周辺に限定されているとしても，立派な占有状態が形成されているというべきであり，先使用権の成立を認める見解もある（滝井論稿726〜728頁）。

　裁判例としては，次のようなものがある。

　山形地判昭32・10・10判時133号26頁〔白鷹事件（刑事事件）〕では，被告人が商標権侵害で起訴されたところ，被告人は代々現住居で酒造業をいとなみ，百十数年前に上州館林の城主秋元但馬守に清酒を献じた際に「しらたか」と命名せよと言われて使用を開始し，明治年間から「白鷹」の商標を瓶に付してきたこと，当時山形は交通不便のために山形県楯岡地方で主として販売されていたが，その名声は高く，明治天皇の東北巡幸の際に来県の元皇族に献上したこともあり，商標権者の出願前の明治初年頃には既に楯岡地方において同地方７軒の同業者間においては勿論のこと，一般の取引者や需要者間にも広く認識されていたとした。そして，明治の末ころまで東北地方は交通通信が著しく不便で，一般に醸造清酒の販売先はほとんど県内に限られ，販売も小規模な方法で行われ，酒造業者の醸造石数も少なかったことが明らかで，かような一般的取引事情より観るときは，この程度の周知著名の程度でも，商標法９条の所定の要件を満たす，と判示した。

　静岡地判昭46・3・25裁判所ホームページ〔ギンレイ事件〕では，裁判所は，取引の経過を詳細に認定し，原告が原告商標の登録出願をした以前に，被告標章が，「各地の需要者である履物卸問屋及び一般小売店の間に相当広く認識されていたものと推認することが

第1節　商　標　権　　　　　　　　§32（先使用による商標の使用をする権利）

できる」，とし，「原告の登録商標が必ずしも需要者の間に著名であつたとは認められないことを考慮すれば，類似商標の先使用権の一要件として『広く認識されていること』は，本件の場合，右のように推認し得る程度をもつて足りる」と判示した。

　広島地福山支判昭57・9・30判タ499号211頁〔DCC先使用事件〕では，コーヒーの加工販売業者である被告が，取引先の喫茶店に被告の費用で「DCC」の看板を掲げさせ，新聞広告などを行い，昭和45年当時には，福山市に約160店，尾道市に約100店，広島市に約100店，その他の周辺都市にも数十店に及ぶ多数の取引先喫茶店を有し，広島県下の喫茶店の約30パーセントと取引関係があったにもかかわらず，裁判所は，先使用の要件としての，需要者の間に広く認識されているといえるためには，1県及びその隣接県の一部程度にとどまらず，相当広範な地域において認識されることが必要であるとして先使用の抗弁を否定した。ただし，被告は原告の商売をまねたものであるが，その態様は未だ著しく商道徳を害していない，原告と被告とが混同され原告の業績や信用に影響を及ぼしていない，被告が23年にわたって使用し知名度を獲得した「DCC」標章の禁止によって被告の営業活動に多大の支障を来たす，原告は本件商標権取得にさほどの投資もしておらず，原告にとっての重要性が低い，ことを理由として，権利濫用として，「DCC」標章の差止めは認めなかった。

　大阪地判平9・12・9知財集29巻4号1224頁〔古潭事件〕では，ラーメン店の商標の周知性が問題となった。裁判所は，水戸市とそれに隣接する市の，水戸駅を中心とする半径10km以内に位置する4店舗のラーメン店で使用される被告標章は，営業が店舗におけるラーメンなどの提供であり，転々流通する商品の販売ではないことからすれば，業界紙や地元のラジオ局，チラシ，地域の情報誌等の広告宣伝活動を考慮しても，原告商標出願日において，被告標章が被告の営業に係る役務を表示するものとして需要者に認識されている地理的範囲は，せいぜい水戸市及びその隣接地域内にとどまるものとして，周知性を否定した。

　なお，本件では役務商標導入時の経過措置は適用された。平成3年商標法改正法により，役務商標が創設されたが，改正法附則3条1項は，改正法施行の日から6ヵ月経過した基準日（平成4年9月30日）の前から，役務に使用されている商標について，一定の要件のもとに継続的使用権を認めている。これは，制度施行前の役務にかかる商標の使用者の既存の評価・信用，ないしはこれを基礎として形成された取引秩序を保護することを目的とするものである。裁判所は，「現にその商標の使用をしてその役務に係る業務を行っている範囲内」としては，基準日時点で事業を行っている場所に加えて，その場所においてその商標を使用して事業を行ってきたことにより蓄積されてきた既存の評価・信用，ないしこれを基礎として形成された既存の取引関係が及ぶと認められる地域

§32（先使用による商標の使用をする権利）　　　　　　第4章　商　標　権

をも含むとし，基準日時点で被告4店舗が，JR水戸駅を中心とする半径10km以内の円内の，水戸市及びその隣接地域内で事業を行っており，このような狭い範囲で4店舗という店舗数は少ないとはいえず，この地域での広告宣伝を行ってきたことも考慮して，水戸市及びその隣接地域を「現にその商標の使用をしてその役務に係る業務を行っている範囲内」と判示した。そして，基準日以降にこの地域に開店した店舗においても継続的使用を認めたが，それ以外の地域での店舗については，これを認めなかった。

大阪地判平16・4・20裁判所ホームページ〔Career-Japan事件〕において，裁判所は，先使用権を主張する原告が，東京，大阪あるいは名古屋を中心とする地域に所在する企業の求人事項を原告標章を使用した原告サイトにおいて掲載したケースにおいて，原告サイト立上げ以降，原告が打ち出した広告等により，徐々に東京，大阪あるいは名古屋を中心とする地域において周知性を有するに至ったという判断を示した。

大阪地判平21・3・26判時2050号143頁〔ケンちゃん餃子事件〕は，関東地方で餃子の製造販売を業とする原告が，被告に対し，被告が有する登録商標について，一定の地域において先使用による商標使用権を有することの確認を求めた事案である。原告の創業者は，昭和44年ころから，餃子の製造販売を行い，翌年，原告の前身である「有限会社ケンちゃん」を設立し，昭和50年，組織変更し，商号を「ケンちゃん餃子株式会社」に変更した。原告は，設立当初から「ケンちゃん餃子」の商品名で餃子の製造販売を行っており，被告商標に類似する原告標章を順次付するようになった（裁判では5種類が対象となった）。

裁判所は，5つの原告標章はすべて被告商標に類似するとし，原告が設立当初から原告標章を使用していたことに加え，原告標章を付した商品の売上げが7億円前後であること，本件地域（東京都，埼玉県，神奈川県，千葉県，茨城県，栃木県，山梨県，福島県，長野県，静岡県，新潟県）でラジオCMを昭和51年ころと，平成2年から平成5年まで行っていたことを考慮し，遅くとも，原告標章は，原告商品の商品表示として，本件地域を中心に，需要者の間に広く認識されるに至ったと認定した。そして，先使用権を，本件地域において有することを確認した。

東京地判平22・7・16判時2104号111頁〔シルバーヴィラ事件〕では，先使用における周知性が商標法4条1項10号における周知性と同様に解する必要がないことを理由として，商標法32条1項にいう「需要者の間に広く認識されている」地理的な範囲は，同法4条1項10号より狭いものであってもよいと解すべきである，とした。そして，介護施設が紹介されている機関紙等では，被告各施設は所在する地域である兵庫県西播磨圏域としてまとめて紹介されていることから，「被告各施設の需要者は，主として当該圏域に居住する者と認められるから，当該圏域の需要者の間に広く認識されていれば足りる」

〔平野＝重冨〕

§32（先使用による商標の使用をする権利）

と判断した（ただし，結論としては周知性の成立を否定）。

東京地判平24・9・10裁判所ホームページ〔アイネイル事件〕では，商標法32条1項の周知性の範囲について，地理的な範囲は，同法4条1項10号より狭いものであってもよいと解するのが相当であるとし，ネイルサロンは顧客が役務の提供を受けるために来店する必要があることや，比較的若い女性が対象の役務であることを考慮すると，本件における商標法32条1項の周知性の範囲は，本件出願時点において，被告のネイルサロン2店舗の所在地である愛知県内のネイルサロンの需要者である比較的若い女性の間で広く認識されていれば足りるとした。しかし，被告のホームページのアクセス（1ヵ月のページビューが27万4302回～29万8473回），雑誌広告（被告の広告スペースは限られたものであった），10ヵ月の新規顧客数（1355人。愛知県全体の人口は平成21年で約740万人）などを考慮し，被告標章の周知性を根拠づける証拠は見当たらないとした。

大阪地判平25・1・24裁判所ホームページ〔Cache事件〕では，美容室を経営する原告による被告標章の使用について，「先使用権（商標法32条）の要件にいう，商標登録出願の際，その商標が自己の業務に係る役務を表示するものとして『需要者の間に広く認識されているとき』については，先使用権に係る商標が未登録の商標でありながら，登録商標に係る商標権の禁止権を排除して日本国内全域でこれを使用することが許されるという，商標権の効力に対する重大な制約をもたらすことに鑑みると，本件においても，単に当該商標を使用した美容室営業の顧客が認識しているというだけでは足りず，少なくとも美容室の商圏となる同一及び隣接する市町村等の一定の地理的範囲の需要者に認識されていることが必要というべきである」として，被告が約23年間の長年にわたり美容室営業によって固定客を獲得しているとしても，同一及び隣接する市町村等には他の美容室を利用する者も多数存在していると考えられ，これらの者の被告標章に関する認識は全く明らかでないことからすれば，被告標章が「需要者の間に広く認識されているとき」に当たるということはできないと判示し，被告標章の使用につき，原告の先使用権を否定した。

（ト）周知性を判断する際の需要者層　周知性を判断する際の需要者層を考えるにあたっても，同一説と非同一説のいずれをとるかによって考え方が変わってくるといえる。

商標法4条1項10号にいう「需要者の間に広く認識されている商標」とは，『商標審査基準』〔改訂第12版〕では，最終消費者まで広く認識されている商標のみならず，取引者の間に広く認識されている商標を含み，また，全国的に認識されている商標のみならず，ある一地方で広く認識されている商標をも含むとされている。同一説によれば，商標法32条1項の周知性を判断する際の需要者層としては商標法4条1項10号と同様に解する

§ 32（先使用による商標の使用をする権利）　　　　　　　　第4章　商　標　権

ことになろう。逐条解説〔第19版〕1392頁も，「広く認識された」範囲は商標法4条1項10号の範囲と同様であると考えられ，相当程度周知でなければ保護に値する財産価値を生じないものと説明している。

　これに対し，非同一説に属するものとして，先使用権が成立するための周知性を判断する際の需要者層としては，①先使用における周知性は，周知性の認識者層（流通過程における卸売業者層，小売業者層，最終消費者層）が限定されていてもそのことで否定されることはない（三山論稿148頁），②特定の需要者層を対象とする商品，役務が問題になる場合には，当該需要者層において知られていれば商標法32条1項の要件を満足する（田村・概説〔第2版〕81頁），③周知性の判断は，需要者層との関連を考慮しながら，他人の商標権の成立にもかかわらずその効力を制限して先使用者の商標の継続使用に法的根拠を与え，これを一種の権利と認めて保護しなければならない程度に達しているか否かの観点から決すべきものである（森林・前掲学会年報26号111〜112頁）とするものがある。

　本条の需要者に関する裁判例には次のようなものがある。

　大阪地決昭50・6・7無体集7巻1号175頁〔競馬ファン事件〕では，競馬新聞において，需要者を関西地区の中央競馬の関係筋やファンとして，周知であった事実を認定した。

　東京高判平5・7・22知財集25巻2号296頁〔ゼルダ控訴事件〕では，裁判所は，商標法32条の周知性の要件を商標法4条1項10号と同一に解釈する必要はなく，その要件は右の登録障害事由に比し緩やかに解し，取引の実情に応じ，具体的に判断するのが相当というべきである，と解釈した上，本件では，需要者を一般消費者ではなく流通段階でのバイヤーとして解釈し，バイヤーに送付されたダイレクトメールやファッションショーなどの開催を周知性の理由とした。

　東京高判平13・3・6裁判所ホームページ〔ベークノズル控訴事件〕でも，取引相手や取引量などを詳細に認定し，取引の他の宣伝広告などについては何も認定されなかったにもかかわらず，近畿地区所在の電設資材の卸売業者を需要者として周知性を認めた。

　東京地判平12・8・30裁判所ホームページ〔ベークノズル事件〕では，大阪市内において，電気工事関連材料を製造して卸元に販売する業務を行う被告が，「ベークノズル」という被告標章を付した被告商品を，昭和43年から販売し，販売した卸売業者の数は15社前後に達し，原告が本件商標の登録出願を行った昭和63年ころは，21社に対し，総計約1万5000個の被告商品を納入していた。この事案において，裁判所は，被告標章は，本件商標の登録出願時，既に，被告商品を表示するものとして，近畿地区所在の電設資材の卸売業者の間で広く認識されているとして，先使用権を認めた。

　大阪地判平16・4・20裁判所ホームページ〔Career-Japan事件〕では，原告商標については，顧客への大量のダイレクトメール，大学新卒者を対象とした合同企業説明会の開催

第1節　商　標　権　　　　　　　　§32（先使用による商標の使用をする権利）

回数，新聞広告，中吊り広告，ダイレクトメール，駅貼りポスターなどによるイベントの案内には原告商標が記載してあったこと，サイトの登録数などを理由として，被告商標権出願手続時点で周知であったことを認め，原告に被告商標権の先使用権を認めた。

　(ﾁ)　周知性判断の考慮要素　　周知性判断の考慮要素としては，商品・役務の性質，種類による事業形態，営業内容，業界における取引の実情，商標使用の態様・状況，商標使用地域の範囲，商標の使用期間，地理的範囲，業績の推移，営業活動の規模，需要者層の種類と数，売上げ，市場占有率，販売高，営業地域における同業者の数と状態，業界における順位，地位，使用商標を周知ならしめるために傾けた企業努力の方法と程度，広告宣伝の方法と広告の地域，費用，期間，回数，商品（役務）の質，これに対する需要者の評価，信用，アンケート等による知名度調査，競争商品（役務）との比較，需要者に対する浸透度等が挙げられる。また，商品・役務の性質，需要者の存する地域的範囲に応じて，標章の識別力，使用期間，販売・取扱いの数量，売上高，シェア等により，需要者のどの程度に知られているかを総合的に判断していくべきであろうとされている（髙部・前掲商標関係訴訟80頁）。

　裁判例としては種々のものがある。

　東京地判昭37・6・30判タ133号85頁〔英文写真雑誌題号事件〕では，Aが，昭和33年4月，本件標章をその題号として使用した英文写真雑誌「CAMERART」の第1号を約3000部発行し，うち，200～300部を直接外国へ送付したほか，残り全部を日本国内の洋書取次店及び販売店，在日米軍のPX並びに広告主等に配布したこと，この題号は，この雑誌のため，とくに新しく考え出したものであること，当時この雑誌の他に同種の英文写真雑誌がなかったことから，昭和33年4月時点で，本件標章は，取引者の間で広く認識されるにいたったと認定し，営業とともに本件標章を譲り受けた被告に先使用権を認めた。

　東京高判昭59・7・31判時1135号120頁〔高崎茂木園事件〕では，茶を販売する被告が先使用の抗弁を主張したが，裁判所は，年商が5500万円から6000万円であること，茶の販売方式は高崎市を中心に所在する会社に一括販売し，店頭販売はごく僅かであったこと，格別広告宣伝をしていなかったことから，需要者の間に広く認識されていたものと認めなかった。

　大阪地判昭53・8・25無体集10巻2号400頁〔金太郎菓子事件〕での主な争点は，原告標章と被告標章の類似性であり，これが否定されて原告（商標権者）の主張が退けられている。被告は先使用の抗弁をも主張し，判決中詳細な理由や事実は書かれていないが，大正時代からの使用に基づいて，被告標章が被告製品を表示するものとして広く認識されていることが認定されている。

　名古屋高判昭61・5・14無体集18巻2号129頁〔東天紅事件〕では，先使用の抗弁が出さ

§32（先使用による商標の使用をする権利）　　　　　　　　　　第4章　商　標　権

れたものの，被告は，被告標章が，原告商標出願の際に，「現に自己の業務に係る商品を表示するものとして需要者の間に広く認識されていること」を特段主張立証しておらず，裁判所は，被告標章を使用した期間は通算しても3年未満で，被告の営業の主体は店舗内の飲食物の提供で，土産品の販売量は微々たるものであり，店舗も1店舗を有しているのみであったことから周知性を認定しなかった。

東京地判平3・12・16知財集23巻3号794頁〔ハンティング・ワールド輸入総代理店事件〕では，裁判所は，バッグ類を製造販売する米国のハンティング・ワールド社の「BATTUE」の標章使用について，前の輸入総代理店が日本国内で広告宣伝活動を行い，多様な雑誌等の記事が掲載されるに至り，また，原告商標出願時点で，全国の55店舗でバッグ類が販売され，当該輸入総代理店の最低輸入額が30万ドル，最低広告料が3万ドルと定められていたことなどから，周知性を認定し，ハンティング・ワールド社の先使用権を認めた。

東京地判平3・12・20知財集23巻3号838頁〔ゼルダ事件〕は，被告（商標権者）による原告に対する差止請求の不存在確認を求めた事案において，原告が新しいファッションブランド「ゼルダ」を昭和54年に立ち上げ，昭和55年8月の被告による本件商標出願時までには，約2億円の売上げしかなかったにもかかわらず，「ゼルダ」ブランドを立ち上げる際の宣伝のための，ファッションショーや商品展示会などの企画，ダイレクトメールの送付，ファッション雑誌での多数の紹介記事，短期間で2億円の売上げに達したことや全国の大手百貨店を中心とした35店舗の店舗数を認定して，周知性を認め，原告の先使用権を認めた。

東京高判平5・7・22知財集25巻2号296頁〔ゼルダ控訴事件〕で，裁判所は，32条1項所定の周知性を緩やかに解し，取引の実情に応じ，具体的に判断するのが相当として，需要者を一般消費者ではなく流通段階でのバイヤーとして解釈し，バイヤーに送付されたダイレクトメールやファッションショーなどの開催を周知性の理由とした。また，デザイナーブランドの場合には，その対象とする層によって，多数の消費者に販売することが必ずしも目的とならず，その売上げの多寡がブランドの著名性と結びつくとは限らないとした。

東京地判平11・4・28判時1691号136頁〔ウイルスバスター事件〕では，原告が本件商標の登録出願をした平成4年9月30日までに被告が「ウイルスバスター」の標章を付して販売したウイルス対策用ディスクの販売数量は，サイトライセンス契約によるものも含めても合計1452個にすぎず，また，被告が「ウイルスバスター」というワクチンソフトを発売する等の記事が大手を含む各新聞及び雑誌に7回掲載されたのみであって，被告標章が被告の販売するウイルス対策用ディスクを表示するものとして需要者の間に広く認

第1節　商　標　権　　　　　　§32（先使用による商標の使用をする権利）

識されていたとまで認めることはできないとした（ただし，裁判所は権利濫用を認めて請求を棄却した）。

　神戸地判平11・7・7 LEX/DB28051278〔HAPPY BABY 事件〕で，裁判所は，被告標章「HAPPY BABY」を付した商品は，相当広く取引者及び需要者に認識されていたメーカーや店舗で製造・販売が開始され，昭和59年に東京銀座の有名百貨店で販売が開始されて以後，販売百貨店数や百貨店における販売量が飛躍的に増大し，昭和62年10月までの間に，関東一円，静岡県，長野県，青森県，岩手県所在の各百貨店，合計46店舗で販売され，昭和61年11月から1年間で各百貨店へ約1万1700個に達していたことを認定し，被告商品が子供の誕生内祝い商品という極めて需要の限定された商品であること，需要者が子供の誕生内祝い商品を選択する場合，百貨店のギフトコーナー等にある商品をまず念頭に置き，ギフトコーナー等には多種多様な誕生内祝い商品が置かれているのが一般であることから，被告商品の販売経路及び販売量の拡大は極めて大きく，被告商品の需要者に対するアピール度は極めて高いものであったとした。これに加え，被告商品は，大手カタログ販売業者による通信販売やそのショップにおける販売等を通じて全国的に販売され，昭和61年11月から1年間の被告商品全体の販売量は，合計15万個余り，売上額は2億5000万円を超え，これは，被告商品の需要が極めて限定されたものであることを考えればかなり大規模なものであり，この業者のカタログにおいても子供の誕生内祝い商品について多種多様なものが掲載されていることを考慮すれば，この販売経路においても被告商品の需要者に対するアピールの程度は極めて高いものであったと評価した。さらに，当該カタログ販売業者のカタログの発行部数が昭和62年1月から3月までの間だけで33万部と極めて多く，そのショップも全国に約2000店が開設され，そこに被告商品のパンフレット兼注文書が置かれ，被告商品を掲載した各パンフレット等は約1年半の間だけで4万1600枚に達していたこと等の事情を合わせ考慮して，被告商品に付された「HAPPY BABY」なる文言を使用した標章は，本件登録商標の出願当時，全国的にも，取引者や需要者にとって周知となるに至っていたものと認めるのが相当である，とした。

　東京地判平14・11・8 LEX/DB28091242〔花のれん事件〕では，被告が，京都になじみのある食品類を通信販売商品の対象とすることを企画し，その宣伝媒体として，カタログ雑誌である「花のれん」（被告標章）について(i)創刊号を被告の顧客約58万所帯に配布，(ii)全国の消費者の一部に対し，新聞折込広告チラシ約131万枚を配布，(iii)被告の顧客約351万所帯にカタログチラシを配布，(iv)被告の顧客約47万所帯に対し，カタログ雑誌「花のれん」Vol.2を配布した事案で，裁判所は，被告商標の使用期間は，約6ヵ月間弱であって，かなり短期間であり，需要者の範囲は，被告の顧客（被告は日本全国に600万所帯と主

§32（先使用による商標の使用をする権利）　　　　　　第4章 商　標　権

張していた）及び全国の消費者の一部であって，非常に広範囲であるのに対し，被告の顧客に対する被告雑誌の配布回数は2回だけであり，その対象は，被告主張の顧客所帯数の6分の1程度にすぎず，被告の顧客に対しては，あと1回チラシを配布したにすぎないとして，被告標章の周知性を否定した。

　大阪地判平21・3・26判時2050号143頁〔ケンちゃん餃子事件〕では，原告の創業者は，昭和44年ころから，餃子の製造販売を行い，翌年，原告の前身である「有限会社ケンちゃん」を設立し，昭和50年，組織変更し，商号を「ケンちゃん餃子株式会社」に変更した。原告は，設立当初から「ケンちゃん餃子」の商品名で餃子の製造販売を行っており，被告商標に類似する原告標章を順次付するようになった（裁判では5種類が対象となった）。裁判所は，5つの原告標章はすべて被告商標に類似するとし，原告が設立当初から原告標章を使用していたことに加え，原告標章を付した商品の売上げが7億円前後であること，本件地域（東京都，埼玉県，神奈川県，千葉県，茨城県，栃木県，山梨県，福島県，長野県，静岡県，新潟県）でラジオCMを昭和51年ころと，平成2年から平成5年まで行っていたことを考慮し，遅くともこの頃までには，原告標章は，原告商品の商品表示として，本件地域を中心に，需要者の間に広く認識されるに至ったと認定した。

　東京地判平22・3・4裁判所ホームページ〔アイハートネイルズ事件〕では，被告が，ひばりが丘において合計2店舗のネイルサロンを運営し，店舗の看板や店舗に掲示するポスター，パンフレット，ウェブページ，チラシ，雑誌広告に被告標章を付して使用していても，広告の態様が無料情報誌に他の多数の広告のうちの1つとして掲載されたものであって，格別に読者の注意を惹くような態様での掲載であるとはいえず，これら雑誌や情報誌への掲載の頻度は，月に1回ないし3回で，高いとはいえないとして，被告標章が被告のネイルサロン店が所在するひばりが丘及びその近隣地域以外の需要者に広く知られていたものと認めることはできないと判示し，この程度の限定された範囲内における周知性をもって，商標法32条1項の要件を充足するということはできないとした。

　東京地判平22・7・16判時2104号111頁〔シルバーヴィラ事件〕では，介護施設の紹介されている機関紙等では，被告各施設は所在する地域である兵庫県西播磨圏域としてまとめて紹介されていることから，「被告各施設の需要者は，主として当該圏域に居住する者と認められるから，当該圏域の需要者の間に広く認識されていれば足りる」と判断した。しかし，被告各施設は，機関紙等に，多数の介護施設の紹介又は多数の施設名等の記載がされている中の一つとして記載されているにすぎず，これをもって，被告の名称が周知であったということはできない，また，電話帳の記載や広告・看板もその件数や広告・看板の態様に照らすと，周知性を肯定できないとして，周知性の成立を否定した。

　東京地判平25・11・21判時2217号107頁〔スターデンタル事件〕で，原告は，第44類歯科

1002　〔平野＝重冨〕

第1節　商　標　権　　　　　　　　§32（先使用による商標の使用をする権利）

医業を指定役務とする「スターデンタル」という商標の商標権者であり，被告は，自らの経営する歯科診療所に「赤坂スターデンタルクリニック」という標章を，看板等に付すなどして使用している。裁判所は，先使用権を認めるためには，使用者による宣伝広告その他企業努力の結果，当該使用商標に係る商品又は役務の出所が使用者であることが，商標権者と使用者の間で競合し得る需要者のうちの相当部分に知られていることを要する，とした。そして，本件では，①被告が被告診療所を開業し，被告各標章に係る役務の提供を開始してから本件商標の商標登録出願がされるまでの期間は2ヵ月弱にとどまること，②同期間中に被告診療所を利用した顧客（患者）の数は不明であり，他の歯科診療所に比して特に多数の利用があったとはうかがわれないこと，③本件ビルの敷地及び建物内に設置された看板等により，本件ビルの利用者や通行人の一部には「赤坂スターデンタルクリニック」が被告の役務を表示するものであると認識されるに至ったといえるとしても，被告診療所の顧客となり得る者は上記利用者等に限られるものではないから，それだけでは「広く」認識されているとは解し難いこと，④被告診療所の開業前に多数のチラシを配布したことは認められるものの，チラシは，その性質上，目を通した後，又は目を通さずに破棄される場合が多く，このような宣伝広告活動を開業前に単発的に行ったとしても，その効果は限定的なものにとどまると解されること，⑤被告のホームページへの閲覧数は840人で，そもそもこの人数自体が周知性を基礎付けるほど多数であるとはいい難い上に，ホームページにアクセスしても被告標章のホームページ上の被告標章は小さく表示されており，閲覧者がすべて被告標章を認識したとは限らないことから，周知性を否定した。

東京地判平25・11・28 LEX/DB25446070〔Raffine事件〕では，被告がサロンを開業し，サロンの宣伝とともに，被告標章を付した自社の化粧品を宣伝していた事案で，原告が，サロンについての被告標章の使用実績は考慮すべきではなく，被告標章が化粧品についての使用実績がほとんどなく需要者の間に広く知られていないと主張したことに対し，裁判所は，本件サロンの広告宣伝により被告標章の周知性が高まれば，同じ被告標章を使用する化粧品の広告宣伝を行うことによって，需要者が被告標章を被告の化粧品を表示するものとして認識することになることは明らかであるし，被告は，本件サロンと化粧品を同時に広告宣伝するなどしているのであるから，化粧品について，被告標章を使用していた結果，周知性を獲得したものといえると判示した。

東京地判平27・1・29裁判所ホームページ〔政界往來事件〕は，次のような事案である。被告の前身によって被告雑誌は昭和5年に創刊され，被告は，昭和55年1月1日発行（新年号）及び同年2月1日発行（2月号）の被告雑誌の表紙に，被告雑誌の題号を示すものとして，被告標章「政界往來」を付し，新年号には，大手デパート社長のインタビュー

§32（先使用による商標の使用をする権利）

記事が掲載され、各号裏表紙全面には大手メーカーの広告が掲載され、上記2月号には、大手鉄道会社や銀行の広告等も掲載された。また、被告雑誌は、少なくとも平成22年4月から11月までの間は、毎月発行され、被告は、被告雑誌の表紙に、被告雑誌の題号を示すものとして、被告標章を付し、各誌の裏表紙全面には大手メーカーらの広告が掲載された。このような事案において、裁判所は、「本件商標の商標登録出願時までに、『政界往來』の題号の被告雑誌の創刊から約50年、被告による発行開始から30年近くが経過していること、本件商標の商標登録出願の頃、被告は出願時標章を被告雑誌の題号を示すものとして被告雑誌の表紙に付して使用しており、被告雑誌には複数の大手企業が広告を掲載し、大手デパートの経営者のインタビュー記事も掲載されていることが認められ、これらの事情によれば、出願時標章は、本件商標の商標登録出願の際、出願前からの使用により、被告の業務に係る商品である被告雑誌を表示するものとして、政治関係の雑誌の需要者の間に広く認識されていたとみることができる」と判示した。

　(d)　継続してその商品又は役務についてその商標の使用をすること　先使用権が成立するための要件として、先使用商標を「継続してその商品又は役務についてその商標の使用をすること」が要求されている。ここでの「継続」とは、他人の商標登録出願の際から継続していることを要する（逐条解説〔第19版〕1393頁）。この継続性が要求される趣旨は、長く使用を中断すれば、その間に保護すべき信用が減少しあるいは消滅すると考えられたからであると説明されている（逐条解説〔第19版〕1393頁）。

　この要件の意義及び解釈については、以下の論点が存するので紹介する。

　　(イ)　商標の使用が一時中断した場合に先使用権が否定されるか否かという問題がある。

　一時的な使用中止は正当な事由があれば差支えないとするもの（豊崎・工業〔新版増補〕420頁）、季節的に販売を中断した場合、その他経済上の事情によって一時使用を中断したような場合にも、正当な事由によるものと認められる限りは先使用権が認められると説明するものがある（網野・商標〔第6版〕779頁、小野・概説〔第2版〕250頁も同旨）。中止の時期が一時的なものであるために、関係取引圏においても当該表示が依然として先使用者の商品や営業を示す機能を有しているような場合には、使用を再開したいという利益の大きさは、仕様を継続したいという利益の大きさと変わりはないとして、先使用を認めるべきであるとするものがある（田村・概説〔第2版〕84頁）。

　商標の使用が一時中断したとしても、中止が自らの発意によるものではなく、使用する意思はある場合には、「継続してその商品についてその商標を使用する」場合にあたるとされている（東京地判平3・12・20知財集23巻3号838頁〔ゼルダ事件〕）。この判決については、取引先の迷惑を考慮して使用を一時中断したうえで、司法判断を待つとの判断は正

第1節　商　標　権　　　　　　　　　§ **32**（先使用による商標の使用をする権利）

当というべきであるとの評釈がある（美勢・新商標判例百選65頁）。

　長期的に営業を継続しない意思が客観的に明らかとなっているような場合には，先使用権は失われる（兼子＝染野・工業〔新版〕802頁，網野・商標〔第6版〕779頁），営業の廃止が明らかになれば先使用権は失われる（豊崎・工業〔新版増補〕420頁）とするものがある。営業廃止の意思表示を官庁にしてから一定期間経過した後であっても，なお先使用商標を付した商品を販売して営業を継続している場合には，営業とともに先使用権を譲り受けた者は先使用権を主張できる（東京高判昭31・4・10判例工業所有法879の4頁〔マルケイ事件〕）。この点に関し，営業の廃止たるには，単にその意思表示がなされただけでは足りず，廃止の事実行為があることが必要であると解説するものがある（齋藤・前掲814頁）。また，営業の廃止があれば商標の使用継続も終了し，その時点で先使用権も当然終了し，その後復活することはないと解説するものがある（森林・前掲学会年報26号112頁）。

　裁判例としては，大阪地決昭50・6・7無体集7巻1号175頁〔競馬ファン事件〕では，使用の中断により先使用権が消失しているかが問題となった。裁判所は，大正15年に刊行された競馬雑誌が，戦争中に一時廃刊となったものの，戦後すぐに復活し，約40年にわたり継続して刊行されてきたことを理由に先使用権を認めた。

　東京地判昭53・3・27無体集10巻1号102頁〔盛光事件〕において，被告は「盛光」の先使用権を主張したが，裁判所は，原告が製造し，関連会社が販売する「久盛光」の標章を付した金切鋏を被告がかつて販売し，その取引が終了したことから，被告は，他社から仕入れた金切鋏に「盛光」の標章を付していたにすぎず，むしろ，「盛光」や「久盛光」は，原告及び関連会社の商標として周知になっていたことを認定し，被告の使用を認めなかった。原告や関連会社は，一時，被告から商標権侵害の警告を受けて，その争いから，「盛光」の使用を差し控え，「茂盛光」を使用していた事情があったが，裁判所は，このような事情で一時使用を中止したことは，原告の「盛光」又は「久盛光」の標章の周知性に影響を与えないとした。

　東京地判平3・12・20知財集23巻3号838頁〔ゼルダ事件〕では，被告（商標権者）による原告に対する差止請求の不存在確認を求めた事案において，原告の新しいファッションブランド「ゼルダ」の周知性を認め，原告の先使用権を認めた。原告は，被告が，昭和63年9月1日付で，原告らの取引先へ本件商標権の侵害を理由とする原告標章の使用中止を求める内容証明郵便を送付したので，取引先等へ迷惑がかかることを懸念し，一時原告商標の使用を中止してその紛争の解決にあたることとし，昭和63年12月からは別ブランドを使用し，平成元年9月に本件訴訟を提起したが，紛争が解決した場合には，原告標章を再び使用する意思を有していたところ，裁判所は，原告の原告標章の使用中止は，相当の理由に基づき，かつ，その限度において使用を一時中止しているにすぎない

〔平野＝重冨〕

§32（先使用による商標の使用をする権利）

から，原告は，商標法32条1項にいう「継続してその商品についてその商標の使用をする場合」に該当するとして，原告の請求を認め，被告が原告に差止請求を有しないことを確認した。

　経済事情その他からやむを得ない事由がある場合，使用は継続していると評価される。中止が一時的なものとは認められなかった事案としてSalvador Dali事件（東京高判平13・1・30裁判所ホームページ）がある。控訴人は，平成7年12月に本件時計等の輸入を中止し，平成8年1月以降本件時計等の販売を中止し，これらの中止は，輸入中止後にエクゼコ社が倒産したことのほか，平成8年1月に被控訴人から控訴人に対し，本件時計の輸入，販売は被控訴人が当時有していた商標権を侵害するものである旨の警告書が送付されたこと，及び被控訴人が本件商標の商標登録出願をし，登録されたことに配慮したものであり，この中止が一時的なものであったものと認めることはできない，と判示された。

　東京地判平27・1・29裁判所ホームページ〔政界往來事件〕で，原告は，周知性が認められた被告商標を付した被告雑誌について，昭和60年頃から平成3年頃まで及び平成4年頃から平成20年頃までに，数回にわたり半年程度発行が中断しており，被告が被告標章を継続して使用していたとはいえないと主張したが，裁判所は，「原告の主張は中断時期や期間について具体性を欠いている上，被告は本件商標の商標登録出願の時点で30年近くにわたり月刊誌である被告雑誌を発行していたこと，平成22年には少なくとも8か月にわたり被告雑誌が発行され，これらには複数の大手企業の広告が掲載されていたことなどの事情に照らせば，原告の主張するような一時的な休刊があったとしても，出願時標章ないし被告標章の使用の継続性を欠くとして先使用権が否定されることはない」と判示した。

　(ロ)　他人の商標登録出願時に周知でありさえすれば，先使用権を主張する時期においては周知性を具備していなくても継続して使用している事実さえあれば足りるかという問題がある。

　肯定説に立つものとして，網野・商標〔第6版〕779頁は次のように説明する。出願時に周知著名であれば，先使用権を主張する時期においては出願時において周知著名であるというために必要な使用の程度を要せず，細々と使用しているにすぎないような場合においても，継続して使用している事実があれば先使用権を喪失しない。先使用権が単なる事実状態ではなく，一種の権利であることからしてもこのように解すべきものと思われる。

　これに対しては，否定説に立つものとして，先使用権が認められるためには，その法的性質（権利であるか事実状態であるか）にかかわりなく，差止請求権に対しては事実審の口頭弁論終結時においても周知性の存することが必要であるとし，損害賠償請求に対し

ては，請求の対象とされている過去の行為の時点において周知性が備わっていれば足りるとする見解がある（齋藤・前掲813頁，田村・商標〔第2版〕84~85頁）。また，周知性を相対的に考える立場からは，先使用を主張する時点で，保護を受け得る程度の周知性は必要であるから，周知性の継続は必要ということになるであろうと説明する見解がある（三山論稿152頁）。

(ハ) 商標使用における表示態様が変更した場合の擬律も論点となる。田村・概説〔第2版〕84頁は，時代の趨勢に応じて字体やデザインを変更する利益を考慮すれば，多少の変更があっても継続使用を認めたうえで，混同のおそれをより招来する方向で変更される場合には，事情に応じて不正競争の目的を肯定することによって柔軟な解決を図るべきであるとする。

(6) 複数の先使用権の成否

先使用権成立要件に関連する問題として，複数の先使用権の成否の問題がある。周知商標が2つ以上ある場合においても，商標法32条の要件に該当する場合には，各周知商標は先使用商標として保護される（網野・商標〔第6版〕776頁）。齋藤・前掲800頁は，網野・商標〔第6版〕776頁を参照しつつ，商標出願時より前から他者により2つ以上の周知商標が使用されているケースを挙げて，以下のように説明している。すなわち，甲がA商標の出願をする以前から，乙・丙ら複数人によりA若しくはそれに類似するA'商標が各々使用されているようなケースを示しつつ，甲のA商標と乙及び丙らの各A若しくはA'商標との間で先使用権の要件が具備されているときは，乙及び丙らの周知商標がいずれもA商標との関係で先使用権により保護されるとしている。

(7) 防護標章に対する先使用権

防護標章が登録された場合でも，その出願時における先使用者の周知商標は先使用権としての保護を受けることができる（商標68条3項・32条）。

(8) 当該業務を承継した者について（商標32条1項後段）

商標法32条1項後段は，商標法32条1項前段所定の先使用者の業務を承継した者についても，同項前段の先使用権を有することを定めている。したがって，商標の先使用権は，先使用者の業務を承継した者において承継することができる。商標法は，先使用権者としての地位が業務とともに移転することを前提としており，その限りにおいて先使用権の承継を認めている（齋藤・前掲815頁）。本条所定の「承継」の時期は他人の商標登録前でもよい（逐条解説〔第19版〕1393頁）。

本後段の場合以外における先使用権の移転は認められない（逐条解説〔第19版〕1393頁，豊崎・工業〔新版増補〕419頁）。先使用権者はその業務と切り離して先使用権のみを承継させることはできない（網野・商標〔第6版〕782~783頁）。一般承継であっても，業務の承継

を伴わない場合（例えば相続の場合）には，先使用権の承継は認められない（田村・概説〔第2版〕85頁）。

　先使用権に係る業務が分割され，複数の者によって承継された場合には各承継人が先使用権を有することになる（渋谷・講義Ⅲ507頁）。のれん分け等によって業務の一部を承継した場合でも，使用を継続した者として32条に基づく先使用権を主張可能である（三山論稿152頁）。三宅・雑感255頁は，甲がその使用を続けたことにより著名となった商標を乙に"のれん分け"したのち，甲がその商標の登録出願をし，登録を得た場合には，いわゆる"のれん分け"の内容によっては，乙はその登録商標と同一又は類似の商標につき，いわゆる先使用権をもち得る場合があると説明する。

　東京地判昭35・3・9下民集11巻3号488頁〔鳳月堂のれん分けⅠ事件〕では，原告は，「のれん」を分けてもらった者は原告と密接なつながりのある者に限られ，標章の使用も「のれん」を分けてもらった個人若しくはその正当な相続人に限ってのみこれを許され，みだりにこれを他人に譲渡することができないのはもちろんのこと，法人は，たとえ正当に標章の使用を許された人がこれに所属する場合であっても，その使用を許されないものであり，被告会社には，原告が「のれん」分けした元従業員，その死亡後にはその息子が関与していたため標章の使用を容認してきたが，その息子も被告会社から退いて，被告会社とは無縁になったので，標章の使用を認めるわけにはいかない，と主張した。裁判所は，「のれん」のいわゆる本店が伝統的な慣習の領域にとどまらず，商標法による保護を受けようとする場合には，既に「のれん」分けによって独立の営業を営んでいるいわゆる「分店」「支店」の利益は商標権によって無に帰せしめられるべきではなく，両者の利益を調和するためには，いわゆる「分店」「支店」にも周知標章の使用権があるものと認めるのが相当であるとした。

　東京高判昭47・7・28無体集4巻2号494頁〔鳳月堂のれん分けⅡ事件〕で，控訴人は，被控訴人の本件商標の使用は，のれん分けによるものであり，総本家からのれん（商号及び商標）を無償で借り受けているにすぎないと主張した。裁判所は，「のれん分け」を，多分に親方，子方の観念に由来し，老舗の営業主が，永年勤続して功労があり，菓子の製造技術に優れ，かつ，人格的にも信頼のおける使用人に対して，老舗ののれんを分け与え，自己と同一又は類似の商号なり商標を使用して，自己と同一又は類似の菓子類を製造販売することを許容し，これを許された者は，旧主の恩義に報いるため，以後も本家の意向を尊重し，取り扱う商品の品質の維持や老舗の名声の向上のために協力し，尽力するというような色合いのものであったと認定しつつ，控訴人に関わるのれん分けについては，精神的，道徳的な規範からみた場合には，依然として親方，子方の関係として捉えることができたとしても，法律的観点からすれば，両者はあくまでも別個，独立の

第 1 節　商　標　権　　　　　　　　　　§32（先使用による商標の使用をする権利）

企業であり，その商標の使用関係も，当初は「のれん分け」に由来するとしても，その後においては，分店である被控訴人が承継した者がこれを自己のものとして独立に使用するに至ったものであるとした。

　他人の商標をその業務とともに承継した者は，承継後の自己の商標の使用を通じ，商標法32条による商標の使用継続を主張することができる（網野・商標〔第6版〕783頁，三山論稿152頁，東京地判昭37・6・30判タ133号85頁）。

　業務の承継が他人の商標登録出願前に行われたときは，承継人自身が先使用権の要件を充たしていることを要するとの見解がある（渋谷・講義Ⅲ507頁）。先使用の要件は承継者・被承継者のいずれにも備わっていることを要するとも解説されている（小野・概説〔第2版〕251～252頁）。

　裁判例としては，東京地判昭37・6・30判タ133号85頁〔英文写真雑誌題号事件〕では，Camera Art をデザイン化した商標について，原告が昭和33年6月に出願したが，この商標は，昭和33年4月，原告が役員であった会社がその第1号を発行発売した英文写真雑誌の題号であった。ところが，発行会社では，事業の経営が困難になり，この事業を引き継いだ会社もこの雑誌の休刊の方針をたてたので，従来，その発行に従事していた被告会社の代表者らが第2号以下の発行を継続し，商標も使用し，原告はその事業から離脱した。この事件では，被告会社の先使用権が肯定された。

　東京地判昭39・10・31判時398号44頁〔丸梅缶詰海苔事件〕では，5代目山本半蔵が味付海苔及び瓶詰海苔について，丸梅の標章を使用し，周知になっていた後に，商標権者（被告）が丸梅を出願登録したところ，5代目は事業とともに6代目へ，6代目は原告会社代表者に，原告会社代表者は原告会社に，丸梅の標章の使用を承継させたもので，原告の先使用権が確認された。

　なお，神戸地判平17・1・27ウエストロー・ジャパン2005WLJPCA01270025〔クランツレ事件〕では，外国会社の製品の日本の旧総代理店が，商標を取得し，新総代理店に対し，商標権を行使した事件で，裁判所は次のとおり判示した。原告は，ドイツクランツレ社の製品の日本における販売代理店として，イー・クランツレから本件標章が付されたクランツレ製品を継続的に購入し，これを日本国内で販売していたところ，この事実は，ドイツクランツレ社が，原告を通じ，日本国内において，クランツレ製品の販売に際して本件標章を使用していたと評価できる。その結果，原告が本件標章の商標登録出願をした時点では，本件標章がドイツクランツレ社のクランツレ製品を表示するものとして需要者の間に広く認識されることとなった。そして，ドイツクランツレ社は，被告日本クランツレとの間で販売代理店契約を締結し，継続してクランツレ製品について本件標章を使用しているから，ドイツクランツレ社は，本件標章について先使用権を有するも

のと解される。そして、その後、被告日本クランツレは、イー・クランツレとの間で、被告日本クランツレがクランツレ製品を独占的に日本国内に輸入して販売することができる旨の総代理店契約を締結したが、被告日本クランツレがイー・クランツレから輸入したクランツレ製品を販売する際に本件標章を使用することは、ドイツクランツレ社の先使用権の範囲に属する行為といえ、原告の本件商標権を侵害する違法な行為であるとは認められない。

(9) 効　果

商標法32条1項において先使用権成立要件を充たしたときは、その効果として、先使用権者は、「その商品又は役務についてその商標の使用をする権利」を有する（商標32条1項）。

前記(4)「法的性質」の箇所で述べたとおり、先使用権が成立する場合には、登録商標の禁止権を制限し、先使用商標の使用は商標権侵害を構成しない。なお、商標法32条1項の先使用権は、登録商標の禁止権を制限することを超えて、法律上、他人の周知な登録商標に係る商品等表示の使用権までをも認めるものではない。すなわち、他の周知商標と抵触する場合においても、先使用権のある商標と抵触する周知商標が他に存在しており、しかも他の周知商標が先に周知となっている場合には、先使用商標の使用が他の周知商標との関係で不正競争防止法の規定によって差止請求を受けることもあり得る（網野・商標〔第6版〕781頁）。この場合には、不正競争防止法19条1項3号所定の先使用権の存在を別途主張立証する必要がある。

先使用権が成立する場合には、刑事上も、被告人が先使用権を有するときは犯罪を構成しないものとして無罪となる（山形地判昭32・10・10判時133号26頁）。

以下、先使用権の効果に関する論点を紹介する。

(a)　先使用権の効力の及ぶ範囲

(イ)　先使用に係る商標使用対象の商品・役務と類似の商品・役務への先使用権の効力　法文上、先使用権者が有する先使用権は、先使用に係る商標を使用していた商品又は役務に及ぶものとされているが、それを超えて、当該商品又は役務と類似の商品又は役務には先使用権の効力は及ばない（逐条解説〔第19版〕1393頁、網野・商標〔第6版〕782頁、小野・概説〔第2版〕251頁、齋藤・前掲814頁、森林・前掲学会年報26号113頁）。なお、類似商品・役務への拡張は不正競争目的があると認められて先使用権が否定されるという説明も可能であるとするものがある（三山論稿155頁）。

東京地判昭39・10・31判時398号44頁〔丸梅缶詰海苔事件〕では、原告が乾海苔、味付海苔及び缶詰海苔について、先使用による商標の使用権の確認を求めていたが、裁判所は、缶詰海苔については、商標出願前に使用の事実がないとして、乾海苔及び味付海苔だけ

第1節　商　標　権　　　　　　　　§32（先使用による商標の使用をする権利）

に先使用の権利を認めた。

　(ロ)　先使用商標と類似する商標への先使用権の効力　　先使用権者が有する先使用権は使用していた当該商標についての使用に及ぶものとされているが，それを超えて，当該商標と類似する商標の使用には先使用権の効力は及ばない（逐条解説〔第19版〕1393頁，網野・商標〔第6版〕782頁，小野・概説〔第2版〕251頁，齋藤・前掲814頁，森林・前掲学会年報26号113頁）。

　他方で，社会通念上，同一の商標の使用に先使用権の効力は及ぶ。もっとも，先使用権者が使用商標を登録商標に接近する方向で変更する場合には，同一説の範囲内の拡大であっても，不正競争の目的があるとして，先使用権の成立が否定される場合があるとする見解がある（小野・概説〔第2版〕251頁，三山論稿154頁）。

　(ハ)　先使用権者の使用態様の拡大の可否　　先使用権者は，商標使用の現状を維持することだけでなく，使用範囲の量的拡大，例えば商標使用品の生産販売量を増加することが許されるとするものがある（渋谷・講義Ⅲ509～510頁）。

　先使用権の効力に関しては，先使用権者の使用地域の拡大の可否に関する論点が存する。すなわち，先使用権者が使用していた商標が周知であると認められた地域以外の地域における使用権をどこまで認めるのかという問題である。

　この点については，先使用者は営業販売地域の拡大を図ることも許されるとしつつも，混同防止措置を講ずることなく，登録商標権者の営業販売地域内にあえて進出していくような行為は，混同の結果を容認してなされるものであり，不正競争の目的をもってする行為といえるから，許されないとする見解がある（渋谷・講義Ⅲ・510頁，小野＝三山・新概説〔第2版〕301頁も同見解に賛成）。先使用者が周知地域以外の地域で表示を使用する場合には，その地域では表示が商標登録出願の前から「需要者の間に広く認識されている」ことにならないとして，先使用権の成立を否定するものもある（田村・概説〔第2版〕83頁）。

　先使用権の意義につき，商標法4条1項10号と表裏一体と捉えるならば，過誤登録されたことに対する先使用者の救済の観点から，先使用権の及ぶ地理的範囲は周知性の認められる範囲には限定されないと解することが整合的である一方で，先使用権制度を既得的地位・使用状態を保護するものと解するならば，①周知地域以外では法が保護すべきと思料した具体の信用が形成されていないと考えれば，周知性の認められる範囲に限定される，②先使用者が営業販売地域の拡大を図ることも，潜在的に先使用者の既得利益の及ぶ範囲であると考えるならば，営業販売地域の拡大は許されることになると分析する見解がある（森本純「判批・ケンちゃん餃子事件」三山峻司先生＝松村信夫先生還暦記念・最新知的財産判例集－未評釈判例を中心として333頁（青林書院，2011年））。

　他方で，周知地域内であれば，販売高を増加したり，新たな販路を開拓したりするこ

§32 （先使用による商標の使用をする権利）

とは何ら差支えなく，正当な営業努力であれば当然先使用権の範囲に含まれるとする見解（森林・前掲学会年報26号113頁）や，取引の事情を考慮して多少の拡大は認められて然るべきであるとするものがある（川瀬幹夫「判批・商標法32条１項所定の先使用権が認められた事案―ケンちゃん餃子事件」知管60巻10号1748頁（2011年））。また，登録商標が使用実績のないストック商標や死蔵商標のような場合には，商標不使用取消審判・商標権の濫用的権利行使をも含めて検討すべきとするものもある（三山論稿155頁）。

大阪地判平９・12・９知財集29巻４号1224頁〔古潭事件〕では，せいぜい水戸市とそれに隣接する市においてしか需要者の間で認識されていないとして周知性を否定したが，その前提として，先使用権における周知性は，「先使用権に係る商標が未登録の商標でありながら，登録商標に係る商標権の禁止権を排除して日本国内全域においてこれを使用することが許されるという，商標権の効力に対する重大な制約をもたらすものであるから，当該商標が必ずしも日本国内全体に広く知られているまでの必要はないとしても，せいぜい２，３の市町村の範囲内のような狭い範囲の需要者に認識されている程度では足りないと解すべきである。」と判示している。

東京高判平13・３・６裁判所ホームページ〔ベークノズル控訴事件〕では，裁判所は，被告標章が，本件商標の登録出願当時，既に被告商品を表示するものとして，近畿地区所在の電設資材の卸売業者の間で広く認識されていると解することができることは，原判決の認定判断したとおりである。商標法32条１項は，先使用者による商標の使用の事実状態を保護することを目的とするものであるから，「広く認識されている」という周知性の程度については，必ずしも全国的に周知である必要はなく，相当範囲において知られていればよいと解するのが相当である，とした。これに対し，控訴人は，予備的に，近畿地区での周知性を根拠に先使用権が認められる場合には，近畿地区以外での本件商標の使用の差止めを命ずる判決をするよう求めた。これに対し，裁判所は，商標法32条１項の定める先使用権の及ぶ地域的範囲は，周知性の認められる範囲には限られないものと解すべきであるから，先使用権の及ぶ地域的範囲は，周知性の認められる範囲に限られることを前提とする控訴人の予備的主張には理由がないと判示した。

一方，大阪地判平21・３・26判時2050号143頁〔ケンちゃん餃子事件〕では，餃子の製造販売を業とする原告が，被告に対し，被告が有する登録商標について，本件地域（東京都，埼玉県，神奈川県，千葉県，茨城県，栃木県，山梨県，福島県，長野県，静岡県，新潟県）において先使用による商標使用権を有することの確認を求めた事案であり，裁判所は，原告が設立当初から原告標章を使用していたことに加え，原告標章を付した商品の売上げが７億円前後であること，ラジオCMを昭和51年ころと，平成２年から平成５年まで本件地域で行っていたことを考慮し，遅くともこの頃までには，原告標章は，原告商品の商品表

示として，本件地域を中心に，需要者の間に広く認識されるに至ったと認定し，先使用による商標の使用をする権利を，本件地域において有することを確認した。

(b) 先使用権の消長・縮小　先使用権の効力に関して，先使用権の消長・縮小に関する論点が存する。すなわち，他人の商標登録出願時において周知性を獲得していた地域が，その後における先使用者の使用地域が消長・縮小した場合に，先使用権の効力に影響を及ぼすのかが問題となる。この点につき，森林・前掲学会年報26号114頁は，例えば，出願当時は九州全域で周知性を取得していた先使用商標が，後に宮崎，鹿児島県での事業を廃止したため，この両県において周知性を喪失した場合には先使用権も消滅し，その後に先使用権を主張できる地域はこの両県を除くその他の九州各県になるものと思われるとしている。

(c) 先使用権の援用　先使用権の援用に関して，先使用権者から適法に先使用の商標を付した商品を購入した者は，これについて自由に商標の使用をすることができ，商標権者等からの侵害の主張に対して先使用権者の先使用権を援用することができるとの解説がある（渋谷・講義Ⅲ510頁，森林・前掲学会年報26号114頁）。下請企業が先使用の商標を付することや，販売店が一手販売権を与えられた輸入総代理店についても，先使用権者の先使用権を援用することを肯定する見解がある（渋谷・講義Ⅲ510頁，田村・概説〔第2版〕86頁も総代理店等は製造販売元に先使用の抗弁が成立することを主張立証すれば商標権侵害を免れると解すべきとする）。

東京地判平3・12・16知財集23巻3号794頁〔ハンティング・ワールド輸入総代理店事件〕では，裁判所は，バッグ類を製造販売する米国のハンティング・ワールド社の「BATTUE」の標章使用について，周知性を認定し，ハンティング・ワールド社の先使用権を認めた。そして，同社の先使用権の内容をなす被告標章の使用は，現在の輸入総代理店である被告に対して本件バッグ類を輸出（販売）するについて被告の標章を使用するものであるから，この被告標章の使用の中には，被告を通じて，日本国内の店舗において本件バッグ類を販売するについて被告標章を使用することを含むものであると判示した。

東京高判平5・3・31知財集25巻1号156頁〔ハンティング・ワールド輸入総代理店控訴事件〕では，被控訴人が，ハンティング・ワールド社の先使用権をもって控訴人に対抗できるかについては，実質上争点とはならず，原審と同様，輸入総代理店である被控訴人は，ハンティング・ワールド社の先使用権の範囲に属する行為として，同社から本件バッグ類を輸入し日本国内の店舗においてこれを販売するについて控訴人標章を使用する権原を有し，これをもって，控訴人に対抗できると判断した。

(d) 先使用権の消滅　先使用権は，商標権の消滅と同時に消滅すると解説されている（森林・前掲学会年報26号117頁）。

§32（先使用による商標の使用をする権利）

先使用権は商標権者に対する意思表示によりこれを放棄することができる（森林・前掲学会年報26号117頁）。このような意思表示がない場合に事業廃止の広告又は通知あるいは官庁への届出をしても現実に事業を継続している間は消滅しない（東京地判昭33・9・26判例工業所有権法880の1頁）。

先使用権者が破産宣告（現・破産手続開始決定）をうけた場合、先使用権も一種の財産権として一応破産財団に組み入れられるが特に事業が継続する場合以外は事業廃止の時点で消滅する（森林・前掲学会年報26号117頁）。

II 第2項——混同防止表示付加請求権

(1) 意　義

商標法32条2項は、「商標権者又は専用使用権者は、32条1項の規定により商標の使用をする権利を有する者に対し、その者の業務に係る商品又は役務と自己の業務に係る商品又は役務との混同を防ぐのに適当な表示を付すべきことを請求することができる。」と規定している。本項に定める請求権は、一般に、混同防止表示付加請求権といわれている。

(2) 趣　旨

逐条解説〔第19版〕1393頁は、商標法32条2項の趣旨は、商品又は役務の混同防止にあるとしている。すなわち、使用許諾の場合と異なり、先使用権は商標権者の意思によらないで発生し、かつ、発生後にその規制が及ばないものであるから、混同防止表示請求制度を必要とするとしている。

小野・概説〔第2版〕252頁は、商標権者・専用使用権者の保護のためのみでなく、需要者にも必要な調整規定であると説明する。

(3) 法的性質

混同防止表示付加請求権は、法定の請求権である。商標法32条1項において先使用者に先使用権が成立する場合に、先使用権者に対して、商標法32条2項に定めるとおり、商標権者又は専用使用権者が自己の業務に係る商品又は役務との混同を防ぐのに適当な表示を付すべきことを請求することができる権利が生成されることになる。

実務上は、商標権者又は専用使用権者が、先使用者に対して主位的に商標使用差止め等請求を行うとともに、仮に先使用者が先使用権を有する場合には予備的に本項の混同防止表示付加請求を行うという形で活用されることが少なくない（森林稔・前掲判評196頁も同旨の説明をする）。

なお、本項所定の混同防止表示付加請求権は絶対的なものではないと解されている（小野＝三山・新概説〔第2版〕303頁）。渋谷・講義III511〜512頁は、先使用商標の周知性が登録

商標の周知性よりも高い場合には商標権者が先使用者に対して出所混同行為をしているといえ，かような場合には先使用者に対して混同防止表示の付加請求をすることができないと解すべきであるとしている。森林・前掲判評199頁は，①先使用権者の業務に係る商品又は役務と商標権者の業務に係る商品又は役務の間に混同が生じるおそれがないとき，②他人の商標登録出願当時の先使用商標の周知性が商標法4条1項10号所定の周知性と同程度に達しており，この程度が現在まで継続しているとき，③先使用権者が不正競争防止法上の周知表示主体者又は著名表示主体者として商標権者に対し不正競争防止法3条により差止請求権の行使をしているとき，④商標権者が不正競争の目的で混同防止表示請求をしているときは，商標権者に混同防止表示付加請求権は発生しないとする。

また，混同防止表示付加請求権を存置することの合理性に疑義を示す見解が存する（齋藤・前掲816頁）。同見解は，次のように説明する。「本項の発動が必要とされる場面は，先使用商標と登録商標の使用地域が地理的に離れており，市場が競合しないような場合は別として，多くはすでに先使用商標が通用している地域内に，後から出願・登録された商標が後発的に参入してくる場面であると思われるとして，そのような使用の場面では競業法的観点から先使用商標が優先することになろうとする。混同防止表示の付加請求権の存否は個別具体的に検討されるべきであり，画一的に請求権を認めている本項には疑問を感じる。」。

横浜地判平13・9・26裁判所ホームページ〔真葛事件〕では，裁判所は，混同防止表示を付加せよとの予備的主張に対し，これを否定した。裁判所は，商標法32条2項の趣旨について，類似の商品・役務についての類似の商標の使用に，一定の場合に先使用権を与えた同条1項を受けて規定され，商品の出所につき誤認混同を生ずるおそれがある類似商標について先使用権を付与することによって，誤認混同のおそれがある複数の商標の使用が競合する状態を放置するのは，需要者にも不利益を及ぼすことから，需要者に誤認混同させることのないよう，同条2項は，商標権者に特別の請求権を付与したものとした。そして，混同防止表示付加請求権の成否を判断するにあたっては，問題となっている両商標がそもそも誤認混同を生じるおそれのある「類似」の商標であるか否かの検討が欠かせないとし，被告が本件標章を表示している商品（被告商品）が主に観賞用の高価格の陶器類であるという特殊性にかんがみると，その取引者及び需要者は，普通に払われる注意力をもってすれば，当該商品に表示された標章（商標）にばかり着目することなく，その商品に現れた作者の能力・作風等から真贋等に注意して購入するのが通常であると考えられ，原告の陶芸経験・能力が必ずしも十分でないことからすると，本件登録商標に係る指定商品の取引者及び需要者において普通に注意力を払えば，本件標章を表示した被告商品と原告が本件登録商標を使用・表示した指定商品との間で，商品の

出所に誤認混同を生じることは，まずあり得ないというべきであるとして，本件では特に混同防止表示付加請求権は発生しないとした。

東京高判平14・4・25判時1829号123頁〔真葛控訴事件〕では，裁判所は，「本件登録商標が控訴人の陶芸活動に係る作品に使用され，本件標章が被控訴人の陶芸活動に係る作品に使用されることにより，仮に，何らかの混同が生じるとしても，それが控訴人に商標法32条2項が予定しているよう損害を与えるようなものとなるとは考えにくく，上記認定の程度の陶芸活動をしているにすぎない控訴人が，金吾香斎及び被控訴人の長年にわたる陶芸活動によって周知となっている本件標章に対し，何らかの表示の付加するよう求めることは，いかにも不合理であるということができる。結局，本件においては，『混同を防ぐに適当な表示』は見いだし難く，控訴人には，商標法32条2項の定める出所混同防止表示の付加を請求する権利は認められない，というべきである。」と判示した。

(4) 混同防止表示付加請求権に関する論点

(a) 請求の相手方　　混同防止表示請求の相手方は，商標法32条1項の規定により商標の使用をする権利を有する者である。先使用権者と取引関係にある販売店など，先使用権者ではないが，その商標の使用行為が商標権の行使を免れる者に対しては，混同防止表示請求をすることはできない（渋谷・講義Ⅲ511頁）。

(b) 「混同を防ぐのに適当な表示」の内容　　「混同を防ぐのに適当な表示」とは，取引において商品の出所の混同を防止するに足るものであればよく商標の要部までも変更するような表示を付する義務はない（網野・商標〔第6版〕783頁）。適当な表示とは，その表示をすることによって先使用商標が登録商標と非類似となるような表示までは要求されない（網野・商標〔第6版〕783頁，小野・概説〔第2版〕252頁）。もともと先使用権者の商標の使用行為には商標権の禁止権が及ばないのであるから，この請求権の根拠としては需要者の利益のための理由しかない。その誤認混同を防止するに足る必要最小限度のものしか請求できず，それ以上の商標権者の利益は求め得ないであろうと解説されている（森林・前掲学会年報26号115頁）。

また，混同防止表示としては，一般需要者が取引上の通常の注意力をもって商標権者の商品・役務と先使用権者の商品・役務を区別し得る程度のものであればよく，先使用権者が業務を行っている地域の地名等を付して需要者の注意を促し得るもの等が考えられるとするものがある（茶園編・商標211頁）。田村・概説〔第2版〕86頁は，例として「〇〇製造品」とか「〇〇製と当社製とは全くかかわりありません」などといった表示が考えられるとする。

出所混同の具体的可能性が生じている場合に，先使用者が混同防止表示の付加請求に応じない場合には，混同の結果を容認しているものとして，不正競争の目的が肯定され

第1節　商標権　　　　　　　　§32（先使用による商標の使用をする権利）

ることもあり得るとする見解がある（渋谷・講義Ⅲ511頁）。

　(c)　請求者による混同防止表示の特定の可否　　商標権者として，①具体的な混同防止表示を特定することなく，相当な混同防止表示をなすべきとする請求を求めることで足りるか，②具体的な混同防止表示を特定したうえで，当該特定に係る表示を請求することができるかという問題がある。

　小野＝三山・新概説〔第2版〕303頁は，上記①の場合（商標権者が具体的な混同防止表示を特定することなく，相当な混同防止表示をなすべきとする請求をし，かかる請求を認めた場合）には，請求認容判決の執行方法として，先使用権者が何らかの混同防止表示を付すまでは，間接強制（民執172条）により履行を強制することになるとする。また，この場合には，先使用者側が付した混同防止表示が適当なものであるか否かが，間接強制の発令による強制金の支払の執行を求める際に，義務を履行した事実があるか否かで請求異議事由となり請求異議の訴え（民執35条）として争われた問題となるとする。

　小野＝三山・新概説〔第2版〕303頁は，続けて，上記②の場合（具体的な混同防止表示を特定したうえで，当該特定に係る表示を請求し，かかる請求を認めた場合）には，特定した混同防止表示をなすべき給付判決に従わなければ，代替執行あるいは間接強制により履行を強制することになろうとする。また，この場合には，商標権者が特定した混同防止表示としてどのようなものまでが認められるのかが問題となるとする。田村・概説〔第2版〕は，この点に関し，混同防止表示としていかなる表示を付記すべきかについては，商標権者ではなく，これから当該表示を使用することになるためにより大きな利害関係を有している先使用者に決定させるべきであるとする。そのうえで，手続としては，請求の特定の段階，あるいは，判決主文の特定の段階では，「被告（先使用者）は混同を防ぐに適当なる表示を付さなければならない」とだけ掲げれば足り，あとはどのような表示を付すかということは被告の選択に委ねるべきであるとして，商標権者による特定を許容すべきでないとしている。

　三宅・雑感261頁は，先使用権者が混同防止付加請求に応じなかった場合には，作為を求める訴えを提起し，その勝訴判決の執行（間接強制）によるほかないとする。

〔平野　惠稔＝重冨　貴光〕

§32の2〔地域団体商標に対する先使用権〕

第32条の2〔地域団体商標に対する先使用権〕
　他人の地域団体商標の商標登録出願前から日本国内において不正競争の目的でなくその商標登録出願に係る指定商品若しくは指定役務又はこれらに類似する商品若しくは役務についてその商標又はこれに類似する商標の使用をしていた者は，継続してその商品又は役務についてその商標の使用をする場合は，その商品又は役務についてその商標の使用をする権利を有する。当該業務を承継した者についても，同様とする。
2　当該商標権者は，前項の規定により商標の使用をする権利を有する者に対し，その者の業務に係る商品又は役務と自己又はその構成員の業務に係る商品又は役務との混同を防ぐのに適当な表示を付すべきことを請求することができる。
（本条追加，平17法56）

【参考文献】
　小野昌延＝竹内耕三編・商標制度の新しい潮流170頁，土肥一史「地域団体商標に係る商標権の効力と商標法26条1項2号との関係等について判断した事例」日本大学知財ジャーナル69頁。

Ⅰ　本条の趣旨(1018)	(2)　2　項(1019)
Ⅱ　本条の内容(1018)	〔溝上　哲也〕
(1)　1　項(1018)	

Ⅰ　本条の趣旨

　本条は，平成7年改正法において地域団体商標制度が導入され，その権利主体が組合等の地域団体に限られたことから，従来から同一又は類似の商標を使用しているその団体に属さない事業者を保護するため，周知性を要件としない特別な先使用権の規定とその調整規定を設けたものである。

Ⅱ　本条の内容

(1)　1　項

　本項の先使用権は，他人の地域団体商標との関係で認められる。先使用権が認められる要件は，①他人の地域団体商標の商標登録出願前から日本国内において商標登録出願に係る指定商品若しくは指定役務又はこれらに類似する商品若しくは役務についてその商標又はこれに類似する商標の使用をしていたこと，②不正競争の目的でなく使用して

§32の2〔地域団体商標に対する先使用権〕

いたこと，③継続してその商品又は役務に使用していることである。

商標法32条に規定する一般の先使用権は，周知性を要件としているが，地域団体商標の登録が周知性を要件として認めることとした関係上，出願前から同一又は類似の商標を使用している事業者については，未だに周知性を獲得していない場合であっても，引き続き使用する権利が認められる。本条の先使用権が認められるためには，不正競争の目的でなく使用していたことが必要であり，他人の信用にただ乗りして不当に利益を得ようとしていたような場合には，本条の先使用権は成立しない。また，本条の使用権が認められるには，当該商標を継続してその商品又は役務に使用していることが必要であるが，商標法32条の場合と同様に，季節的に使用を中断したり，社会経済上の事由により一時的に中断したりする程度では，継続性の要件に欠けることはないと解する。

なお，本条に関する裁判例として，従前使用していた「博多織」の表示を「博多帯」の表示に変更した事例について，後者の使用が直ちに商標法32条の2に基づくものであるということはできないと判示した福岡地裁平成24年12月10日判決（裁判所ホームページ）がある。

(2) **2 項**

一般の先使用権については，先使用権を認められた者に対し，商標権者が商品又は役務の出所混同防止のために必要な表示を付すべきことを請求できることを定めているが（商標32条2項），地域団体商標に係る商標権者についても，先使用権が成立した場合には同様に扱うことが適当であるから，本項においても混同防止表示付加請求権が認められている。商標権の効力が制限される地域団体商標権者の保護を図るとともに，消費者の利益をも図る趣旨の規定である。

本項では，先使用権者の業務に係る商品又は役務と組合等の地域団体又はその構成員の業務に係る商品又は役務との混同を防ぐのに適当な表示を付すべきことを先使用権を認められた者に請求できる。具体的にどのような表示の付加が請求できるかは，ケース・バイ・ケースといわざるを得ないが，例えば，先使用権者側のグループ名の付加等が考えられる。また，本項が「請求することができる」とするのは，必ず付加請求権を認めなければならないという意味ではなく，裁判所が事情により，付加請求を認めないとすることも可能であると解される。

〔溝上　哲也〕

§33条（無効審判の請求登録前の使用による商標の使用をする権利）
　　次の各号のいずれかに該当する者が第46条第1項の審判の請求の登録前に商標登録が同項各号のいずれかに該当することを知らないで日本国内において指定商品若しくは指定役務又はこれらに類似する商品若しくは役務について当該登録商標又はこれに類似する商標の使用をし，その商標が自己の業務に係る商品又は役務を表示するものとして需要者の間に広く認識されていたときは，その者は，継続してその商品又は役務についてその商標の使用をする場合は，その商品又は役務についてその商標の使用をする権利を有する。当該業務を承継した者についても，同様とする。（改正，平3法65，平23法65）
　一　同一又は類似の指定商品又は指定役務について使用をする同一又は類似の商標についての二以上の商標登録のうち，その一を無効にした場合における原商標権者（改正，平3法65）
　二　商標登録を無効にして同一又は類似の指定商品又は指定役務について使用をする同一又は類似の商標について正当権利者に商標登録をした場合における原商標権者（改正，平3法65）
　三　前2号に掲げる場合において，第46条第1項の審判の請求の登録の際現にその無効にした商標登録に係る商標権についての専用使用権又はその商標権若しくは専用使用権についての第31条第4項の効力を有する通常使用権を有する者（改正，平23法65）
2　当該商標権者又は専用使用権者は，前項の規定により商標の使用をする権利を有する者から相当の対価を受ける権利を有する。
3　第32条第2項の規定は，第1項の場合に準用する。（改正，平17法56）

【参考文献】

網野・商標〔第6版〕，小野＝三山・新概説285～298頁，兼子＝染野・工業〔改訂版〕，豊崎・工業〔新版増補〕，三宅・雑感，三宅発・商標，逐条解説〔第19版〕，平尾・商標〔第1次改訂版〕。

細　目　次

I　本条の趣旨 (1021)
　(1)　中用権の意義 (1021)
　(2)　中用権と先使用権 (1021)
II　本条の沿革 (1022)
　(1)　大正10年商標法との比較 (1022)
　(2)　現行法における一部改正 (1022)
III　中用権の要件 (1023)
　(1)　無効審判の予告登録前における善意使用，周知性取得並びに商標の継続使用（1項本文）(1023)
　　(a)　予告登録前の善意使用 (1023)
　　(b)　周知性の取得 (1023)

第1節　商　標　権　　§33（無効審判の請求登録前の使用による商標の使用をする権利）

　　(c)　周知商標の継続使用(1024)
　(2)　中用権の内容(1024)
　　(a)　中用権の範囲(1024)
　　(b)　中用権の承継(1024)
　(3)　中用権の帰属(1024)
　　(a)　1　号(1024)
　　(b)　2　号(1025)
　　(c)　3　号(1025)
Ⅳ　中用権の効果(1025)
　(1)　中用権と対価の支払(1025)
　(2)　混同防止表示(1026)

〔松尾　和子〕

Ⅰ　本条の趣旨
(1)　中用権の意義

　わが国の商標法は登録主義を採用し，登録にあたっては，審査主義をとっている。商標登録要件を欠くにもかかわらず登録されたことが判明した場合には，審査の正確さを期するために特許庁に対し商標の登録の無効審判を請求する制度が認められている（商標46条）。しかし，過誤による商標登録であっても，無効審決が確定し，商標権が初めから存在しなかったものとみなされるまでは（商標46条の2），その登録は有効として取り扱われるため，無効となった場合に，有効の取扱いをうけた間の調整を行い，無効とされた原商標権者の保護をはかる必要が生じる。

　すなわち，当該商標登録について不登録理由があるのに過誤で商標登録がなされ，商標権者も無効理由の存在を知らないで，指定商品又は役務と同一若しくは類似の範囲について，登録商標又はその類似商標を使用した結果，その商標が自己の出所を表示するものとして周知となった場合には，その商標の継続使用権を認めることにより，商標権者が構築した財産的利益を保護するのでなければ，原権利者に酷であり，取引における公平の観念に合致しないと思われる。よって一定限度で原商標権者を保護するのが本制度の趣旨である。

　講学上，この継続使用権は中用権とよばれる。すなわち，商標登録後無効審判の請求の登録時までに形式上権利として存在していた中間的な期間における使用継続権であるという意味において，先使用権に対し中用権とよばれるのである。中用権は法定通常使用権である。

(2)　中用権と先使用権

　商標は本来使用されるべきものであり，使用によりはじめて商標としての機能を発揮し，社会経済的に意義を有し，財産的価値を高める。登録商標に無効理由があっても，登録が取得できたために，これを原因として使用の事実が継続され商標権者の信用が当該商標に蓄積されるなら，その者が善意である限り，すでに払った企業努力を保護するほうが，これを否定するより合理的である。

　商標法32条に定める先使用権は，わが国の商標法が最先出願者登録主義を採用する一

方，登録強制制度をとらないところから，商標につき価値のある利益状態を作り出した先使用者に対し，登録商標権者との利益の調和をはかるため，使用継続できる権利を認めたものである。いわば，先使用主義による登録主義の調和，修正として意味をもつ制度である。

これに対し中用権制度は，登録主義，審査主義のひずみから生じる過誤登録の欠陥を正当な商標権者との間で修正，調整するものである。形式論理としては，本来無効となるべき商標の原権利者を保護する理由はないといえる点で，先使用権制度とは異なるが，しかし，登録主義を貫徹するところから生じる矛盾を使用の事実を基礎に修正し，妥当な解決をはかる点においては先使用権制度と類似するところを有している。言い換えれば，商標の使用の結果価値ある利益状態を築きあげて営業の信用を蓄積させたものを保護する内容ないし要件において，中用権は先使用権制度と類似する。したがって，先使用権制度における内容等の説明，解説は中用権にも妥当することとなる。

Ⅱ 本条の沿革
(1) 大正10年商標法との比較

旧法すなわち大正10年商標法（大正10年4月3日法律第99号）25条1項は登録無効処分の確定のため第三者が商標登録を得，使用の結果周知性を獲得した後に再審により原商標の登録が回復した場合において，その第三者の登録が後願を理由に無効となっても，なおその使用を継続できることを規定するにとどめ，「権利」という用語を使用しておらず，また，その発生事由についても，現行法のような中用権に関する広い規定はない。その理由として，旧法は同一又は類似の登録商標の併存をきらうからであり，かつ，旧法は，商品の出所の混同防止を立法趣旨として強く前面に出していたと説明されている（逐条解説〔第19版〕1397頁）。

すなわち，旧法は，特許庁が公衆の利益保護の見地から出所の混同防止を厳格に実現するという考え方に立っていたのである。しかし，この考え方は，商標の使用許諾制度に見られるように現行法において変更され，私益保護の考え方により，当事者間の利益関係を衡平に調整する措置が講じられるに至り，中用権の発生事由を広く定めるに至ったものである。言い換えれば，現行法は，権利者が善意の場合に行政官庁の過誤によって，権利者が企業努力の結果蓄積した信用を破壊するのは不合理であることが改めて認識され，過誤登録の場合の救済制度として，関係当事者の利益の調整を積極的に認めたものである。

(2) 現行法における一部改正

本条は平成3年法律第65号をもって一部改正されているが，これは，商標の定義を拡

大し，役務に係る商標を追加保護したことに伴う修正にすぎず，中用権に関する従来の考え方を何ら変更するものではない。ただし，商品と役務の間に類似関係が認められることとなったため，将来，商品にかかる登録商標と役務にかかる登録商標との間にも中用権による調整がありうることとなった。平成17年6月15日法律第56号改正は，元の引用先の条文に32条の2が新設されたことに伴う形式的な改正にすぎない。また，平成23年6月8日法律第63号改正は，特許法99条1項（通常実施権の対抗力）が改正され，同条に相当する規定を商標法31条4項に新設したことに伴い，これに併せて33条1項3号を改正したにすぎない。

Ⅲ 中用権の要件

(1) 無効審判の予告登録前における善意使用，周知性取得並びに商標の継続使用（1項本文）

(a) 予告登録前の善意使用　無効審判の予告登録がなされた以上，無効理由の存在が予想できるから，その後の商標使用によって周知性を取得しても本条1項の保護はない。同様に，予告登録前であっても無効理由の存在を知っていたなら，本条の適用はうけられない。なお，旧法は，継続使用権の成立の要件として「善意ニ」を規定していたのに対し，現行法は，この用語を使用することなく，商標登録が，無効理由の一に該当することを「知らないで」と規定しているが趣旨に変わりはない。

個人企業がその実態の同一性を保ったまま法人格を取得した個人会社の場合，その代表取締役である個人の商標権者が，管理・監督して，引き続き，当該商標を使用していたときは，代表取締役にとっても，自己の商標を善意で使用し，信用保持のための注意も払ってきたと確認できるとし，当該商標権者と個人会社との間に商標権使用許諾契約がなくても，個人会社の使用は個人の使用と同視して差し支えないとされ，中用権による保護が認められた事案がある。善意か否かは事実の問題であり，法人格の有無にかかわらないから，当然の結論である（大阪高判昭47・3・29無体集4巻1号117頁〔野路菊事件〕）。なお，先使用権の認められた事案は多いが，中用権の認められた例は珍しいといわれている（小野＝三山・新概説295頁）。

(b) 周知性の取得　登録商標又はこれと類似する商標は，使用の結果自己の業務に係る商品又は役務を表示するものとして需要者の間に広く認識されていることが必要である。すなわち中用権の成立には，登録商標につき周知性を取得していることが要件である。

本条の趣旨の項に述べたとおり，使用により形成された価値ある利益状態を保護するのが趣旨であるから，そこまで達していない商標について保護する必要はない。

§33（無効審判の請求登録前の使用による商標の使用をする権利）　　　　第4章　商　標　権

周知性の程度については，先使用権の場合と同様，意見が分かれるところであろうが，商標法4条1項10号，32条及び33条について周知性が問題とされる場合の周知レベルは同じであるとする見解と，4条1項10号は，一定の信用を蓄積した未登録周知商標のすでに取得した財産的利益を保護するため，他人の商標の登録を排除するのに対し，同法32条の先使用権は，未登録周知商標主に，すでに取得した財産的利益をそのまま継続して享受させるものであり，過誤登録に対する救済規定であるから，周知の要件を，取引の実状に照らし，穏やかに解釈してよいとする見解がある（東京高判平5・7・22知財集25巻2号296頁〔ゼルダ事件〕）。この点につき実例及び判例が少ないため，具体的な内容を示すことは困難である。いずれにしても，中用権制度が公平の観念を基礎としている以上，下記に詳述するような，具体的事情に則して判断するほかない（小野＝三山・新概説287～290頁）。

周知性は，企業努力に基づき商標の信用を形成した事実状態が客観的に認識できる程度に存在することを表現するものである。周知性の有無の判断のためには，商品や役務の種類による取引状況（販売高，販売数量，取扱高など），商標自体の性質（顕著性の高い造語であるとか，指標力の強い商標であるなど），商標に係る宣伝広告状況の多寡，地域的範囲，商標の使用期間，営業活動の地域的範囲，商標の名声・評判の内容等を綜合して検討することになる。

本条が過誤登録の救済規定であっても，保護されるべき実体は使用の事実状態であるから事案に応じて判断する以外ない（前掲大阪高判昭47・3・29〔野路菊事件〕参照）。

　(c)　周知商標の継続使用　　商標の継続使用権は，取得者が無効審判の予告登録前の使用によって，その商標が周知になったこと，予告登録後に当該商標の使用を継続していることを条件に与えられる。

(2)　中用権の内容

　(a)　中用権の範囲　　継続使用権が認められる範囲は，使用している商品又は役務について，当該商標を使用することに限られる。したがって，実質的に同一と判断できる程度の商標の態様の変更は認められるにしても，それ以上の書体の変更やスペリングの変更などは認められない。使用している商品や役務の内容が自然発展的に増加することは認められるにしても，種類の拡大は認められないであろう。

　(b)　中用権の承継　　この継続使用権は，業務とともに承継する余地が認められている。業務とともにする限り，商標の出所の混同は阻止できると考えられるからである。

(3)　中用権の帰属

　(a)　1号　　1号は，相互に抵触する商標権が存在しており，その一が無効とされた場合における無効となった商標権の権利者すなわち原商標権者である。

(b) 2 号　2号は，商標法46条1項1号に列挙した各種無効事由があるもののうち，8条1項，2項，5項違反並びに46条1項3号違反があり，正当権利者に登録すべき商標登録出願が係属しており，それが登録された場合である。

(c) 3 号　3号は，以上1号及び2号の場合で，専用使用権者，原商標権者並びに登録された通常使用権者があったときは，これら使用権者も保護されることを規定する。

中用権は登録商標の使用状態を形成した者を保護する規定であるところ，商標は商標権者により使用されるとは限らないから，一定範囲の使用権者を保護するのが合理的である。

専用使用権について登録は効力発生要件であるから，専用使用権者に中用権を認めても，第三者を害することはない。これに対し，許諾による通常使用権については，登録の有無にかかわらず広く中用権を認めるとなると，第三者の利益を害し，立法上も種々問題が生じやすいので，登録という公示手段を具備するものに限定したのである。

本号の結果，事案に応じ，周知商標によって指標される「自己の業務に係るもの」が商標権者のそれか専用使用権者か又は通常使用権者かにより，中用権を認められる者が定められることになる。

Ⅳ　中用権の効果

(1) 中用権と対価の支払

中用権者は，本来であるなら，登録が無効とされ，権利が初めからなかったものとみなされる結果無権利者となるべきものであるが，すでに形成した利益状態を保護するために救済措置として認められた制度である。そこで，商標権の権利者に対して相当の対価の支払をなすことが義務づけられている。先使用権と本質的に異なるところである。

この点に関連し，中用権は，本来登録料を支払って使用を継続することが予定されていたものであるから，中用権となったことにより更新登録料の支払も不要となることは公平の原則に反する。よって登録商標の権利者又は専用使用権者は中用権を有する者から相当の対価の支払を受ける権利が与えられていると説明する説がある（網野・商標〔第6版〕786頁)。この説によると，対価の額は，少なくとも商標権者が中用権を有する者の登録商標を無効とするために無効審判の請求等に支出した費用の合計額に更新登録料を加算した金額より少ないものであってはならない。しかし一方，相手方商標が周知性を取得するまで無効審判の請求もせず，この権利保全に万全であったといい得ないから，対価の額の算定に当たっては過失相殺等により公平の原則に反しないよう配慮すべきものとなり，契約に基づく通常使用権の使用料等は算定の基準になり得ないことになる（網

§33（無効審判の請求登録前の使用による商標の使用をする権利）

野・商標〔第6版〕787頁）。

　立法者の意図は明らかではないが，更新登録料等を念頭に，正当な商標権者に対し対価の支払を受ける権利を認めるとすることは，制度として短絡的すぎると思われる。登録商標の権利者は，法定通常使用権すなわち中用権の存在を承認せざるを得ず，自己の禁止権の完全な行使は阻止されているのであって，その不利益は，商標使用の利益を得ている中用権者から使用の対価という形で取得できるとする通常の使用権の構造で処理することを考えたほうが合理的と思われる。契約で使用許諾する事案と異なることはいうまでもないが，市場において一般に通用する許諾による通常使用権の場合の使用料相当額を基準とし，中用権制度の存在趣旨を考慮して，これ以上高くならないように定められることになると思われる。

(2) 混同防止表示

　商標権者は中用権を有する者に対し，出所の混同を防止するのに適当な表示を付すべきことを請求できる。同一又は類似の商標が同一又は類似の商品若しくは役務について併存することになる以上，出所の防止表示は最低限度必要とされるところであろう。先使用権の該当規定が準用されるゆえんである。ただし，具体的にどのような表示をどこまで要求できるか，中用権者がこれを拒否したときにどうなるのかなどの具体的な手続について一切規定がなく，裁判を通じて実現する以外ない。

〔松尾　和子〕

第1節　商　標　権　　　　§33の2（特許権等の存続期間満了後の商標の使用をする権利）

第33条の2（特許権等の存続期間満了後の商標の使用をする権利）

　商標登録出願の日前又はこれと同日の特許出願に係る特許権がその商標登録出願に係る商標権と抵触する場合において，その特許権の存続期間が満了したときは，その原特許権者は，原特許権の範囲内において，その商標登録出願に係る指定商品若しくは指定役務又はこれらに類似する商品若しくは役務についてその登録商標又はこれに類似する商標の使用をする権利を有する。ただし，その使用が不正競争の目的でされない場合に限る。

2　第32条第2項の規定は，前項の場合に準用する。

3　前2項の規定は，商標登録出願の日前又はこれと同日の出願に係る実用新案権又は意匠権がその商標登録出願に係る商標権と抵触する場合において，その実用新案権又は意匠権の存続期間が満了したときに準用する。

（本条追加，平8法68）

【参考文献】

網野・商標789～790頁，小野＝三山・新概説〔第2版〕279～280頁，逐条解説〔第19版〕1398～1400頁，田村・商標〔第2版〕237～239頁，茶園編・商標273～274頁〔青木大也〕，金井ほか編・商標コメ497～499頁〔岩坪哲〕。

細　目　次

Ⅰ　本条1項・3項の意義(1027)
　(1)　本条1項の意義(1027)
　(2)　本条3項の意義(1029)
　(3)　商標権と著作権の抵触(1029)
Ⅱ　1項・3項の要件(1029)
　(1)　商標登録出願日以前の出願に係る特許権，実用新案権，意匠権(1029)
　(2)　商標権と特許権等の抵触(1030)
　(3)　特許権等の存続期間満了(1030)
　(4)　原特許権者，原実用新案権者，原意匠権者の当該商標の使用が不正競争の目的でないこと(1030)
Ⅲ　効　果(1031)
　(1)　使用権(1031)
　(2)　混同防止表示付加請求権（本条2項・32条2項の準用）(1031)
　(3)　対　価(1032)

〔小池　豊＝町田　健一〕

Ⅰ　本条1項・3項の意義

(1)　本条1項の意義

(a)　商標権と特許権はその保護の対象を異にしており，従来は両者が抵触することは考えられなかった。

　ところが，平成8年法律第68号による商標法改正で立体商標制度（商標2条1項本文）が導入されたことにより，理論的には両者の抵触関係も生じ得ることになった。そこで，商標法は29条で，商標権者の商標の使用が商標登録出願日前の出願に係る他人の特許権

§33の2（特許権等の存続期間満了後の商標の使用をする権利）　　　第4章　商　標　権

等と抵触した場合は当該商標の使用ができない旨の規定を追加し，さらに特許法72条においても特許権と商標権の抵触関係を前提とした内容が追加された。当該規定新設のきっかけは上記のとおり立体商標制度の導入であるが，平成26年改正法で，図形等が時間の経過とともに変化するもの（いわゆる「動き商標」）などが新に保護対象に加わったので，本条の適用範囲はさらに拡大することが考えられる。

　(b)　本条1項は，商標登録出願以前の出願にかかる特許権が存続期間を満了した場合の，後願商標権との関係を定めたもので，同じく立体商標制度導入に伴う調整規定である。すなわち，特許出願が商標登録出願に先行するか，あるいは同日出願の場合は，特許権者は，商標権が存在したとしても，当該商標権による制限を受けずに，特許発明の実施が可能である（この点は特許法72条の反対解釈からも導かれる）。ところが，期間満了によって特許権が消滅した後に，当該特許権と抵触する商標権が存続する場合，その消滅にかかる原特許権の実施を継続し得ないとするならば，自己のそれまでの特許発明を実施できないという甚だ不都合な事態（例えば，実施にかかる在庫品の販売ができないとか，実施にかかる設備を除却しなければならないなど）が生ずる。

　そもそも，特許権の存続期間中には，排他的な実施権を有するのに，当該特許権と抵触する商標権が特許出願以後に出願され，その登録がなされたという事実だけで特許期間満了後に原特許権者がその実施すらできないとすることは妥当でない。そこで，本条は，かかる場合に原特許権者に後願商標の使用権を認めたのである。

　なおこれと同旨の規定は，既に特許法81条（先願意匠権の期間満了後における後願特許についての通常実施権），意匠法31条（先願特許権，同実用新案権，同意匠権の期間満了後における後願意匠権についての通常実施権）に存在しており，これを先願特許と後願商標の関係として新設したのが本条1項である。

　(c)　なお，これとは逆に，先願商標権の消滅後において，商標権者に後願特許権の実施を認めた規定は置かれていない。これは商標権が更新登録により無限に存続することが可能だからである。

　すなわち，商標登録出願が特許出願に先行するか，あるいは同日出願の場合（以下併せて「先願」と称する）は，商標権者は，商標権の存続期間中は後願の特許権が存在したとしても，当該特許権による制限を受けずに，当該登録商標の使用が可能である。そして，商標権者は，更新登録を経ることで登録商標の永久的な使用継続が可能であるから，当該特許権の存続期間の満了以前に商標権が終了するということは通常考えられない。仮に，更新しないで商標権が消滅した場合は，与えられた更新の機会を活かさず，権利を消滅させたのであるから，その商標権者等に対して，その消滅した商標権に係る登録商標の使用権を認める必要もない。かかる趣旨から，本条と同趣旨の原商標権者に後願発

第1節 商 標 権　　§33の2（特許権等の存続期間満了後の商標の使用をする権利）

明の使用権を認める旨の規定は，特許法に置かれていない（逐条解説〔第19版〕1400頁）。
(2) 本条3項の意義
便宜上，2項に先立ち3項に触れる。
　3項は，1項記載の先願特許と後願商標の関係をそのまま，先願実用新案権又は先願意匠権と後願商標権の関係に準用したものである。先願実用新案権については，1項で述べたところがそのまま該当する。しかしながら先願意匠権については，意匠権と商標権との抵触が従来からも想定されているところであるから（改正前意26条，改正前商標29条），立体商標制度導入によって初めて生じる問題ではない。すなわち先願意匠権者が権利満了後に後願商標権が存在するために当該意匠が使用し得なくなるという前述のような不合理な事態の生ずることは特許法81条，意匠法31条の規定が設けられた時点から十分に予想できたところである。しかし，本条に該当する規定は設けられていなかったため，意匠権が期間満了によって消滅した場合に原意匠権者は，その意匠の実施を継続し得ないと解される余地があった。そこで，本条3項は，本条1項の規定を準用することで，意匠権の存続期間が満了した場合の規定の欠缺が補われることになった。
　なお，本条と同趣旨の，商標権が消滅した場合に原商標権者に意匠の実施権を認める旨の規定は，意匠法には置かれていない。これは，前述の特許法の場合とまったく同様に考えられたからである。
(3) 商標権と著作権の抵触
著作権の存続期間満了後の原著作者による商標の使用権については規定がない。この理由としては，「個人の思想，感情の表現である著作物が，商品・役務の出所表示として使用され，更にそれが商標権の侵害に当たることは極めて稀であると考えられることに加えて，従前から平面商標や意匠権との関係においても，著作権の存続期間満了後の原著作権の権利については規定されておらず，また，実際に特段の問題も起こっていない等の理由に基づくもの」と説明されている（逐条解説〔第19版〕1400頁）。しかしながら，キャラクター商品に見られるように，著作物が商標として使用されることは通常考えられることであり，存続期間満了前に抵触を生じていた著作権と商標権の調整規定を設けない積極的理由は存在しないと思われる。著作権の存続期間満了後の原著作者による商標の使用について茶園成樹「著作権と商標権の関係」（コピライト604号18頁）も，商標法33条の2を類推適用すべきであろうとする。

II　1項・3項の要件
(1) 商標登録出願日以前の出願に係る特許権，実用新案権，意匠権（以下「特許権等」と記す）

〔小池＝町田〕

§33の2（特許権等の存続期間満了後の商標の使用をする権利）

商標権と特許権等の抵触があり得ることを前提に，実際に抵触が生じた場合に，先願が優先するという基準が採用されている。したがって，商標登録出願日よりも後の出願に係る特許権等については，商標権と抵触する特許発明，登録実用新案，登録意匠の実施をすることができず（特72条，実17条，意26条1項），当然のことながら，本条の保護は受けられない。

なお，商標権と特許権等が同日出願である場合は，商標権，特許権等とも使用，実施できることから，本条の適用がある。

(2) 商標権と特許権等の抵触

(a) 商標登録出願の審査にあたって，抵触する特許の存在は拒絶理由となっていない（商標15条・3条・4条・8条参照）。商品の出所や営業主体の識別機能を営む商標と，技術的思想の創作である特許発明の抵触について，実際の使用・実施態様を知り得ない審査段階で特許庁が判断することは困難であろう。

(b) 商標権と特許権（実用新案権，意匠権についても同様であるが，以下，特許権を例にとって論ずる）が抵触するとはいかなる場合か。

本条は，商標権と特許権というまったく異なった権利が抵触するということであり，その意味するところは明確ではないが，抽象的に権利と権利の比較を論じても意味がない。

本条は，商標権侵害を主張された先願の原特許権者に使用権の抗弁を認めた規定と解すべきであるから，実務上は，特許発明等の実施品（例えば，物の発明における，その物）の形態が，登録商標に係る立体的形状と同一又は類似し，その実施（譲渡，使用など）が，商標法の「使用」など（商標25条・2条3項・37条）に該当する場合という意味に解さざるを得ない。ただし，この場合にも商標的使用（商標26条1項6号）といえるのかどうかが議論となろう。

(3) 特許権等の存続期間満了

本条の使用権は，特許権等が存続期間満了により消滅した場合にのみ発生し，それ以外の消滅事由（無効審決，異議による取消決定，放棄，特許料の不納，相続人がない場合など）により消滅した場合には発生しない。この点は，特許法81条，意匠法31条と同様である。権利として存在することを否定されたり，権利者自ら権利を消滅させた場合にまで本条の保護を与える必要がないからである。

(4) 原特許権者，原実用新案権者，原意匠権者（以下「原特許権者等」と記す）の当該商標の使用が不正競争の目的でないこと

(a) 「不正競争の目的」とは，商標権者の信用にただ乗りして不当な利益を得る目的をいう。すなわち，後願の商標権者が，自己の営業努力により当該商標につき周知著名性

を取得していることを奇貨として，原特許権者がそれまで実施していなかった発明（商標権と抵触する）を存続期間満了後に実施するような場合が考えられる。

(b) 「不正競争の目的」が存在することは，条文の構成上，被告（原特許権者等）の使用権の抗弁に対する再抗弁として，原告（商標権者）が主張立証責任を負うと解すべきであろう。

(c) 本条による原特許権者等の使用権は，先使用権（商標32条）と異なり，特許権者等が商標登録出願前から実施をしていなくとも認められ，また，特許権者等の権利存続期間中の実施すらも不要であるが，本条の趣旨からすれば，特許権の存続期間中には実施していなかったにもかかわらず，期間満了後に実施したような場合は，不正競争の目的が認定されやすくなるであろう。また，登録商標が，商標権者の使用によって周知性，著名性を有した後に実施を開始した場合も同様に解される。

III 効 果

(1) 使用権

(a) 原特許権者等は，原特許権等の範囲内において，その商標登録出願に係る指定商品若しくは指定役務又はこれらに類似する商品若しくは役務についてその登録商標又はこれに類似する商標の使用をする権利を有する。

なお，特許権等に無効事由がある場合，原特許権者等に特別の保護を与える必要はない。したがって，商標権者は権利の無効事由をもって再抗弁となし得るものと解される（西村康夫「商標の使用(1)」牧野ほか編・知財大系Ⅱ281頁）。

(b) 「原特許権の範囲内において」との意味は必ずしも明確ではないが，この表現を除いてしまうと，原特許権者において何故後願商標権につき使用権が認められるかが不明になってしまうことを考えると，「原特許権の範囲が及ぶ実施態様である限り」との意味と解釈してよいであろう。商標登録出願前から実施していることを必要としないから，使用権の範囲を特定の実施態様に限定する趣旨ではない。ただし，このように解すると，およそ特許発明の実施態様と目されるものであれば，実施権が認められることになり，後願商標権者が先願特許と抵触する奇抜な標章につき商標登録を得たとしても，原特許権者の使用権の対象となってしまい，不当に商標権者を害することも考えられよう。しかし，たとえ原特許権の実施態様といえるものであっても，後願商標権者の奇抜な標章を模した実施態様を選択すれば，不正競争の目的の使用に該当する可能性が生じるから，ここで使用態様の限界を画すれば足りるであろう。

(2) 混同防止表示付加請求権（本条2項・32条2項の準用）

商標権者は，先使用権者に対するのと同様に，本条による商標の使用権を有する原特

§33の2 （特許権等の存続期間満了後の商標の使用をする権利）

許権者等に対して，その者の業務に係る商品又は役務と自己の業務に係る商品又は役務との混同を防ぐのに適当な表示を付すべきことを請求できる。なお，商標法32条2項の混同防止表示付加請求に関し，この権利は，絶対的なものではなく，先使用者による使用の継続により混同が生じるおそれがあるときであっても，商標登録の前後を通じてみた，先使用者による使用の実態と商標権者による使用の実態との関係に照らして，先使用者に混同を防ぐための表示を行うよう求めることがいかにも不合理であると考えられるときは，先使用者の行うべき「混同を防ぐのに適当な表示」は見出し難いとして，事実上，否定されることもあり得るものというべきである，とした判決例がある（東京高判平14・4・25判時1829号123頁〔真葛事件〕）。商標法32条2項の規定振りからして当然であろう。

(3) 対　　価

商標法33条の3第2項と異なり対価請求権を規定した33条2項が準用されていないことから，商標権者は，原特許権者等に対して使用権の対価を請求できない。

〔小池　豊＝町田　健一〕

第1節　商　標　権　　　　　　　　　　　　　　　　§33の3〔同　　前〕

第33条の3〔同　　前〕

商標登録出願の日前又はこれと同日の特許出願に係る特許権がその商標登録出願に係る商標権と抵触する場合において，その特許権の存続期間が満了したときは，その満了の際現にその特許権についての専用実施権又はその特許権若しくは専用実施権についての通常実施権を有する者は，原権利の範囲内において，その商標登録出願に係る指定商品若しくは指定役務又はこれらに類似する商品若しくは役務についてその登録商標又はこれに類似する商標の使用をする権利を有する。ただし，その使用が不正競争の目的でされない場合に限る。(改正，平23法63)

2　第32条第2項及び第33条第2項の規定は，前項の場合に準用する。

3　前2項の規定は，商標登録出願の日前又はこれと同日の出願に係る実用新案権又は意匠権がその商標登録出願に係る商標権と抵触する場合において，その実用新案権又は意匠権の存続期間が満了したときに準用する。

(本条追加，平8法68)

【参考文献】

網野・商標〔第6版〕790～791頁，小野＝三山・新概説〔第2版〕280頁，逐条解説〔第19版〕1400～1401頁，田村・商標〔第2版〕237～239頁，茶園編・商標274～275頁〔青木大也〕，金井ほか編・商標コメ500～501頁〔岩坪哲〕。

細　目　次

I　本条の意義(1033)
II　要　　件(1034)
(1)　商標登録出願日以前の出願に係る特許権等(1034)
(2)　商標権と特許権等の抵触(1034)
(3)　特許権等の存続期間満了(1034)
(4)　専用実施権又は通常実施権を有していること(1034)
(5)　実施権者の使用が不正競争の目的でないこと(1034)

III　効　　果(1034)
(1)　使用権(1034)
(2)　32条2項(混同防止表示付加請求権)の準用(本条2項)(1035)
(3)　33条2項(対価請求権)の準用(本条2項)(1035)

〔小池　豊＝町田　健一〕

I　本条の意義

本条の意義は基本的には商標法33条の2と同じであり，特許法82条，意匠法32条に対応する規定である。

本条は，原特許権，原実用新案権，原意匠権(以下「原特許権等」と記す)について専用実施権を有していた者又は原特許権等若しくは専用実施権について登録された通常実施

〔小池＝町田〕

§33の3〔同 前〕

権を有していた者に対して，原特許権等が期間満了によって終了した場合に，法定の使用権を認め，実施の継続を許容したものである。

II 要 件
(1) **商標登録出願日以前の出願に係る特許権等**
(2) **商標権と特許権等の抵触**
(3) **特許権等の存続期間満了**

以上，(1)から(3)の要件については，商標法33条の2の注解を参照。

(4) **専用実施権又は通常実施権を有していること**

専用実施権の設定は，登録しなければその効力が生じない（特98条1項2号，実18条3項，意27条4項）。

なお，従前特許権の通常実施権の場合，登録は効力要件ではないが，登録しなければ，その後にその特許権等若しくは専用実施権を取得した者に対して効力は生じない（平成23年法律第63号による改正前の特99条1項，実19条3項，意28条3項）とされていた。しかし，平成23年法律第63号による改正により，特許法99条に通常実施権についての当然対抗制度が導入されたため，これに伴い本条も改正され，本条の使用権のための登録は不要となった。本条の使用権を認めるためには，特許権等の存続期間満了時において専用実施権者であるか，通常実施権者でなければならないということである。

(5) **実施権者の使用が不正競争の目的でないこと**

不正競争の目的の意義は，商標法33条の2と同様であるが，本条は，実施権者自身の不正競争の目的を問題とする点で，33条の2と異なる。

したがって，不正競争の目的の有無は，原特許権者等とは別に実施権者自身について検討されなければならない。

III 効 果
(1) **使 用 権**

原特許権の期間満了時において専用実施権又は登録された通常実施権者であった者（以下，併せて「旧実施権者」という）は，原権利の範囲内において，その商標登録出願に係る指定商品若しくは指定役務又はこれらに類似する商品若しくは役務について，その登録商標又はこれに類似する商標の使用をする権利を有する。

33条の2と異なり，旧実施権者は，原特許権の範囲内ではなく，「原権利の範囲内」において使用権を有するにとどまる。これは実施権の設定又は許諾行為により，旧実施権者の実施し得る範囲が定められるからであろう。したがって「原権利の範囲」の意味も，

旧実施権の及んでいた範囲と解釈する。

(2) 32条2項（混同防止表示付加請求権）の準用（本条2項）

この準用については前条の注解参照。

(3) 33条2項（対価請求権）の準用（本条2項）

本条2項では，商標法33条2項も準用している。33条2項は，無効審判の請求登録前の使用によって商標の使用権を有する者から商標権者が相当の対価を受け得る旨の規定である。その準用により，商標権者は本条で実施権を有することとなった特許権等の旧実施権者に対して相当の対価を請求する権利を有することとされた。前条の原特許権者の商標使用と異なり，有償の使用権とされた理由は必ずしも明らかではない。

この点，33条の2の使用権とは異なって，既得権という色彩はなく，本来無権利者になるべき者を救済する趣旨であるとされるが（逐条解説〔第19版〕1401頁），「特許権等の存続期間満了により特許権者等に従前支払っていた（はずの）ライセンス料を支払う必要がなくなっているから，その分，商標権者になにがしかの対価を支払いなさいとでも説明するのであろうか，不分明なところが残る」（田村・商標〔第2版〕238頁）との批判がある。また，網野・商標〔第6版〕791頁は，「期間満了により，一般に公開されるべき特許発明が，立体商標について商標権が存在する故に実施不可能となるという点においては特許権者と同様であるから，両者を対価の点において差別するのは疑問がある」とされる。

〔小池　豊＝町田　健一〕

§34（質　権）　　　　　　　　　　　　　　　　　　　　　第4章　商　標　権

第34条（質　権）

　商標権，専用使用権又は通常使用権を目的として質権を設定したときは，質権者は，契約で別段の定めをした場合を除き，当該指定商品又は指定役務について当該登録商標の使用をすることができない。（改正，平3法65）

2　通常使用権を目的とする質権の設定，移転，変更，消滅又は処分の制限は，登録しなければ，第三者に対抗することができない。（本項追加，平23法63）

3　特許法第96条（物上代位）の規定は，商標権，専用使用権又は通常使用権を目的とする質権に準用する。（改正，平23法63）

4　特許法第98条第1項第3号及び第2項（登録の効果）の規定は，商標権又は専用使用権を目的とする質権に準用する。（改正，平23法63）

【参考文献】

　我妻栄・擔保物権法（民法講義Ⅲ）（有斐閣，68），吉野衛「商標権の自由譲渡性と担保の取得について」金法223号20頁（59），羽柴隆「特許法上の質権について（その1～3）」特管20巻12号，21巻6号，22巻10号（70），播磨良承「無体財産権の担保」NBL 266号22頁（82），鈴木忠一＝三ヶ月章編集・注解民事執行法(4)（第一法規，85），登録実務研究会編著・工業所有権登録の実務（通商産業調査会，92），鎌田薫編著・知的財産担保の理論と実務（信山社，97），田村・商標〔第2版〕425～426頁，網野・商標〔第6版〕838～842頁，山上和則「商標権の担保提供」小野＝小松編・法律相談523～528頁，逐条解説〔第19版〕1402～1403頁，小野＝三山・新概説〔第2版〕279～280頁，茶園編・商標258～260頁〔青木大也〕，中山＝小泉編・新注解特許法（上）1335～1345頁〔林いづみ〕，金井ほか編・商標コメ502～517頁〔町田健一〕。

　　　　　　　　　　　　　細　目　次

Ⅰ　本条の趣旨(1037)
Ⅱ　本条の意義(1037)
　(1)　商標質の対象(1037)
　(2)　質権の内容(1037)
　(3)　根商標質について(1038)
　(4)　商標質の利用状況(1038)
Ⅲ　1項（商標の使用）について(1039)
Ⅳ　2項（通常使用権を目的とする質権の設定等）について(1040)
Ⅴ　3項（特許法96条〔物上代位〕）の準用(1040)
Ⅵ　4項（特許法98条1項3号及び2項〔登録の効果〕）の準用(1041)

　(1)　効力発生要件(1041)
　(2)　質権の登録手続(1042)
　　(a)　「質権の設定」(1042)
　　(b)　「質権の移転（相続その他の一般承継によるものを除く）」(1042)
　　(c)　「質権の変更」(1042)
　　(d)　「消滅（混同又は担保する債権の消滅によるものを除く）」(1043)
　　(e)　「処分の制限」(1043)
Ⅶ　質権の実行(1043)

〔小池　豊〕

第1節 商標権　　　　　　　　　　　　　　　　§34（質　権）

I　本条の趣旨

　本条は，商標権，専用使用権，通常使用権（以下，本条の注解に限り「商標権等」という）を目的とした質権（以下，「商標質」という）が設定された場合の，当該登録商標の使用権の帰属，物上代位の制度，質権の成立要件並びに対抗要件などを規定したものである。

II　本条の意義

(1)　商標質の対象

　民法362条1項は，「質権は，財産権をその目的とすることができる。」とし，同343条は「質権は，譲り渡すことができない物をその目的とすることができない。」とそれぞれ規定している。商標権等は財産権であり，譲渡も可能であるから，これが質権の目的となり得ることはいうまでもない（商標24条の2 – 商標権が単独で譲渡できるようになったのは昭和35年改正法からである。それ以前は営業とともに譲渡するのでなければ移転することができなかった（旧商標12条）から，商標権は質権の目的にすることはできないとする見解が強かった）。本条はこれを当然の前提として，商標権等に質権が設定される場合の要件や設定後の効果などについて規定したものである。

　商標権等が共有にかかる場合は，他の共有者の同意を得なければ，その持分を目的として質権を設定することはできない（商標35条による特73条1項の準用）。また，専用使用権について質権を設定する場合は，商標権者の承諾がなければならず（商標30条4項による特77条4項の準用），通常使用権について質権を設定する場合は，商標権者（専用使用権が設定されているときは，商標権者及び専用使用権者）の承諾がなければならない（商標31条6項による特94条2項の準用）。

　さらに譲渡可能な財産権であっても，「商標登録出願により生じた権利」については，質権の目的とすることができない（商標13条2項による特33条2項の準用）。

(2)　質権の内容

　(a)　質権の内容については，商標質は民法上の質権と若干異にする。民法上の質権の内容は，同法342条に定められているとおり，債権の担保として債務者又は第三者（物上保証人）から受け取った物を占有して，債務の履行がない場合は，その物の換価金から優先して弁済を受けることができる担保物権である。このように債務者又は物上保証人（あわせて「質権設定者」という）から占有を取り上げることによって弁済を確実ならしめる作用は質権の留置的効力と呼ばれている。ところが，商標権等は従来広く無体財産権と呼ばれてきたように，文字どおり形のないものであるから，動産質，不動産質のように質物の占有を質権設定者から取り上げるということはできない。しかし，仮に質権設定によって，設定者における商標の使用ができなくなれば，その意味で留置的効力はなお

§34（質　権）

存在するということができるかもしれない。しかしながら，後記のとおり，質権を設定しても当該商標の使用権は質権設定者の手もとに残ると解されているから，動産質権に代表されるような本来の質権とは異質な内容をもつものといわなければならない。

　(b)　担保目的物の使用収益権を設定者の手もとに留めて，優先弁済権のみを確保するという点からすれば，質権よりも抵当権に近く，事実，実質は抵当権であると解く見解が多い（我妻栄・擔保物権法106頁，羽柴隆「特許法上の質権について（その1）」特管20巻12号1211頁など）。

　特許，実用新案，意匠，商標の各権利を目的とする担保権を抵当権として構成せずに，質権とした理由については明らかではないが（羽柴・前掲では，この辺りの立法当局の胸のうちを忖度していて興味深い），民法では抵当権は不動産又は地上権，永小作権だけしか抵当権の目的とされていない（民369条1項・2項）のに対し，質権では前記のとおり譲渡可能な財産権であればその目的となり得るとしているためであろう。

　(3)　**根商標質について**

　商標質は，特定の債権を担保するために設定されるものであるが，一定の範囲に属する不特定の債権であっても債権極度額の限度で担保する根商標質も認められる。根担保は商慣習により生じた担保制度である。継続的な融資契約や商品取引にあっては，債権の増減いかんにかかわらず極度額の限度で債権を担保することが必要であり，特に抵当権の分野で古くから活用された。昭和46年法律第99号により，民法第2編第10章（抵当権）に第4節（旧民398条ノ2～398条ノ22）が追加され，実定法上でもこの制度が確立された。そして不動産質については根抵当権の規定が準用され（旧民361条），さらに権利質の規定では不動産質の規定が準用されている（旧民362条2項）ため，権利質の1つである商標質についても根質が認められるものである。特許庁の実務においても，根抵当権設定登記に関する不動産登記法88条2項の規定に準じて，担保すべき債権の範囲及び極度額と，設定契約で確定期日の定めがあればその期日を記載した根商標質の登録制度が設けられている（特許庁出願支援課登録室編・産業財産権登録の実務〔改訂6版〕（経済産業調査会，2010年）459頁・513頁）。

　(4)　**商標質の利用状況**

　特許行政年次報告書によれば，最近における商標質の設定又は移転の登録件数は次表のとおりであり，年度によってはかなりの数に上る。知的財産権の担保価値が見直されている表れといえようか。ちなみに，特許権に対する質権の設定，移転登録件数は，2012年が120件，2013年が65件，2014年が109件となっている。

第1節　商　標　権　　　　　　　　　　　　　　　§34（質　権）

商標質の設定，移転登録件数

年	2005	2006	2007	2008	2009	2010	2011	2012	2013	2014
設定移転登録件数	4,502	1,561	81	343	877	640	451	420	176	993

Ⅲ　1項（商標の使用）について

　1項は，「商標権，専用使用権又は通常使用権を目的として質権を設定したときは，質権者は，契約で別段の定めをした場合を除き，当該指定商品又は指定役務について当該登録商標の使用をすることができない」としているが，条文として熟した表現ではない。「商標権，専用使用権，又は通常使用権を目的とする質権者は，契約で別段の定めをした場合を除き，当該指定商品又は指定役務について当該登録商標の使用をすることができない」とでもしたほうがよかったのではないか。いずれにせよ，この規定が質権者に登録商標の使用権がない旨を明示したものであることはいうまでもない（質権者に使用収益権があるとした不動産質に関する民356条参照）。

　質権設定者が依然として使用権を有するかについては明文はない。しかし，本条3項（物上代位）が，質権は商標権者が権利の対価や商標使用権者から受領し得る商標使用料に対し権利行使ができる旨規定している（特96条の準用）ことから積極的に解される。すなわち，質権設定者は設定後も商標権を第三者に譲渡したり，使用権を設定ないし許諾したりすることができるとされているのであるから，自ら使用することができるのは明らかである。

　ちなみに著作権の場合は，これを目的とする質権が設定されても，著作権者が行使する旨明定されている（著66条1項）。

　立法論としては不動産質権のように，質権者に商標の使用収益権能を認めることも不可能なわけではない。しかしながら，実際問題として金融を与えた者（質権者）が当該商標を使用したところで一般には利益が出るものではないし，むしろ設定者に使用収益権を残し収益を上げさせたほうが実情にかなっているといえよう。無体財産のうちでも，商標は，その目的が，商品出所，営業主体の表示機能，品質（サービスの質）保証機能を核として，商標使用者の業務上の信用の維持を図ることを目的とするものであるから，事業との結びつきが強く，事業を離れて商標のみが質権者のもとで使用に供されるということは考えにくい。

　そもそも設定者から物の占有や使用収益権を奪って，留置的効力により債務の履行を促さんとする形の担保制度は，質屋営業のごとく消費者金融を目的にする場合に残存しているだけで，通常の商取引においては利用価値に乏しい。むしろ動産の場合は，動産

§34（質権）　　　　　　　　　　　　　　　　　第4章　商　標　権

を担保設定者の手もとにとどめて，債権者はその優先弁済権を確保すべく，いわゆる譲渡担保の制度が活用されている。

Ⅳ　2項（通常使用権を目的とする質権の設定等）について

　本項は，旧4項において従来準用していた特許法の規定，すなわち，特許法99条3項「通常実施権の移転，変更，消滅若しくは処分の制限又は通常実施権を目的とする質権の設定，移転，変更，消滅若しくは処分の制限は，登録しなければ，第三者に対抗することができない。」との規定が，通常実施権の対抗力の規定（いわゆる「当然対抗制度」）を新設した平成23年の一部改正に伴って削除され，商標法において準用できなくなったため，新設された規定である。

　商標の通常使用権は合意によって成立し，専用使用権のように登録を必要としない。通常使用権は商標権者に対する債権として位置づけられる。その意味では，民法において債権に質権を設定する場合に相当することになるが，通常使用権に質権を設定する場合には，商標権者の承諾を必要とすること（商標31条6項による特94条2項の準用，なお民362条～366条参照），通常使用権に質権を設定しても，使用権は設定者のもとに残ること（前記Ⅲ，なお民366条参照）など通常の債権質に対する特殊性が存する。

　他方，質権を設定して優先弁済の効力を確保する以上，第三者に対する対抗手段が必要である。これらの観点から，通常使用権に関する質権については，その設定，移転，変更，消滅，若しくは処分の制限につき，すべて登録をもって第三者に対する対抗要件としたものである。

　ただし，通常使用権を目的とする質権をもって第三者に対抗するときは，基本となる通常使用権が登録されていることが前提である。通常使用権の登録がなされていないときは，これを目的とする質権の登録もできないから，質権としては効力の乏しいものとなる。なお，現在の判例では，通常使用権者に使用権の登録請求権はないとされている（特許の通常実施権につき最判昭48・4・20民集27巻3号580頁・判時704号49頁）ので，質権者が通常使用権者に代位して（民423条）登録を請求することもできない。

　通常使用権を目的とした質権の設定，移転，変更，消滅，若しくは処分の制限のそれぞれの意味については，本条4項の注解（後記Ⅵ）に譲る。

Ⅴ　3項（特許法96条〔物上代位〕）の準用

　「特許法第96条　特許権，専用実施権又は通常実施権を目的とする質権は，特許権，専用実施権若しくは通常実施権の対価又は特許発明の実施に対しその特許権者若しくは専用実施権者が受けるべき金銭その他の物に対しても，行うことができる。ただ

第1節　商　標　権　　　　　　　　　　　　　　§34（質　権）

し，その払渡又は引渡前に差押をしなければならない。」

　担保権の物上代位の制度は民法の先取特権（民304条）に規定されており，質権にもこれが準用されている（民350条）が，知的財産権を目的とする担保権という特殊性を考慮して工業所有権四法に別途設けたものである（著66条2項にも同旨の規定がある）。

　担保権は一般にその交換価値を把握する権利であるといわれる。したがって，商標権等が売却されたときに，その対価（代金）に対して担保権が及ぶことは民法上の質権と同じである（ともに交換価値が実現しているものである）。また商標権者は，専用使用権の設定や通常使用権の許諾により，その対価（設定料や使用料）を請求できる。商標権者の承諾を得て通常使用権を許諾した専用使用権者もまた同じである（商標30条4項による特77条4項の準用）。質権はこの設定料，使用料に対しても行うことができる。設定料，使用料は商標権などの対価そのものではないが，権利から産出する財産として物上代位の目的になるのである。商標権侵害による損害賠償金についても同様に解される。

　ただし，これらの権利の対価や使用の対価は金銭であることがほとんどであり，金銭に形を変えた場合は，一般財産中に取り込まれ，対価や使用料として特定できなくなってしまう。担保権として他の債権者に優先して弁済を受ける以上，優先弁済の対象となる財産の特定は不可欠である。したがって，対価が担保権設定者の手もとに入る前に差押えをすることによって特定性を確保しておく必要がある。特許法96条但書はその趣旨であり，この点は民法上の質権と同じである。

　民法上の質権における物上代位は，目的物の滅失，損傷によって債務者が受ける金銭にも及ぶとされているが（民304条1項），商標権等知的財産権の場合は，担保目的である権利の物理的な滅失，損傷という概念がないから，当然のことながらかかる規定がない。

Ⅵ　4項（特許法98条1項3号及び2項〔登録の効果〕）の準用

「特許法第98条　次に掲げる事項は，登録しなければ，その効力を生じない。
　一　（略）
　二　（略）
　三　特許権又は専用実施権を目的とする質権の設定，移転（相続その他の一般承継によるものを除く。），変更，消滅（混同又は担保する債権の消滅によるものを除く。）又は処分の制限
2　前項各号の相続その他の一般承継の場合は，遅滞なく，その旨を特許庁長官に届け出なければならない。」

(1)　効力発生要件

商標権は設定の登録により発生する（商標18条1項）。また，専用使用権の設定は登録

§34（質　権）　　　　　　　　　　　　　　　　　第4章　商　標　権

により効力を生ずる（商標30条4項による特98条1項2号の準用）。そして本条4項は，これら商標権，専用使用権を目的とした質権の設定なども登録をもって効力要件としたものである。

　登記という表示手段をもつ民法上の不動産物権，不動産担保物権が，登記をもって物権変動の対抗要件としている（民177条）のに対し，工業所有権四法は，いずれも登録をもって効力発生要件としている点が大きな違いである。

　もともと担保物権は他の債権者に優先して目的物件から弁済を受ける権利であるから，第三者に対する対抗要件を具備していなければ実質的に担保としての意味をなさないといえる。したがって登録をもって，効力発生要件（成立要件）としても特段の問題は生じないということであろう。登録をもって効力発生要件とすれば，それだけ質権に関する権利関係が明確になるであろう。申請による登録は，受付の順序に従ってなされることになっているが（商標登10条による特登37条1項の準用），債権保全のための質権設定登録は速やかに行われることが望ましく，その意味で，登録がなければ質権設定の効力がないというのは実務上問題であろう。質権設定契約及びその登録申請と，登録との期間が可及的に短くなることが要請される。

(2)　質権の登録手続

　質権の登録手続については，商標登録令10条が準用する特許登録令46条〜49条の規定に従って行われる。

　(a)　「質権の設定」　　質権の目的である権利の表示，債権の額，質権設定登録の原因に存続期間，弁済期，利息，違約金若しくは賠償の額に関する定めなどがあるときはその定めなどを記載した申請書を提出することによって行うことになっている（特登46条）。共有商標を質権の目的とするときは，共有者の同意書が必要であり，また専用使用権を質権の目的とするときは，商標権者の承諾書が必要である（商標登10条による特登29条1項2号の準用）。

　(b)　「質権の移転（相続その他の一般承継によるものを除く）」　　質権は担保権に通有する性質として債権に対し附従性，随伴性を有する。したがって債権が譲渡された場合は，それに伴って質権も譲渡されることが多いが，その移転も登録をもって効力発生要件とした。ただし，相続，合併などいわゆる一般承継の場合は，それぞれ相続，合併等の効力が発生すると同時に質権移転の効力も生じるものとする。しかしながら，この場合も，登録という表示と実体とが合致していることが望ましいから，特許法98条2項では，一般承継があったときは，その旨を遅滞なく特許庁長官に届け出るものとされている。

　(c)　「質権の変更」　　前記のとおり，商標登録令10条が準用する特許登録令46条は，債権の額，存続期間，弁済期，利息，違約金，債務者の表示など質権設定登録の申請書

に記載されるべき事項を定めているが,「質権の変更」とは,これら質権の内容に変更をもたらす事項の変更をいう。したがって,これらの事項を変更する場合には,その変更登録をしなければ効力が生じないということになる。

(d) 「消滅(混同又は担保する債権の消滅によるものを除く)」　質権が消滅するのは通常債務が弁済された場合(債権の消滅),質権設定契約が解除された場合などであるが,前者は本規定から除外されている。質権設定契約の解除による質権消滅の場合は登録が効力要件になるが,あえて効力要件とする必要もなく,権利関係を明確にするためのものにすぎないといえよう。設定契約が解除されたのに,登録義務者である質権者が抹消登録手続をしない場合の権利関係が複雑になるだけであると思われる。

また除外されている「混同」とは,質権者が質権の目的となっている商標権を取得したような場合が典型であるが,当該商標権につき第三者が二番質を有しているような場合は消滅せず(民179条),譲受人は自己が一番質をもつ商標権者となる。

(e) 「処分の制限」　質権の処分の制限とは民事執行法に基づく差押え,民事保全法に基づく仮差押え,仮処分などであり,これら処分の制限の効力も登録を必要とするものである。例えば,民事執行法167条4項は,特許,実用新案,意匠,商標の各権利のように登録をしなければ効力が生じないものに対する差押えの効力は,差押命令の送達時期の如何にかかわらず,差押えの登録がなされたときに生ずる旨を規定している。なお,裁判所が処分の制限をしたときは,遅滞なくその登録を特許庁に嘱託するものとされている(商標登10条による特登24条1項の準用)。

Ⅶ　質権の実行

担保権の実行全般に関しては,民事執行法第3章(180条以下)に規定がおかれているが,商標質については「債権及びその他の財産権についての担保権」として同法193条が適用される。そして同条2項では,債権及びその他の財産権を目的とする担保権の実行及び行使は,債権及びその他の財産権に対する強制執行の規定(民執第2章第2節第4款・143条以下)を準用するとしている。このうち「その他の財産権」に対する強制執行を規定した167条によれば,権利の移転や処分の制限につき登録を必要とする商標質の場合は,その管轄裁判所は特許庁の所在地である東京地方裁判所であり(同条2項),また差押えの効力はその登録がなされた時に生ずるものとされている(同条4項但書)。

さらに質権実行の開始要件として,担保権の存在を証明する文書の提出が求められている(民執193条)。当該文書は,質権の設定登録がなされている商標登録原簿の謄本がこれに該当する(民執193条1項・181条1項3号)。

前記のように商標質の実行は,民事執行法の債権及びその他の財産権に対する強制執

§34（質　権）　　　　　　　　　　　　　　第4章　商　標　権

行の規定が準用されるが，商標権は債権のように第三債務者が存在しないので，質権実行のための換価手続は，同法161条に定める方法によって行うことになる。同条1項は，「譲渡命令」，「売却命令」，「管理命令」と，その他相当な方法による換価を命ずる命令の4つの態様を規定して，それぞれの事案にふさわしい換価手続が採用できるようにしている。商標権の場合は，商品や役務と結びついて財産的価値が生じるものであるから，いずれの換価手続がふさわしいかは，当該商標が市場で有する意味合いを考慮して選択することになろう。

〔小池　豊〕

第1節　商　標　権　　　　　　　　　　　　　　　§35（特許法の準用）

第35条（特許法の準用）
　特許法第73条（共有），第76条（相続人がない場合の特許権の消滅），第97条第1項（放棄）並びに第98条第1項第1号及び第2項（登録の効果）の規定は，商標権に準用する。この場合において，同法第98条第1項第1号中「移転（相続その他の一般承継によるものを除く。）」とあるのは，「分割，移転（相続その他の一般承継によるものを除く。）」と読み替えるものとする。（改正，平8法68）

【参考文献】
　我妻栄（有泉亨補訂）・新訂物権法〔民法講義Ⅲ〕（有斐閣，83），武石靖彦「共有権利の運用に関する一考察」特管24巻3号259頁（74），水田耕一「特許権及び特許を受ける権利の共有」商事法務803号～805号（78），井上靖雄「共有者の一人の下請人の実施と他の共有者の同意」特許判例百選〔第2版〕148頁（85），瀧川叡一「実用新案登録を受ける権利の共有者の一人が提起した審決取消訴訟の適法性」知管46巻5号811頁（96），村林隆一「商標権の共有者の一人が単独で当該商標登録無効審決の取消訴訟を提起することの可否」知管52巻10号1535頁（02），髙部眞規子「商標権の共有者の1人が当該商標登録無効審決について単独で取消訴訟を提起することの可否」ジュリ1233号121頁（02），君嶋祐子「共有者の1人が提起する無効審決取消訴訟の許否」特許判例百選〔第3版〕114頁（04），中山＝小泉編・新注解特許法（上）1349～1361頁〔林いづみ〕，青木大也「共有者の一人が提起する無効審決取消訴訟の許否」特許判例百選〔第4版〕104頁（12），金井ほか編・商標コメ518～528頁〔早乙女宜宏〕。

細目次

Ⅰ　本条の趣旨(1045)
Ⅱ　特許法73条（共有）の準用(1046)
　(1)　商標権と共有(1046)
　(2)　民法の準用(1046)
　(3)　特許法73条1項（持分の譲渡等）の準用(1050)
　(4)　特許法73条2項（発明の実施）の準用(1050)
　(5)　特許法73条3項（実施権の設定，許諾）の準用(1052)
Ⅲ　特許法76条（相続人がない場合の特許権の消滅）の準用(1052)
Ⅳ　特許法97条1項（放棄）の準用(1053)
Ⅴ　特許法98条1項1号及び2項（登録の効果）の準用(1053)
　(1)　商標権の移転(1054)
　(2)　信託による変更(1054)
　(3)　商標権の放棄による消滅(1054)
　(4)　処分の制限(1054)
　(5)　特許法98条2項（特許庁長官への届出）の準用(1054)

〔小池　豊＝町田　健一〕

Ⅰ　本条の趣旨

　本条は，特許法の諸規定を準用した規定であるが，準用されている諸規定の間には特に一定の関連はないから，以下，各規定を商標権にあてはめて注解していくこととする。

〔小池＝町田〕

II 特許法73条（共有）の準用

「特許法73条　特許権が共有に係るときは，各共有者は，他の共有者の同意を得なければ，その持分を譲渡し，又はその持分を目的として質権を設定することができない。

2　特許権が共有に係るときは，各共有者は，契約で別段の定をした場合を除き，他の共有者の同意を得ないでその特許発明の実施をすることができる。

3　特許権が共有に係るときは，各共有者は，他の共有者の同意を得なければ，その特許権について専用実施権を設定し，又は他人に通常実施権を許諾することができない。」

(1) 商標権と共有

所有権のみならず，一般の財産権が共有の対象となることについては，民法の規定（民264条）からして明らかである。したがって，商標権についても共有（準共有）の対象となることは当然であるが，商標権の性格と共有制度とは若干対立する面がある。すなわち，商標は，商品の出所や役務（サービス）の主体を表示する機能と，品質（サービスの質）保証機能があるといわれる。したがって本来であれば，1つの商標は，1つの商品出所，又は1つの営業主体で使用されることが理想である。少なくとも，同一の商標を使用している複数の企業において，当該企業間に資本関係，系列関係があると見るのが普通であろう。しかしながら共有制度のもとにおいては，各共有者は他の共有者の同意がなくとも，当該商標を使用することができるし（特73条2項の準用），また，共有者間に必ずしも前記のような資本関係，系列関係があるとは限らないから，まったく別異の商品出所，営業主体の間で，同一商標が競合的に使用されるという事態が生じる。特許，実用新案，意匠においては，それぞれ法の目的が発明，考案，創作を保護するところにあるから，これらが共有の対象となることについては問題がないが，商品やサービスの出所，主体の表示機能，品質（サービスの質）保証機能を核として，商標使用者の業務上の信用の維持と需要者の利益の保護を目的とする商標においては，共有制度とは相容れない面をもっている。したがって立法論としては，ただ特許法の共有規定をそのまま準用するのではなく，商標固有の性質を加味した規定とすべきではないかと思われる。もっとも相互に資本関係や系列関係のない者同士が同一商標を競合的に使用すれば，これら当事者がまず不利益を被るから，使用に当たっては，かかる事態を回避するような方策が自ずと考慮されると考えられたのかもしれない。この問題は，共有のみならず，例えば，通常使用権の許諾の場合等にも同様に生じる。

(2) 民法の準用

商標権の共有は，「数人で所有権以外の財産権を有する場合」（民264条）に該当するものであるから，商標法に特別な規定のない限り，民法の共有規定（民249条以下）に従う。

第1節　商標権　　　　　　　　　　　　§35（特許法の準用）

以下これらのうち，主なものを商標権にあてはめて概観する。

(a)　共有物の使用（民249条）に関しては，本条に対応する規定が置かれている（特73条2項を準用）。民法249条は「持分に応じた使用」を認めるが，本条が準用する特許法73条2項は「持分に応じた」との限定なく「特許発明の実施」を認めており，その意味合いは民法249条とは異なる。なお，ここにいう「特許発明の実施」は商標法でいえば「登録商標の使用」にあたる（商標25条，特68条参照）が，一方の共有者の使用し得る範囲が当該商標の専用権の範囲に限定されるのか，禁止権が及ぶ範囲までは他方の共有者からの権利行使を免れるのかは議論があろう。

(b)　各共有者の持分は相等しいものと推定される（民250条）。ただし，商標の場合，「持分に応じた使用」（民249条）ということは考えられないから，持分は，譲渡の対価や使用料の配分，維持管理費用の負担割合などとして具体化するものである。

(c)　共有商標の管理，保存行為（民252条）　　無体物である商標に，物理的な管理行為，保存行為は考えられないから，ここでは主として商標権の維持，存続を目的とする行為，権利侵害に対処する行為を検討対象にする。

(イ)　商標権の維持，存続を目的とする行為としては，まず商標登録料の納付があり，各共有者が単独でできることは問題がないであろう（利害関係人も納付できることになっている。商標41条の3）。単独で全額を納付した場合は，他の共有者から求償し得ることは勿論である（民253条）。

(ロ)　商標権の存続期間は設定登録の日から10年で終了する（商標19条1項）が，商標権者の更新登録申請により更新することができる（商標19条2項）。この更新登録の申請は，共有者全員でなさなければならないと解されている。これを直接定めた規定はないが，特許庁の実務では，単独での更新登録申請は却下される（商標施規様式第12備考16，方式審査便覧16.08，1(8)：平成24年4月改訂）。商標法19条2項は，更新登録の申請人を商標権者に限定しており，共有の商標権であるにもかかわらず単独で更新登録の申請をした場合は，この規定に示す「商標権者」の要件を充たさないと解釈されているのであろう。しかし，事実上共有者の1人のみが使用を継続し，他の共有者が当該商標につきまったく関心がなく，更新登録申請に協力が得られないなどという場合があることを考えると，権利の保存行為として，単独申請ができると考えたほうが実情に即していると考える。登録料については，利害関係人は納付すべき者の意に反してもこれを納付することができる旨定められており（商標41条の3），これとのバランスからしても，単独申請を認めるべきであろう。さらに次項で述べるとおり，最高裁判決により共有商標権の登録無効審決に対する審決取消訴訟は，権利の保存行為として単独で提起することができることとされた。その趣旨は更新登録申請においてもそのまま適用できるであろう。しかも平成

〔小池＝町田〕

§35（特許法の準用）　　　　　　　　　　　　　　　　　　　第4章　商　標　権

8年改正前においては，存続期間の更新は「更新登録出願」によるものとされ，「出願」という概念のもとに運用されていたが，改正法では「更新登録申請」に改められ，従前には必要とされた商標の使用証明も不要となった。こうしてみると更新登録申請を共有者全員で行わなければならないとする積極的な理由は見当たらない。

　(ハ)　共有にかかる商標権につき登録無効審判を請求する場合は，共有者全員を被請求人としなければならない（商標56条による特132条2項の準用）。これに対し登録無効審判において，無効審決がなされた場合の審決取消訴訟につき，共有者単独で当事者（原告）になれるかについては，直接の規定がないため，従来から見解の分かれるところであったが，最高裁は平成14年2月22日判決（民集56巻2号348頁・判タ1087号89頁①事件）及び同年2月28日判決（判タ同②事件）でこれを積極的に解釈した。この最高裁判決の内容に入るに先立ち従来の判決例を鳥瞰しておく。

　まず東京高判昭50・4・24（無体集7巻1号97頁・判タ325号226頁）は，共有者は当該権利自体を維持保存するため，自己の持分に基づき共有者の同意を得ないで審決の取消しを求める訴えを提起することができると解すべきであると判示した。この事案は実用新案登録出願の拒絶審決取消請求事件であるが，同判決は登録無効審決の場合も同様としている。これに対し，東京高判昭51・12・1（無体集8巻2号454頁）及びその上告審である最判昭55・1・18（判時956号50頁・判タ408号67頁）は，同じく拒絶審決取消請求事件につき，審決取消訴訟の提起は民法252条の保存行為には該当せず，共有者全員につき合一にのみ確定すべきものであって，共有者全員で提起することを要する必要的共同訴訟であるとした。その後出された東京高判平5・10・27（速報222号6331），同平7・4・26（速報240号6845）はいずれも上記最高裁判決と同旨であるが，東京高判平6・1・27（判時1502号137頁）は，実用新案拒絶審決取消請求事件につき，実用新案登録を受ける権利の共有の性質は合有ではなく民法上の定める共有であるとし，拒絶査定やこれを維持する審決は権利の実現を阻害するという意味で妨害行為と解することができ，共有者の一部がこれを排除するために審決取消訴訟を提起することは権利の保存行為にあたるとの判断のもとに，共有者単独での提訴を可能とした。しかしながら同判決は上告審で破棄され，最高裁平7・3・7判決（民集49巻3号944頁・判時1527号145頁）は，前記昭55・1・18判決を引用して，共有者の提起する審決取消訴訟は固有的必要的共同訴訟であり，単独での提訴は不適法であるとした。

　これに対し前記最高裁平14・2・22判決は，商標権の無効審決取消訴訟に関し，次のように判示した（平14・2・28判決も同旨）。

　「商標登録出願により生じた権利が共有に係る場合において，同権利について審判を請求するときは，共有者の全員が共同してしなければならないとされているが（商標法56

第 1 節　商　標　権　　　　　　　　　　　　　　　§35（特許法の準用）

条 1 項の準用する特許法132条 3 項）。これは，共有者が有することとなる 1 個の商標権を取得するについては共有者全員の意思の合致を要求したものである。これに対し，いったん商標権の設定登録がされた後は，商標権の共有者は，持分の譲渡や専用使用権の設定等の処分については他の共有者の同意を必要とするものの，他の共有者の同意を得ないで登録商標を使用することができる（商標法35条の準用する特許法73条）。

　ところで，いったん登録された商標権について商標登録の無効審決がされた場合に，これに対する取消訴訟を提起することなく出訴期間を経過したときは，商標権が初めから存在しなかったこととなり，登録商標を排他的に使用する権利が遡及的に消滅するものとされている（商標法46条の 2 ）。したがって，上記取消訴訟の提起は，商標権の消滅を防ぐ保存行為に当たるから，商標権の共有者の 1 人が単独でもすることができるものと解される。そして，商標権の共有者の 1 人が単独で上記取消訴訟を提起することができるとしても，訴え提起をしなかった共有者の権利を害することはない。」

　すなわち最高裁は，権利成立後の問題である無効審決取消訴訟の提起を民法252条の保存行為として捉え，共有者の 1 人が単独でこれをなすことができるとしたものである。なお，最高裁は特許権についても平成14年 3 月25日判決（民集56巻 3 号574頁・判タ1089号135頁）でこれと同旨の判断をしている（事案は特許異議の申立てに基づく取消決定についての審決取消訴訟であるが，同じく登録後の問題であるから結論は同じであろう）。

　しかしながらこれら平成14年の一連の最高裁判決は，従前の最判昭55・1・18，同平 7・3・7 を変更したものではなく，これらと事案を異にするとしている。従前の事案は出願拒絶審決取消請求であるから，権利の成立する前の問題である点で事案が相違するとされたものと思われる。

　　㈡　侵害差止請求，損害賠償請求　　商標権の侵害者に対し，その差止請求や損害賠償請求が各共有者単独でなし得ることについては異論がないと思われる。ただその根拠は管理，保存行為の 1 つとして構築するのではなく，共有者が個々にもつ権利の実行として考えるべきであろう。このことは商標権につき専用使用権を設定した場合，商標権者と専用使用権者がそれぞれの権利に基づき単独でこれらの請求をなし得る（商標36条）のと同じことである（東京地判平15・2・6 裁判所ホームページ〔生体高分子事件〕は，特許権につき専用実施権を設定した特許権者には差止請求権は認められないとしたが，同事件の控訴審である東京高判平16・2・27（判時1870号84頁）はこれを取り消して特許権者の差止請求権を肯定し最高裁も平17・6・17判決（民集59巻 5 号1074頁・判時1900号139頁）でこれを支持した）。

　　(d)　分割請求（民256条以下）　　商標は有体物と違って，物理的な分割ということはあり得ないが，商標権を売却してその代金を分割するとか，単独所有にして他の共有者には償金を与えるなどして分割することは可能である（前掲東京高判昭50・4・24参照）。また

商標権の場合は，指定商品や指定役務が複数あるとき，指定商品，指定役務ごとに分割したり（商標24条），分割して移転することができる（商標24条の2）から，共有者間で指定商品，指定役務別に分割することもできる。したがって，この限度で民法256条以下の適用があると解せられる。分割後は，各々が分割後の登録商標を使用することができることになる（商標25条）。

(3) 特許法73条1項（持分の譲渡等）の準用

特許法73条1項の準用は，商標権の共有持分の処分の制限を規定したものである。民法の共有制度においては，持分の譲渡，担保権の設定などの処分は各共有者において自由である（制限する規定がない）。これに対し，特許，実用新案，意匠並びに商標では，持分の処分は共有者の同意を必要としている。持分の使用を前提に考えれば，動産，不動産など有体物の所有権についての共有より，知的財産権（無体財産権）である特許，実用新案，意匠，商標のほうが，むしろ，持分の処分を各持分権者の自由とするに適しているであろう。知的財産権（無体財産権）は，文字どおり有形のものではないから，使用にあたって，占有したり，支配したりする必要がないからである。にもかかわらず，法が持分の自由譲渡を認めなかったのは，持分の自由譲渡により，他の共有者に与える経済的影響が大きいからと説かれる（前掲東京高判昭50・4・24）。いま特許権を例に考えると，確かに共同で発明した者が特許権を共有した後，一方が，経済力の大きい企業にその持分を譲渡すれば，譲受人は発明全部の実施が自由なだけに，競争力の弱い他方の共有者の持分の価値は事実上極めて乏しいものとなる。商標の場合は，前記のように，第三者に持分が譲渡されることによって，同一商標が，まったく関係のない複数の商品出所や営業主体によって使用されることによる弊害を考慮して，持分の自由譲渡などを制限したものと考えるべきであろう。

商標登録に至る前の，商標登録出願により生じた権利（いわゆる出願中の権利）が共有にかかる場合についても，他の共有者の同意がなければ持分の譲渡ができないことについては，明文の規定がある（商標13条2項による特33条3項の準用）。なお，出願中の権利については，質権の目的となし得ないから（商標13条2項による特33条2項の準用），共有持分を目的とする質権設定もできない。

ここにいう「譲渡」には，一般承継は含まない（逐条解説〔第19版〕247頁）。

したがって，例えば，会社の合併や分割があった場合，実質的に共有者の予想しない者が使用することもあり得る（中山編・注解特許法〔第3版〕（上）803頁〔中山信弘〕参照）。

(4) 特許法73条2項（発明の実施）の準用

(a) 各共有者における当該商標の自由使用を認めた規定であり，民法249条に相当するものである。あえてこの規定を設けたのは，民法の規定と異なる1項の解釈（持分譲渡

第1節　商　標　権　　　　　　　　　　　§35（特許法の準用）

の制限）に引きずられて，これに反する解釈がなされるおそれがあるから，との説明がなされている（逐条解説〔第19版〕246頁）が，民法における「共有物の使用」は，「持分に応じた」との限定がつくが，商標（特許，実用新案，意匠でも同じ）においては，無体物の使用であり，共有者の1人の使用は，他の共有者の使用の妨げにならないから，「持分に応じた使用」という民法の規定をそのまま準用することなく，特別に自由使用に関する規定を設けたのではあるまいか。

(b) 各共有者における商標の自由使用を認めたことにより，同一商標につき，異なった商品出所，営業主体を表示する結果になることについては前記のとおりである。したがって例えば，共有者の1人だけが永年当該商標を使用した後に，他の共有者が突然に同一商標の使用を開始するということも考えられる。その場合は，先に使用してきた者は大きな損害を被ることになろう。もっとも先に使用してきたことにより，当該商標がこの者の商品や営業であるとの著名性や周知性を獲得するに至れば，後から使用を開始した共有者に対して，不正競争防止法に基づく請求がなし得るであろう。平成5年改正前における不正競争防止法6条は，権利行使の抗弁を認めていたから，上記のような場合も，共有商標権の使用という抗弁が形式的には可能であった。しかし，実際の裁判例では，権利濫用などを理由にして，この抗弁を排斥しているのがほとんどであり，平成5年改正法では，この規定は削除されている。

(c) 「使用」に関しては，共有者が，その配下にある下請業者や関連企業に商標を使用せしめることも，「共有者の使用」といえるかという問題がある。特許法73条3項が実施権の設定，許諾に他の共有者の同意を必要としているので，これとの違いを明確にするのが難しい。特許権，実用新案権においては，「下請人による実施は，共有者の実施といえるか」という形で問題になる。実用新案権の事案でこの争点につき判断した仙台高秋田支判昭48・12・19（判時753号28頁）は，自ら実施しないで他人に実施させることも，共有者の計算においてその支配・管理の下に行われるものである限りにおいては共有者による実施というべきである，としている（同事件は上告されたものの，棄却されている（最判昭49・12・24ニュース4096号3頁））。特許とは目的を異にするが，商標においても，共有者の計算においてその支配・管理のもとに商標の使用がなされるときは，それによって商品出所や営業の主体が同一性を維持し得るような関係が維持されるのであれば，共有者の使用として認めてもよいと思われる。ただし，本来同一商標を複数の者が使用すること自体，商標制度の本質と相容れない面があることは前記のとおりであるから，他の共有者の立場も考慮するならば，共有者の使用の範疇に属するというためには，特許権の共有の場合以上に，共有者と使用者の間の関係が資本関係，人的関係，物の流通関係などにおいて緊密であることが要求されるであろう。

〔小池＝町田〕

§35（特許法の準用）

(5) 特許法73条3項（実施権の設定，許諾）の準用

　共有者における専用使用権の設定，通常使用権の許諾の制限を規定したものである。その立法趣旨は，共有持分の譲渡制限の規定（1項）と同じである。前記のとおり，共有者の1人による商標の使用は，他の共有者の使用の物理的な妨げとならず，また持分に応じた使用ということもないから，専用使用権の設定や通常使用権の許諾がなされると，他の共有者にすこぶる影響が大きい。殊に通常使用権の場合は，理論的には無限の許諾が可能であるから，これを認めていたのでは，他の共有者が著しい損害を被ることになる。

Ⅲ　特許法76条（相続人がない場合の特許権の消滅）の準用

「特許法76条　特許権は，民法第958条〔相続人ら捜索の公告〕の期間内に相続人である権利を主張する者がないときは，消滅する。」

　相続人がない場合の商標権の処置につき定めた規定である。一般の相続財産については，相続人の存在が不明な場合は，次のごとく処理される。

① 相続財産は法人となり（民951条），相続財産管理人が選任されるとともにその公告がなされる（民952条）。

② 管理人選任の公告後2ヵ月以内に相続人の存在が明らかにならなかったときは，管理人は，相続債権者，受遺者に対し一定の期間内（2ヵ月以上）に請求の申出をすべき旨を公告する（民957条）。

③ 上記期間の満了後，なお相続人のあることが明らかでないときは，家庭裁判所は，相続人があるならば一定の期間内（6ヵ月以上）にその権利を主張すべき旨を公告する（民958条）。これが「相続人の捜索の公告」と呼ばれるものである。

④ 当該期間内に権利を主張する者がなければ，特別縁故者への分与分（民958条の3）以外の相続財産は，国庫へ帰属する（民959条）。

　特許，実用新案，意匠，商標の各権利の場合は，前記③の相続人捜索の公告で指定された権利主張期間が満了した時点で相続人である権利を主張する者がないときは，国庫に帰属することなく，権利が消滅する（著作権も同様である。著62条）。知的財産（無体財産）は，物理的な存在を伴うものではない点で有体物と異なり，また物権類似の権利（準物権）として，権利者が直接支配する権能を有するものであるから，他人に一定の作為，不作為を請求する権利である債権とも異なる。したがって，相続人が不在のときは，これを消滅させることによる弊害はない。

　なお，専用使用権，通常使用権が存する場合は，使用権者の利益を考慮し，商標権が消滅することはないと解すべきであろう。すなわちこの場合は，単に商標権のみの問題

第 1 節　商　標　権　　　　　　　　　　　　　　　　§ 35（特許法の準用）

ではなく使用権の設定ないし許諾という債権関係が残る（ただし，商標法31条4項による登録は必要）から，その限りで商標権も国庫に帰属すると考えられるからである（なお，放棄に関する商標35条による特97条1項の準用参照）。

IV　特許法97条1項（放棄）の準用

「特許法97条1項　特許権者は，専用実施権者，質権者又は第35条第1項〔職務発明の通常実施権〕，第77条第4項〔専用実施権についての通常実施権〕若しくは第78条第1項〔特許権者の許諾による通常実施権〕の規定による通常実施権者があるときは，これらの者の承諾を得た場合に限り，その特許権を放棄することができる。」

私有財産制度のもとで，権利の処分は原則として当該権利者の自由意思に委ねられるが，当該権利に対し，第三者が法律上の利害関係を有する場合は，一定の制約を受ける。これは特別な明文がなくとも，私法に通有する法理であろう。その制約の内容はまちまちであるが，本条は，商標権につき専用使用権者，質権者，通常使用権者などがいる場合，当該商標権の放棄をなすには，これらの者の承諾を必要とする旨規定したものである。

商標権の放棄による消滅は，登録をもって効力発生要件としている（商標35条による特98条1項1号の準用）が，承諾を要する第三者がいる場合には，「放棄による商標権抹消登録申請書」の添付書面として，「商標権の放棄書」（登録原因証書）と，第三者の「承諾書」が必要である（商標登10条による特30条1項1号・2号の準用）。

なお，本条が準用する特許法97条1項では，「職務発明」による通常実施権者がいる場合もこれに含めているが，商標権の場合は，特許法の「職務発明」に相当するものはない。

V　特許法98条1項1号及び2項（登録の効果）の準用

「特許法98条1項　次に掲げる事項は，登録しなければ，その効力を生じない。
　一　特許権の移転（相続その他の一般承継によるものを除く。），信託による変更，放棄による消滅又は処分の制限」
「特許法98条2項　前項各号の相続その他の一般承継の場合は，遅滞なく，その旨を特許庁長官に届け出なければならない。」

商標権の移転，信託による変更，放棄による消滅，処分の制限についていずれも登録をもって効力要件とした規定である。なお35条後段において，「この場合において，同法第98条第1項第1号中『移転（相続その他の一般承継によるものを除く。）』とあるのは，『分割，移転（相続その他の一般承継によるものを除く。）』と読み替えるものとする。」との規定が

〔小池＝町田〕　1053

§35（特許法の準用）

入った。平成8年改正法で商標権の分割が認められるようになった（商標24条）ので、それに伴い、分割も登録によって効力が発生することとされたものである。

(1) 商標権の移転

民法における物権の移転は、当事者の意思表示によって効力を生じ（民176条）、不動産物権における登記、動産物権の引渡しは、いずれも対抗要件とされている（民177条・178条）。これに対し商標権の移転（相続などの一般承継は除く）は登録をもって効力要件とする。移転の効力を登録という表示にかからしめることによって、権利の移転や帰属関係は明確となる。しかしながら、移転登録申請から実際に登録がなされるまでの期間が長いと、商標権譲渡契約の履行完了時点が遅れるため、譲渡代金の回収に影響を与えるほか、譲受人において権利行使をする場合の障碍となることも考えられる。不動産登記のように、迅速に登録がなされる体制が強く求められる。

具体的な登録申請の手続については、商標登録令10条が準用する特許登録令30条に定められている。

(2) 信託による変更

商標権の実体的な権利の変動のうち、移転、消滅又は処分の制限等については、登録が効力発生要件とされてきた（商標35条による特98条1項1号の準用）。

信託法改正に伴う平成20年改正に際し、「信託による変更」も上記移転、消滅又は処分の制限等と同様に実体的な権利変動であるため、登録が効力発生要件である旨を明確化する必要があるとして、本規定に追加された（平20改正解説100頁）。

(3) 商標権の放棄による消滅

放棄による消滅の効力も登録にかかるため、放棄の意思表示をしても、登録までは形式上権利は存在することになる。

(4) 処分の制限

処分の制限とは、主として裁判所による差押え、仮差押え、仮処分をいう。特許登録令24条（商標登10条で商標に準用）は、裁判所が処分の制限をしたときは遅滞なく、嘱託書をもって処分の制限登録を特許庁に嘱託するものとしている。

(5) 特許法98条2項（特許庁長官への届出）の準用

相続その他の一般承継の場合には、相続などと同時に商標権移転の効力が生じるため、承継の事実を遅滞なく特許庁長官に届け出ることによって、実体と表示（登録）とのずれを速やかに是正する趣旨である。

〔小池　豊＝町田　健一〕

■編集者

小 野 昌 延
三 山 峻 司

新・注解 商 標 法【上巻】

2016年9月28日　初版第1刷印刷
2016年10月15日　初版第1刷発行

編集者　小 野 昌 延
　　　　三 山 峻 司

発行者　逸 見 慎 一

発行所　東京都文京区　株式　青 林 書 院
　　　　本郷6丁目4の7　会社
　　　　振替口座　00110-9-16920／電話03(3815)5897〜8／郵便番号113-0033
　　　　ホームページ☞ http://www.seirin.co.jp

藤原印刷株式会社　落丁・乱丁本はお取替え致します。
Ⓒ2016　小野＝三山　Printed in Japan
ISBN978-4-417-01696-0

JCOPY 〈(社)出版者著作権管理機構 委託出版物〉
本書の無断複写は著作権法上での例外を除き禁じられています。複写される場合は，そのつど事前に，(社)出版者著作権管理機構(TEL 03-3513-6969, FAX 03-3513-6979, e-mail: info@jcopy.or.jp)の許諾を得てください。